北京大学中文系建系110周年纪念论文集·中国古典学卷

斯文在兹

袁行霈 题

北京大学中文系 编

北京大学出版社

编辑委员会

主　　编：陈晓明
执行主编：杜晓勤　贺桂梅

编辑委员会(按姓氏笔画排序)：
宋亚云　陈保亚　吴晓东
陈晓明　杜晓勤　张　辉
贺桂梅　钱志熙　廖可斌

主编助理：李子鹤　李国华　程苏东

目 录

序 言 ······ 钱志熙(1)

经 史

《新编新注十三经》刍议 ······ 袁行霈(2)
论中国传统诠释学的继承和发展 ······ 孙钦善(13)
儒家经典与《儒藏》编纂 ······ 安平秋(41)
经学文献与经学文献学刍议 ······ 顾永新(69)
《礼记》叙事的虚拟成分与文类辨析 ······ 马振方(84)
读《左传》的择日历忌 ······ 刘 瑛(101)
皇侃《论语义疏》流传之检讨 ······ 刘玉才(117)
《论语集注》中"仁"的理学表达 ······ 王丽萍(135)
关于儒学的"原典批评"
——以武内义雄的《论语》研究为中心 ······ 刘 萍(147)
乾嘉考据学新论 ······ 漆永祥(162)
西辛大墓银器铭文及其年代 ······ 李家浩(175)
古文字界画与印文界格 ······ 李宗焜(183)
帝系、族姓的历史还原
——读徐旭生《中国古史的传说时代》 ······ 李 零(207)
从《史记评林》到《史记读本》
——作为教材的《史记》与日本汉学教育 ······ 杨海峥(240)

诗　词

诗"昧"与"昧"诗 …………………………………… 杨　铸（266）
"歌""谣""诵"小考 …………………………………… 王　娟（275）
新出土《诗论》以及中国早期诗学的体系化根源 …… 常　森（290）
从贵族仪轨到布衣文本
　　——晚周《诗》学功能演变考论 …………………… 程苏东（309）
陶渊明"神辨自然"生命哲学再探讨 ………………… 钱志熙（332）
大同句律形成过程及与五言诗单句韵律结构变化之关系 ……… 杜晓勤（352）
山水诗的一大飞跃
　　——王维与谢灵运山水诗之比较 …………………… 马秀娟（380）
"诗囚"的视野变异及其艺术渊源 …………………… 葛晓音（394）
汉唐诗歌中两种比喻模式的交替演进 ……………… 张一南（414）
五代词人李珣生平及其词初探 ……………………… 程郁缀（432）
高心夔自画像及其与湖湘诗派之关系
　　——以《佩韦室日记》为中心 ……………………… 张　剑（444）
清初庙堂文人诗学意识形态之建构
　　——以施闰章、魏裔介、冯溥为中心 ……………… 白一瑾（463）

赋

汉赋概说 …………………………………………… 费振刚（486）
论赋的起源和赋文体的成立 ………………………… 傅　刚（501）
文学与图像
　　——北宋乔仲常《后赤壁赋图》对苏轼原作意蕴的视觉诠释 … 张　鸣（523）

散　文

荀学和《文心雕龙》 ………………………………… 张少康（552）
《山海经》西王母的正神属性考 ……………………… 陈连山（566）
试论《庄子》"三言"的政治性 ……………………… 柳春蕊（577）

论汉代"文人"的复合性 …………………………………… 于迎春(591)
揽镜自鉴及彼此打量
　　——论画像与南宋道学家的自我认知及道统传承的确立 …… 顾歆艺(606)
论龚自珍的历史哲学
　　——《壬癸之际胎观》臆探 ……………………………… 孙　静(637)
国家与文辞
　　——清季文学教育的制度化 ……………………………… 陆　胤(655)

戏曲小说

从元杂剧的不同版本看杂剧演出的变化
　　——以"元刊本"与《元曲选》本的比较为中心 ………… 李　简(684)
论汤显祖的历史观及其史学成就 …………………………… 杨　忠(702)
万历为文学盛世说 …………………………………………… 廖可斌(714)
小说知识学
　　——古代小说研究的一个维度 …………………………… 刘勇强(730)
明代公案小说的文本抽毁与版本流播
　　——以余象斗《皇明诸司廉明奇判公案》为例 ………… 潘建国(753)
重论《西游补》的作者、成书年代及其寓意 ……………… 李鹏飞(776)
论《镜花缘》的特点与价值 ………………………………… 曹亦冰(798)
同光年间清宫演戏宫外观众考
　　——以《翁同龢日记》为线索 …………………………… 黄　卉(808)
晚清"新小说"辨义 ………………………………………… 夏晓虹(821)

文献研究

诚斋诗集版本述略 …………………………………………… 吴　鸥(842)
欧阳修文集版本流传系统辨析 ……………………………… 王　岚(865)
惠洪《筠溪集》源流考
　　——兼论《石仓宋诗选》对作品的删改 ………………… 许红霞(898)
《琐碎录》成书考 …………………………………………… 陈晓兰(921)

《类说》本《续博物志》的前世今生
　　——兼议《类说》对《绀珠集·诸集拾遗》的袭用及古书作伪 … 李　更（942）
关于"大学头"及其他
　　——《七子诗选》流传日本考辨 …………………… 陈曦钟（960）
《千顷堂书目》与明代目录学 ………………………………… 高路明（972）
略议《四库全书总目》与中国古典学的成立 ………………… 吴国武（988）
论校勘学上的零度与偏离法则
　　——《王子年拾遗记》异文释例 …………………… 林　嵩（1004）
美国国会图书馆藏宋元版汉籍考述 …………………………… 卢　伟（1017）

序 言

钱志熙

为了祝贺一百一十周年的系庆,我们以"人各一篇"的体例选编了本系同仁古典文学、古典文献方面的论文。系里要我在本集前写一篇前言,回顾北大中文系专业古典文学、古典文献学方面的学术历史,并且尽可能立足于本系新近设立的"古典学平台"来瞻望或设想今后北大中文系各古典学专业的发展前景,或者说努力的方向。显然,这不是我所能胜任的,我的研究领域是古代文学,并且主要局隅于诗学与诗歌史一端。对于如此博大的本系的古典研究传统及其宏远的将来,显然是无力把握了的。但体例所在,也只能勉为其难。我想尽可能侧重在学术传统,如观念、方法等方面来梳理,请系内外、校内外同仁们批评指正!

一

中文系的前身虽然只能追溯到中国文学门的设立。但她的古典学的传统,却应追溯到京师大学堂的设立。京师大学堂的施教宗旨,就是"先课以经史义理,使晓然于尊亲之义,名教之防,为儒生立身之本"[①]。可见这个古典的教学与研究是有价值观在里面的,即与二千多年的儒教传统联系着的。此时所开设的"文学研究法""历代文章流别""古人论文要言""周秦至今文章名家"等课程[②],开启了系统地整理、研究中国古代文学史、文体史的路径,其目的在于培养博学而知文章源流者。1904年,在京师大学堂优质师范生分类后,林传甲仿日人笹川种郎之作撰述《中国文学史》,开启了其后作为文学专业的教学、研究与著述形式的"中国文学史"撰著之路。林氏文学史,向来被讥为庞杂,但其实有他自己的一种内在逻辑。与后来的文学史只叙述已成的文学事实不同,林氏其实是将文学作品凭借生成的媒介或者说载体也包括在里面。文学是语言的艺术,而作为中国古代文学重心的文人的文学,本质上是一种辞章的艺术。所以,林氏之作前面三篇分别叙述文字、音韵、训诂。其真正叙述中国文学史的发展事实的是第四篇《古以治化为文今以词章为文关于世运之升降》。第五篇《修辞立诚辞达而已二语为文章之本》、第六篇《古经言有物言有序言有章为作文之法》则是辞章艺术的原则,作者的辞章观仍然是传统的"征圣""宗经"的观点,但也大量参照了后世文章学的观点。第七篇《群经文体》、第八篇《周秦传统杂史文体》、第九篇《周秦诸子文体》、第十篇《史汉三国四史文体》、第十一篇《诸史文体》,是讲经文、史文、诸子文的源流。群经、诸子到《史》《汉》的文章,在新文学史观念中,不属于文学范畴。这是林氏文学史与其后文学史差别最大的地方。但后来的文学史的撰写,又将经、史、子文章中认为是具备文学性的部分纳入其中了。游国恩先生《对于编写中国文学史的几点意见》一文就涉及上述的文学范围问题[③]。可见后来的文学史,在新的纯文学观念与传统如林传甲的崇尚经史文章的观念之间,是有所折中的。第十二篇《汉魏文体》、第十三篇《南北朝至隋文体》、第十四篇《唐宋至今文体》,则是具体地展示汉以后辞章之文的演变历史。值得强调的是,林氏所说"文体",与章学诚所说"至战国而文章之体备"的"文章之体"意义是相近的。第十五篇《骈散古合今分》、第十六篇《骈文又分汉魏六朝唐宋四体之别》,是专重辞章之体的典型,代表骈文的发展历史,同时也是把握中国古代辞章文体的关键词"骈"与"散"。

京师大学堂和北京大学文科的早期,是直接预流于晚清学术与文学的风会的。代表桐城派重镇的吴汝纶、姚永朴、姚永概、马其昶,以及以翻译、阐述西方的学术与文学著称的严复、林琴南,都属于桐城文章的流派。在诗学方面,则有同光体的代表诗人陈衍。他们在京师大学堂的古典撰述与研究,也可以理解为发于唐宋文章的桐城派、同光体流派与世纪之交的新的教育体制、新的学术风气的一种会合。

作为晚清文学的显学名家,在京师大学堂任教的桐城派及同光体诸家,不仅工于词章,而且也是中国悠久的文学研究传统的继承者。他们虽在新的教育体制中从事文学的研究与教学,但其内容与实质却属于旧学的范畴。我们举姚永朴的《文学研究法》为例。这个讲义接近于《文心雕龙》的论文体制,上卷分"起源、根本、范围、纲领、门类、功效、运会、派别、著述、告语、记载、诗歌"十二篇,下卷分"性情、状态、神理、气味、格律、声色、刚柔、奇正、雅俗、繁简、疵瑕、工夫、结论"十三篇,以作者自身的深识,弥纶历代论文之群言,但主要是继承桐城派姚范、姚鼐等人的观点,"先生论文大旨,本之姜坞、惜抱两先哲"④。其《诗歌》一篇,历叙包括汉魏六朝诗歌史在内的古今诗学流变,与清人鲁九皋的《诗学源流考》体制相近,这是中国古代传统的文学史的叙述方法。稍后黄节作为北大讲义的《诗学》也与此相近,但规模更大。这些都堪称是旧的诗学传统的总结。又如黄节的《汉魏乐府风笺》是二十世纪学院派乐府研究的开山之作,但它本身却是采用元人李孝光等以风、雅、颂论乐府的方法,彰显汉魏俗乐歌词的作为风诗的价值⑤。可见晚清诸家的诗史研究,基本上可以说是引旧学之绪而扩大之。

桐城派主要是以唐宋文章为典范的,在思想上属于文道观一派。稍后成为北京大学古典方面研究主力的是学界习惯称为选学派的一些学者,包括出身于章太炎门下的一些学者。他们在学术方面的基础、宗尚各有不同,但在文章观上都有超越唐宋、崇尚六朝的倾向,实际就是超越桐城派。选学派中,旧文学方面的成就,以黄侃的文学素养为最高,其诗学晚唐、文宗六朝,但他认为自己在诗词方面并非一流的成就,其擅长的是小学方面。至于刘师培,本以经学见长,但同时积极移用西洋学术的新观念来对中国原有学术进行简单的区划、归纳,在容纳新学方面,比桐城诸家要积极得多。刘师培在文学上主要是继承阮元开创的扬州文派,以严文笔之辨为基本的研究方法,但刘氏其本人在辞章艺术方面的造诣也不高。太炎门生中的一些人,后来较多地接受了后来胡适、陈独秀的新文学思想。桐城派、同光体严守传统的文道与诗法,其讲授、研究中国文学的方法,未逾越中国古代的文学研究传统。而选学中像

章太炎、刘师培及章门弟子,包括鲁迅在内,在精通古学的同时,积极地引进西学的观念与方法。在学术上,这一派显然有更多开新的局面,但整体上还是以旧学为主的。

选学派与桐城派、同光体派之间,已经带有新旧学对立的特点。因此,也

许我们可以这样说,早期民初新进学人之取代清末旧派文人,实际上具有现代学术背景的学者群取代了全面继承古代文学与研究传统的文学家群的群体嬗移的性质。这应该是古代文学学科新旧递嬗中最关键的一步。其中的利弊如何,恐怕还是颇有深究的必要。

对于桐城派与选学派之争,学者已有不少研究,多从近现代之际思潮乃至地域人事的方面着眼。我们现在立足于北京大学中文学科的立场,可以说桐城派颇有点"史前"的意味。作为最先被替代的一派,今天我们已经将他们作为我们研究的古代文学一部分来对待,对它的定位,只能说他们代表了晚清文学的主流。很少认真地将其作为我们的同道与前辈来认识。清代是一个学术发达的时代,也是一个辞章艺术大比拼的时代。几乎没有一个学术流派不同时从事文学,也没有一个文学流派不同时从事于学术的。但是在不同的时期,不同的学术与文学流派中,学术与辞章所占的比重是很不一样的,当然,各派所理解的、崇尚的学术与辞章也是不一样的。学术上有汉学与宋学的不同,有重考据与尚义理的不同,辞章上则有六朝骈俪与唐宋义法的不同。一种有趣的现象是,考据之学多与骈俪之文相结合,而义理之学则以古文为主要的载体。桐城派与选学派的不同,或许正在这里。所以,从学术史的理路来看,桐城派与选学派之争议、交替,正是上述清代学术的交锋与冲突早期在京师大学堂与北京大学教育体制中的浓缩式的呈现。

桐城派与选学派虽然对文学与学术的宗尚不同,但都具有旧文学家治文学史的特点,其学术的方法与理路,虽然程度不同地受新观念、新方法的影响,但基本上都是在旧学的范畴内,其治史所用的语体也是以文言为主。其间的争议,除了人事方面的原因,从根本说,是旧学中固有学派与学术理念之间的相争。

我认为,我们今天建设北京大学古典学学科时,重新回顾早期如桐城派、选学派的古典研究传统实属必要。

二

温儒敏先生在《百年学术——北京大学中文系名家文存》的前言中说:"北

京大学中文系学术鼎盛的年代是二三十年代,以及五十年代院系调整,清华、燕京等校中文系合并到北大的那一段时期,其在中文学科的学术建树上对全国相关的系科有过辐射性的影响。"⑥就古典学科,二十世纪二、三十年代也是中文系有关古典方面研究的学术传统与规模的奠定期。其中我想强调的是新文学运动及其观念对古典研究的影响。

相对于前面的桐城派、选学派两个研究群体,北京大学的古代文学与文学史大幅度地进入开新之路,是在"五四"以后新文学观念发生,以及以"五四"新文学家群体进入古典的研究与教学领域的时期。二十世纪的文学史建构,以"五四"新文学运动为界,性质上发生了根本性的变化。五四之前的中国文学叙述与研究,基本上是在旧文学自身的体系内进行的。而"五四"新文学运动之后的古代文学与文学史研究,则是在与新文学与西方文学对照下进行的。新文学家的文学革命主张,不但是新文学创作的纲领,同样也是古代文学研究的基本思想。陈独秀的《文学革命论》对旧文学的批判的、否定的立场是很明确的。从这个立场出发,"五四"新文学家不仅否定他们桐城谬种、选学妖言,而且对中国文学史中的一些重要的文学流派、文体、文学现象、作家进行了严厉的批判。将文学史上一些重要的流派、作家、文体分别归入到贵族文学、古典文学、山林文学的范畴:

> 际兹文学革新之时代,凡属贵族文学,古典文学,山林文学,均在排斥之列。以何理由而排斥此三种文学耶?曰:贵族文学,藻饰依他,失独立自尊之气象也;古典文学,铺张堆砌,失抒情写实之旨也;山林文学,深晦艰涩,自以为名山著述,于其群之大多数无所裨益也。其形体则陈陈相因,有肉无骨,有形无神,乃装饰品而非实用品;其内容则目光不越帝王权贵,神仙鬼怪,及其个人之穷通利达。所谓宇宙,所谓人生,所谓社会,举非其构思所及,此三种文学公同之缺点也。此种文学,盖与吾阿谀夸张虚伪迂阔之国民性,互为因果。今欲革新政治,势不得不革新盘踞于运用此政治者精神界之文学。使吾人不张目以观世界社会文学之趋势,及时代之精神,日夜埋头故纸堆中,所目注心营者,不越帝王,权贵,鬼怪,神仙,与夫个人之穷通利达,以此而求革新文学,革新政治,是缚手足而敌孟贲也。⑦

陈氏《文学革命论》，可以说是新文学派文学史重新建构的文学史文本。需要指出，严厉批评其实也中国古代的批评传统之一。当然，陈独秀的批评，内容是全新的。这篇《文学革命论》中，文学史上得到完全肯定的，只有《诗经》（国风为主）、楚辞、元明剧本、明清小说这几种，而肯定的原因，都在于其白话语言、表现平民的生活与思想情感。胡适的《白话文学史》对新文学派上述革新的文学史的具体的展开。当然，这种纯粹从一种新观念出发、简单化地对待中国文学的古典传统的观点，并没有被后来的文学史研究全部接受。如游国恩先生的文学史建构，就折中于各种新旧文学史之间，对于被简单否定的辞赋、骈文、律诗等有所维护[⑧]。后来二十世纪的古代文学研究，其实在不断地扬弃、弥补这种激进的文学史观，但其基本观点的影响无疑是深远的。

上述桐城、选学及新文学家三家，可以说是此后北京大学古代文学乃至古典学的基本渊源。三派虽然在文学观念上有很大冲突，但是他们之间相通、互补的地方其实也不少。这些问题，值得展开认真的研究。从对我们今天如何开展古代文学与文学史的研究来看，这三派对我们共同的启发，就是我们都是以文学为本位，重视文学自身的艺术表现、审美价值的研究，重视文学史的发展规律的探讨。虽然他们的观念与观点有很大的不同，新派吸取了大量的来自西方的文艺思想与批评方法。但新旧的界限是相对的，桐城派已经开始融会新知，章门弟子更是深受现代学术方法的影响。而陈独秀、胡适、鲁迅等新文学家，在旧学方面也具有丰富的积累。他们在许多文学史观点，表面看上去很新，实际都与传统观点有所会合。如胡适对于从汉乐府到建安文人诗一线的梳理，就与传统的崇尚汉魏风骨的思想融会，而闻一多的从汉魏到盛唐的诗史阶段划分，以及后林庚先生对建安诗人、鲍照、盛唐气象的推崇，其中散发出新的、主情的、浪漫的美学思想气息，但与传统的推崇建安、盛唐的观念又有诸多的融会。

三

北京大学中文系古代文学研究最突出的特点，就是重视文学及文学史的本位。这也是它能够比较合理地继承二十世纪各派文学史观、折中于中西新旧之间而有所树立的根本。具体地说，就是从文学的内部来看，立足于文本、文体与文学史三个基本范畴，重视经典作家与作品。从文学的外部来看，重视文学发生、发展的历史文化背景，采用综合研究的方法。

最早京师大学堂中国文学门的课程，就有文学研究法、历代文章流别、古人论文要言、周秦至今文章名家等⑨，其突出文学本位、重视文学史渊源流变、重视批评史的特点，已然可见。1917年"国文门"教授会所制定的教学方案，设置文学史与文学两门。并且规定："文学史在使学者知各代文学之变迁及其流派"，"文学则使学者研寻作文之妙用，有以窥见作者之用心，俾增其文学之技术。"⑩前者，即对各代文学之变迁及其流派的教学与研究，这也一直是此后中文系古代文学专业的基本研究对象，当然在各时代、各文体、各流派中宏观把握与微观探讨之深广程度，实已远远超过当时课程的设想。后者即以文学写作能力的培养为目的的"文学课"，虽然因为新旧文学时代的隔绝，诗古文辞创作没有在本专业的课程层面上延续，一般的写作课开而复停。但其后的几代学者，如游国恩、浦江清、陈贻焮、袁行霈，无不擅长古文辞或诗词的创作。而林庚先生的新诗、吴组缃先生的小说创作的一个特点，可以说是在新文学创作中汲取了古代文学的经验与素养。如林庚先生的新诗创作的思想，很大一部分得自其对中国诗歌史的研究，反过来也可以说他对中国诗歌研究的一个重要维度，也是来自于其诗歌创作。从这个意义上，虽然经历二十世纪前上半期的新旧文体更替，但古代文体的写作传统并没有完全消歇。今天在任的北京大学中文系的古典专业的老师，虽然写作方面的素养、能力无法窥比前贤，但在研究之余重视诗古文辞、旧体小说的写作，也体现了对文学实践的重视。而以中文系古典专业学生为主体的社团"北社"，近二十年来坚持诗古文辞的写作，在诗词与古文体有所复苏的学坛已经造成一定的影响。所以，我认为在研究上重视文学史的本位，着重于整体文学史及分体文学史的渊源流变的研究，在实践上尽量不舍弃文学创作实践，可以说是北京大学古代文学专业的一个特点。我想今后无论学术的环境与方法会有什么新的变化与发展，这个基本的宗旨与特色，都是不应该舍弃的。

重视文本与文体，应该说是文学研究的当行本色，也是古老的本土文学研究传统中最为精华的部分。今天汲取或传承古代的文学研究传统，最主要部分就是古人在文本阐述与文体把握方面的成就。北京大学古代文学几代学人在这方面的优势是比较明显的。桐城派及选学派作为古代文本与文体的直接实践者自不待论，即使是浸润新文学观念与方法的后来几代学人，也都是从文本、文体与风格及艺术表现等方面入手来研究古代文学，强调艺术性的揭示。就具体表现来看，如六十年代初，在游国恩先生、林庚先生主持下所编纂的《先秦文学史参考资料》《两汉文学史参考资料》《魏晋南北朝文学史参考资料》，通过作品选释、文体资料及历代评论的精心撷录，在文本与文体方面，为古代文学教学确立了比较扎实的基础。可惜的是，由于时世的更替和群体的变化，这一套历代文学史参考资料的编纂工作没有继续下去。但八十年代由葛晓音、周先慎先生分别负责上下两册编纂工作的《中国文学史参考资料简编》，以简编的形式完成上述系统，保证了本系古代文学教学的需要。这样的着眼于历代作品，重视文本、文体工作，今后应该是本专业同仁的基本工作之一。这方面的集体性的影响较大的项目，还有游国恩、金开诚、董洪利、高路明等先生的《离骚纂笺》《天问纂笺》等书。费振刚先生编纂《全汉赋》《全汉赋校注》两书，整理两汉赋体文学，在其前言中深究两汉辞与赋两体的源流关系。

　　当然，重视文本与文体的研究传统，更多地体现在几辈学者具体的教学与研究工作中。老一辈学者的著作，如游国恩先生的对楚辞文本如其女性形象塑造的研究，林庚先生对楚辞作品和唐诗的分析、吴组缃先生对《红楼梦》中贾宝玉形象的分析，其中不少成果已经成为文本分析的经典性作品。陈贻焮先生擅长诗词创作，他对唐诗中大量作品的精彩释读，见于其著作《王维诗选》《孟浩然诗选》《杜甫评传》及一系列论文之中，其说诗能融会古今诗论，解读与鉴赏多出新意，如其用《史记·大宛列传》"使使遮玉门"来解李颀《古从军行》"闻道玉门犹被遮"一句意思，指出这里遮玉门关为不让屡战不利、请求罢兵的贰师将军李广利入关的汉武帝，纠正此前各家望文生义，将"玉门被遮"简单地解释阻挡、国防威胁的不尽意之处[11]，为此后各种选注本所采用。褚斌杰先生的《诗经全注》《楚辞要论》《古典新论》等著作，在《诗经》《楚辞》等经典作品的解读与鉴赏方面，精择古今诸说而断以己意。如其解《有杕之杜》篇继闻一多《风诗类选》之说引《说文》"牡曰棠，牝曰杜"之说，以为女子自喻[12]，又如说《河广》一诗为"宋人思乡之曲"，"是一首含蓄精炼的抒情小诗，与后世'盈盈一水间,脉脉不得语'《古诗十九首》)同趣"。⑬袁行霈先生在古典诗歌的鉴赏方面形成比较系统的理论,以诗歌语言、意象、意境为主要的把握对象,强调博采、精鉴、妙悟,具体体现在专著《中国诗歌艺术研究》《陶渊明集笺注》及主持编著的如《中国文学作品选注》《历代名篇赏析集成》等成果中。赵齐平先生的《宋诗臆说》、葛晓音先生的《古诗艺术鉴赏》、程郁缀先生的《徐灿词新释集评》、张鸣的《宋诗选》、钱志熙的《活法为诗》,都是近期诗歌文本解读鉴赏方面代表性的著作。

在小说方面,从吴组缃先生、周先慎等先生,到刘勇强、潘建国、李鹏飞诸位,都十分重视小说文本、尤其是作为小说艺术的基本要素的叙事情节及人物形象的分析。沈天佑先生的《〈金瓶梅〉〈红楼梦〉纵横谈》(1990)用"鉴赏派的路子",对《金瓶梅》《红楼梦》两部名著的思想价值、人物形象、历史地位等,作了稳健平实的论述,具有重要的参考价值。周先慎先生在小说的鉴赏方面,继承吴组缃先生的作风,从理论到实践都形成一种特色,在传统的小说鉴赏评点的基础上作出新的发展,不仅在学术界还在一般社会读者群中产生较大的影响,"其研究以作品分析见长,尤以精心入微的艺术鉴赏在学界独树一帜"⑭。周先慎先生还在总结吴组缃先生的小说研究与他自己的实践的基础上,形成其小说鉴赏的深细与广相结合的理论⑮。文本解读与鉴赏是建立在对文体及文字训诂音韵等基础上的一项综合性的工作,其中包含着创造性的活动,最能见本学科学者当行本色。近现代小说研究的起点是以小说文献研究为主,但北大的小说研究,在重视文献的同时,向来有重视文本的传统。文本研究又常常与文献、版本的研究联系在一起的。周强(周兆新)教授著有《三国演义考评》(北京大学出版社,1990年)对《三国演义》成书过程的考辨与文本分析,提出《三国演义》不属于严格意义的历史小说,认为嘉靖本也并非最接近罗贯中原作的版本,而是经后人修改和增补的版本。近年刘勇强、潘建国、李鹏飞三位联合撰著带有小说研究理论探讨性质的《小说研究十大问题》(北大出版社,2017),其中论述得最多的也是属于小说的文本与文体研究的问题。"小说研究的深入最终还应落实到具体的文本中去。实际上我们进行上述学术史和理论问题的反思时,始终注重结合小说文本及阐释展开讨论"(刘勇强)⑯。他们的不少专题研究成果,也多体现这一特点,如刘勇强的《话本小说叙论》(北大出版社,2015)。八十年代初,在夏承焘、沈祖棻、俞平伯、林庚、施蛰存等先生的鉴赏成果的启迪下,曾有过学界所说的"鉴赏热",五十、六十年代的学者都曾参与其中。后因一些作者在鉴赏文章时主观随意,尤其出现了一些各方面基础薄弱、八股式的鉴赏读物,受到了学术界的批评。但此后出现的一种风气,却又是远离文本,或以玄虚为高,或征实自矜,弃文本鉴赏而不顾的一种学术风气。在这种风气中,北京大学古代文学专业的成员,基本上没有偏离文学的本位。这不能不说是某种传统积淀在起作用。

重视文本是与重视文体联系在一起的。文体研究是古典研究传统最富精华的部分,并且体现古典时代的文学研究作者与论者不分、作家构成文学理论家、文学史家之主体的特点。重视文体、以谙熟(包括部分的实践)功夫从事古代文学及文学史的研究,可以说是北京大学中文系几代学者的共同特点。理论方面,在林传甲《中国文学史》中,"文体"就是一个核心范畴,并且在其文学叙述中具体地展开。老一辈学者中精识文体,在具体的研究中多有重要发现。如林庚先生对诗体的研究,阴法鲁先生对词体的研究。林庚先生在深入研究从诗骚到五、七言诗的中国古代诗体之后,提出中国诗歌诗行的"半逗律",认为它不像一般理解那样来自音乐等外在因素,而深植民族语言的特性:"'半逗律'乃是中国诗行基于自己的语言特征所遵循的基本规律,这也就是中国诗歌民族形式的普遍特征。"用此不仅解释中国诗歌四、五、七言流行的事实,同时也解释某些不符合半逗的诗体如六言体不能发展的原因,同时也在此观点上建立了林庚的新诗体理论[17]。阴法鲁先生对隋唐燕乐与词体关系的研究,针对片面地强调词调、词体的产生与西域音乐的关系,对词体与隋唐之前中土原有音乐的关系作了一系列的梳理。阴法鲁先生认为:"中国古代音乐发展的过程,很清楚地说明了这样一个事实,即历代的新音乐都来自民间,诗歌的发展与音乐是分不开的。"他本着这一认识,对从《诗经》《楚辞》、汉乐府、魏晋南北朝清商乐和民歌、唐曲子词,以及宋、元、明、清的民歌与音乐歌词中体现诗与乐的关系,作了比较系统的叙述[18]。在新时期,褚斌杰较早撰述的《中国古代文体概论》(1984),可以说是继古代时期各种总体文概论之后的一部体例新颖的著作,对于后来的文体研究有一定的影响。

21世纪以来,古代文学界在推进文化研究、文献研究的同时,开始注意到本学科最具传统优势的文体研究的衰落,一些学者提倡并实践古代文学文体研究的方法。北京大学在 2002 年成立古代文体研究中心,同仁们在文体研究与文体学方面有比较自觉的追求。我们的基本宗旨,不停留在静止的体裁研究层次上探求中国古代的文体学传统。葛晓音先生曾指出:"重视文体研究是中国古代文学批评的一大特色。而古人对于文体的认识是随着文体的增多和文学思想的变化而逐渐发展起来的。早在汉魏六朝时期的文学批评中,就已经表现出强烈的文体意识。"[19]钱志熙的《论中国古代文体学传统——兼论古代文学文体研究的对象》(《北京大学学报》2004 年第 5 期)对此传统也有所梳理。在具体研究成果方面,葛晓音的《先秦汉魏诗歌体式研究》,继林庚先生及日本学者松浦友久有关中国诗歌体式研究之后,在方法上更加的自觉化,从体式的发展、节奏结构的形成等方面,对诗、骚、五七言诗的体式及其创作传统进行系统的研究。她的另一重要专著《杜诗艺术与辨体》,以在诗史的源流中,从体裁与艺术表现两方面对杜甫的古近各体诗歌的艺术发展作出深细的研究,得出许多新颖的结论。钱志熙二十多年来对从风诗到汉魏六朝诗、唐诗体裁乃至词体的研究,强调传统的文体研究与批评方式的复活,代表性的成果有《黄庭坚诗学体系研究》。《唐诗近体源流》,将唐诗近体各体的渊源追溯到魏晋南朝,并梳理近体各体各派的艺术流变。杜晓勤二十多年来运用比较实证性的声律分析统计与归纳的方法,对从六朝到唐诗的体、格、律进行动态性的考察。其代表性成果《六朝声律与唐诗体格》,对从永明体到定型的五律体的发展过程中一些重要时期如永明时期、大同时期的声律情况进行研究,并解决诸如"王斌首创四声说"、唐开成试律诗用"齐梁体格"的真相等疑难性的问题。

重视文学的艺术本位,强调文本与文体,我认为是古代文学研究基本品格的保证。二十世纪的古代文学与文学史研究,随着社会文化、思潮及政治环境的多变,呈现出波诡云谲的情状,每个具体的学者,不可能完全超越其上,自然会不断地受到影响。五十年代到七十年代这一时期,以季靡耶夫的《文学原理》、毕达可夫的《文艺学引论》为代表的苏俄文学理论风靡批评界,自然也影响到中国古代文学的研究。其中的庸俗社会学的批评方法,尤其是简单的用人民性、现实主义贴标签的作法,对古代文学领域的影响很大。这其间,我认为使古代文学与文学史研究保持其固有品格的,还是传统文本与文体以及文献实证的研究方法在起作用。游国恩先生等主编的《中国文学史》，之所以至今仍具有其学术上的较高价值，就是其中的文学艺术本身的因素在起作用。北京大学的几辈学者，当然也不可能超然于风潮运会之外，但是由于具有比较深厚的文学学养，尤其是在文体与文本方面的研究功底，其在上述特定时期的研究成果，迄今仍然具有较高的学术价值。比如陈贻焮在1980年即出版"唐诗论丛"，收入他从五十年代到七十年代的一系列唐诗研究成果，对其后的唐诗研究领域有很大的影响。之所以他的成果经得起时间的考验，较大程度上超脱上述庸俗社会学的方法，我觉得仍然是其个人深厚的文学与文化功底在起作用。人能弘道，非道弘人，在古典研究方面，我认为同样体现这样的规律。我们要提倡个体在学术研究上个性与创造性的实现，强调对对象本身的熟悉与了解。

重视经典作家与经典作品，也是北京大学古典研究的一大特点，尤其体现在几代前辈学者的研究中。前面已述游国恩先、褚斌杰先生《诗经》、楚辞研究方面的情况，常森近年结合出土文献研究《诗经》学的一些问题，如其对诗学中性的问题的新阐释。重视经典作家与作品，可以说是一个贯穿北大古典学百年学科史的一个传统，几代学者，或有自觉传承，或先后不约而同地对一些经典持续进行较深入的研究。如陶渊明研究方面，袁行霈先生撰著了《陶渊明研究》《陶渊明集笺注》《陶渊明影像》等一系列著作，对陶氏的生平、艺术进行系统的阐述。孙静先生的《陶渊明的心灵世界与艺术天地》虽然是一部普及性的作品，但集中了作者长期思考的成果，如书中反复推衍陶渊明思想与艺术中的重"意"的特点，是一种深至之论。孟二冬著有《陶渊明集译注》，钱志熙著有《陶渊明传》《陶渊明经纬》。值得提出的是，新老两代学者对陶渊明的研究，除了纯学术的目的外，其实有更多的情性的成分。章学诚曾强调学术要有情性，孤明之论，颇不受重视。北大中文系的古典学者的情性特点是比较鲜明的，不惮于与研究对象发生深度共鸣。我认为这是人文科学的人文、人本的立场，值得推崇。陈贻焮先生关于王维、孟浩然、李商隐生平事迹的缜密的考证，尤其是百余万字《杜甫评传》对杜甫生平及艺术道路的谱写，其中也常可见作者的倾情投注。几代同仁重视经典的研究传统，当然也还可以举出很多，前面有关文本鉴赏方面也已提到过一些。近年，古代文学及文化研究方面偏离经典作家、作品,回避经典的现象是比较突出的。北京大学古典专业的同仁,尤其是年轻一辈学者,应该回顾本学科的上述传统,在提倡各种理论阐释的、文化的、文献的、实证的方法同时,始终把握住经典作家与作品,努力使自己成为经典研究方面的理论上的常青树。

四

不仅重视文学的本位,对于文学史发展的复杂的、生动的历史文化背景的重视,也是北京大学文学史研究的要义之一。前述林传甲的《中国文学史》,其中一大亮点,就在于对从古代到汉魏晋文学与治化关系的把握。刘师培的《中古文学史讲义》,在推究汉魏之际、魏晋之际及宋齐梁陈历代文学体制、风格之变迁时,也深探其与社会风气与学术思想之关系。其后鲁迅的《汉文学史纲》及其《魏晋风度与文人及药与酒的关系》,乃至《中国小说史略》,在立足于文本、文体与文风的同时,又十分重视与文学相关的政治、文化、士林风气、宗教思想等的关系。从具体观点与方法来看,鲁迅对刘师培的文学史观是有所接受的。鲁迅的对中古文学的思考、研究的方法,在学术方法上对后来文化史、心态史、群体史的研究是有启迪性的。王瑶先生的《中古文学史论》就是沿着刘师培、鲁迅的路子,同样是从外、内两个方向探讨魏晋南朝的文学风气,外之政治社会、玄学、药、酒、山水、田园,内之文笔辨析、隶事、声律、宫体。上述三家在魏晋南北朝方面的研究,可以说是奠定了魏晋南北朝文学研究的基本格局与方法,当然也为后来北京大学数代学者所继承。八九十年代先后问世的葛晓音的《八代诗史》《山水田园诗派研究》,钱志熙的《魏晋诗歌艺术原论》《中国诗歌通史·魏晋南北朝卷》、傅刚的《魏晋南北朝诗歌史论》《魏晋风度》,诸著都在探寻魏晋诗歌发展的内部的艺术风气、艺术风格的演变的同时,重视魏晋南北朝时期各种文化因素与诗歌艺术的关系。九十年代以来本专业有关诗歌史专题的硕、博论文,基本上都是能接续上述传统,而在宏观与微观方面,各有相当大的推进。

大体来讲,中国古代的文学批评,自汉儒至六朝文论家、历史家,重视在外在的历史背景中叙述文学的发展,而唐宋之后的文论有关文学史的叙述多脱离具体的历史文化背景,单纯从文本与文体出发。二十世纪的中国文学史研究,从许多方面来看,有回归汉魏六朝批评方法的倾向,即文学内部诸要素的分析、文学史演变轨迹的梳理与文学外部关系的研究并重。北京大学中文系的各代学者,虽有各自的学术特点与兴趣方向,但在这一点上具有共同性。

　　论到北京大学中文系的文学研究方法与汉魏六朝文学批评传统的一种潜在的联系,自然需要引出北大中文系古文论研究的话题。个人认为,北京大学的古文学、古文献两个专业的几代学者,在研究工作中对于理论是十分重视的。具体到古代文学的研究方面,对传统的文学批评的经验与成果,也都是比较自觉地吸取。五、六十年代,在杨晦、吕德申等先生的指导下,张少康等先生以文学批评史为专攻。张先生回忆杨晦先生的指导原则是"中西并重,古今结合,理论与创作兼通,以文学为主而又熟悉艺术",他还提到一个具体的教学例子:"杨先生在学术上有自己很多独到的见解。比如他对于流行的说中国古代是所谓的大文学观念很不赞成。他认为研究中国古代文论的一个很大问题是要弄清楚文学是什么。很多人把一般的文章都说成是文学,全给搅浑。所以他在给我和邵岳讲《昭明文选序》时就十分深刻地指出,这篇文章的关键是提出了什么是文学的问题,虽然他并没有解决这个问题,但是比同时代其他人看得要深入得多。"[20]联系我上面所述二十世纪文学史建构中文学史观之争,尤其是游国恩的文学观等问题,我觉得这个材料极有意思。浅见以为,这就是张少康先生这一辈文学史批评家研究古代文学理论批评史的一个目的,即通过对古代文学批评史的研究,弄清楚文学是什么,乃至于弄清楚文学史的对象是什么。我觉得这个可以看作北大中文系文学批评史研究的特色。张少康先生从六十年代至今,一直是批评史研究的中坚,他的研究,先是从先秦诸子文艺观、《文赋》《文心雕龙》、古代文学创作论等个案、断代、局部的问题出发,撰写多部著作。最后撰写带有其个人批评史研究总结性成果的《中国文学理论批评史》。吕德申先生的《钟嵘诗品校释》是《诗品》研究方面的重要著作,恢复传统序文分别置于上、中、下三品之前版本形式,对于恢复此书的原貌有重要的价值。其对钟嵘阶层、《诗品》撰写背景及其理论价值的阐述,以及文字的阐释,也深见功力。张少康先生、杨铸先生、卢永璘先生还将研究领域扩大到诗书画论方面。卢永璘先生对意境与境界问题,有长期深入研究与思考。批评史专业后来的一些学者,在专题的学术问题上,如张健对宋元明清诗学及诗学文献的研究,汪春泓对刘勰及汉魏六朝批评史、文学史的研究,也都有多种重要专著和论文,如张健的《清代诗学研究》,汪春泓《文心雕龙的传播与影响》。张少康、汪春泓、陶礼天合著的《文心雕龙研究史》,也是总结龙学的重要著作。现在比较专门地从事于批评史专业的是柳春蕊、周兴陆两位。柳春蕊长于诗古文辞,对桐城派文章有深入的研究。周兴陆对文学批评史的宏观与微观方面都有研究,理论文献兼重,著有《吴敬梓诗说》《中国文论通史》《世说新语汇校汇注汇评》等多种专著。个人认为,重视古代文论与古代的文学研究传统,应该是中文系古代文学、古代文论两个分支学者的一种共识。

五

古代文学研究不同于一般的文学批评、文本分析的地方,是它在本质上具有史学的性质,也就是说它的本质、甚至说最高的表现形态是文学史科学。在日常的评价中,我们也常常将"文学史家"作为对这个研究群体的专业身份称谓。我们甚至也可以"文学史研究""文学史家"这样的内涵作为衡量本学科研究者的工作的高低、深浅或是非的标准。

在古代文学进入新式的中学、大学的教学与研究的体制后,文学史的撰写成为一个急迫的任务。在二十世纪上半期的古代文学研究中,撰写各种各样的通代、断代、整体(包括所有文体)、分体(以某一文体为对象)的文学史著述,可以说是古代文学学者主要的研究方式。据一些学者的统计,各类文学史、专题文学史著作,多达二千八百多种[21]。北京大学古代文学群体在这方面的表现,也一直是发挥着中坚或引领的作用。早期除林传甲的《中国文学史》,虽然受到后来的者的不少批评,尚有吴梅的《中国文学史(自唐迄清)》[22]。从北京大学1955届文学专门化学生在老师们的指导下集体编纂《中国文学史》,到六十年代游国恩主持编纂的《中国文学史》,到二十世纪八九十代褚斌杰、孙静、袁行霈、周强、周先慎等先生的《中国文史纲要》,再到2005年高等教育出版社出版的袁行霈主编《中国文学史》,反映了新中国五十多年间"中国文学史"编纂的整个历程。上述几个系列的文学史,汇集了北大中文系几代学者的大量的研究成果。除了上述几种重要的文学史著作外,还有二十世纪八十年代中期孙静、周先慎等先生的电大版《中国文学史》教材的编写,李简电大教材《简明中国文学史(下)》(2007),等等。可以说,北大中文系的几代学者,一直是文学史撰写的中坚力量。断代史及文体专史方面,还有吴组缃、沈天佑先生的《宋元文学史》,李简的《元明戏曲》,黄卉的《元代戏曲史稿》《北京戏剧通史(金元卷)》。夏晓虹先生在《几代人的事业——季镇淮先生谈文学史》中,叙述了她所亲自体会、亲闻的季镇淮先生对文学史研究的追求,认为季先生有"文学史情结",并说季先生深情地称文学史撰述、文学史研究为几代人的事业㉒。我想这是能代表北大古代文学学科的一个传统的。这其中,游国恩先生和林庚先生的文学著述,值得深入研究。游国恩先生的文学史建构具有一种代表性。游国恩先生早年接受北京大学中文系的文学史教学,其文学史观明显受到刘师培等人强调六朝文说的观点的影响,同时也受到章学诚战国文体论的深刻影响,当然也融入现代的抒情论、劳动说等学说。这是他个人建构文学史的历程。后来主持教育部文学史大纲及后续的《中国文学史》四卷本的编纂,虽然接受了新的意识形态背景下的许多文学史观,如现实主义、人民性,但与其前面的个体建构的文学史之间仍有一种联系。而游先生在三、四十年代的个人的文学史建构,其实也体现了二十世纪上半期文学史家们建构、撰述中国文学史的群体的成果。林庚先生的文学史编纂,则一直走着个体著述、个性化的道路。1941年,林庚先生在厦门大学任教时撰写《中国文学史》,以一种纯诗性的眼光建构中国文学史,将其分为启蒙、黄金、白银、黑夜等时期,试图探索中国文学鲜活的艺术萌芽、生长、停顿、变质等历史,其实是极富早期文学史撰述个性、美学化的特点。二十世纪九十年代林庚先生重新撰写的《中国文学史》,则标志着其发端于早年的文学史走向成熟。这部文学史对从诗骚到唐诗的中国古代诗歌艺术发展历史的探讨,有很多重要的、具有创造性的结论。这也影响了本学科的教学与研究重视文学史本质的学科特点。林庚先生的文学史建构,更具个性特点,与新文学的背景尤其是新文学中的抒情、浪漫的风气结合得更加密切。上述诸家的文学史撰写,都值得深入研究。相对于这一代学者,我们不能不说,后面的几代学者,在文学史撰写方面,不仅热情有所减弱,具体的实践能力也有所下降。个人认为,这应该是在任的古典文学、古典文献专业的同仁们努力的方向之一。当然,文学史的撰写并不笼括文学史学科的全部工作,尽管可以说它是带有代表本学科形象的性质,但我们所说的重视文学史研究,是体现在中国古代文学研究的各种形式中,它不仅反映在我们一般所说的作家、作品、文体、流派的研究中,同样也表现为具体的文本、文学文献的整理、校勘、注释等工作。这所有的工作,都与辨章学术、考证源流的文学史研究具有或多或少、或显或隐的联系。我认为这是本学科的基本特点。陈平原先生曾经以"知识体系"与"著述形式"来阐述这个问题,并且提出这样的问题:"林庚的《天问论笺》或陈贻焮的《杜甫评传》算不算文学史"[24]?我认为关键不看著述形式合不合"文学史"体例,而是其中的研究内容,是不是属于文学史研究。

作为历史学与艺术学相结合的一个学科,文学史研究具有历史学的一般特征,就是通古今之变。从学养与学术来讲,北京大学学术生涯横跨四九年前后两个时代的老一辈学者,都具备通古今的学养,许多学者的研究也是通古今的。我们以上文提到的具有"文学史情结"的季镇淮先生为例,他的研究内容,包括先秦散文、魏晋诗歌、中唐古文、近代学术与诗歌等领域,他本人也是游编《文学史》的主编之一。作为季先生嫡传的夏晓虹先生,以对近代社会文化、教育制度、女性问题的研究享誉学界,成果丰硕。但她早期在汉魏六朝乐府、唐诗等方面都有一些比较深入的专题研究。其在二十世纪九十年末出版的《诗骚传统与文学改良》,就体现了上述各领域的研究成果。在教学体制方面,本学科按照先秦两汉、魏晋南北朝隋唐五代、宋元、明清近代四段划分,教学与研究上自然各有侧重。但同仁大多具有打通的意识,如葛晓音、钱志熙等在诗文方面的研究,都是纵贯先秦到唐宋的整个历史时期,刘勇强、李鹏飞的小说史研究,也是纵贯整个小说史的。

民间文学构成文学史的重要方面。传统的中国古代文学史叙述中,已经较多地关注如歌谣、民间传说及通俗文学对文学史的影响。在新的文学史研究体系中,这一部分更得以加强。北京大学国学门的歌谣搜集与整理的工作,开启了北大民间文学研究的先路。"国学门与国文系的学术贡献之中,有两项很重要,就是民间歌谣搜集研究与方言调查。对歌谣的关注,是由于文学革命提倡白话文创作,以及民间本位思想的勃兴,视古代白话写作之通俗文学为正宗,对民间口传文学包括歌谣、谚语、故事等也就相当重视"②。从 1918 年到 1919 年,刘复、沈兼士等征集歌谣 1100 首。民间文学的研究,对古代文学史的研究有相当的推动作用,它使中国古代文学史的建构趋向于全面。在具体的研究方面,如顾颉刚的《诗经》研究,就得益于民间歌谣研究的经验。歌谣之外,俗乐、曲艺等也与诗歌史、戏剧史有密切的关系。段宝林、汪景寿等有《曲艺概论》(北京大学,1980),吴同瑞、段宝林等人的《中国俗文学概论》(北京大学,2000 年),都从曲艺与俗文学角度,涉及诸如汉乐府、宋元说唱杂剧等古代文学的领域。

　　古代中国是一个诗歌的国度,而诗歌的核心是诗律。王力先生《汉语诗律学》着重总结了文人诗歌的格律,但随时空转换而复杂多变的民间歌谣的格律问题长期乏人问津。段宝林先生陆续主编了三部论文集《民间诗律》(1987)《中外民间诗律》(1991)和《古今民间诗律》(1999),并自撰文章倡导比较诗律学:作家诗律和民间诗律比较、国内各民族诗律比较、中外诗律比较。民间诗律是自发的、宽泛的;而作家诗律在民间诗律基础上发展起来,更加自觉、更加严格。国内各民族之间民歌诗律各不相同。就以最简单的押韵而言,汉族民歌采用脚韵,蒙古族民歌还有头韵,壮族则有腰脚韵。通过比较,有利于我们正确认识汉语诗歌传统的独特性。通过中外比较,《诗经·国风》开创的民歌传统通过陆路和海路向外传播。陆路传播到中亚和匈牙利,例如匈牙利民歌使用的五声音阶、四句体结构和诗律与周边国家极为不同,却与东方的突厥民族存在十二个共同点,并与中国古老的民歌传统一致。海路则传播到马来西亚和印度尼西亚等地。段宝林倡导的比较诗律学对于古代文学研究是富有启发意义的。

　　中国神话学早期主要用进化人类学理论研究古代神话,茅盾对西王母形象演变的解读是代表。目前,神话学界多采用功能主义和结构主义方法。陈连山教授《结构神话学——列维-斯特劳斯与神话学问题》(1999)系统研究结构主义人类学家列维-斯特劳斯的神话学思想,特别是其关于野性思维的全新理论,抛弃了泰勒的万物有灵论和列维-布留尔的原始思维论。陈连山教授的代表作《〈山海经〉学术史考论》(2012)认为疑古学派定此书成于战国证据不足。《山海经》是原始地理志,并非"巫书"或"神话",但在后世被"解读"为志怪、神话。儒家"子不语怪力乱神"原则导致《山海经》社会地位较低,但随着西方文化的引进,作为"神话宝库"的《山海经》一跃而为中国文化经典。

尧舜传说在中国古史传说中占据核心地位。陈泳超教授的《尧舜传说研究》(2000)延续顾颉刚的方法梳理了历代文献中尧舜传说的演变过程。但他的《背过身去的大娘娘——地方民间传说生息的动力学研究》(2015)更具独创性。他通过对山西洪洞县"接姑姑"(娥皇、女英)习俗的八年考察,发现了当地尧舜传说并非是单纯的故事,而是一种权力话语,不同的人群根据自己的利益创造不同的故事情节。可见单纯分析古代传说文本是无法深入解释尧舜传说背后的创造过程和内部机制的。陈泳超据此创立了民间传说动力学理论,影响巨大,获得民间文学界最高学术著作奖"山花奖"。这种基于田野作业的语境研究方法对古代文学研究也有很好的借鉴意义。

六

北京大学中文系有着极为深厚的古典文献研究的传统。文献研究实际上是一种综合性的研究,它立足于校勘、版本、目录等基本的理论与方法进行文献的整理与研究,同时与义理、词章、考据的方法沟通,与文字、训诂、音韵接壤,构成了传统的实证的文史学的一个重镇。京师大学堂和早期北京大学也是直承清代乾嘉学术风气的。近年漆永祥先生的《乾嘉考据学研究》(1998),孙钦善先生《清代考据学》(中华书局,1918)对清代的考据学有系统的研究。京师大学堂中国文学门的主课中,有"说文学""音韵学",其辅助课程中则有"四库集部提要""《汉书·艺文志》注补""《隋书·经籍志》考证"等课程①。早期的文学史课程如林传甲的《中国文学史》具有文学教学与研究与文献学、语言学结合紧密的特点。

当然,正式建立于1959年的北京大学中文系古典文献专业自有其专业体制方面更直接的前溯起点。近年来孙钦善先生、陈平原先生等人,都在这方面有所探讨。孙钦善先生在刊载于百年校庆纪念文集《青春的北大》中的《北大与整理国故》一文,将北大古典文献专业的源头追溯到1932年整理国故专科的设立,后来在杨晦先生诞辰一百二十周年的纪念会,又根据1925年10月

《北京大学日刊》刊载的《北京大学国文学系学科组织大纲摘要》,将中文系语言、文学、文献专业的三足鼎立的源头,直接追溯到一九二五年的这个学科设置。同时又披露此前魏建功先生的《致中文系教授会》中提到的将中文学科的课程设置分为"语言文字""纯文学""国学"三个部分的设想,认为前述《北京大学国文学系学科组织大纲》,正是采用或说吸收了当时还是一名学生的魏建功的建议,而1959年设立古典文献专业时,魏先生正是主要的组织者与负责者。《北京大学中文系学科组织大纲》除了共同必修科目、共同选修科目外,又按"语言文字""文学""整理国故之方法"三方面规定必修科目。其"整理国故之方法",按我今天来看,就属于文献专业范畴,其科目有"中国目录学""中国校勘学""中国古礼学""中国古乐学""乐律理论及实践""中国古历数学""中国古器物学"等。就专业范围来讲,不仅是狭义的文献学,还涉及到比较广阔的礼乐、律历及文物考古方面的学问。今天古典专业的同仁们,不仅从事传统所说文献学如校勘、目录、版本之学的研究,同时也将更加广大文化史的范围纳入其中,我想与这个现在看起来有些古远的"整理国故方法"的科目,也是遥相呼应的,如带领同仁编纂的《中国古代文化史》,更是体现了文献学专业一直与文化制度史接壤的传统。陈平原先生在《中文教育的百年沧桑——写在北大中文系百年诞辰之际》一文中,也根据上述文献将中文系语言、文学、文献三足鼎立的历史追溯到1925年的这份学科组织大纲,指出当时的国故整理法中还包括考古学等,"从2925年起,北大中国文学系的专业范围,就不是纯粹的'文学',还包含语言、文献等"[②]。但正如前面所述,如从实际的内容来看,北京大学中文系的学统中,一直就包括了文学与语言、文献三者并重的传统。尤其是从章门弟子一派进入北大之后,将乾嘉考据学与现代的史学实证办法结合,不仅在古代语言与文献的研究中体现,而且即使在古代文学的研究方面,也颇多地体现一种追求实证的倾向。

在某些专题上,中文系的古典研究方面似乎可以找到一种传统的衔接。如就上述我们提到阴先生在词乐及音乐史方面的研究。阴先生1935年入北京大学中文系求学,1939年在西南联大北大文科研究所就读研究生时,受罗庸、杨振声指导,选择词体起源为论文题目,并由此走上研究音乐史与文化史的道路。但如果再往前追溯,我们看到蔡元培在1917年任校长后设立音乐研究会,并请精通词曲之学的吴梅来北大执教,此外还有一直在北大担任声律、乐律课程的许之衡。这一切都能说明为什么我们能在1925的科目大纲中看到"中国古乐学"科目。二十世纪九十年代以来,乐府问题重新受到重视,倪其心、葛晓音、钱志熙等人又分别从各自研究主题出发,在汉魏乐府、隋唐燕乐等领域进行各方面的专题探索。王风对古琴的专业性研究,好像又是遥远地呼应整理国故方法中的古器物研究的纲目设计。当然,几代学人都有他们各自的进程与背景,不能简单地作传统的勾连,但在这其间我们发现,即使从古代音乐史及诗歌与音乐的关系等专门的领域,也可以看到存在于北京大学中文专业的发展历史中若隐若现的一种传承与发展脉络。也许可以说,北大的文献专业及文献研究,具有大文献、大文化的特点,在联系文学与语言两个专业上,特点也是比较明显的。

七

古文献教研室历来重视教学与科研相结合,与中文系其他专业相比,其最大的优势,就是团队工作方式,多以团队形式集中攻坚,其中尤其是《全宋诗》(倪其心、孙钦善等)《日本宫内厅书陵部藏宋元版汉籍选刊》(安平秋等)等一批精品力作在学术界产生了很大影响。

《全宋诗》是北京大学古文献研究所编纂的大型断代总集,由傅璇琮、孙钦善、倪其心、陈新、许逸民任主编,前后历经13年,于1998年由北京大学出版社出版。全书72册、3785卷,共收作者9000余人、诗歌24万余首,近4000万字。搜采广博,编校精整,凡名家钜制,散篇佚作,皆一一甄录,使有宋一代诗歌全貌,较为完整地呈现在读者面前,大大地推进了宋诗以及宋代文学史、学术史与文化史等的研究。后续的《〈全宋诗〉补正》是2003年北京大学中国古文献研究中心承担的教育部人文社会科学重点研究基地重大项目,初期名为《〈全宋诗〉补编》(上),项目主持人为孙钦善、王岚,成员为许红霞、李更、陈晓兰等,并吸纳古典文献专业研究生参与项目工作。2006年,又申请获得全国高校古委会重点科研项目资助与教育部人文社会科学重点研究基地重大项目后续支持,更名为《〈全宋诗〉补正》,由王岚主持。本项目主要针对《全宋诗》的缺漏逸失、误收重收等，全面搜辑，考校订补，并吸收现已发表的有关《全宋诗》订补论著的成果。目前已完成补正稿 340 万字，其中包括新整理的小家 2000 余人。本项目出版后，将成为与《全宋诗》相得益彰的重要古籍整理成果，使《全宋诗》更加趋于精审与完善㉘。

安平秋先生主持的人文社会科学重点研究基地古文献研究中心，完成了多种集体项目。其中日藏宋元版汉籍的整理出版，最为学术界所注目。从 1997 年开始，与日本有关机构合作，将宫内厅书陵部收藏的宋元版汉籍共计 144 种全部复制回国，并从中精选出 66 种，先后于 2001、2002 年和 2012 年影印出版。其中既有海内孤本，未见其他藏书机构收藏者；也有在同书诸多版本之中，宫内厅藏本是初刻本或足本者。这些珍贵古籍具有相当高的学术价值和文献价值，有力地推动了相关研究的开展。这套丛书是古委会的科研规划重点项目，也是国家社科基金重大项目文献中心"十三五"研究规划，本中心将主攻方向进一步凝练为"古代重要典籍整理及其思想价值研究"。这一主攻方向既考虑到国家和社会重视中国传统文化的重大现实需求，也考虑到了古典文献学科发展的趋势及本中心的现有研究基础和学术优势。

这一主攻方向，大致包括古典文献的整理和立足于古典文献的理论研究两个方面。其中古籍整理方面又分两个分支，即海外汉籍善本的搜集和整理与境内传世典籍的整理，可称为"内、外"两个分支，这两个分支应该并重。关于境内传世文献的整理这个分支，本中心在两个方面有比较的特色和优势，一是经学文献整理研究方面，二是宋代诗歌文献整理研究方面。在基于古籍整理的理论研究方面，本中心"十三五"期间拟重点研究明代思想文化和清代学术史，这也是本中心的学术特色之一。

2017 年度，本中心已启动"日本东京大学、庆应大学所藏汉籍善本选刊""《全宋诗》失收诗人诗作及专卷汇编""明代伦理与文学关系研究"三个基地重大项目，已确定的另两个基地重大项目"儒家经典整理与研究"和"东吴三惠研究"也将在 2018 年正式启动。

北大古代文学专业的学者，也一直具有重视文献的传统，其特点是对其研究课题相关的文献进行程度不同的整理、校勘、考证工作。小说文献研究方面，如袁行霈、侯忠义先生的《中国文言小说书目》（1983），侯忠义先生的《中国文言小说参考资料汇编》，对后来的小说书目文献研究有先导作用。严绍璗先生长期致力日本汉籍版本、目录的搜访与整理，撰著《汉籍在日本流布的研究》《日本藏宋人文集善本钩沉》《日藏汉籍善本书录》等著作，后者尤堪称鸿篇巨制。清代徐松的《登科记考》是有关唐代科举、制举历史的重要文献，向来受到唐代文史研究者重视，从岑仲勉、罗继祖等开始，陆续有所补正。孟二冬先生在完成了《中唐诗歌的开拓与新变》等论著后，穷数年之力，爬梳剔抉，在充分吸收前人研究的基础上，撰成《登科记考补正》三册。仅就人数一项而言，徐松原著收录唐代进士、明经、制科等近三千人，大约相当于唐代科举总人数的三分之一，孟氏的《登科记考补正》增加了1527人。此书为唐代文学研究尤其是唐代科举与文学关系的研究提供了扎实基础。出版后深得学界相关专家好评。

八

以下再简述一下古代文学专业的现状。古代文学专业目前活跃在科研、教学一线的在职人员，主要是五、六十年代至八十年的学者，基本上都形成了个人的研究方向，并在学术上有各自的影响。以下按照同仁们研究对象历史阶段略作叙述。

先秦至两汉一段：傅刚在《文选》版本方面有很深入的研究，著述除前文提到的几种外，尚有《昭明文选研究》《文选版本研究》等著作，近十多年来又转入先秦散文如《左传》《战国策》及辞赋方面的研究。于迎春对两汉文人及文学发展的问题有比较深入探讨，著有《汉代文人与文学观念的演进》《秦汉士史》等著作。常森在先秦两汉的多个领域都有专深的探讨，著有《屈原及其诗歌研究》《先秦诸子研究》《先秦文学专题讲义》《二十世纪先秦散文研究反思》等著作，近年来结合传统的《诗经》学来研究战国竹简《孔子诗论》等出土诗学文献，发表了多篇论文。程苏东在较深的文史基础上，近年随袁行霈先生的新编十三经项目，进入经学史的研究，著有《从六艺到十三经——以经目演变为中心》一书，并结合经学、出土文献、诗学三个领域，发表多篇论文。

魏晋南北朝至隋唐五代：钱志熙的研究主要集中在诗歌史及其相关的思

想文化背景的研究,著述除上文提到诸种外,尚有《唐前生命观和文学生命主题》《汉魏乐府艺术研究》《魏晋南北朝诗歌史述》《陶渊明传》等。杜晓勤集中于南北朝到唐代的诗歌史研究,其著述除上文提到外,尚有《初盛唐诗歌的文化阐释》《齐梁诗歌向盛唐诗歌的嬗变》《二十世纪中国文学研究:隋唐五代文学研究》等。张一南擅长诗古文辞,近年发表了一些以唐诗艺术的探索为中心的有分量论文,其专著《晚唐齐梁体研究》即将出版。

宋元段:李简长期专注于历代杂剧的研究,著有《呼唤与梦想——近代的杂剧传奇创作》《元明戏曲》《元明戏曲导读》等著作。张剑近十多年来,从研究宋代家族文学的晁氏家族文学发端,延伸到对宋元明清家族及西南地域、江南地域文献的整理与研究,著有《晁说之研究》《宋代家族与文学——以澶州晁氏家族为中心》《宋代浚及其家族考论》《莫友芝年谱长编》等专著,并整理点校了如《莫友芝日记》《翁心存文存》《翁心存日记》等多种清代文献,并主持编纂《中国近现代稀见史料丛刊》等古籍整理项目。

明清近代段:刘勇强长于小说史的研究,其成果除上述提及外,尚有《西游记论要》、《奇特的精神漫游——西游记新说》《幻想的魅力》《中国古代小说史叙论》《中国神话与小说》等。潘建国长于小说史研究,尤其在小说文献方面有深入研究,并及版本学及古代出版业等领域,著有《古代小说书目简论》《中国古代小说书目研究》《古代小说文献丛考》等著作。白一瑾专注明清鼎革之际文学的研究,著有《明清鼎革中的心灵史》《清初贰臣士人心态与文学研究》等专著。陆胤集中于近代文学的研究,传承陈平原、夏晓虹两位先生从近代文化、教育与社会、人群的变迁中把握文学问题的研究特点,近年出版《政教存续与文教转型——近代学术史上的张之洞学人圈》等著作,并发表有关近代研究的一系列论文。

综观北京大学古代文学专业从五、六十年代到七、八十年代学者,基本上已经形成个人的治学风格与路数。总的看来,上文所说的文学、文体及文学史这三者的体现还是比较突出的。如果与前面几代学者比较,在局部的、专题的研究方面的深度,有超过的地方,但在弘通方面不如前面几代,同时在文学的当行本色方面,比之第一代学者,也很有加强的必要。但学术的理念、方法,都随时代在变代,如论思维方法之活泼、多种学科之融合,则这一代学者对前面几代学者的超越,也是很明显的。总之,学术事业,既要与时俱进,不断地开新,又要有自觉的学术史意识,在宏观认识与微观的探讨方面,都要不断地回顾传统,将个人的研究有意识地纳入到学术史环节中。而这个传统,当然也不只北大中文系传统,而是中国整个百年人文学科的传统,在古典方面,尤其要重视对现代文史各学科形成之前的中国古代的文史研究传统的继承与发展。

九

文献专业同仁的研究工作,在组织团队完成大型项目的同时,也有个人长期从事的文献及文化、文学方面的研究项目。如安平秋先生除主持多种集体项目外,个人在先秦两汉文学方面积累深厚,尤其《史记》学方面造诣精深,著有《史记版本述要》《史记研究集成》等著作。杨忠先生的治学领域也是跨古典文献与古典文学研究,除参与及主持多种集体型的项目外,还撰有《三国演义校注》《清人别集总目》等多种著作。曹亦冰先生除主编《美国图书馆藏宋元版汉籍图录》外,个人长期从事古代小说的文献整理与研究,著有《侠义公案小说史》《＜林兰香＞与＜醒世姻缘传＞》《侠义小说史》《古代武侠小说与中国社会》,以及《新序说苑选译》(译注)《永庆升平前传》(点校)等。

文献专业现在职的同仁,从年龄层来看,集中于六、七十年代。廖可斌的治学领域为明代文学、文献和中国古代戏曲小说研究,著有《明代文学复古运动研究》《明代文学思潮史》《理学与文学论集》《复古派与明代文学思潮》等,这几部著作都能推源溯流,从中国古代的诗文发展的整体历史把握明代复古文学的特性。他近年来又在文献研究方面推进其工作,主编《稀见明代戏曲丛刊》等。李宗焜的治学领域为甲骨学、古文字学研究,业余从事书法、篆刻的研究和创作。著有《甲骨文字编》《唐写本＜说文解字＞辑存》《影印解说高邮王氏父子手稿》《当甲骨遇上考古》等。刘玉才的治学领域为中国古典文献学、中国文化史和东亚文化交流史,著有《清代书院与学术变迁研究》,主编《中国古代文化史》《日本国会图书馆藏宋元本汉籍选刊》《十三经注疏校勘记》(整理本)等。近年来还致力于海外所藏古代典籍的研究,主编《从钞本到刻本:中日论语文献研究》。顾歆艺的治学领域为中国古典文献学以及以宋元为中心的古代思想史和艺术史研究,著有《杨家将与岳家军系列小说》,以及《晚唐小品文选译》(译注)《蜃楼志校注》(校注)等。王岚的治学领域为宋诗整理和古籍版本学,参与编纂《全宋诗》,并主持编纂《全宋诗订补》,著有《宋人文集编刻流传丛考》,以及《陈子昂诗文选译》(译注)《经籍会通》(点校)等。王丽萍除参与编纂《全宋诗》工作外,个人治学领域为先秦诸子,著有《列子选译》(译注)《亚圣——孟子的理想》(合著)等。许红霞的治学领域为宋元僧诗文献和目录学研究,参与编纂《全宋诗》《全宋诗订补》,著有《宋集珍本五种——日藏宋僧诗文集整理研究》,以及《许衡集》(点校)等。刘萍,治学领域为日本中国学和海外汉学,著有《<论语>与近代日本》《津田左右吉研究》等。刘瑛除参与编纂《全宋诗》,个人治学领域为先秦史与先秦文献,著有《〈左传〉〈国语〉方术研究》等。漆永祥除《全宋诗》系列的工作外,个人治学领域为中国古文献学史、清代考据学,尤其是在乾嘉学术的研究方面有较大的影响,著有《乾嘉考据学研究》《江藩与〈汉学师承记〉研究》,以及《汉学师承记笺释》《汉学师承续记》《江藩集》《东吴三惠诗文集》《汉学商兑》(点校)等。近年中国学者对古代朝鲜使者《燕行录》进行较集中的研究,漆永祥教授在这方面的研究,也处领先地位。杨海峥的治学领域为《史记》和海外汉学、海外汉籍整理与研究,主持欧美汉籍整理的重大项目。著有《日本〈史记〉研究论稿》《汉唐〈史记〉研究论稿》,以及《史记会注考证》(点校)等。李更的治学领域为敦煌文献和宋代文献整理与研究,参与编纂《全宋诗》《全宋诗订补》,著有《宋代馆阁校勘研究》《分门纂类唐宋时贤千家诗选校证》等。陈晓兰的治学领域为中国古文献学及宋代文献整理与研究,参与编纂《全宋诗》《全宋诗订补》,著有《南宋四明地区教育和学术研究》,以及《吴兴藏书志》《武林藏书志》(点校)等。卢伟,治学领域为海外汉学、海外汉籍整理与研究,著有《美国图书馆藏宋元版汉籍研究》,主编《美国图书馆藏宋元版汉籍图录》。顾永新的治学领域为中国经学史和经学文献学,著有《欧阳修学术研究》《经学文献的衍生和通俗化——以近古时代的传刻为中心》(上下卷)。吴国武的治学领域为古文献学、经学和古代学术文化,著有《经术与性理——北宋儒学转型考论》,编纂《两宋经学学术编年》等。林嵩的治学领域为《资治通鉴》研究及古籍整理,著有《通鉴胡注论纲》等,以及《论孟精义》《王子年拾遗记》(点校)等。

古典文献专业同仁,以具有科学精神的现代的文献整理、文献研究的方法从事工作,具备有打通文史哲的前景。个人觉得在从事文献研究同时,应该继续前辈学者如倪其心先生的《校勘学大纲》、孙钦善先生的《中国古文献学》《中国古文献史》的工作方式,在具体的文献整理工作的同时,对目录学、版本学、校勘学等传统学术领域展开理论与史的研究。另外,本专业也亟须进行更年轻的八零后、九零后的梯队建设。

本文撰写过程中,古文献研究中心、刘勇强先生、刘玉才先生、王岚先生、顾永新先生诸位提供重要的资料。关于民间文学与古典文学关系的部分,主要采用陈连山先生的叙述文本。本文只代表个人的看法,并非严格意义上的学科总结,本着追溯传统、承续先贤、初步梳理学科发展史的宗旨,在叙述上详前而略后,挂一漏万并评论不当处,请校内外同仁不吝批评指教!

注　释

① 光绪二十四年十月二十日"孙家鼐大学堂开办情形折",《北京大学史料》第 1 卷,北京大学出版,1993 年,49 页。
② 陈平原,《作为学科的文学史》,北京大学出版社,2011 年,9 页。
③ 《游国恩学术论文集》,527—528 页。
④ 见姚永朴,《文学研究法》张玮序言。
⑤ 参看钱志熙,《二十世纪上半期乐府研究史述评》,《北京大学学报》2013 年第 5 期。
⑥ 温儒敏、费振刚主编《百年学术文学卷》,北京大学出版 2008 年,第 2 页。
⑦ 原载 1917 年 2 月 1 日"新青年"2 卷 6 号。
⑧ 参见钱志熙,《游国恩的文学史观及其对早期文学史的构建——兼论二十世纪上半期文学史观的演变》,《北京大学学报》2020 年第 3 期。
⑨ 《光绪二十九年学科设置及课程安排档案》,转引自马越编著《北京大学中文系简史》,北京大学出版社,1998 年,2 页。
⑩ 《光绪二十九年学科设置及课程安排档案》,转引自马越编著《北京大学中文系简史》,7 页。
⑪ 陈贻焮,《说李颀的〈古从军行〉》,《唐诗论丛》,湖南人民出版,1980 年,153 页。
⑫ 褚斌杰,《诗经全注》,人民文学出版社,1999 年,128 页。
⑬ 褚斌杰,《诗经全注》,69 页。

⑭ 白雪华等编,《周先慎先生八十寿诞纪念文集》,国家图书出版社,2页。
⑮ 周先慎,《我的古典小说研究》,《周先慎先生八十寿诞纪念文集》,3—12页。
⑯ 刘勇强、潘建国、李鹏飞,《古代小说研究十大问题》,北京大学出版社,2017年。
⑰ 林庚,《关于新诗形式的问题和建议》,《问路集》,北京大学出版社,1984年,247页。
⑱ 见阴法鲁《关于词的起源问题》及《词史讲话》系列论文,《阴法鲁学术论文集》,2008年。
⑲ 葛晓音,《先秦汉魏六朝诗歌体式研究》,北京大学出版社,2012年,1页。
⑳ 张少康,《牢记恩师教导,发扬杨晦先生科学创新的学术思想与文艺思想》,纪念杨晦诞辰一百二十周年会议发言。
㉑ 陈飞、张剑,等,《中国文学史专题史书目提要》,大象出版社,2004年。
㉒ 见陈平原,《作为不学科的文学史》,北京大学出版社,2011年,6页。
㉓ 夏晓虹编,《季镇淮先生纪念集》,北京大学出版社,253页。
㉔ 陈平原,《作为学科的文学史》,4页。
㉕ 温儒敏主编,《北京大学中文系百年图史》第七节《歌谣蒐集与方言调查》,北京大学出版社,2010年,19页。
㉖ 马越,《北京大学中文系简史》,2页。
㉗ 北京大学中文系编,《北京大学百年庆典纪念册》,北京大学出版社,2011年,23页。
㉘ 根据2017年漆永祥、王岚提供给《国学茶座》第17期封面的文字删改。

《新编新注十三经》刍议

袁行霈

一

今传《十三经》有一个漫长的形成过程,其间经过多次增减、变动。兹将《十三经》的形成过程作一简要的论述:

据《史记》记载,孔子有"六艺"之说,指《诗》《书》《礼》《乐》《易》《春秋》①;湖北荆门郭店楚墓出土竹简《六德》,讲到《诗》《书》《礼》《乐》《易》《春秋》②,也未总称为"六经"。到西汉有"五经"之说,陆贾《新语·道基》篇:"礼义独行,纲纪不立,后世衰废,于是后圣乃定五经,明六艺,承天统地,穷事察微,原情立本,以绪人伦……"③汉武帝时将"五经"正式立于学官,《汉书·武帝纪》:"(建元)五年(前144)春,……置五经博士。"④五经的排列顺序通常是《诗》《书》《礼》《易》《春秋》或《易》《书》《诗》《礼》《春秋》⑤。东汉又有"七经"之说,见《后汉书·张纯传》:"乃案七经谶、明堂图……欲具奏之。"章怀太子注:"七经谓《诗》《书》《礼》《乐》《易》《春秋》及《论语》也。"⑥

唐太宗贞观七年(633)颁《新定五经》⑦,此后太宗又诏孔颖达等撰修《五经正义》,书成,因太学博士马嘉运驳之,诏更令详定,功竟未就⑧。高宗永徽间又经考正,于永徽四年(653)始颁行⑨。此外,唐代还有"九经"之称⑩,"九经"包括《易》《书》《诗》《周礼》《仪礼》《礼记》《春秋左传》《春秋公羊传》《春秋穀梁传》。文宗大和四年(830)郑覃以经籍讹谬,请召宿儒奥学,校定六籍,勒石于太学,从之⑪。文宗大和七年筹备,至开成二年(837)告成,用楷书刻《周易》《尚书》《毛诗》《周礼》《仪礼》《礼记》《左传》《公羊》《穀梁》《孝经》《论语》《尔雅》十二经长安太学,并以唐张参《五经文字》、唐玄度《九经字样》为附丽,共 652 052 字,这就是《开成石经》,今藏西安碑林。宋赵希弁《读书附志》经类,列《石经周易》《石经尚书》《石经毛诗》《石经周礼》《石经仪礼》《石经礼记》《石经春秋》《石经公羊》《石经穀梁》《石经论语》《石经孝经》《石经孟子》《石经尔雅》,曰:"以上《石室十三经》,盖孟昶时所镌,故《周易》后书:'广政十四年岁次辛亥五月二十日。'唯《三传》至皇祐初方毕,故《公羊传》后书:'大宋皇祐元年岁次己丑九月辛卯朔十五日乙巳工毕。'"[12]《石经孟子》下著录:"右《孟子》十四卷。不题经注字数若干,亦不题所书人姓氏。"[13] 另据宋曾宏父《石刻铺叙》卷上所云:"《孟子》十二卷,宣和五年九月帅席贡暨运判彭慥方入石,逾年乃成。"[14] 可知《孟子》列入《十三经》,应当是在北宋。南宋高宗绍兴十三年(1143)又刻石经,也增加了《孟子》。清康熙年间陕西巡抚贾汉复在开成十二经之外,又补刻《孟子》,统称《唐十三经》。十三经的顺序为《易》《书》《诗》《周礼》《仪礼》《礼记》《春秋左传》《春秋公羊传》《春秋穀梁传》《论语》《孝经》《尔雅》《孟子》[15]。

元、明两代已有《十三经注疏》刻本。清乾隆四年(1739)有武英殿刻本《十三经注疏》;嘉庆二十一年(1816),南昌府学重刊宋本《十三经注疏》附阮元校勘记刻成。后者流传广泛,成为学者使用最广的本子。

粗略地回顾上述历史,我们可以得出三点结论:

(一) 儒家后来所谓的"经"在先秦并未赋予"经"的名称和地位。大概战国中后期已有学者尊称某些儒家典籍为"经",如《荀子·劝学》谓学之数"始乎诵经,终乎读礼"(杨倞注:"经,谓《诗》《书》;礼,谓典礼之属也。")[16] 汉初学者陆贾等人以亡秦为殷鉴,进一步推尊儒家典籍为经。汉武帝"罢黜百家,独尊儒术",儒家思想取得国家意识形态的地位,"五经"立于学官。自此之后,《易》《书》《诗》《礼》《春秋》这五部书才被正式尊称为"经"。此乃取其"恒常"之义,《白虎通·五经》所谓"经,常也"[17],《释名》所谓"经者,径也,常典也"[18],代表了汉儒对于"经"的理解。后来刘勰《文心雕龙·论说》"圣哲彝训曰经,述经叙理曰论"[19],是很有代表性的看法。正如张舜徽先生在《汉书艺文志通释》中所云:"古之六艺,本无经名。孔子述古,但言'《诗》曰''《书》云',而不称'诗经''书经';但言'学《易》',而未尝称'易经'。下逮孟、荀,莫不如此。……况经者纲领之谓,原非尊称。大抵古代纲领性文字,皆可名之为经。故诸子百家之书,亦多自名为经。"[20]

（二）《十三经》是在很长的时间内逐渐确定的[21]。在汉代为五经、七经，到唐代扩充为九经。《孝经》《尔雅》《论语》都是后来增加进去的。而且在宋朝，《春秋》《仪礼》《孝经》还都曾被剔出经部。《孟子》十一篇在《汉书·艺文志》和《隋书·经籍志》中都属于子书，到了宋代才归入经书，从目录学的角度看来，所谓经书和子书的分类本来不很严格。既然如此，现在通行的《十三经》并不是不可调整的。

（三）汉武帝将五经立于学官，乃是将五经作为学校的教科书。唐代实行科举考试，则五经或九经又成为科举考试的标准用书。那时的朝廷是将经书作为统一思想、治理国家、推行教化、选拔人才的依据。现在我们研究经书跟古代的出发点已有很大的区别，已不再需要那样一套钦定的教科书或考试用书，而是将它们作为中国传统文化的源头来研究，这是需要特别加以强调的。

二

今传《十三经》全部是儒家的典籍。形成这种状况，是汉武帝"罢黜百家，表章六经"[22]的结果。借用刘勰《文心雕龙》前三篇的标题，可以说《十三经》以原道、征圣、宗经为主线，道、圣、经三者关系密切。我们不禁要问：难道只有儒家的典籍才能称为"经"吗？我们可不可以突破这种局限呢？以我的愚见，当初编纂儒家的经典，自然以这十三部典籍为宜。如果不限于儒家，而是着眼于整个中国文化的原典，那就不应局限于现在通行的《十三经》。在儒家之外，道家、墨家、法家、兵家也有很重要的地位，应该纳入中国文化的经书范围之内。现在通行的《十三经》中所收各书也需要重新审视，加以去取。显而易见，我们今天研究中国传统文化不应当限于儒家，所谓"国学"并不等于"儒学"，现在早已不是"罢黜百家，独尊儒术"的时代了！我们应当改变儒家独尊的地位，更广泛地吸取各家之精华，以更广阔的视野继承和弘扬中国优秀的传统文化。而这正是《新编新注十三经》努力的方向。从西周到春秋、战国的几百年间，是中华文明极其灿烂的时代，其多姿多彩的精神成果不仅体现在儒家典籍之中，也体现在儒家之外诸子百家的典籍之中。我们研究中国传统文化，要从多个源头清理中华文明的来龙去脉,广泛地吸取其中的精华。

基于以上的学术理念,我倡议对《十三经》重新编选和校注。计划中的《新编新注十三经》收入以下十三种典籍:《周易》《尚书》《毛诗》《礼记》《春秋左传》《论语》《孟子》《荀子》《老子》《庄子》《墨子》《孙子》《韩非子》。保留原来的七种,替换六种。

我们充分肯定传统文化(包括儒家典籍)的重要价值,认为上述十三种书具有长远的意义,经过整理可以在今天充分发挥其作用。这是我们仍然沿袭"经"这个名称的一个重要原因。又因为"十三经"之称已经习以为常,如同《三字经》《百家姓》《千字文》《唐诗三百首》,无论学者还是一般读者久已习惯,而且中国本土文化中时代最早、可以称之为文化源头而又流传有绪的、带有纲领性的重要典籍,恰好可以选择十三种,仍然维持"十三经"的名称是适宜的。

我们所谓的"经",与传统的"经"相比,含义有所同也有所不同。首先,称"经"有以示尊崇之意,因此新编《十三经》,也就是选择那些在中国文化中具有重要地位的典籍,意在使读者能够借此把握中国文化的主线。其次,"经"有"恒常"的意思,表明这些典籍不仅在历史上具有重要的影响,而且其深刻、丰富的思想在今天有值得弘扬之处,在未来仍将具有不可忽视的影响力。第三,我们所谓"经"具有开放性和多元性,不再封闭于原来那十三种书的范围之内,这样可以更全面地反映中华文化的丰富内涵。

接下来就将新增的六种经典作一简单的论述:

(一) 属于儒家的一种:《荀子》

荀卿自称为儒,《汉书·艺文志》著录《孙卿子》三十三篇,归属于儒家,孙卿就是荀子。《韩非子·显学》篇说孔子以后"儒分为八",其中"孙氏之儒"就是指荀子[②]。但荀子的学说与孔子有所不同,他曾游学齐国的稷下学宫,受到道家、法家、名家的影响。荀子主张"法后王",主张人性恶,并在《非十二子》中对子思、孟子等儒家学者进行了激烈的批判。《荀子》未能列入《十三经》,可能与他的这种思想倾向有关。其实,《荀子》中有不少值得注意的思想资源。其"王道"观包含着丰富的内容,诸如"隆礼""贤能不待次而举""平政爱民"等,都值得注意。其宇宙观,主张"天行有常,不为尧存,不为桀亡。应之以治则吉,应之以乱则凶","制天命而用之",也值得注意。其经济思想,提出"富国裕民"

之道,很有意义。其他如"解蔽"之说,"虚壹而静"之说,以及其音乐理论、教育理论,也都值得进一步发掘整理。至于它对中国历史文化的影响,谭嗣同《仁学》所谓"二千年来之学,荀学也"一语㉒,足可见之。蕴含着如此丰富思想资源的《荀子》,列入《新编新注十三经》是适当的。

(二) 属于道家的两种:《老子》和《庄子》

汉武帝"罢黜百家,独尊儒术"之后,总的看来道家的地位虽然比不上儒家,但道家在中国传统文化中的地位仍然足以跟儒家相提并论,儒道互补成为中国传统文化的一个重要特点。在古代已有称之为"经"者,如《隋书·经籍志》著录《老子道德经》二卷,周柱下史李耳撰,汉文帝时河上公注;《老子道德经》二卷,王弼注。作为道家之创始,《老子》一书中包含的朴素辩证法,关于人与自然关系的认识等,对中国文化的各个方面,如哲学、政治、文学、艺术等等都有深远的难以估量的影响。如果没有《老子》,就没有魏晋以后流行的玄学和唐代以后流行的禅学,中国文化就将失去不少多姿多彩的方面。道家关于清静无为的说法,在战乱之后社会需要休养生息之际尤能显示其在治国方面的重要意义。

郭店楚简中发现了三种《老子》抄本,抄写时间在公元前三百年左右,虽然均不完整,仍是目前所能见到的最古老的本子。湖南长沙马王堆三号汉墓出土了两种汉初的抄本,即帛书《老子》甲本和乙本,这是目前所能见到的较早的完整的本子。这些出土文献为《老子》一书的校勘注释和研究,开辟了新的途径,已有许多新的研究成果问世。《新编新注十三经》收入《老子》,除原有的传世《老子》外,利用楚简本和帛书本及其研究成果,是可以做出新的成绩来的。

《庄子》一书乃是庄周及其后学的著作。其内篇所阐述的逍遥游代表着一种人生的理想,倡"无名""无功""无己",以求无待,无待则可以得到精神的自由。其所主张的齐物论,有助于破除那种绝对、僵硬、呆板、滞塞的思维方式。作为与儒家相对抗的学说,《庄子》丰富多彩而又富于机辩,极具智慧之光芒,使中国文化带上了灵动、活泼、通透的特点,具有极大的想象力、创造力以及艺术感染力。在魏晋南北朝时期,庄子学复兴,《庄子》与、《老子》《周易》并称"三玄",是名士们研习的经典。唐、宋两朝,《老子》《庄子》还曾被尊为"经",并置博士员,立于学官。《庄子》应当和《老子》一并列入《新编新注十三经》之中。

(三)属于墨家的一种:《墨子》

墨家的创始人是墨翟。墨家在当时影响很大,《孟子·滕文公下》云:"杨朱、墨翟之言盈天下。天下之言不归杨,则归墨。"《孟子·尽心下》又说:"逃墨必归于杨,逃杨必归于儒。"㉕孟子的话虽不免有点夸张,但从中仍然可以看出墨学在当时是一种显学。《韩非子·显学》就明确地说:"世之显学,儒、墨也"。㉖《庄子·天下》篇云:"相里勤之弟子五侯之徒,南方之墨者苦获、已齿、邓陵子之属,俱诵《墨经》,而倍谲不同,相谓别墨。"㉗《吕氏春秋·仲春纪·当染》称孔子与墨子"此二士者,无爵位以显人,无赏禄以利人,举天下之显荣者必称此二士也。皆死久矣,从属弥众,弟子弥丰,充满天下。王公大人从而显之,有爱子弟者随而学焉,无时乏绝"㉘。可见在《吕氏春秋》成书之际墨子仍然具有与孔子同等的地位。直到汉武帝罢黜百家之后,墨家才消沉下来,而且迄今未能得到足够的重视。其实,《墨子》一书中有不少思想资源值得我们发掘,其尚贤、兼爱、非攻、节用、非命等方面的思想,在今天仍然值得重视,而其在逻辑学方面的贡献,在自然科学方面的论述,也值得注意。《新编新注十三经》应当列入《墨子》。

(四)属于兵家的一种:《孙子》

《史记·孙子吴起列传》:"孙子武者,齐人也。以兵法见于吴王阖庐。阖庐曰:'子之十三篇吾尽观之矣,可以小试勒兵乎?'对曰:'可。'"㉙《汉书·艺文志·兵书略》于兵权谋家著录:"《吴孙子兵法》八十二篇。图九卷。"师古曰:"孙武也,臣于阖庐。"㉚中国古代典籍中兵家的著作是一大笔宝贵的遗产,而《孙子》是兵家中最重要的一部典籍。曹操《孙子兵法序》指出其"审计重举,明画深图"的特点㉛,这已不限于用兵。《孙子》不仅有丰富的军事思想,也有深厚的战略思维,对人才、行政和经济的管理,乃至外交,都有启发借鉴的意义。1972年山东临沂银雀山西汉墓葬出土的竹简本《孙子兵法》十三篇,带动了《孙子》的研究,今天看来完全有理由将之列入《新编新注十三经》之中。

(五)属于法家的一种:《韩非子》

《汉书·艺文志》曰:"法家者流盖出于理官,信赏必罚,以辅礼制。《易》曰'先王以明罚饬法',此其所长也。"㉜在韩非子之前,法家的商鞅重法,申不害重术,慎到重势,韩非子综合法、术、势,成为法家的集大成者。《韩非子》一书也就成为《新编新注十三经》的必选经典。

此外,佛教自汉哀帝元寿元年(前2)传入中国以来,经过魏晋南北朝这个战乱时期,在社会上逐渐传播开来,到唐代取得与儒、道两家并立的地位。新编《十三经》是否选入佛经,成为笔者反复考虑的一个问题。然而新编乃着眼于那些中国本土文化中原生的、时代最早的、处于中国文化源头的、在当时或后代具有广泛深远意义的典籍。而佛经是从印度翻译过来的,唐代盛行的禅宗及其典籍虽然已经本土化,但时代晚了很多,因此佛经暂不入选为宜。将来如果有可能,我们会考虑适当选择佛典和其他重要的典籍以扩充其范围。

三

《新编新注十三经》必须建立在学术研究的坚实基础上,参考古代的各家之言,充分利用新出土的文献资料,吸取最新的研究成果,使之成为值得信赖的学术著作。我们的宗旨是为读者提供中华文化的元典,便于读者从文献的角度追溯中华文化的源头,探寻中华文化的要义。编纂这套书是一项重要的文化建设和学术建设工作,对于弘扬中华民族优秀传统文化意义重大,而且现在编纂时机已经成熟。我们的原则是取精用宏、守正出新。取精用宏对于这套书来说格外重要,因为历代的版本和研究成果浩如烟海,我们既要充分掌握已有的资料,又要去伪存真,去粗取精。守正出新是我在1995年主编《中国文学史》时提出来的,实践证明取得了良好的效果。所谓守正就是继承优良的学术传统,所谓出新就是努力开拓新的学术格局,充分吸取新的研究成果,适当采用新的研究方法,使这套书具有时代的特色,以适应时代的要求。

近年来古籍善本的普查和影印工作有了很大进展。以前的学者看不到的一些善本,我们有机会加以利用,这对我们选择底本和校本提供了很大方便,从而使新编工作有了坚实的基础。自汉代以来,学者们围绕这些经典所作的校勘、注释和研究工作很多,成就卓著,为《新编新注十三经》提供了极其重要的依据。此外,自20世纪以来,特别是近几十年来出土了大量的文献和文物,又为经典的整理研究开拓了新的局面。例如临沂银雀山汉墓出土的竹书,长沙马王堆汉墓出土的帛书,荆门郭店战国楚墓出土的竹简,上海博物馆藏战国楚竹书等,都向我们提供了大批极为宝贵的新资料。由于这些新资料的出现,一些传世的先秦古籍有了更早的古本,古籍中的一些错误得以纠正,古籍中的一些难点得到解释③。充分利用这些新发现的资料,可以为我们的工作质量提供必要的保证。

20世纪之后的学术是在中西文化交流的大背景下展开的。借用西方的哲学、宗教、文学、史学和人类学等等方面的观念来解释中国的典籍,已经取得不少成绩。陈寅恪先生所倡导的"取外来之观念与中国固有之材料互相参证"③,已被证明是行之有效的方法。这也为《新编新注十三经》提供了广阔的空间,从而保证了"出新"的可能。

还有一点值得注意,以前的学者整理经书,各有其家法,而且经今古文之争十分激烈,各个门派互不相容;宋儒与汉儒又有所不同。今天我们重新整理,可以超越这类纷争,兼容并蓄,择善而从,从而取得新的成果。

当然,要想将这套书编好还存在许许多多的困难。一是资料浩繁,要花很多时间才能搜集完备并加以消化;二是每部书都存在不少难点,聚讼纷纭,要想取得进展,提出新见,并经得起考验,实在很难;三是这套书既定位为学术著作,又希望有较多的读者使用,如何在专家与普通读者之间找到平衡点,需要认真摸索。但是我们相信,依靠参加工作的各位学者刻苦钻研,以及集思广益、反复讨论,我们有希望达到预期的目标。

注 释

① 《史记·滑稽列传》:"孔子曰:'六艺于治一也。《礼》以节人,《乐》以发和,《书》以道事,《诗》以达意,《易》以神化,《春秋》以义。'"(《史记》,中华书局,1982年,3197页。)至于《庄子·天运篇》:"孔子谓老聃曰:'丘治《诗》《书》《礼》《乐》《易》《春秋》六经,自以为久矣,孰知其故矣;以奸者七十二君,论先王之道而明周召之迹,一君无所钩用。甚矣夫!人之难说也,道之难明邪?'老子曰:'幸矣子之不遇治世之君也!夫六经,先王之陈迹也,岂其所以迹哉!'"(郭庆藩《庄子集释》,中华书局1961年,531—532页)其中讲到了"六经",但此篇属于《庄子》之外篇,其时代难以确定,仅录以备考。

② 《郭店楚墓竹简·六德》:"观诸诗、书则亦在矣,观诸礼、乐则亦在矣,观诸易、春秋则亦在矣。"文物出版社,2003年,188页。

③ 王利器《新语校注》，中华书局，1986年，18页。

④ 《汉书》，中华书局，1962年，159页。又《汉书》卷一九上《百官公卿表上》："武帝建元五年初置《五经》博士，宣帝黄龙元年稍增员十二人。"（《汉书》，726页）《汉书》卷八八《儒林传》赞："自武帝立《五经》博士，开弟子员，设科射策，劝以官禄，讫于元始，百有余年，传业者寖盛，支叶蕃滋，一经说至百余万言，大师众至千余人，盖禄利之路然也。"（《汉书》，3620页）

⑤ 《庄子·天下》篇："《诗》以道志，《书》以道事，《礼》以道行，《乐》以道和，《易》以道阴阳，《春秋》以道名分。"（郭庆藩《庄子集释》，1067页），或疑此六句为注文，误入正文。《史记·儒林列传》在"及今上即位，赵绾、王臧之属明儒学，而上亦乡之，于是招方正贤良文学之士"这段话后所列《五经》也是这个顺序（《史记》，3118页）。而《汉书·艺文志》所列顺序则是《易》《书》《诗》《礼》《春秋》。《白虎通·五经》曰："《五经》何谓？《易》《尚书》《诗》《礼》《春秋》也。"（陈立《白虎通疏证》，中华书局，1994年，448页）《史记·司马相如列传》载相如《封禅文》云："轩辕之前，遐哉邈乎，其详不可得闻也。五三《六经》载籍之传，维见可观也。"司马贞《索隐》："胡广云：'五，五帝也。三，三王也……'案：《六经》，《诗》《书》《礼》《乐》《易》《春秋》也。"（《史记》，3064—3065页）周予同《群经概论》云："六经的次第，今文学派主张（1）《诗》，（2）《书》，（3）《礼》，（4）《乐》，（5）《易》，（6）《春秋》。而古文学派主张（1）《易》，（2）《书》，（3）《诗》，（4）《礼》，（5）《乐》，（6）《春秋》"。（见《周予同经学史论著选集（增订版）》，上海人民出版社，1996年，211页）《乐经》不存，故实际只有五经。

⑥ 《后汉书》，中华书局，1965年，1196页。又，东汉熹平石经，或云五经，或云六经，或云七经，文献记载不同。王国维《魏石经考一》云："当为《易》《书》《诗》《礼》（《仪礼》）《春秋》一经，并《公羊》《论语》二传"，见《王国维遗书》二，上海书店，1983年，376—377页。

⑦ 《旧唐书》，中华书局，1975年，43页。又，《旧唐书·颜师古传》："太宗以经籍去圣久远，文字讹谬，令师古于秘书省考定《五经》。师古多所厘正，既成，奏之。太宗复遣诸儒重加详议，于时诸儒传习已久，皆共非之。师古辄引晋宋已来古今本，随言晓答，援据详明，皆出其意表，诸儒莫不叹服。于是兼通直郎、散骑常侍，颁其所定之书于天下，令学者习焉。"（《旧唐书》，2594页）

⑧ 《旧唐书·孔颖达传》："先是，与颜师古、司马才章、王恭、王琰等诸儒受诏撰定《五经》义训，凡一百八十卷，名曰《五经正义》。太宗下诏曰：'卿等博综古今，义理该洽，考前儒之异说，符圣人之幽旨，实为不朽。'付国子监施行，赐颖达物三百段。时又有太学博士马嘉运驳颖达所撰《正义》，诏更令详定，功竟未就。"（《旧唐书》，2602—2603页），又见孔颖达《五经正义序》。

⑨ 《旧唐书·高宗本纪》:"(永徽四年)三月壬子朔,颁孔颖达《五经正义》于天下,每年明经令依此考试。"(《旧唐书》,71页)

⑩ 《旧唐书·儒学传·谷那律传》:"谷那律,魏州昌乐人也。贞观中,累补国子博士。黄门侍郎褚遂良称为'九经库'。"(《旧唐书》,4952页)

⑪ 《旧唐书·郑覃传》:"覃长于经学,稽古守正,帝尤重之。覃从容奏曰:'经籍讹谬,博士相沿,难为改正。请召宿儒奥学,校定六籍,准后汉故事,勒石于太学,永代作则,以正其阙。'从之。"(《旧唐书》,4490页)

⑫ 北宋刻二体(篆书、真书)石经,成于仁宗嘉祐六年(1061),也增加了《孟子》。

⑬ 以上两条引文见宋晁公武撰,孙猛校证《郡斋读书志校证》下,上海古籍出版社,1990年,1086—1087页。

⑭ 孙猛《郡斋读书志校证》,417页。然据宋晁公武《郡斋读书志》"石经孟子十四卷"下所云:"右皇朝席旦(一作益)宣和中知成都,刊石寘于成都学宫,云伪蜀时刻《六经》于石,而独无《孟子经》,为未备。"《知不足斋丛书》,中华书局影印本,第4册,182页。

⑮ 乾隆《重刻十三经序》曰:"汉代以来儒者传授,或言五经,或言七经。暨唐分三礼、三传,则称九经。已又益《孝经》《论语》《尔雅》,刻石国子学,宋儒复进《孟子》,前明因之,而'十三经'之名始立。"(《御制文》初集卷一一,《影印文渊阁四库全书》第1301册,台湾商务印书馆,1986年,101页)其所言未详。以上所述,笔者除查阅《郡斋读书志》及《读书附志》外,又参考马子云、施安昌《碑帖鉴定》,广西师范大学出版社,1993年,358页;孙钦善《中国文献学史》,北京大学出版社,1994年,332—333页;王锦民《古学经子》,华夏出版社,2008年,227页。

⑯ 王先谦《荀子集解》,中华书局,1988年,11页。

⑰ 陈立《白虎通疏证》,中华书局,1994年,447页。

⑱ 刘熙著,毕沅疏证《释名疏证·释典艺第二十》,广雅书局丛书本。

⑲ 范文澜《文心雕龙注》,人民文学出版社,1958年,326页。但后来也有"六经皆史"之说,见清章学诚《文史通义·内篇·易教上》,仓修良《文史通义新编新注》,浙江古籍出版社,2005年,第1页。

⑳ 《张舜徽集·汉书艺文志通释》(与《广校雠略》合刊),华中师范大学出版社,2004年,177页。

㉑ 汉代以来五经、七经、九经、十二经、十三经的演变情况十分复杂,本文并非专论经学史,只就其大概而言。

㉒ 《汉书·武帝纪》班固赞语,212页。

㉓ 参阅王先慎《韩非子集解》,中华书局,1998年,456—457页。

㉔ 蔡尚思、方行编《谭嗣同全集(增订本)》,中华书局,1981年,337页。
㉕ 朱熹《四书章句集注》,中华书局,1983年,272、371页。
㉖ 王先慎《韩非子集解》,456页。
㉗ 郭庆藩《庄子集释(第2版)》,中华书局,2004年,1079页。
㉘ 陈奇猷《吕氏春秋校释》,学林出版社,1984年,96页。
㉙ 《史记》,2161页。
㉚ 《汉书》,1756—1757页。
㉛ 曹操等注,《十一家注孙子校理》,中华书局,1999年,310页。
㉜ 《汉书》,1756—1757页。
㉝ 参看裘锡圭《中国出土古文献十讲》,复旦大学出版社,2004年,82—90页。
㉞ 陈寅恪《王静安先生遗书序》,《王国维遗书》,上海古籍书店,1983年。

论中国传统诠释学的继承和发展

孙钦善

一

关于中国是否有传统的诠释学(或称阐释学),学术界存在不同的意见,主要有两种:一种意见认为中国没有传统的诠释学,诠释学是西方创造的,只能从外引进;另一种意见认为中国有传统的经典诠释传统,但只停留在经验或具体方法阶段,始终未上升到理论而形成"学",因此要借鉴西方诠释学,建立中国的诠释学。笔者对上述两种意见均不敢苟同,认为中国不仅有悠久的经典诠释传统,而且诠释方法极为丰富,经过不断积累、总结,早已上升到理论阶段,形成自己固有的诠释学。中国历史上虽然没有"诠释学"的名称,但存在"诠释学"的实质,只是名称不叫"诠释学"而已。从解释层面来看,一般可分为三个层面:1,语文解释,包括字、词和文义的训解串释;2,文献具体内容(如史实、人物、名物、典制、天文、历法、地理、年代等有关空间和时间的具体事物)的考释;3,文献思想内容的诠释。思想内容的诠释是最深的一个层面,中国传统称为义理学,义理学即相当于现时影响中国最深的以海德格尔、加达默尔为代表的西方哲学诠释学关于文本诠释的理论。我们当今的任务,既不是引进诠释学,也不是创立诠释学,而是继承传统诠释学,以此为基础,并借鉴西方诠释学,进一步发展这一学科。

笔者的这一观点,是在长期研究中国古文献学史中早已形成的,体现在1988年完稿、1994年由中华书局出版的拙著《中国古文献学史》中;并在1998年北大百年校庆的汉学研究国际会议上发表专题论文《论传统义理之学》[①],作了系统的阐述,当时引起参加讨论的中外学者的关注。我始终认为义理学或诠释学是指导文献典籍解释最高阶段——即诠释古文献内在思想内容的理论体系,因此在 2006 年由北京大学出版社出版的拙著《中国古文献学》中,又把这篇论文改写为《古文献的义理辨析》,作为全书的重要一章殿后。在古文献学中,属于文献解释的内容,包括语言文字解读、具体内容考释和思想义理辨析(或称"义理诠释")三个密不可分而又由浅入深的层次。拙著《中国古文献学》,是根据本人对古文献整理、研究和利用的客观规律的理解和认识而撰写的,全书除绪论外,包括目录、版本、校勘、辨伪、辑佚、语文解读(又分上、中、下)、内容考实、义理辨析诸章。其中目录、版本、校勘、辨伪、辑佚诸章,属于古文献的搜集、订讹和甄别的范围;而语文解读(上、中、下)、内容考实、义理辨析诸章,即属于古文献解释的范围,并且在编排顺序上体现了解释方面由浅入深的层次。

十分难得,笔者的这一见解,在海内外学者中也有共识。西方著名诠释学著作《真理与方法》一书的译者洪汉鼎先生在《中国思想史研究通讯(第 2 辑)》(2004 年 月 6)发表了《西方诠释学的定位及伽达默尔诠释学的本质特征》一文,他说:"今天简单将伽达默尔诠释学的几个特别的观点给大家作一介绍。总的来看,哲学诠释学和施莱尔马赫的解释学是有区别的。哲学诠释学的几个基本特征相当重要,用这样的特征来和我们中国的经典诠释传统结合,怎么样结合起来,这就需要我们今天一起来讨论。我感到,中国有很多东西值得发掘。有人说,我们的经典注释只是达到施莱尔马赫这样的阶段,还不是哲学诠释学,我不大同意这一看法。有一次,我同一位德国教授翻译哲学词典,我讲到,陆象山说'我注六经,六经注我',他一听这话,马上说,诠释学这句话在你们中国早就出现了,几百年前就出现了。所以我想,我们如果通过中国经典诠释能够提出一些理论来补充西方的诠释学,这将是一个很重要的工作。我想有待于大家来做了。"需要补充的是,中国的诠释学不始于宋代的陆象山的"我注六经,六经注我",还可以提前到先秦孟子的"以意逆志",本文将在下面一节谈到。

二

作为本文的立论依据,有必要把本人关于传统义理学(如前所述,相当于诠释学)的见解作一简要复述。

在中国古文献学史上,很早就产生了明确的"义理"概念和探求义理的义理学,一直延续不断。古人关于"义理"的理解毫无二致,皆指抽象的思想内容。而关于探求义理的义理学却道分两歧,一派认为求义理离不开训诂、考证,必须以其为基础,深入探求思想本意;另一派则认为求义必须摆脱训诂、考证,求之于心,主观附会,"六经注我,我注六经"。本人认为在古文献学上,前者能求得本意,属于原意诠释的义理学,在古文献学上具有积极意义;后者附会歪曲,属于附会诠释的义理学,在古文献学上无积极意义,而在思想史上有积极意义。两种义理学,在古文献学史上皆不乏其例,而尤以后者为主。

早在先秦,孟子曾说:"故说《诗》者,不以文害辞,不以辞害志,以意逆志,是为得之。"②这里所谓的"志"是指《诗经》中表达的思想,正是义理,而"以意逆志",即以读者之意去领会文献所表达的思想,为求义理的方法,属义理学。而且"志"和"辞",即思想和语言,是对应的,"辞"为表层,"志"为内里。"以意逆志"方法的提出,注意到思想内容与表达形式(文辞)相矛盾的一面,指出通过文辞了解思想内容的复杂性,有积极意义;但是侧重点表现在离开语言文字,一味心领神会的片面性,基本属于附会诠释的义理学。又如孔子借尧舜之道宣扬自己的仁爱、大同等思想,墨子借尧舜之道宣扬自己的兼爱、非攻、节葬等思想,均为我所用,把无阶级社会的公众领袖歪曲附会为阶级社会的圣明帝王。韩非对孔子、墨的为我所用有一些察觉,说:"孔子、墨子俱道尧舜,而取舍不同,皆自谓真尧舜,尧舜不复生,将谁使定儒墨之诚乎?"③这里对孔子、墨子在义理方面的托古附会的揭露是相当深刻的。而韩非自己做起来,也难免穿凿义理,如《韩非子》中有《解老》《喻老》,为《老子》的选注,《解老》侧重训解诠释,《喻老》则以事类例解,这两篇在解释中并未完全忠实于《老子》本意,而是有参会己意、为我所用进行改造的成分。

至汉,不仅产生了"义理"这一术语,而且义理与文章或章句相对,是作为二者兼备、彼此依存的更为完整的理论提出来的。如刘向《晏子叙录》说:"其书六篇,皆忠谏其君,文章可观,义理可法。"④《汉书·刘歆传》:"及歆治《左氏》,引传文以解经,转相发明,由是章句义理备焉。"⑤王充《论衡·谢短》说:"讲授章句,滑习义理。"⑥汉代的古文献学已经发展成熟,照样存在附会诠释的义理学和原意诠释的义理学之分。附会诠释的义理学主要表现在今文经学和纬学方面。今文经学标榜"经世致用",强调经书的直接的、简单化的实用目的,纬学以谶说经,以经证谶,因此主观臆断、牵强附会、穿凿义理成为主流,其义理学多属附会的。古文经学重章句、考据,又不废义理,比较质实,存在原意诠释的义理学成果,但所讲义理,也难免主观附会,如根据帝王体系对古史的歪曲就是突出的例子。

至魏,王肃《孔子家语序》说:"自肃成童,始志于学,而学郑氏学矣。然寻文责实,考其上下,义理不安,违错者多,是以夺而易之。"⑦此全袭汉人义理与章句、考据结合的观点,并且有原意诠释的义理学成果。

但是魏晋玄学却是一种附会诠释的义理学。"外崇孔教,内实道家"是玄学的特点⑧,为了援道入儒和以儒释道,玄学家采用超脱文献的语言文字的方法,借题发挥,穿凿附会⑨。又如王弼《周易略例·明象》⑩说:"夫象者,出意者也。言者,明象者也,尽意莫若象,尽象莫若言。……故言者所以明象,得象而忘言;象者所以存意,得意而忘象。犹蹄者所以在兔,得兔而忘蹄;筌者所以在鱼,得鱼而忘筌也。然则言者,象之蹄也;象者,意之筌也。是故,存言者,非得象者也;存象者,非得意者也。……然则,忘象者,乃得意者也;忘言者,乃得象者也。得意在忘象,得象在忘言。……忘象以求其意,义斯见矣。"这里虽就《周易》而言,但实际是王弼乃至一切玄学家诠释所有古代文献的通则。所谓"言"指文辞,所谓"象"具体指卦象,又可泛指文献中文辞所表达的一切物象,所谓"意"和"义"即指义理。这里"言"与"象"为表里关系,"象"与"意""义"为更深一层的表里关系,义理与物象,进而与文辞成对应关系。所谓"忘言""忘象""以求其意",为求义理的方法,属于附会诠释的义理学。

至宋,随着理学的发展,义理与义理学进一步被强调,成为古文献学的一个侧重面。司马光《颜太初杂文序》说:"不治章句,必求其理。"⑪张载《经学理窟·义理》说:"有急求义理复不得,于闲暇有时得。"⑫《二程遗书》第十八:"或读书讲明义理,或论古今人物,别其是非,或应事接物而处其当,皆穷理也。"⑬

宋代亦不废考据,有些考据家也承认义理和义理学不可或缺,表现出考据与义理并重的特点,如洪迈《容斋随笔》卷九《尺棰取半》说:"《庄子》载惠子之语曰:'一尺之棰,日取其半,万世不竭。'虽为寓言,然此理固具。盖但取其半,正碎为微尘,余半犹存,虽至于无穷可也。特所谓'卵有毛''鸡三足''犬可以为羊''马有卵''火不热''龟长于蛇''飞鸟之景未尝动',如是之类,非词说所能了也。"⑭这里是说对于形似矛盾的复杂义理,绝不是语言文字的字面解释所能了结的,还必须运用哲理分析解决。

朱熹集理学之成,又畅考据之流,也是义理与训诂、考据兼存。在《答江德功》一信中,他认为解释文献必须"意句俱到(按,借用禅宗语),不可移易"⑮所谓"意"就义理,所谓"句"就是字句,两者对应,与汉魏人"义理""章句"之说毫无二致。但他更强调义理,认为义理属"宏纲","文义训诂"属"微细之间"(《朱文公文集》卷四四),二者有宏观、微观之别。除了把义理与"文义训诂"对应之外,朱熹还把义理与考证对应,如《答孙季和》说:"读书玩理外,考证又是一种工夫。"(卷五四)《朱子语类》卷七八有云:"才老(吴棫)于考究上极有工夫,只是义理上自是看得有不子细。"⑯在朱熹那里,固然有附会"天理""人欲"等附会诠释的义理学,但是更不乏原意诠释的义理学。

陆九渊与朱熹学术思想不同,陆"尊德性",朱"道问学",在义理之学上形成对立。但是二人关于"义理"的概念并无不同,亦与传统一致。如陆九渊《得解见权郡》一信说:"六籍所载,义理所在。"⑰把"义理"与"六籍"对应。又说:"读书固不可不晓文义,然只以晓文义为是,只是儿童之学,须看意旨所在。"⑱这里的"文义"属训诂,即朱熹所说的"文义训诂",而"意旨"则指义理。又说:"学者须是有志,读书只理会文义,便是无志。"这里的"志"属义理。又说:"读《孟子》须当理会他所以立言之意,血脉不明,沉溺章句何益?"(以上《象山集》卷三)这里"立言之意"属义理,其与"章句"对应,与汉人之概念无别。然陆九渊认为:"学苟知本,六经皆我注脚。"(《象山语录》卷一)所谓"学苟知本",实质就是"不专论事论末,专就心上说"(卷四),说穿了就是心领意会,师心自用。何以如此?是他的心学思想体系使然。他认为"万物森然,于方寸间满心而发,充塞宇宙,无非此理"(卷二),又说"人皆有是心,心皆是理,心即理也"(《象山集》卷一一《与李书》),"宇宙便是吾心,吾心便是宇宙"(卷二二《杂说》)。可见在他看来"心""理""宇宙"合为一体,而"心"为本源,为主宰。他还认为典籍所载不过一理:"天下有不易之理,是理有不穷之变,……被之载籍,著为典训。"(卷七《与颜子坚》)因此只要师心自用,就能贯通此理,而与经典自然相合。这正是他说"学苟知本,六经皆我注脚"的依据。又:"或问:'先生何不著书?'对曰:'六经注我,我注六经。'"(卷三)也是这个意思。还有一段语录:"先生云:'学者读书,先于易晓处沉涵熟复,切己致思,则他难晓者涣然冰释矣。若先看难晓处,终不能举一学者诗云:'读书切戒在荒忙,涵泳工夫兴味长。未晓莫妨权放过,切身须要急思量。自家主宰常精健,逐外精神徒损伤。寄语同游二三子,莫将言语坏天常。'"这里讲"切己致思","自家主宰",反对"逐外",不要为语言文字所坏,也正是用主观附会以探求义理的方法。有时他也强调"理会文义",但前面已经指出,他所谓的"文义"仅指训诂,与义理对应,并不是认为"理会文义"是求义理的前提。又如:"或问:'读六经当先看何人解注?'先生云:'须先精看古注,如读《左传》,则杜预注不可不精看,大概先须理会文义分明,则读之其理自明白。'"(《象山语录》卷一)这里似乎认为"理会文义"是意会义理的先决条件,其实他并不认为"理会文义"是意会义理的必经之路。如说:"人莫先于自知,不在大纲上,须是细腻求。"又说:"学者不自着实理会,只靠看人口头言语,所以不能进。"又说:"主于道,则欲消而艺亦可进,主于艺,则欲炽而道亡,艺亦不进。"又说"退步思量,不要骛外。"又说:"道在天下,加之不可,损之不可,取之不可,舍之不可,要人自理会。"又说:"万物皆备于我,只要明理,然理不解自明。"(以上卷三)总之还是一句话,探求义理要师心自求。此正所谓"易简工夫",而不是"支离事业"(卷二"吕伯恭为鹅湖之集"条陆九渊诗)。所以在陆九渊那里主要是附会诠释的义理学。

王应麟学术源出朱熹,也是考据与义理兼重。在义理方面,他不仅同意朱熹的观点,如说:"程子言《易》,谓得其义则象数在其中,朱子以为先见象数,方说得理,不然事无实证则虚理易差。……然义理、象数一以贯之,乃为尽善。"[19]也同意陆九渊的观点,如说:"六经即圣人之心,随其所用,皆切事理,此用经之法。"(《困学纪闻》卷三)又说:"艾轩云'日用是根株,文字是注脚',此即象山'六经注我'之意,盖欲学者于践履实地用工,不但寻行数墨也。"(卷八)

金朝的王若虚是一个著名的考据家,但是他也重视义理。对义理学,他既反对以古文经学为代表的汉学的窒碍,又反对理学为代表的宋学的穿凿,其《论语辨惑序》说:"解《论语》者不知其几家,义略备矣,然旧说多失之不及,而新说每伤于太过。"[20]这里已经提出了不足诠释和过度诠释的问题,不难算出,究竟比西方诠释学早了多少年。他主张避免这两种倾向,《著述辨惑》说:"宋人解《书》,惟林少颖眼目最高,既不若先儒之窒,又不为近代之凿,当为古今第一。"而且认为两种倾向中以"太过"与"凿"(即过度诠释)危害性更大,首先应该避免,如说:"宁失之固,无涉于妄;宁处其卑,而不至于僭焉,则善矣。"(以上《滹南遗老集》卷三一)则属于原意诠释的义理学。

至明,王守仁继承和发展陆九渊"六经注我"的观点,提倡心学,认为"四书五经不过说这心体,这心体即所谓道,心体明即是道明,更无二"[21]。在王守仁那里,义理与心体合一,不必外求,训诂、考据不是与其对应,而是势不两立,应绝对加以排斥。所以王守仁的诠释学是完完全全的附会诠释学。

明代的考据家强调义理,宋濂在辨伪上堪称考据家,在经学上却崇尚心学,认为"六经皆心学也。心中之理无不具,故六经之言无不该,六经所以笔吾心之理者也"[22]。他也把义理与"章句之学"对立起来,说:"章句之儒,毛苌、郑玄是也,牵合附会,有乖坟典,不可以入道也。"只有"一言一辞皆使与心相涵",才能入道(以上《文宪集》卷二八《六经论》)。杨慎重训诂、考据,在义理上则牵合儒、佛、道三家。重考据的焦竑也是如此。方以智是明代考据家的集大成者,不仅把义理与训诂、考据相对应,而且反对王守仁"心体即是所谓道"的思想,认为"即器是道,乃一大物理也"[23]。就是说求义理离不开训诂、考据,坚持原意诠释。

清代有"汉学",有"宋学"。"宋学"继承宋代理学的传统,其义理学以附会诠释为主。"汉学"继承以汉代古文经学为代表的考据学传统,其义理学比较复杂,原意诠释、附会诠释兼而有之。晚清经今文学重兴,其义理学以附会诠释为主。但晚清经古文学在学术上仍占主流,其义理学比较复杂,原意诠释、附会诠释兼而有之。此外清代还有不立汉学宋学、古文今文门户,学主兼综的一派,此派的义理学也比较复杂,原意诠释、附会诠释兼而有之。清代古文献学以考据为主流,不少考据家不涉义理,但有些考据家亦不废义理。下面以考据学派为主兼顾其他，对有关义理学略作分析。

王鸣盛认为"义理，其根也；考据，其干也"，"义理，其原也；考据，其委也"，"义理之与考据，常两相须也"[24]。他还认为"义理"不表现为"议论""褒贬"，通过考据解决了文献的校释问题，"义理自见"[25]。

戴震在清代考据家中尤为特殊，他重考证，但也非常强调义理，说："圣人之道在六经，汉儒得其制数，失其义理，宋儒得其义理，失其制数。"[26]开始他把"义理""文章""考核"三者并提，后来又认为"义理即考核、文章之源"（《戴东原集》附《戴东原年谱》），更强调义理。他在原意诠释的义理学方法论上贡献很大，集中体现在《与是仲明论学书》中（卷九）。他认为必须通过弄懂语言文字求义理，如说："由文字以通乎语言，由语言以通乎古圣贤之心志。"（卷一〇《古经解钩沉序》）又说："经之至者，道也；所以明道者，词也；所以成词者，字也。由字以通其词，由词以通其道，必有渐。"除了语言文字之外，他也强调考据，认为属于义理的"道"亦依附于文献中的名物、典制、天文、地理等具体内容，所谓"圣人之道如悬绳树槷，毫厘不可有差"（以上卷九《与是仲明论学书》），"贤人圣人之理义非它，存乎典章制度者是也"，因此只有考清具体内容之后才能明道。关于训诂和考据为推求义理的依据，他还说过："松崖先生之为经也，欲学者事于汉经师之故训，以博稽三古典章制度，由是推求理义（同义理），确有据依。"（以上卷一一《题惠定宇先生授经图》）戴震在义理方面的代表作是《原善》和《孟子字义疏证》，阐明此二书观点的还有《答彭进士允初书》一文。这些著作，批判的对象是宋明理学，标榜的旗帜是"明道"，即恢复六经和孔孟之书的本意。他说："程子、朱子就老庄、释氏所指者，转其说以言夫理，非援儒而入释，误以释氏之言杂入于儒耳。陆子静、王文成诸人，就老庄、释氏所指者，即以理实之，是乃援儒以入于释者也。""自宋儒杂荀子及老庄释氏以入六经、孔孟之书，学者莫知其非，而六经、孔孟之道亡矣。"[27]《答彭进士允初书》说得更为明确和形象："宋以前，孔孟自孔孟，老释自老释。……宋以来孔孟之书尽失其解，儒者杂袭老释之言以解之。……譬犹子孙未睹其祖父之貌者，误图他人之貌为其貌而事之；所事固已之祖父也，貌则非也。"（卷八）由此可见戴震的义理之作，对于批判宋明理学是有功绩的，对于揭穿宋儒对古书思想内容的歪曲也有贡献，并且破中有立，对于科学义理学的建树也有启示。但是就他提出的

"志乎闻道"的目的来看,他并没有真正获得六经和孔孟之书的本意,没有取得原意诠释的义理学具体成果。有两点教训值得指出:第一,笼统地把六经和孔孟之书乃至后人的传注,不加区别地作为同一思想体系来看待,互相疏证,这是不科学的。实际上不但六经之间、经注之间的思想内容不尽相同,就是孔孟的思想也各有其特点,甚至存在体系的差别,不应混同。第二,没有严格就各书的本来意思进行疏解,而是强加进自己的思想、甚至完全借疏解古书来阐发自己的思想。例如把《孟子》书中的一些唯心主义概念、术语,赋予唯物主义的内容,借以阐述自己的哲学思想,这对孟子思想来说,是一种根本的歪曲。因此从《疏证》一书中,我们看到的是披着孟子外衣的戴震,却看不孟子本人的真面。戴震说过:"舍圣人立言之本指,而以己说为圣人所言,是诬圣;借其说以饰吾之说,以求取信,是欺学者也。诬圣、欺学者,程朱之贤不为也,盖其学借阶于老庄释氏,是故失之。凡习于先入之言,往往受其蔽而不自觉。"㉑他反对程朱歪曲、附会古书的内容,认为他们那样做是受了老庄和佛家思想的影响,不是自觉的。而他自己也不自觉地重蹈了"六经注我"的旧辙。戴震训诂、考据方面的成就很高,可以说已达到科学水平;由训诂、考据以推求义理的观念也很明确,也可以说已达到局部科学方法论的水平。但在推求义理上仍然失误,这说明有了科学的训诂、考据的基础,"义理"不一定能"自见",在思想内容的科学剖析上尚须有更高的理论指导和系统方法的运用。戴震在推求义理上难以最终踏进科学门槛是历史的局限。戴震很重自己的义理之作,但并不为正统考据学者所理解、所肯定。他的一些著名弟子如段玉裁、王念孙、王引之(再传)等人也只继承发展了戴氏的训诂、考据之学,而没有传其义理之学的。段玉裁虽然主张由句度、故训、音读以求义理㉒,并且在《戴东原集序》《戴东原年谱》中转述了不少戴震义理之学的观点,但并没有义理学的具体成果。

章学诚和崔述是不苟同于乾、嘉正统考据学派而卓然独立的学者。他们既反对汉学的偏颇,又反对宋学的偏颇,折中汉宋,主张训诂、考据与义理辨析相结合。章学诚"持世而救偏"㉓,批评正统考据学派忽视发挥义理、脱离经世致用的普遍倾向,如批评当时风气说:"近日学者风气,征实太多,发挥太少,有如桑蚕食叶而不能抽丝。"(《章氏遗书》卷九《文史通义外篇三·与汪龙庄书》)但是他也反对空谈义理,说:"义理不可空言也,博学以实之,文章以达之,三者合于一,庶几哉,周、孔之道虽远,不啻累译而通矣。"(卷一《文史通义内篇二·原道下》)章学诚对正统考据学家否定戴震的义理学有所辩驳,《书朱陆篇后》说:"凡戴君所学,深通训诂,究于名物制度,而得其所以然,将以明道也。时人方贵博雅考订,见其训诂名物有合时好,以谓戴之绝诣在此。及戴著《论性》《原善》诸篇,于天人理气,实有发前人所未发者,时人则谓空说义理,可以无作,是固不知戴学者矣。"(卷二《文史通义内篇二·朱陆》后附)章学诚对探求义理的特殊性、复杂性和难度也有清醒的认识:"训诂章句、疏解义理(按,此处"义理"与正文"道"并提,当指文义,"道"才属于义理),考求名物,皆不足以言道也。取三者而兼用之。则以萃聚之力,补遥溯之功,或可庶几耳。"(卷一《文史通义内篇二·原道下》)此可谓已接近原意诠释的义理学方法论的高度。但就具体成果而论,章学诚在原意诠释的义理学方面也是创获无多。崔述则在史实、典制的考证多有所获,原意诠释的义理学成果也不多,而其在《读风偶识》中,既反对轻信汉人的《诗序》,也反对轻信朱熹的"诗柄"(朱熹《诗集传》略说本篇大意者,俗谓之"诗柄"),对《诗经》篇旨的研究,则属难得①。此外,对宋、明附会诠释义理学的批评相当深刻,亦破中有立,如:"逮宋以后,诸儒始多求之心性,详于谈理而略于论事,虽系探本穷源之意,然亦开后世弃实征虚之门。及陆、王之学兴,并所谓知者亦归之渺茫空虚之际,而正心诚意遂转而为明心见性之学矣。"②

晚清今文经学又一度兴起,大致经历了由纯学术到与议政结合两个发展阶段。纯学术研究虽然在辑佚、辨伪、稽考方面受了考据学的影响,但是两个阶段的主流都与附会诠释的义理学相关,因为汉代今文经学的基本倾向就是发挥"微言大义",而与议政结合更是新的借题发挥。如朱一新《复长孺第四书》说:"刘申受(逢禄)、宋于庭(翔凤)之徒援《公羊》以释四子书,恣其胸臆,穿凿无理。"③刘、宋二人尚属今文经师,到利用今文经议政改良的康有为,更有过之而无不及。康氏的《孔子改制考》把"改制"的思想贯穿到六经和先秦诸子中。他的《四书》新注,也贯穿着"三世"说和"改制"思想,其借题发挥,牵连比附,往往杂古今中外于一炉。如《论语注》中甚至包含西方自由、民主、平等、博爱和空想社会主义的思想。晚清今文经学虽一度兴起,但在古文献学方面占主导地位的仍是考据学派所崇尚的古文经学传统,其义理学与正统考据学派的情况无甚差别。

以上通过回顾古代古文献学史考察传统义理学,原意诠释与附会诠释两类之分是无疑的,但具体情况相当复杂,归纳起来有几点值得注意,第一,就学者来说,有的人涉及义理学,有的人不涉及义理学,有的人只有附会诠释的义理学,有的人两类义理学兼而有之。第二,原意诠释的义理学成果符合古文献的原意,是古文学的积极成果;附会诠释的义理学成果歪曲古文献的原意,不是古文献学的积极成果,而是思想史的积极成果。第三,附会诠释的义理学产生的原因有两种,一种是自觉的,即故意摆脱语言文字,穿凿附会义理或借题发挥义理,全然不顾古文献的原意;一种是不自觉的,即主观愿望想探求古文献的原意,但由于理论和方法的失误或缺陷而没有达到预期目的,结果歪曲了古文献的原意。因此传统义理学中附会诠释一类居多数,原意诠释一类居少数,这是历史的局限。

到现当代,不少学者继承历史经验,并吸收新的理论和方法,总结新的成果,在义理辨析方面有了长足的进步。陈寅恪在《冯友兰中国哲学史上册审查报告》中说:

> 凡著中国古代哲学史者,其对于古人之学说,应具了解之同情,方可下笔。盖古人著书立说,皆有所为而发。故其所处之环境,所受之背景,非完全明了,则其学说不易评论,而古代哲学家去今数千年,其时代之真相,极难推知。吾人今日可依据之材料,仅为当时所遗存最小之一部,欲藉此残余断片,以窥测其全部结构,必须备艺术家欣赏古代绘画雕刻之眼光及精神,然后古人立说之用意与对象,始可以真了解。所谓真了解者,必神游冥想,与立说之古人,处于同一境界,而对于其持论所以不得不如是之苦心孤诣,表一种之同情,始能批评其学说之是非得失,而无隔阂肤廓之论。否则数千年前之陈言旧说,与今日之情势迥殊,何一不可以可笑可怪目之乎?但此种同情之态度,最易流于穿凿傅会之恶习。因今日所得见之古代材料,或散佚而仅存,或晦涩而难解,非经过解释及排比之程序,绝无哲学史之可言。然若加以联贯综合之搜集及统系条理之整理,则著者有意无意之间,往往依其自身所遭际之时代,所居处之环境,所薰染之学说,以推测解释古人之意志。由此之故,今日之谈中国古代哲学者,

大抵即谈其今日自身之哲学者也。所著之中国哲学史者,即其今日自身之哲学史者也。其言论愈有条理统系,则去古人学说之真相愈远。此弊至今日之谈墨学而极矣。今日之墨学者,任何古书古字,绝无依据,亦可随其一时偶然兴会,而为之改移,几若善博者能呼卢成卢,喝雉成雉之比。此近日中国号称整理国故之普通状况,诚可为长叹息者也。今欲求一中国古代哲学史,能矫傅会之恶习,而具了解之同情者,则冯君此作庶近之。㉞

这里提出"神游冥想,与立说之古人,处于同一境界""具了解之同情"地探求义理的方法,反对"傅会之恶习"和"隔阂肤廓之论",正是科学的历史主义的方法,与唯物史观是相通的。还有不少学者,由于接受辩证唯物主义、历史唯物主义科学世界观和方法论的指导,在科学义理学方面多有建树。但也有一些学者虽然标榜以唯物史观为指导,却囿于教条主义和形而上学,在探求义理上产生不少失误。如赵纪彬《论语新探》一书,曾一度被誉为运用马克思主义研究《论语》的典范之作,影响很大。其实是教条主义、把阶级分析简单化的典型之作。他先入为主,认为在阶级社会中阶级性通贯一切,以阶级斗争为纲对《论语》语词进行统计分析,得出貌似严谨实则荒唐的结论(例子详下)。

以往的义理学积累了不少经验和成果,也产生了不少错误和教训,这些都是宝贵的财富,值得我们认真总结,扬长避短,填补缺失,发展原意诠释的义理学。

原意诠释的义理学不仅是古文献的组成部分,也是历史研究的需要。历史研究的起码要求是追求历史的本来面目,不容歪曲。而追求历史本来面目的基础又是对作为史料的文献的本来意义作正确的解释。这就需要借助于原意诠释的义理学。在思想史中确实存在后世的思想家依托古代的文献资料进行歪曲附会以建立自己的理论观点或思想体系的情况,但是,即使如此,也只有弄清古文献的本来意义,才能真正了解后世思想家是怎样进行歪曲附会的以及为什么要这样歪曲附会,从而真正把握其理论观点或思想体系的特点和实质,没有古文献本来意义这个依据和参照物,历史将成为不可知的。

凡论及义理学,特别是追求古文献的本来意义,就不能回避西方诠释学观点。诠释学的领域涉及传统的艺术品和文献(文本),我们讨论的问题仅与文献有关。西方诠释学的流派颇多,有关文献诠释,有各种各样的观点,这里只涉及目前对国内影响最大的一种主流观点,即认为后人由于历史隔阂和所处环境的不同,不可能如实领会和解释古文献内在的原意,总是从主观因素和自己所处的历史背景出发,囿于某种"前见",去重新领会和解释,产生歪曲的结果⑤。这种观点反映了文献在流传中不断被创新解释的客观事实。如前所述,中国古文献学史上形形色色的义理学也充分证明了这一点。但是这种观点否认古文献本来意义的客观性,否认文献的本来意义运用科学的方法是可以探求的,或者说否认原意诠释的义理学是确确实实存在的,则我们不敢苟同。尽管像一切认识一样,原意诠释的义理学所取得的结论不可能一步登天达到绝对真理,但是这一方面的客观真理的长河是延绵不断的。

总结历史和现实的经验、教训,继承和发展科学性的义理学,探求古文献本来意义的主要方法有以下几点:

第一,通过校勘、辩伪取得可靠文本,此为前提,为求义理之依据。

第二,不脱离语言文字,正确处理义理与语言文字的关系,从正确理解文义入手。

第三,结合名物、典制、天文、地理等具体内容的考证。义理属于文献的抽象内容,它与文献的具体内容又是纠葛、交融在一起的。不了解具体内容甚至影响理解文义,更不用说深入探求义理了。戴震在《与是仲明论学书》中把具体考证与义理的关系讲得更为透彻,他认为除了语言文字之外,"至若经之难明,尚有若干事:诵《尧典》数行,至'乃命羲和',不知恒星七政所以运行,则掩卷不能卒业;诵《周南》《召南》,自《关雎》而往,不知古音,徒强以协韵,则龃龉失读(按此实属语言方面的音韵问题);诵古《礼经》,先《士冠礼》,不知古者宫室、衣服等制,则迷于其方,莫辨其用;不知古今地名沿革,则《禹贡》《职方》失其处所;不知少广旁要,则《考工》之器不能因文而推其制;不知鸟、兽、虫、鱼、草、木之状类名号,则比兴之意乖。……管、吕言五声十二律,宫位乎中,黄钟之宫,四寸五分,为起律之本,学者蔽于钟律失传之后,不追溯未失传之先,宜乎说之多凿也。凡经之难明,右若干事,儒者不宜忽置不讲。仆欲究其本始,为之又十年,渐于经有所会通,然后知圣人之道,如悬绳树槷,毫厘不可有差"(《与是仲明论学书》)。这里把具体事物比作道(即义理)的定位测标,也就是说推求义理离不开对具体内容的准确考证,符合真理。

以上三点属于训诂、考据,这是探求义理的必由途径,古代原意诠释的义理学已经作了充分的总结。但是如果停留在训诂、考据阶段,并不能如王鸣盛所说"义理自见"。洪迈说:"经典义理之说最为无穷,以故解释传疏,自汉至今,不可概举,至有一字而数说者。……用是知好奇者欲穿凿附会,固各有说云。"㊴这里批评穿凿义理的主观随意性,此外也可以说明辨析义理易歧,客观上有难度。朱熹说过:"读书玩理外,考证又是一种工夫。"这两句话也可以倒过来说:读书考证外,剖析义理又是一种功夫,这是一个由表及里、由浅入深的复杂过程,是认识的一次飞跃,还必须借助其他方法来探求并考定。

继古人之后,需要继续深入或补充总结的方法主要是:

第四,综考全书,前后互证。作者的某一种思想,往往会在同一书中反复出现,而且每次出现时会有角度、侧重、范围、提法等方面些微不同,只有综考全书,前后互证,才能全面、准确把握其内涵。如《论语》中的"仁"字,不仅出现次数多,而且孔子对仁的说法以及后人的解释,也纷纭不一,究竟怎样把握其实质、了解孔子的本意呢? 只有综考全书,前后互证,才能比较准确、全面地了解孔子的仁学。如樊迟问仁,孔子说:"爱人。"(《论语·颜渊》)㊵由此可见"爱人"是仁的基本含义。但是爱人又不是对所有的人一视同仁地爱,而是有亲疏远近之别。孔子说:"入则孝,出则悌;谨而信,泛爱众而亲仁。"这里清楚地说明了爱的层次。首先,仁以维护"亲亲""尊尊"的宗法血缘关系的孝弟为根本内容,正如孔子的忠实弟子有若所说:"孝悌也者,其为仁之本与?"(以上《学而》)其次,仁是维护贵族等级制度的主要原则。颜渊问仁,孔子说:"克己复礼为仁。"又说:"非礼勿视,非礼勿听,非礼勿言,非礼勿动。"礼的中心内容是宗法等级制度,克己复礼就是要用等级名分来约束自己,各安其位,不得僭越,以维系"君君、臣臣、父父、子子"的宗法等级关系的和谐状态。再次,仁要求体恤别人,奉行推己及人的"忠恕"之道。仲弓问仁,孔子说:"己所不欲,勿施于人。"(以上《颜渊》)子贡问:"有一言而可以终身行之者乎?"孔子说:"其恕乎!己所不欲,勿施于人。"(《卫灵公》)这是就禁止一面而言的"恕"。至于"忠",是从可以做的肯定一面而言的,如孔子说:"夫仁者,己欲立而立人,己欲达而达人。能近取譬,可谓仁之方也已。"(《雍也》)所谓"近",指自身;所谓"能近取譬",就是说将心比心,推已及人。"忠"和"恕"是仁的同一内涵的两面说法,所以孔子又说:"吾道一以贯之。"曾参解释道:"夫子之道,忠恕而已矣。"(《里仁》)再次,把推已及人的体恤,再不断拓展,一直到广济博施,泛爱大众。孔子认为,如果"博施于民而能济众",那已不止于"仁",已达到最高的层次"圣",连尧、舜都不易做到(《雍也》)。由此可见,孔子"仁"的思想,既以宗法等级的人际关系为基本内容,又包含了原始人道、泛爱的成分。仁除了仁爱的含义之外,作为伦理道德标准,还包括"敏于事而慎于言"的内容(《学而》),就是要求人表里如一,言行一致,重在实践,如"巧言令色鲜矣仁","仁者先难而后获"(《雍也》),"仁者,其言也讱","为之难,言之得无讱乎"(《颜渊》),"刚、毅、木、讷近仁"(《子路》)。孔子还说过:"能行五者于天下为仁矣"接着把"五者"做了解释:"恭、宽、信、敏、惠。恭而不侮,宽则得众,信则人任焉,敏则有功,惠则足以使人。"(《阳货》)其中"恭""宽""信""惠"均属仁爱的范畴,而"敏"则属身体力行的范畴。孔子之所以把力行纳入仁的内容,一方面为了反对言行不一的伪君子和只说不做的空谈家,甚或揭露借仁德之名行凶恶之实的阴谋家、野心家,另一方面也为了提倡实践,修身、齐家、治国、平天下,让人们对自身负责,为社会尽责。

第五,联系作者,"知人论世"。分析文献的义理,不能不参考其作者的思想。而要了解古文献的作者,又必须考论其生平,所谓"知人论世"。孟子的义理学主要是附会诠释的,但是他"知人论世"的说法却很有道理。孟子说:"以友天下之善士为未足,又尚论古之人。颂其诗,读其书,不知其人,可乎?是以论其世也。"(《孟子·万章下》)这一点容易理解和操作,无须再举例说明。值得强调的是,一定要全面地了解人,了解其一生的发展变化,才能准确把握其不同侧面、不同时期的思想。

第六,横向、纵向比较,把握思想体系;了解不同体系的本质区别,避免牵连比附。这一点也不难理解,传统义理学最大的失误之处,就在于不论思想体系是否相关,任意牵连比附。古文献学史中这方面的例子很多,最典型的如戴震的《孟子字义疏证》,借疏解《孟子》宣扬自己的思想,混淆了主观唯心主义与唯物主义的界限。又如焦竑牵合儒、佛、道,认为其在义理上是相通的。《焦氏笔乘续集》⑧卷二《支谈上》说:

性命之理，孔子罕言之，老子累言之，释氏则极言之。孔子罕言，……然其微言不为少矣，第学者童习白纷，翻成玩狎，唐疏宋注，锢我聪明，以故鲜通其说者。内典之多，至于充栋，大抵皆了义（对于不了义而言。显了分明说示究竟之实义，谓之了义。未了未尽之说，谓之不了义。）之谈也。古人谓暗室之一灯，苦海之三老，截疑网之宝剑，抉盲眼之金鎞。故释氏之典一通，孔子之言立悟，无二理也。……孔孟之学，尽性至命之学也。顾其言简指微，未尽阐晰。释氏诸经所发明，皆其理也。苟能发明此理，为吾性命之指南，则释氏诸经即孔孟之义疏也，又何病焉？夫释氏之所疏，孔孟之精也；汉宋诸儒之所疏，其糟粕也。今疏其糟粕则俎豆之，疏其精则斥之，其亦不通于理矣。

从以上的话可以看出，焦竑不仅认为儒、佛、道在名理上是相通的。而且认为儒家谈名理"言简指微"反被"释氏诸经所发明"，因此"释氏诸经即孔孟之义疏也"。而这是不符合实际情况的，因为儒、佛、道在性命之学的唯心主义本质方面，虽然不无相通之处，但三家又各有独立的思想体系，根本不可混淆。因此在分析义理时绝不可援一家释另一家，否则其结果只能是牵合歪曲。焦竑的实践恰恰证明了这一点，例如援老解儒，《读论语》（《焦氏笔乘续集》卷一）说：

"空空如"者，孔子也。"庶乎屡空"者，颜子也。屡空则有不空矣。盖其信解虽深，不无微心之起也。有微心之起，即觉而归于空。颜子之不远复也，有不善未尝不知，知而未尝复行也，不善非其动于躬也。自其未兆而谋之，自其脆而破之，自其微而散之，则力少而功倍。《老子》曰："其未兆易谋，其脆易破，其微易散。"颜氏散之于微者也，故曰其殆庶几。

这里把孔、颜的"空"说成是道家的"无"，并引《老子》以明破有归无的修养之法。这完全是从字面上穿凿。其实孔子"空空如"的"空"，指知识的空乏，颜渊"屡空"的"空"，指费用的匮乏。焦竑先把它抽象为一个哲学术语而加以等同，再与道家的"无"加以比附，极尽歪曲之事。《读论语》又说：

《老子》曰："道生一。"当其为"道"，"一"尚无有也。然"一"虽非所以为"道"，而犹近于本；多学虽非离于道，而已涉于末，二者则大有间矣。虽然，此为未悟者辨也。学者真悟，多即一，一即多也，斯庶几孔子之一贯者已。

其实孔子所说"吾道一以贯之"（《论语·里仁》），其中的"道"和"一"，与《老子》"道生一"中的"道"和"一"，根本不是一种含义，焦竑完全是从字面上牵合。至于援佛解儒，例子更多，如《读论语》说：

"仁远乎哉？我欲仁，斯仁至矣。"此孔氏顿门也。欲即是仁，非欲外更有仁；欲即是至，非欲外更有至。当体而空，触事成觉，非顿门而何？……意者，七情之根，情之饶，性之离也。故欲涤情归性，必先伐其意。"意"亡，而"必""固""我"皆无所傅，此圣人洗心退藏于密之学也。

在这里孔子俨然成了佛教徒。其实都是歪曲，"我欲仁，斯仁至矣"（《论语·述而》），是孔子教人自觉修养"仁"，而与禅学的顿悟毫不相干。孔子说的"勿意、勿必、勿固、勿我"，意，通臆，指臆度，而非情意之意。这里焦竑为进行牵合，连字面意思都置之不顾了。前车之鉴，需要永远记取。

第七，博采众长，用正确的人文、社科理论作指导。面对古文献复杂而深奥的思想内容，没有正确的人文、社科理论为指导，对作者所处的历史背景作科学的考察，以做到知人论时，不可能准确地剖析古文献的义理。传统义理学的失误，归根结底是理论上的局限。例如崔述在考信辨伪方面成就很大，但是对诸子百家、传记中的传说异辞，不加分析地一概怀疑，目为虚妄。其实不仅传说，就连更加怪诞的神话也往往包含合理的内核，如尧、舜禅让本是私有制社会以前权力授受的反映；简狄吞卵而生契，姜嫄履迹而生后稷，本是母系社会的影子，只要用科学的理论加以分析，就可抓到实质，而崔述在诸《考信录》中往往简单地加以排斥，或坐实行附会解释、歪曲改造。人文、社科理论发展到现代，成果极其丰富，应该博采众长，用以指导具体研究。应该特别指出的是，辩证唯物主义和历史唯物主义仍然是颠扑不破的真理，必须善于运用这一锐利武器去剖析复杂的社会意识形态，找出其存在的现实基础，互相印证。例如孔子"仁"的理想，在前面已经分析了它的丰富内涵。仁既以宗法等级的人际关系为基本内容，又包含了原始人道、泛爱的成分，这两方面互相矛盾的内容，何以能结合在一起？实际上有着当时现实矛盾的基础。我们知道，西周农奴制还保留着原始农村公社的躯壳,封建领主利用残存的村社形式组织农奴的公田劳动和各种公役,因此实质上的封建领主对农权的统治、剥削关系,又往往被形式上的原始村社的某些平等、民主关系的假象所掩盖。这种两面性的特点,从《诗经·豳风·七月》等文献中可以清楚地看出来。同样,以血缘关系为基础的嫡长子继承的宗法制,也保留着原始社会后期父系家长制的躯壳,而内涵却已发生本质变化。同时,周代的礼制中,除了反映领主等级关系的中心内容外,也有不少原始社会礼俗的遗存。孔子"仁"的思想的两面性,正是当时社会这种两面性的反映。

三

以上所总结的正确诠释古文献义理的方法,笔者在长期研究孔子和《论语》的实践中作了有意识地运用和验证,证明是行之有效的,前面已经涉及一些例证。下面再从对《论语》的诠释中选取一些例子,作为本论文的内容在研讨会上发表,旨在证明继承和发展传统诠释学的必要性和可行性,以就教于方家。

例 1

通过《论语》内外证发。如《学而》第一章的三句话,好像是东拉西扯,互不沾边,其实是互相关联,皆与学有关:

"学而时习之,不亦说乎",讲"学"与"习"的关系,强调学了以后要按时复习、练习,《国语·鲁语下》有这样的话:"士朝而受业,昼而讲贯,夕而习复。"因为按常理人们总是喜新厌故,所以孔子才特别强调复习;同时孔子认为"习"不是简单的重复,而是熟能生巧,并且"温故而知新"(《论语·为政》),因此复习并不枯燥,自有乐趣。

"有朋自远方来,不亦乐乎",学习和修养均不可闭门造车,孔子认为"德不孤,必有邻"(《里仁》),"三人行,必有我师焉"(《述而》),"友其士之仁者"(《卫灵公》)。曾子也说"君子以文会友,以友辅仁"(《颜渊》)。《礼记·学记》有云"独学而无友,则孤陋而寡闻"。可见朋友来会,不仅因相逢而高兴,还因为有助于切磋学问,观摩道德。

"人不知而不愠,不亦君子乎",并不是称赞一般的高尚涵养,而是与学习目的有关。孔子认为,君子学习是为了充实自己,小人学习是为了显示自己。如说"不患人之不己知,患不知人也"(《学而》),"君子病(患)无能焉,不病人之不己知也"(《卫灵公》),"古之学者为己(为充实自己),今之学者为人(为向别人炫耀)"(《宪问》),"不患人之不己知,患其不能也"(《学而》),"不怨天,不尤人,下学而上达,知我者其天乎"(《学而》)。

例2

《为政》:"子曰:'攻乎异端,斯害也已!'"

本章中的"攻"字有两种解释,一是治,一是攻击;"异端"也有两种解释,一是异端邪说,一是事物的两端(指两面性);"已"字也有两种解释,一是实词"止",终了之意,一是语气虚词。由于几个字词的不同解释,相互搭配,又使整句可以有几种不同的理解:一是"攻治异端邪说,这是祸害啊",一是"攻击异端邪说,则祸害就会终止",一是"攻治认为事物有两端的学说,则祸害就会终止",一是"攻击认为事物有两端的学说,这是祸害啊"。

以上几种解释,都符合孔子的思想,究竟哪一种符合孔子这句话的本意?关键在于对"已"字意义的确定。通观《论语》,凡"也已"二字连称,均为语气词连用,如《学而》:"君子食无求饱,居无求安,……可谓好学也已。"《雍也》:"能近取譬,可谓仁之方也已。"《泰伯》:"泰伯,其可谓至德也已矣。""周之德,其可谓至德也已矣。""如有周公之才之美,使骄且吝,其余不足观也已。"《子罕》:"虽欲从之,末由也已。""说而不绎,从而不改,吾末如之何也已矣。"《颜渊》:"可谓明也已矣。""可谓远也已矣。"《阳货》:"年四十而见恶焉,其终也已。"《子张》:"日知其所亡,月无忘其所能,可谓好学也已矣。"只有一处似乎为例外,即《阳货》:"公山弗扰以费叛,召,子欲往。子路不说,曰:'末之也已,何必公山氏之之也?'"这里"末之也已",似乎是说"没有地方去就算了","已"解释为"止";但是"已"字作语气词解则为穷途末路之叹,亦通。如此看来,对上面的四种解释,只有第一、第四两种可以成立,而在这两种中,又以第一种为优,因为通观孔子的思想,他对是否承认事物有两端的学说,还没有放到像不同道势不两立那样的地位("道不同不相为谋","非吾徒也,小子鸣鼓而攻之可也"),故不至于说出第四种那样严厉的话。至于"异端",杨伯峻《论语译注》说:"孔子之时,自然还没有诸子百家,因之很难译为'不同的学说',但和孔子相异的主张、言论未必没有,所以译为'不正确的议论'。"此说实难成立,所谓"道不同",显然包括学说的不同。又,春秋时代,异端邪说不是没有,而是相当严重,曾引起孔子的极端忧愤,并不断有所贬斥,《论语》《左传》中不乏其例,事实确如孟子所说:"世衰道微,邪说暴行有作,臣弑其君者有之,子弑其父者有之。孔子惧,作《春秋》。《春秋》,天子之事也,是故孔子曰:'知我者其惟《春秋》乎!罪我者其惟《春秋》乎!'……孔子成《春秋》,而乱臣贼子惧。"(《孟子·滕文公下》)

例 3

《公冶长》:"子曰:'道不行,乘桴浮于海,从我者,其由与?'子路闻之喜。子曰:'由也好勇过我无所取材。'"

本章最后孔子的话,有两种断句法:一种是《经典释文》据郑玄说,于"我"字后点断,读作:"由也好勇过我,无所取材。"后人多从之。另一种见《经典释文》举另说曰:"一读'过'字绝句。"则读作:"由也好勇过,我无所取材。"两种断法,于文义皆通,但究竟哪种断法符合孔子原意?则须通过义理辨析来确定。第一,孔子一贯客观、谦逊,从不自以为是,从不以自我作为衡量是非的标准尺度,所云"毋我"(《论语·子罕》)可证。因此第一种断法,不符合孔子的思想。实际本章孔子对子路好勇的评价,采用的是不偏不倚的中庸准则,"过"是过头的意思,而"过犹不及"(《先进》),同样失衡,违背中庸。又,通观《论语》,孔子认为人们品行的中庸准则,体现为礼、义,如说"勇而无礼则乱"(《泰伯》),"君子勇而无义为乱,小人勇而无义为盗","恶勇而无礼者"(《阳货》)。因此第二种断法符合孔子的思想。

例 4

《述而》:"子曰:'加我数年,五十以学《易》,可以无大过矣。'"

本章存在校勘问题,而有关异文的判断、抉择,又涉及义理诠释。陆德明《经典释文》标出"易"字,注曰:"如字(如"易"本字)。《鲁》(《鲁论语》)读"易"为"亦",今从《古》(《古文论语》)。"这里根据的是郑玄注。可知今文经书《鲁论语》"易"作"亦",连下句读,作"五十以学,亦可以无大过矣"。按,以古文经本为是,郑玄和陆德明的意见是对的。五十岁学《易》,与人生阅历有关,正如朱熹《朱子语录》卷一一七说:"此书(指《易》)自是难看,须经历世故多,识尽人情物理，方得看入。"学《易》无大过，与知天命有关，其适时的年龄，可以从《论语》得到内证，如《为政》："子曰：'吾十有五而志于学，三十而立，四十而不惑，五十而知天命，六十而耳顺，七十而从心所欲不逾矩。'"《论语集解》解释得很好："《易》穷理尽性以至于命。年五十而知天命，以知命之年，读至命之书，故可以无大过。"但《鲁论语》作"亦"于义可通，也有外证，如惠栋《九经古义》引汉《外黄令高彪碑》"恬虚守学，五十以学"，但这只能说明汉碑根据《鲁论语》，不能说明《论语》原文应该如此。而且孔子明说"十有五而志于学"，"五十以学"则无内证根据。这里说明有时内外证据可能很多，使用时还必须分析判断，而义理诠释往往是判断是非的依据，属于理校的一种方法。

例 5

《子罕》："子罕言利与命与仁。"

一般把两个"与"字解作连词，意思是说孔子很少谈利、命和仁（见杨伯峻《论语译注》）。而孔子很少谈利是事实，很少谈命则不符合孔子的天命思想，很少谈仁更不符合孔子的思想实际。如前所述，孔子的思想核心是仁，《论语》讲仁的地方随处可见。所以从义理上判断，这里的"与"字不应该是连词。这里的"与"字不是连词，还可以从句法上得到内证，因为《论语》中连词在几个并列成分之间的用法，跟现代汉语一样，没有在几个成分之间重复连用的情况，总是用一个连词放在最后两个成分之间，如《子罕》"子见齐衰者、冕衣裳者与瞽者"，《为政》"使民敬、忠以（连词，同"与"）劝"，均可证。实际上"与命与仁"的"与"字是一个实词，义为赞同，则整句应标点成："子罕言利，与命，与仁。""与"字作"赞同"解，《论语》亦有内证，如《述而》"与其进也，不与其退也"，"人洁己以进，与其洁也，不保其往也"；《先进》"吾与点也"等，皆是。由此例可见，文献的字词解释与义理诠释往往是彼此制约、相互为用的。不仅义理诠释离不开字词解释，有时字词的确解，又取决于义理诠释。

例 6

《子罕》："子曰：'吾未见好德如好色者也。'"此话又见《卫灵公》。

一般都把"好色"解作喜好女色。当然儒家并不讳言饮食男女是人之大欲，故可以用"好色"与"好德"相比较；但是总觉孔子这里以好色与好德相比较，有些突兀。通观《论语》，"色"固然有女色之义，如"孔子曰：'君子有三戒，少之时血气未定,戒之在色……'"(《论语·季氏》),但是凡"色"与"贤德"并举时,"色"总是有特定的含义,即指与属于内在修养之道德相对而言的表面的仪态或容色,如"巧言令色,鲜矣仁","贤贤易色"(《学而》),"子张问善人之道。……子曰:'论笃是与。君子者乎?色庄者乎?'"(《先进》)"色取仁而行违"(《颜渊》)等,都说明孔子十分憎恶并注意揭穿表里不一的伪君子和两面派。而伪君子和两面派的重要特征就是用表面的故作姿态掩盖其缺德无行的丑恶品质,所以他们所喜好的是表面伪装出来的"色",而不是靠刻苦修养而成并且切切实实付诸实行的"德"。上面提到的《学而》"贤贤易色"一章,众说纷纭,其中只有一种解释符合子夏所阐发的孔子思想的原意,可以与本章互证。试看全章:"子夏曰:'贤贤易色,事父母能竭其力,事君能致其身,与朋友交言而有信:虽曰未学,吾必谓之学矣。'""贤贤"句中,前一个"贤"字是动词,为尊崇之义(如"贤犹善也",见《礼记·内则》注),后一个"贤"字是名词,为贤德之义。易:轻,轻视。色:容色,指表面的容态。此句即孔子所言反对"巧言令色"之意,下面三句话都是"贤贤易色"的具体表现。

例 7

《乡党》:"食不厌精,脍不厌细。"

一般把"厌"字解作满足,是说饭食越精越好,肉丝越细越好,指饮食的讲究。其实这里的"厌"字同后起的"餍"字,意思是饱足,全句是说饭食不贪吃精粹,鱼肉不贪吃细美,讲的是节制饮食(尤其是进美食时)的养生之道。同时也与孔子的安贫乐道思想有关,如《学而》"君子食无求饱,居无求安",《述而》"饭疏(粗)食,饮水,曲肱而枕之,乐亦在其中矣"。综合考之,本章的"厌"字通"餍",只有如此解释,才符合孔子思想的本意。

例 8

关于《论语》中"人"和"民"内涵的解释,是涉及孔子思想诠释的全局问题。

如赵纪彬《论语新探》一书,曾一度被誉为运用马克思主义研究《论语》的典范之作,影响很大。其实是教条主义、把阶级分析简单化的典型之作。他先入为主,认为在阶级社会中阶级性通贯一切,以阶级斗争为纲对《论语》语词进行统计分析,得出貌似严谨实则荒唐的结论。如其中《释人民》[20]一篇最具典型性,作者认为:"此篇分析春秋末叶社会的阶级关系,指明'人'与'民'是当时社会的两大主要对立阶级,亦即奴隶主与奴隶的关系。"㊵,然后举例归纳,认为《论语》对"人"讲"爱",对"民"讲"使";对"人"言"诲",对"民"言"教",于是得出"《论语》所说的'人'与'民',相当于一般奴隶制社会的两大阶级:'民'是奴隶阶级,'人'是奴隶主阶级"的结论。其实事实并非如此,首先,语言是社会的交际工具,同一民族的语言,具有全民性,不具阶级性,因此语言中的基本词汇不可能有阶级属性。当人类群体讲的"人"和"民"都是中性的词,并没有不同阶级属性的差别,《论语》中的例子如《先进》"有民人焉,有社稷焉","民""人"与"社""稷"对应,从意义上看,"社"与"稷"没有等级差别,"民"与"人"也没有被压迫者与压迫者的区别;《论语》之外的例子如《诗经·大雅·抑》"质尔民人",《左传·昭公二十年》"民人苦病,夫妇皆诅",其中"民人"皆为两个同义词的词组。"民人"又或作"人民",如《周礼·大司徒》"大司徒之职掌建邦之土地之图,与其人民之数,以佐王安抚邦国",《周礼·小司徒》"乃均土地以稽其人民而周知其数",《周礼·闾师》"掌国中及四郊之人民六畜之数,以任其力,以待其政令,以时征其赋",《周礼·质人》"掌成市之货贿人民、牛马、兵器、珍异",《周礼·职方氏》"掌天下之图,以掌天下之地,辨其邦国、都鄙、四夷、八蛮、七闽、九貉、五戎、六狄之人民与其财用九谷六畜之数",《孟子·尽心下》"诸侯之宝三:土地、人民、政事",与"民人"结构、意义均同。对民也并不是不可以爱,以《论语》为例,《学而》"节用而爱人,使民以时",这是《论语新探》"人"与"民"有阶级之分的一条重要证据,其实上句的"人"是与"用"(物用)相对而言的,"人"就是人民,"使民以时"就是"爱人"的具体表现。又,"爱人"就是"惠民",这里的"爱人"与《公冶长》"其养民也惠"、《尧曰》"因民之利而利之,斯不亦惠而不费"同义。而且《公冶长》"其养民也惠,其使民也义"两句连称,惠民与使民相对,与《学而》"爱人"与"使民"相对同例。又,《学而》"节用而爱人"一句,敦煌残卷伯希和 2618 号作"节用而爱民",并存《集解》文:"包(咸)曰:节用,不奢侈。国以民为本,故养爱之。"这种版本异文并非不合理,我们知道,唐代避李世民名讳,往往把"民"字改为"人"字,而相反的情况,即把"人"字改为"民"字,则可能性甚微。果若此,则《论语新探》的那种论证,就彻底地失去了版本依据。实际上,孔子不仅主张"爱民",而且认为"博施于民而能济众",比"爱人"的"仁"还高一筹,已达到"圣"的水平,"尧舜其犹病诸"(《雍也》),就是说做到"博施于民而能济众",连尧舜都感到为难。又,孔子还说过,君子可以做到"修己以安人(按,指别人,详下)",但"修己以安百姓,尧舜其犹病诸"(《宪问》),显然,这里的"安百姓",就相当于"博施于民而能济众"。讲"爱民",《论语》之外也不乏其例,《左传·襄公十四年》:"天之爱民甚矣,岂其使一人肆于民上?"《左传·昭公十年》:"臧武仲在齐,闻之曰:周公其不飨鲁祭乎?周公飨义,鲁无义。《诗》曰:'德音孔昭,视民不佻。'"注谓"言明德君子必爱民。"又《诗小序》:"《駉》,颂僖公也。僖公能遵伯禽之法,俭以足用,宽以爱民,务农重谷,牧于坰野,鲁人尊之。"其中"俭以足用,宽以爱民"二句,恰为"节用而爱人"的意思。其次,《论语》中"人"和"民"的实际含义也并不像《论语新探》说得那样绝对,"人"通通指奴隶主阶级,"民"通通指奴隶阶级。《论语》中"人",在不同的语例中实际有三种含义:(1)与鬼神相对而言时,指人间的人,如"未能事人,焉能事鬼"(《先进》);(2)与事物相对而言时,指人类,如"节用而爱人"(《学而》),"鸟之将死,其鸣也哀;人之将死,其言也善"(《泰伯》),"伤人乎?不问马"(《乡党》);(3)与自己相对而言时,指别人,如"人不知而不愠","不患人之不己知,患不知人也"(《学而》),"己所不欲,勿施于人"(《颜渊》),"己欲利而利人,己欲达而达人"(《雍也》),"学而不厌,诲人不倦"(《述而》),"古之学者为己(为充实自己),今之学者为人(为向他人炫耀)","修己以安人"(《宪问》)。所以《论语》中的"人"并不是泛指奴隶主。《论语》中"民"在不同的语例中有两种含义:(1)与鬼神相对而言时,指人间的民众,包括各阶层、各阶级的人,如"务民之义,敬鬼神而远之"(《雍也》),"有民人焉,有社稷焉"(《先进》);(2)与执政者相对而言,指被统治的民众,包括各阶层、各阶级的人,如"道之以政,齐之以刑,民免而无耻","季康子问:'使民敬、忠以劝,如之何?'子曰:'临之以庄,则(此下皇侃《义疏》本有"民"字,末句"则"字下亦有"民"字)敬;孝慈,则忠;举善而教不能,则劝。'"(《为政》)"子贡问政。子曰:'足食,足兵,民信之矣。'"(《颜渊》)"刑罚不中,则民无所措手足","上好礼,则民莫敢不敬;上好义,则民莫敢不服;上好信,则民莫敢不用情"(《子路》),"上好礼,则民易使也"(《宪问》),所以《论语》中的"民"并不是泛指奴隶。

再看"教"与"诲"两个词,基本意义也没有差别,在使用上也没有因施加对象的不同而加以区别的情况,先看《论语》以外的普遍的例子,如《说文》解释

"教"字说:"上所施下所效也。"解释"诲"字说:"诲,说教也。"又如"以教国子弟"(《周礼·师氏》),"教也者,长善而救其失者也"(《礼记·学记》),"教,文之施也"(《国语·周语》),"君有此教士三万人"(《管子·小匡》),"慢藏诲盗,冶容诲淫"(《易·系辞》),"诲尔序爵"(《诗·大雅·桑柔》),"夫子诲之髽"(《礼记·檀弓》),"使师曹诲之琴"(《左传·襄公十四年》)。就《论语》而言,亦不如《论语新探》所归纳的结论说:"《论语》只对'人'言'诲',不对'民'言'诲',只以'人'为'诲'的对象,不以'民'为'诲'的对象。"在《论语新探》作者看来,"诲"属高尚内容的教育,"教"属低级技能的教练,其实不然,兹就《论语新探》所举"言'教'组"的六个例子进行分析㊶:

例一,"举善而教不能则民劝。"(《论语·为政》)这里"举""教"的施动者是执政者,受动者分别是"民"中的善人和没有能耐(不能)的人,"不能"者不一定专指被压迫阶级,所教的内容也不一定专指低级技能。

例二,"子以四教:文、行、忠、信。"(《述而》)这里所教的内容,"文"指文化知识,"行、忠、信"三者指行为道德,皆属高尚教育内容。作者也意识到此例不能证成其说,故特加辨析:"例二明言所教'文、行、忠、信',则'教'的对象,似即为'人'。然此章前人已疑其为后儒伪托,非《论语》原文(见刘宝楠《论语正义》引)。此一怀疑,颇中道理。且纵令其不能成立,然全书言'教'言'诲'共十一章,决不应以唯一的变例而推翻全体。"㊷然此辨甚为苍白无力。

例三,"子适卫,冉有仆,子曰:'庶矣哉!'冉有曰:'既庶矣,又何加焉?'曰:'富之。'曰:'既富矣,又何加焉?'曰:'教之。'"(《子路》)在这里,"之"泛指卫国的民众,"教"的对象既然是"富"者,则"教"的内容就很难说专指低级技能。作者说:"例三只说'教之',未言教谁。但全章系对卫国而发,则知所说庶而后富,富而后教,是要求当时执政者在既庶且富的基础上教练其民,教民以战,俾可即戎,达到富强目的。《论语》全书,绝无'教人'明文,益知此所谓'教之',是指'教民'而言。"此亦难免强辩之嫌,且与执政者相对而言之"民",当指治下的民众,包括各阶层、各阶级的人,前已作分析,可参见。

例四,"善人教民七年,亦可以即戎矣。"(《子路》)例五,"以不教民战,是谓弃之。"(《子路》)作者就此两例说:"'教'字只与戎兵攻战之事相连。可见'教'不以启发智慧为目的,而以军事技能为内容。则'教'字不是'教育'而是'教练',尤为明白。"㊸又说:"由'善人教民七年,亦可以即戎'及'以不教民战是谓弃之'来看,可知'民'在春秋时期有应征打仗的义务,且是兵源的蓄水池;'人'对于'民'有教练权与指挥权,亦即'人'是'民'的官长,'民'是'人'的兵卒。又从'使民以时'来看,则'民'又是农业上的劳动力。是知'人'与'民'的隶属关系,是在'耕战'一体的基础上建立起来的。"㊹其实如前所举例,"教"字并不是"只与戎兵攻战之事相连","教"也与"文、行、忠、信"相连。

例六,"有教无类。"(《卫灵公》)这里的"教"泛指教育,教育的对象既然"无类"(没有族类、身份等区别),则"教"的内容也很难说专指低级技能。即如作者所说"此'类'字当指氏族纽带的血族别,而与奴隶制社会方舆单位的地域别为对待之词"㊺,更不能说"教"专指低级技能教育。

由以上可知,《论语新探》不是在准确分析语义的基础上,进而辨析义理,而是从一种观念出发,牵连有关词句,歪曲实际语义,进行论证。这实际是套用马克思主义的教条主义,而违背了马克思主义的灵魂——实事求是。因此正确辨析义理的方法,应该是如戴震所说:"由字以通其词,由词以通其道。"(《与是仲明论学书》)即在准确分析语义的基础上,进而辨析义理,而不是相反。

例 9

《论语》的"仁",具有"爱人""孝悌""克己复礼"、推己及人的"忠恕"之道、"泛爱众""博施于民而能济众""巧言令色鲜矣仁"等多层次博大精深的内涵(具体分析已见前),说明孔子"仁"的思想,既以反映当世宗法等级社会人际关系为基本内容,又包含了原始社会人道、泛爱的成分,寄托着"大同"的理想㊻。由此可见,孔子及其思想,虽然难免带有阶级烙印,难免带有历史局限性,但很难把他局限为某一阶级的代言人。孔子是一位伟大的思想家,具有博大情怀,常常突破阶级局限,站在全民族乃至人类的立场思考问题,抒发理想。他的仁学思想中的博爱成分、人道主义、人文精神和民本意识,以及大同理想等,充分说明了这一点。这正是历史上的真孔子,也正是孔子思想具有积极的历史影响和现实意义的原因所在。

原载《北京大学中国古文献研究中心集刊(第九辑)》,2010 年 6 月,人大复印报刊资料转载。

注　释

① 见《文化的馈赠——汉学研究国际会议论文集（语言文学卷）》，北京大学出版社，2000年，410页—426页。
② 《孟子·万章上》，《四部丛刊》影印宋刊本。
③ 《韩非子》卷一九《显学》，《四部丛刊》影印黄丕烈校宋本。
④ 《晏子春秋》卷首，《四部丛刊》影印明活字本。
⑤ 《汉书》，中华书局，1962年，1967页。
⑥ 《论衡》卷一二，《四部丛刊》影印明通津草堂本。
⑦ 《孔子家语》卷首，《四部丛刊》影印明翻宋本。
⑧ 见《读人物志》，《魏晋玄学论稿》，人民出版社，1957年，21页。
⑨ 见《言意之辨》，《魏晋玄学论稿》，26—47页。
⑩ 影印文渊阁《四库全书》本。
⑪ 《温国文正司马公文集》卷六四，《四部丛刊》影印宋绍熙刊本。
⑫ 《张子全书》卷六《经学理窟》，影印文渊阁《四库全书》本。
⑬ 影印文渊阁《四库全书》本。
⑭ 《四部丛刊》影印宋刊本（有配补）。
⑮ 《朱文公文集》卷四四，《四部丛刊》影印明嘉靖本。
⑯ 《朱子语类》，中华书局，1986年，1988页。
⑰ 《象山集》卷四，影印文渊阁《四库全书》本。
⑱ 《象山语录》卷三，影印文渊阁《四库全书》本。
⑲ 《困学纪闻》卷一，影印文渊阁《四库全书》本。
⑳ 《潜南遗老集》卷三，《四部丛刊》影印涵芬楼藏旧抄本。
㉑ 《王文成公全书》卷一《传习录》卷上，《四部丛刊》影印明隆庆刊本。
㉒ 《文宪集》卷二八《六经论》，影印文渊阁《四库全书》本。
㉓ 《通雅》卷首二，影印文渊阁《四库全书》本。
㉔ 《西庄始存稿》卷二五《王懿思先生文集序》，《续修四库全书》影印清乾隆三十年刻本。
㉕ 见《十七史商榷》卷首《十七史商榷序》，《续修四库全书》影印清乾隆五十二年洞泾草堂刻本。
㉖ 《戴东原集》卷九《与方希原书》，《四部丛刊》影印经韵楼本。
㉗ 《孟子字义疏证》卷上《理》，《戴震全书》之三十一，黄山书社，1995年，172页。
㉘ 《孟子字义疏证》卷中《天道》，《戴震全书》之三十一，178页。

㉙ 见《经韵楼集》卷三《在明明德在亲民说》,《续修四库全书》影印清嘉庆经韵楼刻本。

㉚ 《章氏遗书》卷一《文史通义内篇二·原学下》,吴兴刘氏嘉业堂刊本。

㉛ 见《读风偶识》卷一《通论诗序》,《崔东璧遗书》,上海古籍出版社,1983年,525—528页。

㉜ 《考信录提要》卷下《总目序》,《崔东璧遗书》,16页。

㉝ 《佩弦斋文存》卷上,《续修四库全书》影印清光绪二十二年龙氏葆真堂刻《拙盦丛稿》本。

㉞ 《陈寅恪史学论文选集》,上海古籍出版社,1992年,507—508页(原载1930年版冯友兰《中国哲学史》上册)。

㉟ 见陈嘉映《〈存在与时间〉读本》,生活·读书·新知三联书店,1999年;汉斯—格奥尔格·加达默尔《真理与方法:哲学诠释学的基本特征》,洪汉鼎译,上海译文出版社,2004年。

㊱ 《容斋续笔》卷二《义理之说无穷》,《四部丛刊》影印宋刊本(有配补)。

㊲ 《论语·颜渊》,清嘉庆二十年江西南昌府学刻邢昺《论语注疏》本(阮元校《十三经注疏》本)。

㊳ 《四库全书存目丛书》影印明万历三十四年(1606)谢与栋刻本。

㊴ 《释人民》,《论语新探》,人民出版社,1962年,7—28页。

㊵ 《绪论》,《论语新探》,2页。

㊶ 例见《释人民》,《论语新探》,13—14页。

㊷ 《论语新探》,14页。

㊸ 《论语新探》,15页。

㊹ 同前注。

㊺ 《论语新探》,14页。

㊻ 见《礼记·礼运》,清嘉庆二十年江西南昌府学刻《礼记注疏》本(阮元校《十三经注疏》本)。

儒家经典与《儒藏》编纂

安平秋

我今天讲的题目是"儒家经典与《儒藏》编纂",里面想讲三个问题。第一是儒家、儒学及其历史。第二是历代儒家要籍,也就是主要的典籍。第三个问题是《儒藏》编纂。

一、儒家、儒学及其历史

(一) 儒家与儒学

我们今天讲儒家和儒学,常把它列为历史上影响中国思想文化的儒、释、道这三家重要的古代思想意识里面的一个,甚至在这三家里面,儒家的影响更大、更深、也更广。但是在先秦时期,儒家仅仅是诸子百家里面的一家。我前一段听人在谈,说哪有诸子百家,有那么多? 其实还是有的。我们从考古发现,先秦时期特别是春秋时期,国家就有很多。说八百诸侯,还不止,大概有一千个大小国家,所以诸子百家也是存在的。所以在先秦时期,儒家仅仅是诸子百家里的一家。

到了汉代初年,《史记》的作者司马迁的父亲司马谈写了一篇《论六家要指》,把儒家列为这六家里面的一家。这六家是:阴阳家、儒家、墨家、名家、法家、道德家。六家里面一家是儒家。司马谈在《论六家要指》里,对儒家有个评价,他说:"夫儒者以六艺为法。六艺经传以千万数,累世不能通其学,当年不能究其礼。"也就是说,儒家的内容是六艺。六艺的经传有千万数,数量非常大,成千上万。一辈子也不能把它的内容搞清楚。"故曰'博而寡要,劳而少功'。"它的缺点是广博但是缺少要点。去学它,去做它,很辛苦但是很少见功效。后面接着说,"若夫列君臣父子之礼,序夫妇长幼之别,虽百家弗能易也"(《史记·太史公自序》)。这后两句,已经显示出儒家对社会秩序、对家庭伦理所起的千古不能改易的作用,那就是稳定社会和家庭的秩序。所以,到了汉武帝中后期才要"独尊儒术",那是社会和政治的需要。

但是,即便是到汉武帝的中后期独尊儒术了,到了西汉宣帝的时候,宣帝提出了一个不同的看法,他说:"汉家自有制度,本以霸王道杂之,奈何纯任德教、用周政乎!"(《汉书·元帝纪》)为什么非要只用德教、周政呢?我们本来是以霸王道杂之的,这是到了宣帝的时候,宣帝是这个看法。这就是说,在汉代初年汉高帝刘邦的时候,刘邦并不纯用儒学。大家看《史记》《汉书》,都知道,郦食其要去见刘邦,别人劝他,说你别见他,他不喜欢儒生。传说他见了儒生,把人帽子摘下来往里尿尿,这也看出刘邦的流氓气。但是也看出刘邦对儒家、儒生并不尊重。从汉宣帝这句话能够看出,他指的是汉代初年,汉高帝刘邦并不纯用儒学,而汉宣帝本人也不纯信儒学。也就是说,尽管在汉武帝的时候独尊儒术了,在后来也还有一个过程。随着历史的发展,儒家和儒家学说才越来越为统治阶级所重视。这个发展过程,我们下面会有一个简略的梳理。

我们今天讲的儒家,就是指由孔子所开创的这个学派。后来的许多儒家代表人物和各家各个学派的代表人物都公认孔子的作用。像韩非子,他说:"儒之所至,孔丘也。"(《显学》)最大的儒,到了极点的,就是孔丘。东汉高诱在《淮南子·要略》篇的注释里面也说:"儒,孔子道也。"这是孔子的学问。刘歆的《七略》更是说:"儒家者流……游文于六经之中,留意于仁义之际,祖述尧舜,宪章文武,宗师仲尼,以重其言。"宗师仲尼,是孔子。这个话里还有一个地方值得我们留意,就是"宪章文武"。刚才我们在讲汉宣帝讲的,"奈何纯任德教、用周政乎?"这里的"宪章文武",指周文王、周武王。儒家的主张里面吸收了很多周朝的政教。所以这里说的"宪章文武"和"奈何纯任德教、用周政乎"是相呼应的。这些都表述出来,儒家的代表人物是孔丘。所以我们可以说,所谓儒家,就是信仰、尊崇并且继承发扬孔子之道的学术流派,这是儒家。儒学就是专门阐发解释孔子之道的学术思想。这是我要说的第一个问题,儒家与儒学。

我顺便说一下,现在这个"儒家"的读音,很多人都读作"rǔ家",按道理应该读作"rú"才准确。我原来想,是不是和山东人的发音有关。我打听了一下,胶东人发音,不知道在座的,应该是有胶东的吧,好像读作"yú",那个"乳山",读作"yǔ山"。大概"儒"呢,可以读作"yú"这个发音。这里有鲁西北的,怎么读呢?"rù。"(听众回答。)我原来以为,读作 rǔ 家是不是受山东方言影响,我最近问了几个山东人,他们说不是。总而言之,读"rǔ 家"是不准确的。按照现在的标准读音,还是应该读"rú 家"。那我顺便再说一下,刚才说儒释道,这个释就是佛教,大家都知道。为什么叫释呢?因为它的创始人是释迦牟尼。释迦牟尼这个说法,这个名字是从梵文翻译过来的。一个双木林,底下一个平凡的凡,这个读作 fàn,我们平常读白了也是,读作"fán""fán 文"。其实准确说应该读作"fàn 文"。但是也别太拘泥。他读了"fán 文"就"fán 文",所以现在一般说起来"fán 文",说明他读音很准确。读"fán 文",那也不算错,也明白它什么意思,就像"rú 家"和"rǔ 家"一样。不过真正做点儒家学问的人,或者像参与一点编《儒藏》的,把"rú 藏"说成"rǔ 藏"还是不妥当的。这是我说的第一个问题,补充一点读音问题。

(二) 儒学的特征

儒学的第一个特征,也是最主要特征,就是伦理本位,对社会伦理关系的界定。儒家所提倡的,是涵盖了家庭、社会、政治三个方面的伦理思想,它提倡是关于君臣、父子、夫妻、长幼、朋友这五伦的顺序,提倡仁义忠孝信这些道德规范,以及践履道德所经由的途径(通过礼来做)和方法(智)。儒家的这种伦理思想和道德规范,正好适应了中国的社会需要,适应了中国这种农业社会的家庭、家族的需要,也适应了皇权政治制度的需要。所以儒家思想就变成了是自下而上从家庭到中央,又是自上而下从中央到家庭,这样一种全社会的认同和信奉,这是儒家思想被人称道的地方,也是儒家思想流传下来的根本原因。也就是说,它既有国家的意识形态的性质,又具有全民公约的特征,对于整合传统社会、稳定社会秩序发挥了它的推动的、积极的作用。这是它第一个特征。

第二个特征是它重视文献。刚才说,儒家的出现和孔子有关。孔子本人熟悉古代的典籍,在当时认为是博学的圣人。在后世儒家眼里,尤其是古文学家看,孔子是整理文献的一位大师。所以儒家的人,后来跟着孔子一代一代传下来的儒家,都有一个特点,就是重视文献、重视知识。在历史上最有代表性的一些儒家学者,往往是最重视文献也最博学的。像我们后面要提到的,汉代的郑玄,宋代的朱熹,清代的顾炎武、戴震都是。这是第二个特征,重视文献。

第三个特征是重视教育。孔子之前,中国社会是学在官府。到了孔子,化官学为私学,有教无类,因材施教,弟子有三千人之多,而他最喜欢的有名的弟子有七十二人。也就是说,儒家和儒家的创始人孔子,他把官学扩大到私学。不止有官学,私人也办学,而且办得很红火。孔子去世以后,他的学生子夏教于西河,为魏文侯做老师。孔子所提倡的六艺,也由他的弟子传习下来,一直到孟子、荀子,也都有很多弟子。到了汉代,传经的人就更多了。儒家思想,一方面是出于对人类传统的一种保护,来重视教育。另一方面也是出于它自身学术发展的需要。我想儒家在历史上长盛不衰,也和它重视教育、重视一代一代的传承有关系。有的学派不是这样。

第四个特征是入世的精神,尤其是关心民间的疾苦,积极地参与政治。说它有入世的精神,是相对佛、道而言。儒家思想,在儒释道三家里相比,它更有入世的精神。从本质上说,儒家是积极入世的,还不是一般的入世。它主张积极参与社会的思想、活动。所以儒家提倡的是修齐治平,也就是修身、齐家、治国、平天下这样的一个理念,这是它入世精神的一个集中的概括。而且儒家也不追求来世,也不相信神灵,为学由己,成德由己,就是你做学问要靠自己,学习靠自己,人品道德也要靠自己努力。而且是它强调人能弘道,非道弘人,人去弘这个道。主张修己安人,修己安百姓,所以后来范仲淹讲的"先天下之忧而忧,后天下之乐而乐",也是这个儒家入世精神的一种反映。这是它第四个特征,入世的精神。这是我要说的第二个问题,儒家、儒学的特征。

(三) 儒学的分期

儒学的分期,学术界有些不同看法。我们今天把它分成四个阶段来做一个简单叙述,也就是开头讲到儒家与儒学的时候,我说"有个发展过程,这个过程我们后面有个简单的梳理",就是这个地方。

第一阶段是先秦汉初的儒学。

司马迁在《史记·儒林列传》里面讲到儒学兴起的一个简单的发展历史,主要的意思是说:西周末期,礼崩乐坏,周王室衰微,权力由强国来把持。所以这时候孔子兴起,叹息"王路废而邪道兴",于是就论次《诗》《书》,修起礼乐,游说各国。但是,各国全不听这套。那个时候春秋战国时期,谁听你的,孔子这套不管用。于是孔子又根据各国史记而作《春秋》,以当一王之法,就是孔子的用意,你不听我的,我作《春秋》,来当一王之法。孔子死了以后,他的学生散在各国,有的做了诸侯的老师,有的做了卿相,或者和士大夫为友,或者也有些是隐居了的。战国时期,天下纷争,儒术废而不用,但是在齐鲁之间(孔子是今天说的山东曲阜人)仍然是讲习儒学,甚至出现了孟子、荀子这样的大儒。

秦始皇焚书坑儒,导致六经残缺。陈涉起义,那个时候还有鲁国人拿着孔子的礼器去投奔陈涉,意思是反对秦始皇焚书坑儒,用今天的话说,我们山东人拥护你陈涉起来反秦始皇。到了汉高帝刘邦打败了项羽,兵围鲁国的时候,鲁国的儒生仍然是诵读儒家经典。司马迁就表彰齐鲁这个地方的人、这个地域的文化,他认为齐鲁之人对于文学的热爱是发自天性的。其后到了汉兴,汉代初年,齐鲁的儒生就更是讲经习礼。所以司马迁讲他到齐鲁(今山东)去见到的情况,很有感触。那个时候叔孙通给朝廷制作了礼仪,他的弟子们逐渐地兴起。但是到汉高帝的时候,因为是汉代初年,天下刚刚平定,到了汉惠帝刘盈、吕后主政时期也还没有缓过劲儿来。文景时期也不喜欢儒术,到了武帝即位,这才开始了召贤良方正文学之士,这时候六艺的学者从齐鲁一带纷纷兴起。

所以在汉代初年,从汉高帝刘邦不信儒,到汉惠帝刘盈、吕后,再到汉文帝、汉景帝,对儒家思想都不是那么抬举。到武帝时期才开始重视。但是这中间因为窦太后爱好黄老之学,不爱好儒学,有一段时间,儒学的兴起就受到一些阻碍。窦太后死了以后,武安侯田蚡做了丞相,延揽文学儒者几百人,开始重视儒。公孙弘因为是习《春秋》官至三公,封为平津侯(《史记》里面有《平津侯主父列传》)。在公孙弘的建议下,建立起一套通过学习儒学来给国家培养官吏的制度。由此,才儒学大兴。这已经是汉武帝中后期了。这是跟大家报告的儒学分期的第一期,就是先秦汉初的儒学。

第二阶段是汉武帝独尊儒术以后一直到唐代的儒学。

汉武帝时期,儒学发生了一个重大的转变。建元元年(前140)的时候,诏贤良方正,不用法家、纵横家之言。建元五年(前136),立了五经博士。元光元年(前134),董仲舒对策。所以武帝就根据董仲舒的建议,罢黜百家,独尊儒术。从此,儒家由诸子之一上升到官方的意识形态,从而确立了儒学和儒家经典的权威地位。这是到了元光元年(前134)之后出现的情况。

从汉武帝到东汉末年,这个时期关于经书的争论出现了个新问题,就是今古文之争。汉代初年,这些博士们用来教授的经书是用当时通行的文字(也就是隶书)来写的。后来又从孔子家的墙壁里发现了一批书,民间也流传出一批书,这些是用另外一种文字写的,就是所谓"古文"。据王国维的考证,就是战国文字。它和隶书不同,这样就分了今文和古文的不同。虽然都是经书,古文经的内容往往多于今文经,这样对古文经进行系统解说的经师逐渐就在民间兴起。今古文这种差异一开始只是文字上的,后来随着古文经说的逐渐系统化(因为一开始出来是一部分,后来逐渐地增多,后来又把它系统化了),不可避免地古文经和今文经就变成了两个对立面,再进一步就是古文经要争夺今文经的正统地位。刘歆有一篇《移让太常博士书》是这场斗争的一个凸显点。

尽管我们说有这样一场争论,但是在整个汉朝,只有西汉平帝和东汉光武帝时期有些古文经短暂地立于学官,都属于昙花一现,并没有得到官方的承认,但是古文经学在东汉已经呈现出一种上升的趋势。接着,因为这种趋势,很多经师(研究儒学经典的人)就兼习今古,既研究今文又研究古文,所以博通多经,出现了不少通儒,像贾逵、马融、许慎、郑玄,都是这时候出现的。到了东汉末年,郑玄遍注群经,调和今古,把今古文、各经书系统化成了一个整体。今文经学在东汉有何休给《公羊》作的注,这个成为后来清代常州学派兴起的一个伏笔。这是在从汉武帝到东汉末年。

魏晋时期,战乱频仍,加上玄谈的兴起,贯通群经的大儒就比较少见。这个时期出现了几部著名的经注(给经作注的),像我们今天能够看到的何晏的《论语集解》,选择了汉儒的说法,算是对《论语》汉代注释的一个总结;而王弼的《周易注》、杜预的《春秋左传集解》也是一扫先儒旧说,且都另作了《释例》,这也标志着学风的一种转变。也就是说在魏晋时期虽然没有明显的大儒的出现,但是学风上已经酝酿着转变。

到了南北朝时期,由于战乱的原因,经学衰微了。但从北魏太和年间,盛修文教,朝里面博学大儒越来越多了,算是普遍衰落中的一个亮点。因为是南北朝,南北治学有些不同,《隋书》里面《儒林列传》讲,"南人约简","约简"就是简约,"得其英华",就是得其精华。"北学深芜,穷其枝叶",北方学术比较深奥烦琐,重视细节。这南北的不同,我觉得还是很有些道理。这一时期的经学著作又多了一个"义疏体",就是取某一经某一家的注作为本,对经、注进行疏解,形成一个比较完善的经学学说体系。

到隋朝,隋文帝、隋炀帝都曾经奖掖儒学,尤其是隋炀帝的时候,刘焯、刘炫作群经义疏,为海内所宗仰。到了唐代初年,就有了《五经正义》之作。《五经正义》作为官方科举取士的教科书,对唐以前驳杂的经说进行评说,定经于一尊。《五经正义》和贾公彦的《周礼疏》《仪礼疏》、杨士勋的《穀梁疏》、徐彦的《公羊疏》,合称为"九经疏义"。大家留意,就这个时候,从唐代初年有《五经正义》,这个五经就是《书》《诗》《春秋》《易》《礼记》,从这五经,接着又刚才说的,增加了贾公彦的两种、杨士勋的、徐彦的,这样合称"九经疏义"。从《五经正义》到"九经疏义",这有一个过程。这是对南北朝义疏学的一次大总结,可以和汉代经学合称为"汉唐经注之学"。

和后来兴起的宋明理学相比,汉唐的经学注重的是文字训诂、名物制度,也就是对文字的解释,对句意的疏通,对名物制度的疏通解释。特别是尊郑学,以礼制解经的特点比较明显。这是第二个时期,从汉武帝独尊儒术以后到唐代。

第三阶段是宋明新儒学。

唐代中期,儒学悄悄地出现了转型。原因一方面是出于对外来佛教的排斥和对抗,所以就提倡复兴儒学,并尝试构建了道统。文化上的学术上的许多需要都和社会有关系,历朝历代都是这样。其实发展到近现代,我们仔细想,仍然是这样的问题。刚讲到唐代中期,就是排斥外来的佛教,拿出我们自己的东西来。儒学就拿出来了。后来又何尝不是如此?所以有许多事要看透。所以儒学内部开始寻求建立自己的义理的体系,就不仅仅是解释文字、训诂、制度,要讲求它儒学的义理,所以当时韩愈的《原道》,首倡要复兴儒学,并且尝试构建了道统。李翱的《复性书》试图重建儒家的心性理论。这是在唐代。

延续到宋代,周敦颐、二程、张载、朱熹,一般把他称作是"濂洛关闽",所谓"濂",是指北宋周敦颐这个学派,叫濂溪学派,周敦颐叫濂溪先生。因为他是今天说是湖南道县有个地方叫濂溪那里的人,所以他这个学派叫濂溪学派。"洛"是洛阳。因为二程(程颢、程颐)是在洛阳讲学,所以把它称作洛学。张载是关内人,陕西人,陕西在函谷关以西,过去曾以长安为中心,所以陕西称为关内,所以称为关学。朱熹后来是讲学于福建,他这个学派称作闽学。到了宋代,周敦颐、二程、张载、朱熹合称的"濂洛关闽"就着力于发掘、阐释儒家经典里面的本体论、心性论、功夫论。所以这个宋明理学的产生有它的时代背景,有它的社会基础。

  这时候主要做了两方面的工作:一个是对经典里面的义理色彩较重的部分进行重点解说,阐明并构建了儒家本有的但是并未彰显的哲学体系。本来有,但并不是它最突出的特色,现在因为需要给它发掘出来、彰显出来。像《周易》的《系辞》,《礼记》里面的《大学》《中庸》《乐记》这些篇、《论语》《孟子》这两种书,都做了重点解说,目的就是发掘它的义理内容。这是一项工作。

  第二项工作是以这个义理体系为指导原则,遍注群经。我光这个还不行,还要发展,要扩大,把群经都注。怎么注呢?就是用我这个义理之学,义理观点来注。所以这可称为是"经典的理学化"的一个过程。这两项工作,到朱熹是集大成,建立起了理学的体系。所以说是濂洛关闽,因为到闽,到朱熹,集大成,形成了理学的基本框架。这个体系最核心的观念就是"天理",天理既有本体论的意义,更重要的包含了价值判断,并且发展出一套可以逐渐用功的修持的方法,就是所谓功夫论。朱熹把《礼记》里面的《大学》《中庸》两篇和《论语》《孟子》合在一起称为"四书"。我们说的《四书五经》的《四书》,就是从这开始的。朱熹梳理、拣择了历代的注释主要是北宋以来诸儒的阐释,加以注解,因为光有这四部书正文还不行,文本还不行,朱熹要加上他自己的注释,这样就形成了《四书章句集注》,到今天很有名的,我们年轻上学的时候就说要读《四书集注》(简称),就是朱熹的这个。这是体现了宋代理学的新经典。

  另外必须说一下的是和朱熹同时的陆九渊所创立的心学体系。"心理"的"心"。心学体系的根本概念是"本心",根本命题是"宇宙便是吾心,吾心即是宇宙""心即理",重点讲的是心体无限,包容万物,又包含着理。为学,做学问,只在于"发明本心",自信坚笃,"先立乎其大者"。陆九渊的心学体系和朱熹的理学体系,主要差别就集中在为学的方法上,两个人曾经有一次著名的辩论,这个辩论称作鹅湖之会,或者鹅湖之辩,谁都没有说服谁。一般认为双方重要的分歧是在所谓的功夫论上。这是在宋代。

到了明代,以朱熹为代表的理学体系,地位高升了,被确认为官方的意识形态,明代初年官方编纂的《四书大全》,你从名字就看出来,是对朱熹的肯定。《四书大全》《性理大全书》《五经大全》汇编了宋元学者对经典所进行的各种理学化的阐释,《四书》和经书大多数是用的朱熹及其弟子们的注,这样尊朱的倾向就比较明显。明代初年的学者像曹端、胡居仁也都是这样一批尊朱的学者。从陈献章开始,朱子学开始向心学转折,到王阳明心学就兴盛了。王阳明的心学主要表现在"心外无理、心外无物、知行合一、致良知"这样几个命题里。阳明学在明代的兴盛,导致了崇尚虚谈,不重实证,传统的经学就逐渐地衰微下来,这是第三个阶段,宋明的新儒学,很突出的代表人物就是朱熹、王阳明。

第四个阶段,是清代的考据学。

清代初年,因为宋明理学发展到王阳明的心学,崇尚空谈,刚才我们提到的"空谈性理"这样一种学风,学界就出现了回归朱子学的潮流。从王阳明再回到朱熹。因为从朱熹到王阳明有个过渡,从理学到心学这样一个变化。所以清初不满于这种状态,所以在朝野共同推动下,以朱熹为代表的宋代理学又成为当时的显学。朱子一系的经书经康、雍、乾三朝官方的编纂,取代了明代修的《四书五经大全》,成为新的科举考试用书。当时武英殿刊刻的《十三经注疏》《二十一史》,逐渐地拓宽了当时读书人的视野。于是就开始出现了一股复古之风,崇尚前代,越来越靠前。学者逐渐地不满意《四书五经》的宋元阐释系统,进而就探寻汉唐注疏之学的真相,往前走,于是就兴起了所谓的汉学。汉学的核心,起初是反宋,反对宋朝的学问,认为宋人建构的经学解释存在着重大问题,背离了两汉儒生的经典原义。

而乾嘉时期的学者,当时又运用了一种新的方法,或者说过去没有注意的方法,那就是我们今天说的汉语音韵学(用古音,因声求义),用这种工具和治学方法来研究经学。所以不满宋人,就要返回到唐宋的注疏。再后来,发现唐宋的注疏也存在缺陷,又进展到不满魏晋六朝的注,就要以贾逵、服虔取代杜预的《左传》注,要以郑玄几个人来取代王弼的《周易注》,就纷纷给汉注作新的疏。再往上复古,又发现东汉的古文经学,像郑玄、马融、贾逵和西汉的今文经学也有很大差别,在"愈古愈真"的这样一种观念的支配下,晚清的今文经学就兴起了,西汉流行的《公羊》《穀梁》《尚书大传》、欧阳、大小夏侯《尚书》、三家《诗》,又成为学术的热点。可以说,清代的学术几乎是倒演了中国古代的经学史,往上翻,往上推,往上推崇。

这是我们讲的儒学的分期的第四个阶段。我们的分段就到清代。我最近发现,近百年来对清学的研究,内容非常多。我昨天还看到一篇讲近一百年对于清代学术、清代经学和清代人对清代以前经学研究的一些状况的文章。文章很长,但写的也很不错,但是不在我们今天讨论范围。我们就讲到清代这个时候。近年的和以后的,我们都不谈它。这是我讲的第三个问题,儒学的分期。

(四) 儒学与经学的关系

我们前面提到,孔子是儒家学派的创始人,经典教育的平民化也是从孔子开始的。而且是在变官学为私学的过程中,自觉地以文化传承者为己任,所谓信而好古,述而不作,孔子是通过传统的经典教育来对弟子进行规范和塑造的,为儒家的发展奠定了坚实的基础。而六经是夏商周三代文明的精华,孔子自觉以传承六经为己任,在对传统经典阐释的基础上,创立了儒家学派。可以说,经学是儒学的学术基础。

儒学的发展,反过来又影响着经学的阐释理路与方法,进而对经学研究的内容产生了系统的影响。历代的儒家对儒家经典不同层次、不同方面的诠释,既深化了经学研究的内容,促成了研究方法的自觉,形成各个时代独具风貌的经学特征,同时也为儒学的发展提供了新的生长点,影响了这一代儒学的发展。比如宋代对《四书》的阐释和研究,从儒家道统传承的角度,从《礼记》里面单独提出了《大学》《中庸》这两篇,和《论语》《孟子》并称为"四书",从中建构出了从孔子、曾子、子思子、孟子这样的道统传授的谱系,并且进行全面的系统的阐释,变成地位更凌驾在五经之上了。因此,我们今天所讲的"儒家经典",应该包括一般意义上的"经学文献"和"儒学文献"里面比较核心的这一部分。

这是我跟大家说的第一个问题,儒家、儒学及其历史。

二、谈谈历代儒家要籍

儒家要籍太多,儒家的著作更多,因为今天跟大家介绍,想了想,尽量地想把它说得扼要一点,重点突出一些。我们把它分了四个部分,第一讲《十三经注疏》系统,第二部分讲《四书五经》系统,这是一般认为两个常见的、被大家所公认的、读得最多的、用得也最多的儒家经典。第三是谈一下儒家义理的创造性发挥,就是用儒家义理解决具体问题,同时又对儒家义理作出了创造性发挥的一些代表性的要籍。第四是儒家对自身历史的建构,这涉及了《儒林传》,涉及年谱,涉及学派的渊源录,也涉及学案等。有这么四个类别,大概儒家的经典,儒家的要籍,基本上能涵盖住。如果想知道儒家经典包括哪些方面,再进而在这些方面里面求得儒家经典哪些书是应该读的,哪些是必读的,哪些是最基本的阐述,哪些是从学派上学理上再进一步的论述,这四个部分也大致能够区分开,大家选择去读。所以我们分四个部分来介绍。

(一) 所谓"经部之一",《十三经注疏》系统

经部文献或者说六艺类的文献是儒家典籍的核心部分。而这一类文献的数量相当庞大。《汉书·艺文志》对于经部收的是103家。《隋书·经籍志》收六艺经纬是627部,卷数是5371卷,再加上当时已经亡逸的书,合计是950部,7290卷。清代《四库全书总目》著录的经部书籍,包括存目,达到了1773部,20427卷。在这个数量庞大的经部文献里面,最基础最重要的文献就是"十三经注疏"系统和"四书五经"系统,这两个系统里面的著作。

"十三经"是从汉代"五经"基础上逐渐扩大而形成的儒家核心典籍。西汉所谓"五经",是指《周易》《尚书》《诗》《春秋》《仪礼》这五部经典。因为西汉的官学是今文经学,我们前面提到了,所以这五经,也有人把它称作"今文五经"。后来,《孝经》和《论语》由于和孔子有关系,在刘歆《七略》和《汉书·艺文志》里面,也把它附于《六艺略》之后。这样到了东汉,逐渐就有"七经"的说法。唐代修《五经正义》,《周易》用的是魏王弼的注,《尚书》是孔安国的传(后来有人认为是假的,所以称伪孔安国传),《春秋》是用的《左传》杜预的注,《诗经》用的是毛亨的《毛诗故训传》和郑玄的笺,《礼》用的是《小戴礼记》郑玄的注。这样一

来,唐代初年官修的《五经正义》已经打破了汉代五经的传统,以《小戴礼记》取代了《仪礼》成为《五经》之一,而《小戴礼记》在汉代原来只是附属于《礼经》的传记。唐代的"五经正义"的出现,意味着两汉以来今古文经学之争的彻底结束,同时也标志者统一的经义的出现。这是经学发展的一个必然的结果,就是从西汉的"今文五经"到东汉"今文五经"加上《论语》《孝经》而成"七经",到唐代"五经正义"里面是以《小戴礼记》代替了《仪礼》,这样一个发展。

在这之后,贾公彦、杨士勋相继完成了《周礼疏》《仪礼疏》和《穀梁疏》,连同徐彦的《公羊疏》,这是四种了,这样就有了从唐初的《五经正义》变成了"九经疏义"。"九经"的说法本来在此之前就已经有了,而形成"九经疏义"是这个时候。之后,唐玄宗两次注《孝经》,并且让元行冲作疏,后来成为宋代邢昺疏的来源。宋代初年,朝廷命邢昺等人续作《孝经》《论语》《尔雅》等疏,其中《孝经疏》用了李隆基的注,主要取材于元行冲作的疏;《论语》用了何晏的集解,而取材自皇侃的《论语义疏》;《尔雅》用了的东晋郭璞的注,取材自孙炎、高琏的疏。其实早在唐文宗开成二年刻开成石经的时候,本来已经有了"十二经"的说法,这"十二经"是除去刚才提到的"九经疏义"的"九经"之外,加上了《论语》《孝经》《尔雅》。现在"十二经"的疏也写成了。在宋代,《孟子》升格为经,这样就有"十三经"的称号。南宋时期,号称是孙奭撰写的《孟子注疏》出现了,"十三经注疏"也就凑齐了。从南宋开始刊刻诸经义疏,就是把经、注、疏合在一起,直到明代嘉靖年间的李元阳才正式有整套的《十三经注疏》刻本出现。我不知道刚才这样梳理一下是不是讲清楚了,这是"十三经"形成的简单脉络。

十三经注疏,我们列了一个表格(表1)。

表 1

经	注	疏
周易	[魏]王弼 [东晋]韩康伯	[唐]孔颖达
尚书	(题)[西汉]孔安国	[唐]孔颖达
诗经	[西汉]毛亨、[东汉]郑玄	[唐]孔颖达
周礼	[东汉]郑玄	[唐]贾公彦
仪礼	[东汉]郑玄	[唐]贾公彦

续表

经	注	疏
礼记	[东汉]郑玄	[唐]孔颖达
春秋左氏传	[西晋]杜预	[唐]孔颖达
春秋公羊传	[东汉]何休	(题)[唐]徐彦
春秋穀梁传	[东晋]范宁	[唐]杨士勋
论语	[魏]何晏	[北宋]邢昺
孝经	[唐](玄宗)李隆基	[北宋]邢昺
尔雅	[西晋]郭璞	[北宋]邢昺
孟子	[东汉]赵岐	(题)[北宋]孙奭

这是今天我们谈到儒家经典要读的一个基本内容。我们讲"十三经"离不开"注疏",你读"十三经",指的就是这个内容。我只读十三经本身,不读注,不读疏,很难读懂。现在各个出版社出版的多年来都是《十三经注疏》在一起出,当然后来有单独点的,比如说点某一经,比如说《论语》,他自己注,那是另外一回事。我是说读这个书的时候,比如读《论语》,往往要带着看它的何晏注、邢昺疏。当然你读刘宝楠的《论语正义》,那是另外一回事。

唐宋时候形成的《十三经注疏》,一直到明代刻出来,可以看作是对唐以前经学研究的集成。首先,唐宋疏是在六朝以后义疏学的基础上作的。其次,疏文,除了申释所宗的注,对其他的古注也有所引用,或者赞成或者反对。现在许多古注都消亡了,我们往往要从《十三经》的疏里面去看一些消亡的古注,所以也有它的价值。这是《十三经注疏》的形成和它的内容。

宋明时期,用力于《十三经注疏》的学者不多。到了清代,经学复兴。清人不满于唐宋的旧疏,刚才提到了,清人做学问是逐渐地往上推,越来越复古的味道,逐渐地不满意于唐宋的旧疏,自己来作新疏。或者是重疏通行的汉注,或者是重新辑录汉代的注,并进行新的疏证。这样做并不是简单地复古,清人往往超越了旧疏旧注,有自己的见解。所以有人说它是重光汉代经学,所以清代考据学又称为"汉学",和"宋学"有所区别。那么清代学者对"十三经"又有新的解释、新的诠释,有一批以今天看也是经典性的著作。我们也列了一个表

（表2）。

表2

易	辑旧注	惠栋《易汉学》（简明扼要叙述汉易各家）、孙堂（辑）《汉魏二十一家易注》，孙星衍《周易集解》。
	新疏	张惠言《周易虞氏义》《周易郑氏义》《周易荀氏九家义》，姚配中《周易姚氏学》，马其昶《周易费氏学》。以上专明一家。惠栋《周易述》（自注自疏，未完，有江藩《周易述补》、李林松《周易述补》）。李道平《周易集解纂疏》（专疏《集解》）。
书	今古文	江声《尚书集注音疏》，孙星衍《尚书今古文注疏》，王鸣盛《尚书后案》，王先谦《尚书孔传参正》。
	今文	陈乔枞《今文尚书经说考》《尚书欧阳夏侯遗说考》，魏源《书古微》，皮锡瑞《今文尚书考证》。
	辨伪	阎若璩《尚书古文疏证》，惠栋《古文尚书考》。
诗	毛诗	陈启源《毛诗稽古编》，胡承珙《毛诗后笺》，陈奂《诗毛氏传疏》，马瑞辰《毛诗传笺通释》。
	三家诗	陈乔枞《三家诗遗说考》，魏源《诗古微》，王先谦《诗三家义集疏》。《齐诗》：迮鹤寿《齐诗翼奉学》，陈乔枞《诗纬集证》。
礼	周礼	孙诒让《周礼正义》（熔铸百家，详密精赡，远驾旧疏而上之）。
	仪礼	张尔岐《仪礼郑注句读》（清代《仪礼》学开创之作），凌廷堪《礼经释例》（专释礼例，为读礼管键），胡培翚《仪礼正义》（清代《仪礼》学集大成的著作）。
	礼记	杭世骏撰《续礼记集说》（继承宋卫湜），朱彬《礼记训纂》，孙希旦《礼记集解》（孔疏质量较好，故《礼记》中清人新疏无法超越孔疏）【附】孔广森《大戴礼记补注》，王聘珍《大戴礼记解诂》。
	通礼	金榜《礼笺》，金鹗《求古录礼说》，黄以周《礼书通故》（此书体大思精，足为清代礼学殿军）。

续表

春秋	左传	洪亮吉《春秋左传诂》(长于地理),李贻德《春秋左氏传贾服注辑述》,刘文淇《春秋左氏传旧注疏证》(此两种宗贾逵、服虔,专申两汉《左氏》旧义。此书为未完稿,有今人吴静安续补),章炳麟《春秋左传读》(此书写作在清末。此书为新疏草稿,章太炎要把杜预以前的左氏古学结撰为一个体系,后观点改变,放弃了新疏的写作)。
	公羊	孔广森《公羊春秋经传通义》(不主何休,对"三科九旨"另创一家之言),刘逢禄《公羊何氏释例》(专主何休,明何氏之例),凌曙《公羊礼疏》(因何休以来明于例而略于礼,故作是书),凌氏弟子陈立撰《公羊义疏》(集大成)。【附】苏舆《春秋繁露义证》(解董仲舒最权威的著作)。
	穀梁	钟文烝《春秋穀梁经传补注》,侯康《穀梁礼证》,柳兴恩《穀梁大义述》,许桂林《穀梁释例》,廖平《穀梁古义疏》。
论语		刘宝楠《论语正义》(以何晏《集解》为主,博观约取,成就在邢疏之上)。程树德《论语集释》(1942年成书,资料丰富,条理清晰,立论公允)。
孟子		焦循《孟子正义》(远超旧疏,不守"疏不破注"陋习,实事求是,对其他清代新疏有示范作用)。
孝经		严可均(辑)《孝经郑氏注》,皮锡瑞《孝经郑注疏》。
尔雅		邵晋涵《尔雅正义》、郝懿行《尔雅义疏》。(清代《雅》学双峰)【附】段玉裁《说文解字注》、王念孙《广雅疏证》。
群经		惠栋《九经古义》,余萧客《古经解钩沉》,陈寿祺《五经异义疏证》,王引之《经义述闻》《经传释词》,陈立《白虎通疏证》,俞樾《群经平议》。

我就不都把这个表一本一本地讲下来了,只重点地介绍一下,点一下。大家可以拿这个表自己去按图索骥。比如《论语》,我们列了在前面的《十三经注疏》的何晏的注,邢昺的疏之外,我们列了这么两家。这是刘宝楠的《论语正义》,他是在何晏《集解》的基础上,博观约取,广泛地收集资料,很简约地取了一些精华来作正义。刘宝楠《论语正义》的成就,可以说是在邢昺的《论语义疏》的成就之上,相当的细致。像程树德的《论语集释》,资料丰富,条理清晰,立论也公允,但是它1942年才成书的,时间比较晚,但我们把它放在这里了,

作为一种参考。

再比如《孟子》,《十三经注疏》里面用的是东汉赵岐的注,据说是北宋孙奭的疏。清儒新疏要属焦循的《孟子正义》,这本书很厉害,超过了旧疏,他没有去遵守过去的一个死的规定,叫作"疏不破注",就是说我后面跟你前面的注作疏,不破你的注。他没有,他是实事求是,对清代其他的新疏也有一种启示作用。

我们这个表就列了这么几家,每一经里面就列了一部分,没有列得非常烦琐,目的是把代表性的清人研究推荐给大家。我们在十三经之外,还列了一项群经,这些著作讨论问题的范围比较广泛,跨越几种经书,也推荐给大家。这是跟大家报告的历代儒家要籍的第一部分,《十三经注疏》系统。

(二)"经部之二",《四书五经》系统

随着理学的兴起,儒家学者对儒家经典进行了新的解释和发挥,逐渐形成了以程朱理学为核心内涵的经典阐释系统,就是《四书五经》的系统。我们也列了一个表格(表3)。

表3

		核心典籍	衍生典籍——宋元	——明	——清
四书	大中论孟	朱熹《四书章句集注》。(《四书或问》《论孟精义》附)	[宋]赵顺孙《四书纂疏》,[元]胡炳文《四书通》。	[明]胡广等《四书大全》。	
五经	易	程颐《易传》,朱熹《易学启蒙》《周易本义》。	[宋]董楷《周易传义附录》,[宋]胡方平《周易启蒙通释》,[元]胡一桂《易本义附录纂疏》《易学启蒙翼传》,[元]胡炳文《周易本义通释》,[元]董真卿《周易会通》。	[明]胡广等《周易传义大全》。	[清]康熙《御纂周易折中》。

续表

		核心典籍	衍生典籍——宋元	——明	——清
五经	书	蔡沉（朱熹弟子）《书集传》	[元]陈栎《尚书集传纂疏》，[元]董鼎《书传辑录纂注》，[元]陈师凯《书蔡传旁通》	[明]胡广等《书传大全》。	[清]康熙《钦定书经传说汇纂》。
	诗	朱熹《诗集传》	[元]刘瑾《诗传通释》，[元]梁益《诗传旁通》，[元]朱公迁《诗经疏义》。	[明]胡广等《诗传大全》	[清]康熙《钦定诗经传说汇纂》。
	礼记	[元]陈澔（朱熹四传弟子）《礼记集说》		[明]胡广等《礼记大全》	[清]乾隆《钦定礼记义疏》。（《三礼义疏》之一）
	春秋	胡安国（程颐再传弟子）《春秋传》，张洽（朱熹弟子）《春秋集传》（明洪武初，取士兼用张传）。	[元]李廉《春秋诸传会通》，[元]汪克宽《春秋胡传附录纂疏》	[明]胡广等《春秋大全》。	[清]康熙《钦定春秋传说汇纂》。

先讲这个系统中的核心典籍。

《四书》的名字，刚才提到了，到朱熹的时候才开始出现，但是在北宋，二程（程颢、程颐）及后来的学者就重视它们，有些阐发。到朱熹是总其大成，才写成了《四书章句集注》，所谓"集注"，主要是集宋朝的那些老先生的说法。

五经里面的第一部《周易》，因为是程氏的《周易》理学化的色彩更强，所以和朱熹的《易学启蒙》《周易本义》放在一起并行。《书集传》是朱熹授意他的学生蔡沉作的。《诗集传》是朱熹本人作的。我们学习《诗经》，往往推荐学生来读《诗集传》，就是朱熹的这个本子。第四个是《礼记集说》的著者陈澔，是朱熹的四传弟子。还有就是《春秋胡传》,作者是胡安国,程颐的再传弟子。朱熹对胡安国很看重,他评价说"他所说尽是正理"(《朱子语类》卷六七)。《春秋集传》的作者是张洽,是朱熹的弟子。上面列的,就是我们表格中所列的四书五经系统的核心典籍,是程朱理学对经书进行理学化的成果。

如果说《十三经注疏》代表了从汉到唐的经学研究成果,是两汉以来注释体和义疏体的结合,是治经学、儒学的必读的基本典籍,那么,宋元人的四书五经注释系统,则是以理学治经的成果。用理学来治经,和前面的不太一样。与《十三经注疏》系统的明显不同是:《十三经注疏》系统注重从训诂、名物、礼制等入手阐发经书中的史实和制度,而四书五经系统则注重在经注里面贯彻作者的天理、心性等哲学思想。这是两个系统的区别。这是两个系统的差异。这是我们讲四书五经系统里面的核心典籍。

第二个小问题是四书五经系统的经典化与官学化。

"四书五经"很厉害,它不完全是民间的,它成了系统之后,不仅经典化了,还官学化了。这些典籍问世后,逐渐取代古代的注疏了,成为士子读书问学的首要选择。从南宋末年开始,出现了不少围绕这些典籍进行证明、阐发的汇编体著作,或者说经典著作。到了元代延祐二年(1315),朝廷下诏,科举考试的用书是什么呢?是"四书五经"。《四书》用的是朱熹的《四书章句集注》。而《五经》,《诗经》用朱氏的,《尚书》用蔡氏的,《周易》用程氏和朱氏两家的,《春秋》用三传和胡氏传。《礼记》用古注疏。这是在元代。这样"四书五经"系统的官学地位在元代就确立了,因为它成为科举考试的用书了。

到了明代,明成祖敕修《四书五经大全》,作为明代的科举用书。那么也是《四书》用朱熹的,《周易》用朱熹和程颐的,《书经》用蔡沉,《诗经》用朱熹,《礼记》用陈澔,《春秋》用胡安国和张洽,但以胡安国为主。这是在明代。

明代科举考试很厉害,你看南京的国子监,过去的考场,现在还保留着,那是非常让人窒息的地方。

科举制度造成了许多很严重的作弊现象。我不知道各位留意没有,现在许多电视剧、电影里都在演什么夹带之风,就是作弊。我看到过在美国的普林斯顿大学东亚图书馆(原来叫葛思德东方图书馆)存了一件衣服,是非常薄的丝衣服,半长的袍子,那上面写了据统计说有多少万字,我记不准了。就是把这些《四书五经》抄上去，全是经书，这就是作弊，答卷的时候，背不下来或者忘了，就去看这个衣服。衣服非常薄，非常细，到今天还存在普林斯顿大学图书馆的库里。

因为"四书五经"作为科举考试用书了，它的官学地位在元代确立了，奉为经典了，又进一步促进了学者对这些核心典籍的关注，元明以来出现了一大批汇编体的著作，包括《四书五经大全》就是这种著作。

到了清代，康、雍、乾三朝官修的《御纂七经》，是清代科举考试的用书，也是汇编体的著作。其中《周易》《诗经》《尚书》《春秋》的宗尚、体例和《五经大全》是一致的，取材范围扩展到明代末年，时代下延了。而《三礼义疏》因为是修于乾隆初年，参与的人多是礼学的名家，这样就不用前面陈氏的《集说》了，就用新的。所以从明到清，《四书五经大全》和《御纂七经》这样两次编纂活动，进一步巩固了《四书五经》系统的经典地位。

我们为了清晰起见，把"四书五经"系统的核心典籍和衍生典籍列了一个表。这是"四书五经"系统基本的经典。因为我们今天是讲儒家经典，"四书五经"系统里这些是主要的，大家如果有兴趣钻研阅读，可以利用这个表来按图索骥。这是历代儒家要籍的第二部分，"四书五经"系统。

（三）儒家义理的创造性发挥

历代儒家学者在传承儒家经典的时候，他们自己也根据时代的不同，对儒家经典做了些各自的创造性的解释。到了宋明，这些儒者更是抽绎了传统儒家思想里特别具有哲理的部分，发展出了性理之学。这些作品往往被历代的目录学著作归入到子部儒家类里。我们下面是参考了张之洞的《书目答问》的分类，把这些著作简单地分三个部分，做一个介绍。

第一部分是周秦诸子里面的儒家类。儒家从孔子开创，不过是诸子之一。孔子的弟子、后学撰写了不少著作，但是大都没有传下来。现在可以介绍给大家的，较为完整地流传下来的有《孟子》和《荀子》。刚才已经说过，《孟子》在宋代升经了，介绍经部的时候说过了，完整流传下来的就只有《荀子》。此外，大概有《子思子》《曾子》两种通过后人辑佚流传下来了，起初的很多内容也没有了。此外还有《孔子家语》。下面按照时间先后来介绍。

《子思子》和《曾子》两种，宋代人汪晫开始辑佚，到了清代，有了比较好的辑注本。阮元有《曾子注释》，黄以周有《子思子辑解》可以参考。

《荀子》一直直隶属于子部儒家类。唐代的杨倞给《荀子》作过注，清代的王先谦也有《荀子集解》，是比较完善的校释著作。

《孔子家语》，在《汉书·艺文志》里是列入了《六艺略》，它记载了孔子及其弟子的很多言行，但今天我们见到的《孔子家语》，长时期以来就被怀疑是伪书，所以列在最后介绍。这是第一部分，周秦诸子的儒家类。

第二部分是儒家类的议论、经济（经世济民）之属。汉代的儒学，不少儒者是运用儒家思想对历史经验进行总结的，后来就把它归入到子部儒家类了。比较重要的著作有这样一些，大家听一下了解一下就可以了。

陆贾的《新语》、贾谊的《新书》，这两部书系统地总结了秦朝灭亡、汉代兴起的原因，算是总结历史经验，并且对汉初的国家政治提出自己的建议。

桓宽的《盐铁论》。《盐铁论》前些年，特别是在批林批孔的时候，宣传的比较多。这是汉昭帝始元六年（前81）的时候，根据桑弘羊就盐铁问题和一些持儒家思想的人所做的辩论记录下来的。

还有刘向的《说苑》《新序》、扬雄的《法言》、王充的《论衡》、王符的《潜夫论》、荀悦的《申鉴》、仲长统的《昌言》、崔寔的《政论》。"崔寔"的"寔"，其实就是今天的"实事求是"的"实"，"实在"的"实"，那是个异体字。这是汉代。

汉代以后属于议论经济之属的重要著作有南宋真德秀的《大学衍义》，明代丘浚的《大学衍义补》。《大学衍义》是以《大学》为纲，分了八个条目来论述，把经史诸子里的相关内容附在后面，附在它下面，旁采先儒的议论，并且加进了真德秀自己的看法。这本书意在给统治者提供一个治国的借鉴。真德秀这书没写完，缺了两个条目，就是"治国""平天下"这两个条目，所以是后来明代的丘浚把它补齐的。所以叫《大学衍义》和《大学衍义补》。之后有清代的黄宗羲的《明夷待访录》、唐甄的《潜书》、颜元的《四存编》等等，也是这一类中比较重要的著作。这是第二部分，儒家类的议论、经济之属。

第三部分是儒家类的性理之属，也就是宋明理学的重要著作。性理之学，是宋明学者对传统儒学的新发展，也是宋明理学的核心部分，是儒家思想的重要组成部分。前面提到了，宋明理学的基本脉络，或者说主干的内容就是宋代的濂洛关闽所构建的理学体系和宋代的陆九渊、明代王阳明所建构的心学体系。关于这一部分的基本典籍,我们也列了一个表(表4),推荐给大家。

表 4

		代表人物	要籍	全集
理学	濂	周敦颐	《太极图说》《通书》	《元公周先生濂溪集》
	洛	程颢 程颐	除《易传》已入经部,经说、语录	《二程全书》
	关	张载	《张子正蒙》、语录	《张子全书》
	闽	朱熹	《近思录》《朱子语类》	《朱子全书》
心学	陆	陆九渊	《语录》、书信	《象山先生全集》
	王	王阳明	《传习录》	《王文成公全书》

稍加说明一下。刚才说过了,周敦颐是濂溪学派的开创者,他的《太极图说》和《通书》提出了无极、太极、阴阳、五行、动静、主静、至诚、无欲、顺化等理学的基本概念,被后世的理学家们反复讨论和发挥,构成了理学体系中的重要内容。周氏的这两本书,朱熹都做了注。周敦颐的著作,后人汇集成《元公周先生濂溪集》。

《张子正蒙》是张载关学的代表作。其中讲到"为天地立心,为生民立命,为往圣继绝学,为万世开太平",这是所谓的"横渠四句教",流传到今天,大家很重视它的内容。这集中概括和彰显了张载的精神追求和价值取向,也反映出了宋明理学的一个基本观点。他的主要著作,后人汇编成了《张子全书》。

二程洛学,两个人的著作后来汇编成了《二程全书》。北宋覆灭以后,程颐的学生杨时、游酢到了南方,所以洛学就传到了东南,而福建成为理学的中心。由杨时、游酢经罗从彦、李侗传到了朱熹,形成了理学史上的闽学一脉。朱子就发展了北宋程颐这些人的思想,集理学的大成,建立了理本论的哲学体系。朱熹编了《伊洛渊源录》,很有名的一部著作,伊是伊水,洛是洛水,伊洛学派的渊源录,就建构了程朱理学的一个道统的谱系。朱熹又和吕祖谦一起选了北宋以来重要的理学家的观点言论,编了一个《近思录》,这是宋明心性之学所尊奉的核心典籍之一。全面地阐述了理学思想的主要内容,囊括了北宋五子和朱、吕的思想精要,一共是14卷。后来《近思录》有一些注本,像清代江永的

《近思录集解》是为人们所充分肯定的。朱熹的著作,后人汇编为《朱子全书》。前几年,上海古籍和安徽教育两家出版社联合出版了重新点校的《朱子全书》。

明成祖在敕编《四书五经大全》的同时还汇编了《性理大全》,作为科举用书。这个书采辑了宋儒理学的说法,一共有120家,分门类纂13类,内容很丰富。后来到清代康熙的时候,嫌《性理大全书》太多太复杂,就让李光地删编成了《性理精义》。这就像前面讲的"四书五经"系统在明清出现了很多汇编体著作一样,《性理大全》和《性理精义》也体现了程朱理学的性理著作在明清时期的经典化和官学化的过程。

再回来说,南宋时期几乎和朱熹同时,江西的陆九渊因为读《孟子》而悟道,提出了心本论,自成一派。陆九渊的著作有《象山语录》,后来和他的其他著作一起汇编为《象山先生全集》。到了明代,在陈献章、王阳明出现以前,朱熹的后学是学术界的主流。而王阳明却继承了陆九渊的心学传统,他的学说和陆九渊的学说合称为"陆王心学"。王阳明最重要的著作是《传习录》,记载了他的语录和论学的书信。后人又把他的著作汇集为《王文成公全书》。这是历代儒家要籍的第三部分,儒家类的性理之属。

(四)儒学对自身历史的建构

简单地说一下这一部分。儒家重视文献,也重视对自身发展历史的梳理和建构。从司马迁《史记》的传记开始,逐渐发展出一系列的记载儒家人物、学派的著作,其中比较重要、比较系统的著作可以归纳为四类。

第一类就是正史的传记,包括《儒林传》,还有一些大儒有本传,有的是单传或者叫专传,有的是几个人合传。比如有《孔子世家》,《史记》只有三十世家,孔子身为世家,很特殊,地位很高,等于专传。还有《仲尼弟子列传》,就是孔子的弟子们一批人的传,这是合传。《孟荀列传》,孟子和荀卿两个人的合传。《儒林列传》,一批儒家学者的合传。类似情况,其他的正史里面都有,其中《宋史》中还有《道学传》。这是一类,正史的传记。

第二类是年谱,详细地排列大儒一生的学问、事功。宋代以后,很多大儒都有年谱,一般都比较简略,往往会附在文集卷首或卷末,像朱熹就作了《程子年谱》,程颢程颐两个人的年谱,朱熹的弟子李方子就作了《朱文公年谱》,朱熹的年谱。

到了后来，年谱就越来越详细，做得比较烦琐，但是有用，烦琐有烦琐的用处，对一个人的生平能够梳理得很清晰。像池生春、诸星杓就重作了《程子年谱》；顾栋高作了《温公年谱》，司马光的年谱；王懋竑重作了《朱子年谱》等。清代学者为本朝学者撰写的年谱一般也比较详细，如张穆的《顾亭林年谱》，段玉裁的《戴东原先生年谱》。这是第二类，年谱。

第三类，学派渊源录，刚才我们提到了朱熹的《伊洛渊源录》，从这儿开始，就有了学派渊源录这一类著作。《伊洛渊源录》总结了程子洛学一派的学术谱系，然后明朝人谢铎、清朝人张伯行都接续编了《伊洛渊源续录》，还有清朝人汤斌编的《洛学编》，这本书的地域性更强一些，有点以洛阳一地为中心梳理它的学术谱系的意思了。其他重在梳理张载关学的有明朝冯从吾的《关学编》，梳理朱熹闽学一派的有明朝宋端仪的《考亭渊源录》，梳理明代王阳明一派的有明代周汝登的《圣学宗传》，梳理清代前中期儒学思想的则有清江藩的《国朝汉学师承记》《国朝宋学渊源记》等等。这是第三类，学派渊源录。

第四类，学案，反映一段历史时期的学派发展状况的著作。比如像黄宗羲的《明儒学案》，从这开始。后来又有黄宗羲的《宋元学案》，但是他生前没有完稿，后来是他儿子黄百家和全祖望最后定稿。徐世昌编了一个《清儒学案》等等。这是第四类，学案类。

这是我们讲的儒家对自身历史进行建构的一些重要的著作。

这样我们就讲了第二个大问题历代儒家要籍，讲得比较长了。就像我们开头讲的，其中可能包含了儒家经典的主要部分，既顾及面（全面性），也顾及点（重点）。

三、《儒藏》的编纂

（一）历史上关于《儒藏》的思考以及《儒藏》立项的情况

《儒藏》显然是把儒家经典都汇总起来成为"藏"。有《佛藏》，有《道藏》，像新中国编的《中华大藏经》《中华道藏》，所以现在编《儒藏》。

在中国历史上，一直有这种把儒家经典汇编到一起的传统。刚才我们讲"十三经注疏"系统发展的脉络就可以看出来，几代传下来，慢慢汇编到一起。

中国有这个传统,这样一种惯性。而《儒藏》呢,在明朝万历年间,有个孙羽侯,他希望能够"囊括十三经疏义,订核收采,号曰儒藏"。(汤显祖《玉茗堂全集》卷四《孙鹏初遂初堂集序》)首先提出"儒藏"这个名字的,是明万历年间的孙羽侯。

到了明末,曹学佺就提出来了,"释、道有藏",佛教、道教都有藏,《道藏》《佛藏》,"独吾儒无藏,可乎?仆欲合古今经史子集大部刻为《儒藏》。"(清平步青《霞外攟屑》卷五"儒藏"条)曹学佺很有意思,他自称是"吾儒",他是儒。我们大概今天不太容易这么说,说"我是儒"。我是中国人,有人说"我是共产党人",挺荣耀的,没有说"吾儒"。"吾儒无藏,可乎?"这是一种观念,一种传统性观念。当然有的人不太吃这套,说这很可笑,释道有藏,儒就必须有藏?但是它是一种观念,传统下来的。这是曹学佺。

到清代还有一个周永年,撰写了《儒藏说》。据学者们考证,后来乾隆皇帝编《四库全书》,可能是受到了《儒藏说》的影响。当然,没有他们提出的这一些,《四库全书》的编纂可能也还进行,但是我想至少提了醒,给皇帝提了醒。这样有明代的人,也有清代的学者提出,最后乾隆皇帝没有完全采纳编《儒藏》,而是编《四库全书》,这中间既有他们认为的提出编《儒藏》的必要性,肯定编《儒藏》这个观念,也有他们的一些思考。

到了20世纪80年代,我们国内古在陈云同志的关怀下,在中共中央1981年37号文件的号召下,开始了古籍整理工作。就从《佛藏》来说,有《中华大藏经》的初编和续编,特别是在山西抢救的《赵城金藏》,金代的佛藏,那是我们八路军的部队,好像陈赓同志的部队把它保存下来。一直到中华人民共和国成立后,收入到我们这里,国家图书馆。以它作为一个主要内容,当然还有别的内容,不只是这个,形成了《中华大藏经》,有初编有续编。而《道藏》也有好几家出版社找人整理,我记得巴蜀书社好像出了《道藏》。

相形之下,儒家的经典怎么办?其实儒家经典多年来一直在整理,我们刚才介绍的是比较窄一点的儒家经典,比如《十三经注疏》系统,《四书五经》系统等等。其实儒家的经典涵盖在各个部类,不仅仅是这样一个窄的部类,很多。甚至许多文章,别集类里面某一家的文集,都有不少儒家的东西。有时候甚至很难区分。有些诗也体现了儒家思想,当然你说有些诗人,比如苏轼,他的诗到底是儒家思想,还是道家思想,还是佛家思想?有的说得清,有的说不清。但是儒家思想在中国是无孔而不入的。所以从八十年代,佛道两藏开始整理,也给了从事儒学研究的人一种压力。

到了20世纪90年代,北京大学的汤一介先生(今天我看有汤先生的铜像在这里,大概也是因为这是《儒藏》的学术讲座)提出来要编《儒藏》。到了2002年,北京大学接受汤先生的意见建议,组织了一个班子来着手编纂《儒藏》。2003年,教育部批准《儒藏》作为教育部的哲学社会科学研究重大课题攻关项目。这是一个简单的发展过程和认识过程。

目前《儒藏》的分类体系,采取的是传统的四部分类法,就是《四库全书》的经史子集。同时《儒藏》的编纂团队对四部的经典、典籍又有所取舍,着重地选择的是经部、子部的儒家类的著作,刚才介绍的其他部类的著作也有所选择,但是选择的标准更严格一些。这是我跟大家说的关于《儒藏》的思考以及《儒藏》立项的情况。

(二)目前《儒藏》的进展,实际上是"精华编"的编纂

因为《儒藏》启动以后,先编精华编,再做《儒藏》的全编,或者叫所谓"大全本"。精华编包括了中国部分和域外部分。中国部分收传世典籍和出土文献,传世典籍的下限定在了清朝结束,也就是1911年以前,出土文献是包括了简帛文献与敦煌纸质的文献,这样加起来有500多种,编为283册,这是中国部分。域外部分,所谓域外,是包括韩、日、越南三国,他们在历史上以汉文著述的儒学文献我们选了150多种,分编为57册。这样加起来是340册,2.3亿字。这是《儒藏》的精华编,不是全部的《儒藏》。目前说的这个数字,因为它还没有最后全部出版,所以最后也可能会有一点调整。

《儒藏》精华编,是北京大学的人作为梯队的主力,联合了国内外50多家合作单位400多位学者共同进行的,是一个跨学科、跨学校、跨部门、跨地区的联合合作项目。目前的进展,《儒藏》精华编的稿件已经都全部交稿了,就是点校完成了。精华编采取的整理方式是,选择一个好的底本,有校本,有参校本,然后在底本的基础上标点、校勘。目前稿件全部交稿了,而且绝大多数完成了通审工作。也就是初稿完成以后,校点者点校完了,要送到《儒藏》的团队来,这个团队要审稿。审稿非常费力,反反复复,有时候稿件不合格的,再退给点校者来修改。这项工作的工作量很大,很费时间,非常烦琐。目前绝大多数完成了通审的工作,已经出版见书的是160册。刚才前面讲了340册,是《儒藏》精华编的目前估计的全部,目前出的是160册,另外还有80册,计划是在2019年上半年出版,剩余部分也尽快完成。可以说,《儒藏》精华编的编纂目前已经到了收官的阶段。

刚才提到,《儒藏》精华编采用的是加标点、校勘、竖排、繁体的形式。所以这样做,也是反复讨论,商量多次,最后才确定下来的。既要考虑到将来方便读者的阅读使用,也要考虑到和文献的数字化接轨,做成电子版。这就是目前《儒藏》编纂的具体情况。

关键是,在这些年编纂《儒藏》的过程中,感觉到《儒藏》的出版,点校质量是第一位的。因为有许多《儒藏》精华编的内容此前一些出版社已经出版过。比如在2003年《儒藏》立项之初,当时计划收传世文献是450种,当时里面就有120种是别的出版社出版了整理本的。这120种怎么办,是用原来的已经出版的,还是另起炉灶?这个问题,从指导思想上讲,当然不一定另起炉灶,用原来的,但是要和作者商量。这里面的情况非常复杂,有的原作者不在了,连家属甚至都找不到了;有的是原作者在,不愿意给你《儒藏》去出版;有的非常友好的合作,跟你合作出版,再修订一下。各种各样的情况都有。但是不管怎么样,有120种是人家出版过的,我们请原校点者也好,另起炉灶也好,都要力争超过原来的点校本。

还有一种情况,就是我们在做的过程中,发现别的出版社也在做。比如皇侃的《论语义疏》,《儒藏》这个本子出版好几年以后,中华书局又新出了一个整理本问世。这就给我们提出一个问题,中华书局后出的,是不是后出转精呢?还是我们原来的更好呢?要有个比较。所以在校点之初,就力争做到最好。

还有一个例子,像孙诒让的《周礼正义》,中华书局出版过一个整理本,我们是后出的,是在原来的中华书局整理本的基础上又加工的,应该说是吸收了中华书局原来点校者成果的基础上,有所进步,有所提高。但是中华书局又推出了汪少华先生的新整理本,正好我们《儒藏》的这部孙诒让的《周礼正义》现在还在出版的最后阶段,我们也准备吸收汪少华先生新整理本的内容。这种情况就是促使我们不断地提高,不断地吸收别人的长处。

我具体举几个例子来说明《儒藏》是怎么抓质量的。像阮元的《揅经室集》，中华书局有个整理本，是以《四部丛刊》所收的54卷本作底本，这个点校人可能没发现还有另外一个底本更好，是63卷本，不是54卷本。63卷本是收录了阮元一直到83岁时候的作品，离阮元去世只有三年。《儒藏》就是以63卷本作了底本，就比用《四部丛刊》54卷本在底本上更胜一筹。

再比如，明代曹端的《曹月川先生遗书》，中华书局有整理本《曹端集》，校点的人大概没有注意到有个明代的刻本。我们发现，《中国古籍善本书目》著录了一种明刻本，但是它收在了《丛书部》而不是在《集部》，原来点校的人没有用它可能是失察，没有看《丛书部》，以为它在《集部》。那我们找到了，用了这个，这也是《儒藏》在底本使用上的一个长处。这些例子，是目前进展里面《儒藏》还比较注意的问题。

（三）关于"全本《儒藏》"的思考

现在做的"精华编"已经到了收官阶段了，近年在筹划《儒藏》的全本，在精华编基础上扩大。这个怎么做？我们有一点想法，或者说编法，提供出来。

就收书范围而言，按照精华编确立的分类体系，如果"全本"把这一体系的著作全部收齐，我想大概不可能，也没必要。当年乾隆朝编《四库全书》，它收的书是3461种，而《四库存目》是6793种（黄爱平《四库全书纂修研究》）。而且编《四库全书》的时候，它每本书的工作量，比目前的《儒藏》要小，因为它不校勘各本，不标点，还没有出版社编的各个环节，它抄了七部，北四阁南三阁。即使这样，它只收了能见到的书的三分之一，三分之二作为存目。它是有选择的，主要就是看看书籍的重要性。

我想编《儒藏》全本所面临的选择基数，首先是《四库全书》3400多种，《四库全书存目丛书》4500多种，明代以前的典籍大略齐备（当然其中也有少量的清人著作）。再加上清人的著述，清人著述的总量在22万种以上，经部的比较少，也有20404种，其中传世的多达11729种。我们现在精华编只收了500多种，现在光是清代的传世的就一万多种，这么多的传世经学著作，再加上经部之外的，量更大。清代的，再加上清代以前的，我想，如果把这么大体量的著作都整理进"全本《儒藏》"，既很难完成，也没有必要。我想"全本《儒藏》"虽然名字叫"全本"，但一定还是一部在内容上经过精心遴选的丛书。具体选多少种书,达到多少字数规模,还需要从实际情况出发,进行认真细致的讨论和甄别。因为我们做事情要从实际出发,从我们的可能性出发,量力而行。这是就收书范围而言。

就整理方式而言,全本也可以有多种选择。一个是像精华编一样,慎选底本,再选定两三个有代表性的校本,经过校勘,以繁体竖排加标点、校勘的形式出版。这样做的好处是一次性地把一本书整理得比较到位,也方便读者利用。缺点就是这个活儿很细,一定要花费比较长的时间。如果全本的规模又比较大,那这个工程就旷日持久,结项也遥遥无期。这是一种做法。

另外一种整理方式可能会节省一点时间和精力,就是选择清晰的底本进行影印,在影印件上再加简单的句读,不是详细的那种现代标点。这样做的好处是减少了校点环节的工作量,不需要查找原文。因为它是在原书,也就是线装书影印的基础上加句读,不用再校。当然,你一定要校,选主要的校本和参校本,在后面单出校记,也不是不可以。总之,这种整理方式会大大提高出版速度。多少年前,北大刚上了《儒藏》精华编不久,四川大学也在做《儒藏》。我的一个朋友,山东大学一个资深教授见了我说:"老安,四川大学做《儒藏》,比你们北大做得聪明。人家就在原来的基础上,原书基础上影印加标点,还不是句读,是加标点。你们是自己排版加标点。人家出的肯定快,抢在你们前面。"我就赶紧跟汤一介先生报告,我说董治安教授有这么个意见(董治安教授也参加了我们《儒藏》的工作)。我们说的这种办法就类似川大那种。但是这种整理方式的缺点也很明显,书的内容会受制于一个版本,读者利用起来毕竟不如排版本方便,也更不容易和电子版接轨。所以全本《儒藏》的做法还需要再进一步的思考论证。

北京大学现在是下定决心来做全本《儒藏》,怎么做法,还需要思路更清晰,还需要从实际出发,真正地能够出成果。

此文为安平秋于2018年1月10日在国家图书馆、北京大学《儒藏》编纂与研究中心、孔子博物馆共同举办的"孔子·儒学·儒藏——儒家思想与儒家经典名家系列讲座"一讲中的录音记录稿。原载《孔子·儒学·儒藏:儒家思想与经典》,北京大学出版社,2019年,159—193页,略有修订。

经学文献与经学文献学刍议

顾永新

经学是中国传统学术的核心和根基,构成了中国学术史的主线,并作为主流意识形态的代表形式,对古代思想、政治、文化、学术等诸多领域都产生了深刻的影响。作为经学的知识载体和表现形式——经学文献可谓汗牛充栋,浩如烟海①。而以经学文献为研究对象的经学文献学,与经学研究同步,贯穿着经学史的始终,在中国古代学术体系中据其枢要,持久地发挥着重要的作用和深远的影响。2013年,拙作《经学文献的衍生和通俗化——以近古时代的传刻为中心》②将近古时代经学文献从整体上划分为两个系统——"正经注疏"和"五经四书",并且引进级次文献的概念,对各自系统内部的经学文献再作划分。在此基础之上,笔者着手进行经学文献整体及经学文献学的研究,六年间约略有成,又不断地进行修订③。今不揣谫陋,试就经学文献与经学文献学的内涵和外延略作解说,无意于建构经学文献学的学科体系和理论框架,旨在揭示以文献学治经学的学术方法论,以示意向④。

一

经学文献的主体是儒家经典的原典以及以之为核心的历代章句、注释、评论、考据、校勘、辑佚、编纂、刊布等研究、整理成果⑤。此外,历代史志目录和公私目录的经部类目、经学文献专科目录,类书中的相关部类,经学文献丛书(含汇编丛书中的经类)、历代学案、儒林碑传,以及散见于史部、子部、集部的相关论著如单篇论文、序跋、题记等,也都是经学文献。班固就刘歆《七略》删取其要以为《汉书·艺文志》,首列"六艺略",相当于后世的经部,共著录103家,3

123篇(卷),占全部作者677家的15%,全部著作12 951篇(卷)的24%。其后,无论是七分法还是四部分类法,经部(类)一直位列群书之首。《四库全书》共收经部书693部,10 050卷,占全部著作3431部的19.9%,全书总卷数79 281卷的12.6%⑥。1949年,何多源先生据《江苏省立国学图书馆总目》(正、补编)统计,经部文献合计5 122种⑦,超出《四库全书总目》二倍。近年编纂完成的《中国古籍总目》经部著录75 500余种,占收书总数187 000种的40.4%⑧。可见经学文献数量之大,权数之重,且源远流长,传承有绪。

经学文献既有时代性,又有地域性,还包含着学术思想、学术流派的问题。比如,儒家经典的原典大致在战国最晚到汉代均已成立,相关的注释之作从战国、秦汉开始也就相应地产生,并且不断推陈出新,如汉魏晋古注,南北朝至隋义疏,唐宋疏义(《正义》),宋元明清新注、纂疏等等。而不同时代的经学著作所体现出来的学术风格也是不同的,如注重名物典制、章句训诂的汉学著作与注重义理、性理之学的宋学著作风格迥异。经今、古文学是经学流派当中最根本性的两大阵垒,分歧的起点不过是经书书写文字不同而造成的文本差异,但在后代却演化为经学派别乃至政治派别的斗争,而由此衍生的相关文献无不打上今、古文经学的深刻烙印。此外,经学文献还存在着地域性的问题,比如经书版本,五代、两宋监本群经以经注本最为通行,影响最大,地方上如蜀、浙、闽等都曾据以翻刻,而不同地方刊行的经书版本不免存在着文本差异,甚或改编、改造监本,有些异文甚至直接影响到对原典的解读。

经学文献数量庞大且类型复杂,可以根据不同的分类标准做不同的区划,如经部类目(《易》《书》等"十三经"及"四书"、群经总义等)⑨、从属时代(上古、中古、近古或更为具体的断代)、传本类型(简帛、石经、写本、抄本[含稿本]、刻本、活字本等)、整理体式(注本、校本、句读本、评点本等)、记录形式(文字、表格、图像、数字化等)等。为了研究便利,我们根据中国经学史演进和经学文献递嬗的规律性,把古代经学文献从整体上划分为三大系统⑩——"正经注疏"⑪"五经四书"两大主干系统加上辅翼系统。为了厘清经学文献整体及其内部各系统的层级结构,我们引进级次文献的概念,同时参照顾颉刚先生提出的"层累地造成的中国古史"观⑫,提出"树状年轮结构"的分析方法。经学文献的整体结构是树状的,既有主干又有枝节,儒家经典的原典,无疑就是整个结构的根系,其他所有枝干都是由此生长出来的：先有主干"正经注疏"汉魏至唐宋渐次生成，近古时代又孳乳出"五经四书"系统，几与所从出之"正经注疏"相埒，主干一分为二，而笼罩于其上的树冠即辅翼系统。年轮结构具有普适性，不但适用于剖析主干系统本身，而且适用于系统内部类目的剖析。每个系统（类目）内部的原典就是结构的核心，其他所有的同心轮纹无不是围绕着这个核心的，历代的相关注释及整理、研究成果构成了这些同心轮纹，就像树木年轮一样，有时代先后、关系远近、规制大小、成长迟速、质地松紧之别，共同构成了这个系统（类目）的年轮结构。两大主干系统及其类目各自相对独立的年轮结构，相互交融，错综为用，又共同构成了经学文献的主体结构。我们认为，运用这种方法能够兼顾时间维度和空间维度，以期对整个经学文献体系及其内部结构具有整体性、全方位而又历史的、有层次的认识。也就是说，既要关注经过历史选择的静态结果，更要考察其动态演变轨迹，亦即历史选择的过程本身。

"十三经注疏"的"经"（原典）在先秦、秦汉时期俱已成书[13]，"注"出现在汉魏以降，"疏"成于唐宋。这个系统就是"正经注疏"，它是整个经学文献的核心，其他系统都是由此衍生、孳乳而来的。其年轮结构的内核是《周易》《尚书》《诗经》《周礼》《仪礼》《礼记》[14]《春秋左传》《春秋公羊传》[15]《春秋穀梁传》《孝经》《论语》《尔雅》《孟子》"十三经"的原典，我们称作一次文献。外分三层同心轮纹，依次是二、三、四次文献。二次文献是汉魏晋古注，间有隋唐旧注，是对原典的注释。其中，所谓"正注"包括《周易》魏王弼、晋韩康伯注、《尚书》伪汉孔安国传、《毛诗》汉毛苌传、郑玄笺、《周礼》郑玄注、《仪礼》郑玄注、《礼记》郑玄注、《春秋左传》晋杜预集解、《春秋公羊传》汉何休解诂、《春秋穀梁传》晋范宁集解、《论语》魏何晏集解、《孝经》唐玄宗注、《尔雅》晋郭璞注、《孟子》汉赵岐章句等。汉魏至隋唐的其他注解，如《周易》郑玄、虞翻等注；《尚书》马融、郑玄等注；今文三家《诗》传（或分内、外）、说、故等；《左传》贾逵、服虔等注；《论语》孔安国、郑玄注；《孝经》所谓"孔传"和"郑注"等，亦为二次文献，或以时代殊别，学有先后；或以师法、家法迥异，学占分野；或以著述体式不同，学出专门，皆未能成为正注，但依然也是二次文献。经传（如《易经》和《易传》《春秋经》和"三传"）原本各自别行，古注更是独立于经传之外单行的。不过，六朝以后行世者，只有经注本而无单经本[16]。也就是说，六朝以后一次、二次文献已合为一体，正经因正注而得以传承有绪，正注因正经而获得正统地位。三次文献即所谓疏（《正义》），是对原典及原典注释的再注释，大体可分为两个阶次：一是南北朝直至隋代的义疏之作，今多已亡佚；二是唐宋疏义（《正义》），专释前揭正经正注，包括唐孔颖达主持纂修的"五经正义"（《周易正义》《尚书正义》《毛诗正义》《礼记正义》《春秋（左传）正义》）和贾公彦《周礼疏》《仪礼疏》、徐彦《春秋公羊疏》、杨士勋《春秋穀梁疏》，以及宋邢昺等纂修的《论语》《孝经》《尔雅》三经新疏（唐人贾、徐、杨所撰四疏连同宋人新修三疏，北宋时由国子监校定刊行，称之为"七经疏义"）和旧题北宋孙奭《孟子疏》。疏义原本单行（单疏本），直到南宋初才出现注疏合刻本，经、注、疏合刻，一、二、三次文献合而为一，成为近古通行本的体式。四次文献主要是宋代以降新出的正经注释，往往不是单纯地植根于原典的原始文本，多系参酌汉魏古注和唐宋疏义之作，如苏轼《书传》、欧阳修《诗本义》、王安石《周礼义》、卫湜《礼记集说》、刘敞《春秋传》等（宋元以降的经解之作须考察其渊源所自是正经注疏还是五经四书系统）。（图1）

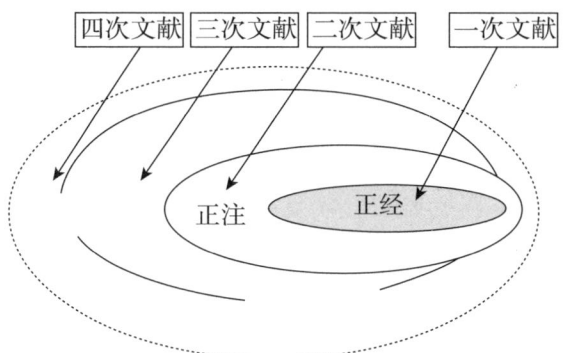

图1　正经注疏系统年轮结构示意图

随着汉唐章句注疏之学逐步趋向烦琐化和自我封闭，唐大历以后，不惑传注、"自名其学"的经学家不断涌现，至北宋渐成风气，并在庆历以后演变成疑古惑经的学术思潮。欧阳修、刘敞、苏氏父子、王安石等往往摒弃章句注疏之学，以新意解经；又有周敦颐、张载、二程等为心性之学，理学蔚然兴起，至南宋朱熹集大成。在这样的学术背景之下，"五经"又有了新注，成为程朱理学思想的载体：宋程颐《易传》、胡安国《春秋传》、朱熹《周易本义》《诗集传》、蔡沈《书集传》以及元陈澔《礼记集说》。此外，朱熹又在韩愈、李翱推崇《孟子》、重视

《大学》《中庸》以及二程"表章《大学》《中庸》二篇,与《语》《孟》并行"⑰的基础之上,于孝宗时撰成《四书章句集注》,将《论语》《孟子》与《大学》《中庸》配合起来,集中进行注释和阐发,于是有"四书"之名。至此,独立于正经注疏系统之外、秉承程朱理学思想的五经四书系统甫告成立。这个系统的年轮结构以五经四书本文为内核,作为一次文献,外分三个同心轮纹,分别是二、三、四次文献。其中,前揭程朱等新注是二次文献。宋代理学的其他注释,如程颐《春秋传》、张载《横渠易说》等,多为后学所取资;如辅广《诗童子问》、真德秀《四书集编》等,宗主程朱,疏通证明;如张栻《南轩论语说》《孟子说》、吕祖谦《吕氏家塾读诗记》等,与朱子往还,切磋琢磨;如杨简《慈湖易传》《诗传》等,学出象山,颇涉心性。由于学派、政治、地域等方面的原因,这些著作虽未能成为五经四书的主导性注释,但也属于二次文献。三次文献主要是宋元人为程朱等新注再做的注释,出以纂疏、疏义、纂注等名目,犹如唐宋人为汉魏古注所作的疏义,大致可分为两种类型,一是羽翼、发明或辨证、去取程朱等新注,如元陈师凯《书蔡传旁通》、朱公迁《诗经疏义》、梁益《诗传旁通》;一是纂集宋元及前代诸家经说,彼此互证,转相发明,如宋赵顺孙《四书纂疏》、元胡一桂《诗集传附录纂疏》、汪克宽《春秋胡传附录纂疏》。元代朱学系统的其他注释,以敷赞(间有指摘)程朱思想为中心旨趣者(当然也不能完全排除正经注疏系统的影响),亦为三次文献。明永乐中颁行的《四书五经大全》以宋元纂疏为蓝本,可视为四次文献的标志,至于明代以降朱学系统的其他注释则从属焉18。(图2)

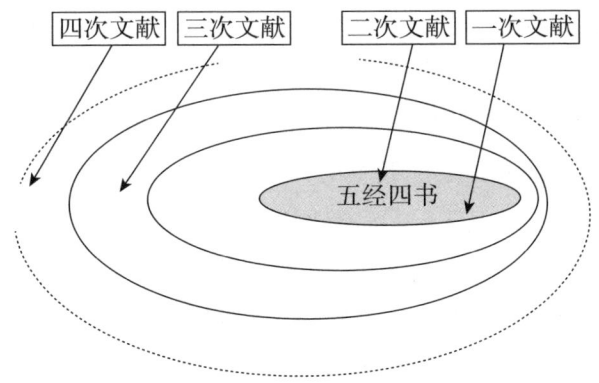

图2　五经四书系统年轮结构示意图

两大主干系统的年轮结构本身不是平面的,而是立体的,兼及著述体式和时间向度。正经注疏系统的二、三、四次文献分别出现在汉魏晋（个别晚至唐）、南北朝直至唐宋和宋代以降；五经四书系统的二、三、四次文献则分别成于宋代（个别晚至元）、元代（个别成于宋）和明清二代。而且，两大系统内部不同级次文献的划分虽然主要是基于文本内容，但本身还包含着丰富的文本形态信息亦即文献属性，不同时代、不同地域、不同载体、不同人抄写或刊行更形成了不同版本，从而增加了其复杂性，削弱了其稳定性。比如，两大系统的内核虽然都是经书原典，但后者所据一次文献文本较之前者或有变异。如《周易》经、传原本各自别行，先后经费直、郑玄、王弼改易，《彖传》《象传》《文言》分附相应的卦、爻辞之下（乾卦作为整体次于卦、爻辞之后），形成经传参合本，魏晋以降成为通行本。宋代疑古惑经思潮风行，对于变乱古制的经传参合本提出质疑，试图恢复《古易》之旧，如王洙、吕大防、晁说之、吕祖谦等皆有"《古易》"考订本。朱子《周易本义》采用的《古易》底本就是吕祖谦所编定的，卷次分别是序例，卷一、二上、下经，卷三、四《彖》上、下，卷五、六《象》上、下，卷七、八《系辞》上、下，卷九《文言》，卷一○《说卦》，卷一一《序卦》，卷一二《杂卦》，凡经、传十二篇。

至于两大主干系统之间的关系，并非绝对泾渭分明，而是既相对独立，各自为用，自觉自足，又有交集，相互依存，相辅相成；而且，二者亦非平列的、同步的，而是有时间性和先后次序的。正经注疏系统草创于汉魏，定型于唐宋，贯穿着经学史的始终；五经四书系统肇端于宋代，源出正经注疏系统，近古时代一跃而成与之分庭抗礼的另一主干系统。换言之，经学文献的主体结构是两大主干系统，这是经过历史选择的静态结果；而从历史选择的动态过程来看，正经注疏系统为五经四书系统所从出，后者是前者在宋明理学背景之下的时代化产物。正经注疏是五经四书的知识源头和理论基础，五经四书是正经注疏的浓缩精华和自然延展。虽各有侧重，分别建构，但二者毕竟同出于经书原典这个根本，彼此之间有着极其密切的亲缘关系。

两大主干系统之外，其他经学文献则可划归辅翼系统，主要包括群经总义（大体相当于四部分类经部的群（五）经总义（或称经解、诸经）类（如汉许慎《五经异义》、郑玄《驳五经异义》），以及《礼》类三礼总义（如宋聂崇义《三礼图集注》）、通礼（如宋朱熹《仪礼经传通解》）、杂礼书（如宋陈祥道《礼书》）之属，《春秋》类《春秋》总义（如唐陆淳《春秋集传纂例》)之属等。其中尤以小学、文献学治经之作最为重要,或注音(如宋孙奕《九经直音》、贾昌朝《群经音辨》),或正字(如唐张参《五经文字》、唐玄度《九经字样》、清钱大昕《经典文字辨正》、毕沅《经典文字辨证书》、钱坫《十经文字通正书》),或训诂(如清阮元等《经籍籑诂》、王引之《经传释词》),或校勘异文(如宋毛居正《六经正误》、清阮元《十三经注疏校勘记》),或通彻目录(如明朱睦㮮《授经图》、清朱彝尊《经义考》)。这些著作在古典目录中或隶于群经总义类,或入小学类,其研究对象即为经书,内容更是紧扣经书文本,故可划归辅翼系统。需要说明的是,与经书并行的群经音义,如唐陆德明《经典释文》唐五代以降最为通行的传本形式是各经单行本(宋代官刻经注本群经尽皆附刻《释文》。宋孙奭等《孟子音义》略同此例,附丽经注本《孟子》赵注以行),乃至附入经书文本之中(经注附《释文》本、附《释文》注疏合刻本),所以尽管《释文》作为整体属于辅翼系统,但各经单行本当依附相应经、注文归入正经注疏系统。又如宋明时期通行的元许谦《诗集传》音释、元邹季友《书集传》音释等虽然兼释经文音义,但主要还是注释程朱等新注的音义,附丽各经以行,所以当归入五经四书系统。辅翼系统之得名,一在于其功用,即为两大主干系统之辅翼,考辨文本,通明音训,疏证经义。辅翼系统在整个经学文献树状结构中处于树冠的位置,只有枝繁叶茂才能永葆主干无虞,所以其作用亦不可小觑。

试举《周易》类文献为例,加以说明经学文献"二加一"系统之剖判及其归属。汉魏以降通行的经传参合文本系统可以追溯至西汉费直的古文文本,魏王弼、晋韩康伯注和唐孔颖达等《正义》,构成了正经注疏系统《周易》类目年轮结构的主体。此外,汉施雠、孟喜、梁丘贺的今文经是一次文献的不同文本形态。孟喜、京房、马融、荀爽、郑玄、虞翻、王肃等诸家传注均在王弼之先,较之正注更接近于内核(原典);唐李鼎祚《周易集解》辑录汉至唐《易》解三十余家,后世研究汉《易》,多赖此书之存;旧题唐郭京《周易举正》自称以王弼、韩康伯手写注定传授真本校传世本,相当于正经正注通行本之外的另一种文本形态。这些也都是二次文献。宋代《易》学象数派陈抟、刘牧、李之才直至周敦颐、邵雍的数学和图书之学是对王、韩注和孔疏的反动,而《易》学义理派自然是受到王弼《易》学的影响,但排斥以玄学解《易》,如程颐《易传》;或重视象数之学,如朱熹《本义》(朱子另有《易学启蒙》,力倡图书之学),二者共同成为五经四书系统《周易》的标准注释,是为二次文献;宋元人疏解程、朱注释之作,如宋董楷《周易传义附录》、元胡一桂《易本义附录纂疏》、胡炳文《周易本义通释》、熊良辅《周易本义集成》、董真卿《周易会通》等，则为三次文献。因为南宋以降两大系统并行，故宋《易》著作各有分属，如苏轼《东坡易传》多切人事，深得曲譬之旨；朱震《汉上易传》以象数为宗，上采汉魏以及于唐；李光《读易详说》以史解经，示人事之所从，皆出于朱子之先，为正经注疏系统的四次文献。至于魏了翁《周易要义》撷取经传、注、疏之文（间附《释文》），据事别类，贯通正经注疏系统的一次、二次、三次文献；王应麟纂辑《周易》郑玄注，为辑佚汉《易》之始，则属于正经注疏系统的二次文献。隶属于五经四书系统者，如杨万里《诚斋易传》以史解经，但以程子为宗；胡方平《易学启蒙通释》专阐数学，发明朱子《启蒙》之旨，皆为二次文献。在《易》学史上，元、明两代一般也划入宋《易》，多以辅翼程朱《传》《义》为主，如元梁寅《周易参义》、明蔡清《易经蒙引》，分属五经四书系统的三次、四次文献；间有并不专主程朱，义理与象数并重者如元吴澄《易纂言》、明来知德《周易集注》等，则为正经注疏系统的四次文献。清代前期是宋《易》和汉《易》的转捩点，康熙御纂《周易折中》，集宋《易》之大成，是五经四书系统的三次文献，其他宋《易》之作如钱澄之《田间易学》、李光地《周易通论》、朱轼《周易传义合订》等亦皆如是；乾隆御纂《周易述义》，开汉《易》之端绪，是正经注疏系统的四次文献，其他汉《易》之作如惠栋《周易述》《易汉学》《九经古义？周易》、张惠言《周易虞氏义》《周易荀氏九家义》《周易郑氏义》《易义别录》等亦同。

二

对于经学而言，除揭示和阐发经义这一当行本色之外，如果纳入今天的学术体系进行考究，既可以做学术史的研究，所谓经学史；也可以做文献学的研究，亦即经学文献学。我们知道，每一门学科都是人类某一门类知识的科学概括和理论总结，必有其特定的研究对象和研究范畴。经学文献学是以经学文献为研究对象，旨在揭示其内容属性、形式特点、载体构造、范畴类别以及沿革传承、庋藏刊布的一般规律，并为经学文献的整理研究提供理论依据和实践指导，以推进其有序利用和科学发展的一门专科文献学。经学文献学既是传统文献学的分支，也是传统经学的分支，具备经学和文献学的双重属性，二者既相对独立,又相互为用,交叉而成为经学文献学,具有综合性、边缘性和实践性的特点。它的研究对象就是经学文献本身,相对于一般古文献而言,经学文献自有其特殊性:首先,经学是中国传统学术的核心,经学文献也是古文献的核心,切中扼要,纲举目张,作用不同于史、子、集部文献。其次,经学文献有经传之别,经注之别,注疏之别,汉魏以降,随着经传逐渐混同,群经的古注也渐次出现,而后有南北朝至隋的群经义疏和唐宋的疏义,这样就形成了"层累地造成"的经传注疏年轮结构,较之其他部类文献多有不同;再次,经学文献作为中国几千年封建社会独尊的意识形态的代表形式,与政治、伦理、思想、文化交织、杂糅在一起,所以也不可避免地呈现出浓重的意识形态色彩;最后,经学文献本身与经学产生、演进的历史同步,而经学所包含的丰富的学术属性,如今、古文经学,如汉学、宋学,也直接影响甚至左右着经学文献的内容和形式。经学文献的特殊性决定了经学文献学的特殊性。

与经学文献的特点相适应,经学文献学的主要任务就是运用其理论和方法对经学文献整体及个案进行研究,进而揭示经学文献形成、发展和传承、利用的规律,并提升到理论层面,反过来具体指导经学文献的整理研究工作。经学文献学的研究对象和任务,决定了它的研究内容和范畴,大体上包含宏观的理论和微观的应用两个层面:宏观的理论层面重在研究经学文献的内容、形式、结构、类型等属性,及其形成、发展和演进、嬗递的过程,以及保存、利用、整理、研究等状况。具体说来,约有以下数端:其一,倡立并建构经学文献学,自当加强其理论体系建设,主要包括经学文献学的定义、范畴、属性、特点,及其与传统经学、文献学等相关学科的关系等。经学文献学与传统经学、文献学既有联系,又有区别。它从属于传统文献学,文献学的理论和方法对它同样适用,但它们的研究对象和研究方法又有所区别,经学文献学的研究对象只是经学文献,而传统文献学的研究对象是包含经学文献在内的一般古文献,研究对象的不同也在一定程度上决定了研究方法的差异性。其二,研究经学文献演进的历史,以推求经学文献与历代政治、经济、文化、学术等诸多领域的相互关系,从而在历时性和共时性两个层面上科学地认知经学文献。其三,研究经学文献的构成要件、方式及其份额、性质,从总体上把握经学文献的树状年轮结构,厘清各系统及其内部层级、类目,进而具体深入地探究它们之间对立统一的关系。作为一个完整的知识系统，处在特定的学术、思想、政治生态之中，经学文献内部各个相对独立的知识单元之间是相互联系、相互依存的，可以按照经部类目、著述体式、载体形态、文本属性等不同的分类方法进行网格化区分，并展开个性化的整理研究。其四，摸清经学文献的存藏状况，为整理研究和开发利用经学文献指引门径，提供依据。不同于宏观的理论层面，微观的应用层面就是经学文献的个案研究，包括关于其书、其人、其学、时世、地域等诸多方面的研究，应用传统文献学、小学的理论和方法，如文字学、音韵学、训诂学、目录学、版本学、校勘学、辑佚学、辨伪学等；以文本研究为中心，兼通文本内容和文本形态，包括章句、标点、注释、翻译、分类、编纂、索引、数字化等方面。这是经学文献学的首要任务和根本目标，也是经学文献学赖以成立的基础和前提。

经学文献学的建构，使传统文献学的外延进一步拓展，内涵也更加丰富。同样地，对于经学和经学史而言，其概念的内涵和外延也由此得到一定程度的深化和延展。狭义的经学就是解读经书文本之学，换言之，就是讲求经义的，当然对于经义的理解不仅因人、因时而异，还受到政治、思想、文化、学术等多重因素的影响。而经学自身演进的历史就是经学史；有关经学和经学史的文献载体的研究就是经学文献学。经学、经学史和经学文献学三位一体，互为表里，相辅相成，相得益彰。经学是经学史和经学文献学的前提和灵魂，没有经学就无所谓经学史和经学文献学；经学史是经学发展规律的高度浓缩和科学总结，脱离经学史的观照，经学则豆剖瓜分，杂乱无章；经学文献学本身就是经学和经学史研究的重要组成部分，既是其产生、成立的基础和出发点，也是其发展、演进的实际需要和必然要求。经学文献学从广泛、深入的经学和经学史研究之中汲取营养，借鉴并利用传统文献学的积极成果，不仅对经学、经学史的研究有积极的推动作用，还可弥补传统文献学的薄弱环节，对其他文史研究领域也有参考和借鉴作用，具有重要的理论价值和实践意义。

与经学研究相表里的经学文献学实际上一直贯穿着中国经学史的始终，并且永续成为其中重要的一环。从汉唐章句注疏之学，到宋明理学，再到清代考据学，无不是以经学文献为依托，结合经学文献的整理研究而展开的。与传统文献学在清代的发展达到鼎盛同步，清人有关经学文献目录、版本、校勘、考据、辑佚、辨伪等方面的研究盛极一时。近现代以来,由于受到西方学术思潮的影响,加之哲学、伦理学、社会学等学科的介入,传统的经学和经学史研究呈现出新的特点,作为现代意义上的学术研究也从19世纪末20世纪初起步,成就斐然。不过,总体而言,相对于经学和经学史研究,这一百多年来经学文献学的发展相对滞后,比照乾嘉学术更是逊色不少。当然,其中也不乏亮点,从19世纪末开始,尤其是近几十年来,大量出土的经学文献为经学文献学提供了前所未有的发展契机,如敦煌文献中丰富的经学文献、武威汉简《仪礼》、长沙马王堆帛书《周易》、江陵王家台秦简《归藏》、阜阳双古堆汉简《诗经》、河北定县汉简《论语》以及湖北荆门郭店楚简、上海博物馆藏楚简的多种儒家著作,直至晚近清华大学入藏的战国简《尚书》等,都引起了学界的热烈反响,形成了经学文献学的研究热点。新材料的广泛运用,使得经学文献学向深度、广度拓展,并对经学和经学史研究产生了重大影响,甚至在一定程度上颠覆了千百年来有关经书的传统认识。同时,也伴随着出现了一些问题。比如有些学者片面强调新材料的作用,没有立足于原始的传世文献;或者缺乏对于文献资料的正确解读和科学认知,导致其研究充斥主观性和随意性;或者盲目地套用西方理论,主观构拟大而无当的理论框架,未能领会经学文献学的内在特质和规律性。

在中外学术交流史上,经学领域历来都是重镇,尤其是在东亚文化圈内,这与儒家文化广泛而深远的影响直接相关。中国经学文献和经学思想的外传,外国佚存经学文献及其整理研究成果的回传,这种双向交流和良性互动往往会对本土经学产生一定的影响。其中,主流当然是中国输出,但外国存藏的经学文献的回传也由来已久,如五代后周高丽进献佚书《别序孝经》,北宋太平兴国中日本僧人奝然来献中国已佚的郑注《孝经》,清代乾隆中日本传本《古文孝经孔传》《今文孝经郑注》回传。晚清、近现代以来,杨守敬、董康、罗振玉、傅增湘、张元济等对日本收藏的经学文献做了大量调查研究或回购、复制(覆刻、影印)的工作。近二三十年来,伴随着海内外学术交流的日益开拓和深入发展,对于海外佚存的经学文献的复制、影印和整理、研究工作更得以全面展开。

总之,经学文献学应立足于微观的应用研究,兼及宏观的理论建构,运用传统文献学、小学的理论和方法对经学文献进行科学地整理和研究。具体说来,大致包括以下五个方面的内容:(一)对于经学文献和经学文献学的理论探讨。加强经学文献学的理论体系建设,包括经学文献和经学文献学的界定及其研究对象、范畴、宗旨、方法等。具体说来,科学分析经学文献的类别和层级,综括源流系统,摸清庋藏、存佚等基本状况,并根据历代史志目录和公私目录的相关著录进行目录学的研究。(二)经书版刻源流。儒家经典的刊行始于五代,盛于两宋,标志着经书由写本时代进入刻本时代。相关研究的重点应放在"十三经注疏"的汇刻及其版本系统,按照各种版本类型出现的先后次序,分为经注本、单疏本、越刊八行本、宋元十行本和明清"十三经注疏"汇刻本等,辨析源流,构拟系统。(三)经书文本校理。经学文献学的终极关怀无疑就是经书文本,尤其是文本内容的存真复原和文本形态的钩沉索隐,无论是小学还是文献学的研究,最终目的都是获得相对接近于经书原始面貌的、可靠的文本。而校勘就是实现这一目标的重要途径和基本参照,在这方面清人和日本学者做了大量的工作,为世所重。所以,当今重校经书不仅要广校众本,还应尽可能全面地搜罗古今中外的校勘成果,判断去取,择善而从。(四)其他载体经学文献研究。现存经学文献绝大多数都是印本(刻本和活字本),除此之外,简帛、石经和写本、抄本等也是经学文献的重要载体,它们对于经学文献学的推动作用越来越受到重视,成为新的学术生长点。这些材料的特点是比较零碎,所以应先做全面摸底和系统清理的工作,然后才能进行具体深入的研究。⑤东瀛取经。中日两国古代经学文献的双向交流源远流长,以往关注的多是儒家经典如何东传日本,而对于日本佚存经书的回传少有论及,所以研究经书回传路径及其影响就显得尤为重要,由此才能进入文本研究。

至于从事经学文献学研究应当注意的问题,约略有四:(一)既不抱残守缺,也不标新立异,立足于传世文献,也不排斥出土文献。在充分理解和正确释读原典的前提下,恰当地、有效地利用新材料,彼此发明,相得益彰,这是传世文献与出土文献的结合。(二)古代的经学研究,虽不免迂腐陈旧之弊,但去古未远,学术背景和思想方法接近,知识结构和认识水平相当,其价值和作用不容忽视,不应当也不可能完全抛开前人成果,另起炉灶,要充分地、客观地加以利用,这是重视个人研究和吸纳前人成果的结合。(三)经学、经学文献学的研究应当与经学史的研究结合起来,学侧重于文本解读和知识传承,史侧重于历史演进和规律总结,学是史的基础和前提,史是学的完成和升华,学史相长,同步推展,相辅相成,这是经学、经学文献学和经学史的结合。(四)经学文献学是中国的本土学术,但又不能局限于中国,东亚文化圈乃至世界范围内都有其深远影响,所以经学文献学应在立足于本土学术的前提之下,放眼东亚乃至世界儒家文化传承和研究的大环境、大背景,内外兼收,高屋建瓴,使得相关研究更具开放性和前瞻性,这是本土学术与中外学术交流的结合。总之,经学文献学的研究既要秉持传统经学、文献学的合理内核和根本原则,又要结合新材料、新理论、新实践开拓新的研究领域;既要守常,做道地的当行研究,又要创新,做与时俱进、符合学术发展规律的新学问。

原载于《北京大学学报》2019 年第 4 期,2019 年 7 月;《新华文摘》2019 年第 22 期转载,2019 年 11 月。

注 释

① 朱彝尊《经义考》所收,上起先秦,下迄清初,单列条目达 8200 余条。参见张宗友《〈经义考〉研究》第二章"论《经义考》之条目体系"之二"《经义考》条目统计与分析",中华书局,2009 年,66 页。

② 原载《北京大学学报》2013 年第 3 期,后收入同名专著《经学文献的衍生和通俗化》,北京大学出版社,2014 年,2—30 页。

③ 2017 年上半年,笔者在北京大学中文系开设研究生课程"经学文献学",首次完整提出这一理论框架,并在教学中不断修正,选课同学如章莎菲、马琳等也参与了个别意见。以后两年间斟酌损益,续有订补。

④ 需要说明的是,完成此文之后,笔者偶然发现,早在 2007 年邓声国先生已撰有大作《传统经学研究与古典文献学学科理论建设的思考》一文,明确提出"关于'经学文献学'的学科理论体系的建构"的设想,并明确提出"根据现代文献计量学原理,可以将目前所见的传世文献按研究对象的类别,区分为一次文献、二次文献、三次文献等"。见《传统经学研究与古典文献学学科理论建设的思考》,《文献学与小学论考》,齐鲁书社,2007 年,27—35 页。笔者孤陋寡闻,一直未能获见邓先生大作,无由获知邓先生高论。虽然笔者在教学和科研工作中使用"经学文献学"这一概念并非着眼于学科构建,划分级次文献的对象、视角和具体内容也与邓先生说容有不同,但毕竟是邓先生率先提出,筚路蓝缕,厥功甚伟。

⑤ 所谓"编纂",包括经书汇编、类编、改编、选本、节本等,尤以整合不同注释体式和注释内容的注疏合刻本最具代表性;所谓"刊布",包括经书的不同载体如简帛、石经、写本、抄本(含稿本)、刻本、活字本等,尤以不同版本类型的刻本最为重要。

⑥ 具体数字参照屈守元先生《经学常谈·引言》,巴蜀书社,1992年,4页。"六艺略"篇(卷)数误作2123,但下文所述比例不误,知系作者笔误或排印错误。本文据《汉志》改。又据清周中孚《郑堂读书记》卷三二《四库全书总目》解题统计,《总目》著录的经部书1756种、18021卷,影印民国间商务印书馆《国学基本丛书》本,中华书局,1993年,149页。这个统计数字是包括存目在内的。

⑦ 何多源《国学书目举要》,《广大学报》1949年第1期。数字系据《正编》卷八第35页和《补编》卷一第42页统计。因为国学图书馆藏书多得自钱塘丁氏八千卷楼和武昌范氏木樨香馆,后又征调官书,数量大,质量高,一时为江南藏书之冠,故其统计数字具有代表性。

⑧ 据是书经部总类,《易》《书》《诗》《礼》《乐》《春秋》《孝经》、"四书"、《尔雅》、群经总义等类目所收书统计,不含小学类15000余种。当然,《中国古籍总目》所收丛书和合刻之书除整体著录外,各子目又据其内容分别著录,归入相应类目。所以,这部分条目有被重复计数的,另还有一小部分同书异名的情况也应考虑在内。

⑨ 根据古典目录学的分类体系,最晚从汉代开始,小学类文献一直划归经部(类),未尝更易。但从今天的学科体系来权衡、剖判,单纯的小学著作如文字、音韵、训诂类书当可独立于经部之外,至少不能为经部所完全涵盖,故本文所谓经学文献并不包含小学著作(专以经书为研究对象者除外。《尔雅》传统上划入经部,本文沿其旧制。这是因为,尽管其书性质属于小学,但汉代以降,对其属性和作用的认定实与经解,即群经总义类书相当)。

⑩ 至于近、现代以降有关经学、经学史和经学文献的整理研究成果,主要是相关论著(研究专著、论文、古籍整理著作、数据库等),卷帙浩繁,门类众多,体式各异,更主要的是对于经学的认知以及学术理念、学术规范已不同于古人,故可剥离于原始经学文献之外,作为衍生文献来看待,不在本文的讨论范围之内。

⑪ "正经正注"语出清张之洞《书目答问》,为经部类目之名称,兼指通行本"十三经注疏"和朱熹等宋元人新注"五经四书",二者都曾为元、明、清科举程式所指定。本文所使用的"正经注疏"范畴只是借用张之洞原概念外延的一部分,专指传统的"十三经注疏"经、注、疏,宋元以降"五经四书"及其相关著作并不从属在内。详参拙作《经学文献的衍生和通俗化——以近古时代的传刻为中心》,《北京大学学报》2013年第3期,第112页,后收入同名专著《经学文献的衍生和通俗化》。

⑫ 顾颉刚先生正式提出这一观点,是在 1923 年 5 月发表的《与钱玄同论古史书》一文中,文见《读书杂志》第 9 期。

⑬ 对于儒家经典而言,经传之别原本是十分明确的,故西汉有传记博士和五经博士之分立。汉代以降,经书分化,传记如《礼记》《春秋三传》《孝经》《论语》《尔雅》逐渐获得与五经对等的地位,由传升经(《孟子》进入经书序列最晚,已到宋代),以次形成了七经、九经(十二种)直至十三经。另外,今、古文也是有关原典的核心问题,今传本或为古文(如今本《诗经》是古文《毛诗》,而汉代长期立于学官的是今文鲁、齐、韩三家《诗》),或为今文(如今本《论语》是《张侯论》,其文本基础是今文,汉代通行的则有今文《鲁论》《齐论》和古文《古论》),或为伪古文(如东晋以降通行的《尚书》文本实为伪古文,但其中主体部分又是真今文),或参酌今、古文(如今传郑玄注《仪礼》底本是今文,但参校古文本)。本文对于原典本身层级结构的剖判从略。

⑭ 《大戴礼记》原本是与《礼记》并行的儒家经典,后以郑玄注"三礼",《礼记》逐渐成为正经,其书遂湮没无闻,少人问津。但从历代书目的著录来看,尽皆归属于《礼记》类。《夏小正》原系《大戴礼记》之一篇,齐梁间已有单行本,通行的著录方式亦隶于《礼记》类。本文一仍其旧,亦将二者当作正经《礼记》之附属(《大戴礼记》北周卢辩注;《夏小正》汉戴德传),但并不全都具备一、二、三各级次文献。

⑮ 汉董仲舒所撰《春秋繁露》,颇本《春秋》以立论,历来附经以行,隶于《春秋》类。以其书多主《公羊传》,又及阴阳五行,故本文因仍历代通行的著录方式,以为正经《春秋公羊传》之附属,也不全都具备一、二、三各级次文献。

⑯ 王国维《五代两宋监本考》卷上,《宋元版书目题跋辑刊》影印本,北京图书馆出版社,2003 年,第 3 册,525 页。

⑰ 《宋史》,中华书局,1977 年,12710 页。

⑱ 以上有关两大主干系统的论述,详参拙作《经学文献的衍生和通俗化——以近古时代的传刻为中心》。

《礼记》叙事的虚拟成分与文类辨析

马振方

《礼记》是集孔门弟子及其后学与后世儒生从春秋末期至秦汉间记述、解说、论议有关古礼的文献丛书，由汉戴圣于元帝至成帝初编纂而成。由于其从叔戴德也编了一部品类相近的礼书，两书的主要来源同为后被《汉书·艺文志》于《礼古经》下所载的"《记》百三十一篇"等书，时人遂以"大戴记"称戴德书，以"小戴记"称戴圣书。后经郑玄等人编注，小戴《礼记》流传渐广，至《隋书经籍志》著录，已有多种注本和讲疏本。唐贞观间，孔颖达奉敕撰"五经正义"，《礼记》遂被纳入经书。后至明清称"十三经"，《礼记》的经书地位迄无变更。全书六十三篇卷，内容广而且杂。就其文类而言，多属议论与说明，本文不论。其中也有不少记述人物谈话、行事的叙述文字，以宣示古代各种礼制、礼法、仪节或其他儒学观点。人物多用真名实姓，其事其言却不乏虚拟和假托。间或杂入少量传闻，更多的则是作者有意虚拟的以真人写假事的早期小说类作品。

一、门户之见的褒贬之作

《礼记》叙事以《檀弓上》居前，内有"子夏丧其子而丧其明"章，写曾子对子夏的严厉批评。曾子往吊子夏而哭，丧子失明的子夏则哭诉其"无罪"。曾子怒曰："商，汝何无罪也？吾与汝事夫子于洙泗之间，退而老于西河之上，使西河之民疑汝于夫子，尔罪一也；丧尔亲，使民未有闻焉，尔罪二也；丧尔子，丧尔明，尔罪三也。而曰汝何无罪与？"子夏投杖而拜，连称"吾过矣！"明代经学家郝敬于此按曰："孔门，曾子最少，子夏以曾子父执，无呼名数之之理。曾子平日言词悫谨，此词甚倨，不足信也。"①王梦鸥《礼记今注今译》于此章注曰："方希古以为曾子悫谨,子夏是曾子的父执,不至直呼子夏之名而数其罪,颇疑其非曾子之事。"②循此而查方氏《逊志斋集》,其原文云:

> 孔子之门人,曾子最少,曾子之父与师商固友也。曾子于子夏之丧明而吊之则宜,其名而数之者,非曾子事也。传之者过也。曰:朋友有过,以其长也,则不正之与?曰:非也。正之者是也,名而数之,曾子不若是暴也。何以明之?曰:其辞倨而慢,曾子之言悫而谨。③

郝敬是明后期人,晚于希古(孝孺)百数十年,承其意复袭其词,两者大同。而据《仲尼弟子列传》,曾子在孔门虽甚年少,却只少子夏两岁,难言后者为其"父执",呼商之名,似无不可。广安游氏甚至以为"曾子责子夏,称其名,汝其人,若父师焉",是"爱人以德","君子之道,固如此也"④。至于谓曾子"言词悫谨",不会倨傲痛责子夏,似非无理,但仅以此断言此章"不足信"或"非曾子事",似嫌不足,且俟知者更有力度的论证。

此篇另有几章贬曾子、褒子游之作,俱有明显的虚造痕迹,谓之门户之见,亦不为过。且看下章:

> 曾子袭裘而吊,子游裼裘而吊。曾子指子游而示人曰:"夫夫也,为习于礼者,如之何其裼裘而吊也?"主人既小敛,袒,括发,子游趋而出,袭裘带绖而入。曾子曰:"我过矣,我过矣,夫夫是也。"

古人冬季礼服,裘外有裼衣,裼衣外还有正服。敞开正服外襟,露出裼衣和裘,谓之裼裘,属于吉服;掩起正襟和裼衣,使裘不外露,则谓之袭裘。本章写曾子只知吊丧不宜穿着吉服,不知个中细小礼节——依丧礼的进程讲究随主人改变装束——却又自以为是地当众指斥深知此等礼节的子游,显出他的浅薄和好为人师。子游是其师兄,曾子岂能指之而"示人"?且称这位师兄为"夫夫"(郑玄注"夫夫,犹言此丈夫也"⑤),好像是指称某个不相识者。诸如此类,都与孔门七十子间的关系格格不入,更不要说"言词悫谨"的曾子了。全文应是作者的蓄意造作。至于如此虚造的原因后面再谈。

此前一章为"曾子吊于负夏"。负夏在卫。曾子赴吊而迟到,主人行过祖奠,柩车已启动出位,由于曾子来吊,又将柩车推复原位,使妇女降阶,而后行礼。从者问曾子:"礼与?"曾子说:"夫祖者且也,且,胡为其不可以反宿也?"即谓祖奠是暂时的礼节,既如此,为何不可将柩车复位?从者又问子游,子游说:"饭于牖下,小敛于户内,大敛于阼,殡于客位,祖于庭,葬于墓,所以及远也。故丧事有进而无退。"曾子闻之曰:"多矣乎,予出祖者!"意谓子游所说的"出祖"礼节,比我曾子知道的多得多了。其实,丧葬灵柩"有进而无退",丧家及司丧礼者大都熟知,本文主人为迟来的曾子特地将柩车退回原位,应是作者的有意虚拟。随后通过从者之问,显示曾子对丧礼知之甚少,而子游则甚精通。这种对比,才是作者的创作意图。

再看本篇"有子问"章:

> 有子问于曾子曰:"问丧于夫子乎?"曰:"闻之矣。丧欲速贫,死欲速朽。"有子曰:"是非君子之言也。"曾子曰:"参也闻诸夫子也。"有子又曰:"是非君子之言也。"曾子曰:"参也与子游闻之。"有子曰:"然,然则夫子有为言之也。"曾子以斯言告于子游。子游曰:"甚哉,有子之言似夫子也。昔者夫子居于宋,见桓司马自为石椁,三年而不成。夫子曰:'若是其靡也,死不如速朽之愈也。'死之欲速朽,为桓司马言之也。南宫敬叔反,必载宝而朝,夫子曰:'若是其货也,丧不如速贫之愈也。'丧之欲速贫,为敬叔言之也。"曾子以子游之言告于有子。有子曰:"然。吾固曰非夫子之言也。"曾子曰:"子何以知之?"有子曰:"夫子制于中都,四寸之棺,五寸之椁,以斯知不欲速朽也。昔者夫子失鲁司寇,将之荆,盖先之以子夏,又申之以冉有,以斯知不欲速贫也。"

这里简直把曾子写成一个不懂世故与事理的呆子。首先,他将任何常人都不会认同的"丧欲速贫,死欲速朽"两句话傻乎乎地说成孔子对"丧"的答复。受到有子两度质疑之后,他又傻乎乎地转求与他一起听到孔子原话的子游。说明他虽亲聆夫子之言,却完全不知其讽喻意味。听了子游的说明,连读者都已明了夫子之意和有子之疑,而曾子还要再问有子"何以知之",真是呆得无以复加。有子便以滑稽之词作答,以为解嘲。一望可知,这是为嘲讽曾子蓄意编造的荒诞故事,是货真价实的讽刺小说。前两篇则是贬抑曾子的小小说。

《檀弓上》竟有三章无端大贬曾子而褒子游的虚拟之作,非同寻常。陈澔《礼记集说》于本篇之首载有刘彝的导语云:"《檀弓》篇首言子游,及篇内多言之,疑是其门人所记。"⑥此疑不为无理。但其所记未必是全篇,更可能只是某些章节。上述三章褒子游的同时,均贬曾子,应当出于一人之手。此作者为何要大贬曾子? 日本汉学家武内义雄在其《礼运考》中曾予关注,谓《论语·子张》中子夏与子张、子游与曾子所言不甚和谐、友善,还特别征引《孟子·滕文公上》如下文字:"昔者孔子没……他日子夏、子张、子游以有若似圣人,欲以所事孔子事之,强曾子,曾子曰:'不可。……'"并谓《礼记·檀弓》"有子游之徒非难曾子之记事,合而考之,曾子、子思之派与子游之派不合之情形,可以想见"⑦。武内的见地自有道理。除此之外,笔者以为,可能与《论语》的编纂有关。据柳宗元《论语辩》,是书对孔门弟子"必称以字",唯独有若、曾参称"子",有若因貌似夫子一度曾被"立而师之",曾参则无缘由,故被认为是"卒成此书"的曾氏之徒"号之"者也⑧。曾氏门徒如此抬高曾参,难免引起子游(或别的七十子)门徒的门户之见和不平之气,从而写出上面贬低曾子的虚拟之作。这当然都是战国时期的作品,也是地道的中国早期小说。

二、假托孔子的说礼之作

孔子教授生徒,十分重"礼",《仪礼》就是"孔子传授弟子的课程之一"⑨。他把"克己复礼"作为奋斗目标,对颜渊说:"一日克己复礼,天下归仁焉",还将"非礼勿视,非礼勿听,非礼勿言,非礼勿动"视为"克己复礼之目"⑩。孔子死后,众弟子及七十子后学承其意志,记礼、言礼时有所作。《礼记》收录颇多,且多言及孔子说礼。这从一方面说,随着孔子圣誉日隆是自然的事,但也不无假托孔子之言以图自重其说或充实、彰显礼法者。对相关篇章仔细考辨,就会发现虚拟之作,其中还不乏秦汉人之笔。

先看《曾子问》篇。全篇问孔子偌多问题,尽是礼书不载的特例,甚至被学者认为"钻牛角尖"。诸如:"君薨而世子生,如之何?""将冠子,冠者至,揖让而入,闻齐衰大功之丧,如之何?""婚礼既纳币,有吉日,女之父母死,则如之何?""亲迎,女在途,而婿之父母死,如之何?""丧有二孤,庙有二主,礼与?""天子尝禘郊社五祀之祭,簠簋既陈,天子崩,后之丧,如之何?""君薨,既殡。而臣有父母之丧,则如之何?""葬引至于堩,日有食之,则有变乎? 且不乎?",等等。这位曾子好像存心寻找礼书所不载者,以问孔子而求答,弥补礼书之不足。然而,礼书既无所载,孔子又据何而答?这就把孔子置于制礼者的地位,与"述而不作"的孔子大不相合,只能是伪托者(并非曾子)的自我造作,假孔子之名为世立则。且看书中孔子对"君薨而世子生,如之何"的答复:

> 卿大夫士从摄主,北面,于西阶南。大祝裨冕,执束帛,升自西阶尽等,不升堂,命毋哭。祝声三,告曰:"某之子生,敢告。"升,奠币于殡东几上,哭,降。众主人、卿大夫士房中,皆哭不踊。尽一哀,反位,遂朝奠。小宰升举币。三日,众主人、卿大夫士如初位,北面。大宰、大宗、大祝皆裨冕。少师奉子以衰,祝先,子从,宰、宗人从。入门,哭者止,子升自西阶。殡前北面。祝立于殡东南隅。祝声三,曰:"某之子某,从执事,敢见。"子拜稽颡哭,祝、宰、宗人、众主人、卿大夫士哭踊,三者三,降,东反位,皆袒,子踊,房中亦踊,三者三。袭衰,杖,奠出。大宰命祝史,以名徧告于五祀山川。

既无文本,又乏实例,如此烦琐的礼节不知书中的孔子从何处得来,且能说得如此详尽,如数家珍,很像《仪礼》中的文字,与《论语》中夫子之语的简括大相径庭。他一气说了 206 言,长度远超《论语》中的任何一段[11]。用当时的记录工具(以竹梃点漆在竹片或木牍上书写蝌蚪古文字),曾子怎能一字不差地记得下来?这在孔子的时代是不可想象的,应是后世好礼儒生依照《仪礼》的琐细之文照猫画虎的产物,塑造的形象全非从容教授生徒的孔老夫子,而是拘谨背诵礼词的司仪角色。

内中也有某些实例。"丧有二孤,庙有二主"之非礼,就各举一例。后者谓是齐桓公,为"巫举兵,作伪主而行,及反,藏诸祖庙",或属实有。前者则谓:"昔者卫灵公适鲁,遭季桓子之丧。卫君请吊,哀公辞不得命。公为主,客人吊,康子立于门右,北面。公揖让升自东阶,西乡;客升自西阶吊。公拜,兴,哭;康子拜,稽颡于位,有司不辨也。今之二孤,自季康子之过也。"据《春秋》经文,卫灵公卒于鲁哀公二年夏,季桓子卒于三年秋,不会有卫灵公吊季桓子事。郑玄以为"是出公也"[12],而《春秋》没有卫出公适鲁的记载。退一步说,即或是出公之误,生当其时且编订《春秋》的孔子绝不会将卫出公误作卫灵公。无论有无卫君吊季桓子事,出此等差错,并将当时哭吊经过讲得如此细致,充分说明本章实非孔子之作,应是后世儒者的道听途说,胡乱安在孔子身上,即使不能构成完整的小说,也是本文的小说成分。

这位热衷于礼的作者,假托孔子还嫌不够,又借孔子之口拉出老子装潢门面,不仅要他讲述天子、诸侯之七庙、五庙的"虚主"等事,还让这位周守藏室的史官携同孔子"助葬于巷党",而又恰逢多年不遇的日蚀,于是老聃发号施令:"丘,止!就道右,止哭以听变。"待日复明而后行,老聃曰:"礼也。"葬毕返回,"丘问之曰:'夫柩不可以反者也。日有蚀之,不知其已之迟数,则岂如行哉?'老聃曰:'诸侯朝天子,见日而行,逮日而舍;大夫使,见日而行,逮日而舍。夫柩不早出,不暮宿。见星而行者,唯罪人与奔父母之丧者乎?日有蚀之,安知其不见星也?且君子行礼,不以人之亲痁患。'"孔子是否见过老子,学界迄今争论未休。退一步说,即便见过,两位哲人岂会"助葬于巷党"?再退一步,即便两人有此义举,又怎得赶上稀见的日蚀?编造如此离奇、巧合的小说文字,只为借助老子之口为日蚀不能出殡行柩定规矩,而时至今日,还有研究《礼记》之书将这样的《曾子问》作为"孔子问学于老聃的最早证据"。岂其然哉?

《礼运》篇,从外观看,是写孔子对子游谈论世道和礼的演变,除子游的三次提问,全篇都是孔子的讲话。现代某些注者和研究者不这样看。他们只将"孔子曰"下面的十九字认作孔子之言。其后颇长的论议,均被划为作者或记者之言。且看其文:

> 昔者仲尼与于蜡宾,事毕,出游于观之上,喟然而叹。仲尼之叹,盖叹鲁也。言偃在侧,曰:"君子何叹?"孔子曰:"大道之行也,与三代之英,丘未之逮也,而有志焉。大道之行也,天下为公。选贤与能,讲信修睦,故人不独亲其亲,不独子其子,使老有所终,壮有所用,幼有所长,矜寡孤独废疾者皆有所养。男有分,女有归。货恶其弃于地也,不必藏于己;力恶其不出于身也,不必为己。是故,谋闭而不兴,盗窃乱贼而不作,故外户而不闭,是谓大同。今大道既隐,天下为家,各亲其亲,各子其子,货力为己,大人世及以为礼,城郭沟池以为固,礼义以为纪,以正君臣,以笃父子,以睦兄弟,以和夫妇,以设制度,以立田里,以贤勇知,以功为己。故谋用是作,而兵由此起。禹、汤、文、武、成王、周公,由此其选也。此六君子者未有不谨于礼者也。以著其义,以考其信,著有过,刑仁讲让,示民有常。如有不

>由此者,在执者去,众以为殃,是谓小康。"

这段话中,只将"孔子曰"下至"而有志焉"划为孔子之言是讲不通的。因为下面子游又接着问:"如此乎礼之急也?"而孔子在那十九字中只讲自己没有赶上大同和小康时代,根本没讲到礼,何谈"礼之急也"? 只有上面全段都是孔子之言,子游才能有此复问。不过,从其所言的内容实质来看,这段话又并非尚礼崇礼的儒者之言,更非孔子之言,而如石梁王恕所见:"以五帝之世为大同,以禹、汤、文、武、成王、周公为小康,有老氏意。而注又引以实之,且谓礼为忠信之薄,皆非孔子语。所谓'孔子曰',记者为之辞也。"[13]《老子》第十八章说"大道废,有仁义",第三十八章又说"夫礼者,忠信之薄,而乱之首",此与上文"大道既隐","三代之英"之小康乃生,颇多合契。然而,作者(即记者)确乎又将此番言语置诸孔子之口,可见乃是子游与孔子对谈的虚拟场景,是以虚造的作者之言充孔子之言。下文写孔子答子游之复问:"夫礼,先王以承天之道,以治人之情。故失之者死,得之者生。"孔子虽崇礼,却不会说"失之者死,得之者生"这样极端的话,类乎阴阳家之言。其为作者滥造显而易见。

>言偃复问曰:"夫子之极言礼也,可得而闻与?"孔子曰:"我欲观夏道,是故之杞,而不足征也,吾得'夏时'焉。我欲观殷道,是故之宋,而不足征也,吾得'坤乾'焉。'坤乾'之义,'夏时'之等,吾以是观之。"

《论语·八佾》中孔子曾说:"夏礼吾能言之,杞不足征也;殷礼吾能言之,宋不足征也。文献不足故也。足,则吾能征之矣。"其文言简意明。《礼记》此文忽增"之杞""之宋",前得"夏时",后得坤乾",且言"吾以是观之"。可见并非无文献可"征"。既然有此所得,《论语》所记何能不谈?《礼记》本在言礼,却改"礼"为"道",殊不可解,应是作者故意改动原文,以显两者非一次之言。其实,凡此种种,藏头露尾,都显示出非夫子所言,而是作者仿袭《论语》之文。"后儒以《大戴记》之《夏小正》实'夏时',以《周礼》之《归藏》实'坤乾',总同一无稽也。"[14]

其后"夫礼之初,始于饮食……"云云,从外观来看,应是孔子畅言"以是观之"古今礼运之沿革,也是对子游"可得而闻与"的回应。从茹毛饮血、营窟橧巢,讲到现实"大祥"的所谓"礼之大成",又以"孔子曰"发出"於乎哀哉!我观周道,幽厉伤之"的慨叹,随后泛论礼与非礼的诸多事项以及人情、四灵之类,长约二千言,且不说其篇幅之长远非孔子时代的谈话所能记录,其内容也远非孔子时代的儒者之言。谓"人者,其天地之德,阴阳之交,鬼神之会,五行之秀气也。"谓"圣人作则,必以天地为本,以阴阳为端,以四时为柄,以日星为纪,月以为量,鬼神以为徒,五行以为质,礼义以为器……"谓"礼,必本于大一,分而为天地,转而为阴阳,变而为四时,列而为鬼神"。如此大而无当之论不仅有儒者之言,也有道家、阴阳家之语。"阴阳""五行"二词在早期经书中多次出现,却不见于儒家的重要文献《论语》等四书之中,而孔子这三段话中竟五用其词,岂可信哉?当是战国中后期阴阳家五行说泛滥之后的产物。"鬼神"一词,《论语》倒有,却是"敬鬼神而远之""未能事人,焉能事鬼"以及"不语怪、力、乱、神"之类,而在这三段话中三用"鬼神"于正面,其前还有"圣人参天地并鬼神以治政"之语。从这些用词就能知道,其申说的道和礼与孔子思想的距离多么遥远。

总之,《礼运》全篇是虚拟的孔子答子游之问的对话长文,内容多为论说,不似小说,而其有意虚拟的开端和会话形式,又有早期小说的轮廓。

《仲尼燕居》系写孔子与子贡、子游、子张谈礼之作。"燕居",郑玄注谓"退朝而处"⑮,《辞源》注与郑同。如此,则只有孔子居官的鲁定公九年至十四年(前501—前496),子张2—7岁,子游5—10岁,子贡19—24岁,前两者绝无可能侍夫子而谈礼。姑且将"燕居"等同于"闲居"理解,以使这次谈礼之聚成为可能。然其师徒所谈的内容,却有《论语》《中庸》《孟子》的仿袭之文。看开头两段:

> 仲尼燕居,子张、子贡、言游侍,纵言至于礼。子曰:"居,女三人者,吾语女礼,使女以礼周流,无不偏也。"子贡越席而对曰:"敢问何如?"子曰:"敬而不中礼,谓之野;恭而不中礼,谓之给;勇而不中礼,谓之逆。"子曰:"给夺慈仁。"
>
> 子曰:"师,尔过,而商也不及。子产犹众人之母也,能食之,不能教也。"子贡越席而对曰:"敢问将何以为此中者也?"子曰:"礼乎礼!夫礼所以制中也。"

《论语·泰伯》有孔子"恭而无礼则劳""勇而无礼则乱"两句,与本篇首段相应的两句很相似。如果说这类语句容易碰头,未必是仿袭,那么,第二段头两句就再无话说。《论语·先进》:"子贡问:'师与商也孰贤?'子曰:'师也过,商也不及。'曰:'然则师愈与?'子曰:'过犹不及。'"表现了孔子的中庸思想。"燕居"上文无人问及师与商,后者也不在场,谈的是礼,孔子却忽谓子张:"师,尔过,而商也不及。"何其突兀!显系袭用《论语》上文。后又联系子产,谓其于民"能食"而"不能教",与《论语》中其言子产唯有赞词而无贬语大相径庭。《公冶长》:"子谓子产,有君子之道四焉:其行己也恭,其事上也敬,其养民也惠,其使民也义。"所谓"行己也恭者,言己之所行常能恭顺不违忤于物也"⑯,亦即行事常能合于事物之理。这是很高的肯定,后文之谓"礼者,理也",虽然指的是天理,仍不能远离人间的事物之理。加之子产"使民也义",岂会谓之于民能食而不能教耶?诚如姚际恒所言,"圣人忠厚之至,于子产初无贬词,至《孟子》始曰'惠而不知为政'""'能食不能教'正仿之为说"(杭世骏《续礼记集说》卷八四),是孟子以后作者的仿袭之词。另如下段,孔子回答子游之问,有曰:"明乎社郊之义,尝禘之礼,治国其如指诸掌而已乎。"这是袭改《中庸》之文。原文"尝禘"作"禘尝",末句无"而已",其余全同。诸如此类的仿袭语句最能显出虚拟"子曰"的本来面目。

夸大其词是本篇虚拟的又一明证。开首谓三弟子"吾语女礼,使女以礼周流,无不遍也",显然过甚其词。后云:"礼犹有九焉,大飨有四焉,苟知此也,虽在畎亩之中事之,圣人已。"如此说来,充分知礼便是圣人,做圣人岂不太容易了?孔子不会如此轻许。再后云:"两君相见……下管《象》《武》,《夏》籥序兴。"(按:《武》即《大武》,《夏》即《大夏》),又谓:"升歌《清庙》,示德也。"这已不止夸大其词,而是僭越天子礼了。《郊特牲》云:"诸侯之宫县……冕而舞《大武》,乘大路,诸侯之僭礼也。"《祭统》又云:"夫大尝禘,升歌《清庙》,下而管《象》,朱干玉戚,以舞《大武》,八佾,以舞《大夏》,此天子之乐也。"两位诸侯国君相见,用天子乐,岂是孔子所能言?

从上述多方面看,本篇多非孔子之言。其谓孔子与子张、子贡、子游言礼,乃是作者有意虚拟的场面,是为宣扬孔圣与古礼虚造的早期小说。

《孔子闲居》,从文字表面看,是记孔子与子夏谈《诗》及礼;从实质看,其大量孔子之言,绝非本人的谈话记录,而是后人拟托之作。其文除《礼记》,还见于《孔子家语·论礼、问玉》和上海博物馆所藏的战国楚简,后者被整理者题作《民之父母》。三者文字大同而小异。由于后者的出现,研究者就越加认为"《孔子闲居》所载孔子与子夏论《诗》之事应该是可信的"。进而认为此章"应该是孔子的著作"⑰。且看《闲居》前四段:

> 孔子闲居,子夏侍。子夏曰:"敢问《诗》云'凯弟君子,民之父母',何如斯可谓民之父母矣?"孔子曰:"夫民之父母乎,必达于礼乐之原,以致五至,而行三无,以横于天下,四方有败,必先知之。此之谓民之父母矣。"
>
> 子夏曰:"民之父母,既得而闻之矣,敢问何谓五至?"孔子曰:"志之所至,诗亦至焉;诗之所至,礼亦至焉;礼之所至,乐亦至焉;乐之所至,哀亦至焉。哀乐相生。是故,正明目而视之,不可得而见也;倾耳而听之,不可得而闻也;志气塞乎天地,此之谓五至。"
>
> 子夏曰:"五至既得而闻之矣,敢问何谓三无?"孔子曰:"无声之乐,无体之礼,无服之丧,此之谓三无。"子夏曰"既得略而闻之矣,敢问何诗近之?"孔子曰:"'夙夜其命宥密',无声之乐也;'威仪逮逮,不可选也',无体之礼也;'凡民有丧,匍匐救之',无服之丧也。"
>
> 子夏曰:"言则大矣!美矣!盛矣!言尽于此而已乎?"孔子曰:"何为其然也。君子之服之也,犹有五起焉。"子夏曰:"何如?"孔子曰:"无声之乐,气志不违;无体之礼,威仪迟迟;无服之丧,内恕孔悲。无声之乐,气志既得;无体之礼,威仪翼翼;无服之丧,施及四国。无声之乐,气志既从;无体之礼,上下和同;无服之丧,以畜万邦。无声之乐,日闻四方;无体之礼,日就月将;无服之丧,纯德孔明。无声之乐,气志既起;无体之礼,施及四海;无服之丧,施于孙子。"

王梦鸥注译的《礼记》是较为适切的译本,于本篇篇首评云:"说礼而近于玄,颇为后人所诟病。"⑱译解此文也就勉为其难了。看该书所译的"五至":"孔子说:'心里想到的地方,那必有一句话儿,那话儿必定可表见于行为,行为总是朝自己喜欢的方面做,做了之后,事过境迁,必又复归于空虚的哀愁。'"王先生总算将这四句近"玄"之文颇费周折地译成合于逻辑的白话,只是缺了"诗""礼""乐(yuè)"三个要素,不成"五至"了。"话儿"不是诗,"行为"也不是礼,"喜欢"是乐(lè)却不是乐(yuè)。这里需要指出的是,原文第一个"乐"字是礼乐的"乐",不是欢乐的"乐",因为前一段谓民之父母"必达于礼乐之原",后面的"三无"又反复大谈"无声之乐","五至"当然要有"乐(yuè)亦至焉"才与前后之文相呼应。可怪的是,这个"乐"字虽是礼乐的乐,后一个"乐"字却忽而变成哀乐的乐了。五至从而变成六至。这六至又属于两种范畴:诗、礼、乐属客观范畴,志、乐、哀是内心感受,且志非诗,诗非礼,礼非乐(yuè),乐更非哀,其间转换需要条件,全无条件,只有"志",什么也不会"至"。若谓视不可见、听不可闻、"塞乎天地"的"志气"的"志",袭用《孟子》之谓"至大至刚""配义与道""塞于天地之间"的"浩然之气",其至无尽无垠,何言其谓"五至"？至于"三无"与"五起",则如姚际恒所论,"皆本老子贵无贱有之旨。如所谓'常无欲以观其妙''无状之状,无物之象''万物生于有,有生于无'之类是也。"（杭世骏《续礼记集说》卷八四）熟悉《论语》者知道,孔子的言语既简括,又明畅,只要读懂其文字,就能理解其含义,绝无故弄玄虚、艰涩费解之句,更无三反四复、繁细铺张之弊。言诗之章除去引诗,论述均只三言两语,甚或只言片语,如"诗无邪"之类,与上列由"三无"演为"五起"的烦琐笔墨大异其趣。有论者说:"孔子论诗,在《礼记》中以《孔子闲居》的记载最为详细。"我则以为,这恰是非孔子之论的又一明证。不仅与《论语》中论诗之风大相径庭,就是近十数年讨论的上博楚简之《孔子诗论》也与此篇的"详细"天地相悬。"凯弟君子,民之父母"乃《大雅·泂酌》之句,倘入《孔子诗论》,应属整理者所设的"分论大雅",内引《皇矣》《大明》各二句:"帝谓文王,怀尔明德";"有命自天,命此文王"。而后"孔子曰:'文王虽欲已,得乎？此命也。'"⑩这样的诗论,与《论语》中孔子论诗之简是一致的,而与上述《闲居》之文相去岂可以道里计？因此,无论《闲居》出于战国何时,所载都不可能是孔子之言,只能是好事者的虚拟而已。虽是倡礼的说教之文,亦有小说的记叙体式。

　　《儒行》通篇写孔子答鲁哀公之问,从儒服开篇,重在儒行,礼义自在其中。此中的孔子放言而论,一气罗列儒者优行十六种之多。每种最后都以"有如此者"作结,可见十六段全以孔子言语出之,约九百言,为儒者大张其目,不无夸夸其谈之虞。只从这方面看,就不可能是夫子之言。再从内容来看,除去重复雷同者(如"忠信以为宝"之于"忠信以为甲胄"及"忠信之美"之类)不论,不合儒学义理者也不乏其例。"其过失可微词而不可面数"就与孔子倡导的"过则勿惮改"龃龉难合;"鸷虫攫搏不程勇者,引重鼎不程其力""不断其威,不与其谋",是何言与? 前者同于孔子所"不与"的"暴虎冯河",后者就是孔子所倡"临事而惧,好谋而成"的反语。诸如此类,当然不会出自夫子夸赞儒行之口,而是作者假托孔子羼入的个人识见。不过,这种假托的虚拟,同时也发展和丰富了传统的儒学。至宋,太宗赵炅特予重视,"诏刻《礼记》儒行篇",颁给参加廷试的学子[20],成为儒士笃行的教本。而这教本,披着夫子与哀公对话的小说外衣,给学子增加几分阅读的兴趣。

《祭义》篇还有孔子答宰我问鬼神章:

> 宰我曰:"吾闻鬼神之名,而不知其所谓。"子曰:气也者,神之盛也;魄也者,鬼之盛也。合鬼与神,教之至也。众生必死,死必归土,此之谓鬼。骨肉毙于下,阴为野土;其气发扬于上,为昭明,焄蒿,凄怆,此百物之精也,神之著也。因物之精,制为之极,明命鬼神,以为黔首则。百众以畏,万民以服。圣人以是为未足也,筑为宫室,设为宗祧,以别亲疏远迩,教民反古复始,不忘其所由生也。众之服自此,故听且速也。

孔子的话止于何处? 难于判定。但无论长短,"不语怪、力、乱、神"的孔子不会对鬼神作如此明确又不得当的阐释。"黔首"乃秦对百姓的称呼。据《秦始皇本纪》,二十六年,即嬴政称皇帝之年,"更名民曰'黔首'"[21]。可见此章是秦统一后的产物,也是虚拟的小小说之类。

三、违逆事理的虚拟之作

《檀弓上》有写孔子自知将死一章:

> 孔子蚤作,负手曳杖,消摇于门,歌曰:"泰山其颓乎! 梁木其坏乎! 哲人其萎乎!"既歌而入,当户而坐。子贡闻曰:"泰山其颓,则吾将安仰? 梁木其坏,哲人其萎,则吾将安放? 夫子殆将病也。"遂趋而入。夫子曰:"赐,尔来何迟也? 夏后氏殡于东阶之上,则犹在阼也;殷人殡于两楹之间,则与宾主夹之也;周人殡于西阶之上,则犹宾之也。而丘也殷人也,予畴昔之夜,梦坐奠于两楹之间。夫明王不兴,而天下其孰能宗予? 予殆将

死也。"盖寝疾七日而没。

泰山、梁木之喻,不似夫子口吻,而像后人或弟子之语。老来尚能"负手曳杖,消摇于门",应未至大病,子贡闻歌即来探视,何责"来何迟也"？由此看来,皆非实事。所谓夜梦"坐奠于两楹之间",以为将死之兆,亦是作者故弄玄虚,并非真有此梦兆也。《史记·孔子世家》和《孔子家语》(卷九)中都有与此大同小异的记述。全文应是后人虚拟孔子死前的种种造作,已被多位古人指明(杭世骏《续礼记集说》卷一三),如以早期小说来读,应合此种文体的实际。

《檀弓》上、下两篇各有"子思之母死于卫"章,而其中子思的表现却显有牴牾。前者,写有人告诫子思:"子,圣人之后也,四方于子乎观礼,子盖(盍)慎诸。"子思曰:"吾何慎哉。吾闻之:有其礼,无其财,君子弗行也;有其礼,有其财,无其时,君子弗行也。吾何慎哉。"这里,子思强调的是"无其时",即母已改嫁于卫后而死,故不行母死之礼②。后者,写有人向子思报其母之死讯,"子思哭于庙。门人至曰:'庶氏之母死,何为哭于孔氏之庙乎？'子思曰:'吾过矣！吾过矣！'遂哭于他室"。两章的子思判若两人,极不和谐。有人以为后者在前,前者在后,然亦不能解释其形象两相抵牾之弊。要之,子思知礼,便哭嫁母也不会哭于孔氏家庙,后者应为后世作者为明此礼而有意虚拟之作,是小小说。

《檀弓下》又有"吴侵陈"章,谓吴师"斩祀杀厉"后退出陈境。陈太宰嚭使于吴师。夫差对行人仪曰:"是夫也多言。盍尝问焉:师必有名,人之称斯师也者则谓之何？"仪问太宰嚭,嚭曰:"古之侵伐者不斩祀,不杀厉,不获二毛。今斯师也,杀厉与？其不谓之杀厉之师与？"仪曰:"反尔地,归而子,则谓之何？"太宰嚭曰:"君王讨敝邑之罪又矜而赦之师与？有无名乎？"据《左传》载,吴侵陈是哀公元年秋八月事,夫差克越后修父旧怨,"斩祀杀厉"或所不免。然嚭乃吴之太宰,谓陈有同官同名,似不可能如此巧合,应是将吴、陈的官员、姓名搞颠倒了。这种差错,既不可能是抄录史书,也不可能是蓄意造作,应是在民间流传的结果。故本章应是民间传说。

《檀弓下》还有"苛政猛于虎"章:

> 孔子过泰山侧,有妇人哭于墓者而哀。夫子式而听之。使子路问之曰:"子之哭也,壹似重有忧者。"而曰:"然。昔者吾舅死于虎,吾夫又死

焉,今吾子又死焉。"夫子曰:"何为不去也?"曰:"无苛政。"夫子曰:"小子识之,苛政猛于虎。"

此章类乎寓言,而非写实之笔。陈澔以为"朝夕有愁思之苦,不如速死之为愈。"(陈澔《礼记集说》卷二)是将本章视为写实之作了。其实,公爹、丈夫、儿子三代人皆惨死于虎,只剩一妇人哀哀而哭,人间还有比这更惨的遭际否?最后由这妇人说出不离此地的情由:"无苛政",岂能以人间真事视之?谓其为寓言巧匠所造,当不为过。至唐,柳宗元写《捕蛇者说》,好像与此很相似,实则又大不同。蒋氏祖孙三世是由官府招募幸得成为以捕毒蛇而当租的"专其利"者,永州人为此"争奔走焉",可见是个难得的差事。六十年间,其祖与父虽死于此,却比其同辈长寿许多。蒋氏已专其利十二年,"盖一岁之犯死者二焉,其余则熙熙而乐"。这才是柳宗元看到的"赋敛之毒有甚是蛇者"的活生生的现实㉓。寓言的夸诞,一望可知,其非理性远远超过现实生活的可能性。"苛政猛于虎"的故事即是。

其后,本篇还有如下一章:

> 季孙之母死,哀公吊焉。曾子与子贡吊焉,阍人为君在,弗内也。曾子与子贡入于其厩而修容焉。子贡先入,阍人曰:"乡者已告矣。"曾子后入,阍人辟之。涉内霤,卿大夫皆辟位,公降一等而揖之。君子言之曰:"尽饰之道,斯其行者远矣。"

自宋至清,多有疑此章不实者。刘彝评:"此章可疑。二子吊卿母之丧,必自尽礼以造门,不当待阍者拒而后修容尽饰也。"(陈澔《礼记集说》卷二)姚舜牧评:"二子吊于季孙,適值君在,自当待命而入。斯时致肃静比致吊有加,亦臣礼合如此。"(杭世骏《续礼记集说》卷一八)姚际恒评:"此又毁曾子,而及子贡。君在辄欲阑入,而为阍人所拒,入马厩而修容;因修容,卿大夫辟位,君降等而揖之。皆齐东野人语也。"(杭世骏《续礼记集说》卷三九)各评凿凿,莫不有理。问题还在最后的君子之言。在笔者看来,那君子很可能就是作者,为宣扬"尽饰行远"的礼节,特意虚造了这则妄言式小说作品,而后又充君子点明意图。如无此点题之笔,读者就不易领悟其主旨了。

《文王世子》篇,首章即写文王每日三次省视其父王季。比照末章"世子之记"的文字,首章大同而小异。如末章云:"朝夕至于大寝之门外,问于内竖曰:'今日安否何如?'内竖曰:'今日安。'世子乃有喜色。其有不安节,则内竖以告世子,世子色忧不满容。"首章则云,文王"至于寝门之外,问内竖之御者曰:'今日安否何如?'内竖曰:'安。'文王乃喜。……其有不安节,则内竖以告文王,文王色忧,行不能正履"。由是可知,首章是按照末章昭示的世子程式与文字模仿之文,非写文王省父的实情,是无甚价值的小说文字。其后又写武王作为世子谨遵文王的孝行,"不敢有加"。"文王有疾,武王不脱冠带而养。文王一饭,亦一饭;文王再饭,亦再饭。旬有二日乃间"。如此版印式的孝行,岂是圣人所为?胡乱编造,弄巧成拙,遂成后人谈笑之资。再下又云:

> 文王谓武王曰:"女何梦矣?"武王对曰:"梦帝与我九龄(按:王梦鸥疑'龄'字本作'齿')。"文王曰:"女以为何也?"武王曰:"西方有九国焉,君王其终抚诸。"文王曰:"非也。古者谓年龄,齿亦龄也。我百尔九十,吾与尔三焉。文王九十七乃终,武王九十三而终。

此章内容带有明显的幻诞色彩,属于虚造自不待言。作者是在有意虚拟文王与武王非凡的神话,实际是在编造有关圣人的小小说。

再看《祭义》篇的一章:

> 文王之祭也,事死者如事生,思死者如不欲生;忌日必哀,称讳如见亲。祀之忠也,如见亲之所爱,如欲色然。其文王与?诗云:"明发不寐,有怀二人。"文王之诗也。祭之明日,明发不寐,飨而致之,又从而思之。祭之日,乐与哀半;飨之必乐,已至必哀。

这又是无边夸大圣人之作。写文王祭祀父母,不写其行为和言语,而写其意念和心态。"事死者如事生""思死者如不欲生""称讳如见亲""如见亲之所爱,如欲色然"之类,都是主人公的主观体验和内心感受,别人不得而知,难于把握。这就不是纪实的史笔,而是小说家无所不知的写法,亦即所谓"取全知角度"。下引《诗经·小雅·小宛》两句:"明发不寐,有怀二人。"谓是"文王之诗也","二人"特指文王父母。这更是胡乱编派,歪曲原诗。《毛诗》序称:"《小宛》,大夫刺幽王也。"郑笺"亦当为刺厉王。""二人"即诗中"先人",毛传:"文武也。"㉔即指周代开国二王。朱熹《诗集传》谓《小宛》曰:"此大夫遭时之乱,而兄弟相戒以免祸之诗";"'二人',父母也"⑤,系指本诗作者的父母。两种理解虽很不同,却有两个共同点:作者是大夫而不是王;时局昏乱,王室如燬。今之学人不乏歧见,却多能从朱熹之说,从而对全诗作出较为通达的理解。全诗六章,每章六句,内容丰富而多面。要之,作者对其所处的时世"惴惴小心,如临于谷,战战兢兢,如履薄冰",甚至虑及"宜狱"之灾。如此胆小畏祸的作者自然不会是开国的姬昌。滥造其诗作者是虚造此文的又一证据。这篇虚造的夸诞小文只能看作早期简单的小说作品。

结　语

《礼记》的虚拟叙事不止于此,限于本人眼界与识见,辨析如上。另如《坊记》《表记》《缁衣》诸篇,每段都以"子曰"或"子言之"出之,学界多不认同是孔子之言。由于三篇都只是语录,并不构成叙事文体,这里就不讨论了。

《礼记》的虚拟叙事,以假托孔子为最多。其作用是借圣人之口宣示礼的内容或儒家观点,虽非真的孔子之言,却多在儒家学说体系之内,形成一种孔圣形象与古礼融合的表现模式。两千年来,对传播与发展古礼和以孔子为代表的儒学起着某种补充和推动的积极作用,与凭借远古传说和周代现实虚拟的《尧典》《舜典》《皋陶谟》等业已成为中华民族的早期文献颇相类似。

"礼"是人类社会生活的产物,礼经是智者从特定时代生活中总结出来的礼法条文。《礼记》不是经,而是记,除了对经文的说明、论议、质疑与发展,还记述了其时生活中诸多有关礼俗的生动事例,既与《仪礼》经文会通,又描绘出东周社会后期的种种世相。至于上述诸多有意虚拟的叙事,也同样带有程度不同的生活样态和民俗色彩,较之单纯论议之文更贴近现实,更多一些生活气和人情味。这或许就是唐以后《礼记》比礼经更被看重的原因之一吧。

原载《北京大学学报》2017年第4期。

注　释

① 郝敬《礼记通解》卷三,明万历四十四年(1616)京山郝氏刊本。

② 王云五编，王梦鸥注译《礼记今注今译》，新世界出版社，2011年，53页。
③ 方孝孺《逊志斋集》卷四，明正德十五年(1520)顾璘刊本。
④ 卫湜《礼记集说》卷一七，清乾隆五十年(1785)刊本。
⑤ 《礼记正义》，《十三经注疏》，中华书局，1980年影印本，1285页。
⑥ 陈澔《礼记集说》卷二，绿荫堂藏版。
⑦ 江侠庵编译《先秦古籍考》上册，上海，商务印书馆，1931年，205页。
⑧ 《增广注释音辩唐柳先生集》卷四，《四部丛刊》影印元刊本。
⑨ 赵逵夫《〈礼记〉成书考序》，王锷《〈礼记〉成书考》附，中华书局，2007年，1页。
⑩ 《论语注疏》，《十三经注疏》，2502页。
⑪ 《论语》"季氏将伐颛臾"章，孔子说了全书最长的话119言，崔述还因其长而疑其非《论语》原文。
⑫ 《礼记正义》，《十三经注疏》，1395页。
⑬ 陈澔《礼记集说》卷四。"注"指郑玄于"兵由此起"下注曰："老子：'法令滋章，盗贼多有'"；于"是谓小康"下注曰："大道之人以礼于忠信为薄"。参见《礼记正义》，《十三经注疏》，1414页。
⑭ 姚际恒评语，载杭世骏《续礼记集说》卷三九，光绪二十一年(1895)浙江书局刊本。
⑮ 《礼记正义》，《十三经注疏》，1613页。
⑯ 何晏集解，邢昺疏《论语注疏》卷五，民国二十年(1931)上海中华书局刊本。
⑰ 王锷《〈礼记〉成书考》，34页。
⑱ 王梦鸥《礼记今注今译》，450页。
⑲ 《〈上海博物馆藏战国楚竹书(一)〉读本》，北京大学出版社，2009年，26页。引文省去楚简本字。
⑳ 参见《宋史》，中华书局，1977年，3608页。
㉑ 《史记》，中华书局，1959年，第1册，239页。
㉒ 《钦定礼记义疏》卷一一载姚舜牧曰："丧母有其礼矣，致丧有其财矣，然时乎出嫁则与从父而终者异矣。此虽有礼与财，而亦有不可行者也。"
㉓ 吴楚材《古文观止》卷九，民国五年(1916)上海广益书局石印本。
㉔ 《毛诗正义》，《十三经注疏》，541页，"幽王"误作"宣王"。
㉕ 《诗集传》卷一二，《四部丛刊(三编)》影宋本。

读《左传》的择日历忌

刘 瑛

择日术与时日禁忌是讲选择时日吉凶、岁日禁忌的数术,通晓此类数术的人古代称为"日者",《史记》有褚少孙所补《日者列传》。汇编各种选择时日和岁日禁忌的书,叫"日书",史传涉及此类书籍,也有"阴阳""五行""时令""月令""日禁""历书""历注""历忌"等不同叫法,流行于民间又称选择通书、黄历,也是这类讲时日禁忌、禳鬼除祟的手册。择日和时日禁忌在汉代尤其盛行,《论衡·讥日篇》批评了弥漫于社会的时日禁忌之俗,"世俗既信岁时而又信日,举事若病死灾患,大则谓之犯触岁月,小则谓之不避日禁",篇中引述的"《葬历》",就是专门讲卜葬择日的历书,据记载,在唐以前,仅这类书就多达一百二十种[①]。这种数术延续性也很强,甚至一直到近代,传统都未曾中断过,可谓渊源久远,长盛不衰。

关于这种数术的起源,《日者列传》于汉以前无所记述,又因为此术"齐、楚异法,书亡罕纪"(《日者列传》索隐述赞),其源流难以详考。传世文献最早的记载,一般多认为是《墨子》。《墨子·贵义》云:"子墨子北之齐,遇日者,日者曰:'帝以今日杀黑龙于北方,而先生之色黑,不可以北。'"学者以此证明日者之术在战国时当已存在[②]。

近来再检文献,我们发现,在《左传》中已有关于这种数术的记载,包括:(一)月日的禁忌,如归行的时日禁忌、晦日作战的禁忌、历史人物(或传说人物)死日的禁忌;(二)择日占卜,主要是讲以占星术选择时日。《左传》的时日禁忌与择日,不论是内容还是语句形式,都不难在出土的战国末期及秦代的日书中发现相似之处。看来,择日之术的起源问题,还值得进一步讨论。本文试以《左传》的材料为依据,结合出土发现的战国末期和秦代的九店楚简的相关部分③、睡虎地秦简《日书》④,对春秋时期择日与时日禁忌的基本情况以及它在战国和秦代的演变作一初步探讨。

一、日者之说的由来

日者之说最早来自天子诸侯制定颁布历法的官学⑤,《左传·桓公十七年》:

> 冬十月朔,日有食之。不书日,官失之也。天子有日官,诸侯有日御。日官居卿以厎日,礼也。日御不失日,以授百官于朝。

杜预注:"日官、日御,典历数者也。""日官,天子掌历者也,不在六卿之数,而位从卿,故言居卿也。厎,平也,谓平历数也。"由此可知,"日官""日御"分别是天子、诸侯掌历法之官。日官不在六卿之列,但其位尊同六卿。孔颖达正义云:"《周礼》大史'掌正岁年以序事,颁告朔于邦国',然则天子掌历者,谓大史也。大史,下大夫,非卿,故不在六卿之数。《传》言'居卿',则是尊之若卿,故知非卿而位从卿,故言居卿也。平历数者,谓掌作历数,平其迟速,而颁于邦国也。晦朔弦望交会有期,日月五星行道有度,历而数之,故曰历数也。"《周礼·春官·太史》郑玄注云:"大史,日官也。"贾公彦疏引服虔注云"日官、日御,典历数者也",则杜注、孔疏应本自郑、服旧注。

据郑玄注,日官亦即太史,太史本属下大夫之列,地位并不高,但职责却非常重要。在古人看来,推时正岁、颁历告朔是关乎时政民生的大事,所谓"时以作事,事以厚生,生民之道于是乎在矣"(《左传·文公六年》),故掌历之官因其职而尊居卿位。

由上所述,春秋时期掌管历法的日官、日御有以下几个特点:(1)天子的日官,属下大夫之列,但因其职掌重要,故居卿之位;(2)与天子设置日官相应,各诸侯国也各设有掌管历法的官员,叫作"日御";(3)日官、日御的职责分别是:日官负责观察日月五行的行度,测定分至启闭的先后、晦朔弦望的日期,制作成历法,颁布于各诸侯国;日御授历于百官,使百官履职不失天时。

早期的史官,既记录历史,又掌天文历法、蓍龟占卜,因此"文史星历,近乎卜祝之间"(司马迁《报任安书》)。在《左传》中,讲择日和禁忌的多是卜、史,如晋国的卜者卜偃、郑国的卜者裨灶及周史苌弘都由掌占卜而兼择日。其后日者专司占候时日，不掌天官，但仍须精通占卜和天文历法（《日者列传》索隐谓"所以卜筮占候时日通名'日者'"），其所学当是沿袭史官传统而来。《日者列传》记武帝聚会占家问娶妇择日，有五行家、堪舆家、建除家、丛辰家、历家、天人家、太一家，虽门派不同，但其术大都与天文历法有关。战国秦代的日书常以星象配合方位、四时、干支推算时日吉凶，如睡虎地秦简《日书》"玄戈""岁""星"等篇，虽然那里的星象与实际星象并不发生任何关系，但仍然是由总结天象与人事的对应规律而来，非熟习历法天文者不能任之。因此，从知识背景来看，日官、日御应是日者的前身。日者原出自史官系统，与史官本是一家，所以后世讲择日的图书，有的还冠以"太史"之名，如《隋志》子部五行家有《太史百忌历图》《太史百忌》，应是这一传统的遗绪⑥。

二、月日的禁忌

《左传》讲月日禁忌有以下记载：

（一）归行的禁忌

《左传·庄公十六年》：

> 郑伯治与于雍纠之乱者，九月，杀公子阏，刖强鉏。公父定叔出奔卫。三年而复之，曰："不可使共叔无后于郑。"使以十月入，曰："良月也，就盈数焉。"

庄公十六年，郑伯允许出奔卫国的公父定叔回国，并让他在十月进入郑国，因为十月是"良月也，就盈数焉"，就是说"十"是盈数，故十月为吉月。当时人有以盈数为吉的观念，《左传·闵公元年》，赐毕万以魏，卜偃曰："毕万之后必大。万，盈数也。"

时日的禁忌在古人看来十分重要，古人举事往往遵照时日宜忌。《论衡·辨祟篇》说："起功、移徙、祭祀、行作、入官、嫁娶，不择吉日，不避岁月，触鬼逢神，忌时相害。"可见时日禁忌涉及人们日常生活的各个方面。出行和出行回归的宜忌是时日禁忌中很重要的一项，归行的时日禁忌，又称为"归忌"。《辨祟篇》云:"途上之暴尸,未必出以往亡;室中之柩殡,未必还以归忌。"批评了当时人迷信往亡归忌的风俗,但也由此反映出当时人对此项禁忌的重视态度。

《后汉书·郭躬传》称桓帝时,汝南陈伯敬"行路闻凶便解驾留止,还触归忌则寄宿乡亭",李贤注引《阴阳书·历法》云:"归忌日,四孟在丑,四仲在寅,四季在子。其日不可远行、归家及徙也。"提到四时中每一个月的归忌日⑦。《史记·天官书》还记有所谓"归邪"星,这是一种瑞星,"如星非星,如云非云,命曰归邪。归邪出,必有归国者。"归行吉凶甚至为天星所主,更见其为时人所重。

睡虎地秦简《日书》甲种有《到室》(简 107 背－112 背、简 127－128 背)、《归行》(简 131－135 正),还归也叫"到室""入室",这些讲的都是还归的宜忌;乙种有《行者》(简 140)、《入官》(简 141),这两种都是讲入室(到室)之宜忌日。

如秦简《日书》甲种《到室》列举十二月之某日为出行、归还之忌日,见简 109 背－110 背:"正月乙丑、二月丙寅、三月甲子、四月乙丑、五月丙寅、六月甲子、七月乙丑、八月丙寅、九月甲子、十月乙丑、十一月丙寅、十二月甲子以行,从远行归,是谓出亡归死之日也。"⑧

简 133 正:"入正月七日、入二月十四日、入三月廿一日、入四月八日、入五月十九日、入六月廿四日、入七月九日、入八月九日、入九月廿七日、入十月十日、入十一月廿日、入十二月卅日,凡此日以归,死;行,亡。"讲的都是往亡归死的具体时日。

上述《日书》各篇以"日"为禁忌,比之《左传》以"月"为禁忌,要细密得多,但两者的性质是相同的,只是时间单位的不同。

古时出行不易,道路艰难险阻,又常遇鬼怪之事,所以行者在出门时要举行"祖道"的仪式,以乞求出行的安全。祖,是祭祀道神,即向道神乞求出行的平安。这种祭祀也叫"軷祭"。《诗·大雅·烝民》云:"仲山甫出祖",郑玄笺:"祖者,将行犯軷之祭也。"《大雅·韩奕》云:"韩侯出祖,出宿于屠",是说韩侯觐见周王返国时举行祖祭。《左传·昭公七年》讲鲁昭公将适楚,梦襄公为之举行祖祭。古人举行丧葬仪式时也要设"祖奠",《礼记·檀弓上》记载曾子在卫国吊丧,主人设祖奠,郑玄注:"祖,谓移柩车去载处为行始也。"即将葬而为柩车始出行设奠。"祖道""祖奠"都表明古人对始行意义的重视。

睡虎地秦简《日书》称"祖道"为"行祠",《日书》甲种有《行祠》(简 78—79：贰),乙种有《行祠》(简 144),乙种有《行行祠》(简 145、146)、《□祠》(简 147),是与归行择日有关的祷祠。从上述典籍中,无法得知祖道仪式究竟有什么内容,《日书》的《行行祠》记载整个仪式的过程,使我们得以窥知与这种祭祀有关的一些具体情况,其文如下：

> 行行祠,行祠,东行南〈南行〉,祠道左;西北行,祠道右。其謞(号)曰：大常行,合三土皇,耐为四席。席叕(餟)其后,亦席三叕(餟)。其祝曰："毋(无)王事,唯福是司,勉歓(饮)食,多投福。"

简文是说假如祭祀者要向东或向南行,则祭祀道左边的行神;要向西或向北行,则祭祀道右边的行神。祭祀的对象是"大常行"和"三土皇"。祝辞是希望在出行时没有恶事发生,降福于祭祀者。这虽然是秦代的祭祀,但也有助于我们了解这种祠祷仪式。

出行、还归这一类禁忌的内容不外是选择归来的时日或方向。虽然归行择日在后代渐趋复杂,但依据的观念是一致的,仍然来自古人对始行的原始禁忌。

(二) 晦日作战的禁忌

《左传·成公十六年》：

> 六月,晋、楚遇于鄢陵。……甲午晦,楚晨压晋军而陈。……郤至曰："楚有六间,不可失也。其二卿相恶,王卒以旧,郑陈而不整,蛮军而不陈,陈不违晦,在陈而嚣,合而加嚣。各顾其后,莫有斗心;旧不必良,以犯天忌,我必克之。"

成公十六年六月甲午晦,晋、楚鄢陵之战前,郤至分析楚军有六条弱点,即"六间",其中的一条是"陈不违晦"。这一日是甲午晦,是本月的月终日,楚军逼近晋军摆开阵势,郤至说这是楚军违犯"天忌",因为"晦,月终,阴之尽,故兵家以为忌"(杜预注),所以楚军有可乘之隙。

《左传》中也有战例是利用晦日避战的禁忌予敌军以出其不意的打击,《昭公二十三年》记载,七月,"戊辰晦(案：二十九日),(吴、楚)战于鸡父",吴军是想乘楚军晦日忌战而未设备,击其不意而攻楚,结果是吴军获胜。吴军故意违背忌晦日出战,看似不重禁忌,但却反映了当时人对晦日禁忌的重视和利用。

这种禁忌也为后世兵家所重。《后汉书·邓禹传》云:"明日癸亥,匡等以六甲穷日不出,禹因得更理兵勒众。"王先谦《后汉书集解》引周寿昌曰:"六甲以甲子始周行一市,至癸亥止,故谓为穷日。"⑨六甲穷日是六十甲子循环一周的最后一日,与月的晦日一样,都是时间循环的终结,均不利于作战。

作战以月晦日、六甲穷日为忌应与兵阴阳思想有关。《汉志·兵书略》兵阴阳类序云:"阴阳者,顺时而发。"而具体来说,则是"日为阳精,月为阴精。兵尚杀害,阴之道也。行兵贵月盛之时,晦是月终,阴之尽也,故兵家以晦为忌,不用晦日陈兵也"(《左传·成公十六年》孔疏)。

《隋志》子部兵家类有《太公书禁忌立成集》二卷(已佚),《通志·艺文略》著录于兵阴阳家。

以月晦日作为忌日也是后来的日书时日禁忌的一种。睡虎地秦简《日书》甲种简 155 背述每月的晦、朔、望之忌,云:"墨(晦)日,利坏垣、劙(徹)屋,出寄者,毋歌。"但秦简《日书》晦日禁忌与军事无关⑩。

(三)历史人物或传说人物死日的禁忌

《左传·昭公九年》:

> 晋荀盈如齐逆女,还,六月,卒于戏阳。殡于绛,未葬。晋侯饮酒,乐。膳宰屠蒯趋入,请佐公使尊,许之。而遂酌以饮工,曰:"女为君耳,将司聪也。辰在子、卯,谓之疾日,君彻宴乐,学人舍业,为疾故也。君之卿佐,是谓股肱。股肱或亏,何痛如之?女弗闻而乐,是不聪也。"

《传》文记屠蒯批评乐工的话(其实是劝谏晋侯的话),意思是说,荀盈之丧,应当取消宴乐。因为荀盈是晋之重臣,他的死,对晋侯来说,其痛疾要超过一般的"疾日"。一般的"疾日"这里是指辰在子、卯。

子为甲子,是商纣灭亡之日,见于文献记载的有:

(1)《汉书·律历志》引《武成》:"粤若来三月,既死霸,粤五日甲子,咸刘商王纣。"

(2)伪古文尚书《武成》:"甲子昧爽,受率其旅若林,会于牧野。罔有敌于我师,前徒倒戈,攻于后以北,血流漂杵。"

(3)《逸周书·世俘解》:"时甲子夕,商王纣取天智玉琰瑴身,厚以自焚。"

《吕氏春秋》的《首时》和《贵因》篇、《史记·殷本纪》等也有记载。

卯为乙卯,卯是夏桀灭亡之日,《诗·商颂·长发》云:"韦顾既伐,昆吾夏桀",郑玄笺"昆吾、夏桀则同时诛也",言昆吾与桀同时而死。《左传·昭公十八年》:"二月乙卯,周毛得杀毛伯过而代之。苌弘曰:'毛得必亡,是昆吾稔之日也。'"可见昆吾之死与夏桀之死同日,知夏桀被诛也在乙卯。

古人认为,夏桀与商纣的死亡是由于遭到天谴,因此国君应以二人所亡的子、卯日为忌日,不举吉事,以示戒惧。《礼记·檀弓下》也载有此事:"知悼子卒,未葬,平公饮酒,师旷、李调侍,鼓钟。"(杜蒉)曰:"子、卯不乐。知悼子在堂,斯其为子卯也,大矣。"《玉藻》还讲了在子、卯日,国君所要遵守的自行贬损的礼节,谓:"子、卯,稷食菜羹",郑玄注:"忌日贬也。"稷食是以稷谷为饭,菜羹是以菜为羹。"子、卯忌日贬损,所以致戒惧之意,稷食则无黍,菜羹而不杀也。"(孙希旦《礼记集解》)⑪说明在当时,子、卯日已成为国君带头遵守贬损礼节的固定忌日。

《仪礼·士丧礼》也讲了子卯日的避忌:"朝夕哭,不辟子卯",郑玄注:"子、卯,桀、纣亡日,凶事不辟,吉事阙焉。"所谓"吉事阙焉",就是《檀弓》所说的"子、卯不乐"。

撤歌舞,罢宴乐,也是后世日书中常见的宜忌事项。睡虎地《日书》甲种简38 正:"敫,是胃(谓)又(有)小逆,毋(无)大央(殃)。……不可临官、饮食、乐、祠祀"(甲种简 32 正、简 40 正、简 42 正、简 44 正等也有这类内容)。

当时人不但以历史人物的死日为忌,而且也以父母的亡日为忌日,不举宴乐而忧伤凄怆,以示终身思念父母。《礼记·檀弓上》谓:"君子有终身之忧,而无一朝之患。故忌日不乐。"《祭义》谓:"君子有终身之丧,忌日之谓也。忌日不用,非不祥也。"这里的"忌日不乐"是因亲丧举哀,并非此日为不祥之日。因而还有所谓私忌,即私家忌日,遇亲丧之日,不举吉事。《左传·昭公三年》记载:"五月,叔弓如滕,葬滕成公,子服椒为介。及郊,遇懿伯之忌,敬子不入。惠伯曰:'公事有公利,无私忌。椒请先入。'乃先受馆。敬子从之。"懿伯是子服椒(惠伯)的叔父,敬子即叔弓。子服椒作为叔弓的助手,出使滕国,正遇其叔父懿伯的忌日，叔弓为尊重子服椒，准备当日不进入滕国（入国则受郊劳、受馆之礼，与忌日不举吉礼相违）。但子服椒不以私忌废公事，仍然进入滕国。

子、卯之忌日与父母之忌日同名而异义，但都说明古人特重先人死日，或以为戒惧，或以为怀念。

三、择日占卜

《左传》的择日占卜有以下两条：

（一）占星择日

1.《左传·僖公五年》：

> 八月甲午，晋侯围上阳，问于卜偃曰："吾其济乎？"对曰："克之。"公曰："何时？"对曰："童谣云：'丙之晨，龙尾伏辰；均服振振，取虢之旂。鹑之贲贲，天策焞焞，火中成军，虢公其奔。'其九月、十月之交乎！丙子旦，日在尾，月在策，鹑火中，必是时也。"

这一则占卜，是以占星来择日。卜偃以星象推时日，预言晋取虢之日，是在这一年的九、十月交会的朔日，即十月初一丙子日⑫。他根据的是童谣所说的星象："龙"即尾宿，为苍龙七宿之第六宿；"辰"为日月交会处，尾宿伏于辰，即日行在尾宿，其光为日所夺，伏而不见；"鹑"，据《尔雅·释天》，柳宿又名鹑火，为朱雀七宿之第三宿；"天策"即傅说星，"傅说之星在尾之末，合朔在尾，故其星近日"（孔疏）；"火中"，即鹑火出现于南方。十月丙子日上述天象出现，是夜日月合朔于尾，而月行较快，故旦而过在天策，鹑火正当南方，正是童谣预示的晋灭虢之时。

2.《左传·昭公十年》：

> 十年春王正月，有星出于婺女。郑裨灶言于子产曰："七月戊子，晋君将死。今兹岁在颛顼之虚，姜氏、任氏实守其地，居其维首，而有妖星焉，告邑姜也。邑姜，晋之妣也。天以七纪，戊子逢公以登，星斯于是乎出，吾是以讥之。"⑬

这则择日占卜是本于实际星象观察而择定时日吉凶。妖星又称客星，无论新星或变星,都不是正常天象,古人以之为"妖星"。这一年岁星旅于玄枵之次(颛顼之虚谓玄枵),玄枵之次有女、虚、危三宿,婺女宿(即女宿)正当玄枵的首位,而从中出现了妖星。郑的卜者裨灶推算说:(1)妖星上一次出现时,是戊子日,岁星不在齐之分野,居住齐地的殷诸侯逢公死亡;(2)妖星这一次出现,当是晋侯将受其咎,因为婺女宿所对分野是齐国,妖星又一次出现在婺女宿是在警告邑姜(古人认为婺女是已嫁之女),邑姜又是晋国的先妣,所以这一次晋君将有灾祸,而此年岁星在齐之分野,故齐国无恙;(3)二十八宿布于四方,每方各七宿,所以说"天以七纪",正月戊子出现妖星,到七月戊子时将为害,晋君将死于七月戊子。

上述两例占卜择日都是根据实际观察到的星象来进行的,是早期择日术与星占有密切关系的证明。这两次占卜实际观察的天象包括日、月、二十八宿(尾宿、柳宿、女宿等)以及岁星、妖星的活动,卜偃、裨灶都精于天文星算,熟知历史掌故,故占星推时日,见象论吉凶。在这里,卜者不但要观察在什么位置出现了何种星象,也要记录星象出现的时间,并与历史上的人事祸福对照,判断人事的吉凶,不同于后世用现成的日书占断。

古人长期以来就有记录星象与人事吉凶的传统。《左传·昭公十年》孔颖达疏云:"逢公死日,星出婺女,当时犹有书记,故裨灶知之。"《昭公八年》,晋国的史赵追述颛顼之卒,曰:"岁在鹑火,是以卒灭。"孔颖达疏:"颛顼崩年,岁星在鹑火之次,于时犹有书专言之,故史赵得而知也。"颛顼属古史传说人物,其事迹实难究诘,但仍然可以说明这一传统的古老。这样的例子还有《左传·昭公十一年》,周史苌弘对周景王预言蔡国有凶事,因为这一年是"蔡侯般弑其君之岁也,岁在豕韦(即营室)";《国语》记载,晋文公入国前夕,晋史董因回顾了晋文公为公子时,因骊姬之乱出亡,时岁星在大辰(即大火星),而回归晋国之年,岁星也在大辰,晋的始祖唐叔也是岁星在大辰那年受封的,这是上天的历数,是晋国的吉兆(《晋语四》)。以上都是史官回顾历史,参于现世来预卜吉凶。

(二)"以日同为占"

《左传·昭公十八年》:

十八年春王二月乙卯,周毛得杀毛伯过,而代之。苌弘曰:"毛得必亡。是昆吾稔之日也,侈故之以。而毛得以济侈于王都,不亡,何待?"

昭公十八年二月乙卯,毛得杀毛伯过,苌弘占卜毛得必死,因为昆吾死于这一天。昆吾是传说的祝融八姓之一,《国语·郑语》"昆吾为夏伯矣",韦昭注云:"昆吾,祝融之孙,陆终第一子。"《吕氏春秋·君守》"昆吾作陶",亦即此人。杜预注:"(昆吾)以乙卯日与桀同诛。"

据《左传》,昆吾与夏桀同死于乙卯之日。记载此事的还有:

(1)《诗·商颂·长发》:"韦顾既伐,昆吾夏桀。"
(2)《尚书·汤誓》孔疏引皇甫谧云:"左氏以为昆吾与桀同以乙卯日亡,韦顾亦尔。"又云:"明昆吾亦来安邑,欲以卫桀,故同日亡。"
(3)《后汉书·郡国志》一注"安邑"下引《帝王世纪》云:"县西有鸣条陌,汤伐桀,战昆吾亭。《左传》,昆吾与桀同日亡"。

乙卯日为昆吾与夏桀被诛之日,与《左传·昭公九年》乙卯为夏桀亡日的记载相同。

以往,对前举昭公十年以及此年的占卜,属于占卜中的哪一类,没有明确的看法。顾炎武《日知录》卷四"以日同为占"说:"裨灶以逢公卒于戊子日,而谓今七月戊子,晋君将死;苌弘以昆吾乙丑亡,而谓毛得杀毛伯而代之是乙卯日,以卜其亡。此以日之同于古人者为占,又是一法。"⑭

顾炎武所说的"以日同为占",即是择日占卜。他虽然没有指出这种占卜所属的数术类别,但"以日同为占",却正道出了择日占卜的推理原理,即以"日之同于古人"为占。这两条占卜,"戊子逢公以登""昆吾稔之日",说的都是历史人物或传说人物的死日是重大的忌日,可以作为占卜吉凶的依据。

"戊子逢公以登""昆吾稔之日"这类语句与江陵九店楚简《日书》、睡虎地秦简《日书》的有些语句很相似,可知为一种卜法。

九店楚简《日书》同类的语句有:

简38、39下"凡五卯,不可以作大事,帝以命益济禹之火"⑮。

睡虎地秦简《日书》同类的语句有:

(1)甲种简27正贰"五丑不可以巫,畜(帝)以杀巫减(咸)";

(2) 甲种简 128 正"赤啻(帝)恒以开临下民而降其祸";

(3) 甲种简 2 背壹"癸丑、戊午、己未,禹以取梌山之女日也。不弃,必以子死";

(4) 甲种简 155 正"戊申、己酉,牵牛以取织女,不果,三弃";

(5) 甲种简 3 背壹"戊申、己酉,牵牛以取织女而不果,不出三岁,弃若亡";

(6) 乙种简 136"赤啻(帝)临日"。

《左传》的记载证明,春秋以来的择日术,已习用历史人物(夏桀、商纣)及传说人物(昆吾、逢公)之名于时日吉凶。后代的日书继承了春秋择日术的术语形式,也使用类似的语句,这种语句固定下来以后,就具有相当的持续性和稳定性。

这些事件发生的日期,有的是信史,如商纣死日,可以由史书记载以及 1976 年陕西临潼出土的记武王伐纣的利簋(现藏临潼博物馆)铭文得到证明。有的可能根据的是古史传说(帝杀巫咸、禹之离日、赤帝临日),甚至是神话故事(牵牛娶织女),但不论是哪种情况,都说明古人长久以来就注意记录并总结这类历史事件,上至王侯,下至庶众,均应以此为戒,人们在这一天举事都应有所忌讳,以避凶趋吉。经过历代相传,逐渐成为一种禁忌传统,大事件发生的这一天也成为固定的忌日。由《礼记》的记载可知,在忌日的贬损礼节甚至作为礼仪制度固定下来,是君王所必须遵守的。时日禁忌之俗的影响由此可知。

四、从《左传》看择日术的起源

《左传》关于择日术的记载早于《墨子》,对研究择日术的起源很重要。

关于这种数术的起源,学者曾认为,择日术与式法有关,是从式法派生的,它与式法的区别是,择日之书是把各种举事宜忌按历日排列,开卷即得,吉凶立现,不必假乎式占⑮。我们说,从《左传》的情况来看,早期的日者来自掌管天文历法的日官,因而春秋时期的择日术应与历法、星算关系更为密切,是结合着推历占星来进行的;战国秦以来的择日,不必借助于占卜,查阅日书就能自行择日,似受式法的影响更大。

首先，各类禁忌以时日排列，最重的是"时"，依赖的是历法，当是随历法俱来。殷商时已使用干支记日法，最初较为固定的宜忌日即以干支系之，如殷周时人铸铜器多在"丁亥"日，王国维说："古人铸器多用丁亥，诸钟铭皆其证也。"[17]以后又有学者推演其说，岑仲勉举两周金文所见丁亥六十九例，论之最详[18]。"丁亥"是当日民俗所重之宜忌日无疑。又如"甲子"日，本是周人相信的吉日。周宣王的大臣兮甲，字伯吉父，"甲者月之始，故其字曰伯吉父，吉有始义"[19]。所以周武王选定与商纣决战的日期是甲子。《论衡·讥日》说："王者以甲子之日举事，民亦用之。"后来因商纣败于此日，遂演变为忌日。

至少在西周时，人们按十天干的奇偶分甲、丙、戊、庚、壬为刚日，乙、丁、己、辛、癸为柔日，刚日、柔日举事各有宜忌，即《礼记》所说的"外事以刚日，内事以柔日"（《曲礼上》）。"事"指祭祀、丧葬、田猎、出兵等军国大事。田猎、出兵等为外事，宜于在刚日举行；冠、昏、丧、祭礼等为内事[20]，宜于在柔日举行。《诗经·小雅·吉日》有"吉日维戊，既伯既祷""吉日庚午，既差我马"，前一句是说祭马祖应在"戊"日举行；后一句是说在"庚午"日择马之强者，为王田猎之用。又《春秋经》所记葬日皆为柔日，只有宣公八年、定公十五年两年例外[21]。

上述宜忌日是随事而择，属于"刚日"的"戊""庚午"，还不能说就是固定的吉日，但说明择日从一开始就与历法关系密切。由上所述，至少在春秋末期，系以干支的夏桀、昆吾、商纣的死日已经成为固定的忌日。以古史人物施于时日宜忌的形式被固定下来后，成为择日术语的一种传统形式。

其次，从《左传》的择日占卜的方法看，推断时日吉凶，靠的是把观察到的星象与以往吉凶应验的记录相互参照，择日和占星是连在一起的，日者择日是"以卜筮占候时日"，也要借助于占卜。而从出土的战国和秦代的日书来看，这一时期的日书常用各种星象排列时日宜忌，但这种排列，并非本于实际星象，如睡虎地秦简《日书》有按岁煞所在定各月的方向吉凶（见甲种简64—67正），有讲二十八宿所主的吉凶（见甲种简68—75正壹），岁煞、二十八宿只是排列时日宜忌的方式，与它们在天空中的实际位置没有任何关系。有学者认为，根据对《日书》的综合研究，《日书》中的星宿大多不能以实星（即天文学所说的星）视之，相反只能将它们视为虚星[22]。

这一时期的日书，还往往以星象配合十二月、十二支、四时、四方、五行讲吉凶,这种占法与式占的占卜形式很相似。式占是用一种模拟天道运行的工具,选择时日吉凶。式的占法与历法星算有关,但已经脱离了实际的天象观察和历术推步。它的流行是在战国之际,其原因在于天文学的空前发达㉓。择日术的背景也是天文学,在原理上与式法原有相通之处,本易于模仿。择日术模仿式法的目的,是想使它的占法同式法一样,在一个封闭的系统内操作,更有规则可循,这与战国时期各类数术规范化的趋势也是一致的。

秦简《日书》"玄戈"篇(甲种简47—58正壹)由十二星宿配十二月择日,《睡虎地秦简日书研究》总结"玄戈"篇占法时说:除本篇外,这样的配合还见于汉代的式盘(如汉汝阴侯墓出土的式盘),在本篇和式盘的占卜中,十二星宿似乎不起任何作用,十二星宿与十二月只是一种搭配关系,就像十二支配十二月的关系一样。至于这种关系的来源,很可能是古代观象授时记载的遗留㉔。我们说,"玄戈"篇和式盘有这种关系,并不直接源于观象授时,而是因为式法和择日占卜的根子都是推历星算,它们的占法都与星占有关,所以它们的配伍关系相同是不足为怪的。

结　语

通过上述分析,《左传》择日和时日禁忌的特点可概括为:

(一) 禁忌的内容

禁忌的内容有归行的禁忌、作战的禁忌、先人死日的禁忌。

(二) 禁忌的形式

禁忌的主要形式有月忌(庄公十六年)、晦日之忌(成公十六年)、日忌(昭公九年、十年、十八年)。

(三) 忌日的记日方法

忌日或纯用地支,如商纣亡日为子,夏桀亡日为卯;或系以干支,如逢公亡日为戊子,昆吾亡日为乙卯。这类记日方法也是后世日书记日的主要方法。

(四) 择日占卜的原理

择日占卜的原理是"以日同为占",逢公死日即晋君死日,昆吾亡日亦毛得亡日。除此之外,择日还本于实际的星象观察,如逢公死日妖星出于婺女,今妖星又出于婺女,故知将再有死亡之应。

《左传》的材料毕竟有限,我们目前只能根据上述记载,对春秋时期择日术的情况作一些推测,但这些记载仍然透露出一些重要的信息,由此可觇知择日术在春秋战国之际的演变趋势:

(一)择日术的出现,以往的估计是至少在战国时期,我们可以补充说,由《左传》的材料可知,在春秋末年,择日之术已经开始流行。

(二)春秋时的择日占卜主要由典守星历的卜、史官主持,择日和时日禁忌也多与军国政事、君臣生死命运有关,与后代择日禁忌多关乎民事,并在民间广为流行不同。

(三)《左传》讲时日禁忌的语句与睡虎地秦简《日书》等后世的日书语句相似,如"辰在子、卯谓之疾日""戊子逢公以登""昆吾稔之日",这种形式的语句在后代的日书中一直反复使用,成为固定的格式保持不变,这显然是后代日书对早期择日术语形式的继承。

(四)《左传》择日占卜的推理方法比较简单,主要是靠类比法,没有后代择日术那样细密,并没有方位、四时、五行等复杂的配合。由《左传》的记载来看,择日术的起源与占星术关系更为密切,与战国以后的择日术有所不同。

时日禁忌当随历法而起,并从避凶趋吉的古老禁忌心理发展而来。王充痛贬春秋时人委心笃信时日禁忌时说:"衰世好信禁,不肖君好求福。春秋之时,可谓衰矣!隐、哀之间,不肖甚矣!"(《论衡·讥日》),春秋衰世,日禁之俗更盛,可见其由来已久。择日占卜的传统来自官学,本由史官执掌,春秋时期的择日术与天文星占关系更为密切。仰观日月星辰,详按史传载籍,发布时日吉凶预报,本是史官所专擅。战国秦代以降,择日术模仿式法,占法趋于规范,查阅日书更代替了深奥的占星推历。后世人事愈密,禁忌愈繁,战国秦汉以后的日书包罗杂陈,排列复杂,但所宜所忌,开卷即知,择日术遂得以大兴。

原载《文史》2001年第1辑。

注 释

① 新、旧《唐书·吕才传》引《葬篇》。

② 李学勤《睡虎地秦简〈日书〉与楚、秦社会》,《李学勤集》,黑龙江教育出版社,1989 年,285 页。
③ 湖北省文物考古研究所、北京大学中文系《九店楚简》,中华书局,2000 年。
④ 睡虎地秦墓竹简整理小组《睡虎地秦墓竹简》,文物出版社,1990 年。
⑤ 李零《中国方术考》,东方出版社,2000 年,178 页。
⑥ 同前注。
⑦ 王先谦《后汉书集解》,中华书局,1991 年,542 页。《阴阳书·历法》讲的就是这类禁忌的具体时日:四孟是孟春、孟夏、孟秋、孟冬,即一月、四月、七月、十月,这四个月的丑日是忌日;四仲是仲春、仲夏、仲秋、仲冬,即二月、五月、八月、十一月,这四个月的寅日是忌日;四季是季春、季夏、季秋、季冬,即三月、六月、九月、十二月,这四个月的忌日是子日。
⑧ 《日书》的归忌日,与上引《阴阳书·历法》的归忌日的具体时日是一致的。李贤注所据至少可以上溯到秦简《日书》。参看《睡虎地秦墓竹简》注释。
⑨ 《后汉书集解》,223 页。
⑩ 后世的选择通书也有讲晦日宜忌的内容,如《协纪辨方书》卷一〇云:"(晦日)止不忌祭祀、解除、沐浴、整容、剃头、整手足甲、补垣塞穴、扫舍宇、修饰垣墙、平治道途、破屋坏垣、伐木,余事皆忌。"也与军事无关。
⑪ 孙希旦《礼记集解》,中华书局,1989 年,782 页。
⑫ 《左传》此处用晋历。晋用夏正,晋之十月,当周正之十二月。
⑬ "讥"同"卟",《说文》:"卟,卜以问疑也.,从口、卜。读与稽同。"
⑭ 顾炎武《日知录》,岳麓书社,1996 年,154 页。
⑮ 释文据李零《读九店楚简》,《考古学报》1999 年第 2 期,145 页。
⑯ 《中国方术考》,43 页。
⑰ 王国维《齐国差𨭉跋》,《观堂集林》卷一八,《王国维遗书》,上海书店出版社,1984 年,第 2 册,315 页。
⑱ 岑仲勉《周金文所见之吉凶宜忌日》,《两周文史论丛》,商务印书馆,1958 年,157—168 页。
⑲ 王国维《兮甲盘跋》,《观堂别集》卷二,《王国维遗书》,第 3 册,102—105 页。
⑳ 就祭礼而言,祭外神亦称外事,祭内神亦称内事,如《曲礼下》所云:"践阼,临祭祀,内事曰'孝王某',外事曰'嗣王某'。"
㉑ 《春秋》宣公八年:"冬十月己丑,葬我小君敬嬴,雨,不克葬。庚寅,日中而克葬。"定公十五年:"(九月)丁巳,葬我君定公,雨,不克葬。戊午,日下昃,乃克葬",顾炎武解释为:"己丑、丁巳,所卜之日也,迟而至于明日者,事之变也,非用刚日也。"《日知录》卷

四,138 页。
㉒ 刘乐贤《睡虎地秦简日书研究》,台湾,文津出版社,1994 年,102—103 页。
㉓ 参看《中国方术考》,40—42、89—176 页。
㉔ 《睡虎地秦简日书研究》,83 页。

皇侃《论语义疏》流传之检讨

刘玉才

皇侃《论语义疏》是中国南北朝时期义疏体解经的代表性文献,在《论语》诠释史上与郑玄注、何晏《集解》并称,具有重要地位。北宋邢昺奉敕编撰《论语正义》,成为官学定本,《论语义疏》遂被取代,大约南宋中期在中国失传。但是在日本方面,《论语义疏》自八世纪传入之后,不绝如缕,留下不少古抄本。清乾隆年间回传中国,不仅编入《四库全书》,还被覆刊出版,在学界引发重要反响。日本学界对于《论语义疏》亦有持续的关注研究,成果斐然。因此,在东亚背景之下讨论汉籍的流传变异,《论语义疏》堪称极佳个案。

一、皇侃《论语义疏》的中土流传

皇侃(488—545),南朝梁吴郡人,自幼好学,尝师事南朝礼学名家贺玚,精研三《礼》《孝经》《论语》,后为国子助教,讲学颇受欢迎,撰著有《论语义疏》《礼记义疏》《礼记讲疏》诸书,堪称南朝学界大家[①]。南朝解经崇尚义疏之学,即以经注为依归,设章分段,层层串讲,敷衍弥缝,以求疏解经典义理,内容多有论理问难,颇具玄学之风。皇侃《论语义疏》《礼记义疏》是南朝义疏解经的代表之作。其中《礼记义疏》与北朝学者熊安生撰《礼记义疏》一起为唐孔颖达《礼记正义》所取资,但是《礼记正义》作为官书通行之后,亦导致《礼记义疏》趋于失传。今世所传南北朝义疏之书,唯有皇侃《论语义疏》和考证为北齐人所撰《公羊义疏》,但《公羊义疏》不分章段,而《论语义疏》区分章段,最具义疏体特色,可称考察南北朝诸儒解经的孤本文献,弥足珍贵。

隋唐时期,《论语义疏》仍是研读《论语》的重要读物,学习之风颇盛。但是唐代是以五经之学为中心，《论语》仅为小经，地位不如《五经》尊显，故官方未有"正义"之作。延至北宋，邢昺始奉敕撰定新疏，在皇疏的基础上，又参用郑玄等诸家注，完成《论语正义》，于宋真宗咸平二年（999）上奏。《论语正义》沿袭《五经正义》程式，原本单行，南宋刊本始将邢疏散入何晏《论语集解》各条之下，合称《论语注疏》，并被列入《十三经注疏》的固定组合。邢疏大量采纳皇疏文字，但删简其繁难且不合时宜的内容，更适应变化的学风，因而在朝廷敕本的光环之下，迅速成为天下学徒的标准本。相形之下，皇疏、郑注渐趋边缘，以至佚失殆尽。

根据历代公私目录考察，隋唐以至南宋中期，皇侃《论语义疏》记载不绝。《隋书·经籍志》著录"《论语义疏》十卷，皇侃撰"，陆德明《经典释文序录》有云"皇侃撰义疏行于世"，《旧唐书·经籍志》著录"《论语疏》十卷，皇侃撰"，《新唐书·艺文志》著录"皇侃疏，十卷"。五代丘光庭撰《兼明书》，引用数条皇疏。北宋邢昺《论语正义》，是以皇疏为文献基础。宋《国史艺文志》记载："侃疏，虽时有鄙近，然博极群言，补诸书之未至，为后学所宗。"（引自《四库全书总目》）② 晁公武《郡斋读书志》谓《论语义疏》据何晏《集解》而成，又引江熙《集解》等十三家说以广博异闻。尤袤《遂初堂书目》还有"梁皇侃论语疏"的记录。但是陈振孙《直斋书录解题》已不见著录，此后公私书目均杳无踪影③。学界据此判断，皇侃《论语义疏》在中土大致亡于南宋中期。清余萧客编纂《古经解钩沉》，试图从《经典释文》《兼明书》中辑录，然仅得寥寥数条。王谟《汉魏遗书钞》辑录《论语义疏》一卷，亦无新的收获。20世纪初，敦煌藏经洞被发现，法人伯希和从中检出皇侃《论语疏》残卷（伯三五七三），存有《学而》《为政》《八佾》《里仁》四篇内容，共计六百四十九行文字。根据卷端、卷背相关信息判断，抄写年代应不早于九世纪，但也是《论语义疏》目前唯一的唐写本孑遗，具有标本意义。

二、《论语》在日本的传习与《论语义疏》的抄传

中土之外，《论语》在日本亦是流传有绪。《论语》是最早传入日本的汉籍之一，相传公元3世纪末百济博士王仁即将《论语》带到日本，虽然文献尚不足

征,但至迟到八世纪,《论语》书名明确记载于正仓院文书,奈良出土的七、八世纪练习书写的木简,已有《论语》《论语集解》的内容。成书于九世纪末顷的《日本国见在书目录》,记录有《论语》郑注十卷、何晏《集解》十卷、陆善经注六卷、皇侃《论语义疏》十卷、褚仲都《论语疏》十卷、《论语》六卷、《论语义》一卷、《论语音》一卷等古注本④,反映出全面受容的态势。《论语》在日本儒学中被作为根本性经典,居于核心地位,为博士家世代传习。《论语集解》《论语义疏》传到日本的时间大致在唐代,此时中土是以五经之学为中心,但是日本宫中的进讲,依旧是以《论语》为中心,绝少涉及五经,反映出两国儒学崇尚的差异。

　　日本古代《论语》的受容,严格意义讲就是《论语》注释书的流传与接受。日本《论语》古本,以魏何晏《论语集解》影响最广,曾长期作为贵族课本流传。根据现存资料记载,日本镰仓时期(12 世纪末—1333),博士清原、中原家分别有《论语》抄本传授,南北朝时期(1336—1392),清原家较中原家隆盛,中原家的抄本渐趋式微。日本正平十九年(1364),以清原家抄本为底本的《论语集解》雕板刊行,这是佛典之外最早的汉籍刻本,史称"正平版《论语》"。清代回传中土,被视为《论语集解》的权威文本,清儒诧为奇珍。天文二年(1533),日本第二次刊刻《论语》,也是依据清原家的抄本,史称"天文版《论语》"。当时的读者群主要是寺庙僧侣,他们广事传抄,形成众多抄本。根据高桥智教授的研究,日本现存室町时代(1392—1573)《论语集解》抄本即近百部,而考其源流,大致有三个系统:一是根据清原家课本抄写,二是根据"正平版《论语》"抄写,三是参考《论语义疏》抄写⑤。其中,参考《论语义疏》抄写系统主要形式是窜入义疏内容,而且多是在寺院抄写流传。鉴于室町时代中后期诸旧抄本《论语义疏》,与足利学校或其周边抄写的《论语集解》等汉籍旧抄本在书式与字形方面颇为相似,高桥智教授推断《论语义疏》旧抄本当是以足利学校为中心而产生,因此足利学校的学团与学僧在反复转抄《论语集解》过程中,得以吸收《论语义疏》的内容,从而导致义疏窜入的《论语集解》抄本存在。但是,清原家本在活字印刷传入之后,据之印行了庆长古活字本,窜入义疏的寺院抄本却没有被近世继承,直到被幕末书志学者与藏书家所发现。由此也可以推测,日本《论语义疏》主要还是在寺院之间相对封闭的环境里流传,有别于《论语集解》的主流地位。现存《论语义疏》旧抄本,据影山辉国教授调查,可以确认藏地者共有 36

种⑥。值得注意的是，这些抄本均为十卷，行格大多为半叶九行，行二十字，反映出具有共同的底本来源（图 1）。

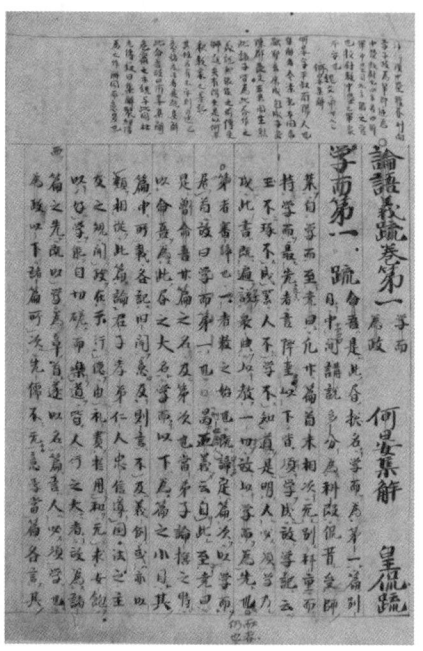

图 1　足利学校系统抄本《论语义疏》

三、《论语义疏》的日本覆刊

《论语义疏》的旧抄本中，以足利学校所藏最为有名。日本享保年间，古学派代表人物荻生徂徕门下弟子山井鼎（字君彝，号昆仑）、根本逊志（字伯修，号武夷，通称"八右卫门"）入住足利学校。山井鼎利用其中珍善古本，撰著《七经孟子考文》（荻生观等校订补遗），颇为中日学界所重，成为收入《四库全书》的唯一一部日本人著作。根本逊志在协助山井鼎《七经孟子考文》校勘之余，还誊写了足利学校所藏旧抄本《论语义疏》。返回江户之后，根本逊志依据邢昺《论语正义》的体例，仿照明刻注疏本的样式，对旧抄本加以改编，并略作文字校订，于宽延三年（乾隆十五年，1750）刊刻出版。刊本定名为《论语集解义疏》，卷首有根本逊志学友服部元乔（号南郭）之序，交代刊刻缘起。此根本本是《论语义疏》首次刊布公之于世,在江户时期日本学界颇受关注。自宽延三年刊刻之后,板木多次流转刷印,且有增刊、补刊本出版。初刻本版权页有"根本八右卫门校正"字样,增刊本则有宽政七年春三月刻入的乾隆五十三年知不足斋本卢文弨序(图2),颇可见东亚汉籍流传之样态。

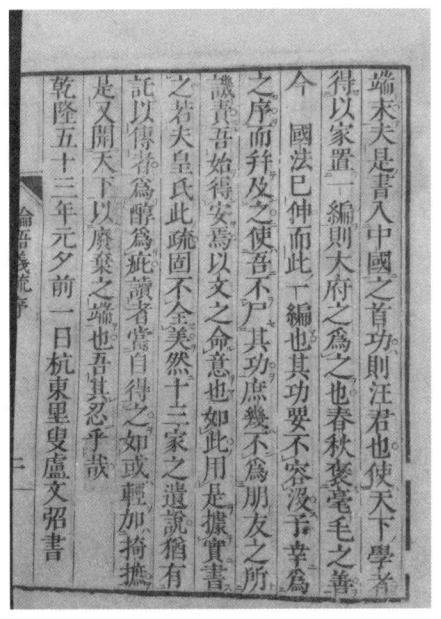

图 2 日本宽政七年增刻本卢文超序

《论语义疏》成书一千二百多年来,一直是以若干古抄本的形式流传,根本刊本改变了其流传样式,挖掘传布之功至伟,但是在从抄本到刊本的转换过程中,也改变了其内容结构面貌。根据高桥均的归纳,根本本的主要改订如下:书名《论语义疏》改为《论语集解义疏》;删去足利本窜入的邢昺正义;改疏文字句;考虑经、注的搭配,改移疏文;经、注、疏的体裁仿效注疏本形式。武内义雄批评说:"伯修稽古之功伟矣。然其所刊,妄更体式,以就今本,订讹之际,亦不免师心改窜。"① 此外,根本本也没有参校其他传本。有鉴于此,武内义雄选择首尾完好、现存有明确抄写纪年且时代最早的文明九年(1477)抄本("文明本")为底本,又校勘宝德本等十种抄本,保存《论语义疏》传本体式,行格亦沿袭多数抄本作九行二十字,并附以详细的校勘记,于大正十三年(1924)由怀德堂纪念会正式排印出版("武内本")。武内本的出版,促进了《论语义疏》文献学研究的飞跃性发展,虽然还存在参校文献不完备,以及漏校、排印错误等问题,但仍是目前最值得信赖的版本。

四、《论语义疏》的回传与刊布

山井鼎、物观的《七经孟子考文、补遗》于日本享保十六年(1731)刊刻之后,次年即流往中国。根据近藤正斋《书籍考》记载,幕府将军德川吉宗还特意钤盖印章,命令长崎的奉行将此书传入清土。根本本《论语义疏》卷首服元乔序,亦寄望"即传之中华,而俾知吾邦厚固,有关文明,则伯修之勤有功于国华哉"。服元乔的预期,在根本本刊行二十余年后得以实现,完成此项使命者为往来中日间的浙江商人汪鹏。

汪鹏,字翼沧,号竹里山人,浙江仁和(今杭州)人。曾为监生、胥吏,通文墨,擅书画,有《袖海编》(一名《日本碎语》)等作品。清乾隆年间,往来日本,经商贸易,多次以船长身份到达长崎,并留有文字交往记录[8]。李浚之《清画家诗史》卷丁有小传,云其"以善画客游日本,垂二十年,岁一往还,未尝或辍"[9]。汪鹏逗留日本期间,颇为留意中土散佚古籍,《古文孝经》《七经孟子考文补遗》《论语义疏》均赖其访查得以回归。汪鹏友人梁玉绳《瞥记》(《清白士集》卷二四)摘录《日本碎语》云:"书籍甚多,间有中国所无之本。……余购得《古文孝经孔氏传》及《七经孟子考文补遗》,传之士林焉。"[10]《清画家诗史》称其"喜购古本书籍,归呈四库馆,或付鲍渌饮与阮芸台,传刻行世"。鲍廷博《知不足斋丛书》本《古文孝经》跋语有云:"(原本)享保壬子梓行,乃皇朝康熙十一年也。汪君所至为长崎岙,距其东都尚三千余里。此书购访数年,得之甚艰,其功不可没云。"

有关汪鹏购归皇侃《论语义疏》之事,学界已颇有考察[11],原委大致清楚。即汪鹏应是在乾隆四十三年赴长崎贸易时,将根本本《论语义疏》带回中国,并呈交给浙江巡抚衙门。时任浙江巡抚王亶望,乾隆四十四年九月二十七日专折进呈此书,以备《四库全书》采择。奏折云:"浙江巡抚臣王亶望跪奏为恭进皇侃《论语义疏》仰祈圣鉴事。窃照浙省商人认办铜斤,前赴东洋贸易。有商伙仁和县监生汪鹏,其人通晓文义,从前曾在臣衙门管理笔墨。兹据自东洋回籍,呈缴日本国所刻皇侃《论语集解义疏》一部。"(《四库全书总目》经部四书类一)随后,根本本《论语义疏》作为浙江采进本缮入《四库全书》,缮写之际,省略原本返点、送假名之类符号,并循例改订了违碍字句。馆臣戴震等撰于乾隆四十六年十一月的提要,不仅阐明《论语义疏》的佚书性质与文本价值,还对其回归不吝溢美之词,有云:"今恭逢我皇上右文稽古,经籍道昌,乃发其光于鲸波鲛室之中,藉海舶而登秘阁,殆若有神物扶诃。存汉晋经学之一线,俾待圣世而复显者,其应运而来,信有非偶然者矣。"⑫

乾隆五十二年,清内府武英殿又将《论语集解义疏》校订刊刻("武英殿本")。卷首依次载有皇侃《论语义疏》序、何晏《论语集解》序、《论语集解序考证》《论语集解义疏提要》,并有"武英殿总裁户部侍郎臣曹文埴、提调少詹事臣陆费墀、侍讲学士臣彭绍观等奉敕恭校刊"题记,各卷之后附有彭绍观按语考证。版面遵从殿版样式,半叶十行,行二十一字,版心上方有"乾隆五十二年校刊"字样(图3)。

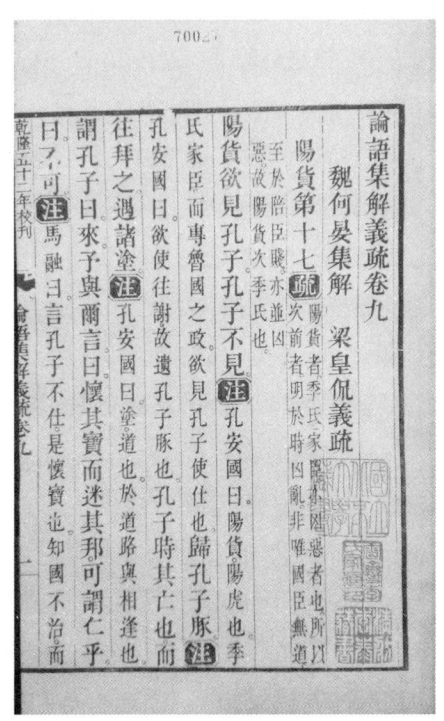

图3　清武英殿本《论语集解义疏》

武英殿本因流传不广，各家记载互有参差。唯邵懿辰《四库全书简明目录标注》准确地著录为"乾隆五十二年内府刊本"，而且引用朱修伯曰："日本原刻，每叶十八行，行二十字。内府覆本，用日本纸刷印，殊难辨别原翻之异，唯有乾隆某年重刊一行，为可别识。"⑬朱语见于《朱修伯批本四库简明目录》，"日本纸"作"日本贡纸"⑭。但是朱学勤实际没有比对两本，武英殿本作半叶十行，行二十一字，板式、书风均与日本原刻有别。笔者调查北京大学图书馆藏书，共检得三种武英殿印本，其中紫色洒金纸封面、扉页染黄纸衬者（索书号 SB/096.32/3322），用纸考究，装帧精美，当属内府精印，或即朱学勤所谓日本贡纸印本。此外两种为燕京大学旧藏竹纸印本（索书号 NC/0933/2264）和开本略小的普通白纸印本（索书号 SB/096.32/3322.1）。武英殿本如此大费周章，亦可见内府对此书之重视。

王亶望在进献根本本《论语义疏》的同时，亦组织校订刊刻，以留名于世。今存王亶望重刊本《论语义疏》，为巾箱本形式，卷首依次载有《论语义疏叙》《论语集解叙》和《皇侃论语义疏新刻序》（附存日本元文），各卷题下，则有"魏何晏集解、梁皇侃义疏、临汾王亶望重刊"三行文字。行数、字数皆从原刻，只是省略句读、返点、送假名等符号，甚至"夷狄之有君，不如诸夏之亡也"之类违碍字句义疏，亦未作改订。各卷之末，均记有校订者籍贯、姓名。其中卷一题仁和汪鹏；卷二临汾樊士鉴，为乾隆四十五年进士；卷三秀水朱休度，诗书传家，李桓《国朝耆献类征》有传云："乾隆己亥，始获皇氏侃《论语义疏》于海舶，君因著《皇本论语经疏考异》。"⑮其他校订者仁和孙丽春、钱塘温廷楷、钱塘汪庚大致为浙江士人，而临汾王裘、王荣、王焯、王祐（佑）则是王亶望四子，应属列名性质。王亶望因贪赃于乾隆四十六年获罪处死，覆刊本当是在此之前面世（图4）。

王亶望重刊《论语义疏》应是在鲍廷博的协助下，方得以完成⑯。因此，不仅版刻样式遵从鲍氏知不足斋刻书，而且原版在铲除王亶望重刊、各卷末校字人名，并依从《四库全书》文字改订之后，收入《知不足斋丛书》第七集，卷首有乾隆五十三年卢文弨序。因为鲍氏收藏刻书名重天下，而且交游广泛，于此书又有刊布之功，所以时人多将《论语义疏》的校订初刻归美于他，甚至直接称之为知不足斋本。如翟灏是较早获得《论语义疏》进行研究的学者，其《四书考异·总考》曰:"长塘鲍君廷博,椠其副于《知不足斋丛书》中,以初栞一本见馈,不啻获珍珠船也。"⑫乾隆四十五、六年间,吴骞与陈鱣、卢文弨、鲍廷博在武林等地颇相往还,并根据从鲍廷博处所获初刻本《论语义疏》,完成《皇氏论语义

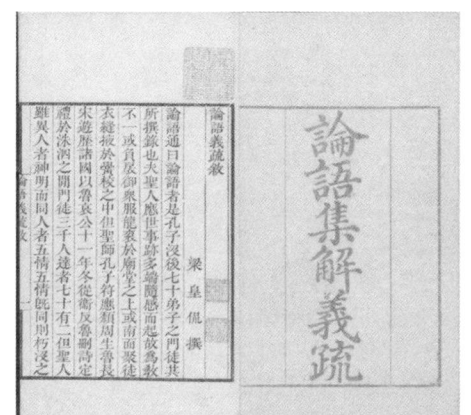
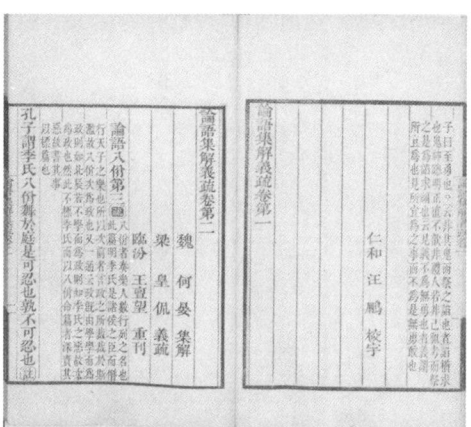
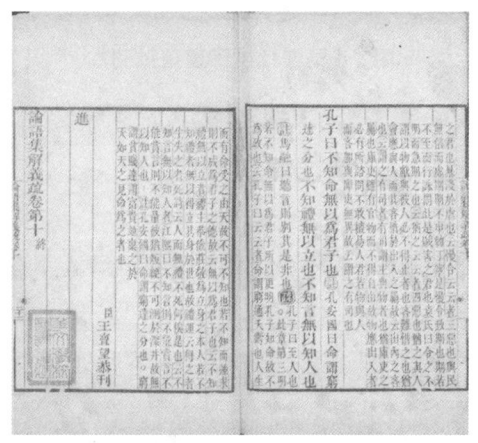

图4　王亶望重刊本《论语集解义疏》

疏参订》十卷,序云:"武林汪君航海至日本得其本以归,予友鲍君以文读而异之,亟为开梓,以广其传,数百年湮晦之书,一旦可使家学而人习之,谓非治经者一大幸与!"傅增湘旧藏王亶望重刊本《论语义疏》,当为吴骞所据之本(图5),有其朱笔校语,卷端"临汾王亶望"径改作"歙县鲍廷博"。卢文弨《皇侃论语义疏序》记述刊刻原委甚详,或近其实:

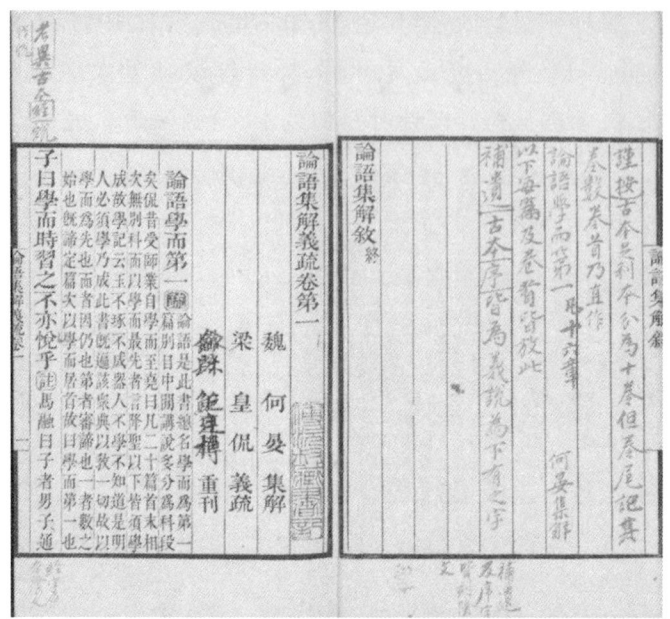

图 5　吴骞批校王亶望重刊本

新安鲍以文氏广购异书,得之喜甚,顾剞劂之费有不逮。浙之大府,闻有斯举也,慨然任之,且属鲍君以校订之事。于是不外求而事已集。既而大府以他事获谴死,名不彰,人曰是鲍子之功也。以文曰:吾无其实,敢冒其名乎?谓文弨曰:是书梓成时未为之序者,人率未知其端末。夫是书入中国之首功,则汪君也;使天下学者得以家置一编,则大府之为之也。《春秋》褒毫毛之善,今国法已伸,而此一编也,其功要不容没。子幸为之序而并及之,使吾不尸其功,庶几不为朋友之所讥责,吾始得安焉。以文之命意也如此,用是据实书之。⑱

《知不足斋丛书》本《论语义疏》流传甚广,以至日本宽政七年(1795)增刊本,都刊入卢文弨的序言。在国内清末以降,则陆续有粤东书局《古经解汇函》、上海古书流通处等翻印本,本已失传之书,真正可谓化身千百。

《论语义疏》回传中土之后,长期以根本本为祖本而衍生,而有关日本古抄本的情况,几乎无人知晓。吴骞据《七经孟子考文补遗》,探知日本皇疏有数本,但是仍推断根本本为新刊定本,而不明其间差异。此后,孙志祖《读书脞录》、陈澧《东塾读书记》均怀疑根本本有日人篡改、妄补之处,亦不断有学者考证《论语义疏》的真伪问题,但因未得日本古抄本参证,而无法定案。直至清末,使臣东瀛访书,皇疏抄本样貌方为中土所知。其中,杨守敬最得风气之先。今台北故宫博物院杨氏观海堂旧藏书中,古抄本《论语义疏》多达七部,北京国家图书馆亦存杨氏旧藏根本刊本两部,满纸日人校语(图6)。杨守敬两相对照,豁然明了根本本改窜之非,其《留真谱》收录室町抄本《论语义疏》书影,有跋语云:

> 《论语皇侃义疏》为海内逸书真本,无庸拟议。独怪根本逊志所刊《义疏》,其体式全同闽、监、毛之邢疏本。按合注于疏,始于南宋。今所见十行本邢疏及元元贞刊本邢疏,皆注文双行。安得皇疏旧本,一同明刊之式?此怀疑未释者。及来此得见皇疏古抄本数通,乃知其体式迥异刊本。……足知刊本之妄。且其文字,为根本以他本及邢本校改者,亦失多得少。后有重刊此书者,当据此正之。⑲

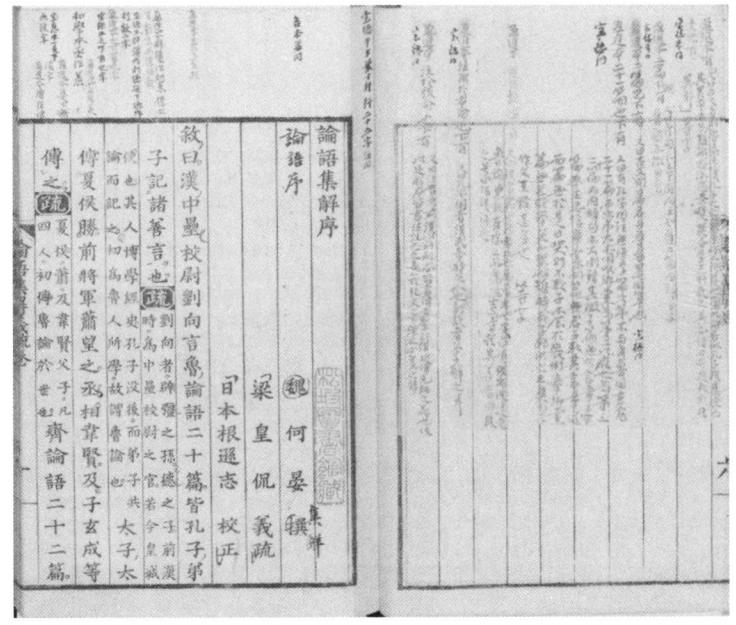

图6　杨守敬藏日人批校根本本《论语集解义疏》

杨守敬归国之后,第三任驻日公使徐承祖与公使馆随员姚文栋颇留意于中国古籍的流传,赴任伊始即以公使馆名义刊印《经籍访古志》,向国内传达日本存藏中国古籍信息。此后,姚文栋应总理事务衙门堂官孙绍经之请,访查《论语义疏》善本,以作刊刻底本,遂发现足利学校藏抄本与国内翻刊根本本的体例差异。大概因为姚文栋的反馈与推荐,清总理事务衙门遂命驻日公使馆与日本外务省、足利学校交涉,借抄足利学校《论语义疏》抄本。有关借抄的详细情形,陈捷《关于清驻日公使馆借抄日本足利学校藏〈论语义疏〉古抄本的交涉》文已进行全面考察,此不赘述[20]。可以补充的是,当年驻日公使馆费尽周折借抄之本,经笔者协助影山辉国访查,已在北京大学图书馆发现(图7)。此外,姚文栋曾购得松元家藏《论语义疏》古抄本进呈,影山辉国推测即今存南京图书馆者,但未得目验。[21]

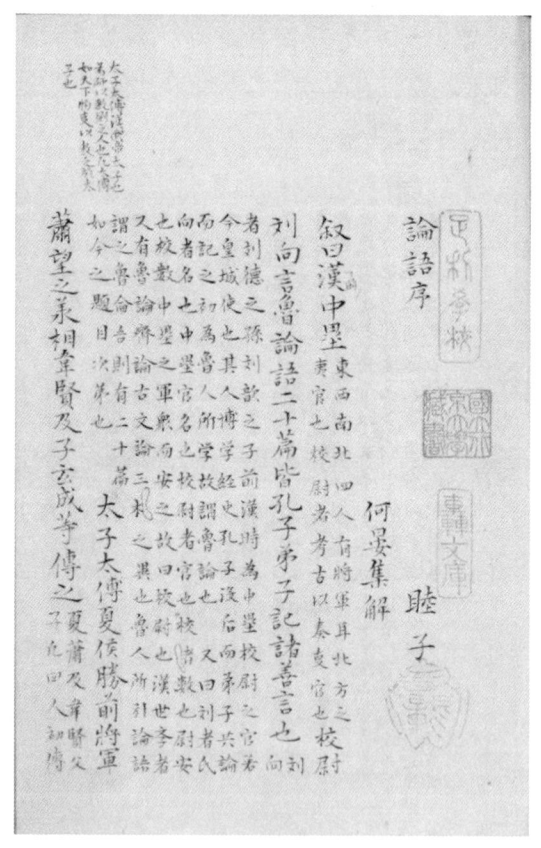

图7　北京大学图书馆藏影足利学校抄本《论语义疏》

五、《论语义疏》的文献学研究

《论语义疏》作为考察南北朝诸儒解经的珍贵文献，六百年失而复得，其回归又恰值汉学昌盛时期，因而成为乾嘉学界关注的热门对象，极大地促进了《论语》注疏研究的开展。最早一批接触利用《论语义疏》的学者，取得了不菲的研究业绩[②]。如翟灏在乾隆四十六七年出版的《四书考异》，已经充分利用《论语义疏》材料；吴骞校勘《七经孟子考文补遗》与《论语义疏》同异，附以自己所得，完成《皇氏论语义疏参订》十卷；陈鳣《论语古训》汇集古注，《论语义疏》也是其重要的辑录来源；卢文弨《经典释文考证》的《论语释文》部分，多据《论语义疏》订正《经典释文》刊本之失，并揭示出《经典释文》"一本"与《论语义疏》的文本关联。清中期学界巨擘阮元，不仅最早覆刊《七经孟子考文》，对《论语义疏》也非常重视，将其列为《论语注疏校勘记》的引据本。在阮元创办的广州学海堂，甚至专题讨论《论语义疏》，《学海堂三集》收录有邹伯奇、桂文灿、章凤翰、潘继李四人以《皇侃论语义疏跋》为题的论文，内容主要围绕皇疏的疏失，以及破何晏注的问题。其中，桂文灿还撰成《论语皇疏考证》十卷，并将知不足斋本《论语义疏》收入其编刊的《古经解汇函》，扩大了《论语义疏》的影响。此外，清代有关《论语》注疏较有代表性的著作，如刘宝楠《论语正义》、潘维城《论语古注集笺》、冯登府《论语异文考证》，无不是大量利用《论语义疏》，足见其流布之深广。

对于失而复得的《论语义疏》，在肯定其文献价值的主流意见之外，清代学者亦不乏怀疑甚至否定的声音。其中，孙志祖《读书脞录》卷二的观点颇为中肯：

> 皇侃《论语义疏》十卷，当南宋时已佚，故朱子亦未之见，近始与《古文孝经孔传》并得之日本国中。尝取二书衡量之，则《孔传》赝而皇疏似真也。其中遗文佚事，若管仲夺邑之伯氏名偃、公冶长辨雀语、张石虎难夷齐之类，洵足以资多识而广异闻，且所采旧说数十家，标新领异，非唐以后人所能伪撰。然经文与今本多异，其合于史书征引者，固可择善而从，而流传既久，亦容有彼国人之窜改，如"子行三军，则谁与。"《释文》云："与，

皇音余。"而今本《义疏》云："若行三军，必当与己。"是仍读如字，而不音余也。"子温而厉"，《释文》云："皇本作'君子'。"今本《义疏》仍作"子"。吾不能无疑焉。好古之士，当分别观之，而不徒震为异域之秘书，斯可矣。㉓

陈澧在《东塾读书记》卷二《论语》条中，虽然认为《论语义疏》有精当之论，但更列举文例，批评其疏略，怀疑为"足利人妄补之也"。江藩《汉学师承记》为维护乃师余萧客《论语义疏》亡佚的立场，则直斥日本传本为"足利赝鼎"。大概是在陈澧的影响之下，广雅书院以《皇氏论语义疏真伪考》为题考课生徒，桂坫、祁永膺、傅维森都有同题论文，主流意见倾向真伪参杂。

正如前文揭示，清代学者是依据根本本研究《论语义疏》，并不知晓其中文本变乱情形，待杨守敬、姚永朴引入日本古抄原本之后，对于皇疏体式的怀疑自然消除。至于孙志祖据《经典释文》异文而怀疑《论语义疏》文本可靠性，其实亦不足立论。因为《经典释文》文本本身存在不少讹误，卢文弨《经典释文考证》对此已有辨析，敦煌发现的唐写本也可以对照说明。当然，《论语义疏》在日本传抄过程中，或有添改变乱之处，但不存在有意作伪的问题。

根本本变乱体式，自不足据，但日本传存古抄本是否保留了《论语义疏》原貌呢？答案显然也是否定的。首先，现存日本古抄本除台北故宫博物院藏盈进斋本之外，均有窜入北宋邢昺《论语正义》情形。具体方式，通常都是在皇疏之后空格，然后以"昺云"继起。高桥均据天理图书馆藏清熙园本《论语义疏》统计㉔，计有178条，其他各本大致相同。关于窜入原因，《经籍访古志》卷二云所见本两条有"里云"二字，推测邢疏原本录于纸背，后混入正文。岛田翰《古文旧书考》卷一亦主此说，云是卷子本改装线缝，不忍弃去背文，姑录之于皇疏之末。但岛田翰所见本下落不明，颇令人怀疑其说。高桥均怀疑"里云"应是"昺云"之误。根据藤原赖长的日记《台记》，邢疏传入（1151年）之后，记事有"皇侃疏已下数部类聚之"，或是今传本之源。皇疏具有集注性质，邢疏传入之后，遂补入作为一家，与《义疏》一体化。日本国会图书馆藏《论语集解》卷首《论语发题》，为足利学校第七世庠主九华和尚（1500－1578）所撰，推测邢疏是日本人所载，当时尚有不载邢疏之皇疏存在。窜入邢疏本各抄本大致无异，称呼略有不同，当有祖本存在。其次，日本古抄本不仅窜入邢疏，还有窜入朱熹《集注》甚至南宋坊刻纂图互注本内容的现象。武内义雄分析认为，日本古抄本可以是否受到朱注影响为标准,大致分作两类㉕。

那么,皇侃《论语义疏》的原本样式究竟怎样呢?杨守敬《留真谱》于室町抄本《论语义疏》跋语有云:"六朝义疏,既有此式,何以唐人《五经正义》皆不循此辙?余疑皇疏原本,亦必标起止,别为单疏。今此式亦日本人合注于疏者之所为,而删其所标起止与?惜此间抄本,审其纸墨笔势,皆不出元明之世,无从实证之耳。"即认为《论语义疏》原本样式与唐《五经正义》单疏本相同,经注不录原文,只标起止文字。武内义雄则认为原本样式应同于皇侃弟子郑灼的《礼记子本疏义》,即载录经注全文,疏文穿插其间,经、注、疏均大字单行,前后空格以示区别㉖。

今存日本古抄本样式为:经文大字,单行;疏小字,双行;集解注缩格,大字,单行;疏小字,双行。敦煌本《论语疏》(P.3573)则与此差异明显,其样式为:经文大字,单行;集解注小字,双行;疏大字"此"起首,以下小字述该章要旨,接着是经文梗概,然后空格,以下是有关经文、集解注的疏。可见敦煌本分章旨与疏文,分章大致与邢昺疏一致,但有脱落混乱现象。其经文与唐石经、注疏本、日本集解本近,而与日本古抄本差异多。高桥均怀疑敦煌本与日本古抄本源于不同的唐抄系统㉗。李方认为日本古抄本是皇疏原本样式,而敦煌本是选疏本,是讲经师讲述《论语义疏》之际的讲经提纲㉘。高桥均认为正相反,敦煌本具有提问、回答的讲述特性,日本古抄本具有记述的特性,应是从敦煌本转换而成,但是产生时代比较早,保存有源自唐抄本的文本。长泽规矩也另辟新说,推测皇疏原貌虽是单疏本形式,但此形式的抄本未有传存,日本古抄本或是源自宋刊本底本㉙。

日本古抄本《论语义疏》到底传承六朝义疏、唐抄单疏本还是宋刊本样式,目前还难以达至共识。日本学界,从武内义雄开始,致力于古抄本《论语义疏》的校勘复原,武内本《论语义疏》迄今仍是最为精善的校本。高桥均、影山辉国等学者,都是延续校勘复原的路线,主要围绕现存古抄本展开研究。其中,高桥均通过日本古抄本与敦煌本的比较分析,试图探究唐抄本的面貌。影山辉国则以调查现存抄本为职志,进行全面校勘,以补武内本之不备,完成《论语义疏》的定本。但是,正如前文所述,日本古抄本已与原本面貌大相径庭,基于现存古抄本的校订,恐怕只能复原到室町时代抄本的面貌。有鉴于此,近年有学者另辟蹊径,尝试利用日本的古典籍所见《论语》注释资料,探究《论语义疏》的面貌⑧。因为《论语义疏》自八世纪传入日本,奈良、平安时代在公卿贵族和僧侣间广为流传,文字渗透到许多日本古典籍中,通过辑佚工作,可以窥见其早期面貌。当然,这些片段的文字,是否具有代表性,还有待深入解读。

小　结

本文主要是归纳已有研究的成果,以便更好地吸收借鉴,助力开辟新的研究途径。文章首先探讨皇侃《论语义疏》文献地位的变迁,梳理中土历代著录与亡佚状况;其次,考察日本《论语义疏》的传播与受容,现存古抄本的状况,以及根本刊本的缘起;再次,考察根本本的回传与覆刊,日本古抄本的揭示;最后,基于文献学史的角度,梳理清代学者的《论语义疏》研究,日本学者的校勘复原研究,日本古抄本与敦煌本的比较研究,并探究近年日本学者利用古典籍辑佚数据考察《论语义疏》面貌的可行性。

此文为中国教育部人文社会科学重点研究基地重大项目"儒家经典整理与研究"成果。原载日本《立命馆文学》第 664 号《芳村弘道教授退职记念论集》,385—396 页,略有修订。

注　释

① 《梁书》,中华书局,1973 年,680—681 页。
② 永瑢,等《四库全书总目》经部四书类一,中华书局,2003 年,290 页。
③ 明代焦竑《国史经籍志》著录有梁皇侃《论语义疏》十卷,但该书所收多有失传之书,不可信据。
④ 小长谷惠吉《日本国见在书目录》,《日本国见在书目录解说稿》附录,东京,小宫山书店,1956 年,5 页。
⑤ 高桥智《室町时代古抄本〈论语集解〉の研究》,东京,汲古书院,2008 年。
⑥ 影山辉国《〈论语义疏〉抄本与根本刻本的底本》,刘玉才主编《从抄本到刻本——中日〈论语〉文献研究》,北京大学出版社,2013 年,164—168 页。
⑦ 《论语义疏校勘记序》,《武内义雄全集》第一卷,东京,角川书店,1978 年,374 页。

⑧ 松浦章著,张新艺译《清代帆船与中日文化交流》,上海科学技术文献出版社,2012年,138—141页。

⑨ 李浚之《清画家诗史》,中国书店出版社,1990年,227页。

⑩ 天津图书馆编《天津图书馆珍藏清人别集善本丛刊》,天津古籍出版社,2009年,第12册,609—610页。

⑪ 松浦章《浙江商人汪鹏(汪竹里)与和刻本〈论语集解义疏〉》,《清代帆船与中日文化交流》第三章,138—141页。周天爽、张升《关于〈论语集解义疏〉流传的三个问题》,《域外汉籍研究集刊(第十六辑)》,2017年,229—240页。

⑫ 永瑢,等《四库全书总目》经部四书类一,290页。

⑬ 邵懿辰撰,邵章续录《增订四库简明目录标注》,上海古籍出版社,1979年,138页。

⑭ 朱学勤《朱修伯批本四库简明目录》,北京图书馆出版社,2001年,141页。

⑮ 李桓《国朝耆献类征初编》卷二三八,清光绪十年(1884)湖南湘阴李氏藏版。

⑯ 周天爽、张升《关于〈论语集解义疏〉流传的三个问题》。

⑰ 翟灏《四书考异》"总考三十二",《续修四库全书》,上海古籍出版社,2002年,第0167册,136页。

⑱ 《论语义疏》,《知不足斋丛书》第七集,上海,古书流通处,1921年,1—2页。

⑲ 杨守敬编《留真谱》,北京图书馆出版社2004年影印版,227—228页。

⑳ 陈文见载《版本目录学研究(第二辑)》,国家图书馆出版社,2010年,375—408页。

㉑ 影山辉国《まだ见ぬ抄本〈论语义疏〉》(四)、(五),见载日本《实践国文学》第84号116—123页(2013年10月)、86号69—74页(2014年10月)。

㉒ 藤家邻撰,童岭译《皇侃〈论语义疏〉及其日本刻本对清朝经学的影响》,刘玉才主编《从抄本到刻本——中日〈论语〉文献研究》,437—459页。

㉓ 孙志祖《读书脞录》卷二,《续修四库全书》,2002年,第1152册,233—234页

㉔ 高桥均《旧抄本论语义疏について——邢昺の论语正义の窜入を中心として》,《日本中国学会报》41集,1989年,79—91页。

㉕ 武内义雄《校论语义疏杂识——梁皇侃论语义疏について》,《武内义雄全集》第二卷,429—435页。

㉖ 武内义雄《校论语义疏杂识——梁皇侃论语义疏について》,《武内义雄全集》第二卷,第439页。

㉗ 高桥均《旧抄本论语义疏と敦煌本论语疏》,《日本中国学会报》52集,2004年,74—89页。

㉘ 李方《唐写本〈论语皇疏〉的性质及其相关问题》,《文物》1988年2期。

㉙ 长泽规矩也撰,陈捷译《关于〈论语义疏〉传入日本的疑问》,刘玉才主编《从抄本到刻本——中日〈论语〉文献研究》,461—466页。

㉚ 高田宗平撰,简亦精译《日本古代〈论语义疏〉受容史初探》,刘玉才主编《从抄本到刻本——中日〈论语〉文献研究》,175—213页。

《论语集注》中"仁"的理学表达

王丽萍

朱熹《论语集注》作为其毕生心血之作,他自视为字字如珠,不可更易。"某《语孟集注》,添一字不得,减一字不得,公子细看。"其稳恰"如称上称来无异,不高些,不低些"(以上《朱子语类》,437 页)①。而且,朱熹特别强调他对《论语》原文的尊重,对《论语》本义的追求:"程先生《经解》,理在解语内。某集注《论语》,只是发明其辞,使人玩味经文,理皆在经文内。"(438 页)为此朱熹解读《论语》,既注重文字的训诂,又提倡文字背后的体贴与会心:"人之为学,也是难。若不从文字上做功夫,又茫然不知下手处;若是字字而求,句句而论,不于身心上著切体认,则又无所益。"(435 页)"讲习孔孟书。孔孟往矣,口不能言。须以此心比孔孟之心,将孔孟心作自己心。要须自家说时,孔孟点头道是,方得。"(432—433 页)但既然是以心会古人,此心便在,这一点不以人的"虚心"意志为转移;再者,朱熹对"理"的本体化崇信,使得他将理的存在作为了不言自明、毫不外在的预设,理存在于任何一个场域,包括《论语》,这里没有时空的阻限。上述引文中已经言及对《论语》中理的寻求,那是很自然地被带出的语蕴,并非刻意在谈理。又如,当门人问"《论语》莫也须拣个紧要底看否?"时,朱熹说:"不可。须从头看,无精无粗,无浅无深,且都玩味得熟,道理自然出。"(434 页)这段话本是在讲读《论语》不能有选择地跳跃着来看,而是应从头至尾渐次而读,"夫子教人,零零星星,说来说去,合来合去,合成一个大物事。"行文有疏密,但没有等闲的文字可以略过,全体涵味而过,便识得文字背后的道理所在。落脚在道理,却是自然无意识的笔触。也有被凸显出理字来的《论语》之谈:"孔门教人甚宽,今日理会些子,明日又理会些子,久则自贯通。如耕荒田,今日耕些子,明日又耕些子,久则自周匝。虽有不到处,亦不出这理。"(以上429页)所以,无论如何真诚致力于追求《论语》本义,朱熹所做的解读也是在有预设立场、前定视角、既成的话语框架和内含的主体投射之下的体贴与不走样。如此一来,《论语集注》与《论语》原义二者之间的差互在所难免,这种距离感一读便知。本文的写作是希望变换一个视角,将《论语集注》作为一部非原文附庸的独立理学著作来看,以"仁"为中心,考察其如何在《论语》中被以理解读,同时注意到这样的解读与《论语》原始情境的间距与关合之处。用《论语》来观孔子,用《论语集注》来观朱熹,这样似乎更有利于把握《论语集注》的整体性与特质所在,更好地读懂《论语集注》。

《论语》是孔子的言行记录,具体鲜活的场景情境记述,与《大学》《中庸》的说理性文字不同,也与《孟子》的标举义理显著有别,这一点,朱熹所论十分明切。如他说:"孔子之言,多且是汎说做工夫,如'居处恭,执事敬''言忠信,行笃敬'之类,未说此是要理会甚么物。待学者自做得工夫透彻,却就其中见得体段是如此。至孟子,则恐人不理会得,又趱进一著说,如'恻隐之心'与'学问之道,求放心'之类,说得渐渐亲切。"(《朱子语类》,430页)《论语》含朴,《孟子》著切,但在朱熹看来,《论语》并不碎割大道。"或云:'《论语》不如《中庸》。'""曰:'只是一理,若看得透,方知无异。《论语》是每日零碎问。譬如大海也是水,一勺也是水。所说千言万语,皆是一理。须是透得,则推之其它,道理皆通。'"(428页)所以,通过对如常《论语》中理的解读,我们更可以体察朱熹对理的现实存在的强调。

仁是孔子学说的核心,是《论语》的中心语汇。《论语》中言仁的语境是鲜活生动、具体可感的,《论语》仁的含义大多数是动词性的,指以爱人为中心义的行为。特别是在孔子回答弟子问仁处皆如此[②]。但《论语集注》解仁,则无一例外地以"爱之理"或"心之德"相释,要将这一《论语》的代表义纯理化。

朱熹对《论语》从具体处言仁这一点有着着意地强调,但他不认为这些行为本身是仁,而是着力于发掘行为背后的东西,从而指向了理与心,他对此更有着反复地析说,表征着其理学思维的精细与高度抽象化。他说:"'仁者爱之理',理是根,爱是苗。"又说:"'仁者爱之理',只是爱之道理,犹言生之性,爱则是理之见于用者也。盖仁,性也,性只是理而已。爱是情,情则发于用。性者指其未发,故曰'仁者爱之理'。情即已发,故曰'爱者仁之用'。"(以上《朱子语类》,464页)性、理是一致的,天理落实于人则为性,而性又离不开心,心统性情,所以,言"爱之理"即指向心。"性便是心之所有之理,心便是理之所会之地。"(88页)朱熹对于"爱之理"与"心之德"的关系是这样说的:"仁只是爱底道理,此所以为'心之德'。""'心之德',德又只是爱。谓之心之德,却是爱之本根。"(以上465页)"爱之理"为含而未发的爱,"心之德"为在心上的爱。可见,"心之德"与"爱之理"说的是一回事。"但理会得爱之理,便理会得心之德。"(466页)对于《论语》的未曾说心而实质则指向心这一点,朱熹说:"孔门虽不曾说心,然答弟子问仁处,非理会心而何。仁即心也,但当时不说个'心'字耳。"(430页)

我们看《论语》孔子答弟子问仁处朱熹对仁的注解:

例1:

> 樊迟问知,子曰:"务民之义,敬鬼神而远之,可谓知矣。"问仁,曰:"仁者先难而后获,可谓仁矣。"(《论语·雍也》)

《四书章句集注》③(以下简称《集注》):

> 先其事之所难,而后其效之所得,仁者之心也。程子曰:"先难,又曰克己也。以所难为先,而不计所获,仁也。"(90页)

《集注》以心讲仁,所以"先难而后获"的"先""后"都讲成了意动用法。

例2:

> 子贡曰:"如有博施于民而能济众,何如?可谓仁乎?"子曰:"何事于仁,必也圣乎!尧舜其犹病诸!夫仁者,已欲立而立人,已欲达而达人。能近取譬,可谓仁之方也已。"(《论语·雍也》)

《集注》:

> 仁以理言,通乎上下。圣以地言,则造其极之名也。

将"仁"与"圣"做了不对等的解释,这样的区分对于理解圣与仁的关系不无启发意义。以己及人,仁者之心也。于此观之,可以见天理之周流而无间矣。状仁之体,莫切于此。

仁最重要的精神特征被认为是与物同体,公不私己,于此见出天理的周流无间。《集注》所引的程子之语特别能说明这个意思：

> 医书以手足痿痹为不仁，此言最善名状。仁者以天地万物为一体，莫非己也。认得为己，何所不至；若不属己，自与己不相干。如手足之不仁，气已不贯，皆不属己。故博施济众，乃圣人之功用。仁至难言，故止曰："己欲立而立人，己欲达而达人，能近取譬，可谓仁之方也已。"欲令如是观仁，可以得仁之体。

《集注》解"仁之方"为仁的外现与落实：

> 近取诸身，以己所欲譬之他人，知其所欲亦犹是也。然后推其所欲以及于人，则恕之事而仁之术也。于此勉焉，则有以胜其人欲之私，而全其天理之公矣。（以上92页）

朱熹认为，"恕"作为推己及人的行为方式是仁的一种外化形式。仁体现了天理之公，仁的爱他指向延伸开来成就了不私己、万物同体的公道境界。

例3：

> 颜渊问仁。子曰："克己复礼为仁。一日克己复礼，天下归仁焉。为仁由己，而由人乎哉？"颜渊曰："请问其目。"子曰："非礼勿视，非礼勿听，非礼勿言，非礼勿动。"颜渊曰："回虽不敏，请事斯语矣。"（《论语·颜渊》）

《集注》：

> 仁者，本心之全德。克，胜也。己，谓身之私欲也。复，反也。礼者，天理之节文也。为仁者，所以全其心之德也。盖心之全德，莫非天理，而亦不能不坏于人欲。故为仁者必有以胜私欲而复于礼，则事皆天理，而本心之德复全于我矣。（131页）

这里仁被解为本心之全德，其内容乃天理。仁以德、理而命名。礼被视为体现天理的节文，与天理相对的是私欲，于是，"克己复礼"的"己"被解释成"身之私欲"，由此展开其天理人欲的主张。而"克己复礼为仁"的为则解为动词"行"，意谓克使自己战胜私欲来回复到礼的节文之中，以此来行仁，也就是说，礼是仁的外现。礼的这种表征仁的作用在于它是行为的节度标准，不是私欲的流行，因此体现着天理。《集注》说：

> 日日克之，不以为难，则私欲净尽，天理流行，而仁不可胜用矣。（132 页）

在讲"克己复礼为仁"时，朱熹引用程子之说以比较《论语·宪问》中"克伐怨欲不行"不能称为仁的情况：

> 克去己私以复乎礼，则私欲不留，而天理之本然者得矣。若但制而不行，则是未有拔去病根之意，而容其潜藏隐伏于胸中也。岂克己求仁之谓哉？学者察于二者之间，则其所以求仁之功，益亲切而无渗漏矣。（149 页）

将礼与理视同一致，显见之例是《论语·为政》"孟懿子问孝。子曰'无违。'"一章的注释。《集注》："无违，谓不背于理。"（55 页）显然这样的注释显得与原文之义相隔有间。下文分明在说一切都按照礼来行事，无违应指不违背礼，朱熹却还要解为不背于理，这只能说明他认为可以用理来言说礼。

例 4：

> 仲弓问仁。子曰："出门如见大宾，使民如承大祭。己所不欲，勿施于人。在邦无怨，在家无怨。"仲弓曰："雍虽不敏，请事斯语矣。"（《论语·颜渊》）

《集注》：

> 敬以持己，恕以及物，则私意无所容而心德全矣。（133 页）

这也是以心德言仁，而仁的义理内涵仍是无私欲的公道精神。

例 5：

> 司马牛问仁。子曰："仁者，其言也讱。"曰："其言也讱，斯谓之仁矣乎？"子曰："为之难，言之得无讱乎？"（《论语·颜渊》）

《集注》：

> 仁者心存而不放，故其言若有所忍而不易发，盖其德之一端也。夫子以牛多言而躁，故告之以此。使其于此而谨之，则所以为仁之方，不外是矣。（133 页）

这里还是讲仁者之心的情形，因为心的含持，所以有言的谨慎。因之，于言语的谨慎便可以作为一种体行仁德的方法。

例 6：

> 樊迟问仁，子曰："爱人。"问知，子曰："知人。"樊迟未达。子曰："举直错诸枉，能使枉者直。"樊迟退，见子夏。曰："向也吾见于夫子而问知，子曰：'举直错诸枉，能使枉者直。'何谓也？"子夏曰："富哉言乎！舜有天下，选于众，举皋陶，不仁者远矣；汤有天下，选于众，举伊尹，不仁者远矣。"（《论语·颜渊》）

《集注》：

> 爱人，仁之施。……举直错枉者，知也。使枉者直，则仁矣。如此，则二者不惟不相悖而反相为用矣。……不仁者远，言人皆化而为仁，不见有不仁者，若其远去尔，所谓使枉者直也。（139 页）

这里将"爱人"说成是"仁之施"，即仁为爱之理之意，爱是仁的外发，仁是体，爱是用。又，朱熹所说的"二者不惟不相悖而反相为用"之语颇见理致，"二者"指直与枉。之所以这样"知""仁"并说，是因为上文同时说到了这两方面，朱熹解经特别注意寻找语脉的前后照应处，达成行文理路的一贯性。对"不仁者远"的解释亦可见此意。

例 7：

> 子张问仁于孔子。孔子曰："能行五者于天下，为仁矣。"请问之。曰："恭、宽、信、敏、惠。恭则不侮，宽则得众，信则人任焉，敏则有功，惠则足以使人。"（《论语·阳货》）

《集注》：

> 行是五者，则心存而理得矣。（177 页）

朱熹认为，能够在天下昭行恭、宽、信、敏、惠五种德行，就能使自己将仁德天理内存于心，这里对仁的解义也是以心与理为言。

《论语》中言仁处尚多，除了上述孔子正式回答弟子问仁的情形，《集注》的以心、理解仁所在多有，有些时候对文义的解释造成显著的影响。这种影响或偏转文义,或深化理解。围绕着仁的解说,还形成相关理学术语的运用和多样的理义呈现。

例 8:

> 有子曰:"其为人也孝弟,而好犯上者,鲜矣;不好犯上,而好作乱者,未之有也。君子务本,本立而道生。孝弟也者,其为仁之本与!"(《论语·学而》)

《集注》:

> 仁者,爱之理,心之德也。为仁,犹曰行仁。

这里将"为"解成动词"行"而非系词"是",因为这关涉到仁与孝的不同层面问题,仁是性,孝是行,只有性能为行之本,而不能反过来行为性之本。这是理学家基于自己的体用主张和对仁的属性认知而做出的细致分辨。这样的析辨并不符合原文情境,但却成为理学视角下的刻意强调。《集注》在下面又引程子之说进一步辩明:

> 孝弟行于家,而后仁爱及于物,所谓亲亲而仁民也。故为仁以孝弟为本。论性,则以仁为孝弟之本。(以上 48 页)

例 9:

> 子曰:"巧言令色,鲜矣仁!"(《论语·学而》)

《集注》:

> 好其言,善其色,致饰于外,务以悦人,则人欲肆而本心之德亡矣。(48 页)

以心德解仁,仁的内涵为与人欲对立的天理。

例 10:

> 子曰:"人而不仁,如礼何? 人而不仁,如乐何?"(《论语·八佾》)

《集注》:

> 游氏曰:"人而不仁,则人心亡矣,其如礼乐何哉? 言虽欲用之,而礼

乐不为之用也。"程子曰："仁者天下之正理。失正理，则无序而不和。"（61—62页）

前者以心解仁，后者以理解仁。这样的解义对于理解仁与礼乐的关系有发明之功。

例 11：

子曰："不仁者不可以久处约，不可以长处乐。仁者安仁，知者利仁。"（《论语·里仁》）

《集注》：

不仁之人，失其本心，久约必滥，久乐必淫。惟仁者则安其仁而无适不然，知者则利于仁而不易所守，盖虽深浅之不同，然皆非外物所能夺矣。（69页）

注言仁者德在内心，故能安守之而不为外物所动，讲的是内外之辨。对于揭示仁者为何能安于仁（原文语义）有启发性。对知者的解说表明朱熹对识见的重视。《朱子语类》卷五记载："问：'知与思，于人身最紧要。'曰：'然。二者也只是一事。'"（《朱子语类》，98页）《集注》所引游氏说讲知者与仁者之别，知者于仁只是有所见而未有所得，是有意为之，不似仁者的无意而为。对于无所为而为的本己行为，朱熹也是非常强调的。

例 12：

子曰："唯仁者能好人，能恶人。"（《论语·里仁》）

《集注》：

盖无私心，然后好恶当于理，程子所谓"得其公正"是也。（69页）

这里以心无私欲解仁，因为仁性的无私，所以有发之而当的好恶合理，"能好人""能恶人"因之在此得理的意义上被解释，与原文能好能恶的情感态度之间义有偏转。

例 13：

子曰："富与贵是人之所欲也，不以其道得之，不处也；贫与贱是人之

所恶也,不以其道得之,不去也。君子去仁,恶乎成名?君子无终食之间违仁,造次必于是,颠沛必于是。"(《论语·里仁》)

《集注》:

> 言君子为仁,自富贵、贫贱、取舍之间,以至于终食、造次、颠沛之顷,无时无处而不用其力也。然取舍之分明,然后存养之功密;存养之功密,则其取舍之分益明矣。(70页)

以"存养"言仁,说明仁为内心之德。后面是说仁德的存养与知对仁的认同交相为用。

例 14:

> 子张问曰:"令尹子文三仕为令尹,无喜色;三已之,无愠色。旧令尹之政,必以告新令尹。何如?"子曰:"忠矣。"曰:"仁矣乎?"曰:"未知,焉得仁?""崔子弑齐君,陈文子有马十乘,弃而违之。至于他邦,则曰:'犹吾大夫崔子也。'违之。之一邦,则又曰:'犹吾大夫崔子也。'违之,何如?"子曰:"清矣。"曰:"仁矣乎?"曰:"未知,言得仁?"(《论语·公冶长》)

《集注》:

> 愚闻之师曰:"当理而无私心,则仁矣。今以是而观二子之事,虽其制行之高若不可及,然皆未有以见其必当于理,而真无私心也。子张未识仁体,而悦于苟难,遂以小者信其大者,夫子之不许也宜哉。"(80页)

朱熹称举师说,以理、心而言仁。又有仁体之称。

例 15:

> 子曰:回也,其心三月不违仁,其余则日月至焉而已矣。"(《论语·雍也》)

《集注》:

> 仁者,心之德。心不违仁者,无私欲而有其德也。(86页)

以心德无私解仁。下面又引程子说予以申明:"不违仁,只是无纤毫私欲。少有私欲,便是不仁。"(86页)同样的意思表达又见于《论语·述而》中"依于仁"

的《集注》:"依者,不违之谓。仁,则私欲尽去而心德之全也。功夫至此而无终食之违,则存养之熟,无适而非天理之流行矣。"(94 页)类似之文还有同样见于《论语·述而》中"仁远乎哉?我欲仁,斯仁至矣"的《集注》:"仁者,心之德,非在外也。放而不求,故有以为远者;反而求之,则即此而在矣,夫岂远哉?"(100 页)这里特别强调仁不在心之外。应该说,这几处《集注》对仁的解读是合义的。

《集注》对"仁者不忧"(《论语·子罕》)的原因的解释是:"理足以胜私,故不忧。"(《集注》,116 页)显然是理学观照下的持说,也很有启发意义。类似处有《集注》对《论语·宪问》中"仁者必有勇"的解释:"仁者,心无私累,见义必为。"(149 页)

例 16:

> 子曰:"君子而不仁者有矣夫,未有小人而仁者也。"(《论语·宪问》)

《集注》引谢氏说:

> 君子志于仁矣,然毫忽之间,心不在焉,则未免为不仁也。(150 页)

这样的理学解义,于原文之义的疏阔自如相比,显得过于拘隘。

例 17:

> 子曰:"志士仁人,无求生以害仁,有杀身以成仁。"(《论语·卫灵公》)

《集注》:

> 仁人,则成德之人也。理当死而求生,则于其心有不安矣,是害其心之德也。当死而死,则心安而德全矣。

这样以心德释仁,虽也义有偏至,但这样的解释还是具有深度的。又如下面引程子之说强调实理,也是在理的提倡上的金石之音:

> 实理得之于心自别。实理者,实见得是,实见得非也。古人有捐躯陨命者,若不实见得,恶能如此?须是实见得生不重于义,生不安于死也。故有杀身以成仁者,只是成就一个是而已。(以上 163 页)

例 18：

> 子曰："民之于仁也，甚于水火。水火，吾见蹈而死者矣，未见蹈仁而死者也。"（《论语·卫灵公》）

此章素来难解，《集注》也是本着其理学理念出解：

> 民之于水火，所赖以生，不可一日无。其于仁也亦然。但水火外物，而仁在己。无水火，不过害人之身，而不仁则失其心。是仁有甚于水火，而尤不可以一日无也。"（168 页）

因为仁被认为是本己之性，所以"民之于仁也，甚于水火"被讲成是人对仁的依赖而不是如王弼注解为于仁的逃避。对于大家耳熟能详的"当仁不让于师"（《论语·卫灵公》），《集注》也以理学观点解释而颇见理趣："盖仁者，人所自有而自为之，非有争也，何逊之有？"（168 页）

例 19：

> 宰我问："三年之丧，期已久矣。君子三年不为礼，礼必坏；三年不为乐，乐必崩。旧谷既没，新谷既升，钻燧改火，期可已矣。"子曰："食夫稻，衣夫锦，于女安乎？"曰："安。""女安则为之！夫君子之居丧，食旨不甘，闻乐不乐，居处不安，故不为也。今女安，则为之！"宰我出。子曰："予之不仁也！子生三年，然后免于父母之怀。夫三年之丧，天下之通丧也。予也有三年之爱于其父母乎？"（《论语·阳货》）

《集注》：

> 宰我既出，夫子惧其真以为可安而遂行之，故深探其本而斥之。言由其不仁，故爱亲之薄如此也。怀，抱也。又言君子所以不忍于亲，而丧必三年之故。使之闻之，或能反求而终得其本心也。（181 页）

因为将仁视为孝之本，所以，《集注》将"予之不仁也"讲成其爱亲之薄的原因。而事实上，原文中的这一句是孔子对宰予的指斥之评。另外，《集注》体贴古人用心委曲，钩稽潜在文理脉络的特点也于此处可见。

例 20：

> 微子去之，箕子为之奴，比干谏而死。孔子曰："殷有三仁焉。"（《论

语·微子》)

《集注》：

> 三人之行不同，而同出于至诚恻怛之意，故不咈乎爱之理，而有以全其心之德也。（183页）

对于三人何以被许为殷之三仁，《集注》径以爱理心德为说，这是略于事行而归于义理的解法。这里还指出爱之理的内容为至诚恻隐之心，此义又见于《集注》注子张未仁之评："子张行过高，而少诚实恻怛之意。"（191页）

例21：

> 子夏曰："博学而笃志，切问而近思，仁在其中矣。"（《论语·子张》）

《集注》：

> 四者皆学问思辨之事耳，未及乎力行而为仁也。然从事于此，则心不外驰，而所存自熟，故曰仁在其中矣。（189页）

此处的以心德相解对于理解"仁在其中矣"这句话也具有启发意义。

《论语集注》对仁的理念化致力由上述列例可以得到说明。在这种致力作用下，仁发生了义理化、内趋化的转向，其内涵意蕴也由"爱人"的具指扩至同物不私的虚怀。面对《论语》，朱熹以理学话语加以解读，以后起的概念领起涵摄前代话义，以彰显理的超越性。在这样的定向解读中，于《论语》原文之义的或扭转或关合都可用以说明它的以理解义。而在仁的视点之外，《论语集注》中还多有体现理之踪迹的理念、理义、理致、理趣及理路，这些内容自可成为《论语集注》中仁的理学表达的言说背景。

原载《北京大学中国古文献研究中心集刊》，2017年。

注　释

① 王星贤点校《朱子语类》，中华书局，1986年。
② 参见笔者论文《〈论语〉仁说内涵析论》，《北京大学中国古文献研究中心集刊（第14辑）》，北京大学出版社，2014年。
③ 《四书章句集注》，中华书局，1983年。

关于儒学的"原典批评"
——以武内义雄的《论语》研究为中心

刘 萍

武内义雄(1886—1966),字谊卿,号述庵,出生于日本三重县。武内义雄的学术生涯可以说始自其就读于京都帝国大学之时。1910 年,武内义雄从京都帝国大学文科大学哲学科毕业。此后十年间,和当时的许多大学生一样,武内义雄的职场生涯颇为不顺,他做过"怀德堂"[①]讲师,在大阪府立图书馆兼职,但也正是在这期间,武内义雄完成了他最初的学术积累,不仅为其日后开展的有关《老子》《论语》的研究,积累了大量日本古写本资料,也就经典的形成过程问题,投入了作为一个哲学史家的考量,此即其所谓"原典批评"的学术思考之肇始。

1919 年至 1921 年武内义雄留学中国。归国后不久于 1923 年赴仙台就任东北帝国大学法文学部教授之职,担当"支那学第一(中国哲学)讲座"。翌年任该校图书馆馆长、学部长。二战期间,曾任"东宫职御用挂",为日本天皇讲授中国哲学史,并于 1942 年至 1944 年期间主编《东洋思想丛书》第三十八种《顾炎武》。1948 年退官获名誉教授称号。1959 年任名古屋大学中国哲学讲师。1960 年作为"文化功劳者"受到表彰。1966 年八十岁时辞世。

作为近代日本中国学领域著名的中国哲学研究家,武内义雄长期从事有关儒学以及先秦诸子思想的研究,他力主排除传统汉学的义理空疏之弊,实证地追求确立思想的历史确定性,成为日本中国学实证主义学派的中坚学者[②]。武内义雄的思想史式的中国哲学思想研究理念与"原典批判"的文化主张,在其对于《论语》的研究中,得到了集中体现与彰显。

一、关于《论语》文本的厘定——对《论语》文本的究明

20世纪初,近代日本中国学的形成已显露端倪,表现在学科建设上,在当时著名的两所帝国大学——东京帝国大学和京都帝国大学中,都开始设立了近代意义的中国学研究学科③。1906年,作为近代日本中国学开拓者之一,也是京都帝国大学文科大学哲学科创设委员之一的狩野直喜,担纲主讲中国哲学史。武内义雄就是在1907年从第三高等学校考入了刚刚开设不久的京都帝国大学文科大学,成为狩野直喜门下最初的学生。同年,即武内义雄入学当年,京都帝国大学又开设了史学科,由刚刚从新闻界转入大学执掌教鞭的内藤湖南负责讲授中国古代史;1908年文学科开讲,狩野直喜又担任了中国文学史讲座课程。在此后的学术研究中,武内义雄继承并发展了其前辈学者狩野直喜、内藤湖南等人的学风和近代学术理念。

武内义雄一直恪守着立足于文献、求实求真的学术风格。他坚持认为:"所有的古典研究都必须从两种基础研究做起:第一,通过校勘学获得正确的文本;第二,弄清书籍的来历,进行严密的原典批评。"④基于此,武内义雄的《论语》研究便开始于关于《论语》本文的确定。

武内义雄首先从四五百种现存《论语》文献中⑤,选取了在中国的《论语》研究史上最具代表性的两种本子——何晏的《论语集解》和朱熹的《论语集注》加以校勘。成书于魏的《论语集解》,首创中国古籍注释史上集解之体,其中收录的东汉以来的八种注本,集中保存了《论语》的汉魏古注。而朱熹的《论语集注》则为南宋最具代表性的注本,据朱熹本人所言,其注释原则乃不废古注并多集宋人之说,且兼下己意,注重义理分析(《朱子语类》)。武内义雄对此二注本的基本判断当属准确,他指出二者的差异即在于作为古注的何晏《论语集解》基本上是以训诂学的方式对《论语》作出解释,而作为新注的朱熹《论语集注》则重在从义理上推究儒教的精神⑥。而就日本方面的《论语》古注而言,武内义雄则着力推重江户时代伊藤仁斋的《论语古义》和荻生徂徕弟子山井鼎的《七经孟子考文》。

伊藤仁斋(1627—1705)是江户时代的著名学者,也是日本汉学时代"古义

学派"的创始人,素有"江户第一大儒"之称。年轻时的伊藤仁斋曾以程朱理学作为治学之本,年届中年之时,伊藤仁斋开始对宋儒的理气心性之说产生怀疑,于是便以一家之言著书立说,从而开创了古义学派⑦。伊藤仁斋尊《论语》为"宇宙第一书",他说:"盖天下所尊者二,曰道,曰教。道者何？仁义是也;教者何？学问是也。《论语》专言教,而道在其中矣。"⑧因此为探究孔子之深义,伊藤仁斋执笔撰写了《论语古义》一书。

伊藤仁斋以尊重《论语》的古来原义为本,尝试剔除朱子之学加之于《论语》的主观阐释。伊藤仁斋以一种学术直觉分别从哲学、语言学的角度,对《朱子集注》的缺陷加以辨明。《论语古义》中记录了伊藤仁斋的许多独特体认与独到的见识,其中一个特别值得称道的创见是,伊藤仁斋将《论语》二十篇以"乡党篇"为界分为上、下两部分,称之为"上论"和"下论",认为只有"上论"才是"古论",而"下论"则是作为补遗由后人续辑而成的。伊藤仁斋阐述了如此划分的理由。第一,"乡党篇"理应作为"古论"的终章而放在最后,故应放在"上论"的终了处以分隔上论下论;第二,在内容和文体上,"上论""下论"都存在着明显的不同⑨。伊藤仁斋为首的古义学派对《论语》所作的上论、下论的划分,指出了《论语》中窜入了既非孔子也非孔子弟子及再传弟子的言论,这在对于《论语》的研究上,无论于日本学术界还是中国学术界,都发挥了开启研究视野的作用。

荻生徂徕(1666—1728)是晚于伊藤仁斋四十年的江户时代又一著名学者,江户汉学古文辞学派的创始人。荻生徂徕为学之初先治朱子学,后对朱子学产生疑问而追随伊藤仁斋古义学,至晚年又进而反对伊藤仁斋的古义学,自倡古文辞学而成一家之说,其《论语征》一书就是针对伊藤仁斋的《论语古义》而作的⑩。所谓"论语征",在该书的"序言"中说得很明白:

> 余学古文辞十年,稍稍知有古言。古言明而古义定,先王之道可得而言矣。……有故有义,有所指摘,皆征之古言,故合而命之曰论语征。⑪

这种"征诸古言"的做法,在《论语征》中随处可见⑫,这表明荻生徂徕对宋儒的流于空疏所予以的责难,是建立在涉猎先秦古籍、归纳其用例的基础上的,

这一研究中国古典的"语言学"方法,正是古文辞学派的精髓⑬。

荻生徂徕注意到历来古书多有误谬，并意识到那些以奈良、平安时代遣唐使带回的古写本为源头的日本古抄本，多可正中国古籍版本之误，于是便命弟子山井鼎对足利学校秘藏的古抄本及旧版本进行校勘。山井花费了三年的时间，对《易》《书》《诗》《礼》《春秋》《孝经》《论语》等七经和《孟子》加以校勘，于享保十一年（清雍正四年，1726）著成《七经孟子考文》，献之幕府，引起了极大反响[14]。

武内义雄服膺于伊藤仁斋和荻生徂徕的学说，他认为，伊藤仁斋学术上最杰出之处在于"推行经典的批判，以批判的态度作为学问的基础"；荻生徂徕的出色之处则在于立足训诂学的立场，以阐明古典本义。二者的方法虽有所不同，但其学术诉求却是高度一致的，此即"摆脱朱子学的羁绊，自由地把握儒教的精神"[15]。在武内义雄的《论语》研究中，特别表现在对《论语》文本的厘定上，可以清晰地看到其深受此二人学术影响的痕迹。

概括说来，武内义雄在考察了《论语》的各种版本异同之后，按照《论语》各篇成书的先后顺序，分别就所谓"河间七篇本""齐人七篇本""齐鲁二篇本"等篇章次第加以分析整理，对应今本《论语》篇章作了下述归纳编序：

　　齐鲁二篇本——学而第一、乡党第二。
　　河间七篇本——雍也第三、公冶长第四、为政第五、八佾第六、里仁第
　　　　　　　　　七、述而第八、泰伯第九。（"子罕第十"为后人附加
　　　　　　　　　在河间七篇本上的内容）。
　　下　论——先进第十一、颜渊第十二、子路第十三、宪问第十四、
　　　　　　　卫灵公第十五、子张第十九、尧曰第二十。
　　〇季　氏　第十六。
　　〇阳　货　第十七。
　　〇微　子　第十八。
　　〇子张问第二十一。[16]

并提出了如下三个结论：

　　1. 现存《论语》二十篇，通常被认为是齐论、鲁论、古论三个版本系统的折中产物，但是，所谓齐论、鲁论不过是以今文写定古论时产生的异本，

终究还是一个基于古论系统之内的本子。

2. 古论的出现是在西汉中期，其前已有齐鲁二篇本、河间七篇本以及其他种种有关孔子语录的流传。

3. 今所传之《论语》，《学而篇》《乡党篇》二篇大约相当于齐鲁二篇本，《为政》至《泰伯》七篇为河间七篇本，《先进》至《卫灵公》五篇与《子张》《尧曰》二篇共计七篇为另外独立的孔子语录，为齐人所传之《论语》。[17]

很明显，武内义雄对《论语》文本的厘定是在伊藤仁斋上、下论划分的基础上，又直接利用并采纳王充对《论语》的辨疑之说而完成的。所谓齐鲁、河间篇章之说，初见于王充《论衡·正说篇》："说论者皆知说文解语而已，不知论语本几何篇……汉兴失亡，至武帝发取孔子壁中古文，得二十一篇，鲁齐二、河间九篇，三十篇……"[18]此说已为清儒刘宝楠谓之"无稽之说，不足与深辨也"[19]。然王充以《论语》今古文在篇目上皆有亡佚，文字亦有讹误，因而提出需全面加以考察，抑或正是在这一点上，武内义雄获得了立论的启发与支持。通过对《论衡·正说篇》的解读，武内义雄提出了上述对《论语》篇章构成的三个结论，这种对经典的大胆质疑于学术的进步无疑是具启发之功的，但其结论的得出则不免显得过于简单轻率，在这样的篇章数目上，"展开对论语内容的分析，不由人心生不安，担心会带来巨大的危险"[20]。如此说来，造成这一疏漏的产生，应该是另有原因的吧。

二、关于《论语》的思想史意义上的"原典批评"——对《论语》思想的分析

武内义雄将"原典批评"首先运用于他以之获得博士学位的《老子原始》一书中，在《论语之研究》中，武内义雄则又一次作了发挥。这部著作的初稿是刊登在《支那学》第五卷第一号（1929）上的《论语原始》，后经"十年深思熟虑"，于1939年出版问世。

通过上述对《论语》文本的清理，事实上武内义雄将《论语》拆解成了四个部分，即"河间七篇本""齐人七篇本""齐鲁二篇本"与另外的《季氏》《阳货》《微子》等篇"。进一步武内义雄对《论语》的内容即所谓文本的原始意义进行

了分析和阐释,其所论主要围绕仁、礼、乐、忠、信等概念展开。

第一,关于"仁"道的思想。

在《论语之研究》尚在写作进行中的1936年,武内义雄已刊出了《中国哲学思想史》一书,这部著作可以看作是武内义雄关于中国古代思想研究的纲领性著述。在这部著作的第二章"孔子"一章中,武内义雄对孔子的思想学说作了这样的阐释:

> 孔子一生很敬慕周公,尤其是他底盛年中,甚至于梦寐之间也不忘周公。我以为:孔子一生的事业,是再兴那周公制定的周初底礼乐,实行周公底理想。[21]

这个理想是什么呢?在武内义雄看来此即"仁道"之说。"孔子把自己所教导的称为'吾道',门人们把孔子所教导的称为'夫子之道';所谓夫子之道,尽于'仁'之一字。"[22]

在《论语之研究》对"河间七篇本"的清理中,武内义雄再次重申了这一观点。武内义雄认为,在河间七篇本中可以看到,孔子并非如其后儒家所称之"祖述尧舜,宪章文武",其理想即在于复兴周公之道。他说:

> 河间七篇本表现出的孔子的思想,在于要复活鲁国建国始祖周公制定的礼乐,而且不仅仅是复兴其礼乐的形式,更在于要复活其精神。因此,孔子提倡仁道,主张所谓仁道亦即行忠恕。[23]

武内义雄还进一步指出:"吾人据述而、泰伯二篇可窥见儒教思想之推移,在考知道统说成立路径之同时,亦可推想此等篇章传之于何种系统之学派。"[24]因此武内义雄将"雍也第三"到"泰伯第九",考订为"河间七篇本",认为此本以鲁人曾子为中心,是曾子、孟子学派所传之孔子语录,概为《论语》之最古之形式[25]。

第二,《论语》中关于礼乐的论说。

武内义雄认为,与曾子学派的"河间七篇本"重视仁道的精神相对照,在下论中的《先进》《颜渊》《子路》《宪问》《卫灵公》《子张》《尧曰》七篇齐人所传之《论语》中,礼乐的形式受到特别的重视。此七篇为"儒教传至齐后被编纂的孔子语录",以子贡为中心流传下来,"概为齐论语的最早的形态"[26]。

武内义雄举《颜渊篇》"问仁"为例,孔子告谕颜回"克己复礼为仁",又教导仲弓"出门如见大宾,使民如承大祭"。据此武内义雄认为,虽然孔子对"仁"的解释,在表达方式上有所不同,但内心怀抱的那份对于"礼"的虔敬之情却是毫无二致的。接下来的一句"己所不欲,勿施于人",武内义雄认为似与《卫灵公篇》中的"其恕乎!己所不欲,勿施于人"一样,也是在教导仲弓"忠恕"之道,只是在《卫灵公篇》中,仅以一"恕"字来说明行仁道的方法。因此武内义雄认为,作为仁道的实践方法,在齐论中仅有"恕"受到重视而并未提及"忠",取而代之的则是更加注重礼的形式㉗。

第三,关于忠信。

武内义雄在分析孔子的思想核心"仁"时,引《述而篇》所言"子以四教:文、行、忠、信",认为孔子正是以此四点,教以弟子仁道的。对于其中的忠信两个概念,武内义雄尤为看重。他说:

> 孔子底仁道底精神,说尽于(忠信)这两个字,这也不是过分的话。孔子以为自己内省而尽忠,是仁道底第一义,所以他底门人曾子说它(忠)"夫子之道,忠恕而已矣"……把"忠"在社会上实现出来的第一要件,是人人互相重"信"。所以孔子说,"人而无信,不知其可也"。㉘

考之齐鲁二篇本之内容,武内义雄认为其所重为"忠信"。他指出:孔子所谓"仁道,说到底即为爱人、守信,要作到诚信,就必须'为人谋而忠',同时还要尊重礼,'知和而和,以礼节之',才能实现其理想"㉙。武内义雄更进一步分析指出,在《乡党篇》中,还记录有孔子的行止举动,可知孔子的一举一动皆为礼的具象表现。因此,在齐鲁二篇本中,仁道的精神与礼的形式是被糅合在一起加以论说的,从内容及用语来看,齐鲁二篇本应该是子贡学派与曾子学派即齐学与鲁学的折中之作,概为孟子游齐后所作㉚。

第四,武内义雄对"河间七篇本""齐人七篇本""齐鲁二篇本"之外的《子罕》《季氏》《阳货》《微子》《子张问》等篇的内容作了大致的总结归述,认为其内容驳杂,反映了早至战国末年、晚至秦汉时期的各种中国古代思想主张。如《子罕》为后人附加在河间七篇本上的内容;《子张问》在内容上则流于空泛,缺乏精神内涵;《微子》表现出了明显的老庄思想的影响㉛。

武内义雄特别论及《季氏》《阳货》《微子》三篇的形成年代及价值,认为这三篇是《论语》中最后形成的篇章,概为后人根据各种材料拾缀而成,因此与其说它们是孔子本人的语录，不如说是以孔子的话为基础，由后世儒家改写而成附加上去的，较之其他篇章价值不高㉜。在这里武内义雄很明确地吸收了清代辨伪学家崔述对于《论语》的考疑辨伪之论。

武内义雄从"思想变迁的过程"着手，对《论语》的内容进行思想史意义上的解析，指出"儒教的中心是随时代的变化而不断推移的"，这种解读最终使《论语》作为文本的经典性遭到消解。

三、对武内义雄《论语》研究之学术史意义的若干考察

论及武内义雄在近代日本中国学史上的地位，可谓前承具开山之功的狩野直喜、内藤湖南，将其学术发扬光大，同时又将中国学研究与日本思想文化研究有机地加以整合，为战后日本中国学的发达，启示了新的路径。

（一）"原典批评"的近代解释学立场

武内义雄作为狩野直喜与内藤湖南的弟子与高足，从其两位师长处得到了丰厚的学术滋养与启迪。对此武内义雄感触颇深，他曾撰文表示，在京都大学受教期间，聆听狩野直喜、内藤湖南两先生的讲座，受到非常大的启发。具体到以"古典解释学"的立场来究明《论语》原始文本的实相，在武内义雄的这一学术设想中，更直接折射出"狩野中国学"的影像。狩野直喜在中国哲学思想史的研究中将之定义为"中国古典学或古典学研究的历史"。在狩野直喜看来，"研究中国哲学史，即是站在以中国的古典研究为中心的立场上，阐明中国古典的接受方式，以及它及其在解释方面的内容与形式的诸种变化"㉝。狩野直喜之所谓"古典学"，是以汉唐训诂学和清代考据学为主、兼及宋明性理学的中国传统经学、诸子学之学问。在近代日本中国学形成之初，狩野直喜力倡重视考据学，以抗拒此前日本汉学时期唯朱子学马首是瞻之学风，有学者认为在这一点上武内义雄秉承其师，"以清代考据学作为其学问之出发点"㉞。诚然，武内义雄在京都大学受业时，曾师从狩野直喜学习"清朝学术沿革史"，"对清代考据学家考证之精确、引证之赅博深为感佩"㉟。但是在《论语之研究》中，武内义雄对清代考据学却作过这样的评价：

尽管清代考据学者早就采用了校勘学的方法，并在此基础上建立了

精致的训诂之学,但对书籍的原典批评则尚未充分地展开。当然,在众多的考据学家中也不乏象崔述那样的批判性学者,但归根结底对中国学者而言,经书是被视为神圣的,他们惮于轻易对经书作出批评,因此校勘学的引进只不过被当成了构筑训诂学的基础,而对原典的批评并未展开,这实在是清代考据学的一大缺陷。⑯

这一评述表明武内义雄之所谓"原典批评"研究,不仅强调在方法论上的实证,而且对于其师狩野直喜着意推重清代考据学之论,武内义雄亦有所克服并超越。这在其有关古典研究的论述中表述得更为清楚:

> 对于包括《论语》在内的所有古代典籍的研究,不外乎三种态度:第一,从语言学的角度解释其字句,把握其意旨,此之谓训诂学;第二,对古典作出与自身的思想相吻合的解释,这是宋明性理学家的作法;第三,稽查书籍的变迁,探究其源流,从而阐明其原始的意义,此可谓之曰批判的态度。我在《论语之研究》中所要采用的正是这第三种态度。⑰

在狩野直喜的中国哲学研究中,汉唐时代的训诂学被谓之"传经派",宋明时代的性理之学被谓之"传道派",二者被放置于平等的学术地位上,即既不偏重于训诂学,也不偏重于性理之学。"这对于公正而客观地描绘中国哲学思想的演进轨迹,无疑是一个进步。"⑱武内义雄的"第三种态度"表明,在对古代典籍的研究中,他确实深受其师的影响,但是也做了极大的发挥,其有意为之的更在于在对《论语》展开的研究中作深层次的挖掘,即带着"原典批判"的问题意识去探究古书源流,将古代文献作为"经典"的价值取向予以瓦解,使之成为可以评判的解读对象,从而追求阐明《论语》文本的原始意义。

(二)思想史研究的新构想

在武内义雄的学说体系之中,始终贯穿着的"原典批评"的基本主张,是继狩野直喜、内藤湖南等近代日本中国学实证主义先驱学者之后,由其弟子们继续发扬光大的、具有体系性的学术特征。武内义雄之所谓对古代典籍的第三种"批判的态度"即"原典批评"这一主张的提出与其所处的时代、与其身处的学术环境不无关系。

当武内义雄还在中国留学之时,在日本本土的日本中国学界,正在发生着悄然的变化。1920年，以青木正儿为首的近代日本中国学的部分年轻后继学者，如铃木虎雄、小岛祐马、本田成之等，继狩野直喜、内藤湖南等人的"支那学会"之后，发起创设了"支那学社"，并发行了自己的社团刊物《支那学》。"支那学社"的特点从青木正儿所撰《支那学·发刊辞》即可见一斑，概而言之，主要表现在两个层面：一是真正从传统汉学的窠臼中摆脱出来，以一种批判的眼光和客观的观照面对古典本文；二是聚集在《支那学》周边的这批年轻学者，他们接受的是近代学科教育，中国的学问对于他们来说是客观的知识对象，因此他们可以自由地选取研究的角度和方法，展开自由的研究[39]。

武内义雄在1921年学成归国后，便立刻加入了"支那学社"阵营，并成为在《支那学》上极有影响力的论者[40]。从其发表的论文大旨来看，大多采用的是比较典型的传统文献学的治学路径，但这一时期的武内义雄已显现出一定程度的学术疑惑。下面是他对1922年前后心路历程的一段回忆：

> 时至那时，我学过了汉学，认为清朝考证学便是金科玉律了。可是，那时多少感到了考证学的危机。觉得那样做精细的考据是难以开掘出更大的学术路子的。[41]

这段自白是在听了内藤湖南的讲演后有感而发，因此这里所说的"那时"的思考的发生，就不能不说是直接受到内藤湖南的影响而形成的。细加推究，其直接的来源应该说是内藤湖南的"文化历史观"以及在此基础上形成的对于清代考据学的反拨。内藤湖南认为，所谓历史就是文化发展的过程，而文化的发展演进又是有规律的，"以时为经，以地为纬，文化历史灿烂而成"[42]。而对于历史文献的研究，则应"摆脱考证烦琐之弊，从文明的评判、社会的改造的见地出发"[43]，其具体方法便是，"与其去追溯古书中的事实，不如去寻找引起事实变化的根本思想的变化"[44]。

内藤湖南"文化历史观"的核心理念深刻影响到年轻一辈日本中国学家的中国研究。"支那学社"重要成员之一、提出以"社会思想史观"研究中国哲学思想后成为京都大学教授的小岛祐马，早年也曾因仰慕狩野直喜而追随其后涉足中国哲学研究，但其自称为"先生的异端弟子"，在对中国哲学思想的研究中，小岛祐马更重视考察作为哲学思想背景的社会经济的发展变动，似更得内藤湖南真传[45]。武内义雄在对《论语》内容的思想分析中，也表现出对于时代推移以及思潮流动的强烈关注,注意把握各流派在思想的时代脉动中、在不同的活动场域中所表现出的不同特质,以求作出相应的阐说,就这一点而言,武内义雄与小岛祐马都深谙内藤湖南"文化史观"之真谛,显现出异曲同工之妙。

这种立足于原典批判的思想史研究方法,构成了武内义雄中国哲学思想史研究的根干,或许正是从这个意义上,武内义雄"被视为内藤湖南最真诚的后继者"[46]。经由武内义雄的努力,中国哲学以思想史学面貌出现,哲学被诉诸历史学的考量,传统汉学时期对于思想的哲学性的追逐,被揭示思想的流变与推衍的近代历史性研究所代替,对于这一学术转型的发生,武内义雄功不可没。

(三) 日本文化语境下的中国哲学思想史论说

武内义雄的《〈论语〉之研究》(1939 年)与其《老子原始》(1926 年)《诸子概说》(1935)《中国哲学思想史》(1936)《儒教的精神》(1939 年)等著述共同构成了其中国哲学思想史研究的风景线。尽管武内义雄关于《论语》文本的论断如前所述在日本学术界也曾引起争议、受到质疑,但其对于《论语》各篇内容的分析却颇得盛赞,被认为是"开创了前人未曾发现的学说"[47]。这样的评述是否确当或可商榷,但其所作的努力引发了一种新的思维,却是不争的事实。武内义雄明确指出,《论语》作为一部一直以来被一以贯之地加以信奉的经典,不是不可言说的,而且因其内容上也大有可疑之处,更应该予以批判性的评说。

既然《论语》在其形成、传播的过程中不断地"被形成",其思想内涵也在不断因时因地而"被添加""被推移"地得以传衍,那么儒教从中国传到日本又完成了怎样的移易呢? 这或许成为武内义雄深长思之的问题了。考之武内义雄在 20 世纪 20 年代末期至 30 年代末期的研究著述,如《诸子概说》(弘文堂,1935 年)《支那思想史》(岩波书店,1936 年。中文译本名为《中国哲学思想史》)等专著中,关于孔子与儒学思想,武内义雄都设列了专章加以讨论;《〈论语〉之研究》一书更是由最初写作于 1929 年的《〈论语〉原始》一文而发其端,历"深思熟虑"之十年后,于 1939 年付梓。特别值得注意的是几乎与《〈论语〉之研究》同时期进行并完成的《儒教的精神》,笔者以为,这是一部对于考察武内义雄的《论语》研究有着特别意义的著述。

这部著作由两部分构成,前半部分有关中国儒学的论述,是武内义雄据其

1928年为《岩波讲座世界思潮》所撰之《儒教思潮》改订而成的,后半部分则加入了关于日本儒教的论述。这两部分的构成颇为耐人寻味,它表明武内义雄的《论语》研究,不仅是在近代发展起来的日本中国学的学术框架下,对中国儒学思想展开的讨论,更是将《论语》研究置于日本思想文化特别是日本儒教的文化语境下所作的阐发。武内义雄在《儒教的精神》一书中所作的阐发,为我们了解其中国哲学思想史论说的内在思考理路,提供了有价值的启示。他说:

> 我国几千年来摄取中国文化,接受儒教的影响,然而我们的祖先绝不是生吞活剥地接受,而是采取批判性的取舍,使儒教在我国获得了独特的发展。在以五经为中心的儒学传入的时代,于春秋三传中,定左传一家而排斥公羊、穀梁,以摒除蕴含其中的革命思想,使与我国国体相一致。至于新儒教时代,中国的朱子学与阳明学或曰程朱之学与陆王之学之间,相争不绝甚而反目;然及传入我国,则二者皆被日本化而最终归于精神上的一统,发扬而为忠孝一体、至诚本位的国民之道德。忠孝一体源于朱子之学,至诚之道发乎阳明之学,忠、孝二合而一归于至诚之道,达成忠孝一体,与此同时则至诚之道亦尽在其中,日本儒教之特色便存于其间。[48]

武内义雄研究《论语》之始的20世纪20年代,日本中国学界的儒学研究者如服部宇之吉等人就普遍认为"儒学的正宗已经不在中国而在日本了"[49],也就是说,中国儒家学说体系对孔子思想内核的解说似乎退居其后了,而其中那些经由日本"变容"了的所谓儒教的精神才最符合孔子真意,才应该因其最适用于日本而受到虔心重视。因此,传统所谓经典是否再被视作经典就不那么重要了或者说不必要了,在经典的解构中,孔子所代表的中国儒家学说被消解,而日本儒教的精神世界得以建立。武内义雄对于《论语》、对于孔子乃至对于整个中国哲学思想史的论说,都不可避免地建立在这样一种对传统主流阐释加以颠覆的尝试中,武内义雄的主观预设也不免透露出来。尽管如其所言试图有别于中国古典文献学的训诂考证与义理阐发,但事实上,传统经学研究的主张,对他的影响仍然是存在的,只是他更为关注的或许只是一向为主流话语所忽视甚或排斥的声音,比如来自王充《论衡》的启发以及与崔述的共感,或者不如说是从王充、崔述那里找到了有力的支持。但必须注意的是,王充也好,崔述也罢,他们所表现出的疑古辨伪的方法论不过是中国传统经学体制内的自我补充与调适,其学术思考从根本上说仍在于为维护体制而战,这与武内义雄的学术诉求可谓南辕北辙,因此从这个意义上讲,王充、崔述在武内义雄这里也只不过是被当作了"方法"。

在对日本精神史的探究与建构中展开对于《论语》的研究,因此作为"方法"的《论语》当然就不再被简单地视为传统学问的经典——而不过是诸多典籍中的一部文本;也不再被单纯地目为传布儒家实践道德的伦理文献——而成为推衍日本精神史的思想史材料。武内义雄的《论语》研究折射出来的精神指向或许更在于此。

原载《国际汉学(第 23 辑)》,2012 年 11 月,508—520 页。

注 释

① 怀德堂为 18 世纪日本汉学家中井履轩兄弟以大阪商人为对象开办的儒学私塾,后大阪《朝日新闻》的西村时彦得大阪财界资助,再度将其复兴。大阪府立图书馆丰富的汉籍收藏亦得益于西村时彦的倡言。
② 严绍璗《日本中国学史稿》,学苑出版社,2009 年,254 页。
③ 1904 东京帝国大学在"哲学科"内,正式设立了独立的"支那哲学讲座";1906 京都帝国大学设立"支那哲学讲座",其内容涉及经学与诸子学。
④ 武内义雄《论语之研究》,岩波书店,1972 年,39 页。
⑤ 武内义雄所据文献包括清初朱彝尊(1629—1709)《经义考》(1695—1699 撰成)中著录有关《论语》的注释书 370 余种;日本研经会大正三年(1914)编纂的《四书现存书目》中著录日本人关于《论语》的著述 240 种;又朱彝尊之后的中国学者著述、《四书现存书目》漏记的日本人注释以及西方人的翻译之作等,计有七八百种。除去其中久已散佚、失传的部分,应该不下四五百种。
⑥ 武内义雄《论语之研究》,岩波书店,1972 年,35 页。
⑦ 伊藤仁斋曾于京都崛川的私塾"古义堂"广设讲筵,引得公卿、武士、町人纷纷前来受教,一时间社会各界听者云集,据称弟子达三千之众,其学派即因此古义堂而得名。因其名重一时,故多次受到大名延请,但伊藤仁斋孜孜潜心于学问,数度坚辞不就,直至终老。
⑧ 贝塚茂树《伊藤仁斋》,中央公论社,1972 年,42 页。
⑨ 伊藤仁斋《论语古义·总论》,转引自金谷治《论语的世界》,日本放送出版协会,1970

年,26页。
⑩ 因其先祖出于"物部氏",故又称物茂卿。着有《辨道》《辨名》《大学解》《中庸解》《论语征》等一系列著作。
⑪ 小川环树译注《论语征》,平凡社,1994年。
⑫ 如:"有子曰其为人也孝弟",注云:"君子务本,本立而道生,盖古语,有子引之。"再如:"祭如在,祭神如神在",注云:"祭如在,古经之言也,祭神如神在,释经之言也。"又如:"子曰知者乐水,仁者乐山",注云:"知者乐水,仁者乐山,此二句非孔子时辞气,盖古言也,而孔子诵之,下四句,乃孔子释之也"等等,不一而足。
⑬ 作为一位日本学者,荻生徂徕对中国古代汉语有着相当丰富的知识,其见解也颇见功力,故而对中国学者也不无启发,清代学者对荻生徂徕就多有评价。参见严绍璗《日本中国学史稿》,91—93页。
⑭ 当时的将军吉宗深悦此事,并将其中一部送至我国,在乾隆年间编纂《四库全书》时即将此书收入其中,及至仁宗嘉庆二年(1797年)又被浙江提督阮元翻刻,受到文人学士的普遍欢迎。
⑮ 参见武内义雄《儒教の精神》,岩波书店,1939年,185—187页。
⑯ 武内义雄《论语之研究》,255—256页。
⑰ 武内义雄《论语之研究》,106页。
⑱ 刘盼遂《论衡集解》,古籍出版社,1957年,557页。
⑲ 刘宝楠《论语正义》,《诸子集成》第一册,中华书局,1954年,423—424页。
⑳ 宫崎市定《论衡正说篇说论语章稽疑》,《东方学会创立二十五周年记念东方学论集》,1972年12月。
㉑ 武内义雄《中国哲学思想史》,仰哲出版社,1982年,13页。
㉒ 武内义雄《中国哲学思想史》,14页。
㉓ 武内义雄《论语之研究》,257页。
㉔ 武内义雄《论语之研究》,146页。
㉕ 武内义雄《论语之研究》,256页。
㉖ 武内义雄《论语之研究》,199页。
㉗ 武内义雄《论语之研究》,257页。
㉘ 武内义雄《中国哲学思想史》,仰哲出版社,1982年,第21页。
㉙ 武内义雄《论语之研究》,257—258页。
㉚ 武内义雄《论语之研究》,251页。
㉛ 武内义雄《论语之研究》,258页。

㉜ 武内义雄《论语之研究》,231 页。
㉝ 严绍璗《日本中国学史稿》,256 页。
㉞ 金谷治《谊卿武内义雄先生的学问》,《怀德》37 号,1966 年。
㉟ 江上波夫《东洋学の系谱》,大修馆书店,1992 年,250 页。
㊱ 武内义雄《论语之研究》,39 页。
㊲ 武内义雄《论语之研究》,254 页。
㊳ 同注 30。
㊴ 有关"支那学社"的论述,参见严绍璗《日本中国学史稿》,275—276 页;刘岳兵《日本近代儒学研究》,商务印书馆,2003 年,129—131 页;子安宣邦《东亚论——日本现代思想批判》,吉林人民出版社,2004 年,175 页。
㊵ 以《列子冤词》(刊登在第一卷第四号)为开端,武内义雄相继发表了一系列充分运用和展示"原典批评"的研究文章,如:《论〈子思子〉》《〈曾子〉考》《论南北学术之异国》《曲礼考》《关于桓谭新论》《孙子十三篇之作者》《支那思想史上所见之释道安》《中庸在先秦学术史上之位置》《礼运考》《大学篇成立年代考》《孟子与春秋》等等。
㊶ 武内义雄《关于富永仲基》,《武内义雄全集》,角川书店,1979 年,第 10 卷,318 页。
㊷ 内藤湖南《近世文学论》,《内藤湖南全集》,筑摩书房,第 1 卷,1969 年。
㊸ 严绍璗《日本中国学史稿》,273 页。
㊹ 内藤湖南《尚书编次考》,转引自子安宣邦《东亚论——日本现代思想批判》,177 页。
㊺ 贝冢茂树《小岛佑马博士》,《东方学(第 42 辑)》,1971 年。
㊻ 子安宣邦《东亚论——日本现代思想批判》,179 页。
㊼ 宫崎市定《论衡正说篇说论语章稽疑》。
㊽ 武内义雄《儒教の精神》,212—213 页。
㊾ 刘岳兵《中日近现代思想与儒学》),生活·读书·新知三联书店,2007 年,147 页。

乾嘉考据学新论

漆永祥

一、乾嘉考据学家之宋学背景

清代考据学盛于乾嘉时期,然追溯其在清初之源流,则一般认为与顾炎武等人有密不可分之关系,即汪中所谓"古学之兴也,顾氏始开其端"①。顾炎武、黄宗羲、王夫之等人,在学术宗尚方面虽汉宋兼采,但也各有所主,业师孙钦善先生综论顾炎武、黄宗羲、王夫之三人曰:

> 从总的思想倾向看,王夫之和顾、黄一样,也是反对宋明理学的。但细分起来,三人还有些差别,即:顾炎武反对陆、王,修正程、朱;黄宗羲修正陆、王,反对程、朱;王夫之则宗师张载,修正程、朱,反对陆、王。②

也就是说,顾、黄、王诸人,无论其宗程朱抑或宗陆王,其根底皆为宋明理学系统中人物。同时之张尔岐,其学亦"深于汉儒之经而不沿训诂,邃于宋儒之理而不袭语录"③。至乾嘉考据学家,自惠栋始,师法汉儒,标举"汉学",排斥宋学,几与宋儒划清界限,此世人皆知。然细考其学术渊源,实与宋学有密不可分之关系,不少学者有宋学背景,此则或为时人隐而讳之,或为后人所忽略不道。

例如,惠栋是高举"汉学"大旗的第一人,对宋代经学大加排斥,甚至说"栋则以为宋儒之祸甚于秦灰"。但对宋儒正心诚意、立身制行之学,却采取肯定的态度并树为楷模。即所谓"六经尊服、郑,百行法程、朱"④。而江永、戴震之学,本出自朱子故里,有深深的宋学烙印,江氏有《近思录集注》十四卷,《河洛精蕴》九卷等书,就是最好的证明。戴震虽然痛责"酷吏以法杀人,后儒以理杀人",但不废性理,以闻道为治学之终极目标。又如王昶"治经与惠栋同深汉儒之学,《诗》《礼》宗毛、郑,《易》学荀、虞;言性道则尊朱子,下及薛河津、王阳明诸家"⑤。其从清军征川藏,襄赞机务,战事结束,"大兵久撤,幕府清闲,乃借《性理大全》《语类》《或问》《王文成公集》读之,求天人性命修身立行之要"⑥。又如卢文弨为桑调元婿,其自述称"弱冠执经于桑弢甫先生之门,闻先生说《中庸》大义,支分节解,纲举目张,而中间脉络无不通贯融洽,先生固以为所得于朱子者如是。盖先生少师事姚江劳麟书(史)先生,劳先生之学,一以朱子为归,躬行实践,所言皆见道之言,虽生阳明之里,余焰犹炽,而独卓然不为异说所惑"⑦。然则卢氏之学,初亦为宋学根底。又如邵晋涵,章学诚《邵与桐别传》详论其学术宗旨在宋学而不在于汉学⑧。刘台拱"十岁,心慕理学,尝于其居设宋五子位,朝夕礼之,出入里闬,目不旁睐,时有'小朱子'之目。年十五,从同里王君雒师学,及见王予中、朱止泉两先生书,遂笃志程、朱之学"⑨。

类似这样的例子,还有很多。因此,无论惠栋、戴震、钱大昕诸儒,虽然对朱子多有讥讽,对宋代经学与理学持否定的态度,但对宋儒立身致行之学并不否定,且见诸行事。当时并未出现"汉贼不两立"的绝对状态,有之则自江藩《汉学师承记》始。皮锡瑞论曰:

> 雍、乾以后,古书渐出,经义大明。惠、戴诸儒,为汉学大宗,已尽弃宋诠,独标汉帜矣。……宋儒之经说虽不合于古,而宋儒之学行实不愧于古人。且其析理之精,多有独得之处。故惠、江、戴、段为汉学帜志,皆不敢将宋儒抹摋。⑩

章学诚论乾嘉考据学家,亦谓"今人有薄朱氏之学者,即朱氏之数传而后起者也"⑪。因此,乾嘉考据学家一方面坚主汉学,反对宋学;但同时对宋儒修身诚意之学并未全盘抹杀。惠栋曾说:"汉人经术,宋人理学,兼之者乃为大儒。荀卿称周公为大儒,大儒不易及也。"⑫后人执此言以为惠栋不反理学,实际上惠氏所指理学指宋儒修身诚意之学。换言之,即将汉儒训诂之学与宋儒立身之学统一起来,知行合一,方为大儒,即他所谓"章句训诂,知也;洒扫应对,行也。二者废其一,非学也"⑬。这句话可以认为是惠栋对上句话的最好注解。之所以提倡如此,是因为他看到了"自古理学之儒,滞于禀而文不昌;经术之士,汩于利而行不笃"的弊端⑭。这正是惠栋父子在立身制行方面宗尚宋儒的原因,也是惠氏将"六经尊服、郑,百行法程、朱"书为楹联而父子皆遵行不悖的思想背景和合理解释。明白此旨,我们对乾嘉考据学家的言行,才会有更深入的认识。

二、乾嘉学者"实事求是"之局限

《汉书·河间献王传》载河间献王刘德"修学好古,实事求是"。颜师古注云:"务得事实,每求真是也。"乾嘉考据学家远承汉儒,以"实事求是"为宗主,将其贯穿于治学及立身制行之始终。如卢文弨评价戴震之学"精诣深造,以求至是之归"⑮。钱大昕更是大倡"通儒之学,必自实事求是始"⑯。实事求是遂成为他们品量学术、评价时贤的主要标准与原则。当时学者,最喜将训诂考据之实与空衍义理之虚相比较。如凌廷堪云:

> 昔河间献王实事求是。夫实事在前,吾所谓是者,人不能强辞而非之,吾所谓非者,人不能强辞而是之也,如六书、九数及典章制度之学是也;虚理在前,吾所谓是者,人既可别持一说以为非,吾所谓非者,人亦可别持一说以为是也,如理义之学是也。⑰

同时阮元也有相类似的论述,阮氏云:

> 《汉书》云:"修学好古,实事求是。"后儒之自遁于虚而争是非于不可究诘之境也,岂河间献王竟逆料而知之乎!我朝儒者,束身修行,好古敏求,不立门户,不涉二氏,似有合于"实事求是"之教。⑱

在乾嘉学者看来,其所谓"实事求是",所针对的是科举时文之虚、理学玄谈之虚、佛道异端之虚与好名务奇之虚。即凌廷堪所谓"伪士不可以乱真儒也,犹之鱼目不可以混美珠也;虚声不可以紊实学也,犹之燕石不可以冒良珏也"⑲。换言之,"实事求是之学"亦即"实学",治经训诂,求学闻道,进而可推广至经国安邦,扶世济民。如阮元于嘉庆八年(1803)杭州奉御批云:"经济必从典谟中推求,无不可办之事。"⑳考经研史,有益于世,这是从帝王至考据学家一致的观点。

但乾嘉学者言言有考、字字有据的"实事求是"之学,实际也是要大打折扣的:首先,他们的"实事求是"是建立在对孔、孟与《五经》完全信赖的基础之上;其次,是建立在对汉儒尤其是东汉如许慎、郑玄诸人充分信任的基础之上。

孔子为"万世师表",《六经》为"万世教科书",圣人的权威与地位不容挑战与怀疑。乾嘉学者对诸经与旧注笼统视为同一思想体系来相互引证阐释。如戴震《孟子字义疏证》中,引用《易》《诗》《乐记》《中庸》《大学》《论》《孟》及郑玄、许慎之说相互疏通证明,但这些书非成于一时,其思想意识各自不同,且诸书"理"字有其专义,并非同一意义上的哲学含义。正如孙钦善先生所言,"实际上不但六经之间,经注之间的思想内容不尽相同,就是孔孟的思想也是各有其特点的,决不应混同"[21]。

又如对于《诗经》的研究,乾嘉学者多遵从《毛传》与《郑笺》,视其为周公、文王教化之典谟。例如《野有死麕》中"有女怀春,吉士诱之"。"诱"《毛传》训为"道",欧阳修释为"挑诱",深得风人之旨。然戴震《毛诗补传》卷二谓"怀春者,设言女之情。诱之者,托言己之愿。……其吉士好色而不至于淫,其女子含贞一而不可犯干。诗于善兼之矣。"[22]钱大昕谓"言贞女有洁清之操,士当以六礼道行之"[23]。此种解释,较之欧阳修与明代公安、竟陵诸家,以解"五七言"之法而读《诗经》,更是一种曲解与退步,当然从经学史的层面而言,则是另一个话题了。

乾嘉学者溯源而上,求儒学之本根,他们认为汉儒训诂释解,学有师承,去古未远,的然可信。如惠栋论曰:

> 汉人通经有家法,故有五经师。训诂之学,皆师所口授,其后乃著竹帛,所以汉经师之说,立于学官,与经并行。《五经》出于屋壁,多古字古言,非经师不能辨。经之义存乎训,识字审音,乃知其义,是故古训不可改也,经师不可废也。[24]

又钱大昕论云:

> 诂训必依汉儒,以其去古未远,家法相承,七十子之大义犹有存者,异于后人之不知而作也。[25]

钱氏还认为,东汉复不若西汉经学之可信,其论《春秋》曰:

> 盖宣尼作《春秋》,其微言大义,多见于《论语》,西京去古未远,犹有传

其学者,今所存唯东汉诸儒之说,而《春秋》之微言绝矣。㉖

孙星衍所论较钱氏为更详,他指出汉儒承上启下的重要性与其存古之功。其云:

> 汉代诸儒,承秦绝学之后,传授经文经义,去古不远,皆亲得七十子之传,若伏生、郑康成,其功在经学绝续之际,较七十子为难,又迥在唐、宋诸儒之上。㉗

经学与汉儒的权威性不可动摇,则乾嘉学者治学,势必依经释解,缘汉儒之说为说,虽然在训诂考据方面取得了巨大成就,也对汉儒之说多所纠正,但从本质上来说,他们是保守的而不是开放的。他们打碎了宋明理学的枷锁,抛弃了宋儒所维护之"道统";但他们又戴上了汉儒经学的枷锁,维护着另一种"道统"。孙钦善先生曾论顾炎武曰:

> 他宗宋儒,法孔孟,带有卫道气息,排斥叛逆精神,远不如黄宗羲、王夫之的思想开明。这种自相矛盾的特点,在清代正统考据学派中,一直沿袭下去。㉘

先生此言良是,无论是顾炎武、黄宗羲等人,还是惠栋、戴震、钱大昕诸家,在思想上皆不具有梁启超所比喻的欧洲文艺复兴那样的"启蒙"性质,皆具有自相矛盾的特点,而其"实事求是",也是一种在膜拜《六经》、尊崇汉儒前提下的先验论而已。

三、著述难为稻粱谋

乾嘉考据学兴盛,世人推论其因,多归之于清廷禁书与文字狱所致。龚自珍"避席畏闻文字狱,著书都为稻粱谋"的诗话语言,后人常以为信史而引证之。陈寅恪曾谓清代史学不振,"未可悉由当世人主摧毁压抑之所致",其论甚伟。然究其原因,陈氏复以为"往昔经学盛时,为其学者,可不读唐以后书,以求速效。声誉既易致,而利禄亦随之。于是一世才智之士,能为考据之学者,群舍史学而趋于经学之一途"㉙。依陈氏之说,则当时考据学家皆利禄之徒如汉代治经者,所谓"遗子黄金满籝,不如一经"者也。如详辨当时考据家之情状,即知此说为不然。

即以科举功名而论,乾嘉时考据学家多功名黯然,屡败科场,其求生之手段,或入幕府,或修志书,生活无助,常困衣食者,在在而有,比比皆是。乾嘉学者多不擅时文,以江藩《汉学师承记》中所列诸人而言,掇巍科者,以金榜为最,其为乾隆三十七年(1772)一甲第一名及第、其次则王鸣盛为乾隆十九年庄培因榜、江德量为乾隆四十五年恩科汪如洋榜、洪亮吉为乾隆五十五年恩科石韫玉榜一甲第二名及第、卢文弨为乾隆十七年恩科秦大士榜一甲第三名及第,余则邵晋涵为乾隆三十六年恩科会试第一名,然殿试在二甲第三十名。他如钱大昕、王昶、朱筠、武亿等中进士者,皆在二、三甲之列,若戴震之进士名,乃清高宗之所赐。即金榜、江德量、卢文弨,虽名在三甲,然或早退林下,或著述为业,仕宦皆不显赫,更无财富利禄之可言。

他若江永、惠栋、沈彤、余萧客、江声、汪中、江藩、臧庸等,则或屡败科场,或绝意不为时文以终其身。惠栋乡试,因用《汉书》见黜。江永乃一代通儒,且其所编《乡党图考》《四书典林》,帖括之士窃其唾余,取高第掇巍科者数百人,而永以明经终老于家。又乾隆元年举博学鸿儒科,沈彤被荐入京。全祖望评曰:"君生平有所述作,最矜慎,不轻下笔,几几有含毫腐颖之风。予以为非场屋之材,而君果以奏赋至夜半,不及成诗而出。"㉚又胡虔记"戴东原(震)数应礼部试,分校者争欲致之门下,每于三场五策中物色之,不可得。既乃知其对策甚空,诸公以戴淹雅精卓,殆无伦比,而策则如无学者,大是异事。钱辛楣詹事曰:'此东原之所以为东原也。'戴中壬午江南乡试,年四十矣。出青田韩锡祚房,其文诘屈,几不可句读。后以征修四库书,得庶吉士。"㉛清季李慈铭曾论曰:"盖汉之经学,为禄利之路,其从师传业者,无异今之举业,而国朝诸儒之学,则实与时背驰,宜其愈上而愈困也。"㉜乾嘉诸儒,虽治汉学,然与汉时学术与时代皆不相同,诸人皆注全力于经史,则场屋文字不时作,比至考场,自然生疏;又科举时文,皆须烂熟《四书》朱注之类,而诸人又不喜朱子,则其落选也必矣。

乾嘉考据学家既举业无望,则其仕途之坎坷可知,李慈铭曾论之甚详,今不惮烦冗,列之如下:

呜呼!汉人传经,时主所好,专门授受,多致通显,上为帝师,次典秘籍。故或贿改夫漆书，或争论于讲殿，桓荣以车马夸稽古，夏侯以青紫诱明经，士风景从，犹非无故。下至宋之谈礼，宗庙以为号；明之讲学，朝廷畏其党，习俗之靡，尚缘势利。若我朝诸儒之为汉学也，则违忤时好，见弃众议，学校不以是为讲，科第不以是为取。其初开国草昧，朴学椎轮，则亭林以遗民终，潜邱以布衣死。西河、竹垞，老籍词赋，暂陪承明，旋即废退。东樵献书，仍沦草莽；玉林著述，不出里闉。吴江二长（朱长孺、陈长发），鄞江二万，青衿饰终，黄馘就木。而渊源宋儒者，二曲布衣，关中讲学，亲屈万乘，宠以大儒。潜庵、松阳，互标朱、陆，生为羽仪，殁邀俎豆。安溪以其政事，缘饰儒风，揣摩当宁，宗尚紫阳，位极鼎台，久枋国政。江阴、高安，相为提挈；榕城继席，名位益隆。望溪起于俘囚，久居讲幄；漳浦擢自闲废，遂为帝师。此则汉、宋相形，遭遇胜负，已可知矣。

高宗盛时，首辟经学，荐书两上，鹤车四出。然得官者五人：顾、陈、吴、梁，仅拜虚秩；当涂入馆，更以年例。而诸公亦皆学参汉、宋，未号专家。当时海内宗师，松厓一老，征舆未上，坛席已除。都讲弟子，仲林、艮庭，槁项卒世。婺源江君，学究天人，东南两星，与惠相望，沈沦胄序，终晦少微。高弟戴、金，最为首出。槃斋得膺上弟，旋复杜门；东原晚际昌时，公车入省校书，恩例超授翰林，天不慭年，终于吉士。至于开四库，求遗书，尤国朝儒林之一大际会也。笥河发其议，晓岚总其功，东原既以兹通籍，南江复由此升庸。然两君以外，寂无征焉。竹汀、西庄，清华通贵，而一谪九列，一终少端，皆盛年挂冠，著书林下，淡泊之操，鼎峙抱经。而歙有辅之，岱有众仲，词臣五隐，咸畅醇风，尽瘁简编，何关人事？其继掇巍科者，渊如、北江，一沈俗吏，一为戍兵，虽践金门，终饱蝉橐。吾乡瑶圃邵氏，左官投劾，声华尤闇。石渠以名臣之子，早著才称，而词曹不终，豸冠终斥。芝田、颐谷，未久西台；而懋堂、珍艺、十兰、二谷（桂未谷、武虚谷），以俗吏终矣。次仲、端临、易田、阶平，以教官终矣。溉序、小雅、孝臣，以进士终矣；雕菰、辰叔以举人，容甫、可庵、郑堂、璞园，且以诸生终矣。笥河于乾嘉儒术为首功，而微罪贬秩，一蹶不正。其弟文正公，颇持宋学，遂跻三公。其最以儒学显用于时，河间、仪徵两文达耳。而河间毕生书馆，勤于其职，及拜协揆，逾旬而殉；仪徵历官使相，未尝一日当国，皆不能剸扬素风,汲引同类。稍得志者,惟嘉庆己未一科,仪徵主试,大兴听从,幸逢翩翩,多班玉笋,论者谓此科得人,逾于乾隆鸿博。然惟龙首姚公、探花王公文僖、文简,皆长春官,其余则恭甫一列词垣,告归不出;兰皋户部,十年不迁;皋闻始列庶常,几于废黜;周生沈于兵曹,春桥(胡氏秉虔)没于郡佐。山尊稍以词章,得跻侍从,终亦不振。嗣是而降,大雅云亡。兰坡、墨庄,稍为后出,并跻馆职,未结主知,一退老于名山,一积劳于闽海。武进二申(李申耆、刘申甫),心壶、竹村,各述所传,位不称学。他若匪石、洞簧、简庄、拜经、晓楼、硕父之终身席帽,连惓廡下者,更如书中蠹鱼,听其自生自灭而已。即以吾浙言之,仁和诸赵,德清诸徐,临海诸洪,谈经之窟也。鹿泉致位八坐,帖括所传,或在人口;而谷林、宽夫、心田、筠轩诸先生,今犹有知其姓氏者耶!嘉兴之李(次白氏)贻德,仁和之二梁(谏庵氏玉绳、夬庵氏履绳),萧山之王(谷塍氏宗炎)、之徐(北溟氏鲲)、之汪(苏潭氏继培),上虞之王(汾泉氏煦),归安之严(铁桥氏可均、鸥盟氏杰),仁和之翟(晴川氏灏)、之孙(雨人氏同元),临海之金(诚园氏鹗)。此皆著述之卓然者,而乡评校议尚及其人耶!尤可异者,萧山王氏绍兰,位望通显,罢官之后,所作满家,训义邃精,几颉惠、戴,而越人仅贵之为中丞,未尝尊之为学者。

呜呼!由斯以观,诸君子之抱残守阙,断断缣素,不为利疚,不为势诎,是真先圣之功臣,晚世之志士!夫岂操戈树帜,挟策踞座,号召门徒,鼓动声气,呶呶陆、王之异辞,津津程、朱之弃唾者所可同年语哉!㉝

从李氏所论可知,尽管在乾隆中叶的科举考试中,对通经之士有所重视,但毕竟性理论为首选标准。清代考据学家不仅不能与汉儒较其同异,亦不能与清代尊奉宋学者比其优劣。其既出身贫贱,又不擅时文,更不善钻营,日事读书,拙于生计,则穷困潦倒也固矣。考据学虽为一时显学,但并未给他们带来生活上的裕如与富足。"著书难为稻粱谋",方为他们一生真实之写照!

四、乾嘉考据学家之事功之学

古人所谓事功之学,亦称经济之学,经世济民之学。后人每谓清儒终日埋于故纸堆中以求活,于世无补,于国无益,故无事功之学。又或谓其缅颜事清,贪残污秽,了不知耻,如刘师培《清儒得失论》斥段玉裁、洪亮吉、孙星衍、刘逢禄、宋翔凤诸人者然。但细考之事实,则知其说亦不然矣。今举之如下:

前已论之,乾嘉学者科举仕宦虽不如治宋学者显赫,但入中枢、统方面者,亦有其人,如纪昀、王引之与阮元等,纪氏历官至礼部尚书,其一生最重者为主持四库馆事;王引之官至礼、工、吏部尚书,为官清整,深得倚重,嘉庆帝称其"能言人所不敢言"[③];阮元历官至湖广、两广、云贵总督,所在修政去弊,兴学育教,驱除边患,禁绝鸦片,其功甚伟。直言极谏者,莫若王念孙、洪亮吉。王氏密劾和珅,为国除奸,时人称其为"和鸾鸣凤";洪氏《乞假将归留别成亲王极言时政启》,声震中外,终遭戍边,与王氏后先辉映。他如王昶之从征西南,襄赞为多,后官刑部侍郎,熟于兵事刑法;孙星衍官山东督粮道权布政使,精于治理钱粮;郝懿行、胡培翚虽仅官户部主事,然其精于吏法,以能著称。至为州官者,有汪辉祖官道州知州,李文藻官桂林同知,汪喜孙官怀庆府知府,张澍官临江通判,朱绪曾官台州府同知,庄炘官兴安府知府,郑方坤官武定知府,胡秉虔官丹噶尔同知,胡承珙官台湾道等。为县令者,有段玉裁官巫山知县,邢澍官长兴知县,周春官广东岑溪知县,洪颐煊官新兴知县,钱东垣官上虞知县,桂馥官永平知县,武亿官博山知县,丁履恒官肥城知县等。除段氏有贪残之讥外,余皆所在有政声,多令誉,不愧清廉明正之官也。

从事文化教育之职,在四库馆中出力尤著者,则有戴震、周永年、余集、邵晋涵、杨昌霖、金榜、曾燠、任大椿、李潢、洪梧、孙希旦诸人。官至学政者有惠士奇、卢文弨、朱筠、钱大昕等。士奇在粤六年,深得人心;朱氏任安徽学政,教诸生治古学,又上疏请辑《永乐大典》,启修《四库全书》之轴;卢氏任湖南学政,以越职为学子请命而遭左迁,晚年职教书院,乐育英才;钱氏为广东学政,门下人才辈出,归里后掌教书院,地方大吏,每遇大事,辄咨询,莫不满意而去。官府州县学教职者,如凌廷堪为宁国府学教授,钱塘为江宁府学教授,戚学标为宁波府学教授,沈钦韩为宁国府学训导,翟灝为衢州府学教授,刘台拱为丹徒县学训导,严可均为建德县学教谕,宋绵初为清河县训导,汪莱为石埭县训导等。亦莫不振兴文教,砥砺风气,勤勤恳恳,克尽其职矣。受朝廷征召者,如顾栋高、惠栋、沈彤之举博学鸿词,江声、陈鳣、钱大昭、胡虔之举孝廉方正,虽有中有不中,然皆学有渊源、识高品粹也。

虽仕即旋或终身不仕者,如江永之处里党,以孝悌仁让为先,人多化之。又尝劝乡人输谷立社仓,行之三十年,一乡之人不知有饥馑。余如沈大成、余萧客、汪中、汪元亮、孔广森、厉鹗、吴骞、袁廷梼、鲍廷博、黄丕烈、顾广圻、钱坫、朱骏声、朱彬、江藩、章宗源、洪震煊、钮树玉、焦氏父子循、廷琥,马氏兄弟曰瑞、曰璐,李氏兄弟富孙、遇孙,梁氏兄弟玉绳、履绳,臧庸等,亦皆为乡里表率,士中贤人。其虽不能以经术饰吏事,所谓"以风昔经术发为经济,移孝作忠,为当代名臣"⑤,然亦非消极避世也明矣。如汪中曾论其志云:"中尝有志于用世,而耻为无用之学,故于古今制度沿革、民生利病之事,皆博问而切究之,以待一日之遇。下至百工小道,学一术以自托,平日则自食其力,而可以养其廉耻。即有饥馑流散之患,亦足以卫其生,何苦耗心劳力,饰虚词以求悦世人哉!"⑥当时学者之心,亦多如之。

此可见,乾嘉考据学家绝非隐士,更非因惧祸而逃避现实,这其中以焦循的言行最为典型。焦氏称自己"尚论古今循吏而心慕之,思为亲民官,虽以疾跻伏田里,时时静察夫民之情"⑦。由于身体的原因,焦氏并未积极入仕,而是以多疾之躯治《易》以终,但坚决反对称他为隐士。他说:

> 余以病,家处者十年,每莎笠短衣,与一二佃客杂刺船湖中,不知余姓名者,或亦谓非尝刺船者也,然余逢人必告以姓名,唯恐人疑余为隐于舟者。⑧

在谈到反对隐的理由时,他又说:

> 人不可隐,不能隐,亦无所为隐。有周公、孔子之学而不仕,乃可以隐称。然有周公、孔子之学,则必不隐。许由、巢父、沮、溺、荷蓧丈人、直郭、平原、朱桃椎、仲长子光之流耳,自负其孤子之性,自知不能益人家国,托迹于山溪林莽,以匿其拙,故吟咏风月则有余,立异矫世、苦节独行则有余,出而操天下之柄则不足。巢父、许由,必不能治鸿水;沮、溺、丈人,必不能驱猛兽、成《春秋》,以惧乱臣贼子;四皓、严光,必不能与萧、曹、邓、寇并立勋业。是故耕而食、凿而饮,分也,出则为殷浩、房琯,贻笑天下。宜于朝则朝,宜于野则野。圣人之藏,所以待用也。无可用之具而自托于

隐,悖也。隐,不隐者也,故曰不可隐,不能隐,亦无所为隐。㊳

焦循以治世致用为标准,打破了以隐为高尚的传统观念,讥刺自古以来的隐逸之士是"无可用之具而自托于隐"。乾嘉学者无论仕与不仕,都反对消极隐遁,焦氏此语足以代表他们的心理。

王念孙谓"学问、人品、政事,三者同条共贯"㊵,此儒者入世之理想。然世能兼之者,则既决于其人,亦决于其时。乾嘉诸儒,处和平之世,繁盛之局,故既不能持戈跃马,立万世之功而彪炳史册;亦不能徜徉林下,托故国之思,以歆动后人。然上列诸人,居官尽职,处里必贤,较宋学人物如清初以来熊赐履、李光地、方苞诸人之假道学,其相去不可以道里计。后人每谓其畏祸自全,消极避世,埋头古籍,无关民生;甚或以为其误国误民,导致晚清科技不兴,落后挨打,并戴以"落后""琐碎""务虚""反动"等帽子,此可谓站在今人的立场上苛绳古人的典型心理。

总前所论,乾嘉考据学的兴盛与衰微,有其复杂的时代背景,也有其学术内部发展的自身演化脉络。在急功近利的今天,面对清代遍布南北的考据学家和他们插架森森的著作,很少有人愿意读完一部他们的著述,在他们训诂考据的词语密林中,认真寻觅他们的思想火花与真知灼见。因此,从当时至今日,虽然已经走过了近二百年的历史,但学术界仍未摆脱如江藩、方东树、皮锡瑞、章炳麟、梁启超、钱穆、陈寅恪等人的认识与评价,甚至对他们明显的误说偏见,也仍坚执为确说真解,屡屡引证,据为典要。我们认为,如果对乾嘉考据学家的思想与学术做不到梳理厘清与深入研究,则对近现代学术界的探究,也无法做到导源穷委,剖析肌理,因为近百年的学术界,与乾嘉考据学有着千丝万缕的渊源与系联。

原载《北京大学学报》2013 年第 3 期,104—111 页。

注　释

① 凌廷堪《汪容甫墓志铭》,王文锦点校《校礼堂文集》,中华书局,1998 年,320 页。
② 孙钦善《中国古文献学史》,中华书局,1994 年,下册,886—887 页。
③ 钱仪吉《张处士尔歧墓表》,《碑传集》,中华书局,1993 年,第 11 册,3875 页。

④ 王昶《春融堂集》卷二二《为顾秀才千里(广圻)题其兄抱冲小读书堆图》,《续修四库全书》本,集部第 1437 册,587 页。
⑤ 阮元《诰授光禄大夫刑部右侍郎王公昶神道碑》,《碑传集》,第 3 册,1063 页。
⑥ 严荣《述庵先生年谱》卷上乾隆三十六年条,台北,商务印书馆,1978 年,27 页。
⑦ 卢文弨《中庸图说序》,王文锦点校《抱经堂文集》,中华书局,1990 年,20 页。
⑧ 章学诚《邵与桐别传》,《碑传集》,第 4 册,1415—1418 页。
⑨ 阮元《刘端临先生墓表》,邓经元点校《揅经室二集》,中华书局,1993 年,上册,399—400 页。
⑩ 皮锡瑞《经学复盛时代》,周予同注《经学历史》,中华书局,1963 年,313—314 页。
⑪ 章学诚著,仓修良编《文史通义新编·内篇二·朱陆》,上海古籍出版社,1993 年,73 页。
⑫ 惠栋《九曜斋笔记》卷二"汉宋"条,清《聚学轩丛书》本。
⑬ 惠栋《九曜斋笔记》卷二"趋庭录"条。
⑭ 惠栋《沈君果堂墓志铭》,漆永祥整理《松崖文钞》,台北,"中研院文哲所",2006 年版《东吴三惠诗文集》本,345 页。
⑮ 卢文弨《〈戴氏遗书〉序》,王文锦点校《抱经堂文集》,1990 年,74 页。
⑯ 钱大昕《卢氏〈群书拾补〉序》,吕友仁标校《潜研堂集》,上海古籍出版社,1989 年,421 页。
⑰ 凌廷堪《戴东原先生事略状》,王文锦点校《校礼堂文集》,317 页。
⑱ 阮元《〈惜阴日记〉序》,邓经元点校《揅经室三集》,《揅经室集》,下册,687—688 页。
⑲ 凌廷堪《辨学》,王文锦点校《校礼堂文集》,34 页。
⑳ 张鉴等撰,黄爱平点校《阮元年谱》嘉庆八年九月二十六日条,中华书局,1995 年,54 页。
㉑ 孙钦善《中国古文献学史》,下册,987 页。
㉒ 《戴震全集》,黄山书社,1994 年,第 1 册,175 页。
㉓ 钱大昕《答问三》,吕友仁标校《潜研堂集》,72 页。
㉔ 惠栋《九经古义·述首》,清省吾堂刊本。
㉕ 钱大昕《臧玉琳〈经义杂识〉序》,吕友仁标校《潜研堂集》,391 页。
㉖ 钱大昕《答问六》,吕友仁标校《潜研堂集》,122 页。
㉗ 孙星衍《咨请会奏置立伏郑博士稿》,骈宇骞点校《岱南阁集》,中华书局,1996 年,161 页。
㉘ 孙钦善《中国古文献学史》,下册,868 页。

㉙ 陈寅恪《金明馆丛稿二编》,生活·读书·新知三联书店,2001年,269页。
㉚ 全祖望《沈果堂墓版文》,朱铸禹汇校集注《鲒埼亭集内编》,上海古籍出版社2000年《全祖望集汇校集注》本,上册,361页。
㉛ 胡虔《柿叶轩笔记》,《续修四库全书》本,子部第1158册,38页。
㉜ 李慈铭撰,由云龙辑《越缦堂读书记》光绪丙子二月初五日《鹤征录》,中华书局,1963年,440页。
㉝ 李慈铭撰,由云龙辑《越缦堂读书记》同治甲子四月初二日《戴氏遗书》,761—763页。
㉞ 徐珂编《清稗类钞·谏诤类·王文简谏圆明园增防事》,中华书局2003年重印本,第4册,1504页。
㉟ 钱大昕《味经窝类稿序》,吕友仁标校《潜研堂集》,433页。
㊱ 汪中《述学别录·与朱武曹书》,广文书局1970年缩印本,14b页。
㊲ 焦循《送吴生序》,刘建臻点校《雕菰集》,广陵书社2009年版《焦循诗文集》本,上册,318页。
㊳ 焦循《〈舟隐图〉序》,刘建臻点校《雕菰集》,上册,322页。
㊴ 《非隐》,焦循著,刘建臻点校《雕菰集》,上册,126页。
㊵ 臧庸《拜经堂文集》卷三《与王怀祖观察书》引王念孙语,《续修四库全书》本,集部第1491册,578页。

西辛大墓银器铭文及其年代

李家浩

最近出版的一期《文物》杂志上刊登的《山东青州西辛战国墓发掘简报》（以下简称《简报》）①，对2004年发掘的西辛大墓有关情况进行了报道。西辛大墓曾多次被盗，墓葬及其残留的器物都遭到严重破坏。在残留的器物中，我对几件银器铭文特别感兴趣，拟在此谈一点不成熟的意见，供大家参考。

西辛大墓出土的B1:11、12银盒②、B1:13、14银盘和B1:15银匜都刻有铭文，现根据《简报》图版照片，把铭文释写于下：

    受一粁(升)分。(B1:11、12银盒)

    邵平，一粁(升)分。(B1:13、14银盘)

    邵平，二粁(升)分。(B1:15银匜)③

据甲骨文、西周金文等古文字，"受"作从"爪"从"舟"从"又"。战国文字"受"或把"爪"与"舟"左右并列写在"又"旁之上④，银盒"受"字即此类写法，唯在并列的"爪""舟"与"又"之间加有一横，当是讹误之体。重金方壶："受一𣪘六射。"盱眙铜壶："受一𣪘五鹄。"⑤银盒"受"字用法与此两壶"受"字用法相同，都是容的意思。朱德熙先生和吴振武先生曾经分别撰文论及壶铭的"受"⑥，大家可以参看。

"粁"字见于临淄出土王升量等⑦，唯银器"粁"把"米"旁横画上下三点连写作"卅"字形。这种写法的"米"见于齐国玺印文字⑧。"粁"从"米"，"升"声，即"升"字的异体。大概是因"升"是量粮食用的量器，故字从"米"。《简报》把这个字释为"又卅"二字，非是。

"分"是半的意思。《公羊传·庄公四年》"师丧分焉"何休注和《吕氏春秋·贵生》"六欲分得其宜也"高诱注，都说："分，半也。""分""半"二字古音相近,可以通用。例如郭店楚简《老子》甲组 30 号"夫天多期(忌)韦(讳),而民尔(弥)畔"⑨,马王堆帛书甲、乙本和传本《老子》"畔"皆作"贫"⑩。"畔"从"半"得声,"贫"从"分"得声。也有可能银器的"分"就应该读为"半"。总之,银器的"分"不论是训为"半"也好还是读为"半"也好,都是指半升。

B1:13、14 银盘和 B1:15 银匜残损严重,但 B1:11、12 银盒却保存完好,因"盖器扣合,目前尚未打开",无法校量其容量。据前面所说的临淄出土王升量等,战国齐国一升容量在 204 毫升～210 毫升之间⑪,半升容量在 102 毫升～105 毫升之间。

"卲"字原文作从"邑","卩"声。按"邵"从"邑","召"声,"卩"从"卩","召"声,颇疑银盘、匜此字应该是"卲"字的异体。银盘、匜"卲"作从"邑","卩"声,犹骉羌钟"昭于天子"之"昭"作从"日","卩"声⑫。"卲平"是人名。

秦汉之际,有三个名叫"召平"的人:一、故秦东陵侯,见《史记·萧相国世家》《汉书·萧何传》等;二、陈胜部将,见《史记》的《项羽本纪》《秦楚之际月表》,《汉书·陈胜项籍传》等;三、齐哀王相,见《史记》的《吕太后本纪》《齐悼惠王世家》,《汉书》的《齐悼惠王刘肥传》《萧何曹参传》等⑬。在这三个名叫"召平"的人当中,齐哀王相的召平最值得注意。为了便于大家了解,我把与齐相召平有关的情况,简述于下。

汉高祖六年(前 201),刘邦封子刘肥为齐王,是为悼惠王,以曹参为相,都临淄(今山东淄博市临淄区),"诸民能齐言者皆予齐王"⑭。十二年,高祖病死,子刘盈即位,是为惠帝。刘盈是吕后之子,即位之后,吕后专政。惠帝二年(前 193)七月,相国萧何卒,召曹参为相国。召平大概是在此时出任齐相的。惠帝六年,齐悼惠王刘肥卒,子刘襄立,是为齐哀王。惠帝七年,刘盈卒,无子,吕后立后宫美人子为帝,史称少帝。少帝年幼,吕后临朝称制。吕后八年(前 180)八月,吕后病死,诸吕密谋诛杀刘氏宗族及功臣。此计划为朱虚侯刘章所知,立即通知他哥哥齐哀王刘襄,并要刘襄发兵进攻长安,他和他的弟弟东牟侯刘兴居作内应。汉朝中央规定,没有皇帝的诏书、虎符,诸侯王不得擅自发兵。所以刘襄发兵遭到召平的反对,于是召平率兵禁卫王宫。齐中尉魏勃是主张发兵的,他用计把召平围困于相府,大概召平畏于责任,遂自杀。在周勃、刘章、刘襄等人共同努力下,终于平定了吕氏集团之乱;经商议,共立高祖之子代王刘恒为帝,是为文帝。

汉初,齐国的地理位置非常重要。高祖六年,田肯曾对刘邦说:"夫齐,东有琅邪、即墨之饶,南有泰山之固,西有浊河之限,北有勃海之利,地方二千里,持戟百万,县隔千里之外,齐得十二焉。此东西秦也。非亲子弟,莫可使王齐者。"高祖称"善"[15]。于是"高祖不但以亲生庶长子为齐王,且以直系部队中军功最高之功臣曹参为之相,统重兵,驻齐国……实视齐为东方支柱,镇抚东土,仍与长安为东西横轴之两端。其立国形势,盖与西周封鲁相类矣"[16]。从召平继曹参之后出任齐相来看,召平的地位应该跟曹参相仿,当是一位很有才能的功臣[17]。遗憾的是,传世史书缺乏这方面的记载。

西辛大墓的地理位置及其出土器物与汉初齐王国有关。第一,西辛大墓位于临淄齐故城东南,齐悼惠王墓位于临淄齐故城以东[18],齐哀王墓位于临淄齐故城西南[19],西辛大墓与齐悼惠王墓南北相望,与齐哀王墓东西相望。第二,西辛大墓B1:11、12两件银盒与大武齐哀王墓随葬器物坑1:72银盒形制、大小十分相似[20]。据此两点,颇疑西辛银器铭文的"邵平"就是齐哀王相"召平"。《汉书·齐悼惠王刘肥传》颜师古注说"召平"之"召""读曰邵"。"邵"从"召"得声,故"召""邵"二字可以通用[21]。前面所说故秦东陵侯"召平",《艺文类聚》卷八七等引《史记》作"邵平",即其例子。把银器铭文"邵平"定为齐哀王相召平,这跟B1:11、12两件银盒形制所反映的年代是一致的。下面将要引到的《简报》"结语"说:"过去发现的银盒之类器物均出自于西汉早期的大型墓葬中,如临淄大武汉墓、广州南越王墓、江苏大云山汉墓等。"

如果西辛大墓银器铭文"邵平"确实是汉齐相召平,那么银器就应该是齐相召平之物,而出土召平银器的西辛大墓就应该是齐相召平之墓,其墓葬年代当在公元前180年年底。银器铭文在"邵平"之前没有注明"齐相"之类的字样,说明银器可能作于召平任齐相之前。据上文所说,召平大概是在惠帝二年七月之后出任齐相的。那么召平银器的年代当在公元前193年之前。

《简报》把西辛大墓的年代定在战国末年。那么我们说该墓银器铭文的"邵平"即齐王相召平和西辛大墓即齐王相召平之墓岂不是就有问题了吗?我们暂时不回答这个问题,先看看《简报》"结语"是怎样定西辛大墓年代的:

关于墓葬的年代,在最初的报道中我们曾将该墓葬时代暂定为战国末年或西汉初年②。现从墓葬形制、布局结构分析，墓葬形制显然与以往发掘的齐国贵族墓葬形制基本一致，如墓圹呈阶梯状内收、以巨石垒砌石椁、在石椁之外二层台上分布陪葬坑等。不同之处在于，过去发掘的齐国战国大型墓葬的陪葬坑，一般都是以年轻女性陪葬为主，而西辛大墓的五座陪葬坑都属于器物坑，这又与西汉早期的大型墓葬多在墓圹之外设置陪葬器物坑的情况相近，只是该墓的陪葬器物坑设置在墓圹内的椁室一侧。从出土器物来看，该墓尽管被严重盗掘，但残存的随葬品也包含了陶器、铜器、玉器、骨器、金器、银器及漆木器等各种质地的器物，种类较丰富。然而器类较单调，如陶器仅有壶一种；无论是陶器、铜器还是车马器等，器形多小而粗糙，多属于明器。器物形制与该地区战国晚期到西汉初年常见同类器基本相同。过去发现的银盒之类器物均出自于西汉早期的大型墓葬中，如临淄大武汉墓、广州南越王墓、江苏大云山汉墓等，但该墓所出银盒，从其铭文判断应属于战国时期③，据此可将该墓出土银器年代定为战国时期。总体来看，墓葬形制和出土随葬器物的特点符合战国晚期到西汉初年的特征。结合墓葬位置与战国田齐二王冢相毗邻，其或与二王冢有一定关系。因此我们认为该墓年代为战国末年。

据此可知，西辛大墓的墓葬形制和随葬品的器物形制，既有战国末年的因素，又有西汉初年的因素。这跟"结语"提到的临淄大武汉墓的情况颇为相似。大武汉墓的墓葬形制及随葬器物坑的器物形制，也既有战国末年的因素，又有西汉初年的因素。相对来说，西辛大墓西汉初年的因素要大于战国末年的因素，按照道理讲，把西辛大墓的年代定在西汉初年要比定在战国末年更加客观、更加合理。但是，《简报》却根据早期因素把西辛大墓的年代定在战国末年。其中很重要一个原因，恐怕是该墓所出银器铭文具有战国文字形体特点，认为银器属于战国时期，墓葬也属于战国时期。不可否认，银器铭文确实具有战国文字形体特点，但银器的年代并不一定就属于战国时期。道理很简单，汉初去战国末年不久，那时当有许多战国末年的人在世，他们书写具有战国形体特点的文字，一点也不奇怪。不仅故齐国国都临淄地区出土的汉初遗物上的文字有这样的情况，其他地区出土的汉初遗物上的文字也有这样的情况。例如曲阜九龙山3号墓是汉鲁孝王刘庆忌的墓，墓内出土一方"王庆忌"印④，

"王庆忌"显然是指鲁王庆忌,但其文字却具有战国文字形体特点,以致《古玺汇编》把"王庆忌"印作为战国古玺收入㉕。我们不能根据西辛大墓银器铭文具有战国文字形体特点就把银器以及出土银器的西辛大墓的年代定在战国晚期,正如不能根据九龙山3号墓"王庆忌"印文字具有战国文字形体特点就把"王庆忌"印以及出土"王庆忌"印的九龙山3号墓的年代定在战国晚期一样。

关于古文字的发展,我们过去看得比较简单,总认为秦始皇灭掉六国,于公元前221年建立秦帝国、统一文字之后,东方六国文字不复存在。现在西辛大墓邵平银器铭文的发现,说明在秦亡之后,汉初曾经偶尔出现过东方六国文字,古文字发展的实际情况比我们想象的要复杂一些。说到这里,使我想到广州象岗山南越王墓出土的车驲虎节㉖。车驲虎节的形制和铭文形体特点都跟楚国传赁虎节十分相似㉗,所以我过去认为车驲虎节是战国时期楚国铸造的㉘,现在看来,车驲虎节的年代应该重新考虑。

我们已知西辛大墓应该是齐哀王相召平之墓,那么《简报》"结语"所说的"该墓有许多耐人寻味之处",可以得到合理的解释。"结语"原文说:

> 该墓有许多耐人寻味之处。一是尽管墓葬被盗掘惨重,但仍出土了数量较多的随葬器物。从残存随葬器物来看,除两件玉器及银豆等少量器物特别精美外,其它器物多小而粗糙。二是多数陪葬坑并未被破坏且有一定规模,但出土器物数量有限,也较简单,表明这些陪葬坑仅具象征意义,与墓葬规模如此之大似乎并不相符。

众所周知,西汉初年,诸侯王国的相是由中央委派的,是诸侯王国中最高的行政长官,对诸侯王有匡辅、督察之责;诸侯王不法,要受到连坐㉙。在刘氏集团与吕氏集团的斗争中,召平显然不是吕氏集团的人,他反对齐哀王刘襄发兵是他的职责。召平虽然害怕受到连坐而自杀,但事后当得到刘氏政权妥善处理,按照王国之相的地位安葬。召平的儿子犁(黎)顷侯召奴,文帝十年(前170)"以齐相召平子侯"㉚。也可以说明这一点。大概是在动乱期间,再加上时间仓促,随葬品一时难以按照规定置办,只好临时找来少数召平生前用过的精美如银器、玉器和一些小而粗糙的器物以充数,以及减少陪葬坑的随葬品数量,于是就出现了《简报》"结语"所说的"该墓有许多耐人寻味之处"。

关于山东青州西辛大墓银器铭文及其年代的意见就谈到这里,谬误之处,敬请大家批评指正。

附记：

最近读到安徽大学孙合肥君的博士学位论文《战国文字形体研究》（指导教师：徐在国，2014年10月），该论文第582页把《古玺汇编》3937号私玺"窒孙"之后的一个字释为"受"，可从。此"受"字作并列的"爪""舟"与"又"之间加一横，跟西辛大墓B:11、12银盒铭文"受"字写法十分相似，可以参看。

2014年11月21日

张振谦博士也释出西辛大墓银器铭文中的"受""耕"二字。见张氏《齐鲁文字编》第二册第528页、第三册第1019页，学苑出版社，2014年。《齐鲁文字编》一书，蒙张振谦博士赠送，在此表示感谢。

2017年6月8日

原载《中国文字学报（第八辑）》，商务印书馆，2017年，29—35页

注　释

① 山东省文物考古研究所、青州市博物馆《山东青州西辛战国墓发掘简报》，《文物》2014年第9期，4—32页。

② B1:11、12两件银盒，《简报》又名为银豆，前后称呼很不一致。本文暂且采用"银盒"的称呼。

③ 山东省文物考古研究所、青州市博物馆《山东青州西辛战国墓发掘简报》，《文物》2014年第9期，25页图四九、五一—五四，26页图五六。

④ 滕壬生《楚系简帛文字编（增订本）》，湖北教育出版社，2008年，397—400页。饶宗颐主编《上博藏战国楚竹书字汇》，安徽大学出版社，2012年，第212—213页。

⑤ 中国社会科学院考古研究所《殷周金文集成（修订增补本）》，中华书局，2007年，第六册，09617号。李家浩《盱眙铜壶刍议》，《古文字研究（第十二辑）》，中华书局，1985年，355—361页。

⑥ 朱德熙《古文字考释四篇》，《古文字研究（第八辑）》，中华书局，1983年，18—19页；《朱德熙古文字论集》，中华书局，1995年，153—154页。吴振武《释"受"并论盱眙南窑铜

壶和重金方壶的国别》,《古文字研究(第十四辑)》,中华书局,1986年,51—58页。

⑦ 魏成敏、朱玉德《山东临淄新发现的战国齐量》,《考古》1996年第4期,26页。孙刚《齐文字编》,福建人民出版社,2010年,200页。吕金成《夕惕藏陶》,山东画报出版社,2014年,上册,3页 XTCT Ⅰ01-1-1。

⑧ 参看吴振武《古玺姓氏考(复姓十五篇)》,中国文物研究所编《出土文献研究(第三辑)》,中华书局,1998年,74—75页;孙刚《齐文字编》,259页。

⑨ 荆门市博物馆《郭店楚墓竹简》,文物出版社,1998年,113页。

⑩ 参看廖名春《郭店楚简老子校释》,清华大学出版社,2003年,294页。

⑪ 丘光明《中国历代度量衡考》,科学出版社,1992年,130—139页。魏成敏、朱玉德《山东临淄新发现的战国齐量》,《考古》1996年第4期,26页。

⑫ 中国社会科学院考古研究所《殷周金文集成(修订增补本)》,第一册,00158.2号。

⑬ 参看黄曙辉点校《十七史商榷》,中华书局,2005年,27页"三召平"条。

⑭ 《史记》,中华书局,1982年,1999页。

⑮ 《汉书》,中华书局,1962年,59页。

⑯ 严耕望《中国地方行政制度史——秦汉地方行政制度》,上海古籍出版社,2007年,17页。

⑰ 贾谊《新书·淮难》:"天子选功臣有识者,以为之相吏。"

⑱ 《史记·齐悼惠王世家》:"齐悼惠王后尚有二国,城阳及菑川。菑川地比齐。天子怜齐,为悼惠王冢园在郡,割临菑东环悼惠王冢园邑尽以予菑川,以奉悼惠王祭祀。"《史记》,2008页。

⑲ 山东省淄博市博物馆《西汉齐王墓随葬器物坑》,《考古学报》1985年第2期,223—266页。

⑳ 山东省淄博市博物馆《西汉齐王墓随葬器物坑》,《考古学报》1985年第2期,258页图二九.5,图版十四.3。

㉑ 参看董安治整理《古字通假会典》,齐鲁书社,1989年,808页"召与邵"条。

㉒ 原注:"《山东青州西辛战国墓》,《2004中国重要考古发现》,文物出版社,2005年。"

㉓ 原注:"李零《论西辛战国墓的裂瓣纹银豆——兼谈我国出土的类似器物》,见《文物》本期。"

㉔ 山东省博物馆《曲阜九龙山汉墓发掘简报》,《文物》1972年第5期,43页图五右。

㉕ 罗福颐主编《古玺汇编》,文物出版社,1981年,509页,5587号。

㉖ 广州市文物管理委员会、中国社会科学院考古研究所《西汉南越王墓》,文物出版社,1991年,上册,87页图五九;下册,彩版二〇、图版四三。

㉗ 中国社会科学院考古研究所《殷周金文集成(修订增补本)》,第八册,12095号。
㉘ 李家浩《南越王墓车驲虎节铭文考释——战国符节铭文研究之四》,广东炎黄文化研究会、纪念容庚先生百年诞辰暨中国古文字学学术研讨会编《容庚先生百年诞辰纪念文集(古文字研究专号)》,广东人民出版社,1998年,662—671页;黄德宽主编《安徽大学汉语言文字研究丛书·李家浩卷》,安徽大学出版社,2013年,71—78页。
㉙ 参看严耕望《中国地方行政制度史——秦汉地方行政制度》,100页。
㉚ 见《史记·惠景闲侯者年表》《汉书·高惠高后文功臣表》。"黎",《汉书·地理志》属东郡,位于今山东郓城西。

古文字界画与印文界格

李宗焜

一、玺印界格

中国印章,最早的是殷商时代的几方铜印。其中三方传世商玺著录于《邺中片羽》,还有三方是科学发掘品,分别于 1998 年、2009 年、2010 年在殷墟出土。这些铜玺有人认为是中国最早的玺印,并对其文字加以考释,这也说明了玺印始于晚商。也有学者不认为印上的笔画为文字,可能是一种图案,虽类似古玺,但可能是古代铸造铜器用的母范,未必就是玺印[①]。但从"抑印"的角度看,这种"自我认明"的作用,就与凭信有关[②]。

这六方商玺,学者有过不少研究[③]。尽管对这六方铜玺的性质是否为"玺印",其上为文字或族识,甚至对其"文字"也有不同的释读。但这是晚商铜玺,大家的意见比较一致。

本文关注的重点是著录于《邺中片羽》的田字格奇字玺。我并不打算讨论其中的文字,只关注其田字格,从这个铜玺钮式看,它应是玺印的型式,其田字格应是有意地区分出四个格子,这应是最早可见的田字格。

在战国玺印中,也有一些田字格或日字格。尤其秦印的界格更有其特色。战国古玺的田字格,大抵跟殷商的田字格奇字玺一样,平均分为四格,每格一字。日字格则有时一格数字,严格说不是分格,更像是分行,每行几个字,在楚、齐的玺印中都可以看到这样的日字格,秦封泥"栎阳右工室丞",也是这种日字格。

田字格或日字格的下限,一般认为到汉武帝太初元年(前 104)[④]。从印章看,学者的意见比较一致。赵平安从封泥考察,发现"延乡侯印"封泥有田字格,因为延乡侯始封为汉成帝永始四年(前13),这也成了此印的上限。因此田字格的下限至少可以推到汉成帝永始四年⑤。(图1)

田字格奇字玺⑥(商)

田字格(楚)　　田字格(齐)　　日字格(楚)　　日字格(齐)

日字格(秦封泥)　　"延乡侯印"封泥(汉)

图1

以上所说是印文界格的大概情况。这里要对秦印做进一步的探讨。大家知道秦印多有界格,这是秦印的一个重要特征,其界格虽也有平均分布的,但"因地制宜"的不平均似更为特色。孙慰祖说:"疏落的印文借助这类界格,获得了齐整紧束、井然有序的视觉效果。界格的分隔也是很见心机的。秦私印的界格往往不是千篇一律等分线,而是自觉按照文字体势特点与结构的繁简来确定的。"⑥(图2)

规整田字格(秦)

不规整界格(秦)

图2

秦印的另一特色是印文的次序常与一般习惯不同。一般印文的正常次序由右到左，由上到下，即使回文印也有一定的规律，但秦印的田字格印读法却很复杂，与一般的惯例很不一样，赵平安归纳了八种方式⑦。如上举的"宜阳津印"，其次序安排为：

这是秦印的特殊现象。这一现象正好能为我们要谈的界格与文字先后的问题提出说明。即有界格的玺印，到底先刻印文还是先刻界格？是像写稿子一样，先有稿纸的格子，然后在格子里写字，还是先写了字再画格子？

以写稿为例，毫无疑问是先有格子，但刻印章是否也一样呢？从位置均分的印章看，先有界格再填字，是合情合理的；但如果先刻了字，再饰以界格，并非绝无可能，虽然不尽合理。但从刻印的经验，多数人恐怕是先刻文字再刻界格和边栏。话虽如此，一般在刻文字时，相关格线应是早就预先规划好的。

在秦印这类"不均分"的印章里，更非先有格线不可，尤其"对角读"那种极度不规范的次序，必须先有格了。我们一般写印稿的时候，也是先规划好格线，至少先做好位置分配的。

从以上的分析，我们认为有格线的印文，是先画好格线的。有了格线才在格内填印文，像我们写稿纸一样。

二、铭文、简帛界格

印文之外，我们来看古文字材料。在有铭文的铜器里，有些文字自然错落的，应该是随心书写，并无格线规范，像一些没有界格的古玺印文也是比较自由的。

有些则有格线，容庚说："铭文间有方格，殆为书写之便。如师趛鼎……皆有阳文方格。然铭文往往跨于格上。……郘黛鼎及壶则有阴文方格，字皆书于格内。"⑧（图3）

师趛鼎（阳文方格）　　　　　鄁嫠鼎（阴文方格）

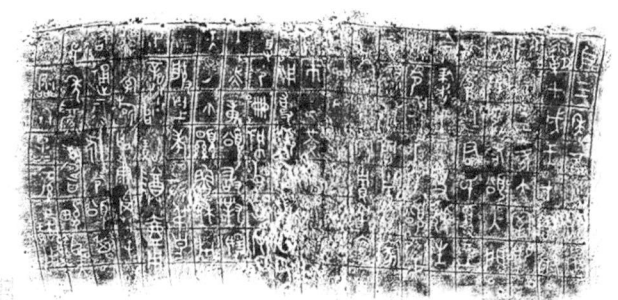

颂壶（阳文方格）

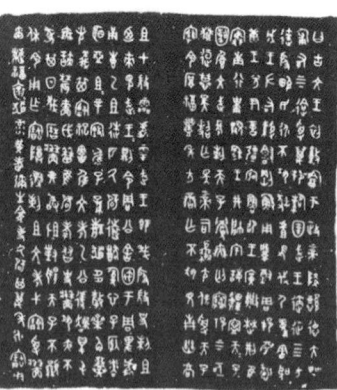

大克鼎　　　　　　　　　史墙盘

图 3

从有格铭文中可以知道,"皆书于格内"的,当然是先有格子,再于格子里填字;即使偶有文字"跨于格上",也一定是先有了格子,只是少数几个字没有完全写在格子里,从其他大多数整齐排列在格子里的字,可知一定是先有格子的。偶尔跨在格上,就像我们写稿子,并不一定每个字都规规矩矩写在格内一样。还要进一步指出,铭文中很多行列整齐的,虽然没有看到格线,其先一定也是有格子的,不然不可能写得这么整齐。如大盂鼎、史墙盘。史墙盘虽然最后一行跟前面的行格不一样,那是到最后写不下,硬挤在一行内。前面的整齐行款,一定是先有格子的。

如同我们写篆隶、楷书等较规整的字,或者画上格子,即使不画也会折出格子,裱好之后看不到格子的痕迹,实际上写的时候,是有隐形格子的。金文的整齐铭文没有格线的,也是同样的道理。

再看看简帛文字,行款不整齐的,可能是直接写的。行款整齐且各简文字左右整齐对应,字与字间距离大体一致的,即使不在每简上画格线,一定也有一个范式在旁边作为写字的参考。尤其像北大简那种上下字距较大,左右简文字排列整齐的,必然是受格子这类工具制约。

马王堆帛书里就有不少画格子或分栏的,这线条显然是先画上去的。(图4)

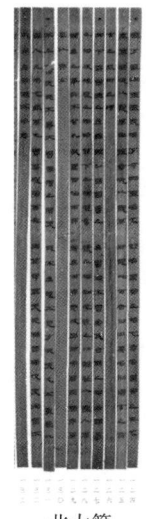

北大简　　　　　　马王堆帛书

图 4

从西周铜器铭文到简帛文字,这些古文字材料,以及从商玺到战国古玺,秦汉印玺等,凡有格线的,几乎可以论断,都是先有格线或受格子制约的。

三、甲骨文的界画

甲骨文是殷商晚期刻或写在甲或骨上的文字,包含卜辞和记事刻辞。是现在可见最早的系统汉字,在汉字和殷商历史文化的研究上,为极其重要的史料。这里要谈的,不是甲骨上面的文字,而是在甲骨上偶然可见的界画,这些界画的主要作用是把一段一段的卜辞隔开,避免混淆。这些界画跟文字的关系如何?是像前面所说的文字材料那样,先有界线呢?还是界线后画?下面按照甲骨界线的性质,探讨这个问题。

甲骨卜辞跟界画的关系,从情理设想,无非这几种可能:

(一)先画线条,再刻文字;

(二)每刻一卜辞,接着加一界画。往后再刻下一卜辞和界画,依次而往;

(三)全部卜辞刻完之后,为避免卜辞之间的混淆,用界画区隔开。

前面所谈的从殷商奇字玺、金文到先秦古玺、汉印的界格,都是属于第一种情形。甲骨文的情况如何呢?

我们先以常见于第二期"出组"的卜王卜辞来说明。从甲骨观察,这种卜辞界画平直,文字与界画之间有适度的距离。这种界画有可能是第一种情形,即先刻好线,再依次填上文字;但也有可能是第二种情形,也极有可能是第三种情形。卜王卜辞大部分没有界画,且形式类似,所以不加界画是常态,这样的卜辞,如果加上界画,会跟现在所见有界画的一模一样。因此我们完全有理由相信,那些有界画而相对整齐的卜王卜辞,其界画是最后刻上去的。(图5)

卜辞的界画有些线条扭曲的,甚或迁就文字位置画线的,可能是一辞刻完再画线(第二种情形),或全部卜辞刻完再画线(第三种),但绝不会是第一种。因为不可能先画扭曲的线条,再削足适履的迁就线条写字。下面这些卜辞却非解释为第三种不可。(图6)

图 5　无界画与有界画的卜王卜辞

《合》24769 有丁酉、己亥二日之卜。乃"丁酉"卜后,为"己亥"之卜,中间隔了一天。由下往上刻。上半部"己亥"二辞之间的界画,应是文字之后刻的。如"无忧"一辞刻完就刻线,没有往右下斜的理由。自是二辞刻完之后,为迁就"不"字而做的避让。

《合》25809 在两个"宾"字间避让,自是二辞刻完之后画的线。

《合》26210 "乙亥""丙子"二辞间的界画,明显是两辞刻完之后,迁就"行"的权宜处置。

《合》26314 是干支由下往上刻的夕卜,每一界画都避让后一日所刻的"旅"字,可见为第三种情形。如为第二种,线条应为直线才合理,没理由预先避让"旅"字的位置。

《合》26549 "癸卯"一辞"贞"字较高,"癸亥"一辞"旬"字较低,二辞已刻之后刻线,对此二字避让[9]。

《合》26624 先刻"癸丑"一辞,再刻"癸酉",之后的界画避让了贞人"▨"字。因"癸丑"先刻,如接着刻线(第二种情形),不可能预避"▨"字位置。

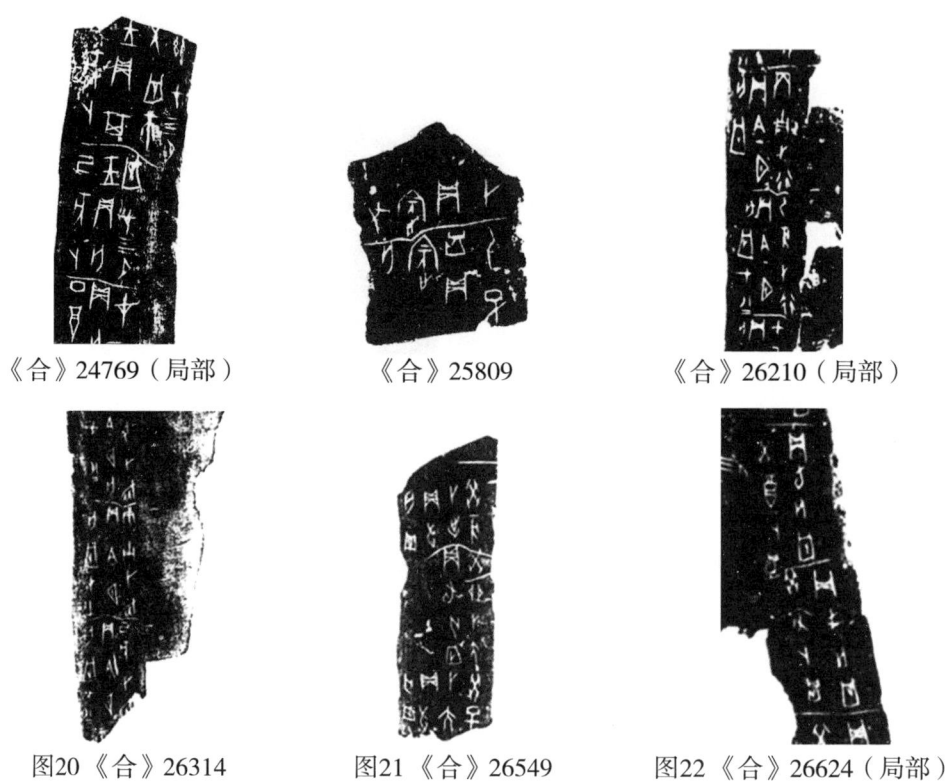

《合》24769(局部)　　　《合》25809　　　《合》26210(局部)

图20 《合》26314　　图21 《合》26549　　图22 《合》26624(局部)

图6　无皆画与有界画的卜王卜辞

下面谈谈"宾组"和"师组"几个典型的例子。

现藏于国家博物馆的几版大胛,上面刻有很长的界画。其中一版特别典型(《合》6057):正面右上角有前辞"癸未卜壳",命辞残去,接着是反面的占辞和命辞。这条卜辞的正反两面都用界画和别的卜辞隔开,界画也是刻完文字之后刻上去的。尤其反面的界画更能证明这种情况。卜辞最后"我田十人",界画顺着刻到"人"为止,如果先有界画,绝不可能预先算准文字停止的位置,只有文字刻完了,界画后刻,才能正好刻到文字停止处。

《合》9572 也是非常典型的例子,是在各条卜辞分别刻完之后,才用扭曲的界画把"戊子"一辞圈开,以免和它辞混淆。(图7)

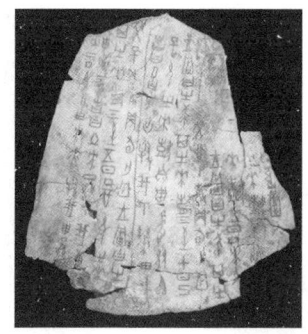

《合》6057（左正面、右反面）

《合》9572

图 7

像这种迁就文字的扭曲线条，例子非常多，不烦具举。这样的界画，毫无疑问是后刻的。从这么多类似现象看来，界画后刻是一个客观存在的事实。那么即使那些相对比较直而规整的界画，完全有可能跟"出组"的卜王卜辞一样，也是后刻的。

一般认为时代最早的"师组"卜辞里，使用界画的情形也很常见，如《合》19829、20463、20967 等。《合》21021 这版占卜天气的"师组"卜辞，界画的情况更为特殊，是在卜辞都刻完之后，再利用界画把各条卜辞圈起来，避免混淆。这绝不是预先画上界格，因为不可能预先知道卜辞所需的空间，需预留多大位置，而且留得刚刚好。

《屯南》2707 为"历组"卜辞，其界画主要也是为把卜辞区隔清楚。

甲骨上的有些界画是完全没必要的。如《合》32788，《合》32789，这些没必要的界画当然是刻完卜辞再刻的,绝无可能先刻界画,再把文字往里塞⑩。

个别界画画错位置的,如:《合》12349"贞翌庚申雨",更应该是先有文字再刻界画。如果先有界画,文字没有理由刻在界画的两边。(图8)

《合》21021¹²

《屯南》2707　　　《合》12349(局部)

《合》32788、32789

图8

从上面的例证，我们可以推断，卜辞的界画是在所有卜辞刻完后才加上去的。而刻界画的主要目的，是为了区隔卜辞，使不同卜辞间文字不产生混淆。我们在有界画的卜辞里，几乎找不到一定是先刻界画再刻卜辞的例子。

在台北的历史博物馆所藏甲骨中，有一个奇特的例子。

原藏河南博物馆，现在"史语所"整理的甲骨，有一版工作编号为3612号的甲骨（《甲骨文录》694，《合》24330）（图9），内容为常见的"在师寮卜""在师𡧐卜"。在"师寮"和"师𡧐"的"寮""𡧐"之间有一界画，而"𡧐"的左上角"火"没有刻全，从拓片看并未引起注意，高清照片可以提供我们更多的信息。如果"师寮"卜辞先刻，而这个界画在"寮"之后刻上，没有理由刻成这样的曲线；如果"师𡧐"卜辞先刻，接着刻的界画也不该做此曲线。合理的解释，应该是先刻了"师寮"卜辞，后刻了"师𡧐"卜辞，"𡧐"字刻得太高，与"寮"字空间不足，于是左上角的"火"旁只刻了一笔，便含糊带过。而在

《甲骨文录》694，《合》24330

图 9

两字间加一明显迁就两字的界画加以区隔。这在所见的界画中是一个奇特的例子，这个缺画的"𡧐"字，其形成的背景，也与一般的缺刻笔画不同，是一个特例。从这个例子，也再次证明界画后刻，其主要目的为区隔卜辞。

《合》26541的界画比较奇特，是把卜兆跟兆序圈起来，左边残断的部分，应该还有被圈起来的卜辞。王子杨指出《屯南》994"癸亥"的封闭界画并非表示删改的符号，"刻手用界画圈起'癸亥'二字，是标识'癸亥'左侧的卜兆以及卜兆上面施刻的兆辞'二'归属'癸亥'这一条"[11]。这个说法是正确的。《屯南》1111"兹用"一辞的界画情况类似；同版下端"己未"一辞的界画，圈出卜辞的意图更优先于区隔文字。《屯南》4429为"师组"卜辞，界画也是为标示卜辞和卜兆。（图10）

《屯南》994 　　　　　《合》26541

《屯南》4429

《屯南》1111局部

图 10

合22184　　　　　　　　《符》1

图 11

这种类型的界画在以往的甲骨中比较少见,但花东卜辞却几乎都是这一类型。

四、花东甲骨

花东甲骨是 1991 年社科院考古所安阳工作队在殷墟花园庄东地发掘的,其中有刻辞的 689 片,以大块和完整的卜甲居多。《殷墟花园庄东地甲骨》选录了 561 版[12],其中有界画的约 100 版,比例甚高。这 100 版有界画的甲骨,很明确的显示了两个事实:一、界画是后刻的;二、界画的目的主要是为标示卜辞及其对应的卜兆,区隔文字是非常次要甚至不是目的。当然这两个现象并不是互斥的,往往相伴发生。我们举几个典型例子说明这两个现象,不逐一细说。

《花东》9,右后甲"丙寅"一辞,界画显示这一条卜辞对应兆序一至四这四个卜兆。这样的界画与区隔文字无关,因为没有其他文字干扰。

《花东》14 右后甲"乙酉卜子于翌丙"一辞对应四个卜兆。

《花东》37 左前甲"壬子卜"一辞,界画紧沿文字,绝对是卜辞之后刻上去的。这里的界画,清楚的区分三条卜辞和三个卜兆的关系,使各得其所。右前甲"壬子卜"所加的界画,除了与其上"乙卯卜"一辞区隔,同时也标示了这一卜辞所对应的五个卜兆。(图 12)

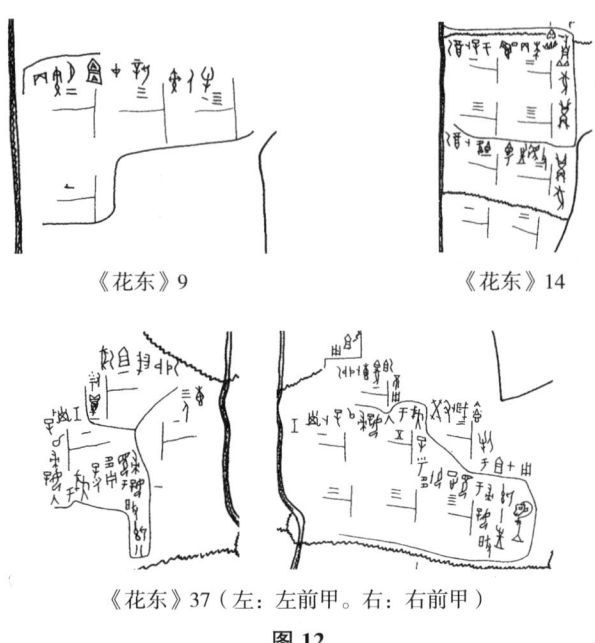

《花东》9　　　　　　　　　《花东》14

《花东》37（左：左前甲。右：右前甲）

图 12

《花东》159 右后甲这个界画同时说明两个问题。必是刻完卜辞再画线，不可能画完线，里面刻文字位置刚刚好。这版文字完全没有混淆疑虑，主要为标示卜兆，虽然卜兆只有一个。

《花东》176 右后甲的界画，看来似是多余，它完全没有区隔文字的作用和必要，但这一界画似在表明这一条卜辞对应这全部十个卜兆，不是只管八、九、十。

《花东》179 右后甲的界画可有可无。但其紧沿文字，一定是先刻卜辞，后刻界画的。

《花东》198 左后甲的界画，如果只为区隔"壬辰"跟"辛卯"两条卜辞，只需二辞间一横道即可，现见的界画更重要的是为了完整标示卜辞与卜兆。这个界画和左前甲"癸巳"左旁的界画，从其迁就文字的情形看，界画显然也是后刻的。

《花东》220 左前甲的界画，其实完全没必要，这样沿着卜辞文字刻，而且右边刻意往右一道，明显是为了把卜兆包含进去，而不是为区隔文字。（图 13）

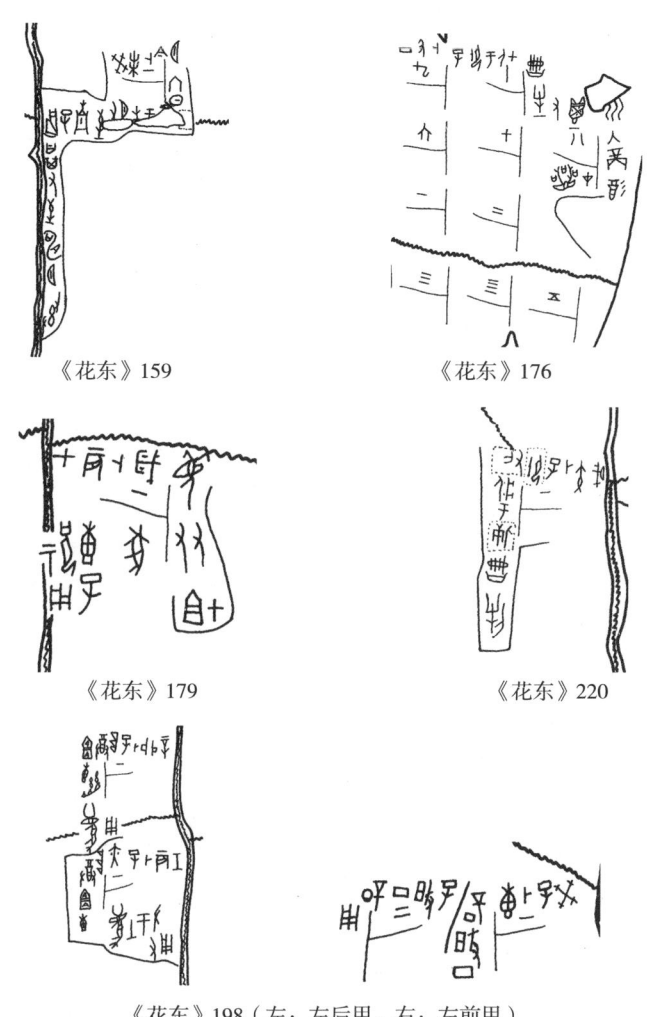

图 13

《花东》236 左前甲的界画，除了区隔卜辞，标示卜兆外，"酒伐兄丁告妣庚又伐妣庚"一辞下的界画，经过"妣庚"时，界画跳过文字。这个例子充分证明，界画是后于文字刻的。

《花东》259 左后甲一条卜辞，四个卜兆，一般情况这是一条卜辞对应四个卜兆，即为此一事占卜四次。本版右后甲就是这样的。但左后甲用界画标示出卜辞跟序数一卜兆，显示其对应关系，线外的三个卜兆并不属于这一卜辞，它们是为别的事占卜的，只是没有卜辞记录，无法知其内容。这一界画的有无,代表很不一样的内涵。界画从卜兆和卜辞间仔细画出,也证明界画是最后才画的。

《花东》286 左前甲界画主要为标示"己卜杀卯三牛妣庚"及其所含卜兆,这一组也没有区隔文字的必要。其右"己卜"和"癸卜"之间的界画,既区隔文字,同时也区隔出卜兆所属。

《花东》289 右中甲界画标示"丙卜"一辞及其对应的二个卜兆。

《花东》294 右后甲"乙卯"一辞相对独立,旁边再无文字,界画与区隔文字无关,向下拉只为把卜兆包含进来[13]。(图14)

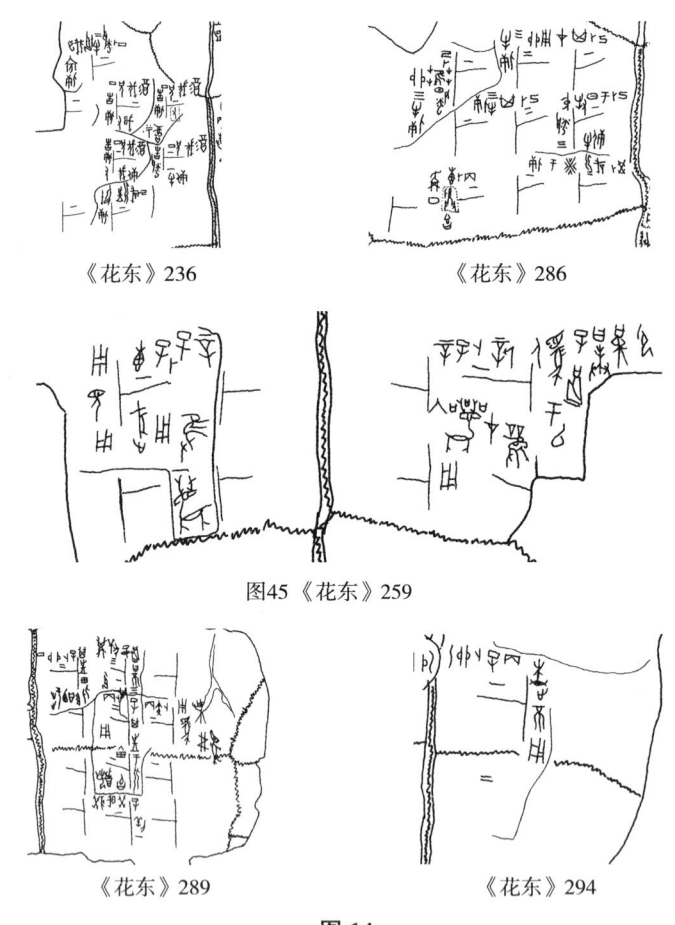

《花东》236　　　　　《花东》286

图45 《花东》259

《花东》289　　　　　《花东》294

图 14

《花东》295 右后甲的摹本，界画也是向左突出，看似奇怪，其实都是为了把卜兆包含进来，而该书摹本两处都只摹兆序而漏摹卜兆。上面"辛酉"一辞有二卜，漏了兆序一的卜兆；界画的上缘仍有区隔文字的作用，但更重要的是画出包含的卜兆。下面"戊午"一辞有三卜，漏了兆序一、二的卜兆。以致看来界画很奇兀，补上卜兆就很自然，界画都是为了把卜兆包含进去。

《花东》310 界画沿着文字走，为后刻。没有区隔文字的需要，也是为标示卜兆。

《花东》311 的界画标示兆序一、二、三这三个卜兆。兆序一的卜兆该书漏摹，兆序二、三残断。此界画区隔出上面的卜兆不属于"庚午"这一辞。

《花东》351 右后甲的界画很重要，它不是为区隔文字，因为二条卜辞的距离很大，完全没有混淆的疑虑。这个界画表示兆序三的卜兆属于下面的卜辞，如果没有界画标示，依一般习惯，会把这个兆序归属于上面的卜辞。这一界画表示包含上面的兆序三，却不包含下面的兆序一、二、三。它的作用在标示卜兆所属，而不在区隔文字。《花东》372 右后甲有三行两列卜兆，如果没有界画，一般理解上面两行四个卜兆属于"丙戌"一辞，下面两个卜兆属于"乙酉"一辞。这个界画标示了卜辞与卜兆的对应关系。

《花东》381 原书释文解释说："本版第二辞（按：指"于"辞。）周围用界画围起来，以与第一辞（按：指"戊戌"辞。）分开。而整个第1、2辞之左下用界画圈定，可能是准备在左下再刻其他卜辞，后因某种原因而作罢。"16（图15）

以我的了解，卜辞的界画是最后刻的，刻了界画并不是准备在其下方再刻。而如果只是为了把第二辞和第一辞分开，在第二辞的右侧画一道也就够了，似乎没必要把整条卜辞圈起来。值得注意的是它还把一、二这两个兆序一起圈起来。推测可能一开始以为整个是一条卜辞，包含这三个卜兆，所以整个画了界画（即左侧长画）。后来发现是二条卜辞，第一辞属于上面的及兆序一，第二辞属于下面的及兆序一、二，于是把第二辞和兆序一、二圈起来，作为一种补救措施。

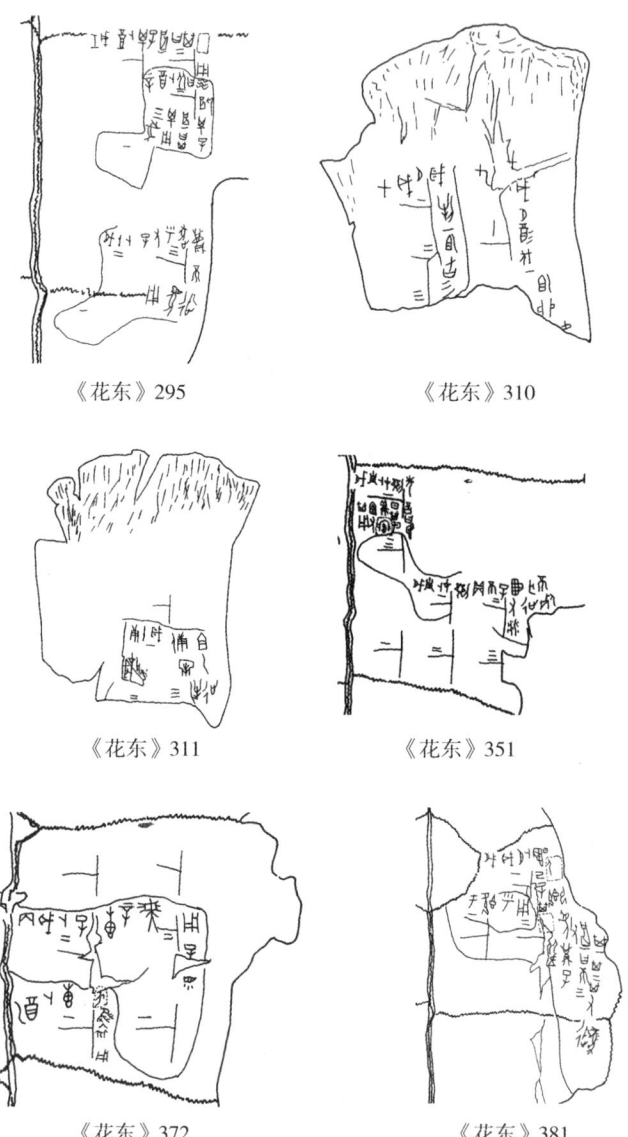

图 15

《花东》391 中间界画也是为标明卜辞和卜兆的归属。该书摹本千里路两侧左下角、右下角都漏了兆序"一"的卜兆,使得往下延伸的界画显得莫名其妙,补上兆序一,即可看出其为标示卜辞和卜兆对应关系的用心。

《花东》409 右前甲非常典型,界画既分隔了文字"丁""和"己",也圈出了卜辞和卜兆的归属。当然这些界画也是最后刻上去的。

《花东》416 右后甲每一条卜辞和卜兆都被界画区分得井井有条。左后甲也有类似界画,但"己丑""庚寅"两辞是只对应兆序一,或兼及其他,仍不易看出。如从对贞卜辞惯例看,比照右后甲,左甲"己丑""庚寅"两辞应各只对应一个卜兆,左甲还有三条相应卜辞未刻。

《花东》446 右前甲"甲卜子首疾无延"一辞,左右两道界画把兆序一、二这两个卜兆标示得清清楚楚,归属明确。其他界画也有类似作用。不过,左后甲有些界画不很清楚(至少我们从书上的照片、拓片看不清),尤其是靠近千里路那辞。根据该书摹本,三个"甲卜"下面的一条对应两个卜兆。但这有两个问题:一、兆序"一"在兆枝下面,这是不合常规的,二、右上卜辞就没有卜兆,没有占卜何来卜辞?仔细看照片,右上的"界画"似为裂痕,可能没有界画,其下界画的右端也没那么长。这样看来,这三条卜辞,各自只对应一个卜兆。(图16)

《花东》450 两条"丁卯卜子其入学,若永,用。"其中一条用界画圈起兆序一、二、三的卜兆,表示与兆序四、五、六区隔。《花东》493 右前甲有兆序一至四共四个卜兆,兆序一对应"壬辰"一辞,兆序二、三、四对应"甲午"一辞。

《花东》475 左前甲的界画表明"辛亥"一辞只含一个卜兆,其下的卜兆是属于"壬子"的。如果没有这个界画,一般一定把其下的卜兆归属于"辛亥"。《花东》480 右后甲的两道界画,标明了"癸酉"一辞所对应的兆序一、二。丙寅一辞对应的兆序一、二、三、四、五;而界画外面的卜兆,则不属于本辞。这两组界画把卜辞和卜兆的对应关系弄得清清楚楚。(图17)

但同版的右前甲,这二道界画的标示就不是很清楚,"丙子"一辞没问题,但两条"甲戌"各对应哪几个卜兆就很难说;左前甲"癸酉"一辞对应哪几个卜兆,也难以确定。《花东》493 右后甲的情况类似。

从界画迁就文字,可以证明界画是后刻的。

《花东》494 右后甲的界画,与区隔文字完全无关,但为标示对应的卜兆。共四条卜辞,情况类似,大概只画一条界画以概其余。

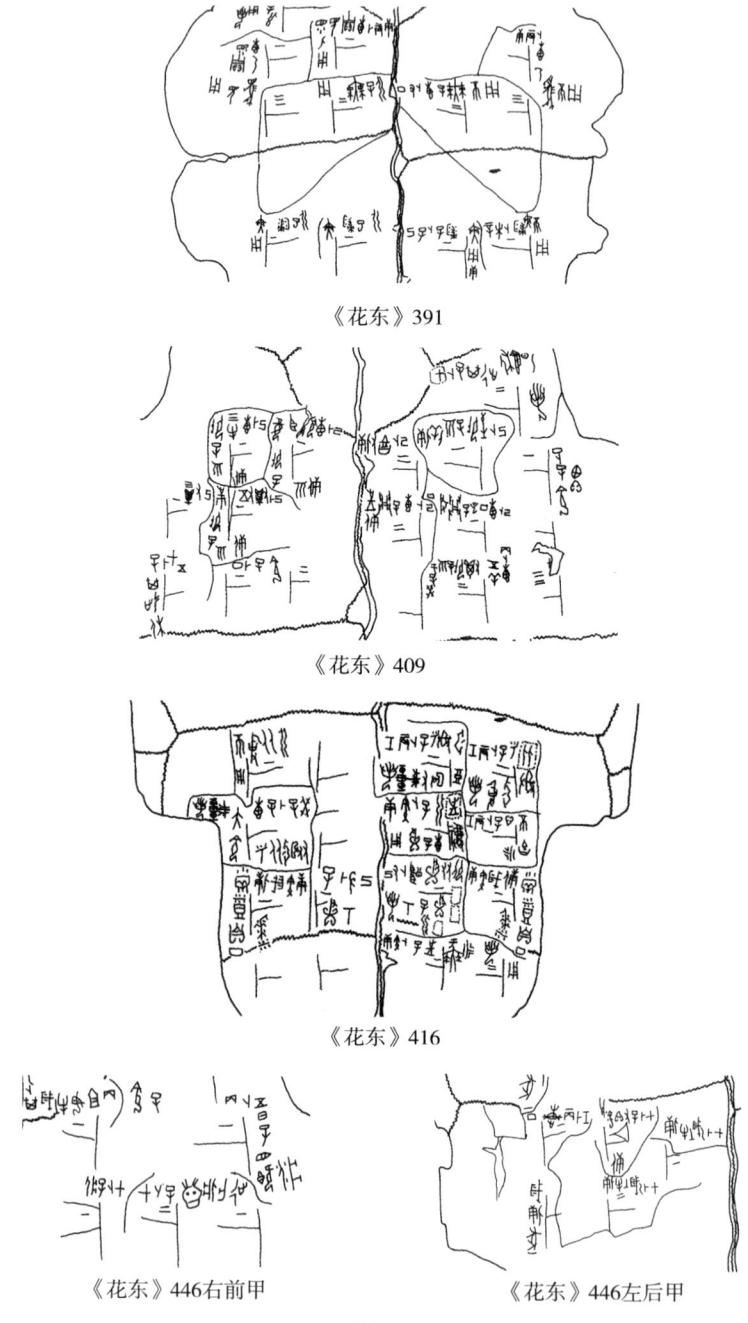

《花东》391

《花东》409

《花东》416

《花东》446右前甲　　　　　　《花东》446左后甲

图 16

古文字界画与印文界格 | 203

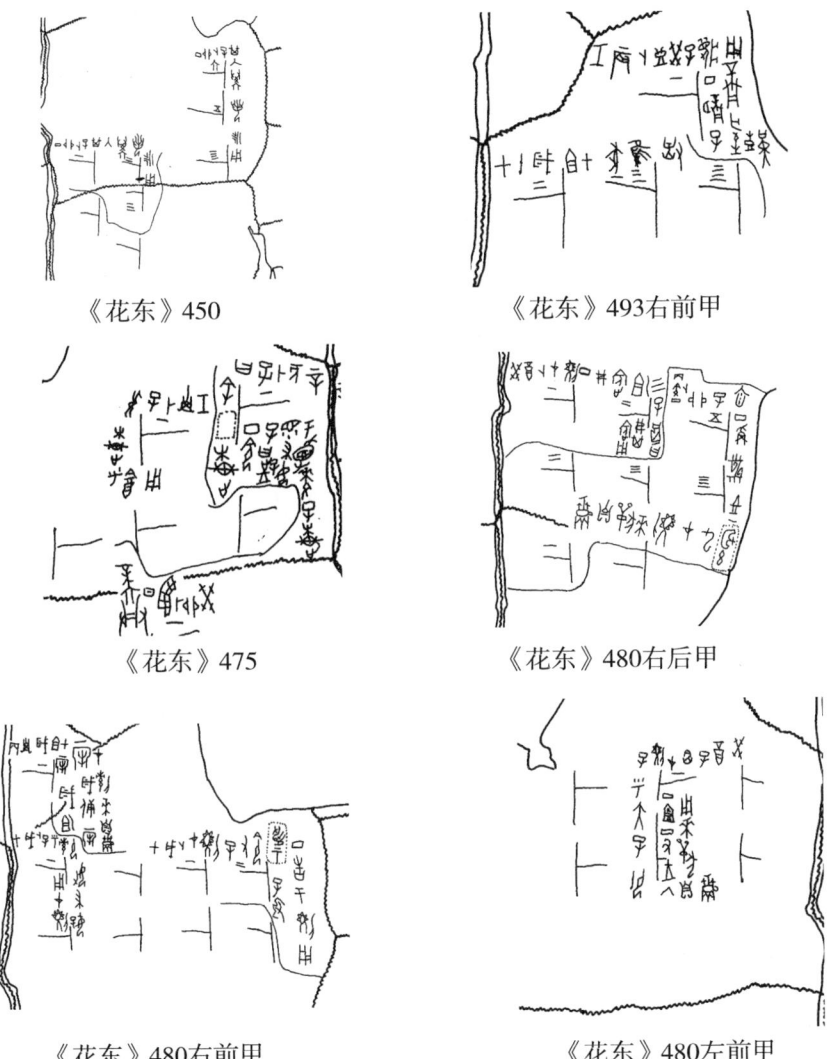

图 17

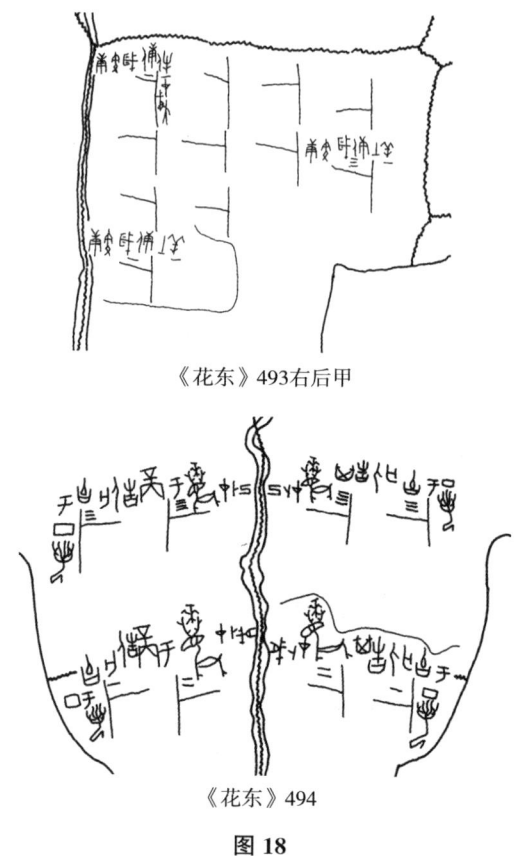

《花东》493右后甲

《花东》494

图 18

结　论

　　从殷商时代的铜玺,到铜器铭文,战国秦汉玺印、简帛文字,凡是有界格的,都是先有格线再施文字,即使表面没看到格线,其行列整齐的,在写字时也受到格线制约。

　　但甲骨文所呈现的是另一种情况。今见甲骨文凡有界画的,无一可以证明先刻线再刻字。相反的,都是先刻完所有卜辞,再刻界画。界画的目的是区分卜辞,避免不同卜辞产生混淆。

　　花园庄东地的甲骨,界画后刻的现象更为显著。它的另一特色是,界画主要用以标示卜辞所对应的卜兆,区隔文字是极其次要甚至不在考虑之列的。

这种现象在其他卜辞很少见,却是花东甲骨的特色。

甲骨文先刻卜辞再刻界画的情形,跟其他古文字材料先有界格再写文字的情况正好相反。

本文为国家社科基金项目"《甲骨文字编》修订与增补"(18AZW013)阶段成果之一,初稿曾于 2018 年 11 月 15 日在西泠印社"世界图纹与印记国际学术研讨会"发表。本文所附图版,只为能说明问题,多数不是原大,缩放比例也不统一,且不考虑其全版或局部。《花东》甲骨摹本迳从该书截取,个别问题只在文中说明,不重做摹本。

注 释

① 参考曹锦炎《古玺通论》所引罗福颐、王人聪等人观点,浙江大学出版社,2017 年,10—11 页。
② 参见孙慰祖《中国玺印篆刻通史》,东方出版中心,2016 年,51—54 页。
③ 前注曹锦炎、孙慰祖都有讨论,各家论述也不少。"第五届孤山证印峰会",徐畅还有专文讨论,见《晚商六玺的综合研究——兼论考古发掘新出土的三方晚商玺印》,《第五届"孤山证印"西泠印社国际印学峰会论文集》,西泠印社出版社,2017 年,126—143 页。
④ 叶其峰《西汉官印丛考》,《故宫博物院院刊》1986 年 1 期。王人聪《论西汉田字格官印及其年代下限》,王人聪、叶其峰著《秦汉魏晋南北朝官印研究》,香港中文大学文物馆,1990 年。孙慰祖《西汉官印、封泥分期考述》,《上海博物馆集刊(第六期)》,上海古籍出版社,1992 年。
⑤ 赵平安《田字格官印的下限》,见《秦西汉印章研究》,上海古籍出版社,2012 年,9—11 页。
⑥ 此图参考各家所说,作影像调整。
⑦ 孙慰祖《中国玺印篆刻通史》,94 页。
⑧ 赵平安《田字格官印的下限》,《秦西汉印章研究》,2—3 页。
⑨ 容庚《商周彝器通考》第五章"铭文有方格",上海人民出版社,2008 年,69 页。
⑩ "癸卯"一辞的"贞"字位置较高,容易与"癸亥"一辞的"出"误读,因而加了界画。"癸巳"与"癸卯"二辞的距离虽近,但尚无混淆疑虑,故可以不施界画。
⑪ 这种界画也有可能是为了标示卜辞和卜兆的关系,不一定是完全没必要的。
⑫ 这里的图版是中研院史语所考古库房根据几个学者修正的缀合结果,重新制作的,与

《合》21021 有些不同。

⑬ 王子杨《甲骨讹字研究》,清华大学出土文献研究与保护中心《先秦两汉讹字学术研讨会论文集》,2018 年,56—57 页。我也参加了这个会,在会议文章里提到《合》26541 跟《符》1 的性质相同,并在讲评子杨文章时补充了《符》1 这个例子。

⑭ 社科院考古所《殷墟花园庄东地甲骨》,云南人民出版社,2003 年。

⑮ 该书摹本此处只摹兆序,未摹出卜兆。

⑯ 社科院考古所《殷墟花园庄东地甲骨》,1710 页。

帝系、族姓的历史还原
——读徐旭生《中国古史的传说时代》

李 零

中国的古史传说是个长期困扰考古学家和历史学家的大问题,本文试以帝系、族姓的历史还原作为厘清这一问题的突破口。

首先,作者回顾了疑古运动后,为什么蒙文通、傅斯年和徐旭生不约而同,全都把目光聚焦于族团说,指出此说乃应运而生,背后有深刻的政治原因和学术机缘。

其次,作者讨论族姓,把两周常见的20个族姓分别归入黄帝集团、炎帝集团、二昊集团和祝融集团,指出族姓制度是两周时期的发明,王国维的这一说法非常关键。

再次,作者讨论帝系,把先秦帝系分为两种五帝说,一种属周帝系,一种属秦帝系,指出前者是西周大一统的总结,后者是秦代大一统的预告。

最后,作者对上述讨论进行总结,涉及古史传说的层次,帝系和族姓的关系,以及二重史证在考古研究上的分寸把握。

文天祥有句话,"一部十七史从何处说起"(《文山先生全集》卷一七)。中国正史,《史记》是第一部,《史记·五帝本纪》是第一篇。

司马迁作史,十二本纪下有三十世家,三十世家下有七十列传,列传隶属世家,世家隶属本纪,有如参天大树,树根在下,枝叶在上。本纪之本,原指树根。世家之"世",乃"叶"之本字。这是一种族谱式的框架,《五帝本纪》是它的根。

作史,年代、世系很重要。《史记》十表,包括世表一,年表八,月表一。《十二诸侯年表》始于共和元年,即公元前841年;共和以上,有世无年,只有《三代世表》;三代以上,既无年,也无世,只有帝系。《五帝本纪》是本《大戴礼》的《五帝德》《帝系》而作,就是讲帝系。《帝系》也叫《帝系姓》,本来是讲族姓的来源。

帝系和族姓到底是什么关系?这是讨论中国古史传说的基础。

一、序说

(一) 何谓传说时代

我想推荐一本书,徐旭生的代表作《中国古史的传说时代》[①]。我想从这本书引出我的话题。

徐旭生(1888—1976)是中国科学院考古研究所的元老。徐氏去世前,只有中国科学院。中国社会科学院是1977年才从中国科学院分出。

1949年以前,南有中央研究院历史语言研究所考古组,北有国立北平研究院史学研究所考古组。商文化的探索由前者揭开序幕,周文化的探索由后者揭开序幕。三代考古,两个系统各有贡献。

1950年,中国科学院接收北平研究院史学研究所和史语所北平图书史料整理处,建考古研究所。这个所的老前辈,梁思永、夏鼐、郭宝钧、尹达是来自前中研院,徐旭生、黄文弼、苏秉琦、白万玉来自前北平研究院。徐氏当过北平研究院史学所的所长和代副院长。

此书前有徐氏门生黄石林(考古所内,人称小黄老)写的徐氏传、著译目录和介绍此书的序言,可参看。徐氏留学法国,本来学哲学。他的考古生涯以西北考察(1927年)、斗鸡台发掘(1933年)和夏墟调查(1959年)最著名。西北考察,他是中瑞西北考察团的中方团长。斗鸡台发掘,他是主持人。夏文化研究,他是拓荒者。

此书是徐氏的代表作(下简称"徐书"),1939—1941年写于昆明黑龙潭。他在此书"叙言"中讲得很清楚,他的写作初衷是为了回应1923年前后以顾颉刚为代表的疑古思潮[②]。

顾颉刚是开风气之先的人物。他把中国古史一分为二,神话归神话,历史归历史,对中国现代史学的重建影响非常大[③]。其学上承中国的辨伪学传统(如姚际恒、崔东壁),下受近代思潮(如康有为、胡适)影响,毕生致力于古书辨伪和古史辨伪。古史辨伪是基于古书辨伪。

早在 1926 年,王国维在《古史新证》第一、二章就对顾氏的古史观有所批评④。1929 年,钱穆作《刘向歆父子年谱》,也对顾氏的辨伪方法有所商榷⑤。

徐氏认为,顾颉刚的最大贡献是把《尚书》前三篇即旧之所谓《虞夏书》拉下来,还原到春秋战国时期⑥,不足之处是破坏有余而建设不足,在方法论上有四点值得商榷(22—28 页)⑦。

徐氏以华夏、东夷、苗蛮三大族团重构"中国古史的传说时代",与蒙文通《周秦民族史》(1927—1935 年)和傅斯年《夷夏东西说》(1931 年)可谓不约而同。他们都对疑古思潮有所反思⑧,宁肯撇开年代早晚,把问题还原为族系的空间分布。

蒙书动手最早,着眼点是民族迁徙,特别是周秦少数民族(旧之所谓"蛮夷戎狄")的迁徙。他把周秦时代的部族分为江汉、海岱、河洛三系⑨。徐书增订本说,他是从 1939 年开始研究古史传说,把古代氏族分为三大族团,以后才听说蒙氏、傅氏先他已有类似说法,可见并非一己私见。他说,他和蒙氏的分歧主要是,蒙氏把炎帝、共工、蚩尤、祝融归入江汉系(即徐书的苗蛮集团),他把炎帝、共工归入华夏集团(即蒙书的河洛集团),蚩尤归入东夷集团(即蒙书的海岱集团),祝融虽属苗蛮集团,但本来却属华夏集团(121 页)。蒙氏是四川盐亭人,对两湖云贵川格外重视。徐氏是河南唐河人,考古经历与西北和中原有关,他更强调中原和西北。徐氏把秦归入二昊集团的东夷,蒙氏把秦归入西戎,意见也不同⑩。

傅斯年的文章也比较早。他是山东聊城人,他领导的史语所,主要工作是挖商代。他把黄河流域的先秦部族分为东西二系,以夏、周为西系,商、夷为东系,认为商文化起源于中国东北,与东夷为一系⑪。傅氏说此文"原为'九·一八'之前所作《民族与古代中国史》一书中的三章"。1932 年,傅氏作《东北史纲》第一卷,论证东北是中国领土。他对东北和山东更关注。1949 年,傅氏去了台湾,成为敏感人物,徐书增订本称之为"反动学者",但仍然承认,他的"夷夏东西说",除部分细节可商,"大致可靠"(109 页)。

上述族团说各有偏重,但时代背景相同。时局危机让学者不由自主联想到历史上的夷狄交侵、不绝如缕⑫。民族问题和地理问题不光是历史问题,也是现实问题。当时,谁都不能容忍截断中国古史,分裂中国国土,坐贻侵略者以口实⑬。

他们的学术判断还跟当时的考古发现有关。如傅氏的夷夏东西说受仰韶、龙山二分法影响⑭,徐氏认为黄炎二族来自昆仑丘,东进中原(43页注1),也受安特生彩陶文化西来说影响。当时,很多人都相信,仰韶、龙山是东西并峙、彼此平行,文化传播是仰韶西来而龙山东去,这些说法已被后来的考古发现推翻⑮。

上述三书,不约而同,都很关注中国早期族群的谱系构成和地理布局。这预示了中国学术的风向转变,从疑古到考古的转变。

研究族团说,徐书后出,对中国考古学影响很大,如苏秉琦的区系类型说就留下了它的影子⑯。

此书,我读过多遍,有些问题一直萦绕心头。最近重读此书,有豁然开朗之感,很想跟大家讨论一下。

(二) 各国古史都有传说时代

凡事都有起源,天地有起源,万物有起源,人类有起源。古人对这类问题很着迷,今人也很着迷。《圣经》讲这三大起源,有《创世纪》。

天地之间人为贵。人类历史,早期都有讲圣王或英雄的一段。如两河流域的《吉尔伽美什》,这是世界最古老的英雄史诗,文本可以早到公元前2000年左右。吉尔伽美什在这部史诗中虽然亦人亦神,颇具文学色彩,但此人见于"苏美尔王表",约当公元前2600年,是个真实存在的历史人物。波斯史诗《阿维斯塔》,印度史诗《摩诃婆罗多》《罗摩衍那》,希腊史诗《伊利亚特》《奥德赛》,还有我国各少数民族的史诗,也都有本民族的族源传说和发明传说。

古史传说很复杂,神话与传说,传说与历史,历史与文学、宗教、哲学,缠绕纠结,很难分清,但历史学家总是希望把它分清。

我国,"史"字本指史官,史官是会写字的人。他们把历史上的大事写下来就是历史。立史记事,在中国是文明标志。《千字文》说"乃制文字,乃服衣裳",有没有文字,那可是跟穿不穿衣服一样重要。

西人治史,有史前时期和历史时期之分。历史时期有文字,靠文字史料;史前时期无文字,只能靠考古。两者分得很清楚。但传说形之文字,可能跨着两头。我国历史,书写传统太发达,传说当然有,但根本不靠史诗。

徐氏说,西人把掺杂神话的传说叫 legend,同纯粹的神话即 myth 应该有所区别(20—21 页),试图为上述二分法找到一个中间地带[17]。他所谓"中国古史的传说时代"指盘庚迁殷(约公元前 1300 年)前"一千余年"(20—21 页),大体相当龙山、二里头和商代早中期。在他看来,这么长的一段历史,不应该是空白,文献中的传说时代,对这"一千余年"还是有参考价值。

西方,考古自考古,历史自历史,完全是两码事。但徐氏却有意把逐出历史之门的"中国古史的传说时代"重新纳入考古学的视野。

(三) 中国古史,基础是两周史

中国古史,我们的文献知识主要是两周以来。夏、商,除司马迁提供的世表,我们几乎一无所知。我们对古代世系、年代、官制、地理多少有点儿了解,主要是两周以来。两周以前的古史,确实是个混沌。

司马迁讲史,他是从《五帝本纪》讲起。《五帝本纪》的性质是什么?这是历史学家和考古学家都很关心的问题。

五帝传说见《大戴礼》的《五帝德》《帝系》。《五帝德》记宰予请教孔子,问黄帝是不是人。孔子的回答是:"禹、汤、文、武、成王、周公可盛观也。夫黄帝尚矣,女(汝)何以为?先生难言之。"司马迁说"学者多称五帝,尚矣。然《尚书》独载尧以来;而百家言黄帝,其文不雅驯,荐绅先生难言之",就是撮述《五帝德》。他说"孔子所传宰予问《五帝德》及《帝系姓》,儒者或不传"[18],前书即《五帝德》,后书即《帝系》,二书都是古文本,"儒者或不传"是今文家不传。

孔子承认,夏商之礼,文献不足征(《论语·八佾》)。孔子说的"文献","文"是文字史料,"献"是故老传闻(属于口述史)。早期历史,无论司马迁的《史记》,还是希罗多德的《历史》,都是靠这两样。孔子的意思是说,夏、商两代,他说不大清,原因是史料不够,可以采访的遗老遗少找不到,证据明显不足。

我们能够读到的古书,年代最早的古书,都是孔子读过的书。《诗》《书》《易》是孔子时代的经典。这三大经典,主体是两周时期的东西。王国维作《殷周制度论》,十分强调西周制度的重要性,固然是为复辟帝制张本,有政治立场和文化立场方面的原因,但他看得很准,中国历史,两周确实是关键期。

《诗经》是两周时期周、鲁、宋的庙堂乐歌和两周采风的作品。除个别作品谈到点儿先周的事情,主要是两周时期的诗歌,特别是东周时期的诗歌。

《尚书》是两周时期贵族教育的古代史课本,有别于讲当代史的《春秋》类作品,《虞夏书》《商书》只有不多几篇,主体是《周书》,《周书》以外有《逸周书》,都是讲周代的故事⑲。

《易经》本是占卜书,号称《周易》,从书中提到的人物看,当是西周时期的东西。

我们的文献知识有局限性,没办法。两周以上的事,还是要求助于考古。

(四)中国的古史传说是靠帝系而传,帝系的基础是两周族姓

中国古史,西周共和以下有年表,三代有世表⑳,略同埃及、亚述、波斯等古国留下的王表。《旧约圣经》也有这种王表。五帝传说是三代世表以前的东西,它是以帝系的形式传下来。帝系的基础是什么?是两周族姓。两者关系很密切。帝系,按司马迁的说法,原来也叫帝系姓。

什么是帝系?

帝系的帝,与根蒂之蒂、嫡庶之嫡和禘祫之礼的禘是同源字,本指宗神而非天神,特别是血缘所出和族源所出的老祖宗。不仅同一族姓有共同的老祖宗,而且不同族姓,通过联姻和结盟,也有共同的老祖宗(其实只是强族即盟主的老祖宗)。因此,一个帝下可以有很多族姓。这种老祖宗的谱系,就是所谓帝系。如《大戴礼》的《五帝德》《帝系》就是讲这种谱系。

什么是族姓?

族姓是两周时期的特殊制度。王国维指出,族姓制度是周人的一大发明㉑,古文字材料可以证明,他的说法一点儿没错㉒。两周时期的姓是"天子建德,因生以赐姓,胙之土而命之氏"(《左传·隐公八年》)。它是周人初建天下,为了统治大地域国家下的不同族群,即所谓"百姓",用以认同识别的一套制度。

两周族姓,特点是带女字旁。姓本作生,与出生有关,人是女人所生,加女为姓。姓与婚姻生育有关,属于血缘关系。氏与封土授官有关,属于地缘关系。族姓制度下,氏是姓的分支,男人称氏,女人称姓,用以别婚姻。两周时期,通婚是联系族群的主要纽带,后世叫和亲,亲戚套亲戚,可以串连一大片。

当时,凡与周人通婚关系密切者多赐以这样的姓。但也有一些族,没有纳入这一系统,只有氏,没有姓,属于以氏为姓。比如莱夷之"莱",金文作"釐",古书说莱夷是"釐姓",就是以氏为姓㉓。可见带女旁的姓并非全覆盖。

古书讲族姓、帝系有什么材料?

徐书把有关文献分为三等:

(1)以见于金文,今文《尚书·虞夏书》的《甘誓》一篇、《商书》《周书》,《周易》的卦爻辞,《诗经》《左传》《国语》,及其他的先秦的著作为第一等。《山海经》虽《大荒经》以下为东汉人所增益,但因其所述古事绝非东汉所能作伪,仍列入第一等。

(2)《尚书》中的三篇(零案:指《尧典》《皋陶谟》《禹贡》)、《大戴礼记》中的两篇(零案:指《五帝德》《帝系》)的综合材料虽也属先秦著作,但因为它们的特殊性质,只能同西汉人著作中所保存的有关材料同列第二等(《礼记》各篇有些不很容易断定它的写定究竟是在战国时,或在西汉时的,只好随时研究和推定)。

(3)新综合材料,《世经》为第三等。谯周、皇甫谧、郦道元书中所载有关材料也备参考。㉔

这些史料,基础材料可分两大类,一类以讲族姓为主,一类以讲帝系为主。前者,《左传》《国语》最重要。后者,《大戴礼》的《五帝德》《帝系》最重要。《史记·五帝本纪》就是利用这几种材料。徐氏认为,"综合材料比未经系统化的材料价值低",因而把前一类材料列为第一等,后一类材料列为第二等,这是很有眼光的。

徐氏不用《路史》,比较慎重,但考古帝王,多引用《山海经》。古帝王,头绪纷乱,很多不在帝系中。《山海经》性质复杂,引用要慎重㉕。

徐氏也未述及《世本》。《世本》只有辑本,没有完书,各种辑本,体例不一,引文不尽可靠,需要核对甄别,特别是《路史》的引文,尤须慎重。《世本》对《左传》《国语》《五帝德》《帝系》在细节上有补充,但没有框架上的修正。

古书所记族姓很多,多与两周金文合。两周金文涉及帝系,材料有一点儿,但比较少。

这里只把跟帝系、族姓直接有关的基础材料分析一下。

下面先谈族姓,后谈帝系。

二、族姓

(一) 黄帝集团:黄帝十二姓(姬、祁、任、姞等姓)

徐书所说"古代部族三集团"是华夏集团、东夷集团和苗蛮集团。他说的华夏集团是指奉黄炎二帝为共祖的集团。我们先谈黄帝集团的族姓。

古书讲黄帝集团的族姓,关键材料是《国语·晋语四》载司空季子语。司空季子即晋臣胥臣,也叫臼季,其官职为司空。《晋语四》说"胥臣多闻",是个熟悉掌故的人物。

他说:

> 同姓为兄弟。黄帝之子二十五人,其同姓者二人而已,唯青阳与夷鼓皆为己姓。青阳,方雷氏之甥也。夷鼓,彤鱼氏之甥也。其同生而异姓者,四母之子,别为十二姓。凡黄帝之子二十五宗,其得姓者十四人,为十二姓,姬、酉、祁、己、滕、箴、任、荀、僖、姞、儇、依是也。唯青阳与苍林氏同于黄帝,故皆为姬姓。同德之难也如是。

这段话,大意是说,黄帝四妃㉑,与四族通婚,生子 25 人,分为 25 宗,14 人有姓,11 人无姓㉒,得姓的 14 人,己姓有二,姬姓有二,实际只有 12 姓。徐书说"这些姓也不全可考,古书中常见的,除姬姓外,仅有任、姞、巳、祁数姓。"(46页)

上述 12 姓,以姬姓为首,其说出自晋人之口,应属周帝系。这 12 姓,姬为周姓,其他 11 姓,应是与周人通婚的氏族。《潜夫论·志氏姓》箴作葴,荀作拘,僖作釐,儇作嬛,依作衣。

周人与谁通婚?第一是姜姓,第二是姞姓㉓。这两个姓最重要。

周人的女始祖是姜嫄,姜嫄传出有邰氏,有邰氏在陕西武功。但姜姓不在黄帝十二姓之中,属于下一系统。姞姓,《左传·宣公三年》石癸语:"吾闻姬姞耦,其子孙必蕃。姞,吉人也,后稷之元妃也。"太王迁岐前,周人居泾水上游,与密须邻近。密须在甘肃灵台,就是姞姓。夷王后也是姞姓。这两个姓有金文为证,毫无问题。

其次,祁为唐姓,金文从女从爂。昭王后曰房后,房后就是祁姓。房亦作防,传为尧子丹朱的封国,在河南遂平。任,金文作妊,王季后为挚任。挚为商代古国,在河南平舆。这两个姓也有金文为证,毫无问题。

上引《晋语四》,谓己姓出自青阳、夷鼓。己、已、巳形近易混,徐氏作巳。此姓恐非祝融八姓的己姓,亦非己姓之莒的己姓㉒。战国文字,已、巳是同一字,与己不同。巳可读以,或许相当姒姓。周人与姒姓通婚,文王后曰太姒。太姒娶自莘,莘在陕西合阳。幽王宠褒姒而废申后,褒在陕西勉县,褒姒也是姒姓。

其他七姓无可考,有些也许是以氏为姓。

(二) 炎帝集团:姜姓之戎和允姓之戎(姜、允二姓)

《国语·晋语四》,接着上面那段话,胥臣还提到:

> 昔少典娶于有蟜氏,生黄帝、炎帝。黄帝以姬水成,炎帝以姜水成,成而异德,故黄帝为姬,炎帝为姜。

这段话是说,黄、炎二帝有共同祖先,男祖先是少典氏,女祖先是有蟜氏。黄帝与姬水有关,姬姓;炎帝与姜水有关,姜姓。《国语·郑语》说:"姜,伯夷之后也。"伯夷见《尧典》,是舜的礼官。

黄帝传说是个大杂烩。旧说,黄帝生于寿丘(在今山东曲阜),居于轩辕之丘(在今河南新郑),铸鼎荆山之阳(在今河南灵宝),葬于阳周桥山(阳周在陕西靖边,而非陕西子长)㉓,问道广成子于崆峒山(在今甘肃平凉),并与炎帝战于阪泉(在今河北涿鹿),与蚩尤战于涿鹿(在今河北涿鹿)。司马迁游历过这些地方,访之故老,听到过许多传说(见《史记·五帝本纪》太史公曰)。黄帝的活动范围为什么这么大,原因很简单,它是以周人的关系网为背景,内含12个姓,25个氏,显然是个地域联盟。

与黄帝集团相比,炎帝集团好像比较单纯。所谓单纯,并非真正单纯,那只是说,我们对它知之甚少,印象太笼统。姜姓是氐羌从甘、青进入陕西者,最初只有申、吕两支,僻处雍州,周初封建,移民东方,才从吕分出齐、许。申、吕、齐、许,号称四岳。四岳是以岳山即吴山得名。吴山在今宝鸡西北。

黄帝十二姓,姬姓是核心。姬、姜密迩相处,世代通婚,关系最密切。西周十二王,至少有一半是娶姜姓女子为王后。徐书把黄炎两个集团统称为华夏集团,但姜姓不在黄帝十二姓之中,是个与它平行的集团。后世所谓炎黄子孙,正是以汉藏语系的汉语族和藏、羌语族为背景。汉与藏、羌关系最密切㉛。

上文说"黄帝以姬水成,炎帝以姜水成",姬水是哪条水,其说不一,难以确定,但《水经注》说姜水在宝鸡,大致不差。1935年,徐氏到过宝鸡,访过姜城堡、清姜河和相传太公垂钓的磻溪,认为姜水就是宝鸡的清姜河(41—43页)。今宝鸡市有一批年代相当于西周早中期的墓地,如纸坊头、竹园沟、茹家庄、斗鸡台、石鼓山的发现,它们恰好都在渭水两岸和清姜河上。这些墓地,学者多认为与姜戎有关。我估计,西周早中期的申、吕大概就在宝鸡地区。

商代以前,周人的活动范围主要在陇山以东、泾渭之间、岐山南北。文、武二王时,周人的势力才扩大到丰、镐和丰、镐以东。姬、姜通婚主要是周人与西戎通婚。西戎分姜姓之戎和允姓之戎。王国维说,姜姓之戎即氐羌,允姓之戎即猃狁㉜。前者来自青藏高原和甘肃东部,后者来自中亚、新疆和河西走廊。两者分布在陇山两侧和宝鸡地区以北,跟周人是老邻居。周人是通过申、吕控制猃狁。我们不妨把允姓之戎也视为炎帝集团的一部分。

西北地区的青铜文化分很多支,如河西走廊的四坝,陇东的齐家,以及辛店、寺洼、卡约、沙井等,姜姓之戎和允姓之戎怎么分,现在仍是问题。

姜姓,铜器铭文多见。但允姓,至今尚未发现。

徐氏说:"黄帝氏族的发祥地大约在今陕西的北部。它与发祥在陕西西部偏南的炎帝氏族的居住地相距并不很远。"(43页)如果这是指周人崛起于泾水上游和岐山南北,申、吕崛起于吴山、渭滨和清姜河一带,跟我们对考古的认识倒是比较吻合。

(三)二昊集团:风姓之夷、嬴姓之夷(风、嬴二姓)

二昊是太昊、少昊。太昊、少昊亦作太皞、少皞。昊、皞有光明之义,其名可能与日出东方有关㉝,《大戴礼·帝系》不讲这两位,把东夷排除在外。

太昊风姓,金文从女从凡。风姓四国见《左传·僖公二十一年》:

> 任、宿、须句、颛臾,风姓也。实司大皞与有济之祀,以服事诸夏。

少昊嬴姓。少昊是秦人之祖。《史记·秦本纪》提到嬴姓的源流：

> 秦之先，帝颛顼之苗裔孙曰女修。女修织，玄鸟陨卵，女修吞之，生子大业。大业取少典之子，曰女华。女华生大费，与禹平水土。已成，帝锡玄圭。禹受曰："非予能成，亦大费为辅。"帝舜曰："咨尔费，赞禹功，其赐尔皂游。尔后嗣将大出。"乃妻之姚姓之玉女。大费拜受，佐禹调驯鸟兽，鸟兽多驯服，是为伯翳，舜赐姓嬴氏。
>
> ……
>
> 太史公曰：秦之先为嬴姓。其后分封，以国为姓，有徐氏、郯氏、莒氏、终黎氏、运奄氏、菟裘氏、将梁氏、黄氏、江氏、修鱼氏、白冥氏、蜚廉氏、秦氏。然秦以其先造父封赵城，为赵氏。㉞

族姓是西周制度。"舜赐姓嬴氏"是后出之说。《国语·郑语》："嬴，伯翳之后也……伯翳能议百物以佐舜者也。"伯翳即舜臣伯益，即上文大费。伯益见《书·尧典》，司马迁作伯翳，与《郑语》同。

嬴姓十四氏，郯、莒、运奄、菟裘在山东，江、黄、修鱼在河南，徐在江苏，终黎（即锺离）在安徽，分布甚广。蜚廉是秦、赵、少梁（即上文将梁氏）之祖。嬴姓西迁，据清华楚简《系年》，最远的一支，最初在甘肃甘谷朱圉山一带，即甘肃礼县以北。司马迁说，秦是周孝王时从这一支分出而定居汧渭之会。少梁在陕西韩城，赵在山西洪洞赵城镇，都在嬴姓西迁的路上。

夷，字本作"人"。夷是周人对东方部族的统称。商周时期，东夷以山东半岛为中心，北面有莱夷和嵎夷，可能来自辽东半岛，南面和西面有淮水流域的南淮夷和群舒。南淮夷是南夷和淮夷的统称，嬴姓。群舒是皋陶之后，偃姓（偃从匽，含女旁）。两周以降，山东和淮水流域的诸夷最先被周人同化。东汉时期，东夷变为中国东北和朝鲜、日本的统称。

当年，傅斯年写《夷夏东西说》，刚好在城子崖发现之后，"九一八"之前，因而对东北和山东特别重视。他认为，中国历史，南北对峙是东汉以来，早期是东西对峙，夷、商属东系，夏、周属西系，商人起源东北。

现在，考古学家认为，商起源于邯郸附近的漳河流域，沿太行山东麓向南北扩展。向北的一路，先与夏家店下层、后与围坊三期会合；向南的一路，形成安阳、鹤壁、濮阳一带的晚商核心区（即《诗经》的邶、鄘、卫）；新乡、焦作和郑州一带是其前沿。郑州商城是这个前沿的中心,向西与二里头文化会合,向东与岳石文化会合,向南可达湖北黄陂的盘龙城。

(四)祝融集团:祝融八姓(己、妘、曹、芈四姓)

古书讲祝融集团,材料有二:

(1)《国语·郑语》史伯语:

> (祝融)其后八姓,于周未有侯伯。佐制物于前代者,昆吾为夏伯矣,大彭、豕韦为商伯矣,当周未有。
>
> 己姓昆吾、苏、顾、温、董,董姓鬷夷、豢龙,则夏灭之矣。
>
> 彭姓彭祖、豕韦、诸稽,则商灭之矣。
>
> 秃姓舟人,则周灭之矣。
>
> 妘姓邬、郐、路、偪阳,
>
> 曹姓邹、莒,皆为采卫,或在王室,或在夷狄,莫之数也,而又无令闻,必不兴矣。
>
> 斟姓无后。
>
> 融之兴者,其在芈姓乎!芈姓夔越,不足命也,闽芈蛮矣,惟荆实有昭德,若周衰,其必兴矣。

(2)《大戴礼·帝系》:

> 颛顼娶于滕氏,滕氏奔之子,谓之女禄氏,产老童。老童娶于竭水氏,竭水氏之子,谓之高绢氏,产重黎及吴回。吴回氏产陆终。陆终氏娶于鬼方氏,鬼方氏之妹,谓之女隤氏,产六子,孕而不粥,三年,启其左胁,六人出焉。
>
> 其一曰樊,是为昆吾;其二惠连,是为参胡;其三曰籛,是为彭祖;其四曰莱言,是为云(妘)郐人;其五曰安,是为曹姓;其六曰季连,是为芈姓。季连产什祖氏,什祖氏产内〈穴〉熊,九世至于渠娄鲧出。
>
> 自熊渠有子三人:其孟之名为无康,为句亶王;其中之名为红,为鄂王;其季之名为疵,为戚章王。

昆吾者,卫氏(是)也。参胡者,韩氏(是)也。彭祖者,彭氏(是)也。云(妘)郐人者,郑氏(是)也。曹姓者,邾氏(是)也。季连者,楚氏(是)也。

祝融八姓,董姓是己姓的分支,斟姓是曹姓的分支,无后,《帝系》去掉这两个姓,只讲六姓。

己姓是夏代古国昆吾、顾、董的后代,苏(即温)是周代的己姓国。己,金文作"妃"。

彭姓是商代古国大彭、豕韦、诸稽的后代,商灭之。所谓彭姓,其实是以氏为姓。

秃姓是商代古国舟的后代。上博楚简《容成氏》说舟是文王伐灭的九邦之一。文王伐九邦时还没有赐姓制度。所谓秃姓,也是以氏为姓。

妘姓是周代邬、郐、路、偪阳四国的姓。妘,金文从女从员。

曹姓是周代邾、莒二国的姓。曹,金文从女从枣。

芈姓是周代夔越、蛮芈和荆楚的姓。夔越即夔,夔是熊挚之后,在湖北秭归。蛮芈是逃到濮地的叔熊(即叔堪)之后。濮在鄂西。荆楚即楚国,楚是熊绎之后⑤。芈,金文从女从尔。

如此说来,周代属于这一集团,真正带女旁的姓,其实只有己、妘、曹、芈四姓。

(五)姚、妫、姒、弋、子、媿、偃、曼八姓,不在上述族姓中

虞人姚姓,或即黄帝十二姓的酉姓(这只是从读音推测。酉是喻母幽部字,姚是喻母宵部字,古音相近)。陈人妫姓,妫姓可能分自姚姓,周人封于陈。

夏人姒姓,或即黄帝十二姓的己姓(见上"黄帝集团"节)。《诗·鄘风·桑中》"美孟弋矣"。鲁襄公母,《左传》作定姒,《公羊》《穀梁》二传作定弋。弋姓见金文,有女旁,可能分自姒姓。

商人,贵族男子多称子,犹如周代的小子。殷人子姓,是周代的说法,估计就是沿用这一称呼。东周以来,子是尊称,先秦诸子的子就是尊称。商人称子,西周金文未见。东周铜器宋公栾簠,铭文作"有殷天乙唐孙宋公栾作其妹勾敔夫人季子媵簠"⑥,是宋女嫁吴的媵器。宋为殷后,宋女而称季子,学者以为宋人子姓之证⑦,但这个子字没有女旁。

两周时期,北狄南下,活跃于河北、山西、陕西三省。赤狄媿姓,先在晋西南,后在晋东南,灭于晋;白狄姬姓,主要在滹沱河流域,灭于赵。夏、商、周皆邻近北方,与狄关系很密切。姬姓,陕西还有骊戎,山西还有大戎。我怀疑,它们全都可能来自北方草原,周只是偏西的一支。

群舒偃姓。偃从匽,含女旁,但金文未见。

邓国曼姓。曼通蛮,金文作嫚,曼、芈可能类似嬴、偃,关系很密切。

以上八姓,或为古国之后,或为边远之族,皆不见于上述族团。

(六) 族姓制度的考古依据

夏、商、周三分归一统,最后收功于周。商代,青铜文化已经分布甚广。周代,分布更广,北至内蒙古,南至广东,东至辽东和山东,西至甘青,几乎可以覆盖秦三十六郡和清本部十八省。族姓制度行于两周,最好的证明就是两周铜器。

两周族姓,主要的姓有 20 个。这些姓,多见于两周金文。如周、鲁、晋、卫、燕、吴为姬姓,申、吕、齐、许为姜姓,杜为祁姓,微为姚姓,陈、郪为妫姓,莒为嬴姓,鄂为姞姓,薛、祝(铸)为任姓,宋为子姓,宿为风姓,秦为嬴姓,苏为己姓,邾为妘姓,邾为曹姓,楚为芈姓,佣(冯)为媿姓,邓为曼姓,此外,金文还有弋姓。金文未见,只有允姓和偃姓⑧。

这些族姓,功用有二,一是同姓认同,二是异姓通婚,等于当时的民族识别。

《国语·晋语四》司空季子语,就是讲这种功用:

> 异姓则异德,异德则异类,异类虽近,男女相及,以生民也。同姓则同德,同德则同心,同心则同志,同志虽远,男女不相及,畏黩故也。黩则生怨,怨乱毓灾,灾毓灭性,是故娶妻避其同姓,畏乱灾也。故异德合姓,同德合义,义以道利,利以阜姓,姓利相更,成而不迁,乃能摄固,保其土房(方)。

同姓认同和异姓通婚,是西周大一统的基础。《国语·郑语》:"姜、嬴、荆芈,实与诸姬代相干也。"姬、姜、嬴、芈是两周四大姓。姬姓有鲁、晋、卫、燕,姜姓有齐,嬴姓有秦,芈姓有楚,都是东周大国,它们代相沉浮,决定了后来的历史走向。

三、帝系

(一) 两种五帝说

现存文献讲帝系,主要分两大系统,一个系统是黄帝系统的五帝说,一个系统是少昊系统的五帝说。前者以周帝系为主,后者以秦帝系为主。

(1)黄帝系统的五帝说

此说以姬姓为主,包含唐、虞、夏、商、周、楚六个子系统,乃西周大一统的总结。

①《大戴礼·帝系》:

少典产轩辕,是为黄帝。

黄帝产玄嚣,玄嚣产蟜极,蟜极产高辛,是为帝喾。帝喾产放勋,是为帝尧。

黄帝产昌意,昌意产高阳,是为帝颛顼。颛顼产穷蝉,穷蝉产敬康,敬康产句芒,句芒产蟜牛,蟜牛产瞽叟,瞽叟产重华,是为帝舜,及产象、敖。

黄帝居轩辕之丘,娶于西陵氏之子,谓之嫘祖氏,产青阳及昌意。青阳降居泜水,昌意降居若水。昌意娶于蜀山氏,蜀山氏之子谓之昌濮氏,产颛顼。

……

帝喾卜其四妃之子,而皆有天下。上妃,有邰氏之女也。曰姜原氏,产后稷;次妃,有娀氏之女也,曰简狄氏,产契;次妃曰陈隆氏,产帝尧;次妃曰陬訾氏,产帝挚。

帝尧娶于散宜氏之子,谓之女皇氏。帝舜娶于帝尧之子,谓之女匽氏。鲧娶于有莘氏之子,谓之女志氏,产文命。禹娶于涂山氏之子,谓之女憍氏,产启。

这节引文,前四段是说,黄帝之后分两系,帝喾和尧为一系,出自玄嚣;颛顼和舜为一系,出自昌意。接下来,讲祝融八姓,祝融八姓楚为大,属颛顼系。再下来,讲帝喾四妃所生子,尧为唐祖,契为商祖,后稷为周祖,属帝喾系。最后,讲尧、舜、鲧、禹之妃。尧为唐祖,属帝喾系,舜为虞祖,属颛顼系,已见上文。鲧生禹(文命),禹生启,是讲夏,夏亦颛顼系。

②《国语·鲁语上》展禽语:

> 故有虞氏禘黄帝而祖颛顼,郊尧而宗舜。夏后氏禘黄帝而祖颛顼,郊鲧而宗禹。商人禘喾而祖契,郊冥而宗汤。周人禘喾而郊稷,祖文王而宗武王。

这段话是鲁人展禽(即柳下惠)讲虞、夏、商、周的祭祀系统。有虞氏和夏后氏皆"禘黄帝而祖颛顼"。虞祖舜,舜继尧,故"郊尧而宗舜";夏祖鲧、禹,故"郊鲧而宗禹"。商人和周人皆出帝喾,故皆"禘喾"。商祖契、冥、汤,故"祖契,郊冥而宗汤"。周祖后稷和文、武二王,故"郊稷,祖文王而宗武王"。这一系统分两支,虞、夏出自颛顼,为一个分支,商、周出自帝喾,为另一分支,与上面的谱系一样。

《帝系》《鲁语上》所述五帝,黄帝在谱系顶端,下分两系,帝喾和尧是一系,颛顼和舜是一系。唐、商、周出帝喾系,虞、夏、楚出颛顼系。这种谱系,如果在庙堂上摆神主牌位,黄帝南面,端居上位,其他人以他的面向定左右,则左颛顼右帝喾,右尧左舜,左夏右商,右周左楚,很像周人的昭穆制(图1)。

图 1

这一系统,黄帝以下分两支。一支是帝喾四子:帝挚,据说禅位于尧,族姓不详;尧为唐祖,祁姓;契为商祖,子姓;后稷为周祖,姬姓。一支是颛顼三子:

舜为虞祖,姚姓;禹为夏祖,姒姓;季连为楚祖,芈姓。

这里值得注意的是,炎帝集团(姜姓)和二昊集团(风、嬴二姓)不在这个系统中,但楚却在这个系统中。

楚人所属的祝融八姓是以中原为中心的地域联盟。司马迁说"周文王之时,季连之苗裔曰鬻熊,鬻熊子事文王,蚤(早)卒"(《史记·楚世家》),所谓"子事文王",即以楚子的身份服事文王。"楚子"的称呼不仅见于《左传》《国语》,也见于周原甲骨③。武王定鼎中原,楚居江汉,当周之南,在南方诸国中,离周最近,或许这就是它被纳入黄帝集团的原因。

(2)少昊系统的五帝说

①《左传·昭公十七年》:

> 郯子曰:"吾祖也,我知之。昔者黄帝氏以云纪,故为云师而云名;炎帝氏以火纪,故为火师而火名;共工氏以水纪,故为水师而水名;大皞氏以龙纪,故为龙师而龙名;我高祖少皞挚之立也,凤鸟适至,故纪于鸟,为鸟师而鸟名……"

郯、秦皆出嬴姓。郯子五师是折中黄炎集团和二昊集团。此说以龙、凤相对,水、火相对,配中为五,已粗具秦系五帝的雏形,差别只在以共工居北,而非以颛顼居北。共工是水师,自宜在北。

②《史记·封禅书》:

> 秦襄公攻戎救周,始列为诸侯。秦襄公既侯,居西垂,自以为主少皞之神,作西畤,祠白帝,其牲用骝驹黄牛羝羊各一云。其后十六年,秦文公东猎汧渭之间,卜居之而吉。文公梦黄蛇自天下属地,其口止于鄜衍。文公问史敦,敦曰:"此上帝之征,君其祠之。"于是作鄜畤,用三牲祭白帝焉。
>
> 自未作鄜畤也,而雍旁故有吴阳武畤,雍东有好畤,皆废无祠。或曰:"自古以雍州积高,神明之隩,故立畤郊上帝,诸神祠皆聚云。盖黄帝时尝用事,虽晚周亦郊焉。"其语不经见,缙绅者不道。
>
> ……
>
> 德公立二年卒。其后四年,秦宣公作密畤于渭南,祭青帝。
>
> ……

其后百余年,秦灵公作吴阳上畤,祭黄帝,作下畤,祭炎帝。

后四十八年,周太史儋见秦献公曰:"秦始与周合,合而离,五百岁当复合,合十七年而霸王出焉。"栎阳雨金,秦献公自以为得金瑞,故作畦畤栎阳而祀白帝。

秦为嬴姓,嬴姓本居东方,以曲阜为中心。曲阜是少皞之墟。但嬴姓西迁,自以为主少皞之神,先后立西畤、鄜畤、畦畤。少皞是秦人的主神,对秦最重要。

其次,秦祭太皞,立密畤。太皞系风姓,旧居鲁地,是少皞系的兄弟氏族。

又其次,秦祭黄、炎二帝,立吴阳上下畤。平王东迁洛邑,把岐周之地留给秦,秦人伐戎继周,收周余民,主要是姬、姜二姓。黄、炎是姬、姜主神,秦祭黄、炎是为了安抚这批居民。

③《吕氏春秋·十二纪》《礼记·月令》:

(春月)其帝太皞,其神句芒。

(夏月)其帝炎帝,其神祝融。

(季夏)其帝黄帝,其神后土。

(秋月)其帝少皞,其神蓐收。

(冬月)其帝颛顼,其神玄冥。

这一系统的五帝应属秦系五帝。顾颉刚说,秦人只祭二昊、黄炎,不祭颛顼,黑帝是刘邦立北畤才有,上述系统"决不能出现于秦及汉初"[40]。他以为五行说一定晚出,五色帝的说法不可能太早。但杨宽指出,雍四畤没有黑帝,并不等于说五色帝是汉代才有,五色帝"最迟当春秋时已有"[41]。

《孙子兵法·行军》有"黄帝胜四帝"之说,银雀山汉简也有《孙子》佚篇《黄帝伐赤帝》[42],这两条材料可以证明,先秦固有五色帝之说。但《孙子》和《孙子》佚篇未必成书于春秋晚期,也可能在战国时期。

秦祭五帝,作为一种完备的制度,或许形成于秦灵公(前424—前405)作吴阳上下畤之后、吕不韦(前292—前235)作《吕氏春秋》之前,更大可能在战国时期,特别是秦惠文王(前337—前311)以来,属于秦并天下的预告。

秦系五帝以二昊为主,黄炎为辅,外加颛顼。这种五帝与周系五帝不同,周系五帝是黄帝以下分颛顼、帝喾二系，颛顼、帝喾以下分尧、舜二系，属于垂直系统，其中没有二昊集团。秦系五帝是以五帝配五方五色，属于平面系统，兼赅东西南北中(图2)。

	北：黑帝 （颛顼）	
西：白帝 （少皞）	中：黄帝	东：青帝 （太皞）
	南：赤帝 （炎帝）	

图2

古代族姓，本来是姬、姜在西，风、嬴在东，祁、姚、妫在北，芈、曼在南，但上表五帝配方色，却是另一种安排。我怀疑，其设计思想可能是：少皞之后秦为大，秦居西土，西方之色白，故以少皞为白帝；太皞之后在鲁地，居东方，东方之色青，故以太皞为青帝；黄帝之后周为大，武王克商，以洛邑为新都，平王东迁洛邑，居天下之中，中央之色黄，故以黄帝为中央之帝；炎帝姜姓，姜姓本居西方，但姜姓东迁，往往被安插在洛邑以南，申、吕更被封于南阳盆地，南方之色赤，故以炎帝为赤帝；颛顼之墟在濮阳，濮阳在河南北部，北方之色黑，故以颛顼为黑帝。这一系统不但加进二昊集团，突出二昊集团，还兼顾了黄帝集团、炎帝集团和祝融集团。帝喾系的唐、商、周，最后归并于周。周代表黄帝，居中。颛顼代表虞、夏，居北。祝融变成炎帝佐，居南。祝融集团楚为大，楚在最南。太昊—少昊系代表东西两极，颛顼—祝融系代表南北两极，黄帝代表中央。整个"天下"，一览无余。

古代祭祀，本来都是祭本族之神。《左传·僖公十年》："神不歆非类，民不祀非族。"五帝并祭是一大进步。我曾说过，五帝并祭是早期的"五族共和"[43]。

秦帝系比周帝系更具大一统色彩

(二) 武王未下车之封

西周封建,特点是"兴灭国,继绝世,举逸民,天下之民归心焉"(《论语·尧曰》),把前代古国纳入自己的体系。

古书记武王未下车之封,见《礼记·乐记》《吕氏春秋·慎大》《史记·周本纪》《史记·乐书》,各书所记,互有不同,可归纳如下:

(1) 封神农之后于焦,见《周本纪》。焦在安徽亳州,可能是姜姓。

(2) 封黄帝之后于蓟,见《乐记》《乐书》。蓟在北京,可能是姞姓。封黄帝之后于铸或祝,见《慎大》《周本纪》。祝在山东肥城,任姓。

(3) 封帝尧之后于黎,见《慎大》[44]。黎在山西黎城,祁姓。

(4) 封帝舜之后于陈,见上四书。陈在河南淮阳,妫姓。妫姓是从姚姓分出。

(5) 封大禹之后于杞,见上四书。杞在河南杞县,姒姓。

(6) 封成汤之后于宋,见上四书。宋在河南商丘,子姓。

这里值得注意的是,周初古国,多半不在原地,而是迁往他地。其历史回忆正是两周帝系的素材。

(三) 帝墟和帝陵

古史传说的上古帝王,亦如后世帝王,有其居葬之所。与五帝有关的帝墟、帝陵主要在河南,可见河南确实是文明漩涡的中心。

(1) 帝墟

《大戴礼·帝系》:"黄帝居轩辕之丘。"轩辕之丘在河南新郑。

《左传·昭公十二年》楚灵王语:"昔我皇祖伯父昆吾,旧许是宅。"旧许在河南许昌。

《左传·哀公十七年》:"卫侯梦于北宫,见人登昆吾之观,被发北面而噪曰:'登此昆吾之墟,绵绵生之瓜。余为浑良夫,叫天无辜。'"昆吾之墟在河南濮阳。

《左传·昭公十七年》梓慎语:"宋,大辰之虚也;陈,太皞之虚也;郑,祝融之虚也……卫,颛顼之虚也,故为帝丘。"大辰之墟即阏伯之墟(大辰即商星,阏伯主商星,相传为帝喾子),阏伯之墟在河南商丘,太皞之墟在河南淮阳,祝融之墟在河南新郑,颛顼之墟在河南濮阳。

《左传·定公四年》子鱼语："……因商奄之民，命以《伯禽》而封于少皞之虚……"少皞之墟在山东曲阜。

《水经注·汳水》⑮："椒举云：'商汤有景亳之命也。'阚骃曰：'汤都也。亳本帝喾之墟，在《禹贡》豫州河洛之间，今河南偃师城西二十里尸乡亭是也。'"

《汉书·扬雄传上》颜师古注引应劭说："尧都平阳，舜都蒲阪。"平阳在山西临汾，蒲阪在山西永济。

《汉书·地理志上》颜师古注引《世本》："禹都阳城。"阳城在河南登封告成镇⑯。

(2) 帝陵

《史记·五帝本纪》"黄帝崩，葬桥山"，《汉书·地理志下》谓桥山黄帝冢在上郡阳周县南。桥山即子午岭。汉阳周县，从出土发现看，很可能即陕西靖边杨桥畔的龙眼城，与上郡肤施县的黄帝祠邻近⑰。

同书"颛顼崩"，集解引《皇览》："颛顼冢在东郡濮阳顿丘城门外广阳里中。"颛顼陵在河南内黄县。

同书"帝喾崩"，集解引《皇览》："帝喾冢在东郡濮阳顿丘城南台阴野中。"帝喾陵也在河南内黄县。

《史记·夏本纪》："十年，帝禹东巡狩，至于会稽而崩……或言禹会诸侯江南，计功而崩，因葬焉，命曰会稽。会稽者，会计也。"禹陵在浙江绍兴。古人讲大禹治水，两河涵盖九州。黄河水患主要在兖州，长江水患主要在扬州。古人把大禹治水设想成周行天下，治完黄河治长江，终点选在会稽。尧、舜古迹遍天下，照此复制。

(四) 有关出土发现

出土发现，与帝系传说有关，下述发现值得注意：

(1) 中国国家博物馆藏秦公簋⑱

甘肃礼县出土。器物作于秦共公时（前608—前604），约当春秋中期偏晚。司马迁说，孝公以前，"秦僻在雍州，不与中国诸侯之会盟，夷翟遇之"（《史记·秦本纪》），但铭文提到"丕显朕皇祖受天命，鼏宅禹迹"，仍以禹迹称秦地。

(2) 宋代出土的叔弓镈（旧称叔夷钟）⑲

山西荣河后土祠附近出土。器物作于齐灵公时（前581—前554），约当春秋中晚期之交。铭文提到"弓典其先旧,及其高祖。赫赫成唐,有严在帝所……伊小臣为辅,咸有九州,处禹之堵"。弓为汤后,也说商有天下,住在禹住过的地方。当年,《古史辨》第一册讨论古史,禹是重要人物。王国维以秦公簋和叔弓镈为例,说"举此二器,知春秋之世,东西二大国,无不信禹为古之帝王,且先汤而有天下也"[50]。

(3)子弹库帛书[51]

湖南长沙子弹库战国楚墓出土。帛书提到伏羲、女填(似即女娲)和他们生下的四子(类似《尧典》的羲和四子),以及炎帝、祝融、帝俊、共工。

(4)保利艺术博物馆藏公盨[52]

器物作于西周中期。铭文提到"天命禹敷土,随山浚川,乃别方设征。"与《禹贡》书序语句相似,说明西周中期已有大禹治水、任土作贡的传说。

(5)陈侯因资敦[53]

陈侯因资即齐威王婴齐(前356—前320),器物作于战国中期偏晚。铭文提到"其唯因资扬皇考,绍申高祖黄帝,屎嗣桓文"。陈齐妫姓,属于舜后。铭文奉黄帝为高祖,可见周系五帝说确实存在。

(6)秦公大墓出土石磬[54]

石磬残铭提到"高阳有灵",高阳即颛顼。铭文发表者以为,此语可以证明秦人出自颛顼,恐怕不太合适。《史记·秦本纪》:"秦之先,帝颛顼之苗裔孙曰女修。女修织,玄鸟陨卵,女修吞之,生子大业。"女修只是秦人的女祖先。秦人并不属于颛顼系统,而是属于少昊系统。

(7)上博楚简《容成氏》[55]

简文开头是一串古帝王名,叙在尧、舜、禹、汤、文、武之前。这个名单估计是以篇题所见的容成氏打头,但简文开头残缺不全,目前所见第一简只有八个帝王名保存下来,曰尊卢氏、赫胥氏、乔结氏、仓颉氏、轩辕氏、神农氏、祎氏、庐遗氏。此类古帝王名,也见于《庄子·胠箧》和《六韬》佚文。

(8)清华楚简《楚居》[56]

述季连以下楚世系。

这些发现证明,文献所见帝系确实是两周时期的传说,不是秦汉人所能杜撰。过去,辨伪学家总是把古文写本的经书和先秦子书定为汉代伪作,特别是古文经学家刘向、刘歆父子的伪作,毫无疑问是疑过头了。

四、总结

(一) 古史传说的不同层次

古人讲史,刨根问底追到头,上面都有说不清道不明的一段,好像《老子》论道,有个从无到有的过程。《楚辞·天问》就是追问这个过程。这个过程,一部分是纯粹的神话,一部分是带有神话色彩的传说,一部分是含有历史成分的传说,可以分为六个层次。

(1) 创世神话(包括开辟神话和造人神话)

《创世纪》第一章讲上帝创造天地万物,我们有盘古开天地。盘古开天地见徐整《三五历记》(《太平御览》卷二引),出现相当晚㊼。《创世纪》第二至第五章讲上帝造亚当、夏娃,传九世至诺亚,生闪、含、雅弗,我们也有女娲造人。女娲见《楚辞·天问》。女娲造人见《风俗通义》(《太平御览》卷七八引)。这些故事,早到没有人,晚到刚有人,远远超出历史记忆之外,当然是神话,也可以说是一种哲学推演。

(2) 救世神话

《创世纪》第六至八章讲人类作恶,上帝后悔自己的创造,乃发洪水,要毁灭地上的一切,他只通知诺亚,让他预造方舟,拯救生灵。这类传说属于救世神话。救世神话是创世神话的补充,有创就有毁,有毁就有救,有如一治一乱,反反复复。女娲补天、后羿射日属于这一类,鲧、禹治水,亦属这一类。古人讲灾变(陨星、火山爆发、地震、洪水等),往往会讲这类故事,有些早一点儿,有些晚一点儿,后面可能有自然史的背景。

(3) 三皇传说

我国古书有很多古帝王名,如容成氏、大庭氏、伯皇氏、中央氏、栗陆氏、骊畜氏、轩辕氏、赫胥氏、尊卢氏、祝融氏、伏羲氏、神农氏、共工氏、混沌氏、吴英氏、有巢氏、朱襄氏、葛天氏、阴康氏、无怀氏,散漫无所归统㊽,这类名单是三皇的备选名单。古书所谓三皇,或仿三才(天、地、人),曰天皇、地皇、人皇,或仿三一(天一、地一、太一),曰天皇、地皇、泰皇。备选者,有伏羲、神农、黄帝说,有伏羲、神农、女娲说,有伏羲、神农、燧人说,有伏羲、神农、祝融说。伏羲氏和女娲氏既是造人之神,也是化生万物者。燧人氏和祝融氏是火的发明者或守护者。伏羲氏是狩猎、畜牧的发明者。神农氏是采集、农业的发明者。黄帝是"人文初祖",人类各种发明的集大成者。人文初义是人类文明,如礼乐教化、人类的各种发明,有别于上帝的创造,如《世本·作篇》就把各种发明归功于黄帝君臣。这类传说,一方面反映上古氏族林立的局面,一方面反映人类的早期发明。三才或三一式的三皇说是一种古代道论式的哲学表达,用以配合中国古代的宇宙论。这类故事也是创世神话的延续,头绪纷乱,背景模糊,很难做历史研究。徐氏花很多笔墨考证蚩尤、共工、驩兜、梼杌、帝俊、帝鸿的谱系归属,基本也属这一层次。

(4) 五帝传说

五帝传说是族源传说。本文讨论,重点是这一层次。五帝传说是两周族姓的整合。族姓反映血缘关系,同姓不婚,异姓联姻。帝系以血缘为基础,发展地缘关系和政治关系,形成若干族团。族团以族姓为基础。这类传说已超出《尚书》的范围。《尚书》只讲尧以来。司马迁说"五帝、三代之记,尚矣。自殷以前诸侯不可得而谱,周以来乃颇可著。孔子因史文次《春秋》,纪元年,正时日月,盖其详哉。至于序《尚书》则略,无年月,或颇有,然多阙,不可录""余读谍记,黄帝以来皆有年数。稽其历谱谍终始五德之传,古文咸不同,乖异"(《史记·三代世表》)。他讲五帝、三代是"以《五帝系谍》《尚书》集世纪黄帝以来迄共和"而为之。在他看来,五帝是历史追溯的极限。

(5) 尧、舜、禹传说

尧、舜、禹传说是禅让传说。两周时期,唐人、虞人、夏人还在,其后代,各自有各自的族源传说。《尧典》《皋陶谟》《禹贡》三篇如天文志、地理志、百官志,是《尚书》的引子,也是一种三才天、地、人的结构。尧、舜把各族的祖先招来,聚在一起开会,好像黄帝君臣、《周礼》六官、《汉书·百官志》和《唐六典》,整个官制被压成一个平面。尧老了让位给舜,舜老了让位给禹,根本不是朝代关系。这一传说,既无年,也无世,只是三个人的故事。古人说,尧在位98年,舜在位50年,禹在位8年(梁玉绳《人表考》)。唐、虞、夏大概只是晋西南彼此邻近的三个部落。三个部落有三代领导,加一块儿也就156年。这只是晋西南向伊洛盆地发展的一个过渡时期。伊洛盆地是古人所谓的"天下之中",空间意义恐怕大于时间意义。《尚书》的叙事以这类传说为起点,主要就是讲"天下之中"的形成。

(6) 汤、文、武传说

汤、文、武传说是革命传说。夏、商、周,本来也是平行关系。夏居中,商在东,周在西。禹传子不传贤,始有朝代概念。汤武革命是改朝换代。夏居三国之中,商自东克夏,周自西克商,目标是同一个,都是为了夺取伊洛盆地[59]。伊洛盆地是天下之中。谁得此中,谁得天下。洛邑遗址、二里头遗址、尸乡沟遗址、郑州商城遗址、垣曲商城遗址都是围绕这个天下之中。西周是中国的第一次大一统,它把黄河流域的三大板块第一次整合在一起。中国的概念就是由此奠定[60]。三代有世表,确实是王朝关系,属于历史范畴。

(二) 族姓不是从帝系分衍。相反,帝系是族姓的整合

研究古史,顾颉刚有"层累形成说"。这一说法的合理性在于,任何历史记述都是倒追其事,譬如积薪,后来居上。这很像考古学讲的地层堆积,早的肯定在下面,晚的肯定在上面,文化层都是从上到下,一层层往下挖,挖到生土才是头。他的问题,只是在于把"层累形成"当作了"层累作伪",受辨伪学影响太大。

历史记述具有滞后性,历史记忆总是在后人的口中和笔下一步步展开。过程可以概括真伪,真伪不能概括过程。我们要研究的是叙述过程、时段划分和上下限,而不是真伪。研究历史,不可能全靠同期史料。同期史料说,貌似周密,貌似科学,其实是胶柱鼓瑟、刻舟求剑。

历史记述,说来话长,话里有话,话外有话,话总是套着话。有时一个人讲,有时很多人讲,七嘴八舌。这种话语,无论在时间上还是空间上,都是一种连续体。或许我们永远无法知道,哪一种说法更接近历史真相,但说话人是谁,他(或她)在什么时候说话,这个追述的起点很重要,应该尽量搞清楚。

王国维说,族姓是周人发明。两周金文证实,族姓制度确实是周人创用。两周以前,只有氏,没有姓,两周以后,姓氏混一。这种制度,太早不可能,太晚也不可能。这就是一个追述的起点。

族姓和帝系,在两周时期,曾同时存在,互为表里。如下面两个例子:

(1)《左传·文公四年》:"楚人灭江,秦伯为之降服,出次,不举,过数。大夫谏。公曰:'同盟灭,虽不能救,敢不矜乎?吾自惧也。'"秦国和江国同属嬴姓,楚人灭江,秦虽远在西土,不能救,仍为之服丧举哀,不胜悼惜。

(2)《左传·昭公十二年》楚灵王语:"昔我皇祖伯父昆吾,旧许是宅。"昆吾己姓,楚国芈姓,同属祝融八姓。八姓,昆吾为长,楚为季。二者虽不同姓,但楚人确实认同这种帝系。

帝系,旧说是族姓源头,现在考虑,恐怕相反,它应是周初封建,并夏、商古国,以姬姓为中心,串联其他族姓,整合而成的一种谱系,体现"天下一家"的概念。

唐的历史由两周时期的唐人追溯族源。

虞的历史由两周时期的虞人追溯族源。

夏的历史由两周时期的杞人追溯族源。

商的历史由两周时期的宋人追溯族源。

周人更不用说,他们的故事也是他们自己在讲。

帝系是这类故事的拼合版。故事整合反映民族融合,早不过西周,晚不出战国。

总之,帝系传说是两周时期的故事。当然,故事中的故事都是 Long long ago。

(三) 考古发现与二重史证

司马迁讲史,他是从黄帝讲起,勉强追到这里,再往前不敢讲。我从文章一开头,就点明这一点。这是中国式古史传说的起点。

中国,书写传统强大,史学特别发达。我国不但有浩如烟海的文献史料,而且有大约 3000 年不曾间断的历史记载。这在世界上,可以说绝无仅有。

1912 年 1 月 1 日,孙中山就任中华民国临时大总统后,发布《改历改元通电》,规定中华民国以黄帝纪元 4609 年 1 月 1 日为中华民国元年元旦。民元以来,为了"恢复中华",我国有"中华五千年"的说法,这种说法来源于同盟会的黄帝纪年[⑥]。它是由现代国家以国家名义加以确认的历史概念,一直影响到现在。

史学,旧称史地之学,时空并重,密不可分。中国地理沿革,周秦以来,每个县,县界可变,名称可变,但前后一条线,完全可以一代一代往下排。

中国学者重视以后证前,通古今之变,这是基于中国历史的连续性,中国地理的连续性。

宋以来,辨伪学兴,重史料审查;金石学兴,重证经补史。这是中国自己的史学传统。

近代,西学引入是一场革命。他们的文献批评学(text criticism)与我们的辨伪学相结合,他们的考古学(archaeology)与我们的金石学相结合,拓宽了中国史学的眼界。但中国学者认为,这是加法,不是减法,我国历史垂数千年,文献史料浩如烟海,金石铭刻层出不穷,不可能也没必要弃置一旁,他们非但没有遵循西方汉学家强调的"考古自考古,文献自文献",反而"上穷碧落下黄泉",更加热衷于"以地下证地上,以地上证地下"的"二重史证";历史地理学的发达,也使中国考古学带有"谢里曼式考古"的浓重色彩。我们的很多遗址,确实是由文献学和地理学的线索做引导,一次次被发现。

中国的疑古运动把三皇五帝一一驱逐出历史学,造成秦汉以上无古史或商周以上无古史,给考古学腾出地盘,造成考古、文献各管一段。但人类心理很难忍受空白想象[②]。中国的考古学家总是希望用考古发现抢救古史传说,把中华文明的背景不断往上推。夏不够,上面还有尧、舜,尧、舜不够,上面还有黄帝。大家总是希望把商代以前的一千几百年最后补起来。夏商周断代工程(1996—2000)之后有中华文明探源工程(2001—2015),正是这一寻梦旅程。

王国维提倡的"二重史证"是金石学传统。考古学的引入,不但没有削弱这一传统,反而强化了这一传统。由于考古研究的对象是大时段的历史,特别是年代较早的历史,背景的前面还有背景,我所熟知的考古学家,他们远比文献学家更偏爱古史传说。他们总是把"中华五千年"揣在心中,拿古史传说当考古发现的参照物。

考古和文献,在不同历史时期,如何此消彼长,我们应如何理解和利用古史传说,这是需要慎重对待的问题。我认为,古史传说只是一种文献参考,越往下越实,越往上越虚。到目前为止,"二重史证"的适用范围,从下往上推,逐步递减,两周时期仍然是个坎儿。商代主要靠考古和甲骨文,文献的作用十分有限。夏代还是个值得探讨的问题。五帝的话题跟司马迁时一样,仍然是个很难谈论的话题,本文只是把有关文献梳理了一遍,实的方面已如上述,虚的方面还有待进一步探索,考古学家完全不必为此捆住自己的手脚。

2016年11月10日写于北京蓝旗营寓所。

注　释

① 徐旭生《中国古史的传说时代》初印本,重庆,中国文化服务社,1943年;《中国古史的传说时代(增订本)》,科学出版社,1960年。本文引用此书,页码是据1985年文物出版社重印的增订本。

② 《古史辨》:第一册上编论辨伪,中、下编论古史和禹是否真有其人,顾颉刚编,北京,朴社,1926年;第二册上编论古史,中编论孔子,下编含若干古史论文和《古史辨》第一册的书评,顾颉刚编,朴社,1930年;第三册上编论《易》,下编论《诗》),顾颉刚编,朴社,1931年;第四册"诸子丛考",罗根泽编,朴社,1933年;第五册上编论今古文,下编论阴阳五行说,顾颉刚编,朴社,1935年;第六册"诸子续考",罗根泽编,上海,开明书店,1938年;第七册上编为古史传说统论,中编为三皇五帝考,下编为唐虞夏史考,吕思勉、童书业编,开明书店,1941年。此书新版有上海古籍出版社1982年版、上海书店1992年《民国丛书》影印本和海南出版社2005年排印本。

③ 中国的神话研究是模仿西方(如《圣经·创世纪》),材料多取自《山海经》。参看茅盾《中国神话研究ABC》,上海,世界书局,1929年(1978年再版,易名《中国神话研究初探》,收入《茅盾评论文集》,人民文学出版社,1978年,下册,239—333页;闻一多《神话与诗》,中华书局,1958年;闻一多《古典新义》,中华书局,1959年。袁珂《中国古代神话》,中华书局,1960年;《古神话选释》,人民文学出版社,1979年。

④ 王国维《古史新证——王国维最后的讲义》,清华大学出版社,1994年,1—6页。又见《古史辨》,第一册下编,264—267页。

⑤ 《古史辨》,第五册上编,101—249页(原刊《燕京学报》1929年第7期)。案:钱穆《评顾颉刚〈五德终始说下的政治和历史〉》(《古史辨》,第五册下编,617—630页)也很重要。该文指出,顾氏的层累作伪说当以历史演进说化解之,即"复先秦七国之古来解放西汉,再复东周春秋之古来解放七国,复西周之古来解放东周,复殷商之古来解放西周,复虞夏之古来解放殷商"(618页)如果说,顾氏的层层剥笋说是个解构过程,钱氏的复古解放说就是反向校正。如《唐六典》含唐以前的律令,我们只有发现其背景线索,才能剥离更早的律令。

⑥ 《虞夏书》前三篇是全书的引子。传统认为,《尚书》全书,这三篇最早,顾氏定为战国作品,王国维定为周初作品,差距很大。顾氏去世后,刘起釪折中众说,以《尧典》为孔子作,《皋陶谟》年代相近,《禹贡》九州反映龙山时期的人文地理区系(采邵望平《禹贡九州风土考古学丛考》之说),系西周史官据商代蓝本而作,并有春秋时期的补缀。参看顾颉刚、刘起釪合作,刘起釪整理的《尚书校释译论》,中华书局,2005年,第一册,1—520页;第二册,521—853页。

⑦ 参看孙庆伟《追迹三代》,上海古籍出版社,45页。

⑧ 参看蒙氏《治学杂语》,蒙默编《蒙文通学记》,生活·读书·新知三联书店,1993年,29—30页;杜正胜《无中生有的志业——傅斯年的史学革命与史语所的创立》,《新史学之路》,台北,"中研院史语所",1998年,上册,第三节,17—22页;徐书,第一章,19—36页。

⑨ 蒙氏早期讲义《周秦民族史》,见蒙默整理《蒙文通中国古代民族史讲义》,天津古籍出版社,2008年。据蒙默《读蒙文通先生遗着〈周秦民族史〉》,《蜀学(第三辑)》,巴蜀书社,2008年12月,57—65页,这一讲义着笔于1927年,完成于1935年。其中《犬戎东侵考》《秦为犬戎考》《赤狄白狄东侵考》三篇曾刊于《禹贡》第六卷第七期和第六卷第一、二、三期合刊。1958年,该书定稿始以《周秦少数民族研究》为名,在龙门联合书局出版。蒙氏《治学杂语》云"顾栋高《春秋大事表》是一部好书,我写《周秦少数民族研究》,基础就是这部书",见蒙默编《蒙文通学记》,5页。

⑩ 考古材料证明,秦人的贵族墓和平民墓截然不同,前者出自东夷,后者出自西戎。徐氏比蒙氏的看法更正确。

⑪ 傅斯年《夷夏东西说》,收入氏著《民族与古代中国史》,河北教育出版社,2002年,3—60页,原刊《国立中央研究院历史语言研究所集刊》外编第一种《庆祝蔡元培先生六十五岁论文集》,1934年,1093—1134页。

⑫ 蒙默《读蒙文通先生遗著〈周秦民族史〉》说:"这部讲义基本定稿是在1935—1937年间,其时正值日本军国主义侵略我国方殷之际,先君'痛国是之日非,悯沦亡之惨酷,遂乃发其愤激之情于戎狄,呵斥訾謷,几于满纸。'且改易旧日'民族移住'的篇名为'侵略',严夷夏之防是《春秋》大义之一,结合当时局势,是一种拳拳爱国之心的表现,是完全可以理解的。"(64页)。1934年,傅斯年《夷夏东西说》是"九·一八"事变以前,为《民族与古代中国史》而作,其研究思路与《东北史纲》直接有关。徐书写于抗战中的大西南,具有同样的时代关怀。

⑬ 抗日战争期间,国民党和共产党都祭黄帝,谁都不会接受中华文明史只有两三千年。同样,为了反对日本鼓吹的"民族自决"(如建"满洲国""大元国""回回国"),傅斯年主

张慎用"边疆",不讨论"民族",强调中华民族只有一个,参看王炳根《吴文藻与民国时期"民族问题"论战》(《中华读书报》2013年5月1日)。1934—1937年,顾颉刚、谭其骧创办《禹贡》半月刊,也主张废弃"中国本部"一名(即清朝所谓的"本部十八省")。这些都是时局危机的反映。

⑭ 傅斯年《城子崖》序,历史语言研究所编《中国考古报告集》第一种《城子崖——山东历城县龙山镇之黑陶文化遗址》,1934年11月。

⑮ 增订本43页注1有1959年1月补记。在这条补记中,他指出,甘肃仰韶(马家窑文化)晚于中原仰韶,齐家更晚,旧说应修正。

⑯ 苏氏把中国的考古文化分为六个区系或条块。参看苏秉琦《中国文明起源新探》,生活·读书·新知三联书店,1999年,33—99页;苏氏之子苏恺之《我的父亲苏秉琦——一个考古学家和他的时代》,生活·读书·新知三联书店,2015年,71、226—229页。案:苏氏与夏鼐不同,特别喜欢对考古现象做提炼、概括和总结。他所用的"区系"一词是借鉴植物学和动物学。1983年10月26日,苏秉琦致信俞德浚,向俞氏请教区系一词的西文用法,俞氏复信说,植物区系是flora,动物区系是fauna。

⑰ 李学勤说:"当年苏联的学者反对用'史前史'这个词,说'史前'怎么还有历史呢?实际上这个词在英文中就是'prehistory'。'prehistory'和'history'两者怎么区别?有一个很简单的说法:有文字记载的是'history';没有文字记载,主要用考古学、人类学或语言学等方法探测的是'prehistory'。20世纪中叶以后,国际上认为这样划分不够清晰,因为中间有很长一段历史时期既有文献记载,又需要用大量考古学、人类学的方法进行补充。现在国际上将这段时期称为'protohistory',我们一般将其译为'原史时期'。在这个时期,文献记载和考古学并重,越往前考古学的比例越大,越往后则文献记载的比例越大。"参看氏著《〈史记·五帝本纪〉讲稿》,生活·读书·新知三联书店,2012年,7页。

⑱ 《史记》,中华书局,1982年,46页。

⑲ 王国维认为,《虞夏书》四篇和《商书·汤誓》"或系后世重编,然至少亦必为周初人所作"。至《商书·盘庚》以下"皆当时所作也",见王国维《古史新证——王国维最后的讲义》,1—6页。

⑳ 《史记·太史公自序》:"维三代尚矣,年纪不可考,盖取之谱牒旧闻,本于兹,于是略推,作《三代世表》第一。"《汉书·艺文志·数术略》历谱类有《黄帝五家历》《夏殷周鲁历》《汉元殷周牒历》《帝王诸侯世谱》《古来帝王年谱》等。

㉑ 王国维《殷周制度论》,《观堂集林》卷一〇,《王国维遗书》,上海古籍书店,1983年,第二册,1—15页。

㉒ 李零《两周族姓考》,《茫茫禹迹——中国的两次大一统》,氏著《我们的中国》第一编,生活·读书·新知三联书店,2016年,77—135页。

㉓ 李零《两周族姓考》,《茫茫禹迹——中国的两次大一统》,氏著《我们的中国》第一编,114—115页。

㉔ 徐旭生《中国古史的传说时代》,文物出版社,1985年,33页。

㉕ 《山海经》是神仙家寻仙访药的指南,糅地理、本草、博物、神仙诸说于一书。书中多悠谬之谈,难以一一落实

㉖ 《帝系》说青阳、昌意俱出嫘祖。这里只说"青阳,方雷氏之甥也。夷鼓,彤鱼氏之甥也。"没有提到昌意、苍林为何氏之甥。四母之名未详,《汉书·古今人表》《帝王世纪》以方雷氏、嫘祖氏、彤鱼氏、嫫母为四母,未必可靠。

㉗ 上文,青阳、夷鼓同为己姓,青阳、苍林同为姬姓,青阳两出,必有一误,《帝系》既言"黄帝产玄嚣",帝喾、帝尧出自玄嚣,"黄帝产昌意",帝颛顼、帝舜出自昌意,又说"黄帝居轩辕之丘,娶于西陵氏之子,谓之嫘祖氏,产青阳及昌意",可见《五帝本纪》说玄嚣就是青阳是对的。这里的第二个"青阳"当是"昌意"之误。

㉘ 姬、姞、媿是北方三大姓,如商代有名的西伯、鄂侯、鬼侯,就跟这三大姓有关。

㉙ 武王所封之莒为嬴姓之莒,另有己姓之莒。《春秋·隐公二年》"莒人入向",孔疏两引《世本》,一作"莒,己姓",一作"自纪公以下为己姓",谓己姓之莒"不知谁赐之姓者"。《左传·昭公十七年》"少昊氏鸟名官,何故也",杜注以少昊为黄帝之子、己姓之祖。孔疏非之:"黄帝之子十四姓,其十二有姬有己。青阳既为姬姓,则已姓非青阳之后,而《世本》己姓出自少皞,非青阳也。事远书亡,不可委悉耳。"

㉚ 徐书43页已经指出,桥山不在今黄陵县,而在汉阳周县境内,但他说汉阳周县在今子长县境内也还不够准确,汉阳周县当在今靖边县杨桥畔一带,详下"帝墟和帝陵"节。

㉛ 汉族称汉始于汉代,汉代是以刘邦"为汉王,王巴、蜀、汉中,都南郑"而得名(见《史记》的《项羽本纪》《高祖本纪》)。巴、蜀、汉中属于古梁州,与雍州为邻,正是周秦与氐羌来往密切的地方。

㉜ 王国维《鬼方昆夷猃狁考》,《观堂集林》卷一三,《王国维遗书》,第二册,1—12页。

㉝ 大汶口陶符有一种日出山、海的符号。

㉞ 《史记》,中华书局,1982年,173页。

㉟ 李零《楚国族源世系的文字学证明》,氏著《待兔轩文存(读史卷)》,广西师大出版社,193—208页。

㊱ 中国社会科学院考古研究所编《殷周金文集成(修订增补本)》,中华书局,2007年,第四册,2956—2957页;04589、04590。

㊲ 参看陈絜《商周姓氏制度研究》，商务印书馆，2007年，48—50页。

㊳ 李零《两周族姓考》。

㊴ 周原甲骨H11:14提到"楚白(伯)乞今秋来"，H11:83："今秋楚子来告"。见曹玮《周原甲骨文》，世界图书出版公司，2002年，14页、63页。

㊵ 顾颉刚《五德终始说下的政治和历史》，《古史辨》，第五册下编，463、495—497页。

㊶ 杨宽《中国上古史导论》，《古史辨》，第七册上编，250—251页。

㊷ 银雀山汉墓竹简整理小组《银雀山汉墓竹简（一）》，文物出版社，1985年，32—33页。

㊸ 李零《避暑山庄和甘泉宫》，《思想地图——中国地理的大视野》，氏著《我们的中国》第四编，172页。

㊹ 《周本纪》作"封帝尧之后于蓟"，恐误。

㊺ 郦道元著，陈桥驿校证《水经注校证》，中华书局，2007年，558页。

㊻ 《史记·六国年表》"故禹兴于西羌"，集解引皇甫谧说："孟子称禹生石纽，西夷人也。传曰：'禹生自西羌'是也。"正义："禹生于茂州汶川县，本冉駹国，皆西羌。"

㊼ 李零《陕北笔记》，《大地文章——行走与阅读》，氏著《我们的中国》第三编，209页。

㊽ 《殷周金文集成（修订增补本）》，第四册，2682—2685页：04315。

㊾ 《殷周金文集成（修订增补本）》，第一册，322—346页：00272.1—00285.8。

㊿ 王国维《古史新证——王国维最后的讲义》，清华大学出版社，1994年，4—6页。

㉛ 李零《楚帛书研究（十一种）》，中西书局，2013年。

㉜ 保利艺术博物馆编著《豳公盨——大禹治水与为政以德》，线装书局，2002年。

㉝ 《殷周金文集成（修订增补本）》，第四册，3025页：04649。

㉞ 王辉、焦南峰、马振智《秦公大墓石磬残铭考释》，《史语所集刊》六十七本第二分，1996年，263—322页。

㉟ 马承源主编《上海博物馆藏楚竹书（二）》，上海古籍出版社，2002年，247—292页。

㊱ 李学勤主编《清华大学藏战国竹简（一）》，中西书局，2010年，下册，180—193页。

㊲ "三五历记"的"三"是三皇，"五"是五帝。

㊳ 见《庄子·胠箧》《六韬》佚文等。

㊴ 我用三纵一横图表示三者的关系，夏的纵轴是大同—太原—长治—洛阳—南阳—荆州一线（洛阳到荆州的路，古称夏路）。商的纵轴是北京—邯郸—郑州—黄陂一线（今京广线），周的纵轴是包头—榆林—西安一线（早期在此线以西，晚期扩展到此线以东）。三条纵轴共享一条横轴，即宝鸡—西安—潼关—洛阳—郑州—开封—徐州—连云港一线（今陇海线，宝鸡到潼关，古称周道），伊洛盆地是三个大十字的中心。

㊵ 李零《两次大一统》，《茫茫禹迹——中国的两次大一统》，氏著《我们的中国》第一编，

6—75 页。

(61) 同盟会主黄帝纪元(前 2697),本为排清。康有为立场不同,保皇保不成,干脆保孔子,因而主孔子纪元(前 551)。他们都想用中国纪元代替耶稣纪元。“五族共和”反而是清人提出来的,更符合北方征服王朝的传统。民国,折中南北,行五族共和,最初的国旗是象征五族共和的五色旗,但这面国旗后来只是北洋政府和伪满洲国的国旗。

(62) 宗教史上关于偶像崇拜的争论可以充分说明这一点。神无偶像,看不见,太抽象,让需要顶礼膜拜的愚众无所寄托;神有偶像,看得见,很具体,又缺乏永恒普适的权威性。

从《史记评林》到《史记读本》
——作为教材的《史记》与日本汉学教育

杨海峥

一

《史记》在奈良朝之前就已传入日本,至今已近1400年。《史记》的名称见于日本文献,最早是文武天皇的大宝元年(701)。此年颁布的《大宝律令》,将教育作为一项制度列入其中,对大学的体制有明确规定,《史记》被列入大学的课程之一。进入奈良朝(710—794)、平安朝(794—1185)后,《史记》流传更广,甚至成为天皇和朝廷大臣的学习用书。《日本三代实录》中有大量这样的记载,如:

> 贞观①十七年(874)四月,"廿八日庚辰,卯时,白彗见东北……是日,帝始读《史记》,参议从三位行左卫门督兼近江权守大江朝臣音人侍读。"②

另据《日本汉学年表》③,镰仓时代(1185—1333)在天皇御汤殿举行的天皇读书仪式上,讲读《史记》有十四次,讲读的篇目包括《五帝本纪》《夏本纪》等篇。很多朝廷官员也研读《史记》,并深受影响和熏陶。镰仓时代,《史记》的《孝文本纪》《秦始皇本纪》《留侯世家》《孔子世家》等是供贵族讲读和研习的篇目,一直到江户时代仍然延续这一传统。

除宫廷教育外,《史记》在以汉学教育为主的学校中也有着重要的地位,通常被作为必读的课本。创建于室町时代,有"日本最古老的综合大学"之称的足利学校在校规中明确规定以三注、四书、六经、《列子》《庄子》《老子》《史记》《文选》为课本,禁止讲授其他书籍④。足利学校最盛的时期在校学生的人数多达三千人,各地学子云集到这里来学习,再把学到的知识传播到各地去。这对《史记》等汉籍在日本广泛传播产生了深远的影响。

德川幕府建立后,抑制佛教,奖励学问,倡导儒学。德川家康喜欢读有关治国平天下的经史典籍,推崇儒家思想,大力倡导朱子学,并使朱子学成为日本汉学的显学。到第五代将军德川纲吉(1646—1709)更为重视儒学,将江户孔子庙所在地改称昌平坂,将林罗山创立的私塾改为由幕府直辖的学校。这就是著名的昌平黉(又名昌平阪学问所)。作为官方学部场所,昌平黉广招鸿儒,成为天下学府的中心。昌平黉的教学内容包括经书、史书和诗文,其中史书必读的是《左传》《国语》《史记》《前汉书》《后汉书》《资治通鉴》。诸藩纷纷仿效昌平黉的模式,在各地开设藩校。《史记》作为史科的必读经典被传授,不仅影响了为数众多的藩校学生,而且经过藩校直接传播到广大日本民众之中。

《史记》传入日本之初,印刷术尚未发明,学生们纷纷传抄《史记》。现在日本藏有平安朝以来流传下来的多个《史记》古抄本,可与今本《史记》比较以校定文字异同,是非常珍贵的资料。到江户初期,随着日本印刷术的发展,在庆长(1596—1615)、元和时期(1615—1624),出现了最早的和刻活字本《史记》,刻本的出现使《史记》的阅读变得容易,促进了《史记》的传播。到江户中期,明代凌稚隆的《史记评林》传入日本,成了最重要的《史记》读本和教材。

在中国,宋明学者始开评论《史记》的风气。明代学者评点《史记》的成果很多,据《史记评林》所列,自正德至隆庆年间(1506—1572)就有六十多家。这些成果对《史记》的评点主要集中在评历史人物、评历史事实、评编纂体例、评文学手法四个方面。在此基础上,至明代万历年间出现了凌稚隆所辑《史记评林》,搜集整理明万历四年(1576)之前历代学者计一百五十余家的评论评点,汇为一编,成为《史记》评点之作的代表。

《史记评林》在《史记》正文相关句下抄录《史记》三家注,将各家评语及凌稚隆本人的考辨载于眉端,正文标识句读,每句每段的文法大义旁注于侧。对《史记》引用《诗》《书》《左传》《国语》《战国策》《吕氏春秋》《楚汉春秋》等书而载之未详之处,凌稚隆将相关全文抄录于眉端,以备考证。后明代学者李光缙又进行了增补,对凌稚隆搜罗不全之处予以补充,使该书更加完备。

《史记评林》搜罗宏富,对后代学者大有裨益,如贺次君所言"凌氏博征古籍,一一撮而系之,后之学者参互审勘,不劳钩稽群册矣"⑤。《史记评林》对扩大《史记》影响起了重要作用⑥。《史记评林》不仅在编纂体例和资料搜集上成了后世典范,也为后人提供了良好的底本。凌稚隆作《史记评林》时,对《史记》底本的选择也是非常慎重的。清人钱泰吉讲:"《评林》本,吴兴凌稚隆刻,藏书家不以为重,今以乾隆四年殿本校勘,乃知胜明监本多矣。"⑦梁玉绳作《史记志疑》时选择《史记评林》为底本,是因为"《史记》刻本甚众,颇有异同,世盛行明吴兴凌稚隆《评林》,所谓湖本也,故据以为说"⑧。贺次君也认为《史记评林》"《史》文及注,往往有胜于柯本及南宋、元、明诸刻者"(《史记书录》,第164页)。

《史记》是史学名著,也是中国早期叙事文学的代表,它不仅为后世正史提供了范本,而且对后世史传文学的发展产生了很大影响。明人将《史记》视为文章典范,其评点不限于《史记》所涉及的历史人物和历史事实。《史记》的遣词造句、叙事方式、文章风格等方面也是其点评重点,即重在点评《史记》的"文章之法""叙事之法"。这与日本学者一方面将《史记》作为史学经典,一方面又将《史记》作为为文典范,从欣赏文学作品和学习汉文写作的角度来阅读《史记》的治学倾向十分吻合。

江户中期,《史记评林》传入日本后备受欢迎,因其收录《史记》原文、三家注及各家评点和注释,阅读和使用十分方便,很快在日本出现了众多的和刻本《史记评林》。这些和刻本《史记评林》基本都是以李光缙增补的凌稚隆《史记评林》为基础,并将全书正文及注文加上训点,使读者更容易理解文意。江户时代和刻本《史记评林》因发行场所不同分为"八尾版"和"红屋版"两个系统,风靡日本,成为"人间流布俗本,而家家有此本"⑨,对日本江户时代及后代的《史记》研究产生深远影响。

二

随着《史记评林》的广泛流行,到宽政年间(1789—1800),出于对过分相信评注的反省,出现了与《史记评林》相对抗的潮流。他们将前代的《史记》注释和评论全部删掉,以《史记》原文的面貌问世,让读者通过直接读原文来学习和理解《史记》。这场排击《史记评林》运动的兴起是与当时日本学术思潮密切相关的,与"古文辞派"的代表人物荻生徂徕、太宰春台、服部南郭等人的主张和倡导关系尤为密切。

江户时代(1603—1867)是日本儒学发展的全盛期。随着日本儒学的发展,在朱子学派之外出现了不同的派别,如古学派、阳明学派、折衷学派等。各学派的儒学家大多在各级学校及民间私塾中任教,其思想也通过生徒广泛传播。18世纪初,特别是享保元年(1716)以后,朱子之说开始衰落。宽政二年(1790),幕府颁布"异学之禁",在昌平黉独尊朱子之学,以其他学派为异端,不准教授。但仍有学者根据自己的治学兴趣进行私人的研究与传授。各学派之间的学术观点各异并展开了学术争鸣,使儒学研究得到了更加深入的发展。江户末期,考证学盛行,一些学者以清代考据学为学术研究的新方法,专注于精细的训诂考据的研究。幕府官学为了顺应潮流,破格任用长于经传研究的安井息轩为昌平黉教授,这也充分反映了当时的学术潮流。

古学派以复古的面貌出现,实质上是提倡一种新学,成为朱子学的反对派。古学派学者原多为朱子学追随者,后怀疑朱子学与孔子、孟子的原意不同,转而提倡古学。古学派学者的治学目的基本相同,但各人的思想体系有较大差别。

荻生徂徕(1666—1728),名双松,字茂卿,号徂徕、萱园、赤城翁,江户人,是古学派的主要代表人物。他早年奉行朱子学,后对朱子学产生疑问,形成自己的见解,创立"古文辞派"。古文辞派主张在从事汉诗文写作的过程中去理解和掌握古文辞的真义,强调理解经典的最好方法就是熟读经典,精通原书的字义及遣词造句的方法,摆脱前代注解的束缚,通过研读原文去探究经典的内涵。古文辞派认为解经必须通史,对《左传》《国语》《战国策》《史记》《汉书》等史书都有深入研究并重新加以注释。他们对史书的重视也推动了社会上对《史记》的研读和学习。荻生徂徕创办"萱园塾",广收生徒,教授汉文学,提倡经史考证,在学术界和教育界都产生了很大的影响。他提出汉文直读法,反对一直以来的训读方式。他主张在沿袭已久的"俚谚抄""俚谚解"之外,应该用"国字"即日本语来解释中国的经传诸子以普及教学,以便使汉学在日本扎根,成为日本化的汉学。所谓"俚谚抄""俚谚解"起源于室町时代,流行于江户初期。五山僧侣研读汉籍并开设讲堂传授给弟子,由此产生了把讲课内容抄写下来的"口语体笔录",即以当时通行的俚俗谚语解释汉籍的一种解释方法。这是以前没有过的新的注释形式,对日本人来说容易理解,利于接受。日本现存最早的口语体《史记》注释书是室町时代释桃源瑞仙的《史记抄》[10]。荻生徂徕所倡导的用通俗的日文来解释和普及汉籍的"国字解",后来在日本产生了很大影响,成为普及汉籍教育的重要形式。

太宰春台(1680—1747),名纯,字德夫,号春台,又号紫芝园,信浓人。他成年后赴京都游学,听闻徂徕倡导古文辞学而入其门,但师生二人的观点时常相左。太宰春台一生致力于经史研究,不满宋儒的义理之说,作《朱氏诗传膏肓》,对朱子之说进行驳斥。他遵循孔子"述而不作"的原则,将朱熹对《诗经》的引申之说均称为"评语",认为这些是脱离经典文本的无用之辞,应全部删掉。他遍注群经,有力地推动了反宋学空疏,提倡回归文本本身的潮流。但太宰春台因厌恶宋学的义理之说而走向极端,不允许有任何超越文本的评论。他曾在《书史记评林后》中强烈表达了对《史记评林》的不满:

> 凌以栋著《史记评林》,旧注之外,增附《索隐》《正义》则犹不恶,唯《索隐》述赞极无味,其评林则为无用。其载《三皇本纪》,则为马史之蛇足。其载弇州拟短长说,李沧溟拟秦王辞,则为戏谑。此三者,皆无益于史学,而徒烦读者。要之凌氏之为斯也,其用者仅十一二耳,余去之可也。李光缙何为者而增补之,吾悲其意云!……予尝得《史汉评林》而读之,见其讥评无用者,悉涂抹之,恶其劳目也。嗟乎!王元美、徐子与好古之士,而作序以扬扢凌氏之举,抑何意哉?予尝怪焉。[11]

太宰春台是从史学的角度指责"《评林》本"的无用及徒增烦乱,其《紫芝园漫笔》中有多处对《史记评林》体例的严厉批评[12]。他反对附各家之说于《史记》正文的天头地脚,认为收录司马贞所补《三皇本纪》及"述赞"合刻是画蛇添足,在《史记》正文前收录王世贞的《短长说》和李攀龙的《拟秦王辞》更是荒诞不经。他认为《史记评林》中有价值的评论只有十分之一二,其余应全部删去。他由《史记评林》推而广之,认为《汉书评林》及明刻六臣注《文选》都是明儒盲目尚古不加选择的思想的反映,比《史记评林》更加无用。他的主张虽有些极端,但对排击《史记评林》,推动白文《史记》的出版起了重大的作用。

服部南郭(1683—1759),名元乔,字子迁,称小右卫门,又号芙蕖馆、同雪、观翁,京都人,古文辞派学者。他大力提倡回归文本本身,对当时流行的评注本《左传》非常厌恶,故去掉所有注释,刊刻白文本《左传》,白文句读《文选正文》十二卷,并作《唐诗选国字解》七卷。服部南郭曾告诉弟子,自己年轻时即专心反复研读杜甫诗,久而久之,烂熟于心,写诗也能得杜甫诗精髓。不依赖前代注解,通过熟读原文来理解和学习原典是其学术主张的概括[13]。

宽正年间排击《史记评林》运动的代表人物为越后村上藩儒服元宽,长门儒士多贺渐,大津儒士陆可彦。其间出现的白文本《史记》主要有以下三种:

(一) 宽政四年磐船木活字版《史记》(图1)一百三十卷 服元宽编修

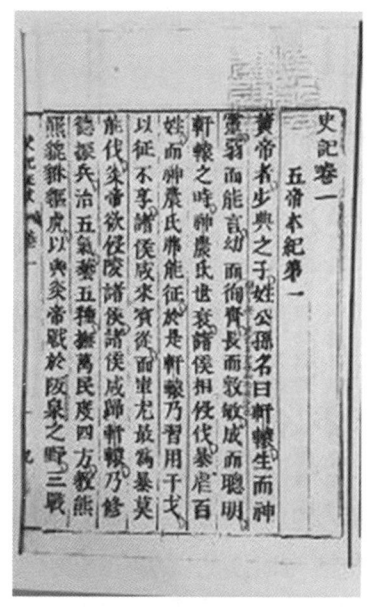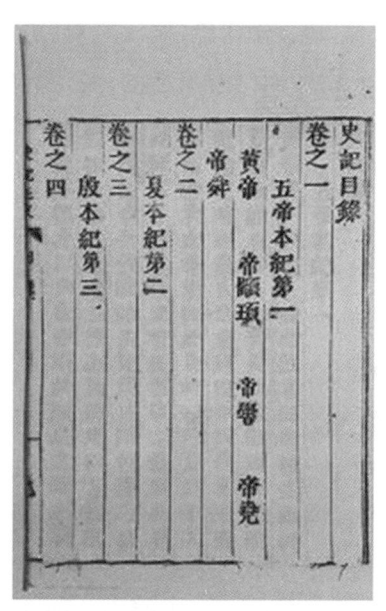

图1 宽政四年磐船木活字版《史记》

此本藏日本宫内厅书陵部。二十四册。此本卷首为服元宽序。其中提到:

> 盖缀文之学,莫不从左氏、司马氏始,而国读句乙蠛蠓盈简,苟随其读,或至使辞之所存茫乎不知也。呜呼!读云,读云,国读云乎哉!宽先人从事南郭先生,先生已厌其如此,乃据左氏之正文,驱其蠛蠓,以授从游之士。先人亦以此大劝其道兮。宽欲效先人所资,复据司马氏之正文,驱

其蠛蠓，用见文辞之所在焉。遂与僚友谋议活版之举。……课其众读手读此活字也，不复暇校，谬误焉，然犹庶几吾辈之士剖析字句，沉思文辞，则缀文之道或得于斯。今八表存其序，除其谱牒及众家序论不载，主于正文也。若夫有倒字脱落待读者正补云。

服元宽为磐舟郡村上藩文学臣，其父亲跟随服部南郭学习并深受其影响，服元宽继承父志，从文学的角度对《史记评林》进行批判，认为《史记评林》过多罗列前代评点，割裂了《史记》原文，影响了读者对《史记》文章的欣赏和学习。为改变这一现状，他积极推动了无注本《史记》的刊刻，这对处于全盛期的《史记评林》的流行起了一定的冲击作用。

作为主掌文学之臣，服元宽对《史记》十分推崇，认为"缀文之学，莫不从左氏、司马氏始"，而当时流行的《史记》刊本都加句读和训读，且多收录各家注解评论，这些附加到《史记》文本上的东西湮没了《史记》文字本身，使读者陷于训读和注解评论的包围之中，不知《史记》"文辞之所在焉"。所以服元宽此本删掉全部的句读、训读以及评论，只刊刻《史记》正文。其目录及篇章顺序全以《太史公自序》所列为准，十表仅存表序。《史记》正文或通篇不分段，或只在一人事迹结束另起一人时分段。目的是使读《史记》者"剖析字句，沉思文辞"，从而体会"缀文之道"，真正能体味到《史记》文辞之妙。

磐船木活字版《史记》的刊行，是当时日本学术界回归经典、探求本义的思潮的体现，也是对一直盛行的《史记评林》的反击。去掉注解、评论只保留《史记》正文，让读者通过阅读文本本身去体味和理解《史记》的精妙之处，其本意是恢复《史记》文本的本真，但其去掉全部句读和训读的做法，也会给读者带来不便。日本宫内厅书陵部所藏磐船木活字版《史记》，有后人用朱笔对全书作了点断并加训读，在相关句下添加了简单疏解，天头抄录"三家注"。可见，在白文本《史记》和评注本《史记》之间如何把握一个适当的度，既方便阅读理解又不过度注解割裂原文，是一个需要认真思考的问题。

(二) 宽政五年《史记正文》(图2) 一百三十卷 多贺渐之仲音训

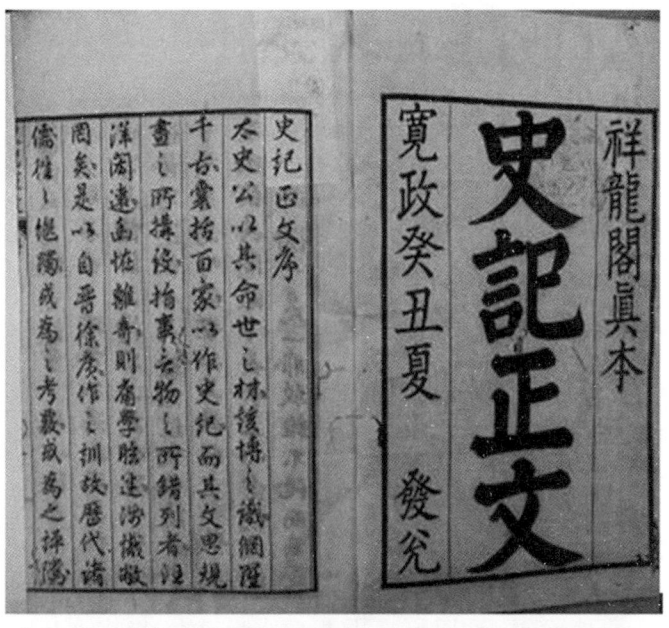

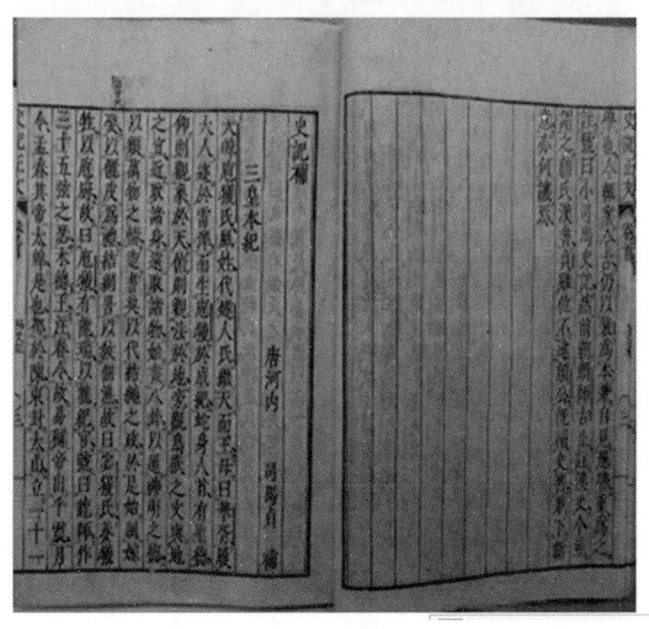

图2 宽政五年《史记正文》

此本日本无穷会图书馆及池田文库有藏。二十册。卷首为皆川愿亲笔书写的《史记正文序》[14]。他认为注释的目的是为了使读者能更好地理解《史记》,但历代相传沿袭下来的这些注解,写满《史记》刻本的天头地脚,穿插在《史记》正文的字里行间,反而割裂了《史记》正文,妨碍了读者对《史记》思想及内容的理解。皆川愿还认为,附在《史记》正文之外的诸家注解,参差不齐,是非间杂。因为《史记》是传世之作,诸家注解多以此为依托,强生新意以引人注目,而《史记》是要在叙事之中蕴含治乱兴废之大道,后人读《史记》的重点也应在此,过分纠结于细节于事无补,反而容易走入歧途。皆川愿在《史记正文序》中表达的回归经典本身的观念与其所著《史记戾栌》《史记淇园评注》的主旨是一致的[15]。

皆川愿《序》后为多贺渐之仲所作《史记正文序》。多贺渐之仲生平事迹不可考。从其自序知其自幼喜读《史记》,深感掺杂在《史记》正文中的注评割裂了原文,使其头脑昏聩不能把握《史记》精髓。而在去掉注评只读《史记》正文之时却顿觉豁然开朗,于是开始有了刊刻《史记》正文的想法。他留意搜求《史记》善本,经过十几年的搜求找到十七种不同的《史记》刻本,但均不满意,后得到一元刻注本,较之他本似更接近《史记》原貌,于是以此本为底本,与其他十七种刻本对校,文字不同但其义两通之处均注明,难读之字用反切注音以方便读者阅读。

对其所刊刻的《史记正文》有人提出疑问:既然其刻本删去了全部的注评,力图恢复《史记》的本真,但为什么还保留褚少孙所补之作?对此多贺渐之仲的回答是:

> 世以为《史记》残缺多矣。或云《史记》《景》《武纪》、《礼》《乐书》等之十篇有录亡书,褚少孙补之者也。是以世或置而不读,或至于存其目删其书。如夫《武帝纪》乃以其触当时之忌讳故被删去,后人乃取《封禅书》而以补者,乃其删之,或未为不可矣。如其余则朱文公有言曰"《史记》未脱稿",此固透到之见,以余观之,其未成者亦数种不同。……今尽删之,则反为扰害矣。且余唯订其文而已,如删则非余之志也。

多贺渐之仲结合自己研读《史记》的体会,认为在《史记》流传的过程中,其残缺及增补是一个很难确定的复杂过程。如果根据后人的说法就径直删掉《史记》中疑为后人增补的内容,这对恢复《史记》原貌有害无益。他强调其刊刻《史记正文》的目的在于恢复《史记》本真,以方便阅读,而不是对《史记》文本本身进行删削。据长泽规矩也《和刻本汉籍分类目录》,多贺渐之仲的《史记正文》在宽政十二年再版,文久二年(1862)出修订本,明治期间又重印。可见其影响。

(三) 宽政十二年《史记》(图3)一百三十卷,陆可彦删定

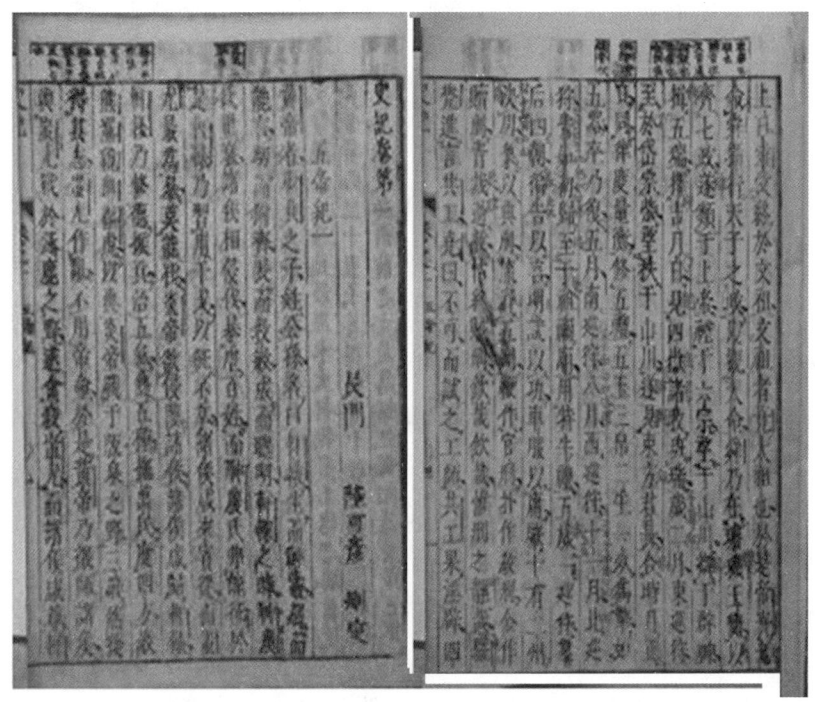

图3　宽政十二年《史记》

此本日本无穷会图书馆及池田文库有藏。十五册。书名题为"史记锺伯敬删定",无序,目录后正文首卷篇名下署"长门陆可彦删定"。其中十表及《礼书》《三王世家》《五宗世家》《日者列传》《龟策列传》有目无文。此本以锺伯敬辑评《史记集解索隐正义》为底本。据《中国古籍总目》,锺伯敬辑评《史记集解索隐正义》一百三十卷,为明天启五年(1625)沈国元大来堂刻本。上海图书馆、天津图书馆、浙江图书馆藏此本。又有清康熙五十二年(1713)胡彬抄本,题名为《锺伯敬评史记》,南京图书馆藏。

据贺次君《史记书录》,锺伯敬辑评《史记集解索隐正义》对"三家注"删削很多,仅存十分之一二,错误很多,实不足道。但由于明代评点之风流行,此本迎合了时尚,再加上锺伯敬在文坛的影响,故得以流行:

此本即从凌稚隆《评林》本出，……但以《史记》十表无关文章大体，删除不载，但又自为年表图说，而错误零乱，毫无体例，读之将不知其所云。明人读《史》特喜评论，此本乃投其所好，故万历、崇祯间，如邹德沛、曹学佺辈，于锺伯敬推崇备至。邹氏世古斋本即依此刻。称其评选"能得史公精髓，如日月经天，江河行地"。……其实锺伯敬乃拾杨慎、李元阳、茅坤、凌稚隆所为论说，稍加编裁，或间出己意，亦不过如评时文，争论文句之长短，堆陈浮词而已。……明自杨慎、凌稚隆而后，评论之风日烈，锺伯敬辈其实无学，但好为高论，所以不惜重资以刻《史记》者，乃投合时尚，顾求名之一哄耳。杨慎、李元阳、凌稚隆等虽主题评，据文义以论得失，考群书而发微意，尤各有其专长，若如此本，则卑卑不足道矣。"⑯

锺伯敬名惺，作为竟陵派的创始者，他在明代文学创作及文学评论中占有重要地位。其评点《史记》是以评时文的方法来评史，主要是对《史记》著作风格的评析。尽管在众多的明人评点中乏善可陈，但因锺伯敬的文学地位，此书刊行后亦受到明代文人的推崇，明代就已有邹德沛以锺伯敬本为底本刊刻的世古斋本《史记》，到清代康熙年间又有胡彬抄本，可见其影响。

陆可彦为大津郡儒士。其刊刻的删定本《史记》将原本上的三家注及锺伯敬评点全部删掉，在天头上有陆可彦对篇中重点字词的注音、释义以及对各本文字异同的校订。经核对可知陆可彦在刊刻《史记》时并未核对众本，其校勘只是对其所见前代校勘成果的摘录，很多内容引自徐广《史记集解》。此本刊刻粗糙，舛讹颇多。日本文教大学越谷图书馆藏有此本，多处有池田芦洲对字句讹误的朱笔修订。池田文库所藏此本《史记》被重新装订过，池田芦洲除逐篇校订正文文字外，还对每篇中的重点人名、地名、典制等进行解释，写在白纸上，装订在每篇之后，作为补充。

陆可彦选定锺惺的《锺伯敬评史记》作为其刊刻《史记》正文的底本，也反映出明代评点之学对日本学术界的深刻影响以及日本学者对《史记》文学价值的重视。直至明治时期安藤定格作《史记读本》仍提到并重视"《史记》锺伯敬删定本"。

宽正年间出现的这三个白文《史记》刻本，倡导了对经典本身的回归，对《史记评林》有所冲击，一定程度上纠正了过分依赖旧注旧评的倾向。但排击运动并没有从根本上动摇《史记评林》全盛的势头，进入明治后，这种批评逐渐消失。

三

明治维新是日本教育界、思想界的一大转机。在明治维新以后的近半个世纪中，日本的教育体制、教育内容发生了很大的变化。明治维新在教育文化领域的一个重要成果，便是对幕府时代的学校体制的改革。江户时代的学校体制是以幕府官学、诸藩藩校、各乡乡校为主体，再加上私人兴办的私塾和家塾，形成了遍及全国的教育网络。这种教学体制在明治初年发生了变化。经过一系列的争论、变迁和改革，到明治十年（1877），全国最高学府东京大学正式成立。在其学科体系中，原来占日本教育主导地位的传统汉学基本上被排除在外。

由于当时日本社会还未稳定，学制改革也处在不断的变动中。到明治十年九月，东京大学文学部中增设了"和汉文"一科，和汉文的地位稍稍得以恢复。明治十四年在众多汉学者的共同努力争取下，东京大学文学部内又设立"古典讲习科"，任教的有中村正直、三岛毅、岛田重礼等著名汉学家，这一学科后来也造就了许多日本近代汉学大师。在全国的最高学府中，儒学经历了被排挤的过程后，最终又取得了一席之地。

在中央学制变革的同时，地方的藩校也发生了变化，明治五年八月，发布使用大政官名称的学制，藩校停办，各地的藩校受到了极大的冲击，而各藩校中占主导地位的各种儒学流派更是首当其冲。明治五年三月禁官费学生入私塾，传统汉学的根基被极大地削弱了。

明治十四年，日本先后制定了《小学校教则纲领》和《中学校教则大纲》，规定了中小学汉文学习内容，其后又对中学生应达到的汉文阅读和写作能力做了规定。从小学到中学再到大学，都有着与汉文有关的教育和组织。这使汉文教育在社会基础教育中占有了确定的地位。

作为汉文教育的重要教材，《史记》在这一时期也备受重视，一方面它仍然是汉学家们研究和教授生徒的汉学经典，一方面也在大学乃至中学的汉文教育中被作为课本。不同的需求使得这一时期的《史记》刊刻十分兴盛，并有不同的形式。明治前半期仅二十余年间，就有大量的《史记评林》的重刊以及各种增补校定《史记评林》本的刊刻。明治时期出现的增补校订《史记评林》主要有：

明治二年，田中笃实等校订，玉山堂刊行《增订史记评林》。

明治十二年，浪速五书房合梓，《明治三刻史记评林》。

明治十三年，奥田遵校正，修文馆刊行《校字训点史记评林》。

明治十四年，藤泽南岳训点，浪速同盟书楼刊《校订训点史记评林》。

明治十四年，大乡穆等校订，修道馆刊《增订史记评林》。

明治十四年，铃木义宗校订，印刷会社刊《明治新刻史记评林》。

明治十六年，有井范平校订，报告社刊《补标史记评林》。

明治十六年，石川鸿斋校订，凤文馆刊《增补史记评林》。

由于此时的汉学研究与江户时代相比已有所不同，《史记》作为叙事经典和文章典范的作用更加受到重视，列传是《史记》中写得最精彩的篇章，此时应运而生了《史记》列传"评林"一类的著作，如明治二十六年东京同盟出版书房出版的栗本长实《评林史记列传》七十卷，明治四十四年东京富山房出版的重野安绎《评林史记列传》七十卷等，成为汉学家们讲解为文之道的重要依据。

明治时期的教育改革使得平民也有了接受教育的权利，与江户时期汉学家专门的汉学研究相比，明治时期，包括《史记》在内的汉学经典成了普及汉文学习的教材。在主要的大学和中学，汉文教育需要简明易懂的注释书。在明治时期国立的教育体制中，汉文教育只是基础教育中的一部分内容。对于汉文基础不太深厚的大学生乃至中学生而言，《史记评林》显然超过了他们的理解和阅读能力，如何删繁就简，对《史记》进行简明扼要、通俗易懂的注解成为当时汉学教育的需要。其后，一批作为教材的《史记读本》出现，其中较有代表性且影响较大的有以下几种：

(一) 安藤定格《史记读本》(图4),明治十二年东京松井方景等刊

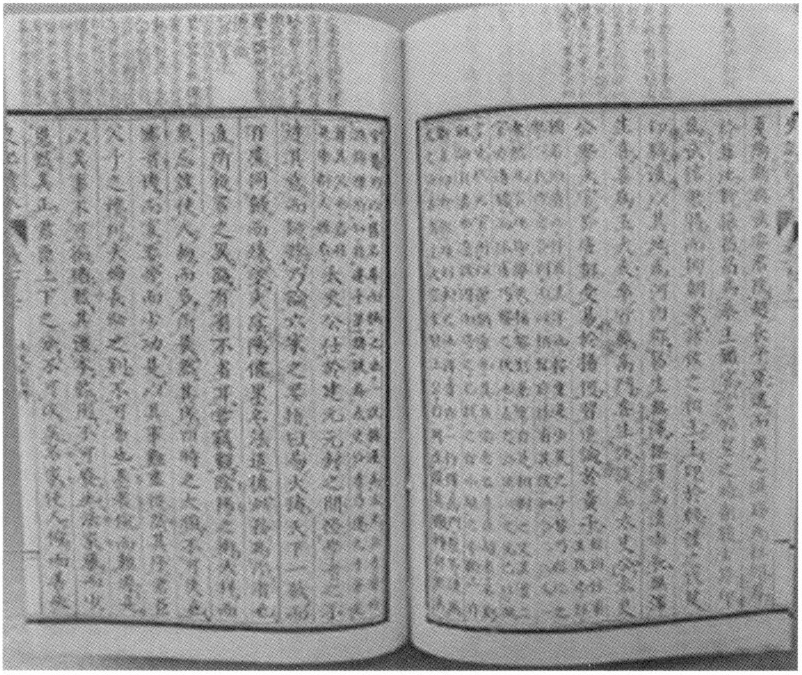

图4 安藤定格《史记读本》

安藤定格在《史记读本·凡例》中讲:

> 凌稚隆《史记评林》行于我邦久矣。其评注无虑数百种,非无裨益,然博而要寡,涂涂相附,使读者趋彼舍此,认左作右,遂不得窥龙门之闳奥。锺伯敬有慨于斯,尽删之,特于栏外施一二音义,是亦失于太简。未见有烦简得中,而便诵读者。余常以为憾焉。尝讲习之际,窃不自揣,荟萃众说,采择其极简明妥当者,约其要,补其意,题曰《史记读本》。……庶几乎使读者免迷岐之叹。

安藤定格此处所说"锺伯敬有慨于斯,尽删之……",应是指陆可彦删定锺伯敬本刊刻的《史记》正文。其作《史记读本》"句读一依锺本参酌之,而如傍训,务从其雅驯者"。安藤定格认为完全没有对文意的疏通,只是注释字音字义,也不能使读者准确把握《史记》的本义,"亦失于太简"。故其《史记读本》对《史记》全书都进行了训读,只保留简单的注释,一般是在一句或一段下集中注

释字词和疏通文义,其后出现的《史记》讲义基本是沿袭这一做法。

此本对于《史记》各篇"篇名次第一依《太史公自序》,以故如司马贞所补《三皇本纪》,斥而不载"。对于班固所说的"有录无书"的十篇,尽管前代各家说法不同,"今不敢问其说之当否,姑存一百三十卷之原数","十表特揭其叙论而略其表者,让之《评林》本,为初学者省烦,其有表无叙者固不载"。不载司马贞所补《三皇本纪》,篇名及篇章次序的排列完全依照《史记·太史公自序》,保存《史记》一百三十卷的原貌,其原则是尽量恢复《史记》的本来面目。

安藤定格明确指出此书的宗旨在于方便读者诵读,故以简捷为原则,引用注释也不再注明出处:

> 此著特以便诵读为主,非敢供考证。故务从简捷,注间皆不标名氏以识别之,览者幸勿以剽窃傀入罪之。

对于地理方面的内容的注释也是力求减省,方便阅读:

> 凌本注间必揭水路山脉及郡邑之所在,然诸说纷纷无所措信,况山河形势岁变月迁,郡邑亦随沿革,在今日无由知其所在,不知亦于我邦人不为有害,故今特标示地名水名或山名等字,不敢揭其所在。

(二) 落合济三纂解《史记正本》(图5),明治十五年翠香堂版

落合济三在《史记正本凡例》中明确表示:

> 今古评注《史记》者,无虑数十百家,硕儒巨匠莫不读《史记》,读《史记》,又莫不评之。而近世坊间所行凌氏《评林》本,概搜罗而出之,可谓备矣。然惟求其备,故芜杂烦碎。或每一二句插注,或分裂本文,嵌训诂于句中。评骘论断,彼蹈此袭,悉载而不泄。加如《索隐》《正义》,多是险怪迂谬,殆使神理灭裂,全无精彩。余故曰:读《史记》者,先披此五里雾,而后光采灿烂矣。是余所以不自揣而敢于此著也。

他认为《史记评林》的烦琐割裂了《史记》原文,芜杂的注文遮住了《史记》原来的光彩,所以在《史记正本》中他采用了全新的体例:

> 《史记》本之于《诗》《书》《左传》《战国策》《楚汉春秋》诸书,文字古奥恢奇,往往多难解处。余时插先贤注释最易解者,又交鄙见而折衷之。勉

贵简明,使易通晓。余希人读《史记》,不希人读训诂也。若欲钩深探赜,彼此求备,则世不乏其本,当就而索之,余所不敢。

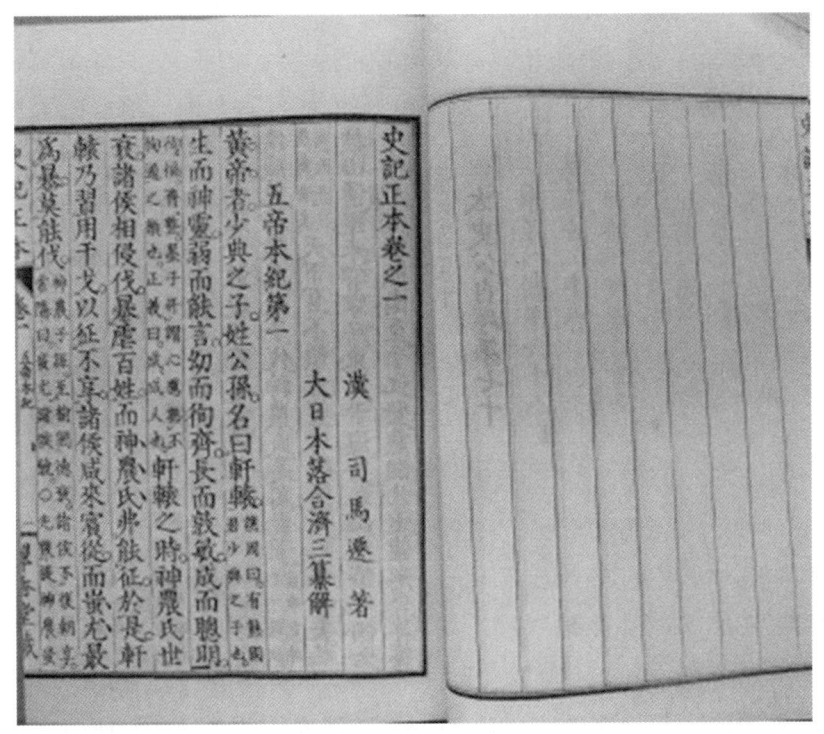

图5　落合济三纂解《史记正本》

即《史记正本》的宗旨在于"希人读《史记》,不希人读训诂也",所以注释贵在简明,使读者能够借此通晓文意。

《史记》诸本,《孝景本纪》《孝武本纪》《汉兴以来将相名臣年表》《律书》《历书》《三王世家》《傅靳蒯成列传》《龟策列传》,采褚少孙所补;《礼书》采《荀子·礼论》;《乐书》采《乐记》,颇杂驳不纯,今悉削之,独存其标题,非敢以似而非却之,欲使《史记》复史公之旧耳。他日当别辑此类,作《补史记》。

落合济三将前代学者提到的《史记》中"有录无书"疑为后人所补的十篇正文全部删掉,只在目录中保留十篇篇题,在篇题下,注明"阙"。这种处理方式的目的是要恢复司马迁所作《史记》的原貌。这也是贯穿《史记》流传始终的

"求真"传统的反映,而与此相对的就是以《评林》本为代表的"求全"的倾向。落合济三这种"求真"的思想明显受到了中国学者的影响,而其《史记正本》的编纂方式在日本也产生了很大影响。明治后期以来出现的大批《史记》国字解和《史记》教材,也大多将《史记》"有录无书"的十篇删掉正文,只保留篇题。对于前代学者附加到《史记》上的很多微言大义,他也不苟同。他认同朱熹关于《史记》是草创未成之作所以记载存在矛盾舛误之处的观点,努力剥去前代学者加在《史记》上的光环。这是其力求恢复《史记》本真的思想的又一体现。落合济三只针对《史记》原文进行评注,不去关注《史记》与其所援引之书在文字上的不同。他在《凡例》里明确表示:

> 太史公作《史记》,集《诗》《书》以下百家之书,以己权度出之。每用古书,或少改字句,或特用虚字为点缀,故余于其间亦唯为之评注,不必本于原书。盖余眼中独观史迁之文,不观《诗》《书》百家之文也。

东汉时班彪、班固父子就已关注司马迁作《史记》时所征引之书,其后历代学者继续深入探讨。在《史记》研究史上,很多学者将《史记》所引各家之说的原文抄录下来,与《史记》逐字比较,据此指出《史记》的错误或探究挖掘蕴含其中的太史公深意。中国明代的《史记评林》以及日本昭和时期出现的《史记》注释集大成之作《史记会注考证》和《史记补注》都大量抄录《史记》所引之书的原文。而落合济三《史记正本》只关注和疏解《史记》原文,不去过分追根溯源,这种处理方法也是有其合理之处的。司马迁融合各家说法,又自成一家之言,过度关注《史记》对原书的改动和加工,特别是关注一些对于文意和史实记述并没有太大影响的差异,如增加虚词,改写翻译等,对准确理解《史记》及把握司马迁的思想并无益处。

对于《史记正本》的体例,落合济三还做了以下说明:

> 读史之法,须先晰文理,文理晰矣,一篇大意,明如观火。余于此书,首截大段,次分小段,看章法句法,示照应接续,欲使读者晰他文理。若夫逐字逐句而解之,或有所不通,余不任其咎。本纪备体记事,"岁大饥","彗星见东方"类,段落极短,或一二句,七八字,不堪划断,故特省之。

可见,其对《史记》文义的疏解重在阐明文理,而所谓文理即整篇文章的篇章结构、章法句法，把握住这些，文章的内容自然也就容易明了。所以此书重在分段串讲，不重在做逐字逐句的训释解读。落合济三这里提到的读《史》之法，其实还是从文章赏析的角度来读《史记》。江户时多贺渐之仲作《史记正文》也是强调学习《史记》"文辞"，可见无论在日本还是在中国，《史记》一方面是被看作史书，一方面也是被作为文章的典范来学习，其文学价值与史学价值都备受关注。

与考据学者专注于训诂考证不同，落合济三《史记正本》仍是学习明代学者评点文章的方法，可以说在这方面与《评林》有相通之处。包括从其具体的评点方式也可看出明代学者评点《史记》的痕迹：

> 此书字边施黑白圈点，若批若画，以示大旨所在。及照应段落，但黑白圈点，于一大段若一篇中，相为照映，非终始据一例也。要在读者了解。

清代吴见思的《史记论文》是日本学者非常重视的《史记》评论之作，在日本有很多翻刻本。明治时期出现的续刊补注《史记评林》中，大多补入其评论。对此书，落合济三也有准确的定位和评价：

> 吴氏《论文》，以文论文则可矣，然时有近穿凿附会、粉饰夸耀处。殆使人疑片言只字无不出于作意者，古人用意，恐不当如此。大约古之人出言为文，自然节族，为照应，为抑扬，为开阖斡旋，为波澜顿挫。犹辞令言语，自有首尾次第，始达其意，非如后生据古人法门，视题拟体类也。故论文之说，余多不取，独于其示照应关键及评语简明，足以启发吾人者，取其一二耳。

他认为，吴见思对《史记》文章的照应关键之处的点评以及一些对文意的简单概括是可取的；而吴见思多用后代学者的论文之法去评点《史记》，而不知在司马迁写作《史记》时，这些后代人精心总结的为文之法并不存在，更多的是一种感情自然流露直抒胸臆的表达，即"出言为文"。用后代既成的为文之法去解读《史记》是穿凿附会。这一见解是十分精到的，并适用于包括《史记》在内的整个古代文学和史学的研究范畴。

落合济三最后在《凡例》中说明：

> 此书系于十二三年前之著。时为塾生讲读，随读随批之，殆致卒业。

其后东西奔走,藏之行李,今春从官在东京,退食之暇,再出而考检之,又补其阙。

据此可知此书是落合济三在明治初年为学生讲课的讲义,十二三年后才最终整理成书。这种教材方式,既是其学术思想的概括,也是当时学者为适应新的教育模式而对教授《史记》做的顺应时势的调整。

《史记正本》的体例是将包括"三家注"直至清吴见思《史记论文》在内的前代各家注释择其要附于《史记》相关句下,其后以"济按"的形式标明自己的见解。"济按"主要是指出前代各家注音释义的不同,总结段意及司马迁为文之法。以《五帝本纪》为例,重点字句均用圈点标出,提醒读者注意。相关句下所保留的前代注释,基本都是对字词音义的注释。在可以作为一段的地方会注明并总结段意。如:"一段。叙黄帝克神农,禽蚩尤,为天子。""一段。叙尧顺天授时,正岁,兴农功。"此外还多有对《史记》叙事风格和文笔特色的评点。如"尧乃试舜五典百官皆治"一句字旁均用墨点标出,句下"济按""一句起下文",揭示此句的重要性。再如"与上黄帝纪一样叙法,详略互见,潜心照读,思过半矣",点评叙事之法。此本所收前代注释及落合济三自己的按语都非常简明,以疏通文义和提示文章重点为目的,十分适合作为阅读《史记》的教材使用。是同类"读本"中影响较大的一种。

(三)广部鸟道《标注史记读本》(图 6)一百三十卷,明治十五年,广济堂藏版

与落合济三《史记正本》同一年出版的还有广部鸟道《标注史记读本》一百三十卷。此本在一百三十卷《史记》正文之外,还有《附录》两卷,上卷是逐篇抄录重点语句进行疏解,下卷是对重点字词进行注音。这种将正文与注音释义分开刊刻的方式与《史记评林》将各家注释及评论穿插抄写在正文之间的做法很不相同。随着社会教育环境及汉学地位变化,过分繁复的注解和评论已不适合学生阅读和学习《史记》的需要,甚至影响了正常的阅读和对文义的理解。以《附录》的形式标示重点语句并注音释义,是一种有益的尝试,也是此本特色。

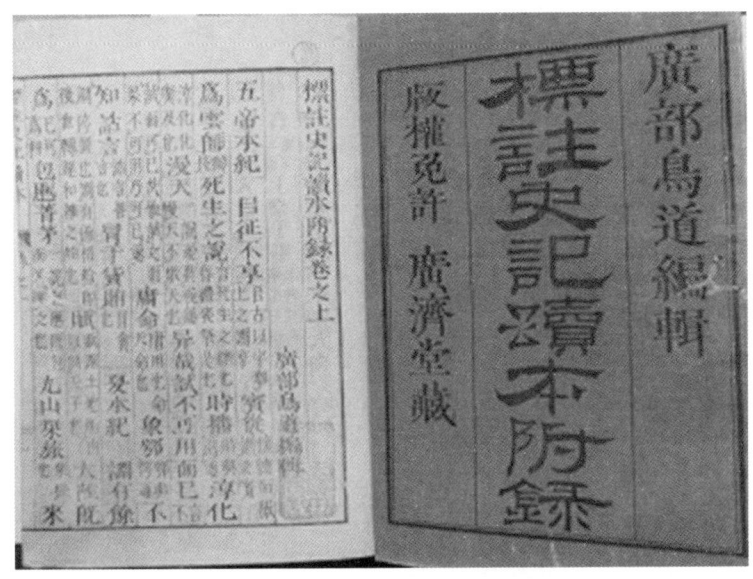

图 6　广部鸟道《标注史记读本》》

(四) 池田芦洲《校注史记读本》(图 7),明治二十六年益友社版

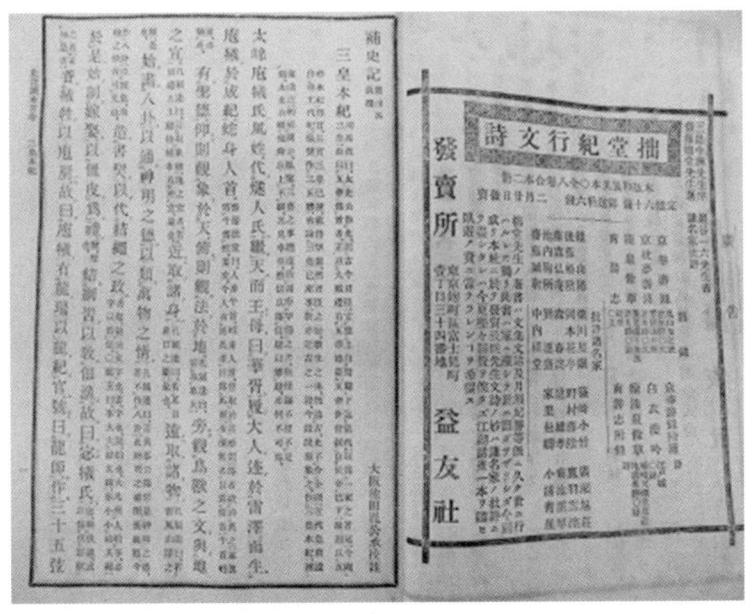

图 7　池田芦洲《校注史记读本》

池田芦洲在明治廿四年二十八岁时开始了校注订补《史记》的工作。《校

注史记读本》卷末的识语中讲：

> 余校《史记》,起于明治廿四年首夏,终廿六年杪秋。唯天官、河渠、平准三书则未及也。计应记年之十二月而全竣工。若夫润色参订之,至白首,未得完也。

《校注史记读本》以当时日本流行的《史记评林》本为底本,以其所藏明毛晋汲古阁《史记索隐》单刻本,明嘉靖九年(1530)、万历二十六年两个三家注合刻本参校。将文字异同在相关句下注出。

全书之首为《例言》,叙述此书的缘起及体例。主要包括几个方面：

(1) 不收录明凌稚隆《史记评林》和清吴见思《史记论文》中的评论。池田芦洲在其《史记研究书目解题》中对明凌稚隆《史记评林》和清吴见思《史记论文》都给予了极高的评价。但在其《校注史记读本》中并不重点收录此二家的说法：

> 凌以栋《评林》主论事,吴齐贤《论文》主评文。夫《史记》起轩辕讫汉武上下二千余年之事。其事与文并千古奇观也。二氏之著岂可已焉乎？然今此编于二者不概及者,著各有所主也。

这一方面可以看出当时池田芦洲已有作全面的《史记》集注本即《史记补注》的想法,另一方面也是反映了此本注释力求简要的宗旨。

(2) 对"三家注"不是全部收录,只是择其要而录之：

> 考群史经籍志、艺文志所载,古来注史记者不下十数家,而存于今者寥寥司马裴张三家耳。故今之读史者不得不据之。然其说时不免有谬误。此编初欲备举三家注,别录诸儒异说以驳正之。以其涉浩瀚而止,今于三家注独择其醇者录之。

(3) 对《史记》内容的考辨一般只关注重大记载的失误,至于像各篇具体年月记载的误差不在其考辨范围之内：

> 年月差误,累见叠出,指不堪偻,今不暇复辨。因独订其大者不及细者,好事之士取各篇相照,自当辨其误,亦攻史之一端也。

(4) 对地名的注释较为简略,准备做专书考证《史记》地理方面的内容：

> 地理之学读史者第一紧要，然亦非卒卒可毕。今独注某为地名某为山名为水名为泽名耳，余一从略。他日将著《史记地理考》一书以补其阙。

(5)对《史记》中律历、天官、医方、龟策只是对字义词义的注释，不涉及专门知识的疏解。

> 在史中若律历、天官、医方、龟策，皆为专门之术，固非余辈儒生所尽辨。且诸术至后世加精，若欲穷之，世自有专书，何必于此？是此编所以于诸术独训解其文义，不及其术也。

(6)对于他家之说，备举姓名，不埋没他人之功。自己的见解以"胤案"标明。

> 凡引禹域人，必备举姓名，……至引我邦先辈，则每卷首出列其姓与号，已下略姓，其无号者书名。凡句首不书"某曰"者，俱系生平所闻及管窥。其至若厕于前人诸说间辨其是非，必书"胤案"二字以别之。

池田芦洲《校注史记读本》对三家注及旧注保留很少，只是在相关句下保留最重要的注解，注解内容主要是注音释义，注释人名、地名、官名，校勘文字，间有对文意的疏解。其中池田芦洲自己的注解很少，偶有"芦洲曰"阐述己见。并不如其《例言》中以"胤案"二字以别之。

《校注史记读本》本是池田芦洲读《史记》时随手做的笔记，并未准备马上出版。因益友社主人登门求书，推辞不过，于是将自己多年积累附于《史记》原文相关句之下，又补充其新近获得的前代注释，特别是补入了张文虎、俞樾两家的说法。该书被校雠一遍之后交益友社出版，定名为《校注史记读本》，也反映了当时社会上对《史记》读本的迫切需要。

与前面几种《史记读本》相比，池田芦洲《校注史记读本》又有不同的特色，其变化体现出在明治后期直至大正、昭和时期，在大量用作教材的《史记》读本出版的同时，总结前人研究成果，对《史记》进一步深入研究，专供研究者使用的《史记》研究专著也开始出现。

四

明治时期各种《史记》读本的出现和流行反映当时汉学教育发展的需要，这些《史记》读本的出现又促进了汉学教育的发展及《史记》的进一步普及。随着时代的发展，作为教材的《史记》读本也不断改进。明治以来，日本大学生及中学生的汉文基础不可与前代同日而语。在这种背景下，由通俗易懂的"口语体笔录"发展而成的"国字解"重新开始流行。自明治二十五年、二十六年开始，为适应当时汉学教育读者群的需要，一批讲义体形式的《史记》教材相继刊行，用口语的、平易的解释帮助研究汉文的学生阅读和学习《史记》。明治末年起在日本出现了和译本《史记》，大正时期（1912—1926）出现了《史记》全书的通俗译本，昭和后期开始出现了完全独立于原文的口语译本和面向大众的《史记》普及读物，《史记》的读者群更进一步扩大。与此同时，日本学者也在进行着专门而深入的《史记》研究工作，出现了泷川资言的《史记会注考证》、水泽利忠的《史记会注考证校补》、池田芦洲的《史记补注》等代表作。直至今日，在日本仍存在着多个《史记》研究的学术团体，《史记》研究的专著及论文也不断出版，涉及《史记》的版本、校勘、注释、评论等多方面，其研究成果受到中国学者的重视。可以说，专门深入的研究与普及推广是《史记》在日本传播的过程中两条一直并行的轨道。

池田芦洲在《史记在我邦的价值》中对明治以来《史记》在日本的传播有准确的描述：

> 明治、昭和时代，从大学到中学，往往以《史记》为课本，教材的需求与日俱增。德川时代《评林》的翻刻几乎仅限于"八尾""红尾"两种，然而，到了明治时代，很快就见到了十多种开雕本，此绝非偶然之事。大正、昭和以至今日，或是新刊，或是旧版复刻，或是国译，或是国字解，或是抄本。这些书籍的出现，实为可喜之现象，迅速在我国汉籍领域占据了重要位置。[17]

日本学者唐泽富太郎曾提到教科书对日本教育的重要性："教科书创造了日本人，教科书不只是造就了一部分国民，而且给广大民众以极大的影响。因以往的日本教育是以教科书为中心的教育,故其影响极大。"⑬《史记》作为日本汉学教育中重要的教科书,对日本的教育乃至日本的文化都产生了重大的影响,《史记》在日本的传播和接受就像一面镜子,折射出不同时期日本汉学教育的特点。

原载《文学遗产》2015 年第 4 期,167—181 页。

注 释

① 贞观为日本第五十六代天皇清和天皇的年号,其在位时间是公元 858—876 年。
② 《新订增补国史大系·日本三代实录》后篇,日本吉川弘文馆昭和四十一年(1974)刊行,361 页。
③ 斯文会编《日本汉学年表》,日本大修馆书店昭和五十二年刊行。
④ 王桂《日本教育史》,吉林教育出版社,1978 年,55 页。
⑤ 贺次君《史记书录》,商务印书馆,1958 年,161 页。
⑥ 王世贞《史记纂序》称:"《评林》行,而自馆署以至郡邑学官,毋不治太史公者矣。"《弇州续稿》卷四二,《影印文渊阁四库全书》,台湾商务印书馆,1986 年,1282 册,560 页。
⑦ 钱泰吉《校史记杂识》,《甘泉乡人稿》卷五,清同治十一年刻、光绪十一年增修本。
⑧ 梁玉绳《史记志疑》自序,中华书局,1981 年。
⑨ 冈本保孝《影抄史记索隐校订凡例》,《况斋丛书》第二三册,和装写本,日本国立国会图书馆藏。
⑩ 释桃源瑞仙《史记桃源抄》十九卷,卷首为《史记源流》《集解序》《补史记序》《索隐序》《正义序》、三皇本纪,其后为《史记》一百三十卷目录。正文中没有十表和八书。桃源瑞仙对《史记》的解释非常详细且通俗易懂,将《史记》与《左传》《国语》《战国策》《汉书》《资治通鉴》比较参照,考订《史记》史实,指出《索隐》的错误。揭示《史记》中所蕴含的思想,对司马迁及其《史记》十分景仰。对后代日本《史记》研究影响深远。桃源瑞仙的《史记抄》现在日本存有多个抄本。刻本有宽永三年(1626)活字本。昭和十二年三ケ尻浩又以宽永三年的古活字本为底本,辅以其他善本校订,影印出版。
⑪ 太宰春台《春台先生紫芝园后稿》卷之十,江户小林新兵卫宝历二年(1752)刊本。
⑫ 参见太宰春台《紫芝园漫笔》,《崇文丛书》第一辑之四十四至四十八,日本东京崇文院昭和二年刊行。
⑬ 参见竹林贯一编《汉学者传记集成》,日本东京关书院昭和三年印刷,昭和二十年改定

发行,164—168 页。

⑭ 皆川愿(1735—1807),字伯恭,号淇园,筼斋,京都人,日本江户时代著名儒学家。他自幼便注意收集古人用字之例,通过对文字的疏解来探求古典本义。对汉语的助词虚字多有探究。有《迁史庂柂》三卷,《史记淇园评注》一卷,《太史公助字法》二卷。

⑮ 《迁史庂柂》分为上中下三卷,前两卷为列传,后一卷为本纪、世家、书、表。此书体例是挑选《史记》各篇中的重点字句,在句下进行疏解。其注释均十分简略,十表中只收了《三代世表》《六国年表》《高祖功臣年表》,且每篇只有一条注释。对列传、八书的疏解较为详细,主要是断句,疏通文义以及对制度的解释。《史记淇园评注》与《迁史庂柂》体例不同。是按照本纪、世家的顺序,抄录相关篇章中需要疏解的字句。内容极其简要,或一篇数条,或只录篇名不加疏解,疏解内容主要是对文意的阐发,不涉及字义训释。皆川愿这两部《史记》注解之作的共同之处在于都是抓住各篇之中的关键,重在疏解篇章主旨,梳理文章脉络,注释重点字词,揭示司马迁为文之法。其点评方式明显受到明人文章评点的影响,但力求精到简练。

⑯ 贺次君《史记书录》,178—179 页。

⑰ 池田芦洲《史记在我邦的价值》,池田英雄《前编"史记解题"·后编"史记研究解题书目稿本"新编》,日本长年堂昭和五十六年版,356 页。

⑱ 唐泽富太郎《教科书之历史》序,日本创文社昭和五十五年版。

诗"味"与"味"诗

杨 铸

"味"是中国古代诗歌理论最富特色的基本范畴之一。

"味"有二义,即饮食之味与气息之味。古代诗论言"味",本于饮食之味,而非气息之味①。

以"味"言诗,始于六朝,并一直延续到晚清,在现代亦有回响;在长期演进的历史过程中,获得了不断地丰富和深化。

以"味"言诗,具有深层的文化意义与突出的理论价值。对其展开确切的探讨,既有助于体会中国传统诗学的文化个性,更有助于把握中国传统诗学在揭示诗歌艺术规律方面的独到贡献。

一

以"味"言诗,折射了中国延续传承自上古的特殊文化精神。

"味",根源于人的饮食活动。在人类早期相对简约的物质需求之中,饮食需求是最基本也是最核心的。"民以食为天"的意识,古已有之。最初的渔猎和农耕,都是与饮食直接对应的。

在经历了漫长的发展历程以后,人的需求日益丰富,人的精神疆界不断拓展,社会结构亦趋于多层次化。然而,即使到了文化十分繁荣的春秋战国,政治、哲学、艺术等领域依然不能完全摆脱物质需求层面的潜在引领与深刻影响。对"味"的特殊关注与重视,即是这种引领与影响的体现之一。

先秦是中国国家体制与政治理念构建的重要时期。据传,早期的国家权威,曾以"九鼎"作为象征。"昔夏之方有德也,远方图物,贡金九牧,铸鼎象物,百物而为之备,使民知神奸。故民入川泽山林,不逢不若。螭魅罔两,莫能逢之。用能协于上下,以承天休。桀有昏德,鼎迁于商,载祀六百。商纣暴虐,鼎迁于周。"(《左传·宣公三年》)在夏、商、周三朝,鼎一直居诸种礼器之首。然而,最初之鼎,实乃加工食物的烹饪器具。故《礼记·礼运》称:"夫礼之初,始诸饮食。"至于围绕治国理念与统治方式展开的探讨阐释,更常以"调鼎""和羹"为喻。伊尹"说汤以至味"(《吕氏春秋·本味》),以及晏子以"羹"对齐侯(《左传·昭公二十年》),都是著名的事例。

先秦更是中国哲学思想勃然兴起与大体定型的重要阶段。诸子百家,"同归而殊途"(《易传·系辞》),分别从不同层次和不同角度思索探究,以丰硕的精神建树,辩难互补,共同成就了绵历两千余载的思想格局。然而,就在这一硕果纷呈的过程中,"味"一直作为特殊的参照系统而发挥着不可替代的作用。"和"是先秦儒家所推崇的最具价值的理念之一。通过对"和"的强调,儒家成功地将社会伦理层面与哲思层面贯通了起来。"和"区别于"同",所谓"君子和而不同,小人同而不和"(《论语·子路》)。"同"是单一,意味着僵化;"和"则是多种要素协调共存,配合互补,相济相成,从而在更高的层次上生成新的统一。"夫和实生物,同则不继。以他平他谓之和,故能丰长而物归之。若以同裨同,尽乃弃矣。"(《国语·郑语》)儒家重"和",体现着深刻的智慧,然而,就经验层面来看,这却是由长期积累的饮食加工方式升华而来的。据《左传·昭公二十年》记载,晏子辨别"和"与"同",就是以"羹"的烹制为证来切入的:"和如羹焉。水、火、醯、醢、盐、梅,以烹鱼肉,燀之以薪。宰夫和之,齐之以味,济其不及,以泄其过。君子食之,以平其心。"可以说,没有对饮食滋味的细腻体会,就很难有儒家的"和"的意识生成。先秦道家以"道"为本。道家之"道",乃"形而上"者,本身即是"无";因其为"无",故得以统摄万"有"。在阐发"道"的时候,道家也对饮食之"味"有所借助。老子否定具体的味道,有"五味令人口爽"(《老子·十二章》)之说。不过,老子并不排除可以从"味"的角度对"道"加以界定。"道"本"无",因此,"道"不仅"希声""无形""无名",而且"淡乎其无味"(《老子·三十五章》)。于是,老子提出了"味无味"(《六十三章》)之说。"无味",非五味中的任何一味,而是超越于五味之上的至"味",也就是"道"。具体的五味,各有偏,亦各有所遗。只有"无味",才可以避免一切局限而涵盖众味。苏辙《道德经解》称"味无味,故无所不味",可谓深得其旨。

在先秦,中国古代艺术也已获得了一定程度的发展。艺术依托于人的感觉层面,因此与同样基于感觉的"味",有着微妙的渊源关系。先秦典籍常将视、听与"味"共举。如《国语·郑语》言:"声一无听,物一无文,味一无果。"《孟子·告子上》言:"口之于味也,有同嗜焉。耳之于声也,有同听焉。目之于色也,有同美焉。"各艺术门类中,"乐"因其与"礼"的直接关联,曾一度居于社会文化的中心位置;而"乐"与"味"的同构关系也最为显著。晏子称"声亦如味",就是常被征引的例子:"声亦如味。一气,二体,三类,四物,五声,六律,七音,八风,九歌,以相成也。清浊,大小,短长,疾徐,哀乐,刚柔,迟速,高下,出入,周疏,以相济也。君子听之,以平其心。"(《左传·昭公二十年》)在晏子看来,音乐各种要素之间"相成""相济"的关系,与"味"的调和,完全是一致的。《礼记·乐记》也是将"乐"与"味"并列对举的:"是故乐之隆,非极音也。食飨之礼,非致味也。清庙之瑟,朱弦而疏越,一倡而三叹,有遗音者矣。大飨之礼,尚玄酒而俎腥鱼,大羹不和,有遗味者矣。"当然,艺术是人类精神创造的高级形式,与饮食之"味"终究分属于不同的层次。艺术的审美享受超越于饮食滋味之上,这在先秦时已经被清楚地认识到了。孔子"食不厌精,脍不厌细"(《论语·乡党》),是典型的美食家;然而,孔子更精通音律,亲自整理过《诗三百》,极有音乐造诣。据《论语·述而》记载:"子在齐闻韶,三月不知肉味,曰:'不图为乐之至于斯也。'"即使"肉味"再肥美,也远不敌"尽善""尽美"的韶乐对人的感染和征服效应。

总之,中国自先秦即形成了重"味"的文化传统。这一传统体现了精神文化建构与物质需求满足之间的深层联系与积极超越。正是这一文化传统,为以"味"论诗提供了生长的土壤。

二

以"味"言诗,实现了对诗歌艺术规律的深刻揭示。

"味"源于人对饮食活动的把握,并逐渐含有了价值判断的属性。一方面,"味"是食物自身的特性之一;另一方面,"味"又不能脱离人的味觉。"味"蕴涵着人与食物之间的特殊关系。"味"的存在表明,食物不仅可以向人输送养料,使人的生命得以维持和延续,而且可以带给人某种感受。对"味"的感受,不能脱离生理需求的满足,但同时已渗入了是否适宜于人接受的感觉判断。

人的美感的形成,在早期,与"味"曾有着某种微妙的联系。汉代许慎《说文解字》称:"美,甘也。从羊从大。羊在六畜主给膳也。"按照许慎的理解,最初的美就在于肥羊的甘味,而最初的美感即是由食用肥羊而获得的味觉满足。这一对字义的解释中,显然透露出了十分重要的文化信息。

与人的味觉对应的饮食之"味",有着这样的特性:首先,"味"自身的差异和变化,往往极为精微细腻,难以准确把握和表达,所谓"鼎中之变,精妙微纤,口弗能言,志不能喻"(《吕氏春秋·本味》)。其次,"味"是食物在人的口中经过化学分解后逐步释放的,其呈现存在着一个相对徐缓绵长且渐次深化的过程。这些,与诗歌作品的艺术特质以及诗歌阅读的审美特质正相吻合。

因此,中国古代诗歌理论以"味"言诗,并无生硬牵强之弊;相反,其中包蕴了对诗歌艺术规律的深刻体会,开启着一扇展现东方特色的重要窗口。

最值得注意的是:在中国古代诗歌理论史上,"味"以罕见的双兼性,贯通了诗歌作品论与诗歌阅读论两个领域。优秀的诗歌作品定然有"味";而阅读优秀的诗歌作品则必须通过"味"的方式。可以说,言"味",促成了对诗歌作品与诗歌阅读认识的共同深化。

一方面,有"味"是优秀诗歌作品的共同特征。

六朝是中国古代诗歌理论整体建树辉煌的时期,也是以"味"言诗正式出现并产生重要影响的时期。经过刘勰和钟嵘的倡导,"味"一举成为了判断诗歌作品是否具有审美感染力的基本标准之一。刘勰"体大而虑周"(章学诚《文史通义》)的《文心雕龙》,曾多处以"味"论诗,尤其是将"味"与"隐秀""物色"等重要概念交叉叠合,用以标示诗歌作品悠长的审美效果。如言"余味曲包"(《文心雕龙·隐秀》),来形容符合"隐秀"的诗篇;言"味飘飘而轻举,情晔晔而更新"(《物色》),来表达对山水诗接续《诗经》起"兴"传统将自然"物色"大量转化为诗歌意象而使艺术效果得以增强的首肯。钟嵘《诗品》专论五言诗作。在钟嵘看来,是否有"味",乃优劣诗歌作品之间的分水岭。钟嵘之所以弃四言而取五言,最主要的依据是,"五言居文词之要","指事造形,穷情写物,最为详切","是众作之有滋味者也"。至于晋代一度流行的玄言诗,之所以非诗歌发展的正途,即在于:"永嘉时,贵黄老,稍尚虚谈。于时篇什,理过其辞,淡乎寡味。"(以上《〈诗品〉序》)细审刘勰、锺嵘关于诗"味"的见解,虽属初创,但已经自觉意识到,诗歌作品的"味",是生成在真切情感与生动形象之上的。

唐代诗歌,情景交融臻于化境。于是,论诗"味"也明确地与情景交融联系了起来。日僧遍照金刚所辑的《文镜秘府论》中,保留有唐代从"味"的角度来论诗的资料。如"诗不可一向把理,皆须入景,语始清味。……其景与理不相惬,理通无味"(《地卷·十七势》),"若空言物色,则虽好而无味"(《南卷·论文意》)。显然,在这里情与景的融合为一,被视为是诗"味"的根源。晚唐司空图的"味外之旨"一说,则代表了对诗"味"理论的推进。其《与李生论诗书》中讲:"愚以为辨于味而后可以言诗也。江岭之南,凡足资于适口者,若醯,非不酸也,止于酸而已,若鹾,非不咸也,止于咸而已。中华之人以充饥而遽辍者,知其咸酸之外,醇美者有所乏耳。彼江岭之人,习之而不辨也。""今足下之诗,时辈固有难色,倘复以全美为工,即知味外之旨矣。"司空图将"辨于味"视为"言诗"的前提,并特别凸显了"味外之旨",即强调最优秀的诗歌作品,应有超出于咸酸等具体滋味之上的"醇美"至味。在这里,道家以"无味"言"道"的影响是明显的。道家所谓"无味",也就是"味外"之"味"。

宋元明清几朝,论诗而称"味"的情况,更为多见。宋代欧阳修《水谷夜行》称赞梅尧臣诗"又如食橄榄,真味久愈在"。苏轼不仅首肯司空图"味外"之说,而且以"发纤秾于简古,寄至味于澹泊"(苏轼《书黄子思诗集后》)评韦应物、柳宗元诗。魏泰《临汉隐居诗话》称:"凡为诗,当使挹之而源不穷,咀之而味愈长。至如永叔之诗,才力敏迈,句亦清健,但恨其少余味尔。"张戒《岁寒堂诗话》称:"渊明'狗吠深巷中,鸡鸣桑树颠','采菊东篱下,悠然见南山',此景物虽在目前,而非至闲至静之中,则不能到。此味不可及也。"陈善《扪虱新话》亦称:"乍读渊明诗,颇似枯淡,久又有味。"杨万里《诚斋诗话》则声言:"诗已尽而味方永,乃善之善也。"元代揭傒斯详论"于平淡中求真味":"唐司空图教人学诗,须识味外味。坡公尝举以为名言。……人之饮食,为有滋味,若无滋味之物,谁复饮食之。为古人尽精力于此,要见语少意多,句穷篇尽,目中恍然别有一境界意思,而其妙者,意外生意,境外见境,风味之美,悠然辛甘酸咸之表,使千载隽永常在颊舌。……若学陶、王、韦、柳等诗,则当于平淡中求真味,初看未见,愈久不忘。如陆鸿渐品尝天下泉味,如扬子中霝为天下第一,水味则淡非果淡,乃天下至味,又非饮食之味所可比也。但知饮食之味者已鲜,知泉味又极鲜矣。"(揭傒斯《诗法正宗》)明代陆时雍在其所纂之《诗镜》中评论:"古人善于言情,转意象于虚圆之中,故觉其味之长而言之美也。"(陆时雍《诗镜总论》)李开先《西野春游词序》强调:"诗宜悠远而有余味。"清代贺贻孙《诗筏》有言:"李杜诗,韩苏文,但诵一二首,似可学而至焉。试更诵数十首,方觉其妙。诵及全集,愈多愈妙。反复朗诵至数十百过,口颔流涎,滋味无穷,咀嚼不尽。"吴雷发《说诗菅蒯》认为:"味外有味,诗之绝类离群者也。"沈德潜推重李白的七言绝句:"七言绝句以语近情遥,含吐不露为主。只眼前景,口头语,而有弦外音,味外味,使人神远,太白有焉。"(沈德潜《说诗晬语》)刘体仁借"初盛中晚"之分论词,以"明初比晚唐",称其"于神味处,全未梦见"(刘体仁《七颂堂词绎》)。陈廷焯《白雨斋词话》评周邦彦词:"妙在才欲说破,便自咽住,其味正自无穷。"又评辛弃疾词:"稼轩词有以朴处见长,愈觉情味不尽者。"

一千余年间,或单言"味",或言"滋味""真味""至味""意味""情味""韵味""神味""遗味""余味""味外味"……"味"被视为了辨识诗歌作品优劣的基本标准之一。有"味"乃至不尽则佳,"寡味"则劣。

中国古代诗歌根源于情感,依托于意象,追求"状难写之景如在目前,含不尽之意见于言外"(欧阳修《六一诗话》)的意境创造,其感人至深,细微悠远,延绵不绝的审美效应,以"味"来表述,既简洁又恰当,正可谓不涉理路而又切中肯綮。

另一方面,阅读诗歌作品,需要以"味"的方式。

"味"用作名词,意指滋味;用作动词,则指通过味觉对滋味的感受,即品味。两者相互设定:滋味必须通过品味方能被把握,而品味乃是感受滋味的唯一途径。

老子的"味无味"之说,是超出饮食的范围,从动词的意义来使用"味"的较早实例。其后,"含味经籍"(《后汉书·郎顗传》),"澄怀味象"(宗炳《画山水序》)等用法,已较常见。

几乎与"味"被用于表述诗歌作品审美特征同步,动词意义上的"味"也开始被作为阅读欣赏诗歌作品的最适当方式而进入了诗歌理论领域。

南朝的刘勰和钟嵘,在主张好诗应有"味"的同时,也提出读诗应取"味"的方式。《文心雕龙·明诗》最早从"味"诗的角度着眼,有"张衡怨篇,清典可味"的议论。在这里,"味"不再仅用于表达诗歌作品自身的含蓄蕴藉内质,实际上已经过渡为了对读诗之人把握诗歌作品应取态度方式的概括。《文心雕龙·隐秀》称,符合"隐秀"的诗章,能"使玩之者无穷,味之者不厌"。《文心雕龙·情采》则称"吴锦好渝,舜英徒艳。繁采寡情,味之必厌"。其立论虽一正一反,但都强调对诗歌作品要"味"。钟嵘与刘勰保持了一致的步调。在对源于《诗经》的兴、比、赋"三义"做了简要阐释后,钟嵘强调:"弘斯三义,酌而用之,干之以风力,润之以丹彩,使味之者无极,闻之者动心,是诗之至也。"读诗之人,被定义为了"味之者"。《诗品》卷上评张协诗:"词采葱蒨,音韵铿锵,使人味之,亹亹不倦。"读诗,则被定义为了"味之"。

刘勰、钟嵘之后,踵迹者代有其人,并逐渐衍生出了"详味""熟味""玩味""品味""回味""深味""讽味""细味""寻味""诵味""咀味"等语。中唐诗僧皎然,在其所著《诗式》中以"详味"言读诗。宋代诗僧惠洪《冷斋夜话》中保留了一则关于柳宗元《渔翁》诗的评价:"柳子厚诗曰:渔翁夜傍西岩宿,晓汲清湘燃楚竹。烟销日出不见人,欸乃一声山水绿。回看天际下中流,岩上无心云相逐。东坡云:诗以奇趣为宗,反常合道为趣。熟味此诗有奇趣。然其尾两句,虽不必亦可。"至于柳诗收尾两句是否多余,可以见仁见智,但"熟味"确是惠洪心目中读诗的正途。"味摩诘之诗,诗中有画;观摩诘之画,画中有诗"(苏轼《书摩诘蓝田烟雨图》),是整体艺术造诣极高的苏轼评论王维的名言。张戒《岁寒堂诗话》以"独得圣人删诗之本旨"而尊杜甫之诗,以为:"读者遗其言而求其所以言,三复玩味,则子美之情见矣。"吴开《优古堂诗话》在谈到王安石时称:"荆公之诗,熟味之,可以见其闲适优游之意。"元代杨载《诗法家数》论"五言古诗"曰:"观汉魏古诗,蔼然有感动人处。如《古诗十九首》,皆当熟读玩味,自见其趣。"明代李东阳《怀麓堂诗话》对盲目复古的潮流略有微词:"林子羽《鸣盛集》专学唐,袁凯《在野集》专学杜,盖皆极力摹拟,不但字面句法,并其题目亦效之。开卷骤视,宛若旧本。然细味之,求其流出肺腑,卓尔有立者,指不能一再屈也。"其言"细味",与"骤视"相对,代表着读诗的细化和深化。陆时雍

《诗镜》选杜甫最能体现沉郁顿挫风格的七言律诗,进而评说道:"少陵七言律,蕴藉最深,有余地,有余情,情中有景,景外含情,一咏三讽,味之不尽。"清代毛先舒《诗辩坻》举"大江流日夜","澄江净如练","池塘生春草","空梁落燕泥"等"古来流传俊句获赏知音者",称"味其片言,可以入悟"。贺裳《载酒园诗话》广论唐宋诗人,称刘希夷诗"寻味无尽",王昌龄诗"久味生津",王禹偁诗"隽永可味"。沈德潜编选《唐诗别裁》,在卷端"凡例"中言:"诗贵浑浑灏灏,元气结成,乍读之不见其佳,久而味之,骨干开张,意趣洋溢,斯为上乘。"潘德舆举盛唐五言佳句,以为"皆曲尽幽闲之趣,每一诵味,烦襟顿涤"(潘德舆《养一斋诗话》)。显然,"味"是把握"上乘"诗作的必经之路。钱裴仲《雨华庵词话》更将"味"作为"读词之法"予以肯定:"读词之法,心细如发,先摒去一切闲思杂虑,然后心向之,目注之,谛审而咀味之,方见古人用心处。"

中国古代诗歌理论经由长期积淀,确立了这样的共识:"味"是阅读诗歌的最宜方式。其一,"味"乃感而非解。也就是说,"味"是从感觉出发,不是理性分析。明代谢榛讲道:"诗有可解,不可解,不必解,若水月镜花,勿泥其迹可也。"(谢榛《四溟诗话》)对于诗歌作品来说,"可解"的成分是附加的,"不可解,不必解"才是其本真状态。若执着于"解"而至于牵强附会,如解王维《观猎》诗之"草枯鹰眼疾,雪尽马蹄轻"为"比君臣道合"(王玄《诗中旨格》)一类,则显然是阅读诗歌的歧途。其二,"味"基于感觉,所感所得细腻精微,可以体悟,但难以确切言说。诗歌的巅峰之作,情感与意象融合为一,"羚羊挂角,无迹可求","透彻玲珑,不可凑泊","如空中之音,相中之色,水中之月,镜中之象,言有尽而意无穷"(严羽《沧浪诗话》),正所谓"可以意会,不可以言宣"(神彧《诗格》)。读诗之时,自然细致入微,隐约心领神会却"妙处难与君说"。其三,"味"是一个渐进深化的过程。中国诗歌历来以含蓄蕴藉为上。始于《诗经》的"比兴",更强化了这一点。李东阳《怀麓堂诗话》言:"所谓比与兴者,皆托物寓情而为之者也。盖正言直述,则易于穷尽而难于感发。惟有所寓托,形容摹写,反复讽咏,以俟人之自得,言有尽而意无穷。"李重华《贞一斋诗说》也称:"兴之为义,是诗家大半得力处。无端说一件鸟兽草木,不明指天时而天时恍在其中,不显言地境而地境宛在其中,且不实说人事而人事已隐约流露其中。故有兴而诗之神理全具也。"阅读贯彻了"比兴"精神的诗章,无法简单地一览而尽,自须慢咀细品,以期由表及里,由浅入深。其四,"味"带有着个性化的明显特征。每个人的口味都不同;不同的人对同一食物的味觉把握亦存在差异。这与诗歌阅读,正相一致。读诗,意味着读诗之人与诗歌作品之间的相互接纳和相互交融。在这里,读诗之人的个性,得到了充分的尊重,保留着"见仁见智"的充分余地。王夫之《姜斋诗话》就曾肯定了"读者各以其情而自得"权利。沈德潜《唐诗别裁集·凡例》也谈到,"古人之言,包含无尽",而"后人读之",可以"随其性情浅深高下,各有会心"。

以"味"言诗,不仅恰切地表述了诗歌作品与诗歌阅读各自的特征,而且启示着我们:当我们研究诗歌时,作品论与阅读论的区分只是相对的。思考诗歌阅读时,不能无视诗歌作品的特质;反过来,面对诗歌作品时,亦应关注诗歌阅读的要求。执着于一隅,难免偏狭。两者之间,其实应予贯通;一旦贯通,则自然会获得更为开阔的视域。

中国古代诗歌理论所言之"味",不是一个西学意义上的科学概念,难以精确定义。然而,就是这一个简单的"味"字,体现了中国传统文化的特色,更代表了中国古代诗歌理论的精华。

原载《汉语言文学研究》2014年第2期,74—79页。

注　释

① 诚然,古代诗论对气味亦曾有所涉及,如清初钱谦益提出过"香观"之说;但出现的时代甚晚,且较少呼应,未成气候。

"歌""谣""诵"小考

王 娟

歌谣的历史悠久，其源头可以上溯至人类文化的早期阶段，如宋王灼所言："天地始分而人生焉，人莫不有心，此歌曲之所起也。"①关于歌谣的起源，清人刘毓崧说："风雅之述志，著于文字；而谣谚之述志，发于语言。语言在文字之先，故点画不先于声音，简札不先于应对。"②近代学者朱自清也认为，"歌谣起于文字之先，全靠口耳相传，心心相印，一代一代地保存着"③。台静农也曾说过"人类语言形成的时候，即歌谣发生的时候，而且歌谣的产生必然先于文字"④。因此我们说，在文字出现之前，歌谣就已经发生，并且以口耳相传的方式经历了相当长的历史时间。从某种意义上讲，我们很难考证歌谣的发生、发展史，因为，歌谣的产生和发展超出了人类文字历史的范畴，而且，在人类开始使用文字记录历史和文化的时候，作为一种表达口头形式，歌谣无论从形式还是内容上看，就已经相当完备了。中国最早的诗歌总集《诗经》无疑是中国古代歌谣的集大成者，其中不仅包含了各种类型的歌谣，如抒情歌谣、仪式歌谣、故事歌谣、时政歌谣、史诗、风俗歌谣等，而且其艺术形式，无论是遣词造句，节奏韵律还是各种修辞手法的运用，也都达到了一种近乎完美的高度。

歌谣不仅历史悠久，而且历朝历代对歌谣都非常重视，并将歌谣视为完善礼制，考察政治，体察民情，休养生息的重要方式和途径。更为突出的是歌谣甚至从上古时期开始，就被默认为是君民上下沟通的渠道，正所谓"上以风化下，下以风刺上，主文而谲谏，言之者无罪，闻之者足以戒"⑤。民众往往选择通过歌谣表达自己的态度和意愿，而不必担心招致责罚。官方则可以通过采集歌谣"观风俗，知得失，自考正也"⑥。因此，古代歌谣首先便被赋予了"言情达意"的功能。从《虞书》的"诗言志"，到《礼记》的"志之所至，诗亦至焉"，再到

《诗大序》的"在心为志,发言为诗",我们可以清楚地看到古人的歌谣观。实际上,"诗言志"的歌谣观一直贯穿于中国漫长的历史发展过程,所谓"千古诗教之源,未有先于言志者矣"(《古谣谚·序》)。直到清代末年,清人刘毓崧在《古谣谚·序》依然强调说:

> 诚以言为心声,而谣谚皆天籁自鸣,直抒己志,如风行水上,自然成文,言有尽而意无穷,可以达下情而宣上德,其关系寄托,与风雅表里相符。

尽管后世采诗观风的制度不再,但是,在仁人志士的眼中,歌谣始终具有"达下情而宣上德"的功能。

另外,歌谣还常被看作是政治的风向标,因此,人们往往仅从歌谣就可以为某一特定的历史时期,或某一特定的朝代书写政治,做出评价,如《宋书·乐志》所载:"黄帝、帝尧之世,王化下洽,民乐无事,故因击壤之欢,庆云之瑞,民因以作哥(歌)。"[⑦]宋陈旸也说:"一物不得其乐未足以为乐之至,一人不得其和未足以为和之至。舜之治功大成而以乐形容之,百兽至于率舞,则无一物之不得其乐者矣。"(《乐书》[⑧]卷八〇)在古人看来,政治的成功必然反映在其歌谣之中。反之,政治的失败,也可以透过歌谣见其端倪。陈旸曾对历代歌谣与政治之间的关系进行过系统的论述,他认为:

> 声音之道,常与政相为流通,故政治而俗康,则其歌和以雅;政荒而下怨,则其歌哀以思。是以夏政之衰,宫嫔万人衣以文绣,食以梁肉,鼓噪晨歌,闻者悲酸,见者忧思。商政之散,造靡靡之乐,感北里之声,饮以长夜,人不堪命。迨周之末,鲁以淫乐废朝,晋以嗜音败国,战国苦兵,乐尤哀思。闻渐离之筑而沾襟,聆雍门之琴而潜涕。继之秦皇殚财于钟虡,汉武厌志于新声,王莽乐成而哀厉,顺帝闻禽而悲泣。为乐若此,其政可知矣。既而梁商兴薤露之歌,朝臣为之饮泪。梁冀妻为啼妆愁眉堕马之饰,京师为之争效,以至懊恼歌于晋,挽铎歌于宋,杨畔奏于齐,后庭奏于陈,爰及隋唐新音变曲,倾动当世。或写倾杯行天之声;或歌世俗讴谣之曲,徒取悦心志为耳目之娱而已,无复止乎礼义之意也,可不大哀邪。(《乐书》卷一六一)

歌谣既然有着如此重要的地位，官方和民间又都如此重视歌谣，那么，什么是歌谣？其内容和形式又如何呢？

早在两千多年前，歌、谣之称就已经出现，例如《诗经·魏风·园有桃》中就有"心之忧矣，我歌且谣"的诗句。可见至早在当时，歌和谣就已经是两个不同的概念了。那么什么是歌，什么又是谣呢？实际上，古代的"歌"和"谣"是相对而言的，即歌的定义通常是相对于谣而言的，谣也如此。概括起来，古代关于歌和谣的区分标准，主要分为两种，一种是"合乐、徒歌"说，一种是"雅歌、俗谣"说。另外，"歌""谣"之外，古代还有一种较少为人们所关注的文学体裁称为"诵"，其无论是在形式上还是内容上均与歌、谣稍有不同。笔者以为，只有将歌、谣、诵一并讨论，我们才能对古代歌谣有一个完整的认识。

合乐徒歌

关于歌和谣的区分，古代较早，也较为有名的是《毛诗故训传》中的"曲合乐曰歌，徒歌曰谣"。《韩诗章句》中的"有章曲曰歌，无章曲曰谣"[⑨]。"合乐"与"徒歌"首先成为区分歌和谣的标准，此后，许多学者延续了这种观点，如《尔雅·释乐》："徒歌谓之谣。"[⑩]汉许慎《说文解字》："䚻，徒歌，从言肉。"[⑪]汉蔡邕《月令章句》："乐声曰歌。"[⑫]东汉刘熙《释名》："人声曰歌。歌，柯也，所歌之言是其质也。以声吟咏有上下，如草木之有柯叶也。故兖冀言歌声如柯也。"[⑬]

这种把徒歌和合乐作为区分歌谣的关键所在的说法虽然取得了众多学者的一致认可，但在具体解释何为徒歌，何为合乐，以及歌谣所包括的内容和分类上，学者们的观点却不尽相同。朱自清认为，中国所谓歌谣的意义，向来极不确定，例如合乐与徒歌不分[⑭]，所以具体到实际的研究过程当中，歌和谣的界限并不十分的清楚。

谈到合乐，古人的一种解释是有旋律，可以歌唱，而且还要有乐器（诸如琴瑟等）伴奏，才称为合乐。例如，《诗·魏风·园有桃》有"我歌且谣"诗句，孔颖达曰：

> 《释乐》云："徒歌谓之谣。"孙炎曰："声消摇也。"此文歌、谣相对，谣既徒歌，则歌不徒矣。故云"曲合乐曰歌"，乐即琴瑟。《行苇》传曰："歌者合

于琴瑟也。"歌谣对文如此,散则歌为总名。⑮

《初学记》卷一五引《尔雅》曰:"声比于琴瑟曰歌,徒歌曰谣。亦谓之咢,谓无丝竹之类,独歌之。"⑯照此理解,如果"合乐"为乐器伴奏而唱的"歌"的话,那么"徒歌"的"谣"就可以看作是无乐器伴奏的歌唱,或者说清唱。如宋程大昌《演繁露》所言:"古谓徒歌曰谣,是其比也。其所谓徒者,但有歌声而无钟鼓以将也。"⑰明杨慎在其《丹铅余录》中也有类似的论述:

> 《尔雅》曰:"徒歌曰谣。"《说文》:"谣"作"䚻"⑱,注云"䚻从肉言",今按:徒歌,谓不用丝竹相和也。肉言,歌者人声也,出自胸臆,故曰肉言。童子歌曰童䚻,以其言出自胸臆,不由人教也。晋孟嘉云:"丝不如竹,竹不如肉。"唐人谓徒歌曰"肉声",即《说文》"肉言"之义也。⑲

明朱载堉在其《乐律全书》卷二七《论古人非弦不歌非歌不弦》也明确指出:"《韩诗章句》曰'有章曲曰歌,无章曲曰谣'。无章曲,谓无琴瑟也。"⑳其后朱载堉又将《论语·阳货》篇中的孔子"取瑟而歌",以及《孔子家语》中的"弹琴而歌"作为古之圣贤歌诗未尝不鼓琴瑟之明证。按《论语·阳货》篇:"孺悲欲见孔子,孔子辞以疾。将命者出户,取瑟而歌,使之闻之。"㉑又按《孔子家语·困誓》:

> 孔子之宋,匡人简子以甲士围之。子路怒,奋戟将与战。孔子止之曰:"恶有修仁义而不免世俗之恶者乎?夫《诗》《书》之不讲,礼乐之不习,是丘之过也。若以述先王好古法而为咎者,则非丘之罪也。命夫!歌,予和汝。"子路弹琴而歌,孔子和之。曲三终,匡人解甲而罢。㉒

从礼的角度出发,随身携带乐器,歌则伴以琴瑟,显示了君子的修养和学识。朱载堉认为,"今人歌诗与琴不能相入,盖失其传耳,是则非歌也,谓之讴可也。"(《乐律全书》卷一八)清刘毓崧在其为清杜文澜《古谣谚》所作的《古谣谚·凡例》中对此也有进一步的解释:

> 谣与歌相对,则有徒歌合乐之分。而歌字究系总名。凡单言之,则徒歌亦为歌。故谣可联歌以言之,亦可借歌以称之。㉓

古代典籍中有许多"谣"是唱的,据《隋书·五行志》记载:

二年,童谣曰:"和士开,七月三十日,将你向南台。"小儿唱讫,一时拍手云:"杀却。"至七月二十五日,御史中丞、琅邪王俨执士开,送于南台而斩之。㉔

从文中看,唱谣者为小儿,小儿既拍手唱于路途,自然不需要乐器伴奏。笔者以为,古代的"谣",唱法自由,曲调简单,称不上合乐,但也的确可以歌唱。

由此看来,古代所谓的"歌"和"谣"都是歌,只不过一种是有乐器伴奏的"歌",一种是无乐器伴奏的歌。在刘毓崧看来,"歌"作为一个概括性的名词,既可以是"歌",也可以是"谣",它们都是以歌唱的形式流传的。古人这种以"合乐"定义"歌"的说法似乎将歌的外延放得过大,因而,一些近代学者在讨论近代歌谣的定义时,甚至于要将"合乐"的那部分"歌"排除在现代歌谣之外。例如,白启明认为,

> 普通所说的歌谣,就是民间所口唱的很自然很真挚的一类徒歌,并不曾合乐,其合乐者,则为弹词,为小曲——这些东西,我们久主张当另加搜集,另去研究,不能与单纯直朴的歌谣——徒歌,混在一块。㉕

杨荫深在《民歌》一文中也提出,"民歌指民间所唱的徒歌,它不是带乐曲的,与俗曲不同,而与民谣为同类,所以普遍多称为歌谣"㉖。在这些学者看来,古代的歌,除了包含现代意义上的民歌外,还包括了现代学术分类中的民间小戏、俗曲,如弹词等其他体裁和表现形式的"歌"在内。

古代徒歌、合乐的另一种解释是将"合乐"释为"歌唱",而将"徒歌"释为吟诵。宋戴侗《六书故》是这样解释"谣"字的:

> 谣,余招切,《诗》云:"心之忧矣,我歌且谣。"毛氏曰:"曲合乐曰歌,徒歌曰谣。"《传》曰:日文武之世,童谣有之曰:"鹊之鸰之,公出辱之。"《郑语》曰:宣王之时,有童谣曰"檿弧箕服,实亡周国。"按歌必有度曲声节,谣则但摇曳永诵之,童儿皆能为之,故有童谣也。㉗

在戴侗看来,歌的演唱因为声音、节奏、配器、旋律的缘故,可能会有一定的难度㉘,而谣则相对简单得多,因为只需永(咏)诵,所以,即使是儿童,也可以做到。宋程颐《程氏经说》卷三《园有桃》谈到此篇中的"至歌且谣"一句时,认为"诵咏之为谣"㉙。这种将徒歌训为吟诵的观点在历史上并没有太多的学者进

行过系统的论述。

综上所述,古代学者讨论"歌谣",更多的是将其作为一种文学体裁,一种文学表现方式。学者笔下的论述多不涉及歌谣的具体内容和演唱者的地域、等级、身份归属等问题,而是单纯地从歌谣的表现形式入手。总之,古代"歌谣"的形式多种多样,可合乐演唱,也可人声清唱,更可有儿童妇孺之口诵。

雅歌与俗谣

古代区分歌谣的另一种观点是将歌看作是"正乐",而谣则被看作是"俗乐"。前文我们谈到,在古人看来,歌谣是政治的载体,"治世之音安以乐,其政和。乱世之音怨以怒,其政乖。亡国之音哀以思,其民困"③,所以,表现政治的歌谣则必须形制完备。宋陈旸认为:"君父有节,臣子有义,然后四时和,万物生。盖君父有节,臣子有义,人之道也。四时和,万物生,天之道也。所学乎圣人者,不过乐得天人之道而已。是瑟者,乐道之器。歌者,乐道之声。"(《乐书》卷九〇)乐歌一体,即既有人声的部分,又有配器的部分,才能称之为"正",正如明朱载堉曾经谈到的:"古人歌诗未尝不弹琴瑟,弹琴瑟亦未尝不歌诗,此常事也。"(《乐律全书》卷一八)从正统的角度看,歌应该有着标准的形制,但是,在现实生活中,歌也确实有着不完备的表现形式,如"徒歌""徒击鼓"等,在古人看来,这些都是不规范的表现形式,或者属于歌的变体,或者属于"俗"的范畴。例如,宋陈旸《乐书》卷六九《行苇》中有这样的论述:

> 徒歌谓之谣,徒击鼓谓之咢。歌起于嗟叹之不足,适心之所可而已。乐之正也,咢则有逆于心而喧焉。徒击鼓而为之,非乐之正也。或歌于堂上,或咢于堂下,而乐之正与不正者,靡不具举其于养老也,亦可谓至矣。或献或酢,或燔或炙,养老之礼也。或歌或咢,养老之乐也。(陈旸《乐书》卷六九)

在《乐书》卷一一八卷《咢》中,陈旸进一步谈道:

> 《韩诗》曰:"有章曲曰歌,无章曲曰谣。"故《释乐》以徒歌谓之谣,则徒击鼓谓之咢,其无章曲可知矣。《诗》曰:"或歌或咢。"盖歌,乐之正也,咢,

非乐之正也,特歌之助而已。周成王之时,内亲睦九族,外尊事黄耇而燕飨之,其乐无所不备如此,抑何诚礼之至邪。(《乐书》卷一一八)

在陈旸看来,歌分雅歌和俗谣。歌唱形式完备,并伴有相应的仪式,或者说与相应的礼仪相配合,即为歌,如缺失配器部分,或无相关的表演环境和场合相配合,则为俗。因此,徒歌的谣、徒击鼓的罞均被看作是"非乐之正"。明朱载堉《乐律全书》卷一八对此有更加详细的论述:

《论古人非弦不歌非歌不弦》:古人歌诗未尝不弹琴瑟,弹琴瑟亦未尝不歌诗,此常事也。或有不弹而歌,不歌而弹,此则变也,故《尔雅》曰:"徒歌谓之谣,徒鼓瑟谓之步。"别而言之,著其变也。歌与谣、讴故当不同。《韩诗章句》曰:"有章曲曰歌,无章曲曰谣。"孟子曰:"河西善讴,齐右善歌。"然则歌贵而谣贱,歌尊而讴卑。凡先王雅乐,切忌讴之,讴之是轻之也。何谓讴之?不鼓琴瑟而歌是也。

这里,朱载堉认为古代的歌应为"乐歌一体",而且只有乐歌一体,才是正统的,符合礼仪、秩序的要求,也因而被称为是雅歌。而歌谣的其他形式,如谣、步、讴等,则是歌谣后来发展过程中的变体,或者因地而变,或者因演唱者身份、地位及演唱方式的差异而变。是后人失礼的、不规范的表达方式,因而统统被归入"俗"的范畴,所谓"歌贵而谣贱,歌尊而讴卑"也。明宋孟清《诗学体要类编》卷二中也有类似表述,如"谣体非鼓非钟,徒歌谓之谣,宜隐蓄谐音而通俚俗,若《康衢》《黄泽》《白云》是也"[31]。

清代陈祚明在他的《采菽堂古诗选》卷三七中也将"谣辞"看成是古歌的一种,但将其定位为民间儿童妇女之音:

古谣辞:谣亦古歌之流,但歌可合乐,而徒歌为谣。其辞校为直致,盖民间儿童妇女之音也。起自康衢,迄于北魏。并附焉,可以观世矣。凡谣非缀辞古雅及言简而多风,可当诗篇资讽咏者多不录。[32]

其后,陈祚明收录了歌谣史上著名的《康衢谣》《绥山谣》[33]《鹳鹆谣》[34]等篇。一般认为,《康衢谣》是中国最古的一篇谣,见于《列子》卷四:

尧治天下五十年,不知天下治欤,不治欤?不知亿兆之愿戴己欤?不愿戴己欤？顾问左右，左右不知。问外朝，外朝不知。问在野，在野不知。尧乃微服游于康衢，闻儿童谣曰："立我蒸民，莫匪尔极。不识不知，顺帝之则。"㉟

《列子》中这篇反映尧帝政绩的谣出于童儿之口。在古人看来，政治之评价，因出于民众，乃至童子之口，才更具有信服力，也更能反映其政治之影响力。实际上，古代很多关涉政治的谣大多出于儿童、妇孺之口。一是儿童、妇孺显然可以作为平民大众的典型代表，其言因而也就顺理成章地划归为"俗"类，可以代表民间大众的心声。二是既为民众，甚至童儿、妇孺，其言则无须合乐，也无须正式的表演场合，只吟唱于康衢即可。

笔者以为，歌谣在上古时期应该就有了雅俗之分。按照朱载堉的观点，《诗经·园有桃》中的"我歌且谣"或可解为"或在堂上正式表演，称为雅歌，或在堂下自歌自诵，称为俗谣"，堂上表演为雅，那么堂下自歌诵就可以是"俗"了。实际上，也正是因为有了这种代表民间大众的"俗谣"，官方的"采诗"才有了具体的目标和对象，采诗观风的行为才具有了可行性，采诗行为和制度也就有了存在的基础和前提。否则，如果没有雅俗的概念，那么古人何以通过"采道傍之谣诵"㊱，了解民间大众的喜怒哀乐呢。

诵

上述两种类型，无论是"合乐徒歌"说，还是"雅乐俗谣"说，基本上都是将歌、谣看成是可以歌唱的形式，那么，古代有否一种不歌唱，专用吟诵的文体呢？实际上，古代除了歌、谣之外，应该另有一种文体称为"诵"。

"诵"最早见于《诗经》。《诗经·小雅·节南山》中有"家父作诵，以究王讻"的诗句，郑玄笺云："大夫家父作此诗而为王诵也。"㊲朱熹在《诗经集传》中也解释说："诵，工师所诵之辞也。"㊳《诗经·大雅·崧高》中也有"吉甫作诵，其诗孔硕"，《毛传》曰："作是工师之诵也。"㊴《诗经·大雅·烝民》中有"吉甫作诵，穆如清风"，郑玄笺云："吉甫作此工歌之诵。其调和人之性，如清风之养万物然。"㊵《周礼·大司乐》中有"以乐语教国子，兴、道、讽、诵、言、语"㊶。那么，何为"诵"？郑玄曰："倍文曰讽，以声节之曰诵。"㊷《礼记·文王世子》有"春诵夏弦",郑玄注曰:"诵,谓歌乐也。"㊸孔颖达疏曰:"诵,谓歌乐者,谓口诵歌乐之篇章,不以琴瑟歌也。"(《礼记·文王世子》注疏)《楚辞》中也有"诵",如《楚辞·九辩》:"然中路而迷惑兮,自压桉而学诵。"㊹刘永济在《屈赋通笺·叙论》中曾谈道:

> 考故书凡称诵者,以有节之声调,歌配乐之诗章,盖异于声比琴瑟之歌也。所歌之诗章,即名曰诵,亦犹吟、咏、歌、谣同为诗体之别称也。㊺

在刘永济看来,诵,与歌、吟、咏、谣一样,同为诗体之一种。由此可见,作为一种表现形式,"诵"的出现应该不晚于歌、谣。或者可以说"诵"是与歌、谣并行的一种文体。但是,《诗经》时期的"诵",似乎是兼具"美""刺"两种功能,如《诗经·崧高》中的"吉甫作诵"应为"美诵",而《诗经·节南山》中的"家父作诵"当为"刺诵"㊻。笔者以为,不排除上述两篇为文人仿民间谣诵体而作的"美诵"篇,也不排除随着历史的发展,"诵"体的讽谏功能后来逐渐占据了主导地位。因为相比较而言,后代典籍中讽谏谣诵的篇目更多。

关于"诵"的内容和形式,《说文》曰:"诵,讽也。"宋戴侗《六书故》卷一一:"诵,似用切,朗读也。"㊼因此,先秦时期的"诵"从内容上看带有"讽谏"的倾向,从形式上看则是"不歌"。

考先秦典籍中著名的"诵"篇,大多带有讽诵倾向。根据《国语·晋语》的记载,晋惠公回国后,背弃诺言,因而遭到了民众的反对,百姓中还流传着如下一首"诵":

> 佞之见佞,果丧其田。
> 诈之见诈,果丧其赂。
> 得国而狃,终逢其咎。
> 丧田不惩,祸乱其兴。㊽

不久,晋惠公败北,郭偃说道:"善哉!夫众口,祸福之门也。是以君子省众而动,监戒而谋,谋度而行,故无不济。内谋外度,考省不倦,日考而习,戒备毕矣。"㊾对于此文,韦昭注曰:"舆,众也。不歌曰诵。"可见,诵的形式与前文谈到的歌、谣不同。

梁刘勰《文心雕龙·颂赞》篇中也提到了"诵":

> 夫民各有心，勿壅惟口。晋舆之称"原田"，鲁民之刺"裘鞸"，直言不咏，短辞以讽，丘明、子高并谍（谓）为诵，斯则野诵之变体，浸被乎人事矣。⑤

对于这里的"诵"，一些学者将其释为"颂"，例如王利器《文心雕龙校证》有："'颂'原作'诵'，据唐写本改。"⑤但笔者更倾向于认同刘永济《文心雕龙校释》中对于"诵"的解释，他认为：

> 《说文》曰："诵，讽也。""颂，貌也。"诵之与颂，其义迥别。康成注《诗》《礼》，皆以美盛德之形容者为颂，古无以刺过之诗为颂者。是以彦和论颂，谓"褒贬杂居，固末代之讹体"也。惟诵之为用，止于讽诵，故其为体，得兼美刺，"家父"之诵，诵之刺也，"吉甫"则美诵矣，其显证也。㊄

"考原田、裘鞸，本属诵体"，因此，"颂"显然应该为"诵"。刘师培在其《左盦文论》中也认为自"'夫民各有心'至'浸被乎人事矣'，此节彦和羼'诵'于'颂'，实为失考"。又说：

> 《说文》："诵，讽也。"与颂义别。如所引《左传·僖公二十八年》晋舆人之诵，及《孔丛子》载鲁人谤诵孔子之词，并皆百姓之歌谣，乃讽诵之诵，而非风雅颂之颂。㊃

李曰刚在其《文心雕龙斠诠》也将"诵"解释为："是则民间口头之叶韵之诵语，乃颂之变体，而颂体由原本告祭宗庙之舞乐，亦渐进加诸人事矣。"㊄

《文心雕龙·颂赞》中提到的《原田》《裘鞸》，分别出于《左传》和《孔丛子》。根据《左传·僖公二十八年》所记，春秋时期，楚国的军队凭险而军，晋侯担心楚军偷袭，正当此时，又听到了人们传诵歌谣"原田每每，舍其旧而新足谋"。晋侯更加担心。子犯进谏说："战也！战而捷，必得诸侯；若其不捷，表里山河，必无害也。"晋侯决定进攻，结果打败了楚军。《裘鞸》篇出自《孔丛子》，根据《孔丛子》的记载，孔子初相鲁，鲁人谤诵之曰："麛裘而鞸，投之无戾；鞸而麛裘，投之无邮。"及三年政成，化行，民又作诵曰："衮衣章甫，实获我所；章甫衮衣，惠我无私。"《裘鞸》篇与《子产诵》非常相似。子产是春秋时期著名的政治家，曾经在郑国实行过一系列的改革。改革之初，民众不理解，曾传诵歌谣："取我衣冠而褚之，取我田畴而伍之，孰杀子产，吾其与之。"㊄后来，其政为民众接受，深受民众喜爱。子产死后，民众又诵曰："我有子弟，子产诲之。我有田畴，子产殖之。子产而死，谁其嗣之。"（《左传·襄公三十年》）上述两篇诵显然属于民间口诵歌谣的范畴，因此我们说，先秦时期，诵体应该存在。

宋代陈骙在其《文则》中也将"诵"看作是一种单独的文体：

> 歌之流也，又别为三：一曰谣，二曰讴（齐歌曰谣，独歌曰讴），三曰诵。周谣《鸜鹆》、晋谣《龙鹎》，城者筑者，所讴不同。国人舆人，其诵亦异。虽皆刍词，犹可观法。⑤

在此，陈骙将歌作为一个总类，将谣、讴、诵分别归入其下，并收录了晋谣《丙之晨》（出《左传·僖公五年》）、《筑讴》（出《左传·襄公十七年》）和《舆诵》（出《左传·襄公三十年》）等著名的歌谣篇目。此后，明黄佐在其《六艺流别》中也对歌、谣、诵作了明确的区分，其分法与陈骙稍有不同：

> 志始于诗以道性情，为谣为歌。谣之流，其别有四：为讴、为诵、为谚、为语。歌之流，其别亦有四：为咏、为吟、为怨、为叹。⑰

黄佐的分类方法照顾到了更多的文学表现形式，将谚、语也一并划归到"谣"的范畴中。明代另一位学者徐师曾《文体明辨序说》：

> 按歌谣者，朝野咏歌之辞也。……及考其别，则有歌、有谣、有讴、有诵（不歌曰诵）、有诗、有辞，不特歌谣二者而已。⑱

明冯惟讷的《古诗纪》也将"诵"作为了一种文类，收录了许多古代的"诵"篇。明梅鼎祚在其《古乐苑》卷四二中，将"诵""谚"一并纳入"杂歌谣辞"门类之下。清陈祚明在其《采菽堂古诗选》中更是将"古诵"单独列为一种文类，并解释说：

> 古诵：诵有美有刺，意与谣同，但不歌曰诵，古有之。后代无采其有意致者。至于汉之里语，亦此之流，因附于后，按部就班，无关古谚矣。⑲

其中收录了《舆人诵》（出《国语·晋语》）、《朱儒诵》（出《左传·襄公四年》）、《子产诵》（出《襄公三十年》）、《孔子诵》⑳等篇。

古代的"诵"，由于其多来源于生活在社会底层的庶民百姓，所以通常又被称为"舆诵""谣诵"，被看作是"贱者之言也"㉑，因此成为官方遣使采集的主要对象。《左传》中有一篇《朱儒诵》，讲述了这样一个故事，邾国攻打鄫国，因为

鄫与鲁有盟在先,因此鲁卿士臧孙纥便去援鄫,结果竟被小国邾所败,伤亡无数。民众视此为奇耻大辱,因而诵之曰:

> 臧之狐裘,败我于狐骀。
> 我君小子,朱儒是使。
> 朱儒朱儒,使我败于邾。(出《襄公四年》)

先秦时期的"诵",咏诵者多为民间百姓。设想此类带有讽刺倾向的歌谣,也只能来自民众,或者托之于民众之口。否则,难免为自己招来口舌之祸。另外,由于此类文体多为百姓委曲表达之言,为民众直抒胸臆之作,音乐的成分笔者以为可有可无。从某种意义上讲,口诵或许比歌唱更直接,讽刺性更强,传播的速度更快,传播范围也更广,也更容易引起上层统治者们的注意。

历代中不乏采集谣诵之举,《晋书·郭璞传》中就有"今圣朝明哲,思弘谋猷,方辟四门以亮采,访舆诵于群心"的记载。晋常璩《华阳国志》卷五中也说:

> 先王命史,立典建则,经纪人伦。三材炳焕,品物章矣。然而有志之士,犹敢议论于乡校之下。刍荛之人,加之谣诵于林野之中。管窥謦言,君子有采。所以综核群善,休风惟照也。[12]

唐李峤在《为朝集使绛州刺史孔祯等进大酺诗表》中有"臣闻谣诵必采,而风俗可观"的说法[13]。可见历朝历代,诵的民间口头属性和讽谏功能是十分明显的。

笔者以为,作为一种文体,诵的出现不晚于歌、谣,因为《诗经》中不仅出现了"歌""谣",而且同样有"诵""咢"(本文暂不做讨论)等其他形式,只是歌谣很早就为人们所关注,而诵、咢等形式则少人问津。此外,《周礼》中的大司乐,作为一种乐官,也具有传授"诵"体的职能,虽然我们并不清楚当时"诵"体的具体形式和内容。此后,《国语》《左传》等典籍中相继出现了著名的"诵"篇,其内容多为来自民间的"讽诵"之作,其形式为"不歌"。参照《说文解字》"诵,讽也"的解释,我们可以初步断定"诵"体的基本面貌,大抵为来自民间的,带有讽刺意味的口诵韵文,但是不排除早期典籍如《诗经》中确有文人创作的"美诵"。此后,宋代、明代的许多学者,如陈骙、黄佐、徐师曾等都曾经对诵体有过专门而且详细的论述,许多古诗集如梅鼎祚的《古乐苑》,冯惟讷的《古诗纪》等也都将诵列为独立的文体,这种情况一直延续到清代末年。因此,古代歌、谣之外,另有一种诵的文体,专指民间口传的、带有讽谏意义的韵文。

原载《北京大学学报》2013年第4期。

注　释

① 王灼《碧鸡漫志》卷一,清知不足斋丛书本。
② 杜文澜辑,周绍良校点《古谣谚·序》,中华书局,1958年,1页。
③ 朱自清《中国歌谣》,复旦大学出版社,2004年,8页。
④ 在《从〈杵歌〉说到歌谣的起源》一文中,台静农写道:"人类语言形成的时候,即歌谣发生的时候,故歌谣的产生应先于文字;例如有些野蛮民族,没有历史,没有文字,然而他们有歌谣,不过这种歌谣,是用语言传述的,不是用文字表现的。……足见原始人同文明时代的人所不同的是生活技术,而喜怒哀乐的情绪却没有什么分别。"见《歌谣》周刊第2卷,第16期,1936年9月19日。
⑤ 《诗序》,中华书局,1985年,1—2页。
⑥ 《汉书·艺文志》,中华书局,1962年,1708页。
⑦ 《宋书·乐志》,中华书局,1974年,548页。
⑧ 陈旸《乐书》,清文渊阁四库全书本。
⑨ 《初学记》,中华书局,2004年,376页。
⑩ 王世伟整理《尔雅注疏》,上海古籍出版社,2010年,274页。
⑪ 段玉裁《说文解字注》,中华书局,2013年,93—94页。
⑫ 《艺文类聚》,中华书局,1999年,770页。
⑬ 《释名疏证补》,中华书局,2008年,231页。
⑭ 朱自清《中国歌谣》,复旦大学出版社,2004年,4页。
⑮ 朱杰人、李慧玲整理《毛诗注疏》,上海古籍出版社,2013年,515页。
⑯ 《初学记》,376页。
⑰ 程大昌《演繁露》,中华书局,1991年,25页。
⑱ 《说文》无"谣"字,只有"䚻",《说文》释为"徒歌"。朱自清认为,䚻,古"谣"字,今通作"谣"。参见朱自清《中国歌谣》,4页。
⑲ 王大淳笺证《丹铅总录笺证》,浙江古籍出版社,2013年,1145页。
⑳ 朱载堉《乐律全书》卷二七,清文渊阁四库全书本。
㉑ 《论语·阳货》,四部丛刊初编本。

㉒ 《孔子家语·困誓》,上海古籍出版社,1990年,61页。
㉓ 参见刘毓崧《通义堂文集》卷一四,其中收入了《古谣谚·凡例》一篇,并有"代秀水杜小舫观察作"字样。由此可知《古谣谚·凡例》为刘毓崧所作。目前学界通常认为《古谣谚·凡例》为杜文澜所作。民国求恕斋丛书本。
㉔ 《隋书·五行志》,中华书局,1973年,638页。
㉕ 白启明《对〈我对于研究歌谣发表一点意见〉的商榷》,《歌谣》周刊第14号,1923年4月15日。
㉖ 杨荫深《民歌》,舒兰编《中国地方歌谣集成》,台北,渤海堂文化事业有限公司,1989年,第二卷,6页。
㉗ 党怀兴、刘斌点校《六书故》,中华书局,2012年,232页。
㉘ 关于这一点,宋陈旸在其《乐书》卷一五二中有过这样的描述:"歌之所以为乐,上则扬之如抗,下则抑之如队,曲则屈之如折,止则立如槁木,倨则折旋中矩,句则周旋中钩。累累乎端如贯珠,则绎如以成矣。"可知歌的演唱在古代是一种专门的职业,乐师都应该接受过专门的训练。
㉙ 《程氏经说》,王孝鱼点校《二程集》,中华书局,2004年,1059页。
㉚ 《诗序》,1页。
㉛ 宋孟清《诗学体要类编》卷二,明弘治刻本。
㉜ 陈祚明《采菽堂古诗选》,上海古籍出版社,2008年,1271页。
㉝ 《艺文类聚》,上海古籍出版社,1982年,1632页。
㉞ 《汉书·五行志》,1394页。
㉟ 杨伯峻《列子集释》,中华书局,1979年,143页。
㊱ 刘克庄《后村集》卷二五,清文渊阁四库全书本。
㊲ 朱杰人、李慧玲整理《毛诗注疏》,1013页。
㊳ 朱熹《诗经集传》卷七《崧高》,四部丛刊三编本。
㊴ 朱杰人、李慧玲整理《毛诗注疏》,1780页。
㊵ 朱杰人、李慧玲整理《毛诗注疏》,1792页。
㊶ 王文锦、陈玉霞点校《周礼正义》,中华书局,2013年,1724页。
㊷ 同前注。
㊸ 《礼记注疏》卷二〇《文王世子》,清文渊阁四库全书本。
㊹ 白化文等点校《楚辞补注·九辩》,中华书局,1983年,191页。
㊺ 刘永济《屈赋通笺》,中华书局,2010年,4页。
㊻ 可参考刘永济《文心雕龙校释》,中华书局,2007年,31页。

㊼ 党怀兴、刘斌点校《六书故》,232 页。

㊽ 《国语·晋语》,四部丛刊初编本。

㊾ 同前注。

㊾ 《文心雕龙·颂赞》,詹锳《文心雕龙义证》,上海古籍出版社,1989 年,319 页。

㊿ 王利器《文心雕龙校证》,上海古籍出版社,1980 年,61 页。

㈤ 可参考刘永济《文心雕龙校释》,31 页。

㈥ 参见詹锳《文心雕龙义证》,320 页。

㈦ 李曰刚《文心雕龙斠诠》,1982 年台湾版,转引自詹锳《文心雕龙义证》,320 页。

㈧ 《左传·襄公三十年》,四部丛刊初编本。

㈨ 陈骙《文则》卷下,民国影明宝颜堂秘笈本。

㈩ 参见朱彝尊《经义考》,上海古籍出版社,2010 年,5069 页。

57 徐师曾《文体明辨序说》,《古今图书集成》卷一九四,清雍正铜活字本。

58 陈祚明《采菽堂古诗选》,1287 页,

59 出《孔丛子·陈士义第十五》,中华书局,1985 年,106－107 页。

60 彭大翼《山堂肆考》卷二三二《舆诵》:贱者之言也,晋文听舆诵,故能成霸功。清文渊阁四库全书本。

61 常璩《华阳国志》,中华书局,1985 年,65 页。

62 李峤《为朝集使绛州刺史孔祯等进大酺诗表》,《全唐文》卷二四五,中华书局,1983 年,2478－2479 页。

新出土《诗论》以及中国早期诗学的体系化根源

常 森

在传世文献中,《诗大序》堪称中国《诗经》学及一般诗学的第一篇重要文献,但它带有明显的碎片化的痕迹。比如它论述了"志""情""性"等若干重要范畴,可这些范畴在体系和逻辑上的关联并无清晰的界定,甚至存在某种"错位的衔接"。这种情况,表明《大序》以某种体系化的根源为前提。恰恰是这一体系化根源的遗失,使人们在认知早期《诗经》学及一般诗学时出现了一系列重大偏差。其间最主要的问题是把"诗言志"视为中国诗学乃至文学批评"开山的纲领",将"诗言志"观与"诗言情"观对立,认定"'言志'跟'缘情'到底两样,是不能混为一谈的"[①]。

上海博物馆所藏战国楚竹书《诗论》载录的大抵是孔子(前551—前479)《诗经》学以及一般诗学的理论体系,它才是中国《诗经》学及一般诗学最早的重要文献。见于《尚书·尧典》的"诗言志"固然是"开山的纲领",但它并未呈现在确定且相对完整的体系中,如果不联系其他经典文本,几乎不能得出准确、完整的理解。从前为这一开山纲领提供体系化支持的最重要的文献,是《毛诗大序》。现在有了《诗论》,很多固化已久的历史叙述都被彻底改写[②]。

一、基于诗言"性"的诗言"情"

在传统《诗经》学或一般诗学中,"性"不是一个引人注目的范畴。孔子论诗呈现的诗与"性"的深刻关联,刷新了这一认知。孔子曾依据《周南·葛覃》《召南·甘棠》《卫风·木瓜》《唐风·有杕之杜》等诗,来认知和论说"民眚"亦即人性。《诗论》第五章记载孔子曰:

虐(吾)呂(以)《萬䌷(葛覃)》得氏(祇)初之嘗(志),民眚(性)古(固)然,见丌(其)党(美),必谷(欲)反(返)丌本。夫萬(葛)之见诃(歌)也,则呂䘽(绵)菝(绤)之古(故)也。后稷之见贵也,则呂文、武之惪(德)也。虐呂《甘棠》得宗宿(庙)之敬,民眚古然,甚贵丌人,必敬丌立(位),散(悦)丌人,必好丌所为,亚(恶)丌人者亦然。虐呂《木芘(瓜)》旻(得)帀(币)帛之不可迢(去)也,民眚古然,丌陞(隐)志必又(有)呂俞(喻)也,丌言又所载而后内(纳),或前之而后交,人不可犨(触)也。虐呂《斲(杕)杜》得雀(爵)□之不可无也,民眚古然,□□□□女(如)此可(何),斯雀之矣。毉(御)丌所忢(爱),必曰:虐奚舍之? 宾(傧)赠氏(是)也。③

笔者将结合传世《葛覃》《甘棠》《有杕之杜》,诠释《诗论》所揭人性的三种面向,并揭明其普遍意义(孔子由《木瓜》论人性,将放在第二部分论析)。

《周南·葛覃》前两章云:"葛之覃兮,施于中谷,维叶萋萋。黄鸟于飞,集于灌木,其鸣喈喈。/葛之覃兮,施于中谷,维叶莫莫。是刈是濩,为绤为绤,服之无斁。"孔子从该诗体认的是人性"氏(祇)初"亦即敬初的一面。该诗叙割取、整治葛,以为细葛布粗葛布,乐其所制服装之美而服之不厌,故推原起初葛延生于谷中,叶既盛,飞鸟鸣,并且反复咏唱。孔子认为这显示了人性之敬重初始,"见丌(其)党(美),必谷(欲)反(返)丌本"。他对诗的解读以及对人性的认知,都相当独到和深至。孔子进一步推衍人性这一面向曰,"后稷之见贵也,则呂(以)文、武之惪(德)也"。就是说,人们见文王武王德行美盛,回归其本而崇重其始祖后稷,同样是人性的彰显。这一层虽是申说前面的意思,却直接针对《大雅·生民》《周颂·思文》等追咏后稷的作品,尤其是前者,是在诗学层面上进一步敞开。

孔子对人性"氏(祇)初"的论断,其实不仅仅涉及他明确举证的《葛覃》,以及蕴含其中的《生民》和《思文》。这一基于文本阅读与现实思辨的认知,是孔子对《诗经》与人性的双重重要判断,无论对人性还是对《诗经》,均具有普遍意义(无疑,我们这样论说《诗经》或《诗经》中的具体作品,必然关联着它们在一般诗学层面上的表征作用,毋庸一一提示)。《大雅·文王》歌咏"文王受命作周"(《诗序》);《大明》歌咏王季与大任亦即文王父母,特别是歌咏文王有明德以及上天复命武王;《绵》言"文王之兴,本由大王"(《诗序》),故由文王之兴追咏其祖父大王(亦即古公亶父)与其祖母大姜;《思齐》言"文王所以圣"(《诗序》),由文王之政德追咏其母大任,兼及其祖母大姜与其妻大姒;《皇矣》歌咏"周世世修德,莫若文王"④;《下武》由武王有圣德,而歌咏其父文王之业以及周先人之功;《文王有声》由武王得人君之道,而咏赞文王得人君之道;《公刘》"美公刘之厚于民"(《诗序》)。凡此亦无不根源于人见其美而必欲返归其本的敬初之性。至于《周颂》诸篇,如《清庙》《维天之命》《维清》《我将》之歌文王,《烈文》之歌"前王"(毛传释之为武王,郑笺释之为文王武王),《天作》之歌大王文王,《武》之歌武王文王,《昊天有成命》之歌文、武、成王,《执竞》之歌武、成、康王等,亦均跟人的敬初之性以及诗缘性而发的机制有关。《鲁颂·閟宫》颂鲁僖公(前659—前627在位),而上及后稷、姜嫄,下及大王、文、武、周公;《商颂·玄鸟》颂商汤、武丁(前1250—前1192在位);《长发》颂玄王契与商汤等。诸如此类,均可说明同样的道理。总之对孔子来说,作为《诗三百》一大批诗作基底的这种返本敬初的回望均出于人性。

不可忽视的是,返本敬初观念在《诗论》中有更加形而上的表述。即其第四章论析《周南·关雎》《樛木》《汉广》,《召南·鹊巢》《甘棠》,以及《邶风·绿衣》《燕燕》诸诗,核心认知是"童(动)而皆臤(贤)于丌(其)初",——大要是说世人动举皆崇重其初始,跟第五章所论"氐(祗)初""反(返)本"之人性完全一致,只不过所谓"初"由侧重于时间进一步形上化,变而为侧重于政教伦理。据《诗论》之意,《关雎》张扬合二姓之好的婚姻之礼,《樛木》张扬有德则受福禄的超越性关怀,《汉广》张扬"不求不可叏(得),不变(攻)不可能"的恒常之道,《甘棠》张扬诚美之、爱之则必厚报之,《绿衣》张扬思故人之忧,《燕燕》张扬超越外在形貌的情,这些都从政教伦理层面上凸显了更加形上化的重初观念⑤。基于《诗论》体系的内在规定性,这种重初返本亦必然是人性的凸显⑥。清醒地认识这一点十分重要,既涉及诗学,又涉及人学亦即心性之学和政教伦理(《论语·学而》载有子曰,"君子务本,本立而道生";《礼记·礼器》云,"礼也者,反本修古,不忘其初者也")。

传世《召南·甘棠》云:"蔽芾甘棠,勿翦勿伐,召伯所茇(止舍)。/蔽芾甘棠,勿翦勿败(勿败犹言勿伐),召伯所憩。/蔽芾甘棠,勿翦勿拜(掰),召伯所说(税,止息)。"该诗赞美召公为伯之功德,大意是说召公不扰民,止息于甘棠树下而听讼,故诗人敬爱此树。孔子从中体察的人性的一个面向是,"甚贵丌(其)人,必敬丌立(位),敓(悦)丌人,必好丌所为,亚(恶)丌人者亦然"。上文所引《诗论》第四章论《甘棠》云:"《甘棠》…思及丌(其)人,敬蚕(爱)丌查(树),丌保(报)厚矣。甘棠之蚕,吕(以)邵公…□□□□□□□□□□□青(情)蚕也。"此数语可作《诗论》第五章以人性论《甘棠》的补充。

孔子对《甘棠》及人性的双重认知也并未就此止步。他进一步以贵重其人则尊敬其位的人性,来诠释宗庙之敬,所谓"虗(吾)吕(以)《甘棠》得宗䇘(庙)之敬"。宗庙供奉先人神主。孔子认为,诗人崇重召公而敬召公所尝止息的甘棠,正可以诠释人们崇重先人而敬宗庙以及宗庙中的先人牌位,这些都源于人性。孔子这一认知,同样有其他大量篇什充当潜在支持。《诗经》中的《颂》差不多篇篇都关联着宗庙之敬,尤其是《周颂》。《诗论》第一章记孔子曰:"又(有)城(成)工(功)者可(何)女(如)? 曰:《讼(颂)》氏(是)已。"《诗序》承其意说:"颂者,美盛德之形容,以其成功告于神明者也。"究其实际,美盛德、告成功仅仅是《颂》诗的一面,不可忽视的另一面则是宗庙之敬。故《诗论》第二章评论《清庙》,强调云:"《清䇘(庙)》,王惪(德)也,至矣! 敬宗䇘(庙)之豊(礼),以为丌(其)杏(本);'秉殳(文)之悳',以为丌质;……行此者,丌又(有)不王虖(乎)?"这再次说明,孔子论《诗》的意义绝不限于他直接举出的篇什,只关注他直接论析的篇章及其数量,太过简单化,太过机械和偏执。要真正读懂孔子,就必须读懂他的表达方式。

孔子还曾基于诠释《唐风·有杕之杜》,来发挥对人性的认知。相关表述颇有残缺,但其要点还是相当清晰的。传世《唐风·有杕之杜》云:"有杕之杜,生于道左。彼君子兮,噬肯适我? 中心好之,曷饮食之?/有杕之杜,生于道周(毛传:周,曲也)。彼君子兮,噬肯来游? 中心好之,曷饮食之?"其大意是,"我"发自肺腑好彼君子,彼君子可肯来"我"处游乐乎? 若来,"我"又如何招待他呢? 郑玄解"中心好之,曷饮食之",云:"曷,何也。言中心诚好之,何但饮食之,当尽礼极欢以待之。"孔子显然不这样理解,他说:"馊(御)丌(其)所(爱),必曰:虗(吾)奚舍之?"大抵是指,导引、迎接所爱,必念叨说,"我"安排他住何所呢? 这应该是孔子就"中心好之,曷饮食之"二语作出的对应性的发挥。故孔子对此二语的理解应该是，"我"由衷好之，又以何饮之食之呢？无疑是要饮之以美酒、食之以肴馔。故孔子又据此断言"雀□之不可无"（"雀"通"爵"，指饮酒之礼），且谓其根源在于普遍的人性。《王风·丘中有麻》殆亦曾为孔子关注。依《毛诗》，该诗前二章云："丘中有麻，彼留子嗟（毛传：留，大夫氏）。彼留子嗟，将其来施施。/丘中有麦，彼留子国。彼留子国，将其来食。"首章请彼留氏子嗟舒行而来，次章请彼留氏子国来食来饮（"将"字殆同《卫风·氓》篇"将子无怒"之"将"，意指愿或请），但两章互文见义，不必泥于字面。显然，《丘中有麻》当亦可从人性层面上证成"雀（爵）□之不可无"。

在《诗论》中，孔子用来申说此意的是"宾（傧）赠"，即导引迎接宾客以及馈赠；其所谓"衔（御）丌（其）所（爱），必曰：虔（吾）奚舍之"，言下之意是不欲所爱之人离去。《毛诗·小雅·白驹》之前二章云："皎皎白驹，食我场苗。絷之维之，以永今朝。所谓伊人，于焉逍遥。/皎皎白驹，食我场藿。絷之维之，以永今夕。所谓伊人，于焉嘉客。"其大意是，伊人乘少壮白马前来做客，彼白马正在食"我"场圃之苗与豆叶，"我"绊住它拴住它（不使其主人离去），以延长今日今夜的欢聚。此诗"以永今朝""以永今夕"诸语，正可发明和补充孔子论《有杕之杜》之意指。要之，孔子殆谓《有杕之杜》一诗，主人招待宾客，饮之食之而不欲其遽去，彼此有所赠遗，凡此亦均出于人性。

综上所论，可以说《诗论》呈现了一个原本不为人知的重要事实：关注"民眚"（亦即人性）乃孔子论《诗》的特质。孔子的论述方式决定了他举证的篇章有限，但不管是他对"民眚（性）"的认知，还是他对相关作品的诠释，都有极强的普遍意义。对孔子来说，《诗》表现的就是人性的种种面向，这种理念或可概括为"诗言性"，——这是《诗论》暗含的重要判断。孔子"诗言性"观是早期《诗经》学及一般诗学极深刻、极重要的理论建构。说它重要，不仅是因为它在此前不为世人所知，而且是因为它使得我们真正走近了早期儒家诗学和《诗经》学的根，以"诗言性"观念为基础，孔子很自然地建立了"诗言情"学说。

在早期儒家的观念体系中，"诗言情"与"诗言性"本质上是一致的。这一点，新见孔门弟子以及子思子（前483—前402）的文献提供了确凿有力的证明。郭店简书《眚（性）自命出》上篇云："衍（道）司（始）于青（情），青生于眚。"①其下篇称："青出于眚。"此二语又见于上博简的《眚意（情）论》。郭店《语丛二》

也说"情生于眚"⑧。这是对"情""性"关系的重要论断。《语丛二》还十分详细地分析了性生成的种种社会情感及行为,其中可归于情的范畴有"慭(爱)""欲""汲(急)""厰(严)""敬""智""敓(悦)""好""子(慈)""易""恶""怒""(喜)""乐""悲""(愠)""忧""(哀)""瞿(惧)""监(慆)""望""彊(强)""(弱)"等。事实一目了然,孔子及其后学对由性生情的分析十分具体和丰富。

由这一观念背景,很容易理解早期儒典中的"性"为何总落实为"情"。帛书《五行》说文第二十三章定义禽兽之性的"好恶",以及定义人之性的"好(仁义)"、定义耳目之性的"好(声色)"、定义鼻口之性的"好(馨味)"、定义手足之性的"好(佚余)"、定义心之性的"好(仁义)",实际上都属于"情"。性从逻辑和实际上说需要由情来落实。

由是,"诗言性"亦必然落实为"诗言情"。《诗论》在具体界定"民眚(性)"时,呈现的是如下范畴:

(一)谷(欲):"……民眚(性)古(固)然,见亓(其)兑(美),必谷反(返)亓本。"

(二)敬:"民眚古然,甚贵亓人,必敬亓立(位)。"

(三)敓(悦)、好、亚(恶):"民眚古然,……敓亓人,必好亓所为,亚亓人者亦然。"

(四)慭(爱):"民眚古然,……衘(御)亓所慭,必曰:虘(吾)奚舍之。"

由上揭《语丛二》等与《诗论》密切关联的文献材料,断然可知《诗论》用来定义人性的"谷(欲)""敬""敓(悦)""好""亚(恶)""慭(爱)"等,都属于情。《诗论》还有以下论析诗情的显例:

(一)《蓠芏(汉广)》之智,则智(知)不可旻(得)也。"(第四章)

(二)《绿衣》之忧(忧),思古(故)人也。(第四章)

(三)《䳌䳌燕燕》之情,吕(以)亓(其)蜀(独)也。(第四章)

(四)《北风》不绝人之怨。(第五章)

(五)《斮(杕)杜》则情憙亓(其)至也。(第五章)

(六)《汤(扬)之水》亓(其)爱妇忿(烈)。(第六章)

(七)《菜萬(采葛)》之慭(爱)妇□。(第六章)

（八）《北（邶）·白（柏）舟》闷。（第六章）

（九）《浴（谷）风》悥（悲）。（第六章）

（十）《隆（隰）又（有）长（苌）楚》旻（得）而悬（悔）之也。（第六章）

（十一）《相鼠》言亚（恶）而不复（文）。（第六章）

（十二）《黄鴋（鸟）》则困而谷（欲）反（返）丌（其）古（故）也，多耻者丌忘（病）之虐（乎）？（第七章）

以上所涉"𢕥（智）""惪（忧）""情""喜""悥（爱）""悥（悲）""亚（恶）""谷（欲）""耻"等情感元素与性的关联，明确见于《语丛二》；而"怨""闷""悬（悔）"三者应该也属于情，特别是"怨"，它跟《语丛二》所论源于性的"望"明显是一致的。

总之如《荀子·正名篇》所说，"性者，天之就也；情者，性之质也"，性为情之基源，情为性之质体，"诗言性"落实为"诗言情"是自然而然的事情。

二、处于深刻互文关系中的"诗言志"

《诗论》第三章记孔子曰："𢘅（诗）亡（无）𨼫（隐）志，乐亡𨼫情，旻（文）亡𨼫音（意）。"在整个《诗论》中，这是最受关注的一句名言，可是有很多说法需要仔细辨正。

其一，要明确的是，从《诗论》整体内容来看，"𢘅（诗）亡（无）𨼫（隐）志"主要是基于对诗尤其是《诗三百》的认知而作的论断。《诗论》主体内容便是对《诗三百》及其具体作品（包括《诗》乐的）的认知。比如，《诗论》第五章记孔子曰："虐（吾）吕（以）《蓠䎽（葛覃）》得氏（祇）初之𢘅（志），……虐吕《甘棠》得宗宙（庙）之敬，……虐吕《木苽（瓜）》旻（得）菷（币）帛之不可迮（去）也，……虐吕《㪗（杕）杜》得雀（爵）□之不可无也……"如此由诗作认知人性敬初返本等种种面相，特别有力地凸显了孔子基于认知层面立论的视角。《诗论》第一章记载："孔子曰：《𢘅（诗）》，丌（其）猷（犹）㫄门与？戈（戋）民而谗（逸）之，丌甬（用）心也洒（将）可（何）女（如）？曰：《邦风》氏（是）已。民之又（有）戚（戚）𢛞（惓）也，上下之不和者，丌甬心也洒可女？曰：《少顗（小雅）》氏（是）已。

□□□□□□可女？曰：《大𩪊(雅)》氏已。又城(成)工(功)者可女？曰：《讼(颂)》氏已。"这是说孔子通过读《诗》，通过读《邦风》《大雅》《小雅》以及《颂》，了解了政教伦理之得失以及由此导致的民心的向背。又如上文所论，《诗论》第四章论述由《周南·关雎》《樛木》，《召南·鹊巢》《甘棠》，以及《邶风·绿衣》《燕燕》，认知人"童(动)而皆臤(贤)于丌(其)初"的本性，也是极为典型的例子。而其他论说也差不多全是对诗的认知。有鉴于此，可以说，《诗论》之所以具有《诗经》学及一般诗学的重要意义，乃基于它是中国文本阐释学的奠基之作。

传世文献中有不少孔子读《诗》、论《诗》的材料，可以为理解《诗论》提供旁证。比如《孔丛子·记义》篇云：

> 孔子读《诗》及《小雅》，喟然而叹曰："吾于《周南》《召南》，见周道之所以盛也。于《柏舟》，见匹夫执志之不可易也。于《淇澳(奥)》，见学之可以为君子也。于《考盘》，见遁世之士而不闷也。于《木瓜》，见苞苴之礼行也。于《缁衣》，见好贤之心至也。于《鸡鸣》，见古之君子不忘其敬也。于《伐檀》，见贤者之先事后食也。于《蟋蟀》，见陶唐俭德之大也。于《下泉》，见乱世之思明君也。于《七月》，见豳公之所造周也。于《东山》，见周公之先公而后私也。于《狼跋》，见周公之远志所以为圣也。于《鹿鸣》，见君臣之有礼也。于《彤弓》，见有功之必报也。于《羔羊》，见善政之有应也。于《节南山》，见忠臣之忧世也。于《蓼莪》，见孝子之思养也。于《楚茨》，见孝子之思祭也。于《裳裳者华》，见古之贤者世保其禄也。于《采菽》，见古之明王所以敬诸侯也。"⑨

这里呈现的认知《诗经》作品的角度乃至其中某些具体认知，跟《诗论》完全一致，毋庸费辞。而毫无疑问，孔子"旹(诗)亡(无)䜌(隐)志"等论断背后，还有对诗、乐、文更广泛的认知作为支持。

总之跟以《诗序》《毛传》《郑笺》《孔疏》为核心的汉唐《诗经》学形态模式比较，孔子建构的《诗》学体系凸显了主体及其认知活动。这在很大程度上跟孔子以《诗》教的身份有关。

其二，"旹(诗)亡(无)䜌(隐)志，乐亡䜌情，旻(文)亡䜌音(意)"三语，看起来是分别概言诗、乐、文三个方面,实际上三者具有高度的互文关系,拘泥于字面将不得其实。换言之,孔子并非是说诗仅关涉志而不关涉情、意,乐仅关涉情而不关涉志、意,文仅关涉意而不关涉志、情,对他来说,诗、乐、文每一个认知对象都同时关联着这三个方面。最直接的证据是,上一节所揭孔子论《周南·葛覃》《召南·甘棠》《唐风·有杕之杜》以及《邶风·绿衣》《燕燕》等一系列作品,都明显是着眼于情和意立论的。因此,单就诗这一方面来说,孔子的完整意思乃是"诗无隐志、情、意"。《史记·孔子世家》记载:"孔子学鼓琴师襄子,十日不进。师襄子曰:'可以益矣。'孔子曰:'丘已习其曲矣,未得其数也。'有间,曰:'已习其数,可以益矣。'孔子曰:'丘未得其志也。'有间,曰:'已习其志,可以益矣。'孔子曰:'丘未得其为人也。'有间,(曰)有所穆然深思焉,有所怡然高望而远志焉。曰:'丘得其为人,黯然而黑,几(颀)然而长,眼如望羊(远视貌),如王四国,非文王其谁能为此也!'师襄子辟(避)席再拜,曰:'师盖云《文王操》也。'"此记载应该可以说明孔子认为乐亦根于"志",并且乐之"志"也是可以认知的。孔子清醒地认识到以言达意有其局限性。《周易·系辞上传》记孔子曰:"书不尽言,言不尽意(孔疏:意有深邃委曲,非言可写,是言不尽意也)。"此说与"旻(文)亡(无)䜩(隐)音(意)"并不矛盾,"旻(文)亡(无)䜩(隐)音(意)"乃强调见于文的"意"是可以被认知的。《孝经钩命诀》记孔子曰:"吾志在《春秋》,行在《孝经》。"此说或亦后起,却应该可以说明孔子虽明提"诗"与"志"的关联,却并无排他性,诗、乐之外的《春秋》之文同样可以"志"论。孟子称孔子曾说:"知我者其惟《春秋》乎!罪我者其惟《春秋》乎!"(《孟子·滕文公下》)即依孔子之见,文中之"志"显然是可以被认知的。同样的道理,《周易·系辞下传》谓"圣人之情见乎辞",则文辞亦可以"情"论,又何尝仅限于乐?要之,孔子的完整意思是,诗、乐、文三者均可从"志""情""意"三方面论,"志""情""意"三方面之见于诗、乐、文者都是可以认知的。

其三,《诗论》既是文本阐释学的经典,又是一般诗学的经典;易言之,《诗论》的阐释学论说蕴含着一般诗学的论说,是以一般诗学的论说为前提的。这样说意味着,"嘼(诗)亡(无)䜩(隐)志"固然是孔子对诗的认知,却表明他从诗歌创作或本源上确认了"诗言志"这一前提。而更进一步论,单就诗歌而言,由于孔子的完整意思是说"诗无隐志、情、意",那么,他所确认的前提性的论断,也必须完整地表述为"诗言志、情、意"。孔子说过"不言,谁知其志"(见下),若非诗言志、情、意,所谓诗的志、情、意均可认知便无从谈起。

《尚书·尧典》谓:"诗言志,歌永言(歌长言诗之意),声依永(声之曲折又依长言),律和声(声中律乃为和)……"在中国诗学这一"开山的纲领"中,"诗""歌""声"是一串说下来的,相互间并无横向的互文关系。《诗论》以"诗""乐""文"互文,使三者均一关联志、情、意,从诗学上看是一个重大发展。这种表述方式,意味着脱离孔子设置的互文语境,单提含蕴其中的"诗言志"观,会丧失孔子真实或完整的意思。

孔子确曾单论"诗"与"志"的关联,而不涉及"情"和"意"。上博简文《民之父母》与传世《礼记·孔子闲居》均记载了孔子的"五至"说。前者有谓"勿(物)之所至者,《志(诗)》亦至安(焉)"⑩,后者对应部分则作"志之所至,《诗》亦至焉"。其实,这两种说法是高度同一的:"勿(物)"为目标对象,心对此对象之趋向即为"志",二者事实上不可分。可能这两种说法加起来,才算得上是孔子对"诗言志"观的具体说明,其间凸显的是"诗"与"志"或者"诗"与心对"物"之所向的关系。《左氏春秋·襄公二十五年》记载:仲尼曰:"《志》有之:'言以足志,文以足言(杜注:足,犹成也)。'不言,谁知其志?言之无文,行而不远……"此前,郑子产(约前580—前522)献入陈之功于诸侯之盟主晋,善为言辞,故晋受其功。孔子据此事论"言以足志""不言,谁知其志",凸显的是"文"与"志"的关系。这与从作诗层面上说"诗言志"立场相同,可以互相发明。

在不存在跟"情""意"互文的语境,单论"志"与诗的关系时,孔子所说的"志"应该理解为囊括通常所谓"志""情""意"的完整的心之所向。先秦典籍中有"志""情"同一、互解的确凿例子。比如《左氏春秋·昭公二十五年》记子大叔游吉(?—前506)引子产之言,曰:"民有好恶、喜怒、哀乐,生于六气(杜注:此六者,皆禀阴阳风雨晦明之气),是故审则宜类,以制六志(杜注:为礼以制好恶、喜怒、哀乐六志,使不过节)。"而《礼记·礼运》篇云:"何谓人情?喜、怒、哀、惧、爱、恶、欲七者,弗学而能。"孔颖达(574—648)疏云:"'喜、怒、哀、惧、爱、恶、欲'者,案昭二十五年《左传》云,天有六气,在人为六情,谓'喜怒''哀乐''好恶'。此之'喜''怒'及'哀''恶'与彼同也,此云'欲'则彼云'乐'也,此云'爱'则彼'好'也,谓六情之外增一'惧'而为七。"正义释《左氏》"六志",说得更为明确:"此六'志',《礼记》谓之六'情'。在己为'情',情动为'志','情''志'一也,所从言之异耳。"六种"志"加上"惧"而成为七种"情",足以显示"志"与"情"的内在同一性。这一点成了孔颖达诠释经典的强力主张。《礼记·曲礼上》有谓"志不可满"。正义云:"'志不可满'者,六情遍睹在心未见为志。"总之孔颖达认为,"情""志"仅有未动与动、未现与现的差异。其观点未必完全切当,但谓"情""志"具有同一性,是无可置疑的。上博《诗论》也有"志""情"互通一致的显例。其第四章谓《关雎》"以琵(琴)瑟(瑟)之敊(悦),愸(拟)好色之愿(愿)"。"好"属于情,"愿(愿)"等同于一般所说的"志"。《诗论》将"好色"归于"志",足见"情"与"志"的关系。而"志"和"意",从训诂学上说原本可以互训。段注本《说文解字·心部》①谓:"志,意也,从心㞢,㞢亦声。"又谓:"意,志也,从心音,察言而知意也。""志"主要是就心而称谓其所之,"意"则往往是就言而称谓心之所之,就是说后者往往多一层相关的指涉,即言语或文辞。"志"既可等同于"情",又可等同于"意"。这从某种程度上意味着它可以指涉包括通常所谓情、意、志在内的整个儿的心之所向。由于《诗论》隐含着孔子对诗与志、情、意关系的完整表述,当传世文献中单独出现孔子对"诗""志"关系的论说时,我们对"志"应该采取这种综合的理解。

明确了以上数事,接下来将围绕"志""情""意"三者之合一,从诗歌本源或生成层面上审视孔子的诗学观。

就通常对"志"的理解而言,《诗论》有两种情况值得注意:

首先,《诗论》直接提到了"志"。如其第五章记孔子曰,"虚(吾)吕(以)《葛覃》得氏(祗)初之誉(志),……虚吕《木苽》旻(得)希(币)帛之不可造(去)也,民眚(性)古然,丌陾(隐)志必又(有)吕俞(喻)也……"第五章论《鄘风·柏舟》云,"《白(柏)舟》又(有)沰(溺)志,既曰天也,猷(犹)又(有)悥(怨)言",其大意是指该诗主人公心志有所沈溺,所以既呼天啊,又发出怨尤之言("母也天只,不谅人只)。第六章论《小雅·蓼莪》云,"《蓼(蓼)莪》又(有)孝志"。《孔丛子·记义》篇记孔子慨叹于《狼跋》,"见周公之远志所以为圣也"等,有同样的性质。

其次,"志"在很大程度上可以理解为"愿"。《论语·公冶长》记载:"颜渊、季路侍。子曰:'盍各言尔志?'子路曰:'愿车、马、衣、轻裘,与朋友共,敝之而无憾。'颜渊曰：'愿无伐善，无施劳。'子路曰：'愿闻子之志。'子曰：'老者安之，朋友信之，少者怀之。'"孔子要颜渊（前521—前481）、季路（前542—前480）言"志"，二子均答以"愿如何如何"。《论语·先进》篇记载，子路、曾皙（曾参父，生卒年月不详）、冉有（前522—前489）、公西华（前509—？）侍坐，公西华表示"宗庙之事，如会同，端章甫，愿为小相焉"，子路、曾皙、冉有亦各有表白，孔子概言之曰"各言其志"。观"志"之风盛行于孔门师徒授受之际，而其言"志"又每每说"愿如何如何"，可见这两个范畴有极高的同一性。《诗论》也曾以"愿"这一范畴解诗，并且明确地将它称为"志"。其第五章谓："《木苽（瓜）》又（有）寴（藏）忑（愿）而未得达也，……因木苽之保（报），以俞（喻）亓恿（愿）者也。"同章将《木瓜》主人公之"寴（藏）忑（愿）"称为"陞（隐）志"。其第四章论《关雎》有云，"以蘁（琴）瑟（瑟）之攷（悦），紎（拟）好色之忑（愿），以钟鼓之乐，合二姓之好"，其中"忑"字是同样的用法。尽管这些例子中，"志""忑（愿）"或者"恿（愿）"指的是诗篇主人公之志，逻辑上并不等同于诗本身或诗作者之志，但不过相差一间耳；一个极为简单的事实是，论者显然知道诗作主人公之志都是被书写的对象，对它的书写跟对创作主体之志的书写有某种同一性。

倾向于将"诗言志"与"诗缘情"对立起来的学者，常基于政教伦理来诠释"志"。只要知道《诗论》将"好色之忑（愿）"视为"志"，就可以明白，对《诗论》或孔子诗学来说，这种解释仅仅是一种想象。因为"好色之忑（愿）"作为"志"，不可能是"经礼乐文明的范铸、改造"，而转型确立的"与古代社会政教及人生规范相关联的怀抱"⑫。

显而易见，上揭"志""忑（愿）"或者"恿（愿）"侧重于指一般的心志，在孔子的认知中，这只是诗歌本源的一个层面。如上一节所揭示，在"訾（诗）亡（无）隓（隐）志，乐亡隓情，妥（文）亡隓音（意）"这一总纲的统括下，孔子或《诗论》的大量论说均落实于跟一般的"志"相异的"情"；而孔子对诗的所有认知，比如由《葛覃》《甘棠》诸诗见人之性，由《木瓜》《柏舟》诸诗见人之志，由《关雎》诸诗见人之愿，由《绿衣》《燕燕》诸诗见人之情等，又都可归结为由诗见"意"。这一系列的事实有力证明，对孔子来说，诗生成的根源乃是包括志、情、意诸多元素的心之所向——被置于互文语境中的"訾（诗）亡（无）隓（隐）志"实际上是说诗无隐志、情、意，它蕴含的前提"诗言志"实际上是说诗言志、情、意。

孔子诗学观中的民之"甬(用)心",跟这种综合指向颇为匹配。《诗论》第一章记孔子就《邦风》《小雅》《大雅》《颂》论诗中的"甬(用)心"(已见上引),其中论《大雅》的部分有残缺,论《颂》的部分有省略,但仍可见出孔子是以"甬(用)心"来论断《诗三百》之全体;而"甬(用)心"关涉的恰恰是心的综合指向,包括通常所说的志、情、意等。在孔子的观念体系中,以"甬(用)心"论诗,与以"志""情""音(意)"论诗,是可以互相诠释的。由新见孔门七十子及其后学的典籍可知,用心的核心是"思"。郭店《眚(性)自命出》上篇云:"凡思之甬(用)心为甚。"⑬下篇云:"凡甬(用)心之喿(躁)者,思为戡(甚)。"⑭二语亦见于上博《眚(性)悥(情)论》。"思"显然也是关联志、情、意的综合体。《诗论》第四章云:"閖疋(关雎)吕(以)色俞(喻)于豊(礼),……吕蓥(琴)丽(瑟)之敓(悦),矣(拟)好色之忢(愿),吕钟鼓之乐,合二姓之好,反内(纳)于豊(礼),不亦能改虖?……閖疋》之改,则丌(其)思貰(赗/益)矣。"这是说《关雎》主人公思之进益,是由好色改而为好礼,"思"中兼有"情"与"志"。该章又说:"《绿衣》之惪(忧),思古(故)人也。"亦明确显示"情""思"为一体。《诗论》第十章云:"《讼(颂)》,搒惪(德)也,多言逡。丌(其)乐安而屖(迟),丌词(歌)绅而荡(逿),丌思深而远,至矣。"《左氏春秋·鲁襄公二十九年》记载季札观《颂》,而评之曰:"至矣哉!直而不倨,曲而不屈,迩而不偪,远而不携(杜注:携贰),迁而不淫,复而不厌,哀而不愁,乐而不荒,用而不匮,广而不宣,施而不费,取而不贪,处而不底(停滞),行而不流(放纵)。五声和,八风平。节有度,守有序,盛德之所同也。"其基本内容,大抵可以用来解释孔子何以推《颂》诗为极致,且称其思"深而远";"思"明显是心的综合指向。

还应留意的是,在这一层面上,孔子诗学再次显示了它的独特和深邃。《诗论》第五章记孔子曰:"虗(吾)吕(以)《木苽(瓜)》叓(得)帚(币)帛之不可迲(去)也,民眚(性)古(固)然,丌(其)陞(隐)志必又(有)吕俞(喻)也,丌言又所载而内(纳),或前之而交,人不可犁(触)也。"跟解读《葛覃》《甘棠》《有杕之杜》相似,孔子从人性的高度诠释《木瓜》。传世《卫风·木瓜》云:"投我以木瓜,报之以琼琚。匪报也,永以为好也。/投我以木桃,报之以琼瑶。匪报也,永以为好也。/投我以木李,报之以琼玖。匪报也,永以为好也。"孔子对该诗的理解是,彼投赠"我"以木瓜,"我"报之以琼琚或者琼瑶或者琼玖(毛传云:

"琼,玉之美者;琚,佩玉名","琼瑶,美玉","琼玖,玉名"),目的在于传达"陞（隐）志";由此孔子进一步引申和提升,确认了币帛之礼对建构合理化表达的重要性。孔子认为,传达者以某种形式显白隐志,乃人性之必然,其意有适当的载体而后被接受,也是人性之必然。这一观点具有极重要的诗学意义,它实际上是赋"诗言志"以人性的基底。

三、"心""性""物"作为体系核心以及该体系在《诗序》中的孑遗

《诗论》或孔子诗学的核心理念既不是"情"也不是"志",而是"性"。换句话说,《诗论》或孔子诗学是以人性为基底建构的言志、言情的统一体,在这里,"诗言情"的根基被归结为"诗言性","言志"也被归结为人之性。因此,过于凸显诗言志一面、将诗言志与诗缘情两面对立起来,即便合乎汉代以降的史实,也有悖于孔子或者《诗论》的诗学体系。

进一步联系新见孔门七十子至子思子时期的儒典,可以发现,《诗论》或孔子诗学还隐含着两个关键元素,即"物"与"心"（它因此很自然地隐含了后人瞩目的"感物"说）。

郭店《眚（性）自命出》上篇云："凡眚（性）为宝（主）,勿（物）取之也。金石之又（有）圣（声）也,弗钩（扣）不鸣。人唯（虽）又眚,心弗取不出。"又说："凡䢙（动）眚（性）者,勿（物）也。"⑮ 这两段话大抵也见于上博《眚（性）意（情）论》。其意是,性平时处于"休眠"状态,在存在对象目标亦即"勿（物）"的情况下（或者说在物的引发下）,由"心"将它激活;心就是使"性之声"发出来的那位敲击者。子思论人性,以大体、小体分别论之（大体指心,小体指耳目鼻口手足）,以为心之性为好仁义,耳目之性为好声色,鼻口之性为好臭味,手足之性为好佚豫,其论断人之性为好仁义或者独有仁义的依据,在于心之性（参见《五行》说文第二十三章）。然不惟大体之性需要由心取出,众小体之性也必须由心取出。所以传世《大学》强调："心不在焉,视而不见,听而不闻,食而不知其味。"⑯

"凡眚（性）为宝（主）,勿（物）取之也"一说,包含一种很深刻的"感物"说,并且从人性的根子上确立了物的意义。《礼记·乐记》云："人生而静,天之性

也。感于物而动,性之欲也。物至知(智)知,然后好恶形焉。"大抵也是说物"激活"性,而性进一步生成情。上文曾提及,上博简《民之父母》记孔子"五至"说,谓"勿(物)之所至者,《志(诗)》亦至安(焉)"⑰,《礼记·孔子闲居》则谓"志之所至,《诗》亦至焉"。这两种表述的本旨是一致的。"志"为心之所之,"勿(物)"是心之所之的对象,二者不过是一体之两面。就诗歌而言,言"志",必然包含心所之的对象物;言"物",亦必然意味着它是心所之的对象物。因此,"勿(物)之所至"也就是"志之所至"。不管是从物取性而出的层面上说,还是从心基于对象物存在而产生志这一层面上说,"物"对于早期儒家诗学的意义都是不可忽视的。

总之,早期儒家诗学最核心的范畴是"心""性""物";"言志"与"言情"实围绕这三者形成一个有复杂内在勾连的有机体。它的基本面已经明显超越了我们的常识。基于新见载录孔子学说的《诗论》,以及新发现孔门七十子至子思子时代的其他儒典,可以复原早期儒家诗学极为丰富的内容(这里呈现的是其中的一小部分)。《诗论》深刻影响传世《诗序》,是毋庸置疑的事实,可是从《诗序》回望《诗论》,我们只能得到若干碎片化的认知。

比如《诗序》云:"《生民》,尊祖也。后稷生于姜嫄,文、武之功起于后稷,故推以配天焉。"该序要旨,明显源自《诗论》第五章"后稷之见贵也,则吕(以)文、武之悳(德)也"。《诗序》云:"《绵》,文王之兴,本由大王也。"又云:"《思齐》,文王所以圣也。"正义申之曰:"作《思齐》诗者,言文王所以得圣,由其贤母所生。文王自天性当圣,圣亦由母大贤,故歌咏其母。言文王之圣有所以而然也。"这类表述所蕴含的基本意指,符同于孔子论《葛覃》《关雎》诸诗的返本敬初观念,所谓"氏(祗)初""见丌(其)𦚞(美),必谷(欲)反(返)丌本""童(动)而皆臤(贤)于丌初"云云,差别仅仅在于《诗序》并未明确将这种指向归结到人性层面上。

《诗大序》云:"诗者,志之所之也,在心为志,发言为诗。情动于中而形于言,言之不足,故嗟叹之,嗟叹之不足,故永歌之,永歌之不足,不知手之舞之、足之蹈之也。"《诗论》将诗的本源归结为"志""情""意",其中"意"和"志"具有高度的同一性,所以"志"与"情"二者更为重要。《诗大序》基本上承继了这层意思,但以"情"直接对接"志",还是呈现了某种混乱,误导后人直接将"情"等同于"志"。《诗序》解诗,颇有发明其志者。例言之:

（一）《卷耳》，后妃之志也，又当辅佐君子，求贤审官，知臣下之勤劳。内有进贤之志，而无险诐私谒之心，朝夕思念，至于忧勤也。

（二）《凯风》，美孝子也。卫之淫风流行，虽有七子之母犹不能安其室，故美七子能尽其孝道，以慰其母心，而成其志尔（疏：成其志者，成言孝子自责之意）。

（三）《衡门》，诱僖公也。愿而无立志（《释文》：愿，……谨也），故作是诗以诱掖其君也。

（四）《鸱鸮》，周公救乱也。成王未知周公之志，公乃为诗以遗王，名之曰《鸱鸮》焉。

（五）《云汉》，仍叔美宣王也。宣王承厉王之烈，内有拨乱之志，遇灾而惧，侧身修行，欲销去之。天下喜于王化复行，百姓见忧，故作是诗也。

（六）《桓》，讲武类祃也（郑笺：类也、祃也，皆师祭也）。桓，武志也（《释文》：本或以此句为注）。

由这类例子看来，《诗序》体系中的"志"指向通常所说的意志，不能直接解释为"情"。"志""情"二者在《诗序》中发生某种程度的错位衔接，多半是《诗序》碎片化地承袭《诗论》或孔子诗学的结果，《诗序》无意于完整地呈现该体系中诗跟志、情的关系。《诗大序》认同人性对诗歌发生的根本作用，故云："国史明乎得失之迹，伤人伦之废，哀刑政之苛，吟咏情性，以风其上，达于事变而怀其旧俗者也。故变风发乎情，止乎礼义。发乎情，民之性也；止乎礼义，先王之泽也。"这里"情""性"一并被视为诗歌产生的本源（所谓"吟咏情性"云云），而"发乎情"又被归结为"民之性"，约略显示了孔子以"性"论诗的早期儒家诗学的特质，显示了孔门七十子时代儒家对"情""性"关系的认知。后世对《诗序》论及"性"的一面几乎完全无视。若非《诗论》重见天日，人们将永远不能认识到"性"原本是早期儒家诗学最为重要的范畴之一。

余 论

《诗序》之后直到上一世纪结束，中国再也没有其他跟《诗论》或孔子诗学发生过直接关联的诗学文献[18]，因此对"诗言志"的所有诠释都缺乏该体系支持,也都被《诗序》承继的《诗论》或孔子诗学的碎片误导。《汉书·艺文志》云:"《书》曰:'诗言志,(哥)〔歌〕咏言。'故哀乐之心感,而(哥)〔歌〕咏之声发。诵其言谓之诗,咏其声谓之(哥)〔歌〕。"这基本上是用"哀乐之心"亦即"情"来演绎"诗言志"的"志"。孔颖达依循这种理路,来诠释《尧典》和《诗序》的相关文字。比如《诗序》云:"诗者,志之所之也,在心为志,发言为诗。"孔疏解释道:"诗者,人志意之所适也;虽有所适,犹未发口,蕴藏在心,谓之为志;发见于言,乃名为诗。言作诗者,所以舒心志愤懑,而卒成于歌咏,故《虞书》谓之'诗言志'也。包管万虑,其名曰心。感物而动,乃呼为志。志之所适,外物感焉。言悦豫之志,则和乐兴,而颂声作;忧愁之志,则哀伤起,而怨刺生。《艺文志》云哀乐之情感,歌咏之声发,此之谓也。"孔疏以"志"为"情"的兴发者(如谓悦豫之志兴发和乐之情、忧愁之志兴发哀伤之情等),并且基本上仍是以"哀乐之情"的"情"来诠释"诗言志"的"志"。由新见《诗论》或孔子诗学来观察,这类解释存在明显的问题:传世《诗序》是以《诗论》或孔子诗学为前提的,可这类解释缺乏对《诗论》或孔子诗学特别是其"诗言志"观的整体理解,没有从"诗—志""乐—情""文—意"三者的互文关系中完整把握《诗论》或孔子诗学的意指;就《诗序》的这一根源性体系而言,甚至就《诗序》本身而言,简单地将"志""情"等同并不合理。

新见《诗论》等早期儒典说明,对中国早期诗学的传统认知明显背离了事实。《尧典》的"诗言志"虽是中国诗学"开山的纲领",但其实际支持是《诗序》以前的早期儒家学说,特别是新发现的孔子诗学论说或《诗论》。而根据《诗论》及其他早期儒典,"诗言志"与"诗缘情"两个面向在由"心""物""性"构成的理论基底上是高度统一的,独尊"诗言志"并不妥当;即便传世文献记载孔子曾单提"诗言志",其所谓"志"也应理解为包括"志""情""意"在内的综合的心之所之。"诗言志"与"诗缘情"在早期儒家诗学中绝非异趣。说"诗言志""诗缘情"两说同源,但在后世有不同的历史发展,大抵是合乎事实的,可二者乃一体所育,并无先后。所谓"言志""言情"或者"缘情",原本都是就诗的生成而言的,其间不存在功用论和本源论的差异。不过所有的错判都是有情可原的,它们基于两个无法改变的历史前提:一是《诗论》及其他相关早期儒典历时约两千年的"缺席",二是以《诗序》《毛传》为代表的强大的汉唐《诗经》学形态模式的确立(所有过于强调"诗言志"一面,特别是过于强调"志"的政教伦理意义的论说,都携带着汉唐《诗经》学形态模式的巨大规定性)。在这些前提条件下,《诗序》承载的《诗论》或孔子诗学的碎片严重误导了人们的认知。

注　释

① 这一方面大同小异的论说很多,朱自清《诗言志辨》可为代表。参阅朱自清《诗言志辨》,华东师范大学出版社,1996年,序第4页,29页。
② 《左氏春秋》所记赋诗言志主要是用诗层面的现象,它虽然早于《诗论》,却不具备严格的"诗学"意义。所以我们必须从《诗论》开始。
③ 本文引《诗论》《五行》,据常森《简帛〈诗论〉〈五行疏证〉》,北京大学出版社,2019年。以下不再出注。
④ 《毛诗正义》卷一六《大雅·皇矣》,《十三经注疏》,北京大学出版社,2000年,1194页。
⑤ 孤立地看,"《鹂鹂(燕燕)》之情,(以)丌(其)蜀(独)也"一语之政教伦理意涵不很明晰。《五行》经、说第七章乃接着《诗论》的话头说,其观念对《诗论》有继承,也有推进。《五行》就内在的哀与外在的衰绖(丧服)诠释《燕燕》,谓,"能(差)虵(池)亓(其)羽然笱(后)能至哀"(经文第七章);又谓,"虵者,言不在唯(衰)绖也;不在唯绖,然笱能至哀。夫丧,正绖修领而哀杀矣。言至内者之不在外也。是之胃(谓)蜀"(说文第七章)。凡此均可作为理解《诗论》的参考。
⑥ 《诗论》第四章虽然未以"孔子曰"引领,所记仍当是孔子之论,故其主旨跟第五章所记孔子之说高度一致。
⑦ 陈伟,等《楚地出土战国简册(十四种)》,经济科学出版社,2009年,221页。
⑧ 陈伟,等《楚地出土战国简册(十四种)》,253页。
⑨ 傅亚庶《孔丛子校释》卷之一《记义第三》,中华书局,2001年,54页。
⑩ 马承源主编《上海博物馆藏战国楚竹书(二)》,上海古籍出版社,2002年,158页。
⑪ 《说文解字注》,上海古籍出版社,1988年。
⑫ 相关说法参阅陈伯海《释"诗言志":兼论中国诗学"开山的纲领"》,《文学遗产》2005年第3期,82页。
⑬ 陈伟,等《楚地出土战国简册(十四种)》,223页。
⑭ 陈伟,等《楚地出土战国简册(十四种)》,230页。
⑮ 陈伟,等《楚地出土战国简册(十四种)》,221页。
⑯ 这主要是就心的官能而言的。早期儒家论心,一方面关注其性,一方面关注其官能,参

阅拙作《〈五行〉学说与〈荀子〉》,《北京大学学报》2013年第1期,84—86页。
⑰ 马承源主编《上海博物馆藏战国楚竹书(二)》,158页。
⑱ 参阅拙文《上博战国楚竹书〈诗论〉的〈诗经〉学史价值》,《中国诗歌研究(第三辑)》,中华书局,2005年,1—27页。

从贵族仪轨到布衣文本
——晚周《诗》学功能演变考论

程苏东

《汉书·艺文志·诗赋略》曾这样描述春秋后期以来《诗》学传播范围的变化:"春秋之后,周道浸坏,聘问歌咏不行于列国,学《诗》之士逸在布衣,而贤人失志之赋作焉。"①而与之关系切近的另一段更有名的论述则见于《孟子·离娄下》:"王者之迹熄而《诗》亡,《诗》亡然后《春秋》作。"②在这两段论述中,孟子和班固都指向同一个问题,即随着宗周王权的衰落,作为周人礼乐文明与王道政治载体的《诗》在传播层面发生了重要变化。所谓"《诗》亡""聘问歌咏不行于列国",盖指以宫廷贵族为中心的献诗、歌诗、赋诗传统渐趋衰亡,而所谓"学《诗》之士逸在布衣",则是指"布衣之士"这一新兴阶层成为了学《诗》、用《诗》的新主体。这一变化势将带来《诗》的文化功能及其展演与阐释方式的调整,而其发生的时间,正是在政治与学术层面均处于激荡变化中的春秋后期至战国,也就是所谓的晚周时期。

事实上,对于整个"六艺"的经典化历程而言,晚周都是一个关键的分化期——在此之前,学在王官,"诗书礼乐"作为"王教"经典③,其制作与传播均有赖于王权的荫护。而在此期之后,严格说是自秦始皇三十四年(前213)挟书律颁定后,包括"六艺"在内的各种知识再次被纳入帝国权力的掌控之中,无论是始皇禁学,还是武帝兴学,经典的传习都受到皇权政治的直接干预。只有在晚周时期,传统王权渐趋崩解、新生帝国尚未建立,这几乎是整个前现代社会中"六艺"唯一一次摆脱国家权力左右,主要凭借其自身的文本价值与功能赢得读者、维系声誉的时代。也正是经过这一时期的选择与筛裁,"六艺"的形态发生了极大的变化:作为宗周文明之核心,在规模上一度达到"经礼三百,曲礼三千"的礼书④,至汉初仅剩《士礼》十七篇得以传习;乐近乎完全失传;而百篇《尚书》的传习显然也非常有限,以至于当汉文帝求天下能治《书》者时,不过一济南伏生而已;至于《易》《诗》与《春秋》,则不但文本自身得以留存,在这一时期内还发展出丰富多样的传记说解,《易》之十翼、四家《诗》学,以及《春秋》五家之传,都显示出晚周时期此三学之发达,而近年来的出土文献,如上博简、马王堆帛书中的《易》学文献,以及与《诗》学关系密切的上博简《孔子诗论》《民之父母》,郭店简《缁衣》,郭店简、马王堆帛书《五行》等,也在一定程度上印证了传世文献所见晚周学术的这一特点。

那么,作为宗周礼乐之附庸的《诗》,何以在晚周时期能够发展出独立的文本价值,甚至产生丰富多样的阐释体系呢?作为贵族礼乐文明载体的《诗》,与布衣之士所传习的《诗》,在其使用方式、阐释向度乃至文化功能方面有何差异呢?这些便是本文将要讨论的问题。

一、"诗礼乐"与"《诗》《书》":《诗》的两种身份认知

先秦至汉初文本在提及《诗》时,常将其与《书》、礼、乐等并举,如果排除其中逐一列举"四教"或"六艺"的个案,可以发现,在述及"《诗》《书》礼乐"的文化功能等问题时,早期文献存在两种不同的叙述方式。一种是以"诗礼乐"合称,三者构成一个相对独立的知识体系;另一种则是将《诗》《书》并称,而以"礼乐"与之对应,四者共同构成完整的知识体系。这两种不同的组合方式,代表了叙述者对于《诗》学身份与功能的不同认知,值得我们加以探究。

关于"诗礼乐"与"《书》"二分的经典结构,拙著《从六艺到十三经》已有论述⑤,相关用例主要见于《论语》和《礼记》的《内则》《学记》《仲尼燕居》诸篇。基于"诗礼乐"在周人军政、外交、祭祀、社交等领域的广泛运用,这一知识体系成为贵族参与社会生活的基本文化素养,《诗》也由此成为整个贵族阶层的公共知识资源。不过,相关文献在论及"诗礼乐"的内部关系时,一般以"礼"为其核心,如《礼记·仲尼燕居》:

> 子曰:"礼也者,理也。乐也者,节也。君子无理不动,无节不作。不能诗,于礼缪;不能乐,于礼素;薄于德,于礼虚。"⑥

"诗""乐"是成礼的必要辅翼,这一点从《仪礼》中关于乡饮酒礼、乡射礼、燕礼、大射礼等仪节的描述中可以得到确认,但对于诗、乐的熟习尚不足以真正成礼,只有理解相关仪节背后的"理",这样的"礼"才不会沦为形式化的仪式操演,这也是《左传》所言"礼""仪"之分的关键⑦。所谓"不能诗,于礼缪",这里特别强调"诗"在使用上的规范性,显示在此语境中《诗》的使用需遵循相关仪轨。类似的观念在《礼记·礼器》中也有体现:

> 孔子曰:诵《诗》三百,不足以一献;一献之礼,不足以大飨。大飨之礼,不足以大旅,大旅具矣,不足以飨帝。毋轻议礼。⑧

将"诵《诗》三百"与"议礼"并言,显示出《诗》与"礼"之间似乎具有天然的相关性。但另一方面,无论习礼者对于《诗》文本的掌握如何纯熟,仍未必可以完成即便是最简单的"一献之礼",足见作为仪式组成部分的"诗"在整个礼典中的辅助性地位。文本最后以"毋轻议礼"作结,在谆谆告诫礼学之博大精深的同时,也映衬出礼乐系统中的《诗》似乎不过是助成仪节的一种知识储备而已。马银琴在论及《诗》文本的初次编辑时指出,此次编辑已经"确定了诗文本以仪式乐歌为内容的编写原则"⑨。换言之,在《诗》的早期编辑体例中,施于礼乐正是一首诗得以进入《诗》文本的基本方式和核心功能。

至于"《诗》《书》"并称,在先秦文献中则更为常见。从时间分布上看,"诗礼乐"并称主要集中于《论语》和《礼记》中与西周贵族教育或孔子论学相关的部分;而"《诗》《书》"并称则从《左传》一直延续到汉代,是战国诸子的常用说法。《左传》的用例始见于《僖公二十七年》所载赵衰论郤縠之言:

> 说礼、乐而敦《诗》《书》。《诗》《书》,义之府也。礼、乐,德之则也。德、义,利之本也。⑩

这里将《诗》《书》并称,谓之"义府",显然与"诗礼乐"中"诗"的功能定位存在差异:《诗》不仅是助成礼典的仪节,更是承载周人德教理想的经典文本。赵衰认为,只有深入理解这些经典文本的人才堪任元帅。《左传》中保留了一百多条公卿贵族引《诗》议政的用例,足证赵衰所言不虚。这种对于《诗》"文本"价值的强调在《商君书》中也有体现,但传习的主体则从郤縠这样的贵族转变为民间的布衣"豪杰":

今境内之民皆曰农战可避而官爵可得也,是故豪杰皆可变业,务学《诗》《书》,随从外权,上可以得显,下可以求官爵。⑪

商鞅批判性地描述了战国中期的新兴士人试图通过知识学习摆脱原有社会阶层,进入仕途的社会现象。在传统的宗法社会中,只有贵族才能拥有官爵、参与政治,对于平民而言,《诗》《书》既是他们难以接触的"王教"经典,也与他们的社会生活缺少关联。不过,随着春秋后期宗法制的逐渐崩坏,固化的社会阶层开始松动,部分士人凭借自己的知识或技艺参与到各类公共事务中,有的成为依附于贵族的食客,有的甚至加官进爵,"大者为师傅卿相,小者友教士大夫"⑫,至于墨子、孟子等更是"得显"于天下。《吕氏春秋·不侵》言:"孔、墨,布衣之士也,万乘之主、千乘之君不能与之争士也。"⑬孔子本非布衣,因此这种叙述一方面显示出"布衣"的范围在战国中后期似乎有扩大化的趋向,除了出自农、工、商阶层的平民子弟以外,像孔子这样的没落贵族也被视为"布衣";另一方面也显示出战国士人对于凭借知识改变自身命运的"布衣之士"的理想化建构。总之,这类认知进一步带动整个社会知识风气的转移,遂出现商鞅所言原本从事农战的"豪杰"之士纷纷"变业""务学"的潮流。由于商鞅对以《诗》《书》为代表的传统经典最为反感,因此这里他独举"《诗》《书》",而从《庄子·天下》的描述可知,战国布衣实际研习的知识领域是非常多样和驳杂的,这也造成了战国知识阶层的严重分化,大大削弱了一度作为贵族公共知识资源的《诗》《书》所具有的权威性,不过,从商鞅、韩非、李斯等法家士人持续致力于禁止《诗》《书》的民间传习来看,这一潮流的存在应是基本可信的。对于布衣士人而言,《诗》《书》不仅仅是进德修业的知识资源,更是他们改变自身社会阶层的重要倚赖。事实上,孔子已言:"先进于礼乐,野人也;后进于礼乐,君子也。"⑭没有尊贵的血统,"布衣""野人"只有掌握宫廷中的基本仪节,以及《诗》《书》等流行于贵族群体中的经典,才可能以"知识人"的身份打破传统社会阶层,跻身士人行列。值得注意的是,在论及这些新兴士人使用《诗》《书》的具体方式时,《商君书》总是将其与言说技巧结合起来:

故曰:农战之民千人,而有《诗》《书》辩慧者一人焉,千人者皆怠于农战矣。

故事《诗》《书》谈说之士,则民游而轻其君。⑮

将《诗》《书》与"辩慧""谈说"相联系,显示这里的《诗》已完全不具备仪式性功能,而是与《书》一样纯粹的知识性文本。这些说法与《论语》中孔子"诵《诗》三百,授之以政,不达;使于四方,不能专对;虽多,亦奚以为"的说法相呼应⑯,显示出布衣《诗》学对于《诗》文本价值的天然看重。

对于晚周《诗》学功能演变的阐述在《荀子》中得到了更明确的呈现。《劝学》篇论治学之要义曰:"学恶乎始?恶乎终?曰:其数则始乎诵经,终乎读礼;其义则始乎为士,终乎为圣人。"⑰与《王制》《内则》《学记》等关注贵族学制不同,这里荀子以"始乎为士"作为治学的基本目标,显然正是基于当时一批知识人渴望由"布衣"跻身士人的现实需求而言的,而"终乎为圣人"的倡导,恐怕也是针对部分为稻粱谋的布衣之士急于出仕的浮躁风气而做出的回应。在具体论述中,荀子以"博"作为《诗》《书》的核心特点,同时反对那种拘守故训,不能切近时用的《诗》《书》传习方式⑱,而在《荀子》全书对于《诗》的近百次论述、引用中,虽然大量引《诗》以论礼义,却没有一处涉及《诗》自身的仪式功能⑲。可以说,在商鞅、荀子等战国中后期士人的观念中,《诗》作为贵族仪轨的文化记忆,已经随着相关礼典的长期废弛而逐渐淡薄了。

总之,随着晚周社会流动性的加强,对于《诗》《书》的学习成为布衣"豪杰"跻身士人阶层,改变自身命运的一种重要方式。多少受到这一现实利禄的驱使,在宫廷政治"礼废乐坏"的整体背景中,注重《诗》《书》礼乐之传习的儒学却成为战国时期广泛传播的"显学"。所谓"学《诗》之士逸在布衣",知识的下行成为晚周社会阶层的流动性得以增强的重要助推,而随着布衣之士学《诗》、用《诗》,《诗》的形态、功能与传习、阐释、使用方式,也将不免发生重要的变化。传播主体与传播方式之间的互动关系,是早期《诗》学研究中一个值得关注的问题。

二、贵族文化中的《诗》文展演及其文本义的伏见

明确了晚周时期《诗》学传播主体及其文化认知的变化,我们还是回到春秋、战国《诗》学史中,尝试梳理出《诗》与两周礼乐文明的兴废之间的互动关系。我们知道,作为周室礼乐文明的载体之一,《诗》通常以三种形式进行展

演,分别是歌诗、诵诗与赋诗。关于歌诗,其常见形态是由乐师配乐演唱,有时还伴以舞蹈,多用于祭祀、燕飨、射礼等仪式性场合。《仪礼·乡饮酒》对于乡人饮酒礼中歌《诗》的篇目与程序有详细描述⑳,虽然我们已难以尽知其所谓"升歌""间歌""笙""合乐"的具体形态㉑,但从中仍可感受到一种高度程式化的仪式感。简言之,《诗》首先依据其主题和篇次被纳入不同的礼典之中,成为区分礼典功能和等级的重要标志。基于周礼"别尊卑,定等差"的核心诉求,在礼典中奏唱合乎仪制的诗乐,便成为歌诗的关键。据《左传》记载,襄公四年,晋侯以"《文王》之三""《鹿鸣》之三"等享穆叔㉒,而穆叔则以《文王》为"两君相见之乐",故舍《文王》而拜《鹿鸣》。类似之事又见于《左传·文公四年》:

> 卫宁武子来聘,公与之宴,为赋《湛露》及《彤弓》。不辞,又不答赋。使行人私焉。对曰:"臣以为肄业及之也。昔诸侯朝正于王,王宴乐之,于是乎赋《湛露》,则天子当阳,诸侯用命也。诸侯敌王所忾而献其功,王于是乎赐之彤弓一,彤矢百,玈弓矢千,以觉报宴。今陪臣来继旧好,君辱贶之,其敢干大礼以自取戾。"㉓

需要说明的是,这里《左传》虽然称文公为"赋"诗,但一般而言,我们所说的"赋诗"是赋诗者自诵其诗,而这里从宁武子回答"臣以为肄业及之也"的描述看来,文公显然是命乐师歌诗,故此至少在宁武子看来,这当然不是赋诗,而是歌诗。既然是歌诗,则必然要注意其仪节是否合宜。文公所歌《湛露》及《彤弓》在仪轨上皆为诸侯朝王所用之乐,故此宁武子既不敢承受拜谢,亦不欲使主人尴尬,遂以"不辞"的方式沉默应对。实际上,这里鲁文公以《湛露》及《彤弓》享宁武子,显然是看重其文本内容,《湛露》有"厌厌夜饮,不醉无归""显允君子,莫不令德""岂弟君子,莫不令仪"之句,《彤弓》有"我有嘉宾,中心贶之。钟鼓既设,一朝飨之"诸语㉔,就文辞层面看,无疑颇适合宴享外臣的场合,但仪式化的歌诗必须严守礼典中既定的等级,使用者不可以依据文本的内容改变其使用场合。可以说,在歌诗仪式化的过程中,《诗》的文本义在某种程度上被虚置了。

关于"诵诗",即不歌而诵,这显然是意在呈现《诗》文本义的一种阅读方式。前引《论语》《礼记》中孔子均有"诵《诗》三百"之说,《礼记·文王世子》称"春诵,夏弦,大师诏之瞽宗"㉕,显示诵读是初学者习《诗》的基本方式,其目的应是实现对于《诗》文本的记忆。不过,除了学习者自行诵读,周廷中似乎还有一种"矇诵"的展演方式。《国语·周语》载厉王时邵公虎之言:"使公卿至于列士献诗,瞽献曲,史献书,师箴,瞍赋,矇诵,百工谏……"㉖这一说法在《新书·保傅》《大戴礼记·保傅》等汉代文献中被敷演为所谓"瞽夜(史)诵诗"说㉗。从《国语》的记述看来,"矇诵"除了巩固君主对于《诗》的记忆外,也有讽谏的功效,显示与"歌诗"不同,"诵诗"更强调《诗》文本义的呈现。《左传·襄公十四年》载卫献公宴孙蒯,命乐师歌《巧言》之卒章,而师曹以私怨于献公,欲怒孙蒯,故"公使歌之,遂诵之"。杜注认为这是"恐孙蒯不解故"㉘。其说可从,但这一解释基于师曹对孙文子、孙蒯父子《诗》学素养的怀疑,事实上缺少足够的文本依据。如果从"歌诗"与"诵诗"表演形式及其文化功能的差异性角度来解释,则师曹之"诵"也可视为有意改变《诗》的展演方式,从而将孙蒯的注意力完全转移到对《诗》文本义的关注上。

不过,如果《国语》所载"矇诵"是听诵的常见形态的话,则师曹"遂诵之"的行为应是其临时起意的非常规表演形式。从存世文献来看,宴享中并无"诵诗"之礼,《左传》中仅有的另外一处宴享"诵诗"见于襄公二十八年叔孙穆子宴请庆封时,"使工为之诵《茅鸱》,亦不知"㉙。但此事又见于《左传·襄公二十七年》:"叔孙与庆封食,不敬。为赋《相鼠》,亦不知也。"㉚两条材料涉及的人物、事件惊人一致,应是一事而存二说。《襄二十八年》言"工为之诵",但《襄二十七年》则言"赋",未知孰者为信,姑存疑。不过,从"亦不知"的叙述来看,似乎叔孙有意等待庆封的回应而未果,而如果是"诵诗",听者不必有现场回应,只有赋诗才强调往复酬答,因此,从这一角度来看,似以作"赋"更为合理。

总之,"矇诵"也是宫廷中《诗》文展演的形式之一,是基于《诗》的韵文形态而出现的一种基于听觉的特殊阅读形式。不过,无论是矇、瞽还是乐师,他们都属于宫廷中地位相对较低的知识人,除了师曹这样偶尔因为个人恩怨而有意改变《诗》的展演形式以外,通常情况下,诵诗者只是扮演将《诗》文有声化的角色,诵诗者无法、也无权将其对于《诗》的个性化理解呈现于诵读活动中。因此,诵《诗》虽然意在呈现《诗》的文本义,但这一意义主要是指向诗篇本身的,其阐释向度在整体上仍围绕《诗》文自身展开。

关于"赋诗"的形式与功能,学界研究非常充分㉛,简言之,赋诗一般为贵族本人歌诵,且宾主互有应答,多见于宴享场合。关于"赋诗断章",传统看法强调其对于全诗意义的割裂与破坏,但曹建国和韦春喜最近的研究均指出,至少就《左传》《国语》所见用例而言,"断章"不过是对部分章句语义的截取、强化或借用,一般而言并未改变其在原有诗篇中的语义表达,赋诗虽然将诗歌的语意单元从"篇"下降为"章",但并未真正改变《诗》文本的整体含义㉜,这一看法平允可信。关于赋诗的生成机制及其性质,何定生结合燕礼中的"无算乐",将其视作"'无算乐'的一种转型活动,或与乐歌兼行,有时也代替了'无算乐'的节次",曹建国进一步将《左传》《国语》中记载燕飨赋诗的材料视为"燕飨礼的仪注"㉝;刘丽文和马银琴则强调"赋诗"在形式上具有"即兴"的特点,刘丽文认为赋诗是礼崩乐坏后歌诗制度走向衰亡的替代物,本质上说是一种"僭礼",王清珍亦主此说,马银琴则认为赋诗是"诗歌仪式功能的一种变相的表现形态"㉞。笔者以为,这些说法均切中了赋诗某一方面的特点,而以何定生之说最为平允。从《左传》的记载来看,赋诗实兼具随意性和仪式性两方面的特征。就其激发机制来看,赋诗的倡导者既可以是主人,也可以是宾客,这足以显示赋诗并非礼典,具有随意性;但一旦开始赋诗,参与者就必须遵循一定的规程,包括双方轮流或多人顺次赋诗、受赋者应以拜、答、或对辞等方式表示回应等。这种激发机制上的随意性与其完成形式上的仪式性并存于赋诗活动中,显示其应被视作一种具有戏仿性的"游戏"行为。

《左传》中两次提到宾客提议赋诗时所言之辞:

> 郑伯享赵孟于垂陇,子展、伯有、子西、子产、子大叔、二子石从。赵孟曰:"七子从君,以宠武也。请皆赋以卒君贶,武亦以观七子之志。"

> 夏四月,郑六卿饯宣子于郊。宣子曰:"二三君子请皆赋,起亦以知郑志。"㉟

赵武与韩起均视赋诗为介于"助兴"与"言志"之间的行为,这显示赋诗的功能是模糊的,与强调"别尊卑,定等差"的周礼具有完全不同的文化内涵。同时,值得注意的是,赋诗虽然大多在宴享等相对轻松的场合出现,但其牵涉的话题却往往是颇为紧要的军政大事,其中最典型的莫过于《左传·文公十三年》所载郑伯享鲁侯一事㊱,郑伯与鲁侯讨论的是关乎郑国存亡的重大外交问题,却在宴享中以"赋诗"的形式"暗通款曲"。笔者认为,这一交流效果的实现,正是基于"赋诗"作为"游戏"的功能定位。

《国语·晋语》载优施之言:"我优也,言无邮。"⑰优施之所以享有言语的豁免权,就在于作为"优",其言语具有游戏的意味。在游戏中,参与者所言之辞可以被视为一种具有扮演性的"角色话语",这些话是否当真,完全取决于宾主双方的需要和默契,而这种"模糊性"正为外交谈判提供了最需要的弹性空间,为双方互相试探、或借机表达一些难以启齿的诉求提供了绝佳的机会。以上举文公十三年赋诗事为例,子家赋《鸿雁》,取"鸿雁于飞,肃肃其羽。之子于征,劬劳于野。爰及矜人,哀此鳏寡"之意,欲使鲁侯为郑人折返晋国,这里以"矜人""鳏寡"自比,皆曲意以求鲁侯之同情,若以平常言辞出之,如同乞讨,以郑侯之尊,实难启齿。但在赋诗中,这些话都是诗人之辞,因此虽曲意逢迎,却无伤大雅。同样,季文子为赋《四月》作答,取"四月维夏,六月徂暑。先祖匪人,胡宁忍予"之辞,明鲁侯不愿折返劳顿,这样的拒绝如果用直言来表达,亦难免伤及宾主双方颜面,但在赋诗的形式下,双方心意互晓而言辞无爽,实在是妙不可言。

因此,赋诗首先是一种特别的表演形式,其次才是一种特殊的言说方式。它在形式上模仿歌诗,故其文本义在理论上可以被虚置;但它出自贵族本人之口,且往往断章截句,其文本表达意图也是不言而喻的。作为游戏,它一方面规避了礼典中关于《诗》的等级限定,无法用于诸侯宴享的《彤弓》在赋诗场合却被视为"知礼"之行⑱;另一方面,因为其毕竟以仪式的形式呈现,文本在理论上是可以被忽略的对象,因此又避免了正常外交对话中因为强调文本表达诉求而导致的紧张气氛。这是一种考验参与者知识储备和现场反应能力的高级游戏,对于对方所赋之诗如何理解、应答,全在参与者的灵活把握之中,而我们也只有将赋诗置于整个贵族文化的背景之中,才能对其形成准确的认识。

而从这一角度,我们也就能对赋诗传统在春秋末年渐趋衰亡的原因有更深层的理解。《左传》所载赋诗终于定公四年秦穆公为申包胥赋《无衣》,此后再不见赋诗之事,这通常被归因于所谓的"礼废乐坏",但事实上,赋诗原本就不属于正式的礼,它是歌诗仪式的衍生物,是一段时期内流行于贵族群体中的知识游戏,因此,其衰落应归因于这一游戏维持机制的破坏:一方面是宗周王权及其礼乐文明的衰落,另一方面则是贵族在外交事务中的逐渐边缘化,以及出身布衣的策士群体在外交领域的崛起。换言之，赋诗的实践既有赖于其戏仿对象、即常规仪式"歌诗"的存在，也与宗法制度下贵族政治优游余裕的整体气氛息息相关，政治参与者对于《诗》文本的普遍熟习，列国外交中贵族对于彼此颜面的尊重，缺少任何一点，赋诗都难以为继。当歌诗之礼不再演习，《诗》不再是政治参与者共同研习的经典，而取代公卿贵族主导外交事务的战国策士摇唇鼓舌，以巧胜为能事，赋诗自然也就失去了生存的土壤。

总之，作为礼乐制度的一部分，《诗》在两周贵族的政治、社会生活中扮演了重要的角色，而在其各类展演过程中，虽然出现断章取义的方式，但整体上说，其文本意义是稳定而具有公共性的，这种公共性也构成《诗》作为贵族公共记忆所承载的核心价值，从而使得《诗》具有"可以群"的沟通功能。不过，随着晚周宗法制度的崩坏，传统的贵族文化也走向衰落，礼典废弛，新声竞起，加之诸子私学的兴盛，这些因素共同导致了晚周社会精英阶层公共知识的分化。在战国文献中，我们不再看到歌诗、赋诗的记录，宫廷议政中《诗》的引用频次也大大降低，包括儒家士人在内，对于《诗》的批评、质疑之声不绝于耳，《诗》虽然拥有王教经典的光环，但在王者之迹止熄后，她将如何维持其经典性和实用性，这成为晚周《诗》学转关中面临的最大危机。

三、布衣《诗》学与晚周《诗》学的新变

进入晚周时期，"聘问歌咏不行于列国"，作为仪式的诗乐失去了展演的平台，引《诗》成为《诗》文最主要的呈现方式。将战国中后期士人的引《诗》方式与以《左传》为代表的贵族引《诗》相比，会发现两者之间存在着一些重要的差异：

第一，从言说到著述。在《诗》以歌、赋等形式在宫廷宴享上展演的同时，她也以文本的形态被公卿贵族征引于朝堂之上，并在《左传》《国语》中留下了百余条记载。但从《战国策》等战国文本的情况来看，战国策士引《诗》议政的热情较春秋有明显下降㊴。尽管前引《商君书》中描述了部分"豪杰"凭借《诗》《书》谈说"跻身士人的社会现象，然而《韩非子·难言》也指出："时称《诗》《书》，道法往古，则见以为诵。"㊵由于战国社会的政治结构与知识体系较西周、

春秋前期已发生深刻变化，《诗》《书》逐渐被公卿大夫视为不切时用的"旧典"。同时，《墨子》《庄子》等文献中对《诗》也颇有讥刺㊶，《庄子·天下》则称"其在于《诗》《书》礼乐者，邹鲁之士、搢绅先生多能明之"，显示《诗》也逐渐由贵族阶层的公共经典转变为儒家士人的精神归属，《诗》在公共政治领域内作为"谈助"的功能有所下降。除了孟子在梁惠王、齐宣王、滕文公的朝堂之上仍大量引《诗》外，战国时期的引《诗》文献主要集中于儒家士人的著述中，尤以《荀子》《缁衣》《孝经》《五行》《坊记》等为代表。对于这些新兴士人而言，《诗》的主要展演平台从开放的宫廷转向个人化的文本，在此过程中，《诗》的功能与阐释向度不免发生重要的变化。

宫廷议政强调互动与效率，只有主客双方对于经典的权威性及其意涵存在基本共识，经典才能发挥"谈助"的功能，因此，见于《左传》《国语》《孟子》的引《诗》虽然有后世所谓"断章取义"的个案，但大多仍与全诗意旨不悖。孟子在论及对于诗句的理解原则时，更明确强调应结合诗文的整体语境，反对"以辞害意"。在回答咸丘蒙对于"率土之滨，莫非王臣"句的质疑时，他强调："是诗也，非是之谓也。劳于王事，而不得养父母也。曰此莫非王事，我独贤劳也。"㊷这里的"我独贤劳"正是出自"莫非王臣"章的末句，显示孟子强调将整首诗作为理解诗句的语义边界。但以《荀子》《孝经》为代表的个人著述则不同，由于脱离了现场的互动环境，书写者可以更大胆、自由地剪裁《诗》文，发挥《诗》义，由此带来书写者在对于《诗》的具体征引形式上也与言说者存在差异，这就是下面的第二点。

第二，从"嵌入式征引"到"缀合式征引"。如果将《左传》《孟子》《荀子》《孝经》《缁衣》《坊记》《五行》等引《诗》较多的文献进行比较，可以发现，其征引方式可以分为两类，第一类以《左传》和《孟子》为主，言说者一般通过引《诗》提出相关的人物、事件、概念或话题㊸，表现在具体形式上，就是诗句与其上下文之间常常存在文辞上的重合，诗句中的部分字词往往是其论说中的关键词，如《左传》中士芳言："《诗》云：'怀德惟宁，宗子惟城。'君其修德而固宗子，何城如之？"㊹先通过引《诗》提出"宗子惟城"的话题，进而再劝谏国君当固宗子而非筑城，其说辞中的"宗子""城"均直接袭用《诗》文。又如富辰："请召大叔。《诗》曰：'协比其邻，昏姻孔云。'吾兄弟之不协，焉能怨诸侯之不睦？"㊺其说辞中的

"不协"亦系反用《诗》文。《孟子》载其说齐宣王:"以大事小者,乐天者也。以小事大者,畏天者也。乐天者保天下,畏天者保其国,《诗》云:'畏天之威,于时保之。'"孟子虽然到最后才引《诗》作结,但其说辞中的"畏天""保其国"等均已暗用《诗》文,故引《诗》与其说辞融会无间。有些引《诗》虽然没有直接的文辞重合,但这些引《诗》与其上下文之间都有密切的逻辑关系,是构成言说者话语体系不可分割的一部分,如《左传》载郑公子忽:"人各有耦,齐大,非吾耦也。《诗》云:'自求多福。'在我而已,大国何为?"这里"在我而已"正是接着"自求多福"而言,陈桓子:"《诗》云:'陈锡载周',能施也,桓公是以霸。"这里的"能施"显然也是就诗文而言。总之,这些《诗》文或为"话头",或为援据,她们深入地参与了言说者话语体系的建构,我们称之为"嵌入式征引"。据笔者统计,在《左传》所见111处公卿大夫引《诗》用例中(除"君子曰"),完全以《诗》句作答,或《诗》文与其上下文明确存在字词重合者有88处;虽无字词重合,但深入话语逻辑、无法从言辞中删去者20处;与上下文之间关系相对独立者仅有3处。在《国语》中,这一数据分别为18、1和1;在《左传》"君子曰"部分,这一数据分别为20、7和3;在《孟子》中㊵,则分别为20、5和2。可以说,"嵌入式征引"是春秋贵族引《诗》议政的基本方式,而孟子则是这一传统在战国时期为数不多的继承者之一㊶。

但以《荀子》《孝经》《缁衣》《五行》为代表的战国后期著述则有所不同,除了部分延续《左传》《孟子》中的征引方式以外,《荀子》等文献更多采用一种"缀合式征引"的方式。具体而言,就是将《诗》文与说理、叙事性短章相缀合,二者在意义上具有相关性,但在形式上则相对独立,《诗》文不介入说理或叙事短章自身的话语体系构建。同时,与《左传》《孟子》中言说者引《诗》具有一定的随机性不同,这类征引往往以"《诗》云""《诗》云……此之谓也"等相对固定的形式在一篇之中反复出现,显然是一种自觉的、体例化的书写方式。据笔者统计,除《大略》以下六篇,在《荀子》所见63处引《诗》用例中,《诗》文与上下文存在字词重合者有13处,虽无重合但深入话语逻辑、无法从言辞中删去者3处,而与前文关系相对独立的则达到47处。在《孝经》和《缁衣》中,几乎所有的引《诗》均与说理部分相对独立。至于郭店简《五行》的七处引《诗》,其中"淑人君子,其仪一也"与"□□□□,泣涕如雨"两条显系"嵌入式征引","上帝贤汝,勿

贰尔心"条显系"缀合式征引",唯其余四处需要讨论,以"明明在下"条为例:

> 见而知之,智也。闻而知之,圣也。明明,智也。赫赫,圣也。"明明在下,赫赫在上",此之谓也。㊽

此章认为,只有在生理感受的基础上形成一定的理性认知,才堪称"智"与"圣"。这与前章"未尝闻君子道,未谓之不聪。未尝见贤人,谓之不明。闻君子道而不知其君子道也,谓之不圣。见贤人而不知其有德也,谓之不智"的论述相承绪,通过"不明"与"不智""不聪"与"不圣"之差异的离析,揭示出"智"与"圣"二行的内涵。可以说,这里的"智""圣""明""聪"都是具有特定内涵的专有名词,体现了战国后期儒者试图通过对"仁""义""礼""智""圣"五者关系的重构而建立其儒学思想体系的一种努力,本身并不具有《诗经》学的学理渊源。但从《五行》篇的整体说理方式可知,这位儒者显然具有一定的《诗》学背景,因此,尽管"见而知之,智也。闻而知之,圣也"两句已经将此章要义清楚揭示出来,但作者仍在其后引入《诗》学视域,尝试从《诗经》中撷取合适的文句,使其与理论阐述形成呼应之势,由此出现了对于"明明在下"二句的征引。这里尤其值得注意的是"明明,智也。赫赫,圣也"句的功能。这句话看起来属于说理部分,由此引出后面的引《诗》,故这处征引看起来似应属"嵌入式征引";但细绎章文可知,此句在形式上似乎是用"智也""圣也"来解释"明明""赫赫",但后者在前文的论述中完全没有出现,反倒是"智""圣"才是前文反复阐述的核心概念,因此,这句话事实上的逻辑应当是"智者,明明也。圣者,赫赫也",而这样看来这句话的功能就非常清楚了——它并不是为了对此章所论"智""圣"的内涵做出进一步的阐释,而是为了更自然地引出后面的两句《诗》文。它就像一座桥,在形式上将说理部分和引《诗》部分连接了起来,但从功能上说,它显然是服务于引《诗》而非说理的。这种极具个性的引《诗》方式又见于《五行》篇引诗的其他四处,应视为"缀合式征引"的一种变例。这样看来,《五行》篇"缀合式征引"的总数也达到了五处,占全部引《诗》用例的七成以上。此外,"缀合式征引"还见于上述文献对《书》《易》等经典的征引中,并在《韩诗外传》《说苑》《列女传》等部分西汉文献中得到延续,形成一种持续而独具风格的引《诗》体式。

"缀合式"引《诗》虽然在逻辑层面上未必参与本章说理或叙事部分的话语

建构,但在语篇层面上却成为"连章""成篇"的重要方式[49],对于战国秦汉时期论说文体的形成具有重要影响。当然,与"嵌入式征引"相比,由于这种征引并非在论述过程中根据实际需要引《诗》以助言说,而是在说理、叙事体系之外通过引《诗》来强化文义,因此,《诗》文与其附缀的说理、叙事短章之间的关系较"嵌入式征引"相对较弱,有的难免牵强、迂曲,甚至偶有割裂、矛盾之例。关于这一问题笔者将有专文论述,这里仅举《荀子·儒效篇》中的一例:

> 故积土而为山,积水而为海,旦暮积谓之岁。至高谓之天,至下谓之地,宇中六指谓之极;涂之人百姓,积善而全尽谓之圣人。彼求之而后得,为之而后成,积之而后高,尽之而后圣。故圣人也者,人之所积也。人积耨耕而为农夫,积斫削而为工匠,积反货而为商贾,积礼义而为君子。工匠之子莫不继事,而都国之民安习其服。居楚而楚,居越而越,居夏而夏,是非天性也,积靡使然也。故人知谨注错,慎习俗,大积靡,则为君子矣;纵性情而不足问学,则为小人矣。为君子则常安荣矣,为小人则常危辱矣。凡人莫不欲安荣而恶危辱,故唯君子为能得其所好,小人则日徼其所恶。《诗》曰:"维此良人,弗求弗迪;维彼忍心,是顾是复。民之贪乱,宁为荼毒。"此之谓也。[50]

这段论述旨在强调"积善",只要旦暮积善,则不仅凡人可臻圣人境界,亦可长享荣华,相反,若纵性情而不积善,则虽日求安荣而不可得。文末征引《大雅·桑柔》之文,其中"此良人"与"彼忍心"对举的叙述方式正与论说中"君子"与"小人"对举的方式相合,显然荀子有意以此勾连其论说与《诗》文,形成一种引《诗》为证的效果。但与"嵌入式征引"相比,这种"缀合式"引诗并不在行文中明确揭示诗文与论说之间的逻辑关系,需要读者通过其个人理解来完成二者之间的最终连缀。杨倞在对于这类诗文的注释中已经注意到随文释义,有"与《诗》义小异"之例[51],但此条则依全依诗旨:"言厉王有此善人,不求而进用之,忍害为恶之人,反顾念而重复之,故天下之民贪乱,安然为荼毒之行,由王使然也。"其说取自郑笺,梁启雄、张觉等均用杨说[52]。然而这一解释与正文所论关系甚远,强行将二者勾连,实在失于迂曲。马其昶《诗毛氏学》不从郑笺,以为荀子用《诗》之意方合诗旨:"君子不求利而得安荣,小人求利而反得祸。荀子之言与诗恉合,非如后之解者,泛以用人为说也。"[53]我们且不论此说是否符合《桑柔》诗旨,即便就这两句而言,马说表面上实现了《诗》文与前文论述之间的勾连,但细审文意,荀子强调"凡人莫不欲安荣而恶危辱",则君子、小人皆有此欲求也,唯君子能"积靡"而小人"不足问学",故君子能"得其所好",小人则"徽其所恶",显然,这里君子与小人的核心差异并不在于是否"求",而在于是否"积",故马其昶之说实际上并不能弥缝论述与《诗》文之间的裂痕。据笔者管见,有效的解释应当是"君子积善,故虽不求利而得安荣;小人不积善,故求利而反得祸。"也就是以"积善"与否作为衡量"良人"和"忍心"的标准,这样《诗》文与论说才能真正契合。

基于这样一种迂曲的阅读体验,这种"缀合式征引"历来受到学者的批评,王世贞论《韩诗外传》,以为"大抵引《诗》以证事,而非引事以明《诗》,故多浮泛不切、牵合可笑之语"。《四库全书总目提要》以为"其说至确",洪湛侯论荀子引《诗》,则认为"所引之诗,与所论之事,有时并不完全相关,有时仅仅取它字面的意思,加以引用;更次一类的,所引之诗与所论之事,几乎没有联系,这样的引诗,诗句就成为套语,成为滥调了"㉞。但笔者认为,《荀子》《韩诗外传》等文本中出现的这类引《诗》确实颇多未周之处,但其在战国中后期至西汉一度盛行,自然有其自身的形成机制,只有理解了这一机制,才可能对于这类文本做出公允的评价。回到《儒效篇》的用例,与赋诗中的"断章"只是对《诗》文加以截取与挪用不同,关于"积善"与否的信息在《诗》文中是完全没有的,这种引《诗》实际上是将论述中的部分信息纳入《诗》文的阐释依据中,通过"增字为训"的方式为《诗》文增加了表达意涵。从阅读的步骤来看,读者不是借助《诗》文来理解论说,而是相反要借助论说来理解《诗》文㉟。与"嵌入式征引"以《诗》为"谈助"不同,这种引《诗》固然也有助于文意的表达,并为其论述提高权威性,但"引《诗》"本身似乎才是其更为重要的表达意图。换言之,"引《诗》"不再是公卿贵族临场机智的言辞技巧,而成为儒士著述中一种重要的格套,背后多少体现出以荀子为代表的战国中后期士人对于《诗》《书》脱离时用、"故而不切"的担忧以及激发其时用价值的努力,更涉及晚周时期经典权威性来源的转移这一深层问题,这就是下面所论的第三点。

第三,从"王者之迹"到圣人之"归"。扬·阿斯曼在讨论犹太书写文化的形成时提出过从"仪式一致性"到"文本一致性"的问题㊱,这一理论模型对于我们理解晚周《诗》学的功能转变具有一定的启发性。前文已言,早期《诗》学理论将"诗"视作先王制礼作乐的产物,或是君主观风望俗的依据,故《礼记·王制》言:"顺先王诗、书、礼、乐以造士。"《国语·周语》则言:"故天子听政,使公卿至于列士献诗。"⑰实际上是赋予诗、礼、乐以"仪式一致性"的文化功能,借助其塑造宗周贵族以宗法制为核心的共同价值取向。但进入晚周社会,随着宗法制的崩坏,以及随之带来的贵族公共知识体系的瓦解、礼乐仪轨的僭越与混乱,诗、礼、乐已无法再承担其"仪式一致性"的功能。而借助于儒家士人对于《诗》《书》文本的创造性运用与塑造,他们在著述中将富于时代性的儒学义理附着于以圣人和经典为中心的言说体系中,一方面使这些单篇流传的文本具有了相互关联的纽带,同时也进一步强化了《诗》《书》作为孔门圣典的权威性地位⑱,使得他们至少在儒家内部承担了"文本一致性"的功能。上博简《民之父母》中一段引《诗》的材料值得注意:

> 子夏曰:"'五至'既闻之矣,敢问何谓'三无'?"孔子曰:"'三无'虖,无声之乐,无体之礼,无服之丧,君子以此横于天下……"子夏曰:"无声之乐、无体之礼、无服之丧,何《诗》是迡?"孔子曰:"善哉!商也,将可孚《诗》矣!'成王不敢康,夙夜基命宥密',无声之乐。'威仪迟迟,不可选也',无体之礼也。'凡民有丧,匍匐救之',无服之丧也。"⑲

类似的叙述又见于《论语·学而》:

> 子贡曰:"贫而无谄,富而无骄,何如?"子曰:"可也;未若贫而乐,富而好礼者也。"子贡曰:"《诗》云:'如切如磋,如琢如磨',其斯之谓与?"子曰:"赐也,始可与言《诗》已矣,告诸往而知来者。"⑳

在这两段材料中,孔子、子夏和子贡都不是从《诗》文出发来探究其义理,相反是在已经阐明"三无""富而好礼"等思想后,反过来试图从《诗》文中找到与之契合的诗句。在子贡的话中,"其斯之谓与?"似乎《诗》文中本来就蕴含了"贫而乐,富而好礼"的思想,但显然,这里的《诗》文是被刻意"塑造"为一种知识资源的,她并非思想的起点,反而是思想的落点。这与《左传》《孟子》中以引《诗》触发某一话题的思维方式完全不同,却与《荀子》等著述中的"缀合式征引"颇为相合,事实上恰好印证了前文所言这类引《诗》方式的生成机制。在这里,不是《诗》持续为新生的儒学义理提供思想资源,而是《诗》通过不断扩张自身的阐释向度,从而与新生的儒学义理形成关联,并在整个儒学发展的过程中始终扮演经典文本的角色。在这一机制中,《诗》以"经典"的身份为新生的儒学义理提供权威性支持,而新生的儒学义理也为《诗》注入合乎时用的阐释方式。这看起来是一种"双赢"的互惠方式,但为了迎合这些新生的义理,《诗》文一方面需要尽量激活自身的多义性可能,另一方面则要放弃以"篇"为单位的传统意义单元,通过对于《诗》文意义单元的重组来扩大《诗》的阐释向度。由此,《诗》在成为孔门圣典的同时,也不免走向破碎化、多义化和个人化的发展方向。

但值得注意的是,这些新兴的《诗》解虽然相对于其本义是破碎化、多义化的,但他们却与晚周儒家的价值理念取得了更为契合的关联。《荀子·儒效篇》称:"圣人也者,道之管也。天下之道管是矣,百王之道一是矣,故《诗》《书》、礼、乐之归是矣。……故《风》之所以为不逐者,取是以节之也;《小雅》之所以为小雅者,取是而文之也;《大雅》之所以为大雅者,取是而光之也;《颂》之所以为至者,取是而通之也。"[51]这里"《风》之所以为不逐"一句尤其值得注意,它显示作为文本的《风》事实上是存在"逐"的向度的,作为文本的《风》本身不是尽善尽美的,只有通过圣人的节制,她才变得尽善尽美而臻于至道,以《诗序》、上博简《孔子诗论》为代表的各种试图在整体上重建"《诗》三百"阐释体系的说《诗》文本,显然正是这类观念影响下的产物。因此,由儒家士人主导的晚周《诗》学在具体的诗说层面是开放、驳杂的,但在意旨层面却是单一、固化的;在汉代儒学官学化的影响下,随着经典阐释体系的确立,这种表面上多样化的圣人《诗》学最终必将重新走向秩序化、稳定化、单一化的道路。

除了在引《诗》层面展现出的重要差异外,布衣之士对于《诗》的传习也许还影响了《诗》文本传习方式的根本性变化。海外汉学界近年来颇为关注先秦时期《诗》的文本形态与传习方式,并形成了两种不同意见。柯马丁认为《诗》在早期主要依托口耳、记忆相传,书面文本是稀见且具有流动性、个人化色彩的;夏含夷则认为《诗》很早就确立了书面文本的形态,并具有一定的稳定性[52]。这一分歧也许可以通过传播主体的身份转变这一视角得到一定程度的调和。前文已言,在《论语》《礼记》等涉及早期《诗》文本传习的文献中,贵族习《诗》的基本方式是"诵",而司职诵《诗》者常常是具有视力障碍的"矇""瞽",足见宫廷中《诗》的传习基本上是脱离书本、依靠口耳相传的,这也为后来《诗》文本书面化过程中出现大量音近的异文埋下了伏笔⑥。但《韩非子·和氏》在言及商君变法的具体措施时,有"燔《诗》《书》"之律⑭,显示至晚到战国中期,民间已出现相当数量的书面化《诗》本。那么,这些书面文本是如何产生的呢?结合《商君书》所言布衣豪杰"务学《诗》《书》"的社会风气,它们的主要功能恐怕正是为了满足布衣之士学《诗》的需要。《论语》中孔子问伯禽"学《诗》乎?"鲤"退而学诗",这里"退而学诗"的说法值得注意,除非孔子的"私学"中也设有类似贵族学宫中专司诵诗的传习者,则孔鲤这里的"学诗"只能是自我诵读而非跟诵。《维天之命》首句"维天之命,於穆不已",《毛诗正义》引《诗谱》云:"子思论《诗》'於穆不已',仲子曰:'於穆不似。'"⑮这是传世文献中关于《诗》本异文的最早记载,《斯干》篇《正义》在分析这条异文的产生原因时指出:"古者似、巳字同。'於穆不已',师徒异读,是字同之验也。"⑯由于"巳""已"形近,故子思论《诗》言"不已",而弟子孟仲子指出应为"不巳(似)"。"已""巳"的异读显然是由于书本的差异,或对于同一书本的不同辨识而造成的,由此可知子思师徒之间并不以口耳相传的形式传诵《诗》文,书本在子思或孟仲子习《诗》的过程中应扮演了重要的角色。事实上,可以想见,在没有书本的情况下,学《诗》需要师、生始终同时在场,师者通过持续、反复地朗诵帮助弟子形成初步的记忆,而在整个学习的过程中,师者还需不断地重复朗诵,才能使弟子最终形成牢固的记忆。这种教学方式需要较高的时间、空间成本和人力成本,尤其需要系统、稳定的教学制度加以维系,这在贵族学宫中自不成问题,但在私学中能否得以实现,恐怕是值得怀疑的。相反,依托于书面文本,诵读成为一种纯粹的私人性行为,成本更低⑰,效率却更高。战国中后期《诗》文本的书面化趋势,也许正与《诗》的传习由宫廷走向民间有一定的关系。

总之,作为礼乐文明的载体,《诗》是宗周贵族文化的产物,她可歌、可诵、可赋、可言,展演方式非常多样化,特别是作为"游戏"的赋诗,更以其对于仪式的戏仿而成为外交宴享中极为重要的沟通方式。不过,无论是意在彰显仪式规格的歌诗,有助讽谏的诵诗,还是娱宾而兼益沟通的赋诗,《诗》的文本义整体上保持稳定,《诗》也由此建立起其公共经典的文化地位。随着周人宗法制的崩坏,《诗》的仪式功能逐渐湮没,其古言、古事也一度被视作不切时用的迂阔之学,《诗》的经典地位一度面临危机。继贵族而起的布衣士人在对于《诗》的传习中,开始深入发掘《诗》文与儒学义理之间的相关性,并将这种相关性落实到他们的文本书写之中,建立起一种"缀合式征引"的书写传统。在持续而广泛的征引之中,《诗》的阐释向度不断得以扩充与革新,而其作为孔门圣典的地位也得以确立。在后世《诗》学史的视域中,这种引《诗》方式破坏了《诗》文本意义的整体性与稳定性,常为后世学者所诟病[8],但如果在晚周社会知识分化与转型的视域中观察,则正是这种趋合时义的用《诗》方式维持了《诗》的活跃度,并由此建立起一系列新的《诗》学阐释体系。

值得注意的是,上述变化并非就此彻底改变了《诗》的传播方式和形态,随着汉武帝将包括《诗》在内的孔门圣典颁定为帝国法典,《诗》的功能和传播形态再次发生了重要的变化。他重新成为皇权主导下整个社会的精英阶层共享的知识资源,也重新活跃于公卿大夫的宫廷议政之中,在战国文本中一度稀见的"嵌入式征引"大量出现于汉廷的诏令、奏议之中,甚至最终取代战国文本中非常普遍的"缀合式征引",成为后世文人引《诗》的主要方式。这些都与帝国经学制度下《诗》文本权威性的重新塑造关系密切,由于已经溢出本文的讨论范围,这里就不再赘述了。

注　释

① 《汉书》,中华书局,1965 年,1756 页。
② 《孟子正义》,中华书局,1987 年,572 页。
③ 《礼记·王制》:"乐正崇四术,立四教,顺先王《诗》《书》礼乐以造士。"《礼记正义》,《十三经注疏》,中华书局,1980 年, 1342 页上、中栏。
④ 《礼记正义》,《十三经注疏》,1435 页中栏。
⑤ 参拙著《从六艺到十三经——以经目演变为中心》,北京大学出版社,2018 年,30—34 页。
⑥ 《礼记正义》,《十三经注疏》,1614 页中栏。
⑦ 《春秋左传正义》,《十三经注疏》,2017 页上栏、2018 页下栏。
⑧ 《礼记正义》,《十三经注疏》,1442 页下栏。
⑨ 马银琴《两周诗史》,中国社会科学出版社,2006 年,144 页。

⑩ 洪亮吉《春秋左传诂》，中华书局，1987年，327页。
⑪ 蒋礼鸿《商君书锥指》，中华书局，1986年，20页。
⑫ 《史记》，中华书局，2013年，3760页。
⑬ 许维遹《吕氏春秋集释》，中华书局，2009年，270页。
⑭ 程树德《论语集释》，中华书局，1990年，735页。
⑮ 蒋礼鸿《商君书锥指》卷一《农战》、卷二《算地》，21、47页。
⑯ 《论语集释》卷二六《子路》，第900页。
⑰ 王先谦《荀子集解》，中华书局，1988年，11页。
⑱ 《荀子集解》卷一《劝学》，14页。
⑲ 王秀臣在讨论《孔子诗论》时也指出："由重'礼仪'到重'礼义'成为这一时期（笔者注：指战国时期）礼学的最大特点。上博简《孔子诗论》正是在这种礼学背景下对用诗实践的理论阐释。"王秀臣《"礼义"的发现与〈孔子诗论〉的理论来源》，《江海学刊》2006年第6期，174页。
⑳ 《仪礼正义》，《十三经注疏》，985页上栏－986页中栏。
㉑ 相关研究可参傅道彬《乡人、乡乐与"诗可以群"的理论意义》，《中国社会科学》2006年第2期，第173页。
㉒ 《春秋左传正义》，《十三经注疏》，1931页下栏。
㉓ 阮元校刻《十三经注疏》，下册，1840页下－1841页上栏。
㉔ 《毛诗正义》，《十三经注疏》，421页上、下栏。
㉕ 《礼记正义》，《十三经注疏》，1405页上栏。
㉖ 徐元诰《国语集解》，中华书局，2002年，11页。
㉗ 《新书·保傅》作"瞽史诵诗"，《大戴礼记》作"瞽夜诵诗"，孔广森《大戴礼记补注》认为"'夜'非误字也。《汉书·礼乐志》曰：'立乐府，采诗夜诵。'"王念孙《读书杂志》以为"上既言'有记过之史'，则此不当更言史，且诵诗乃瞽之事，非史之事。《大戴礼记·保傅》篇作'瞽夜诵诗'，是也。"二说皆有据，但值得注意的是，《国语》中又有"《瞽史记》"一书，显示"瞽史"之说亦非无据，此处异文仍宜存疑。阎振益、钟夏《新书校注》，中华书局，2000年，184页；孔广森《大戴礼记补注》，中华书局，2013年，65页；王念孙《读书杂志·汉书第九》，江苏古籍出版社，1985年，301页。
㉘ 《春秋左传正义》，《十三经注疏》，1957页上栏。
㉙ 《春秋左传正义》，《十三经注疏》，2000页下栏。
㉚ 《春秋左传正义》，《十三经注疏》，1995页上栏。
㉛ 可参马银琴《春秋时代赋引风气下〈诗〉的传播与特点》，《中国诗歌研究》2003年辑，

151—167 页;王秀臣《燕飨礼仪与春秋时代的赋诗风气》,《福建师范大学学报》2005 年第 3 期,67—71 页;李炳海《春秋后期引诗、赋诗、说诗的样态及走向》,《社会科学战线》2011 年第 1 期,142—149 页。

㉜ 韦春喜《歌诗・赋诗・引诗・说诗——先秦时期〈诗经〉接受观念的演变》,《青海社会科学》2011 年第 3 期,153 页;曹建国《"赋诗断章"新论》,《兰州大学学报》2015 年第 6 期,12 页。

㉝ 何定生《诗经与乐歌的原始关系》,《定生论学集》,台湾幼狮文化事业公司,1978 年,91 页;亦可参氏著《诗经今论》,台北,商务印书馆,1968 年,12 页;曹建国《春秋燕飨赋诗的成因及其传播功能》,《长江学术》2006 年第 2 期,8 页。

㉞ 刘丽文《春秋时期赋诗言志的礼学渊源及形成的机制原理》,《文学遗产》2004 年第 1 期,40—42 页;王清珍《〈左传〉赋诗现象分析》,《国学研究(第 15 卷)》,2005 年,221—222 页;马银琴《周秦时代〈诗〉的传播史》,社会科学文献出版社,2011 年,37、46 页。

㉟ 《春秋左传正义》,《十三经注疏》,1997 页上栏、2080 页上栏。

㊱ 《春秋左传正义》卷 19 下,《十三经注疏》,第 1853 页上栏。

㊲ 徐元诰《国语集解》,中华书局,2002 年,276 页。

㊳ 《左传・襄公八年》载襄公享范宣子,"武子赋《彤弓》,宣子曰:'城濮之役,我先君文公献功于衡雍,受彤弓于襄王,以为子孙藏。匄也,先君守官之嗣也,敢不承命。'君子以为知礼。"《春秋左传正义》,《十三经注疏》,1940 页上栏。

㊴ 据李炳海先生统计,从《左传》所载的情况看来,公卿引《诗》议政的风气在襄公时期最为繁盛,到定公、哀公时期已经衰微。关于其具体原因,可参李炳海《春秋后期引诗、赋诗、说诗的样态及走向》,《社会科学战线》2011 年第 1 期,144 页。

㊵ 王先慎《韩非子集解》,中华书局,1998 年,22 页。

㊶ 可参叶文举《〈墨子〉〈庄子〉〈韩非子〉说诗、引诗之衡鉴——兼论战国时期非儒家诗学思想》,《安徽师范大学学报》2004 年第 1 期,92 页。

㊷ 《孟子正义》,637 页。

㊸ 关于春秋时期引《诗》的具体方式和功能,可参李炳海《春秋后期引诗、赋诗、说诗的样态及走向》,《社会科学战线》2011 年第 1 期,147—149 页;韦春喜《歌诗・赋诗・引诗・说诗——先秦时期〈诗经〉接受观念的演变》,《青海社会科学》2011 年第 3 期,154 页。

㊹ 《春秋左传正义》,《十三经注疏》,1794 页下栏—1795 页上栏。

㊺ 《春秋左传正义》,《十三经注疏》,1813 页中、下栏。

㊻ 这里对于《左传》《国语》引《诗》的统计均不包含赋《诗》,对于《孟子》的统计不包含专

门说《诗》者。

㊼ 《孟子》与《左传》在引《诗》方式上的相似性，与上文所言二者在形式上均为现场言说而引《诗》具有相关性，也显示孟子“不以辞害志”的《诗》学观念应主要源于春秋以来的贵族《诗》学传统，与战国儒士大胆截取、挪用《诗》文的风气表现出差异。

㊽ 荆门市博物馆编《郭店楚墓竹简》，文物出版社，1998年，150页。

㊾ 柯马丁较早注意到这一点，他在《引据与中国古代写本文献中的儒家经典〈缁衣〉研究》中指出：“引据作为一种构成工具，既为每一章节提供整体性和稳定性，也赋予章节系列整体的一致性。”卜宪群、杨振红主编《简帛研究·二〇〇五》，广西师范大学出版社，2008年，12页。

㊿ 王先谦《荀子集解》，144页。

(51) 王先谦《荀子集解》，180页。

(52) 王先谦《荀子集解》，145页；梁启雄《荀子简释》，中华书局，1983年，96页。

(53) 马其昶《诗毛氏学》卷二五《大雅三》，民国七年铅印本。

(54) 王世贞《弇州四部稿》卷一二〇《文部·读〈韩诗外传〉》，明万历刻本；洪湛侯《诗经学史（上册）》，中华书局，2002年，96页。对于《荀子》引《诗》迂曲牵合之例的个案分析，亦可参郝明朝《〈荀子〉引〈诗〉说》，《聊城大学学报》2002年第4期，87—90页。

(55) 这一点我们与王世贞论《韩诗外传》“大抵引《诗》以证事，而非引事以明《诗》”的看法并不相同。对于这一问题，笔者将有专文论述。

(56) 扬·阿斯曼著，金寿富、黄晓晨译《文化记忆：早期高级文化中的文字、回忆和政治身份》，北京大学出版社，2015年，85—96页。

(57) 《礼记正义》，《十三经注疏》，1332页下栏；徐元诰《国语集解·周语上》，11页。

(58) 关于“引《诗》”作为一种“修辞”方式的讨论，可参柯马丁《引据与中国古代写本文献中的儒家经典〈缁衣〉研究》，卜宪群、杨振红主编《简帛研究·二〇〇五》，28页。

(59) 马承源主编《上海博物馆藏战国楚竹书（二）》，上海古籍出版社，2002年，161—167页。

(60) 刘宝楠《论语正义》，中华书局，1990年，32—33页。

(61) 王先谦《荀子集解》，第133—134页。

(62) 相关学术史分析可参张万民《〈诗经〉早期书写与口头传播——近期欧美汉学界的论争及其背景》，《北京大学学报》2017年第6期，80—93页。

(63) 可参柯马丁《方法论反思：早期中国文本异文之分析和写本文献之产生模式》，陈致主编《当代西方汉学研究集萃·上古史卷》，上海古籍出版社，2012年，369—370页。

(64) 王先慎《韩非子集解》，97页。

(65) 《毛诗正义》，《十三经注疏》，584页上栏。

⑥⑥ 《毛诗正义》,《十三经注疏》,436 页中栏。

⑥⑦ 《汉书·兒宽传》称宽"贫无资用,尝为弟子都养。时行赁作,带经而钼,休息辄读诵,其精如此。"《汉书·朱买臣传》则称其"家贫,好读书……"可知早期书籍虽难得,但贫寒之士亦有机会获取而持诵。《汉书》,2628 页、2791 页。

⑥⑧ 洪湛侯《诗经学史》评论荀子引《诗》,亦认为:"《荀子》书中引《诗》虽多,阐述诗义的却很少,所以从《诗经》研究的角度看,这些引诗,实在谈不到有什么学术价值。"洪湛侯《诗经学史》,上册,96 页。

陶渊明"神辨自然"生命哲学再探讨

钱志熙

陶渊明的《形影神》组诗,古代学者曾分别从理学、禅学及道家思想的立场出发,尝试对其进行阐释①。现代学者研究这个问题的一个明显进步,在于开始将这组诗与魏晋思潮联系起来考察。其中陈寅恪与逯钦立两家的阐述影响最大。陈氏将组诗放在魏晋时代由玄学引发的自然与名教之争思想史脉络中,认为陶渊明的思想,是从"旧自然说"中发展出来的一种"新自然说",并认为这是陶渊明在流行的佛教的生命思想之外,据其自身实践所得,建立一种可以安身立命的生命思想②。逯钦立认为《形影神》是针对慧远当时发表的以神不灭为宗旨的佛教形神论而发的,并分析其与佛道与玄学的关系③。这两个研究的影响都很大,基本上代表了以往有关陶渊明"形影神"思想研究方面的一种高度④。事实上,对于《形影神》组诗来说,形神之争是其文本直接呈现的内容,而名教自然之争则是属于内部的深层问题,也就是说《形影神》的哲学高度,是指向名教与自然问题。只有结合这两个方向,才能充分地揭示《形影神》的哲学内蕴与思想史位置⑤。

在《形影神》组诗中,"形""影""神"与"自然"是两组性质不同范畴。但历来在讨论这个问题时,重视"形影神"而忽略了"自然"。陶渊明在用这个传统的"形神"的范畴的时候,超越以往玄学、佛、道生命思想中的"形""神"相对的思考方式,将"神"从一个基本上属于生命学、生理学的范畴提升为一个带有最高理性、主体精神的内涵的哲学性的范畴。这是对魏晋时代形神讨论问题的一种哲学的发展。但是这个哲学发展之所以取得,是陶渊明在讨论形神问题时,引进了"自然"范畴作为它们的思想灵魂。笔者以往的思考,虽然引进了名教自然之争这一脉络,但对《形影神》诗以形神之争为观念的外在呈现、以名教自然之争为问题的实质这一结构缺少深入的勘察。这一缺失还可能指向另一个更大的缺失,即对陶渊明思想乃至人生、艺术中"自然"问题的重要性的忽略。现在回过头来看,陈寅恪对《形影神》诗最具洞见性的认识,正在于强调了其中的"自然"范畴,并极其明确地将陶渊明的这个陈述称为"新自然说"。以往我们在关注陈寅恪的这个观点时,比较执着于陈氏新旧自然之说的合理性。其实陈氏用"新自然说"来指称陶渊明《形影神》诗中的思想,主要是强调陶渊明这种思想在创获性及其在思想史的地位。陈氏之说云:"考陶公之新解仍从道教自然说演进而来,与后来道士受佛教禅宗影响所改革之教义不期冥合,是固为学术思想演进之所必致,而渊明则在千年以前已在其家传信仰中达到此阶段矣!"⑥又云:"然则就其旧义革新,'孤明先发'而论,实为吾国中古时代之大思想家,岂仅文学品节居古今第一流,为世所共知者而已哉!"⑦但是作为一种思考的继续,我认为陈寅恪的贡献主要在于揭示陶渊明此一思想的自然说本质及其新意,并展示"旧自然"说的产生与演变历史及渊明思想与之关联之处。这一分析充分展示陈氏作为卓越历史学家的对纷繁历史事实的执简驭繁、勘破表象以揭示历史脉络的非凡能力。但是,对于陶渊明《形影神》诗所显示的陶渊明自身的思考、思辨的过程,陈氏没有进一步地展开。这个以形影神对话的形式展开的陶渊明建构生命哲学的思考、思辨的过程,即组诗小序中已经明白揭示的"神辨自然"四字。陈寅恪正是据此数字,断定其说为自然说:"兹言'神辨自然',可知神之主张即渊明之创解,亦自然说也。今以新自然说名之,以别于中散等之旧自然说焉。"⑧但是对"神辨自然"的内涵,甚至渊明自然思想的深度,陈氏似未暇及之。至其对于渊明新自然说与前此魏晋自然说之关系,虽为陈文着力所在,但亦仅展其脉络,而彼此关联及区别的复杂情形,似未暇细剖。本文就准备在以往名家及本人自己研究的基础上,对陶渊明《形影神》的哲学内涵及其自然说做新的探讨。首先纠正本人以往称此为陶渊"形影神"生命哲学之不准确性,而改称为陶渊明"神辨自然"生命哲学。

一

为了讨论的方便,我们还是先列《形影神》组诗全文,从而展示其思辨

层次:

(小序)贵贱贤愚,莫不营营以惜生,斯甚惑焉。故极陈形影之苦,言神辨自然以释之。好事君子,共取心焉。

《形赠影》:

天地长不没,山川无改时。草木得常理,霜露荣悴之。谓人最灵智,独复不如兹! 适见在世中,奄去靡归期。奚觉无一人,亲识岂相思? 但余平生物,举目情凄洏。我无腾化术,必尔不复疑。愿君取吾言,得酒莫苟辞!

《影答形》:

存生不可言,卫生每苦拙。诚愿游昆华,邈然兹道绝。与子相遇来,未尝异悲悦。憩荫若暂乖,止日终不别。此同既难常,黯尔俱时灭。身没名亦尽,念之五情热。立善有遗爱,胡可不自竭。酒云能消忧,方此讵不劣!

《神释》:

大钧无私力,万物自森著。人为三才中,岂不以我故。与君虽异物,生而相依附。结托善恶同,安得不相语! 三皇大圣人,今复在何处? 彭祖爱永年,欲留不得住。老少同一死,贤愚无复数。日醉或能忘,将非促龄具? 立善常所欣,谁当为汝誉? 甚念伤吾生,正宜委运去。纵浪大化中,不喜亦不惧。应尽便须尽,无复独多虑。

如诗歌文本所示,这一组诗是形影神三个"角色"的对话,所展示的最重要范畴就是形、影、神,核心的问题,可以说是如何对待死亡、认识死亡的讨论。所以从主题来说,也直接可以说,《形影神》组诗是陶渊明生死观的表述。形、影所表达的是各自的生死观。陶渊明称这两种生死观为"形影之苦"、是"营营以惜生"的情绪,亦即对于生死问题认识上的迷惑。而"神"则是对这种迷惑的解释,提供一种正确的生命态度。所以,从文本本身来看,这一组诗并不难懂。但是它的深层义理及其与思想史的丰富的联系,却使这一组诗具有很大的解释空间,并且不易被发现。我们知道,死亡是差不多每一个成熟的个体都会思考的问题,并由此而形成了不同的生死观。这种生死观,往往是一切价值观念的基础。所以,生死观的一个基本的功能,就是造成一些特定的价值观,因此它往往成为伦理观念的基础。不仅如此,这些生死观背后,还蕴藏着宇宙观,联系着哲学的本体论。虽然普通人也常会对死亡问题提出自己看法。但是大部分人的生死观,都还是停留在伦理学的层面上。真正超越伦理学的层面,对生命问题做出深层回答,则是哲学的任务。陶渊明的这一组《形影神》所阐述的,就是这样具有哲学高度的生死观。

《形影神》的对话由"形"发起。"形"发表这一通生必有死的看法,并非简单的陈述自己的观点,并非自言自语式的,而是针对影的观点而发的,所以最后的结论就是:"劝君取吾言,得酒莫苟辞!"《影答形》则是影对形的答复。所以,这里存在着形与影的明显对立,但却只能各言其是,因为它们所阐述的都只是伦理学层面的东西,是"善"的问题,而非"真"的问题。《影》诗所说的"立善有遗爱,胡可不自竭"就是反映这一点。只有"神"是超越伦理学的层面,从哲学层面立论,对形影的观点做出剖析,达成最高的生命哲学。神所辨释的这种生命哲学,陶渊明称为自然,亦即"真"的问题。也就是说,陶渊明通过《神释》正面地展示他对作为魏晋哲学的最重要的范畴"自然"的认识。另外,需要特别指出一点:这一场形影神的对话,之所以由"形"发起,当然是由于生命的消亡,首先表现在身体的消亡,"形"是人们对生命的最直观的、第一性的印象。不过原因并不仅仅如此,下面我们会论述到,形、影代表自然与名教的两个方面。从魏晋思想的发展历史来说,玄学的兴起,正是汉魏之际的一些思想家对汉代大多数人处之不疑的名教思想与制度的一种挑战。所以,在形影赠答中,形无疑是提出问题的一方,"形"的陈述,其实正是以"影"的观念为反思对象的。由此我们可以体会到,渊明分别用"赠""答"这两个字,是极其准确的。

《形影神》解读上的复杂性,在于这一组概念是存在于多个层面上的。其中最重要的有两个层面,一个是诗歌直接显示的以形影神来解释生命整体的文本构成,另一个则是形、影、神各自代表的生命观与思想史上各种生命观之间的丰富的联系。传统的解释,尤其是历代众多的《形影神》诗的和作(或称续作),主要是对第一个层面进行呼应。以陈、逯为代表的现代研究者,才比较深入地揭示第二个层面的问题。

（一）作为诗歌创造的形象本身来看，《形影神》给读者最直观的印象就是生命体的三个要素，代表着陶渊明对生命体的第一种思辨，即生命由形影神三要素构成，彼此相互依存，难以分离。这个看起来很直观的认识，却是陶渊明对传统的生命结构说的一种改造，或者说是对传统的生命说的一种改造。思想史上存在着多种生命结构之说、如《中庸》的"性"与"命"之说，庄子则有影与罔两之说⑨。玄学家有才性之说，才命之说。又如阮籍《达庄论》曾举身、性、情、神四者以论生命自然之理："人生天地之中，体自然之形。身者，阴阳之积气也。性者，五行之正性也；情者，游魂之变欲也；神者，天地之所以驭者也。"⑩但是最常见的是"形""神"之说，即生命是由物质形式的形体器质与精神形式的心灵思想两者构成的。在这方面，道家与道教的贡献是巨大的。从思想的流别来看，又存在形神相依、形神相离、形尽神灭、形尽神不灭等多种不同的认识，构成了传统所说的唯心与唯物的两大分野。形神之说，其实也正是魏晋自然观的主要思考内容，各种不同的形神说，其实都是认为自己在展现"自然"这个最高的范畴。所以，魏晋思想界在通过形、神这一对范畴阐述生命自然之理时，存在着不同的思想分野。魏晋玄学与宗教中关于形神问题的丰富的讨论，显然是陶渊明最重要的思想材料。陶渊明正是通过对不同的形、神观的思考，而建立起他自己对生命自然之理的认识。这是"神辨自然以释之"的"辨"字的用意之处。光从这一点来看，我们就可以断定，陶渊明"神辨自然"是一个长期的思考过程。在这其间，各种不同的形神观，都曾不同程度地对他产生影响，但最终形成他自己的形神观。从旧的形神观来说，陶渊明是属于其中哪一种的呢？从全诗对神仙之说的否定，以及最后的"应尽便须尽"等语所表达的观点看，联系渊明一贯的思想，可以断定其属于形尽神灭一派。这一点，陈寅恪、逯钦立等家已经指出过，陈氏据《神释》中"大钧无私力"以下八句，作以下案语：

> 寅恪案：此节明神之所以特贵于形影，实渊明之所自托，宜其作如是言也。或疑渊明之专神至此，殆不免受佛教影响，然观此首结语"应尽便须尽，无复独多虑"之句，则渊明固亦与范缜同主神灭论者。⑪

逯钦立则直接地说：

用《形影神》作题目,不是偶然的。它是针对庐山和尚慧远的《形尽神不灭论》和《万佛影铭》等宣传佛教迷信的东西,借用其专门术语,而反对其"神不灭"的谬论的。⑫

我们看慧远的《形尽神不灭论》中第一段提出来做为辩驳对象的观点,就是典型的形尽神灭论观点。其大略言:"神虽妙物,故是阴阳之所化耳。既化而为生,又化而为死。既聚而为始,又散而为终。因此而推,固知神形俱化,原无异统。精粗一气,始终同宅。宅全则气聚而有灵,宅毁则气散而照灭。散则反所受于天本,灭则复归于无物。反复终穷,皆自然之数耳!""故庄子曰:人之生,气之聚,聚则为生,散则为死。若使生为彼徒苦,吾又何患。古之善言道者,必有以得之。"⑬这段话与《神释》的观点很接近,颇疑慧远所举的论辩对象,正是陶渊明。此事甚大,尚须考证。另外,关于陶渊明属于神灭论派,也是陶渊明研究中的大问题,与其思想、艺术之关涉极大,但在这里不拟展开。总而言之,旧形神论是陶渊明"神辨自然"生命哲学的重要来源与思辨对象,这可作为今后继续探讨此组诗的重要方向。至于与"形""神"并列为三的"影",逯钦立先生认为是渊明借用慧远《佛影铭》中的"影"。这可能是一个过于属实的解释。《形影神》中的"影"其实是名、甚至"名教"的代名词,与佛之"影"内涵相差甚大。另外,从词语使用来说,"影"即人的"影子",它又是一个极日常的词。说渊明之"影"来自佛影之影,又未免求之过深。

《形影神》在思想上的重要创造,在于陶渊明对旧形神范畴的超过。"形尽神灭"果然是《形影神》组诗的一个基本的思想基础。甚至可以说,是"形""影""神"三者唯一共同认可的一个基本前提。但是,"神辨自然"的成就,决非只在于阐述了这种形尽神灭思想,而在提出自然观念中更高的一个层次。形神对举的思想渊源长久,道家与道教一派在这方面的论述尤其多。形神问题在玄学中也一个重要问题,其中关于养生、神仙问题的讨论,主要的内容就是形神关系的上不同认识。这一点,我们只要看嵇康的《养生论》《答难养生论》等文章就很清楚,嵇氏的养生论主要是对形神关系的一种讨论。养生乃至长生之是否可能,主要就在于对形神关系是持何种认识。嵇康一方面认为神仙"似特受异气,禀之自然,非积学所能致",但在另一方面又认为"至于导养得理,以尽性命,上获千余岁,下可数百年,可有之耳"。他之所以这样说,就是强调"神"

(精神)具有极大的潜在力。"精神之于形骸,犹国之有君也;神躁于中,而形丧于外,犹君昏于上,国乱于下。""是以君子知形恃神以立,神须形以存,悟生理之易失,知一过之害生。故修性以保神,安心以全身,爱憎不栖于情,忧喜不留于意。泊然无感,而体气和平。又呼吸吐纳,服食养生,使形神相亲,表里俱济。"[14]表面上,陶渊明的《神释》中的思想,与嵇康的这种修性保神的思想很接近。但事实上有本质不同,在陶渊明这里,"神"已经从一个生命生理的范畴,上升为一个生命伦理、更可以说生命哲学的一个范畴。陶渊明《形影神》中的"神",并非传统形神论中的"神",而是代表了他的一种哲学思想。这个意思,陈寅恪已经有所触及。前举陈氏在论神释后八句时说:"此节神明之所以特贵于形影,实渊明之所自托,宜其作如是言也。"意思就是说,这里"神"已经不能简单理解为形骸、精神之神,而是渊明托此"神"来发表自己的一种思想。所以我们说"形影神"中的神,已经超越传统的形神论之神。而渊明在这里所要阐述的也已经不是一般的养生、长生的问题,而是一种新的生命自然之理。这里面最关键的一点,在于渊明将传统的形神二元的生命结构论,改变为形、影、神三要素的生命结构。只此一"影"概念的进入,将这个学说由生理学、心理学之层面,上升为伦理学、哲学的层次。并且通过"影"这个概念,纳入了魏晋思想发展的另一个脉络的内容,即自然与名教问题的讨论。这正是陈寅恪的文章所探讨的主要问题。我们现在揭示出陶氏依据形影神三范畴所阐述的"神辨自然"是对魏晋以来形神论与名教自然论两个思想脉络的总结及发展,则陈氏所说的陶渊明作为中古时期大思想家的事实,应该是更加清晰了。

陶渊明超越玄学旧自然派的形神之说的另一个重要意义,是使得陶渊明从旧自然说中的"修性保神"的养生、长生之说中超越出来。以嵇阮为代表的形神之说,极强调"神"的绝对精神作用,这几乎是旧自然说一切修养理论的基础,也是孕育后来的道教神仙说的重要契机。陶渊明对"神"的强调,当然受到这一派的影响。由于他将"神"从一个生理、心理的范畴提高到哲学范畴(即主体精神),这样就摆脱了旧自然说形神论中的这种非理性内容。我们还发现,陶渊明也不太使用"性命""才命""才性"这一类的玄学范畴。这与上述的思想倾向是一致的。

(二)脱离直观的认识,在思想史的层面上,则形影神各自代表了三种生命思想。形只关注物质生命的修短，并提出享乐的观点，魏晋玄学中的虚无放废一派代表了这种生命观。这是纯粹从自然物质的方面为人做的定义。这代表了一种最朴素的自然观，即陈寅恪所说的"旧自然观"。所谓"神辨自然"，它的第一层意思，即是"神"对"形"宣称为自然的这种思想进行辨析，提出更高层次的、更能揭示造化万有的真相，同时也更能揭示生命真相的更高的自然说，或者也可说是揭示自然的本质。陈寅恪将其称为"新自然说"。从这里我们发现《形影神》诗文本上一个不易觉察的论述层面，即"神辨自然"的第一层意义，为"神"对"形"称之为"自然"的思想进行辨析。诚然，在"形"所陈述的这一部分中，并没有直接出现"自然"这个概念，但它的内容就是一种玄学自然观的生命观。同样，《神释》的部分也没有直接出现"自然"这个概念，但它的宗旨在于自然。但诗序中"自然"这个词，主要就是落实在《形赠影》与《神释》这两部分中的。影则关注生命的社会属性，从群体出发来定义生命、强调生命的伦理道德价值，它所代表是从汉至魏晋持名教论的一派。它的哲学基础是反对将生命仅仅理解为一种自然物质的东西，强调人的社会属性与社会价值，其本质则在于名教。阮籍《达庄论》引缙绅之说："天道贵生，地道贵贞，圣人修之，以建其名。"此即名教的要义。又陈寅恪文曾引《后汉纪》献帝初平二年蔡邕述宗庙之议："夫君臣父子，名教之本也。然则名教之作何为者也？盖准天地之性，求之自然之理，拟议以制其名，因循以弘其教，辩物成器，以通天下务者也。"[15]这样看来，我们还发现这样一个现象，即向来被视儒家一派的名教之说，在汉魏晋之际，也援引自然之义。也可以说，自然之义，不仅存在于尚自然一派，同时也存在于崇名教一派。这样说，陶渊明的"神辨自然"，不仅辨"形"说的自然之理，同时也在辨析"影"说的自然之理。其实，汉魏之际名教说者援自然立义，正是后来两晋时代名教自然合一说的思想渊源之一。上述形影的各种立论，都是魏晋时代流行的思想，后面我们会说到，陶渊明本人也都曾不同程度地接受它们。但是陶渊明的建树在于在此基础上建立更成熟的生命哲学。对于这新的生命哲学来说，前两种只是他的思想材料，或者说他的思想两个出发点。他没有停留在这两种思想上，在形与影之间做出非此即彼的选择，而是在认真地思考这两种生命观各自的缺陷之后，不再简单地停留在任自然与崇名教的对立上。他提出不同于旧自然说与名教说的第三种观点，即他自己认为唯一圆满的、终极性的生命观,即"神"的生命观。神的生命观是对形与影的生命观进行分析之后,剖析了其中非理性的成份,保留了其中合理的成份,再加以升华而形成的。这个思想的过程,就叫做"神辨自然"。

二

《形影神》的关键,并非平行陈列三种生命观,而是以"神辨自然"为最高的生命理性。所以,在生命中,形影神三者虽然依存,但神的最高主宰。此即方东树说的:"神,运形影者也。"⑯所以,我们说这里有三种生命观,只是我们的概括,其实并不符合陶渊明的原意。他的原意是神对形、影两种生命观的理性辨析,即"神辨自然以释之"。同样,作为思想史或社会思潮中的形、影、神三种生命观,也不是平行的、或者说具有同等的价值的。很明显的,陶渊明是以"神辨自然"来超越形、影两观的。但是陶渊明是不是完全否定前面两种生命观存在的理由呢?或者说,三者之间只是相互否定,而不存在着相互的阐释与补充的关系吗?这个问题关系到对陶渊明思想的整体及其中的复杂矛盾的认识。事实上,形影神三种观点之间不是简单的否定关系,而是相互阐释与补充。"形"的生命观里面所拥有的一种理性,即对有生即有死的理性认识,正是后面两种生命观得以产生的基础。"形"说的价值,在于确凿地建立了一种自然死亡的必然性的认识,拒弃了一切非理性的生命幻想,如道教的长生说与佛教的轮回说。所以,从理性的建树来看,"形"的思想是具有一种基本的价值的,它是正确地认识生命真相的开始。魏晋时代这种思想的流行,正是自我觉醒的一种表现。尤其是对魏晋时代文士与名士的世俗生活与艺术的建立,或说人们艳说的"魏晋风度"等的产生,可以说"形"的思想是重要的、坚实的基础。事实上,陶渊明深受这一思潮的影响。"形"的生命陈述,大量地存在于陶渊明的平素表达中,即陶诗中单纯地陈述对生命短暂的无奈、悲哀的主题。《形》诗之外,如《诸人共游周家柏墓下》《拟古·日暮天无云》《杂诗·人生无根蒂》等诗,都是属于形诗的思想范畴。而其最直接的表达,无过《归园田居》其四中的"人生似幻化,终当归空无"一语。其实远远不止这些,在陶诗中,这种哀伤生命短暂的情绪表达,可以说弥漫于整个生命过程,大多数的作品都会涉及这个主题。从实际的生命体验来看,可以说"形"诗是陶渊明对其日常的生命忧思的集中表达。是陶渊明对个体生命自觉的第一个境界。所以,对于《形》诗的生命表述,陶渊明并非持简单的否定态度。另一方面,《形》代表了生命的物质性与物质需要。这也是一种合理的思想。但这种思想指向两个方向,即重视物质生活的合理性与陷入将物质生命作为生命的唯一依据的物质主义这两层。前一层是清晰的理性,陶渊明多次表达物质生活的必要性,这也是他自力躬耕的依据:"人生归有道,衣食固其端。孰是都不营,而以求自安?"(《庚戌岁九月中于西田获稻》)"衣食当须纪,力耕不吾欺"(《移居》其二)。扩大这方面的范围,可以说这是陶渊明所有田园诗的一种思想基础,甚至包括《劝农》这样的诗。可以说,陶渊明对生命物质性及物质需要的合理认识,是其对世俗生活中的合理成份充分肯定的基础,展示了其充分的入世精神。从这个意义,我们甚至可以说,将陶渊明简单视为隐士,是不准确的。陶渊明自己面对檀道鸾指责他清高逃世时,就否定自己并非在学古代那些以逃世为高的清流隐士。但当世人显然没有充分理解陶渊明的心曲,将他归于高节遁世之士。颜延之的《陶征士诔》就将其成功地塑造成一个隐士。其实按照隐士形象来塑造陶渊明,是来自当时的政治与社会的认识,并非这个独特的生命的原有本质,也遮蔽了陶渊明躬耕生活的真正意义。这个问题,我们在这里也不打算展开讨论。当然,"形"诗中表现的物质主义的倾向,亦即及时行乐的非理性的生命观,在陶渊明的生活也同样存在。最典型的就是饮酒这一行为。《影》《神》两诗都否定了《形》诗的饮酒,这与陶渊明的好饮酒、嗜酒存在着矛盾。从这个层面上,我再次感觉形的生命观在陶渊明日常思想中的位置,可以说是既是其自我觉醒的依据,但也造成他长期的矛盾与困惑。

同样,陶渊明对"影"的生命观也不是简单否定。"影"即"名",而名则以"立善"为主要的内容。这是一种具有正面价值的伦理道德生命观。《影》诗的主要思想为立善求名:"立善有遗爱,胡可不自竭?"这种生命观由儒家一派发展到极致。其典型的表达,为《论语·卫灵公》所载孔子之语:"君子疾没世而名不称焉。"更早于孔子的有《春秋左传·襄公二十四年》所载的叔孙豹对范宣子问的"三不朽"说。屈原虽非儒家人物,但他的《离骚》中也比较典型地表现了这种生命观,其最直接的表达即是"老冉冉其将至兮,恐修名之不立",可以称之为屈原的修名说。正如许多学者都曾指出的那样,陶渊明是具有很强的建功立业的思想的。也曾服膺立名之说,其《感士不遇赋》云:"咨大块之受气,何斯人之独灵!禀神智以藏照,秉三五而垂名。"这种思想在许多作品里都有表现,尤以《荣木》《杂诗·白日沦西阿》《读山海经·夸父诞宏志》《杂诗·忆我少壮时》等诗为突出。同样,"善"这一伦理目标,也是陶渊明正面追求的。"养真衡茅下,庶以善自名"(《辛丑岁七月赴假还江陵夜行涂口》)这一表述,至少在逻辑上与《影》诗的"立善有遗爱"是相同的。同样,陶渊明将"善"作为一条人生的准则,"天道幽且远,鬼神茫昧然。结发念善事,僶俛六九年"(《怨诗楚调示庞主簿邓治中》)。一直到《神》诗中,陶渊明也不否认善,并且以"立善"为欣悦的行为,即"立善常所欣"。但却对"立善有遗爱"之说提出异议,其结论是"谁当为汝誉"。这方面思想的根源,当然可以追溯到司马迁《史记·伯夷列传》里对善恶有报思想的质疑。《感士不遇赋》里,陶渊明感慨"真风告逝,大伪斯兴",痛感"怀正志道""洁己清操"之士的不遇与"没世以徒勤"。《怨诗楚调》中对这个思想情结表达得更加清晰。这一切,到《神》诗里,简化为"立善常所欣,谁当为汝誉",反映陶渊明从服膺名教到摆脱求名思想的一个比较长期的思考过程。但是如果认为陶渊明只从善恶无凭的理由出发否定了立善求名的思想,那就比较浅视了。做为一种情绪,陶渊明在一些场合提出过对善恶无凭的怨恨、对天道福善祸淫之说的质疑,避免自己的思想陷入当时佛教的因果报应与道教报施之说。这是他在建立坚定的自然死亡观念之外的理性认识方面的又一重要建树。但这有可能也像《形》的因获知死亡必然而陷入及时行乐那样,容易因祸福无凭,天地不仁,以万物为刍狗,而陷入对作为人类伦理根本的"善"的范畴的否定,导致行为的迷茫甚至罪恶。真正破除立善求名思想并非来源于对福善祸淫之类说法的简单质疑,而是被理性观照过、经过陶渊明重新阐释的"自然观"。可以说,陶渊明对福善祸淫、因果报应之类的宗教学说的舍弃,同样是依据着"自然"来达到的。这也是"神辨自然"的内容之一。

上述形、影、神之间呈现的这种相互包含、又逐层扬弃的关系,体现陶渊明这一生命思想的阐述,带有浓厚的哲学思辨的特点,这正是"神辨自然"这个表达着落之处,这里最需要注意的"辨"这个词。

三

《形影神》是一篇辨析自然之义的哲学诗。自然之义,源于《老子》"道法自然"之说,发挥于《庄子》。至魏晋玄学家论自然,仍以自然为老庄之义,然又引申出圣人无言而体自然之说,并将"自然"引入儒家思想的范畴,或者融合道儒。其主要的论题,涉及政治、人生与天地。政治上自然是魏晋玄学自然说的原发点,以正始何晏、王弼的贵无说为代表,是一种政治的自然说。到阮籍、嵇康为代表的竹林七贤等人,多发挥自然为道之根本,名教多有拘限、虚伪、割裂之弊。由政治上崇无为,发展为人格上崇自然,几乎可以说同时发生的事情。人格自然的这一义,在阮、嵇等人的学说里得到充分的展示,其中又联系形神之说,构成玄学人格的塑造,乃至引申出养生、求神仙等议题。同时有关自然的讨论,也发展到艺术、历史等各种领域。上述即所谓正始之音及竹林之说的要义。可以说是魏晋玄学的原义。天地自然之说,原本就是老庄的旧义,至魏晋玄学发挥此义,最先的功劳在于廓清两汉儒学中关于天道意志的神学成份。两晋之际则山水自然之说盛,实为构成玄学山水观、玄学山水文学的基本内核。"兰亭集"诸诗文就是阐发这种自然观。孙绰《游天台山赋》劈头"太虚辽廓而无阂,运自然之妙有",结尾又说"浑万象以冥观,兀同体于自然"[17],正是对这种自然观阐述。对于这个问题,本人在《魏晋诗歌艺术原论》中有关东晋自然观的部分,已经有详细的讨论。陶渊明的《归园田居》一诗,也是这种自然观的展示,其开头说"性本爱丘山",而结尾又说"复得返自然",展现于"兰亭集"诸作、《游天台山赋》相近的思维方式。

政治、生命、天地(以山水为主要内容)三重自然中,都存在着一个与名教对立的问题。比如政治上有崇尚儒家的名教之治与崇尚道家一派的无为之治之区别。生命方面,在个人的生活行为方式方面,当然存在着服膺名教礼法与体任自然两种不同的认识。山水自然是自然观中最后起的一义,它本身与名教无关,但由于魏晋士人以游赏山水、隐逸丘园等为体自然的行为,所以这里也存在着与名教的对立。在魏晋时期,这种对立用"黄屋""山林"或"庙堂""丘壑"这样的词汇来分别指称。

从上述自然思想的三个范畴或者说名教与自然的三重对立关系来看,陶渊明的思想与行为,都是偏向于自然一派的。我们也可以说陶渊明是魏晋玄学自然说的比较典型的继承者。在政治上,陶渊明个人有避世的倾向,并且如《时运》诗中慨叹"黄唐莫逮,慨独在余"、《桃花源诗》及《记》中存人伦而废君臣、无赋税,以及自称"北窗下卧","自谓是羲皇上人",都可以看出,陶渊明在政治上深受道家及玄学一派的无为而治思想的影响。这也可以说是他怀古情结的基础。在天地自然方面,陶渊明的隐逸行为,已经明显地表现了他在庙堂与山水之间,是选择了后一场合的。落实到生命方面,就是"神辨自然"所阐释的思想。

如一般思想史界所已认识的那样,魏晋玄学中的自然与名教关系的讨论,随着历史政治的发展,也可以说随着讨论者主体的性质的演变,经历了从名教与自然的对立到名教自然合一、名教即自然这样不同的论证方式。名教与自然的对立,从最初的直接的对立(这一点在阮籍的《达庄论》《大人先生传》中表现得最突出,竹林名士则是贱名教、崇自然的具体实践者),到嵇康等人提出"越名教而任自然"的思想,其实已经是一个发展。"越名教而任自然"并非简单地否定名教,而一种将道德行为建立在自然基础上的思想。嵇康《释私论》是这种思想最为系统的表达:

> 夫称君子者,心无措乎是非,而行不违乎道者也。何以言之?夫气静神虚者,心不存乎矜尚;体亮心达者,情不系于所欲。矜尚不存乎心,故能越名教而任自然;情不系于所欲,故能审贵贱而通物情。物情顺通,故大道无违;越名任心,故是非无措也。是故言君子者,以无措为主,以通物为美。言小人者,则以匿情为非,以违道为阙。⑱

嵇康对"自然"的这一解释,在魏晋玄学中是属于高真一派。他所重视的是主体的"气静神虚""体亮心达",这样就能照鉴自然之理,通于物情,达于大道。这其实是将儒家孔子的随心所欲不逾矩与老子的道法自然进行了结合,符合玄学家以圣人体自然的思想逻辑。所以,虽然后来的学者强调玄学来源于道家(事实也是如此),而玄学家们却一直认为他们是儒家的本位立场上。这种情况与后来宋明理学吸取禅宗的思想方法,却又坚持辟佛的立场,有类似的地方。这是另一个问题,此处暂置不论。

从思想的继承来讲,正如陈寅恪已经指证的那样,陶渊明"新自然说"来自嵇阮等人的"旧自然说"。其基本的看法,认为旧自然说不崇名教、且有消极不与当局合作、饮酒等行为方面的标志。后期则有周孔老庄并崇、自然名教两是之徒,名利兼收,实最无耻之巧宦。"东晋之末叶宛如曹魏之季年,渊明生值其时,既不尽同于嵇康之自然,更有异于何曾之名教,且不主名教自然相同之说如山、王辈之所为。盖其己身之创建乃一种新自然说,与嵇阮之旧自然说殊异,惟其仍是自然,故消极不与新朝合作,虽"篇篇有酒"(昭明太子《陶渊明集序》语),而无沉缅任诞之行为及服食求长生之志。夫渊明既有如是创辟之胜解,自可以安身立命,无须乞灵于西土远来之学说,而后世佛徒妄造物语,以为附会,抑何可笑之甚耶?"⑲我们还可进一步说,陶渊明的《形影神》所展开的,也正是类似于嵇康《释私论》的一番思辨,是一个"越名教而任自然"的论辨。只是陶渊明的自然即"神",不仅是超越了"影"即名教的思想,而且还反思"形"所代表的"旧自然说"的思想。说到底,这还是一个"越名教而任自然"的思想。我们知道,两晋玄学思想的主流甚至说正统,即名教与自然合一,名教与自然同。学者常举的《世说新语·文学》所载的阮瞻答王戎问"圣人贵名教,老庄明自然"的同异时的"将无同"之说,正是名教自然合一论的起点。其后如郭象注《庄子》,阐述山林与黄屋之同,以及东晋诸家论情礼的问题,都是这方面的例子。可以说,这是当时门阀士族政治学与人格学方面的一个主流意识。那么,陶渊明在此期倡论"越名教而任自然"的"神辨自然"之说,显然是与主流意识违异的。当然也是由于东晋门阀士族的自然即名教、丘壑即庙堂,或如谢灵运诗颂雅诗所写"玉玺戒诚信,黄屋示崇高。事为名教用,道以神理超"(《从游京口北固应诏诗》),其实已经是一种为门阀士族政治辩护的工具。陶渊明显然很清楚这一点,也预料有可能引起误解,被视为老庄之流。所以在小序的最后,郑重地说"好事君子,共取其心焉",即怕因此而遭致正统舆论的非议,同时也怕好事者不明其中的深度思辨,将其误认为废无放诞的旧自然一派。事实上后世仍然有不少论者,将陶渊明的《神释》简单地归于老庄之流。值得提出的是,陶渊明之所以提倡纯粹的自然之说,继承竹林一派越名教而任自然的思想,与当时门阀正统的名教即自然相异,与他平生出处之节及寒素士族的身份有直接的关系。本来竹林诸人的自然之说,就有以在野者对抗司马氏当局及高门势族的性质。提出这一点,也可以补充陈氏之说。

四

通过上述论述,我们已经知道,《形影神》贡献不在于简单地重提"自然",也不在于认识到生命的自然本质,即生死是一种自然规律,而在"神辨自然"这个哲学表达上。所以,"自然"虽然是陶渊明哲学中的最高范畴,但"神"却是其最有创造性的范畴,或者说陶渊明创造性地发展了"神"这个范畴。形神问题是当时佛道两家都使用的概念,并且形成不同的思想。道教通过炼神而长生,佛教主张形神为两种不同事物,形灭神不灭。与陶渊明有交往的慧远,就是主张神不灭。

陶渊明是持"神"灭论,与慧远文中的"或问者"观点相同,此点上文已述。但陶渊明在赋予"神"这一概念以更高的思辨,使之由一个生理的概念上升为哲学范畴,却获益于慧远等人所代表的佛教哲学的思辨成果。在慧远所阐述的"求宗不顺化"的思想中,"神"被赋予一种超越存在的性质:

> 有情于化,感物而动,动必以情,故其生不绝。其生不绝,则其化弥广而形弥积,情弥滞而累弥深。其为患也,焉可胜言哉。是故《经》称泥洹不变,以化尽为宅,三界流动,以罪苦为场。化尽则因缘永息,流动则受苦无穷。何以明其然?夫生以形为桎梏,而生由化有。化以情感,则神滞其本。而智昏其照,介然有封。则所存唯己。所涉唯动,于是灵辔失御,生途日开。方随贪爱于长流,岂一受而已哉?是故反本求宗者,不以生累其神。超落尘封者,不以情累其生。不以情累其生,则生可灭。不以生累其神,则神可冥。冥神绝境,故谓之泥洹。[20]

慧远持佛教观念,认为三界流动,以罪苦为场。如果有情于化,就是情累弥深,为患不尽。所以,主张采取照鉴的方式,让神超越于情感之上,"不以生累其神,则神可冥。冥神绝境,故谓之泥洹"。从让"神"超越于情之上,超脱"化以情感,则神滞其本"的说法来看,与陶渊明的"神辨自然"有相同的地方。陈寅恪论文中所说的"或疑渊明之专神至此,殆不免受佛教影响",即是指这种情况,因为两者都是强调了"神"的主宰、主体的作用。同时,陶渊明没有简单地将神与形视为同种物质，而是强调"与君虽异物，生而相依附"。这种对"神"与"形"不同的认识，即来自于佛学与玄学。或许受佛教涅槃说的影响，陶渊明形成了神可独立而超越于形、名的思想。更重要的是，在他的哲学里，"神"不再是一般意义的精神、灵魂这种生理层次的概念，而成为一个具有主体精神意义的哲学范畴。或者可说，形、影、神可以分析为三种自我认识，即局限于身体来认识自我，超越到伦理价值来认识自我（即"影"所暗示的"名"），和对上述两种各有封域的自我超越的"神"的自我。在哲学上，我们只能用"主体精神"来指称这个自我。它所指向的，或者实际所包含的，是一种可以称之为最高理性的内容。陶渊明对"神"的概念的这种赋予，是历来的各个思想流派所没有的。慧远让"神"超越于"尘封"的方法很可能启发了他，但他对"神"的涵义做了这样的提升。事实上，陶渊明只是借用了人们熟悉的"形""影""神"三个词，但并非在日常概念的层次上使用这三个范畴。但陶渊明与慧远形神之说的根本不同，在于他是持形尽神灭之论。他借助于佛学的，其实只是一种高度思辨的思维方式。

陶渊明对于佛教的空无观、甚至"苦集灭道"四谛，应该是有所接受的。《形影神》小序中"极陈形影之苦"，这个"苦"字，是无论如何也不能摆脱受佛教学说影响的嫌疑。但对四谛中的"道"，陶渊明却有全新理解。他与佛道徒、道教徒的最大区别，就在这个"道"字上。他以一种彻底的自然观代替了佛道两家之"道"。

五

《形影神》诗所阐述的哲学内涵，其实不仅仅是一种生命哲学，事实上包含或者指向一种本体论。首先，我们看到，陶渊明是在宇宙自然即诗中的所说的"天地""大化"这样的宏观背景中落实生命的位置，并且认为生命属于万物运化的一部分，所以要纵浪大化。纵浪大化，即委运任化。这种思想，当然是来自道家，尤其是与《庄子》有一定的渊源关系。但老庄在强调人类的个体是自然的一部分的时候，取消了人的主体性。陶渊明则通过"神"这个范畴的建立，阐述人的主体精神。在这方面，陶渊明在思想方法上，受益于魏晋玄学甚至佛教般若学等的启发。这些哲学,都强调人的智慧,以及智慧所具有的最高作用,即"照鉴"的功能。陶渊明早年所作的《感士不遇赋》中说:"咨大块之受气,何斯人之独灵。禀神智以藏照,秉三五而垂名"。可见"神"这个范畴,是与"智""照"联系在一起的。晚年的陶渊明,显然已经脱略了魏晋玄学与佛学这些名相,所以在《形影神》诗中,没有提出这一类概念。事实上,这一组与当时思想潮流相呼应的哲学诗,并没有用当时习惯使用的哲学论述方式进行,正如他并不关心当时哲学里的名教与自然关系及形神俱灭或神不灭这些问题。它其实是超越魏晋玄学与佛道哲学的层面,但仍然受益于那个时代的思辨风气。

我们反复强调,"神"的概念并非一般形神之说的"神",而是指一种主体精神与最高理性。正是在这个意义,"神辨自然"生命哲学,其实具有本体哲学的性质。也就是说,陶渊明从"大化"中确立了主体的最高理性之后,这种理性也就具有冥合于道的性质。

"神辨自然"哲学中所表现出来的委运任化,其实质是强调精神相对于运化的独立地位。就"形"与"影"两个层次来说,生命是直接地受制于物质世界与一般所说的社会的。生老病死,祸福荣辱,乃至于属于主观反映的喜怒哀乐,这一切,都是属于形、影层次的生命内容,都是受运化支配的。而"神"作为最高理性,却是宁静、澄明的。这种宁静、澄明的理性是具有本体性质的。前者陶渊明曾用"形迹"来称呼,后者则用"灵府"来称呼:

> 形迹凭化往,灵府长自闲(《戊申岁六月中遇火》)

"形迹凭化往",即委运任化的意思;"灵府长自闲"即认为精神可以保持一种永恒的宁静。这里关键是强调精神有一种可以独立于运化、不受运化支配的作用。当然这个精神是属于理性的范畴,而非一般理解的心灵活动,尤其与平常所说的心理活动不一样。可以说,这个"灵府"与"神"是同等的概念,具有哲学范畴的特点。这类思想,在陶氏作品中经常出现。如:

> 既来孰不去,人理固有终。居常待其尽,曲肱岂伤冲。迁化有夷险,肆志无窊隆。即事如已高,何必升华嵩。(《五月旦作和戴主簿》)

所谓"迁化有夷险,肆志无窊隆",与"形迹凭化往,灵府长自闲"显然是一样的意思。其中"肆志"即灵府自闲的意思。本诗中所表现的委运任化思想,与《神》诗是完全一致的。此外,《连雨独饮》中的"形骸久已化,心在复何言"也是同样的意思：

> 运生会归尽,终古谓之然。世间有松乔,于今定何间？故老赠余酒,乃言饮得仙；试酌百情远,重觞忽忘天。天岂去此哉,任真无所先。云鹤有奇翼,八表须臾还。自我抱兹独,僶俛四十年。形骸久已化,心在复何言？

按逯钦立《陶渊明集》："曾本云,一作'形体凭化往',又云'形神久已化'。"又云："和陶本作在心。曾本云,一作在心。"按宋刊汤汉注《陶靖节诗》、元刊李公焕《笺注陶渊明集》并作"形骸久已化,心在复何言"。按此两句,实亦《五月旦作和戴主簿》"迁化或夷险,肆志无窊隆",《戊申岁六月中遇火》"形迹凭化往,灵府长自闲"之意,特措辞稍异尔。其言之意,是说"形骸"即"形迹","形骸久已化""形迹凭化往",皆纵浪大化之意,亦即生命本身及人生之种种遭遇,都是运化所致,主观并无执着与决定之能力,所以只有委运任化。"心在复何言"之"心"即"灵府长自闲"之"灵府",亦即"肆志无窊隆"。"心在复何言"为感叹自慰之言,此两句言:形骸久已委运任化,然此"心"则是自我之唯一体现,此心即能自我拥有,则迁化之夷险、生命之短长,复有何可系虑者？故上述三诗中的这三联诗,所表达的思想是一样的。

由此可见,在陶渊明的表达习惯中,"神""灵府""志""心"这些概念,与一般的生理或心理意义不太一样,都是一种具有哲学内涵的范畴。这是因为陶渊明是用这些范畴来阐述一种生命的哲学。渊明诗文中,多"心"字,其中最富哲学范畴意味的用法的,即《归去来兮辞》中"既自以心为形役,奚惆怅而独悲""寓形宇内复几时,曷不委心任去留"。这些表述,都是属于"神辨自然"范畴的内容。可以说,陶渊明将"心""神""志"理解为一种独立于形影之上的理性,将此作为真正的自我所在。他对"心"的独立作用的强调,与后来的禅学、心学是有相通之处的。

从以上所论可知,陶渊明并非简单地接受玄学自然思想,而是对魏晋以来的崇自然论者、形神论者及其所有行为方式有诸多的思考与辨析,并落实在人生行为与艺术创作之上。由此可见,"神辨自然"的意义,并不仅仅局限于《形影神》三诗之内,作为一种单纯的生命哲学存在,而是包含在渊明思想与行为的整体之中。陶渊明通过对"自然""神"等旧有范畴的创造性发展,建立了最高理性的哲学范畴,其《形影神》诗中的哲学表述,也就具有了可与古今中外一切阐述主体精神、理性、本体的哲学相互阐发、印证的条件。从这个意义上,陶渊明哲学的研究,并非已经完成的工作,而是一种刚刚开始的工作。至于"神辨自然思想"的实践性,则是需要通过不同个体的来证悟、实践的。事实上,这一组形影神范畴作为中国古代士人体验生命、建构个体或群体的生命伦理学、生命哲学的重要传统资源,及其在历史的影响,足以构成一种独特的思想,即形影神的思想史。在这些方面,除了陈寅恪对陶氏思想史地位的强调之外,基本上没有引起思想史研究领域的注意。这不能不说是一种有待弥补的缺憾。

2017年2月25日初稿,2017年8月27日改定。

注 释

① 参见钱志熙《陶渊明〈形影神〉哲学内蕴与思想史位置》,《北京大学学报》2015年第3期。
② 陈寅恪《陶渊明之思想与清谈之关系》,载《陈寅恪集·金明馆丛稿初编》,生活·读书·新知三联书店,2009年,201—229页。
③ 逯钦立校注《陶渊明集》附录一《关于陶渊明·从〈形影神〉诗看陶渊明的玄学观》,中华书局,1979年,213—222页。
④ 当代研究者也有运用现代心理学的范畴,将形、影、神分为自我、本我、超我之说。基本上是一种比附,无助于陶渊明生命思想本义的抉发。
⑤ 参见钱志熙《陶渊明〈形影神〉哲学内蕴与思想史位置》。
⑥ 《金明馆丛稿初编》,225页。
⑦ 《金明馆丛稿初编》,229页。
⑧ 《金明馆丛稿初编》,221页。
⑨ 有关庄子影与罔两之说与陶渊明《形影神》之说可以存在的渊源关系,请参看拙文《陶渊明〈形影神〉的哲学内蕴及其思想史位置》一文的有关分析,见前注。
⑩ 陈伯君《阮籍集校注》,中华书局,1987年,140页。
⑪ 《金明馆丛稿初编》,223页。
⑫ 《陶渊明集》,214页。
⑬ 《全上古三代秦汉三国六朝文·全晋文》卷一六一,中华书局,1958年,4789页。

⑭ 戴明扬《嵇康集校注》,中华书局,2015年,229—230页。
⑮ 《金明馆丛稿初编》,214页。
⑯ 方东树《昭昧詹言》卷四,人民文学出版社,1961年,111页。
⑰ 《文选》,上海古籍出版社,1986年,494、500页。
⑱ 戴明扬《嵇康集校注》,"则以无措为衷","衷"原文作"主",此据戴氏校文引张溥本、《三国文》本改。中华书局,2015年,368、373页。
⑲ 《金明馆丛稿初编》,220页。
⑳ 《全上古三代秦汉三国六朝文·全晋文》卷一六一,4787页。

大同句律形成过程及与五言诗
单句韵律结构变化之关系

杜晓勤

近体诗律形成的一个前提基础,是五言诗单句的律化。但学界此前在研究五言近体诗声律体系成立问题时,主要考察的是五言诗句、联间"粘对"规则的建立,对单句律化问题关注不够。即便有所涉及,亦多从齐梁时期甚至到汉魏时期的五言诗中找寻出符合后世近体诗律的律句,然后看其在不同历史时期的发展情况。如 20 世纪 70 年代,启功就认为沈约《宋书·谢灵运传论》和钟嵘《诗品序》所举诗例已为律句,并以此说明"永明时代的声律学说,是诗歌方面走向律化的几项探索归纳"[①]。稍后,徐青的《古典诗律史》[②]更是追溯到东汉五言诗,并从中找到一些律句,认为近体诗律自五言诗产生之初即已萌芽[③]。到 20 世纪末,刘跃进的《门阀士族与永明文学》[④]则钩稽出永明体诗中诸多严格律句和特殊律句,认为齐梁时期大量律句的运用已非偶然现象。吴小平也认为,近体律句的四种基本节奏型及十二种变格"都是从永明声律说当中产生的"[⑤]。最近,卢盛江在其新著《文镜秘府论研究》中,仍认为"永明时期对近体诗律就已有比较自觉的追求,尽管远没有达到初唐近体诗律的成熟程度"[⑥]。其实,这些著作在研究思路上都是以后世的平仄观念论永明体甚至汉魏诗,以近体律句的二四异声规则来分析永明句律,存在着执近体观念以绳齐梁永明体诗甚至汉魏晋宋诗的偏误。郭绍虞是较早意识到这一问题的学者,20 世纪 80 年代初,他在《声律说续考》中曾经指出:"后人习惯于平仄之分,于是对于这一时期的理论,也往往引入了歧途,常以后人的平仄观念去解释当时的理论。"[⑦]因此,何伟棠的《永明体到近体》[⑧]即抓住永明声律说中"四声分用""二五音节异声"的用声规则,归纳出永明体诗歌的四大句律格式,认为永明句律与近体句律之差异,主要在于二五音节四声相异与二四音节平仄相对之别,而且注意到了永明句律向近体句律演变的阶段性,方法可取,突破较大[⑨]。到本世纪初,施逢雨发表了《单句律化:永明声律运动走向律化的一个关键过程》[⑩]的专论,在对梁、陈、隋及北朝三十七个代表诗人作品的声律情况进行量化分析的基础上,初步梳理了五言诗单句律化的历程,并阐释了其发展原因,将该问题的研究又推进了一步。鉴于最近仍有学者在"执近体观念以绳永明体",加上施逢雨文对五言诗单句律化进程的描述和阐释仍有不少可细化和深入之处,本人遂在吸收学界已有成果的基础上,对现存南北朝隋唐五言诗进行全面声律分析和数据统计[⑪],再结合此一历史时期相关诗律理论资料,抓住五言诗单句律化过程中的几个主要环节和理论问题,分层面多角度地进行探讨。下面主要介绍本人对五言诗单句律化进程中的一个重要环节——大同句律形成过程及与五言诗单句韵律结构变化之关系的研究心得,敬请海内外专家不吝指正。

一、由二五异声到二四异声:五言诗单句律化进程的一个重要环节

日僧遍照金刚《文镜秘府论》西卷载有沈约"八病"之说的定义和解释,其中与句律关系最密者当属"蜂腰"病:

> "蜂腰者,五言诗第二字不得与第五字同声。"此虽为隋刘善经《四声指归》所引时人之通行理解,后文复引沈氏云:"五言之中,分为二句,上二下三。凡至句末,并须要煞。"[⑫]

则表明沈约对"蜂腰"病的规定,也应是"五言诗第二字不得与第五字同声"。如此看来,永明体律句应是第二字与第五字四声相异。这样的句式共有三种十二式,其在五言诗中出现的概率,从理论上说应是 75%(12/16)。只有作品中永明律句的占比明显高于这个数值,才能说明作者可能是有意遵用了永明诗律。那么,齐代五言诗中永明律句到底占多大的比例呢? 与以前历代五言诗相比有无差别呢? 为此,我对逯钦立编《先秦汉魏晋南北朝诗》[⑬]中收录的五言诗全部作了声律分析,并制成了《汉魏晋宋齐五言诗永明律句统计表》

(表1)：

表1　汉魏晋宋齐五言诗永明律句统计表

	西汉	东汉	曹魏	西晋	东晋	刘宋	萧齐
五言诗总数	7	110	317	301	364	474	314
总句数	42	1 505	4 144	4 115	4 344	6 178	2 978
永明律句数	33	1 016	3 070	2 935	3 067	4 760	2 534
永明律句占比	78.57%	67.51%	74.08%	71.32%	70.60%	77.05%	85.09%

从中可以看出，汉至刘宋五言诗中永明律句的占比大多没有超过其出现概率(只有西汉和刘宋两个时期五言诗中永明律句的占比稍稍高出，然尚不足以说明问题)，而萧齐时期五言诗中永明律句则超出平均概率10个百分点，且一下子超过刘宋时期8个百分点。而且，永明体代表作家的五言诗中永明律句比例都普遍较高。这庶几可以说明，齐代之前五言诗中出现的永明律句，只是与永明句律"暗合"，而到齐代尤其是永明年间(483—493)四声八病说兴起之后，不仅沈约、谢朓、王融等代表作家在五言诗创作中已经开始避忌"蜂腰病"，注重二五音节四声分用，而且在他们的影响下，其他诗人也逐渐接受永明声律说，遂使齐永明至梁初五言诗中永明律句的占比有了显著的提高。

但是，永明之后人们对五言诗单句二五音节不得同声的规定似乎并没有遵守多久。大约到梁大同(535—546)年间，一种新的单句用声习惯开始出现，且呈压倒、取代永明句律之势。《文镜秘府论》西卷《文二十八种病》"蜂腰"条中又引刘滔语云：

> 又第二字与第四字同声，亦不能善。此虽世无的目，而甚于蜂腰。如魏武帝《乐府歌》云："冬节南食稻，春日复北翔。"

王利器认为，此之刘滔即梁之刘绦[14]。据《梁书》卷四九《刘昭传》，知刘绦大同中曾为尚书祠部郎，其父刘昭善属文，其弟刘缓曾为湘东王记室，且居湘东王西府文学之首。则刘滔提出五言诗二四音节不得同声之说，当在大同年间或前后不数年[15]。虽然刘滔所云"第二字与第四字不得同声"的新规与后世近体句律"第二字与第四字不得同平仄"的规定尚有区别，但是在用声位置上已经开始向近体句律靠拢了。为了与前之永明律句及后之近体律句相区别，本文姑且将这种新的句律称为大同律,将二四字四声相异的五言句称为大同律句。

大同年间五言诗这种用声观念的变化,也体现在现存作品句律分析数据上。高木正一曾统计宋齐梁陈五个重要作家作品中二、四字同声相犯句的出现情况(表2),并认为"永明以后第二字与第四字同声的诗句,如下表所示,呈现着锐减的现象"[16]:

表2 宋齐梁陈五位重要作家作品二四同声统计表

作家	调查句数	二四同声句数	犯规率
谢灵运	894	459	51%
沈约	1 356	440	32%
庾肩吾	820	67	8%
庾信	2 328	172	7%
江总	820	60	7%

其实,高木正一的说法也不全对。如果我们考察得更全面、分析得更细致的话,就会发现,五言诗中第二字与第四字同声的诗句的锐减,亦即第二字与第四字四声相异句(即大同律句)的大幅增加,实际上是在梁代,尤其是天监后期至大同年间,而非齐永明之后即已出现。由本章后附表1可以看出,在卒于梁代中期诗人的作品中,大同律句逐渐增多,但是到主要活跃于梁大同年间的刘缓(刘绘之弟)、刘孝威、刘孝仪等人诗中,大同律句数量才超过了永明律句,这足以说明,梁大同年间五言诗单句调声规则已经由前此重二五音节四声相异,到更重二四音节四声相异,就印证了刘绘所云"第二字与第四字同声,亦不能善。此虽世无的目,而甚于蜂腰"的说法。

那么,梁大同诗人为何会对五言句二四音节异声如此重视呢?刘绘之所以能够提出大同句律且为时人所遵奉,又有哪些原因呢?

不少学者已经指出,刘绘认为五言诗句中二四音节同声其病甚于"蜂腰",表明梁大同年间人们对五言诗音步的认识已经由"二三"变为"二二一"了[17],而后者又说明人们已经将五言句第四音节也作为一个节奏点[18]。问题是,五言诗单句第四音节为何在此时会成为一个新的节奏点呢?我认为,这与五言诗发展过程中"二二一"句式的增加(见附表2),以及"二二一"句式中韵律结构与语法结构易于一致(见附表3)等因素,具有密切的关系。

二、汉代五言诗单句韵律结构的常见类型及分布情况

五言诗自产生之初,就出现了语法结构各不相同的句式。而这些句式又大多可分为"二一二"句和"二二一"句两大类,其中"二二一"句式的语法结构和韵律结构之间存在着相当程度的关联性。

下面根据现存汉乐府⑲和《古诗十九首》,先列出汉代五言诗中与"二二一"语法结构相对应的几种常见韵律结构⑳:

(一)"二′二′一"式。此式单句本身就是一个具有双重修饰词的名词性短语。句中后三字往往是由双音节修饰语(名词或形容词)加一个单音节名词构成黏合性强的三音节偏正名词或名词性短语,四五音节间音顿较短甚至没有音顿(如三音节名词"牵牛星""河汉女");前二字则为进一步修饰后三音节名词或名词性短语的双音节形容词或颜色词,且多为叠音词、双声词或迭韵词,二三音节间音顿也较短。所以这种句式,从韵律结构的第一层级看,可以勉强归入"二三"式。如:

青青′河畔′草,平平′平去′上
郁郁′园中′柳。入入′平平′上(《古诗十九首》其二)
迢迢′牵牛′星,平平′平平′平
皎皎′河汉′女。上上′平去′上(《古诗十九首》其十)

(二)"二/二′一"式。此种句式多为动宾结构或省略谓语的主谓宾结构。后三字由双音节修饰语(名词或形容词)加一个单音节名词构成黏合性强的三音节偏正名词或名词性短语,四五音节间音顿较短。前二字则为双音节动词性短语作谓语,或名词性短语作主语,句中省略谓语动词,二三音节间音顿较长。从第一层级划分的话,这种句式的韵律结构是比较明显的"二三"式。如:

日出/东南′隅,入入/平平′平
照我/秦氏′楼。去上/平去′平(《陌上桑》)

头上/倭堕'髻,平上/平上'去

耳中/明月'珠。上平/平入'平(《陌上桑》)

大子/二千'石,去上/去平'入

中子/孝廉'郎。平上/去平'平(《长安有狭邪行》)

(三)"二/二/一"式。此种句式多为主谓宾结构或者主谓结构。第五字往往为单音节动词或形容词,作谓语;或者是单音节名词作宾语。二三音节和四五音节之间音顿都比较长。从韵律结构的第一层级看,也是比较明显的"二三"式。如:

枯鱼/过河/泣。平平/去平/入(《枯鱼过河泣》)

北风/初秋/至。入平/平平/去(《古八变歌》)

岁暮/一何/速。去去/入平/入(《古诗十九首》其十二)

三五/明月/满,平上/平入/上

四五/蟾兔/阙。去上/平去/入(《古诗十九首》其十七)

另外还有些句子虽然语法结构不尽相同,但大致也可归入上三类句式中。

就韵律结构而言,这三种句式首先都可分为"上二""下三"两个大的音步,是"二/三"式。第二音节与第五音节是两个明显的节奏点。不过在"二'二'一"式中,由于一二、三四字都是偏正结构的修饰词,修饰词与被修饰名词之间的节律黏合性较强,二三音节、四五音节之间的音顿都不太长,尤其是第四音节后的音顿更不明显,呈现出较强的一体性,所以此式"下三"音步不太容易被进一步细分为"二一"。

在对汉乐府五言诗和《古诗十九首》进行声律分析和数据统计后,可以发现,上列三大类"二二一"句由于韵律结构的不同,在节奏点的用声方面也呈现出一定的差异性。其中,句子数量最多的是第二类"二/二'一"式,共有74句,这类句式中二五音节异声61句,占82.43%,二四音节异声59句,占79.73%。这表明此类句中第二音节确是比较明显的节奏点,且可与第五音节形成第一层级的韵律关系;而第四音节就不是明显的节奏点,与第二音节之间也未能形成韵律关系。汉人对这种句式的节奏和韵律似乎已有一些朦胧的感觉,所以句中二五异声稍稍多于二四异声。第三类"二/二一"式69句,二五音节异声44句,占63.77%,二四音节异声43句,占62.32%。这似乎也可说明这类句式由于句中二四音节都是节奏点,第二、四、五音节形成平级韵律关系,反而削弱了整句中的韵律感,故而较难为人所感知。第一类"二ʹ二ʹ一"句总数最少,只有16句,其中二五音节异声10句,占62.5%,二四音节异声12句,占75%。由于样本数量较少,似乎不太能说明问题。

再整体观之,汉乐府五言诗和《古诗十九首》中共有197句"二二一"式,其中二五异声125句,只占63.45%;二四异声138句,也只占70.05%。共计457句"二一二"句中,二五异声计313句,只占68.49%;二四异声207句,也只占45.30%。这两大类句式中二五异声句和二四异声句都没有超出平均概率,说明汉乐府五言诗和《古诗十九首》中还没有明显的人为调声的痕迹。其原因可能是这些作品原本多系乐府歌辞,当时都是入乐演唱的㉑,乐曲作者和现场听众比较关注这些作品所配乐曲之旋律和节奏,对辞句本身的语言韵律和声音节奏似未多加措意。

三、谢灵运诗句式分布情况及与韵律特点之关系

魏晋时期,五言诗逐渐脱离音乐,作品本身的语言韵律渐受重视。到刘宋大诗人谢灵运手上,五言诗更是写得精整宏丽。谢灵运五言诗现存92首1378句,仍以"二一二"句为主,计1078句,其中二五异声句与二四异声句的占比相差无几,也均未超过平均概率。这反映出,经过几百年的发展,五言诗单句的语法结构以及"二一二"句式的韵律特征,均未有太明显的变化。不过,谢灵运诗中"二二一"句虽然只有300句,但二五异声句的数量(226句)已经超过二四异声句(203句),所占比例(75.33%)较汉乐府五言诗和《古诗十九首》(63.45%)高出将近12个百分点,这说明谢灵运可能已经朦胧感觉到此种句式中第二字作为一个节奏点的存在。如果作更细致的分类考察,还可发现,谢灵运诗中"二二一"句中韵律结构种类、各句式分布情况及所占比例,较汉代乐府五言诗和《古诗十九首》更有改变:

(一)"二ʹ二ʹ一"式。这种句式在谢灵运诗中虽然数量较少,只有12句,在"二二一"大类中所占比例(4%)也低于汉五言诗,但其中二五异声句的占比却

达到 83.33%,二四异声占比则很低。如下列诸句:

寂寥ˊ曲肱ˊ子。入入ˊ入平ˊ上 (《君子有所思行》)
辛勤ˊ风波ˊ事。平平ˊ平平ˊ去 (《酬从弟惠连》其三)
嗷嗷ˊ云中ˊ雁。平平ˊ平平ˊ去 (《拟魏太子邺中集八首·应场》)
可怜ˊ谁家ˊ妇。上平ˊ平平ˊ上 (《东阳溪中赠答诗二首》其一)

均二五异声而二四同声,说明此种句式中的第二字已经开始节点化,而第四字仍未发展为一个明显的节奏点。

(二)"二/二ˊ一"式。这种句式在谢灵运诗中最多。如:

既惭/臧孙ˊ慨,去平/平平ˊ去
复愧/杨子ˊ叹。入去/平上ˊ平 (《长歌行》)
始信/安期ˊ术,上去/平平ˊ入
得尽/养生ˊ年。入上/上平ˊ平 (《登江中孤屿》)

等,共 150 句,占"二二一"句的 50%。而且,其中二五异声比(79.33%)也超过了二四异声(73.67%),说明谢灵运似乎感觉到此种句式的第二字是一个节奏点,而第四字仍非明显的节奏点。

(三)"二/二/一"式。这种句式在谢灵运诗中数量也不少,计 80 句,占 26.67%。如:

岁岁/层冰/合,去去/平平/入
纷纷/霰雪/落。平平/去入/入 (《苦寒行》)
良时/不见/遗,平平/入去/平
丑状/不成/恶。上去/入平/入 (《永初三年七月十六日之郡初发都》)
隐轸/邑里/密,上上/入上/入
缅邈/江海/辽。上入/平上/平 (《入东道路》)

等。虽然其中二五异声(69 句,占 86.25%)和二四异声(65 句,占 81.25%)占比差不多,但数值都比汉代五言诗大幅提高了,说明谢灵运可能已把这种句子中的第二字和第四字视为节奏点了。

（四）"二′二/一"式。这种句式在汉乐府和《古诗十九首》中没有出现过，谢灵运诗中有19句。此式前二字往往是叠音、双声或迭韵的形容词，修饰后面的双音节名词或名词性短语，最后一字则为动词或形容词作谓语，全句形成主谓结构。如：

> 倏烁′夕星/流，入入′入平/平
>
> 翌奕′朝露/团。入入′平去/平（《长歌行》）
>
> 习习′和风/起，入入′平平/上
>
> 采采′彤云/浮。上上′平平/平（《缓歌行》）
>
> 亭亭′晓月/映，平平′上入/去
>
> 泠泠′朝露/滴。平平′平去/入（《夜发石关亭》）

这种句子，如果要划分韵律结构的话，第一层级应该是"四/一"，第二层级可分为"二′二/一"。因为前四个字是偏正结构的韵律短语，所以二三音节间的音顿应该较短，故第二音节不易成为节奏点；前四字与第五字间是主谓结构，所以四五音节间的音顿较长，第四音节较易成为节奏点。但是从现存作品的声律分析数据看，则不尽然，谢灵运诗中这种句式的二五异声竟然与二四异声数量相同，都是16句，均占84.21%，说明谢灵运将这种句式中的第二音节也当作了一个较明显的节奏点。

（五）"二//二/一"式。这种句式是在谢灵运诗中开始成对涌现的（共14句）。此式全句实则可以视为由两个主谓结构的分句构成：前二字是一个主谓结构的韵律短语，后三字也是一个主谓结构的韵律短语，两分句之间或为并列关系，或为因果关系，或为转折关系，诗意远较其他句式丰富，诗句也更为凝炼，反映了五言诗句法和表现艺术的新发展。如：

> 盛往//速露/坠，去上//入去/去
>
> 衰来//疾风/飞。平平//入平/平（《君子有所思行》）
>
> 野旷//沙岸/净，上去//平去/去
>
> 天高//秋月/明。平平//平入/平（《初去郡》）
>
> 春晚//绿野/秀，平上//入上/去
>
> 岩高//白云/屯。平平//入平/平（《入彭蠡湖口》）

由于是两个分句的分界,所以二三音节间的音顿自然很长。而三四字与第五字之间是主谓结构,所以四五音节间也应有一个较为明显的音顿。但就谢灵运诗考察,第二音节作为节奏点是极为明显的,因为二五异声比例很高,达85.71%；但第四音节好像并未被谢灵运当作节奏点,因为二四异声比例极低,只有42.85%。

谢灵运五言诗中还有一个韵律方面的变化值得注意：汉乐府和《古诗十九首》中"二二一"句多为零散单句,偶对不多,而谢灵运诗中的这些"二二一"句则绝大多数是以对偶句的形式出现的。如,《登孤山》现存四句②均为"二二一"式：

　　迥旷ˊ沙道/开,上去ˊ平上/平
　　威纡ˊ山径/折。平平ˊ平去/入
　　波□/青密ˊ林,平□/平入ˊ平
　　□映/丹穴ˊ壁。□去/平入ˊ入

《行田登海口盘屿山》除前两句是"二一二"式,后六句均为偶对精工的"二二一"句：

　　莫辨/洪波ˊ极,入去/平平ˊ入
　　谁知/大壑ˊ东。平平/去入ˊ平
　　依稀ˊ采菱ˊ歌,平平ˊ仄平ˊ平
　　仿佛ˊ含嚬ˊ容。仄仄ˊ平平ˊ平
　　遨游/碧沙ˊ渚,平平/仄平ˊ仄
　　游衍/丹山ˊ峯。平仄/平平ˊ平

像六句偶对连用的还有《初往新安至桐庐口》：

　　不有/千里ˊ椊,入上/平上ˊ去
　　孰申/百代ˊ意。入平/入去ˊ去
　　远协/尚子ˊ心,上入/去上ˊ平
　　遥得/许生ˊ计。平入/上平ˊ去
　　既及/泠风ˊ善,去入/平平ˊ上
　　又即/秋水ˊ驶。去入/平上ˊ去

四句偶对连用的作品则有《从游京口北固应诏》：

> 事为/名教/用，去平/平去/去
> 道以/神理/超。上上/平上/平
> 昔闻/汾水'游，入平/平上'平
> 今见/尘外'镳。平去/平去'平

《永初三年七月十六日之郡初发都》：

> 生幸/休明'世，平上/平平'去
> 亲蒙/英达'顾。平平/平入'去
> 空班/赵氏'璧，平平/上上'入
> 徒乖/魏王'瓠。平平/去平'去

《七里濑》：

> 既秉/上皇'心，去上/去平'平
> 岂屑/末代'诮。上入/入去'去
> 目觌/严子'濑，入上/平上'去
> 想属/任公'钓。上入/平平'去

《游南亭》：

> 未厌/青春/好，去入/平平/上
> 已观/朱明/移。上平/平平/平
> 戚戚'感物'叹，入入'上入'去
> 星星'白发'垂。平平'入入'平

《登江中孤屿》：

> 想象/昆山'姿，上上/平平'平
> 缅邈/区中'缘。上入/平平'平
> 始信/安期'术，上去/平平'入
> 得尽/养生'年。入上/上平'平

《石门新营所住四面高山回溪石濑茂林修竹》：

  俯濯/石下'潭，上入/入上'平

  俯看/条上'猿。上平/平上'平

  早闻/夕飙/急，上平/入平/入

  晚见/朝日/暾。上去/平入/平

《还旧园作见颜范二中书》：

  长与/欢爱/别，平上/平去/入

  永绝/平生'缘。上入/平平'平

  浮舟/千仞'壑，平平/平去'入

  总辔/万寻'巅。上去/去平'平

《酬从弟惠连》其三：

  倾想/迟嘉'音，平上/平平'平

  果枻/济江'篇。上上/去平'平

  辛勤/风波'事，平平/平平'去

  欸曲/洲渚'言。上入/平上'平

《拟魏太子邺中集八首·刘桢》：

  北渡/黎阳'津，入去/平平'平

  南登/宛鄄'城。平平/上上'平

  既览/古今'事，去上/上平'去

  颇识/治乱'情。上入/去去'平

等十首，都充分体现出谢灵运诗的铺排骈俪美和鲜明节奏感。

  不过，总体看来，谢灵运诗中"二二一"句的数量及占比都远较"二一二"句为少，而且"二二一"句的二四异声数量（203 句，占 67.66%）少于二五异声（226 句，75.33%），二者的占比，一低于平均概率，一刚好达到平均概率，说明即使是对梵汉音韵都比较精通的谢灵运，整体上也还没有表现出太明显的人为调声的意识。因为此时汉语四声尚未被发现，更未被自觉运用到五言诗创作中，所以谢灵运即使对句中节奏点（尤其是"二//二/一"句中的第二音节，

"二/二/一""二′二/一"句的第四音节)有所感知,也未必能从声调方面进行自觉调谐。

四、永明三大诗人对单句韵律结构的不同趣尚

但是到齐永明年间,情况就发生了显著变化。沈约在周颙发现汉语平、上、去、入四声之后,撰《四声谱》,提倡在诗歌创作中运用四声调谐韵律,避忌"八病"。而沈约认为五言诗创作中应该避忌"蜂腰"病,其诗律原理实际上是:五言诗一句可以分成上二、下三两个分句,两分句末的第二字和第五字都是明显的节奏点,而相邻节奏点应该异声。《文镜秘府论》西卷《文二十八种病》"蜂腰"条下引沈氏云:

> 五言之中,分为两句,上二下三。凡至句末,并须要煞。㉓

即其义也。另一方面,沈约要求人们在创作中尽量避免二五字同四声,与汉代直至刘宋五言诗中单句韵律结构发展趋势也是相符的。因为魏晋以后的五言诗单句基本上可以划为"二三"音步,尤其是谢灵运诗中大量存在的"二/二′一"句(150句)、"二/二/一"式(80句)、"二//二一"式(14句),韵律结构的第一层级都是最明显的"二三"式,而且大多呈现出二五异声(所占比例分别为79.33%、86.25%、85.71%)的声律特点,对沈约提倡二五异声的句律应有一定的启发。沈约特地在编撰《宋书》时为谢灵运所作传论中提出新的诗律理论,并详加阐述,而且明确指出魏晋时期已有一些作品"以音律调韵,取高前式",都说明前代五言诗中一些佳作,尤其是谢灵运五言诗的韵律特点,为沈约提出永明声律说积累了可贵的艺术经验,只不过他认为前人包括谢灵运在内都是"音韵天成,皆暗与理合,匪由思至"(《宋书》卷六七《谢灵运传》)罢了。

由于有了明确的声律规定,又有前人的佳什妙句可资借鉴,永明三大家王融、谢朓、沈约在创作五言诗时,就特别注意二五字异声。在他们的现存作品中,二五异声句的比例都超过了80%。

不过,三人对五言句韵律结构的选择和偏好不尽相同。相同的是,三人诗中都以"二/二′一""二/二/一"句为主。但王融诗中"二/二/一"式尤多,竟然占到47.5%(70/160),如:

井莲/当夏/吐，上平/平去/去
窗桂/逐秋/开。平去/入平/平（《临高台》）
璧门/凉月/举，入平/平入/上
珠殿/秋风/回。平去/平平/平（《游仙诗五首》其三）

等句，不仅绘景如画，而且二五音节、二四音节均异声，句内两顿（二四音节均是较明显的节奏点），节奏分明。王融诗中这种句式最合永明句律，二五异声占比高达88.57%（62/70），不仅高于他自己诗中的其他种类的"二二一"式句，而且比谢朓、沈约诗中的同一句式的合律性也要高些。

沈约似乎更钟情于"二/二′一"句，数量多达222句（占"二二一"句的51.39%），如：

朝发/披香′殿，平入/平平′去
夕济/汾阴′河。入去/平平′平（《昭君辞》）
标峰/彩虹′外，平平/上平′去
置岭/白云′间。去上/入平′平（《早发定山》）

等句，都语言自然清新，且二五异声。其名作《饯谢文学离夜》诗后半四句均为此式：

一望/沮漳′水，入去/平平′上
宁思/江海′会。平平/平上′去
以我/径寸′心，上上/去去′平
从君/千里′外。平平/平上′去

与前半均为"二一二"式的四句，形成截然不同的韵律结构。且前半铺排写景，后半深切抒情。全诗每句二五异声，韵律感强，是典型的永明体作品。

谢朓诗中最有特色的则是"二//二/一"句。前文已述，谢灵运诗中已经出现一些画面优美、声律谐畅的"二//二/一"式的景句，如：

野旷//沙岸/净，上去//平去/去
天高//秋月/明。平平//平入/平（《初去郡》）

但谢灵运更喜欢用"二一二"式句写景摹画,如:

  白云/抱/幽石,入平/上/平入

  绿筱/媚/清涟。入上/去/平平(《过始宁墅》)

  池塘/生/春草,平平/平/平上

  园柳/变/鸣禽。平上/去/平平(《登池上楼》)

  密林/含/余清,入平/平/平平

  远峰/隐/半规。上平/上/去平(《游南亭》)

  云日/相/辉映,平入/平/平去

  空水/共/澄鲜。平上/去/平平(《登江中孤屿》)

等名句,都是"二一二"句式。由于类似句子的大量存在,遂使此式甚至成为后人眼中大谢体句法的一个重要标志。不过,谢灵运诗中的这些诗句,虽然描写新丽生动,但过于注重句中第三字的炼饰,雕琢痕迹较明显。谢朓可能意识到这个问题,遂减少了"二一二"句式的使用量[㉓],转而选择谢灵运诗中运用得虽也较为成功但数量尚少的"二//二/一"句式。谢朓诗中现存 28 句"二//二/一"式,占 5.46%,比王融(1 句,占 0.63%)、沈约(12 句,占 2.78%)都多。其中画面清新、物象并置、诗意丰富的山水妙句,更是纷至沓来,如:

  日起//霜戈/照,入上//平平/去

  风回//连骑/翻。平平//平去/平(《随王鼓吹曲十首·从戎曲》)

  风荡//飘莺/乱,平上//平平/去

  云行//芳树/低。平平//平去/平(《随王鼓吹曲十首·登山曲》)

  鱼戏//新荷/动,平去//平平/上

  鸟散//余花/落。上去//平平/入(《游东田》)

  日出//众鸟/散,入入//去上/去

  山暝//孤猿/吟。平平//平平/平(《郡内高斋闲望答吕法曹》)

  风振//蕉苁/裂,平去//平入/入

  霜下//梧楸/伤。平上//平平/平(《秋夜讲解》)

  草合//亭皋/远,上入//平平/上

  霞生//川路/长。平平//平去/平(《奉和随王殿下诗十六首》其三)

等。所以,"二//二/一"也就成为谢朓山水诗中最有特点的写景句式。当然,由于此式句中"上二""下三"是两个分句的关系,所以第二字是最为明显的节奏点,二五异声比达到 82.14% 也就不奇怪了。

另外,谢朓诗中"二'二/一"句的韵律特点也与谢灵运诗类似,与王融、沈约则有显著的区别。"二'二/一"句在谢灵运诗中已占一定比例(6.33%,19/300),且二五异声比较高(84.21%,16/19)。但王融和沈约对此式似乎不太感兴趣,二人诗中不仅句数较少(5,3.13%;17,3.94%),而且二五异声比(40%,58.82%)也远低于平均概率,说明他们俩在对这种句式进行调声时,受到语法结构特点影响较大,以至二五异声比(40%,58.82%)远低于二四异声比(80%,82.35%)。但谢朓不然,其诗中此种句式不仅数量较多(22 句),而且与谢灵运诗相似,也呈现出重视韵律结构甚过语法结构的特点。他把句中原本并不明显的节奏点——第二音节,也节点化了,因而二五异声比高达 86.36%(谢灵运诗中为 84.21%)。

不过总的看来,王融、谢朓、沈约三人均比较忠实地遵守了"二五异声"这一永明句律。他们诗中永明律句占比都相当高,分别达到 86.78%(571/658)、86.05%(1375/1598)、86.01%(1 322/1 537)。与此相反,他们作品中"二四异声"句的占比则未超出平均概率多少,三人分别为 76.90%(506/658)、79.72%(1 274/1 598)、77.49%(1 191/1 537)。

五、大同句律产生的创作背景

到梁代中前期,五言诗中句式的韵律结构和节奏点用声情况又发生了很大的变化,而刘绘正是在五言诗句律这一新变的历史背景下,开始提倡"第二字与第四字同声,亦不能善"的大同句律。

首先,在梁代中前期活跃诗坛的一些诗人的作品中,"二二一"句数量大增,所占比例也渐高。以前无论是在谢灵运诗中,还是在王融、谢朓、沈约等人诗中,"二二一"句从未超过 30%。但是到梁代中前期活跃于诗坛的刘孝绰(481—539)、刘缓(梁大同后期或中大通间卒)、徐摛(471—551)等人诗中,比例才开始上升,分别为 40.63%(256/630)、37.17%(42/113)、57.14%(16/

28)。

前文已述,"二二一"句式不仅第二音节是较明显的节奏点,而且第四音节也易成为节奏点。在永明声律说出现之后,诗人们对五言诗单句的节奏点开始自觉调声,使"二二一"式中二五异声句能够保持在较高的比例,同时二四异声句的比例也得以显著提升。如在王融诗中,"二二一"句的二五异声和二四异声占比都很高,分别为 83.75%(134/160)、80%(128/160)。谢朓诗中则更高,分别为 84.99%(385/453)、84.33%(382/453)[25]。而创作活跃期晚于永明三大家几十年的刘孝绰、刘缓、徐摛诸人,则继承并发展了王融、谢朓对"二二一"句中节奏点的调声方法,使得他们诗中的"二二一"句,在数量大增的同时,二四异声的比例也得到大幅提高,分别为 93.36%(239/256)、88.10%(37/42)、87.50%(14/16),也就自然拉升了他们全部五言诗中二四异声句的比例(分别为 86.19%,543/630;88.50%,100/113;92.86%,26/28)。可以说,自王融、谢朓开始,到刘孝绰、刘缓、徐摛等人,越来越将"二二一"句中的第四音节,也作为一个重要的节奏点。

刘绍约生于齐末梁初[26],梁武帝普通、大通间疑已入仕,大同中在朝为官,同时他又是刘缓之兄、曾为徐摛同僚。他应该觉察到了梁初以来五言诗单句中节奏点的新变化,然后又顺应这种声律发展趋势,提出了"第二字与第四字同声,亦不能善"的句律新说。

其次,在五言句式"二二一"大类中,梁代中前期诗人格外青睐第二音节和第四音节之后音顿均较明显的那几种句式,如"二/二'一""二/二/一""二//二一"等。刘孝绰的"二二一"句中,绝大多数是"二/二'一"式和"二/二/一"式。其中"二/二'一"式句如:

持此/阳瀨'游,平上/平去'平
复展/城隅'宴。入上/平平'去(《三日侍安成王曲水宴》)
此日/倡家'女,上入/平平'上
竞娇/桃李'颜。去平/平上'平(《遥见邻舟主人投一物众姬争之有客请余为咏》)

"二/二/一"式句如：

夏叶/依窗/落，去入/平平/入

秋花/当户/开。平平/平上/平（《夜不得眠》）

月光/随浪/动，入平/平去/上

山影/逐波/流。平上/入平/平（《奉和湘东王应令诗二首·月半夜泊鹊尾诗》）

二者所占比例加起来竟达 98.05％（251/256）。刘缓、徐摛诗中的"二二一"句，则均为"二/二′一"式和"二/二/一"式。在生年又稍晚一些，然也与刘缥同时代的刘孝威、刘孝仪、萧纲、庾肩吾等人诗中，则在多选择"二/二′一"式和"二/二/一"式的同时，也越来越重视谢灵运发端、谢朓推广的"二//二/一"句式。如：

雷奔//石鲸/动，平去//入平/上

水阔//牵牛/遥。上入//平平/平（刘孝威《奉和六月壬午应令》）

雾罢//前林/见，去上//平平/去

风息//涌川/平。平入//上平/平（刘孝威《出新林》）

木落//雕弓/燥，入入//平平/去

气秋//征马/肥。去平//平上/平（刘孝仪《从军行》）

林开//前骑/骋，平平//平去/上

径曲//羽旄/屯。去入//上平/平（刘孝仪《和昭明太子锺山解讲》）

风急//旌旗/断，平入//平平/去

涂长//铠马/疲。平平//上上/平（萧纲《雁门太守行三首》其一）

云斜//花影/没，平平//平上/入

日落//荷心/香。入入//平平/平（萧纲《苦热行》）

棹动//芙蓉/落，去上//平平/入

船移//白鹭/飞。平平//入去/平（萧纲《采莲曲二首》其一）

庭深//林彩/艳，平平//平上/去

地寂//鸟声/喧。去入//上平/平（萧纲《蒙预忏直疏》）

荷低//芝盖/出，平平//平去/入

浪涌//燕舟/轻。去上//去平/平（庾肩吾《山池应令》）
路静//繁葭/撤，去上//平平/入
轮移//羽盖/飘。平平//上去/平（庾肩吾《咏蔬圃堂》）
尘飞//远骑/没，平平//上去/入，
日徙//半峰/寒。入上//去平/平（庾肩吾《赛汉高庙》）

这种句式在诸人"二二一"句中的占比，分别为7.22%（13/180）、37.14%（13/35）、6.85%（53/774）、8.59%（17/198）。由于此式中第二音节是最明显的节奏点，第四音节也是很明显的节奏点，加上此时节奏点必须注意调声的观念已经深入人心，所以刘孝威等人"二//二/一"句中二四异声比也呈渐高趋势，分别为84.62%（11/13）、53.85%（7/13）、94.34%（50/53）、94.12%（16/17）。当然，他们"二/二'一"式和"二/二/一"式中二四异声比例也是呈现上升态势的，这就使得二四异声句在他们的所有"二二一"句中的比例得到同步提高，分别为91.11%（164/180）、91.43%（32/35）、91.86%（711/774）、94.95（188/198）。可以说，在这一时期的五言诗中，只要是"二二一"韵律结构的诗句，基本上都是二四异声，而且明显多于二五异声。

梁代中前期五言诗用声规则的这种发展和细化，在《梁书》卷四九《庾肩吾传》中也有记载：

初，太宗（晓勤按：即后来的梁简文帝萧纲）在藩，雅好文章士，时（庾）肩吾与东海徐摛，吴郡陆杲，彭城刘遵、刘孝仪，仪弟孝威，同被赏接。及居东官，又开文德省，置学士，肩吾子信、摛子陵、吴郡张长公、北地傅弘、东海鲍至等充其选。齐永明中，文士王融、谢朓、沈约文章始用四声，以为新变㉒。至是㉓转拘声韵，弥尚丽靡，复逾于往时。

可见，以徐庾父子、刘孝仪兄弟为代表的大同诗人们对五言诗声韵的讲究，比之永明诗人是有过之而无不及。当时他们将第四音节也作为句中的重要节奏点，在二五不同声的同时，二四更不同声，正可作史书所云"转拘声韵，弥尚丽靡，复逾于往时"诸语的注脚。

六、五言诗单句律化进程与表意功能发展的关联性

通过以上的考察和分析，我们还应看到，各个时期不同作家五言诗中单句韵律结构及数量分布的变化，不只是由音律因素决定的，实际上与五言诗表情达意功能的发展，与各种句式的语法特点及诗意表现能力之间，也有一定的关系。刘绍在沈约二五异声的"蜂腰"说之后转而更重二四异声，从诗律发展角度看，标志着当时五言诗单句的声律模式，已经开始脱离永明句律，逐渐向近体句律靠拢。但他的这一句律新说所导致的当时五言诗句式的变化，也顺应了五言诗由汉魏古体到齐梁新体，再向唐代近体发展的过程中，单句表现功能日益提高这一艺术发展趋势。

比如，在汉乐府和《古诗十九首》中就已出现的"二ʹ二ʹ一"式（如"青青ʹ河畔ʹ草"），由于全句是一个名词性短语，表现主体充其量只是单一物象，句中一二字多为双音节性状修饰词，三四字或为交代第五字主体词所属、所处关系的修饰语，或者索性与第五字构成不可分隔的三音节常用名词，所以整句表达的诗意也就较为单一。这种句式出现在五言诗兴起阶段，自具一种朴素、自然之美。但随着五言诗创作的文人化，人们对五言诗单句表情达意功能要求的提高，此种句式就渐被冷落。而且由于此种句式前两个音节多为叠音、双声或迭韵词，一二音节之间已是语音特征的重复出现，自成韵律，影响了整句的节奏。所以在齐永明之后，这种句式虽然未被明文禁用，但人们或只将之作为汉魏古风的句式，运用在拟汉乐府和拟古诗中，数量极少，而在齐梁以后的新体诗和唐代近体诗中，更是几乎绝迹。所以，"二ʹ二ʹ一"式在五言诗发展过程中数量越来越少，不仅是其韵律结构不合五言诗发展趋势而已，也与其语义上的表意功能的先天缺陷有关。

与此情况类似的，还有"二ʹ二／一"式句（如"习习ʹ和风／起"）。此式在谢灵运诗中开始涌现，但亦如昙花一现，在沈约之后遽然式微。这种句式除了句中前两音节多为叠音、双声或迭韵词，修饰后面的双音节名词，构成偏正结构的名词性短语，形成五言诗中比较少见的"四一"音步，与永明之后要求二五异声和大同之后要求二四异声的句律均不易相合。而且此句所写物象多较单一，

诗意不丰,不太能适应五言诗单句写景密丽化、抒情隽永化的艺术发展趋势,也应是导致其很快消失的一个不可忽视的艺术因素。

与上述两种句式恰成对比,五言诗中运用得较多且长盛不衰的句式,如"二/二'一""二/二一"和"二//二一"等,则不仅在韵律方面易与五言诗"二二一"音步节奏相合,而且在表现功能上也能满足人们日益追求丰富诗意、隽永诗境的发展趋势。尤其是"二/二/一"式,在韵律结构上本来就是"二二一"音步,特别容易符合二四异四声的大同句律和二四异平仄的近体句律。另一方面,此种句式可分为上二、下三两个小句,两小句内部又自为主谓结构,或者说明两件事情,或者描写两个物象和场景,而且前后两个小句所表现的事理、物象之间,多存在着平列、因果、对比、转折或相互说明的关系,二者之间又形成一种艺术张力,更增加了诗句的表现深度,最终产生了"1+1＞2"的艺术效果。所以这种句式在被谢灵运使用之后,经永明三大家尤其是谢朓的发展,继而被梁代宫体诗人萧纲、刘孝威兄弟、徐摛、庾肩吾等人所推广,到庾信诗中数量更多、诗意更佳。如:

筱寒//芦叶/脆,平平//平入/去
弓冻//纻弦/鸣。平去//上平/平(《出自蓟北门行》)
云度//弦歌/响,平去//平平/上
星移//空殿/回。平平//平去/平(《道士步虚词十首·其一》)
水流//浮盘/动,上平//平去/上
山喧//双翼/飞。平平//平入/平(《入彭城馆》)
置阵//横云/起,去去//平平/上
开营//雁翼/张。平平//去入/平(《从驾观讲武》)
采樵//枯树/尽,上平//平去/上
犁田//荒隧/平。平平//平去/平(《经陈思王墓》)
鸡鸣//楚地/尽,平平//上去/上
鹤唳//秦军/来。入入//平平/平(《拟咏怀诗二十七首·其二十七》)
步摇//钗梁/动,去平//平平/上
红输//被角/斜。平平//去入/平(《奉和赵王美人春日诗》)
冰弱//浮桥/没,平入//平平/入

沙虚//马迹/深。平平//上入/平（《岁晚出横门》）
林寒//木皮/厚,平平//入平/上
沙迥//雁飞/低。平上//去平/平（《对宴齐使》）
灰飞//重晕/阙,平平//平去/入
冀落//独轮/斜。平入//入平/平（《舟中望月》）
冀新//半璧/上,平平//去入/去
桂满//独轮/斜。去上//入平/平（《望月》）
浦喧//征棹/发,上平//平去/入
亭空//送客/还。平平//去入/平（《应令》）
黎红//大谷/晚,平平//去入/上
桂白//小山/秋。去入//上平/平（《寻周处士弘让》）
书成//紫微/动,平平//上平/上
律定//凤凰/驯。入去//去平/平（《周宗庙歌十二首·皇夏》）
气离//清浊/割,去平//平入/入
元开//天地/分。平平//平去/平（《燕射歌辞·周五声调曲二十四首·宫调曲五首·其一》）

等,都是"二//二/一"式。上引诸句绝大多数都是二四平仄异声,暗合近体句律,而且意象并置,事理兼备,韵味隽永。所以"二//二/一"式句,也就成为"庾信体"的标志性句式之一。到唐代后,诗人们在创作五言近体诗时,更喜欢用这种句式。如:

草枯//鹰眼/疾,上平//平上/入
雪尽//马蹄/轻。入上//上平/平（王维《观猎》）
日落//江湖/白,入入//平平/入
潮来//天地/青。平平//平去/平（王维《送邢桂州》）
风静//夜潮/满,平去//去平/上
城高//寒气/昏。平平//平去/平（王昌龄《宿京江口》）
树凉//征马/去,上平//平上/去
路暝//归人/愁。去去//平平/平（储光羲《仲夏饯魏》）
国破//山河/在,入去//平平/上

城春//草木/深。平平//上入/平（杜甫《春望》）

水静//楼阴/直，上去//平平/入

山昏//塞日/斜。平平//去入/平（杜甫《遣怀》）

花浓//春寺/静，平平//平去/去

竹细//野池/幽。入去//上平/平（杜甫《上牛头寺》）

星垂//平野/阔，平平//平上/入

月涌//大江/流。入上//去平/平（杜甫《旅夜书怀》）

风暖//鸟声/碎，平上//上平/去

日高//花影/重。入平//平上/平（杜荀鹤《春宫怨》）

蒋绍愚将这种句式归为"紧缩句"，并谓：

> 在唐诗中，诗人常喜欢用这些紧缩句。这不但是为了用字精炼，而且是为了用紧缩句（特别是表因果的紧缩句）来表现诗人观察的敏锐、细致，以增强诗歌的艺术表现力量。㉙

同时，又由于这种句式的第二音节和第四音节本来就是鲜明的节奏点，极易形成平仄异声的声律格式，很符合近体诗的句律，所以就更为唐代及后世诗人所喜用了。

总之，五言诗单句韵律结构与语法结构之间存在着一定的关联性，在五言诗单句发展过程中，音步类型的变化与各种句式本身的艺术表现特点也有较大的关系。某些句式会因两方面都有缺陷，而彼此牵制，在某一历史时期逐渐减少甚至最终消失。而有些句式则会因两方面均具优长，而相得益彰，在产生之后越来越受到诗人们的喜爱，遂成为五言诗的主要句式。从这个角度看，刘绘在梁大同年间提出二四同声其病甚于"蜂腰"的句律新说，既是五言诗句律由永明体走向近体的重要历史标志，又因为这一句律规定，一方面导致五言新体诗中结构简单、诗意不丰的"二′二′一""二′二/一"等句式的剧减，反过来又促进了韵律结构和诗意表达俱优的"二′二′一""二′二/一"和"二//二/一"等句式的增加。这就满足了当时人们希望五言诗单句韵律和意蕴兼备的新要求，顺应了五言诗艺术发展大势，因而具有了较为全面的诗史意义。

附表 1 中古五言诗单句韵律结构分析数据统计表

	五言诗总数	纯"二一二"诗数量及占比	纯"二二一"诗数量及占比	总句数	二一二句 句数及占比	二一二句 二五异声句及占比	二一二句 二四异声句及占比	二二一句 句数及占比	二二一句 二五异声句及占比	二二一句 二四异声句及占比
汉五言诗[30]	45	5 11.11%	0	654	457 69.88%	313 68.49%	207 45.30%	197 30.12%	125 63.45%	138 70.05%
谢灵运	92	11 11.96%	1 1.09%	1 378	1 078 78.23%	803 74.49%	795 73.75%	300 21.77%	226 75.33%	203 67.67%
王融	83	22 26.51%	3 3.61%	658	498 75.68%	437 87.75%	378 75.90%	160 24.32%	134 83.75%	128 80%
谢朓	141	15 10.64%	1 0.71%	1 598	1 145 71.65%	990 86.46%	892 77.90%	453 28.35%	385 84.99%	382 84.33%
沈约	156	27 17.31%	1 0.64%	1 537	1 112 72.35%	963 86.60%	863 77.61%	425 27.65%	359 84.47%	328 77.18%
刘孝绰	66	7 10.61%	1 1.52%	630	374 59.37%	289 77.27%	304 81.28%	256 40.63%	208 81.25%	239 93.36%
刘缓	12	1 8.33%	1 8.33%	113	71 62.83%	51 71.83%	63 88.73%	42 37.17%	36 85.71%	37 88.10%
刘孝威	51	10 19.61%	0	612	432 70.59%	345 79.86%	396 91.67%	180 29.41%	134 74.44%	164 91.11%
徐摛	5	0	1 20.00%	28	12 42.86%	11 91.67%	12 100%	16 57.14%	13 81.25%	14 87.50%
刘孝仪	12	1 8.33%	0	104	69 66.35%	59 85.51%	63 91.30%	35 33.65%	29 82.86%	32 91.43%
萧纲	250	43 17.20%	10 4.00%	2 204	1430 64.88%	1131 79.09%	1255 87.76%	774 35.12%	664 85.79%	711 91.86%
庾肩吾	85	19 22.35%	3 3.53%	805	607 75.40%	456 75.12%	556 91.60%	198 24.60%	162 81.82%	188 94.95%
萧绎	107	16 14.95%	4 3.74%	888	565 63.63%	446 78.94%	503 89.03%	323 36.37%	262 81.11%	288 89.16%
刘孝胜	5	0	0	90	65 72.22%	56 86.15%	58 89.23%	25 27.78%	19 76.00%	24 96.00%
刘孝先	6	0	0	56	46 82.14%	39 84.78%	41 89.13%	10 17.86%	6 60.00%	10 100.00%

续表

五言诗总数	纯「二一二」诗数量及占比	纯「二二一」诗数量及占比	总句数	二一二句			二二一句		
				句数及占比	二五异声句及占比	二四异声句及占比	句数及占比	二五异声句及占比	二四异声句及占比
萧悫 17	3 17.65%	0	178	110 61.80%	92 83.64%	93 84.55%	68 38.20%	60 88.24%	64 94.12%
王褒 44	7 15.91%	1 2.27%	470	317 67.45%	264 83.28%	295 93.06%	153 32.55%	114 74.51%	136 88.89%
庾信 266	0	0	2 746	1 873 68.21%	1381 73.73%	1767 94.34%	873 31.79%	640 73.31%	824 94.39%
徐陵 37	4 10.81%	0	330	236 71.52%	180 76.27%	216 91.53%	94 28.48%	77 81.91%	91 96.81%

附表2 汉至梁代"二二一"句式韵律结构分析统计表

	句数及占总句数量比例	永明句及占比	大同句及占比	(1)二'二一			(2)二/二一			(3)二二一			(4)二'二一			(5)二//二一		
				总数	永明句	大同句	总数	永明句	大同句	总数	永明句	大同句	总数	永明句	大同句	总数	永明句	大同句
汉五言句诗	197/654 30.12%	125 63.45%	138 70.05%	16 8.12%	10 62.50%	12 75.00%	74 37.56%	61 82.43%	59 79.73%	69 35.03%	44 63.77%	43 62.32%	0	0	0	0	0	0
谢灵运	300/1378 21.77%	226 75.33%	203 67.67%	12 4.00%	10 83.33%	7 58.33%	150 50.00%	119 79.33%	109 72.67%	80 26.67%	69 86.25%	65 81.25%	19 6.33%	16 84.21%	16 84.21%	14 4.67%	12 85.71%	6 42.85%
王融	160/658 24.32%	134 83.75%	128 80.00%	6 3.75%	5 83.33%	5 83.33%	70 43.75%	62 88.57%	59 84.29%	76 47.50%	61 80.26%	64 84.21%	5 3.13%	2 40.00%	4 80.00%	1 0.63%	0	0
谢朓	453/1598 28.35%	385 84.99%	382 84.33%	13 2.87%	11 84.62%	11 84.62%	189 41.72%	154 87.83%	154 81.48%	201 44.37%	166 82.59%	175 87.06%	22 4.86%	17 86.36%	17 77.27%	28 6.18%	23 82.14%	25 89.29%
沈约	425/1537 27.65%	359 84.47%	328 77.18%	23 5.41%	18 78.26%	15 65.22%	222 52.24%	195 87.84%	165 74.32%	151 35.53%	127 84.11%	125 82.78%	17 4.00%	10 58.82%	14 82.35%	12 2.82%	9 75.00%	9 75.00%
刘孝绰	256/630 40.63%	208 81.25%	239 93.36%	1 0.39%	1 100.00%	1 100.00%	132 51.56%	113 85.61%	122 92.42%	119 46.48%	90 75.63%	111 93.28%	1 0.39%	0	1 100.00%	4 1.56%	4 100.00%	4 100.00%
刘缓	42/113 59.15%	36 85.71%	37 88.10%	0	0	0	20 47.62%	16 80.00%	19 95.00%	22 52.38%	20 90.91%	18 81.82%	0	0	0	0	0	0

注　释

① 启功《诗文声律论稿》，中华书局，1977年，122页。

② 青海人民出版社，1980年。

③ 本世纪初，徐青在其著作《唐诗格律通论》(当代中国出版社，2002年)中仍沿用此种研究思路。

④ 生活·读书·新知三联书店，1996年。

⑤ 吴小平《中古五言诗研究》，江苏古籍出版社，1998年，210页。

⑥ 卢盛江《文镜秘府论研究》，人民文学出版社，2013年，上册，370页。

⑦ 《古代文学理论研究（第三辑）》，上海古籍出版社，1981年，13页。

⑧ 广东高等教育出版社，1994年。

⑨ 杜晓勤《一部方法科学新见迭出的诗律史著作——何伟棠〈永明体到近体〉评介》，《华南师范大学学报》2006年第6期，125—128页。

⑩ 《"清华"学报》新第29卷第3期，新竹，2000年，301—320页。

⑪ 本人使用自主开发的《中国古典歌句律分析系统》计算器软件程序（该软件之研制曾获2004年度国家社会科学基金立项资助。2011年结项，被评为"优秀"等级），对汉至初唐现存五言诗全部作了声律分析和数据统计。

⑫ 卢盛江《文镜秘府论汇校汇考》西卷《文二十八种病》"蜂腰"条，中华书局，2006年，949页。

⑬ 中华书局，1983年。

⑭ 王利器校注《文镜秘府论校注》，中国社会科学出版社，1983年，81—82页，注③。

⑮ 对于刘滔此论，中泽希男释云："刘滔所提倡的二、四不同包括平上去入四个声，必须和律体二、四不同之禁指平和平、仄和仄区别开来。"参中泽希男《文镜秘府论札记续记》，《群马大学纪要人文科学篇》第四、五、六卷，1955—1957年，此据卢盛江《文镜秘府论汇校汇考》961页注⑦引译。

⑯ 高木正一《六朝唐诗论考》，东京创文社，1999年，25页。

⑰ 郭绍虞认为："永明体的声律只想到'音韵尽殊'，只想到'轻重悉异'，……他只要求其异，重在异的配合，所以不会注意到音步的问题。至于律体则吟的技巧益进，当然声调的考究也更密，于是很自然的再于五字之中分出音步，成为二二一的音节。"《照隅室古典文学论集》上编，上海古籍出版社，1983年，241页。其实，不仅沈约要求规避二五字同声的"蜂腰"病，说明他在齐永明时已经意识到"二三音步"。而且，刘滔之所以能够提出二四字同声其病更甚，也说明他在梁大同间已经感觉到"二二一"音步。

⑱ 何伟棠将这一现象称为五言句中第四字的"节点化",参氏著《永明体到近体》,199页。
⑲ 本书所引唐代诗歌文本,如无特别说明,均据《全唐诗》,中华书局,1960年。
⑳ 本文对韵律词、韵律短语、韵律结构、韵律层级和音顿等概念的理解和使用,综合参考了冯胜利《汉语的韵律、词法与句法》(北京大学出版社,1997年)、王洪君(《汉语的韵律词和韵律短语》,《中国语文》2000年第6期,525—536页)、曹剑芬(《汉语韵律切分的语音学和语言学线索》,《新世纪的现代语音学——第五届全国现代语音学学术会议论文集》,清华大学出版社,2001年,176—179页)等学者的研究成果,认为韵律词是指语法上凝固的、节律上稳定的单音节或稳固的双音节词,其内部没有音顿;而韵律词之间则有时长不等的音顿。韵律结构是指韵律词或韵律短语之间的组合形式。韵律结构又可分为若干层级,第一层级的划分依据是句中最明显的节奏点,第二层级是考虑次明显的节奏点作更细划分的韵律结构。王洪君运用句块分析模型,根据语法边界和节律边界的一致或不一致,将汉语的语法结构分为黏合、组合和等立三大类,并指出它们在节律上的表现分别为紧、松、特松。其中黏合类包括偏正和动补结构,组合类包括动宾结构,而并列结构则属于等立类。参见王洪君《普通话中节律边界与节律模式、语法、语用的关联》,《语言学论丛(第二十六辑)》,商务印书馆,2002年,279—300页。邓丹通过研究表明,主谓结构和动宾结构也大体可以归入到组合类中。韵律词之间的紧密程度和其所表现的句法结构有关,构成偏正和动补结构的两个双音节韵律词之间的关系比较紧密,一般不会出现停顿,而构成动宾、主谓和并列结构的两个双音节韵律词之间的关系则比较松散,可能出现短暂的停顿。参见邓丹《汉语韵律词研究》,北京大学出版社,2010年,152页。虽然王洪君、冯胜利和邓丹等学者研究的是现代汉语韵律词的模式、语法及其与节律之关系,但我发现,这些结论与中国古典诗歌中韵律结构与语法结构之关系也比较吻合。所以本文在考虑语法结构的前提下,先将五言诗的单句分成若干韵律词,然后在韵律词的基础上划分出若干音步。本文所用五言诗单句韵律结构的切分符号主要有三种:(1)"'",用于偏正结构韵律短语中双音节修饰词与单音节中心词之间的切分,此处音顿较短或没有音顿,此符号前一音节是不明显的节奏点或非节奏点。(2)"/",用于各韵律词之间的切分,此处音顿较长,此符号前一音节是较明显的节奏点。(3)"//",用于一句中两个小分句(小分句可由一个或者两个韵律词构成)之间的切分,此处音顿最长,此符号前一音节是句中最明显的节奏点。
㉑ 参杜晓勤《诗歌·音乐·音乐文学史——先秦两汉诗歌史的音乐文学研究法》,《东方丛刊(第2辑)》2006年,42—44页。
㉒ 此诗文本现存最早出处系类书《北堂书抄》,当非全篇。
㉓ 卢盛江《文镜秘府论汇校汇考》,956页。

㉔ 谢朓诗中"二一二"句所占比例(71.65%)不仅低于谢灵运(78.23%),而且比王融(75.68%)、沈约(72.35%)也要低一些。

㉕ 情况稍微特殊的是沈约,"蜂腰"病因为是他提出的,所以不仅其全部五言诗中,二五异声句占有极高比例(86.01%,1322/1537),而且在"二二一"句中,二五异声句占比也很高(84.47%,359/425),但是其"二二一"句中二四异声句的占比则稍高于平均概率,为77.18%(328/425)。我认为,导致沈约"二二一"句式中二四异声比例偏低的原因可能有两个:一是沈约当时重在提倡二五异声,而未及关注第四音节的用声问题;二是他诗中"二′二′一""二/二′一"句所占比例(5.41%,52.24%),较王融(3.75%,43.75%)、谢朓(2.87%,41.72%)均高一些,而这两种句式中的第四音节都不是明显的节奏点,沈约对之未加措意,所以就拉低了整个"二二一"大类中的二四异声比例。

㉖ 据《梁书·刘昭传》,刘缓之父刘昭梁武帝天监初入仕,按照当时人多弱冠起家,廿岁左右结婚生子来推测,刘缓生年当在齐末梁初。

㉗ 此处标点,中华书局校点本原作逗号,笔者以为不妥。此据刘永济《十四朝文学要略》(黑龙江人民出版社,1984年,165页)引文之标点。

㉘ 当指梁大同中,而非齐永明年间。

㉙ 蒋绍愚《唐诗语言研究》,语文出版社,2008年,144页。

㉚ 此表所列为现存五言诗100句以上的齐梁陈代表作家,以卒年先后排序,卒年相同再按生年排序。作家生卒年悉据曹道衡、沈玉成编撰《中国文学家大辞典·先秦汉魏晋南北朝卷》,中华书局,1996年。

㉛ 此处分析统计的作品,为逯钦立编《先秦汉魏晋南北朝诗》一书,《汉诗》卷九《相和歌辞》、卷一〇《乐府古辞》中的五言诗,及卷一二中的《古诗十九首》。

山水诗的一大飞跃
——王维与谢灵运山水诗之比较

马秀娟

我国的山水诗起源很早,在《诗经》《楚辞》、汉乐府中都有不少描写山水的佳句。但那时,大自然并未成为诗人们单独讴歌的对象,描写山水的片言只语在诗中起的只是陪衬烘托的作用。直到晋宋之际,"庄老告退而山水方滋"(《文心雕龙·明诗》),完整的山水诗冲破玄言诗的樊篱而蓬勃兴起,谢灵运成为我国文学史上第一位大量模山范水的诗人。到了我国诗歌的鼎盛时代盛唐,山水诗亦进入了繁荣时期,以王维、孟浩然为代表的山水诗派,成为万汇毕集的盛唐诗流中的一股清泉。从谢灵运到王维经历了漫长的三个世纪,这是中国诗歌史上的又一个大变革的时期,几种新的歌咏方式、新的题材、新的流派都是在这个时期萌芽、发展走向成熟了的。山水诗亦发生了显著的变化,可以说是从幼稚的孩童时期进入了成熟的,朝气蓬勃的青年时代。文学史上任何一种文学形式、文学流派的产生和发展,都受其所处时代的文艺思潮、审美趣味的影响和制约,反过来,文学创作又影响着、推进着那个时代的文艺理论、美学思想的发展。南北朝至盛唐山水诗的发展变化,也体现了这一客观规律。本文不避浅陋,拟探讨从谢灵运到王维的山水诗在艺术上发生了哪些变化。

一

盛唐的山水诗较之南朝山水诗的突出变化可以说是由"以形写形"发展为"以形写神"。即以追求"神似"代替了只求"形似"。南朝的山水诗虽然出现了一些形神兼备的佳句,但从总的倾向来看,大部分诗歌着意刻划的是山水的本来面目。作者"貌其形而得其似"(遍照金刚《文镜秘府论》),拘泥于摹形写貌,诗人笔下的山水"如镜取形,灯取影也"(范温《潜溪诗眼》①),是山水容貌的客观描摹。而盛唐的山水诗不仅有化工肖物之妙,而且能传山水之神,画出山水的性格,并在山水中融进了诗人的感情,即景会心,浑然天成。

山水诗的这种变化和这一时期人们的审美标准的转变密切相关。艺术创作中的"神似"的概念在东晋时虽然已被提出,但还未广泛地深入到山水诗画的创作领域中去。东晋著名画家顾恺之在《魏晋流画赞》中,提出了"以形写神"说,把形神兼备作为衡量作品的最高审美标准。接着影响较大的是南齐谢赫在《古画品录》中提出了"绘画六法","六法"第一便是"气韵生动"。"气韵生动"实际上就是追求神似,要求艺术形象能够传神。但是,值得注意的是他们强调"神似",在那时大多还是指人物画的创作而言的。顾恺之和谢赫都是著名的人物肖像画家,他们的理论可以说是自己创作实践的总结。顾恺之画人物数年不画眼睛,人问其故,答曰:"四体妍蚩本无关于妙处,传神写照正在阿堵中。"道出画人点睛乃是传人物之神的关键。他又说:"手挥五弦易,目送归鸿难。"(以上《世说新语·巧艺》)说明描画人物的形体动作是容易的,困难的是画出人物的内在精神。那时期的山水画论留下的不多,著名的是和谢灵运同时的山水画家宗炳的《画山水序》和王微的《叙画》。在宗炳的《画山水序》中,虽然提出了"畅神"论,认为画家必须"闲居理气",才能神畅无阻,达到"万趣融其神思"。但这里所说的"神",不是指所画山水显现出的神采风貌,而是指画家的主观精神个性。他对山水画创作的具体要求是"以形写形,以色貌色",而观图者"不以制小而累其似",说明仍然是重肖形、重形似的。可见,当时尚未成熟的山水画,仍停留在追求"形似"的阶段。

在文学理论和创作中更是如此。以形写神、形神兼备的审美要求在笔记小说的人物刻划中表现得很突出,最典型的是《世说新语》,刘义庆在描写人物时,注重的是传人物之神气,往往寥寥几笔,人物便神情毕现。如:"时人目王右军,飘如游云,矫若惊龙。""见裴叔则如玉山上行,光映照人。"(以上《世说新语·容止》)可谓"读其语言,晋人面目气韵,恍然生动,而简约玄澹,真致不穷。"(胡应麟《少室山房笔丛》)但是,在诗歌创作特别是山水诗的创作中,作家所崇尚的美学情趣仍是"形似"。《文心雕龙·物色》中说:"自近代以来,文贵形似,窥情风景之上,钻貌草木之中。吟咏所发,志惟深远,体物为妙,功在密附。故巧言切状,如印之印泥,不加雕削,而曲写毫芥;故能瞻言而见貌,即字而知时也。"这段话可以说是六朝崇尚"形似"的山水诗创作的最恰当的总结。再看这时期重要的诗歌评论著作《诗品》,锺嵘品评创作过山水诗的诗人时,多次使用"形似"一词。如评张协"巧构形似之言",评鲍照"贵尚形似""善制形状写物之词",评谢灵运"尚巧似",评颜延之"尚巧似"。其他书中,"形似"一词亦常见,如《颜氏家训·文章》中评价善写山水小诗的何逊:"实为清巧,多形似言。"这决不是偶然的巧合,而是说明追求"形似",实为当时山水诗创作的时尚。是山水诗人的共同追求的审美目标。

"冠绝当时"的谢灵运的山水诗作,体现了这一美学标准。他基本上是按照山水的本来面目,从不同的角度,描绘出自然界千姿百态的景致的。他描述春天的田野:"陵隰繁绿杞,墟囿粲红桃。鹰鹰翚方雏,纤纤麦垂苗。"(《入东道路诗》)荒漠的山林:"石浅水潺湲,日落山照曜。荒林纷沃若,哀禽相叫啸。"(《七里濑》)黄昏的小景:"日没涧增波,云生岭逾叠。白芷竞新苕,绿苹齐初叶。"(《登上戍石鼓山》)夕阳的晚照:"时竟夕澄霁,云归日西驰。密林含余清,远峰隐半规。"(《游南亭》)这些诗句都具有穷形尽相,刻划精审、工笔细描的特色,能够给人以美感。作者的着眼点是放在体物赋形,再现大自然的外形美上面。这是因为艺术的审美活动一般来说不是出于理念,而是出于直觉,山水诗作更是如此。开始时,作家总是把直觉的、扑入自己视线的山水色貌、形态,通过自己审美标准的筛选写下来,这就是以铺陈景物为主要基调的初级阶段的山水诗。再则,山水之作有其特殊的规律,要歌颂大自然首先要把山川林木的形态明晰地再现在读者面前,因此,赋形是山水诗的基础,"形"是"神"的外壳。如果写山不象山,画水不似水,必然是失败之作。刻划山水首先要达到的境界是逼真,"逼真"就是"形似"。然后是"如画",即要高于山水原貌,比真山真水更美。谢灵运的山水诗"写物图貌,蔚似雕画"(《文心雕龙·诠赋》)。可以说达到了"逼真""如画"的艺术水准,取得了杰出的成就,这是了不起的开拓。因此,他的诗在当时才能"每有一诗至都邑,贵贱莫不竞写,宿昔之间,士庶皆遍。远近钦慕,名动京师"。才能获得"文章之美,江左莫逮"(以上《宋书·谢灵运传》)的美誉。

然而,这样的山水诗还不能算是上乘,优秀的山水诗不仅娱人眼目,给人以美感,而且还应具有丰富的感情,传出山水之神,读到它能拨动人的心弦,与人的感情相交流,引起人们的更美的遐想,"诗至开元天宝间,神秀声律粲然大备"(高棅《唐诗品汇》)。山水诗至盛唐才真正完美、成熟了,重要的标志就是以形写神代替了以形写形。这是山水诗创作艺术上的一大飞跃。

这一审美标准的飞跃在绘画美学中首先表现出来。山水画至盛唐开始繁荣,出现了一大批成绩卓著的山水画家。"山水之变,始于吴(吴道子),成于二李(李思训、李昭道父子)"(张彦远《历代名画记》)。这种变化不单是指绘画技巧上的进步,亦包括了审美标准的飞跃。从历代绘画评论家对他们的评论来看,盛唐的山水画家在执着地追求画幅能传出山水之神。李思训曾给唐玄宗画掩障,得到玄宗的极高赞赏,对他说:"卿所画掩障,夜闻水声,通神之佳手也。"(朱景玄《唐朝名画录》)宋朝的苏轼观赏李思训《长江绝岛图》后,写诗赞曰:"棹歌中流声抑扬。"(苏轼《李思训画长江绝岛图》)一幅山水,竟能使观者闻见水声、歌声,可谓神矣!山水画家张璪,工画山水树石,他所画山水"高低秀丽,咫尺重深,石尖欲落,泉喷如吼","其近也,若逼人而寒;其远也,若极天之尽"(《唐朝名画录》)。山水中竟能"见万物之性情"(符载《观张员外画松石序》),可谓神气毕现了。

伟大诗人杜甫在他的题画诗中,极力标举画幅的传神,特别是他的画马诗赞叹马之"神"已为人所熟知。在山水画的题诗中,他也注重表现山水之神妙,只不过很少直接用"神"字,而是用形象生动的诗歌语言来表达。他赞美王宰所画的山水:"巴陵洞庭日本东,赤岸水与银河通,中有云气随飞龙。"(《戏题王宰画山水图歌》)可谓尺幅万里,灵气中贯。他称严武官厅上的一幅岷山沱江图:"白波吹粉壁,青嶂插雕梁。直讶松杉冷,兼疑菱荇香。"(《奉观严郑公厅事岷山沱江画图十韵得忘字》)真境画境使人难辨。他形容一幅山水障子:"堂上不合生枫树,怪底江山起烟雾。"(《奉先刘少府新画山水障歌》)松树障子则是:"障子松林静杳冥,凭轩忽若无丹青。"(《题李尊师松树障子歌》)虚实得兼,几能乱真。正是因为有气韵生动的山水画为基础,杜甫才能写出绘形绘神、由画入诗、由诗入画,诗情画意相得益彰的题画诗,可见山水诗画至盛唐已完全达到了形神兼备的审美水准。

诗、画兼长并美的艺术大师王维，在山水诗画两方面都取得了杰出成就。他的山水画"画思入神，山水平远，云势石色，绘者以为天机所到"（葛立方《韵语阳秋》），达到了超神入化、妙意天成的艺术境界。其"诗中有画"的山水诗，代表了我国古代山水诗的最高成就。他的山水诗继承了谢灵运山水诗的"工于模范"（方东树《昭昧詹言》）、刻划精工的特长，而克服了谢诗的缺陷，弥补了不足，把山水诗的创作推向高峰。

他对谢诗最大的发展在于由形入手而求神似，这是关键性的飞跃。"神"之于诗犹如灵魂，古代的评论家有过许多精辟的见解。严羽说："诗之极致有一，曰入神。诗而入神，至矣，尽矣，蔑以加矣。"（严羽《沧浪诗话》）谢榛说："诗无神气，犹绘日月而无光彩。"（谢榛《四溟诗话》）他们都把"传神"作为诗歌创作的最高艺术标准。王维的山水诗能以情致见长，韵味取胜，用神奇的艺术魅力推开读者的心扉，启迪人们对大自然的热爱。他不但能准确地体物赋形，更能细密地传出山水的神韵。主要表现在以下几个方面：

首先，王维诗中表现的是心中的山水，而谢灵运写的是眼中的山水。"心中"与"眼中"的山水的区别就在于是否含"情"。"情"是传神的重要素质。王维和谢灵运从自然界撷取的物象是大致相同的，无非是山水树木，烟霞云石，但表现出的意境却有高下深浅之分。主要原因在于是否作到了情景交融。谢诗中除少数诗句能融情于景外，大部分是情景分离的。一首诗往往先写景，后抒情，谈玄，写景之句常常"酷不入情"（《南齐书·文学传论》）。言情谈玄之句淡而无味，且和前面描写的景物无有机联系。如："晓霜枫叶丹，夕曛岚气阴。"（《晚出西射堂》）"近涧涓密石，远山映疏木。"（《过白岸亭》）"乱流趋正绝，孤屿媚中川。云日相辉映，空水共澄鲜。"（《登江中孤屿》）这些景物美则实美，不失为状景佳句，但仔细品味，却觉得其中缺乏诗人自己的情感，看不到面对这自然美景，内心是喜悦还是忧伤。因此只能娱人而不能感人。

王维的山水诗克服了谢诗感情与山水游离的弊病，而使"物色带情"（遍照金刚《文镜秘府论》），情景交融，山水中有"我"在。他把感情倾注于青山绿水中，处处透露着对自然界丰富形象的感受和情思。做到"含情而能达，会景而生心，体物而得神，则自有灵通之句，参化工之妙"（王夫之《薑斋诗话》）。具有了打动人心的力量。人所熟悉的《山居秋暝》，在恬静优美，流爽自然的景物描写中,蕴涵着诗人归隐山林的热望。《渭川田家》里,诗人勾勒了一幅和谐美好的农家乐图。使人好像窥见了诗人向往闲逸的内心。"木末芙蓉花,山中发红萼。涧户寂无人,纷纷开且落。"(《辛夷坞》)这自开自落,孤独寂寞的芙蓉花是诗人自身的写照。"独坐幽篁里,弹琴复长啸。深林人不知,明月来相照。"(《竹里馆》)这位自弹自吟、孤芳自赏的高人雅士就是诗人的自画像。"空山不见人,但闻人语响。返景入深林,复照青苔上。"(《鹿柴》)这是形象化、艺术化了的禅宗空寂观的表现。这些形态各异的景色都打上了作者思想的印记,倾注了感情的波涛,披露了作者的心灵。这些诗句或景以情观,或缘景生情,或移情于景。达到了物我交融,情景融浑妙合无垠的境界。

王维不仅能借山水形象透露自己的情思,还能赋予山水以丰富的人的感情。山水有了感情,就具有了传神的灵性。山川草木本为无情之物,但在诗人笔下,却具有了喜怒哀乐。"山川秋树苦,窗户夜泉哀。"(《哭褚司马》)"野花愁对客,泉水咽迎人。"(《过沈居士山居哭之》)这两首诗都是哭友人之作,诗人真挚的感情使山水也动了情,与自己共鸣同悲,才出现了树苦、泉哀、花愁、水咽的感觉。无情的山水变得如此多情!

高明的艺术家对自然界不仅有细致的观察力,而且需要敏锐的艺术感受力。王维忘情地投入大自然的怀抱,用身心去体验自然美的内涵,如王昌龄所说的:"搜求于象,心入于境,神会于物,因心而得。"(《诗格》)[②]因此,他的物象不是景物的罗列,而是渗透着感受和体验。这种感受往往是人们心有所感而难以捕捉和表达的。"山路元无雨,空翠湿人衣。"(《山中》)山中空濛的雾气无声无息无影无踪,难以捕捉和描绘,但诗人表达得多么贴切入微。"轻阴阁小雨,深院昼慵开。坐看苍苔色,欲上人衣来。"(《书事》)濛濛的细雨滋润着万物,诗人置身于朦胧碧绿的氛围之中,那苍苔的绿色,仿佛向诗人袭来。这种感觉又是多么微妙传神。再如:"轻纨觉衣重,密树苦荫薄。"(《苦热》)"兴阑啼鸟换,坐久落花多。"(《从岐王过杨氏别业应教》)"野花丛发好,谷鸟一声幽。夜坐空林寂,松风直似秋。"(《过感化寺昙兴上人山院》)"隔窗云雾生衣上,卷幔山泉入境中。"(《敕借岐王九成宫避暑应教》)这些诗句都经过了诗人主观情思的熔铸,把主观感受融化在形象中,因此能妙造自然之趣,使情韵悠长,诗味隽永,具有感人的艺术魅力。

其次,王维山水诗的"神"还表现在他能刻划出山水的性格。"在艺术中有性格的作品,才算是美的"(《罗丹艺术论》)。大千世界千姿百态,表面上它们处处相似,实际上却各个不同。传形之神就要描画出它们在不同的季节、气候环境中的独特的精神风貌,表现出由于作者的不同的心境而使山水显示出的异采。王维诗中的山水形象都具有不可复制的个性特征,这一点也是谢诗所不及的。如同是写山之高峻,谢诗云:"连峰竞千仞。"(《会吟行》)"岩峭岭稠叠。"(《过始宁墅》)"连鄣叠巘崿,青翠杳深沉。"(《晚出西射堂》)"云生岭逾叠。"(《登上戍石鼓山》)每句单读不失为佳句,但几句对读顿觉意象雷同,有千山一面之感。而王维笔下的高山却形态各异,令人神摇目眩。如:"千山横黛色,数峰出云间。"(《崔濮阳兄季重前山兴》)"大壑随阶转,群山入户登。"(《韦给事山居》)"独峰没云烟。"(《至滑州隔河望黎阳忆丁三寓》)"万壑树参天,千山响杜鹃。山中一半雨,树杪百重泉。"(《送梓州李使君》)诗人用神奇的画笔,把群山装扮得万象纷呈,有的壮阔,有的幽秀,有的空旷,有的雄奇,具有丰富的个性特征,给人以不同的审美感受。

具有典型特征的个性化的艺术形象来自诗人的灵心慧眼,他通过对大自然细致地观察,准确地捕捉形象,摄取最富有特征的典型镜头,给以确当的描写,展示此山此水与彼山彼水的差异,赋予它们以不同的个性特征。比如,同是山间的飞瀑流泉在诗人笔下却情态各异。"瀑泉吼而喷,怪石看欲落。"(《燕子龛禅师》)用"吼""喷"二字状写出急瀑飞泉的不驯服的性格,再衬上好像要飞落的怪石展现出一幅山间奇景。"泉声咽危石,日色冷青松。"(《过香积寺》)幽咽泉水的低唱反衬出深山古寺的静寂幽深。"声喧乱石中,色静深松里。漾漾泛菱荇,澄澄映葭苇。"(《青溪》)这又是另一番景致,欢跳着、喧闹着的小溪,上面飘漾着水草,倒映着芦苇的身影,令人神往。不仅写泉水如此,诗人描写自然界的其他景物也都能抓住典型特征,给以传神的描绘:"大漠孤烟直,长河落日圆。"(《使至塞上》)垂直升腾的孤烟,雄浑的落日正是广漠的塞外的典型风光,遂使这两句诗成为千古绝唱。"日落江湖白,潮来天地青。"(《送邢桂州》)《红楼梦》中香菱说:"这'白''青'两个字,也似无理,想来必得这两个字才形容尽。"(《红楼梦》第四十八回)一语中的。"靡靡绿萍合,垂杨扫复开。"(《萍池》)随风飘荡的垂柳扫拂着池中的绿萍,使它时开时合,好似一副工笔小品,体物如此精微。这种例子在王维集中不胜枚举，足见作者的艺术匠心。

再次，王维山水诗之神韵还表现在他善于表现画面的动态美。自然界不是静止的，总是在变化中。杰出的艺术家能写出它的瞬息万变。古人说："全篇工致而不流动，则神气索然。"又把写诗比作产一婴儿，"形体虽具，不可无啼声"（以上谢榛《四溟诗话》）。可见要传景之神需写其动，写其动才能显示出大自然充满了活力，洋溢出勃勃生机。多数论者往往注意到了王维诗的静美，其实王维不但善写静美，而且也善于表现神采飞动的画面，描绘山水的动态美。

如果把谢灵运的山水诗比做静止的写生，那么，王维的山水诗是活动着的一组组电影镜头。还是以写山为例，谢灵运《登石门最高顶》，"疏峰抗高馆，对岭临回溪。长林罗户庭，积石拥基阶。连岩觉路塞，密竹使径迷。……"这首诗用疏峰、回溪、长林、积石、密竹写出了山之雄伟高峻，物象不可谓不丰富，但给人的只是静止的视觉形象，虽工致而不流动，因此读起来便觉韵味不足。同样写山之雄伟，王维的《终南山》却迥然不同："太乙近天都，连山到海隅。白云回望合，青霭入看无。分野中峰变，阴晴众壑殊。欲投人处宿，隔水问樵夫。"完全是用飞动、流走的形象，表现出终南山之阔大、壮观、空旷、雄奇。白云在山顶飘浮时开时合，弥漫于山间的青霭时有时无，山山岭岭时阴时晴。而最后两句真可谓点睛之笔，诗人和樵夫隔溪问答，回声在谷中回荡，更衬出终南山之空旷深广。使幽静的崇山峻岭展现出动态美。

写山如此，状水更需显出动态美。因为江河本身就是流动的充满活力的。"江流天地外，山色有无中，郡邑浮前浦，波澜动远空。"（《汉江临眺》）奔流天外的大江，时隐时现，若有若无的远山，仿佛浮动在江面上的郡邑拌和着波涛惊天动地的吼声，组成一幅波澜壮阔的交响诗。这诗句与杜甫、孟浩然的名句"吴楚东南坼，乾坤日夜浮"（杜甫《登岳阳楼》），"气蒸云梦泽，波撼岳阳城"（孟浩然《望洞庭湖赠张丞相》），有异曲同工之妙，都具有阳刚之美。

王维笔下的山水小景，也往往细腻传神地表现自然界的动态美。如："飒飒秋雨中，浅浅石溜泻。跳波自相溅，白鹭惊复下。"（《栾家濑》）"山压天中半天上，洞穿江底出江南。瀑布杉松常带雨，夕阳彩翠忽成岚。"（《送方尊师归嵩山》）这些画面都活动跳脱，生机盎然，显示出大自然的生命力。这生命力正是"神"之精髓。因此，画面的动态美是传山水之神必不可少的因素之一。

二

王维对谢灵运山水诗的发展还体现在表现手法的提高与丰富方面。王诗发扬了谢灵运开创的适合表现山水容姿的手法,而对其缺陷加以改造克服,并将自己诗画兼善的特长运用于山水诗的创作中,因而能写出大量代表着文学史上最高成就的山水诗。

首先,他克服了谢诗的雕琢之病,使山水诗恢复了自然天成的本色。诚然,自然是美,雕琢也是一种美,但是山水诗更需要的是自然美。《文心雕龙·原道》云:"云霞雕色,有逾画工之妙;草木贲华,无待锦匠之奇。夫岂外饰,盖自然耳。至于林籁结响,调如竽瑟;泉石激韵,和若球锽。故形立则章成矣,声发则文生矣!"说明自然界之美出自天然,而非人工所为,天籁之鸣本身就是美妙的诗章。所以,自然的风格就成为山水诗的要素,而雕琢则必然丢失自然真美,成为山水诗的大忌。

谢灵运山水诗的主要倾向是否自然呢?虽然六朝的评论家曾给过他清水芙蓉之誉:"谢诗如芙蓉出水,颜如错彩镂金。"(锺嵘《诗品》)"(颜)延之尝问鲍照己与灵运优劣,照曰:'谢五言如初发芙蓉,自然可爱;君诗若铺锦列绣,雕缋满眼。'"(《南史·颜延之传》)谢灵运的确写出过一些清新自然、爽人耳目的诗句,如:"池塘生春草,园柳变鸣禽。"(《登池上接》)"明月照积雪,朔风劲且哀。"(《岁暮》)"春晚绿野秀,岩高白云屯。"(《入彭蠡湖口》)"云日相辉映,空水共澄鲜。"(《登江中孤屿》)"野旷沙岸净,天高秋月明。"(《初去郡》)特别是"池塘"句,曾被许多提倡自然的诗人所推崇。在"淡乎寡味……平典似道德论"(锺嵘《诗品序》)的玄言诗的氛围中,这些诗句使人仿佛看到山川秀美的身姿,听到自然界的天籁之鸣,嗅到泥土的芬芳,使人豁然开朗,耳目为之一新。这是重大的突破,开拓之功是不可磨灭的。但是,在谢康乐集中,这样的佳句毕竟太少了,以至宋人张戒评为"九牛一毛"(《岁寒堂诗话》),明人许学夷则云:"谢诗自然者十之一,雕刻者十之九。"(《诗源辨体》)这虽然不是精确的统计,但就主要倾向而言,确是谢灵运山水诗的瑕疵。

雕章琢句是谢诗的主要倾向,这是和时代的审美风气一致的。六朝的形式主义文风,开端于西晋太康诗坛,"潘陆以后,专意咏物,雕镂刻镂之功日以增,而诗人本旨扫地以尽"(许学夷《诗源辨体》)。其后愈演愈炽,以至使"俪采百字之偶,争价一句之奇,情必极貌以写物,辞必穷力而追新"(《文心雕龙·明诗》),成为六朝的时尚。再加上骈体文的流行,使当时的文人除个别人(如陶渊明)之外,都崇尚骈俪,堆砌辞藻,以排偶雕刻为工,这种风气不能不影响到谢灵运的创作。前人评价他的诗"弃淳白之用,而竞丹臛之奇;离质木之音,而竞宫商之巧"(焦竑《谢灵运康乐集题辞》),"富艳难踪"(钟嵘《诗品》),"不知有对偶之烦"(陆时雍《诗镜总论》)。皆为中的之评。我们略举数例便可见一斑:"溯流触惊急,临圻阻参错。"(《富春渚》)"澹潋结寒姿,团栾润霜质。"(《登永嘉绿嶂山》)"逶迤傍隈隩,迢递陟陉岘。过涧既厉急,登栈亦陵缅。"(《从斤竹涧越岭溪行》)这样的诗句在谢集中为数并不少,由于锤炼过重,又刻意追求对仗,堆垛险僻之词,因而不免以辞害意,失去了自然真美。写景句如此,谈玄的句子更是晦涩,有时令人费解。

  王维克服了谢诗的这一严重缺点,创作出"词秀调雅,意新理惬。在泉为珠,着壁成绘。一句一字,皆出常境"(殷璠《河岳英灵集》)的具有真正自然之美的山水诗,使山水诗的风貌从此大为改观。山水诗从谢灵运的雕琢发展到王维的自然恬淡,这种变化,除了与谢、王个人的生活经历、艺术素养等诸因素有关以外,也反映了这一较长历史时期内审美标准所发生的巨大变化。盛唐之音可以说是多种艺术风格的大合唱,其中既有激昂慷慨的英雄主义高歌,也有清水芙蓉般清妙自然的低吟。盛唐的山水诗派的诗人们都努力追求自然美,沈德潜就曾认为孟浩然的诗"清浅语诵之自有泉流石上、风来松下之音"(《唐诗别裁》卷九),而李白所说的"清水出芙蓉,天然去雕饰"(《经乱离后……赠江夏韦太守良宰》),可以说是对盛唐时期崇尚自然的美学要求的最恰当的概括,王维大量的山水诗作成为这一美学理想实践的杰出代表。请看他笔下的山水:"行到水穷处,坐看云起时。"(《终南别业》)"秋天万里净,日暮澄江空。"(《送綦毋校书弃官还江东》)"冬中余雪在,墟上春流驶。风日畅怀抱,山川好天气。"(《晦日游大理韦卿城南别业四首》)"清浅白石滩,绿蒲向堪把,家住水东西,浣纱明月下。"(《白石滩》)"采菱渡头风急,策杖村西日斜。杏树潭边渔父,桃花源里人家。"(《田园乐七首》)这些诗句和谢灵运诗形成了鲜明的对照。实际上,他的许多山水诗作,无论是古体或律句,七言或五言,都是用自然之语绘自然之景,达自然之情,不假雕饰而意到辞工。画面又显得意象丰富,形象超妙,秀丽融浑,而达极致。把这些诗句归入"诗家最上一乘"是当之无愧的。

山水诗犹如山水画一样讲究构图布局,即"布置意象"。要创作一首好的山水诗,诗人要把从自然界选择的物象,经过精心安排,恰到好处地摆好位置,组成一幅和谐明快而又浑然一体的山水图,才能给人以美感而引人入胜。王维山水诗的构图与谢灵运也有很大的差异。谢灵运经常将捕捉到的自然景物一古脑儿地堆进诗里,使画面挤得密不透风,因面不够清晰爽目,"颇以繁芜为累"(锺嵘《诗品》)。景与景之间又缺乏联系的主体,造成画面的分散,意象的堆砌零乱。因此,谢诗中很容易找到写景的片断佳句,却难以寻觅浑然一体的山水整貌。如《于南山往北山经湖中瞻眺》:"朝旦发阳崖,景落憩阴峰。舍舟眺迥渚,停策倚茂松。侧径既窈窕,环洲亦玲珑。俯视乔木杪,仰聆大壑淙。石横水分流,林密蹊绝踪。解作竟何感?升长皆丰容。初篁苞绿箨,新蒲含紫茸。海鸥戏春岸,天鸡弄和风。……"这首诗写的是作者经过巫湖,舍舟倚杖,登山远眺的情景,作者几乎是把眼中所见的一切都挤进了诗中。依次写了山间的羊肠小路,高大乔木的树梢,大壑的水声,被岩石分割开的流水,渺绝人烟的密林,以至欣欣向荣的水草,欢腾嬉戏的禽鸟,形象极为丰富。可是由于景物堆砌过于繁细,又缺少主体,如同散金碎玉,断线之珠,使人眼花缭乱,只见一个个片断小景,而缺乏整体的印象,因而削弱了艺术感染力。

而王维山水诗在构图上是颇具匠心的。"诗不患无景,而患景烦"(陆时雍《诗镜总论》),这是山水诗景物取舍的经验总结。王维诗的画面明净淡雅,清晰明澈,扫去了堆砌繁芜之病,他是根据抒情写景构思的需要,选取最能表现自然美的景物入诗,构成情景交融、完整浑成的意境。如:"人闲桂花落,夜静春山空。月出惊山鸟,时鸣春涧中。"(《鸟鸣涧》)这是一幅恬静幽雅的月夜春山图。山林的夜景是丰饶的,然而诗人要表现的是月夜山林的清幽以衬出自己的闲适心情。"静"便成为此时此地春山的主要特征,诗人便围绕"静"字选景置图:仿佛听得见桂花落地之声,月亮一出惊醒了栖息熟眠的山鸟,它们时而发出一声声鸣叫,增添了春山的静谧。不仅诗意完整,形象超妙,而且余音嫋嫋,荡漾着清音远韵。又如:"吹箫凌极浦,日暮送夫君。湖上一回首,青山卷白云。"(《欹湖》)这是一首叙写离情的山水诗,作者没有直写情人执手话别或无语凝咽。而用景物的描写托出悠悠的别绪,幽咽的箫声随着他渐行渐远消失在湖口,只见那青霭的山峰上舒卷着多情的白云,画面上出现的景物简明而和谐,画面外的景色却引人遐思,纸墨尽处,余味无穷。

  王维山水诗构图的长处还表现在讲求经营位置。"经营位置"乃是谢赫的绘画六法之一。身为画家的王维将画法用于诗法,丰富了山水诗的表现手法。他善于巧妙地使用方位词,内外、前后、上下等本无诗意的方位词成为他构图的枢纽,连接物象的媒介,使他的山水诗常常出现立体的画面。"白水明田外,碧峰出山后。"(《新晴晚望》)"遥看一处攒云树,近入千家散花竹。"(《桃源行》)"日隐桑柘外,河明闾井间。"(《淇上即事田园》)"山下孤村远树,天边独树高原。"(《田园乐》)克服了平面图的呆板、虚假,成为活生生的立体图画,使我们读诗如观赏自然美景,有身临其境之感。这些诗句有的远景近写,有的近景远摹,远近结合,明暗相间,疏密得体,层次分明。

  除经营位置外,山水景物的描写还离不开铺彩设色,美妙的大自然本身就是五色纷呈的,马克思说过:"色彩的感觉是一般美感中最大众化的形式。"[③]山水诗人在捕捉形象时总离不开形象的色彩。谢灵运的山水诗注重了色彩的描写,但是,色彩的描写亦有高下、粗俗之分。王维的山水诗则丰富了设色的技巧,这也是他对山水诗表现手法的贡献。诗歌是表现的艺术,贵在创新,设色的创新可以增加画面的色彩美。谢灵运山水诗里基本使用四种颜色:红、绿、白、紫,而且设色较为呆板,往往状桃则红,画柳则绿,物象色调大同小异。如:"原隰荑绿柳,墟囿散红桃。"(《从游京口北固应诏》)"陵隰繁绿柳。墟囿粲红桃。"(《入东道路作》)"山桃发红萼,野蕨渐紫苞。"(《酬从弟惠连》)"初篁苞绿箨,新蒲含紫茸。"(《于南山往北山经湖中瞻眺》)。王维的山水诗不仅色彩丰富,而且浓淡间出,灵活多变。大自然像一位神秘的魔术师,不时地变换出五颜六色。"荆溪白石出,天寒红叶稀。"(《山中》)"绿艳闲且静,红衣浅复深。"(《红牡丹》)"古壁苍苔黑,寒山远烧红。"(《河南严弟见宿弊庐访别人赋十韵》)"雨中草色绿堪染,山上桃花红欲然。"(《辋川别业》)"九江枫树几回青,一片扬州五湖白。"(《同崔傅答贤弟》)在王维诗歌的调色板上,色彩是如此丰富,准确地再现出自然界呈现给我们的五彩缤纷的色彩,这必然增强了诗歌的形象美、意境美。

山水诗的色彩不仅需要丰富,还需要和谐,把颜色胡乱涂抹,画不出美丽的图画。"设色不以深浅为难,难于设色相和,和则神气生动,否则形迹宛然,画无生气。"(方薰《山静居画论》)"相和"就是指颜色调配得和谐,铺什么彩设何种色要和诗歌所要表现的客观环境以及作者的情绪协调一致,融合无间。在这一点上,王维也是把画法融于诗法,按照绘画六法中"随类赋采"的原则,给容态万千的山川披上了色调各异的新装。"清冬见远山,积雪凝苍翠。"(《赠从弟司库员外绿》)"青草肃澄陂,白云移翠岭。"(《林园即事寄舍弟紞》)"连天凝黛色,百里遥青冥。"(《华岳》)这些山的基本色调都是绿色,然而仔细观察品味,不难发现,这绿色的深浅、浓淡却因山而异。清冬时节的山,皑皑白雪覆盖山头,山色格外苍翠。而夏天的山岭,在白云的缭绕下显出青翠欲滴。山叠岭嶂,气势伟雄的西岳华山百里连天郁郁葱葱是一片墨绿。粗看大同小异的颜色在王维诗笔下调和得如此恰当得体,显示出艺术家的卓越才能。

诗是语言的艺术,山水诗的美靠语言来传达,王维和谢灵运的山水诗在语言运用上亦有很大差异。在语言风格上,谢灵运由于过于雕琢,喜用生字僻词,造成一些诗句的佶屈聱牙,使诗意晦涩难懂,伤其自然真美。王维的诗句则平易流畅,疏朗自然,给人以风行水上,自然成文之感。在选词上,他常用熟字、俗字,但这些平平常常的字经过他的艺术加工,便与众不同,显出了光彩。"远树带行客,孤城当落辉。"(《送别》)"带"字不可谓不俗,但在此却具有了感情色彩。仿佛树木亦依依不舍,挽留行人。"荒城临古渡,落日满秋山。"(《归嵩山作》)平平常常一个"满"字,写出了落日余辉洒遍大地的美景。"青菰临水映,白鸟向山翻。"(《辋川闲居》)"翻"字看来平常,却正是这个字状出白鸟在山中翱翔的雄姿。这些字的准确运用体现了俗字见奇、常字见新、朴字见色的特色。

王维山水诗语言的工力还表现在炼字的工稳上。他的很多诗句自然得好像是毫不费力、信手拈来的。实际上是经过了锤炼,只不过这种锤炼达到了炉火纯青的程度,使人不见斧凿之痕罢了。他非常注重炼动词,因为动词在山水诗中是联系物象的纽带,这个字用得好,往往一字传神,使全景生辉。如"青山横苍林,赤日围平陆"(《冬日游览》)的"横""围","月迥藏珠斗,云消出绛河"(《同崔员外秋宵寓直》)的"藏""出","泉声咽危石,日色冷青松"(《过香积寺》)的"咽""冷","槐色阴清昼,杨花惹春暮"(《送邱为往唐州》)的"阴""惹"等。这些字贴切稳妥,出人意料之外又在常理之中,使景物生姿添色,使诗意醇厚隽永,成为"一字见境界"的典范。

从以上各方面的对比我们可以看出:谢灵运对山水诗的开创之功是值得肯定的。而王维对山水诗的发展带有突破性,他的山水诗标志着我国古代山水诗的成熟,不愧为百花争艳的盛唐诗坛的一支奇葩。

注 释

① 见胡仔《苕溪渔隐丛话》,前集卷八,清乾隆刻本。
② 见《诗学指南》,清乾隆二十四年刻本。
③ 马克思《政治经济学批判》,见《马克思恩格斯全集》,人民出版社,2001年。

"诗囚"的视野变异及其艺术渊源

葛晓音

孟郊之诗被苏轼喻为"寒虫号",其人又被元好问称为"诗囚",历代论者虽不全赞成此说,但大多认为孟郊"赋性褊狭","气度窘促",因而风格"寒俭""苦涩",不足与豪放雄奇的韩愈并称。然而韩愈却在多首诗里称赞孟郊诗才雄杰,笔力矫健。后世也有一些论者指出东野诗不但"气厚力健",而且有"胚胎造化"的境界。评价如此悬殊,几乎成为孟郊诗歌接受史中的一桩公案。从逻辑上说,由于"诗囚"的自我局限,导致"寒俭""逼窄"容易理解,与雄健风格则似乎并不相干,前代论者多不解韩愈"低头拜东野"的原因也在此。这就关系到究竟如何认识孟郊的诗境与其艺术视野的问题,这一问题还涉及如何认识元和奇险派诗人处理天人关系的艺术构思方式。本文拟联系上述分歧意见,根据孟诗视野变异的事实,尝试从这一角度对东野苦吟的艺术追求和表现原理做深入一步的探讨。

一、历代诗论对孟郊诗境和艺术视野的不同理解

自唐至清,关于孟郊诗的评价,一直争议不断。其焦点就在如何看待韩愈对孟郊的高度推崇,由于韩愈诗风的雄豪与孟郊的酸寒形成鲜明对比,很多论者无法理解两人的关系。其实在孟郊生前,韩愈对他的赞美虽偏重于高古脱俗和"雄鷙",但同时也肯定他因苦吟而形成的独特风格,二者并不矛盾。《孟生》诗说:"孟生江海士,古貌又古心。尝读古人书,谓言古犹今。作诗三百首,窅默咸池音。……清宵静相对,发白聆苦吟。"①既从复古的角度称孟诗为尧时的古乐《咸池》之音,也很欣赏他的苦吟。《荐士》诗说:"有穷者孟郊,授才实雄

骜。冥观洞古今,象外逐幽好。横空盘硬语,妥帖力排奡。敷柔肆纡馀,奋猛卷海潦。荣华肖天秀,捷疾逾响报。……俗流知者谁?指注竞嘲慠。"[2]"骜"为骏马名,引申为才能出众。排奡,矫健貌。加上"奋猛""捷疾"等赞语,均称其诗才雄杰,笔力矫健。同时认为他能冥观古今,钩深探幽。在横空硬语之外,又能舒缓自如。《醉留东野》说:"韩子稍奸黠,自惭青蒿倚长松。低头拜东野,愿得终始如驺蛩。东野不回头,有如寸筳撞钜钟。吾愿身为云,东野变为龙,四方上下逐东野,虽有离别无由逢。"[3]此诗将自己和孟郊的关系比作青蒿和长松,蹶和驺蛩,云和龙。驺蛩全称为蛩蛩驺虚,据说与北方名蹶的一种兽常相互依靠[4]。"寸筳撞钜钟"则是以短竹枝敲钜钟为比。这几组比喻中,韩愈都处于追随从属的地位,甚至不惜以自己的谦卑反衬出孟郊的卓异,可见孟诗是他心目中的洪钟巨响。韩、孟的好友张籍也称孟郊"纯诚发新文,独有金石声"[5],意思与韩愈相似。孟郊去世后,韩愈在《贞曜先生墓志铭》里的评价是:"及其为诗,刿目钵心,刃迎缕解。钩章棘句,掐擢胃肾。神施鬼设,间见层出。惟其大玩于词而与世抹摋,人皆劫劫,我独有余。"[6]本意在形容孟郊苦吟的特点及其不为世人理解的神奇效果,也并无贬意。

宋元时期,孟郊的苦吟成为一些论者诟病的话题。影响最大者莫过于苏轼。他的《读孟郊诗》[7]其一说:"寒灯照昏花,佳处时一遭。孤芳擢荒秽,苦语余诗骚。"先承认孟郊诗时有佳处,且如孤芳挺拔,能继承诗骚。接着却说:"初如食小鱼,所得不偿劳。又似煮彭蜞,竟日持空螯。要当斗僧清,未足当韩豪。人生如朝露,日夜火消膏。何苦将两耳,听此寒虫号。"认为孟诗之清可敌僧诗,但不足与韩愈之豪相比,仅如寒虫号叫而已。其二又形容孟郊"诗从肺腑出,出辄愁肺腑。有如黄河鱼,出膏以自煮。"这虽是比喻孟诗煎肠掐胃的苦思方式,但也将孟郊的创作限定在自我消耗之中。此后,李纲说孟郊:"穷愁不出门,戚戚较古今。肠饥复号寒,冻折西床琴。寒苦吟亦苦,天光为沉阴。"[8]继承了苏轼的说法,把孟郊说成是视野局限在家门之内苦吟的寒虫。叶梦得说:"孟郊赋性褊狭,其诗曰:'出门即有碍,谁谓天地宽。'此褊狭之词也。"[9]严羽说:"孟郊之诗,憔悴枯槁,其气局促不伸。"[10]又将苦吟的构思方式归因于天性褊狭、气量局促。元辛文房《唐才子传》卷五引孟郊"春风得意马蹄疾"诗说:"当时议者亦见其气度窘促。"[11]恐怕也是反映宋元时期的一种看法。至元好问说"东野穷愁死不休,高天厚地一诗囚"⑫。"诗囚"说遂成为这派论点最形象的概括。

但也有论者提出完全不同的见解。国材本《孟东野诗集》扉页有宋人舒岳祥的一首长诗⑬,对孟郊诗作出了不同时人的评价:"……其音何琅琅,笙磬箫瑟琴。欲招世人听,大音忽已沉。……初尝讶苦硬,久味极雄森。昌黎维宗伯,谁能齿诸任。尊之继李杜,先生亦披襟。寸筳撞洪钟,下拜肯低簪。《城门》《斗鸡》作,珠琳列差参。剑戟相璎拂,垒堑互登侵。划镵龙门呀,兀撑大华钦。粗细无可拣,如入夸父林。巨壑百川会,大云四野阴。今人何所见,啾啧沸蜩禽。……"他以"雄森"评价孟诗,与韩愈的"雄鸷"之评最为接近,诗中形容孟郊诗境如战垒剑戟般森严,如龙门太华般险峻,如夸父邓林般兼容,如百川聚壑般宏壮,如云笼四野般辽阔。他认为苏轼对孟郊的批评只是因为"坡公素雅谑,偶作嘲僧吟。……斯言戏之耳,定价如良金"。可说是对韩愈评孟的充分发挥。还有论者如曾季狸,评孟的调子虽然没有这么高,但也认为"五十以后,因暇日试取细读,见其精深高妙,诚未易窥。方信韩退之、李习之尊敬其诗,良有以也"⑭。但总的说来,持此类见解者较为少见。

明清时期,论者对孟诗的评价大体沿袭了宋元时期的两派意见。认为孟郊诗境和胸襟均失于狭窄者,仍属多数。如贺裳说孟郊"但跼天蹐地,雅亦有之","若愈尝作《送穷文》《二鸟赋》,其逼窄狭隘之胸,正与东野相似"⑮。但他又举孟郊《赠郑鲂》《送豆卢策归别墅》《自述》等,认为"此公胸中眼底,大是不可方物,乌得举其饥寒失声之语而訾之"⑯!还是看到了孟郊胸怀和视野有其不凡的一面,比较客观。薛雪则称"诗囚"二字,"新极趣极"⑰,十分赞同。翁方纲表示"不知韩何以独称之(孟郊)?且至谓'横空盘硬语,妥帖力排奡',亦太不相类。此真不可解也。苏诗云:'那能将两耳,听此寒虫号。'乃定评不可易。"⑱方东树也说:"东野思深而才小,篇幅枯隘,气促节短,苦多而甘少耳。"⑲洪亮吉将诗囚和诗豪的不同境界加以比较:"'出门即有碍,谁谓天地宽',非世路之窄,心地之窄也。即十字而跼天蹐地之形,已毕露纸上矣。杜牧之诗'蓬蒿三亩居,宽于一天下',非天下之宽,胸次之宽也。即十字,而幕天席地之概,已毕露纸上矣。一号为'诗囚',一目为'诗豪',有以哉!"⑳大体说来,胸襟狭隘、才小气短,导致其视野受限、"边幅窘缩"㉑,便是这派意见所理解的"诗囚"

内涵。

也有少数论者不以上述意见为然,如延君寿《老生常谈》说:"东野五古,学者当览其全集方妙。……拗折生棘,气厚力健。"[22]潘德舆的呼声最高,论见也最有眼光:"人谓寒瘦,郊并不寒也。如'天地入胸臆,吁嗟生风雷。文章得其微,物象由我裁。'论诗至此,胚胎造化矣!寒乎哉?""每读东野诗,至'南山塞天地,日月石上生。山中人自正,路险心亦平。''短松鹤不巢,高石云始栖。君今潇湘去,意与云鹤齐'……诸句,顿觉心境空阔,万缘退听,岂可以寒俭目之?"并指出《秋怀》诸作"真有寒意,然不可以概全集也"[23]。潘氏提出孟郊论诗"胚胎造化"的说法,触及其艺术构思的原理,从这个角度去理解孟诗境界的空阔,比一般论者仅就孟郊苦吟论其逼窄更符合孟诗的全貌。

总之,唐以后历代诗论对孟郊诗境的评价基本上围绕着韩愈和苏、元两种观点展开。由于多数论者不能理解韩愈佩服孟郊的原因,苏、元的"寒虫""诗囚"之说又更贴近孟诗给人的一般印象,所以"郊寒岛瘦"的基本评价一直主导着历代诗学,并直接影响当代学者研究文学史的眼光。如果能将孟郊放在大历到贞元诗歌发展的脉络中,深究孟郊视野变异的原理及其渊源,或许会有助于理解韩愈的评价,并对奇险派表现艺术变革的意义有更深入的体会。

二、"踢天踏地"与"胚胎造化"的辩证关系

在历代诗论中,对于孟郊"踢天踏地""胚胎造化"的两种评价是截然对立的。前者是"诗囚"局缩于天地之间的形象说法,后者是天地造化孕育于诗人胸中的比喻。一窄一宽,相去天壤。但是这种差别并非仅仅出自批评家的偏见,而是孟诗中客观存在的矛盾所致。

孟郊确实在不少诗歌中有意强调天地的狭窄感和自己不为世容的局促感。《出门行》说:"少年出门将诉谁?川无梁兮路无歧。"[24]出门之后,无桥可以渡河,又无歧路可以选择,那么外面能够行走的空间有多逼仄,就可想而知。《长安旅情》说:"尽说青云路,有足皆可至。我马亦四蹄,出门似无地。"[25]也是同样的意思。别人有青云路可走,自己却找不到马蹄下脚的地方。外面的世界看起来很大,但是没有一处可以容纳自己:"玉京十二楼,峨峨倚青翠。下有

千朱门,何门荐孤士?"㉗"家家朱门开,得见不可入。"㉗造成孤士无地可以立足的原因,是人间的不平,世道的险恶:"九门不可入,一犬吠千门。"㉘朱门有恶犬把守,自然能见不能入。"古镇刀攒万片霜,寒江浪迎千堆雪。"㉙市镇上万片霜刀,是世人的口舌,寒江上千堆白雪,是世途的风浪。在诗人看来,"人间少平地,森耸山岳多。折辀不在道,覆舟不在河。"㉚所以"吾欲进孤舟,三峡水不平。吾欲载车马,太行路峥嵘"㉛无论水路还是陆路,处处都有行路的障碍。这就不能不从心底发出痛苦的呐喊:"太行耸巍峨,是天产不平。黄河奔浊浪,是天生不清!"㉜可见诗人心目中的天地,实际是污浊险恶的人间世界。

诗人深知自己不容于世的原因是不肯随俗,坚持直道:"好人长直道,不顺世间逆。"㉝"万俗皆走圆,一身犹学方。"㉞他借友人的口气劝诫自己:"劝我少吟诗,俗窄难尔容。""顾余昧时调,居止多疏慵。"㉟天地挤迫的感觉就是因世俗不容直士的逼窄感带来的。《赠崔纯亮》说:"食荠肠亦苦,强歌声无欢。出门即有碍,谁谓天地宽? 有碍非遐方,长安大道旁。小人智虑险,平地生太行。"㊱所有的障碍不在远方,就在长安大道,险恶小人可使平地生出太行,天地自然就变窄了。这虽然是取意于杜甫的"每愁悔吝作,如觉天地窄"㊲,但是孟郊将这种感觉坐实为一个有形的狭小空间,则成为他诗歌中最有特色的意象。

这种狭窄感使他觉得自己不仅局缩在四处有碍的空间中,而且整个人生也在被日月四时相催逼:"生随昏晓中,皆被日月驱。"㊳"四时既相迫,万虑自然丛。"㊴所以连他自己都认为一生被虚囚在文字之中:"短景仄飞过,午光不上头。少壮日与辉,衰老日与愁。日愁疑在日,岁箭迸如锥。万事有何味? 一生虚自囚。不知文字利,到此空遨游。"㊵岁月如箭飞迸,像是和自己有仇,连冬天的日头也在为自己的衰老发愁。一生空自被囚禁在文字之中,不由得深感万事无味。元好问的"诗囚"说正是从孟郊的自况中提炼出来的。他对自己的苦吟也有形象地描述:"夜学晓不休,苦吟神鬼愁。如何不自闲,心与身为雠。"㊶苏轼说他如黄河鱼出膏自煮,正是这种心与身为仇的状态。

以文字自囚的意识使孟郊有时将自己的格局写得很小。如:"良栖一枝木,灵巢片叶荷。仰笑鲲鹏辈,委身拂天波。"㊷说自己只要如鹪鹩有一枝良木可栖,如灵龟有一片荷叶可巢,便已满足。仰看那些鲲鹏之辈,何必要委身于苍天大海之间。又如:"斗水泻大海,不如泻枯池。""枯鳞易为水,贫士易为施。"㊸这虽是劝人济富不如济贫,但自喻为枯池之麟,只要斗水便可救活,未免过于可怜。他把自己塑造成一个为诗而活、又为诗所苦的人:"诗人苦为诗,不如脱空飞。一生空鸣气,非谏复非讥。脱枯挂寒枝,弃如一唾微。一步一步乞,半片半片衣。倚诗为活计,从古多无肥。诗饥老不怨,劳师泪霏霏。"㊹诗人似乎也想摆脱以诗为生的困境,飞离寒枝以求解脱。"一步"两句形容其为"活计"而苦吟的形象,如同乞丐,极为传神。从这类诗来看,前人谓"其气局促不伸"不是没有道理。

但是孟郊又有很多诗奇想天开,豪迈险怪,与上述局促的诗境似非同出一手,尤其是一些论诗之作。如《赠郑夫子鲂》:"天地入胸臆,吁嗟生风雷。文章得其微,物象由我裁。宋玉逞大句,李白飞狂才。苟非圣贤心,孰与造化该。勉矣郑夫子,骊珠今始胎。"㊺此诗以宋玉、李白为楷模,提出了诗歌创作的理想境界。他认为天地进入诗人胸臆后,吁嗟之间可生风雷。文章能得其中的精微,万象都可由我心裁。只有圣贤之心,才能具备熔冶造化的气魄,才能探得诗歌的骊珠。他以这样的境界勉励郑夫子,当然也是对自己的要求。潘德舆以"胚胎造化"称赞此论,也就是认为孟郊具有在胸中孕育自然万物的气魄,甚有见地。要深入理解"造化该"的意思,还应联系他赠贾岛的诗来看:"天高亦可飞,海广亦可源。文章杳无底,刬掘谁能根。梦灵髣髴到,对我方与论。拾月鲸口边,何人免为吞?燕僧摆造化,万有随手奔。"㊻这一段称赞贾岛诗歌之奇险大胆,与韩愈说贾岛"无本于为文,身大不及胆""蛟龙弄角牙,造次欲手揽"㊼意思相似。但同时也体现了孟郊自己对于"摆造化"的观念:文章之奥妙深广无底,胜过天之高,海之广,无人能探到根源。他称赞贾岛敢到鲸鱼口边去拾海月,能够大胆摆弄造化,使万象随时奔走于他的笔下。所以"造化该",不仅是纳天地于胸中,而且还可以自由驱使万象,对造化深挖探底。这正是苦吟诗人敢于探索、奇思叠出的理论根据。

在《送草书献上人归庐山》诗中,孟郊借形容献上人的草书之妙,具体描写了这种"摆造化"的境界:"狂僧不为酒,狂笔自通天。将书云霞片,直至清明巅。手中飞黑电,象外泻玄泉。万物随指顾,三光为回旋。骤书云霈霈,洗砚山晴鲜。忽怒画蛇虺,喷然生风烟。江人愿停笔,惊浪恐倾船。"㊽狂僧手中之笔可以通天,即指其"可与造化争奇"㊾。可书写天气清明时山巅的片片云霞;

也可手舞黑电,如玄泉倾泻于物象之外;骤急时可使繁云密布;洗砚时可使青山鲜碧;笔势忽如蛇怒,则风烟四喷,由于万物随其指顾,连日月星辰也为之回旋,以至于江人骇怕风浪翻船而求其停笔。此诗与其说是以种种比喻形容狂草的淋漓气势和挥洒自如,还不如说是赞美献上人能使天地入其胸臆,才会使云霞风烟雷电尽奔其笔下。这正是"胚胎造化"才会产生的神妙效果。

如果说上述"摆造化"的境界还能看出是以狂草的书写为依托,那么像《答卢仝》这样的诗,就几乎看不出其诗境究竟是虚是实了:"日劈高查牙,清棱含冰浆。前古后古冰,与山气势强。闪怪千石形,异状安可量?有时春镜破,百道声飞扬。潜仙不足言,朗客无隐肠。为君倾海宇,日夕多文章。天下岂无缘,此山雪昂藏。"⑩从开头"诗孟踏雪僵"看,此诗是写大雪天寒,冰高如山,嵯岈错出,层积累叠,形成千石之异状,日照下如春镜破裂,化为百道飞泉。但究竟是诗人以冰心之朗洁,喻自己和卢仝的品格,或是以雪山昂藏的气概,喻苦寒之士的傲岸?抑或是以冰山雪融、泉涌海倾来形容冻僵在雪中的"诗孟"一旦诗思迸发的气势?很难确解,但从"为君倾海宇"来看,海宇可倾,则造化可弄。日劈冰山之力、千石闪怪之状、百泉迸涌之势,都像是诗人心裁物象、指顾"万有"的各种状态。这类诗可称"气厚力健",是因为包蕴着造化的元气。

由"胚胎造化"而产生的诗,已经不是天地自然的客观呈现或者夸张表现,而是孟郊将天地揽入胸臆之后,万物与心神发生化合的结果。所有的自然现象都是社会现象,天道人事在孟郊心目中是完全合一的。比如"浊水无白日,清流鉴苍旻"⑪,浊水清流既是流水的清浊之分,也是"浮俗"与"君子"之分;"白日苍旻"是自然界的青天白日,也是君子心目中的清明社会。最能体现这一特点的是《峡哀》十首⑫。这组诗描写三峡山水的险怪,又投射出人间百态的险恶。题为"峡哀",实为人哀。在诗人笔下,峡中暗无天日,日月破碎:"堕魄抱空月,出没难自裁。""三峡一线天,三峡万绳泉。上仄碎日月,下掣狂漪涟。破魄一两点,凝幽数百年。""峡棱刻日月,日月多摧辉。"两岸尖峰割碎日月,月魄出没难以自裁。峡壁巉岩险峻,崖石齿牙似剑:"石剑相劈斫,石波怒蛟虬。""石齿嚼百泉,石风号千琴。""潜石齿相锁,沉魂招莫归。"峡水与崖石相激,怒波如露齿吮人:"齑粉一闪间,春涛百丈雷。峡水声不平,碧瀄牵清洄。沙棱箭箭急,波齿断断开。呀彼无底吮,待此不测灾。谷号相喷激,石怒争旋回。""上天下天水,出地入地舟。""峡声非人声,剑水相劈翻。""犀飞空波涛,裂石千嶔岑。""峡水剑戟狞,峡舟霹雳翔。"峡中潭底更有蛟螭怪魅,以饥涎毒波伺人:"峡乱鸣清磬,产石为鲜鳞。喷为腥雨涎,吹作黑井身。怪光闪众异,饿剑唯待人。老肠未曾饱,古齿崭嵓嗔。嚼齿三峡泉,三峡声断断。""峡螭老解语,百丈潭底闻。毒波为计校,饮血养子孙。"如此可怖的峡中,不知有多少冤魂葬身水底:"峡哀哭幽魂,噭噭风吹来。""沉哀日已深,衔诉将何求!""峡晖不停午,峡险多饥涎。树根锁枯棺,直骨裹裹悬。树枝哭霜栖,哀韵杳杳鲜。逐客零落肠,到此汤火煎。"

诗中虽明言所哀是为流放的"窜官"和衔冤的"古罪""今缧",并且直指"逸人峡虺心,渴罪呀然浔",但是全诗将三峡写成一个由险峰怪石、急湍怒波、深潭蛟螭等组成的不见天日的大囚笼,乐在其中的只有那些"枭鸱作人语,蛟虬吸山波。能于白日间,诒欲晴风和"的魑魅魍魉,人在其中只能任其折磨吞噬,就像被投入地狱的冤魂。因此,三峡既是大自然形成的天险,也是人心险恶、世道不公的人间缩影。

《峡哀》中的三峡是诗人驱使万象在胸臆中重组的险恶世界,是以人事解释天道、或者说是以天道模拟人事的产物。在这个囚笼般的峡谷中,人的活动空间是极为狭窄的,可说是处处险象环生,寸步难行。但是诗中的三峡不但包容了郦道元《水经注·江水》中的描写,而且融会了杜甫长诗《白帝城放船出瞿塘峡》四十韵中的景观,千奇百怪,声势夺人,写尽三峡的雄奇壮观,艺术视野又极其宽广。由此可以窥见孟郊"蹋天蹋地"与"胚胎造化"之间的辩证关系:由于他心中的造化其实是天道人事的合一,他可以把个人在世间感到的无形压迫感实体化,使原本空阔的天地变成处处有碍的狭窄空间。但是他的心并不受局限,正如他自己所说:"心放出天地,形拘在风尘。"㉝其形虽被拘限在尘世,其心却可以放出天地之外。所以天地可纳入胸臆,造化可由其在心中摆弄,形与心的关系正和孟郊"蹋天蹋地"与"胚胎造化"的矛盾一样,二者是对立的统一。

事实上,无论是"蹋天蹋地",还是"胚胎造化",都是孟郊调动艺术想象,使天地造化为其所用的结果。他自己曾说:"天地唯一气,用之自偏颇。忧人成苦吟,达士为高歌。"㉞忧人苦吟,天地就变得狭窄,达士高歌,天地就变得宽广。

所以全在诗人如何"用之",这说明孟郊的秋虫寒号和盘空硬语也是分别偏用天地之气的结果。而且由于他感受人事的着眼点在于天道,人间的不平都表现在大自然造成的"森耸山岳多"⑤,"三峡水不平","太行路峥嵘"⑥,"黄河奔浊浪"⑤,这就使他的视野很容易从个人的局促空间转向天道运行的广阔天地,虽然在文字中"一生虚自因"⑤,却也可以"唯开文字窗,时写日月容"⑥,形成宽窄两种视野的更替,在"寒虫号"的同时又能发出"生风雷"的"吁嗟"。

在文章创作的构思中,"笼天地于形内,挫万物于笔端"⑥,是陆机早就讲过的道理,要将物象摄于笔端,所有的作者都要经过一个在胸中陶钧万物的过程。孟郊所说"天地入胸臆,吁嗟生风雷。文章得其微,物象由我裁"⑥,似乎也是这个意思。但是他所说的"苟非圣贤心,孰与造化该"⑥,含义却不同。联系他的《吊元鲁山》十首可以看出,孟郊心目中的"造化"并非仅指天地间客观存在的万事万物,而是天与人的合一:"君子不自蹇,鲁山蹇有因。苟含天地秀,皆是天地身。天地蹇既甚,鲁山道莫伸。天地气不足,鲁山食更贫。始知补元化,竟须得贤人。"⑥此诗分析元鲁山之所以困顿的原因,认为君子本是天地灵秀之气所凝成,都是天地之身。天地困窘已甚,鲁山之道也就不能伸张。天地的元气不足,鲁山的食粮就更贫乏。所以要想补足造化元气,就必须得到贤人。这也就是"苟非圣贤心,孰与造化该"的深意,如果没有圣贤之心,又有谁能使造化充足全备?可见孟郊所说的"天地"之气与贤人之心是合而为一的,由贤人的困顿就能见出天地的偃蹇,造化的匮乏。那么孟郊的天地逼仄感,也正是君子之道不得伸张的体现。从这个意义上来理解他的"出门即有碍,谁谓天地宽",就不能简单地视为赋性褊狭、气度窘促,而是对"天地蹇既甚"的切身感受。所以孟郊对天地的感觉是窄是宽,取决于君子之道的屈伸。这就是他"踢天踏地"和"胚胎造化"之间更深层的辩证关系。

正因如此,孟郊才会提出须得贤人以补元化的惊人设想,"补元化"的气魄之大,理念之新,可谓前所未有。与李白的"探元化"也完全不同。李白继承老庄的传统,"观变穷太易,探元化群生"⑥,是希望从元化中探求宇宙万物变迁和天地化育群生的规律和奥秘。他认为人只能顺应自然,与浩气混同:"谁挥鞭策驱四运,万物兴歇皆自然","吾将囊括大块,浩然与溟涬同科"⑥,天地绝不是可以人为限制和改变的空间。而按照孟郊的逻辑,元化亏损须贤人来补,天地也要凭教化来澄清。《吊元鲁山》其五说:"贤人洁肠胃,寒日空澄凝"[65],并非简单地形容贤人肠胃中的寒凝之状,贤人既然是天地之身,那么贤人肠胃之清洁,就相当于天地的澄澈洁净。其六说:"善教复天术,美词非俗箴"[67],则是具体地说明贤人以教化清洗薄俗、恢复天道的方法,与其七"谁能嗣教化,以此洗浮薄。君臣贵深遇,天地有灵橐"[68]意同。如果君臣遇合,天地之烘炉便有鼓风的动力,就能顺畅运行。所以孟郊所说的天地造化,与圣贤之道完全合为一体,是属于儒家思想体系的。

从文章与造化的关系来说,李白认为"阳春召我以烟景,大块假我以文章"[69],"宇宙之奇诡"[70]是文章取之不穷的源泉。而孟郊则是"摆造化""补元化",也就是李贺所说的"笔补造化天无功"[71]。诗人之笔可补造化,可指顾万象,回旋三光,与天地之功争奇。李白虽然也有"手弄白日,顶摩青穹"的奇想,但只是将自己放大到极限,使之与大化融为一体,塑造出一个"至人"的形象。而孟郊却因为空间的逼仄感而缩短了与天地之间的距离,产生了"穿天根、出月胁"[72]的奇想。在他的艺术想象中,天地是有限的,无论是天还是海,都可以探其根源:"天高亦可飞,海广亦可源。"[73]所以他可以探到天的边界,"欲上千级阁,问天三四言"[74],登上千级高阁,即可与天对话。"天若百尺高,应去掩明月。"[75]天高只有百尺,是烛蛾可以飞到的距离,既离明月不远,就不必在灯前扑火。正像"愿为天下幬,一使夜景清"[76],要做一顶罩住全天下的蚊帐,那么天下都是可以被遮的。"南山塞天地,日月石上生"[77],更是因天地变窄而产生的奇想。从字面看,只是夸大终南山的高大,但南山可以塞满天地,又可见天地的容量有限,以至于日月也被挤得只能从南山的石头上生出。这就构成一幅印象派的画面,成为孟郊最新奇的名句。但是在有限的天地中,文章的"劚掘"却是"杳无底""谁能根"的[78],所以万物可以随他的喜怒哀乐任意驱遣。当他感到"此哀无处容"时,其痛哭可以"声翻太白云,泪洗蓝田峰",甚至"愿回玄夜月,出视白日踪"[79],使日月昼夜倒转。因此当传统意义的"大块"不足以供给文章无底的需求时,孟郊可以向内心作更深层的搜求,取材于经过诗人胚胎孕育后变形的天地。

总之,孟诗中存在"胚胎造化"和"跼天蹐地"两种宽窄不同的视野,二者看似矛盾,但是都根源于孟郊将元化之道与圣贤之心合一的哲学认识,因而在诗人以天道比拟人事的创作思路中得到统一,又可以相互转化。而其"补元化"的不凡气魄,又促使孟郊在天地变窄的视野中,产生"探天根、穿月胁"的奇思,为中唐尚奇诗派开启"笔补造化天无功"的创作理念,营造出雄森奇险的全新境界。

三、"遂于天根月窟"之思的艺术渊源

"穿天心、出月胁"的奇思并非孟郊一人所独有,而是韩愈、孟郊、李贺三人的共同特点:"夫其鲸呿鳌掷,掐胃擢肾,汗澜卓踔,俾寸颖尺幅之间,幻于鬼神仙灵而不可思议,变于蛟龙风雨而不可捉搦,遂于天根月窟而不可登诣。"㉝由于诗人们神仙想象的变异,鬼神仙灵、蛟龙风雨的变化,早就伏脉于天宝到大历、贞元年间的部分古诗之中㉞。而"遂于天根月窟"的视野,则与笔补元化的创作理念有关。早在孟郊之前,少数天宝大历诗人中已出现这类奇思的渊源,如追溯其作品中艺术视野逐渐变异的过程,当有助于进一步了解孟郊的奇思对前人的继承和发展。

如孟云卿是元结所选《箧中集》里的诗人。他的《放歌行》最早描写了心目中世界的狭小:"吾观天地图,世界亦可小。落落大海中,飘浮数洲岛。贤愚与蚁虱,一种同草草。地脉日夜流,天衣有时扫。东山谒居士,了我生死道。目见难噬脐,心通可亲脑。轩皇竟磨灭,周孔亦衰老。永谢当时人,吾将宝非宝。"㉟诗人因透彻了悟生死之道,才将天地看成渺小的世界:人间不过是大海中飘浮的几个洲岛,人类无分贤愚都不过如蚂蚁虮虱。天地之窄,可以看见地脉日夜流淌,天衣也触手可扫。由于愤慨人世之恶浊,有感于人生之短暂,他把世界看得微不足道,三皇五帝、周孔贤圣最终都难免衰亡磨灭,那么又何必在意永久的存在价值呢?这都是孟云卿不能为俗所容的愤极之语,但也通过缩小天地图而将自己对尘俗的蔑视极度放大,改变了看世界的视野。可见世界变小的奇想与生命短促渺小的看法相关。

孟云卿与《箧中集》里诗人一样,往往站在纵观古今的角度来讨论生死和时间,《行路难》以神仙世界的永恒反衬人间的"天长地久成埃尘":"金堂玉阙朝群仙,拍手东海成桑田,海中之水慎勿枯,乌鸢啄蚌伤明珠。"㊱仙人一拍手,

沧海即成桑田,而海水若枯,乌鸢啄蚌也只在转瞬之间。《邺城怀古》将历史转换的快速之感浓缩在一个场景之中:"伊昔天地屯,曹公独中据。群臣将北面,白日忽西暮。三台竟寂寞,万事良难固。"⑧群臣刚要北面事曹,一切就随着白日西下而结束。某些天宝诗人对时间加速的敏感,有时会强化为造化对人的压迫感。毕燿《赠独孤常州》诗说:"洪炉无久停,日月速若飞,忽然冲人身,饮酒不须疑。"⑧《庄子·大宗师》说:"今一以天地为大炉,造化为大冶。"⑧所以日月如飞的运行正是天地大炉一刻不停的冶炼。日月飞速忽然会冲撞人身的想象很奇特,但读了独孤及给毕燿的诗就可明白其思路:"心与白日斗,十无一满百。寓形薪火内,甘作天地客。"⑧人心每天都在和白日斗争,希望光阴变得慢一些,但是终究十人中无一人能满百岁。人的形体既然寄寓在烘炉的薪火之中冶炼,那么只能甘心做天地的过客。与毕燿诗对照来看,就可以理解,既然人处于烘炉之中,那么日月如飞便是薪火冶炼,当然会冲击人身。而日月运行能冲撞人身,反过来又可见这烘炉空间的狭窄,由此自然会促使他们去探寻天地的边界。独孤及《观海》诗说:"北登渤澥岛,回首秦东门。谁尸造物功,凿此天池源。颓洞吞百谷,周流无四垠。廓然混茫际,望见天地根。白日自中吐,扶桑如可扪。超遥蓬莱峰,想象金台存。"⑧此诗后半首批评"徐福竟何成,羡门徒空言",并非从神仙眼里观世界,而是把混茫的大海看成造物主凿成的"天池源",虽然可吞百谷,周流无垠,但又可从这里望见天地之根,白日从中吐出,扶桑也可扪及。"吐"和"扪"的动词使用,使天和海都实体化了。这就和"寓形薪火内"的比喻一样,把广阔的天地缩小成可以触摸的有限空间。可见,天宝大历时期已经有少数诗人因生命的焦灼感而催生了"探天根"的奇想。

此外,大历至贞元间神仙想象的变异促使某些诗人产生从仙界下瞰人间的视角,也会感到尘世的渺小。如前文所举孟云卿的《行路难》,还有韦应物的《王母歌》:"上游玄极杳冥中,下看东海一杯水。"⑧顾况《曲龙山歌》:"下看人界等虫沙,夜宿层城阿母家。"⑨这类想象也是将神仙长生与人间凡俗的对照极端化的结果。皇甫湜曾说顾况"偏于逸歌长句,骏发踔厉,往往若穿天心、出月胁,意外惊人语,非寻常所能及,最为快也"⑨。这是用"穿天心、出月胁"来形容诗人奇思的最早出处。观顾况全集,主要是以人间的经验设想神仙在天上的生活,想象成道入仙之后,被群星接纳,"摩天截汉何潇洒"⑨的自由,或者下探龙宫中的珍怪,"有风天晴翻海眼"㉝的奇景。顾况崇信道教,这些惊人语多来自神仙道教故事的启发。

大体说来,在孟郊之前,天地在诗人眼中变小的描写已经出现,这种感觉主要是出于光阴迫人的焦虑。生命的紧迫感促使诗人强化了时空永恒与短促人生的对比,使他们看到世界的极限,渴望摆脱造化对人的控制。孟郊的"踢天踏地"之感虽然来自不容于世俗的愤激,但也与生命的焦虑有关。他常常叹息:"日愁疑在日,岁箭迸如籛。"㉞光阴似箭,似乎与人有仇,这也正是毕燿所说的日月冲人身,是造化与人的冲突。"老人朝夕异,生死每日中"㉟,在衰老中每天都在经受着生与死的斗争,当然会产生"四时既相迫"的催逼感。这是孟郊能对孟云卿、毕燿等人的生命紧迫感产生共鸣的重要原因。更何况孟云卿也是一个不肯随俗的复古诗人,元结所说《箧中集》诗人"以正直而无禄位,以忠信而久贫贱"㊱是这批诗人的共同特点,孟云卿更是"当时古调无出其右,一时之英也"㊲,与孟郊可谓是异代同调。所以孟郊曾凭吊过孟云卿的故居,他在《哀孟云卿嵩阳荒居》㊳中说:"戚戚抱幽独,宴宴沉荒居。不闻新欢笑,但睹旧诗书。艺蘗意弥苦,耕山食无余。定交昔何在?至戚今或疏!薄俗易销歇,淳风难久舒。"哀叹孟云卿终生孤独,沉寂于山中。耕种为生,难以自足,其心之苦有如所植之黄蘗,其友之稀连至戚都已疏远。他深深懂得孟云卿这样的君子是毁于淳风不舒的薄俗,这些悼词与其说是哀孟云卿,倒不如说是自哀。所以结尾说"残芳亦可饵,遗秀谁忍除",正是借荒居景色表达了自己欲餐其残存之兰蕙,承前人之遗志的心愿。这就使他很容易受到孟云卿诗的感染和启发。

但孟云卿说"世界亦可小",是因为"观天地图",独孤及能"望见天地根",是因为观海,韦应物、顾况下瞰人间之渺小,更是站在天外的立场,都没有置身于这个变小的天地之中,这种视野或者在"天地"之外旁观,或者将上天和人间分开,虽然与李白融入太清的视野有所不同,但想象的来源主要还是老庄或道教的天人观念。孟郊则将自己拘囚在人为缩小的天地之中,亲身承受着"踢天踏地"的狭窄感,这种处理天人关系的艺术构思方式,完全反转了李白以前的传统。陈子昂、李白等心目中的天人关系是将社会、历史、时运置于元化中思考,个人从属于大化的运转,这是魏晋以来传统的玄学思维。李白认为旷士的胸怀应与朗朗太清相应:"所贵旷士怀,朗然合太清。"㊴他的想象是"愿乘泠风去,直出浮云间。举手可近月,前行若无山"⑩,虽然也可以出入天心月胁,但他本人是融入了造化的无尽之中的,所以能在天与人的和谐共处中获得无限广阔的视野。而在孟郊的艺术想象中,天人合一实际体现为天道与人事的对应。现实世界的不公,造成天地对君子的挤压,以及君子对天地的抗争,所以天和人形成对冲的关系。而由圣贤来补元化的理想,虽然不可能实现,却可以使人对造化的探索达到"邃于天根月窟"的深度。从这个意义上来说,貌似狭隘的孟郊又在屈原和李白的浪漫世界之外打开了一个前所未有的新视野。

在中唐元和诗变中,孟郊是开风气之先的。他生于天宝十载,主要的创作活动是在大历到贞元年间及元和前期。综观这一时期的诗歌,除了元结、顾况、韦应物等少数人写作古诗以外,大多以近体为主,诗风也愈趋陈熟。孟郊的出现,有如奇峰突起,但不能为众人所理解,只有韩愈能充分认识其价值。而比他年辈稍晚的韩愈和卢仝、李贺虽然艺术风格各异,但恪守古道、不肯随俗的思想性格完全相同,其处理天人关系的思路和观察世界的视野也都与孟郊相近。如韩愈之诗以"豪"著称,但他与孟郊一样,曾困守在古史中,类似一条蠹虫:"古史散左右,诗书置后前。岂殊蠹书虫?生死文字间。"然而他的心也会飞上"昆仑颠","下视禹九州,一尘集毫端"⑩,将九州看得像笔端的一粒灰尘那样渺小。在《调张籍》诗中,他表示要追步李杜:"我愿生两翅,捕逐出八荒。精诚忽交通,百怪入我肠。刺手拔鲸牙,举瓢酌天浆。腾身跨汗漫,不著织女襄。"⑩,这正是上探天根星河的奇境。洞庭湖在他眼里,是"自古澄不清,环混无归向。炎风日搜搅,幽怪多冗长。轩然大波起,宇宙隘而妨"⑩,混沌不清的湖水,每天被热风搅得幽怪出没,轩然大波冲天而起,连宇宙都嫌狭隘,成为巨浪肆虐的妨碍。他用五十多个"或"字来形容登高所见终南山远近群峰的姿态,所用比喻既有星离、云逗、波涛、曝鳖、寝兽、藏龙、抟鹫等自然景物和动物,也有船游、楜㭊、宿留、绘画等人类活动,更有贱幼朝帝王、朋友随前后、亲密如婚媾、背戾如仇雠、俨然如峨冠、善翻如舞袖等世间百态。这就使《南山诗》与孟郊《峡哀》的表现原理类同,以人事和天象合一,构成终南山的整体图景:"大哉立天地,经纪肖营腠。"⑩方世举引《淮南子·精神训》说:"经天营地,各有经纪。天有四时五行九解,人亦有四至五脏九窍。"⑩可见韩愈也认为天与人是对应的。天地所经营的南山,不仅是一个自然界的奇观,而且是包容了人世万事的造物。至于他的《月蚀诗效玉川子作》,将日月视为天之双目,将月食视为天目被蛤蟆精所食,将卢仝写成手持寸刃上天扫除蛤蟆的豪杰,更是典型地体现了"穿月胁"的惊人奇想。

卢仝"高古介僻","语尚奇谲","终日苦哦"[⑩],与孟郊友善,性格相似。他也为自己四十无成而深感愤激:"天地日月如等闲,卢仝四十无往还。唯有一片心脾骨,巉岩崒硉兀郁律。刀剑为峰崿,平地放著高如昆仑山。天不容,地不受,日月不敢偷照耀。"[⑩]他把自己的心脾骨比作高耸险峻的昆仑山,为天地所不容,日月所不照。所以仰面不见天日:"为报玉川子,知君未是贤。低头虽有地,仰面辄无天。"[⑩]并激烈地指斥:"功名生地狱,礼教死天囚。"[⑩]俨然又是一位"诗囚"。他不信神仙道教之说,所以与孟郊一样,其天人合一的理念出自儒家。他认为在"尔来天地不神圣,日月之光无正定"的情况下,自己和马异这样的"奇骨"是"元不死"的"元气"所生(《与马异结交诗》)。《月蚀诗》[⑩]借月蚀的自然现象说天道:"念此日月者,太阴太阳精。皇天要识物,日月乃化生。走天汲汲劳四体,与天作眼行光明。此眼不自保,天公行道何由行。"但也是说人事:"人养虎,被虎啮。天媚蟆,被蟆瞎。""想天不异人,爱眼固应一。"他向"帝天皇"表示:"臣心有铁一寸,可刳妖蟆痴肠。""愿天神圣心,无信他人忠。"也就是希望除掉障蔽朝廷之眼的祸害。正如《感古》诗所说:"可怜万乘君,聪明受沉惑。忠良伏草莽,无因施羽翼。日月异又蚀,天地晦如墨。"[⑩]只是卢仝会将神话和家常俗语融合在奇想之中,例如:"神农画八卦,凿破天心胸。女娲本是伏羲妇,恐天怒,捣炼五色石,引日月之针,五星之缕把天补。补了三日不肯归婿家,走向日中放老鸦。月里栽桂养虾蟆,天公发怒化龙蛇。"[⑩]把凿破天心的伏羲[⑩]和补天的女娲写成一对不和睦的夫妇,日中放金乌和月中养蛤蟆都是他们任性所致,所以惹得天公发怒,把他们化为鳞身蛇躯。想象奇诡,语言俗白,发展了顾况"穿天心、出月胁"的思路和风格。

李贺与孟郊一样困于贫贱,且体弱多病,对生命短暂的敏感和焦虑更甚于常人:"飞光飞光,劝尔一杯酒。吾不识青天高,黄地厚,唯见月寒日暖,来煎人寿。"[⑩]"煎"字极其形象地写出了生命在日月更替中销熔的煎心之痛。"漏催水咽玉蟾蜍,卫娘发薄不胜梳。看见秋眉换新绿,二十男儿那刺促!"[⑩]刻漏中的清水一滴滴地催促着美人青丝变稀,眼见黛眉转瞬变成秋眉,即使是青春男儿也会感到惊心。然而,"人生有穷拙,日暮聊饮酒。只今道已塞,何必须白首?"在"学为尧舜文,时人责衰偶"⑩的境遇中,他只感到"天迷迷,地密密,熊虺食人魂,雪霜断人骨。嗾犬狺狺相索索,舐掌偏宜佩兰客",天地间霜雪迷濛,充斥着噬人的雄虺和恶犬的狂吠,专门攻击德行修洁之士。像颜回、鲍焦这样的古贤人因贫早死,都是因为"天畏遭衔啮,所以致之然"⑪,连天都怕毒龙猛兽噬咬,一般"佩兰客"更无出路了。所以,"韩鸟处缯缴,湘篠在笼罩。狭行无廓路,壮士徒轻躁"⑫,道路阻塞,到处罗网,出门即会遇险,正是孟郊所说"出门即有碍,谁谓天地宽"之意。诗人无法逃离现实,只能在想象中从天上俯视人间,蔑弃这个渺小的尘世:"黄尘清水三山下,更变千年如走马。遥望齐州九点烟,一泓海水杯中泻。"⑬他的《梦天》《天上谣》等"探天根、穿月胁"的代表作,正是这样产生的。这些惊人奇想,以"笔补造化"的功力创造出一个美好自由的天上世界,又综合了孟云卿、独孤及等人的奇思和顾况、韦应物的神仙想象。

综上所论,历代诗论对于孟郊"雄鷙"与"寒俭"的两种评价,与其诗同时存在宽窄两种不同的视野有关。两种风格看似对立,但实际上统一在孟郊将天地之道与圣贤之道合一的儒学观念之中。期望以贤人"补元化"的社会理想体现在创作中,便转化为"胚胎造化"的不凡气魄。生命的紧迫感和现实的压迫感使他和韩愈、卢仝、李贺等尚奇诗人都在不同程度上感受到天地的逼仄,这就反过来促使他们在天宝大历诗人的同道中追溯艺术表现的渊源,艺术视野从传统的"天地至广大"⑭变为"世界亦可小",从而产生"探天根、穿月胁"的惊人奇想。其意义在于形成了"笔补造化天无功"的创作理念,更新了处理天人关系的传统构思方式,为中唐诗歌开拓出一片深邃奇险的新天地。

原载《北京大学学报》2019 年第 3 期,84—96 页。

注　释

① 郝润华、丁俊丽整理《韩昌黎诗集编年笺注》,中华书局,2012 年,17 页。
② 《韩昌黎诗集编年笺注》,62 页。
③ 《韩昌黎诗集编年笺注》,404 页。
④ 《吕氏春秋》卷一五《慎大览第三》"不广":"北方有兽,名曰蹶,鼠前而兔后,趋则跲,走则颠,常为蛩蛩距虚取甘草以与之。蹶有患害也,蛩蛩距虚必负之走。此以其所能托

其所不能。"上海古籍出版社,1989年,124页。一说,蛩蛩与驱虚为二兽。

⑤ 张籍《赠别孟郊》,《全唐诗》,中华书局,1960年,4295页。
⑥ 闫琦校注《韩昌黎文集注释》,三秦出版社,2004年,下册,140页。
⑦ 王文诰辑注《苏轼诗集》,中华书局,1982年,796—797页。
⑧ 李纲《读孟郊诗》,《李纲全集》,岳麓书社,2004年,98页。
⑨ 尤袤《全唐诗话》卷二"白居易"条引叶梦得语,何文焕辑《历代诗话》,中华书局,1981年,上册,121页。
⑩ 张健《沧浪诗话校笺》"诗评",上海古籍出版社,2012年,655页。
⑪ 傅璇琮主编《唐才子传校笺》,中华书局,1989年,第二册,514页。
⑫ 元好问《论诗三十首》,施国祁《元遗山诗集笺注》,人民文学出版社,1958年,529页。
⑬ 诗题为"国成德宰武康,锓孟东野诗,立其祠。余家旧藏东野像,书来借临,其尚友与俗异矣。予因读昌黎赠先生诗,追和其韵,并临其像奉送之武康",诗后署"景定壬戌九月望日阆风舒岳祥书"。见华忱之、喻学才《孟郊诗集校注》,人民文学出版社,1995年,633页。
⑭ 《艇斋诗话》,丁福保辑《历代诗话续编》,中华书局,1983年,上册,324页。
⑮ 此语指孟郊"才获一第,便尔志满意得,如此尤为小器"。见《载酒园诗话》,郭绍虞编选《清诗话续编》,上海古籍出版社,1983年,第一册,256页。
⑯ 《载酒园诗话》,《清诗话续编》,第一册,255、256页。
⑰ 《一瓢诗话》,《清诗话》,上海古籍出版社,1983年,下册,705页。
⑱ 《石洲诗话》,《清诗话续编》,第三册,1389页。
⑲ 《昭昧詹言》,人民文学出版社,1961年,42页。
⑳ 《北江诗话》,人民文学出版社,1983年,70页。
㉑ 《柳亭诗话》,张寅彭辑《清诗话三编》,上海古籍出版社,2014年,第一册,678页。
㉒ 《老生常谈》,《清诗话续编》,第三册,1842页。
㉓ 《养一斋诗话》,《清诗话续编》,第四册,2015—2016页。
㉔ 《孟郊诗集校注》,34页。
㉕ 《孟郊诗集校注》,151页。
㉖ 《长安旅情》,《孟郊诗集校注》,151页。
㉗ 《长安道》,《孟郊诗集校注》,5页。
㉘ 《楚怨》,《孟郊诗集校注》,40页。
㉙ 《有所思》,《孟郊诗集校注》,54页。
㉚ 《君子勿郁郁士有谤毁者作诗以赠之二首》其一,《孟郊诗集校注》,111页。

㉛ 《感兴》,《孟郊诗集校注》,93 页。

㉜ 《自叹》,《孟郊诗集校注》,114 页。

㉝ 《择友》,《孟郊诗集校注》,122 页。

㉞ 《上达奚舍人》,《孟郊诗集校注》,289 页。

㉟ 《劝善吟醉会中赠郭行余》,《孟郊诗集校注》,69 页。

㊱ 《赠崔纯亮》,《孟郊诗集校注》,267—268 页。

㊲ 《送李校书二十六韵》,《杜诗镜铨》,上海古籍出版社,1962 年,188 页。

㊳ 《送从叔校书简南归》,《孟郊诗集校注》,361 页。

㊴ 《秋怀十五首》其十,《孟郊诗集校注》,161 页。

㊵ 《冬日》,《孟郊诗集校注》,130 页。

㊶ 《夜感自遣》,《孟郊诗集校注》,142 页。

㊷ 《立德新居》其三,《孟郊诗集校注》,238 页。

㊸ 《赠主人》,《孟郊诗集校注》,290 页。

㊹ 《送淡公十二首》其十二,《孟郊诗集校注》,387 页。

㊺ 《孟郊诗集校注》,294 页。

㊻ 《戏赠无本二首》其二,《孟郊诗集校注》,301 页。

㊼ 《送无本师归范阳》,《韩昌黎诗集编年笺注》,418 页。

㊽ 《孟郊诗集校注》,369 页。

㊾ 《孟郊诗集校注》,369 页,注释(1)释“狂僧”四句。

㊿ 《孟郊诗集校注》,338 页。

(51) 《送孟寂赴举》,《孟郊诗集校注》,377 页。

(52) 《孟郊诗集校注》,488—490 页。

(53) 《奉报翰林张舍人见遗之诗》,《孟郊诗集校注》,340 页。

(54) 《送别崔寅亮下第》,《孟郊诗集校注》,343 页。

(55) 《君子勿郁郁士有谤毁者作诗以赠之二首》其一,《孟郊诗集校注》,111 页。

(56) 《感兴》,《孟郊诗集校注》,93 页。

(57) 《自叹》,《孟郊诗集校注》,114 页。

(58) 《冬日》,《孟郊诗集校注》,130 页。

(59) 《寻言上人》,《孟郊诗集校注》,429 页。

(60) 《文赋》,刘运好《陆士衡文集校注》,江苏凤凰出版社,2007 年,13 页。

(61) 《赠郑夫子鲂》,《孟郊诗集校注》,294 页。

(62) 同前注。

㉓ 《吊元鲁山十首》其三,《孟郊诗集校注》,464页。
㉔ 《古风》其十三,《李太白全集》,中华书局,1977年,104页。
㉕ 《日出入行》,《李太白全集》,211页。
㉖ 《孟郊诗集校注》,464页。
㉗ 同前注。
㉘ 同前注。
㉙ 《春夜宴从弟桃花园序》,《李太白全集》,1292页。
㉚ 《秋于敬亭送从侄耑游庐山序》,《李太白全集》,1267页。
㉛ 《高轩过》,《李贺诗歌集注》,上海古籍出版社,1978年,291页。
㉜ 程珌《跋东野集》:"岂非东野平生穿天心、出月胁,固宰物者所不恕耶?"《孟郊诗集校注》,605页。
㉝ 《戏赠无本二首》其二,《孟郊诗集校注》,301页。
㉞ 《上昭成阁不得》,《孟郊诗集校注》,453页。
㉟ 《烛蛾》,《孟郊诗集校注》,417页。
㊱ 《蚊》,《孟郊诗集校注》,416页。
㊲ 《游终南山》,《孟郊诗集校注》,179页。
㊳ 《戏赠无本二首》其二,《孟郊诗集校注》,301页。
㊴ 《远愁曲》,《孟郊诗集校注》,24页。
㊵ 黄之隽《韩孟李三家诗选序》,《唐堂集》卷五第5页,《清代诗文集汇编》,上海古籍出版社2011年影印版,221册,72页。
㊶ 见拙文《神仙想象的变异》,《北京大学学报》2018年第1期。
㊷ 《全唐诗》,1607页。
㊸ 《全唐诗》,1609页。
㊹ 《全唐诗》,1608页。
㊺ 《全唐诗》,2865页。
㊻ 郭庆藩撰《庄子集释》,中华书局,1982年,72页。
㊼ 《客舍月下对酒醉后寄毕四燿》,《全唐诗》,2761页。
㊽ 《全唐诗》,2765页。
㊾ 陶敏、王友胜《韦应物集校注》,上海古籍出版社,1998年,563页。
㊿ 王启兴、张虹《顾况诗注》,上海古籍出版社,1994年,266页。
(51) 皇甫湜《唐故著作佐郎顾况集序》,《全唐文》,上海古籍出版社,1990年,3113页。
(52) 顾况《曲龙山歌》。

㉝ 同前注。

㉞ 《冬日》,《孟郊诗集校注》,130 页。

㉟ 《秋怀十五首》其十,《孟郊诗集校注》,161 页。

㊱ 元结《箧中集序》,《唐人选唐诗(十种)》,上海古籍出版社,1958 年,上册,27 页。

㊲ 傅璇琮主编《唐才子传校笺》,第一册,436 页。

㊳ 《孟郊诗集校注》,476 页。

㊴ 《设辟邪伎鼓吹雉子斑曲辞》,《李太白全集》,238 页。

⑩ 《登太白峰》,《李太白全集》,974 页。

⑪ 《杂诗》,《韩昌黎诗集编年笺注》,246 页。

⑫ 《调张籍》,《韩昌黎诗集编年笺注》,518 页。

⑬ 《岳阳楼别窦司直》,《韩昌黎诗集编年笺注》,155 页。

⑭ 《南山诗》,《韩昌黎诗集编年笺注》,201—203 页。

⑮ 《韩昌黎诗集编年笺注》,213—214 页。

⑯ 傅璇琮主编《唐才子传校笺》,第二册,272 页、268 页。

⑰ 《与马异结交诗》,《全唐诗》,4383 页。

⑱ 《自咏三首》其一,《全唐诗》,4369 页。

⑲ 《常州孟谏议座上闻韩员外职方贬国子博士有感五首》其五,《全唐诗》,4381 页。

⑳ 《全唐诗》,4364—4367 页。

㉑ 《感古四首》其一,《全唐诗》,4384 页。

㉒ 《与马异结交诗》,《全唐诗》,4383—4384 页。

㉓ "神农画八卦"句将神话中伏羲之事与神农混淆,相传伏羲始作八卦。

㉔ 《苦昼短》,《李贺诗歌集注》,221 页。

㉕ 《浩歌》,《李贺诗歌集注》,72 页。

㉖ 《赠陈商》,《李贺诗歌集注》,191 页。

㉗ 《公无出门》,《李贺诗歌集注》,280 页。

㉘ 《春归昌谷》,《李贺诗歌集注》,226 页。

㉙ 《梦天》,《李贺诗歌集注》,57 页。

⑳ 《设辟邪伎鼓吹雉子斑曲辞》。

汉唐诗歌中两种比喻模式的交替演进

张一南

比喻作为一种纯粹的文学技巧,与诗歌的艺术风格存在着紧密的联系。而诗歌的艺术风格,很大程度上取决于诗人对诗性的体认和追求。因此,比喻的使用模式,可以从一个角度反映一位诗人,乃至一个诗学时代在美学上的追求。从某种意义上说,意象、题材的选择更容易受到诗人主观意愿的操控,而比喻作为一种技巧,更多地体现了诗人的审美意识在无意间的流露。因此,本文从由汉至唐的诗歌中,提取了比喻这一文学因素,加以归类研究,并进行了文本上的分析和数值上的统计,从而发现,这一时期诗歌中的比喻可分为两种模式,这两种模式交替演进,分别在不同的时期占据优势。而这两种模式消长的规律,与这一时期中天分与学力、表现与再现的消长规律是重合的。因此,对于尚无定论的诗人和时代,比喻模式可以作为判定其诗学宗尚的因素之一。甚至对于已有定论的诗人,也可利用这一工具进行重新的认识和评价。本文旨在描述两种比喻模式在从汉乐府到晚唐的诗歌中交替演进的过程,并试图探寻一种对诗歌技巧演进过程进行量化分析的方法。

一、比喻的分类

要研究比喻,首先要对千姿百态的比喻进行分类。本体和喻体是构成比喻的两个基本要素,而这两个基本要素在比喻中的作用是不同的。先看一个熟悉的例子:

> (张)昌宗以姿貌幸,再思每曰:"人言六郎似莲华(花),非也;正谓莲华似六郎耳。"其巧谀无耻类如此。①

无论是这两句话的作者,还是千百年来的接受者,都不会否认"莲花似六郎"的谄媚程度更甚于"六郎似莲花"。然而,从题材上看,这两句话都是对张昌宗的谄媚;从意象上看,这两句话都只有"六郎"和"莲花"这两个意象;从修辞上看,这两个句子都是比喻。那么,其语意的浅深程度是由什么造成的呢?唯一的不同是本体和喻体的性质不同。在"六郎似莲花"中,"六郎"为本体,"莲花"为喻体;在"莲花似六郎"中,"莲花"为本体,而"六郎"为喻体。前者潜在地认为"莲花"是美的标准,后者则以"六郎"为美的标准。因此,前者暗示六郎的美尚不及莲花,而后者则暗示六郎的美高于莲花。当"六郎"成为喻体时,他实际上比做本体时受到了更多的赞颂。由此可见,在一个比喻中,尽管诗人的主观意识是要歌颂本体(至少在字面意思上是如此),但在诗人的内心深处,喻体更富于光彩,以至于本体会因与喻体相似而增色。

  以上举的是非诗性语言的例子,而在诗歌语言中,这种现象显得更加突出。与日常语言不同,诗歌语言很大程度上是以审美为追求,而非陈述客观的事实。因此,诗歌的比喻更多的不是为了说明本体的性状,而是为了赋予本体以更多的诗性。而只有当喻体的诗性高于本体时,才能达到这一目的。反之,如果喻体的诗性低于本体,比喻就会显得缺乏诗性,甚至使句意难于整合。因此,当诗人写作一个比喻句时,尤其是创造一个颇具独创性的比喻时,在其构思或潜意识中,喻体的诗性是要高于本体的诗性的。因此,只要对比喻的本体和喻体进行适当的分类,在一定范围内统计何种事物更容易成为本体,而何种事物更容易成为喻体,即可推知在这一范围内,诗人认为何种事物具有更高的诗性。

  一种可以考虑的分类方法是,把本体和喻体各自划分为自然物和人工物。自然物包括自然界的山川草木等,人工物则包括各种人工制品,如金银珠玉和纺织品等。前者代表了自然之趣,而后者凝结了人工,代表了人类文明所特有的荣华与绚丽。又因为喻体更多地代表了诗人内心中崇尚的审美标准,所以可以根据喻体所属的类型,将比喻划分为两种模式。一为以自然物为喻体,一为以人工物为喻体。前者的例子如《诗经·曹风·蜉蝣》中的"麻衣如雪",麻衣本为人工物,而被比喻为自然中的雪;后者的例子如谢朓的《晚登三山还望京邑》诗中的"余霞散成绮,澄江静如练",霞、江本为自然物,而被比喻为人工的绮、练。方便起见,本文分别以两种比喻中的名句指称这两种比喻模式,即前者为"麻衣如雪"型,后者为"澄江如练"型。前者以自然物为诗性的标准,后者则以人工物为诗性的标准[②]。

　　几乎在每一位诗人的作品中,这两种模式的比喻都是存在的。而两种比喻模式造成的效果是不同的。今以李贺诗为例。李贺诗中的"澄江如练"型比喻如:

　　草如茵,松如盖。风为裳,水为珮。(《苏小小墓》)
　　晓月当帘挂玉弓。(《南园十三首》)
　　南山桂树为君死,云衫浅污红脂花。(《神弦别曲》)

这样的比喻使得本来清新、灵动的自然物变得凝重起来,蒙上了一层压抑、静穆的色彩。"麻衣如雪"型比喻如:

　　端州石工巧如神,踏天磨刀割紫云。(《杨生青花紫石砚歌》)
　　西风罗幕生翠波。(《夜坐吟》)
　　蒨丝沉水如云影。(《染丝上春机》)

可以看到,这一类型的比喻更多的会带来一种飘逸之感。凭借着这种飘逸感,诗句似乎获得了一种出尘之气。通过比较可以看出,在自然物与人工物之间的比喻中,人工物体现了一种静态之美、人工之美,自然物则更多地体现着生命之美、自然之美,而诗句最终表现出来的美感,是接近喻体所代表的美学特质的。而当一位诗人更多地使用这两种比喻模式之一时,其全部诗作所呈现出来的整体风格势必受其影响。

　　当本体和喻体属于不同分类时,即当把人工物比作自然物,或把自然物比作人工物时,该比喻对喻体所代表的美学特质的崇尚是明显的。而当本体和喻体所属分类相同时,该比喻实际上仍然体现出对喻体所代表的美学特质的崇尚,因为诗人至少并未将本体比喻为另一类型的事物。因此,考察喻体所属的类型,足以区分比喻的类型,而本体所属的类型只是作为参考。

　　另外,当人类,尤其是女性,包括其身体的部分,内心的情绪,成为本体和喻体时,其人工的色彩甚至高于人工物。当诗人写到"宫月如眉""草细堪梳""幽兰露,如啼眼""小白长红越女腮"时,其句意的雕琢,意象的柔美和静穆,是在"澄江如练"之上的。因此,本文将作为本体和喻体的人类,看作人工物的极致。因此,当喻体是人类时,无论本体如何,该比喻均可视为"澄江如练"型比喻;反之,当本体是人类时,该比喻即可视为"麻衣如雪"型比喻,即使其喻体是人工物。

在实际创作中,考虑到本体的特征、诗歌传统、格律韵脚及其他偶然因素的影响,绝大多数诗人的作品中,都同时存在着不同类型的比喻。但这些因素对不同类型的比喻的影响大体是对等的,因此,考察一位诗人使用的比喻中,哪种类型的比喻占据了较大的数量优势,是可以反映该诗人的审美倾向的。较多使用"澄江如练"型比喻的诗人,更多地倾向于人工物比自然物更具诗性,而较多使用"麻衣如雪"型比喻的诗人,更多地倾向于自然物更具诗性。

那么,中国古代各个时代的诗人究竟倾向于使用哪一模式的比喻呢?这种倾向是否能反映诗学史上的一些问题呢?这就有待于对各时代诗作的文本和数据分析。

简便起见,本文在描述比喻的细类时,采用简称。如"以人工物为本体,以自然物为喻体"的比喻,简化为"人工-自然型比喻",其他细类依此类推。

二、汉魏晋宋和盛唐的比喻模式

早在《诗经》时代,中国诗歌中就大量运用典型的比喻句。"比"为《诗经》"六艺"之一,《诗经》也创造了丰富的比喻。但值得注意的是,在《诗经》中,人工-自然型比喻非常常见,而自然-人工型比喻并未出现过。在《诗经》中,当本体是人工物时,喻体常为自然物,如"麻衣如雪"(《曹风·蜉蝣》)"会弁如星"(《卫风·淇奥》)。《小雅·天保》甚至用一串博喻表示对君王的赞美,同时将君王比做了山、阜、冈、陵、川、月、日、南山、松柏等多种自然物。而人工物作为喻体的现象,只有当本体为人或人工物时才会出现,如"其人如玉"(《小雅·白驹》)"毳衣如璊"(《王风·大车》)"六辔如丝"(《小雅·皇皇者华》)等。由此可见,在《诗经》时代,自然物的诗性被认为是高于人工物的,自然-人工型的比喻,在当时的诗歌语言中并不能成立。

《诗经》如此,作为中国诗歌另一源头的《楚辞》又复如何呢?事实上,这部遣词华艳的先秦浪漫主义经典，很少包含典型的比喻。其中被人们习惯性地称为"比兴"的手法，其实更准确地说，应当被称为"兴寄"，更接近于现代修辞中的象征，如：

  余既滋兰之九畹兮，又树蕙之百亩。畦留夷与揭车兮，杂杜衡与芳芷。（《离骚》）

  凤皇在笯兮，鸡鹜翔舞。同糅玉石兮，一概而相量。（《九章·怀沙》）

这些典型的《楚辞》诗句也可以勉强看作暗喻，所谓"善鸟香草以配忠贞，恶禽臭物以配谗佞"，诗句中出现的意象均为喻体，而其字面之下所指的人物均为本体。但本文认为，在讨论本体与喻体的关系时，这样的"兴寄"或者"暗喻"，与"澄江静如练"这样典型的比喻，仍然存在着较大的不同。首先，在《楚辞》式的"兴寄"中，"本体"和"喻体"之间的对应关系在很大程度上是早已为文化传统所决定了的，而且，为了使读者有效地理解诗意，诗人还必须照顾到文化传统，不能让"本体"和"喻体"之间出现太大的不整合。在这样的制约下，诗人选用的"喻体"就不足以反映诗人对何谓诗性的理解。其次，这种"比喻"的"本体"和"喻体"的类型都非常固定，几乎必然"本体"是人，"喻体"是自然物，因此，"兴寄"必然以自然物作为诗性的化身，无需再作分析。再次，与一般在一两句之内即可完成的小巧比喻不同，这种"比喻"往往篇幅较长，甚至有一定情节，带有寓言的色彩，更重视言志抒情的功能，而非美化比喻的本体，实际是借"喻体"之象言"本体"之理，因此更多的是一种叙述而非比喻。而本文主要讨论的，是以追求修辞之美为主的比喻。《楚辞》的这种"兴寄"手法，在后世的拟楚辞中，以及非楚辞的古风中都很常见，本文姑且不将其列为"比喻"，暂不对其加以讨论。

  同样的道理，《诗经》中惯用的"起兴"手法，也是以叙述的口吻，先后列出起兴之物和要叙述的事物，重在二者之间情理的相通，而非形貌的相似，古人对"兴"和"比"也是区分开来的。因此，本文亦不将"起兴"计入比喻的范围。

  汉乐府亦不重比喻。大多数情况下，汉乐府中的华丽辞藻都是用于直赋其事。汉乐府往往满足于对所状之物的直接描写，并不习惯用比喻提升其诗性。汉乐府中称得上比喻的诗句往往是以人为本体，如：

百年未几时,奄若风吹烛。(《怨诗行》)

　　君当作磐石,妾当作蒲苇。(《焦仲卿妻》)

　　腰若流纨素,耳著明月珰。指如削葱根,口如含朱丹。(同上)

似乎只有人类自己,才能激发汉乐府诗人以他物加以比附的兴趣。或者说,只有人类自己,才是在入诗时需要用比喻来加以美化和修饰的。这反映了在汉人的观念中,人是相对缺乏诗性的存在。同样,东汉末年的文人诗《古诗十九首》,在比喻模式上也与汉乐府完全相同,即多用起兴、直赋,很少用比喻,即使偶尔用到比喻,也都是以人为本体。

　　由此可见,中国早期诗歌中的比喻并不发达,其原因之一可能在于,与"赋"和"兴"的倾向于自然相比,"比"天然是倾向于人工的。相对于"寓目直书",或因灵感而激发的联想,比喻需要更多的人为构思,更多的锤炼,因而更适宜后世的文人创作,而非早期朴素自然的创作形式。存在于中国早期诗歌中的比喻,绝大多数为"麻衣如雪"型比喻,"澄江如练"型比喻几乎不能成立。这反映出,这一时代的诗人们都认同自然物比人工物具有更多的诗性,而不能认同相反的命题。

　　魏晋文人诗中的比喻比汉诗稍多,但比喻类型仍然单一,集中在以人为本体的比喻。曹植在这一阶段的诗人中,属于使用比喻较多的,使用的喻体也较汉乐府为丰富、生动,如其在《洛神赋》中形容美人的博喻:

　　翩若惊鸿,婉若游龙。荣曜秋菊,华茂春松。仿佛兮若轻云之蔽月,飘摇兮若流风之回雪。远而望之,皎若太阳升朝霞;迫而察之,灼若芙蕖出渌波。……肩若削成,腰如约素。

其中,喻体大多为自然物,以自然中奇瑰绚丽的各种物象,来夸饰女神(美女),只有"肩若"二句透出了些许对人工之美的赞许。除比喻外,曹植的"比兴"其实更多的表现为类似《楚辞》的"兴寄"。如《吁嗟篇》《野田黄雀行(高树多悲风)》等。在曹植的"兴寄"中,故事情节比《楚辞》中的"兴寄"更加完整生动,几乎只是暗藏着自己的身世之感,讲述一个异类的故事,其形式离比喻更加遥远。这实际是借汉乐府的铺叙传统改造了《楚辞》体的"兴寄"传统,并且深刻地影响了后世文人的创作。继承汉魏传统的诗人,往往更喜欢在这样的"兴寄"中骋才，而非像齐梁诗人那样，雕琢细小的比喻。

至于不那么重视言辞华美的阮籍，使用比喻就不算频繁。阮籍诗中更常见的仍然是"兴寄"，如：

> 二妃游江滨。逍遥顺风翔。交甫怀佩环。婉娈有芬芳。猗靡情欢爱。千载不相忘。倾城迷下蔡。容好结中肠。感激生忧思。萱草树兰房。膏沐为谁施。其雨怨朝阳。如何金石交。一旦更离伤。(《咏怀诗·其二》)

阮籍的很多作品，连所寄托者为何都难于索解，更加与本文讨论的"比喻"拉开了距离。阮籍诗中涉及的比喻句式，大多数也属人—自然类型。

在魏晋诗人中比较着力于技巧的陆机，使用比喻的数量与曹植大致相当，并且仍集中以人为本体。值得注意的是，与曹、阮相比，陆机有更多以人工物为喻体的比喻，如：

> 轻条象云构，密叶成翠幄。(《招隐诗》)
>
> 我静如镜，民动如烟。(《陇西行》)
>
> 美目扬玉泽，蛾眉象翠翰。(《日出东南隅行》)

这些比喻，已透露出齐梁诗人乃至李贺的某些作风。而这样的作风，恰恰滥觞于陆机这位以重视人工著称的诗人。

晋宋的陶渊明、谢灵运等诗人，使用比喻的频率很低，甚至低于曹植以来的汉魏诗人。他们或热衷于经过了曹植改造的《楚辞》"兴寄"传统，或认为自然山水的诗性已经自足，无烦比喻。这种几乎扬弃了比喻的诗歌，仍然成了最经典的作品。足见作为一种单纯修辞技巧的比喻原非诗歌所必需。

在从汉代到刘宋这段漫长的历史中，诗歌的比喻模式呈现出一致性，即：比喻的使用普遍较少，更倾向于使用直赋或起兴的手法；仅有的比喻大多以人为本体，喻体倾向于使用自然物；几乎所有的比喻都属于"麻衣如雪"型。

钱志熙师在《表现与再现的消长互补》一文中指出，从汉代到刘宋属于以表现为主的时代。这一时代的诗歌，更注重主观情志的表现。诗歌的语言技巧服务于情志的抒发，而本身不是诗歌的目的。统摄于这样的时代精神，诗人们更倾向于直接赋写物象之美，自己所处情境之微妙，或记录自己飘忽灵动的思绪,将自己的人生感悟寄寓于虚构出来的另一情境。诗人们把这些看作更高的诗学追求,而不以揭示事物之间的相似关系为能事。因此,在这一阶段,"赋"和"兴"较多为诗人使用,而"比"并不发达。

盛唐到中唐前期的很多诗人的比喻也具有与汉魏晋宋相似的模式。一部分盛唐诗人很少使用比喻,如张九龄、王维、孟浩然、王昌龄等。他们或热衷于寓言式的兴寄,或效法陶谢,直寻山水田园之美而不假比喻。另一类则较多使用比喻,如张说、高适、岑参等。不同于魏晋诗人,这部分盛唐诗人使用的本体不再以人为主,而是拓展到了其他类型,主要是自然物。同时,他们使用的喻体仍以自然物为主。也就是说,在使用比喻的盛唐诗人中,自然物之间的互喻是主要的比喻模式。例如:

  江如晓天净,石似暮霞张。(张说《和朱使欣道峡似巫山之作》)
  忽然一夜春风来,千树万树梨花开。(岑参《白雪歌送武判官归京》)

无论是不用比喻,还是以自然物为喻体,都反映了盛唐人对自然物本身诗性的重视,对自然之美的崇尚。这种崇尚自然美的比喻,也延续到了安史之乱后一些在诗学观念上比较传统的诗人,如刘长卿和韦应物等人身上。这说明,他们仍然承袭了盛唐的观念,以自然物的诗性为高。

根据以上分析可知,汉魏晋宋和盛唐诗人使用的比喻模式非常一致。他们或少用比喻,或倾向于"麻衣如雪"型比喻。据笔者统计,这些诗人所用的比喻中,"澄江如练"型比喻所占比例(以下简称"R值")从未超过33%。而作为中国诗歌源头的《诗经》《楚辞》、汉乐府,也都属于这一比喻模式。由此可知,"麻衣如雪"型比喻是先秦至盛唐诗歌比喻的主流。

三、齐梁初唐和中晚唐的比喻模式

尽管如此,在中国中古诗歌中,还存在着倾向于"澄江如练"的比喻模式,主要出现于齐梁时代和中晚唐时代。

永明体的开创者谢朓是中国诗歌史上第一位较多使用"澄江如练"型比喻的诗人。他的R值达到了64%,几乎是后世盛唐诗人的两倍,相对于几乎不使用此类比喻的汉魏晋宋诗人,更是巨大的变革。其最典型的句子如:

> 余霞散成绮,澄江静如练。(《晚登三山还望京邑》)

本体"余霞""澄江"为自然物,而喻体"绮""练"则为人工物。自然物的疏淡、飘忽与人工物的鲜艳、齐整之间,构成了"不整合"的张力。为了重新达到句意的整合,本体和喻体之间的共同点被强调了。在谢朓看来,单纯描写"霞"和"江"本身,直言其"散"、其"静",已不足以曲尽眼前之景的诗性。而只有"散"到"成绮","静"到"如练"的程度,即自然物之美达到了人工物的高度,诗句才得以成立。

这两个比喻并非仅仅是谢朓一时兴到之言,而是其很得意的创造。在谢朓的其他诗作中,可以看到类似的比喻,如:

> 花树杂为锦,月池皎如练。(《别王丞僧孺》)

比喻的本体略有变化,但喻体极为相似。两个比喻仍然同为自然—人工型,并写成工丽的对句,甚至比喻的顺序都没有改变。又如:

> 夏木转成帷,秋荷渐如盖。(《后斋回望》)

比喻的模式也极为类似。甚至像青山、大地这样原本宏伟厚重,最能代表大自然的崇高感的物象,在小谢眼中,也常常与人工的纺织品有相似之处,如:

> 九逵密如绣。(《阻雪连句遥赠和》)
> 青山多绣绮。(《往敬亭路中》)

与谢朓共同开创了永明体的沈约、王融,其诗作也存在类似的情形。另如柳恽、任昉等诗人,R 值也高达 60% 以上。

这种在永明诗人中间已经明朗起来的比喻倾向,在萧梁宫体诗人那里得到了继承。萧纲的 R 值为 42%,萧绎则为 49%。与永明诗人相比,宫体诗人选用的喻体更加珠光宝气,如:

> 云开玛瑙叶,水净琉璃波。(萧纲《西斋行马》)
> 浮云似帐月成钩。(萧纲《乌栖曲》)

李贺诗好用贵重物、坚硬物做喻体的特点,在萧氏兄弟这里似乎已见端倪。在萧梁时代,宫体诗人在吟咏人工物时,仍然以赋写为主,很少用到比喻,但在吟咏自然物时,却时时用到比喻。这也说明,此时的诗人对人工物本身仍保有较强的新鲜感,却对自然物本身蕴涵的诗性感到不满足。在描述较为宏大的边塞题材时,诗人同样倾向于把自然物比喻为人工物,如:

黄龙戍北花如锦,(萧绎《燕歌行》)

沙飞晓成幕,海气旦如楼。(萧绎《陇头水》)

涛来如阵起,星上似烽然。(萧绎《姓名诗》)

可见诗人的这种审美趣味与具体诗作的题材没有必然的联系。

此外,萧氏兄弟还将人的形貌作为喻体引入了比喻,这种做法在此前的诗歌中是较少的。齐梁时代,这一做法主要体现为将月比作美女的蛾眉,如:

今夕千余里,双蛾映水生。(何逊《望新月示同羁》)

菟丝生云夜,蛾形出汉时。(萧纲《华月》)

蛾月渐成光,燕姬戏小堂。(萧绎《夕出通波阁下观妓》)

可以看到,这样的比喻比"秋月如团扇"显得更加柔美,更加纤巧,亦即更加人工化。有趣的是,就是这样一个简单的构思,在后世几成熟套,但在笔者统计到的几位汉魏晋宋的大家中,竟无一人使用。这显然不是因为阮籍、曹植等人的创造力不及后人,而是因为当时的诗学观念,使得诗人们一致不肯这样写诗。不肯的原因并非囿于题材,因为汉魏晋宋的诗人并不忌讳描写闺情。只不过那些诗人认为月亮比蛾眉更富于诗性,因此更乐于将蛾眉比作月亮,或者宁可直接描写月亮或蛾眉,认为这样更接近诗的语言,而不愿在诗中将月亮比做蛾眉。齐梁以后的诗人可以做这样的比喻,前提是他们认为这样的比喻并不粗鄙,是具有美感的。

陈隋的诗人基本保持了类似的比喻倾向,其 R 值常在 50% 以上,庾信的这一比例就达到了 55%。

进入初唐后,比喻中的这一倾向非但没有减弱,反而加强了。此时宫廷诗人的 R 值大多高于 50%,沈宋皆在 72% 以上。"四杰"的这一比例稍低,但也都高于盛唐的上限 33%,集中在 40% 以上。具体例子如:

夭桃色若绶,秋李光如练。(宋之问《芳树》)

峰夺香炉巧,池偷明镜圆。(沈佺期《同李舍人冬日集安乐公主山池》)

  石明如挂镜,苔分似列钱。(骆宾王《出石门》)
  尘间狭路黯将暮,云间月色明如素。(王勃《临高台》)
  百果珠为实,群峰锦作苔。(杨炯《和刘侍郎入隆唐观》)
  那堪玄鬓影,来对白头吟。(骆宾王《在狱咏蝉》)

  由此可知,从齐梁到初唐,诗歌呈现出共同的比喻模式,即"澄江如练"模式,并在程度上随时间不断加强,直到盛唐才被复古思潮所变革。在这一模式背后,体现出的是对人工美的崇尚,是将人工物看作比自然物更有诗性的存在。同时,这一模式的比喻营造的是富丽、静穆、平面化的感觉,这一模式的盛行,可能也与这一时代的诗歌重视再现、节制感情、倾向于客观化描述的特点有关。

  元和以后,齐梁文风受到韩愈等人的强烈批判。有趣的是,齐梁模式的比喻恰恰在这一时代、这批诗人的作品中重新抬头了。韩愈、白居易、李贺的 R 值都超过了 50%,相当于初唐的水平,比多数齐梁诗人都要高。与少用比喻的汉魏盛唐模式不同,韩愈的诗使用比喻非常频繁,甚至超过了齐梁诗人,在《南山诗》等代表作中,韩愈还使用了大规模的博喻。甚至连韩愈批评齐梁的名句"齐梁及陈隋,众作等蝉噪"(《荐士》),也是一个比喻。韩愈在需要增强批判的力度时,更愿意寻找一个齐梁人所钟爱的"远取譬"的比喻,而非"自从建安来,绮丽不足珍"(李白《古风》)这样一个汉魏式的直接陈述。

  像齐梁诗人一样,元和诗人,无论是韩孟诗派还是元白诗派,都经常选用金玉锦绣等物做喻体,如:

  空阶一片下,琤若摧琅玕。(韩愈《秋怀诗》)
  映波铺远锦,插地列长屏。(韩愈《答张彻》)
  泉绅拖修白,石剑攒高青。(同上)
  江作青罗带,山如碧玉篸。(韩愈《送桂州严大夫同用南字》)
  绿水结绿玉,白波生白珪。(孟郊《寒溪》)
  可怜九月初三夜,露似真珠月似弓。(白居易《暮江吟》)
  岸似双屏合,天如匹帛开。(白居易《夜入瞿唐峡》)
  最似孀闺少年妇,白妆素袖碧纱裙。(白居易《酬和元九东川路诗十二首·江岸梨花》)

榆荚相催不知数,沈郎青钱夹城路。(李贺《残丝曲》)

玉烟青湿白如幢。(李贺《溪晚凉》)

唯一不同于齐梁的是,在使用人工物做喻体的时候,元和诗人,尤其是韩愈和白居易有时会选择一些不那么贵重的日常物品,如:

自从五月困暑湿,如坐深甑遭蒸炊。(韩愈《郑群赠簟》)

天街小雨润如酥,草色遥看近却无。(韩愈《早春呈水部张十八员外》)

玉碗不磨著泥土,青天孔出白石补。(韩愈《昼月》)

成行齐婢仆,环立比儿孙。(韩愈《和侯协律咏笋》)

江水细如绳,湓城小于掌。(白居易《登香炉峰顶》)

风荷摇破扇,波月动连珠。(白居易《南塘暝兴》)

日出江花红胜火,春来江水绿如蓝。(白居易《忆江南》)

元和诗人可以很坦然地在诗中使用这样的比喻,似乎从不担心这样的比喻会毫无诗意,甚至粗鄙可笑。他们或用这样的比喻破除传统诗歌中风花雪月、金玉锦绣等唯美浪漫却难免烂熟的意象,或发明日常生活中的美感。事实上,这样的比喻也的确获得了一种新奇的效果。元和与齐梁相比,一方面,二者对诗学的追求是背道而驰的,因此在喻体的选择上也存在巨大的反差;但另一方面,二者最终却殊途同归地倾向于以人工物作为喻体,这反映出某种更深层次的一致性。

在晚唐,以温庭筠、李商隐为代表的一批齐梁体诗人在比喻模式上重新回归了齐梁。他们中的一些人的 R 值高得惊人,如温庭筠 79%,韩琮 75%,超过了此前所有的诗人;另外一些则相当于初唐和元和的水平,如李商隐 55%,唐彦谦 63%,曹唐、吴融 52%,秦韬玉 50% 等,仍然高于齐梁时代的多数诗人。可见这批诗人在审美意识方面的齐梁化程度是很高的。在这批诗人中,温庭筠、李商隐以及与他们同时的诗人几乎不使用日常物做喻体,似乎在有意与元和的审美观拉开距离。而比他们年辈更晚的诗人则像元和诗人一样,会使用日常物作为喻体,一定程度上接受了元和的审美观。

由此可知,齐梁、初唐与元和、晚唐,尽管在诗学宣言、题材范围方面存在种种的不同,但他们在比喻模式方面却是统一的,即高度倾向于"澄江如练"型比喻。这种比喻暗示人工物的诗性高于自然物,审美上崇尚华丽、静穆、奇异。这种模式在中国诗歌的历史上是从主流分出的支流,却在主流之外真实地存在着。

四、比喻模式交替的数理统计及诗学诠释

笔者在对汉魏至晚唐诗歌中的比喻进行文本分析的同时,还对其进行了量化统计。如前所述,R 值可以有效地区分不同时代的诗人。汉魏、晋宋、盛唐、中唐前期的诗人大多在 33% 以下,齐梁诗人大多在 33%—50% 之间,本文论及的四位元和诗人都在 50% 以上,齐梁和元和诗人中最有代表性的作家可达到 55% 以上(参见附表 1)。各时代诗歌中,"澄江如练"型比喻占比喻总数的比例见图 1:

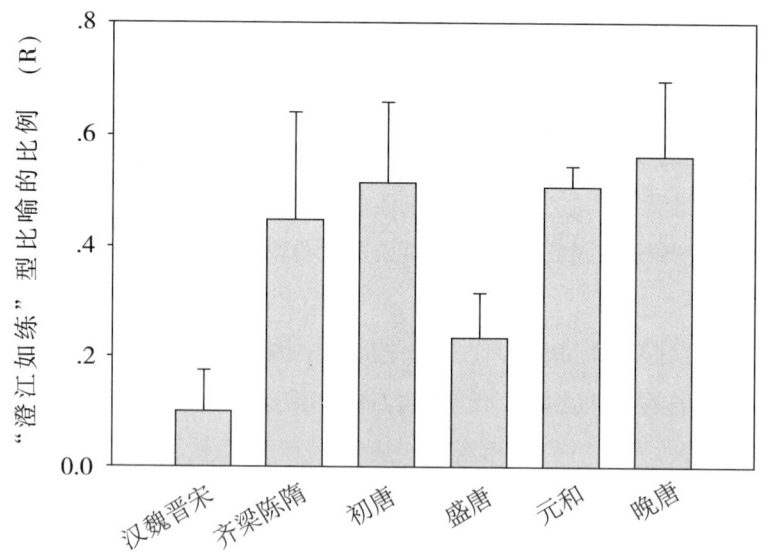

图 1　不同时期的诗人使用"澄江如练"型比喻占全部比喻的比例(R 值)

(为避免烦琐,酌情舍弃了一些作品过少的诗人)

在图 1 中,为避免烦琐,汉魏和晋宋两个时期因时代接近、比喻模式统一且诗人较少,合并为一个时代,称为"汉魏晋宋"。出于类似的考虑,艺术上倾

向于保守的中唐前期诗人也与盛唐划为同一时代,统称"盛唐"。

按照本文的分类,"澄江如练"和"麻衣如雪"两个集合为互补关系,所以 $1-R$ 值相应地代表该诗人使用"麻衣如雪"型的比喻占全部比喻的比例。横坐标的 6 个柱分别代表"汉魏晋宋""齐梁陈隋""初唐""盛唐""元和"及"晚唐"六个时期,纵坐标代表了各时期的代表诗人 R 值的平均,误差条为标准差。统计样本的情况参考附录。

由图 1 可见,汉魏晋宋及盛唐这两个时期,R 值较低,分别为 0.10 ± 0.07 和 0.24 ± 0.08(平均值±标准差);而齐梁陈隋、初唐、元和、晚唐这四个时期,R 值明显偏高,分别为 0.45 ± 0.19、0.51 ± 0.15、0.51 ± 0.04 和 0.56 ± 0.14。

将以上 5 个时期 R 值的统计结果两两之间进行 t 检验[③],可得表 1:

表 1

P 值	汉魏晋宋	齐梁陈隋	初唐	盛唐	元和
齐梁陈隋	0.0087				
初唐	0.0025	0.4026			
盛唐	0.0673	0.0199	0.0023		
元和	0.0005	0.5554	0.9364	0.0004	
晚唐	0.0005	0.1283	0.5157	0.0003	0.4762

若设定 t 检验的显著性水平为 0.05,那些小于 0.05 的 P 值在表中均加了下画线,代表这些 P 值所在横行和纵列的两个时代的诗人,使用比喻的模式有显著的差异。因此,从数理统计的角度可明确无误的认为,汉魏晋宋及盛唐这两个时期,与齐梁陈隋、初唐、元和、晚唐这四个时期,诗人使用比喻的模式明显不同,前者偏好使用"麻衣如雪"型的比喻,后者偏好使用"澄江如练"型的比喻。而这两种模式内部的几个时代之间,差异均不显著。由此可见,按照本文提出的两种比喻模式,从汉魏到晚唐的诗歌可以按时段清晰地划分为两类。而且这两种比喻模式在这一时期内是交替演进的。

钱志熙师曾在《表现与再现的消长互补》一文中指出:"从诗史发展的角度来看,表现与再现这两种诗美观,并不总是处于平衡的状态,而是以消长互补、矛盾统一的关系为常态。这也可以说是中国诗歌发展史上的一种规律。"具体来说，在从先秦晚唐这一时期内，偏重于表现的包括《楚辞》和汉魏诗人（如古诗十九首、阮籍）；偏重于再现的包括南朝、元和及晚唐诗人；能将表现与再现完美结合的包括《诗经》、汉乐府、建安、盛唐。笔者注意到，两种比喻模式的交替演进同表现与再现消长互补的规律存在密切的对应关系。偏重表现的时代，往往少用比喻，长于兴寄、直赋；表现与再现完美结合的时代，往往多用"麻衣如雪"型比喻；偏重再现的时代，往往多用"澄江如练"型比喻。由此可以推知，比喻作为一种艺术手法，相对更适于再现，而不为长于表现的诗人所习用。比喻并非与诗歌的表现本质共生，反而产生于诗歌逐渐注重技巧、开始偏离本质而倾向于再现的时代，并与再现诗美观存在紧密的联系。比喻是一种人工性、再现性很强的诗歌技巧，而"澄江如练"型比喻更突出地体现了比喻的这一性质。

本文从喻体的角度，发现了比喻的两种模式，并发现这两种模式可以很好地将先秦至晚唐的诗歌进行分类。同时，这两种模式的交替演进同表现与再现两种诗美观的消长互补具有密切的联系，分别代表了尚自然、重表现的诗美观与尚人工、重再现的诗美观，前者为主流，后者为支流。本文还通过量化统计得出了足以划分这两种模式的数值，可用于判定诗人或诗学时代的比喻模式，进而推测其诗学风格和诗美观。

本文感谢北京工业大学吕宏伯教授及中科院王世骐博士在数理统计方面提供的帮助。

附表1 本文所涉诗人R值统计表

时代	作者	比喻总数	"澄江如练"型	R值(%)
魏晋	曹植	51	1	2
魏晋	阮籍	14	2	14
魏晋	陆机	54	8	15
魏晋	鲍照	54	15	28

续表

时代	作者	比喻总数	"澄江如练"型	R 值(%)
齐梁陈隋	谢朓	55	35	64
齐梁陈隋	沈约	28	15	54
齐梁陈隋	柳恽	3	2	67
齐梁陈隋	任昉	5	3	60
齐梁陈隋	范云	4	1	25
齐梁陈隋	何逊	28	10	36
齐梁陈隋	徐摛	4	3	75
齐梁陈隋	萧纲	62	26	42
齐梁陈隋	萧绎	59	29	49
齐梁陈隋	庾肩吾	11	6	55
齐梁陈隋	周弘正	5	0	0
齐梁陈隋	阴铿	9	6	67
齐梁陈隋	张正见	38	15	39
齐梁陈隋	陈叔宝	30	12	40
齐梁陈隋	徐陵	3	1	33
齐梁陈隋	庾信	105	58	55
齐梁陈隋	江总	14	2	14
齐梁陈隋	卢思道	20	9	45
初唐	上官仪	12	5	42
初唐	宋之问	38	28	74
初唐	沈佺期	25	18	72
初唐	杜审言	7	4	57
初唐	骆宾王	82	35	43
初唐	王勃	17	8	47
初唐	杨炯	14	6	43
初唐	卢照邻	39	13	33
盛唐	张说	46	12	26

续表

时代	作者	比喻总数	"澄江如练"型	R 值(%)
盛唐	高适	21	4	19
盛唐	岑参	17	55	31
盛唐	李白	288	95	33
中唐前期	刘长卿	30	6	20
中唐前期	韦应物	16	2	13
元和	韩愈	182	98	54
元和	孟郊	181	82	45
元和	白居易	766	393	51
元和	李贺	146	76	52
晚唐	韩琮	24	18	75
晚唐	曹唐	25	13	52
晚唐	陈陶	37	16	43
晚唐	温庭筠	71	56	79
晚唐	李商隐	75	41	55
晚唐	段成式	13	1	8
晚唐	李群玉	91	34	37
晚唐	崔珏	12	0	0
晚唐	唐彦谦	72	45	63
晚唐	秦韬玉	10	5	50
晚唐	吴融	88	46	52
晚唐	韩偓	26	4	15

注 释

① 《新唐书》卷一〇九《杨再思传》,中华书局,2003 年,4099 页。

② 日本学者川合康三先生在《终南山的变容:中唐文学论集》第六章《李贺和比喻》中讨论过比喻中的自然物与人工物的问题,但本文并未赞同其对自然物和人工物所代表的意义的看法,此处不做专门辨析。川合先生的论述详见川合康三《终南山的变容:中唐文学论集》,刘维治、张剑、蒋寅译,上海古籍出版社,2007 年。

③ 钱志熙《表现与再现的消长互补——中国诗歌发展史上的一种规律》,《文学遗产》1996年第1期,4—12页。
④ 本文中的t检验用于检验不同时代之间R值差异的显著性。关于t检验的准确意义与数学方法,参见赵选民,等主编《数理统计(第二版)》,科学出版社,2002年,148—161页。本文不再赘述。
⑤ 钱志熙《表现与再现的消长互补》。

五代词人李珣生平及其词初探

程郁缀

李珣是《花间集》中一位重要词人，他"土生波斯"[①]，波斯即今伊朗，可以算是一位外籍词人。他的词所取得的成就，显示了他汉学功底的深厚和文学才华的出众，也说明在中国传统文化的发展过程中，同样也凝聚着异域文人的聪明才智和创造精神。

在《花间集》中，李珣词风貌独特。近人况周颐云："五代人小词，大都奇艳如古蕃锦，唯李（珣）词以清胜。"（《餐樱庑词话》）近人李冰若亦云："花间词人能如李氏多面抒写者甚鲜。故余谓德润词在《花间》可成一派而介立温、韦之间也。"（《栩庄漫记》）确实，李珣词从题材内容到艺术风格，都具有鲜明的个性特色，在《花间》词中别开生面，称得上是脂粉气中的一缕清风。因此，考辨一下李珣的生平，研究一下他的词作，对于认识李珣在《花间》词中的地位和全面评价《花间》词，都是有意义的。

一

有关李珣的生平资料很少。吴任臣《十国春秋》卷四四有传，但十分简略。传曰：

> 李珣，字德润，梓州人。昭仪李舜弦之兄也。珣以小辞为后主所赏，常制《浣溪纱》词，有"早为不逢巫峡夜，那堪虚度锦江春"，词家互相传诵。所著有《琼瑶集》若干卷。

这里除记明其字德润、梓州人、有《琼瑶集》等具体史实外，还有两点值得注意：一是他是昭仪李舜弦之兄；二是他擅长制小词，为词家所传诵。《十国春秋》卷三八载:"昭仪李氏,名舜弦,梓州人。酷有辞藻,后主立为昭仪,世所称李舜弦夫人也。所著《蜀宫应制诗》《随驾诗》《钓鱼不得诗》诸篇,多为文人赏鉴。"明人杨慎《词品》亦载:"李舜弦,李珣妹,为王衍昭仪。饶词藻,有'鸳鸯瓦上'一首,误入花蕊夫人集;词云:'鸳鸯瓦上瞥然声,昼寝宫娥梦里惊。元是我王金弹子,海棠花下打流莺。'"从这些记载中可以看出李氏兄妹皆有文才,词藻富赡,填词吟诗,声名传于朝野,连文人骚客都很欣赏,算得上是当时蜀中文坛上的风流人物。

史载他们是梓州(今四川三台县附近)人,梓州却不一定是其祖籍。《十国春秋》卷四四称:"珣本波斯之种。"后蜀何光远所著《鉴诫录》卷四说得更为清楚,谓"李珣,字德润,本蜀中土生波斯也"(《鉴诫录》)。说他"本蜀中土生波斯",跟称他是梓州人,两者并不矛盾,应该说是可信的。至于李氏家族何时由波斯迁入蜀中居于梓州的问题,从宋人黄休复的《茅亭客话》可略见端倪。《茅亭客话》载:

> 李四郎,名玹,字廷仪,其先波斯国人,随僖宗入蜀,授率府率。兄珣,有诗名,预宾贡焉。玹举止温雅,颇有节行,以鬻香药为业。善弈棋,好摄养,以金丹延驻为务。暮年以炉鼎之费,家无余财,唯道书药囊而已。(《说库》卷二)

又,《旧唐书》卷一七《敬宗本纪》载:长庆四年(824)九月,"波斯大商李苏沙进沉香亭子材,拾遗李汉谏云:'沉香为亭子,不异瑶台、琼室。'"在卷一七一《李汉传》中,又记载李汉"长庆末,为左拾遗。敬宗好治宫室,波斯贾人李苏沙献沉香亭子材,汉上疏论之曰:'若以沉香为亭子,即与瑶台琼室事同。'"今人陈垣从《旧唐书》中的这些记载,联想到李珣之弟李玹以鬻香药为业,尹鹗诗又有讥讽李珣"胡臭薰来也不香"句,遂疑李珣、李玹"为李苏沙后人"②。并说:"李时珍《本草纲目》引李珣《海药本草》谓为肃、代时人,然吾观《海药本草》所引段成式《酉阳杂俎》,则珣必在段成式后,其为五代时世业香药之李珣无疑。然则珣并知医,与元末回回诗人丁鹤年之兼擅医术同,亦回回风俗也。"③

这里有两个问题尚待考辨。一是唐僖宗李儇在位年代是自乾符元年(874)起到文德元年(888)止,距前蜀约二三十年,所以"其先"当指李珣父辈,即从父辈起自波斯入蜀。而唐敬宗李湛在位仅三年,即从宝历元年(825)到宝历三年,如果李苏沙果为李珣先人,则李氏家族入蜀时间应提前半个多世纪,即最晚大致从李珣曾祖父一辈起自波斯入蜀。李苏沙为波斯商人,商人家资殷实,子孙有条件攻书习艺,故而能诗擅词,这也在常理之中;大诗人李白的父亲也是由域外入蜀的客商。但要坐实说商人李苏沙便是李珣先人,证据实在显得很不足。然而,陈垣氏的这一推测,后来竟被人作为定论引用。如《域外词选》附录曰:李珣"其先人李苏沙,是波斯商人,曾献沉香亭材料给唐敬宗"④。《唐五代词》中亦肯定说李珣"他的先人李苏沙,是波斯商人。唐敬宗李湛好治宫室,李苏沙曾为营建沉香亭贡献木材"⑤。还有一些论李珣及其词的文章,和一些词选所撰词人小传中,也沿用此说。笔者认为这是一个应该澄清的问题,把缺乏证据的推测和联想当作史实,是很靠不住的。如果没有新的过硬的史料来进一步证明,那么,是不能把商人李苏沙确认作李珣先人的。

  第二个问题是关于《海药本草》,北宋英宗时尚书工部侍郎掌禹锡曰:"《南海药谱》二卷,不著撰人名氏,杂记南方药物所产郡县及疗疾之功,颇无伦次。"明人李时珍曰:"此即《海药本草》也,凡六卷,唐人李珣所撰,珣盖肃、代时人,收采海药亦颇详明。"⑥宋徽宗大观二年(1108)蜀医唐慎微所撰《证类本草》卷一《补注所引书传》中载《南海药谱》时注曰:"不著撰人名氏……似唐本(末)人所作,凡二卷。"⑦如果像李时珍所说,李珣是肃、代时人,即从肃宗至德元年(756)到代宗大历十四年(779)之间人,那么,或此李珣与词人李珣并非一人,或李时珍所记有误。考唐代有两个李珣:一个是唐睿宗李旦长子李成器的第五个儿子,尝"封同安郡王。珣修身淳谨,不自矜贵,闺门之内,常默如也。开元二十五年薨"(《旧唐书》卷九五)。该李珣既非肃、代时人,也不懂医道,不可能是《海药本草》的作者。另一个便是五代时蜀昭仪李舜弦之兄,即词人李珣。陈垣氏由该书引有段成式(约803—863年)《酉阳杂俎》中内容,则断定此李珣必在段成式之后,这倒与唐慎微的"似为唐末人所作"的判断相一致;这说明李珣是兼通医药的,这跟其四弟李玹亦"以鬻香药为业"基本吻合。所谓香药,当时大都从境外由海上或陆路运来的,因来自海外,故或可称为海药。李氏家族经营海药,对此特征和功能,自然是比较熟悉的。此外,今人从《海药本草》中多记南方药物,如钗子股、椰子、海红豆等,说明其作者"对云南和四川两地的药物情形,是相当的熟悉。这种熟悉,表明了作者与四川或云南的关系很密切;而具有这个条件的就只有生长在四川的波斯李珣才适合"⑧。这些分析,大体上是合乎情理的。

关于李珣的生卒年,史无明确记载。今人或写作"约公元855年至约公元930年"⑨;或写作"约公元855年至公元930年"(《域外词选》);或写作"公元855年至约公元930年"(《唐五代词》);或写作"约公元896年前后在世"⑩。把李珣生年定为公元855年,即唐宣宗大中九年,和把卒年定为公元930年,即前蜀灭亡之后的第五年,这两种定断都缺乏史实根据。而写作"约公元896年前后在世",这虽然不错,但又失之太宽泛,至少"蜀亡不仕"的记载,可证明前蜀亡时(925),李珣仍在世。因此笔者认为在生卒年前加上一个"约"字,是比较慎重的做法。或者也可以像龙榆生先生所编选的《唐宋名家词选》那样,在李珣传记中,生卒年付诸阙如,这样做看似没有写清具体年代,实际上在史料不足的情况下,倒不失为一种比较审慎的做法。

此外,还有一个问题就是关于李珣的名字问题。"珣"字或作"洵"。考诸史籍,其歧误始自南宋初晁谦之刊刻《花间集》时,在卷前总目中写作"李秀才洵",但卷内正文中又作"珣"。这之后明代正德年间陆元大及他人在复刻晁本时,都一仍原貌,总目中作"洵",正文中作"珣"。考后蜀何光远《鉴诫录》、宋人黄休复《茅亭客话》、王灼《碧鸡漫志》以及清人吴任臣《十国春秋》等,都只写作"珣"。作"珣"字,是。其理由:第一,《茅亭客话》谓李珣的四弟李四郎"名玹","玹"字从"玉"。古人命名,往往兄弟联类,如王维、王缙名皆从"纟";苏轼、苏辙名皆从"车";《红楼梦》中贾家人名中凡从"攵"的皆贾政辈,凡从"玉"的皆宝玉、贾琏辈,凡从"艹"头的皆宝玉下一辈。"玹"字亦从"玉",若作"洵"字,则与"玹"字不类。第二,《鉴诫录》和《十国春秋》都记载:李珣,"字德润"。古人名和字之间的关系大都是比较密切的,有意义上的联系。珣,即珣玗琪,玉名。《山海经》曰:"瑾瑜之玉,润泽而有光。"《礼记·聘义》中亦记载:子贡问于孔子曰:"敢问君子贵玉而贱碈,何也?"孔子曰:"昔者君子比德于玉焉:温润而泽,仁也;……珪、璋特达,德也;天下莫不贵者,道也。《诗》云:'言念君子,温其如玉。'故君子贵之也。"其后晋人傅咸《玉赋》亦曰:"《易》称乾为玉,玉之美与天合德。"可见名珣,字德润,乃取玉"与天合德""温润而泽"之美意。

李珣"本波斯之种",其先人原是否姓李,已不得而知;或入蜀后改姓李唐之国姓,也未可知。其妹李舜弦居然贵为前蜀后主王衍的昭仪,地位仅次于后妃,而且深得君王宠爱。这大概除了李舜弦词藻斐然、才华出众等原因外,恐怕还跟五代时国主颇喜纳波斯等外族女子为嫔妃的风气有关。南汉后主刘䶮也曾娶波斯女,"甚嬖之,赐名媚猪"(《十国春秋》卷六一)。这便是一例证。

按照常理,其妹受宠于君主,李珣本人又与卢延让、庾传昌、杨义方、王仁裕、尹鹗、张蠙、牛峤"诸君子,皆文苑名流,允为国华者也"(《十国春秋》卷六四)。各方面条件都有利于进身,但他一直没有受到重用,仅以"秀才预宾贡",《花间集》也只是以"李秀才"称之。究其原因,一方面可能跟他本人那种"名利不将心挂"(《渔歌子》其二)的性格特征有关,另一方面也可能跟他的出身所引起的麻烦有关。《十国春秋》卷四四载:成都人尹鹗,工诗词,与李珣友善。"鹗性滑稽,常作诗嘲之,珣名为顿损。"《鉴诫录》卷四"斥乱常"条下载:"尹校书鹗者,锦城烟月之士也。与李生常为善友,遽因戏遇嘲之,李生文章,扫地而尽。诗曰:'异域从来不乱常,李波斯强学文章。假饶折得东堂桂,胡臭薰来也不香。'"尹鹗的戏谑,实在有些过分;骨子里表现出一种对异族文人歧视的不健康的心理。由此而使李珣"名为顿损""文章扫地而尽",这在当时是完全可能的。因而李珣虽"有诗名"(《茅亭客话》),"所吟诗句,往往动人"(《鉴诫录》卷四),但一生不得意,从未做过显官,这转过来又进一步滋长了他纵情山水、诗酒陶情、淡泊名利的性格。这从他现存词的内容和风格上,也可看出其影响。

二

《花间集》是我国最早的一部文人词集,被宋人奉为"倚声填词之祖"(陈振孙《直斋书录解题》)和"长短句之宗"(陈善《扪虱新话》)。作为唯一的一名异域来的外族文人,能够置身其间,实属不易。《花间集》中成绩最突出的当然是温庭筠和韦庄。温词冠于集首,从数量上看也是最多的,共六十六首;其次是孙光宪六十一首、顾敻五十五首、韦庄四十八首,录词数量居于第五位的便是集中殿后的李珣,共三十七首。在《尊前集》所收三十六家词作中,李珣词作的数量也正好居于第五位。可见他的词在当时地位是比较突出的。

《花间集》所收李珣词三十七首中,用调十二种;《尊前集》所收十八首中,用调五种。两集合起来，除去一首《西溪子》(金缕翠钿浮动)词及[南乡子]词调重出外，共得词五十四首，词调十五种。另有一残句，失调名，见清人沈雄《古今词话》词品下卷，其"用字"条下云："卍字，本佛经胸前吉祥相也，又发右旋而结此形。……李珣词'瑶女鬓松卍字螺'。"《全唐五代词》中辑入了此句，然不知此残句原本于何处。

据《十国春秋》载：李珣"所著有《琼瑶集》若干卷"。黄休复《茅亭客话》和南宋王灼《碧鸡漫志》中都言及李珣有《琼瑶集》，可见此集南宋时尚存，只是后来未能流传下来。近人王国维在《唐五代二十一家词辑》中，辑得《琼瑶集》一卷，实际上只不过是从《花间集》中录词三十七首，补以《尊前集》十七首，冠之以《琼瑶集》；原集面目已不得而知了。

王灼《碧鸡漫志》中有五处谈到李珣词及他的词集。这五处依次分别是：

> 伪蜀毛文锡有[甘州遍]，顾敻、李珣有[倒排甘州]；顾敻又有[甘州子]，皆不著宫调。

> [何满子]，白乐天诗云："世传满子是人名，临就刑时曲始成。一曲四词歌八叠，从头便是断肠声。……"今词属双调，两段各六句，内五句各六字，一句七字。五代时尹鹗、李珣亦同此。

> 李珣《琼瑶集》有[凤台]一曲，注云：俗谓之[喝驮子]；不载何宫调。

> 伪蜀时，孙光宪、毛熙震、李珣有[后庭花]曲，皆赋后主故事。

> 《花间集》和凝有[长命女]曲，伪蜀李珣《琼瑶集》亦有之。句读各异，然皆今曲子。

这几段话中所举李珣之外的词大都不误。如《花间集》中现存有毛文锡《甘州子》一首，孙光宪《后庭花》二首，毛熙震《后庭花》三首，和凝《薄命女》(一名《长命女》)一首。由此可以推定，跟这些作品分别并提的李珣的作品，王灼也一定见过，原《琼瑶集》中也一定有，而且一定还有其他作品；但除了现存的五十四首作品之外的所有作品，至今都没有发现，很可能早已失传。所以，李珣词的总数现在已不能确知了。

三

看待一个作家的成就和地位,孤立起来看,往往看不清楚,看不准确;如果把这个作家放在同时代作家群中,从横的方面比较来看,该作家的不同特色便会显现出来;如果更进一步,把该作家放在不同时代的同类作家中,从纵的方面比较来看,该作家对前人的继承和发展、对后人的启迪和影响,便会显现得更加清楚。把李珣词放在《花间集》中、放在晚唐五代的词坛上、放在唐宋词发展的历史长河中来考察,其特色便容易显露出来。

如果我们用一句话来概括《花间集》的基本特色和主要倾向,那就是"儿女情多,风云气少"。五百首词中多为"镂玉雕琼,裁花剪叶"之作,抒发的也多是男欢女爱、相思离别之情。李珣的作品中也有受其影响的一面。如《浣溪沙》中"入夏偏宜淡薄妆。越罗衣褪郁金黄,翠钿檀注助容光"以及"镂玉梳斜云鬓腻,缕金衣透雪肌香。暗思何事立斜阳"等描写,与《花间》词的主情调基本一致。但这类词在李珣词作中仅占少数,也不是其创作主流。而能够代表他创作特色的,还是那些寄情山水、抒发傲视功名不求荣辱的词,和那些描写南方风物、异乡风情的词。

《历代词余》"词话"中所引《茅亭客话》谓李珣"有诗名,以秀才预宾贡。事蜀主衍,国亡不仕。有《琼瑶集》,多感慨之音"。他在前蜀仅是一名白衣秀才;虽事蜀主王衍,可是没有做过什么正式的官,至少可以肯定的是没有担任过什么重要职务。前蜀亡后,他不事二姓,遂过着一种诗酒陶情、逍遥自在、洒脱闲适的生活。近人况周颐评李珣的三首《渔父》曰:"具见襟情高澹,故能晚节坚贞。"(《茅亭客话》)这方面最有代表性的是四首《渔歌子》。词曰:

> 楚山青,湘水绿,春风澹荡看不足。草芊芊,花簇簇,渔艇棹歌相续。信浮沉,无管束,钓回乘月归湾曲。酒盈樽,云满屋,不见人间荣辱。(其一)
> 荻花秋,潇湘夜,橘洲佳景如屏画。碧烟中,明月下,小艇垂纶初罢。水为乡,篷作舍,鱼羹稻饭常餐也。酒盈杯,书满架,名利不将心挂。(其二)

柳垂丝,花满树,莺啼楚岸春天暮。棹轻舟,出深浦,缓唱渔歌归去。罢垂纶,还酌醑,孤村遥指云遮处。下长汀,临浅渡,惊起一行沙鹭。(其三)

九疑山,三湘水,芦花时节秋风起。水云间,山月里,棹月穿云游戏。鼓清琴,倾绿蚁,扁舟自得逍遥志。任东西,无定止,不议人间醒醉。(其四)

《渔歌子》又名《渔父》,唐教坊曲,有单调、双调两体;单调二十七字,双调五十字。上面所引四首皆双调,《尊前集》中另有李珣三首单调《渔父》词,这七首都是缘题之作。词人以轻松、飘逸的笔调,描绘了大自然的春花秋月之美。春天是山青水碧,柳丝长垂,绿草丰茂,红花满枝;秋天是芦荻飞白,金橘飘香,碧烟明月,景如画屏。看不足的春风澹荡,听不尽的楚岸莺啼,沙鹭惊秋,渔舟唱晚,这是一个清新活跃、生机勃勃的大自然。词人在大自然的怀抱中,无拘无束,行止无定,进退自如,一任东西;欲乐则鼓清琴,欲饮则倾绿蚁,真可谓"扁舟自得逍遥志",追求着一种"天人合一"的理想境界。第二首中的"书满架",诚不如第一首中的"云满屋"飘逸、空灵;但积书满架,可见是一个识字的渔父;若不识字,则压根儿没有追求功名的条件,那么不牵挂功名倒也没什么;若能读诗书而不为功名所动,则愈显出视功名利禄不如清风明月的高人情怀。

渔父这个形象,早在相传为战国时屈原所作的《渔父》一诗中,便已经不全是一个渔人的形象了。诗中渔父对行吟泽畔的屈原说:"世人皆浊,何不淈其泥而扬其波?众人皆醉,何不铺其糟而歠其醨?"体现了一种"不凝滞于物,而能与世推移"的随波逐流、与世浮沉的思想观念。到了中唐诗人张志和的笔下,渔父的形象则成了诗人的自我形象,抒发的是一种高蹈出世的隐士情怀。张志和为官遭贬后,遂不复仕,浪迹江湖,自号"烟波钓徒"。他创作的五首《渔歌子》,对"青箬笠,绿蓑衣"、浮家泛宅自得其乐的渔人生活,进行了生动地描绘,充满了对大自然的热爱之情,和对功名利禄的淡泊情怀。"笑着荷衣不叹穷""醉宿渔舟不觉寒""乐在风波不用仙",实际上抒发的是诗人自我情怀。

因为张志和这五首《渔歌子》影响很大,致使后来用这一词牌所填词,大都缘题而作,带有讴歌自然和歌咏隐逸的感情色彩。这类词中所刻划的渔人形象,基本上都不是真正以打鱼为业的贫苦渔翁,而是以渔为隐的高士形象。李珣的《渔歌子》也是这样。这在他另三首《渔父》词中表现得更加明显。其一写道："水接衡门十里余,信船归去卧看书。轻爵禄,慕玄虚,莫道渔人只为鱼。"渔人信船看书,其归趣不在鱼,其实也不在书,而在于青山绿水之间悠然把卷的情趣上。在另一首词《定风波·其二》中,词人也表白自己"求道不求鱼"的情趣,词人所得意的生活乃是如《渔父·其二》所云:"避世垂纶不记年,官高争得似君闲。倾白酒,对青山,笑指柴门待月还。"

古之隐者,大隐隐于市、隐于朝,更多的则隐于山林、隐于田园、隐于江湖。隐于江湖的多以渔为乐,垂钓清流。早在西周时,吕尚便曾垂钓渭水以待天时;其后隐于渔者,代不乏人。隐于渔则生活在江河湖泊之上,打交道最多的工具自然是舟船。李珣词中出现频率最高的意象便是舟船,以及与舟船相关的帆、棹、桡、橹等。"从范蠡既雪会稽之耻……乃乘扁舟浮于江湖。"(《史记·货殖列传》)到李白"人生在世不称意,明朝散发弄扁舟"(《宣州谢朓楼饯别校书叔云》)。扁舟这个意象已经在它出没风波、逐浪天涯的特质之外,又固定地染上了远离尘世、淡泊名利的意趣。李珣笔下经常出现的"扁舟""轻舟""孤舟""一叶舟""小船""小艇""兰棹""征棹""短棹"等意象所组成的意象群,也正体现了这一意趣。

李珣的这七首《渔歌子》虽然只是承袭了张志和《渔歌子》的意旨而缺乏新的开拓,而且有些词的结尾语意直露而少蕴藉的情致,如"名利不将心挂"等;但也有可与张词相媲美的佳篇,如清人李调元评其第三首曰:"世皆推张志和《渔父》词,以'西塞山前'一首为第一,余独爱李珣词云:'柳垂丝,花满树'……不减'斜风细雨不须归'也。"(《雨村词话》卷一)这首词确实写得景况清新而风趣洒然。但这些并不是主要的,主要的是我们应把这组《渔歌子》放到《花间集》中,放到晚唐五代的词坛上来评断,其特色才能看得格外明显。

《花间集》五百首词中,另有和凝的一首单调《渔父》(白芷汀寒立鹭鸶)词、顾敻一首双调《渔歌子》(晓风清)词、孙光宪二首双调《渔歌子》(草芊芊、泛流萤)词,此外还有魏承班一首双调《渔歌子》(柳如眉)词,写的是闺怨题材,与渔父生活无涉,可以不论。所以缘饰题意的只有前四首。和凝的词,专赋水光风景,虽堪入画,但缺乏高隐之意;顾敻的词写身闲心静,"名利无心较逐",意境不够浑然;孙光宪的二首写得倒比较疏旷,明人汤显祖甚至过誉为"竟夺了张志和、张季鹰坐席"①。相比较,从数量上看,他们都只有一、二首,没有形成自己的风格特色。而李珣这两组共七首,意趣集中,笔调清疏,在晚唐五代词坛上展示了一个新的天地。在这一天地里,山清水秀,芦白橘黄,好鸟互鸣,渔歌相续,鼓琴倾酒,棹月穿云。这天地突破了红楼翠阁、小庭深院的狭小空间,涤除了粉白脂红、倚娇假玉的香软之气,堪称《花间》词中的别调。

  这些词大体上反映了词人"蜀亡不仕"后晚年生活的情趣。词人不仕后蜀,对前蜀怀有故国之思,便向往江湖,"志在烟霞慕隐沦"。在这类词的描写中,我们看到词人在山林泉石间抚琴酌酒,饶有情致,生活在"野花香气扑琴书"充满诗情画意的氛围中,显得那么洒脱、高逸。翻开李珣的词,经常出现的意象还有酒。诸如"绿蚁""春酒""白酒""绿樽""红霞酒""椰子酒"等;还有叙述性的意象,如"倾酒""酌醑""酒盈樽""酒盈杯""酒初醒""酒醒迟""吟复醉""酒酗螺杯"等,仿佛词人整天开怀畅饮,无忧无虑;其实,透过"更饮一杯红霞酒""终日醉"的描写,我们综合感受到的已不全是陶渊明"引壶觞以自酌"(《归去来兮辞》)式的以酒陶情,也不像李白"人生得意须尽欢,莫使金樽空对月"(《将进酒》)式的潇洒旷达,倒跟阮籍那种"酣饮为常""遗落世事"(《晋书·阮籍传》)式的情形有相通之处。作者以酒浇愁,越是反复申明无视"人间荣辱",越是使人感到过多遭受了"人间荣辱"折磨的词人,在"名为顿损""文章扫地而尽",仕途蹭蹬加之故国灭亡等一连串的打击以后内心的苦涩。一个在现实中如鱼得水、春风得意的人是不会极力逃避现实的;相反,超脱红尘、遁迹山林的背后,可能正隐藏着不堪忍受现实重压的苦闷。发而为词,故"多感慨之音"。

  前人评价李珣词的总体风格,多曰:"清婉""清疏""以清胜""风趣洒然""洒然高逸"等。形成这种艺术风格的因素是多方面的,其中题材的选择也是相当重要的一个方面。在词的题材的开拓上,李珣的词有着特殊的贡献。这就是他的组词《南乡子》十七首,跟欧阳炯的八首题材相同的《南乡子》一起,形成了一幅多姿多彩的南国风情画卷,从不同的侧面展示了南方特有的风土人情,在词坛上开辟了一个风光绮丽的新天地,突破了《花间》词描写的窠臼,扩大了词的境界,给词体文学注入了新的活力。诚如近人俞陛云所云:"咏南荒风景,唐人诗中以柳子厚为多。五代词如欧阳炯之《南乡子》、孙光宪《菩萨蛮》亦咏及之。惟李珣词有十七首之多。荔子轻红,桄榔深碧,猩啼暮雨,象渡瘴溪,更綦以艳情,为词家特开新采。"⑫

〔南乡子〕,唐教坊曲;有单、双调两种,单调二十七字,或添字成二十八字、三十字;南唐冯延巳始填双调,五十六字,宋以后多遵用之。李珣的这十七首,体式一致,都为三十字,句式为"三,三,七。七,三,七"。皆用本题意,写南乡风物。打开这幅长卷,使人如步入迷人的南国乡土,新采奇观,应接不暇。所描写的景物和风俗人情,都带有鲜明的南国特色。如携藤笼采莲,水风多处采珠,折团荷遮晚照,盛开的荳蔻花,望中微的"越南云树"、"啼瘴雨"的猩猩,骑象过水的少女,还有荔枝果、桄榔树、刺桐花,"孔雀双双迎日舞""酒酌螺杯流水上""椰子酒倾鹦鹉盏"……真是新采满目,美不胜收,给人以一种特别的新奇、新鲜、新颖的感觉。所刻画的人物,则更是形神兼备、风韵各别:有荡小舟泛清波的采莲女;有随湖水扣舷而歌的采珠女;有"竞折团荷遮晚照"偎伴笑的游女;有"暗里回眸深属意"便故意"遗双翠"、背人过水去幽会的少男少女;有"云鬓重,葛衣轻,见人微笑亦多情"的村居织机女;还有"缆却扁舟篷底睡"的钓翁,帆底一樽空,醉得酣然,睡得酣然……一个个情态宛然,可亲可爱。他们跟"鬓云欲度香腮雪"(温庭筠《菩萨蛮》)、睡眼惺忪的闺阁千金相比,跟"欲上秋千四体慵""玉容憔悴微红"(韦庄《浣溪沙》)的病态女郎相比,跟"红妆流宿泪""手挼裙带绕宫行"(薛昭蕴《小重山》)的宫女相比,跟"浅笑含双靥,低声唱小词"(牛峤《女冠子》)的女道士相比,跟"年少春衫薄""醉入花丛宿"(韦庄《菩萨蛮》)的风流公子相比……都显得形体健美,神情活泼,性格开朗,充满旺盛的生命活力。他们不是行动如弱柳扶风、静坐似梨花带雨的小姐少妇,整天只知道涂脂抹粉、弄妆梳洗,或临风洒泪、对月怀情;他们生活在开放的、宽广的大自然的怀抱中,在大风大浪的劳动生活(如采莲、采菱、采珠、捕鱼等)中,一展自己的风采,率真地倾诉着自己的情怀。这是一群崭新的人物形象,他们带着南国的风情神韵,带着爽朗的歌声笑语,涌进了方兴未艾的词体文学中来,给我们的感觉,就像是一朵朵带露的春花,一片片刚吐的新叶;就像是一抹绚烂的彩霞,一股跃动的泉流……

集中笔墨将南国山光水色、风俗民情写入词中,这在词的发展过程中,无疑是一个创新。李珣将南国风土人情,以浅显本色的语言、近乎白描的手法,描绘得如此广泛生动、细腻逼真,没有切身的感受,恐怕是难以面壁虚构而成的。今人怀疑词人虽生蜀地，"或曾至粤中"（李冰若《栩庄漫记》），不无道理；只是因为史料所限，尚不能遽下结论。但是如果因现存的史料没有记载南乡之行，而断定是"李珣他们凭着想象写出了'如画'的南粤风光"；认为"从调名来看，[南乡子]就很可能是南粤的民间歌曲。就像以乐府古题为题目作诗便要写到旧题的若干内容一样，作此类[南乡子]也就须以南粤风物为咏写对象，所以李珣等人就在此展开了异常丰富的想象"[13]。这种看法恐怕也难说是的论。

从以上初探中可见，对李珣的生平虽然还有些问题难下定论，但对于他的词的成就，似乎毋庸置疑。在《花间集》中，说他自成一派，可介立温庭筠、韦庄之间；这种评价，可以说并非过誉之辞。

原载《北京大学学报》1992 年第 5 期。

注　释

① 何光远《鉴诫录》，《知不足斋丛书》本。
② 《回回教入中国史略》，《陈垣学术论文集（第一集）》，中华书局，1980 年。
③ 同前注。
④ 夏承焘选校，张珍怀、胡树森注释《域外词选》，书目文献出版社，1981 年。
⑤ 黄进德《唐五代词》，上海古籍出版社，1987 年。
⑥ 见《本草纲目》序例第一卷《历代诸家本草》注，文渊阁四库全书本。
⑦ "唐本人"，不词；"本"字显为"末"字之误刻。
⑧ 冯汉镛《〈海药本草〉作者李珣考》，《回族史论集》，宁夏人民出版社，1984 年。
⑨ 《辞海》，上海辞书出版社，1980 年。《中国大百科全书·中国文学卷》，中国大百科全书出版社，1986 年。
⑩ 张璋、黄畬编《全唐五代词》，上海古籍出版社，1986 年。
⑪ 《花间集》卷四，汤显祖评本。
⑫ 《唐五代两宋词选释》，上海古籍出版社，1985 年。
⑬ 杨海明《唐宋词史》，江苏古籍出版社，1986 年。

高心夔自画像及其与湖湘诗派之关系
——以《佩韦室日记》为中心

张 剑

晚清名士高心夔(1833—1881)经历颇为传奇,他少年成名,文武双全,受到权臣肃顺和曾国藩的器重,但又命运坎坷,两次会试,均因在试帖诗"十三元"韵上失误被置于四等,以至于王闿运为诗嘲之:"平生双四等,该死十三元。"①后来虽然归班铨选知县,又久不得简任,十余年后始两署吴县令,病卒后犹遭弹劾。

高心夔以诗知名却受累于诗韵,素有大志却始终奔走下僚,遭遇令人叹息;但更令人遗憾的是,近代以来关于其人其诗,存在大量模糊乃至错误的认识。幸而其手稿《佩韦室日记》五册现藏浙江省图书馆②,可以帮助我们廓清不少之前的迷雾,今主要据此日记,并结合其他相关史料,对高心夔其人其诗重做考察。

一、近代史上的高心夔"成像"

高心夔其人,人们原来主要依据其《高陶堂遗集》以及杨岘《直隶州知州高君墓志铭》(以下简称《墓志》)、朱之榛《清故赐进士出身江苏候补直隶州知州署吴县知县高陶堂先生事略》(以下简称《事略》)、汤纪尚《高陶堂先生传》③,再附以笔记、日记、诗话等记载。

杨岘是高心夔好友,汤纪尚是高心夔忘年交,朱之榛是高心夔弟子,其叙述当然算是第一手资料,但是,其中仍不乏互相矛盾或不准确之处。至于后世所述,错讹更多。

高心夔，原名梦汉，字伯足，后改名心夔，陶堂、碧湄、东蠡，皆自号，然费行简《近代名人小传·文苑》云"高心湄，字伯夔"④，名与字俱误，该书于高氏小传通篇多诬词，本文不复枚举。

高心夔的生卒年，《中国文学家大辞典·近代卷》定为公元1835—1883年，皆误⑤。因《墓志》讲得很清楚："遽引疾退。盖辛巳四月也。郁郁骤病，十月十四日卒，年四十九。"辛巳光绪七年（1881）为其卒年，前推四十九年系道光十三年癸巳（1833），为其生年。《佩韦室日记》咸丰十年（1860）五月五日："是日予二十八生日矣。"同治元年（1862）五月五日："是日予三十生日矣。"亦可确证其生于道光十三年。

高心夔中举人时的年龄，《墓志》云"年十七，举咸丰辛亥科乡试"；《高陶堂先生传》云"年十六，为弟子员。明年，举咸丰辛亥乡试"，亦持咸丰元年十七岁之说；然其生年既可确定，则咸丰元年中举人时年龄当为十九岁。

高心夔中举至成进士其间的经历，《高陶堂先生传》载颇详："举咸丰辛亥乡试，计偕入都，宾于尚书肃顺之门。无何，大寇刭江右，乃归侍，父觏家难，愤团义旅投文正曾公，别属楚军五百，使会师壁抚州，久无功，急归终父忧。再入都中，己未贡士，庚申廷对。铨县令，不赴。"然叙述混乱倒错，且为《中国文学家大辞典·近代卷》等史料因袭。据《佩韦室日记》，并综之《墓志》《事略》，其间事实是：咸丰五年高父被太平军杀害，高心夔起乡兵五百复仇；投曾国藩幕中，攻抚州，矛洞左腿；师久无功，归终丁父忧。咸丰九年试礼部，举进士，因复试试帖内讹十三元韵内"浑"字为上声，置四等，罚停一科；然为肃顺所赏识，该年二月聘请教读其子；咸丰十年五月保和殿朝考，又因试帖用十三元韵内"缊"字为细缊之"缊"，再置四等，幸咸丰帝开恩令其归进士本班铨用知县，遂乡居守选⑥。

十三元韵部复杂，高心夔两次折戟于此，虽出人意料，却也不难理解，但时人已造作蜚语，李慈铭《越缦堂日记》光绪八年十月二十六日载："久馆故尚书肃顺家，肃待之厚。庚申殿试，肃方笺权，张甚，必欲为得状元，询之曰：'子书素捷，何时可完？'高曰：'申西间可。'至日，肃属监试王大臣，于五点钟悉收卷，以工书者必迟，未讫则违例，而高可必置第一矣。然高卷竟未完，于是不满卷者至百余人，概置三甲，而仁和钟雨人学士，素不能书，自分必三甲者，竟擢状元,说者以为有天道焉。"⑦其中夸饰不实处不值一驳,因肃、高若真有此语,绝不至流传于外;肃顺咸丰八年方兴科举大狱,至斩大学士柏葰,亦绝不会授人以柄,以身犯法。《翁同龢日记》四月廿一日载:"是日监试者有尚书肃公。湖北陈炳勋带坊间副本起草,实无他物,坐以怀挟交讯。传旨戌初撤卷,甫届戌初即纷纷掣取,有剩一行者、数字者,均不得免。发出寿字圆印,完卷者钤于卷尾,不完者就所止钤之。肃公颐指气使,视士人若奴隶。掣卷毕,日犹未落也。"⑧肃顺系奉旨严格于晚七点"戌初撤卷",则"五点钟悉收卷"之说不攻自破。

高心夔此后经历,据《高陶堂遗集》及《墓志》大略可知。同治四年奉役岳州⑨,同治七年入李鸿章幕,同治十年署吴县令⑩,同治十三年七月受代归乡⑪,光绪六年再知吴县,光绪七年四月引疾退,十月郁郁病终⑫。然因《高陶堂遗集》晦涩难读,后人多参综《墓志》《事略》及《高陶堂先生传》括其生平,遂使此段经历亦显模糊不确,如《中国文学家大辞典·近代卷》:"同治末,投直隶总督李鸿章德州行营佐幕。光绪初,叙劳以直隶知州分发江苏,署吴县县令三年,见恶于上司,离任。后复职,终以事被劾罢去,憔悴以终。"⑬其言同治末佐李幕、光绪初署吴县,皆失之考。

关于高心夔的个性形象,史料中刻画不多,但相对一致的看法是其性刚峻,《事略》云其:"性刚峻,不施戟级,才雄气猛,桀然负康济略。"《高陶堂先生传》亦云:"先生性刚明洞辟,不施戟级,守峻而行危,峨峨不可狎。"翁同龢咸丰十年七月廿一日记中云其"倜傥磊落,非凡夫也"⑭。但凭此建构起来的高心夔形象无疑太简单、太欠分明。那么,在《佩韦室日记》中,高心夔又是怎样自我塑造的呢?

二、高心夔《日记》的"自画像"

(一) 颛谅易怒

《佩韦室日记》中,高心夔曾屡次劝说肃顺行事谦抑,担心其因矫亢急峻而召大祸;咸丰十年七月,高心夔辞别肃顺时,再次"以和平宽大劝之"(咸丰十年七月十六日),但所谓禀性难移,高心夔虽"数举此规诤,亦自知其不免"(咸丰十一年十二月十三日)。肃顺终因骄横专权导致杀身。有意思的是,高心夔性格中有不少类似肃顺之处,两人可谓气味相投。先看咸丰十年的几则日记:

> 麓生自城南还园,告予同乡物议梦如,谓予连年屯颐,其气焰以取之,始闻殊忿,既而悔之。古人云:"闻谤言而怒者,难与观进德。"自今以始,自修而已。(五月十四日)
>
> 乐初言我锋芒太露,诚非无本之言。午餐时与麓生论事,亦小悟,予意固无他,而出之以谑,顿为所折,遂嘿然无语。眉兄常谓我所以见疑于同辈者,坐此病,近思痛戒,辄复蹈之,愧悔无尽,书之以志吾过。(六月二十日)
>
> 是日晨,读嘉兴沈应彤味蔗所辑《程式编》,专录其"慎言门"以攻我尚口之病。……主人来谈,闻所以御夷之道甚备。又闻太白昼见辰巳时分,盖五日矣。复与论事,不合,往返几数百言,而未见纳,古人忠告善道,鸣呼,愧矣。今日钞《程式编》,即违慎言之戒。奈何!奈何!(七月五日)
>
> 有事盛怒,既而悔之。(十月二十五日)

不论是外界认为他气焰嚣张,以致"物议梦如",还是他自己抄录《程式编》"慎言门"以警示自己"尚口之病",从中皆可看出高心夔确有恃才傲物,常以言语调笑讽刺他人的毛病。而长善(乐初)认为他"锋芒太露",无非也是指克制工夫不够,常有轻狂急躁、盛气凌人之举。高心夔尽管再三悔过自省,但却屡戒屡犯,于是日记中才有"始闻殊忿,既而悔之""有事盛怒,既而悔之"的记载。他出京之后,这种狂傲峻急的坏脾气似乎也并未得到多少改善,因为其日记中仍不断出现"予性情简傲"(咸丰十一年四月一日)"余性殊激"(咸丰十一年九月二十三日)之类的记载。再看咸丰十一年几则日记:

> 旋赴竹庄所午饮,坐中有恶少,予不能堪,竹庄为予别设一席。(二月十四日)
>
> 是日极责恶佃,其族人老者来请,始呵之去。(八月二十五日)
>
> 捶一劣僧。(十二月二十一日)

"恶少""恶佃""劣僧",高心夔对待他们的态度是"不能堪""呵之"甚至"捶"之,皆不忍耐。上行下效,他的家仆也爱斗勇逞狠:

是日奴辈往佃人家收棉花,与人斗,击伤人额,遣老佃往慰解之。夜因深诫奴辈不得骋势辄怒搏人,予两岁中鞭恶僧二、恶丐三,颇悔过举,"上有好者,下必甚焉",是予之咎也夫。(同治元年闰八月二十三日)

即使对于家人,他也常疾言厉色,甚至拳脚相加:

是日因季角业学不力,甚挫辱诫饬之,良久乃已。(咸丰十一年十月一日)

是日盛怒,季角食烟,因尽毁家中烟具,戒家人无内外有复食者必榜其背。仲牙遂亦改行。予以遭逢闵难,维持家政,期于长善遏恶,禁止令行,秉性颍谅,不能阿枉,稍悖予意,辄加厉色疾声,虽复闺内肃然,而事后时多伤感。古人所谓一室太和者,固自有道。嗟乎,予之不足与于斯也。(咸丰十一年十二月四日)

怒挞匡儿,气郁久不能下。(同治元年三月十六日)

夜,烦忧百端,不能释然于仲牙。……即如前日予挞匡儿,而谓予以毒打为能事,懵然见讥,冒昧甚矣。仲牙骄纵其女,欲以例予,何其谬哉。(同治元年三月二十日)

因家事疾怒不能已,夜不寐。(同治元年六月八日)

对于幼弟高心獬(季角)学习不力,他不是正面激励,而是"挫辱诫饬",为了防止其吸烟,高心夔不仅"尽毁家中烟具",而且警告敢有"复食者必榜其背";高心夔之子匡儿年方五岁[15],不知因为何事,竟被高"怒挞"之,当二弟高心伯(仲牙)讥刺他以"毒打为能事"时,高心夔反而认为弟弟"冒昧甚矣""何其谬哉",可见其固执自是的一面。他将"稍悖予意,辄加厉色疾声"归因于自己"长善遏恶,禁止令行,秉性颍谅,不能阿枉"。"颍谅"有光明直率之意,前举《翁同龢日记》亦赞其"倜傥磊落";但颍谅亦有躁忧固执之意,朱熹《诗集传》释《诗·小雅·无将大车》"无思百忧,不出于颍"时云:"颍,与耿同,小明也。在忧中耿耿然不能出也。"刘宝楠《论语正义》释"君子贞而不谅"时云:"谅者,信而不通之谓。"高心夔自我刻画的形象具有一定的复杂性。

高心夔自名其斋"佩韦室","韦"为熟皮绳,性柔韧松缓,性急者佩之以自警戒。《韩非子·观行》:"西门豹之性急,故佩韦以缓己;董安于之性缓,故佩弦以自急。"从高心夔的这一命名亦可看出其自我定位。

（二）尚义勇为

高心夔性格中还有任侠尚义的一面，咸丰五年，他年方二十三岁，即能以文举人的身份带领乡兵作战，并在攻打抚州城时英勇负伤，颇有"上马击狂胡，下马草军书"（陆游《观大散关图有感》）的气概。而在日常生活中，他对故友的情义，亦足令人动容。其同乡杨襄廷（赞臣）殁于京师，高心夔不辞辛苦，"举柩土中，将为易棺载还湖口"（咸丰十年六月二十五日），"检赞臣遗骸，敛之匣中"（同治十年七月二日），最终将之交还给杨父。对于另一亡友范元亨（直侯），他更是义薄云天：

> 抵滕王阁下，早餐罢，舍舟入城，关吏盘诘再四，盖距省会百里外即有游贼往来也。到新东岳庙访邹松隐羽士，因假榻焉。时亡友范直侯（元亨）妻子五人流寓庙侧吕祖祠中，且四五年，皆向予跪拜，深为哀悯。适星子潘席卿解元（先珍）与直侯同年友善，来过与商安置范氏之计，直侯遗榇尚寄城外，予议为之归葬，席卿亦分任其事。（咸丰十一年正月二十四日）

范元亨字直侯，号问园主人，九江人，咸丰二年举人，五年病卒，晚清诗人、戏曲家，有《问园遗集》和传奇《空山梦》传世。范亡故后，其妻、子流落南昌，贫不能归葬。于是高心夔与友人分任其事，"遣人以漆工至城外为直侯衅棺，加布其上"（咸丰十一年正月二十六日），"遣人以舟送范君柩归九江"（咸丰十一年二月十一日），并将之安葬（同治元年五月十六日）。不仅如此，他还于咸丰十一年六月将范元亨的遗孀及儿女都接到湖口老家供养：

> 胡桂迎范氏家属到，处之石氏舍，命家人朝夕馈食、给器用焉。（六月十九日）
>
> 命范氏二侄入塾受业。（六月二十二日）

但是范氏一家命运多舛，未及半年，子女相继有病，且亡一子。高心夔不敢再任其责，又值家道中落，无奈之下，始资助范氏登舟归乡（江西德化）：

> 是日范氏侄骤患惊痫，召医视之。人言其邻新构土屋犯三煞凶神，遂使人说之撤屋，以安病者。（十一月二十三日）

> 是日范氏侄仍患狂痫,延僧祝之。予夙性绝恶彼教,从诸邻人请也。(十一月二十四日)
>
> 是日范氏侄病如故,其兄亦患狂痫,号叫彻夜,四邻皆惶惑不知所为,予为文牒土地神焉。(十一月二十五日)
>
> 范氏三侄俱患狂痫,予忧闷不能食。范嫂哭声达旦。(十一月二十六日)
>
> 是日范家第二侄殇,房东有不格理者,几不成殓,多方排解,始毕厝事,举家恸极失声,予为挥泪。范侄兄弟三人,既早失怙,又无期功之亲,相与关顾,寄食予家裁半载,而病痛连延,予方避地困穷,势难庇护,万一范嫂有故,谁任之者。遂决意择期办赀,送之归德化矣。(十一月二十七日)
>
> 范氏小女又病,如其兄,闷甚。人言居宅不吉,稍移邻家托宿,亦无验,仲牙为书符治之,不应也。(十二月三日)
>
> 是日遣胡桂送范嫂登舟。(十二月七日)

虽然未能对范氏一家继续赡养,但勘之情理,亦算善始善终。他的好友、著名学者刘履芬含愤自杀后,其丧事亦高心夔一手经理,朱之榛《陶堂先生遗集后序》即载:"曩岁刘丈惨死,先生综度丧纪,谊笃终始。"不仅对朋友如此,对于地方民生,他也不惮权贵,常常仗义执言。同治元年,湖口县加征地丁兵米,高心夔代表地方乡绅谒见知县孙庆恒,请求核减,而孙不听,高遂上诉两江总督曾国藩,终使此事得以解决:

> 予以令躁侮不足计事,始为婉劝,不解,遂复厉声争之。减征之议,行止听令所为,辱嫚士绅,殊乖政体,拂衣径出。(九月十一日)
>
> 是日予以诸人敦迫,拟撰公呈制府稿,极陈官吏朘剥,乡民不堪之情,颇形危切。予与令故无纤隙,事关公愤,义不获辞。诸人固请予亲赴安庆帅辕,许之。(九月十三日)
>
> 是日谒制帅,请减征湖口地丁兵米,明定数目,严绝歧浮各弊。帅始有难色,予词益激切,并言一县骚动,上下水火,治体大伤,将来恣情鱼肉,皆意中事,一家哭何如一路哭,必非更新不可。帅意始回,许核减丁米,饬县遵行。(九月二十四日)

既乐为亲朋慷慨解囊,又愿为乡里解忧排难,为此不惧与地方官"厉声争之",乃至"拂衣径出",越级呈诉,这正是一位活脱脱的急公好义的任侠形象。

(三) 读书高才

高心夔的好友杨岘在《陶堂志微录》序里赞美高为"读书高才,不通狎流俗",可以从中看出至少两层意思,一层是高心夔勤学爱读书,一层是其非书呆子,而是高出流俗的才子。

咸丰十年五月,兵部尚书陈孚恩欲举荐高心夔帮办江西团练,高回信婉辞以欲"养气读书""吟诵修行"(五月二十六日),从其日记里,确实可以感受到高心夔对读书的重视和着意记录,兹将其咸丰十年五月五日至同治二年四月六日其所读书粗按四部分列如下(圆括号内的数字是该书出现的次数,只出现一次者不标):

经部:《毛诗》《大雅》《小雅》(2),《曲礼》《檀弓》,《春秋传说汇纂》(22),《孝经》(2)。

史部:《左传》(2),《战国策》,《史记》(3)《项羽本纪》《淮阴侯列传》《萧相国世家》《陆贾传》《刺客传》(2),《后汉书》(23),《晋书·桓温传》,《五代史·死节传》,《资治通鉴》(3),《明纪》,《智囊补》(10),《汉名臣传》(2)《晋名臣传》(2)《唐名臣传》(4)《宋名臣传》(5)《名臣续传》(2)[16],《说铃》(6)。

子部:《管子》(17),《庄子》(2),《列子》(3),《淮南子》,宋儒《语录》(9),吕坤《语录》(7)沈味蔗《程式编》(2),郑士范《朱子约编》,李时珍《本朝纲目》(4),《地理人子须知》(11),沈新周《地学》(2),蔡孔炘《经学提要》,袁守定(易斋)《图民录》(2),杨繁(敏泉)《四言分韵故实》。

集部:

唐前:《楚辞》《楚辞·九歌》《离骚》(2),宋玉《九辩》,《文选》(22),《报任少卿书》《过秦论》《王命论》《六代论》《七发》《鹦鹉赋》《恨赋》《别赋》《哀江南赋》《玉台新咏》《孔雀东南飞》,八代诗,八代骈体文,《文心雕龙》,晋诗,谢灵运诗,陶诗(35),曹操诗。

唐代:唐人五律诗,杜诗(49),韩诗(8),韩愈《秋怀诗》,韩文(2),李商隐诗,韦应物诗,温庭筠诗。

宋元明:宋诗,苏轼文,朱熹《寿皇山陵议》,谢枋得《谢文节公文集》,

明人诗(7),张居正《张大岳集》,黄淳耀(陶庵)《吾师录》,彭士望《彭躬庵文集》。

清代:吕留良《唐宋八家文》选本(2),西湖寄生编《国朝文警初编》(6),钱谦益《杜笺》,顾炎武《顾亭林文集》(3),尤侗《西堂集》,吕留良《质亡集》,朱彝尊《竹垞集》,周起渭《桐野诗集》,方苞《方望溪先生文集》,刘大櫆诗文集,疏枝春文集,吴一嵩《玉镇山房近体賸稿》,赵佑(鹿泉)时文,姚鼐《惜抱轩文集》,恽敬(子居)《三代因革论》,张维屏《听松庐诗集》咏史新乐府,刘开《刘孟涂诗集》,陈世镕《陈雪庐诗集》,魏源《圣武记》,曾国藩文集,莫友芝诗(5),戴存庄诗,尹耕云集(4),裘献功(次秋)古律体诗,赵树吉《盉簪集诗》(3),邓辅纶《白香亭诗集》,李鸿裔诗,周相成(端萌)《端萌呓语》《采访节烈凡例》。

以上出现频次总计三百六十余次,也就是说,至少平均三四天高心夔就会读一次书。考虑到有的读书活动高氏可能未予记录,因此实际的读书频次当会更高。再考虑到高心夔很多时间处于战乱避祸状态,那么这个读书频率已经算得上很勤奋了。从读书范围看,高心夔对经部文献不感兴趣,他自己也曾说:"嗟乎,予之荒经其已甚矣。"(咸丰十一年十一月十二日)他涉猎的史部、子部书也不算丰富,史部中偏重《史记》《后汉书》《智囊补》《史传三编》,崇尚的是名臣、壮士或怀才不遇者,有着尚奇尚激烈的倾向。子部中阅读较多的是《管子》、吕坤《语录》以及地理书。研究《管子》与高心夔的经世思想相关,翻阅吕坤的《语录》是为了修身养性,研读地理书则是为了寻觅吉地安葬父母,实用目的都很强。而集部文献出现了二百余次,占了总频次的一大半,这反映出他对文学的偏好,他在政功上始终未得抒伸大志、建立伟绩,但是在文学上却独树一帜,其高才和成就得到了大家的公认。

比如郭嵩焘就谓之"俊才少年"[17];王闿运尽管在诗艺上对高心夔有所非议,但在《论同人诗八绝句》中却承认其歌行"逸气高情,足压同辈"[18],并写《丙寅人日,因散帙,见高大心夔庚申人日见寄诗,忆旧游,作示知者》诗赞美高的文采风流:"昔寻风云游上京,当前顾盻皆豪英。五侯七贵遍相识,行歌燕市心纵横。九江狂生高伯足,平生见人但张目。单衫侧帽临春风,二十红颜美如玉。行年相校一岁强,俱骋逸足驰康庄。曹刘阮陆不并世,文歌琴酒争轩昂……"⑲眼高于顶的李慈铭虽然认为高的学问才力不如刘逢禄、魏源、龚自珍等,但也承认"高实名士,文学为江右之冠……思苦词艰,务绝恒蹊,文采亦足相济,固近日之卓然者矣"⑳。陈衍谓其"诗功甚深"㉑。

除了文学,高心夔对治印也情有独钟,难以割舍,日记中所载高氏自刻或为他人刻印凡七十余方,他自己曾解释癖好治印的原因:

> 瑟如处分得印泥,甚佳,自刻"陶堂著述"四字,殊惬心,奴子促午餐,喜极忘饱。凡人毕生不能一无嗜好以娱闲情,予于兹事,何能恝尔。(咸丰十一年二月十日)

> 刻印背字。余性殊激,有忧闷恒不能自宽释,然用心颇一,故遇拂意事,每刻印、临帖,消遣纷虑,久之乃平。虽或自克之道,亦其嗜好然也。(咸丰十一年九月二十三日)

正因好之,始能由技进于道,取得高超成就。《再续印人小传》赞其"工诗文,善书,又擅篆刻。专主生峭,不落恒蹊,于浙皖两派外别开生面也"㉒。通过他自刻的印文,还可了解他的心情和志趣,比如他咸丰十年朝考四等时,就刻了"哀窈窕思贤才""山泽之癯""诵先人之清芬""石钟山民"诸印,反映出其自伤和归隐之意。

由于高心夔着意修炼自己的隐忍涵养,因此在其日记中很少自夸才艺,但偶尔也有情不自禁的时候:

> 制府深赞予刻印之佳,非篁仙所能及,命作一印,诺之。……予为制府刻印,文曰"取人为善、与人为善",偲老以为似文彭壮年之作,制府得此印,甚喜,又属作五印,刻"湘乡曾氏藏书"印一。(咸丰十一年七月二十九日)

> 是日季角寄来陈东云拟作乡试题"子曰爱之能勿劳乎,忠焉能勿诲乎"文二首,才调尽好,惜未能"直凑单微",见猎心痒,尤而效之,期于清真而已。遂乘余兴作一篇,聊示诸弟,不拟寄陈。(同治元年闰八月四日)

> 是日细绎拙制乡试题文,视陈作实为深致。(同治元年闰八月六日)

李寿蓉(篁仙)系"湘中五子"之一,陈对山(东云)亦"江州三君"之一㉓,皆为当时才子,高心夔言治印高明时尚借曾国藩(制府)与莫友芝(偲老)之口,言制艺高妙时因无名人借重,遂忍不住自夸了一下。尹耕云曾批评高心夔"终不脱名士习气"(咸丰十年六月十一日);咸丰七年,风尘奔波中的高心夔居然费银十二两,买了一方端溪石砚,"人咸议予穷旅仓皇,不脱名士习气",高自言纵然如此,"亦不能为之割爱也"(同治元年十二月初四日)。的确,《佩韦室日记》里,不仅可以频繁看到高心夔刻意努力的读书场景,还可以不时窥察到其骨子里抑制不住的才情发露和名士风流。

总之,《佩韦室日记》中的高心夔,既矜才使气、咄咄逼人,又尚义勇为、勤学苦读,兼有狂士、侠士、儒士、名士等多种形象。他狷介耿特、爱憎分明,即使接受知识也带有较强的偏好性,这使他为人为学都不够圆融,未能臻于儒家极高明而道中庸之境,给他的人生带来了诸多隐患。他坎坷的一生,可说是一种传奇,一种充满悲剧意味的传奇。

三、高心夔诗歌及与湖湘诗派之关系

与高心夔自我刻画的才高气傲、不逐流俗、喜谈文艺等形象相关,《佩韦室日记》中还有不少与友朋的论诗之语,从中可以窥见高心夔独特的诗学观念,先看以下两则:

> 偲老言曹子建诗清雄深厚之气,唐人中惟杜老有之,太白不及也。谓予诗宜学杜,由杜而子建,中间并无间隔,不可率易颜唐,致落唐以后派。斯所谓同心之言,其臭如兰矣。(咸丰十年六月十一日)
>
> 是日读陶诗,因悟公诗所以不可及者,恬旷中有雄骏之气,后来储、王、韦、柳辈习为闲淡以取高韵,体干既薄,神味亦短,故学陶诗,不自陶诗始也。(同治元年闰八月二十四日)

高心夔借莫友芝之口,说出自己诗歌的理想是"清雄深厚",而达到这种境界的典型人物是曹植和杜甫;他又认为陶诗"恬旷中有雄骏之气",唐代储光羲、王维、韦应物、柳宗元仅学其闲淡一面,故体薄神短,这与鲁迅的"金刚怒目"说似有异曲同工之妙,也从另一个方面说明高心夔崇尚的诗歌须带有雄骏之气。在评论本朝人诗歌时,高心夔延续了自己崇雄厚、鄙短薄的诗学观念,如他评论朱彝尊诗歌"擅场处正在能多,至其小体短篇,貌为简淡,则气韵薄弱,空无所有,大篇亦然"(同治元年十二月一日);评论周起渭诗歌"一以坚厚为宗,不逐时尚,识力已自不凡,其得力唐宋诸家,亦非由枕拟,故是可传"(咸丰十一年七月十九日)。对于清朝影响最大的文学流派桐城派,高心夔也有评说:

> 桐城姚郎中《惜抱轩文集》十种,古文老洁有法度,经史各说尤见精核,但古近体诗,清薄少思力,高者尚不能越过宋人,人于诗文不能兼擅乃尔。(同治元年四月二日)

> 同舟疏生,桐城人,见示其曾祖枝春大令文集,大抵守桐城派,而体尤小,卷首有刘海峰评语,书法遒媚可爱。又,姚惜抱所为《疏太令小传》,殊老洁,然近拘谨,无以广后生才地。时人竞谈此派,吾不取也。(咸丰十一年三月二十日)

高心夔对后来同光体推尊的姚鼐评价并不甚高,认为其古文虽"老洁有法度",而诗歌却"清薄少思力",尚不如宋人。高心夔还认为桐城文派一味追求老洁,易见"小"和"拘谨",不利于后学才能的开展[24],也不符合他的审美理想,故而虽然"时人竞谈此派,吾不取也"。这既反映出当时桐城派的影响之巨,也表现出高心夔的特立独行。对于那些具有雄厚特点的诗人,他则不吝赞美:

> 乃与杏公共读山阳鲁通父诗,鲁公名一同,为诗清雄惋郁,一时所希有,杏公已为钞成一册矣。(咸丰十年六月九日)

> 至眉兄斋,主人未起,移时乃出,同饭毕,与论为诗入手之法。眉兄初学温、李,欲循故步,予言其辞笔幽警,微乏劲气,因劝其改学高、岑,再入杜陵,所谓取法乎上之意。又论我辈精力不能兼营,但当用心专一,择其可以安身立命者终身服佩之,能舍然后能取也。(咸丰十年六月二十三日)

> 是日过偲老舟,论存庄诗,《蓉洲初集》天机清妙,其失不切事情,《味经山馆诗》欲矫少年之所为,词质而理干不立,非作手也。子偲称当代巨手,于淮南得鲁通甫,足与其乡郑子尹(珍)广文匹敌,通叟予故服膺,郑诗见者仅数篇,然清雄质厚,无雍、乾间人气习,偲老或非阿好也。(咸丰十一年七月二十一日)

高心夔认为鲁一同的诗"清雄惋郁,一时所希有";李鸿裔(眉兄)的诗歌"辞笔幽警,微乏劲气",故而劝其取法乎上,先学高适、岑参,再学杜甫以振之;认为戴存庄诗有"不切事情""词质而理干不立"之弊;认为郑珍诗歌"清雄质厚",莫友芝所言郑珍与鲁一同(通甫)诗歌可以匹敌并非虚语。

雄厚虽是高心夔标举的诗歌理想,但他自己在实际创作中并未完全做到,要言之,其雄偏于奇险,其厚偏于深涩,这种诗歌特点,集中表现在他的《高陶堂遗集》中。

《高陶堂遗集》,包括诗集《陶堂志微录》五卷、文集《陶堂遗文》一卷、家训诗《恤诵》一卷、《碑》一卷(集《孔宙》《韩敕》《史晨》碑,为联五百余通)。《陶堂志微录》由李鸿裔删定,其他则由朱之榛收集,于光绪八年合并刻于经注经斋。在这部书里,为其诗集作序者计有李鸿裔、潘祖荫、杨岘、刘履芬、傅怀祖、徐景福、朱之榛七人,他们无一例外地称赞了高心夔的高才和不逐流俗的诗歌风格。这是一批熟悉和亲近高心夔的人,而且看到了诗集的全貌,他们的意见当然非常重要,其中又以删定高诗的李鸿裔和梓行《遗集》的朱之榛的看法最值得重视:

> 吾友高伯足未冠即以诗名,其才之雄桀,气之刚厚,辞之美富,足以为诗之达者。顾尝怪近世作家,或喜沿偾浅之习,刻意惩矫,韬才敛气,阒遏光采,托兴深远,必具内心。犹惧其易也,既镵既琢,揉而磋之,必泯刃迹,一字未惬,或至十易。及其辞与意适,天然奥美,镕炼之极,造于幽微,其工力之深重,并世诗人殆未能或之先也。吾尝评其诗,能哜咀古作者之菁腴,而不模肖其貌,戛然自辟町畦,不偕于古,然亦病其收摄艰苦之意多,宽博欢愉之趣少,虑其境或象之。(李鸿裔《陶堂志微录序》)

> 先生为诗,力拟比兴,寓意玄奥,而体物综事,一归至正。世俗小夫,未窥宏恉,恒苦棘涩。……先生宏才伟度,雅不屑以文词显,而冗僚蹭蹬,命与逸谋,推其襟抱,一寄篇什。言多凄怆,甚可痛也。即所成就,已足骖骥古昔,考镜性真,庶几上下千年,洁芬不沫。(朱之榛《陶堂先生遗集》后序)

李、朱二人所言,事实上概括出了高心夔诗风的主要特点:一是寓意幽微玄奥,二是字句奇涩镵琢。李鸿裔的话说得非常形象,就是高诗本来诗意已经

"托兴深远"难以索解㉕,可好像害怕还会显得平易,于是进一步制造障碍,努力锻造字句,出奇制胜,"揉而磋之,必泯刃迹",必使人难寻其义始罢休,王闿运《论同人诗八绝句》就认为他的五古"五字相连,皆不能解一二"㉖,张之洞也说高诗"无二字相连者"㉗。比如《清虚洞》"佚灵牅冥宇"一句,"佚灵""冥宇"的组合极罕见,但非"佚"字无以表现隐遁之深,而"冥"字的多义性也很好传达出天地之间的幽深与高远、苍茫与迷茫、空阔与空虚;"牅"字用作动词,整句诗传达的意思是:清虚洞是隐遁的神灵在浑茫天地间凿开的一扇窗户。真是用词生新,想象奇诡,辞与意确有奥美、幽微、奇涩之感。马亚中在《中国近代诗歌史》中对高氏的这种诗风做了深入分析:

> 高诗与王诗、邓诗相比,不仅注意动、形、副的锻炼,而且还相当注意名词,尤其是名词性词组的雕炼,高心夔似乎不太喜欢运用现存的双音节名词,而常常重新构造双音节词组作为主宾成分。由于较多使用单音节词,所以张之洞要讥之为"无二字相连者"。的确阅读高诗,有时需要一字一字读,而不能一句一句读,这是造成高诗棘涩生创的一个重要原因。然而,由于高心夔不放过对每一个字的推敲,因此他的诗歌常常能透进数层,深入骨髓……㉘

这本来颇为契合高心夔所体现出的主流诗风,而且《高陶堂遗集》诸人序中也没有一句话提到他与王闿运有什么诗歌上的相似性,但是今天的文学史论者往往把高心夔看做王闿运的同调,将之归入湖湘诗派中去。这又是为什么呢?

考溯文献,窃以为这种观点,可能是囿于汪国垣所论。汪国垣在《近代诗派与地域》中首先标出"湖湘派",并将高心夔看作桴鼓相应者:

> 其派以湘潭王闿运为领袖,而杨度、杨叔姬、谭延闿、曾广钧、程颂万、饶智元、陈锐、李希圣、敬安羽翼之,樊增祥、易顺鼎则别子也。……当湘绮昌言复古之时,湘楚诗人,闻风兴起。其湖外诗人之力追汉、魏、六朝、三唐与王氏作桴鼓之应者,亦不乏人。而湖口高心夔氏为尤著……陶堂高氏于咸同之际,与湘绮同为肃顺座上宾,论文谭艺,深相契合……惟陶堂与湘绮,投分至深。㉙

在《光宣诗坛点将录》论王闿运为湖湘派领袖时,汪国垣又附入高心夔;在《近代诗人小传稿·王闿运》中,又将王与邓辅纶、高心夔并推为"湖湘三大家"[30]。经过汪氏的再三致意,高心夔进入湖湘派行列并与王闿运同调几成定评[31]。萧晓阳《湖湘诗派研究》处理较为谨慎,他折中前人说法,将湖湘诗派看作是兴起于近代初期而与宋诗派相抗衡的一大诗歌流派,作家以崇尚《骚》心《选》旨的湖湘作家为主,代表作家有王闿运、邓辅纶、邓绎、李寿蓉及龙汝霖诸人,为诗多效法汉魏六朝,抒发心中悲情,在近代诗坛上形成了一股浪漫主义文学思潮。只在论及湖湘诗派之羽翼时,将高心夔等江西诗人列入,但该节标题为"异域湖湘派诗人",亦反映出其在取舍上的某种犹豫[32]。

事实上,王闿运诗风古雅精严,辞采巨丽,然并不艰涩奇险,与高心夔诗风绝然不侔;至于汪国垣所言"论文谭艺,深相契合""投分至深",揆诸《佩韦室日记》,更非事实:

> 壬秋,湘潭才人,与予定交京师,予深服其风雅而嗜学,惟议论则多所牾,然终非予所能及也。(咸丰十年十月二日)
>
> 与敏泉论韩退之诗,敏泉薄其七言古体,与壬秋同意,予以为不然。(咸丰十年十月二十四日)。

原来不是"深相契合""投分至深",而是"多所牾"。另外,王闿运对韩愈七古颇有微词,而高心夔却很欣赏韩愈,这大约是为韩愈诗风的雄奇和字句的独造所吸引吧。

有意思的是,王闿运也并不认可高的诗艺,其《论同人诗八绝句》曾评高诗:"剑气珠光逗少年,老来长句更芊眠。饶思秀涩开新派,终作楞严十种仙。"并有小序:

> 高伯足诗少拟谢、陆,长句在王、杜之间,中乃思树帜,自异湘吟,尤忌余讲论,矜求新古。尝刻意作《咏怀诗》廿余首,录稿传余,并探月旦,余云:"五字相连,皆不能解一二,仞之固自可识,吾无以名之矣。"高颇自失。[33]

王闿运已明言高心夔"乃思树帜,自异湘吟",而且所论与己不合,王是拟古肖古,高则"矜求新古",其喜爱陶渊明,诗集至命名为《陶堂志微录》,但一如他自言"心夔弱而好诗,尤好渊明,溯焉而上,游焉而下,不耻其不似也"㉞。高、王两人都已公开声明彼此观念不合、创作不同,我们又何必把他们强拉到同一诗派中去。

后来钱仲联继承了王闿运的说法,在《论近代诗四十家》论高心夔:"人间径路绝,乃与风云通。陶堂诗似之,秀涩开一宗。楞严十种仙,见嘲湘绮翁。"认为高心夔"学选体而能自辟町畦,千辟万灌,语不犹人"㉟,其观点即来自王闿运的"饶思秀涩开新派",承认高是独立一宗㊱;但对王以"楞严十种仙"暗讽高诗尚未证道却稍有异议,认为高诗:"五律如《奉赠邓八许六两兄三首》《客子吟》九首、《伤怀寄弟六首》,五古如《移家五首》,七律如《汉将四首》《城西二首》,七古如《鄱阳翁》《苦雨二首》,或树杜陵之骨,或得玉溪之神,而俱以雕炼之笔出之。《匡庐山诗七首》,缒幽凿险,足使谢、柳却步。"㊲钱仲联早在1926年发表的《近代诗评》(《学衡》第52辑)中就评高诗"如荔枝江瑶,不登常餐"㊳;后来在《近百年诗坛点将录》中又将高心夔定为"天罪星短命二郎阮小五",评其"诗宗选体,兼学杜甫,千辟万灌,迥不犹人"㊴。此可与《论近代诗四十家》中观点相互参证。不过,如果将王闿运和钱仲联都曾标举的"秀涩"换成"奇涩",可能与高心夔的诗风更相契合。

另外,从《佩韦室日记》所列高心夔阅读的集部书目看,他对宋元诗基本无视,其会心和激赏的是《文选》、陶诗、杜诗、韩愈诗文和本朝诸大家诗歌。如果说推崇《文选》、轻视宋诗,还是湖湘派的共同特点,但对杜、韩的重视,将师法对象下移至盛中唐,就与湖湘派大异其调了。假如我们只按照字面意思理解陈衍在《沈乙盦诗叙》中的说法,所谓同光体,即"同光以来诗人不墨守盛唐者"㊵,以之检验高心夔诗歌,其传世诗歌的前四卷创作于咸丰二年壬子至光绪三年丁丑,《恤诵》一卷作于光绪七年,倒可以说是同光体之一种了,这比那些上攀同治的"同光体"或更名副其实。不过,钱仲联在《论同光体》一文中已指出,"同光体"是陈衍、沈曾植等"以宗宋为主而溯源于韩、杜"的诗风㊶,这与高氏诗歌差异明显。那么,我们还是将高氏诗歌视为清代晚期诗坛花园里的一朵奇葩较为稳妥。

近百年来,我们研究近代文学,不免借助陈衍、汪国垣等前辈的经验,他们的确给我们提供了重要和便利的观察窗口,但有时也会使我们丧失开辟新窗口的勇气和动力,形成一种惰性和遮蔽。本文借助一些新材料,试图在前人的视野之外另外凿开一扇小小的窗户,也算是向高心夔"佚灵牖冥宇"之类的诗句致敬吧。

本文为国家社科基金重大项目"中国近代日记文献叙录、整理与研究"(18ZDA259)阶段性成果。

注　释

① 李慈铭《越缦堂读书记》,上海书店出版社,2000年,1176页。

② 日记时间起止时间为咸丰十年五月五日(1860年6月23日)至同治四年二月十八日(1865年3月15日),其中同治二年四月八日(5月25日)之前系逐日而记(同治二年正月十四日后半内容至正月二十日内容缺佚),之后则择要而书,仅记十九则(其中同治二年四月八日后至岁末九则,同治三年七则,同治四年三则),可谓简之又简。据其自云:"其后南游,别有纪载。"然南游记今已无从觅得,惜哉。

③ 本文所引《高陶堂遗集》系据平湖朱氏光绪刻本;杨岘《直隶州知州高君墓志铭》系据其《迟鸿轩文弃》卷二,吴兴刘氏嘉业堂刻本;朱之榛《清故赐进士出身江苏候补直隶州知州署吴县知县高陶堂先生事略》系据其《常慊慊斋文集》下,民国九年东湖草堂刻本;汤纪尚《高陶堂先生传》系据其《盘薖文甲乙集五卷》甲集上,光绪刻本。

④ 费行简《近代名人小传》,中国书店据1918年崇文书局版影印,1988年,48页。

⑤ 梁淑安《中国文学家大辞典·近代卷》,中华书局,1997年,372页。另高氏卒年,钱仲联《近代诗钞》(江苏古籍出版社,1993年)定为1883年,萧晓阳《湖湘诗派研究》(人民文学出版社,2008年)更正为1881年。

⑥ 《事略》:"粤寇刳江右,赠公殉焉。既遭家难,锐意复仇,时湘乡曾文正督师浔阳,先生练乡兵五百人请隶麾下,会诸军攻抚州,壁城而垒,战辄先,矛洞左骹,文正疏称'右营高梦汉',先生原名也。"《佩韦室日记》咸丰十年五月七日:"己未中式礼闱后旋以复试试帖内讹许浑'浑'字为上声,置四等,罚停一科;今年夏五月二日,保和殿朝考,予以试帖用十三元韵内'缊'字为纲缊之'缊',再置四等,荒陋蹇劣,为本朝开国二百余年所仅见,固宜放还田里,使获从事于学,蒙恩于名单书一'归'字,盖归进士本班,铨用知县也。"此记两次进士试甚详。咸丰十年七月十六日:"予自去年二月始识主人于皞臣斋中,遂承知爱,至今为别,弥用惘然。"由是知肃顺咸丰九年二月始于龙汝霖(皞臣)宅中结识高心夔。咸丰十一年十二月三十日:"明年乙卯正月大雪,先府君竟以应檄办团,

还省禀复,遇变渚溪舟次,恸哉;是年冬雪,予督乡兵,方屯苏官渡西岸蜒蚰山营中,两日不能举火;丙辰雪时,予以全家旅食无资,贾盐浙江,还滞常山县中;丁巳雪时,徙居匡庐山西朱岭;戊午雪时,予再北上叶县守岁;己未雪时,在肃裕亭宅。"此记咸丰年间经历甚备。

⑦ 李慈铭《越缦堂读书记》,1176 页。

⑧ 翁同龢《翁同龢日记》,中西书局,2012 年,第一卷,83 页。

⑨ 高心夔《高陶堂遗集·陶堂遗文》之《游君山记》:"同治六年夏四月……自予奉役岳州,且两年。"

⑩ 高心夔《高陶堂遗集·陶堂遗文》之《申江舆诵后序》:"同治七年,心夔游李肃毅伯德州军府。……如是三年,心夔署吴县。"

⑪ 高心夔《高陶堂遗集·陶堂遗文》之《鸿泽堂记》:"同治十三年秋七月,心夔既解吴令,请急归省丘垄。"

⑫ 据《墓志》。另高心夔《陶堂遗文·恤诵》:"光绪七年四月,心夔再罢吴令。"

⑬ 梁淑安《中国文学家大辞典·近代卷》,372 页。

⑭ 翁同龢《翁同龢日记》,第一卷,94 页。

⑮ 同治二年二月十七日记云"匡儿质性稚卤,句读艰涩,年已六龄",由是知同治元年匡儿五岁。

⑯ 《汉名臣传》《晋名臣传》《唐名臣传》《宋名臣传》《名臣续传》皆朱轼《史传三编》中之内容。

⑰ 郭嵩焘《天影盦全集序》,李寿蓉《天影盦全集》,《清代诗文集汇编》,上海古籍出版社,2010 年,699 册,587 页。

⑱ 王闿运《湘绮楼诗文集》,岳麓书社,2008 年,419 页。

⑲ 王闿运《湘绮楼诗文集》,155 页。

⑳ 李慈铭《越缦堂读书记》,1176 页。

㉑ 陈衍《近代诗钞》,商务印书馆,1923 年,上册,386 页。

㉒ 叶铭《再续印人小传》,《印人传合集》,浙江人民美术出版社,2014 年,278 页。

㉓ 杨钧《草堂之灵》卷一一《记半人》(岳麓书社,1985 年,206 页):"李篁仙志在翰林,而喜吟咏,自谓才子。以攸县龙皞臣、二邓兄弟与余并己,为湘中五子。既至江西,见高碧湄、范质侯、陈对山,为江州三君,曾至湘军营中夸焉。"

㉔ 《佩韦室日记》咸丰十年六月八日:"尹公于拙诗有所绳论,并言七言八句、转韵短歌不宜多作,恐务简劲致促真气,此不欲予速求小就也,心志之矣。"亦是惧因简劲而有损气势之展开,可与此论相互参照。

㉕ 徐景福之序云:"吾尝叩作诗于高子,高子曰:自寻蹊径。意盖以猛造为宗主,以取别于世之昳媚纤腻,无所得于己,而恒恐不见好于人者。是亦不已,而姑以诗言也。"可以作为参证。

㉖ 王闿运《湘绮楼诗文集》,419页。

㉗ 夏敬观《学山诗话》,《民国诗话丛编》第三册,上海书店出版社,2002年,40页。

㉘ 马亚中《中国近代诗歌史》,台北,学生书局,1992年,348页。

㉙ 汪国垣《汪辟疆诗学论集》,南京大学出版社,2011年,上册,44—45页。

㉚ 汪国垣《汪辟疆诗学论集》,上册,67页、135页。

㉛ 如上海辞书出版社《大辞海》在线数据库:汉魏六朝派:或称"湖湘派",是"活动于清咸丰间至民国初的一个诗派。以湖南湘潭诗人王闿运为领袖,其他主要诗人有邓辅纶、高心夔、龙汝霖、邓绎等,多为湖南籍人士。其特点是心摹手追于汉魏六朝之间,而反对学宋。其作品则并非一味拟古,亦多反映现实的篇什"。

㉜ 参见萧晓阳《湖湘诗派研究》,人民文学出版社,2008年,308—332页。

㉝ 王闿运《湘绮楼诗文集》,419页。按《湘绮楼日记》及《湘绮楼说诗》卷二中,"秀涩"作"秀色"。

㉞ 《陶堂志微录·述目》。另李慈铭亦尝论及:"诗文皆枯拟汉魏六朝,取境颇高,而炫奇襮采,罕所真得。自谓最喜渊明诗,故号陶堂,然其诗绝不相似。大抵诗文皆取法于近人刘申甫、魏默深、龚定庵诸家,而学问才力皆远逊,然思苦词艰,务绝恒蹊,文采亦足相济,固近日之卓然者矣。"(《越缦堂日记》光绪八年十月二十六日,亦见《越缦堂读书记》,1176页)然李氏认为高氏诗文取法刘逢禄、魏源、龚自珍则为无稽之谈。

㉟ 钱仲联《梦苕盦论集》,中华书局,1993年,339页。

㊱ 马亚中虽将高心夔划入"汉魏六朝派",但已注意到"高诗已经非汉魏六朝诗所能限止",见其《中国近代诗歌史》,352页。

㊲ 钱仲联《梦苕盦论集》,340页。

㊳ 周秦、刘梦芙编校《梦苕庵诗文集》,黄山书社,2008年,512页。

㊴ 钱仲联《梦苕盦论集》,373页。

㊵ 钱仲联编校《陈衍诗论合集(下集)》,福建人民出版社,1999年,1048页。

㊶ 钱仲联《梦苕盦论集》,417页。

清初庙堂文人诗学意识形态之建构
——以施闰章、魏裔介、冯溥为中心

白一瑾

在清初仕宦文人群体中，认为新兴之清王朝在文学上应体现出兴盛闳雅的新气象，是一种普遍共识。正如宋征舆所指出的：

> 国之将兴，必有敦庞淳厚之气，畅乎人心。于是发为文章，其象丰斐博大，所以应其休征而协其嘉，则自然之符，不可强也。稽诸往昔，若周之二南，汉之西京，唐之贞永，宋之隆淳，明之洪永，其时能言之士，不为纤靡浮诞之词，而气象壮硕，茁然魁然。（宋征舆《林屋文稿》卷四《田鼐渊诗稿序》）

出于儒家传统诗教观念中"声音之道与政通"的思维模式，官位较为崇隆的仕宦诗人中，往往试图依靠自身政治地位和文学成就，对诗坛施加影响力，希图对诗坛创作风尚进行规范，进而改变清初仍有留存的晚明诗风，开创属于新兴清王朝自身的闳雅正大的一代新风。其中以施闰章、魏裔介和冯溥最具代表性。

施闰章为清初"宣城体"创始人，名满天下，"主东南坛坫数十年，时号宣城体"（《清史稿》列传卷二七一施闰章本传），而魏裔介和冯溥虽然诗歌创作成就远不能与施闰章相比，但两人皆乐于结交文士，进行各类文化活动，在京城诗坛上也有相当声望。魏裔介曾与另一京城仕宦诗人杨思圣共称为"杨魏"，是顺治时代入京文士争相拜谒结交的士林名流："公与今冢宰魏公裔介同年友善，……天下称曰杨魏。士之自负才能，来阙下者，必携卷轴谒两公，得其一言以为荣。"（申涵光《聪山集》卷二《杨方伯传》）冯溥为相期间，亦乐于奖掖后进，施闰章记载其"门无私谒，橐无长物，而好奖接羁旅憔悴词赋之客，周其困乏"

(施闰章《学余堂文集》卷七《佳山堂诗序》),特别是在他奉旨主持康熙十七年博学鸿儒科期间,更借此延揽大量名士。因而在冯氏七十大寿期间,京师布衣名流纷纷以诗为寿,成为年度盛事。王嗣槐《嵩高大雅集序》:"在朝名公卿贤士大夫,及布衣方闻有道之士征诣阙下者,莫不为诗歌文辞以祝公。"

一、集道学家与文人于一身的儒家诗教倡导者

(一) 品德高尚、理学深湛的道德楷模

施闰章、魏裔介和冯溥三人之所以能成为引领清初诗坛开创庙堂诗学的代表性人物,其主要原因还不在于自身的创作成就。虽然作为宣城派宗主的施闰章,其成就确实斐然可观;但魏裔介和冯溥却皆不以诗名:"(裔介)以理学自任,诗文皆不能工,而好弄笔。"(《清诗纪事初编》卷五)"溥诗或伤之率,然捷才斗靡,不失雅音。"(卷六)他们的声名崇隆,为士林所认可,首先在于自身品格的完美,堪为当世仕宦文士之道德楷模。

施闰章在任山东学政时,即"崇雅黜浮,有冰鉴之誉",敢于峻拒权贵请托,因而名满天下;其为官清廉更为人称道,他自江西离任时,"以官舫轻,民争买石膏载之,乃得渡"(《清史稿》本传)。

魏裔介"孝行纯笃,与人交,质直无城府,久要不忘。尤善奖掖后进,急人之难,周人之急"(徐乾学《柏乡魏公墓志铭》)。尤其是他久在谏官职位,刚直敢言,"居言路最久,疏至百余上,敷陈剀切,多见施行"(《清史稿》本传)。如上疏请摄政王宽逃人法,以畿辅水灾而上疏请赈济流民,以及参劾权臣陈之遴、刘正宗等,直声播于朝野。

冯溥在博学鸿儒科期间,尽心竭力,礼遇征士,"士之高年有德不愿仕进者,公必就见而咨之;其为牧伯郡邑有声称者,必亲延见而访求之;至田野之布衣、白屋之贱士,亦必扫榻以待,降阶以礼之,而且为燕饮以洽之,延誉以广之;其贫约无以自存者,为馆舍以居之,改衣授食以周之。"(王嗣槐《桂山堂文选》卷一《嵩高大雅集序》)因而在士林中收获了广泛的人望。

值得注意的是,施闰章、魏裔介和冯溥三人,都是当时著名的理学家。施闰章"数世以理学显"(毛奇龄《施君墓表》),他本人也能克绍祖风,"赋资中正,

渐濡庭训,孝友纯懿,仁慈笃挚"(汤斌《祭同年施愚山文》)。魏裔介"生平笃诚,信程朱之学,以见知闻知述圣学之统"(《清史稿》本传),冯溥更是出身海岱理学世家,"学本程朱宗孔孟,嫡派相传惟主敬"(魏象枢《寿同年益都相国七十》)。他们高尚的个人品德,和精纯的理学功底,都使得他们足以成为以儒学奉行教化的楷模。甚至在他们看来,修养个人品德以成为道德楷模,才是为人之本,而从事文学创作则不过是余事末技:"士君子家居则修其道,为谏臣则尽其言,有官守则勤其职,所谓天下文章,莫大乎是矣。其溢而为诗歌赋颂之属,皆其余也。"(《学余堂文集》卷七《姜定庵两水亭余稿序》)

(二) 宣扬诗教,匡正当世诗风的主动性

在以儒家传统修养身心,砥砺道德人品的同时,施闰章、魏裔介和冯溥皆表现出主动以自身诗学观念影响诗坛走向,进一步匡正当世诗风的极大兴趣。

魏裔介虽然本人创作水平有限,但一直在努力结纳文人,大力传播自身的儒家正统诗学观,以影响并匡正清初诗坛风气,尤其重视以编纂诗文集的方式,推广自身诗学主张。他纂有《古文欣赏集》《古诗遗音》《唐诗清览集》以及清人诗集《观始集》《溯洄集》等多部诗文总集,而他自述编纂这些总集的目的,总不脱征圣宗经、重申儒家诗教的范畴:"学者倘因文以见道,由古文以进于五经,即圣人之意,可得而求也。"(《兼济堂文集》卷三《古文欣赏集序》)"余于唐诗有清览之选,……于我朝诗有观始之选,一时操觚之流,刮垢磨光,刊精剔目,咸以大雅,被服厥躬,沨沨乎其盛哉!"(卷五《今诗溯洄集序》)"我观乎政治之始,将取诗以美之。"(《吴梅村全集》卷二七《观始诗集序》)

冯溥结交文人,流布自身诗学主张,主要在博学鸿儒科期间,受命接待各地征士:"京师广渠门内万柳堂,为国初益都相国别业。康熙时,大科初开,四方名士待诏金马门者,恒燕集于此。"(陈康祺《郎潜纪闻》初笔卷八)而他在博学鸿词科中的表现,和他所积累的人脉,就成为他延揽寒士,普及自身文学观念的契机。高珩《佳山堂诗集序》:"千载一时而侧席,幽人风云蔚起,四海人才一时罗之金门玉堂中。……而更喜诸君子得先生为之大冶,咸在函丈之列,一觞一咏,郁郁云章。"

需要注意的是,冯溥在博学鸿儒科期间的尽心竭力,绝非仅出于完成使命的职业行为,而是他自觉以馆阁重臣身份整饬诗坛的组成部分。冯溥虽然曾

经自我标榜,自己并非希望以诗成名,而仅仅将诗歌创作当成修养身心的途径:"先生固曰:吾非欲以诗名。夫人精神有限,思无穷,不善用之,将声色货利,杂然不可复问矣。故吾以诗静吾思,非必与古今词人较工拙也。"(方象瑛《益都先生佳山堂诗序》)但其诗作却时常显示出他欲引领清初诗坛以为"盛世"诗风的努力。《赠别己未诸子》即以在朝高官文士的身份,对参加博学鸿儒科的征士们进行勉励:"诸子何济济,蔚矣廊庙材。菁华不易得,麟凤非凡胎。……相励以坚贞,见异迁乃乖。立朝贵正色,匪曰著风裁。……"《岁晏行》:"岁晏北风入户凉,诸子过我论文章。……吾衰不逮建安才,诸子滚滚黄金台。黼黻日月看昭回,扫除榛芜天地开。自古朝廷集贤哲,飞扬岂比鹰隼缑。"更是明明白白地昭示,冯溥欲以高官诗人的身份,引领并规范博学鸿儒文士,向朝廷所需的"黼黻日月"的庙堂诗风看齐。李天馥《佳山堂诗集序》记载一段冯溥与李天馥的谈话:"公曰:吾向以仕者不复诗也。并心于职守,且惧弗逮,而何以诗为? 即诗亦以发吾情,达吾之志与事,而过则已焉。今乃闻吾子之言是也。然则诗亦吾职守乎?"足见冯溥是主动地以身作则,将结交文士和自身进行诗歌创作,以传播诗教,皆视为自己身为馆阁重臣的"职守"。

施闰章的情况,与魏冯二人略有不同。他长期辗转于地方官任上,远离中央政权,因而在匡正诗风方面不能如长期任职馆阁的魏冯二人一般有所作为。但他非常崇仰冯溥,因而在晚年以博学鸿儒入京后,自觉自愿充当冯溥整饬诗坛的助手。他在《佳山堂诗序》中,明确将冯溥这类有一定诗学影响的高官文人,视为诗坛风气的整饬与重振者:"章尝受知于先生,伏读永叹者累日。吾闻古君子在野则思廊庙,立朝不忘江湖,先生处纶扉,密勿献替,以人事君,罔懈夙夜。……夫孔子删诗而雅颂得所,延陵听乐而兴衰是征,诗也者,持也。由是言之,谓先生以诗持世可也。"他还提到,冯溥也确实将他视为自己整顿诗坛的助手,不但与他探讨过"诗文之道与治乱终始"这类话题的,而且还提出"愿与子共振之":"尝窃论诗文之道与治乱终始,先生则喟叹曰:……愿与子共振之。"而冯溥本人所作《赠施愚山》诗,也说明了这一点:"东山丝竹护烟霞,齐鲁皋比忆绛纱。时诎官方存剂量,雅亡风尚见浮华。元晖终自留余论,正始何人识永嘉。不信丛残多叹启,须凭子野辨灰葭。"他是将施闰章视为"雅亡风尚见浮华"之际,能与自己共同整顿诗坛风气的重要帮手。

二、除旧布新，批判晚明诗风，以倡导盛世新风

清初庙堂文士匡正诗风，建立清王朝新兴的雅正诗学风尚的努力，首先是除旧布新，对晚明诗风进行批判，借此将晚明"亡国之音"与清王朝之"盛世新风"划清界限。

庙堂文士所批判的晚明至清初的诗坛不良风气，大致包括：拟古剽窃、过分注重辞采、执着于门户争端、以诗歌充当交际工具："论诗于今海内，其颣有四：躭近望远，土苴古体，一也；遗实采华，矜气悦目，二也；历下竟陵，互相齮齕，三也；谀辞骈巧，干泽取怜，四也。屏兹四颣而其诗或庶几矣。"（《学余堂文集》卷六《陈伯玑诗序》）"不殖学而务涂其辞，不己出而事剽贼，不尚论远采而一二近今是师，是诗盛而愈亡也。"（卷三《诗原序》）在他们看来，晚明诗风种种问题的根源，都在于华而不实，过分注重诗歌外在形式而忽略内容实质："昔之士大夫患少文，今之士大夫患少实。……夫文盛而大道隐，诗盛而实学衰，余盖心悲之。"（卷七《金长真诗序》）

需要注意的是，庙堂文士所批判的晚明诗"少实"，并不是指晚明诗缺乏充实的现实内容，而是指晚明文人缺乏儒家道德修养，背离和抛弃儒家诗教："今之工者，多饰郛郭，揽菁华，其有出于时；或矜己怵物，诞荡不可近。于是号称诗人者，浸为有道所不录。"（卷七《王丹麓松溪诗集序》）施闰章把"天下日竞于文而文益敝"的原因，归结为"中古淳茂之风，卒不可复"，归结为文人"曲说是非，甘谬于圣人"，在精神根基上背离了儒家道德传统："假令骚赋诗文，徒取雕绘浮言，曲说是非，甘谬于圣人，鏧悦虽工，即土苴之弗若矣。"（卷五《房枢部文集序》）魏裔介也认为，唐诗的成就在于"豪杰之士，敦伦重节，忧国爱民，投奸乐善，孤郁不回之意，亦必于是发之。唐诗度越六朝者以此，非止摭词广赡也"，而"后人于诗以为酬应耳目快意适观之具，其所争者在乎声调气格，六义之指，缺然不讲"，才致使"济南竟陵，波流日下，使古人精神，不复表见于世。风教沦没，失岂小哉！"（以上《兼济堂文集》卷五《唐诗清览集序》）

张健在《清代诗学研究》中指出，明代是儒家诗学的政教传统失落的时代：七子的复古，所复的是汉魏盛唐的审美传统、形式风格，而并非政教言志；至于

公安派的性灵之论,张扬人的情欲本性,更是与政教传统直接对立。因而,在庙堂文人看来,矫正晚明颓风,首先就是要重提道德教化。施闰章《程山尊诗序》:

> 间问诗于余,余曰:去浮艳与清态。去浮艳近古,去清态近厚。……本乎道德之源,发为书卷之气,油油然,沨沨然,锵金石而感鬼神可也。

施闰章提出的"去浮艳与清态",显然是就晚明风气而言。前者指七子特别是云间派,后者则指竟陵派。而施闰章所主张的理想的诗风,首先必须"本乎道德之源",合乎儒家诗教的要求。

三、对儒家诗教传统的回归

既然在清初庙堂文人看来,晚明诗风弊端较多,应予批判;那么他们心目中的诗学理想又是什么呢?施闰章、魏裔介和冯溥皆不约而同地提到了"三百篇"传统。这也正是清初论诗者最频繁提及的话题。自明至清以来,诗坛门户林立,宗唐派与宗宋派相争不下,自汉魏六朝隋唐以至于宋元的各种时代流派的诗学传统,皆因后学者不得法而展现出各种弊端。有惩于此,清初文人往往希望能跳出这些囿于时代的门户争端,直接上溯至诗家始祖"三百篇"以救时除弊。

施闰章出身理学世家,发蒙学诗是相当正统的征圣宗经的路子:"余少好诵诗,先君子命之曰书,称诗言志,歌永言,先之以直温宽栗。孔子删诗三百,以思无邪蔽之,诗之大,原其在斯乎。发情止义,深思而兼蓄之,严择而善变之,毋徒为优孟之衣冠,则几矣。"所以在他看来,纠正自明代以来的诗坛弊端,唯一的途径是回归三百篇"以圣贤之辞,出为声律之言"的诗教传统:"唐虞之赓歌,商周之雅颂,古之人未尝学为诗也。以圣贤之辞,出为声律之言,蔼然烂然,以通上下而洽朋友。"(《诗原序》)

魏裔介提到自己的宗法门径,也将尊奉"三百篇"列于首位:"尝以为,诗以抒情,贵得三百篇讽喻之意。"(《兼济堂文集》卷九《复安庆郡丞程昆仑书》)

而冯溥,时人更将他的诗学创作,视为可与"三百篇"相提并论的典范:"爰卒业而叹曰:猗欤盛哉!此雅颂《天保》《卷阿》之章,而《鹤鸣》《鱼藻》之咏也。

……靡弗砥砺风义,发为忠孝,则宜乎寓内之流传而歌咏之者。"(李天馥《佳山堂集序》)

标榜"三百篇"传统以宣传自身诗学理念,在明清时代乃至整个中国诗歌史上,并不是什么新鲜事。"三百篇"因其年代久远与经典身份,已在士人心目中确立了某种类似于诗学"绝对真理"的地位。任何有意于变革当世诗风的诗人,大多都会举出"三百篇"这一中国诗歌创作与批评的原始经典来加以论证。而"三百篇"的诗学指向之复杂,几乎使任何诗学主张都可以在其间寻得依据。而施闰章、魏裔介、冯溥等清初庙堂诗人所理解与提倡的"三百篇"传统,所包含的内容,也必然与他们的庙堂诗人身份,以及重新整饬当世诗风的理念密切相关。

(一) 重申诗歌的教化功用

清初庙堂诗人所试图复兴的"三百篇"传统,首先就是要重申诗歌的教化功用。传统儒家诗教首重文学的社会功用,主张以诗歌对百姓进行道德教化,以裨益于政治治理。这一传统,在更为注重诗歌辞藻声律艺术形式的明代有所失落,因而清初庙堂诗人出于道德与政治双重目的,往往重申诗歌作为道德教化手段的功用。

施闰章身为理学家,非常注重礼乐艺术所能达到的教化人心的效果。《刻思贤操谱序》以琴曲为喻:"丝之为声哀,哀以立廉,廉以立志,故君子听琴瑟之声,则思忠义之臣。"

魏裔介在《唐诗清览集序》中更直接指出,他编选《唐诗清览集》的标准是"义存得失,意归讽谕,言之无罪,闻者足戒",是"有唐一代兴亡治乱之故""朝贤不肖进退制度兴革之由",以有利于治乱兴衰的儒家功利诗教文学观为准绳。所以,他在解读诗人,衡量其文学价值时,往往强调其有益于世道的一面。如他评价李白诗,最欣赏的却不是李白的豪迈浪漫,而是李白以清平调三章对君王的"讽谏":"是气曰浩然,不祇为章句。沉香亭畔词,讽谏有微趣。"(《兼济堂文集》卷一八《读李太白诗》)

也正是由于对诗歌道德教化功用的强调,清初庙堂诗人往往对元白一路新乐府诗评价颇高,与明代以来时人鄙薄元白浅俗风格的态度完全相反。施闰章本人风格偏于清真含蓄一路,并不学白,但他承认自己对白居易不乏好感:"予尤怪世人多薄视香山,……今试取香山诗,沉吟三复,清真坦率,飘然欲仙。"(《学余堂文集》卷四《西江游草序》)而魏裔介更是坦率地承认自己的宗法门径是杜甫与白居易:"尝以为,诗以抒情,贵得三百篇讽喻之意,故子美可尊也,而并喜香山。"(《复安庆郡丞程昆仑书》)重视诗教的施闰章与魏裔介,均表现出对白居易的宽容态度乃至于直接的好感,他们对白居易的崇尚,反映出的正是以儒家"讽喻"诗教为本的文学批评理念。

(二) 征圣宗经、诗言性情、温柔敦厚的诗歌标准

在清初庙堂诗人看来,有资格担当教化人心重任的诗歌,在内容层面必须具备如下特征:

首先,诗歌创作必须以儒家经典为旨归。以施闰章为例,他对"文以载道"的儒家宗经文学观极为崇尚:"文之传后者,以道存也。近世文与道二。……今使司马扬班之俦,与濂洛诸贤,絜矕比迹,其轻重必有辨矣。"(《学余堂文集》卷五《吴舫翁集序》)他甚至认为"文以载道"并不仅限于文章,还可拓展到诗歌领域:"文者道之余也,诗者文之一体也。"(卷六《李屺瞻诗序》)所以,在他看来,诗文之"有本"首先意味着"载道",而明代诗歌成就不高,正是因为不能载道,乃至悖谬儒家道德准则:"近世词人,比户骈肩,权舆于八股,优孟于八家,求其庶几于道者颇少。"(卷二八《寄魏凝叔》)"文者,道之见于言者也。本之茂者其华盛,学之胜者其言富。近世淫靡,于文浸刺谬乎道德,或拟议剽割。"(卷四《陈征君士业文集序》)而疗治这一弊端的途径,必须是重申诗文作品"原本经传,动关风教"(《寄魏凝叔》)的道德属性。

魏裔介比施闰章走得更远,他不仅是重申征圣宗经、文以载道,而且是要求以经义为文。"学者倘因文以见道,由古文以进于五经,即圣人之意,可得而求也。"在他看来,儒家经典本来就是文学的唯一源头:"五经者,万世文章之祖。"因此他极力赞赏提出"文以载道"命题的唐宋古文家,因为他们代表了文学的正统门径:"唐宋之间,有韩欧诸君子起衰振弊,盖必得经之意以为文,而后其文足以传。此文之所以与立德立功而并垂不朽也。"(以上《古文欣赏集序》)所以他甚至认为,程朱理学才是天下之至文:"若夫无意于文而文自工者,惟周程张朱数子耳。"(卷四《孙钟元先生岁寒居文集序》)

"三百篇"传统除了强调诗歌的道德教化作用之外,对诗歌"情动于中而形

于言"的抒情性也予以肯定与强调。清初庙堂诗人同样注意并承认这一点,因而他们往往主张诗歌要有感情内涵,抒写真性情,反对明人模拟抄袭和为文造情的不良风气:"诗以道性情,其次言事物。"(《学余堂文集》卷五《闵子游草序》)"贤士骚人笔为史,作为诗,虽累千百世人读之,无不起舞长啸,或乌乌然泣下沾衣,其言至而情出也。"(《诗原序》)

在施闰章看来,晚明以至清初诗歌的重要问题正在于过分强调诗歌章句声调这类外在艺术形式,而忽略感情内涵:"近之论诗者惟尚声调噌吰,气象轩朗,取官制典故图经胜迹,缀辑为工,稍涉情语,訾以降格。"所以他特意提出,疗救诗坛弊端的途径是"时有古今,风有正变,体虽则古,言必由衷"(以上《西江游草序》),这显然是就明代复古派而发。他还以孟子的知人论世进行文学批评,把诗文视为作者人格性情、人生遭际的产物,主张以真性情的抒写,来杜绝模拟剽袭的不良现象:"孟子言:诵诗读书不可不知其人。夫达者多欢词,悲者饶苦调。……诗为性情之物,而近世以之徇人,虽复属词缀韵,类古作者,终与画龙刻鹄等耳。"(卷四《楚村诗集序》)

所以,施闰章颇为欣赏自然成文,言之有物,"有触而鸣"的创作方式:"必不得已而后言,其言于是乎至,古之诗人皆然。……既积其穷苦憔悴之怀,又历乎荒崖大谷云物虫鸟之变,或震荡之以兵革,凄迷之以风雨,出其所言,使人往复而惊叹,所谓有触而鸣者也。"(卷五《适余堂诗序》)

在批评明人诗作缺乏感情含量、乃至为文造情之不良现象,倡导真性情方面,魏裔介与施闰章的观念几乎完全一致:"诗以道性情,人皆知之,然非性情之独至者不能为。即为之,而味如嚼蜡。不三四章,辄欠伸欲睡,则亦何以吟咏为也?"(魏裔介《丛碧山房诗草序》)他甚至还引入晚明"性灵"这一文学批评概念,对晚明至清初的模拟剽袭之风提出批评:"夫今海内之为诗者,……自以为摹拟汉魏而步趋三唐矣。其果汉魏耶?三唐耶?即使其优孟衣冠似汉魏,似三唐,于己之性灵何与耶?"(《兼济堂文集》卷五《卢尔唱燕山吟序》)

然而,倡导"真情"乃至"性灵",可不意味着清初庙堂诗人是晚明思潮的拥趸。他们所赞颂的诗歌"真性情",必须以儒家诗教之"温柔敦厚"与"思无邪"进行规范,符合儒家道德标准,绝不能有离经叛道的内容。

施闰章所崇尚的诗歌"有本",首先必须是符合儒家道德标准的"忠正发愤"之情:"所为忠正发愤,道贤臣义士之行,啸呼歌泣,若草木之于春;勾萌毕达,若凄风骤雨之于秋冬,窈窕喑呜而不能已,非其有本者然邪?"(《陈征君士业文集序》)所以,他在批判明人"徒为优孟之衣冠",缺乏真实感情含量的同时,也毫不含糊地提出"思无邪"与"发情止义"的要求:"孔子删诗三百,以思无邪蔽之,诗之大,原其在斯乎。发情止义,深思而兼蓄之,严择而善变之,毋徒为优孟之衣冠,则几矣。"(《诗原序》)

魏裔介虽然对"性情之独至"乃至"性灵"津津乐道,但他对"性情沉挚"也有"忠孝流连"这一道德标准的限制:"诗,心声也。……以其绪余,出而为诗,则皆性情沈挚之章,忠孝流连之致,……呜呼,此自得其所谓真诗者,而岂瞵里之冶容,邯郸之学步所摹拟其万一与?"(《兼济堂文集》卷五《杨犹龙诗序》)

冯溥诗学批评中更是倡导"怨而不怒,哀而不伤":"其诗怨而不怒,哀而不伤,绝去凡近晦蒙之习,而一归清远淡逸之旨,可以兴矣。"(冯溥《秋琴阁诗序》)而他本人的诗作,正如施闰章的评价:"君子怀易直子谅之心,则必多和平啴缓之声,诚积之于中,不自知其然也。故曰:温柔敦厚,诗教也。"(《佳山堂诗序》)

与温柔敦厚的感情内涵相配合,清初庙堂诗人更为欣赏的是澹朴清真的美学风格。它既不同于七子的辞藻高华,也不同于晚明的佻巧诡谲,而是一种感情雅正真挚而又不过分浓烈,辞藻高古清丽又不过分华丽造作,和雅而有节制的台阁风范。魏裔介曾以李白的元古清真之论为喻:"吾闻声音之道与政通,绎堂之诗,本于性情之正,风调高洁,故不为婉缛之体,绮丽之音,而一复元古清真,如李青莲所云,一篇之中,三致意焉。"(《兼济堂文集》卷五《沈绎堂燕台新咏序》)冯溥也表达了与此极为相似的见解:"文字尚尔雅,匪徒饰铅椠。澹朴敦古谊,浣濯去浮艳。"(《佳山堂文集》二集卷一《在昔》)他欣赏的是"澹朴敦古谊"的大雅诗风,而非过分注重辞句的"浮艳"之作。

四、崇正抑变倾向

风雅正变是儒家诗学理论中的重要命题,儒家诗学理论认为诗歌的情感基调与时代背景密切相关,正风正雅是属于盛世的安乐祥和之音,变风变雅则是属于乱世的怨怒悲苦之音。儒家传统诗学观念较崇尚前者,但也并不排斥后者,并且认为后者的产生是客观环境变化的必然。《毛诗大序》:"至于王道衰,礼义废,政教失,国异政,家殊俗,而变风变雅作矣。"儒家传统诗学对变风变雅有较高的包容度,但同时以"发乎情,止乎礼义"对变风变雅进行规范。在此前提下,很多秉承儒家传统诗学的文人甚至认为,变风变雅的愁苦之音,可能比正风正雅具备更高的文学感染力,如韩愈"穷苦之言易好",欧阳修"诗穷而后工"即是。

由于明清鼎革的特殊时代背景,清初诗风,势必以变风变雅为主,邓汉仪在作于康熙十一年(1672)的《诗观初集自序》中,对清代诗风的"三变"有这样的描述:"当乎前朝末叶,铜马纵横,中原尽为荆榛,黎庶悉遭屠戮。于是乎,神京不守,而庙社遂移,有志之士,为之哀板荡,痛忾离焉。此其时之一变。继而狂寇鼠窜于秦中,列镇鸱张于淮甸,寻至瓯闽黔蜀之间,兵戈罔靖,而烽燧时闻,此其时为再变。"易代所带来的亡国之恸,和由于各地反清烽火未息,战乱频仍,而导致的忧时悯乱风气,必然是清初诗坛的主旋律,是不以人的意志为转移的。而这种以悲苦怨怒变雅之音为主的特点,一直要延续到"乾坤肇造,版宇咸归,使仕者得委蛇结绶于清时,而农人亦秉耒耕田,相与歌太平而咏勤苦"(《诗观初集自序》)的康熙时代,才会有所改变。

面对清初诗坛的正变诗风演化,清初庙堂诗人继承的基本上是儒家传统诗学崇正而不废变的理论倾向。作为由明入清、身经丧乱的一代诗人,他们往往能承认变风变雅存在的合理性,但同时要求对变风变雅进行规范和反思,并尽量向正风正雅靠拢,以适应清朝之"盛世气象"。

以施闰章为例,他并不排斥那些"中更乱离,乐往悲来,咿嘤叫啸,往往哀激。其境穷者风变,其思苦者曲工"(《适金堂诗序》)的变风变雅之音,甚至也能承认明末清初这一历史巨变时代中,变雅之音占据诗坛主导地位的合理性:"今四海干戈未宁,独风诗为盛。贫士失职之赋,骚人怨愤之章,宜其霞蔚云属也。"(《诗观初集自序》卷六《毛大可诗序》)魏裔介对变风变雅的存在,亦表示理解:"有正风便有变风,不独世之异,其才亦不可掩抑也。"(《魏裔介诗话》)

但是,清初庙堂诗人在不废变风变雅的同时,也对变风变雅进行了反思,借此抑制变风变雅在清初诗坛的崇隆地位,重推正风正雅的价值。

首先，是在文学价值层面，对"穷苦之言易好"、"诗穷而后工"的反思乃至批判。清初庙堂诗人指出，盛明昌大的正风正雅诗风，其文学感染力并不逊于悲苦怨怒的变风变雅诗风，一味强调"穷苦之言易好"，"诗穷而后工"是偏颇的。施闰章认为："余尝谓诗以言志，以被管弦，四始六义，不独愁苦为工。"（《学余堂文集》卷六《高阮怀洪州草序》）魏裔介以"国家值昌大之运，光岳气辟，贞元会合，则必有英伟魁硕之彦，起而申畅之"为论据，直接批判"诗穷而后工"之论，为歌功颂德的正风正雅张目："乃说者谓诗必穷而后工，彼东山幽风诸什，行行十九首之作，岂尽骚人逸士之所为耶？"（《兼济堂文集》卷五《张素存内翰诗草序》）

更重要的是，清初庙堂诗人大力强调清初时代背景的变化，借此动摇变风变雅赖以存在的根基。他们指出，当下已非晚明乱世，而是大清"盛世"，变风变雅已不合时宜，正风正雅的盛世元音才能代表这个时代的精神。以冯溥为例，他进行诗歌创作的目的，正是要在新兴的清王朝"敷扬休美"，以使《大雅》复作"："今圣天子方勤于学，正雅颂于上，而公也拜稽赓歌，以之敷扬休美，浸盛于学士大夫，下迄巷间，翕然而正十五国之风。……俾天下知《大雅》复作，斯文不坠。"（《佳山堂集序》）

魏裔介对于诗风与国家气运的关系，更是大力强调。吴伟业《观始诗集序》记载了魏裔介在编选《观始集》时，所秉承的诗风关系世道人心的儒家正统诗学主张："依古以来，世道之污隆，政事之得失，皆于诗之正变辨之。"魏裔介列举了历代王朝初建时，文化建设领域所呈现的"开国气象"：

> 降及汉魏，乐府之首《大风》，重沛宫也，古诗之美西园，尊邺下也。初唐《帝京》之篇、应制龙池诸什，实以开一代之盛。明初高杨刘宋诸君子，皆集金陵，联镳接辔，唱和之作烂焉。夫诗之为道，其始未尝不渟潆含蓄，养一代之元音。

他认为，清朝同样需要这样的"一代元音"：

> 会国家膺图受箓，文章彪炳，思与三代同风，一时名贤润色鸿业，歌咏至化，系维诗道是赖。

所以，他在自己编选的《观始集》中，将那些属于变风变雅的"哀怒怨诽之作"全部剔除：

> 若夫淫哇之响，侧艳之辞，哀怒怨诽之作，不入于大雅，皆吾集所弗载者也。

其原因正是，变风变雅在清朝"盛世"的背景下已不合时宜：

> 圣人删诗，变风变雅处衰季之世，不得已而存焉，以备劝诫者也。……吾若是其持之，尚忧郑卫之杂进而正始之不作也，可不慎哉？

也正是出于崇正抑变的目的，清初庙堂诗人对于杜甫的态度，表现得相当微妙。杜甫在清初诗坛上地位极为崇隆，虽然清初诗坛格局波谲云诡，复古与师心，宗唐与学宋之间，各种门户争论不休，但"唯一不曾动摇的偶像是杜甫"（蒋寅《清代诗学史》）。这显然是因为，杜诗风吟咏丧乱、沉郁顿挫的变风变雅风范，契合了清初文人普遍心态。然而，清初庙堂诗人却往往对杜甫持保留意见。以施闰章为例，虽然他自己的创作也不乏忧时悯乱之作，但他对杜甫的态度相当暧昧。他对于杜甫乃至明清之际很多诗人"以诗为史"的创作方式，提出质疑：

> 古未有以诗为史者，有之，自杜工部始。史重褒讥，其言真而核；诗兼比兴，其风婉以长。……杜子美转徙乱离之间，凡天下人物事变，无一不见于诗，故宋人目以诗史。（《学余堂文集》卷四《江雁草序》）

施闰章并不赞成"以诗为史"的创作方式。他认为，史书记载要求"重褒讥，其言真而核"，与需要"温柔敦厚""比兴"的诗歌创作方式大相径庭。杜甫只是特例。他虽然不排斥杜甫由于"转徙乱离之间"的经历所导致的"胸中郁悒侘傺"的感情趋向，但显然是不鼓励这种创作方式的。他甚至认为，杜甫实际上是唐诗的变体而并非正统："唐之初，盛称沈宋高岑王孟诸家，大约温柔淹雅，典丽冲和，如静女秾花，镂金错彩，要归于自然，使人读之心怡意惬，一唱三叹，斯为极致。独子美沈郁怪幻，雄视百代，如风雨雷霆，猛兽奇鬼，惊魂动魄，咄咄不敢逼视。杜律在唐，实为变调。"（《学余堂文集》卷六《徐伯调五言律序》）他认为，唐诗之正体应该是盛唐沈宋高岑王孟诸家所表现出的"温柔淹雅，典丽冲和"的盛世正雅之风，而属于变风变雅的杜甫成就虽高，也不过是唐诗之"变调"而已。

魏裔介立身刚直,诗风也颇有宗杜的一面:"古诗颣尚和平,吾兄,古之能诗者,率沉毅多大节。即如杜陵一生褊性畏人,刚肠疾恶,芒刺在眼,除不能待。"(申涵光《屿舫诗序》)然魏裔介本人明言,他所崇尚的主要是杜甫"性情正"的"忠爱性",而绝非其变雅风格:"我诵见公心,楷模性情正。……有语不忘君,怆怛忠爱盛。"(《兼济堂文集》卷一八《读杜子美诗》)

五、"雅正"前提下的兼收并蓄

在重申儒家诗教,以正雅诗风颂美清朝"盛世"这一大前提下,清初庙堂诗人对各种文学流派和风格,往往表现出相当宽容而兼收并蓄的态度,这是与明代乃至清初诗坛执着于门户之见的普遍风气截然不同的。明代诗坛门户森严,各分畛域之状,前人已多有论述:"明诗总杂,门户多歧。"(《四库全书总目提要·御定四朝诗》)"大抵二百七十年中,主盟者递相盛衰,偏袒者互相左右。"(《四库全书总目提要·明诗综》)这一现象一直延续到清初。王士禛在作于康熙二十一年的《黄湄诗选序》中写到:"予习见近人言诗,辄好立门户,某者为唐,某者为宋,李杜苏黄,强分畛域,如蛮触氏之斗于蜗角,而不自知其陋也。"

在清人看来,明人的执着于门户之争,不仅于文学自身有害无益,而且本身就是明代诗学弊端陋习的体现,必须予以纠正:"厌王李者入钟谭;久之,厌钟谭者入王李。交讥互垢,几如南北分宗,洛蜀聚党。"这显然不是清朝"盛世"所应有的气象;而对于各家文学流派能够海纳百川、兼收并蓄的大气,才能代表新王朝的盛世风范:"至我皇清,文风丕变,诸体咸盛,诗律更精。唱叹淋漓,皆源情性,取所谓王李钟谭之畛域而化之。"(陆次云《皇清诗选自序》)

所以,清初庙堂诗人的论诗主张大多较为宽容,并不囿于七子竟陵、宗唐学宋这类门户之见,对不同文学流派和风格能够兼收并蓄。冯溥指出,不同个体必然有不同的创作风格,对古人袭形肖貌、强求一致,是非常可笑的:"以天地之大,古今生才不一,岂必尽同? 即如名山大川,与夫培塿细流,及花木鸟兽之类,种种各别,而皆有其致。若必袭形肖貌,位置无差,事事定为粉本,则可笑孰甚。"所以他认为,作诗"岂必尽合古法? 要皆有一段光气不可磨灭。当其运思振藻,伸楮摇笔之际,不知孰为北地,孰为竟陵"(以上冯溥《志壑堂诗集序》)。他还曾云:"古今灵气何曾歇,腐儒徒惜少陵没。"(《佳山堂诗集》卷三《秋日王仲昭毛大可吴志伊陈其年汪舟次潘次耕胡朏明小集西斋和其年重阳登高见忆之作原韵》)都是颇为通达的主张。

魏裔介亦以"自适性情"为旨归,反对强分初盛中晚之门户畛域:"或谓此集哀怨高凉之意,多近于中晚,未若开元大历之冠裳佩玉也。虽然,予前已言之矣:人不自适其性情,即规规焉开元大历,土木偶人耳。"(《丛碧山房诗草序》)

施闰章更指出,只要能展现自身之真性情,那么不管是唐是宋,初盛中晚,都有自身之文学价值:"陶韦王孟李杜韩退之孟东野及苏子瞻诸集,皆望而可辨其人者也。……其发之诗歌,艰倔廉厉,使人隐然不可测者,何哉? 诗为性情之物。"(《楚村诗集序》)所以,在他看来,盛唐这一诗歌典范之外,能以"别调孤行"自成一家者,比比皆是:"自汉魏以来,能言之家,别流同原,互相祖述。……于是李杜诸大家而外,昌黎之崛奥,长吉之诡奇,阆仙东野之巉削幽寒,皆于唐人淹熟中另为别调以孤行者也。夫惟充乎其内,不徒务异其词,故其盘空凿险,风雨鬼神百出而不可殚究。"(《定力堂诗序》)而他们的成就,皆是来自于"惟充乎其内,不徒务异其词",有充实的内容,而非毫无意义的门户之见。

不过,清初庙堂诗人这种远较明人宽容的兼收并蓄态度,仍是道重于言的儒家正统文学观。以魏裔介为例,他曾指出:"诗,心声也。今之心犹古之心,何分于三百篇? 何分于汉魏六朝? 何分于唐宋元明与? 夫今之人标新领异,不受羁缚,灵快无前,自得其所,为真诗者斯足矣。"其言论之通达,甚至令人联想到"独抒性灵,不拘格套"的晚明公安派。然而,魏裔介所谓的"标新领异,不受羁缚",打破门户之见的自由创作,必须以"性情沉挚之章,忠孝流连之致"(以上《杨犹龙诗序》),符合儒家主流标准的忠孝道德为前提。所以,魏裔介对于汉魏唐宋历代诗作,包括为清人所诟病的七子与竟陵这类明诗"弊端",都能承认其价值:"汉魏有升降,六朝多靡绮。卓哉贞观君,世济擅厥美。磊磊富琼枝,宁独杜与李。历下重格调,竟陵采幽旨。……大道已旷邈,浇气顾莫止。镇以中和音,万物返其始。"(《选唐诗清览集作》)正是因为,在他看来,明诗的门户之见,在中和"正道"面前,不过是渺小而无意义的纷争。

在道德与言语的关系上,施闰章的表述更为露骨:"君子之与人也,先其道而后其言。其人有合于道,不问可知。"(《学余堂文集》卷七《周伯衡南州草序》)在他看来,诗文作品所体现的儒家正统道德,远较言语章句这类文学形式更加重要。在这一大前提下,无论何种流派的诗风,都应该是"道"的体现,斤斤于"言语"这类细枝末节的门户之见,也就失去了其存在意义。这正是清初庙堂诗人能比恪守门户的明代文人更能兼容并蓄的根本原因。

在征圣宗经、正雅为先的前提下,清初庙堂诗人对于此前历代诗学成果的评价和效法,大致有如下特征:

(一)以唐为宗,首崇盛唐,不废中晚

"唐诗"特别是"盛唐诗"作为一个文化符号,其指向已不限于诗作水准本身,而是与"盛唐"之"盛世"的朝代兴衰联系在一起:"开元以前,高岑美秀,王孟冲澹,李杜恢奇,虽各标胜概,同为盛世之音。"(陈祚明《国门集序》)在诗文关乎国家气运的儒家传统诗学观念指导下,清初庙堂诗人必然倾向于:将华美堂皇的唐诗特别是盛唐诗,作为新兴的清代庙堂大雅诗风的标杆。魏裔介《观始集序》认为:"自王风既息,骚赋迭兴,盛于汉魏,而衰于六朝;盛于三唐,而衰于宋元。……文章随气运为高下,盖非诬矣。"既然诗风传承已经被提到朝代"气运"的高度,那么,能够与当下清朝"盛世"相匹配的诗学标准,只能且必须是"盛唐"。

所以,清初庙堂诗人虽然对各家诗风都有较为兼收并蓄的态度,但在以唐诗特别是盛唐为正统方面,是毫不含糊的。冯溥在《赠六子诗》中写道:"才名久已赋长杨,箧内新诗逼盛唐。肯使蛙声分闰窃,为听凤律制宫商。"在他心目中,"盛唐"以外的其他诗风,都难逃"蛙声""闰窃"的嫌疑。

施闰章也是相当坚定的宗唐派。邓汉仪《慎墨堂笔记》:"今诗专尚宋派。……不苟同其说者,则有施尚白闰章。"毛奇龄曾记载,施闰章以博学鸿儒入京以后,为矫正当时较盛行的宋诗风,甚至有意进行唐诗编选,以匡正诗坛风气:"前此入史馆,时值长安词客高谈宋诗之际,宣城侍读施君与扬州汪主事论诗不合,自选唐人长句律一百首以示指趋,题曰馆选。"(《唐七律选序》)

不过,清初庙堂诗人虽以盛唐为正统,却也并不排斥中晚唐。施闰章《寄

徐健庵》:"诗品在钱刘郊岛间,真唐音也。"在他心目中,钱刘郊岛这类中晚唐诗人,也有资格代表"唐音"。

(二) 在确立唐诗正统地位的前提下,有限承认宋诗的价值

宋诗在清初的处境相当微妙,虽然基于清初人矫正明代七子竟陵流弊的需要,清初诗坛兴起了宗宋的风气:"盖明诗摹拟之弊,极于太仓、历城;纤佻之弊,极于公安、竟陵。物穷则变,故国初多以宋诗为宗。"(《四库全书总目提要·御选唐宋诗醇》)但是,由于宋诗与清政权力图建立之"盛世"气象格格不入,且隐约带有寄托与倾注遗民情思的意味。清初宋诗派主将大多颇具故国思绪、遗民情怀,若钱谦益、黄宗羲、吕留良等即是。因而,宗唐与宗宋,一开始就隐然带有台阁与山林、庙堂与草野诗学分界的意味。

这种以朝野界限划分唐宋诗风的标准,在清初特别是康熙以后的京城诗坛上,极为流行,且得到来自官方的认可:"上特御试保和殿,严加甄别,时同馆钱编修以宋诗体十二韵抑置乙卷。"(毛奇龄《西河诗话》卷五)康熙帝并未公开禁止宋诗的传播,但对具有宗宋倾向的翰林院文人的严厉批评,实际上是明确宣称宗宋派并无成为清代庙堂文学样式的资格。

也正是由于宗唐与宗宋背后"政治立场"的微妙问题,很多研究者都认为,清初庙堂诗人是排斥宋诗的,尤其是对康熙初期盛行一时的宋诗风较有微词。如施闰章曾在康熙十七年致颜光敏的书信中抱怨"诸诗伯持论,近多以宋驾唐"(颜运生《颜氏家藏尺牍》),冯溥更公开指责宋诗风与"开国气象"不符:"近乃欲祖宋元而祧前,古风渐以不竞,非盛世清明广大之音也。"(《佳山堂诗序》)"益都师相尝率同馆官集万柳堂,大言宋诗之弊,谓开国全盛,自有气象,顿骛此佻凉敝弇之习,无论诗格有升降,国运盛衰,于此系之,不可不饬也。"(《西河诗话》卷五)

然而,细究施闰章、冯溥等人对宋诗的态度,恐怕并不如此简单。以施闰章为例,他出身于安徽宣城,"吾宣之诗盛于宋,不乏继起"(《学余堂文集》卷三《龙眠风雅序》),开启了宋诗自家面目的北宋大家梅尧臣,正是他的本乡先贤。在如何看待这位宣城先贤的问题上,施闰章的态度颇为微妙。王士禛认为,施闰章对梅尧臣的态度较为冷淡排斥:"宋梅圣俞初变西昆之体,予每与施愚山侍读言及宛陵集,施辄不应,盖意不满梅诗也。"(《池北偶谈》卷一八)然而以施

闻章本人的言行来看,王士禛这一推测并不准确。施闰章不但不排斥梅尧臣的作品,而且对这位前辈乡贤有很高的敬意。他对于梅尧臣对宣城诗学的开创之功,能够予以承认:"吾宣城于江上称岩邑,……道德文章之美,卓然见于天下。……以其文章见者,至宋始有梅昌言圣俞,元有贡仲章泰甫父子十数辈。最著者圣俞以诗名。"(《学余堂文集》卷六《书带园集序》)"吾宛陵梅氏,自圣俞先生以来,世以诗名,往叙述之众矣。"(卷七《梅定九诗序》)他甚至认为,梅尧臣的诗学成就在宋代首屈一指:"嗟公以诗冠有宋,自许言皆媲雅颂。希声古调知者谁,推倒欧阳天下重。"(卷一五《柏山祠堂行》)

高度评价乡贤梅尧臣之外,施闰章对其他的宋代诗人,也往往有好评。他盛赞苏轼"古今雄辨,若河汉行所无事者,前有庄周,后有苏轼而已"(卷六《李叔则集序》),"求其旁见侧出,嬉笑怒骂,各极才趣,自有文人以来,子瞻一人而已"(卷三《续苏长公外纪序》)。

不过,虽然对苏轼、梅尧臣等宋代大家有相当高的评价,但施闰章始终秉持一个原则:宋不如唐。他评价苏轼云:"诗虽不逮唐人,而古体长歌,多非烟火人语。"(《续苏长公外纪序》)即使是宋代第一大家苏轼,在施闰章看来,其诗也是"不逮唐人"。这也就可以解释施闰章为何大叹"诸诗伯持论,近多以宋驾唐"的原因:他能承认宋诗的价值,但宋诗的定位必须在唐诗之下,而不能逾越作为正统的唐诗。

魏裔介对宋诗的态度,较施闰章更为宽容通达。他不仅认为"以诗人论,后世善为诗者,晋有陶渊明,唐有杜子美,宋有苏子瞻,明有李空同"(《兼济堂文集》卷五《杨犹龙续刻诗集序》),给予了苏轼堪与杜甫并列的高度评价;而且他还曾于康熙十年冬以疾辞归乡里期间,阅读并选定陆游诗集:"是冬,公阅宋人陆务观诗集八十五卷,仍选定,令人抄成一集。盖务观诗识见超踔,风味隽永,与众迥然不同,故公晚而好之。"(魏荔彤《魏贞庵先生年谱》)他在《读陆务观剑南稿八十五卷终》中写道:"南渡诗家有放翁,才高不与众人同。心如秋水湖千顷,笔抵春山翠万丛。报国有怀入画角,学仙得力似冥鸿。晚年获此真良友,寒夜萧萧醉碧筒。"对陆游颇有好评,而好评的来源,是在于陆游的"报国有怀"的政治态度,符合儒家的诗教传统。

冯溥对宋诗的态度,争议比较大。由于他所处的康熙前期,正是"国初诸家,颇以出入宋诗,矫钩棘涂饰之弊"(《四库全书总目提要·宋诗钞》)的时期,而诗坛以宗宋为时尚的弊端也逐渐暴露,所以冯溥往往有批判宗宋风气极为严厉的言论。徐嘉炎跋文还记载冯溥的一段论述:"眉山之论诗曰:'故可为新,俗可为雅。'是言也,为剽窃影似、拘牵声病者偶发对症之药,非真舍新而以故为新、弃雅而以俗为雅也。且眉山言之,自可不失邯郸之步,而寿陵余子之徒,从而炫之。吾虞其终溺于故与俗而不自知也。"(徐嘉言《佳山堂诗集跋》)这明显是就当时宗宋诗人之末流而发,明确表示对宋人"以俗为雅"观念的不满,倡导"温柔敦厚""清新大雅"的正统诗风。研究者也因此多认为冯溥是反宋诗的(见张立敏《冯溥与康熙京城诗坛》:"冯溥……呼吁盛世之音,并以之为理论依据,整饬诗坛,反对宋诗风。")

然而,有趣的是,如此严厉批判清初宗宋诗风的冯溥,自己却并非纯然不染宋调。他在康熙十年所作的《膝痛行五首用东坡先生韵辛亥除日作》即系仿苏轼之作。其归乡后所作《冬日甚寒高念东书来极言五浊世界之苦寄此答之》,也注明"用苏长公韵"。冯溥这种一边批判宗宋者,一边在自身创作中涉足宋诗的情形,看似自我矛盾,其实自有内在依据。他在《赠唐济武·其三》一诗中写道:

> 读罢新词一破颜,惊人句轶宋元间。欲携谢朓峰头问,只恐渊明柳下闲。荏苒岁华催白发,辉煌辟召满青山。骚流不废思公子,千古君亲总一般。

冯溥所赠之唐梦赉,系宗宋诗人,王士禛称他"论诗以苏陆为宗"(《蚕尾续文》卷一三《豹岩唐公墓志铭》),冯溥亦承认他"惊人句轶宋元间",但仍对其诗作作出高度评价。这足以说明冯溥对宋诗的真正态度:由于他是以儒家正统文学观中的道德"诗教"标准,而非明人复古派所执着的格调体式这类文学标准来论诗的,正所谓"千古君亲总一般",在符合儒家君亲之道的大前提下,宋元诗当然也可作为"骚流"之一种,有一席之地。所以施闰章记载冯溥大力批判当世宗宋风气"近乃欲祖宋元而祧前,古风渐以不竞,非盛世清明广大之音也"的同时,却感叹"宋诗自有其工,采之可以综正变焉"(《佳山堂诗序》)。这足以说明,冯溥并不排斥宋诗本身,他所不能容忍的只是将宋诗凌驾于唐诗之上。

由此看来，冯溥和施闰章对唐宋诗之争的认识，其实皆可以如此归纳：只要以儒家温柔敦厚之诗教为旨归，那么不管唐诗还是宋诗，都各有其审美价值，完全可以并行不悖地存在。但是，有资格代表清朝新兴诗学的"正统"主流审美风格，必须也只能是唐诗，决不允许"以宋驾唐"。

（三）公正评价明诗的文学价值

也正是由于清初庙堂诗人以儒家诗教论为旨归，所以他们虽然出于正本清源、开清朝"新风"的目的而批判明诗，但实际上，对于明诗的文学价值，他们也往往能予以承认。以施闰章来看，他虽然对明诗的空疏不学、门户之见等弊端颇有微词，但对明七子评价却并不低："明正德间，李空同虎视鹰扬，望之森森武库，学者风靡，固其雄也。大复起而分路抗旌，如唐之李杜，各成一家。……昔人目谢诗初日芙蓉，自然可爱。余谓惟大复不愧此语。及其深蔚警健，未尝不泉涌而山立。"（《学余堂文集》卷三《重刻何大复诗集序》）"海内昔全盛，历下多巨公。华泉高唱发，沧溟著作雄。殷许相羽翼，倡和成宗工。"（卷五《登历城县学高楼》）对前后七子成员李梦阳、何景明、李攀龙、边贡等，都有颂美之辞。

魏裔介对明七子也有相当高的评价。他不但将李梦阳视为可与陶渊明、杜甫、苏轼比肩的诗学大家："以诗人论，后世善为诗者，晋有陶渊明，唐有杜子美，宋有苏子瞻，明有李空同。"（《杨犹龙续刻诗集序》）而且将七子复古诗风视为与"古诗十九首"和初唐张说相提并论的宏大正雅之音："以忠孝之忱，抒温厚之旨，拟之汉，则枚乘十九首；拟之唐，则张燕公应制诸什也；拟之明，则何大复李于鳞近体诸作也。"（卷五《宋牧仲诗序》）这显然是由于七子的宗唐复古之作，风格雄丽而有"盛世"气象，符合他作为庙堂诗人的审美取向。

而且，魏裔介对公安竟陵这类晚明"弊端"的代表，评价也颇不低，颇有为公安竟陵翻案的意味："自袁中郎诞秀公安，婍节高标，超然物外，锦帆解脱诸集，笔舌妙天下。其后竟陵钟谭二公继起，联镳海内，飒飒向风而说者。或谓其渐失淳古，是乌知诗之三昧哉！"（卷五《张汝士诗序》）在魏裔介看来，公安竟陵诗风，显然是与他的"淳古"理想，并不矛盾的。

六、清初庙堂文士诗学主张对康熙帝之影响

  清初庙堂诗人欲借由自身"官方"地位和文坛影响力以匡正清初之"晚明流弊",建立属于"皇清盛世"之诗学意识形态。然而,其后真正成为清代前期诗坛主流风尚者,是不甚讲究儒家"诗教"而以空灵超越之审美特质开宗立派的王士禛神韵诗学。不过,耐人寻味的是,虽然康熙帝以特简入翰林院的方式承认了王士禛的诗坛盟主地位,后来康熙帝本人的诗学批评和诗学好尚,却与清初庙堂诗人的主张更为相近:

  康熙帝亦表现出对儒家诗教的崇尚。《全唐诗录序》:"在昔诗教之兴,本性情之微,导中和之旨,所以感人心而美谣俗,被金石而格神祇。"

  康熙帝对诗风与世道之关系,亦给予相当关注。《诗说》:"诗道升降,与世递迁。三百篇之经孔子删定者,可观可兴可群可怨,极缠绵悱恻之思,皆忠厚和平之意,性情之正也。"所以,他在制作《御选唐诗》时,特别强调以雅正为标准,有意识删汰了那些"忧思感愤"的变雅之音:"所取虽风格不一,而皆以温柔敦厚为宗,其忧思感愤、倩丽纤巧之作,虽工不录。"(《御选唐诗序》)

  特别值得注意的是,康熙帝在对历代诗文的评价方面,正与清初庙堂文士如出一辙:以唐诗为尊,对宋元明诗亦能兼收并蓄:

  康熙帝对唐诗极为推崇。《诗说》:"唐以诗取士,能名家者,粲如林立。初唐盛唐,咸足上追风雅。"在他看来,以文学发展史角度来看,唐人诸体齐备,故应以为法:"诗至唐而众体悉备,亦诸法毕该,故称诗者必视唐人为标准,如射之就彀率,治器之就规矩焉。"(《全唐诗序》)"降及汉魏六朝,体制递增,至唐而大备,故言诗者以唐为法。"(《御选唐诗序》)

  虽然以唐为尊,但康熙帝的诗学好尚相当通达,他认为,"夫诗之日远而日新如此,而皆本于人之一心"(《四朝诗选序》)。所以,他不但不主张强分初盛中晚:"夫性情所寄,千载同符,安有运会之可区别?而论次唐人之诗者,辄执初盛中晚,歧分疆陌,而抑扬轩轾之过甚,此皆后人强为之名,非通论也。"(《全唐诗序》)而且还为宋金元明诗张目:"人心之灵,日出而不穷。……盖时运推移,质文屡变,其言之所发虽殊,而心之所存无异。则诗之为道,安可谓古今人

不相及哉！观于宋金元明之诗，而其义尤著焉。"(《四朝诗选序》)他指出，自己编纂四朝诗选的目的，正是为扩充后人之见闻，表达一种兼收并蓄的气概："用以标诗人之极致，扩后进之见闻。譬犹六代递奏，八音之律无爽；九流并遡，一致之理同归。"(《四朝诗选序》)

所以，康熙帝虽然尊唐，但对宋诗并非没有好评。他在《诗说》中论宋诗："若夫宋人为诗，大率宗师杜甫，其卓然骚坛者，洵能树帜一代。虽后人览之，觉言理之意居多，言情之趣居寡，然反复涵泳，自具舒畅道德之致。"毕竟，以康熙帝对理学的喜爱，他对宋诗的"言理"特点，恐不会如何反感。

由此看来，清初庙堂文士所建构的清初诗学之"理想"形态，正是符合了清政权对规范诗学发展方向和重构政治意识形态的需求，在一定程度上代表了清初诗学的走向。

原载于《上海大学学报》2017年第5期。

汉赋概说

费振刚

一

赋是两汉四百年间最流行的文体，以至于有"汉赋"的专名，而把它当成两汉时期文学的代表，如清焦循说："一代有一代之所胜，欲自楚骚以下，撰为一集，汉则专取其赋，魏晋六朝至隋则专录五言诗，唐则专录其律诗，宋专录其词，元专录其曲。"(《易余籥录》)近人王国维说："凡一代有一代之文学，楚之骚，汉之赋，六朝之骈语，唐之诗，宋之词，元之曲，皆所谓一代之文学，而后世莫能继焉者。"(《宋元戏曲史文序》)汉赋同唐诗、宋词、元曲一样，在文体前标明时代，只是说明这一文体在这个时代达到了高峰，并不说明这一文体是在这个时代突然出现的。它的产生和形成有一个历史发展过程。

赋作为一种文学体裁，据现有材料，它最早流行于战国时代，而根据我国文学体裁形成的一般规律，我们也可以推定赋作为文学体裁，在文人把它引入文坛之前，作为一种通俗文学形式，当曾长期在民间流传。

汉以后一个相当长的时期，在论及汉赋的形成时，比较通行的说法，是把汉儒关于《诗经》"六义"之一的赋的解释和班固在《两都赋序》中所说"赋者，古诗之流也"的看法结合起来，认为作为文体的赋，是由《诗经》"六义"中的赋衍化、发展而来的。对此作了比较具体的阐发而得出比较明晰结论的是刘勰，他在《文心雕龙·诠赋》中说：

> 《诗》有六义，其二曰赋。赋者，铺也；铺采摛文，体物写志也。昔邵

> 公称:"公卿献诗,师箴赋。"传云:"登高能赋,可为大夫。"诗序则同义,传说则异体,总其归途,实相枝干。故刘向明"不歌而颂",班固称"古诗之流也"。至如郑庄之赋"大隧",士蒍之赋"狐裘",结言短韵,词自己作,虽合赋体,明而未融。及灵均唱《骚》,始广声貌,然则赋也者,受命于诗人,拓宇于楚辞也。

由此他得出"赋自《诗》出"的结论。刘勰的这个论述很有影响,直到今天还被研究者广泛引用着。但这个论述并不十分准确,也不符合赋作为文体发展的实际。

汉武帝罢黜百家、独尊儒术以后,儒家思想变成了封建制度之最高的政治原理,变成了衡量一切事物和人的社会行为的标准和尺度,在这种形势下,任何事物要生存要发展,就必须在儒家思想中找到依据,否则就会被斥为离经叛道而遭排挤,以至于被剿灭。了解了这一背景,我们就可以知道,汉代以及以后的学者把赋的产生与《诗经》联系起来以及把赋看成是《诗经》"六义"衍化而形成的用心。从班固的《两都赋序》的全文看,他说的"赋者,古诗之流也",主要是就赋的社会功用来论证与《诗经》的关系的。班固认为汉赋同《诗经》的"雅颂"一样,都有"或以抒下情而通讽谕,或以宣上德而尽忠孝"的作用,并没有涉及作为文体的赋与《诗经》有什么继承关系。作为文体的赋有铺张扬厉的特点,这与汉儒对"六义"中赋的解释有相似之处,但作为文体的赋并不是单纯用赋的写法,而是兼用比、兴的。范文澜在《文心雕龙注》中说:"窃谓赋比兴三义并列,若荀屈之赋自六义之赋流衍而成,则不得赋中杂出比兴。今观荀屈之赋,比兴实繁,即士蒍所作,有狐裘龙茸语,三句之中,兴居其一,谓赋之原始,即取六义之赋推演而成,或未必然。"虽作疑惑之词,但其论是有说服力的。当然,范氏把辞与赋一并论列,沿用班固以来把辞包融于赋之中的看法,也不尽合理,我们将在下面进行分析。

那么作为文体的赋含意是什么呢?从字义上讲,赋除了"铺陈"、"直陈其事"解释外,还有"口诵"的意思。《汉书·艺文志》引:"传曰:不歌而诵谓之赋,登高能赋,可以为大夫。"作为文体的特点,赋是"不歌而诵",适宜于口诵朗读[①]。从现存的战国时代的赋来看,它们的抒情成分少,着重于铺叙和描写,接近于散文,行文时又往往韵散间出,具有半诗半文的性质,在篇章结构上多采用主客问答的形式。从我国文学史看,诗歌的产生先于散文,它在最初阶段与音乐有着密切不可分的关系。《诗经》三百零五篇全部都是合乐歌唱的。《左传》等先秦文献中,既有"歌诗"的记载,同时又有"赋诗"的记载。所谓"赋诗",就是口头诵读《诗经》中的作品,但这并不等于平时的说话。朱自清在《诗言志辨》中引用了《周礼·大司乐》郑玄注:"以声节之曰'诵'"之后,又引用《墨子·公孟》"诵诗三百,弦诗三百,歌诗三百,舞诗三百",然后他解释说:"'诵',无弦乐相配,似乎只有节奏——也许是配鼓罢。"这当是口头诵读——赋诗的确切含意。赋作为一种新兴文体,它不同于《诗经》的各篇,是不合乐歌唱的,当时的人们根据这一特点,把它称之为"赋",应该是十分自然的事情。

《荀子·赋篇》是现在我们能看到的最早以赋名篇的作品。荀子作为战国时代的一位大思想家,许多研究者都指出,他重视通俗文学的功能,善于吸收民间文艺形式来宣传自己的政治主张。《荀子》中的《成相》[②],就是作者采用当时流行在民间的劳动号子一类讴谣体写成的,以至清卢文弨把它当成"后世弹词之祖"(王先谦《荀子集解》引)。而《赋篇》所要表现的是礼、知、云、蚕、箴五种事物,是采用当时流行的"隐语"的手法写成的。隐语或称"廋词",是古代人对谜语的称呼。从文献材料看,在春秋战国时期,隐语在诸侯各国宫廷中很流行,不少国君贵族都十分喜欢它,成为宫廷中娱乐的一种方式。隐语还和"歌诗""赋诗"一样,也用于外交场合,成为表达政治意图的一种手段[③]。值得注意的是根据《史记》等书的记载,先秦至汉的说隐语者,多为宫廷中的倡优,他们的地位很低,如《史记·滑稽列传》所记的淳于髡,赘婿出身,其名曰髡,也许是受过刑罚的奴隶。隐语(即谜语)是劳动人民在长期社会实践中创造的,它借助于隐喻和暗示的语言手段表现劳动人民对周围事物特征的认识,作为开发智力、测验智能的方法而广泛地运用于社会生活中。它委婉曲折,亦庄亦谐,具有知识性和趣味性,雅俗共赏,对人们有着很大的吸引力。它能进入宫廷,这一点起着重要作用。另一方面,劳动人民在制作隐语时,也将自己的是非观念、爱憎感情融入其中,"寓教于乐",通过巧妙的寓意和影射,起着一定的讽喻、劝戒和教育作用。这与诗歌、散文那种动之以情,晓之以理的方式有着明显的不同。荀子写《赋篇》正是看到了隐语的这些特点,才采用了这种形式。我们虽然不能由此得出赋来源于隐语的结论,但他们之间存在着互相影响、互相承接的关系,是可以肯定的。荀子的《赋篇》与后来的赋,在体制上有着许多不同,但正如刘勰所说"遂客主以首引,极声貌以穷文",在这两点上,它奠定了赋的基本形体,为后来赋家所继承、发展。不仅如此,就是汉赋那种篇末委婉致讽的作法,也是由荀子《赋篇》发展而来的,不过走了极端,以致有人批评它是"劝百讽一""欲讽反谀"。隐语以及后来的谜语,主要是描叙性的文字,大多数是短小精悍的韵语,不过,这些韵语,只是为了便于记忆和诵读,与诗歌的为了歌唱不同。荀子的《赋篇》以描述为主,行文亦多韵语,是沿袭隐语而来的,但在《赋篇》的末尾附有"佹诗"一首、"小歌"一首,表明它们与前面的文字不同,是诗与歌,可以歌唱,这从另一方面证明《赋篇》的主体是"不歌而诵"的。

　　刘勰在《文心雕龙·诠赋》中论述赋的起源时,在先秦时代,他提及了屈原、荀子和宋玉。以严格的文体要求加以区分,可以认为屈原有辞无赋,荀子有赋无辞,而宋玉则是辞赋二体兼长的作家。据《汉书·艺文志》,宋玉有作品十六篇,其中《九辨》一篇,是楚辞体的作品,而其余传为他的作品,都是赋①。《史记·屈贾列传》说:"屈原既死之后,楚有宋玉、唐勒、景差之徒,皆好辞而以赋见称;然皆祖屈原之从容辞令,终莫敢直谏。"从司马迁这一记叙,我们可以知道,尽管宋玉倾慕屈原和他的创作,但他并不是以其楚辞的创作而为当世所称道,而是以赋的创作知名于世的。他的作品与屈原所不同的,在司马迁看来是"莫敢直谏",即不能如屈原在其创作中那样以强烈的爱憎感情,直率大胆地抒发自己的政治理想和抱负,以及对昏君佞臣的谴责和抨击。与"直谏"一词相对应的,还有"谲谏"一词,出自《毛诗·关雎序》:"上以风化下,下以风刺上,主文而谲谏,言之者无罪,闻之者足以戒,故曰风。"所谓"谲谏",是指劝谏时,不直言其过失,隐约其词,委婉说之,使其自悟。宋玉的赋,虽然不是如荀子《赋篇》那样采用"隐语"的表现方式,但他在赋中使用各种比喻来描摹事物的特征,手法与《赋篇》不无相似之处;作者讽谏的用意是有的,但表现得十分委婉含蓄,意在言外,这就是"谲谏",也可以说是荀子《赋篇》的进一步发展,而与汉赋已经很接近了。宋玉的赋全用主客问答的方式结构篇章,表明他写作时的自觉意识,在确定赋的体制方面宋玉的赋是朝前迈出了决定性的一步,汉赋在体制上与宋玉的赋没有多少差别,只是在题材方面有所开掘、扩大。还有一点值得注意的是:联系有关宋玉的其他记载,如《韩诗外传》《新序》等,可以知道宋玉出身寒微,虽为文士,而在楚国宫廷中的地位实际上与倡优相似,常在国君左右,侍从游宴,调笑献媚,以求得君主的恩宠。文士的这种境遇,在西汉前期仍然如此,东方朔的言行,实可入《滑稽列传》;而枚皋有"为赋乃俳,见视如倡,自悔类倡"的感叹;司马迁也认为"文史星历,近乎卜祝之间,固主上所戏弄,倡优蓄之,流俗之所轻也"。文士的这种社会地位和处境,使宋玉不可能写出像屈原的《离骚》《九章》那样有强烈个性的抒情诗篇,而只能采用赋这种形式,把自己的思想感情隐藏起来,在铺张扬厉的描写中,在似赞如颂的美辞中,极含蓄地表达自己的认识。从这里,我们也可以进一步看到赋与隐语的关系。司马迁在《史记·滑稽列传》中所说的"谈言微中,亦可以解纷",不仅是对滑稽家的赞扬,也道出了先秦至汉代赋家写赋的苦心。

过去我们着眼于宋玉作为屈原的后继者,把屈宋并称,代表着楚辞的繁荣时代。那么,现在我们着眼于赋的形成和发展,也正是在楚辞繁荣的这个时代,荀子、宋玉及一些不知名的作者,正在尝试运用赋这种文体进行写作,并使之逐渐趋于完善。因此,我们也可以准于刘勰在《文心雕龙·诠赋》中两次把荀子、宋玉并提的论述,把荀宋并称,从而构成了我国文学史上与楚辞繁荣相重叠的另一个时代,那就是赋的形成和发展的时代,荀宋是赋这一文体的开拓者。

二

辞与赋,作为两种文学体裁,都是在战国时代的楚国最先出现的。辞,即楚辞,是汉代人用以称呼以屈原为代表的楚国作家的创作,它始见于《史记·酷吏列传》:"庄助使人言买臣,买臣以'楚辞'与助俱幸,侍中,为太中大夫,用事。"以后刘向把屈原、宋玉等人的作品辑为一集,题名《楚辞》。由此"楚辞"不仅是文体的名称,又是一专书的名称。荀子是现今所见第一个以赋名篇的作者,赋作为文体的名称,始见于此。荀子虽然是赵国人,但他由齐之楚,"春申君以为兰陵令。春申君死,而荀卿废,因家兰陵"(《史记·孟子荀卿列传》),

著书终老于楚。《荀子》是他晚年在楚国写成的。战国时代另一个大力写赋的宋玉，是继屈原之后楚国的著名作家。正是由于这两种文体先后出现于楚国，宋玉又是二体兼长的作家，而赋在形成和以后的发展中，无论在语言运用上，或在表现手法上，都受到楚辞的影响，这是后来导致辞赋不分，以赋称辞的重要原因。这种辞赋不分的情况从汉代就开始了。司马迁在《史记》中有辞赋并称的提法，如《司马相如列传》称"景帝不好辞赋"；亦有以赋称辞的，如《屈贾列传》中说屈原"乃作《怀沙》之赋"。但从《屈原列传》中他对宋玉的评论来看，他对辞与赋的区分是清楚的，辞是指楚辞，赋是指赋体作品。刘向在编辑《楚辞》时，标准也是分明的，除收他认为是屈原的作品外，宋玉只收《九辩》和《招魂》，而汉代人的作品，收的都是模拟楚辞的，如贾谊，不收《吊屈原赋》《鵩鸟赋》，而收《惜誓》。造成辞赋不分有决定影响的是班固。他在《汉书》中，多次以赋称辞，并在《汉书·艺文志》中，把辞与赋混编在一起，统称为赋。他把先秦至西汉的辞赋分成四类，即所谓屈赋之属、陆赋之属、荀赋之属和杂赋。为什么这样分类，班固没有说明，前人对此有一些推论，如刘师培在《〈汉书·艺文志〉书后》提出：

> 班《志》叙诗赋为五种，赋析四类。区析之故，班无明文，校雠之家，亦鲜讨论。今观"主客赋"（按即"杂赋"）十二家，皆为总集，萃众作为一编，故姓氏未标。余均别集，其区为三类者，盖屈平以下二十家，均缘情托兴之作也，体兼比兴，情为里而物为表；陆贾以下二十一家，均骋辞之作也，聚事征材，指诡而词肆；荀卿以下二十五家，均指物类情之作也，侔物揣声，品物毕图，舍文而从质，此古赋区类之大略也。

章太炎在《国故论衡·辨诗》中也有类似的论述：

> 《七略》次赋为四家：一曰"屈原赋"，二曰"陆贾赋"，三曰"孙卿赋"，四曰"杂赋"。屈原言情，孙卿效物，陆贾不可见，其属有朱建、严助、朱买臣诸家，盖纵横之变也。（扬雄赋本拟相如，与屈原同次，班生以扬雄赋属陆贾下，盖误也。）

刘、章二氏所论，着重阐述种类赋代表作家的基本风格，应该说是有道理的，但似乎不能包括各类赋的全部，特别是把司马相如、扬雄分属两类，以现存的赋作看，是不妥当的。章太炎看到了这一点，于是他在所论之末，指出这是班固的一个失误。但班固的失误主要在于把辞与赋这两种不同的文体混为一谈；由于不是从文体的特征去把握，仅就某些表象加以归类，势必造成混乱。自班固以下，或以赋称辞，或以辞称赋，莫衷一是。魏晋以后，如《文选》把赋与辞（称为"骚"）分成两类，《文心雕龙》有《诠赋》《辨骚》两篇，虽然是从文体上加以区分和辨析的，但如刘勰，他所持的标准主要是儒家的诗教说，以与《诗经》的异同作为区分的尺度，仍没有从文体源流上说清楚，所以仍有进一步讨论的必要。

  从文体上说，楚辞是诗，以抒情为主；赋，虽间有韵语，但就总体来说是散文，其最初当以状物叙事为主。文体的不同，与其各自的不同来源有密切关系，从我国文学发展的历史来看，任何一种文学体裁，都是在民间孕育、发展，而后在文人作家手中成熟，使其体制、表现手法臻于完善。关于赋的来源，已见上节，而我国早期的诗，与音乐、民歌关系密切，我国第一部诗歌总集《诗经》各篇就是周民族在各种场合配合音乐、歌舞的乐章，其间原始的诗、歌、舞浑然一体的形态还有明显的痕迹。楚辞是在楚民族文化中形成的，与楚国人民特有的风习有着密切关系。许多楚辞的研究者都已指出楚辞的主要来源是楚国民歌。屈原的《离骚》《九章》是否可以合乐歌唱，前人已不能指出，但它们的"乱曰""少歌""倡曰"等名目，可以证明它们的原型是具有合乐性质的。屈原的《九歌》是在民间宗教歌舞的基础上创作的祭祀乐章，它具有合乐演唱的特征是很明显的。正是由于辞与赋的渊源不同，决定了它们各自不同的基本格调，并在其后的发展中，逐步形成作为不同文体的特点。但应该指出的是，文学在其发展过程中又有着相互影响和前后继承的关系。辞与赋都最早在战国时代的楚国兴起，赋的兴起在楚辞之后。楚辞作为"一代之文学"，在战国时代已达到了它的光辉之顶点，而赋距离它的光辉时期还有近二百年的路途。正是由于这一原因，在这两种文体并行发展的时候，正在生长的赋，不断地向楚辞吸取营养以充实自己，以至在楚辞衰歇之后，在汉赋中仍有所谓"骚体赋"的一个分支，在某种意义上说，它可以看成是楚辞生命的延续。虽然如此，二者的区别仍是主要的，它们各有其独立发展的轨迹。

  《汉书·地理志》说："寿春合肥受南北湖皮革、鲍（鞄）、木之输，亦一都会也。始楚贤臣屈原被谗放流,作《离骚》诸赋,以自伤悼。后有宋玉、唐勒之属,慕而述之,皆以显名。汉兴,高祖王兄子濞于吴,招致天下之娱游子弟,枚乘、邹阳、严夫子之徒,兴于文景之际。而淮南王安亦都寿春,招宾客著书,而吴有严助、朱买臣,贵显汉朝,文辞并发,故世传'楚辞'。"从这段记叙中可以知道,汉代关于屈原等人作品的传播首先是由战国时代楚国故地兴起的。再参以《史记》《汉书》有关记载,如《汉书·朱买臣传》"会邑子严助显贵,荐买臣,召见,说《春秋》,言'楚辞',帝甚悦之",《王褒传》"宣帝时,修汉武故事,讲论六艺群书,博尽奇异之好。征能为'楚辞'九江被公,召见诵读",知道汉代人要读懂"楚辞",需要经过特别地讲解,诵读也有特殊的方法,特别是声调,而能够讲解、诵读的也都是生活在楚国故地的人。所有这一切,使我们进一步认识到,楚辞的产生具有特殊的文化背景,以及它所特有的地方色彩。过去人们把楚辞与汉赋、唐诗、宋词、元曲并列,称为一代文学之所胜,但它在文体前所加的限制词,与汉、唐、元不同,并不是统一的王朝的名称,而是表明它产生的地域。宋黄伯思《东观余论·翼骚序》对什么是楚辞有一个明确的界说:

  "楚词"虽肇于楚,而其目盖始于汉世。然屈宋之文,与后世依放者,通有此目。而陈说之以为惟屈原所著者,则谓之《离骚》,后人效而继之者,则曰"楚词",非也。自汉以还,文师词宗,慕其轨躅,摛华竞秀,而识其体要者亦寡,盖屈宋诸骚,皆书楚语,作楚声,纪楚地,名楚物,故可谓之"楚词"。若些、只、羌、谇、蹇、纷、侘傺者,皆楚语也。悲壮顿挫,或韵或否者,楚声也。沅、湘、江、澧、修门、夏首者,楚地也。兰、茝、荃、药、蕙、若、蘋、蘅者,楚物也。他皆率若此,故以楚名之。自汉以还,去古未远,犹有先贤风概。而近世文士,但赋其体,韵其语,言杂燕粤,事兼夷夏,而亦谓之"楚词",失其旨矣。

过去的研究者引用黄伯思的话,只注意其中的"书楚语,作楚声,纪楚地,名楚物"数句,来说明什么是"楚辞",而忽略他所说的什么不是"楚辞"。黄伯思认识到楚辞是一种地方文化色彩很浓的文体,能够运用这种文体写作者,应该是受过特殊的文化教养的人,至于"后世文士,但赋其体 韵其语,言杂燕粤"者,他认为不能称其为楚辞。马克思在《政治经济学批判·导言》中论及了神话的消失,他说:"任何神话都是用想象和借助想象以征服自然力,支配自然力,把自然力加以形象化;因而,随着这些自然力之实际被支配,神话也就消失了。"我们可以依准马克思的这一论述,来考察楚辞的盛与衰。作为楚文化土壤中孕育生长的楚辞,在战国时代得到了迅速的发展,并很快达到了它的鼎盛时期,屈原的创作标志着这一文体的完全成熟。但随着战国时代的结束,出现了中央集权的大一统的封建国家,经济、文化交流的进一步发展,楚文化逐渐融入了统一的文化中而失去了它的特色,而与楚文化相依存的楚辞的衰歇是不可避免的。楚辞作为一种文体,在我国古代文学发展中比较特殊,别的文体,例如诗、词、曲,它们的产生、发展都经历了相当长的过程,尽管它们的繁荣也有一定的时期,不同时期的作品也有其特殊的气韵、风度,但它们都不是一个时期独有的文化现象。唯独楚辞,它的存在几乎和屈原相始终,甚至可以说,楚辞的内涵和外延和屈原的作品是相同的。西汉末刘向编辑《楚辞》虽然也收有宋玉及汉代作家的作品,但这些作品有一个共同的倾向,即作品的抒情主人公几乎都不是作者自己,而是屈原。宋玉无疑是屈原之后的优秀的楚辞作家,他的《九辨》,虽然有仿效《离骚》《九章》的明显痕迹,但无论在思想感情的开掘,表现手法的创造,都有自己独特的贡献,故后世屈宋并称。我们今天读《九辨》,自然认为是作者抒发自己志不得申的苦闷,但汉代人并不是这样看,王逸认为《九辨》是作者闵惜屈原,是以屈原的口吻,来叙说屈原的志向和遭遇。刘向所辑《楚辞》所收汉代作品有贾谊《惜誓》、淮南小山《招隐士》、东方朔《七谏》、严忌《哀时命》、王褒《九怀》和刘向本人的《九叹》,后王逸为《楚辞章句》又加入他本人的《九思》。这些作品除《招隐士》稍有不同外,其余的都照宋玉的办法,模仿屈原的语气,是代屈原去抒发他的那种"信而见疑,忠而被谤"的怨愤情绪。虽然如黄伯思所说"去古未远,犹有先贤风概",但由于时代、文化的变迁,个人的遭际不同,这些作品,也正如朱熹所说:"其词气平缓,意不深切,如无所疾痛而强为呻吟者"(《楚辞辨证》)。汉代作家的这种作品成就是不高的,而现代楚辞的研究者也大都不把它们作为自己的研究对象。汉代作家写有骚体赋,尽管也采用楚辞的形式、语言、手法等,但他们以赋名篇,表明他们认识到自己写作的这类文体,与楚辞不同,并在写法上完全摆脱了代屈原立言的模式,而是以诗人自己的身份去抒发个人的感受。以贾谊为例,他的《惜誓》,是模拟屈原的作品,与汉代其他这类作品是一致的。而他的《吊屈原赋》

则完全以诗人自己的身份表达了对屈原的倾慕和同情,并于其中寄托个人身世的感慨,情意是深切的。他的《鹏鸟赋》,采用主客问答的形式,托物言志,与楚辞的区别更加明显。武帝以后,骚体赋从未间断,但在形制和表现手法上有着不少变化和发展,表明一种新文体完全脱尽前代文学的拘束而独立了。刘向编辑《楚辞》,收《惜誓》而不收贾谊的两篇赋,可以看出他的取舍标准,而由此我们可以进一步清楚了解辞与赋,特别是与所谓骚体赋的区分。正是从这个意义上,我们一方面可以说,楚辞的形制在骚体赋中得到了延续,另一方面则可以认为,《楚辞》出而楚辞亡。

三

汉赋作为两汉文坛的主要文学形式,在继承战国时代赋的基础上,有了进一步的发展,首先表现在数量的增加。班固在《两都赋序》中说,汉代的赋至"孝成之世,论而录之,盖奏御者千有余篇"。而他在《汉书·艺文志》著录赋分四类,前三类录西汉著名的赋家六十一人,赋七百余篇,再加上第四类,即所谓杂赋,十二家二百三十三篇,尚不足汉宣帝以前的千篇之数,而杂赋都不标作者姓名,无法确指为西汉的作品,由此可知,自宣帝到班固撰写《汉书》的时候,经过了一百多年,作品已有不少散佚。东汉赋的创作情况,史书无专门著录,但《后汉书》除为许多著名赋家单独立传外,另《文苑传》记二十二名文士(实际是二十七名)都写有他们的著述情况,虽无分类统计 从中似可推知东汉的赋在数量上可能还比西汉要多一些,当然同样也不少散佚。自汉至今,几经淘汰,汉赋保存下的作品数量就更少了,据本书著录,作家90人(包括一位无名氏作者),8人,有赋319篇,其可判定为完篇或基本完整者约一百篇,存目39篇,余为残篇,这就是我们今天研究汉赋的基本材料。

汉赋的体制较之战国时代的赋更有了明显的变化和新的发展。西汉初年思想文化领域较为活跃,有战国时代百家争鸣的遗风,许多文士奔走于诸侯权贵之门,出谋献策,陈说利害,往复辩难,也颇似战国时纵横家的气度,赋的写作也受到影响[⑤]。荀子、宋玉的赋有铺叙夸张的特点,在答问中,对事物的描写中注意运用各种形象的比喻手段使其特征突出鲜明。特别是宋玉的赋,较多地借鉴了楚辞的艺术表现手法,富于艺术想象,语言华美,色彩浓烈,他的《登徒子好色赋》《对楚王问》(后者虽不是以赋名篇,但实为赋之一体,另有说,见下)已在答问中有论辩意味。而汉赋作者注意吸收战国诸子散文反复论难的辩论艺术和纵横家陈说利害、分析形势时善于铺张渲染的表现手法,使他们的作品在荀宋赋原有特点上,增强了纵横逞辞的论辩色彩,在扩大和加重对事物的描写的同时,又注意于有针对性的辩驳,这不仅使文章增加了层次,而且使其气势恢宏开阔 扩大了赋这一文体的承受力和表现力,使之既可以叙述描写,又可以抒情议论。从现存汉赋的篇目,我们可以知道,它的题材几乎到了无所不包的地步。

汉赋的体制并不是单一的,由于表现的内容的不同,有着多种形式,大略说来可以分成为三类。

最能代表汉赋特点的是汉大赋,或称新体赋。这一类赋以铺叙帝王贵族的游猎、宫苑、京都为主要内容,"遂客主以首引,极声貌以穷文",是沿着荀宋赋的这一特点发展、变化而来的。它在描写对象和范围上有重大突破,大至江海湖泊、山林沼泽、苑囿宫室,小至鸟兽虫鱼、草木花卉,都成为作者的描写对象,并极尽其想象和铺张之能事,努力展现人们生活环境中各种事物的具体形态,力求以绚烂的文辞、匀称而整齐的组合,显现其宏大的气魄和壮美的形象。在形式结构上,一方面把简单的一问一答发展成相互论难,另一方面改变了问答中作者为一方的叙述方式,人物出于虚构,以第三者的口吻展开描写,这赋予作者的写作以更多的灵活性,使之不受时间、空间和真实事件的限制,可以根据作者创作意图进行构思,层层推衍,不仅扩展了作品的容纳能力,而且使作品有了波澜起伏,在纵横交错的铺叙之中,环环相扣,互相映衬,就文章本身也给人以恢宏壮阔的印象。以现存的汉赋而论,枚乘的《七发》,虽然不是以赋名篇,但它最早体现了上述特点,历来把它看成是汉大赋形成的标志,司马相如的《子虚上林赋》则是汉大赋的典范之作,它所确定的体制,成为后来汉赋作家写作汉大赋的样板,他们的写作动机可以与司马相如不同,他们在写作题材上也有所开掘,但在体制上却没有什么变化。正因为如此,司马相如成为汉赋最有代表性的作家,是站在汉赋发展的顶峰上的人物。西汉末年的扬雄,除了模仿《子虚上林赋》写有《羽猎赋》《长杨赋》等赋,他早年写的《蜀都赋》,开班固、张衡《两都赋》《二京赋》之先河,扬雄、班固、张衡在汉大赋的题材开掘上有自己的贡献,是司马相如之后汉赋的代表作家。

骚体赋,因其在表现形式和语言上更多地借鉴楚辞而得名,从内容来说多为作者个人情志的抒发,因此称为言志抒情赋也未为不可。过去的文学史研究,主要着眼于汉大赋的发展,注意对它们的评价,而对骚体赋则常常是附带论及,不少文学史著作也因着眼于汉大赋的发展,而把张衡《归田赋》的出现作为汉大赋转变的标志,由此汉大赋渐衰而抒情赋代之而起,客观上造成的印象是在此之前,抒情赋并没有出现,至少是不突出的。这是不符合汉赋发展的实际情况的。我们可以认为汉大赋是汉赋发展的主流,它在两汉四百年间有一个兴起、繁荣和衰落的过程,但我们同时要注意到,与之并行的是骚体赋的产生、发展,它在整个两汉时期也是绵延不绝的,无论就其数量和质量,或者就其对后世文学所产生的影响,我们都必须对骚体赋有足够的重视。骚体赋或者说言志抒情赋在汉代的兴起,与两汉文人对屈原及其创作持久的仰慕和热心的研读密切相关。淮南王刘安奉武帝诏作《离骚传》,"旦受诏,日食时上"(《汉书·淮南王安传》),其速度之快,若没有平时的潜心专研和众人的协助,是不可能的,司马迁在《史记》中为屈原立传,具体记叙其生平和创作,而且说:"余读《离骚》《天问》《招魂》《哀郢》,悲其志,适长沙,观屈原所自沉渊,未尝不垂涕,想见其为人。"又可见当时人们对屈原道德、文章的景慕。以后西汉刘向将屈原的作品和其他人的楚辞作品编为一集,定名《楚辞》。东汉后期王逸作《楚辞章句》,是现在我们能看到的最早的楚辞注本。所有这些情形,都说明了楚辞在两汉文人心目中的地位。正因为这样,两汉作家中不少人是辞赋兼擅的,他们写楚辞体的作品,用以表现对屈原遭遇的同情和敬慕的心情,其中虽然也有个人感情的寄托,但这不能完全抒发自己对现实的感受,于是他们借鉴楚辞的形式来写赋,骚体赋由此而产生。同时我们还应注意到,汉大赋兴起的重要原因是当时的政治需要,如班固所说,不管是"言语侍从之臣""朝夕论思,日月献纳"也好,或"公卿大臣,时时间作"也好,他们的目的都是为了"兴废继绝,润色鸿业","通讽谕""尽忠孝",也就是说这种赋是为了给皇帝看的,这就决定了汉大赋就其总体来说不能不是歌颂的描写性的作品。这其中当然也有作者对现实的认识,也表现了作者的思想品格,但这样的赋是不能完全表达作者的思想感情的。而他们当中也并非都是阿谀逢迎之徒，由于各种原因，他们也有个人的感愤郁积于心，于是也写另一种赋来抒发自己内心的苦闷、不安和愤慨。正是由于以上原因，造成了骚体赋与汉大赋并行发展的情况。骚体赋多为抒忧发愤之作，这一点与屈原"信而见疑，忠而被谤"作《离骚》有相似之处，这可以看成是这类赋的基调和主要特征。但由于时代的变化，作者的思想、经历和文化素养的不同，它们的题材、主旨和艺术风格有着明显的差异。就思想内容来说，西汉的作品多抒发自己遭遇的不幸和守志不阿的情怀，社会现实的背景较为淡薄，而东汉的作品中社会现实背景渐趋明晰，以至于用赋来揭露社会矛盾，抨击现实黑暗。就作品的风格来说，有的直抒胸臆、质实激切，有的含蓄委婉、凄楚动人，有的融情入景、以景托情，有的兼用比兴、以情写志，有的借物寓志，有的吊古伤今。骚体赋呈现的这种纷繁的风采与汉大赋较为单一的色调形成鲜明的对照，对以后抒情诗、赋的创作有着广泛的影响。以作家而论，贾谊无疑是汉代骚体赋的开创者，司马相如、扬雄都是汉大赋主要代表作家，但他们都有不同题材的抒情赋，表现了他们多方面的艺术才能。东汉初年的班彪的《北征赋》，是作者逃难途中所写，既抒写自己遭遇的不幸，也感叹时世的衰乱，是后来纪行诗、赋的开山作。张衡的《归田赋》，运用清丽抒情的文句，描写春天自然景物的美妙和自己归田后心情的恬淡安适，完全脱尽汉大赋浮夸、堆砌、板滞的毛病，确实使人耳目一新，把它的出现作为汉赋转变的标志，是有其一定道理的。

  散文赋，从内容来说也是言志抒情的，主要是陈述作者的志趣、怀抱，而抒情成分较少。与骚体赋不同的是，它纯用散文体制，用主客问答的方式来结构篇章，且多数不以赋名篇，故另立为一类。这类作品战国时代已经出现，在《楚辞》中有题为屈原所作《卜居》《渔父》两篇，现代楚辞研究者多不认为是屈原所作。司马迁在《史记》中为屈原作传时，录《渔父》全文，但不标明为屈原的作品，而是把它看成是屈原生平事迹之组成部分，由此可以推知这两篇作品可能是后人缀辑屈原之逸事而成，用以表现屈原在被放逐以后的思想情绪。在此以后有宋玉的《对楚王问》，载《文选》中，按其分类置"对问"类中，而此类中仅此一篇。文中楚襄王对宋玉提出责问："先生有其遗行与？何士民众庶不誉之甚也！"宋玉对此进行了答辩，设喻以比况自己，以表明自己的志趣高尚，难为

"世俗之民"所理解。"下里巴人""阳春白雪""曲高和寡"之典故,都由此出。以上三篇,或由别人代作,或由己出,都是抒写个人志向的作品,且均以答问形式结构成篇,是赋之一种体制。汉代作家最先写出这类作品的是司马相如和东方朔。司马相如的《难蜀中父老》,以回答蜀中父老的责难为由,阐述了汉王朝开发西南夷的意义;东方朔的《答客难》,则以"彼一时也,此一时也"形势不同为理由,回答了有人对他"自以为智能海内无双",而"数十年官不过侍郎,位不过执戟"的责问。这两篇的内容虽然与《对楚王问》有所不同,但其体制却是沿袭《对楚王问》而来的。以后汉代作家中不少人都以《答客难》为模式来陈述自己的志趣、抱负,形成了汉赋中散文赋的系列。萧统编《文选》时,似乎看到了汉代散文赋与《对楚王问》的关系,所以在"对问"一类后,紧接设"设论"一类,收东方朔《答客难》和扬雄《解嘲》、班固《答宾戏》三篇。司马相如的《难蜀中父老》一文,萧统虽然在《文选》中把它置于"檄"一类中,但他不把《难蜀中父老》与司马相如的《喻巴蜀檄》并列,放在这一类的开头,而是把它们分别放在这一类的开头和结尾,中间收录陈琳、锺会的三篇檄文,这样的安排,表明萧统看到了司马相如这两篇作品在文体上的区别,而这样的安排,却又使《难蜀中父老》一文紧与下面的"对问"一类相衔接,似乎又表明萧统用这一办法暗示它与《对楚王问》有一定承传关系。

自《文选》以后,各时代的赋或文章的选本中大都设有咏物赋一类,而且在"咏物"之下又分设若干细目。从作品题目上看,汉赋中这类作品也是很多的,但它们的作者写作用意并不相同,统一称之为"咏物赋"并不确切。其中一部分作品,是作者奉命而作的,《汉书·贾邹枚路传》中说:枚皋随汉武帝四出巡幸,"上有所感,辄使赋之,为文疾,受诏辄成。"又如《汉书·王褒传》中说:"宣帝时,修武帝故事","上令(王)褒与张子侨等并待诏,数从褒等放[游]猎,所幸宫馆,辄为歌颂,第其高下,以差赐帛。"这与班固《两都赋序》所称的言语侍从之臣和公卿大臣献赋以为歌颂的情形是相同的,而从现在的作品看,它们都是随物赋形,从各种角度描写事物的情状,以为赞扬,其性质与汉大赋相近,只不过其所描写的事物大都是具体而微的,没有汉大赋的雄伟气魄和体势。另一部分作品,则是作者有感而发,或托物言志,或借物抒情,其用意都不在于描写事物的本身,例如贾谊的《鵩鸟赋》,并没有重点描写鵩鸟的情状,而祢衡的《鹦鹉赋》，虽然描写了鹦鹉的情状，但这是作者借此以抒发才志之士生于衰乱之世屡遭迫害的感慨，是作者内心世界的写照。就其内容来说，这样的作品称之为言志抒情赋，更符合其实际情况。

本文是费振刚教授为广东教育出版社出版的文白对照《全汉赋》所写的前言，原载于《广西大学梧州分校学报》2002年4月第12卷第2期，1—9页。

注 释

① 《汉书·艺文志》是班固在刘向《七略》的基础上写成的，据前引《文心雕龙·诠赋》所论，这段话可能是刘向的见解。又，这里的"传曰"当是《诗经·鄘风·定之方中》毛传的话，但今本毛传无"不歌而诵谓之赋"这一句。

② 俞樾《诸子平议》："此'相'字，即'舂不相'之相。《礼记·曲礼篇》'邻有丧，舂不相'。郑注曰'相谓送杵声'。盖古人于劳役之事，必为歌讴以相劝勉，亦举大木者呼邪许之比，其乐曲即谓之相。'请成相'者，请成此曲也。《汉志》有《成相杂辞》，足征古有此体。"

③ 《国语·晋语五》："有秦客廋辞于朝，大夫莫之能对也。"韦昭注："廋，隐也。谓以隐伏谲诡之言问于朝也。"

④ 宋玉的赋，《文选》录《风赋》《高唐赋》《神女赋》《登徒子好色赋》，《古文苑》录《讽赋》《笛赋》《钓赋》《大言赋》《小言赋》。以上各篇的真伪一直有争论，但《文选》所录四篇，大体上还是可信的，至少非汉以后人所伪托。《文选》还录有宋玉的《对楚王问》，虽然不是以赋名篇，实为赋之一体，说见正文。另，《招魂》，汉王逸《楚辞章句》认为是宋玉所作。中华人民共和国成立以后，大多数楚辞研究者，据司马迁《史记·屈原列传》，定为屈原所作，是有相当的理由的，但《招魂》的写法是铺陈，以描摹事物的情态为主，且亦采用主客问答的形式，与屈原大多数作品的风格不同，而与赋的体制接近。

⑤ 清章学诚在论述汉赋的源流时说："赋家者流，纵横之派别，而兼诸子之余风，此其所以异于后世辞章之士也。"(《文史通义·诗教》下) 又说："古之赋家者流，原本《诗》《骚》，出入战国诸子。假设问对，《庄》《列》寓言之遗也；恢廓声势，苏张纵横之体也；排比谐隐，韩非《储说》之属也；征材聚事，《吕览》类辑之义也。"(《校雠通义·汉志诗赋》)章太炎对此有进一步发挥，他在《国故论衡》中还仅就《艺文志》所记陆贾一类赋，指出"盖纵横之变也"，而在另一处他说："纵横家的话，本来有几分象赋，到天下一统的时候，纵横家用不着，就变成词赋家。"(《章太炎的白话文·论诸子的大概》)这显然是就汉赋整体而言的。这些论述，有助于我们对汉赋特点的认识。

论赋的起源和赋文体的成立

傅　刚

一、赋起源研究的清理

关于赋的起源问题，是赋研究中最为复杂，也是争论最多的问题。由于史料的缺乏和因时代久远对史料的误读，学术界目前很难取得共识。本人也是长期思考这个问题，今据自己对史料的理解，略陈鄙见，以求教于方家。

综合学术界的研究，大致有源于《诗》《楚辞》、纵横家言和俳词等几种说法。源于《诗》，是因为《诗》有六义，其二曰赋。班固《两都赋序》说："或曰：赋者，古诗之流也。"既称"或曰"，当是班固引别人的意见。班固是把赋作为润色鸿业的文体看的，与西汉作家仅以为娱乐之作的看法不同。所以他把赋抬到与《诗》一样崇高的地位，认为是《诗》之流。其《两都赋》的写作，也贯彻着这一主张，这也是《两都赋》在古代特别受到看重的原因。班固当然是从思想意义谈赋与《诗》的关系，还不完全是就文体溯源方面的考虑。不过，《诗》六义中本有赋，一般以为赋为写诗的方法，其义为铺陈。晋挚虞《文章流别论》说："赋者，敷陈之称，古诗之流也。"认为赋文体是从敷陈的写法衍化而成。其后刘勰《文心雕龙·诠赋》就说："《诗》有六义，其二曰赋。赋者，铺也，铺采摛文，体物写志也。"[①] 由一种写作方法衍化而成一种文体，其间的过程很难有证据去落实。但铺叙风物的写法，的确是赋文体的主要特征，这样溯源，也不能说没有道理。然而这些却不一定符合班固说"古诗之流"的意思，是后人的发挥。

除了"古诗之流"的说法外，还有"不歌而诵谓之赋"的说法，这出于班固的《汉书·艺文志》。班固《汉书·艺文志》是沿袭刘向的《别录》和《七略》，因而有人认为这个说法也来自刘向。不过,"古诗之流"重在讲赋的思想渊源,意在抬高赋的地位,"不歌而诵"则在讲赋的特点。《诗》本可以歌,也可以诵,孔子就说过"诵《诗》三百"②,这是就引《诗》的方法言。诵和赋应该是两种不同的诵读方法,《国语·周语》说"瞍赋矇诵",赋和诵由不同的人职掌,可见有不同。范文澜《文心雕龙注》说:"春秋列国朝聘,宾主多赋诗言志,盖随时口诵,不待乐奏也。《周语》析言之,故以'瞍赋矇诵'并称,刘向统言之,故云'不歌而诵谓之赋'。窃疑赋自有一种声调,细别之与歌不同,与诵亦不同。"③据曹道衡师《汉魏六朝辞赋》说,从《左传》记载看,"诵"一般指自我创作的诗,赋则既有引《诗》,也有自我创作的诗。就"诵"使用的情况看,春秋时已有将诵辞称作"诵"的记载了。如《左传·僖公二十八年》记晋文公听舆人之诵就是。又如《诗·小雅·节南山》:"家父作诵,以究王讻。"赋也应该如此,所以曹道衡师说:"一些诗歌没有入乐歌唱,只是吟诵的,在春秋以前,常被称为'诵';又因'不歌而诵'可以叫'赋',后来就把不歌而诵的作品称'赋'。"④这是赋源于《诗》的解释。但汉赋种类多样,刘向就分为四类,如明显模仿《楚辞》和客主问答的赋,则上所述仅是赋的一种类型,其他的类型显然与《楚辞》和纵横家言有关,于是有人便提出《楚辞》和纵横家言是赋的来源的看法。

据曹明纲先生《赋学概论》说,班固在《离骚序》最早开启了这个说法⑤。《离骚序》说:"然其文弘博丽雅,为辞赋宗。"⑥这是就《离骚》与赋同具"弘博丽雅"的文艺特征所言,与他在《两都赋序》中说"古诗之流"立足点不同。其实既然刘向在《七略》中将屈原二十五篇列为四类赋之一,就已经说明《楚辞》是赋的源头了。至南朝刘勰在《文心雕龙·诠赋》中就明确说:"然则赋也者,受命于诗人而拓宇于《楚辞》者也。"⑦既接受了"古诗之流"的说法,又接受了《离骚》"为辞赋宗"的说法。但二者之间,还是有所区别的。于《诗》,只是说"受命",真正的拓宇,还是《楚辞》。的确,就汉赋写作看,明显受《楚辞》影响的,后人名之为骚体赋的,占有很大比重。丘琼荪先生《诗赋词曲概论》说:"赋导源于古诗,然而汉魏人之赋,所涵诗的成分非常之少,其格调的大部分,都从《楚辞》中来的。《楚辞》才是赋的真实的源泉。此外还受些孙卿赋的影响。"⑧的确,赋与《楚辞》的关系极近,从汉人的记载看,也往往将辞与赋相提。如《史记·屈贾列传》就说屈原:"乃作《怀沙》之赋。"又说:"其后,宋玉、唐勒之徒,皆好辞而以赋见称。"汉人对辞赋并未作区分,而是统称为赋。又不仅辞,别的文体,如颂亦被称为赋,可见赋是一大概念。汉人辞赋不分,给后人辨体带来了困扰:赋是源于《楚辞》呢,还是《楚辞》本身就是赋呢?汉代模仿《楚辞》的作品,是辞呢,还是赋呢?这些也都是一直纠缠不清的问题。

除了源于《楚辞》之说外,又有源于纵横家说辞的观点,这出自清人章学诚。章氏《校雠通义·汉志诗赋第十五》说:"古之赋家者流,原本诗、骚,出入战国诸子。假设问对,《庄》《列》寓言之遗也。恢廓声势,苏、张纵横之体也。"⑨章学诚此说,其实不仅纵横家一源,既有《诗》源说,也有战国诸子等,所以曹明纲先生称其为综合说。其后章太炎先生在《国故论衡·辨诗》发挥说:"纵横者,赋之本。古者赋诗三百,足以专对,七国之际,行人胥附,折冲于尊俎间。其说恢张谲宇,绅绎无穷,解散赋体,易人心志。鱼豢称:'鲁连、邹阳之徒,援譬引类,以解缔结,诚文辩之隽也。'武帝以后,宗室削弱,藩臣无邦交之礼,纵横既黜,然后退为赋家。时有解散,故用之符命,即有《封禅》《典引》;用之自述,而《答客》《解嘲》兴。文辞之縡,赋之末流尔也。"⑩

为什么会有这么多意见呢?我想主要是因为后人根据汉代既有的赋文体特征,以及汉人关于赋名称的使用情况而进行探究的结果。赋兴于汉,从现存的赋作品看,汉赋的种类很多。早在西汉时,刘向就将赋分为四类,不管其依据是什么,但他关于赋有几类特征的观念是可以肯定的。今人对汉赋的认定和分类也有许多分歧,这是因为牵涉到什么是赋这一有歧见的问题。对赋有不同的定义,当然便会有不同的认定。根据马积高先生的划分,起码有这么几种被后人命名的种类:骚赋、文赋(包括"七"及"问答""设论"等有韵者)、古赋、俗赋等⑪。这几种不同类型的赋,的确特征不一,其源当然也就不会是一个。所以才有前面所说的几种源头论者。我的观点是,研究者也许不应该以汉代产生的这些不同类型的赋作为依据,事实上这些不同类型的赋,是在赋发展的过程中逐渐融入,最后形成的。我们应该从前往后看,看赋在一开始是怎么定体的,其后又是怎样开始发展的,发展过程中逐渐增加了哪些文体,最后又是怎么样完成定型的。

前贤关于赋起源的争论,似乎很难判断谁是谁非。但也许问题就出在这里,各家的讨论,都是以汉赋的现存形态作为依据来推溯渊源的,似乎谁也没有考虑到,汉赋的这些不同形态,其形成的时间并不相同,有些文体形态是在汉代才与赋结合,从而构成汉赋的特征。以上所述各家特征,都是汉赋之源,但放置在一起讨论,就增加了讨论的复杂性。作为基本的赋文体,是如何发生的?又是在什么时候以及怎样的发展中吸收了哪一家文体特征?由于上述各家特征与赋的关系一直难以厘清,这些问题也就难以得到有效的分析和解决。

仔细对赋文体发生发展作深入的研究,我以为解决的关键是弄清《楚辞》与赋文体的关系。这个问题解决了,一切问题也就迎刃而解了。

我的看法是,《楚辞》不是赋的源,以往将它作为赋之源,是根据《楚辞》出现在战国楚国时,以屈原为代表的楚辞文体写作时间,研究者乃据此列出赋文体发生发展的顺序表,以为《楚辞》的产生在赋之前,因而也就是赋文体发展源头。考诸史实,其实并非如此,《楚辞》虽然产生在战国时期,但对北方文人发生影响却远在汉代,严格地说,要在景帝末、武帝初。在《楚辞》发生影响之前,赋只是作为一种简单的、具有多种文体含义的韵散相间的文体在北方流传,汉之前,秦人杂赋,可看作是其主要形态。但是到了景帝末及武帝时,流传于吴、楚、淮南之地的《楚辞》,开始传入北方。传介者就是吴、楚、淮南之地的游士,他们将自己擅长的纵横说辞与《楚辞》体结合起来,又吸收了流传在北方的杂赋体,终于在枚乘和司马相如的手里,建立了一种新文体——汉赋。这是本文的观点。以下从《楚辞》的产生和影响以及赋如何成立两方面展开讨论。

二、《楚辞》的产生和流布

《楚辞》最早的记载见于《史记》。《史记》最早为屈原列传,使得我们对屈原的事迹和作品有了一个较为清楚的了解。但是除了《史记》以外,的确在现存的战国史料中,没有屈原的点滴材料,这甚至引起了历史上有关屈原是否有其人的争论。经过学术界长期地研究、讨论,屈原和他的作品的真实性得到了中国学者的基本认同,但是在很长一段时间内,除了《史记》的材料外,也的确还未发现更为确凿的有关屈原的材料。1972年,山东临沂银雀山1号、2号汉墓挖掘,出土了一批汉简,其中一篇被学术界认为是唐勒的赋残篇,证明了《史记》关于宋玉、唐勒的记载的可靠性,也间接地证明了《史记》关于屈原的记载的可靠性。1977年安徽阜阳市近郊双古堆汉墓挖掘,亦出土了一大批竹简,如《诗》《易》等,多有与今本不者。其中至为珍贵的是,有可信为《楚辞》者残简数字,一是《离骚》中的"寅吾以降"四字,一是《涉江》中的"不进旖(兮)奄回水"六字,字数虽少,其出自《楚辞》应该是没有疑问的。最近北京大学获得一批海外校友所捐汉简,内有一篇七体文《反淫》,在第3883号简上具列了一批先贤名单,其中便有屈原、宋玉、唐革(勒)、(景差)等,这是除《史记》之外西汉文献中第一次如此全备的关于楚辞作家名单的记录。这些汉简的出土,应该说提供了非常确凿和过硬的材料,证明了司马迁《史记》关于屈原和《楚辞》的记载是可信的。因此对于屈原和宋玉等《楚辞》作家的真实性,是毋庸置疑的。根据司马迁的记载,屈原是楚怀王时人,曾经受到楚怀王的重用,但后来怀王听信了上官大夫等人谗言,而疏远了屈原。其后怀王受秦人之欺,客死于秦。国人怨令尹子兰和上官大夫害贤误国。子兰闻而生怒,进谗言于怀王之子顷襄王,于是放逐屈原于沅、湘一带。最后屈原投汨罗江而死。据司马迁说,屈原《离骚》作于受上官大夫之谗,被怀王疏远之后,但学术界的讨论基本认为是屈原流放时所作。屈原流放,据学术界考证前后有两次,一次在怀王时,被流放于汉北,一次是顷襄王时,被流放于江南。游国恩先生认为《离骚》作于屈原流放于江南时[12],马茂元先生则认为作于流放于汉北时[13]。其他可信为屈原的作品,如《天问》《九歌》《九章》等,也都认为是屈原流放之后所作。从以上所述看,屈原在怀王后期就已经远离了楚国的政治中心,流放在偏僻的汉北和沅、湘一带,所以他的事迹和作品长期湮没,没有被人注意到。依据现存的材料,最早提到屈原的,应是贾谊。汉文帝四年(前176),贾谊被谗遭疏,贬为长沙王傅,应该是这个时候他才在当地听到屈原的事迹和作品,并在长沙凭吊屈原。《史记·贾谊列传》这样记:"贾生既辞,往行。闻长沙卑湿,自以寿不得长,又以适(谪)去,意不自得。及渡湘水,为赋以吊屈原。"其文说:"共承嘉惠兮,俟罪长沙;侧闻屈原兮,自沉汨罗。造托湘流兮,敬吊先生。"[14]明说"侧闻屈原","侧闻"即旁闻,说明贾谊至长沙始闻有屈原之事。因了屈原遭遇与自己颇有相同之处,故造湘江凭吊屈原。屈原精忠爱国,但却受到小人的谗害,他的遭遇得到了楚国人的同情。尤其是怀王见欺,屈原曾加以劝阻,以为秦乃虎狼之国,不可信,但怀王稚子子兰却鼓励怀王赴秦,害怕不去,会惹秦人不高兴。结果怀王客死,而子兰却不受处分并为令尹。怀王为秦人扣为人质,最终客死于秦之事,最为楚国人所深恨。《屈原列传》说:"楚人既咎子兰以劝怀王入秦而不反也。"⑮可见楚国人对子兰的愤怒和对屈原的同情。所以屈原的事迹在楚国民间是一直流传着的。但由于屈原是受顷襄王和子兰的迫害,故楚国朝廷中不会允许谈论屈原的事,也不会存有关于屈原事迹的记载。因此这可能是屈原的事迹和作品一直在楚国民间流传,甚至到了汉初也没有被中原地方的人所了解的原因⑯。贾谊作文凭吊以后,应当对屈原的事迹和作品的流传有帮助。至于刘安后来献《离骚》,并编《楚辞》,当是秦以后,屈原作品渐渐由沅、湘一带传至楚国其他地方。而刘安所都为寿春,正是楚国晚期的都城,至刘安时,其地当有屈原作品的流传。又,前言安徽阜阳双古堆出土的《楚辞》残简,其地亦是故楚之地。双古堆墓主为夏侯灶,时间当在汉文帝十五年,表明这个时候《楚辞》已传到了阜阳。

传世文献中记载首先对屈原作品进行整理的,是淮南王刘安。《汉书·淮南王安传》是这样记载的:

> 淮南王安为人好书,鼓琴,不喜弋猎狗马驰骋,亦欲以行阴德拊循百姓,流名誉。招致宾客方术之士数千人,作为《内书》二十一篇,《外书》甚众,又有《中篇》八卷,言神仙黄白之术,亦二十余万言。时武帝方好艺文,以安属为诸父,辩博善为文辞,甚尊重之。每为报书及赐,常召司马相如等视草乃遣。初,安入朝,献所作《内篇》,新出,上爱秘之。使为《离骚传》,旦受诏,日食时上。又献《颂德》《长安都国颂》。每宴见,谈说得失及方技赋颂,昏莫然后罢。⑰

刘安入朝当在武帝建元二年(前139),这个材料不见于《史记》。须知司马迁对屈原评价极高,并且因自身的原因,对屈原的遭遇和写作都有非一般人的理解。他将屈原与周文王、孔子等并提,说:"屈原放逐著《离骚》。"并归纳说:"《诗三百篇》,大抵圣贤发愤之所为作也。"在《屈原列传》中,他对屈原的为人和作品的评价是:"推此志也,虽与日月争光可也。"⑱此语应出自刘安⑲,如果是的话,则司马迁为刘安列传,似应写入传记。

上引《汉书》的记载,"使为《离骚传》"一语,因汉人记载不同,而让人感到迷惑。东汉高诱《淮南子·叙》所说与班固不同。他说:"初,安为辨达,善属文。皇帝为从父,数上书,召见。孝文皇帝甚重之,诏使为《离骚赋》,自旦受诏,日早食已。上秘爱之。"高诱将此事系于文帝时,恐误。据高诱此说,刘安非为《离骚》作传,而是作赋。其后刘勰《文心雕龙·神思》说"淮南崇朝而赋骚",当亦据高诱之说。王念孙《读书杂志》四之九《汉书》"离骚传"条说:"'傅(传)'为'傅','傅'与'赋'古字通。"王念孙认为《汉书》的"傅(传)"字是"傅"字之误,而"傅"与"赋"通。1993年江苏省连东海县尹湾汉墓所出汉简有《神乌傅》,亦证明了"傅""赋"二字相通。王念孙还引《汉纪·孝武纪》为证。《汉纪》为汉末荀悦据《汉书》抄撮而成,其作"《离骚赋》",是荀悦所见《汉书》,或如王念孙所说,原作"傅",又转写为"赋"。王念孙认为,如果如颜师古所说"'传'谓解说之,若《毛诗传》",则刘安"才虽敏,岂能旦受诏而食时成书乎?"刘安作《离骚赋》是什么意思呢?王念孙说是"使约其大旨,而为之赋也。安辩驳,善为文辞,故使作《离骚赋》"㉑。王念孙所说似为有理,刘安若为《离骚》作传,短时间内是不可能完成的。然《楚辞》卷一班孟坚《离骚序》说:"昔在孝武,博览古文,淮南王安叙《离骚传》,以'《国风》好色而不淫,《小雅》怨诽而不乱,若《离骚》者可兼之。蝉蜕浊秽之中,浮游尘埃之外,皭然泥而不滓,推此志,虽与日月争光可也'。又说五子以失家巷,谓五子胥也。及至羿、浇、少康、贰姚、有娀女,皆各以所识,有所增损。"如果说《汉书》所言不详,则同出于班固之手的《离骚序》已明谓刘安为《离骚》作传,而非作赋。班固所引"《国风》"一节文字,即刘安为《离骚》作传之"叙",为司马迁所引用。若《离骚》为刘安所作,刘安不应如此夸大己作。更为明确的是,《离骚序》引《离骚》"五子以失家巷"句刘安传文,明见刘安所作是传,而非赋。又王逸《楚辞章句叙》称:"至于孝武帝,恢廓道训,使淮南王安作《离骚章句》,则大义粲然。"王逸为《离骚》作注,当是见过刘安之书,明称其为"章句",又可证明㉒。

除了这一迷惑外,这段话中的"使为《离骚传》"一语,到底是指刘安献《离骚》,武帝命其作传,还是指中秘藏有《离骚》,而让刘安作传呢?一般的解释认为是指刘安献《离骚》,我也倾向于这个说法。因为在刘安之前,确未闻朝廷有《离骚》的记载。刘安都寿春,正是楚故都。《汉书·地理志》说:"始楚贤臣屈原,被逸放流,作《离骚》诸赋,以自伤悼。后有宋玉、唐勒之属,慕而述之,皆以显名。汉兴,高祖王兄子濞,于吴招致天下之娱游子弟,枚乘、邹阳、严夫子之徒，兴于文、景之际，而淮南王安亦都寿春，招宾客著书。而吴有严助、朱买臣，贵显汉朝，文辞并发，故世传《楚辞》。"㉒班固叙述吴、楚地理，连类而称《楚辞》于此流传，都见《楚辞》的流传和发生影响，是在汉景帝、武帝时的故楚之地，而且与天下娱游子弟如严助、朱买臣有关。《汉书·朱买臣传》记："会邑子严助贵幸，荐买臣。召见，说《春秋》，言《楚词》，帝甚说之。"㉓这已经到了武帝时㉔。但朱买臣见武帝则言《楚辞》，可见他于家居学习时就已经熟读《楚辞》，并且以《楚辞》作为自己的进身之阶。这个时候已经是武帝时，前此淮南王刘安已经将《楚辞》进献给武帝，故此时武帝因朱买臣精《楚辞》而悦之。由于刘安及朱买臣等人的原因，《楚辞》才由故楚之地传播到朝廷。司马迁在《屈原贾生列传》传末说："余读《离骚》《天问》《招魂》《哀郢》，悲其志，适长沙，观屈原所自沉渊，未尝不垂涕，想见其为人。"㉕据此，司马迁在游历江南前读过《离骚》等作品。司马迁《太史公自序》说自己年二十而南游，这二十当于何年，史家分别有元朔三年（前126）、元鼎元年（前116）、元封元年（前110）的说法。这三个说法直接涉及司马迁的生年，主元朔三年者，则司马迁生于景帝中元五年（前145）；主元鼎元年者，则司马迁生于武帝建元六年；主元封元年者，则司马迁生于武帝元光六年（前129）。即使司马迁生于景帝中元五年时，至武帝登位，司马迁才五岁。因此可见司马迁能够读到《离骚》，是武帝时无疑，这与《楚辞》的传播时间也正相合。

据以上所论，我以为屈原的作品，虽产生于战国时期，但因各种原因，而只在他流放的地域流传，汉文帝时贾谊至长沙，始据当地故老传说得知屈原事迹和作品，并仿效屈原作品写作了《吊屈原》一文。贾谊这篇作品，后人往往称为赋，然《文选》却作吊文收录，说明在贾谊时并没有将这样的作品称为赋。称作赋的，只是在赋文体流行之后，且楚辞亦被视为赋的观念流行之后才发生的。屈原作品最早流传在长沙一带，即屈原死处，但从《淮南王安传》及《朱买臣传》看，起码在汉景帝时，屈原作品及楚辞已经在故楚之地的淮南以及吴地一带流传，并为当时的文士所熟悉。熟悉楚辞体的文士如枚乘等人，因发觉吴王谋逆，遂离开吴国北上游梁，最终以楚辞体与北方的杂赋体结合，并参之纵横之文，创为汉赋一体。然枚乘等人的写作，仍然停留在地方。其时正逢景帝不好辞赋，枚乘等人写作，当不会在朝廷引起太大反响。但到了武帝时，崇礼官，考文章,于时崇文,彬彬大盛,而刘安亦于此时将屈原作品进献武帝,朝廷或许此时始知有屈原作品,才会有武帝后来征召枚乘、司马相如之事。

三、赋起源于《诗》说的检讨

赋源于《诗》,是传统的说法,盖因《诗》有六义。六义的说法,一来自《周礼·春官》,一来自《诗大序》。《周礼·春官》提出的是"六诗"说,所谓太师"教六诗,曰风,曰赋,曰比,曰兴,曰雅,曰颂"。《诗大序》则说:"诗有六义焉:一曰风,二曰赋,三曰比,四曰兴,五曰雅,六曰颂。"其顺序相同,是《诗序》用《周礼》之文。班固《两都赋序》说:"或曰:赋者,古诗之流也。"㉖班固此说有两个意思,一是抬高赋的地位,故以为赋文体从《诗》六义之"赋"发展而来,是汉代的赋亦是润色鸿业,雅颂之亚的文体;二是,六义之赋,其义训为"铺",正是赋文体的写作特征。但六义中的赋,只是一种写作方法,并不能说这种写法直接就发展成了一种文体。但这种写法在《诗》通行的两周题名为赋,在后世产生的亦称名为赋的文体,二者之间是有着内在的联系的。《诗》在两周时是通过管理音乐的太师完成其礼乐教化的功能的,所谓六义,当也是太师所定。《诗》视其使用的场合而被赋予不同的意义,《毛诗序》的意思大多出自太师。将《诗》分为风、雅、颂三类,而《诗》如何表现其意义,则由赋、比、兴的使用构成。作为写作方法的赋,前人最基本的解释是铺,郑玄《周礼注》说:"赋之言铺,直铺陈今之政教善恶。"铺是直接铺陈的意思,对当前政教善恶直接发表意见,不须假借外物以为比喻,所以赋是作为与比、兴不同的表达特点而提出来的概念㉗。除了作为写作方法的意义外,先秦文献中还以赋指讽诵称引。《国语·周语》记召公曰:"故天子听政,使公卿至于列士献诗,瞽献曲,史献书,师箴,瞍赋,矇诵。"㉘韦昭注说"赋公卿列士所献诗也"。这里的赋,当然不是指作诗的方法,而是指诵诗的方法。文献称瞍赋、矇诵,韦昭说"矇主弦歌讽诵,诵谓箴谏之语也"。似与赋略有不同。盖诵用弦歌,赋则不歌,故班固说:"《传》曰:不歌而诵谓之赋。"以是观之,"赋"似乎是指朗诵诗歌,"赋"在这里是动词,用于"赋诗言志"之"赋"。写诗的方法和引诗的方法都名曰赋,是有其共同的特征的,六诗的赋是铺陈、直接展开,不须迂回作比类,瞍赋的赋,指其直接称引,不须弦歌,但均表现为铺陈展开。瞍赋,据韦昭说是赋公卿所献诗,则见瞍不须自己作诗,只是公卿所作诗,不须经太师配乐,瞍以赋的声调诵引,以直接规谏人君。这种不须弦歌的方式,表明周人并没有诗乐舞必须相配的制度,天子听政,公卿至于列士献诗,各有各的职分,各自按照制度规定的方法表达。但这种制度都是在稳定的社会秩序中才能得以贯彻的,到了春秋以后,礼崩乐坏,这样的制度应该不能保存了,而原来通过赋、诵、箴向人君进谏的方式,则转为社会中别种场合使用的功能。随着不同目的和功能的要求,新文体也随即产生,一种被称作赋的文体也就逐渐地应运而出现了。《左传·隐公元年》记郑庄公与母姜氏于大隧之中互为赋,其辞为自己作,似已表明赋文体的出现。当然,庄公和其母姜氏所赋之词,并未称为赋,但这种通过不歌的方式而诵的文辞,符合直陈的特点,故史臣用"赋"称之。这表明在其后出现的以类似方式表达且非诵经典成文的文辞,因与赋的方法有关,遂名之为赋,也是自然而然的了。正如后世的乐府一样,本来是管理乐府的机关,但后人遂以产生于乐府机关中的辞称为乐府。作为文体名称的赋,也当如此。这种形式产生的作品,《左传》中还有一些记载,如僖公五年《传》记士蒍赋:"狐裘尨茸,一国三公,吾谁适从?"杜预注:"士蒍自作诗也。"此自作诗,是士蒍据眼前事而发,直言之,亦不歌而诵,符合赋的特点,故《左传》记为"退而赋"。又如僖公二十八年《传》:"楚师背郤而舍,晋侯患之。听舆人之诵曰:'原田每每,舍其旧而新是谋。'"《左传》称为诵,即不歌之诵,亦赋也。此外,《左传》及其他诸子书中所记谣、讴、谚等,亦合于赋的特点,皆出自民间自作。《左传·宣公二年》记宋城者讴:"睅其目,皤其腹,弃甲而复。于思于思,弃甲复来。"华元则让其骖乘亦讴答曰:"牛则有皮,犀兕尚多,弃甲则那?"妙在有讴有答,皆就眼前事自作诗直言之,名虽为讴,实即赋。又典籍所记之歌,当以一种声调唱出,但不须乐配,内容亦就眼前事自作词,实质上与诵、讴相类,亦是赋类。如《左传·哀公二十年》记哀公及齐侯、邾子盟于顾。齐人责稽首,因歌之曰:"鲁人之皋,数年不觉,使我高蹈。唯其儒书,以为二国忧。"又《论语·微子》所记楚狂接舆之歌等,虽名为歌,实即赋体。

班固《汉书·艺文志》又引《传》曰:"不歌而诵谓之赋",这是赋的又一个定义,与《国语》所记的瞍赋又有不同。据韦昭说,瞍赋的辞是"公卿列士所献诗",则瞍所赋非自己所作辞,而班固所说的"不歌而诵谓之赋",据班固自己的解释是:"言感物造耑,材知深美,可与图事,故可以列为大夫也。"这是说从登高感物而赋中,可以考知一个人的才能,可者则为大夫。这"登高能赋"所赋的内容是什么呢?是引《诗》呢,还是辞自己作呢?孔颖达《正义》这样解释说:"升高能赋者,谓升高有所见,能为诗赋其形状,铺陈其事势也。"据此,似乎所赋者非《诗》,而是自己作辞。又据《毛诗·定之方中》传说:"建邦能命龟,田能施命,作器能铭,使能造命,升高能赋,师旅能誓,山川能说,丧纪能诔,祭祀能语,君子能此九者,可谓有德音,可以为大夫。"这并列的"九能",都指作者自己的能力,而铭、诔、说、语等,都是作者自己造辞,亦可证这个登高能赋,所赋即作者自己语辞。这说明赋自六义之一的写作方法,发展至赋诗言志的称引方法,再至赋自己所作辞,已经具备了一种文体产生的条件,具有了这种文体需要的特征,赋文体的产生,也就是自然而然的了。《韩诗外传》卷七记孔子游于景山,曰:"君子登高必赋,小子愿者,何言其愿,丘将启汝。"于是子路、子贡、颜渊各为赋,此引颜渊所赋:

> 愿得小国而相之。主以道制,臣以德化,君臣同心,外内相应。列国诸侯,莫不从义向风,壮者趋而进,老者扶而至。教行乎百姓,德施乎四蛮,莫不释兵,辐凑乎四门。天下咸获永宁,蝖飞蠕动,各乐其性。进贤使能,各任其事。于是君绥于上,臣和于下,垂拱无为,动作中道,从容得礼。言仁义者赏,言战斗者死。则由(子路)何进而救?赐(子贡)何难而解?[29]

这个记载对于赋文体的产生,具有非常重要的文献意义,虽然我们知道《韩诗外传》所记并非孔子师生间的真实谈话,而是汉人的议论,但这一记载向我们证明了"登高而赋"是怎样的情形,也证实了我们上文所说的赋文体正是在称引方式之下而产生的论断。从上引子贡这篇文字看,的确符合汉人对赋的认知特征。

从以上的叙述可以看出,赋本源于《诗》之六义,本是写诗的方法,后引申为诵诗的方法,再引申为赋诗,随着乐诗的分离,赋文体渐渐产生了,故班固《汉书·艺文志》说:"周道寖坏,聘问歌咏不行于列国,学诗之士,逸在布衣,而贤人失志之赋作矣。"[30]上举典籍所记诸赋、讴、谣、谚、歌等,虽未必皆是贤人失志之士,但能够临事而作词,皆合赋的特点,故赋作为这种形式下写作的文体总名,也就自然而然地建立了。这种形式的赋,早期都还显示出短歌的特征,但到战国时,游士骋词,则又在这种形式上发展为长篇。章太炎先生《检论》卷五说:"纵横出自行人,'短长'诸策,实多口语。寻理本旨,无过数言,而务为纷葩,期于造次可听。溯其流别,实不歌而诵之赋也。秦、代、仪、轸之辞,所以异于《子虚》《大人》者,亦有韵无韵耳。"[31]章太炎先生以战国策文为赋,不求有韵与否,本质上应该是合理的,因为自春秋以来,如班固所说,学诗之士,逸在布衣,贤人失志者,心有所感,故临事自作词,这种写作的方法和形式,也合于战国策士。这是从赋文体的本质上而论,但文体既然有别,尤其是战国策文已经独立形成其文体特征,就不能再视为赋体了。不过,太炎先生的这种认识,对我们理解赋由作诗的方法到引诗的方法,再到独自成立为一种文体的过程,是一个很好的启发。

四、赋文体的原始面貌及发展

最早的赋是什么样的文体,是否即汉人概念中的赋,限于材料,难以详知。我们现在能够见到最早标明为赋的文体,是荀子的五赋。这五篇赋的特点是谐隐的形式,在今本《荀子》中排在第二十二,但据唐人杨倞说,刘向整理时排在第二十六篇。那么这种文体命名为"赋",到底出自荀子本人,还是后人整理时所加呢?如果出自荀子本人,则见赋作为文体已经出现在战国末,说明战国末时赋作为文体已经具有了特征。目前尚未有明确的证据证明这一点,金德建先生《荀子赋篇作于秦地考》[32],提出四个证据证明此赋当作于秦时,甚至是秦始皇统一全国以后。他所提的四个证据都有道理,尤其是第三个证据,根据秦杂赋不入《汉书·艺文志》的"杂赋类",而入于"荀卿赋",证明荀卿赋当作于秦地,确为有理。这可见秦人杂赋与荀子赋篇属于同一种文体类型,而荀子之所以写作这样的文体,正是因为他入秦后受到秦人流行这种文体的影响。不过,金德建先生并不以为此赋是荀子所写,推论以为荀卿弟子李斯所作,这个意见推测成分太多,没有任何证据,我们不取。

秦杂赋今已不传,《汉书·艺文志》赋类列有四类,第四类是杂赋,但秦杂赋不入从名称上看相同的第四类,却入于荀卿赋类,说明秦杂赋的"杂"并非文体杂乱之"杂",当如《文选》诗类中"杂诗"之杂。按照李善的注,是不拘流例的意思,五臣注为"兴致不一",是说其文体虽然是诗,但兴致不一,所以总列为一类,称为杂诗。秦杂赋也是如此,其特征是产生于秦地的赋,但非一人、也非一类,而总体特征又与荀卿赋相类,故总称"杂赋"。至于第四类,从《汉志》所列名称看,有客主、杂行出、颂德、杂四夷、兵赋、杂中贤失意、杂思慕悲哀死、杂鼓琴剑戏、杂山陵水泡云气雨旱、杂禽兽六畜昆虫、杂器械、草木、大杂、成相杂辞、隐书等。与前三类明确有主名者完全不同。此类作品不仅无主名,甚至不知产生于何时、何地。秦杂赋应该也属无主名者,但其能入于荀卿类,可能是与荀卿类赋特征相类,此外,这一类作品可以明确定为秦人所作,因此并非如第四类杂乱无可统例,甚至为汉人所作有关。因此,我们认为,秦人杂赋当与荀子的赋相类,荀子利用当时民间流传的俗体略为加工,锻炼成篇,题名曰赋。赋的命名,或当时在民间已经有这种称呼,荀子取赋之名,而又据自己所作文主题,分别加以礼、知、云、蚕、箴等题。当时在民间流传的赋,应该包含了多种形式的说唱文,如成相等都可称为赋。由于其通俗的形式,并不入文人之眼,但在民间流传却很广,为下层人所熟悉。所以秦人在统一天下之后,树立政令,便广为利用这种形式宣传政府的政策,如睡虎地秦简之《为吏之道》等便是。秦人不重文学,但杂赋却盛极一时,这与秦地文明化不如东方六国、文风不盛有关。就地域看,秦地处西北方,不如东方六国之重经学,亦不如南方楚人之重文辞,因此,这种杂赋在秦时主要流传在秦地为主的北方。及至汉统一天下,地处东方徐楚的刘姓入主长安,原东方各诸侯国之才智之人亦多汇聚于长安,应该对秦人杂赋有所了解。这种杂赋虽未必能入东方文人眼目,但他们应该知道并熟悉了这种文体,因此也能作为文献入藏于汉之中秘。这种文体应该在民间会有流传和使用,但被视为俗文,不一定会被士大夫看重,故传世文献也不加记载。

这种被称为赋的文体,有一个非常重要的特征,就是它的包容性,即它能够将先秦时期的诗、书等文献之外各种不同的押韵的俗文体都包括在内,因此它的实用性强,这在文体正处于发展时期的秦汉时,是一个很好的能被士庶接受的条件。汉之初,士人可能不会看重这种俗文体,但对汉代初年的士人来说,他们有政治和社会现实生活的多种需要,官府规定的文体,如笺、奏、表、疏等,远远不能满足他们日常生活的需求,因此,这种能够包含多种形式的杂赋文体,应该能够提供他们在不同场合中使用。比如前举《韩诗外传》所记孔子弟子游景山时所赋之文,则是利用了这种杂赋形式而赋以政事内容。正因了这个原因,汉初因文体特征不明显,因此它便与许多邻近文体相混,或者说,《诗经》以后,除散体文以外,一些押韵文,也都可称为赋。如"成相辞"、谐隐文、颂等。按汉人往往以赋与颂并提,如《汉书·淮南王传》说武帝每宴见刘安,"谈说得失及方技赋颂,昏莫然后罢"。又如《枚皋传》说:"皋不通经术,诙笑类俳倡,为赋颂,好嫚戏。"这都是赋颂并提,是以颂为赋也。《史记·司马相如传》记相如撰《大人赋》奏上,说:"相如既奏大人之颂,天子大说,飘飘有凌云之气,似游天地之间意。"㉝这是直接以颂称赋了。又《汉书·王褒传》称:"太子(宣帝太子)喜褒所为《甘泉》及《洞箫》颂,令后宫贵人左右皆诵读之。"㉞按王褒有《洞箫赋》,载《文选》,后人不明白汉人关于赋与颂的理解,以为王褒《洞箫赋》以外,又有《洞箫颂》,其实是误识。同样这里的《甘泉》也应是指赋,而非颂。这些文体与汉赋相比,应该说界限还是可以区别的,但像贾谊等辞一类的赋,虽与枚、马不同,但也标赋名,因此后人有以骚体赋名之的,其实亦示区别而已。

杂赋先在秦地流行,汉朝建立以后,因建都于西京,故汉朝文人颇有吸收借鉴。从汉东方朔、枚皋等人常有诙谐一类作品看,似乎可以看出这种文体的影响。前引《汉书·枚皋传》说他"为赋颂,好嫚戏",又说:"其文骫骳,曲随其事,皆得其意,颇诙笑,不甚闲靡。凡可读者百二十篇,其尤嫚戏不可读者尚数十篇。"㉟大概都是指这种杂赋的文体。这一类赋系汉人所作,虽从秦杂赋来,但与秦杂赋又自不同,因此《汉书·艺文志》将其与秦杂赋分别开来,单立杂赋一类。

五、汉赋文体的形成

结合上文讨论,在以下关于汉赋文体形成的讨论中,我主要想就三个问题展开:(一)《楚辞》是如何影响到汉赋的;(二)北方的杂赋是什么样的形态,在赋文体形成过程中占据怎样的地位,起到怎样的作用;(三)纵横家文与赋是什么样的关系,它是如何在赋体成立中发生作用的。

上言楚辞在汉时主要在南方流传,至少在汉文帝时,故楚之地人比较熟悉楚辞。景帝末吴地游士枚乘等去吴游梁,可为楚辞北传的文献记载。楚辞传至朝廷,并令北方文士所知,当以刘安上武帝《离骚传》为有案可稽之文献。朱买臣当也是此时以名《楚辞》而入朝。

至于杂赋,则主要流传在秦地,熟习者当是秦人。汉朝建立后,东方士人入长安,应该对此种文体有所熟悉。杂赋没有流传下来,当与荀卿五赋以及成相辞、谐恢隐语等相合,此种文体长于唱诵,但亦长于铺叙风物。荀卿五赋,虽有寓意,然形式为咏物,故铺写物状为此文体功能,它与楚辞之长于写情抒怀不同。故楚辞与杂赋结合,即汉大赋主要成分。

宋玉有赋,但除了《九辨》外,其余皆有争议。若《高唐》《神女》等长篇铺叙物色,又以赋名篇者,似不当产生于战国末。又,1972年山东临沂银雀山汉墓所出竹简,有20余枚标题为"唐勒"的残简,当代学者或以赋名之,然简题并未标赋名,可见是今人臆度。据整理简报,1号墓的下葬年代在公元前140至前118年之间,2号墓下葬年代在前134至前118年之间。竹简字体属早期隶书,当是公元前179年至公元前118年(西汉文、景至武帝初期)写成。但书写时间的判断,跨度还太大,很难构成对我们判断《楚辞》北传时间的质疑。此外,"唐勒"既为篇题,则此篇是否即唐勒所作,尚待研究,因此简文的性质还有待进一步讨论。

楚辞与杂赋结合,产生如梁孝王门客所作《菟园赋》《柳赋》等,但不能成为长篇,大赋的产生并成为规模,主要是纵横家文经络其中的作用。纵横家产自战国,秦灭六国,纵横之士亦受打击,值秦之时,潜伏于东方六国。至楚汉反秦,纵横家遂起而穿梭于各方势力之间,也起到了一定的作用。有的人如蒯通、郦食其也成名于一时。汉定江山后,纵横家分化,一部分栖身于地方诸王,成为门客,尤其是大国之客,往往蠢蠢而动,仍然保留着战国纵横家的遗绪,为个人私利而谋。也有栖身于朝廷大臣家者,如绛、灌门客,则是战国游客末流。以文才显者,有两类:一类是上智者,如陆贾、贾谊、陈平,既有儒家学术,又有纵横家之文辞,能以此为国家效力;另一类则变而为辞赋之士,因朝廷不好文辞,遂亦托身于地方诸王,如枚乘、邹阳等。他们熟习纵横文辞,亦熟习楚辞,当他们北之梁之后,因梁孝王建宫室台馆,应命咏物,遂以楚辞及杂赋结合而为一体,亦名为赋。但此类赋题材小,且规模不大,不能引起注意,直至枚乘在《反淫》基础上改写为《七发》,以及司马相如写作《子虚赋》,以纵横家文经络其中,大赋规模始成。

讨论如下:

汉赋的正式成立,一般认为是以枚乘《七发》为代表。将《七发》视为赋,是今人的理解,事实上,直到南朝萧统编《文选》仍然单立一体,而没有放在赋体内。《隋书·经籍志》亦将七体类编在箴、铭、诫、赞之体后,皆与赋不相关。汉代班固《两都赋序》历数汉武帝、宣帝时作赋之人,不数枚乘,不过他在《汉书·艺文志》屈原赋类中,却又列入枚乘,这可能与前面所说的汉人关于赋的大观念所致。从文体辨析的角度看,自汉魏乃至元明,七体亦未纳入赋类。但至清代姚鼐编《古文辞类纂》,提出新的看法,他说:"辞赋类者,风雅之变体也,楚人最工为之,盖非独屈子而已。余尝谓《渔父》及楚人以弋说襄王,宋玉问遗行,皆设辞无事实,皆辞赋耳。太史公、刘子政不辨,而以事载之,盖非是。辞赋固当有韵,然古人亦有无韵者,以义在讬讽,亦谓之赋耳。"⑱这个观点不同于萧统以下之文体辨析家,但却与汉人认识相符。姚鼐辞赋类不仅收录了屈、宋楚辞,还收录如淳于髡的《讽齐威王》、庄辛的《说襄王》、东方朔的《答客难》、司马相如的《难蜀父老文》《封禅文》、杨雄的《解嘲》《解难》等,这个认识就本质上与我前文所说相合,即汉代士人除了熟悉的五经文献以及公府应用文体外,其因政治社会现实生活需要产生的文体要求,只能另外寻找合适的文体,而这些文体都带有铺叙和骈辞的特征。不过,姚鼐以为不必以韵否为限,但从赋在民间产生的情形看,战国末及秦,乃至汉初,还是以押韵合于说唱为主。姚鼐所认定的《答客难》一类,其实是汉代士人以战国纵横家文与赋结合而创建的一种新文体。这个文体,从性质上看,与赋的铺陈扬厉相合,因此姚鼐将其视为赋,是有道理的。章太炎先生其实继承了姚鼐的说法,他是从骈词论纵横家文合于赋体的。姚、章之论,从本质上说明了纵横家文与赋间的关系,不过,尽管赋体是《诗》不作之后出现的以铺张骈词为特点各体文的总称,但若区分文体,还是应将纵横家文的骈词和《楚辞》的骈词等区分讨论。毫无疑问,纵横家文是赋体发展的重要条件,而纵横家的活动,则是尤其值得关注和讨论的。

我的意见是,在赋的发展过程中,汉初的纵横家文人是关键。汉代初年士人所受影响最多的是战国纵横家文,这从贾山、贾谊、陆贾、晁错等人的文章,明显可见。纵横家文铺张排比,纵横捭阖,最称汉人之心。尤其汉初士人多怀梗概情怀,关注国是,所言多兴亡之事,故虽排比辞句,并不以博文繁饰为意,这与汉武帝时赋家不同。纵横家是战国时显著的士人阶层,他们以个人的才学,穿梭于各诸侯国之间,驰骋说辞,不日间便可位至卿相,纡青拖紫,因此纵横家在当时颇为读书人所羡慕。但随着秦皇统一天下,纵横家失去了用武的场所,势消焰息,但并没有完全灭迹。我们在秦汉的战争中,时常可以看到纵横家的身影,如郦食其、蒯通便是著名者。再如《汉书·张耳陈余传》中的厮养卒、《黥布传》中的随何,都有纵横家的身影。而明言学纵横短长之学的如主父偃、边通等,更是汉代纵横家的代表,《汉书·艺文志》便将主父偃列于纵横家。但随着汉定天下,这些纵横家彻底失去了场所,但我们在汉之诸王的身边,还是看到了具有纵横家性质的人群。如淮南王、吴王、梁王门下诸客,无疑有许多是学纵横之术的人。《汉书·艺文志》著录汉之纵横家者流有《蒯子》五篇,(案,《汉书》本传记其论战国时说士权变,亦自序其说,凡八十首,号曰《隽永》)邹阳七篇、主父偃二十八篇、《庄安》一篇、《待诏金马聊仓》三篇,所录仅此数人而已。蒯通本燕人,游于齐,故高祖称为齐之辩士。生当楚汉相争之时,故颇能以舌建奇功。蒯通是战国策士在汉初的代表,楚汉角立,虽与战国形势复杂多变不同,但尚能为辨士提供舌圃,供其周游棋峙诸方之间,亦往往建奇功。及至汉天下已定,策士失去了游说的场所,汉家制度一定,朝廷不喜无用之策辞,故纵横家"反覆"之技无可施用,故改而栖于地方之诸王。汉初游于地方诸王的士人,人数众多,成分亦杂。有的仍然延续战国纵横家操弄权术、炫辞呈才、蛊惑人主的传统,希冀能在政治角斗中发挥作用,从而取得个人利益。《汉书·淮南王安传》记有客说王曰:"今彗星竟天,天下兵当大起。"此客当即此种纵横家流。《传》又记曰:"王心以为上无太子,天下有变,诸侯并争,愈益治攻战具,积金钱赂遗郡国,游士妄作妖言,阿谀王,王喜,多赐予之。"⑦于此可见汉初诸王窥测王室,而游士则有寻衅以动者。此种游士擅于说辞,往往直陈利害,直取人心,仍存战国策士遗风,如济北王门客公孙玃即是⑧。本来纵横家以权变及利害刻削成技,故修辞不以诚立,务求其能说动人主,因此炜烨其说,张皇其辞,铺张扬厉,不一而足,要之,骋辞是其特征。随着大汉王朝日益强盛,地方诸王虽有觊觎王权者,亦招士养士,以逞其异志。另外一种则与此不同,他们依靠个人熟知古事及善于判断形势、审度轻重的才能,以上客为期许,其所以依附于诸王,主要是朝廷不喜文辨之士,即使有机会也不过郎吏等,不如为大国上宾,如枚乘,景帝召拜为弘农都尉,但他"久为大国上宾,与英俊并游,得其所好,不乐郡吏,以病去官"。再如司马相如,他以赀为郎,景帝时为武骑常侍,但见到梁孝王门下诸士如枚乘、邹阳后,遂以病免官,乐得游梁为客。汉初诸王称大国者,有淮南、吴、楚、齐、梁,诸王皆能养士,而士多纵横者流,这与邹、鲁、河间重经术不同,故《汉书·邹阳传》说:"邹鲁守经学,齐楚多辩知。"㊴辩知者即驰骋文辞之士。我们看淮南王刘安门客既著书,亦有辞赋。《汉书·艺文志》著录淮南王赋八十二篇,群臣赋四十四篇,可见其门下辞赋之士之盛。再如吴王,枚乘、邹阳、严忌皆先游吴,后始游梁。梁孝王自以文帝少子,为太后所宠,《汉书》本传记他"筑东苑,方三百余里,广睢阳城七十里,大治宫室,为复道,自宫连属于平台三十余里","招延四方豪杰,自山东游士莫不至"㊵。梁王广治宫室园囿,促建了辞赋写作的动机,其门下诸客,既有奇术诡谋者,亦有辞赋之士,而辞赋之士实即纵横家的变种。奇术诡谋之士专心于权谋,辞赋之士则借宫室园囿逞才。章太炎先生《国故论衡·辨诗》所言极精辟。他说:"武帝之后,宗室削弱,藩臣无邦交之礼,纵横既黜,然后退为赋家。"㊶纵横家在汉代转变为辞赋之士,并以文辞为其游诸王的长技。因此,我们说,在汉赋的写作和文体的成立,主要是由汉代纵横家文人完成的。

　　值得注意的是,我们看到,梁孝王时,当枚乘、邹阳、司马相如等人聚在一起时,"辞赋"一词便开始大量使用了。如《汉书·枚乘传》说枚乘"复游梁,梁客皆善属辞赋,乘尤高"㊷。这是孝王二十九年,即景帝前元七年(前150)时事,枚乘游梁,《通鉴》系在景帝前元二年,至此约五年时间,枚乘诸人已经成功在梁国以写作辞赋引起了朝廷文人的注意,因此,司马相如才在梁孝王入朝时,因慕枚乘诸人而弃官游梁。梁孝王二十九年之前枚乘诸人所写辞赋有哪些作品,是什么样面貌,尚不得而知。《西京杂记》卷四记梁孝王游于忘忧馆,集诸游士各使为赋,其中未有司马相如,或此游在二十九年之前。观诸士所赋,皆咏物之作,且寓隐意,与荀卿赋略相似,赋文以四言写物居多,往往带以楚辞句式，似是辞与杂赋的混合体，或是枚乘诸人集诸梁国后，受杂赋影响所创新体，可视为大赋产生的前奏。

梁国是研究辞赋不可忽略的地方，贾谊是汉代朝廷文人中最早知道屈原的人，他从长沙到梁国，可能会把《楚辞》带过来。但当汉文帝时，这种作品在梁国也没有引起人们的注意，所以没有见到相关的记载。其后枚乘诸人从吴国来，他们在吴时应该熟知《楚辞》了，当他们游梁后，自然会以楚辞作为写作的基础。但《楚辞》抒写个人情志较为合适，若托谕寄讽，或铺叙风物，可能不如杂赋，所以当梁孝王广建宫室馆阁平台，并要门客们歌咏时，他们就要创造一种新的文体了。《西京杂记》所记枚乘诸人赋，就是这种背景下创作的新文体。

《西京杂记》所记诸赋，规模狭小，题材内容也很平庸，并不足以引起人们的注意，但当枚乘创作写出了《七发》，以及司马相如写出了《子虚赋》，其规模体制恰与汉武帝王朝奋发有为的气象相合，因此带来了文体上的革命，标志着汉大赋的成立，也为武帝朝在润色鸿业的要求上建立了恰当的文体。

枚乘的《七发》写作于何时，学术界有争议，我的意见是，不排除写在梁孝王时，其在吴时确曾写过类似《七发》的作品，这就是北大所藏汉简《反淫》。《反淫》的内容与《七发》多数相合，不仅涵《七发》所言七事中的六事，文辞字句亦多相符，仅辞句顺序有变化而已。但《反淫》所叙不止七事，而至少涉及十四事，尤其是《反淫》没有观涛的描写。在现存的《七发》结构里，观涛一段最为人所称道，但大家似乎都没有注意到观涛的文字与全文结构不甚相合，其篇幅明显较其他六事博繁且精彩富艳，尤其是极写涛水之种种情状声态，令人心魄振动。只此一节，后人郭璞、木华则敷衍为《江赋》《海赋》，结构全以此为蓝本，因此，结合《反淫》，我认为观涛一段是枚乘在《反淫》的基础上添加上去的，观涛一段文字应晚于其余六事的写作。《反淫》的作者不能确知，但观其涵盖《七发》，应当与《七发》有关。又由于《反淫》罗列达九事之多，明显是七事还未固定前的蓝本。《反淫》未以数字标题，则见作者命题还是根据内容而定，至枚乘固定七事后，或枚乘定名为"七发"，或后人更定，已不能明了。《七发》以吴客说楚太子铺展全文，《反淫》则以魂魄对话构成。这是一个很有意思的现象，如果枚乘《七发》写于吴王时，且谏吴王谋反事，内容敏感，应该不会直接以楚太子和吴客生题,而像《反淫》中以魂魄对话,则没有这个担忧。以魂魄对话构结全文,既合《渔父》传统,亦与战国以来问答体有关,这也是汉人依据文与辞两种文体改造后所创的新体㊽。

此外,无论《反淫》还是《七发》,所言诸事皆简明扼要,含讽喻之意,但像观涛一段,则与这个主题脱节,而纯粹是辞人骋辞夸物露才之作。因此,若说是《七发》实际上是枚乘到梁国以后,与诸辞赋之士切劘研讨,对《反淫》重加编写的作品,也是可说得通的。枚乘此时与司马相如、邹阳诸人,结合楚辞、纵横家文,以及北方流传的可以唱诵的杂赋,遂创为一新文体,概名之曰赋。《七发》因是在《反淫》基础上改写,故不名为赋,但其改写可能在《菟园赋》之后。可作为参照的文献,是司马相如在孝王二十九年,即前149年游梁,居数岁而作《子虚赋》,是见具有大赋规模的赋体,包括《七发》体的形成,应该是这个时期成立的。而据《西京杂记》所载,梁孝王诸客所写赋,多为咏物赋,这与枚乘的《七发》不同,也与司马相如的《子虚赋》不同,应该与秦杂赋文体更相近。这说明成立于梁孝王时的赋,虽有司马相如的《子虚赋》,也有诸客所作的咏物杂赋,其总名都是赋。由于司马相如的赋更具规模,影响更大,尤其是武帝的喜爱揄扬,遂使得这种赋广为人传,并成为汉赋的代表作,其余赋体则渐渐湮没不闻了。

从上讨论的结论是,汉赋文体的形成,由多重因素构成。就文体说,战国末以来流行于民间的说唱文体,总名为赋,至秦发展成为具有特征的秦杂赋。这种文体流行于以秦为中心的西北地区。汉代取得政权以后,东方士人入汉中,对这种文体有所熟悉,士庶中应该有所使用。与此同时,战国以来的纵横家并未消歇,在秦汉战争中,随处可见纵横家身影。他们惯于使用的纵横策文,在秦汉之争中一直在发挥作用,而当汉得天下,纵横家文仍然是当日士人擅长的文体,从陆贾、贾谊、晁错等人文可以见出。这种以骋辞为特征的文风,影响产生了多种文体,如问答体、辩难体,甚至书疏等。纵横家文在他们手里,又在汉代一统政权中得到了新的发展,他们以之论国是,辨存亡,排闼推阖,气势扬厉。这种文体写作主要表现在朝廷文人身上,至于游于诸王门下之士,则无如此宏达眼光和气局,往往以文辩为诸王所喜,故由游士变为辞赋之士,他们将流行于楚地的辞和汉初以来未衰歇的纵横家文,以及秦以来在北方流行的杂赋结合起来,遂创出赋体。其中由于司马相如《子虚赋》更符合汉人美学要求,遂成为汉赋的代表作,并被视为汉赋成立的标志,其实过程并不如此简单,而如上所言复杂得多。

原载《北京大学学报》2018年第5期,82—94页。

注　释

① 范文澜《文心雕龙注》,人民文学出版社,1998年,134页。
② 《论语·子路》,《十三经注疏》本。
③ 范文澜《文心雕龙注》,137页。
④ 曹道衡《汉魏六朝辞赋》,上海古籍出版社,1989年,6页。
⑤ 曹明纲《赋学概论》,上海古籍出版社,1998年,26页。
⑥ 洪兴祖《楚辞补注·离骚》引,中华书局,1983年,50页。
⑦ 范文澜《文心雕龙注》,134页。
⑧ 丘琼荪《诗赋词曲概论》,中国书店,1985年,139页。
⑨ 《章氏遗书》,文物出版社1985年据吴兴刘氏嘉业堂刊本影印本,106页。
⑩ 商务印书馆,2010年,128页。原标点有误,今改正。
⑪ 马积高《赋史》,上海古籍出版社,1987年,7—9页。
⑫ 参见《游国恩楚辞论文集·楚辞概论》,中华书局,2008年,88—94页。
⑬ 参见马茂元《楚辞选·离骚解题》,人民文学出版社,1980年。
⑭ 《史记》,中华书局,1982年,2492页。
⑮ 《史记》,2484页。
⑯ 《史记·屈原贾谊列传》记贾谊曾被汉文帝召回朝廷,对谈宣室,但居长安时间甚短,不能作为这时已经将《离骚》传回长安的根据,2503页。
⑰ 《汉书》,中华书局,1962年,2145页。
⑱ 《史记》,3300、2482页。
⑲ 参见班固《离骚序》,王逸《楚辞章句》引。洪兴祖《楚辞补注》卷一,中华书局,1983年,48页。
⑳ 王念孙《读书杂志·汉书杂志》"离骚传"条,江苏古籍出版社,1985年,296页。
㉑ 此段材料及论证参见杨树达《离骚传与离骚赋》,《积微居小学述林》卷六,中国科学出版社,1954年,257－262页。又参见余嘉锡《目录学发微》四《目录书之体制二·叙

录》,商务印书馆,2011年,43—44页。
㉒ 《汉书》,1668页。
㉓ 《汉书》,2791页。
㉔ 刘跃进《秦汉文学编年史》系于武帝元朔三年,商务印书馆,2006年,157页。
㉕ 《汉书》,2503页。
㉖ 核诸文献,班固之前言诗六义者,有《周礼》和《毛诗序》,然若为《周礼》,似不应略称"或曰",故颇以为班固实用《诗序》,但《毛诗》在班固时尚不显,因此《汉书·艺文志》也仅称"又有毛公之学",是班固对《毛诗》所知甚少的缘故。
㉗ 贾公彦《周礼注疏》说:"凡言赋者,直陈君之善恶,不假外物为喻,故云铺陈者也。"按,此《疏》"不"字阮元《十三经注疏》本作"更",无校,《四库全书》本作"不",当以"不"字为是。
㉘ 《士礼居丛书》本,清嘉庆黄丕烈读未见书斋刻。
㉙ 许维遹校释《韩诗外传集释》,中华书局,1980年,268页。
㉚ 参见拙文《赋的来源及其流辨》,《上海师范学院学报》1984年第3期。
㉛ 章太炎《检论》,《章太炎全集》,上海人民出版社,2014年,第三册,507页。
㉜ 参见金德建《古籍丛考》,《中华文史精刊》,中华书局、上海书店,1986年,52—53页。
㉝ 《史记》,3063页。
㉞ 《汉书》,2829页。
㉟ 《汉书》,2366页,2367页。
㊱ 姚鼐《古文辞类纂》,上海古籍出版社,1998年,16—17页。
㊲ 《汉书》,2146页。
㊳ 《汉书》,2356—2357页。
㊴ 《汉书》,2353页。
㊵ 《汉书》,2208页。
㊶ 章太炎《检论》,《章太炎全集》,第三册,128页。
㊷ 《汉书》,2365页。
㊸ 关于《反淫》的研究,参见傅刚《北京大学藏西汉竹书〈反淫〉简说》,《北京大学藏西汉竹书(肆)》,上海古籍出版社,2015年。

文学与图像

——北宋乔仲常《后赤壁赋图》对苏轼原作意蕴的视觉诠释

张 鸣

引 言

  文学与绘画本是表现媒介完全不同的艺术门类,但在中国古代艺术传统中,"诗画本一律"(苏轼)是一个基本的共识。在古人的艺术实践中,文学和绘画艺术,可以互相转化,互为补充,即所谓"诗中有画","画中有诗"(苏轼)。大量的题画诗以文学手段表现绘画内容,而绘画则更是经常以文学作品作为题材来源,如各种诗意画及《九歌图》《豳风图》《洛神赋图》《唐诗画谱》《诗余画谱》等画卷与画册,都是画家利用绘画形式再现诗词意境的作品。戏曲、小说的绣像插图,也是将文学描写的故事内容转换成了图像形式。

  以文学手段题咏绘画内容的题画诗,一直是古代文学研究的重要对象,相比之下,取材于文学作品的绘画,更多是在艺术史研究领域受到关注,而立足于文学立场、着眼于绘画图像如何再现文学文本内容、图像审美如何再现文学审美等研究角度,则似未受到充分重视。因此,古代历史上文学文本转换为绘画文本的现象,还值得从文学研究的立场出发作深入的探讨。

  从文学研究的立场出发,有以下问题值得考虑。首先,绘画图像如何再现文字文本的内容,画家如何处理绘画的直观性与文学的非直观想象性之间的冲突,从而实现两种艺术媒介之间的转换;其次,画家如何根据自己对文学作品的理解和想象,重塑情节、细节与形象,从而揭示文学作品的精神和审美内涵;再次,画家以绘画作品表现文学文本内容,如何处理再现文学作品内容和表现自己精神情趣和艺术个性的关系;复次,绘画图像再现文字文本的虚构性想象,能够为后人解读文学文本提供哪些启发;最后,绘画对文学作品意境的再现,关涉到画家如何解读文学文本的问题,从古代文学作品解读和批评的立场看,历代画家群体对文学作品的解读、接受和评价,有哪些特点和意义。这些问题都值得认真总结和讨论。

本文以《后赤壁赋图》对苏轼原作的诠释和再现为例,谈谈对相关问题的看法。

《后赤壁赋图》是北宋画家乔仲常的名作,是一幅有山水、有人物的巨幅长卷,构图完整,规模宏大。2012年,上海博物馆馆庆60周年,举办"翰墨荟萃——美国收藏中国五代宋元书画珍品展",乔仲常《后赤壁赋图》为展品之一。展览开展前,笔者应策展方邀请,撰写了《谈谈乔仲常〈后赤壁赋图〉对苏轼〈后赤壁赋〉原作意蕴的视觉再现》一文,刊载于上博为配合展览而编辑出版之《翰墨荟萃——细读美国藏中国五代宋元书画珍品》[1]一书。当时尚未看到《后赤壁赋图》的原件,只根据电子版图像写成,且因目疾手术影响,交稿时间匆促等原因,对画卷的阅读理解比较粗略,对画家揭示苏轼原作主题的匠心,也未能仔细体会,文章也未能仔细斟酌,留下不少遗憾。该文发表后,因有幸在上博的这次展览上仔细观赏了画卷原件,对画家的匠心也有了新的理解,且因在友人帮助下查到了苏轼手书《后赤壁赋》碑帖,为解决相关问题提供了重要根据,故一直想另撰一文,弥补前文的疏漏和遗憾。今趁此机会聊将谫陋心得,重新整理,再陈鄙见,以就教于方家。

一、关于乔仲常及其《后赤壁赋图》

《后赤壁赋图》曾由清宫收藏,《石渠宝笈初编》卷三二著录"宋乔仲常后赤壁赋图一卷",并云:"卷中幅押缝有醉乡居士梁师成美斋印、梁师成千古堂、永昌斋、汉伯鸾裔、伯鸾氏、秘古堂记诸印。"辛亥革命后,《后赤壁赋图》辗转流落到美国,今藏美国堪萨斯城纳尔逊-阿特金斯艺术博物馆(Nelson-Atkins Museum of Art)。全卷以八幅纸粘接,拖尾有北宋赵德麟题跋:"观东坡公赋赤壁,一如自黄泥阪游赤壁之下,听诵其赋,真杜子美所谓'及兹烦见示,满目一凄恻。悲风生微绡,万里起古色'者也。宣和五年八月七日,德麟题。"②赵德麟为苏轼门人,宣和五年为公元1123年,这是此画的创作下限,这时距苏轼去世仅仅二十三年,距苏轼写作《后赤壁赋》,也不过四十二年③。

《后赤壁赋图》作者乔仲常,南宋邓椿《画继》卷四有云:"乔仲常,河中(治所在今山西永济蒲州镇)人。工杂画,师龙眠。围城中思归,一日,作《河中图》赠邵泽民侍郎,至今藏其家。又有《龙宫散斋》手轴、《山居罗汉》《渊明听松风》《李白捉月》《玄真子西塞山》《列子御风》等图传于世。"记载虽然比较简略,但因此可知他曾师事与苏轼交往密切的北宋大画家李公麟④。

《后赤壁赋图》以长卷形式再现苏轼《后赤壁赋》描写的夜游赤壁的全过程,画面具有十分明显的叙事性。画家将原作分切为九个段落,依原赋叙述的顺序次第在一个统一的时空范围中展开,直接将文学作品的表现内容转换为视觉形象,并将《后赤壁赋》分段题写在相对应的画面上,文学描写与画面形象构成生动的呼应补充关系⑤,对苏轼原作的思想意蕴具有独特的解读阐释和再现,为理解苏轼原作,提供了不少重要的启发。

关于《后赤壁赋图》的作者,也存在一些疑问。

大体上,目前艺术史学界大多数学者都认同作者为北宋乔仲常,如徐邦达⑥、谢稚柳、杨仁恺⑦、[美]高居翰⑧、[日]板仓圣哲⑨、翁方戈⑩、王克文⑪、万青力⑫、陈葆真⑬、衣若芬⑭等。或认为即使不是乔仲常,画作的时代也是北宋,如李军《视觉的诗篇——传乔仲常〈后赤壁赋图〉与诗画关系新议》一文,认为虽不能肯定作者一定是乔仲常,但时代应是宋代尤其是北宋,并说:"无论该画的作者是不是乔仲常,它无疑是中国美术史上最伟大的绘画作品之一。"⑮

质疑者则有丁羲元和赵雅杰。

丁羲元《乔仲常〈后赤壁赋图〉辨疑》认为:画卷存在明显的临摹习气;作者应是一位有生活体验的、又精于传统的人物白描艺术,而却并非精通文学的画家,甚至是民间艺术家如陆远之辈,而非乔仲常。丁的结论:其原本创作不应早于南宋,而其摹本之年代当在明清之间⑯。

赵雅杰《传乔仲常〈后赤壁赋图〉研究》一文推断乔仲常《后赤壁赋图》"赋

文题写的时间应是在明代初期之后,更加具体的是明代中期,大约为 16 世纪初至 16 世纪 70 年代之前",而画作"创作时间为嘉靖至隆庆初年即 16 世纪 40—70 年代。"[17]

关于该画时代和作者问题,不是本文讨论的重点,本文的重点放在讨论绘画和文学的关系,着重讨论画卷对原作意蕴的视觉呈现和主题揭示。作者是不是乔仲常,并不影响本文的讨论。至于时代,本文认同多数学者的观点,尤其是李军论文的结论,即画卷的时代应该是宋代尤其是北宋。

二、《后赤壁赋图》对《后赤壁赋》的形象转换及意蕴揭示

下面先从分析《后赤壁赋》原作的意蕴和写法入手,进一步解读《后赤壁赋图》如何以视觉形象再现原作意蕴的匠心。

(一)《后赤壁赋》的文学意蕴

后赤壁赋

是岁十月之望,步自雪堂,将归于临皋。二客从予过黄泥之坂。霜露既降,木叶尽脱。人影在地,仰见明月,顾而乐之,行歌相答。已而叹曰:"有客无酒,有酒无肴,月白风清,如此良夜何?"客曰:"今者薄暮,举网得鱼,巨口细鳞,状如松江之鲈。顾安所得酒乎。"归而谋诸妇。妇曰:"我有斗酒,藏之久矣,以待子不时之须。"

于是携酒与鱼,复游于赤壁之下。江流有声,断岸千尺。山高月小,水落石出。曾日月之几何,而江山不可复识矣。

予乃摄衣而上,履巉岩,披蒙茸,踞虎豹,登虬龙,攀栖鹘之危巢,俯冯夷之幽宫,盖二客不能从焉。划然长啸,草木震动,山鸣谷应,风起水涌。予亦悄然而悲,肃然而恐,凛乎其不可留也。反而登舟,放乎中流,听其所止而休焉。时夜将半,四顾寂寥。适有孤鹤,横江东来,翅如车轮,玄裳缟衣,戛然长鸣,掠予舟而西也。

须臾客去,予亦就睡。梦一道士,羽衣翩跹,过临皋之下,揖予而言曰:"赤壁之游乐乎?"问其姓名,俯而不答。呜乎噫嘻!我知之矣,"畴昔

之夜,飞鸣而过我者,非子也耶?"道士顾笑,予亦惊悟。开户视之,不见其处。

《后赤壁赋》开篇第一句,"是岁十月之望"的"是岁"指的是《前赤壁赋》所谓"壬戌之秋,七月既望"的"壬戌"岁,即元丰五年。若孤立地看,这个开篇不免突兀,但结合《前赋》来看,就十分自然,起到了提醒读者注意将本文与《前赋》联系起来阅读的作用。不过,这两篇《赤壁赋》,虽然文体相同,且都是夜游赤壁的记游之作,存在许多内容上的关联和对照,但在季节、气氛、感情意蕴和具体的艺术表现上又很不相同。前人阅读评析《后赋》,就经常将其与《前赋》联系、对照、比较其各自特点,比如《古文观止》卷一一评《后赤壁赋》云:"前篇写实情实景,从'乐'字领出歌来;此篇作幻境幻想,从'乐'字领出叹来。一路奇情逸致,相逼而出,与前赋同一机轴,而无一笔相似。"[13]确实,将两者联系起来分析,是揭示《后赋》艺术意蕴的最好的方式。

若从写法上看,《后赤壁赋》不同于《前赋》最突出之处在于其叙事性,《前赋》虽然也用"直陈其事"的笔法来写,但重点在主人与客人的对话,结合江山风景的描写,紧扣着"水"与"月"书写作者对自然、人生的理性认识,写法以议论说理为主。这篇《后赋》则记录再一次夜游赤壁的经过,先交代事情的缘起,从月下夜行,临时起兴夜游赤壁,再写来到赤壁之所见,再写舍舟登山,在险峻幽深的山顶密林中,产生悲哀和恐惧的心情变化,再写返回舟中,放乎中流,与"孤鹤"相遇,一直写到归家就睡,梦见道士,在梦醒惊悟处文章结束。全文记事,虽然有详有略,有起伏,有重点,但事情的来龙去脉,复游赤壁的全过程,都按照时间顺序进展,在叙述性的笔调中交代得清清楚楚,而抒情和哲理意蕴的表现,则寄寓在形象的描写和事情过程的叙述之中,这就与《前赋》形成了鲜明的对照。为分析方便,《后赋》全文大致可分为四段来看。

第一段交代这次夜游赤壁的缘起,与友人月下夜行,从雪堂过黄泥坂归临皋亭,途中,"月白风清"的景色之美,使人"顾而乐之",情不自禁与友人"行歌相答"。但对此良夜,只到这儿还不尽兴,于是便产生了进一步的夜游之兴。这一段看似简单地交代这次夜游赤壁的起因,但交代之中却处处都见匠心。比如开篇一句"是岁十月之望",明显将这次夜游赤壁与"壬戌之秋,七月既望"

的前一次夜游赤壁勾连起来,提醒读者注意全文都处在与《前赤壁赋》遥相呼应又处处相避的张力之中。又比如"霜露既降,木叶尽脱"的描写,八个字概括了初冬季节的清冷、肃杀,与《前赤壁赋》描写初秋天气的爽朗、高洁不同,暗示了前后两次赤壁之游的心情不大一样。又如这一段对月光的描写,是因"木叶尽脱",月光可以直射地面,把人影投射到地上,于是才有从"人影在地"的视觉描写进而到"仰见明月"的动作描写,就描写叙述的过程而言,既鲜明生动,又细致曲折。当然,第一段的交代,值得注意的还有"客"和"妇",若无客人的善解人意和凑趣,这次夜游赤壁的兴致也就得不到响应,若无家中妻子平时藏下的酒,缺了如此重要的助兴之物,夜游赤壁同样没了兴致。总之,第一段文章写到这儿,夜游赤壁的主客观条件都完备了,情绪也铺垫好了,接下去就该进入正题,进入赤壁之游的过程了。

第二段写作者与客人携酒与鱼来到赤壁之下,正式开始了第二次的赤壁夜游。这一段是本文描写江上风景最为精练出彩的部分。前面强调了"复游"二字,便提醒读者注意将后面的风景描写与《前赤壁赋》加以对照。"江流有声,断岸千尺。山高月小,水落石出"四句,写初冬的江上风光。"江流有声",先从听觉入手,写夜游赤壁时先闻江声,然后以"断岸千尺"的视觉形象刻画冬季水位下降之后赤壁江岸的险峻,从而让人产生夜游赤壁的身临其境之感。这和《前赋》以"清风徐来,水波不兴"两句形容江上风景让人若置身江上而生清风拂面之感的写法完全不同。而"山高月小,水落石出"两句,精确地刻画出冬季江山月夜景色和水位骤降之后的江上风光,和《前赋》"白露横江,水光接天"两句写赤壁江天一色、浩瀚辽阔的秋季景象更是大异其趣,让人印象深刻。总之,《后赋》写江山风景的这一段,同是赤壁之游,同样写了江水和月亮,但季节不同,时间不同,风景也就不同,文章的写法也随之不同。当然,种种不同,都在强调一件事:"水"和"月"虽在,但水势已经下落,月亮也已经变小,"江山"却已"不可复识",读到这儿,读者自然而然就会联想到《前赤壁赋》"逝者如斯,而未尝往也;盈虚者如彼,而卒莫消长也。盖将自其变者而观之,而天地曾不能以一瞬;自其不变者而观之,则物与我皆无尽也"一段议论。两篇赋的内容就在这样的细节中自然而然地联系起来了,不过,类似的意思,《前赋》直接以议论出之,本文则只描写风景本身的变化,自然见其理趣,写法还是不同。

　　第三段从第一人称的视角,写攀峭壁、登危岩以及下山之后放舟中流的经过和见闻感受,颇有一点神秘惊险的气氛。"履巉岩,披蒙茸,踞虎豹,登虬龙"几句,是赋体文章常见的铺排句法,"巉岩",形容峭壁之高峻奇险;"蒙茸",形容草木之茂密杂乱;"虎豹",比喻山石形象之险怪;"虬龙",比喻古树状貌之奇特。在这些形容比喻之中,又连用"履""披""踞""登"四个字写出登山涉险的动作转换,避免了一般赋体铺排常犯的呆板毛病。此外,这一串三字句的短促节奏,又表现登山攀岩途中动作转换之快速,传达急欲登高一览赤壁夜景的心情。到达山顶之后,则以"攀栖鹘之危巢,俯冯夷之幽宫"两句补写凭高望远,俯瞰江面的行为。写到这儿,文章特别交代一句,"二客不能从焉",一方面补充强调这一切登山涉险的行动,都是独自一人完成的,从艺术效果上反衬了"予"的这一行为的特行独立的姿态,另一方面,则为下文表现孤独、悲哀、恐惧的情绪变化作了铺垫。接下去,是几句有声有色的描写,由作者潇洒出尘的"划然长啸"而使得"草木震动,山鸣谷应,风起水涌",这样的情景,有点让人惊心骇目,尤其是深夜独自一人置身其间,触景生情,不免产生孤独、悲哀、紧张、恐惧之感,"悄然而悲,肃然而恐,凛乎其不可留也"几句,层层递进地写出情感的变化过程,由乐及悲而怖。全文的感情表现,就从开篇的夜游之乐和来到赤壁江上时的适意轻松,转到了悲哀、恐惧,前文"霜露既降,木叶尽脱"两句描绘的初冬季节的清冷、肃杀,到这里也得到了呼应。

　　因山上"凛乎其不可留",作者于是"反而登舟,放乎中流,听其所止而休"。这一节,最特别的是"适有孤鹤,横江东来","掠予舟而西"的奇遇。这只"孤鹤",为这次赤壁夜游增添了新角色,又为后文道士的出现埋下伏笔,成为解读本文思想意蕴最为关键的一环。文章想表达的思想,从这只"孤鹤"的形象上找到了寄托。需要注意在这一段中客人的表现和作者在写作上的处理,作者舍舟登岸之后的行动,都是独自一人,文章还特别强调了一句:"二客不能从焉。"甚至作者返回舟中"放乎中流"的一段记述中,对仍在舟中的客人也没有一个字提及。这样处理,显然是为渲染寂寥环境、表现孤独悲哀心情的需要,但从赋体文章的体式而言,则显得比较特殊。一般赋文,多有主与客双方的描写,有的甚至全文主体都由主客问答构成,即如《前赤壁赋》,客人自始至终都与主人一起参与了夜游赤壁的全过程,而且是其中重要角色,文章主要思想内容的表现,更是通过主与客的问答来完成的。虽然《前赋》是一篇散文赋,但这种主客双写、主客问答的模式,符合一般赋体文的写作规范。而《后赋》的这一段写法,则更进一步突破了赋体文章格式规范的限制,更具有散文的气韵,这也和《前赋》的写法形成了对照。

第四段进入尾声,赤壁之游已经结束,客人已经离去,主人也归家就睡。这段文字,主要记录了作者的一个梦境,通过梦中与道士的对答,渲染出恍惚迷离的气氛。梦中"道士"为现实中掠舟而过的"孤鹤"所幻化,整个梦境与赤壁之游的事实也连成一体,梦境与现实、虚幻与真相,相混一片,真焉幻焉,虚焉实焉,恍恍惚惚,不可名状。最后写作者梦醒之后,不见梦中"道士",也不见现实中的"孤鹤",冷落寂寞的江上一无所有,于是明白,"赤壁之游乐乎"只是梦中的问答,进而可想,刚刚过去的赤壁之游,不同样也是一场梦吗?全文最后两句:"开户视之,不见其处。"不正是苏轼《正月二十日与潘郭二生出郊寻春……》诗所说的"事如春梦了无痕"吗?反观《前赤壁赋》,自始至终,都在实处着笔,从泛舟江上"饮酒乐甚"到主客之间关于人生哲理的问答,再到"相与枕藉乎舟中,不知东方之既白"结束,以及从乐到悲又从悲到乐的感情转换等,都是正面落实的书写,并无一丝虚幻的色彩。相比之下,《后赋》前面几段写赤壁之游,也是真实发生的事实叙述,但到最后却着重写了一个梦境,在虚幻缥缈的气氛中结束全文,作者这样处理,除了在写法上与《前赋》相避之外,还有没有更值得探究的内涵呢?

要分析这个结尾的意义,就不得不提到苏轼"人生如梦"的观念。

"人生如梦"是苏轼文学作品中屡屡出现的说法,可以说是体现苏轼人生观的重要关键词。比如他的《永遇乐》词说:"古今如梦,何曾梦觉,但有旧欢新怨。"《西江月》词说:"休言万事转头空,未转头时是梦。"《南乡子》词说:"万事到头都是梦。"而与《后赤壁赋》作于同一年同一地点的《念奴娇·赤壁怀古》词更有经典的表述:"人生如梦,一樽还酹江月。"同样的意思,苏轼又多在给友人的书信中提到,如《与王庆源书》说:"人生悲乐,过眼如梦幻。"《与宋汉杰书》说:"人世一大梦,俯仰百变,无足怪者。"到苏轼晚年,还在给门人李之仪的信中说:"已前皆梦,已后独非梦乎?"(《与李之仪》)就是说,已经过去的人生都是一场梦,现在和将来的人生,也同样是在梦中。苏轼晚年甚至说:"平生生死梦,三者无劣优。"(《别海南黎民表》)其实在苏轼心目中,生、死、梦三者,不仅无优劣,甚至无界限。无疑,"人生如梦",是苏轼对人生最深刻的体会,以上这些作品,都是对这个观念的概括性陈述,而《后赋》虽然没有正面提及这句话,但通过对夜游赤壁完整过程的叙述,形象而生动地诠释了这个主题。

首先,梦中道士为孤鹤幻化,明显与《庄子·齐物论》"庄周梦蝶"一段中"不知周之梦为蝴蝶与,蝴蝶之梦为周与"的议论有关,但苏轼以更为活泼生动的描写,解消了真实与梦幻的界限,在现实存在和梦境的相互转换中强调了人生虚幻不实的性质。

其次,全文结尾这个具体的梦,可以"惊悟",但从梦中醒来,"开户视之,不见其处",不仅梦境不可寻,连做梦本身也不知是否确有其事,甚至连自己是否置身于真实世界也不可确定。总之,即使从一场梦中醒来,也还是处在"人生如梦"的大梦之中。苏轼在《西江月》词中说:"世事一场大梦,人生几度秋凉?"人生就是一场大梦,苏轼梦见道士的这一场梦,无非是在人生的大梦中所做的梦中之梦而已,明白了这一层含义,则可知道苏轼以"开户视之,不见其处"两句结尾,正为了表现此次的赤壁之游本身也是虚幻不实的"梦游"而已,这正是本文的主题让人觉得有点虚无缥缈、难以捕捉的原因。

苏轼作品中还常常出现"人生如寄"的主题,和"人生如梦"形成对应,如《过淮》诗说:"吾生如寄耳,初不择所适。"此诗乃赴黄州途中作,谓自己对于人生无所选择,任随自然,故无悲无喜。回朝任翰林学士时作《和王晋卿》诗,曾回顾贬黄州时的想法:"吾生如寄耳,何物为祸福?不如两相忘,昨梦那可逐?"从海南北归时作《郁孤台》诗说:"吾生如寄耳,岭海亦闲游。"这样的人生观,是把人生当作自然的一个过程进行观照的结果。实际上,前后《赤壁赋》分别对应了"人生如寄"和"人生如梦"的观念。《前赤壁赋》强调"人生如寄",讨论的是"永恒"和"短暂"的命题,着重表现在"人生如寄"的前提下应该如何度过一生,也就是所谓人生应对方式。《后赤壁赋》表现"人生如梦"的思想,要解决的是如何认识"真实"与"虚幻",着重表现人生从根本上的觉悟问题。从《前赋》到《后赋》,主题各有侧重,但从主题的内容看,又是推进深化的关系。

解读《前赋》和《后赋》精神内涵和写法的不同,最需要注意的是苏轼在作品中的自称。《前赤壁赋》自称"苏子",《后赤壁赋》自称"予"。自称的不同,并非偶然,自称的区别实际反映了二赋虚实真幻的不同,以及认识的不同。《前赋》是在理性地说理,道理可以说服客人,具有客观实在的性质,因此用了较为客观的自称"苏子",以表明自己只是在相对客观地讲述能够为"客"所理解的道理。相比之下,《后赋》着重表现的梦幻感觉,都是从苏轼自己的主观体验出发的,"客"的存在并不重要,有的地方甚至有意忽略其存在。在《后赋》中几个着重书写梦幻感觉的地方,都没有"客"的参与。因此自称为"予",是要强调《后赋》内容的个人性体验特点以及梦幻主题的虚无缥缈的感觉。

对《后赤壁赋》这种从个人性体验生发而来的梦幻感觉和难以捕捉的主题意蕴,《后赤壁赋图》是怎样表现的呢?

(二)《后赤壁赋图》对原作的分段表现和视角安排

首先要注意的是《后赤壁赋图》对原作的分段表现。乔仲常将苏轼原作赋文切分为九个段落,依原赋叙述的顺序次第展开形象描绘,并将赋文分为九段题写于相应的画面上:

第一段:"是岁十月之望,步自雪堂,将归于临皋。二客从予过黄泥之坂。霜露既降,木叶尽脱。人影在地,仰见明月,顾而乐之,行歌相答。已而叹曰:'有客无酒,有酒无肴,月白风清,如此良夜何?'客曰:'今者薄暮,举网得鱼,巨口细鳞,状如松江之鲈。顾安所得酒乎。'"(图1)

图1

第二段:"归而谋诸妇。妇曰:'我有斗酒,藏之久矣,以待子不时之须。'于是携酒与鱼,"(图2)

图2

第三段:"复游于赤壁之下。江流有声,断岸千尺。山高月小,水落石出。曾日月之几何,而江山不可复识矣!"(图3)

图3

第四段:"予乃摄衣而上,履巉岩,披蒙茸,"(图4)

图 4

第五段:"踞虎豹,"(三字单独为一段,题写在树林中)

第六段:"登虬龙,攀栖鹘之危巢,俯冯夷之幽宫,盖二客不能从焉。划然长啸,草木震动,山鸣谷应,风起水涌。予亦悄然而悲,肃然而恐,凛乎其不可留也。"(图 5)

图 5

第七段:"反而登舟,放乎中流,听其所止而休焉。时夜将半,四顾寂寥。适有孤鹤,横江东来,翅如车轮,玄裳缟衣,戛然长鸣,掠予舟而西也。"(图 6)

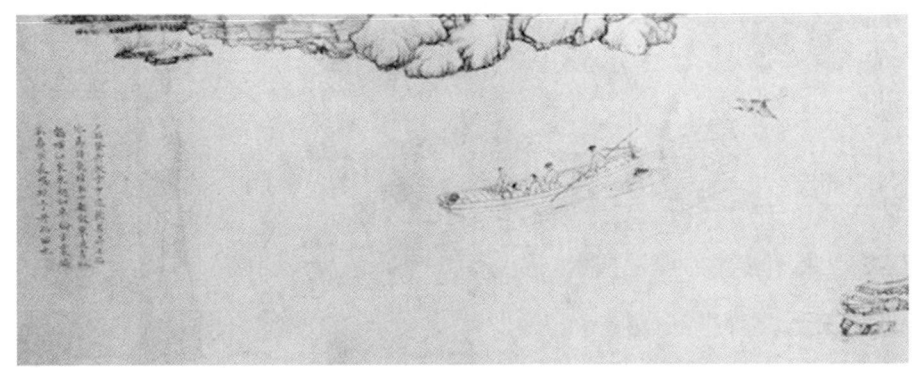

图 6

第八段:"须臾客去,予亦就睡。梦二道士(原文应作"一道士"),羽衣蹁跹,过临皋之下,揖予而言曰:'赤壁之游乐乎?'问其姓名,俯而不答。呜乎噫嘻!我知之矣,'畴昔之夜,飞鸣而过我者,非子也耶?'道士顾笑,"

第九段:"予亦惊悟。开户视之,不见其处。"(图7)

图 7

(三)《后赤壁赋图》对原作思想意蕴的视觉形象再现

从《后赋》文字文本的内容看,分为四段最为合理,而《后赤壁赋图》画卷的九段切分,显然不是从原文的叙述逻辑和层次着眼,而是根据绘画表现的需要和形象再现的方便着手的。这九段画面并非连环画形式,而是画面统一的一个长卷。与九段文字相应的画面,每段描绘一段情节,全图首尾相连,完整统一,段落之间并无明显的间隔。从《后赤壁赋图》的画面处理看,以下问题值得注意。

1. 从文学文本主观视角向画面客观视角的转换以及画中场景、人物的视角处理

文学文本转换为视觉艺术,首先要处理的是视角问题。苏轼的文学原作的人称是"予",是第一人称主观视角,《后赤壁赋图》的多数段落则转换为画家的旁观视角,原作的作者苏轼也成为画家观照表现的对象进入了画中,这类似客观视角的表现。视角的不同,是画卷与原文的明显区别。为分析方便,画卷整体上呈现的视角,不妨称之为画外视角。而画家将原文中人物活动、人物关系以及人与环境的关系落实于画面时,对人物视角的具体处理,不妨称为人物视角。

从整幅画卷看,画外视角是客观视角,而且视线是从正前上方向前下方俯视的角度。这个角度选择非常明显,但不同的段落又有不同的处理,与画面表现内容相结合,进一步联系原文的描写,可知其视角的处理大有深意。而每一段落的人物视角,作为原作意蕴的图像呈现,也有不同的处理,下面具体分析。

第一段,画外视角稍带俯视,画中苏轼侧身面向画面左方,即将展开赤壁之游的方向,并回头与二客说话。

第二段、第三段,画外视角仍然是稍稍俯视,而苏轼的人物视角则是平视的。

画卷的第四、第五、第六这三个段落,可视为一个整体,表现苏轼独自一人,舍舟登岸一段情节,以幽深险峻的画面构图和萧条肃杀的气氛,间接渲染原文"悄然而悲,肃然而恐"的心情变化。第四段,画外视角仍然稍带俯视但更像平视,而苏轼的人物视角则是仰视的,表现出正在"乃摄衣而上,履巉岩,披蒙茸",向上攀登的姿态,这一段,和原文相对应,客人消失了。第五、第六段,从前面第四段延续而来,但画面视角则发生很大的变化,首先是继客人消失之后,苏轼本人也消失了。其次画面场景明显带有俯视的角度。这显然是画家有意地处理。这一段原文所表现的是苏轼登上山顶之后的情形,重点是"攀栖鹘之危巢,俯冯夷之幽宫"。原文的角度正是"俯视"。但这一段画面,没有出

现人物形象。这是为什么？本来苏轼的原文是以第一人称主观视角写成，但当画家将其转换为绘画时，以客观视角表现原文主观视角写成的内容，就不能完全吻合，比如苏轼的心理活动和情感转变，图像就难以直接呈现。为解决这一问题，画家在第五、第六两段，改变了客观视角的处理方法，不画苏轼形象，这两段的画面看上去就成了画中人物苏轼的主观视角，是苏轼在登山途中和到达山顶后所见之风景。而苏轼在山顶向下俯视的角度也和画外的俯视视角相重合，这样一来，原文中"予亦悄然而悲，肃然而恐，凛乎其不可留也"的主观抒写，就顺理成章地得到了合理的视觉表现。

第七段，孤鹤横江东来，掠过江中小舟。这一段视角处理比较复杂，孤鹤俯视小舟，舟中苏轼此时正抬头向孤鹤方向仰视，与孤鹤形成对视的呼应。而这一场景的整体视角又是俯视的，俯视小舟的孤鹤也在被俯视，很显然，有一个超然在上的视线在俯视苏轼的赤壁之游，孤鹤在这里成了某种超然在上的东西的化身。这一段中，孤鹤与苏轼的视角关系的处理也带有深意，为下一段苏轼梦境作了铺垫。

第八段，苏轼就睡梦见道士的场景，是稍带俯角的平视，但正房后面的院子和房顶很显然又是居高临下的俯视场景，这显然在暗示什么。原文有道士"俯而不答"的描写，"俯"字很关键，不仅显得很神秘，同时也暗示他的来历，苏轼因此领悟说："我知之矣，'畴昔之夜，飞鸣而过我者，非子也耶？'"道士既然是孤鹤的化身，这一段的视角其实也就是孤鹤视角的延伸，画外视角和孤鹤视角融而为一了。苏轼梦中的道士是孤鹤所化，而苏轼做梦的场景，其实也在孤鹤的俯视之下。这真是非常奇妙的处理。

第九段，苏轼的人物视角，是向右方平视，面向刚才做梦的家，面对赤壁之游的全过程，一直延伸到画卷开头，与开头的苏轼形成呼应，以视线形成画面的完整贯穿，完成画卷的整体布局。而这一段落的画外视角仍然是明显的俯视，仿佛有一个超然的观察者正在俯视这一切的发生。

以上可知，整个画卷采用正前方向下俯视的角度，总体上是要呈现某种隐秘的意蕴。不过《后赤壁赋图卷》的画外视角并不完全统一。第五、第六段采取了与苏轼原作一致的主观视角的处理，较好地以图画形象传达了原作表现的心理活动和主观情绪变化的内容。第七段的俯视，首先是孤鹤视角的俯视，而孤鹤的俯视又在画外视角的俯视之下。第八段画外视角和从第七段延伸过来的孤鹤视角融而为一,完成了一段神秘的暗示。

如果只读《后赤壁赋》文学文本,也许不会马上意识到有一个超然在上的视线的存在,只会觉得全文笼罩在一片神秘气氛之中,但到底因为什么而神秘却不能说清楚。当然,在《后赤壁赋》原文中,这种超然在上的东西其实是有表现的,只不过写得比较含蓄,容易被人忽略。原文通过苏轼在梦中与道士的对话作了暗示,"赤壁之游乐乎"?这一问意味着赤壁之游的活动,其实是在某种超然的视线的观照之下的。《后赤壁赋图卷》第七、第八段的处理,就是以具体的图像,揭示了原文所蕴含的这一层意思。

2. 对《后赤壁赋》原作叙事性内容的图像处理

苏轼《后赤壁赋》原作,记述一次有相当时间长度的夜游活动的全过程,且随时间的流动而有空间地点的多次转换,夜游的主人公苏轼,在不同的时间出现在不同的地点。这样有一定时间长度的叙事性内容,转换为绘画,《后赤壁赋图》是如何处理的呢?

绘画和文学,毕竟是两种完全不同的艺术形式。文学以语言文字为媒介,以文字的叙述描写去表现在时间流中发生的事情和人物的活动,其形象表现是间接的,通过语言的中介去完成,而其空间形象则随叙述时间的进展而转换变化,因此,文学属于时间性艺术。绘画则是以线条、色彩为媒介,以线条色彩构成空间结构和图像,形象直观鲜明,适于表现时间凝定而空间展开的事物,而对不同时空发生的事情或处在不同时空的形象,则需要用不同的画幅才能合理地表现,因此,绘画一般被看作空间性艺术。绘画和文学的这种区别,使其各自长于表现不同的对象,达到不同的艺术效果。文学文本在表现时间流转的事情时要比绘画更为自如,更为擅长,绘画则在表现空间形象方面比文学更为直观,更为鲜明。了解这个区别,再来看乔仲常《后赤壁赋图》的特点,就会更加清楚⑬。

乔仲常根据苏轼原文的文学内容画成图画,以人物活动为贯穿,分九个段落再现原作文字叙述的夜游赤壁的全过程。苏轼作为夜游赤壁的主人公形象,在画卷中出现了八次。也就是说,在表现苏轼一次夜游赤壁行为的一幅画作中,同时出现了八位苏轼,分别在不同的地点进行不同的活动。为了将具有时间纵深长度的叙事性内容在同一平面空间结构中表现出来,画家采用了"异时同图"的构图形式。

所谓"异时同图",指的是将不同时间发生的动作或故事情节,在同一个画面上呈现出来的绘画手法,是一种在同一个空间平面上描绘时间维度上向纵深推移的事情的特殊绘画构图形式。"异时同图"是中国画构思、布局、体现空间的一种传统艺术手法。画家根据绘画题材内容的要求,将不同时间、地点出现的人物、景物等,运用连续空间转换的构图形式,描绘在同一画幅上,如在有故事情节的人物画中的主要人物,在不同时间、地点和不同情节中多次出现。这种方式打破了绘画造型艺术的时空限制,充分调动观赏者的视觉因素,使一个具有时间长度的叙事性内容可以在同一个空间结构中得到表现[20]。

《后赤壁赋图》巧妙采用"异时同图"的构图形式,将原文的叙述切分为九段,将原来在时间上连贯展开的活动切分为九个时间片段,将其组织在同一幅画面之中,这样,原文的时间纵深被压缩成了平面,本来是在不同时间先后出现在不同地点的苏轼,就同时出现在了一幅完整的画中。原文夜游赤壁的时间过程的叙述,就被转换成了空间展开的视觉图像。

不过,画家本人似乎也知道,绘画毕竟不可能完全再现原作,有的地方,离开原作,还是不能完全理解画面的意蕴和细节,画家解决这个难题的办法是将原文切分的九个段落题写在相应的画面上,让读者在欣赏绘画时,可以随时与原文对照。

3. 《后赤壁赋图》细节处理如何以空间图像实现时间叙事

以《后赤壁赋图》的第四、第五、第六这三个段落的处理为例。原文中的"履巉岩,披蒙茸,踞虎豹,登虬龙"四个三字句,表现苏轼登山途中一系列的行为动作。这一组自成单元的铺叙,被画家切割成了三块,"履巉岩,披蒙茸"被放在了第四段,"踞虎豹"三字单独成为第五段,"登虬龙"三字则置于第六段的开头。

本来这四句写四个动作,有时间的进展,也有空间的转换,但都是围绕人物的活动叙述一个连续的过程,将其切割为三块,显得非常零碎而不合常理。问题是,画家为什么要这么处理?

简单说,这样处理最明显的好处是,三段画面,通过这四句的串联,构成了一个完整的整体,而且不同时空发生的四个动作从第四段延展到第六段,而

"踞虎豹"三字居中,不仅单独构成主观视觉的一个画面,而且串联两边,表现苏轼登山途中行为的连续过程。这样就以视觉形象完成了一段叙事,一定程度上突破了绘画的叙事局限。

4. 真实与梦幻场景并置对原作主题的诠释

《后赤壁赋图》第八段,画面出现了两位苏轼,一是躺在床上入梦的苏轼,一是与两位道士对坐说话的苏轼。这是这幅图卷最为特殊,对揭示原作主题而言,也是最为重要的画面。

参考原文叙述可知,这是苏轼归家就睡之后的情景。就画面内容而言,苏轼在床上入睡,是实有景象,而苏轼与两位道士对坐说话则是苏轼梦中的幻境。这一段画面形象,许多研究者都会关注道士的人数问题(参见下文讨论),但其实更令人吃惊的是画家完全不顾梦境和真实场景的界限,将真实存在的苏轼和苏轼梦中的虚幻的苏轼并置在同一时空的画面中了。这样处理的意义何在?这是阅读《后赤壁赋图》最为费解也最值得推敲的地方。前文说道,《后赤壁赋》表现"人生如梦"的思想,要解决如何认识"真实"与"虚幻",着重强调人生从根本上的觉悟问题。那么在画家看来,苏轼原作是如何认识"真实"与"虚幻"关系的呢? 首先,从画面看,现实与梦境,真实与虚幻,已经不存在界限,何者为真,何者为幻,并无区别。画面题写的原文是:"须臾客去,予亦就睡。梦二道士(原文应作"一道士",关于道士人数问题详见下文),羽衣蹁跹,过临皋之下,揖予而言曰:'赤壁之游乐乎?'问其姓名,俯而不答。呜乎噫嘻! 我知之矣,'畴昔之夜,飞鸣而过我者,非子也耶?'道士顾笑。"这是原文最为神秘的一段文字。如前所述,这段描写明显与《庄子·齐物论》中"不知周之梦为蝴蝶与,蝴蝶之梦为周与"的议论有关,但进一步看,却似乎又不完全相同。因为,这段描写中的孤鹤和道士,分别出现在不同的时空中(如果把苏轼梦境也看做空间的话),而苏轼却分明知道二者实为一物,道士被指出真相后也不否认。鹤为道士的幻化,宋人胡仔早已指出过苏轼是暗用了《高道传》的故事㉑。苏轼在这里分明是在说,当苏轼在真实世界夜游赤壁时,与道士幻化的孤鹤相遇,而当苏轼进入梦境之后,则又与孤鹤的本来形象道士相遇。也就是说,对于苏轼而言的真实世界(游赤壁时),对于道士而言则是梦幻世界(孤鹤),而道士恢复他的本来形象时,却是在苏轼的梦中。这说明,苏轼的梦境就是道士的真实空间,道士的梦幻世界(孤鹤飞掠的赤壁)则是苏轼的真实世界。游赤壁的苏轼和孤鹤,做梦的苏轼和苏轼梦中的道士,某一方的真实世界,对另一方而言则是梦幻的虚境,而且真实与梦幻之间,并不存在界限。仔细玩味,苏轼其实是以这样神秘的暗示,解消了真实与梦幻的区隔,在真实和梦境的相互转换中强调了人生虚幻不实的性质。而画家对这一环节的画面处理,其实是围绕着苏轼原文隐秘暗示,将真实存在的苏轼和苏轼梦中的虚幻的苏轼并置在同一时空,以解消梦境和真实场景界限的方式,对文学原作作了形象而深刻的诠释,为读者领悟苏轼原作的主题,提供了重要的启发。

5. 结尾构图的意义解读

画卷最后一段"予亦惊悟,开户视之,不见其处"的处理,在表现原作意蕴的构思上,也是关键的画龙点睛之笔。整卷画幅的内容自右向左延伸过来,到结尾处,苏轼在画面的最左端,立于自家门口,面向右边,向远处眺望。

这样的构图处理,与一般山水长卷结尾处的处理大不相同。通常的长卷构图,会始于一个近景,而收束在一种向外延展的画面(比如绵延的江水,平缓的远山等),比如李公麟《龙眠山庄图》长卷的结尾处(图8),开放式画面,画面虽然结束,但风景和人物的行为,都有向画外延展的趋势,让人产生绵延不绝的空间联想。

图8

又如北宋王诜《渔村小雪图》长卷的结尾部分,近景是松树,远处的山水明显向左方画外延展。(图9)

图9

这种构图形式,是配合长卷的形制特点形成的,因为长卷总是要从右端逐渐展开来看,所以开篇的构图会尽量左向,引导观者继续探求剩余的部分。而以宽远景致作结,则会起到画有尽而意无穷的效果。这是一般的规律。因而当有画作改变了这一规律时,就会显得意蕴独特。

《后赤壁赋图》开篇是很常见的岸上近景,而结尾竟是右向的,用转了九十度的苏轼的家封闭了整个长卷的画面空间,立在家门的苏轼形象则是回望整个画面。并引导读者重新回过头去审视刚才的梦境,审视赤壁之游的全过程。这样特殊的结尾打破了一般长卷的构图规律,显然不是随意的[22]。

结尾的这个构图与前面一段将真实与梦境并置并解消界限的画面,可以对照起来分析。这两个画面紧邻一起,都画了临皋之家,但前一段表现苏轼在家中就睡的实景和苏轼与两位道士对坐的梦中幻境,家的构图是正面的,家的大门面对画面前方,也就是正对读者的方向,但紧邻在一起的最后这一段画面,家的构图则转了九十度,画的是侧面,家的大门转而面向画面右方,苏轼背对家门,面向画面右方,既是面对刚才做梦的那个"家"的方向,也是整个赤壁之游的方向。在苏轼形象的下方,画面最左方,是原文结尾三句:"予亦惊悟,开户视之,不见其处。"这样的构图处理,非常特别。上文说过,《后赋》的结尾,是以具体形象表现"人生如梦"的主题。画卷结尾苏轼面向全部画卷而立的构图,其实也是试图诠释这个意蕴。这时的苏轼,近处面对的是与道士对坐的"家",而这个"家"既是实境,同时又是梦中幻境,原文说了,"开户视之,不见其处",没有道士,没有孤鹤,甚至没有梦,没有梦境,一切归于虚幻。最后立于画卷结束处的苏轼,刚从一场具体的梦中"惊悟",但即使从一场梦中醒来,按前面一段将真实与梦境并置并解消界限的画面揭示的意思,梦醒之人其实还仍然处在"人生如梦"的大梦之中。因此,视线再向右方延伸,刚才经历的赤壁之游,其实也是虚幻不实的"梦游"而已,前面关于鹤与道士的幻化关系已经证明赤壁之游的虚幻不实,这里又通过形象的画面再次加以强调。

这样,画家就以这种特殊的构图,将画中表现的赤壁之游全过程视为"不见其处"的虚幻梦境。既然夜游赤壁是一场"梦游",伴随夜游而生的欢乐、适意、悲哀、恐惧等情感,以及第一次游赤壁时在大自然中体会到的"短暂"与"永恒"的哲理和对人生应对方式的思考等,也都归于虚幻。这就从人生的各种纠缠当中,得到了根本的解脱。这正是:"世事一场大梦!"(苏轼《西江月》)"休言万事转头空,未转头时是梦!"(苏轼《西江月·平山堂》)

三、《后赤壁赋图》与《后赤壁赋》原作内容的差异

(一)视角不同,已如上述。视角不同是画卷和原作最大的不同。视角的转换是最体现画家匠心的地方。

(二)《后赋》与《前赋》有暗中关联的内容,《后赤壁赋图》无法直接表现。如:"江流有声,断岸千尺。山高月小,水落石出。曾日月之几何,而江山不可复识矣。"

(三)《后赤壁赋》的声音描写、内心感情刻画等内容,《后赤壁赋图》只能间接表现。如:"划然长啸,草木震动,山鸣谷应,风起水涌。予亦悄然而悲,肃然而恐,凛乎其不可留也。"又如俞文豹《吹剑录·四录》云:"碑记文字铺叙易,形容难,犹之传神,面目易模写,容止气象难描模。……《赤壁赋》……'江流有声,断岸千尺,山高月小,水落石出',此类如仲殊所谓'费尽丹青,只这儿画

不成。'"㉓

（四）对"二客"的交代，《后赤壁赋图》与原作明显不同。如苏轼登山的段落明确交代"二客不能从焉"，因寂寞、孤独、恐惧而从山上返回舟中时，则故意不提客人的存在，有意识地渲染"四顾寂寥"，但《后赤壁赋图》的这一段画面则不可能将客人隐去。

四、"道士"是一人还是二人

《后赤壁赋图》的第八段，苏轼归家就睡，画面表现苏轼梦见的道士是两人，题在画上的原文也是"梦二道士"，与本文前面所引苏轼原文作"梦一道士"不同。

《后赤壁赋》"梦一道士"一句，自宋代以来就有"二道士"和"一道士"两种版本。乔仲常作为苏轼友人李公麟的学生，苏轼门人的朋友，他所根据的苏轼《后赤壁赋》作"二道士"，似乎应该可信。今人衣若芬《谈苏轼〈后赤壁赋〉中所梦道士人数之问题》一文据乔仲常画、赵孟𫖯书《后赤壁赋》以及明刻《东坡七集》等文献，认为苏轼原文应是"二道士"㉔。

但这个问题似乎还值得斟酌。关于《后赤壁赋》原文中道士的人数，早在宋代就有人提出过疑问。宋人胡仔《苕溪渔隐丛话·后集》卷二八曾辨析说：此赋初言"适有孤鹤，横江东来"，中言"梦二道士"，末言"畴昔之夜，飞鸣而过我者"，前后皆言"孤鹤"，则道士不应言"二"矣㉕。南宋朱熹也认为"碑本《后赤壁赋》'梦二道士'，'二'字当作'一'字，疑笔误也"㉖。从传世的文本看，南宋郎晔编注《经进东坡文集事略》卷一、南宋吕祖谦编《宋文鉴》卷五收录《后赤壁赋》，也都作"一道士"。郎本的编撰目的在于呈进御览，《宋文鉴》则是吕祖谦奉宋孝宗之命编辑，这两种书所依据的版本来源应该都比较可靠。此外，传世的南宋高宗、孝宗手书《后赤壁赋》两幅书法作品，也都写作"一道士"，可作为重要证据（见附图1宋高宗手书《后赤壁赋》，附图2宋孝宗手书《后赤壁赋》）。

我在为上海博物馆撰写《谈谈乔仲常〈后赤壁赋图〉对苏轼〈后赤壁赋〉原作意蕴的视觉再现》一文时，即对这个问题感到困惑，在文中说："若言'二道士'，则与前文相抵牾，为避免这一抵牾，还是当以'一'字为是。当然，这并不妨碍我们对《后赤壁赋图》的欣赏。"当时觉得这个问题不容易下论断，只好这样含混带过。该文发表之后,一直心有未安,一直希望能找到刻本文献之外的更确切的证据。后来得到国家图书馆古籍部曹菁菁博士帮助,查到收录于清光绪杨守敬、杨寿昌编《景苏园帖》中的苏轼手书《赤壁二赋》墨迹碑帖,见附图3。该帖是苏轼元丰七年离黄前为潘大临、大观兄弟书写,苏轼《跋自书赤壁二赋及归去来辞》云:"元丰甲子,余居黄五稔矣,盖将终老焉。近有移汝之命,作诗留别雪堂邻里二三君子,独潘邠老与弟大观复求书赤壁二赋。余欲为书归去来辞,大观奢石欲并得焉。余性不奈小楷,强应其意,然迟余行数日矣。东坡书。"㉒这条跋语交代了苏轼自书《赤壁二赋》的来历。该帖的《后赤壁赋》非常清楚地写作"一道士"。苏轼本人的手书,当然是最可靠的依据。这证明《经进东坡文集事略》《宋文鉴》以及宋高宗、宋孝宗的手书的版本出处可靠,同时也证明宋人胡仔、朱熹的看法都是正确的。因此,《后赤壁赋》的原文,应该是"一道士"无疑。

此外,据《苏轼诗集》卷二一《蜜酒歌》王文诰注引《施注》:"先生为杨道士书一帖云:'仆谪居黄冈,绵竹武都山道士杨世昌子京,自庐山来过余,其人善画山水,能鼓琴,……明日当舍余去,为之怅然。……元丰六年五月八日东坡居士书。'又一帖云:'十月十五日夜,与杨道士泛舟赤壁,饮醉,夜半有一鹤自江南来,翅如车轮,戛然长鸣,掠予舟而西,不知其为何祥也。'《次毅父韵》第三首载:'西州杨道士,善吹洞箫。'按《前赤壁赋》云:'客有吹洞箫者。'殆是杨也。《后赤壁赋》云:'适有孤鹤,横江东来。'观此贴,盖非寓言。梦一道士者,岂即世昌,姑托以梦耶?"㉓这条材料似也可以作为《后赤壁赋》原文应是"一道士"的旁证。

不过,从北宋到南宋,《后赤壁赋》确实存在"二道士"的文本,甚至有刻于石碑的版本也有作"二道士"的(参见上文引朱熹所说)。这应该是在传写过程中出现的讹误,按朱熹的意见,是由笔误所致。《后赤壁赋图》的作者所根据的应该是一个有笔误的版本。如前文所述,由于道士形象是关系到揭示苏轼原作精神内涵(真实与虚幻的关系)的一个关键,不知乔仲常在下笔时,是不是对这个问题感到过困惑。据《苕溪渔隐丛话·后集》卷二八,胡仔本人"尝见陆远画《赤壁》二赋,因以此(前后皆言'孤鹤',则道士不应言'二')诘之,渠为之阁笔"。可见当时曾有画家被这个问题所困惑而放弃作画的。乔仲常的处理,明知道士与孤鹤的关系,却仍然按照有笔误的版本画出两位道士,这么做,深意何在,已难以推测。

仅就上文的分析而言,道士人数其实是文本文字讹误带来的问题,赏读

《后赤壁赋图》时,不妨忽略这一讹误,紧紧抓住游赤壁的苏轼和孤鹤、做梦的苏轼和梦中道士之间真幻关系的交叉互换这一关节,则《后赤壁赋图》的寓意及其对苏轼原作主旨的诠释和揭示,还是可以理解的。

致谢:本文撰写,受益于徐邦达、谢稚柳、杨仁恺、[美]高居翰、[日]板仓圣哲、翁方戈、王克文、万青力、陈葆真、衣若芬、李军、丁羲元、赵雅杰等学者的研究;尤其李军先生的论文《视觉的诗篇——传乔仲常〈后赤壁赋图〉与诗画关系新议》阐述《后赤壁赋图》"用视觉的、与诗意竞争的、绘画自己特有的方式,咏赋文没有、不太擅长甚至无法想象的方式,来创造性地加以表现"㉓等精彩见解,对本文启发尤多。国家图书馆曹菁菁博士为本文提供了重要碑帖图片。北京大学中文系博士生陈琳琳君协助查阅了部分论文资料。谨此一并致谢。

2014年2月初稿,2014年10月改写。2017年9月23日改定。原载于中国人民大学国学院《国学学刊》2017年第4期,83—98页。

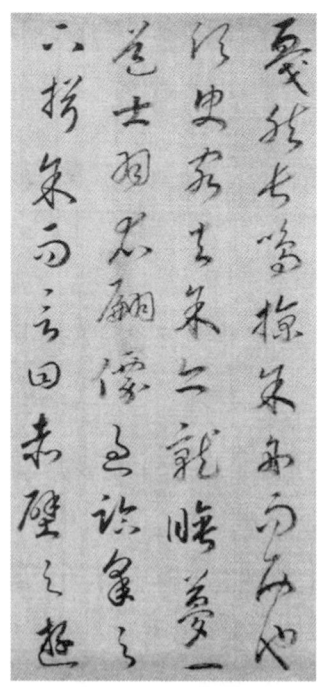

附图1　宋高宗赵构手书《后赤壁赋》墨迹(藏北京故宫)

附图 2　宋孝宗赵昚草书《后赤壁赋》墨迹

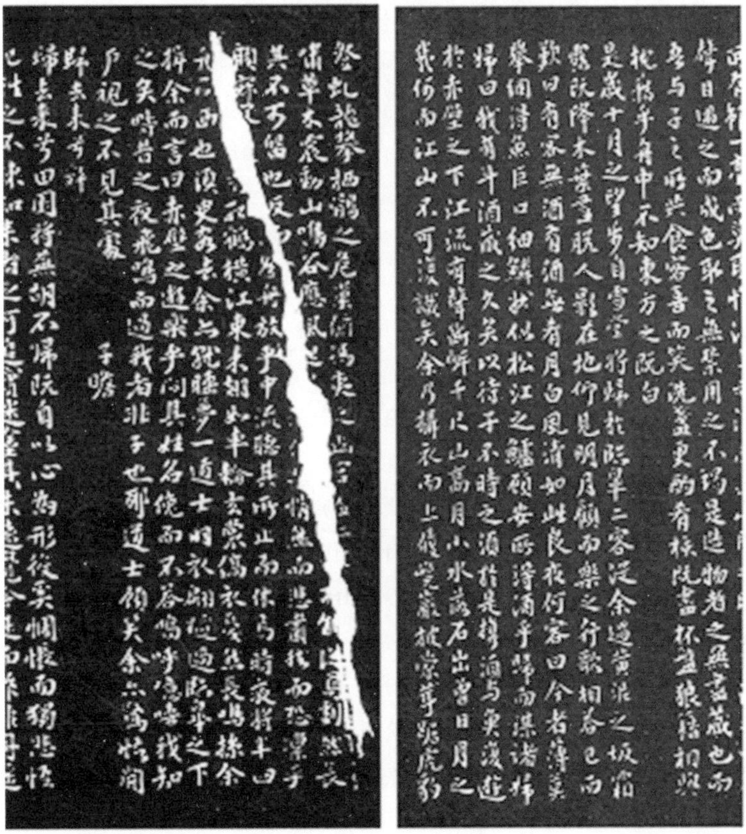

附图 3　苏轼元丰七年(1084)离黄州前为潘大临、大观兄弟书《赤壁二赋》墨迹碑帖(收录于清光绪杨守敬、杨寿昌编《景苏园帖》。图版由国家图书馆古籍部曹菁菁博士提供)

注　释

① 上海博物馆编《翰墨荟萃——细读美国藏中国五代宋元书画珍品》，北京大学出版社，2012年。

② 赵令畤（1051—1134），字德麟，初字景贶，号聊复翁，涿郡（今属河北）人，燕王德昭玄孙，诗词字画皆擅。元祐六年（1091）苏轼出守颍州，赵令畤签书颍州公事，陈师道为州学教授，并与欧阳修二子棐、辩从东坡游，东坡为其改字作德麟。著有《侯鲭录》多载元祐间苏轼及门人轶事。

③ 苏轼《后赤壁赋》，作于宋神宗元丰五年（1082）十月，与《前赤壁赋》一样，问世不久就广为流传，不仅家弦户诵，且都被画家取为画材。

④ 李公麟（1049—1106），字伯时，号龙眠居士，安徽舒城人，北宋文人画家的代表之一，与苏轼以书画相交往，曾为苏轼作像，并曾以东坡的诗文为题材作画。明代都穆（1459—1525）《寓意编》载："苏文忠前、后赤壁赋，李龙眠作图，隶字书旁，注云：'是海岳笔，共八节，惟前赋不完。'"可知李公麟亦曾画过《后赤壁赋图》。

⑤ 参看拙文《北宋乔仲常〈后赤壁赋图〉对苏轼原作意蕴的视觉再现》，载《翰墨荟萃——细读美国藏中国五代宋元书画珍品》，284—295页。

⑥ 徐邦达《古书画过眼要录·晋隋唐五代宋绘画·宋乔仲常》，《徐邦达集》八，故宫出版社，2014年，99—100页。

⑦ 杨仁恺《国宝浮沉录——故宫散佚书画见闻考略》引谢稚柳云："据历来的叙说，乔仲常人物师李公麟。这种山水画（按指《后赤壁赋图》）的风貌，在北宋，既不同于当时社会风尚所归的董、李、范、郭，而有许多迹象表明，恐怕也仍是从李公麟而来。"上海人民美术出版社，1991年，239页。

⑧ 高居翰云："这种笔法（见赵孟頫《鹊华秋色图》）首次见于北宋末年文人画家的画中，十二世纪初的画家乔仲常便是，他唯一传世的作品是根据苏东坡的文章所画的《后赤壁赋图》卷。"见高居翰著，宋伟航，等译《隔江山色：元代绘画》，生活·读书·新知三联书店，2009年，33页。

⑨ 板仓圣哲《环绕〈赤壁赋〉的语汇与画像——以乔仲常〈后赤壁赋图卷〉为例》，见台湾大学艺术史研究所编《台湾2002年东亚绘画史研讨会》论文集，2002年，221—234页。

⑩ 翁方戈《美国顾洛阜藏中国历代书画名迹精选》，上海人民美术出版社，2009年，74—75页。

⑪ 王克文《乔仲常〈后赤壁赋图卷〉赏析》，《美术》1987年第4期。

⑫ 万青力《乔仲常〈后赤壁赋图卷〉补议》，《美术》1988年第8期。

⑬ 陈葆真《〈洛神赋图〉与中国古代故事画》，浙江大学出版社，2012年，173—181页。

⑭ 衣若芬《谈苏轼〈后赤壁赋〉中所梦道士人数之问题》,见氏著《赤壁漫游与西园雅集——苏轼研究论集》,线装书局,2001年,5—25页。

⑮ 李军《视觉的诗篇——传乔仲常〈后赤壁赋〉图与诗画关系新议》,《艺术史研究(第十五辑)》,中山大学出版社,2013年,281—320页。

⑯ 丁羲元《乔仲常后赤壁赋图辨疑》,载《国宝鉴读》,上海人民美术出版社,2005年,295—311页。

⑰ 赵雅杰《传乔仲常〈后赤壁赋图〉研究》,中央美术学院2014年硕士学位论文。

⑱ 吴楚材、吴调侯选《古文观止》,中华书局,1959年,511页。

⑲ 参见莱辛著,朱光潜译《拉奥孔(论画与诗的界限)》,人民文学出版社,1979年。钱钟书《读〈拉奥孔〉》,见钱钟书著《旧文四篇》,上海古籍出版社,1979年。钱钟书《中国诗与中国画》,见钱钟书著《旧文四篇》。

⑳ 参见王克文《传统中国画的"异时同图"问题》,《美术研究》1988年04期。

㉑ 关于道士化鹤故事,参看胡仔《苕溪渔隐丛话后集》卷二八:"苕溪渔隐曰:《赤壁后赋》云:'适有孤鹤,横江东来,翅如车轮,玄裳缟衣,戛然长鸣,掠予舟而西也。须臾客去,予亦就睡,梦二道士,羽衣翩跹,过临皋之下,揖予而言曰:赤壁之游乐乎?问其姓名,俛而不答。呜呼噫嘻,我知之矣,畴昔之夜,飞鸣而过我者,非子也邪?道士顾笑,予亦惊悟。'……《高道传》言,天宝十三年重阳日,明皇猎于沙苑,云间有孤鹤徘翔,上亲射之,其鹤带箭骞于西南,众极目久之,不见。益州城西有道观,徐佐卿尝自称青城山道士,一岁凡三四至观,一日,忽自外归,携一箭,谓人曰:'吾行山中,偶为此矢所中,已无恙矣。然此箭非人间所有,越明年,箭主至此,当付之。'复题其时云:'十三载九月九日也。'明皇狩蜀,至观,见其箭,命取阅,惊异之,乃知沙苑所射之鹤,即佐卿也。此赋指道士为鹤,正暗用此事。"不过苏轼原文鹤化道士乃在梦境中,与这个故事存在明显不同,这个区别也是理解苏轼原文主题的一个关键。

㉒ 关于《后赤壁赋图卷》结尾部分打破了绘画长卷构图的一般规律的看法,采纳了门人张蕴爽博士的意见。张蕴爽在美国加州大学洛杉矶分校做文学和艺术史交叉课题的研究,并获得博士学位。本文撰写过程中我们通过电子邮件交流讨论,她的意见启发我重视《后赤壁赋图卷》的结尾部分,使本文增色。特此致谢。

㉓ 上海古典文学出版社标点本,1958年。转引自《苏轼资料汇编》上编,中华书局,1994年,749页。

㉔ 见衣若芬《谈苏轼〈后赤壁赋〉中所梦道士人数之问题》。

㉕ 胡仔《苕溪渔隐丛话·后集》卷二八,人民文学出版社,1980年,208页。

㉖ 黎靖德编《朱子语类》中华书局,1990年,3115页。

㉗ 孔凡礼《苏轼佚文汇编拾遗》卷下据《八琼室金石补正》卷一〇八引，见孔凡礼点校《苏轼文集》，中华书局，1986年，2672页。

㉘ 王文诰辑注，孔凡礼点校《苏轼诗集》，中华书局，1982年，1115页。

㉙ 李军《视觉的诗篇——传乔仲常〈后赤壁赋〉图与诗画关系新议》。

荀学和《文心雕龙》

张少康

大家都强调刘勰写《文心雕龙》受儒家思想影响,刘勰在《序志》篇里也说他做梦也是梦到孔子,在《原道》篇里讲人文发展也特别强调孔子的重大作用,尤其是"征圣""宗经"观念,似乎更体现了他对儒家的尊敬和重视,但是实际上他的《文心雕龙》却并不是一切都依据孔子、孟子及其所代表的正统儒家思想,来论述和评价文学现象、作家作品,而是明显地有道家、佛家、玄学等思想影响,由此学术界对他的"道"、对《文心雕龙》的基本思想,也就争论不休,见仁见智,各执一端。其实,这里很值得我们研究的是,刘勰所特别推崇的儒家思想,实际已经不是以孔、孟为代表的正统儒家思想,而更接近于以荀子为代表的、吸收了其他各家思想的新的开放的儒家学说。

荀子毫无疑问是一位大儒,但他又是一位集大成的思想家。韩愈在强调继承"道统"时,认为"道统"从尧、舜、禹、汤、文王、周公到孔子、孟子,以后就中断了。在他看来,荀子是"大醇而小疵"[①],"醇"是说他继承了孔孟思想的基本方面,"疵"是指荀子吸收和融合了道家、法家的一些重要思想,已经不是正统的孔孟之道了,所以韩愈自己是以孟子以后的"道统"继承者自居的。荀子的主要方面是继承和发展了孔、孟的儒家思想的,这集中体现在他的明道、崇圣、宗经的核心思想上,他把仁义礼乐(偏重礼乐)看作治国之本,但是他又接受道家自然论的影响,发扬了法家变化不居的思想,融会贯通诸子百家,形成了一个兼容并包的思想体系,并且具有较为科学的研究方法。

在《文心雕龙》中我们可以看到刘勰受荀学思想的影响是非常深的。无论是他所说的"道""圣""经",还是他对人性的认识,他的发展变化观念,乃至他的研究方法等,都是如此。其实刘勰所理解的儒家思想已经不是孔孟为代表的儒家思想,而是荀子所理解和提倡的儒家思想。弄清楚这一点,我们就可以明白为什么《文心雕龙》既以儒家思想为主,又能兼容道家、玄学、佛教等其他思想。下面我们想从四个方面来论述荀学对《文心雕龙》的影响。

一、荀学与孔、孟对原道、征圣、宗经理解的异同以及刘勰的取向

《文心雕龙》前五篇总论,包括两个部分:通与变。前三篇论"通",讲述文学创作必须要继承的优秀传统;后二篇论"变",讲述文学创作创新的正确途径。他概括文学创作的优秀传统,就是原道、征圣、宗经,而这个思想虽然在孔孟那里已经有体现,但最早的正式提创者则是荀子。荀子明确提出"道"是判断一切言论是非的标准,也是评论和创作文学要遵循的基本原则。他在《正名篇》中说:

> 辨说也者,心之象道也。心也者,道之工宰也。道也者,治之经理也。心合于道,说合于心,辞合于说,正名而期,质请而喻。辨异而不过,推类而不悖。听则合文,辨则尽故。以正道而辨奸,犹引绳以持曲直;是故邪说不能乱,百家无所窜。有兼听之明,而无奋矜之容;有兼覆之厚,而无伐德之色。说行则天下正,说不行则白道而冥穷,是圣人之辨说也。②

这里的言辞辨说是包括了文学在内的。他强调言辞辨说应当真实而易于了解,要善于辨别差异而无过错,推论各类事物差别而不违背正道,就要以"道"作为衡量的标准,故正道辨奸就如引绳以持曲直。而在"明道"方面,必须以圣人为师。其《正论篇》说:"故凡言议期命,是非以圣王为师。"而圣人的代表作就是经,就是当时人文发展中形成的五经:《易》《诗》《书》《礼》《春秋》。(本是六经,但是《乐》经没有流传下来。)"道"是以圣人的"五经"来体现的。这"道""圣""经"才是衡量一切言辞辨说,也包括文学在内的最重要依据。继荀子之后,汉代的扬雄在《法言》中则发挥了荀子明道、师圣、宗经的思想,《吾子》篇说:"万物纷错,则悬诸天;众言淆乱,则折诸圣。或曰:恶睹乎圣而折诸?曰:在则人,亡则书。"由征圣而宗经,"舍舟航而济乎渎者,末矣;舍五经而济乎道者,末矣!""委大圣而好乎诸子者,恶睹其识道也?"③

从荀子到扬雄所说的"道",其实和孔、孟的"道"并不完全一样。这个"道"已不是孔子、孟子的纯粹儒家社会政治之道,不只是体现儒家仁义礼乐的道,它也包含老庄自然之道因素,也是体现万物内在规律的道,是一个更加宽泛的"道"。荀子是在道家思想影响下,把儒家的社会政治之道上升到了抽象哲理的高度,他把儒家的道看作是自然之道在社会政治伦理道德领域之典范表现。这一点在荀子的《天论篇》中表现得最为清楚。《天论篇》中所说的"道",就是自然之道,是存在于宇宙万物之中的自然规律。"天有常道","万物为道一偏,一物为万物一偏"④。《哀公篇》又说:"大道者,所以变化遂成万物也。"⑤所以这个"道"并不只是社会政治伦理道德之道,而同时也是客观地存在于宇宙万物之中的内在原理,有它自身的运行规律。荀子说:"天行有常(《说苑》作"天道有常"),不为尧存,不为桀亡。""受时与治世同,而殃祸与治世异,不可以怨天,其道然也。"⑥传统儒家仁义礼乐的"道",就是这个客观的哲理的"道",在社会政治伦理道德方面的具体体现。荀子对"道"的理解和战国后期《易传·系辞》中对"道"的理解是类似的。《系辞》中说"一阴一阳之谓道"⑦,这是蕴含于万物内部的规律,是哲理层面的道;而圣人之道,正是这个哲理的道在社会政治方面的体现。

荀子和《易传》对"道"的理解和认识,在刘勰的《文心雕龙》中得到继承和发展。《文心雕龙·原道》篇的"道"正是这样,它既体现在"天文""地文""动植之文"等宇宙万物之中,又最典型地体现在人文的代表——五经中。所以,这样的"道"既是道家的自然之道,又是儒家的社会政治之道。于是,刘勰在《原道》篇中也把社会政治之道上升到哲理之道,又把哲理之道具体化为社会政治之道。这和荀子对道的理解是完全一致的。在这样一种"道"的观念下,自然可以包容儒、道、玄、佛各家思想,把它们熔为一炉。不过儒家仍居主导地位,但不是狭隘的儒道,而是开放的儒道。同时也就理清了道、圣、经的关系,即如《文心雕龙·原道》篇所说:"道沿圣以垂文,圣因文而明道。"⑧《文心雕龙》中的"原道",既是原"自然之道",同时也是原儒家之道,而且可以和原佛家之道、玄学之道相通。《文心雕龙·原道》篇的"道",不是简单的、封闭的某一家之道,而是开放的广义的道。而它的渊源就是从荀子的道发展来的,因为这个道具有哲理的意义,所以它可以兼容各家之道,而并不发生不可调和的矛盾冲突。

虽然表面看来，他讲的人文之道是儒家圣人之道，但是他理解的儒家之道，不是儒家单纯的仁义道德之道，而是像荀子那样可以包容各家的儒家之道。从这个角度来看，虽然刘勰提到的主要是儒家的圣人，但是实际上圣人的范围也不仅仅是儒家的圣人，也可以兼包道家、佛家的圣人。因为"道"不只是社会政治之道，也体现为宇宙万物的内在规律，从后一方面来说，道家和佛家要阐明的也是这个道，也是作为万物内在规律的哲理之道。由于各家圣人所明之道乃是开放的、广义的道，因此，圣人的范围自然也就扩大了，不只是儒家的圣人。以前我们读饶宗颐先生的文章，如他的《文心与阿毗昙心》⑨中说刘勰的圣人同时也可以指佛教的圣人，经典也可以指佛教的经典，往往觉得不太理解，现在我们明白刘勰讲道、讲圣人、讲经典，都是受荀学影响而来，那么对饶先生的说法也就完全可以接受了。

　　荀子是非常尊重先秦的传统经典——"五经"的，但是他对"经"的看法，也是和以孔、孟为代表的正统儒家不完全一样的。孔、孟是从"法先王"的角度，充分强调"五经"的权威性，而且是绝对没有任何批评的。然而，荀子则受法家思想的影响，重视发展变化，肯定事物是不断进步的。后代总是会超越前代的，所以他强调的是"法后王"⑩，而不是"法先王"。故而他对传统的"五经"也是有所批评的，他在《劝学篇》中说："《礼》《乐》法而不说，《诗》《书》故而不切，《春秋》约而不速。"⑪认为《礼》《乐》虽然有大法，有明确礼仪规定，但是没有具体解释和说明，《诗》《书》虽然论说先王故实，但是不能切合现时情况。《春秋》过于简约，难于迅速理解其意义。"五经"是重要的，是适应先王时代需要的，然而它对已经发展了的当今来说，并不都能切合现时需要。荀子没有把"五经"看成是永世万能的，而且从"法治"和"德治"关系来看，他显然不同于孔孟，是认为"法治"要比"德治"更为重要的。《劝学篇》说："礼者，法之大分，类之纲纪也。故学至乎《礼》而止矣。"⑫因此他在《儒效篇》中强调要"隆礼义而杀诗书"，这里的"杀"是降低、贬低的意思，也就是说：真正的大儒应该懂得要突出适应当代需要的礼义，重视法治，并要将之置于《诗》《书》之上。学习"经"，吸取历史经验是必要的，但并不是要把它当作不变的教条，永恒的规矩，而是要根据实际需要来修正它、改良它的，只学那些对现在还有用的。"学莫便乎近其人"，学习最好是有近在目前的贤师，所以说要"法后王"，经书确实离现代人比较远了。当然要肯定和承认经的地位和历史价值,但是一切还是要以现实需要为依据,不盲从经典,要从发展的观点来看经,这是荀子和孔子、孟子不同的地方。

刘勰在《文心雕龙》中虽然提倡宗经,但是并不要求一切文章都要写得符合经书,更不是要以经书作为衡量文章好坏的标准,而只是说明经书是后来各类文章的源头,从经书可以知道某类文章要继承什么样的历史传统。因为荀子已经清楚地指出"五经"中各种经的不同特点,他在《儒效篇》中说:"《诗》言是其志也,《书》言是其事也,《礼》言是其行也,《乐》言是其和也,《春秋》言是其微也。"[13]这是对"五经"不同特点的最早论述,刘勰对"五经"不同特点的认识就是循荀说而来的。他在《文心雕龙·宗经》篇中说的"《易》惟谈天""《书》实记言""《诗》主言志""《礼》以立体""《春秋》辨理",正是对荀子所论的继承和发展。他并根据"五经"的不同特点,提出了后来的文章虽然名目体裁众多,但是按照他们的内容和形式特征,也都可以分别归入"五经"的不同类别。故云:"论说辞序,则《易》统其首;诏策章奏,则《书》发其源;赋颂歌赞,则《诗》立其本;铭诔箴祝,则《礼》总其端;纪传盟檄,则《春秋》为根。"宗经只是强调经是各类文体之源头,为各类不同文体提供了应该继承的传统特点,而不是以经为唯一典范和衡量标准,在对作品实际评论中,也没有按照经的模板来要求,《文心雕龙》的这种理念和实践,我以为也是和荀学直接相关的。

二、"化性起伪"和"习亦凝真,功沿渐靡"

荀子也和孔孟一样提倡王道政治,但是怎么达到王道政治的途径是不同的。孟子是主张性善的,荀子则主张性恶,是著名的"性恶论"提倡者。因为主张人性本恶,所以特别强调学习的重要性。经过学习可以使人性改恶从善,所以《荀子》开宗明义第一篇就是《劝学》。他和孟子的性善论,在如何达到实现王道政治的认识上是不同的,是相反的。孟子强调性善,是为了提倡仁义精神和发扬人心良知,由此来实现王道政治,他和孔子一样是偏重于以"德治"为主的。而荀子则强调遵循礼仪,约束人们的行为,则是偏重于"法治"的。他认为人心本恶,若不加制止,人欲泛滥,则社会将动乱败坏不可收拾。他在《性恶篇》中说:"今人之性,生而有好利也,顺是,故争夺生而辞让亡焉;生而有疾恶焉,顺是,故残贼生而忠信亡焉;生而有耳目之欲有好声色焉,顺是,故淫乱生而礼义文理亡焉。然则从人之性,顺人之情,必出于争夺,合于犯分乱理而归于暴。故必将有师法之化,礼义之道,然后出于辞让,合于文理,而归于治。"⑭他的目的也是达到王道政治。荀子认为从人性论角度来看,人性有两个部分,一部分是天赋的,生而有之;一部分是后天的,可以通过学习来改变的。"人之性恶,其善者伪也。"这里的"伪"是人为的意思。杨倞注云:"凡非天性而人作为之者,皆谓之伪。"郝懿行云:"性,自然也。伪,作为也。"⑮圣人之所以不同于众人,就是因为他不仅有同于众人的天性,而更为重要的是他能够"化性而起伪",善于通过人为的学习努力,而改变天性之恶,使之为善。荀子的"圣人化性而起伪"⑯说,指出人性中"人为"因素的重要作用,而且对人性最后的形成具有决定性的意义。这也是对孔、孟的天命论之重大突破,是和他宇宙观上的自然论一致的,或者说是他的自然论宇宙观在人性论上的体现。他认识到天道不能主宰人事,所以在《天论篇》中曾说:"强本而节用,则天不能贫;养备而动时,则天不能病;修道而不贰,则天不能祸。"⑰虽然人要尊重自然规律,但是人有主观能动性,可以充分发挥人的主观能动作用,故云:"大天而思之,孰与物畜而制之!从天而颂之,孰与制天命而用之!望时而待之,孰与应时而使之!"⑱总之,人定胜天!所以人们不应该盲目地顺应天道,而应该去控制天,去改变自然。人不能受天赋才华的限制,而要通过人为的努力,更加好地发挥自己的才华,改变由天赋条件带来的限制。人不仅可以改造世界,而且也可以改造自己。生下来遗传因子的局限,是可以通过自己的学习和环境的影响来改变的。这种思想无疑对作家的创作是具有积极指导作用的。

刘勰在《文心雕龙》中正是运用了这样的人性论观点,来论述作家的个性和文学风貌的关系,从而在文学风格学上有了重大的突破,发展了自先秦以来的文学风格理论,并把它建立在一个科学的理论思想基础上。这在《文心雕龙·体性》等篇中有着十分明显的表现。中国古代特别重视文学风格学,是因为我国的传统强调人品和文品的统一,《论语·宪问》中就记载了孔子的话:"有德者必有言,有言者不必有德。"⑲文学作品就是作家高尚道德品质的体现,所以司马迁《史记·屈原贾生列传》中引刘安《离骚传叙》说:"其文约,其辞微,其志洁,其行廉。……其志洁,故其称物芳;其行廉,故死而不容自疏。"[20]《礼记·乐记》说:"唯乐不可以为伪。"[21]音乐是人感情的真实流露,是不可以作假的。故刘勰在《文心雕龙·情采》篇中说:"况乎文章,述志为本;言与志反,文岂足征?"既然文品就是人品的体现,那么如何认识人品,人的个性是怎么形成的,对文学创作的风貌特色之形成就非常之重要,具有决定性的意义。魏晋时期的曹丕就十分深刻地认识到文学风貌和作家个性的密切关系,他在《典论·论文》中强调"文以气为主",这个"气"其实就是指的作家的个性。不过,他只重视了个性的天赋特性,没有看到个性形成有后天因素,所以在《典论·论文》中说:"气之清浊有体,不可力强而致。"[22]刘勰在《文心雕龙》中就极大地发展了他的观点,指出作家的个性形成有四个因素:才、气、学、习。才、气是"情性所烁",是天赋的本性,学、习是"陶染所凝",是后天自己努力和环境影响的结果。而且特别指出:先天的才、气虽然是个人的天生禀赋不能改变,可是后天的学、习则是人可以自己把握的。在这两者的关系上,即使人的天赋条件并不很好,但是可以通过后天的学和习,给以弥补,这就叫作"习亦凝真,功沿渐靡"。

同样,在《文心雕龙·事类》篇中讲到一个人的才和学关系时,同样也表现了这样的思想。他说:

> 夫姜桂同地,辛在本性;文章由学,能在天资。才自内发,学以外成,有学饱而才馁,有才富而学贫。学贫者迍邅于事义,才馁者劬劳于辞情,此内外之殊分也。是以属意立文,心与笔谋,才为盟主,学为辅佐,主佐合德,文采必霸,才学褊狭,虽美少功。夫以子云之才,而自奏不学,及观书石室,乃成鸿采。表里相资,古今一也。故魏武称张子之文为拙,然学问肤浅,所见不博,专拾掇崔杜小文,所作不可悉难,难便不知所出,斯则寡闻之病也。夫经典沉深,载籍浩瀚,实群言之奥区,而才思之神皋也。扬班以下,莫不取资,任力耕耨,纵意渔猎,操刀能割,必列膏腴,是以将赡才力,务在博见。狐腋非一皮能温,鸡蹠必数千而饱矣。是以综学在博,取事贵约,校练务精,捃理须核,众美辐辏,表里发挥。

在这一段里,刘勰非常清楚地说明了:一个人的才虽然是"盟主","能在天资",但是必须要有学的"辅佐",学可以"外成"。因此文章写作必须要"主佐合德,才能做到"文采必霸",如果"才学偏狭",则"虽美少功"。为此,他特别指出像扬雄之所以成就"鸿采",全是靠他认真学习,"观书石室"。故极言博学之重要性。

显然,刘勰的这些具有创新和突破性的论述,正是建立在荀子"化性起伪"说的人性论思想基础之上的,是把荀子的"化性起伪"运用于文学风格理论的典型表现。而且从广义的角度看,也是对作家的修养提出了十分科学的要求,并且对一个人的才和学的关系,做出了较为符合实际的论述。

三、"法后王""隆礼义"和"望今制奇,参古定法"

刘勰《文心雕龙》全书都贯穿了发展变化的精神,强调社会是不断进步的,各种文体的创作也是不断丰富改善的,重视"今"而参考"古",这种基本思想显然也是和荀学的思想有一脉相承的关系。荀子的"道"既是先王之道,又是后王之道,他认为后王之道是继承先王之道,而又根据当今的现实情况,善于"应变",发展了先王之道的,因此主张要"法后王"。从孔、孟的"法先王"到荀子的"法后王",是荀子接受了法家思想影响的结果,也就是接受法家思想的发展变化观,将之融入儒家思想,改造了儒家思想,改变了孔子的"述而不作,信而好古"传统,承认事物是进步发展的,今是可以胜于古的。故而,要以现实的法制为依据,尊重和坚持现实的礼仪制度,特别提出要"隆礼义"㉓。以孔、孟为代表的正统儒家是向后看的,一切以尧、舜、禹为代表的唐虞三代为标准,而荀子是向前看的,以当今现实的贤明君王为典范,认为王道政治必须适应今天现实,而对古代王道政治有所发展。所以荀子的"道"不是一个固定不变的框框,而是随着社会历史的演进,其内容不断丰富、愈来愈扩大的"道"。道既有一个中心内容,又有其"应变"的方面。他在《解蔽篇》中说:"夫道者,体常而尽变,一隅不足以举之。"㉔梁启雄《荀子简释》道:"此言:道是以常理为体,而极尽地变革来适应时宜和地宜,一隅角的道理够不上来概括它。"对于"道"的这种理解,显然和传统的孔、孟之道已经不同,其内容不仅已经更加丰富,而且是开放的、不断变化的"道"。它是建立在以当今现实为基础的前提下,又继承和发扬了古代的优良传统。

刘勰接受了荀子的发展变化观念,把它运用到对文学的历史发展分析之中,这就是《文心雕龙·通变》篇的思想基础。《通变》篇的目的是要强调文学是变化发展的,而不是停滞不变的,随着时代社会的变化发展而变化发展的。刘勰所处的时代已经不是两汉经学时代那种被复古阴霾笼罩下的时代,而是玄学占有主导地位的,思想比较自由开放的时代。今胜于古,已经是比较广泛流行的思潮。刘勰以前,西晋的葛洪在《抱朴子》中曾经尖锐地讽刺和嘲笑了那些崇古非今者的荒唐,指出他们认为"今山不及古山之高,今海不及古海之广,今日不及古日之热,今月不及古月之朗"[25],实际是"重所闻,轻所见",是非常荒谬的无知之见。这种重视发展变化和今胜于古的观念在南朝也是非常普遍的,例如萧子显在《南齐书·文学传论》中就说过:"习玩为理,事久则渎,在乎文章,弥患凡旧,若无新变,不能代雄。"[26]所以刘勰在《文心雕龙》中也是明确地以当今为立脚点,从现实出发再考察是否与古代的优良传统一致。他在《通变》篇的赞语中提出一个著名的原理:"望今制奇,参古定法。"要在"望今制奇"的基础上,再"参古定法",确立正确的途径。显然,他在这里对今古关系的认识,已经不再是孔子的"述而不作,信而好古",以古为唯一的准则,而是站在"今"的立场去参考"古",一切要从"今"出发去创造"奇",但是又不可脱离传统,要以优良的传统作为重要的参考,抛弃传统而片面追求"奇"是刘勰所坚决反对的,也是齐梁时代不良文风的关键所在。然而,我们不能因为这一点,而看不到刘勰基本的发展变化观念,认为他也是主张完全复古的,那样就本末倒置了。其实,变才是刘勰思想的核心所在,才是《通变》的真正宗旨。问题是在于怎么变才是正确的。

　　刘勰的"通变"观念是贯穿《文心雕龙》全书的。前五篇总论概括地说讲的就是通和变。原道、征圣、宗经是讲"通",是讲必须要继承的传统;后两篇就是讲"变",讲怎么变才是正确的。像纬书那样的"变"是错误的,因为纬书的根本问题是内容不真实;而只有像《楚辞》那样变才是正确的,因为《楚辞》是"酌奇而不失其贞,玩华而不坠其实"。由此,可以看出:刘勰真正强调的是文学是发展变化的,不应该模拟复古,也不能依据过往的模式,并没有以孔子为是非标准,而是肯定新变的,而且必须要有新变,不过不能因为"变"而丢掉自己民族的传统。《诗经》虽然是经,有很高的地位,但他心里真正羡慕崇拜的不是《诗经》而是《楚辞》,因为它是体现了正确的"新变"的典范,这从他对《楚辞》的热情赞扬和高度评价中可以得到充分证明。他在《辨骚》篇中说："自风雅寝声，莫或抽绪，奇文郁起，其《离骚》哉！固已轩翥诗人之后，奋飞辞家之前，岂去圣之未远，而楚人之多才乎！"在评述了《楚辞》各篇的"朗丽以哀志""绮靡以伤情""瑰诡而慧巧""耀艳而深华"之后，对《楚辞》作了如下总评："故能气往轹古，辞来切今，惊采绝艳，难与并能矣！"说明《楚辞》乃是古往今来、无与伦比的伟大杰作！这正是他立足于"变"的发展变化观念所得出的结果，也正是他以荀子儒学，而不是孔孟儒学作为思想基础的鲜明表现！荀子的儒学是在孔孟基础上融合吸收了道家、法家等思想精华的儒学，而不是孔孟以尧舜禹三代为绝对标准的儒学。只有了解这点，才能理解《文心雕龙》的思想和论述，懂得他为什么讲原道、征圣、宗经，而又能体现道家、法家思想的精华，还能和佛家思想相通而不悖，熔儒、道、佛于一炉。

刘勰《文心雕龙》上二十五篇中除前五篇总论外的二十篇文体论中，也是全部体现了这种发展变化观念的。所有这些对每一类文体历史发展的论述，虽然后代的成就未必都能超越前代，但是都鲜明地体现了随着社会历史的发展不断有更新，不断有和以前不同的新内容、新形式出现。

四、不可"蔽于一曲，而阇于大理"与"擘肌分理，唯务折中"

《文心雕龙》的研究者都深深地佩服刘勰研究问题所运用的先进研究方法，这也是刘勰之所以取得如此辉煌成就的重要原因之一。刘勰在《文心雕龙·序志》篇中曾经对他的研究方法作了如下概括：

> 夫铨序一文为易，弥纶群言为难。虽复轻采毛发，深极骨髓，或有曲意密源，似近而远，辞所不载，亦不胜数矣。及其品列成文，有同乎旧谈者，非雷同也，势自不可异也。有异乎前论者，非苟异也，理自不可同也。同之与异，不屑古今，擘肌分理，唯务折中。按辔文雅之场，环络藻绘之府，亦几乎备矣。但言不尽意，圣人所难；识在缾管，何能矩矱？茫茫往代，既沈予闻；眇眇来世，倘尘彼观也。

刘勰这里所提出的"折中"论研究方法，《文心雕龙》研究者各家理解不同。主要分歧在是折中于儒家，还是折中于自然的"势"与"理"。以前我和周勋初先生在这个问题上看法不同,周先生是主张前者的,我是主张后者的。这里我不想重复以往的争论,我的看法在我的《刘勰及其文心雕龙研究》中有详细的分析。这里我主要想进一步说说刘勰的科学的研究方法和荀学的关系。荀子在《解蔽篇》中尖锐地批评了当时各家学说在研究方法上的弊端,对自己的研究方法作了清晰的说明。以孔孟为代表的正统儒家的研究方法,都是强调要以先王的圣道作为判断是非的标准。所以历来的儒家在研究方法上,都是以孔子的是非为是非,一切折中于孔子的言论。所以《史记·孔子世家》张守节《正义》云:"孔子布衣,传十余世,学者宗之。自天子王侯,中国言六艺者宗于夫子,可谓至圣矣。"㉒《汉书·禹贡传》:"四海之内,天下之君,微孔子之言,亡所折中。"㉓按照孔孟儒家的研究方法就是折中于圣人之道、孔子之言,依此来判断是非。后来扬雄在《法言·吾子》篇中说:"万物纷错,则悬诸天;众言淆乱,则折诸圣。或曰:恶睹乎圣而折诸?曰:在则人,亡则书,其统一也。"也就是说,圣人和经书就是判断一切是非的标准,就是最基本的研究方法。但是刘勰的"折中"论,按照他自己的说法,并不是以儒家和圣人的是非为是非,而是以是否符合客观的自然之理和自然之势为标准的。他在《定势》篇中说这个"势"是"自然之势",如"圆者规体,其势也自转;方者矩形,其势也自安"。而这个"理"也是事物内在的"神理",也就是客观的自然之理。无论是"势"还是"理",它都是事物内在客观的真理,以此为判断是非的标准,而不是以圣道、孔子的是非来作为判断的标准。这是和荀学接近的,而与孔孟则有所不同。

现在我们来看荀子的研究方法。荀子由于他在对道、圣、经的认识和理解上与孔孟的差别,特别在研究方法上,他不是折中于圣道和孔子,而是以全面的客观真理为依据。他在《解蔽篇》中说:"凡人之患,蔽于一曲,而闇于大理。"㉔这个"大理"不仅是全面之理,而且不是某一家之大理,而是大家共有的事物内在的客观的大理。所以他批评先秦各家大都不明白"大理",而蔽于"一曲",如:"墨子蔽于用而不知文,宋子蔽于欲而不知得,慎子蔽于法而不知贤,申子蔽于执而不知知(后一"知"当为"和"字),惠子蔽于辞而不知实,庄子蔽于天而不知人。"他们强调了事物的一个方面,却不知道还有另一方面。这些批评都非常之中肯:墨子碍于狭隘的功利实用,而不懂得礼乐文明德治之重要;宋子只知人欲寡的一面,而不知人还有贪得的一面;慎子只知道法治的重要,而不懂得法治是需要贤才来执行的；申子只知以势钳制天下，而不懂得人和之意义价值；惠子只知文辞说得周全，而不知事物的实际是否相符；庄子只强调尊重客观自然规律，而不懂得人可以发挥主观能动性改造自然。所以他们都蔽于"大理"，不能全面地把握事物的客观原理，所以不能正确地认识事物。由此，我们可以清楚地看到，刘勰的"折中"论研究方法，从根本上说是和荀子所重视的研究方法有内在的一致性。

当然，我们也还要看到，刘勰以客观的"势"和"理"作为判断事物的标准，不仅和荀子的"大理"论一致，也和佛教"圆照"的方法论接近。佛教作为一种有深刻哲学思想的宗教，它的研究方法论有相当科学的一面。佛教讲究观察事物不可"落于一端"，不可偏执于一个方面，而要全面地看到各个部分，所以非常强调"圆照"的精神。这里我想引用饶宗颐先生在《文心与阿毗昙心》一文中的一段话：

> 彦和全书中正面使用佛家术语，只有"半字"及"般若"二词。《论说》篇云："滞有者全系于形用，贵无者专守于寂寥。徒锐偏解，莫诣正理，动极神源，其般若之绝境乎。"此指出造论不可偏解，宜诣乎正理。偏即释氏所云"落于一边"，惟求诸般若绝境，斯能统摄有无。龙树《中论·观涅槃品》云："分别非有无，如是名涅槃，若有无成者，非有非无故。"不锐于偏解，则非有非无，斯得乎中道，而诣于正理矣。㉚

饶先生非常简要精辟地阐明了刘勰的研究方法和佛家研究方法的内在联系，说明刘勰的"徒锐偏解，莫诣正理"和佛教的龙树中观论的密切关系。然而，我们不是也可以说，刘勰的"偏解"就是荀子所说的"一曲"，而刘勰所说的"正理"不就是荀子所说的"大理"吗？"折中"于自然的"势"和"理"，就是为了"诣正理"，而不至于会陷入"偏解"。这样，我们就可以知道刘勰的"折中"于"势"与"理"，就是佛家的"不落一边""非有非无"的中道观，也就是荀子讲的不可以"蔽于一曲，而阇于大理"。刘勰就是按照荀子的"大理"、佛教的"正理"而提出评价文学要以自然的"势"和"理"为依据，也就是要符合事物本身的客观真理，以此为判断是非的标准。这是一种十分科学的先进研究方法，运用这种方法来分析评论文学现象，就有可能得出比较正确的、全面的结论。所以我们在《文心雕龙》中看到，刘勰在对一些当时有激烈争议的问题，都提出了非常稳妥而不偏激的看法。例如，他对典故的运用就是在充分肯定它的意义和作用的前提下，要求能做到："凡用旧合机，不啻自其口出，引事乖谬，虽千载而为瑕。"（《事类》）他并不赞成大量堆砌典故，但也不像锺嵘那样完全否定用典。对于声律派的理论，他并不赞成烦琐的声律规定，但也不像锺嵘那样完全否定声律，而是重点阐明了声律运用中的基本美学原则，明确指出运用声律的关键是要做到"和"与"同"，"异音相从谓之和，同声相应谓之韵"。在情和理的关系上，他既不因为强调情而否定理，也不因为肯定理而轻视情，而要求把情和理和谐地统一起来。既不因强调"言志"而否定"缘情"，也不因强调"缘情"而否定"言志"，总是把两者有机地融合起来。他反对追求"奇"而抛弃"正"，也不因为重视"正"而排斥"奇"，而提倡要"执正以驭奇"，"酌奇而不失其贞（正）"。赞扬《楚辞》既能"取镕经意"，又能"自铸伟辞"。也就是说他在评价所有文学现象和作家作品中都能"不落一边"，不偏于"一曲"，而能全面地考虑到各个方面，使之源于"大理"，符合"正理"，圆照一切。正是这种科学的、先进的研究方法，使《文心雕龙》成为一部伟大的文学理论巨作。

上面我们只是举出刘勰《文心雕龙》受荀学思想影响的四个主要方面，当然《文心雕龙》受荀学影响也还有其他方面，不过由此即可看出刘勰所理解的儒学，并不是正统的孔孟儒学，而是荀子的儒学，是吸收了其他各家思想的开放的儒学。这一点对我们全面正确理解《文心雕龙》的文学理论和文学思想，有非常重要的意义，也可以帮助我们对《文心雕龙》作出合乎实际的历史评价。

原载《北京大学学报》2015 年第 3 期。

注　释

① 韩愈《读荀》，马其昶校注《韩昌黎文集校注》，上海古籍出版社，1986 年，37 页。
② 梁启雄注《荀子简释》，《新编诸子集成续编》，中华书局，1983 年，318 页。
③ 汪荣宝注《法言义疏》，《新编诸子集成》，中华书局，1987 年，82、67 页。
④ 《荀子简释》，《新编诸子集成续编》，225、231 页。
⑤ 《荀子简释》，《新编诸子集成续编》，402 页。
⑥ 《荀子简释》，《新编诸子集成续编》，220、221 页。
⑦ 《周易正义》，《十三经注疏》，中华书局，1980 年，315 页。

⑧ 本文有关《文心雕龙》的文字皆引自杨明照校注《增订文心雕龙校注》，中华书局，2000年。

⑨ 见北京大学中文系编《中国文艺思想史论丛（第三辑）》，北京大学出版社，1988年，101—106页。饶先生说："《文心》之为书，首原道第一，次征圣第二，又次宗经第三。表面观之，自为儒家思想。然佛家立场亦有同然。释氏于现量、比量之外，极重'圣贤量'，故主'征圣'。在《阿毗昙心论》中，其第五为贤圣品，第八为契经品，义与征圣、宗经原自不殊。"

⑩ 《荀子简释》，《新编诸子集成续编》，92页。

⑪ 《荀子简释》，《新编诸子集成续编》，9页。

⑫ 《荀子简释》，《新编诸子集成续编》，7—8页。

⑬ 《荀子简释》，《新编诸子集成续编》，89页。

⑭ 《荀子简释》，《新编诸子集成续编》，327页。

⑮ 以上均见王先谦《荀子集解》及注所引，《新编诸子集成》，中华书局，1988年，434页。

⑯ 《荀子简释》，《新编诸子集成续编》，330页。

⑰ 《荀子简释》，《新编诸子集成续编》，220页。

⑱ 《荀子简释》，《新编诸子集成续编》，229页。

⑲ 《论语注疏》，《十三经注疏》，北京大学出版社，1999年，207页。

⑳ 《史记》，中华书局，1982年，2482页。

㉑ 《礼记正义》，《十三经注疏》，北京大学出版社，1999年，1112页。

㉒ 郭绍虞主编《中国历代文论选》，上海古籍出版社，1979年，第一册，158页。

㉓ 《荀子简释》，《新编诸子集成续编》，92页。

㉔ 《荀子简释》，《新编诸子集成续编》，291—292页。

㉕ 杨明照校笺《抱朴子外篇校笺》，《新编诸子集成》中华书局，1991年，下册，120页

㉖ 《南齐书》，中华书局，1972年，908页。

㉗ 《史记》，1905页。

㉘ 《汉书》，中华书局，1962年，3078页。

㉙ 《荀子简释》，《新编诸子集成续编》，286页。

㉚ 载《中国文艺思想史论丛（第三辑）》，103—104页。

《山海经》西王母的正神属性考

陈连山

西王母故事的演变历程比较复杂,学界的认识不尽相同。但是,有一点比较一致,那就是认为最早的西王母材料——《山海经》中的西王母是一个可怕的凶神。这方面只有刘宗迪认为她不是凶神[①]。我在研读《山海经》的时候,对这种"原始西王母凶神说"产生了一些疑问,同时对刘宗迪的部分论证也存疑。本文将细读经文,对西王母的原始性质进行一番新的考证和辨析。

一、有关西王母原始性质的旧说的缺陷

现代学术界较早讨论西王母属性演化的是茅盾。他在 20 世纪 20 年代受到进化论和古史辨学派的影响,认为原始的西王母形象经历过三个大的演变时期。他认为《山海经》作于东周到战国,其中的西王母"豹尾虎齿,蓬发戴胜",是半人半兽。她"司天之厉及五残",是一位凶神。第一个演变时期是战国时代的《穆天子传》和汉代初年的《淮南子》。在《穆天子传》中,西王母很像人间帝王,能与穆王歌谣和答。在《淮南子》中,她又变为拥有不死药的吉神和仙人。第二个演变时期是《汉武故事》,其中,西王母拒绝给汉武帝不死药,而给了一个"三千年一著子"的桃子——这相当于次等的不死药。第三个演变时期是魏晋时代。在《汉武内传》中,西王母成为"年可三十许"的丽人,是群仙的领袖。至此,西王母的原始神话彻底转化为道教传说[②]。

茅盾的说法影响很大,《山海经》中的西王母作为凶神似乎成为一个普遍的结论。但是,我对此有两个疑问。

第一,《山海经》原文只描述了她的外形是"豹尾、虎齿",没有明言西王母

的吉凶性质,也没有她赐福或降灾的故事情节供我们推测她的神格。茅盾对经文中西王母性质的解说来自郭璞,因为郭璞把"司天之厉及五残"解释为"主知灾厉、五刑残杀之气也"。但是郭璞的说法正确吗?茅盾对郭注的理解正确吗?

第二,从凶神到吉神的转换,存在巨大差距。茅盾对它们之间演化的原因所作的解释没有任何直接材料,只是根据文化进化论的一般原则作了一个说明:

> 因为"文雅"的后代人不能满意于祖先的原始思想而又热爱此等流传于民间的故事,因而依着他们当时的流行信仰,剥落了原始的犷野的面目,给披上了绮丽的衣裳。这是"好奇"的古人干的玩意儿,目的在为那大部分的流传于民众口头的太古传说找一条他们好奇者所视为合理的出路。③

这段话也许可以解释为什么西王母不再是"豹尾虎齿",但是没有说明为什么战国人会把一个令人恐怖的"凶神"转化为一个美丽动人的"人王"和掌管不死药的"吉神"。这前后之间的差距实在太大了,完全是对立的关系!那个最早的改造者依据什么把一个凶神改造成吉神?如果当时他的根据不足,他怎么可能说服其他人接受他的这个篡改呢?这是一个问题,需要作出合理的解释,否则这个演化理论就不能成立。

为了澄清认识,我们还是回到《山海经》原文中去。

二、《山海经》中的西王母的形象

《山海经》中涉及西王母的材料主要有三条。分别见于《西山经》《大荒西经》和《海内北经》。上述各篇的成书时间先后,学界认识不一。一说认为《山经》(包括《西山经》)较为可靠,成书年代最早,大致在东周或战国初期,《荒经》(包括《大荒西经》)最晚,或许在汉代完成。例如茅盾和日本学者小南一郎就是这种看法④。另一说则相反。例如,袁珂认为《荒经》(包括《大荒西经》)最早,《山经》(包括《西山经》)次之,《海内经》(包括《海内北经》)最晚⑤。由于《山海经》各篇成书年代问题过于复杂,资料也不够,双方的说法也只是一个说法而已。另外,他们各自对于上述材料里面西王母性质的细微变化的解读并未超出原始凶神的范围,所以,本文不讨论各篇目的先后问题,而把它们视为一个整体来加以解读。

为了准确理解经文,我根据袁珂《山海经校注》把西王母材料的上下文全部引出,并给各段编码(M1、M2、M3)如下:

M1.《大荒西经》:"西海之南,流沙之滨,赤水之后,黑水之前,有大山,名曰昆仑之丘。有神,人面虎身,有文有尾,皆白,处之。其下有弱水之渊环之,其外有炎火之山,投物辄然。有人戴胜,虎齿,有豹尾,穴处,名曰西王母。此山万物尽有。"

M2.《西山经》:"又西北三百五十里,曰玉山,是西王母所居也。西王母其状如人,豹尾虎齿而善啸,蓬发戴胜,是司天之厉及五残。有兽焉,其状如犬而豹文,其角如牛,其名曰狡,其音如吠犬。见则其国大穰。有鸟焉,其状如翟而赤,名曰胜遇,是食鱼,其音如录,见则其国大水。"

M3.《海内北经》:"西王母梯几而戴胜(杖)⑥。其南有三青鸟,为西王母取食。在昆仑虚北。"

上述三条材料中的西王母形象是基本一致的:M1说她是"人",M2中说她"其状如人",这些都表明西王母基本是人的形状。

这里的"蓬发戴胜",郭璞注云:"蓬头乱发。胜,玉胜也。"在一般情况下,把"蓬发"二字解释为"蓬头乱发",是可以的。按照这种解释,西王母颇有些原始野蛮的色彩。不过,我怀疑这种解释在《山海经》中可能不很确当,因为这个西王母同时还戴着玉胜——胜原本是古代织布机上缠经线的横杆滕⑦,两头有滕花。以滕为原形发展来的发饰玉胜,则可以卷头发——既然戴玉胜,似乎不应该再是蓬头乱发了。郭璞的上述解释存在自我矛盾。所以,这里的"蓬发"不能解释为蓬头乱发。蓬,可以是蓬大的意思。查《山海经》中《海内经》有云:"北海之内,有山,名曰幽都之山,黑水出焉。其上有玄鸟、玄蛇、玄豹、玄虎、玄狐蓬尾。"玄狐作为动物,其尾巴不存在乱不乱的问题,所以它的"蓬尾",郭璞注为:"蓬,丛也……。《说苑》曰:'蓬狐文豹之皮'。"这里的"丛"是众多的意思。郝懿行云:"《小雅·何草不黄》篇云:'有芃者狐。'盖言狐尾蓬蓬然大,依字当为蓬,《诗》假借作芃耳。"蓬尾,就是尾巴蓬大。既然蓬是蓬大,那么,西王母的"蓬发"似乎应该是头发很多的意思,所以她戴了玉胜。这样解释,"蓬发"与"戴胜"之间就不存在内部矛盾了。而西王母戴了"胜"的"蓬发"也就自然呈现出向上膨起的样子,正如浙江绍兴出土的东汉时代的画像铜镜所画的西王母样子。所以,"蓬发戴胜"的意思是西王母头发浓密,戴着玉胜。这表明西王母气度庄严,跟野蛮原始之气毫无关系。

当然,西王母也有一点动物特征——豹尾、虎齿。这是旧说判断西王母为半人半兽神的依据。我觉得这个判断有些过头了。M1中"人面虎身""有文有尾"的"神"才是真正的半人半兽的神。西王母基本是人的形状,只是有一点动物特征而已。毕沅《山海经新校正》认为西王母是国名,"豹尾、虎齿、蓬发"只是"见其民俗如文身、雕题之属耳","戴胜言其民俗尚此饰也"。毕沅的解释完全违背《山海经》经文,不可取。

我也不同意那种把"豹尾、虎齿"解释为装饰物的说法。刘宗迪说《大荒西经》是根据古代历法月令图而来的述图文字,其中西王母的形象乃是古月令图上所画的秋冬之交的蒸尝仪式上的祖妣之尸⑧,《海内北经》和《西山经》后来沿袭了《大荒西经》的说法。"豹尾、虎齿、蓬发,或为祖妣之尸的扮相,豹尾、虎齿盖表明神尸身穿兽皮,以象征人类未有衣裳之时衣裘寝皮之义。"⑨这种说法事实上取消了《山海经》中西王母崇拜的真实性。这里不讨论《大荒西经》是否是述图文字的问题。我退一步说,即使那幅所谓的古月令图里有这样一个装饰的人物,但《大荒西经》作者之所以误解性地把这个图画人物解释为"西王母",应该是这个图画人物正好可以印证原有的神话传说。"豹尾、虎齿"依然还是动物性的特征。至于这里的"豹尾、虎齿"是不是吃人的标志,需要综合考虑西王母的神性职能,留待本文第四小节讨论。

M2多了一条"善啸",小南一郎认为这是"像野兽吼叫那样的'啸'"⑩。这是不对的。《山海经》中有叫声的动物很多,没有一种动物的叫声被称为"啸"⑪。《说文》云:"啸,吹声也。"⑫《诗经·召南·江有汜》云:"不我过,其啸也歌。"郑笺云:"啸,蹙口而出声。"可见,啸就是用嘴吹口哨,并非某些人理解的歌吟。魏晋时代颇有一些求仙人物都学习"啸"。因此,"善啸"只能表明西王母是神仙。

M3中的西王母少了"豹尾、虎齿",动物特征略少;而多了"梯几",郭璞注云:"梯,谓凭也。"梯几,就是手放在几案上。几案是古时候德高望重者所用的器具。所以,这里西王母的人性特征更加明显⑬。

这三条材料虽然略有差别,但是其西王母都主要是以人的形象出现的天神⑭。所以,这三条西王母材料之间应该是互相补充的关系,而不一定是先后演化的关系。《山海经》中主要以人形出现的天神西王母,动物特征很少,至于所谓原始野蛮特征的"蓬头乱发"则是后人解说失误。这些就是西王母后来能够演化为美貌人王或女神的形象基础。

三、《山海经》中的西王母的居处

西王母的形象基本是人形,可是直觉上"豹尾、虎齿"毕竟很可怕。我觉得这需要参考她在神国的地位来理解。其实"豹尾、虎齿"代表的是一种威严,是其地位神圣的标志,并非是吃人的标志。

首先分析西王母的住处。在《山海经》中,西王母的明确住处有二,昆仑山和玉山。另有一个是不太明确的"西王母之山",我们只能从山名推测它是西王母的居所。

M1 和 M3 都说她住在昆仑山。在 M1 前面,《西山经》解说昆仑是"帝之下都",是天神在人间的都城。其中有可以战胜水的沙棠,可以解除忧愁的蘋草。M1 承上省略,说昆仑山"万物皆有"。另外,《海内西经》云:"海内昆仑之虚,在西北,帝之下都。昆仑之虚,方八百里,高万仞。上有木禾,长五寻,大五围。而有九井,以玉为槛。面有九门,门有开明兽守之,百神之所在。在八隅之岩,赤水之际,非仁羿莫能上冈之岩。"这样一个天堂般的神圣之地,当然不容人类轻易涉足。所以,M1 中此山守卫极其严密。山下有炎火之山环绕,又有弱水之渊环绕,山上还有人面虎身的神守卫。那么,住在这里的西王母当然是一个神圣的、不许凡人接近的天神⑮。不过,这位女天神在昆仑山上的地位似乎不高,因为 M1 说她只是"穴处",似乎没有住在巍峨的宫殿里。

在 M2 中,西王母住的是玉山。郭璞注:"此山多玉石,因以名云。《穆天子传》谓之群玉之山。"由于古人相信玉能通天,多玉之山当然也是天神居住的。这也是一个令人向往的地方。玉山只有西王母一个神,可能是她的大本营。经文说"是西王母所居也",没有说她"穴居"。

在《大荒西经》里,西王母还有一个不太明确的住地,在大荒之中的灵山以西:

> M4."西有王母之山,壑山、海山。有沃之国,沃民是处。沃之野,凤鸟之卵是食,甘露是饮。凡其所欲,其味尽存。爰有甘华、甘柤、白柳、视肉、雎、璇瑰、瑶碧、白木、琅玕、白丹、青丹,多银、铁。鸾凤自歌,凤鸟自舞,爰有百兽,相群是处,是谓沃之野。
>
> 有三青鸟,赤首黑目,一名曰大鹭,一名少鹭,一名曰青鸟。"⑯

这段文字存在讹误。"西有王母之山",郝懿行、王念孙、孙星衍、袁珂都举证认为当为"有西王母之山"。那么,这里应该是西王母的第三个住地。另外,还有一个讹误。"有三青鸟"以下文字不该另起一行,应该接着上文。在郝懿行《山海经笺疏》中正是如此。这里的三青鸟是为西王母取食物的鸟,那么,从壑山以下包括沃之野,都是它们取食的范围。这个"沃之国"是人间天堂,人类幻想的一切美好事物几乎应有尽有。

上述三处神圣之地,昆仑、玉山和西王母之山,无论如何不像是一个凶神居住的地方。居住在这些地方的西王母也不像是一个凶神。

四、西王母在神国的具体职掌

关于西王母在神国的具体职掌,M2说她"司天之厉及五残"。厉和五残是什么?郭璞注云:"主知灾厉、五刑残杀之气也。"这个解释是现代所有主张西王母是凶神的重要依据。但是,郭注存在不妥之处。厉为灾厉,可通。但是,把五残解释为"五刑残杀"的缩略语,是不对的。他大概是用后来的"五行观念"把西方看作"刑杀之气"的代表而得出的结论。事实上,《山海经》中并没有完整的五行观念。

郝懿行对郭璞有纠正。其《山海经笺疏》云:"厉及五残,皆星名也。"先说五残星。《史记·天官书》云:"五残星,出正东东方之野。"《正义》云:"五残,一名五锋,出正东东方之分野。状类辰星,去地可六七丈。见则五分⑰毁败之征,大臣诛亡之象。"⑱原来,这颗星一旦出现,就预示人间有灾难。它是灾难的预兆。郭璞释为"五刑残杀之气"是不对的。

郝懿行所说的"厉"比较复杂。古籍中未见以"厉"为名的星。郝懿行推论:"《月令》云:'季春之月……命国傩。'郑注云:'此月之中,日行历昴。昴有大陵、积尸之气。气佚,则厉鬼随而出行。'是大陵主厉鬼。昴为西方宿,故西王母司之也。"⑲意思是西方的昴星宿包括了一组星辰,就是大陵。大陵之中又有积尸星。那么,这里就是厉鬼之气聚集的地方。这些气一旦逸散,厉鬼就会出现。所以,大陵星决定着厉鬼的活动——"主厉气"。而西王母在西方,因此,应该主管西方的某些星宿。她是通过掌握西方昴宿中的大陵星中的厉鬼之气而掌管厉鬼的。郝懿行实际上是把"厉"解释为聚集"厉鬼之气"的大陵星。这个解说似乎过于曲折了。其合理之处在于说明了大陵星主厉气,但由此推论"厉及五残,皆星名也",把"厉"说成大陵星的别名,稍显过分。毕竟古籍中未见所谓"厉星"。刘宗迪则简单地推论:既然"五残"是星名,而 M2 中五残与厉并举,那么"厉亦必为星名"⑳。我觉得其说过于武断,上古时代的语法未必如此严整。所以,这个"厉"还是直接解释为厉鬼较好,厉鬼,即恶鬼。这方面,《左传·成公十年》有例子:"晋侯梦大厉,被发及地,搏膺而踊。"那么,《山海经》中"天之厉",就是天上的厉鬼,天上的恶鬼。当然它们也是危害人间的,所以,郭璞说"厉"是灾厉也是可以的。我们不必勉强解释为从来不见经传的"厉星"。

"司天之厉及五残"的意思是:西王母掌管天上的厉鬼,和一颗预示人间灾难的星辰。就是说,西王母能够预知灾害和死亡。灾害和死亡,当然很可怕。若是直接给人间降下灾祸和死亡,更加可怕,假如西王母是这样的,那当然是一个凶神。可是,天上的厉鬼是待在大陵星里面的,平时并不随意逸出。而五残是预示灾难和死亡的星辰,并非灾难本身。我们再看郭璞的注。郭璞尽管对"五残"的解释不准确,但是对于西王母的职掌说得很清楚:"主知灾厉、五刑残杀之气也。"西王母是预知灾害和死亡,而不是直接降灾或杀人。茅盾等人对郭璞注的理解遗漏了"知"这个动词。这种预知灾害和死亡的能力实际是人类最大的希望。因此,西王母实际上掌握的是死亡的秘密,是人类最希望接近的天神。刘宗迪说:"……西王母'司天之厉及五残',谓西王母有伺察和控制灾害之气的神力,非谓其为降灾兴祸之恶魔也,恰恰相反,其'司天之厉及五残',正是为了消灾祛祸,赐福人间。"㉑这正是后代资料里西王母成为掌握不死药的神仙的基本前提。

另外,根据 M2,玉山上有一种怪兽狡,能够预示大丰收。还有一种怪鸟胜(据郭璞注,音 xìng)遇,能够预示水灾。它们似乎都归属于西王母。这表明西王母还具有预知丰收和水灾的神通。这当然也是人类迫切希望得到的秘密。

综上所述,西王母的神职就是预知各种灾害、死亡和丰收。因此,西王母本质上是一个具有正面性质的神,甚至是一个具有潜在吉利性质的神(她可能掌握着自己居住的昆仑山上的不死药,经文没有直接说。详见下文),绝非凶神。在《山海经》中,也没有任何有关西王母降灾、危害人类的事情。正是基于她的正面性质,人们才会想象她居住在前边那些美丽、神圣的地方。这样,她后来才能顺利演化为明确的人人向往的吉祥女神。

那么,为什么西王母又是"豹尾、虎齿",显得十分可怕呢?豹子、老虎都是吃人的野兽,"豹尾、虎齿"是不是西王母凶神本质的外在标志呢?

我认为西王母的"豹尾、虎齿"是西王母神圣地位的标志,体现的是西王母的威严。或者说这是一种防卫措施,目的是防止人类随意接近。昆仑山是"帝之下都","万物皆有",但是昆仑山下有炎火之山,有弱水,山上还有各种令人生畏吃人的神兽……只看这些,似乎昆仑山是一个恐怖之地。其实那里是人间最美的天堂。这些恐怖之物的存在,只是为防止人类接近。——任何一个能够避免信徒证伪的宗教都是这样处理自己的圣山和天堂的。同样的道理,拥有灾害和死亡机密的西王母也必须具有令人生畏的特征,不许人类随意接近。否则,灾害和死亡岂不变成人人可以战胜的儿戏了吗?神话作为一种本质属于虚构的信仰解说岂不太容易被证伪了吗?西王母的"豹尾、虎齿"不是吃人的工具,而是一种预防措施。因此,"豹尾、虎齿"不能作为西王母是凶神的证据。我想,这显示出《山海经》的作者们对于死亡的态度是非常严肃的。他们既希望获得西王母的帮助战胜死亡,又深知战胜死亡之不易。所以,才给这位神灵想象出"豹尾、虎齿"的模样,防止人类追求不死的欲望过分膨胀。这在事实上也保证了西王母的信仰不会轻易被证伪,从而得以长期延续。

五、《山海经》西王母与后代西王母职能的一致性

根据前文所考,《山海经》中的西王母是一个预知灾害、丰收和死亡的女

神,其基本属性是正面的,甚至是吉利的,是人们从内心深处渴望接近的。不只是个人需要,国家也需要。灾害是每一个君主都要避免的,而丰收又是他们都需要的。刑罚(五方毁败、诛杀大臣)是国家政权的重要职能,如何使用刑罚,关乎国家命运。岂可不慎? 因此,君主当然是关注西王母的。

在这方面,周穆王西行与西王母交往的故事出现年代最早。《竹书纪年》云:"十七年,西征昆仑丘,见西王母。西王母止之,曰'有鸟人。'[其年],西王母来见,宾于昭宫。"《穆天子传》说,穆王到达西王母之邦,与西王母在瑶池饮酒唱和。不过,这两条材料没有说明穆王是抱着什么目的见西王母的。

其实,中国从战国到汉代有一些传说,分别叙述尧和大禹求教、求福于西王母。贾谊《新书·修政语》上篇云:"尧曰:'……身涉流沙,地封独山,西见王母。'"《荀子·大略》云:"尧学于君畴,舜学于务成昭,禹学于西王母。"《易林》卷一"坤之噬嗑"卦比较特别:"稷为尧使,西见王母,拜请百福,赐我善子。"这是说得最清楚的,是去求福,求贤才了。小南一郎认为:"这些中国的圣王就学于西王母的,不仅仅是知识,还有给中国带来平安的方法。"②

我认为这些圣王见西王母的后代传说,都是基于《山海经》中西王母能够预知灾害、丰收和死亡的神力。

在后代传说中,西王母的最大职能是掌握不死药。目前,我们见到的汉代画像石、画像砖上,西王母是常见人物。通常,她身边都有一个捣不死药的兔子。《汉武故事》和《汉武内传》所讲述的汉武帝见西王母的最大目的就是寻求不死药。在这方面,《山海经》的西王母跟不死药有关系吗?

袁珂认为:西王母所掌管的灾疫和刑罚,都是有关人类生命的。西王母既可以夺取人的生命,当然也可以赐予人的生命③。虽然,袁先生说西王母掌管灾疫和刑罚,不是很精确。但是,他的推论还是有一定道理的,他指出有这种可能。当然这只是一种可能,并非确然。否则,任何宗教里的死神都是可以赐予生命的了——而这不合常识。

《山海经》中西王母的确有可能掌握不死药。经文多次谈到不死药。其中昆仑山有不死树、不死药,只是经文没有明言西王母掌握不死药。但是,有一些细节暗示她具有这种职能。昆仑山是人类不能上去的,因为那里是神的居所,有不死药等神圣宝物。但是,西王母住在那里,应该能够得到不死药。另外，前文所引《海内西经》叙述昆仑山的时候说："非仁羿莫能上冈之岩。"羿上昆仑干什么？应该是找不死药。找谁呢？经文没有说，似乎记录不完整，或流传中造成了经文的缺失。郭璞注云："言非仁人及有才艺如羿者不能得登此山之冈岭巇岩也。羿尝请药西王母，亦言其得道也。"这就是说，羿是从昆仑山西王母那里得到的不死药。郭璞的根据也许是汉代以后的传说，例如《淮南子·览冥训》中所说"羿请不死之药于西王母"之类的材料。这里有两种可能：第一，这些后代材料是从完整的《山海经》来的，弥补了今本《山海经》的缺失。第二，《海内西经》中羿不是到西王母那里，而是到别的什么神那里取不死药，那么郭注和《淮南子》中的相关内容就是后人根据《山海经》自然引发的。无论如何，汉代以后的西王母传说都和《山海经》具有某种一致关系。

《山海经》西王母与后代西王母职能的一致性保证了神话的自然演化过程。

结 论

《山海经》中的西王母并非凶神，而是一个能够预知灾难和死亡的正面性质的神。她天堂般的居处，表明了人类对她的尊敬和向往。而她的"豹尾、虎齿"异象传达的是一种威严，和难以接近；并非表示她具有危害人的性质。这些就是西王母在战国以后发展为性质明确的吉神的基础。

茅盾对《山海经》西王母性质的"凶神"解读不符合经文，对郭璞注的理解也存在欠缺。他根据一般进化原则推理西王母从凶神转化为吉神的说法既没有材料依据，也不符合常理。

原载台湾辅仁大学《先秦两汉学术》2010 年第 13 期

注 释

① 刘宗迪《失落的天书》，商务印书馆，2006 年，535 页。
② 玄珠（茅盾）《中国神话研究 ABC》，上海，ABC 丛书社，1929 年，65—66 页。
③ 玄珠（茅盾）《中国神话研究 ABC》，68—69 页。

④ 小南一郎著,孙昌武译《中国的神话传说与古小说》,中华书局,1993年,24—26页。
⑤ 袁珂《山海经校注》,巴蜀书社,成都,1996年,358页。
⑥ 袁珂《山海经校注》认为"杖"为衍文。
⑦ 滕,一名摘。
⑧ 刘宗迪在《失落的天书》中说:"'西王母之山——沃之野'处《大荒西经》北段,'西王母梯几而戴胜'处《海内西(当为北)经》西段。可见西王母场景在古月令图中处于秋冬之交的位置,在画面处西北隅,表明这一画面反映的实为季秋之月的岁时行事。"(553—554页)核查《山海经》,以上两段文字分别在《大荒西经》正西和《海内北经》第二条。并非所谓古月令图的季秋的位置,而是中秋与初冬。
⑨ 刘宗迪《失落的天书》,560页。
⑩ 小南一郎著,孙昌武译《中国的神话传说与古小说》,24—25页。
⑪ 刘宗迪说动物叫声是自然本能,不存在"善啸"与否的问题。这个判断与《山海经》不符。经文中动物"善伏""善吒""善还""善登木""善呼"的动物很多。这些行为都是动物本能,经文还是用了"善"字来形容。
⑫ 毕沅云:"啸,《说文》云'吟也'。"不知是何种版本,我在《说文》中没有查到这句话。估计是误引。
⑬ 汉代画像石中很多西王母像都是凭几而端坐于地的。
⑭ 把西王母说成山神,是根据她在人间的居处,这是错误的。判断神的性质,应该根据神的职司,而不能根据其居处。西王母的职司是"司天之厉及五残",所以是天神。山神不可能"司天之厉及五残"。
⑮ 《山海经》中的"神"多是真正的半人半兽,在神国的地位一般不高。跟神话学所说的"神"不尽相同。
⑯ 郝懿行《山海经笺疏》中"三青鸟"一段不另起行,嘉庆十四年刻本。
⑰ 郝懿行《山海经笺疏》引用此文"五分"为"五方"。
⑱ 《史记》,中华书局,1982年,1333—1334页。
⑲ 郝懿行《山海经笺疏》。
⑳ 刘宗迪《失落的天书》,534页。
㉑ 刘宗迪《失落的天书》,535页。
㉒ 小南一郎著,孙昌武译《中国的神话传说与古小说》,29页。
㉓ 袁珂《中国神话传说》,中国民间文艺出版社,1984年,309页。

试论《庄子》"三言"的政治性

柳春蕊

《庄子·寓言》篇中提出"三言"(寓言、重言、卮言),后世注《庄》者在"三言"认识上多有分歧。笔者认同王夫之的说法,此篇与《天下》篇都为《庄子》的"序例"①。换言之,我们要理解《庄子》②,须从此二篇入手。《天下》篇论述道术未为天下裂之前的"内圣外王"之道,《寓言》则是《庄子》思想言说的主要方式。这里讨论的是,作为言说方式的"三言"与庄子思想的内在性问题,并以《逍遥游》为重要解读对象,探讨《庄子》思想与言说二者的内在关系。

一

《庄子·寓言》篇说:"寓言十九,重言十七。"郭象注较合原意:"寄之他人,则十言而九见信。""世之所重,则十言而七见信。"③无论是寄言于他者(人或物),还是借古人之言以自重,都是从接受者的方面着眼。郭象依据的是这两层:"亲父不为其子媒。亲父誉之,不若非其父者也"和"非吾罪也,人之罪也。与己同则应,不与同则反;同于己为是之,异于己为非之"④。庄子从人心和人情上作了这两层说明,但我们不妨将其落实到《天下》篇所说"道术将为天下裂"的社会思想局面中加以理解。《庄子》预设的接受者是治理一国的君主和众多思想流派,自非普通民众。从庄子知识背景和思维方式看,有不少是从惠施那里得到启迪,而像宋荣子、列子、慎到之辈的思想与《庄子》思想多有交叉。庄子认为他们的思想是似是而非,故而要像孟子"不得已"而辩其是非曲直,但我们不能得出庄子对手理解力低下的结论。同时,与其他诸子所述相比,庄子所述内容确实又是一个古老的话语体系("古之所谓道术者")。这个话语体系可能是庄子的独得发现,庄子关心的是如何表达他的这个发现,使之不介入像诸子那样"彼是""是非"的论辩模式中。所以,与庄子将要论述的对象相比,仅从人情人性上分析寓言和重言存在的客观依据,难免有些简略。

"卮言"在《寓言》中所占笔墨颇多。从"卮言日出,和以天倪"这八个字与前面文字的缀属来看,庄子界定"卮言"似乎未从接受者这个角度,而接近于言说效果或言说对象的特点这个角度。郭象注云:"夫卮,满则倾,空则仰,非持故也。况之于言,因物随变,唯彼之从,故曰日出。日出,谓日新也。日新则尽其自然之分,自然之分尽则和也。"⑤关于卮言的解释很多,综合地看,说它是一种无分别、无成心、因任事物自身的言说,大抵无甚疑义。看上去它是无心的言说,实而合乎自然的分际;无言不妨其有言,有言终归乎无言。以卮言方式言说对象,日新而无穷,无穷而"曼衍","曼衍"则不可稽之以数,所以能经久。在下面这段话里,庄子作了具体阐发:

> 卮言日出,和以天倪,因以曼衍,所以穷年。不言则齐,齐与言不齐,言与齐不齐也,故曰言无言。言无言,终身言,未尝言;终身不言,未尝不言。有自也而可,有自也而不可;有自也而然,有自也而不然。恶乎然?然于然。恶乎不然?不然于不然。恶乎可,可于可。恶乎不可,不可于不可。物固有所然,物固有所可。无物不然,无物不可。非卮言日出,和以天倪,孰得其久!万物皆种也,以不同形相禅,始卒若环,莫得其伦,是谓天均。天均者,天倪也。(《庄子·寓言》篇)

这有两层:一是庄子明了言与齐的关系。"齐"可理解为"一"或"道",即不言的状态。如果我们暂且抛开物论之齐与不齐的成见,而置于《逍遥游》有待无待、无用有用的大语境下观照,那么《齐物论》的问题实际上可表述为人们如何看待世界和社会人生的问题,这一问题落实儒墨之争上,则是社会治理理念之争。在庄子看来,人们对世界和社会人生认识的总根源在于"道",凡是在这一认识上的所有观点都是道的外化,具有道的特征。面对世界本体的道,任何言说都是有所成、有所亏,况且人们的"言"是有成心和判断,这种判断源自人心之蔽和语言自身的局限,语言的概念性和抽象性使得它在言说对象时缺乏鲜活性。庄子解决的办法是"言无言",是让对象自身去言说,不以是非之心介入,不立彼我之见,不师成心,因任物论的自生自亡。要有所成就的言说道体,就须保持一种无心的状态。因任事物变化，故而"言无言，终身言，未尝言；终身不言，未尝不言"。在《庄子》中，"无言"常是出现在"不言之辩""大道不言""圣人无言"这样的语句中。这个"无言"便是天道之言，不挟个人私欲。《齐物论》开篇，以三籁为喻，说明物论之所生及其所息，一旦物论息，道就有所现。"厉风济则众窍为虚"，这时的地籁就是天籁，天籁则蕴藏在人籁和地籁之中。如果能够像寓于万物自身当中的天籁那样去言说，则能达到"言无言"的境界。这是言说的自然状态，可惜世人已忘记这种本然的自然状态。

二是卮言存在的客观依据。这个依据便是万物都有各自存在的条件，"物固有所然，物固有所可。无物不然，无物不可"。需说明的是，这个条件不是从相对主义认识论上得来的，而是庄子观化的最后结论，即自然和社会界的万事万物每时每刻都在变化中。尧治理天下的经验，在舜时代并不适合；儒家礼义只是先王之蘧庐，不可久居；那些执着于圣人治理的迹履者，皆为刍狗。仅此一例，我们可以看出《庄子》具有强烈的人文主义关怀，寄寓了社会治理的最高理想。正因为万物皆种也，始卒若环，无可穷极，事物是日新的，所以用"不言"的方式言说这日新月新的世界，不会泥滞于语言的迹象，最终达到"天均""天倪"。至此，无所不可言，终日言而终日忘言。

正如王夫之所说："至于天均而无不齐矣，则寓亦重也，重亦寓也。即有非重非寓者，莫非重寓也。无不然，无不可，则参万岁而通于一。"⑥庄子选择"三言"的言说方式，其言说的效果乃是达到天均与自然。尽管在《天下篇》有"以卮言为曼衍，以是重言为真，以寓言为广"这样的区分，但它们言说的宗趣无异。"三言"言说的对象是道，《庄子》就是阐述道体以及道体在人间世的显现。如果说《老子》还停留在古老的格言警策，便于人们记诵；那么《庄子》则极其能事，因其"三言"独有的汪洋恣肆风格，使得道体有更多的人间性和日常性。人间性是说道的社会政治效用，此就君主而言；日常性是说道无处不在，无时不在，就此君子百官而言，自然也包括"老弱孤寡"皆有所养的"民之理"。显而易见，这个道体直接指向庄子的政治理想，而不能作其他泛化理解。这种理想在《天下》篇表述的是"备于天地之美，称神明之容"的"内圣外王之道"。唯此"内圣外王之道"，才能存"天地之纯，古人之大体"。正是在这个意义上，我们认为"卮言"不是一种神秘而不可把捉的言说，它言说的对象既不玄虚，也非难以感触。"三言"是有具体明确的"物",这个"物"直接指称的是"内圣外王之道"的政治理想。《庄子》主要是阐述这种被人世间遗忘已久的内圣外王之道。在"内圣外王"的政治构架中,道体的主词是君主,但常常被表述为神人、至人、圣人等。因而《逍遥游》的主题是圣人的逍遥,换言之,是讨论圣人如何达到逍遥这一问题,然后天下方可逍遥。明白这一点,就不至于面对《寓言》篇所留下的空白——所"寄"为何物,重言的思想是什么,选择卮言的最后依据,等等——茫然无所从。不能将庄子言说的对象交代清楚或作最基本的考量,则难以把捉庄子"三言"所指,势必将庄子思想做泛化处理,形成对《庄子》的误读。

二

为了厘定道体的具体所指,有必要从《逍遥游》这一精心结构的篇目开始。《逍遥游》可理解为《庄子》思想的卮言,是《庄子》思想的总括,很多问题都能在这里寻找到相关的痕迹或某种暗示,又可借此升发出更多的命题。有寄之大鹏、蜩鸠的寓言,有"汤之问棘"的重言,有肩吾与连叔、庄子与惠施对话的支离之言(卮言)。该篇主要讨论了三个问题:小大之辩、用与无用、有待无待。因为文本的寓言性,使得《庄子》言说主旨极不鲜明。只是在君子百官、宋荣子、列子、神人等人的对比论述和尧让天下许由的对话中,我们才可能体悟出其中的微言大义。这种大义,最后用惠施、庄子的两段对白做了完结,使得它与前文保持了"三言"言说的一致性。

周秦诸子之言,都是有关系之言,"起于救时之急,百家异趣,皆务为治"[7]。《庄子》的写作莫能例外。《庄子》在后世诠释中或玄或道或禅,使得《庄子》思想主旨或偏于魏晋个体主义的理解(郭象注"尧让天下与许由"章,批评当时学者将《庄子》道家化解读的思想倾向)[8],或偏于修身的道家方式的理解。这两种理解都是将具体历史上的个人从具体的社会政治文化中抽离出来,成为单独的个体。宋荣子的个体类似于告子,是将外在的问题全部转换为内在的问题,使"心"寂然,割断与外界的一切关联;列子的个体,是让人抛开方内,割断对人世间的所有眷恋,在方外的世界中实现逍遥。就《刻意》篇所批评的社会群体类型而言,宋荣子近乎"山谷之士,非世之人",列子近乎"道引之士,养形之士"。这两派都关注内在心灵安宁和个体修养,但与庄子思想存在本质不同。《逍遥游》正面论述的神人是超越这两派的。神人有宋荣子的重内,有列子的御风重虚,但最主要的是"其神凝,使物不疵疠而年谷熟""世蕲乎乱,孰弊弊焉以天下为事""是其尘垢粃糠,将犹陶铸尧舜者也,孰肯以物为事"。从这些描写中可以看出,神人有着强烈的社会时代性。神人是一种政治性的存在,而非寂寞的个体。神人的逍遥之境,是建立在政治逍遥基础上,这是我们对神人的基本判断。以故,《庄子》是关于神人(或圣人)政治的文本。它是以神人、圣人、至人等寓言方式言说圣人的境界,或以非寓非重的正面论述君主如何修道与治理,这一切彰显的都是人世间的政治和以游乎四海之外的情怀从事六合之内的事业,而非退隐,非愤世嫉俗,更不是炼丹成仙。这里,要将《庄子》思想与有关庄子本人形象的认识适当区分开来,庄子写作固然带有作为个体的境遇诉求,但更多的还是关于政治理想的探讨。因此,《逍遥游》篇的主旨是神人逍遥,带有鲜明的政治色彩。只是在它这里,政治意义上的逍遥是以个体逍遥为寄托。如果说政治逍遥是"道"的核心,那么作为国君的个体逍遥则是道的显现。只有政治的逍遥,才可能使得作为国君的个体得以真正的逍遥。只有实现了天下人逍遥,圣人才可能逍遥。国君个体的逍遥,同时也是天下人的逍遥。正如王夫之所说:"不予物以逍遥者,未有能逍遥者也。"⑨所以,圣人的逍遥是蕴诸天下人的逍遥之中。天下之人与圣人之治,构成圣人个体逍遥的两个相互依赖、不可分离的政治视野。圣人、天下人、圣人之治,三者相互蕴化,互相交织。

《逍遥游》何以要描写邈姑射山的神人,神人所寄为何物,这直接关乎我们对《逍遥游》篇内涵的理解。神人在肩吾与连叔的对话中出场,肩吾转述其所"闻"于接舆之言⑩。《庄子》书中的"闻"表述的是一种人世之外的事理,但又存在于历史中的一种事实。除了对神人这种莫测的闻说之外,在关于如何修养达到至人境界问题上,庄子也用了大量的闻说"重言"。《逍遥游》蜩鸠大鹏的小大之辩的寓言,在肩吾连叔这一叙述中可以找到现实的对应⑪。神人作为一种政治的存在,其社会治理的逍遥之境不可能为庄子时代的人们所理解,"故大言不合于里耳"⑫;更不能为当时统治者和思想界所认可,故庄子"寄之他人,而十言则九见信"。这一寓言揭示的是,常人是无法理解接舆之言的真正寓意,即世人无法理解存在于历史中的神人之治。另一方面,庄子又以"藐姑射之山"这一颇具人间性的地理词汇,使得神人似远又近。说"神",是以其有圣知之明,其道不可知,故神不可测;说"远",是相对肩吾此辈不识者来说,故为绵邈;说"近",是因为神人能够妙化万物,此万物者,即人间事务。神人并非不近人情,只是蔽于人们的闻见罢了,由此指明一条向上道路,凡人通过修为皆可以达到此种境界。不过,这一道路的揭示在《庄子》叙述中较为隐蔽,使得人们将逍遥误以为是境界,而忽略它的工夫要义,这工夫就是"风之积也不厚"的"积"、"聚粮"的"聚"。同样,在"至人无己,神人无功,圣人无名"(《庄子·逍遥游》)的表述中隐藏了作为主体的修为工夫。逍遥有待于"无为",但就圣人自身而言,却又必须要"有为",不断充实和修炼,不断提高自身德性。后人将逍遥前的"功夫"与逍遥后的"境界"混为一谈,将庄子政治世界的理想与个人存在的人生逍遥混同一体,抑此扬彼。其实,细绎《庄子》文本,庄子对功夫与境界互为表里的强调一直隐而不彰。因其寓言的言说,人们习惯欣赏其恢诡怪谲的言说风格,而很少留意真正言说的旨意。这里,修为的主词是现实或理想中的国君,也包括乱世中的像庄子这样的生命个体。

郭象在此段注释颇得庄子本意。其云:

> 此皆寄言耳。夫神人即今所谓圣人也。夫圣人虽在庙堂之上,然其心无异于山林之中,世岂识之哉!徒见其戴黄屋,佩玉玺,便谓足以缨绋其心矣;见其历山川,同民事,便谓足以憔悴其神矣;岂知至至者之不亏哉!今言王[圣]德之人而寄之此山,将明世所无由识,故乃托之于绝垠之外而推之于视听之表耳。⑬

神人这种超于人世、又心在人世的境界,"虽在庙堂之上,然其心无异于山林之中"的态度,是《庄子》社会政治的最高理想。此一理想已被世人遗忘。在《天下》篇中能得到证实,其云:

> 天下之治方术者多矣,皆以其有为不可加矣。古之所谓道术者,果恶乎在?曰:无乎不在。曰:神何由降?明何由出?圣有所生,王有所成,皆原于一。不离于宗,谓之天人;不离于精,谓之神人;不离于真,谓之至人。以天为宗,以德为本,以道为门,兆于变化,谓之圣人。以仁为恩,以义为

理,以礼为行,以乐为和,薰然慈仁,谓之君子。以法为分,以名为表,以操为验,以稽为决,其数一二三四是也,百官以此相齿,以事为常,以衣食为主,蕃息蓄藏,老弱孤寡为意,皆有以养,民之理也。古之人其备乎!配神明,醇天地,育万物,和天下,泽及百姓,明于本数,系于末度,六通四辟,小大精粗,其运无乎不在。⑭

《天下》篇主要阐发古之所谓道术者,即古之所谓政治者。在古代政治视域中,道体存在于"天人、神人、至人、圣人、君子、百官、民众"这七个层次的整体中。这七个层次分别构成社会共同体的七种群体。《逍遥游》是以正言若反的方式喻人领悟古之所谓道术者的政治理想,而《天下》篇则是正面论述。在道术将为天下裂之后,社会统治者和当时诸子学派不可能理解圣人以上的三个层次,只能理解圣人以下的三个层次,并由此形成各种思想和制度法则。像儒家的仁义礼智,墨家的兼爱非攻,名家尹文子的"别宥""心容""心行",法家田骈、慎到的"齐万物以为首",等等,这些思想是当时社会现实的反映,是有着一定阶层利益的人们以求达到天下清明之治的探索和实践,它们或多或少地存留古之道术的脉绪,但并不完整,各得一隅。《荀子·解蔽》批评庄子"蔽于知天而不知人",荀子认为,庄子所述多为非人间之事,尤其在君子百官以下的人间事务安顿与管理上,着笔甚少。其实,庄子并未放弃圣人以下有关君子百官之务的思考⑮。在庄子看来,天下道述分裂的直接后果是后世人们对于"圣人"以上的三个层次已经陌生,认为圣人以上的治理社会不可能实现,为历史所称颂的尧舜之治只能成为一种高远的古代政治理想。正因为这样的偏见和事实,使得《庄子》必须抛开为时代所熟悉的各派主张,直接过渡到遥远的为世人所不能及的圣人以上三个层面。然而论述这三类人的活动时,又以寓言方式出现,"中人之所不及者,圣人藏乎其心而言之略,不略而详,则天下惑"⑯,故而后世多不能理喻。

《外物》篇云:"圣人之所以骇天下,神人未尝过而问焉;贤人所以骇世,圣人未尝过而问焉;君子所以骇国,贤人未尝过而问焉;小人所以合时,君子未尝过而问焉。"神人、圣人、贤人、君子、小人,此五个层次的群体构成社会政治的基本面。每个层面各自分工,各自司职,不自过问。此"不过问"者,一在于安分各自所司务的事务,二在于因其所任,保证每个层面的司务者皆能"因任"。就圣人之治而言,刑赏质文,民皆自取之,则天下何曾有事?还天下之事与天下之人("不过问"),则圣人何须以民为事?圣人做到不弊弊焉以天下为事,则事自事,物自物,圣人自圣人,君子自君子,小人自小人。在这种社会政治中,一如大鹏之能高,斥晏之能下,椿木之能长,朝菌之能知,凡此皆自然之所能。不拘鲲鹏于枋榆,蜩鸠不羡于冥海,不以彭祖之年责殇子之夭,小者不必笑大,大者不必悲小,不困于所用,以无用用无用,自能无待而无适不逍遥。

圣人、神人、贤人、君子等各尽其能,各适其性,使与社会相关的一切如历史政治、文化个人等各安其位,为一种自然状态。这样的社会被庄子颂赞为至人之世或王德之世。要强调的是,至人之世是圣人修为的结果。这里隐略了这一层:就是各个层面的人都具备相应修养,即《逍遥游》所说"乘天地之正"的"正"。"正"在圣人那里,是"修胸中之诚,以应天地之情而勿撄"(《徐无鬼》),从而达万物性命之情。《庄子》在论述圣人如何修诚时,常采用寓言对话方式展开,像"神凝""吾丧我""心斋""坐忘""玄同"等,都指向圣人之"正"。只有正其性命之情,不外加于物,才能因任万物,才可能使得从神人到圣人到贤人到君子小人,皆有所正,这是庄子神人之治的政治图景在人间世的具体落实。《庄子》外、杂篇中有不少篇目论述的,便是这种德性在具体落实过程中种种被歪曲情况,而这一论述多是从儒家仁义礼智对人性破坏这一批评视角中展开。

《天道》篇说:"夫帝王之德,以天地为宗,以道德为主,以无为为常。无为也,则用天下而有余;有为也,则为天下用而不足。""上必无为而用天下,下必有为为天下用,此不易之道也。故古之王天下者,知虽落天地,不自虑也;辩虽雕万物,不自说也;能虽穷海内,不自为也。"天地、道德、无为,都与帝王之德相通,帝王是无为而无不为,臣下、君子、百官必须有为,这段表述为我们解读《逍遥游》神人之治的具体开展夯实了物质内容。同篇又云:"古之明大道者,先明天而道德次之,道德已明而仁义次之,仁义已明而分守次之,分守已明而形名次之,形名已明而因任次之,因任已明而原省次之,原省已明而是非次之,是非已明而赏罚次之,赏罚已明而愚知处宜,贵贱履位,仁贤不肖袭情,必分其能,必由其名。以此事上,以此畜下,以此治物,以此修身,知谋不用,必归其天。此之谓大平,治之至也。"与《天下》篇合读,可以看出古之道术者自天人的"天"到神人的"道德"到圣人的"仁义",到君子、百官以下诸要义的具体落实。如果把这层层落实的秩序从《庄子》中搁置掉，直接讨论庄子的逍遥之义，则只能得出作为个体意义上的逍遥结论；若只看到这一秩序的君子、百官以下，而忽视天人、神人的存在，那便将《庄子》政治思想或与《天下篇》"天下多得一察焉以自好"的尹文、田骈、慎到等名法思想混同起来。《庄子》的政治理想是各有安排、苦心经营，而非无规则约束、任其放任。《庄子》绝不标举放任和无规则的自由，它要求的是作为政治生活的每一层面管理者都必须"正"其性情。只有这样，才真正保证"未尝过问"的自律性。换言之，《庄子》对政治的预设是建立在"人"的自然性基础之上，始终保证了"物"与"人"、"天"与"人"的视角，是从"天"的视角来审视将要建立的社会制度和实施过程中的种种问题。

三

以下分析《逍遥游》篇中神人与尧、尧与天下的关系。以寓言方式呈现的藐姑射山的神人，为《天下》篇理想社会提供了一个绝好证明。在人世间，神人不过是圣人的别称，因之不可测之谓神。先秦典籍中能找到与神人相类似的描述，如《周易·说卦传》："神也者，妙万物而为言者也。"《周易·系辞》："《易》无思也，无为也，寂然不动，感而遂通天下之故。""唯神也，故不疾而速，不行而至。"《荀子·天论》："万物各得其和以生，各得其养以成，不见其事而见其功，夫是之谓神。""不见其事而见其功。""感而遂通天下之故。"与老庄关于道体的描述相类似，《老子》第五十一章云："生而不有，为而不恃，长而不宰，是谓玄德。"第六十章云："以道莅天下，其鬼不神。非其鬼不神，其神不伤人。非其神不伤人，圣人亦不伤人。"这些可与《逍遥游》所论"至人无己，神人无功，圣人无名"相参看。一者明《天下》篇"神何由降，明何由出，圣有所生，王有所成，皆源于一"的内容，能在《周易》里找到印证；二者明庄子所说的神人是道的呈现。在政治语境中，神人之治是自然呈现，无伤于物。王夫之所说"帝王之道，止于无伤而已"[⑩]。藐姑射山之神人与物处而不伤物，其政治寓意就是因任天下之物，而不人为干预。在神人政治中，物之大小，各如其分，神人神凝而物我两无所伤，达到神人的逍遥。神人其逍遥，也即是天下人的逍遥。

《庄子》书中关于神人、至人、至德者这种逍遥的游境描写非常多。这里要说明两点:一是圣人实现与道俱游的实现方式是无为、无用、心斋、丧我。达于道者,归于无待;究于物者,终乎无为。二是游的主体是圣人。在《庄子》语境中,圣人之游指向无为而治和由内圣外王而呈现的社会状态。"乘云气,御飞龙"(《庄子·逍遥游》),并非列子那样的神仙家真能乘云御龙。若真能乘云,则必待云;真能御龙,则必待龙。这与庄子无待思想不合。游是心的活动,是无心的畅游,乘物以游心。在《秋水》篇对至德者境界的说明又将"游"有所落实,"言察乎安危,宁乎祸福,谨于去就,莫之能害也",只有这些工夫的修养,才能达到"火弗能热,水弗能溺,寒暑弗能害,禽兽弗能贼"的逍遥。在《田子方》又说到,至人死生穷达,美恶是非,喜怒哀乐,无入于胸,故其来无迹,其往无涯。圣人虚己游世,并不是毫无权柄,必须是外化而内不化,"外与物化,而内不失其情"⑱。外化是顺应万物与社会人事的自然变化,内不化则是把握住了道,以真宰通天地万理之理。圣人这样的游,即是治,与其"无为而治"的宗旨一致。

在《逍遥游》中,尧是作为现实中的圣人化身,是神人的体现。《逍遥游》中"尧让天下"的寓言正可视为圣人治理天下的典范。在这则寓言中,真正的主角是尧而非许由。从尧方面说,尧治理好天下,而让却天下,是说他不以天下为一己之天下,不以天下为事,不以得天下而以"丧天下"(无己、无功、无名)的心态治理天下,如此治理天下即是"无为而治"。正因为圣人不居天下之功,而后天下皆可为圣人之所居,在天下中获得不朽,人们愿意将天下交托于他⑲。正如《老子》第七章所说:"圣人后其身而身先,外其身而身存,非以其无私耶,故能成其私。"《庄子·在宥》篇云:"君子不得已而临莅天下,莫若无为。无为也,而后安其性命之情。故贵以身于为天下,则可以托天下;爱以身于为天下,则可以寄天下。……吾又何暇治天下哉!"不以天下为己有,而以天下归于天下人的天下,藏天下于天下,人们过着"帝力于我何有哉"的生活,圣人、君子、百官,各守其位,不离其分,而无外求,这是众人的逍遥。但众人的逍遥必须建立在圣人的逍遥基础之上,而圣人的逍遥最终又是以众人游于性分之内、各遂其情、各正其命为最高目标。真正做到"藏天下于天下",天下是天下人的天下,由天下人共同管理天下,则须是"在宥"天下,因任天下。用徐复观的话来说,即"顺物的自然,即是由物自己如此,即是由物的自己治理自己的'自治'"

"欲使每一人,每一物,皆能自由地生长"[20]。圣人"无名而名,名无所避。惟无己而无所不己,乃能因物付物,功盖万世。"[21]《庄子·徐无鬼》云:"夫为天下者,亦奚以异乎牧马者哉!亦去其害马者而已矣!"《马蹄》《骈拇》《胠箧》《让王》等篇所论的就是去掉为儒墨两派所尊奉的好智尚贤、仁义道德等有损人性和自然的做法,且不以天下害其生,不以国伤其身。

从《让王》"道之真以治身,其绪余以为国家,其土苴以治天下"的表述来看,治身是第一位的。弃身心而殉物,或以仁义而益生,皆与尊生相悖。在尊重自然人性的社会中,最重要的是莫贵于安其性命之情。要治理天下,作为帝王须以养身为首要。不以国伤生,不以天下为事,不因治天下而带来对自身的异化,这体现了《庄子》政治思想的最高智慧,是《庄子》政治思想的精华。一般认为,庄子重视作为个体的逍遥,重视生命本身的价值要高于作为政治和群体存在的价值。如果没有圣人的逍遥,圣人若以天下为事,不让天下,则个人的逍遥最终无法实现。庄子重视个人自适,是与政治理想紧密结合在一起的。所以,《养生主》及《庄子》其他篇目有关尊生养生的论述,同样只有置于政治视野中的主体修为这一关节点上,才能真正读懂它的内涵。

从许由方面说,此处的许由是陪衬,作为个人逍遥而存在,并非历史上的隐逸者。结合下文语境,许由的寓意又在于:拒绝天下之任,乃自适其性使然。与庖人治庖,与尸祝不越樽俎而代之,与"鹪鹩巢于深林,不过一枝;偃鼠饮河,不过满腹"(《庄子·逍遥游》)一样,是各司其职,各安其性的表现。至此,我们可以得出这样的结论:《逍遥游》篇的主题是理想政治的圣人逍遥,在讨论圣人逍遥时,众人逍遥是作为陪宾存在。这两种逍遥是有层次的,但皆自足其性。至于有待无待、用大用小的命题,是作为众人逍遥而存在,其间随所积之不同,又可相互转化。但圣人是中枢,天均,因任万物。圣人无待,圣人所呈现的是外应万物而中不失己,社会一切制度因时损益,正在这个意义上,圣人的言说是不可以存留下来,圣人的言说是卮言,与日常新,与物为春,永无停息。

圣人的言说都在大化之中进行。大化客观存在,生生不息,故圣人的言说必须是与之俱往,不留迹象,言说特征表现为是非双遣、彼此两忘、方生方死、方可方不可。同时,因为圣人无己,故能保持中不失己,万化有一不化者在。以无我观化,即是无言而言,旷然无怀,虚己游世。是无定是,非无定非,烛之以自然之明，而不执我见，厉风济则众窍为虚，自然是非之辩息，一切归乎天籁。此时，有言也可，无言也可，然于然，不然于不然，生死可忘则忘年，是非可忘则忘义，槁木死灰无妨其曼衍，荣华詹詹无碍其无言。只有这样，才可能显现出圣人的功绩，圣人无为而无不为。圣人无须辩论，无须用智，无须立标杆以示人楷模，无须逃遁以示人狷介，只是如日中氏那样照之而不辩，怀之以天均，让万物自身呈现自身。这是《天下》篇所说的"古之道术"，即《逍遥游》篇的主旨"圣人逍遥"，即《齐物论》篇而所论及的圣人言说，即《寓言》篇的"三言"寓意。

《庄子》所论的"道"要靠圣人来呈现，圣人依道而治天下，圣人的言说即道的言说。从根本上说，"道"落实在人世间就是政治，道的言说就是政治言说，这是《庄子》思想的主旨。上已有所论，圣人政治即是"让天下"与"藏天下"，让天下归属于天下人，即由天下人共同治理天下。这是我们理解圣人言说的前提。从言说自身而言，"让天下"的所有内容相当于道枢所应之物。圣人不居天下，才能赢得天下。不居天下，即是"道枢"，即是"不一化者"，即"言无言"的所指。只有言无言，才能"终身言，而未尝言，终身不言，而未尝不言"，才能达到"始卒若环，莫得其伦"（《庄子·寓言》）"得其环中，以应无穷"（《庄子·齐物论》）的逍遥之境。因而，圣人的言说与卮言相通，卮言的展开就是圣人在人间世事务的展开。庄子面临"古之道术有在于是者"（《庄子·天下》）诸子争鸣的时代局面，他的言说必须因言任物，无心应物，不立彼我，与时俱往，实现个体生命的"葆光""神凝""天府""玄同"，这与"所以穷年"的卮言相类，这是"三言"的现实意义。就其言说效用言，是实现真正自由地对这个世界的言说；就其人生效用言，是达之而无害，虚己以游世，托不得已以养中，达到生命的逍遥。

在政治视野中，道不可言的命题即是治不可治的问题。在老庄道家看来，治不可治的问题，即是无为而治，它强调的是治理的主体圣人的修养。因而，与其说是语言难以实现对道的把握，勿宁说圣人自觉的修为才是问题的关键。其实，语言能否把握"道"的形而上问题，《庄子》书中讨论不多，庄子的兴致概不在此。有的只是将"大道不称"的判断作为形容"道"特征的一种类比表述，实不关涉语言自身。今日学界过多关注《庄子》语言问题，将其与西方语言学理论做对比研究，在《庄子》中，我们似乎得不出这样的微言大义，从郭象和后人解释中，并不存在语言哲学的阐释传统。因而，有必要将"三言"语言哲学的形上讨论替换为"无为"的社会政治问题，这不仅方便人们讨论"无为"的内涵，更让人们认清《庄子》所要昭示的究竟为何物。故而，打破哲学或语言哲学的视角是进入《庄子》思想世界的重要一步，也是理解"道"和"三言"的一个必要前提。

原载《南开学报》2011 年第 6 期。

注　释

① 王夫之《庄子解》，《船山全书》，岳麓书社，1993 年，第 13 册，414 页。
② 本文研究对象是由内、外、杂篇共同构成的《庄子》文本。内篇未必全出于庄子之手，而外、杂篇未必无庄子所作。将《庄子》置于由庄子和庄子后学构成的庄子学派中考察这一学派思想言说的特点，探讨《庄子》"三言"言说与圣人之治之关系。
③ 郭象注，成玄英疏《南华真经注疏》，中华书局，2008 年，538 页。
④ 郭象注，成玄英疏《南华真经注疏》，539 页。
⑤ 郭象注，成玄英疏《南华真经注疏》，538 页。
⑥ 王夫之《庄子解》，420 页。
⑦ 张舜徽《周秦道论发微》，中华书局，1982 年，1 页。
⑧ 郭象注，成玄英疏《南华真经注疏》，10 页。
⑨ 王夫之《庄子解》，90 页。
⑩ 关于这三个人物的寓意，王夫之引旧注："肩吾，自度也；连叔，及物也。接舆，合载也，皆寓之为名。"(王夫之《庄子解》，88 页)无论如何，一不能脱离《逍遥游》整体语境，二要照顾与《庄子》其他诸篇主旨的关联。本文将接舆之言理解为神人政治下落到人世间所遭处的境遇。
⑪《应帝王》载肩吾与接舆的对话："曾二虫之无知。"与《逍遥游》中"之二虫又何知"寓意相同，指的是人世间识见浅陋之辈。
⑫ 郭象注，成玄英疏《南华真经注疏》，12 页。
⑬ 郭象注，成玄英疏《南华真经注疏》，12—13 页。
⑭ 郭象注，成玄英疏《南华真经注疏》，604—605 页。
⑮《天道》《天运》《天地》等篇讨论的是君臣百官之职以及刑名比详、道德因任之属。这些被人们误认为是秦汉之际的作品，或认为是庄子后学的思想，恐怕这是因"内篇"推衍

所致。细绎"内篇",庄子政治见解多隐而不彰,将"内篇"一鳞一爪的弥为珍贵的微言大义连贯起来,与《天下》篇所说"内圣外王"的道术之"大体"合读,则似这样来理解:内篇主要讨论内圣,外、杂篇讨论外王为多,具体文本又有交差。

⑯ 王安石《王文公文集》,上海人民出版社,1974年,313页。

⑰ 王夫之《庄子解》,183页。

⑱ 何宁《淮南子集释》,中华书局,1998年,24—25页。

⑲ 《庄子·山木篇》有鲁侯与市南子的一段对话,市南子劝释鲁侯忧疾时说:"故有人者累,见有于人者忧。故尧非有人,非见有于人也。"郭象注云:"见有于人者,为人所役用也。(尧)虽有天下,皆寄之百官,委之万物而不与焉,斯非有人也;因民任物而不役己,斯非见有于人也。"这则材料可视为"尧让天下于许由"这一现象在现实政治中的落实。

⑳ 徐复观《中国人性论史·先秦卷》,《徐复观文集》,湖北人民出版社,2002年,366页。

㉑ 方以智《药地炮庄》,台湾艺文印书馆,2002年,第3册,366页。

论汉代"文人"的复合性

于迎春

在中国传统的社会文化中,"文人"是一个看起来意思明了但其实界限模糊的概念,其指称范围相当难以确定。大致说来,"文人"这个概念具有宽狭两种含义,即有读写能力和一定程度古典人文知识的受教育者,以诗文为主的艺术性的写作者。这两个范围不同的含义都与"士"这个社会政治—文化阶层有关。本文立足于狭义的"文人"概念,试图以他自先秦到汉代的演变过程为线索,在确立其意义内含和概念范畴的同时,论析其作为一个人物群体,在社会身份和角色上所表现出的复合性特点,以及这一特点与其母体的深刻关系。

一、"文人"概念的演变

"文人"一词出现得很早,西周青铜器铭文多有,也见于传世文献。《诗经·大雅·江汉》:"釐尔圭瓒,告于文人。"毛传:"文人,文德之人也。"孔疏:"文人谓先祖有文德者,故云文德之人。"[①]《尚书·文侯之命》:"追孝于前文人。"孔疏:"追行孝道于前世文德之人。"[②]

"文人"或"前文人"为周时习见语,多用来指称已逝的祖先,并且通常用来尊称那些具有崇高的道德人格的人,即所谓"文德之人"。春秋以前,不仅"文人"一词的含义与后世不同,也别无其他与后世指代诗文写作者相类似的称呼。从此角度上可以看出,文章写作尚未成为专力从事的一项事务,写作者也未及成为社会中具有类别辨识度的一种人物。

战国时代,诸子蜂起,处士横议,虽然文章著述叠兴,但旨在创立学说、拯时济世的诸子百家,并不将自己限囿于写作者的社会身份。韩非曾屡屡指斥

"为巧文之言,流行之辞"的辩士(《韩非子·八奸》),就语言的表达技巧和艺术效果而言,倒是这些在他看来"皆道辩说文辞之言""以文害用"的口头言辩之士(《外储说左上》),与后来的文学性写作者更有异曲同工之处。当时,文辩之士也被称为"文士",《战国策·秦策一》"苏秦始将连横说秦惠王章":"约纵连横,兵革不藏;文士并饰,诸侯乱惑。……辩言伟服,攻战不息;繁称文辞,天下不治。"就以"文士"指那些擅长运用巧妙的语言手段来纵横辩说的人③,也就是具有高度的口头语言技巧和能力的人。

随着文字自身的简化,字形、字体的统一和稳定,笔、墨等书写工具的越来越便利,以及教育的发展,秦汉以来,书写这一行为日益平常,文字写成物大量增加,社会生活中"书写""书面化"所占的比重因而越来越大。西汉前期,"文士"由口头表达,开始明显地趋向指文字表达者、书面写作者。《韩诗外传》卷七第五章:"是以君子避三端:避文士之笔端,避武士之锋端,避辩士之舌端。"文士不仅与武士对举,也与辩士并称,指与兵戎武力相对,并与口头言辩区别的书面写作之士。

两汉之际,桓谭曾用"文家"指称文章作者:"文家各有所慕,或好浮华而不知实核,或美众多而不见要约。"(《文心雕龙·定势》)东汉初,王充不仅宣称"笔书以为文"(《论衡·定贤》),进一步强调"文"的书面属性,而且反复定义"文人"为"笔能著文"之士,"杼其义旨,损益其文句,而以上书奏记,或兴论立说,结连篇章者"(《超奇》),也就是擅长书面写作的士人。《论衡·佚文》:"孔子,周之文人也。"《论衡·超奇》:"唐勒、宋玉,亦楚文人也。"王充对这个概念显然理解得比较宽泛,他把"文人"视为从能够"连句结章",到"累积篇第,文以万数"的儒士,其间包括写作记奏、赋颂、史著,甚至独立运思地"造论著说"。总之,对于王充说来,文体只是外在的区别,"文人"的高下,关键在于其是否能够"意奋笔纵""精思著文",具有较强的文字表达能力。

在强调书面写作的同时,"文人"这一概念也显现出向优美、讲究的辞藻偏侧的趋势。文章如果有文采,善于有技巧地运用修饰性的文字,就容易为人所喜闻乐见。王充引述当时社会中的一般观点曰:"文必丽以好,言必辩以巧。言了于耳,则事味于心;文察于目,则篇留于手。故辩言无不听,丽文无不写。"④几乎同时的傅毅在《舞赋》中更进一步地明确说:"文人不能怀其藻兮,武毅不能隐其刚。""藻"指有修饰的文辞⑤,"文人"与文辞丽藻,也就是富有修饰性的文字的相互关联,正表明了"文人"写作最凸出的特性。

到了汉末,曹丕多次使用"文人"这一说法。其《与吴质书》曰"观古今文人";《典论·论文》一曰"夫文人相轻,自古而然",并举傅毅、班固为例;二曰"今之文人,鲁国孔融文举、广陵陈琳孔璋、山阳王粲仲宣、北海徐干伟长、陈留阮瑀元瑜、汝南应玚德琏、东平刘桢公干",云云。这些一再重复的"文人"概念,与以往,比如王充宽泛而游移的所指不同,其意义已经相当稳定,内涵也十分明确,用来指称狭义上的写作者。毫无疑问,曹丕所谓的"文人",如傅毅、班固、建安七子,与后来所认可的人物已经完全一致。从此,"文人"作为一个人物群体或类型称谓,主要用来指那些偏重于艺术性地使用文字进行书面写作的士人。

二、文人是从士阶层中分化出的一个人物集群

"文人"来自"士",显然,"文人"在汉代已逐渐指向了士阶层中那些显现出文字写作能力的人,后来更偏侧于艺术性地使用文字的写作者。

"文人"是"士"这一社会政治——文化阶层内部自然分化而出的一个人物集群或人物类别。这个阶层曾经包罗庞杂,战国文献中,以"士"为词素组成的称谓众多,这一方面说明士是社会中最活跃的一个阶层,也表明士阶层内部成分的复杂和多样化,为了有所区分,往往根据品格、才能、地位、职事等种种标准,对士人加以分类。

在经过长足发展之后,"士"的阶层共性获得了集约式的加强。与此同时,随着其成熟、扩大,这个阶层内部也在不断发生着裂变和自然分化。为了藉以辩驳社会上流行的识别贤能之士的标准,王充在《论衡·定贤》中,曾经胪列了二十种人物类型,涉及功业、德行、文化教育几大方面。这些在当时被朝廷选用,或者获得了程度不等的社会声誉的若干士人群体,至少在东汉初期具有一定典型的社会人群说明性和类别意义。其中,"通览古今,秘隐传记无所不记"者,"敏于笔,文墨两(雨)集"者,以及"敏于赋颂,为弘丽之文"者⑥,这三类无疑都属于书面读写能力最强的群体,分别是博学多识的儒生、从事文书法令的文

吏、写作诗文辞赋的文人。可以说，王充不仅充分认识到了以司马相如、扬雄为代表的赋家的独特性，而且，也意识到了文字能力在学术、文书、文学这些领域中的不同体现和运用，从而将"敏于赋颂，为弘丽之文""文丽而务巨，言眇而趋深"的文人，与士阶层中的其他群体加以区分。

《汉书·公孙弘卜式倪宽传赞》总括汉武帝朝廷名臣辈出，班固分类枚举了各种人才类型，如"儒雅则公孙弘、董仲舒、倪宽"，"定令则赵禹、张汤"，"文章则司马迁、相如"；而关于汉宣一朝，也在"儒术""将相""治民"等类列中，称赞"刘向、王褒以文章显"⑦。综此，作为获得社会名声的一个人物类别或人生成就形态，以司马相如、司马迁、刘向、王褒、扬雄为代表的善于写作辞赋文章的"文人"，显然已经在社会上有了一席之地，其文章才能和作品特性以其内在的共通性质，将他们综合成了同一种人物类型，并因之足可与其他士人群体区分开来。东汉初的王充、班固对这一现象已经有了清楚的认识。

尽管可以认为"文人"在"士"阶层中正逐渐别为一类，但事实上，文人缺乏可直接辨识的外部特征和衡量标准，因为它既非一种职业或营生，也不经专门的技艺训练，这些人只是士阶层当中那类善于写作、以文章成名者，而文章写作水平和名声都并没有一个可准确量度的指标。更何况，写作属于士人的基本能力素质之一⑧，史传中常常有传主动笔成文、上书奏记的叙述。因此，不难理解，"文人"有时候会被宽泛到指称一般知书能文的人，即具有书面读写能力的人。在此层面上，"文人"就不免一般性地等同于社会中最集中地接受了古典人文教育的"士"阶层中的成员，也就是大致相当于"士人"。

汉代以后，随着教育的普及、士文化的丰富、社会风习的潜移默化，诗文写作不仅早已是受教育者从启蒙阶段就开始的必修课程，成为广大士子普遍接受的基本学业训练，后来甚至成为他们求仕选官的重要科目。而且表达得当与否，特别是章表奏疏之类政治性文章的写作，还直接影响到士大夫为官任职、从事政务的前途。官府朝堂的文章外，一般的诗文也越来越广泛地成为士人社会交往最当行本色的工具，用来诗酒欢宴、雅集唱和、赠答探问、山水记游、叙事怀人、论学析理、序跋题辞等。总之，诗文写作既是他们从小就进行的基本教育内容和训练，也是他们一生中社会活动和自我表达的方式与手段。从这个角度上来说，"士"这个阶层后来越来越文人化了。

与此同时,文人的社会身份并不单一,作为士阶层中善于写作者,他们还积极参与政治,为官居位。从现代学科、职业的分类出发,对于一些士大夫进行人物类型或社会身份上的确认,往往是相当缠结的事情,取决于观察的角度、立场和兴趣。比如人们有时候愿意把贾谊看作汉文帝的近臣、富有远见地论议时政的太中大夫,有时又倾心于那个在辞赋文章中抒发了激越情怀、敏锐感伤的才子文人。换言之,文人与士人、士大夫在社会政治和文化上同时并存的多元状态,使得两者所谓的"界限"只是相对的。

文人在士阶层内部显化、分立出来,士阶层整体上又越来越文人化,这两个看起来相反的方向,是辩证地相互作用着的。实际上,即使文人在士阶层中自成一类之后,它也仍然隶属于其中,在精神原则、价值理想、人生出路、阶层品性上,依然同一于士。说到底,文人并不能自外于士阶层而另立价值准则和人生方向。

三、士阶层价值的综合性

"文人"既是由"士"这一母体中孕育而生,文人与士便天然具有相关性,士的一般阶层特质和属性,始终笼罩、制约着文人。

春秋战国之际,"士"崛起于社会并逐渐发展起其特有的人生追求,树立起自觉、明确的阶层原则和价值。《论语·里仁》:"士志于道。"这正是孔子为之拟定的精神总则,"道"既是世界最高的存在和存在法则,这一概念就成为士阶层价值理想的集中体现,为士的文化缔造了一个富于涵摄力的总纲,"朝闻道,夕死可矣"。在"道"的总则之下,这个阶层进而确立了以道德、知识为人格培养基础,以济世救民、平治天下为社会责任和现实目标的价值组合。《论语·述而》:

> 志于道,据于德,依于仁,游于艺。

专注的精神境界、崇高的道德品格、博施济众、博学多闻,组成了对完整的士君子人格理想的基本表述。这无疑是一种综合性的人生追求,这些多方面的修养和品行被希望同时并存于一人之身。

还在孔子之前,春秋时鲁国大夫曾对人生最高价值有过概述:"大上有立德,其次有立功,其次有立言。虽久不废,此之谓不朽。"(《左传·襄公二十四年》)虽然立德、立功、立言在原文中看起来更像是彼此分立的人生成就,但当这一种"三不朽"作为对人生价值言简意赅地概括,被纳入以儒家学说为代表的社会主流价值体系时,就与孔子所主张的综合性的人生理想相对接。道德垂范、事功政绩、著书立说,这三种能带来不朽名声的自我实现方式,既是士人各自优长在世间的某种突出表现,同时也作为组合,构成三位一体的价值基础。这奠定了"士"在人生理想及追求上的基本格局。

春秋战国以来,士阶层以道德品行的自觉砥砺为标榜,依靠其才智、学识,在社会政治的参与、人伦日用风气的引导、思想学说的建树、知识的教育传授等领域显示出非同一般的能量和活力。既然其价值主张是综合性的,他们的努力方向和成就也相应的是多领域的。事实上,以"志于道"为价值总则的士阶层,从一开始,就不把自己定位于某一专门范围,不以成为专业技术性人才为目的。《易·系辞上》:"形而上者谓之道,形而下者谓之器。"《论语·为政》:"君子不器。""器者,各适其用而不能相通。成德之士,体无不具,故用无不周,非特为一才一艺而已。"⑨"器者,以一能成名之谓。"⑩无论是文行忠信的"四教",还是德行言语政事文学的"四科",孔子都把造就文质兼备的成人、君子作为其教育理想。士人既以"志于道"为宗旨,就不应自我局限于专业技能和具体事务,而是要致力于对世界尽可能广大无限的认知和贡献。

这些价值之间并不是相等的,《左传》"三不朽"的立德、立功、立言有高低层次之别,《论语》中也有先后、轻重的区分。"有德者必有言,有言者不必有德。"(《论语·宪问》)"行有余力,则以学文。"(《论语·学而》)强调的都是,语言文字活动乃是在修身立德、参政治民这些体之于行的人生重要行为之后、之余的事情。或者说,在士阶层的价值综合体中,立言、学文、游艺,乃是必须上通于德行和功业,因而更加有赖于、点缀于后者的活动。

汉代,随着专制主义中央集权的大一统国家政治制度的建设,以"经明行修"为基本途径的选举制度得以推行;按照一定的标准,经过必要的环节、程序,通过由基层而中央、层层负责的选拔举荐系统,士人得以在国家官吏的选荐体制内合法地循序升进。以经术为主要学习内容的读书习文之士,遂成为官吏越来越主要的候选者;以用世为社会现实诉求的士人,也顺乎其然地被纳入了向政权求取晋身的仕进轨道。

随着"士"与国家政治体制的结合,以经术、德行的标准选举为官,"士"逐渐演变为"士大夫",并从而确立了后者在社会身份上政治、文化兼综的特性⑪。具体来说,首先,他要是一个有德者;其次,当他入仕为官,他很可能负责实际的政务或者视事治民,有时还会成为道德政教的推行者;再次,他必须要具备充分的学识和古典人文素养,在入仕之前和期间,他甚至还教授生徒,如果能精通某一学问或者善于写作,就更能给他增加声誉。这当然意味着"士"的价值体系基本为政权所肯定、接纳,其结果便是,"士"阶层价值的综合性进一步为国家制度所强化,道德、事功与学术文章,成为现实中的三位一体,依据这三者来立身行世的士或者士大夫,因而建立起复合型的社会身份和角色。

当这"士"——文人隶属于其中的阶层,获得了稳定的政治、文化地位并得以持续扩大,读书习文之士与国家官吏,这些性质不同的身份,遂在政治制度的保障下相重合。"士大夫"社会身份的这种复合性,从根本上说来,乃是基于士阶层本身价值的综合性。这种特性不能不传导至"文人",造就文人价值追求以及社会身份的非单一性,从而深刻地影响、决定着古代文人的存在面貌和活动方式,影响、决定着中国文学的性质、特点和功用。

四、士大夫行能上的融通

汉代政治制度下的国家官吏,既不同于孔子师徒的坐而论道,也非战国之士津津乐道的为君之师友,他们基本上将在从内廷到外朝、从中央到地方的各级官署机构中,负责所有的政务。除了极少数职高位尊的显宦,大多数仕士们作为三公九卿、郡县守令等行政首长的掾吏属官,从事各种日常政事杂务的办理。其中,文吏、儒生是具有较高读写能力的人。《论衡·量知》:"文吏儒生,有似于此。皆为掾吏(史),并典一曹,将知之者,知文吏、儒生笔同……文吏、儒生,有似于此。俱有才能,并用笔墨。"他们为数众多,是汉代处理日常政务,尤其是文字工作的主要吏员。在王充的概念体系中,善于写作文章的"文人"是儒生中一个较高的层次⑫。

王充《论衡》中有大量的篇幅都是"文吏"与"儒生"对举,显然这两种人物类型在当时的社会政治生活中具有对立而又重要的角色意义。《论衡·效力》:"文吏以理事为力,而儒生以学问为力。""治书定簿,佐史之力也;论道议政,贤儒之力也。"《论衡·程材》:"夫文吏能破坚理烦,不能守身,身则亦不能辅将。儒生不习于职,长于匡救;将相倾侧,谏难不惧。案世间能建蹇蹇之节,成三谏之议,令将检身自救,不敢邪曲者,率多儒生。阿意苟取容幸,将欲放失,低嘿不言者,率多文吏。文吏以事胜,以忠负;儒生以节优,以职劣。二者长短,各有所宜;世之将相,各有所取。取儒生者,必轨德立化者也;取文吏者,必优事理乱者也。"如果我们尽可能不受王充本人的价值评判及其个体诉求所左右,再参之以其他汉代人的叙述,则大致说来,儒士崇道尚德,陈义高古,具有政治批评的勇气、时事论议的思想高度,以及知古今的广博学识,言事论议、顾问应对是其自来的从政门径,他们擅长以对君主、执政进行谏议规劝的方式参知政事,但大多缺乏办理实际政务的基本技能;文吏或许缺乏深厚的古典学问和崇高的道德理想,但他们务实切用,熟悉文法律令,精通文书,善于处理纷繁复杂的日常政务,可谓国家制度化行政管理的专门技术人才。

汉代"以文书御天下","汉所以能制九州者,文书之力也"(《论衡·别通》)。皇帝诏令的下达,国家成文法令的颁布,大臣奏疏的上报,各级政府机构行政、司法文书的制作和流转,这一切的正常运行,是维系庞大的国家政治系统的必要条件。因此,文书的起草、收发、查核、奏报、上通下达等,是掾吏佐史重要的日常行政事项。文书不仅有统一的体裁、严格的格式,并且内容相当庞杂,涉及官吏的考核铨选,户籍赋税、钱粮盐铁等民政、财政,以及盗贼、狱讼、教育、祭祀、工程之类广泛的社会生活。官署各曹分科办事的部门各有其章程、规定,文书也自有相应的规章制度或旧例,"五曹自有条品,簿书自有故事。"(《程材》)总之,官方文书的制作和运行,须得遵循一套严格的规定。

"夫文吏之学,学治文书也。"(《论衡·量知》)"文吏自谓知官事,晓簿书。"(《谢短》)他们不仅有撰写、处理文书的专门知识,还娴习法律、行政规则、官场礼仪和办事经验,谙熟各种忌讳和惯例,懂得如何应对各级官员、如何奏记言事。相反,由于对行政技术和官场实际缺乏充分的了解,儒生即使进入了官署职能部门,要通晓这一整套的政治生态和规则,职事无误,也并非易事。《论衡·程材》:"洎入文吏之科,坚守高志,不肯下学。亦时或精暗不及,意疏不密,临事不识;对向谬误,拜起不便,进退失度;奏记言事,蒙士解过,援引古义;割切将欲,直言一指,触讳犯忌;封蒙约缚,简绳检署,事不如法;文辞卓诡,辟刺离实,曲不应义。故世俗轻之,文吏薄之,将相贱之。"因而,尽管长期以来不免被儒士出身的士大夫讥为"俗吏",但是这些办事能力强、注重实效的文吏,在从中央到地方衙署的政务实践中一直表现活跃,行能考课也位居前列。

士人行能不一,各有偏侧,政权会以不同科别对之称才量能,兼收并蓄。西汉武帝元狩六年(前117),有以德行、经术、法令、政事取士的"丞相故事"[13],东汉光武帝又对这"四科取士"予以重申[14]。不过,政治与文化一体的悠久贵族传统,选官制度的引导和社会意识形态思想的笼罩,都使得文吏不能不接受经术的影响,在古典人文知识和道德教化观念上有所汲取,不再像是秦和汉初,或者武、宣时单只晓习文法吏事、贯彻长官意志的办事工具。同时,在儒士参政任职,越来越普遍地居位于各级政府的职能部门之后,他们自然被要求担负起那些不能回避的司法、行政责任[15];而他们也自须适应现实的需要和压力,"即使是出于个人的仕途升迁考虑,他们也不能不去留心行政规程和行政技术"[16],尽职尽责地执行公务。"执法之吏不窥先王之典,缙绅之儒不通律令之要。"针对文吏、儒生彼此分立的局面,汉末文人王粲在《儒吏论》中建言,要"吏服雅驯,儒通文法",希望借此能使两者相互融合。

儒生、文吏的合流其实早就在进行着[17]。事实上,正像王充所描述过的,已经有相当多的士人在速成式地经过了入仕所需的经学基本教育后,就转而去进行与吏事有关的专门知识的学习和训练。《论衡·程材》:"是以世俗学问者,不肯竟经明学,深知古今,忽欲成一家章句。义理略具,同超(趋)学史书,读律讽令,治作情奏,习对向,滑习跪拜,家成室就,召署辄能。"又:"有俗材而无雅度者,学知吏事,乱于文吏,观将所知,适时所急,转志易务,昼夜学问,无所羞耻,期于成能名文而已。"如此一来,先前沉浸于经术义理的儒士,也将逐步演变为官署中能够胜任具体政务的职吏。随着儒生大量参政,被日益广泛、深入地吸纳进官僚机制,切实进入管理国家的政务活动层面,早期士人,尤其是儒士以理论的发布者、价值的裁量者而存在的姿态,就不能不有所改变;就得在顾问应对、论议谋划之外,还需掌握与其政治影响力相匹配的行政技能和办事经验。事实上,东汉后期的确涌现了一批学养、文才与政能相兼的士大夫。卢植、赵岐是汉末多有著述的硕学名儒,赵岐"少明经,有才艺",卢植精通古今学,虽"不好辞赋",但也有文章流传。他们不仅"常怀济世志",有政治见解,同时还具备政能实才,胜任行政事务。《后汉书·卢植传》:"四府选植才兼文武,拜九江太守。"[18]《后汉书·赵岐传》:赵岐先是"举理剧,为皮氏长",被视作擅长处理繁杂政务的干用之才;后又以"故刺史、二千石有文武才用"者被征召,为太守[19]。这类"才兼文武""有文武才用"的士大夫,他们的成长和被任用,乃是社会政治士大夫化的标志之一。仲长统在《昌言》中重新阐述《考工记》的说法:"坐而论道,谓之三公;作而行之,谓士大夫。论道必求高明之士,干事必使良能之人。"[20]坐而能议,起而能行,唯其如此,士人们在进入权力机构,获得越来越多的政治权益的同时,才能在对社会政治生活的参与上具有真正的深度和广度。

士阶层将因之走向新的综合。以专精于经术的儒士和以经术知识为一般教育背景的士人为主体,不同资质、专业训练和职能的受教育群体正在相互接近,他们的知识体系愈来愈趋于同一,又取得了可以共同扮演的社会角色。"士"在功能、结构、面貌上获得了新进展,它正将以大致趋同的观念体系、人生成就和生活方式,保持并完成着阶层内部的聚集和融会。唯其在高谈超越性的学理道义的同时,还能切实、有效地进入行政运作的层面,将人文理想与管理技术结合起来,士或者士大夫阶层才能真正成为社会的中坚。

五、文人社会身份的复合性

从现代职业行政官僚的角度来看,古代社会中士大夫的教育、学养中,无疑具有丰富的人文色彩和文学训练;而对于后世的作家、诗人来说,入仕为政并不一定是其必需的经历,更不是他人生唯一的出路或最理想的实现方式。但是在汉代,对于一个有文章爱好和写作才能的士人来说,官吏与文人合一,这种复合的社会身份不仅是他理当面对的,而且大多数情况下,也是他需要积极谋求的。

需要观察一下他们任职为官的大致状况。必须要强调的是,在汉代文官选拔、任用体系中,诗文辞赋这些文学性写作尽管被看作是一项值得赞赏的才艺,"贤于倡优博弈远矣"(《汉书·王褒传》),不过它毕竟被认为是与政治实干才能不同的。所以,司马相如、王褒虽然以善赋而得到皇帝赏识,为郎或待诏,但并不能由此而获得治民理事的机会。善为赋颂的枚皋遗憾于"不得比严助等得尊官"(《枚乘传附枚皋传》),东方朔"自讼独不得大官"(《东方朔传》),一定程度上也都表明,在执政者看来,文辞能力虽然可喜,但并不能代替政能,不足以对应"为郡国守相至公卿"所需的行政实才。除了汉末灵帝设置的鸿都门学外[21],整体而言,"文人"在汉代并无特权,甚至也不存在揄扬的头衔或团体性的称谓;即使他们被视作"有文才",通常也并不会在被标签化后,进而获得特殊的事功权益。

文人具有强烈的政治关怀,这既是出自士阶层价值主张及其经典教育的必然,也是社会给定的人生出路的结果。西汉初,贾谊"以能诵诗书属文称于郡中",《汉书·贾谊传》中,班固借刘向之言,称赞"贾谊言三代与秦治乱之意,其论甚美,通达国体,虽古之伊、管未能远过也"。东汉中期,黄香博学经典,能文章,被《后汉书》载入《文苑列传》。他为官"祗勤物务",精明干用,担任典管政务枢要机构的尚书令多年,娴熟这一职任所需要的各种法令、军政规定、惯例故事,因而能"科别据奏,全活甚众","又晓习边事,均量军政,皆得事宜"(《后汉书·文苑列传》)。东汉末,崔寔出身于有"儒家文林"称誉的涿郡崔氏一族,他本人也同样"才美能高",好典籍,有文名。不啻此,崔寔"明于政体,吏才有余,论当世便事数十条,名曰《政论》。指切时要,言辩而确,当世称之",还是具有参政、议政的实才,也就是"吏才"的儒士文人。其著作《政论》被史家称赞为"言当世理乱,虽晁错之徒不能过也",仲长统甚至建议:"凡为人主,宜写一通,置之坐侧。"(《崔寔传》)贾谊、黄香、崔寔,他们既是善于文章的文人,又明习政事,或者政治见解卓越切实,或者具有办理政务的实干才能。

不过总的说来,汉代文人在政治实践上并不为社会舆论所看好,"辅倾宁危,非著作之人所能为"(《论衡·书解》),"著书之人……故立功者希。安危之际,文人不与,无能建功之验,徒能笔说之效也"(《超奇》)。不用说艰危之际,他们难以建立功勋,即使在平常的行政运作中,文人也被看作只能掌管文书、文字,缺乏管理民众的实才,"职在文书,无典民之用,不可施设"(《别通》),"书画辞赋,才之小者,匡国理政,未有其能"(《后汉书·蔡邕传》)。因此,文人虽然拥有社会名声,但在以治民理事为绩能的行政文官系统中,却往往难以有效地兑换成与其高知名度相匹配的官位和职任。东方朔《答客难》、扬雄《解嘲》、崔骃《达旨》、班固《答宾戏》、张衡《应间》等,热爱写作之士为自己长期以来的位卑职低、为官拓落所进行的这一系列分辩,都不过是一再呈现了文人在社会政治中所遭遇的这种落差。即如王充在《论衡·别通》中所引述的社会流行见解:"是以兰台之史,班固、贾逵、杨终、傅毅之徒,名香文美,委积不绁,[无]大用于世。"《文心雕龙·程器》表达得更直接:"盖士之登庸,以成务为用。……安有丈夫学文,而不达于政事哉?彼扬马之徒,有文无质,所以终乎下位也。"

至于社会地位稍低的东汉有名的文人,其为官任职的一般情况,不妨由《后汉书·文苑列传》来集中地加以观察。这些被称作"善属文""能文章""有文才""以文才知名""以文章称""以文章显"的传主,其中若干人都有在东观、兰台校书或者著作的经历,要么便是担任掌论议的谏议大夫、太中大夫,或者在负责文书及群臣章奏的尚书台任尚书郎、尚书令;也有任县令,偶有任郡守者,但更常见的,则不免是在公府、郡县中任掾吏、令史等低级吏员。

对于秩级有限的官吏来说,他们的政治生涯大多就是在官署中,遵循一套严格的专业用语、行文规范和格式来起草、撰写公文,按照流程和规章来处理行政、司法文书,或者请示汇报、送往迎来,办理一应烦冗琐碎的日常公务。刘桢《杂诗》描述了自己身为属吏,从事文书工作的烦乱处境和苦闷心情:"职事相填委,文墨纷消散。驰翰未暇食,日昃不知晏。沉迷簿领书,回回自昏乱。"秦嘉为郡上计吏,抱怨公务奔波、吏事辛苦:"不能养志,当给郡使,随俗顺时,黾勉当去,知所苦故尔。……当涉远路,趋走风尘,非志所慕,惨惨少乐。"㉒对于以入仕任职为人生出路和社会成就的文人来说,这是他们写作的一个不能被忽视的现实生活背景。他们带有审美性、个人抒情性或者体物言志的诗文,看起来基本不属于他们的官方职事范围和环境;他们的笔墨才情,与带有很强规定性的文书写作也不同调。不过,比起参与国家重大政事、影响政局的朝堂论议,或者在波谲云诡的朝廷争斗中戏剧性的慷慨激昂,正是这种拘束、单调、重复性的官署衙门生活,才是大多数士大夫真正的日常。这种没有多少成就感,缺乏诗意,缺少意义感的庸常,甚至是黯淡的体验,作为一般文人政治参与的普遍经历,也才可能激发他们不断向文学中倾诉和寄托。

文人的生活选择和情感体验与其仕事紧密相关。张衡为侍中,在朝廷讽议左右而得罪宦官,他"常思图身之事,以为吉凶倚伏,幽微难明,乃作《思玄赋》,以宣寄情志"(《后汉书·张衡列传》)。赵壹为郡上计到京师,借机一路往来交游,名动天下(《文苑列传》)。高彪"除郎中,校书东观,数奏赋、颂、奇文,因事讽谏,灵帝异之"(《文苑列传》)。无论他们是否曾经在任职期间写下了表达政见、批评人事的章表奏议;还是他们因为官场倾轧、同侪排挤,而将自己忧谗畏讥的情绪私下抒发在诗赋里;还是与同僚朋友往来酬酢、诗酒流连;或者由于厌倦、不适应而索性放弃仕进,在归隐中写下了人生的欢欣和安好。毋宁说,文人们的人生浮沉、命运穷达、情感悲欢,相当一部分乃是系于此、发于此的。他们曾经期望由此出发赢得功名,他们也曾经志得意满地想要成就一番大济苍生的伟业,他们还多半体验了不善为政的苦闷,并因此感受仕途困顿和失败,而这里也是他们谋取衣食、解决一家人生计的场所。要之,仕宦生涯作为他们人生经验重要的一部分,自然会以或隐或显的不同形态,进入他们的文学,成为他们的写作动因,成为他们题材内容、人生兴感的重要来源之地,同时,更使得文学始终与社会政治存在着无法断绝的联系。

结　语

"文人"这个中国古代文化中十分有特色的人物类型,具有非单一的、多元的属性。他不仅要善于写作,还被要求是一个有道德者,要担负起社会政治责任;文人与官员、学者之间存在着若干重叠、交叉的因素,并且时常集合于一身;文人与士大夫的区别,在一些情况下,可以看作是对于人的社会身份从不同角度所予以的观察、强调。总之,"文人"的社会身份和角色是多重的、复合性的。

长期以来,文人与士、士大夫等词汇在各种文本中经常互文、混用,这一方面表明"文人"这个概念的边际含混、难以确定,另一方面也意味着"文人"与"士"之间关系的缠结、复杂。"文人"由"士"这一母体内部孕育而出,并天然地带有"士"这一社会政治—文化阶层的一般特质和基本属性,比如以"三不朽"为象征的人生追求和价值主张,学仕结合的人生实现方式,等等。在以治平天下为目标理想,以政教德化为其崇高责任,以入仕为官为社会现实出路的士阶层中,产生并长期存在着这样一个以诗文写作为所长并以此擅名于世的集群,这本身再好不过地展现着"士"这个阶层在教育、人格、价值诸方面综合性的特质。

随着教育的普及,文学的活跃,有诗文写作能力的人大量增加,士阶层整体上越来越明显地趋于文人化了。同时,反过来,文人在不断自我分化的过程中,又始终与士阶层保持着如同母体般的联结,即使在一定程度上可以独立,自成一体之后,也不曾摆脱士的约束。换言之,"士"的价值原则、阶层品性制约着文人,并成为文人及其文学最终的衡量标准。这当然与士大夫、文人价值的综合性和社会身份的复合性有关,同时也揭示着中国古代社会中,政治与文化综合一体这样一种独特的传统。

原载于《中国典籍与文化》2019 年第 2 期。

注　释

① 《毛诗正义》上册,《十三经注疏》,中华书局,1980 年,306 页。
② 《尚书正义》上册,《十三经注疏》,254 页。
③ 一说"文士并饬",文指辩士,士指卒伍,此言外交、军事并用。
④ 黄晖《论衡校释》,中华书局,1990 年,1199 页。
⑤ 陆机《文赋序》:"故作《文赋》,以述先士之盛藻。"李善注引孔安国《尚书传》曰:"'藻,水草之有文者。'故以喻文焉。"李善注《文选》,中华书局,1977 年,239 页。
⑥ 黄晖《论衡校释》,1115—1117 页。
⑦ 《汉书》,中华书局,1962 年,2634 页。
⑧ 《汉书·儒林传》:公孙弘等奏议设立博士弟子制度,并从中选拔通经艺者,依次授予官职。其中特别提到皇帝颁行的诏书律令,"文章尔雅,训辞深厚",但是"小吏浅闻,弗能究宣,亡以明布谕下"。有鉴于此,公孙弘建议选择通经者为从中央到地方二千石高官的卒史属吏。博士弟子员成为制度,对汉代政治的士大夫化影响很大,"自此以来,公卿大夫士吏彬彬多文学之士矣"。《汉书》,3593—3596 页。
⑨ 《论语集注》,朱熹《四书章句集注》,中华书局,1983 年,57 页。
⑩ 《论语集释》引李光地《论语札记》,程树德《论语集释》,中华书局,1990 年,97 页。

⑪ 阎步克《士大夫政治演生史稿》第一章第一节"关于士大夫的'二重角色'",讨论了"士大夫"担负着政事与文化、文人与官僚结合的"一身二任"。北京大学出版社,1996年。阎先生在此所使用的"文人"显然是广义上的,如果就其狭义来论,则观察的方面就更加具体。

⑫ 《论衡·超奇》:"故夫能说一经者为儒生,博览古今者为通人,采摭传书以上书奏记者为文人,能精思著文连结篇章者为鸿儒。"黄晖《论衡校释》,607页。

⑬ 卫宏《汉旧仪》,孙星衍辑《汉官六种》,中华书局,1990年,69页。

⑭ 应劭《汉官仪》,孙星衍辑《汉官六种》,125页。

⑮ 瞿同祖《中国法律与中国社会》,中华书局,1981年,306页。

⑯ 阎步克《士大夫政治演生史稿》,442页。

⑰ 详参阎步克《士大夫政治演生史稿》第十章第三节"儒生与文吏的融合"。

⑱ 《后汉书》,中华书局,1965年,2114页。

⑲ 《后汉书》,2122—2123页。

⑳ 孙启治《昌言校注》,中华书局,2012年,377页。

㉑ 《后汉书·蔡邕传》:光和元年,灵帝设置鸿都门学,"其诸生皆敕州郡三公举用辟召,或出为刺史、太守,入为尚书、侍中,乃有封侯赐爵者"。蔡邕密奏政事,指斥"鸿都篇赋之文""并以小文超取选举"。《后汉书》,1999页。

㉒ 《与妻徐淑书》,《全上古三代秦汉三国六朝文》,中华书局,1958年,834页。

揽镜自鉴及彼此打量
——论画像与南宋道学家的自我认知及道统传承的确立

顾歆艺

艺术与思想的关系,或曰对图像予以思辨的、人文的、历史的解读,近年来越来越为中国艺术史研究及思想史研究的中外学者所重视。研究者有着各自不同的学术背景和研究进路,他们互相借鉴,殊途同归,跨学科研究取得了一系列引人瞩目的成果①。然而,尽管目前艺术史研究的边界和学科特色等问题还有待于进一步探讨,思想史研究中对图像的重视还远远不够②,但人们强调和研究的对象均为现今可见的图像,包括传世的图画、器物、造像、地图以及出土文物、墓葬图式等,却是共同之处。诚然,对这些丰富的图像资料的解读足以产生新鲜丰硕的研究成果,但由于载体的不同,图像资料的存世较之文字文献资料的传世具有更大的偶然性,也是不争的事实。这便提醒我们,就某类图像在历史上所起的实际作用而言,我们除了研究存世实物之外,恐怕也要到浩瀚的古代文献中去寻觅、钩沉、辨析、归纳相关文字资料,加深解读其全面而真实的思想史意义。宋人画像便是此类存世不多而值得关注的研究对象。本文将特别考察南宋时期人物画像与以朱熹代表的道学家的自我认知、群体认同感之间的关系,揭示朱熹等人是如何通过画像这种艺术形式、借助画像赞的撰写,在宋代道统确立及儒学演进过程中发挥画像隐性而重要的宣传教育作用的。

一、从朱熹画像谈起

朱熹著述宏富,思想影响深远,后世之人大概多少都能在自己心中勾勒出一个朱熹的形象来。然而,真实的朱熹究竟是何等模样?有无可靠的朱熹画像资料存世?细究起来,却不是那么简单,有一些通行的、似是而非的看法值得我们重新审视。

作为中国古代长期被顶礼膜拜的圣贤,朱熹并不缺少人们为他制作的画像和塑像。在这些朱熹形象之中,有一种号称对镜写真的朱熹自画像特别引人注目。这类朱熹画像有碑刻形式,有拓片形式;或为半身图像,或为全身图像。总体来说,形象大同小异,彼此之间有着明显的传承关系,或者说是不同时代的摹本。朱熹对镜写真自画像由于广泛出现于通行的朱熹全集、年谱、传记以及研究专著的明显位置上,因而为人们所熟悉和接纳[③]。如《朱子全书》卷首插图部分的首页使用的收藏于台北故宫博物院的一幅朱熹画像拓片,即所谓朱熹对镜写真自画像。此图由上方文字和下方图像组成,抬头大字题曰"朱文公自画像",下方在一个大圆圈之内是朱熹的半身像,恰似镜中之影。朱熹身体微向左侧,双手插入袖中,拱至胸前,含笑注视前方。其面部须发、皱纹及右颊的七颗黑痣清晰可见。在题头和图像之间,有一段文字:

> 从容乎礼法之场,沉潜乎仁义之府,是予盖将有意焉,而力莫能与也。佩先师之格言,奉前烈之遗矩,惟阒然而日修,或庶几乎斯语。绍熙元年孟春良日,熹对镜写真,题以自警。[④]

这段文字的右上方有椭圆形印款"紫阳书堂",左下方有两方篆字图章,一枚为"熹印",饰以花纹;另一枚为"晦翁"。此拓本无论图像还是文字均极为清晰,像是摹刻之后旋即拓印的。

此图并非孤立存在。出版于1981年的张立文《朱熹思想研究》,首次披露了一幅"朱熹对镜写真像"的碑刻拓片,标明"碑刻是一九七四年六月在建瓯城关豪栋街一个社员家中发现的"。该书只是分别截取了碑刻的朱熹图像和自警词两部分刊登出来,并非碑刻全貌。

说起这方20世纪70年代发现于福建建瓯的朱熹画像碑刻,还有一段曲折的经历。据高令印《朱熹事迹考》介绍,建瓯的朱熹对镜自画像碑高1.2米,宽0.8米,是现存此类画像中最为完整的一块碑刻,也是它的早期形态[⑤]。然而,此碑1974年发现于建瓯朱氏老宅后,1984年却因火灾被毁,碎裂的碑块现由建瓯市博物馆保存。所幸原刻有拓片存世。1987年依所存原碑拓片重新镌刻了新碑。

我们比较建瓯的朱熹对镜写真碑和台北故宫博物院的朱文公自画像可以发现，除大致相同的朱熹半身像和题词、印章外，建瓯碑还多了两部分文字。一是碑刻右方小楷所书："文公生于宋高宗建炎四年庚戌九月十五日午时，卒于宁宗庆元六年庚申三月初九日午时，享年七十有一。历仕四朝，官于外者九考，立朝仅四十六日，自少即以兴起斯文为己任，孜孜不知老之将至。发圣人未发之精蕴，集诸儒未集之大成。正心修身，安贫乐道，乐则行之，忧则达之。诚一代之大贤，享千秋之俎豆欤。"再就是碑刻左下方所刻隶书："家庙遗碑，数毁兵火后之重镌，皆失其旧，此文公六十一岁对镜写真也。威仪整肃，体备中和，谨依原本勾摹重镌，俾海内名宿景仰尊崇，俨然见先贤当年之气象云。十六代孙玉百拜镌石。"镌刻碑石的朱熹第十六代孙朱玉曾于清雍正年间刊刻过《朱子文集大全类编》，该书卷一的《自题画像》也有类似一段文字及朱熹画像，只不过说是"右像乃文公六十岁自写真也"，与此碑所记朱熹年龄相差一岁。由此可以推断，建瓯朱熹自画像碑石最早为清代前期之物。《朱子文集大全类编》的朱熹画像及朱玉识语被清王懋竑《朱熹年谱》所采用，因而影响甚远。

那么，朱玉所刻朱熹对镜写真自画像是否真有所本？当我们好奇地审视这幅画像时，不由得在心中打了一连串问号。首先，古代文献特别是朱熹留存下来的丰富著述之中是否能找到可以佐证的原始材料？其次，朱熹这位伟大的思想家果真也能作画吗？

查阅朱熹文集，我们发现他有一篇名曰《书画象自警》的短文，"从容乎礼法之场……"⑥。与上述碑刻或拓片文字相比较，发现它们既有相同之处，也有区别。文集的"奉前烈之余矩"，碑文为"奉前烈之遗矩"。最为关键的是，文集中并无碑文的"绍熙元年孟春良日，熹对镜写真，题以自警"之句，现存朱熹文集的各种版本都没有后面这些文字。就是说，碑刻所谓朱熹对镜写真并亲笔题词是值得大大怀疑的，应是后人加上去的文字。文集题曰《书画象自警》，只是朱熹就自己的画像写下的自警之语，并没有说这画像是他自己画的。也就是说，所谓朱熹于某年某日的对镜写真自画像证据不足，不能成立。

此外，认为朱熹具备绘画才能的看法也非常值得怀疑。存世文献中并无确切证据表明朱熹能画⑦,特别是在朱熹本人著作及同时代人的撰著中,都未明确提及朱熹能作画。相反,倒是有不少文献谈及朱熹需要借助画工或擅长绘画的弟子来为他作画,很多情况下朱熹是让他们按照自己的意思去画的。如朱熹在家乡修建聚星亭纪念汉代的陈实,他多次致函友人巩仲至,请巩仲至为他寻找合适的画工绘制相关史事⑧。朱熹信中说:"彼中亦有画手,能以意作古人事迹否?此间门前,众人作一小亭,旧名'聚星'。今欲于照壁上画陈太丘(陈寔)见荀朗陵事,而无可属笔者,甚以为挠。今录其事之本文去,幸试为寻访能画者,令作一草卷寄及为幸。"⑨最终是张姓和黄姓两位画工出色地为朱熹完成了聚星亭绘画之事⑩。

认为朱熹能画或绘制了自画像的学者所引用的文献多是年代较晚的明清时期的资料,主要有两条:一是晚明陈继儒之言:"朱紫阳画,深得吴道子笔法。"⑪一是清代《佩文斋书画谱》引《闽画记》曰:"文公亲传己像,刻于徽州。笔法衣褶,深得道子家数。今世尚有传本。"⑫这两条材料内容上有相似之处,对它们的解读其实可以有不同的角度。所谓朱熹亲传的自己的画像是出自本人之手还是出自他人之手,是不一定的。所谓"朱紫阳画",我们既可以理解为朱熹的画作,也可以理解为朱熹的画像。所以,最终我们依然无法由这两条材料断定朱熹能画或绘制了自己的画像。说起有吴道子画风的朱熹画像,不由得使人想起现藏于台北故宫博物院的一幅朱熹半身像。此画像无款印,只在右上方隶书题曰"宋徽国朱文公遗像",据说是清宫旧藏。画像线条流畅,技法娴熟,像主朱熹庄严温厚,颇有风采。比起所谓朱熹对镜写真自画像,这幅画像的艺术水平要高得多。不知明清人所见是否此幅朱熹画像?

事实上,朱熹生前是有过不少画像的,但都是他人所画。这些画像如今均不存于世了,但我们还是能从文献资料中寻到蛛丝马迹。朱熹画像有的明确记载了绘画者,有的则语焉不详。后人只能通过朱熹本人的撰述以及与他密切交往者的记录来考察这些画像的情况。

现今所知朱熹最早的一幅画像作于南宋孝宗乾道九年(1173),这一年朱熹四十四岁。人到中年,朱熹的思想和学术均渐趋成熟,他已深刻体会到生命的短暂和时间的紧迫,于是在画像上写下铭文,表明自己坚持理想、修身自守、愈加奋进的决心:

> 端尔躬,肃尔容。检于外,一其中。力于始,遂其终。操有要,保无穷。

铭文之前的序曰:"乾道九年,岁在癸巳,予年四十有四,而容发凋悴,邃已如此。然亦将修身以毕此生而已,无他念也。福唐□□元为予写照,因铭其上,以自戒云。"⑬福唐县在福建的东南部,画家"□□元"为朱熹写照画像,朱熹因而题铭其上,用以自我警戒和自我激励。虽然朱熹此时认为自己已经"容发凋悴",显出老态,但恐怕更多的是他自己的一种心理感受而不完全是事实,因为当时他尚处壮年。

朱熹这种自我审视而怅然若失的心情,在暮年时节显得异常清晰和刻骨铭心。朱熹《文集》卷九有一首诗,题曰《南城吴氏社仓书楼为余写真如此因题其上庆元庚申二月八日沧州病叟朱熹仲晦父》:

> 苍颜已是十年前,把镜回看一怅然。履薄临深谅无几,且将余日付残篇。⑭

根据朱熹作于庆元二年丙辰(1196)的《建昌军南城县吴氏社仓记》一文记载,建昌军南城县的吴氏兄弟吴伸和吴伦,在朱熹的带动和启发下建造社仓,惠及乡里。吴氏社仓之内建有藏书楼,朱熹曾为之题写"书楼"两个大字⑮。陆游也谓此地"储书数千卷,会友朋,教子弟,其意甚美"⑯。可见这里是一个地方乡绅所办的区域性教育文化活动中心。不仅如此,吴氏兄弟还擅长绘画,尤其是绘制人物肖像画。他们为朱熹画像,也为其他人画像,如曾为周必大画过肖像。周必大有《南城吴氏记予七十三岁之颜》《东城吴伸兄弟写予真求赞》之文记载此事⑰。两文分别作于宁宗庆元四年戊午和嘉泰壬戌二年(1202),时间相距不远。

"苍颜已是十年前,把镜回看一怅然。"朱熹在吴氏兄弟十年前为他所画写真上题词时,对照画像中的自己和如今镜中疾病缠身的自己,深感苍颜已老,余日无多。惆怅之余,他仍坚持信念,笔耕不辍。朱熹此诗写于庆元庚申年(1200)二月八日,两个月后的三月九日⑱,朱熹辞世。

由庆元庚申年上推十年,正是本文前已提及的所谓朱熹对镜自画像上题署的绍熙元年(1190),这本是吴氏兄弟为朱熹画像的年代。然而,十年之后的庚申年朱熹对镜自鉴的举动,竟被后人说成是十年前朱熹对镜而自我写真。至此,我们终于明白朱熹文集中没有而所谓自画像碑刻上增加的"绍熙元年孟春良日,熹对镜写真,题以自警"的文字,恰恰是从"庆元庚申二月八日""苍颜已是十年前,把镜回看一怅然"等演变而来的,从而知道所谓朱熹对镜写真自画像是如何附会的。说它附会,还因为显然的矛盾是,朱熹暮年再次把玩的这幅本人画像,清楚地注明是"吴氏社仓书楼为余写真",如何能够又解释为朱熹的自画像?所以"从容乎礼法之场"一段话只是朱熹在别人为他所作画像上题写的自警之语。鉴于朱熹在吴氏社仓楼所画写真上题写了诗,其《书画象自警》之语很可能不是写在吴氏所画肖像之上,或许是题写在朱熹另外一幅画像上。

最使朱熹感到满意的画像出自画工郭拱辰之手。据朱熹《送郭拱辰序》一文可知,郭拱辰字叔瞻,是一位传神写照的妙手,自他乡来从朱熹游学,曾为朱熹画过大小两幅肖像。郭拱辰画技的高超绝妙之处在于他所画人物肖像不仅形似,而且极为传神,得到朱熹的特别赞誉。"世之传神写照者,能稍得其形似,已得称为良工。今郭君拱辰叔瞻乃能并与为其精神意趣而尽得之,斯亦奇矣","里中士夫数人欲观其能,或一写而肖,或稍稍损益,卒无不似,而风神气韵,妙得其天致"[19]。郭拱辰为朱熹所作画像之传神,就连听说过而未见过朱熹的人都能根据画中人的精神气质而猜想出是朱熹来,令朱熹赞叹不已。朱熹此序写于"淳熙元年(1174)九月庚子"郭拱辰因家事缘故不得不离开朱熹之时,那一年朱熹四十五岁,想必最让朱熹满意的郭氏所作画像成于此前不久。

郭拱辰所作朱熹画像堪称绘画杰作,既获得了像主朱熹的赞誉,也得到同时代人的好评,即便是画家本人,也是颇为得意的。陈亮就曾因郭拱辰的请求,写有一篇《跋朱晦庵送写照郭秀才序》记述此事,称赞朱熹对绘画之事的精通以及对画家才能的赏识[20]。此外,南宋文人楼钥也写有一篇《赠写照郭拱辰》,谓"三山郭君登晦庵之门而游戏丹青,挟写照以示予,若郑公尚书、晦庵数公展卷对之如欲笑语"[21]。足见郭拱辰人物肖像画技艺之高超及所绘朱熹画像的影响。

朱熹生前所有画像均不存于世。其实,绘画作品的存世与否有着相当大的偶然性,既与画作材料的保存易否有关,也与绘画技艺高超与否有关,还与画作内容和题材有关。尽管存世的中国古代肖像画以明清时期为多且画技高超,但此种繁荣和兴盛却有着悠久的历史渊源。事实上,不仅朱熹,两宋时期的士大夫普遍热衷于绘制个人画像,并形成一股潮流。

肖像画是历史悠久的人物画的一个类型,这一画种在古代有各种称谓,如写真、写照、写像、写影、画像、传神、传写等,其独立成科有一个逐渐演进的过程。肖像画固然是描绘人物的,但与一般人物画相比,却有其特别之处。一个基本特征在于它描绘的是现实生活中客观存在的人物,无论这人物是历史上曾经出现过的,还是当今社会存在的,都有真可写、有像可肖,如历代帝王后妃、功臣将相、祖宗先贤、文人高士等。而神话传说、佛道宗教人物画即便是正面造像,也不能称之为肖像画。肖像画与一般人物画的区别还在于它并无特定的主题,一般人物画往往描绘特定场合、特定时间的人物形态,颇具故事性,而肖像画则会形神兼备地总结和揭示出像主的本质特征,故往往包含一种价值判断在内。从构图上来看,肖像画着重描绘人的面部。人像可以是全身的,也可以是半身的;面部可以是完全正向的,也可以是微微侧向的,但都以看清人物主要面部特征为目的。此外,肖像画可以是无背景的,也可以将像主置于某种环境之中,但像主周围的一草一木、一山一水都为了衬托或象征像主的精神状态,即景为人设。一般人物画中的人物却不一定那么突出和端正,景色也不一定是为了衬托人物特征。

宋代肖像画虽然留存至今的不多,但根据文献记载,实际状况却十分兴盛,且与前代相比具有某些突出特点:

(一)宋代肖像画的发达在画史上有所反映,绘画分类逐渐出现"传写""写真"等门类。唐代张彦远《历代名画记》分图画为六门:人物、屋宇、山水、鞍马、鬼神、花鸟,划分还比较粗略。北宋郭若虚《图画见闻志》"人物门"中已列出"独工传写"条。《宣和画谱》分十门,涉及人物的有"道释门""人物门""番族门"。南宋邓椿《画继》分绘画为八大类,"人物传写"作为一类与"仙佛鬼神""山水林石""花竹翎毛"等并列。南宋孙绍远所编《声画诗》分二十六门汇录唐宋人题之句,在"古贤""故事""佛像""神仙""仙女""鬼神"等细致的人物画分类中,另有"赠写真者"一门。从以上画史文献中反映的绘画门类划分的发展进程看,宋代以来对现实生活中人物的描画变得越来越细致,对人物的观察就像从远镜头逐渐拉为近镜头一样,肖像画在整个人物画大类中逐渐突显出来。这反映了人们认识自身的兴趣变得越来越大。

(二)两宋时期出现了专门以人物肖像画见长的画家。如苏轼诗文中提到的何充㉒、程怀立㉓、妙善师㉔;杨万里、周必大等人提到的刘讷(敏叔)㉕;朱熹、陈亮、楼钥等人提到的郭拱辰等。专门致力于人物肖像的技艺高超的画家成批出现,在此之前不曾有过。

(三)宋代肖像画像主的范围大大扩展,更加趋于世俗化,不仅限于先前的帝王后妃、功臣名将,更向现时的普通人蔓延,特别为文人士大夫所热衷,成为宋代文人雅士自我欣赏和相互品评的一种方式。另一方面,历史上一些代表某种风范的士人形象在两宋时期也被特别重视而一再摹画,如陶渊明、诸葛亮、屈原、杜甫等画像在宋代就十分流行,普通百姓也乐于对这些画像供奉拜祭。这一切促成了宋代肖像画的繁荣。苏轼、黄庭坚等人的诗文中有不少反映,苏轼《李伯时画像跋》曰:"初,李伯时画予真,且自画其像,故赞云'殿以二士'。已而黄鲁直与家弟子由皆署语其后,故伯时复写二人,而以葆光为导,皆山中人也。"㉖包括当时人物画大师李公麟在内的一些画家热衷于为名人士大夫写真画像,士大夫也乐此不疲。

在宋代人物画像兴盛的大环境中,朱熹自然也受到熏陶并参与其中。尽管我们认为朱熹本人不能亲自作画,但并不表示他不懂得绘画艺术。恰恰相反,他有着很高的绘画鉴赏能力和极强的艺术判断力,朱熹文集中常有观画题跋及感想,每每都能鞭辟入里,切中要害。在道学家之中,朱熹是特别擅长于艺文之事的,可以说他全面遵循了儒家"志于道,据于德,依于仁,游于艺"㉗的为学成人之道。陈亮曾将朱熹与张栻、吕祖谦作过比较,其《跋朱晦庵送写照郭秀才序》曰:"广汉张敬夫、东莱吕伯恭,于天下之义理自谓极其精微,而世亦以是推之,虽前一辈亦心知其莫能先也。……而世所谓阴阳卜筮、书画伎(技)术及凡世间可动心娱目之事,皆斥去弗顾,若将浼我者。"就是说,道学家对儒家思想之外的各种杂事一般是不太关注的,而朱熹与他们不同,除了精研儒家经典义理外,知识和兴趣都十分广泛,他"于阴阳卜筮、书画伎(技)术,凡世所有而未易去者,皆存而信之,乃与张、吕异"㉘,其中尤以对书画的兴趣十分突出。朱熹门人黄榦《朱子行状》亦曰:"文词字画,骚人才士,疲精竭神,常病其难。至先生未尝用意,而亦皆动中规绳,可为世法是非。"㉙也是称赞朱熹虽不专注于艺文之事却能得其精髓。

对于人物画像,朱熹有一些精妙的见解。他特别欣赏吴道子的人物画笔法,其《跋吴道子画》曰:"吴笔之妙,冠绝古今,盖所谓不思不勉,而从容中道者,兹其所以为画圣与!"㉚认为吴道子的画妙就妙在笔触的流畅爽滑,"盖画须如蓴菜样滑方好,须是圆滑时方妙"㉛。尤其值得我们注意的是,朱熹看到了画像的兴盛与佛教思想传播的密切关系,意识到了图像之于人的巨大作用而对此特别警醒。众所周知,佛教向来有造像、画像的传统,深奥的佛教教义正是经由故事解说和图像呈现而使普通民众更易理解和接受。同时,高大威严的各等佛像菩萨像也令芸芸众生有了敬畏和顶礼膜拜的冲动,使虔诚的信仰落到实处,并有了直接述说的对象。除了佛像、菩萨像、罗汉像等佛教神明形象之外,现实世界的高僧、法师、佛教徒也最先成为被大量描摹写照的对象,宋人文集中就有不少关于释氏画像及画像赞的记载。这样的现实是朱熹无法忽视的,面对佛教的巨大攻势,朱熹无奈地说:"某尝叹息天下有些英雄人,都被释氏引将去,甚害事!"㉜同时又不无羡慕地说:"某见名寺中所画诸师祖人物,皆魁伟雄杰,宜其杰然有立如此。"㉝想必画像在佛教传播中的作用给了道学家朱熹以极大的启示。

二、画像赞中显现的南宋道学家的自我认知与相互品评

两宋众多人物肖像画存之后世者寥寥无几。我们今天之所以得知它们的存在,很大程度上依赖于文献的记载,特别是宋人文集中画像赞的提示。

画像赞或曰像赞、真赞,是在画像上以简洁押韵的文字题写的说明。有画像往往就有画像赞,画像赞也可单独以文字的形式流传。比较而言,绘画作品不易保存而画像赞却易于传世,因为丝帛或纸张的载体易毁、绘画作品的描摹需要技巧,而文字的传抄刊印却相对容易。

关于画像赞的作用,这里要特别提及。人物画与画像赞的结合古已有之,汉代即有用图像绘制圣君贤臣以表彰纪念或教化世人的风尚,随之而来的便是画像赞的出现。迄今所见最早也是保存最丰富的汉代画像及画像赞是山东

嘉祥武氏祠堂的系列画像及题赞。画像赞因图画而产生,是对图画的说明和补充,它或陈述画面故事,或记述人物事迹,或对人物品行进行评价,不一而足。图像有赞的做法在汉魏时代是如此普遍,以至于产生了独立于图画之外的"赞"这种文体。梁昭明太子萧统《文选序》在论及文体起源时说:"箴兴于补阙,戒出于弼匡,论则析理精微,铭则序事清润,美终则诔发,画像则赞兴。"㊷由于画像赞是在画像之上的,相对于整个画面来说,它不能喧宾夺主,只能占据一个角落,因而画像赞往往言简意赅,短小隽永。

饶宗颐先生从《文选序》的"画像则赞兴"出发,讨论了列传及画像赞的实际含义和作用,颇给人以启示㊸。他首先思考《史记》中"列传"这个词应如何来解释,认为所谓列传之"列",不能仅简单地解释为"序列"的意思,它实际上是和图像有关系的。比如有列仙图在先,继而才有列仙传,列士、列女也都是因图而后写传的,所以"传生于图,赞亦兴于图,可见传与赞二者都和图画离不了干系"。"先有人物画像,上面的题识,用韵语写成的便是'赞',用散文记叙其生平的即是'传'"。如此看来,画像赞与列传出于同一源头,它们之间有着相当大的类似性。当然,一般来说,列传文字更多、更为详尽,而画像赞则更为简洁精炼。早期的画像并不仅限于人物肖像画,更多的是传说故事、历史场景,因而那时的画像赞还不全然等同于列传。后来的画像主要指人物肖像画,因而其画像赞就更接近于一个人的浓缩传记了。在此精炼的画像题赞之中,作者一般会对像主加以写形、写神,进而写心,至于像主的具体生平事迹,可以略而不谈。重点是以三言两语揭示出像主是怎样一个人,他的人生主要贡献和精神实质是什么。宋代画像赞就特别具备这样的特点和作用。

当然,画像赞这种文体由于其自身的特殊性,往往褒扬有余而批评不足。究其原因,一是因为赞体本身的特性决定的,所谓"赞"或"讚"是以赞颂所书之人为主旨的,东汉刘熙《释名》曰:"称人之美曰讚。赞,纂也,纂集其美而叙之也。"㊹另外,画像赞由于所赞越来越集中于人物肖像画,难免有一些受人之托的违心之作,不乏赞誉褒溢之辞。然而,当后人阅读这些画像赞时,如何揣测和判断作者的真实写作意图,却是一件十分困难而复杂的事情。唯一能做的是尽可能广泛搜集相关文献资料加以综合、具体地分析,力求接近事实。比如,我们可以考察某人的画像赞之作是泛滥还是精粹,用语是随意还是谨慎,赞誉是陈词滥调还是时出新意,他和像主的交往深度如何,以及有无对像主的其他评论文字等。综合来看,我们发现南宋道学家的画像赞写作较为谨慎且学派意识浓厚。

自画像是肖像画的一种特殊形式,从文献记载看,宋代肖像画中真正的自画像并不多。苏轼谓李公麟曾自画其像;还有一位人称"三朵花"的人也"能自写真"[37]。在古代没有照相术的情况下,想必自画像只能是对镜写真了。人物画特别是肖像画要求具备很强的写实能力,没有过硬的画功或非专业画家是很难做到的,但真正经常揽镜自鉴、喜爱自我审视的却不是画工而是士大夫阶层。纵使他们大多无力自我绘制肖像,依然可以通过某种方式表达其内心需求,这就是宋代士大夫每每热衷于自我题写画像赞的原因。他们可以借助自题画像赞来进行自我审视、自我认知、自我评价乃至自我期许,从而追寻一种理想人格和境界。宋代士大夫恰恰具有这种注重内省、返求诸己的倾向,儒家理想人生的"内圣外王"在宋代士人那里更普遍地体现为"内圣"的追求。

揽镜自鉴是一种自我观察的好办法,我们在宋人著述中不难看到这样的描述。如苏轼《赠写御容妙善师》诗曰:"尔来摹写亦到我,谓是先帝白发郎。不须揽镜坐自了,明年乞身归故乡。"[38]他在盛赞为天子绘制画像的妙善的绝妙画技之后,希冀着画师也为自己画像,并说自己今后再也不必总照镜子了。再如黄庭坚,也是一位特别爱自我审视的士人,曾说:"士大夫胸中不时时以古今浇之,则俗尘生其间,照镜则面目可憎,对人亦语言无味。"[39]看来他也是明镜不离左右的,"面目可憎"与否不须通过他人的眼睛,揽镜自鉴、自我审视即可判断。又如邵雍,也是从镜中加深对自己的理解的,其《览照》诗曰:"其骨爽,其神清,其禄薄,其福轻。"[40]此外如前所述,朱熹也常常"把镜"自我端详。

自题画像则是更深意义上的揽镜自鉴。此时,他人为自己所作画像宛如镜中的自己,对此影像的认知、感慨、期许便凝聚成一篇精炼的自题画像赞。一般来说,自题像赞多出自像主本人的表达愿望,但也有一些是像主应画家请求而写的,如黄庭坚《张大同写予真请自赞》《张子谦写予真请自赞》之类[41]。既然多数自题像赞是出于作者的自觉自愿,甚至可以说是有意而为之,那么作者写起来就格外地用心,其中亦不乏自嘲和惊人之语。黄庭坚前后写过八首"写真自赞"[42],从各个角度描述自己。"似僧有发,似俗无尘,作梦中梦,见身外身"

之类的描述，有着文人的轻松谐趣。有一些文人雅士的画像自赞则写明是"戏题"，表明是文人的游戏之举，如杨万里《自赞》序曰："吾友王才臣命秀才刘讷写余真，戏自赞曰。"㊸再如周必大有一自题画像赞，名曰《陆务观之友杜敬叔写予真戏题四句他日持示务观一笑》㊹。这样的自题画像赞以趣味性为主，揭其一点而不必面面俱到。

然而，当我们考察以朱熹为代表的南宋道学家的自题画像赞时，却发现与一般文人学士自题像赞风格的显著不同。一般来说，道学家的自题画像赞要严肃认真得多，其中自我期许、自我激励的成分很大。虽然其字斟句酌的行文也使人眼前一亮，但自嘲谐谑的成分却大大减少，甚或不见。

朱熹的自题画像赞如前所引，有《书画象自警》和《写照铭》，它们所展现的朱熹个人形象和自我评价，不啻是一种对儒家理想人格的执着追求。"端尔躬，肃尔容。检于外，一其中"，其外在形象是端庄、持敬而从容不迫的，而其内在精神则是刚健、专一而坚持不懈的，故能"从容乎礼法之场，沉潜乎仁义之府"。他希望自己"力于始，遂其终。操有要，保无穷"，"佩先师之格言，奉前烈之余矩"，显示了朱熹作为一位道学家，保持操守、修身养性是他的一贯追求，承上启下、传续道统则是他要担负的历史使命。

张九成是南宋初期道学主要代表人物之一，他继承二程学说，发扬道学传统，也充分吸收佛教思想，在当时具有广泛影响。关于如何认识自我、定位自我问题，张九成有过深入的思考。他在绍兴二十六年（1156）所作《自画像赞》中对自己的描述显示了一位道学家的认真和执着㊺：

> 不务寻常，惟行怪异。经术不师毛郑孔王，文章不法韩柳班扬，论诗不识江西句法，作字不袭二王所长。参禅则不记公案，为政又不学龚黄。……

陈亮属于道学中人比较特别的一位，由于他多强调儒学中的"外王""事功"部分，后人总是过多地强调他与朱熹理学思想的分歧，但陈亮的基本价值取向和人生追求应该说还是属于道学范畴的。陈亮也有一篇题画像的《自赞》：

> 其服甚野，其貌亦古。倚天而号，提剑而舞。惟秉性之至愚，故与人

而多忤。叹朱紫之未服,谩丹青而描取。远观之一似陈亮,近视之一似同甫。未论似与不似,且说当今之世,孰是人中之龙、文中之虎?⑯

陈亮堪称一位特立独行的俊杰之士,他自视甚高,有着豪爽鲜明的个性,大有"当今之世,舍我其谁"的豪迈气概,文笔也刚健俊朗,所以在他的自我画像赞中呈现的是一位衣貌高古,"倚天而号,提剑而舞"的形象。在陈亮看来,画像与他本人外貌的似与不似并不十分重要,无论怎样,他就是那个特别的他。陈亮对自己的评价是"人中之龙,文中之虎",直言不讳而当仁不让。

作为朱熹晚年的得意门生,陈淳是朱熹理学思想的重要继承者和阐发者,其《北溪字义》对朱熹《四书集注》中的哲学范畴作出了准确而清晰的诠释。陈淳在维护程朱理学的纯洁性上富有责任感,又有承继道统、担当大任的气概,反映在他对自身的期许上,显得特别志怀高远。有趣的是,陈淳即便是在梦中也念念不忘自己的历史使命,他以自赞画像的方式审视自己、要求自己,虽然这画像或许根本就不曾存在,但他想成为古今圣贤群像中一员的愿望却十分强烈。陈淳《梦中自赞绘像》:

> 天赋尔貌,幽乎其闲。地育尔形,颀乎其宽。视诸孟子之睟面盎背,孔子之温厉恭安,须力学以充之,而无愧乎圣贤之容颜。⑰

除自我端详外,南宋道学家亦不断进行着彼此的打量,他们为对方所作的画像赞即是彼此认识、互相评价的表述方式之一。我们可以发现,此类相互端详和描写与自题画像赞的自我评价一样,也是十分审慎和认真的。特别是为辞世的道学家像主所作的画像赞,就像是人物传记一样,虽然没有铺陈开来,但依然可以说具有盖棺定论的性质。朱熹为道学好友张栻、吕祖谦所作画像赞即十分典型。

朱熹、张栻、吕祖谦、陆九渊、陈亮诸位大儒引领了学术思想史上特别活跃的时代,他们是南宋道学的中坚力量,特别是被称为"东南三贤"的朱熹、张栻、吕祖谦三人,社会影响巨大而广泛。他们彼此之间通过频繁的书信往来和当面切磋加强思想交流,促进学术发展,加速道学传统的昌明和道学队伍的壮大。在朱子学派独树一帜、脱颖而出之前,张栻、吕祖谦曾分别是南宋道学的主导者,朱熹思想的成熟和与他们的频繁交流、相互砥砺分不开。虽然朱熹年长于张、吕二人,他们却在朱熹之前早早辞世⑱。朱熹为同道好友的逝去感到万分悲伤,为他们写下情真意切、感天动地的哀悼祭文⑲;此后朱熹又编刻张栻文集《南轩集》,刊印吕祖谦若干著述;也分别为张栻、吕祖谦二人的画像撰写赞文。

朱熹的《张敬夫画像赞》是在张栻去世若干年后为其画像所题。"亡友荆州牧张侯敬夫画像,新安朱熹为之赞":

> 扩仁义之端,至于可以弥六合;谨善利之判,至于可以析秋豪。拳拳乎其致主之切,汲汲乎其幹父之劳。仡仡乎其任道之勇,卓卓乎其立心之高。知之者,识其春风沂水之乐;不知者,以为湖海一世之豪。彼其扬休山立之姿,既与其不可传者死矣,观于此者,尚有以卜其见伊吕而失萧曹也耶?⑳

张栻字敬夫,又字钦夫,号南轩。出身名门。父亲张浚为朝中重臣,享有盛名。张栻自幼受到良好教育,又天资聪颖,性格豪爽明快,在事功和学问上均成就斐然。张栻继承其师胡宏的学术并发扬光大,成为湖湘学派的领袖,可以说是12世纪60年代最有影响力的道学家。张栻与朱熹情投意合,是朱熹的益友。他们就学术思想及诸多方面书信往来,切磋商谈,共同促进了道学的发展。朱熹在这篇画像赞里描写张栻卓然潇洒的外在风采是其次,赞扬他的仕宦功业也非重点,关键在于揭示出常人所不能深切认识到的张栻的道学家风范,即"扩仁义之端,至于可以弥六合;谨善利之判,至于可以析秋豪",而这正是朱熹所认为的张栻最重要的成就和贡献,是张栻所以传诸后世的地方。

虽然画像赞中朱熹对张栻更多的是赞誉之辞,但并不是说他们没有思想上的分歧,事实上他们二人都坦率地承认这一点,并不相以为忤。朱熹在《又祭张敬夫殿撰文》中提到,有时朱熹认为是对的,张栻认为是错;有时张栻以为然的,朱熹却有非议。这些分歧,有的二人坚持己见,有的则通过讨论而趋于一致。另外,二人的性格和为学风格亦不相同,朱熹为学精准沉密而不免待人苛严,张栻通达平和而未免思虑不周。所以朱熹说"兄高明而宏博,我狷狭而迂滞"㉑,并非完全自谦之辞。张栻对朱熹也有类似的评价和劝说。然而,尽管他们清楚彼此的分歧和不同,但毫无疑问他们是亲密无间的同道之人。从二人的频繁通信中,从朱熹于张栻逝世后一次次的悲痛感慨中,我们可以深切体会到这一点㊷。

所以,当朱熹对张栻画像进行仔细打量和端详时,在朱熹所作《张敬夫画像赞》中,我们更多看到的是他对这位同道好友的赞誉。值得注意的是,朱熹称赞张栻是"扩仁义之端,至于可以弥六合",而他自题画像的《书画象自警》亦云"从容乎礼法之场,沉潜乎仁义之府",二者之间有着惊人的相似。其实这并不足为奇,对仁义礼智的追寻、对儒家思想的完善正是宋代道学家们共同努力的方向。

吕祖谦是朱熹另一志同道合的好友,二人的往来书札对彼此来说数量都是最多的,远超他人。他们不仅讨论学术问题,还谈及诸多生活私事,可谓亲密无间。吕祖谦秉承北宋以来深厚的吕氏家学传统,遍涉文献,学问广博,长于史学,经世致用,亦不排异说。加之他深居要职,广收门徒,因而在 12 世纪 60 年代末直至他 1181 年去世前的十几年里,吕祖谦是学术影响力超过朱熹的道学领袖。吕祖谦与朱熹共同编辑北宋道学家著作选集《近思录》,主持并调和朱熹与陆九渊兄弟的鹅湖之会,在朱熹思想成熟及学术地位上升过程中起到举足轻重的作用。然而,《宋史》出于狭隘的门户之见未将吕祖谦列入"道学传"而归于"儒林传",加重了吕祖谦在后世的影响力与他实际历史地位不相符的程度,当代学者对此多有指出㊸,尽管原因是复杂的。其中一个客观原因是吕祖谦差不多早于朱熹二十年辞世,此后作为道学领军人物的朱熹思想更趋缜密和成熟,最终成为儒学集大成者。

在对彼此的评价问题上,朱熹显然占了天时之利。二人的区别有学术上的也有为人处世风格上的不同,朱熹更注重心性义理的辨析精研,吕祖谦之学则涵盖面宽而倾向于妥协调和。吕祖谦温和宽厚的性格为世人所公认,朱熹对此也屡加赞赏,但同时也指出他为学的粗疏散乱,特别是在吕祖谦去世后的十几年,朱熹对他及浙东学派多有微词㊹。吕祖谦生前在与朱熹的通信中则坦率指出朱熹"激扬振厉,颇乏广大温润气象"㊺。

朱熹也以画像赞的形式对吕祖谦加以评价。吕祖谦门人潘景宪(字叔度)在吕祖谦去世后画有其先师画像,挂于堂上,请吕氏生前好友朱熹为之作赞。朱熹《吕伯恭画像赞》曰:

> 以一身而备四气之和,以一心而涵千古之秘。推其有,足以尊主而庇

民;出其余,足以范俗而垂世。然而状貌不踰于中人,衣冠不诡于流俗。迎之而不见其来,随之而莫睹其躅。矧是丹青,孰形心曲?惟尝见之者与此而复见之焉,则不但遗编之可续而已也。㊶

朱熹这里对吕祖谦的外表描写是正面的,以吕氏平凡的相貌和不甚讲究的穿戴来反衬他精神世界的强大。然而朱熹在其他场合却对吕祖谦这种外表和生活上的随便未能苟同,如说吕祖谦"面垢身污,似所不恤,饮食亦不知多寡。要之,即此便是放心"㊷。钱穆解释说,"心不在焉,即是不敬,亦即是心有所放矢也","虽曰衣食小节,终是存养有欠,亦足害事,不可不戒"㊸。朱熹在吕祖谦画像赞里还是充分肯定了他的道学家风范和历史地位的,"以一身而备四气之和,以一心而涵千古之秘",立经世济民之大业,足以垂范后世。给予吕祖谦相当高的评价。此外,朱熹在吕祖谦逝世后所写祭文中,也真诚地表达了他丧失同道好友的切肤之痛:"天降割于斯文,何其酷耶!往岁已夺吾敬夫,今者伯恭胡为又至于不淑耶!道学将谁使之振?君德将谁使之复?……若我之愚,则病将孰为之箴?而过将谁为之督耶!"㊹正如朱熹评价张栻一样,朱熹在对吕祖谦的端详打量中主要看到了他们作为道学家的共同之处。

道学家看道学家与一般人看道学家是有所差异的。同样是为吕祖谦画像写赞,南宋士人韩元吉的《吕伯恭真赞》则呈现出与朱熹的吕祖谦画像赞不同的风貌来。韩元吉是当时政坛、文坛颇有名望的人,官至吏部尚书,力主抗金,与陆游、朱熹、吕祖谦、辛弃疾、陈亮等人广泛交游。韩元吉词学成就突出,作为理学家的朱熹,对韩元吉的评价是"一生做诗只有许多"㊺。略显惋惜的语气,表明朱熹认为韩元吉仅仅是一位诗人,而未能成为道学中人。韩元吉《吕伯恭真赞》虽感情真挚而略显平淡,与上述朱熹赞语有所不同:

噫嘻伯恭,不可见矣。尚怀师生,仿像于此。
澹然其容,渊乎其止。有风扶摇,可九万里。㊻

我们还可以看看南宋其他道学家所撰朱熹画像赞中对朱熹是如何描述和评价的。

陈亮撰有一篇《朱晦庵画像赞》,侧重在对像主朱熹精神气质的描写:

体备阳刚之纯,气含喜怒之正。睟面盎背,吾不知其何乐;端居深念,

吾不知其何病。置之钓台捺不住,写之云台捉不定。天下之生久矣,以听上帝之正命。㊷

在陈亮看来,朱熹的精神气质是刚健纯正、浩然充盈的。与张栻、吕祖谦对朱熹的评价相类似,陈亮也揭示出朱熹的风格特征来,只不过他们的褒贬各有侧重而已。陈亮与朱熹的关系十分微妙,他小朱熹十三岁却早于朱熹六年辞世,一生坎坷,履试不第,胸怀远大抱负却无建功立业之门,他五十一岁状元及第却于次年溘然长逝。作为晚辈,陈亮对学术地位和社会声望高于他的朱熹怀有足够的敬意,这在陈亮诗文中每每有所显示,但他却敢于与道学宗师朱熹就王霸义利等问题争辩不休,并始终坚持己见,这与他刚毅豪迈的性格不无关系。虽然如此,陈亮依然应该算作道学中人。他一生三次身陷囹圄,其中一次就是因为与朱熹的亲密关系而被作为道学一派遭受迫害㊸。此外,陈亮文集中仅有的三篇画像赞——《朱晦庵画像赞》《辛稼轩画像赞》和《自赞》㊹,均写得酣畅淋漓而又极其认真。这三篇画像赞的像主除陈亮自身外,辛弃疾是他志同道合的好友,朱熹则是他尊崇重视的前辈。所以陈亮在画像赞中说朱熹"天下之生久矣,以听上帝之正命",给予朱熹如此高的评价就不足为奇了。

朱熹后学弟子对朱熹的评价更多是高山仰止的态度,特别是确认朱熹在道统传承系谱中的历史地位。然而有趣的是,有时他们也会用画像赞的形式展开这个过程。如朱门弟子度正即作有《晦庵先生画像赞并序》㊺。度正字周卿,号性善。其同门叶味道称赞他说:"度正,吾党中第一人。"可见他在朱门中的地位。度正的《晦庵先生画像赞》有二百多字,序文则多至三百多字。虽说是画像赞,但其中对朱熹外貌的描写,充其量只有"其貌也癯"四个字,而大量的篇幅是在阐发朱熹理学思想,颂扬朱熹在道统传承方面的丰功伟绩。如:"孔子之道,岂非集伏羲、文王、周公之大成?吾先生之学,岂非集周子、两程子、张子、邵子之大成也欤?"在这里,画像的艺术功能大大让位于思想功能了。

其实,借助于画像、画像赞或其他形式的道学家之间的彼此打量,与其说是在认识和评价他人,毋宁说是对自身群体特性的深入理解以及对同一群体身份的再次认同。从广泛意义上来理解,对同一群体其他人的仔细端详,无异于自我认知的一个过程,这种彼此打量是一种更深意义上的揽镜自鉴。

三、画像、画像赞与道统传承

以朱熹为首的南宋道学家对道学群体的自我审视和打量,并不限于同时代人,还向上追溯到北宋。审视方式是多种多样的,以画像和画像赞的方式进行是其中的方法之一。

朱熹撰有《六先生画象赞》⑥,是为北宋周敦颐(濂溪)、程颢(明道)、程颐(伊川)、邵雍(康节)、张载(横渠)、司马光(涑水)六位儒学先辈的画像所撰写的画像赞。全文如下:

濂溪先生

道丧千载,圣远言湮。不有先觉,孰开我人?
书不尽言,图不尽意。风月无边,庭草交翠。

明道先生

扬休山立,玉色金声。元气之会,浑然天成。
瑞日祥云和风甘雨。龙德正中,厥施斯普。

伊川先生

规员矩方,绳直准平。允矣君子,展也大成。
布帛之文,菽粟之味。知德者希,孰识其贵。

康节先生

天挺人豪,英迈盖世。驾风鞭霆,历览无际。
手探月窟,足蹑天根。闲中今古,醉里乾坤。

横渠先生

早悦孙吴,晚逃佛老。勇撤皋比,一变至道。
精思力践,妙契疾书。订顽之训,示我广居。

涑水先生

笃学力行,清修苦节。有德有言,有功有烈。
深衣大带,张拱徐趋。遗象凛然,可肃薄夫。

朱熹为何要写作这一组画像赞?起因是什么?我们或许可以从文献记载中寻觅到一些蛛丝马迹。宋孝宗乾道九年(1173)九月,福建尤溪知县石□□(字子重)重新修建县学,邀请朱熹撰写记文⑰。县学之内建有藏书阁,朱熹命名为"传心阁",并推荐张栻为之撰写铭文。张栻《南剑州尤溪县学传心阁铭》曰:"乾道九年,知南剑州尤溪县事石㩁既新其县之学,复建阁于学之东北,买书五千卷藏之其上,而命工人绘濂溪周先生、河南二程先生之像置于其中,使学者得以朝夕瞻仰焉。"⑱朱熹《跋张敬夫为石子重作传心阁铭》亦曰:"时子重方为藏书之阁于讲堂之东,中置周程三君子像,旁列书史之柜,而使问名于熹。"⑲朱熹和张栻不约而同地提及藏书阁里摆放了北宋道学家周敦颐、程颢、程颐的画像。本来藏书阁并不是县学里的必备设施,朱熹说:"惟子重之为是阁,盖非学校经常之则,非得知道而健于文者,不能有所发明也。"可见朱熹认为在县学内建置藏书阁是石㩁的一大发明。那么专门请人精心绘制道学家画像置于书阁中供学子们朝夕瞻仰,恐怕是石㩁更大的发明吧。

能有如此发明的石㩁非等闲之辈,他不只是一位普通知县,更是朱熹所谓"知道而健于文者"。石㩁对《中庸》颇有研究,辑录周敦颐、二程、张载及程门弟子十家之说编成《中庸集解》,朱熹删此书之繁而为《中庸辑略》,后成为其代表作之一《中庸章句》的编写基础。朱熹对石㩁评价很高,除认为他深谙儒家之道外,还说他"所以为学者,盖皆古人为己之学"⑳。难能可贵的是,石㩁还"健于文",深知文化教育乃至艺术熏陶对于人的感化作用,所以才能有在县学收藏图书并挂置道学家画像的非凡举动。

想必这一聪明做法给了朱熹和张栻极大的启发,对此过程我们或许可以作一些推测。张栻乾道九年秋写传心阁铭文时即看到挂有周、程画像,而其铭文以相当大的篇幅描绘三先生画像并称赞画像所起的作用。次年即淳熙元年(1174)秋张栻在长沙建成城南书院,寄赠《城南书院杂咏》诗二十首及《城南图》给朱熹,并有多封书信谈及此事㉑,其中一封信说:"书楼欲藏数百卷书及列诸先生像,此一字亦求兄写。"㉒即张栻向朱熹介绍书楼收藏和布置,并请朱熹为藏书楼题字。至于"诸先生像"是什么内容,我们或可从张栻文集中找到答案。张栻撰有"濂溪先生""明道先生""伊川先生"的《三先生画像赞》㉓,这与石㩁尤溪县学传心阁里的道学家画像完全一致。如此则有两种可能:一是张栻为尤溪县学的三先生画像写了画像赞,但这不见于任何记载;二是张栻为自己的城南书院所列诸先生像撰写画像赞,虽然也无确凿证据,但以这种可能性为大。那么,张栻很可能就是在尤溪县学的启发下开始在自家书院摆置道学前辈画像的了,并且是直接搬来同样的做法,可能也是供奉三先生而不是更多或更少。

尤溪县学传心阁挂置北宋道学先生画像的做法,对朱熹的启示较之张栻可能更大,他的反应更迅速,思虑更缜密,行动也更坚决。朱熹乾道九年十月一日为尤溪县学写记⑭,之后不久的十一月即撰写了《六先生画象赞》⑮。与石㲄做法不同的是,画像由三先生变为六先生,不仅重视画像,更重视画像赞。

朱熹对六先生画像及画像赞的重视在其《答方伯谟》书七、八、九中有比较集中的展现。《答方伯谟》书七曰:"前所肯令舅府判兄作字,不知已为落笔否?……近作得《六先生画象赞》,谩录去,烦呈令舅一观,求其未当处。且夕画成,当并以拜浼,早得刊定为幸耳。"《答方伯谟》书八曰:"前书讬禀令舅,向日所浼《敬箴》要求注字,'乾道癸巳二月甲子,新安朱熹作,建安吕□□书'……《六先生象》内去,并烦求挥翰。但不知前日所呈本子曾经参订否?今别录去,内略有改更处。又叔京疑《伊川赞》后四句不相应,本意谓伊川之言平易深远,人所难识耳,不知叔京之意如何?渠又疑《横渠赞》中'逃'字,据《行状》云:'于是尽弃旧学,淳如也。'即是旧时尝有杂学,下此字似亦不妨。更禀令舅,看如何?若无可疑,即乞为书,付此便回。……此赞就画象上写一本,须依今写去本首尾向背,盖随面所向也。就此界纸上写一本。首尾亦依写去本。此本伯谏欲刻石,如纸不好、界不匀,即烦为易之。如叔京之说当改,或别有可疑处,即且留此画于彼,人回喻及,俟却报去也。"《答方伯谟》书九曰:"篆字甚佳,然其间不能无病笔,已封寄去。但恐彼欲磨崖,则所书大字或不堪用。今其人过彼,更烦别为大书径尺以上者封与诚之,令转呈南轩。但笔路亦须稍重,盖恐崖石粗,若字画太细,即不可辨耳。"⑯

笔者之所以不厌其烦地引用朱熹书信,是为了展示朱熹对六先生画像及画像赞的绘制、撰著、誊写、摹刻工作的不厌其烦和郑重其事。朱熹在此过程中对相关人员的反复叮嘱、催促和征求意见,无不显示他对此事的严肃认真和高度重视。

朱熹弟子方士繇字伯谟,早孤,依母家吕氏。其舅吕胜己(即"吕□□")是当时著名书法家,所以朱熹通过方士繇请吕胜己书写《六先生画象赞》。朱熹本人也是书法名家,也有大字传世,但他依然决定请更擅长隶书篆书的吕胜己书写,以示郑重。朱熹对吕胜己的要求不可谓不严:一要抓紧时间,不可拖延,故屡屡去信催促;二要按照朱熹所定内容与格式写,不能随意变动,当然朱熹也客气地请吕氏就画像赞内容提出意见,但一旦没有意见就要按朱熹要求的"今写去本"去书写;三是吕氏某些字写得不好,朱熹要求他重写,主要考虑到要用于石刻,字要写得大而粗重。

我们可以发现,朱熹对画像赞比对画像本身更加在意。当他第一封信把画像赞同时送出去的时候,画像还没画完。第二封信随信附上了画像,但也同时附上了画像赞的修订稿,并叮嘱依新稿而写。朱熹请求吕氏将《六先生画象赞》以两种形式书写,一种写在画像上,图像与文字相辅相成;另一种写在界纸上,有更广泛的运用。从朱熹要求画像上的赞文要"随面所向"来看,我们猜测六先生画像很可能不是完全的正面像而是略侧向一方,这样的形式比起完全正面像要生动一些,朱熹也十分讲究画像与文字的美观和谐。值得注意的是,朱熹撰写《六先生画象赞》并请人画像和书写,目的不在于收藏或鉴赏,而是要最大限度地把它推广开来,这一推广过程正是朱熹对道学宣扬光大的过程。朱熹书信中提到将吕氏书写的《六先生画象赞》分别转交张栻和李宗思[27],由他们摹刻在石碑之上供学子瞻仰铭记,正是最终目的实现。人物画像能做到形神兼备是最为理想的了,但非丹青妙手难以达到。况且画像经过辗转摹刻,难免走样。然而即便略有几分相似,也可以使后人因画像而亲近像主,遥想其风貌,以寄托怀念崇敬之情。这正是朱熹他们所希望达到的实际效果。恰如朱熹《程正思画像赞》中所说:"此犹未足以见其七分之貌,来者亦姑以是而想象其遗风。"[28]张栻也认为画像的作用是"遗像有严,瞻者起敬"[29]。

《六先生画象赞》是朱熹一组具有重要思想意义的撰述,他字斟句酌地修改,满腔热情地推广,不可等闲视之。除上文所及外,我们至少还可以从以下两方面思考它的思想史意义:

(一)《六先生画象赞》是朱熹道统观念形成过程中的重要一环,尽管是以艺术形式出现的。如果说朱熹道统观及道统谱系的建立,就宋代之前而言,是通过编撰《四书章句集注》完成,通过《论语》《大学》《中庸》《孟子》四书的汇合与诠释,建构了孔子、曾子、子思、孟子的儒家道统传承体系,那么在两宋时期,如何重新继承先圣之绝学、继续道统之传承则成为以朱熹为代表的道学家殚精竭虑所要思考的问题。宋孝宗乾道九年对朱熹思想发展来说是重要的一年,这一年朱熹为北宋六先生造像,撰写《六先生画象赞》并推而广之。也正是这一年,朱熹酝酿已久的宋代道学系谱《伊洛渊源录》草稿编成。书中朱熹记述周敦颐、程颢、程颐、张载及门弟子共四十六人的交游言行事迹,以明师友授受关系,意在阐述道学发展的源流。二程是这一系谱的核心。

《伊洛渊源录》在朱熹生前始终未能定稿而正式付梓,今本《伊洛渊源录》的核心人物是北宋五子:濂溪、明道、伊川、康节、横渠,却非朱熹本意,而是被人盗印和篡改的结果。朱熹《答吴斗南》书曰:"哀集程门诸公行事,顷年亦尝为之而未就,今邵武印本所谓《渊源录》者是也。当时编集未成,而为后生传出,致此流布,心甚恨之。"㊿门人问朱熹:"《渊源录》中何故有《康节传》?"朱熹回答说:"书坊自增耳。"㊿由此看来,朱熹《伊洛渊源录》的稿本原来是没有邵雍的。朱熹编撰《伊洛渊源录》前后都与吕祖谦有着密切的书信往来,不断讨论和征求意见,并请吕祖谦作序。但吕祖谦对此书却有不同意见,主要是对朱熹处理吕氏先人的道学地位问题感到不满意,认为有欠完备,故此书的刊刻便拖延下来。

朱熹与吕祖谦对北宋道学家评价的分歧在《伊洛渊源录》编成两年后得到相当程度的弥合,主要标志是《近思录》的编纂。孝宗淳熙二年夏,吕祖谦入闽与朱熹会晤,其间二人于朱熹寒泉精舍共同编订了《近思录》。此书选录周、张、二程四位北宋道学家文集语录中"关于大体而切于日用者"六百余条,编为十四卷,供初学者使用。"盖凡学者所以求端用力、处己治人之要,与夫辨异端、观圣贤之大略,皆粗见其梗概。"㊿朱熹是如此重视这部道学入门之书,认为"四子,六经之阶梯;《近思录》,四子之阶梯"㊿。与《伊洛渊源录》相比,《近思录》单单选录北宋四子言论而不及其他,就更加突出了他们在宋代道统传承中的地位。另一方面,将四人的言论混合起来分类编排,则避免了高低先后的争执。这些都充分反映了朱熹与吕祖谦意见的求同存异。

《伊洛渊源录》与《近思录》突出北宋四子的做法与《六先生画象赞》不同,两书少了二人,这大概是朱熹关于道统传承进一步思考的结果。此二人中的司马光之所以被列入《六先生画象赞》,是因为朱熹受到道学前辈之说的影响。

在朱熹之前,道学家张九成的弟子编有《诸儒鸣道集》㉞,汇集北宋并南渡以来道学家代表之作,有周敦颐、司马光、张载、二程等人,肯定了司马光的道学地位,且其位置仅次于周敦颐而列于其他人之前。朱熹《六先生画象赞》中有司马光,当受此影响。然而,朱熹虽然肯定司马光的道德品行,但实际上却认为他和其他道学家是很不一样的,故列于六先生之末,且不同于其他人的是较重于外表的刻画却少精神气质的描述,朱熹在另外论述中很少将司马光看作道学中的一员。至于邵雍,大概由于他杂糅了一些道教思想,所以后来也不在朱熹认定的北宋道统正脉之中。

总之,从《六先生画象赞》到后来的《伊洛渊源录》和《近思录》的编撰,显示了朱熹阶段性的思考以及对北宋以来道统传承谱系的取舍、提炼、确定的清晰过程。其道学好友张栻和吕祖谦均积极参与了这一过程,他们相互切磋,彼此帮助,共同推动了道学学派的形成和道统观念的确立。

(二)《六先生画象赞》刻画和确立了"圣贤气象",即道学家所认为的做人的最高境界和风范。《六先生画象赞》对这种"圣贤气象"的展示不是孤立的,当我们结合《近思录》及朱熹一系列画像赞考虑时,看似难以捉摸的"圣贤气象"便会呼之欲出。

《朱子语类》引朱熹之言曰:"《近思录》逐篇纲目:一、道体;二、为学大要;三、格物穷理;……十四、圣贤气象。"㉟《近思录》有的版本有这些题目㊱,有的没有题目㊲,有的更改为其他题目㊳。有学者认为朱熹这里只是列举每篇的纲目之要,并非篇名㊴。尽管如此,在《近思录》全书的最后一卷,朱熹、吕祖谦二人专门汇集以"圣贤气象"为主题的北宋四子言论,说明他们希望学子阅读此书后最终人格有所提升,达到崇高的圣贤境界。

所谓"圣贤气象",首先是要明道、循理、传承道统。朱熹之所以看重周、程等人,是因为他们在孟子之后道之不传的千年黑暗中继续着薪火相传。朱熹《濂溪先生画像赞》曰:"道丧千载,圣远言湮。不有先觉,孰开我人?"伊川先生是"允矣君子,展也大成";横渠先生是"早悦孙吴,晚逃佛老。勇撤皋比,一变至道",无不强调他们对道统的昌明和传承。而张栻《三先生画像赞》谓濂溪"于惟先生,绝学是继。穷原太极,示我来世";谓明道"于惟先生,会其纯全。天理之揭,圣学渊源";谓伊川"于惟先生,极其精微。俾尔立德,循循有归",均着重表彰他们明道、传道之功。

所谓"圣贤气象",是一种风范和气质,是追求真理过程中的一股勇气,更是明道、得道后的一份从容。《近思录》末卷引程颢之言曰:"仲尼,元气也;颜子,春生也;孟子,并秋杀尽见。仲尼无所不包,颜子示'不违如愚'之学于后世,有自然之和气,不言而化者也;孟子则露其材,盖亦时然而已。仲尼,天地也;颜子,和风庆云也;孟子,泰山岩岩之气象也。"⑩除圣人孔子是无所不包、如天地一般外,这里展示了两种圣贤风范:颜子和孟子,而以颜子的春风和煦更具圣贤气象之典范。

就北宋四子而言,则是濂溪和明道颇具典型的圣贤气象。朱熹在《六先生画象赞》中对周敦颐有一个经典描述,即"风月无边,庭草交翠",这种圣贤气象是"书不尽言,图不尽意"的。就如《宋史·周敦颐传》借用黄庭坚《濂溪诗序》所云:"人品甚高,胸怀洒落,如光风霁月。"这样的气象成为后人追慕的对象。周敦颐提出寻"孔颜乐处"的命题,正是指出了一条求圣成德、通往理想精神境界的途径。至于程颢明道先生,也是圣贤气象的典范。《近思录》对各位圣贤气象的论述中,程颢所占的篇幅最大。收录了程颐所作《明道先生行状》,谓程颢"纯粹如精金,温润如良玉。宽而有制,和而不流","如春阳之温""如时雨之润"⑪。朱熹在《六先生画象赞》里也描述和称赞明道先生"元气之会,浑然天成。瑞日祥云,和风甘雨"的圣贤风范。这种圣贤气象我们在朱熹对张栻、吕祖谦的描绘中也可以看到,朱熹《张敬夫画像赞》曰:"知之者,识其春风沂水之乐;不知者,以为湖海一世之豪。"朱熹《吕伯恭画像赞》则称吕祖谦"以一身而备四气之和"。

南宋时期人们似乎十分热衷于谈论圣贤气象、人的精神气质之类的问题。宁宗、理宗时期的文人罗大经在其笔记《鹤林玉露》的《诸贤气象》一段中说:"濂溪、明道似颜子,伊川、横渠似孟子。南轩似颜子,晦庵似孟子。"⑫俨然将诸贤气象分成了两大类。那么,朱熹是如何评价与自己气质相近而类似于孟子的程颐的呢?在求道明理问题上,他们与其他道学家没什么区别甚至态度更为坚决,但程颐却严厉有余而温润不足,圣人气象不够完备。《近思录》末卷并无对他的描述,而朱熹《六先生画象赞》则对伊川先生给出了无关外在风貌的极高评价:"规员矩方,绳直准平。允矣君子,展也大成。布帛之文,菽粟之味。

知德者希,孰识其贵。"朱熹门人何叔京曾怀疑后面四句"不相应",大概是认为过于平凡,评价太低。朱熹解释说,"本意谓伊川之言平易深远,人所难识耳",拒绝修改㉝。然而我们却不无诧异地发现,如果将《伊川画像赞》的文字用于描述朱熹本人的话,竟是那么的相称。这充分表明二人思想学术的渊源关系和气质的相近。

朱熹一系列人物画像赞在后世产生了相当大的影响,由画像、画像赞而引起的宋代道统传承和道学谱系问题,是后人所津津乐道的。清人钱大昕《十驾斋养新录》之《六先生》条曰:"朱文公有《六先生赞》,谓濂溪、明道、伊川、横渠、康节、涑水也。端平初,常熟令王爚于县学建六先生祠,祀濂溪、横渠、明道、伊川、晦庵、南轩。淳祐辛丑,命州、县学各建六先生祠。其后有称九先生者,则六人之外增康节、涑水、东莱也。"㉞表明在朱熹去世后的南宋后期,随着朱子学派的壮大和正统地位的确立,人们需要对传承道统的圣贤顶礼膜拜,于是就到朱熹那里去找寻依据。但朱熹本人的思想始终处于发展之中,不同时期的看法有所不同,包括对北宋道统传承人物的确认。此外,儒家道统到了南宋该如何继续传承,也是一个见仁见智的问题,于是后世就有了各种各样的理解。如宋理宗端平年间(1234—1236)常熟县学供奉的六先生,虽然数量上与朱熹所谓"六先生"相同,但却是将北宋的康节、涑水二人换成了南宋的晦庵、南轩,以至于我们不能完全确定理宗淳祐辛丑元年(1241)各州县学所建六先生祠供奉的是哪几位。至于后来供奉的九先生,显然是受了朱熹的影响,由朱熹《六先生画象赞》中的六位北宋道学先生,加上南宋道学代表人物朱熹、吕祖谦、张栻,共同组成了"九先生",这九人都是朱熹撰写过画像赞的,也是有可能自南宋以来一直有画像流传的。

供奉祭祀"九先生"的做法在元代至明初都很流行,元人薛有谅有《九先生祠上梁文》,所谓"九先生"即指濂溪、明道、伊川、康节、横渠、司马文正、南轩、吕太史、朱晦庵九人,并认为"至朱晦庵,始为大备","历于千载,实为九人"㉟。明初大儒宋濂有《宋九贤遗像记》,在详细描述濂溪周子、明道程子、伊川程子、康节邵子、横渠张子、温国公司马子、晦庵朱子、南轩张子、东莱吕子九人的具体相貌后说:"天生九贤,盖将以兴斯道也。今九原不可作矣,濂瘄寐思之而无以寄其遐情,辄因世传家庙像影,参以诸家所载,作《九贤遗像记》。时而观之,则夫道德冲和之容,俨然于心目之间,至欲执鞭从之有不可得。"⑯宋濂侧重在诸贤外貌的生动描写,以至于后人将这篇《宋九贤遗像记》归为小说之列,但依然显现了朱熹的巨大影响,让我们想起朱熹那些意味深长的画像赞。

结　语

　　传统儒学思想发展到宋代出现了崭新的面貌,道统被重新建构,宋代道学谱系也逐渐清晰起来,而最终朱子学派取得了领导地位。我们在慨叹历史为何是这样而不是那样的时候,应该明白个中原因其实是十分复杂的,必然的偶然的因素均或存在,三言两语难以说清。但有一点可以肯定,就是我们今天可以通过阅读古代丰富的文献典籍,尽可能地还原历史,特别是探寻那些意味深长的历史细节,或许可以从中发现某些被忽略的重要方面。

　　相比同时代人,朱熹的知识构成是健全的,思维是敏捷的,感受力是丰富的,行动也是果敢的。正如他充分运用当时先进的雕版印刷技术大量编刻儒家典籍以推广其思想文化主张一样⑰,他也成功地运用绘画艺术方式促进了道学系统的建立和儒学思想的昌明光大。

　　人物肖像画在宋代秉承了古代绘画传统而呈现出特别兴盛的局面,出现一批画像高手。写真传神成为士大夫乐于参与其中的一件事情,虽然他们大多不能亲自作画,但却热衷于撰写画像赞。画像以及与此相结合的画像赞充分满足了士人自我审视的心理需求,同时也成为他们之间相互品评的绝好方式。以朱熹为代表的南宋道学家通过画像和画像赞的形式,揽镜自鉴,彼此打量,深化了自我认知和自我反省,同时也加强了对整个道学群体的认同感。不仅如此,他们还充分意识到图像所特有的宣传感化作用,在青年学子聚集的书院学府中摹刻、摆放北宋著名道学家画像,再配以精心撰就的画像赞文,使得儒学思想和道学传统深入人心。

　　图像可以证史,图像本身就是历史,甚至可以成为思考的一种方式,配以画像赞或题画诗的中国传统书画方式进一步提供了这种可能。朱熹《六先生画象赞》与其《伊洛渊源录》《近思录》等著作一道,体现了他对宋代道统传承的思考,而以朱熹为首的南宋道学家的一系列自题画像赞及他人画像赞,为后世展示了"圣贤气象"的生动范本。即使众多画像在历史长河中湮没无存，我们依然无法忽视它们曾经的存在以及在思想史上所起的巨大作用。

原载于《南京大学学报》2014年第2期。

注　释

① 参见葛兆光《思想史家眼中之艺术史——读2000年以来出版的若干艺术史著作和译著有感》，《清华大学学报》2006年第5期；邓菲《图像与思想的互动——谈跨学科研究中的图像艺术》，《复旦大学学报》2012年第1期。

② 葛兆光就思想史研究中对图像的采用发表了一系列颇具启发性的文章，如《思想史视野中的考古与文物》(《文物》2000年第1期)、《思想史研究视野中的图像》(《中国社会科学》2002年第4期)。北京大学出版社出版的"艺术与思想史丛书"也体现了这方面的思考。

③ 朱杰人、严佐之、刘永翔主编《朱子全书》，束景南《朱子大传》，张立文《朱熹思想研究》，高令印《朱熹事迹考》，陈荣捷《朱子新探索》，余英时《朱熹的历史世界》等朱子学研究的重要著作均采用了朱熹对镜写真自画像，可见此类画像的传播和影响是多么广泛。

④ 标点为笔者所加。

⑤ 高令印《朱熹事迹考》，上海人民出版社，1987年，306—311页。

⑥ 《晦庵先生朱文公文集》，朱杰人、严佐之、刘永翔主编《朱子全书》，上海古籍出版社、安徽教育出版社，2002年，4005页。

⑦ 陈荣捷《朱子新探索》之《画人朱熹》《朱子画像》篇认为朱熹能够并且善于作画，但证据与结论联系不紧密，值得商榷。

⑧ 《晦庵先生朱文公文集》，《朱子全书》，3107—3113页。

⑨ 《晦庵先生朱文公文集》，《朱子全书》，3108页。

⑩ 《晦庵先生朱文公文集》，《朱子全书》，3687页。

⑪ 陈继儒《太平清话》，《丛书集成初编》，55页。

⑫ 孙岳颁等《佩文斋书画谱》卷五一，文渊阁四库全书本，页五七。

⑬ 《晦庵先生朱文公文集》，《朱子全书》，3995页。现存所有朱熹文集版本均作"□□元"，所以我们无法得知这位画家的准确姓名。

⑭ 《晦庵先生朱文公文集》，《朱子全书》，541页。

⑮ 《晦庵先生朱文公文集》，《朱子全书》，3814页。

⑯ 陆游《渭南文集》卷二一《吴氏书楼记》,《四部丛刊初编》本,页十一下。
⑰ 周必大《文忠集》卷四五,文渊阁四库全书本,页四上、页五下。
⑱ 该年有闰二月。
⑲ 《晦庵先生朱文公文集》,《朱子全书》,3648—3649页。
⑳ 邓广铭点校《陈亮集》,中华书局,1987年,256页。
㉑ 楼钥《攻媿先生文集》卷六六,《中华再造善本》据北京大学图书馆藏宋四明楼氏家刻本影印,页七上。
㉒ 苏轼《赠写真何充秀才》:"问君何苦写我真,君言好之聊自适。"孔凡礼点校《苏轼诗集》,中华书局,1982年,587页。
㉓ 苏轼《传神记》:"南都程怀立,众称其能,于传吾神,大得其全。"孔凡礼点校《苏轼文集》,中华书局,1986年,400页。
㉔ 《赠写御容妙善师》,《苏轼诗集》,770页。
㉕ 杨万里《赠写真刘敏叔秀才》《跋写真刘敏叔八君子图》,辛更儒笺校《杨万里集校笺》,中华书局,2007年,1890、1891页。《诚斋三老图》诗序:"刘讷敏叔秀才写乘成先生、平园相国及予为三老图,因署其后。"(2164页)《自赞》序曰:"吾友王才臣命秀才刘讷写余真,戏自赞。"(3737页)周必大《题刘讷画赵韩魏王文潞公司马温公欧阳文忠公王荆公苏文忠公黄太史像》,《文忠集》卷四一,页七;《刘讷画庐陵三老图求诗》,《文忠集》卷四三,页一一上。
㉖ 《李伯时画像跋》,《苏轼文集》,2575页。
㉗ 《论语·述而》。朱熹解释"游艺"曰:"小物不遗而动息有养。"认为学者当"本末兼该,内外交养","而涵泳从容,忽不自知其入于圣贤之域矣"。《论语集注》,朱熹《四书章句集注》,中华书局,1983年,94页
㉘ 《陈亮集》,256、257页。
㉙ 黄榦《勉斋集》卷三六,文渊阁四库全书本,页四五下。
㉚ 《晦庵先生朱文公文集》,《朱子全书》,3955页。
㉛ 《朱子语类》,《朱子全书》,4276页。
㉜ 《朱子语类》,《朱子全书》,4245页。
㉝ 《朱子语类》,《朱子全书》,212页。
㉞ 萧统《文选序》,《文选》,中华书局据北京图书馆藏宋淳熙八年(1181)尤袤刻本影印,1974年,页二上。
㉟ 饶宗颐《文选序"画像则赞兴"说》,《画颤——国画史论集》,台北,时报文化出版企业有限公司,1993年,81—95页。

㊱ 刘熙《释名》卷六"释典艺",《丛书集成初编》,101页。

㊲ 《三朵花并序》,《苏轼诗集》,1103页。

㊳ 《苏轼诗集》,770页。

㊴ 黄庭坚行书《小子相帖》,上海博物馆藏。

㊵ 邵雍《览照》,郭彧整理《邵雍集·伊川击壤集》,中华书局,2010年,502页。

㊶ 黄庭坚《豫章黄先生文集》卷一四,《四部丛刊初编》本,页八上。

㊷ 除上举两首外,还有《写真自赞六首》,见《豫章黄先生文集》卷一四,页六至页八。

㊸ 《自赞》,《杨万里集校笺》,3737页。

㊹ 《文忠集》卷四五,页七下。

㊺ 《全宋文》,184册,165页。

㊻ 《陈亮集》,114页。

㊼ 《全宋文》,296册,73页。

㊽ 朱熹年长张栻三岁,年长吕祖谦七岁。孝宗淳熙七年(1180),张栻去世;淳熙八年,吕祖谦去世。此时朱熹五十一二岁,近二十年后才辞世。

㊾ 朱熹先后为张栻写过几篇祭文,有《祭张敬夫殿撰文》(《晦庵先生朱文公文集》,《朱子全书》,4074页)、《又祭张敬夫殿撰文》(4075页)、《祭张敬夫城南祠文》(4089页)、《又祭南轩墓文》(4090页)。朱熹为吕祖谦所写祭文有《祭吕伯恭著作文》(4080页)。

㊿ 《晦庵先生朱文公文集》,《朱子全书》,4003页。

(51) 《又祭张敬夫殿撰文》,《晦庵先生朱文公文集》,《朱子全书》,4076页。

(52) 朱熹《答吕伯恭书》八三:"钦夫之逝,忽忽半载。每一念之,未尝不酸噎。同志书来,亦无不相吊者,益使人慨叹。盖不惟吾道之衰,于当世亦大有利害也。"(《晦庵先生朱文公文集》,《朱子全书》,1503页)。

(53) 田浩《朱熹的思维世界(增订版)》(江苏人民出版社,2009年)展示了朱熹与整个南宋道学群体的关系,特别强调了吕祖谦在一定历史时期的道学领袖地位。黄灵庚、吴战垒主编《吕祖谦全集》(浙江古籍出版社,2008年)的编纂也是基于这样的考虑。

(54) 参见《朱子语类》"吕伯恭",《朱子全书》,3850—3862页。

(55) 吕祖谦《与朱侍讲》书二,《吕祖谦全集》,397页。

(56) 《晦庵先生朱文公文集》,《朱子全书》,4004页。

(57) 《朱子语类》,《朱子全书》,4050页。

(58) 钱穆《朱子新学案》,巴蜀书社,1986年,545页。

(59) 《祭吕伯恭著作文》,《晦庵先生朱文公文集》,《朱子全书》,4080页。

(60) 《朱子语类》,《朱子全书》,3442页。

(61) 《全宋文》,216 册,238 页。

(62) 《陈亮集》,114 页。

(63) 《答朱元晦(甲辰秋书)》,《陈亮集》,338 页。

(64) 《陈亮集》,114 页。

(65) 《全宋文》,301 册,173 页。

(66) 《晦庵先生朱文公文集》,《朱子全书》,4001—4003 页。

(67) 《南剑州尤溪县学记》,《晦庵先生朱文公文集》,《朱子全书》,3718 页。

(68) 张栻《南剑州尤溪县学传心阁铭》,邓洪波点校《张栻集・南轩先生文集》,岳麓书社,2010 年,834 页。

(69) 《跋张敬夫为石子重作传心阁铭》,《晦庵先生朱文公文集》,《朱子全书》,3825 页。

(70) 《南剑州尤溪县学记》。

(71) 参见束景南《朱熹年谱长编》,华东师范大学出版社,2001 年,520 页。

(72) 《答朱元晦秘书》书十一,《张栻集・南轩先生文集》,687 页。

(73) 杨世文、王蓉贵校点《张栻全集・南轩集》在《三先生画像赞》下注明标题"原无,据《五百家播芳大全文粹》卷一〇九补",长春出版社,1999 年,1050 页。

(74) 《南剑州尤溪县学记》:"乾道九年九月,尤溪县修庙学成,……是岁庚申朔记。"

(75) 《六先生画像赞》的写作时间参见《朱熹年谱长编》,501 页。

(76) 《晦庵先生朱文公文集》,《朱子全书》,2015—2016 页。

(77) 李宗思,字伯谏。蕲州府学教授,从朱熹游。朱熹《答李伯谏》书三亦曰:"六象似已送少舆,不知何故未到,俟别摹去。近得曲江濂溪象,比旧传南安本殊丰厚精彩,亦当改正也。"(《晦庵先生朱文公续集》,《朱子全书》,4786 页)。

(78) 《晦庵先生朱文公文集》,《朱子全书》,4005 页。

(79) 《汉丞相诸葛忠武侯画像赞》,《南轩先生文集》,838 页。

(80) 《答吴斗南》书二,《晦庵先生朱文公文集》,《朱子全书》,2836 页。

(81) 《朱子语类》"扬子取为我章",《朱子全书》,1962 页。

(82) 《书近思录后》,《晦庵先生朱文公文集》,《朱子全书》,3826 页。

(83) 《朱子语类》,《朱子全书》,3450 页。

(84) 陈来《略论〈诸儒鸣道集〉》,《北京大学学报》1986 年第 1 期。

(85) 《朱子语类》,《朱子全书》,3450 页。

(86) 陈荣捷《近思录详注集评》,华东师范大学出版社,2007 年。

(87) 《朱子全书・近思录》。

(88) 严佐之导读,程水龙整理《近思录》卷一四的标题为《总论圣贤》,上海古籍出版社,2010

年,347 页。
⑧⑨ 《近思录》,9 页。
⑨⓪ 《近思录》,348 页。
⑨① 《近思录》,355 页。
⑨② 王瑞来点校《鹤林玉露》卷三,中华书局,1983 年,293 页。
⑨③ 《答方伯谟》书八,《晦庵先生朱文公文集》,《朱子全书》,2015 页。
⑨④ 陈文和、孙显军校点《十驾斋养新录》,江苏古籍出版社,2000 年,410 页。从钱著另一《六先生》条可知,以上记载出于《琴川志》及《玉峰续志》。
⑨⑤ 薛有谅《九先生祠上梁文》,李修生主编《全元文》卷 555,江苏古籍出版社,2000 年,298 页。
⑨⑥ 罗月霞主编《宋濂全集》,浙江古籍出版社,1999 年,2010 页。
⑨⑦ 拙文《朱熹刻书的特色》论述了这一问题,参见《艺衡(第三辑)》,国家图书馆出版社,2010 年,30—45 页。

论龚自珍的历史哲学
——《壬癸之际胎观》臆探

孙　静

一

《壬癸之际胎观》1至9篇是龚自珍的一组重要论文。"壬"指道光二年（1822）壬午，"癸"指道光三年癸未，题目已经大体表明了写作的时间。这组文章在道光三年龚氏生前的自刻本《定庵初集》中曾列其目，题为《壬癸之际心书》[①]，文虽未刻，其数亦为9篇，无疑那时已经写成。这组文章的刊刻问世，已在龚氏身后，最早见于吴煦同治七年（1868）的刻本《定庵续集》，题目中"心书"二字改为"胎观"。题目有了改动，也难保内容没有任何修订，但是改动与否和修改了什么，已经无从查考了。《孟子·告子上》曰："心之官，则思。"[②] 原名"心书"可能是指所写为抽象思考的内容，以区别于龚氏其他论政、谈经等一类论述具体问题的文字。后更名"胎观"，"胎"有初始、始生之意，可能是指这是一组追索事物之原的文章。广东人民出版社《龚自珍诗文选注》解释"胎观"为"孕育在心里的初步看法"[③]，意思是不成熟的思考，亦可备一解。

侯外庐《中国早期启蒙思想史》在分析龚自珍思想时，曾论及这组文章。他说："乙丙之际的论文（按指龚之《乙丙之际箸议》一组文章）为'东西南北之学'，'壬癸之际胎观'九篇，则为'天地……之学'。"[④]指出这组文章的哲学性质。这大体不错，里面相当的部分属于哲学范畴的内容，但也不全是谈哲学问题，还有对中国的历史、古代的政统等的总结，表明作者政治观、人生观即处世哲学以及曲折地表现作者理想和政治主张不能实现的悲愤与感慨。侯先生又在括注中申明说:龚自珍"在三十一、二岁时期(按:即道光二年与三年)颇有一番自敛,似乎退而追求一个世界观,这些关于自然的哲学,却尽是瑰玮的辞句,看不出有多大的价值来。"⑤说这组文章是龚氏退而追求一个世界观的产物,很中肯,或者也可以说是从更深更高的层次上来思考与探讨一些问题。说这组文章多为"瑰玮的辞句",也是事实,但说"看不出有多大的价值来",则是值得商榷的。另外,说这组文章主要是表现"关于自然的哲学"观念,也似不如说主要是表现历史哲学思想更为切合实际。它是紧紧围绕人类社会历史问题来提出问题和发挥议论的。

龚自珍一生似乎都不大注意探索自然哲学,他对宇宙本体、万物本原的思考可以说微乎其微,他似乎从未有意识地想去探索和说明这些问题。只是在辨析某些问题时偶而体现出一些属于自然哲学范畴的观念。如自汉代以来流行一种天人感应、上天示警的迷信政治哲学,将《春秋》中记载日食等事,说成是"天人相与之际",天"出灾害""怪异""以谴告"人世。龚氏在《乙丙之际箸议第十七》中曾驳斥这种说法说:"孔氏上承《尧典》,下因鲁史,修《春秋》,大书日食三十又六事,储万世之历,不言凶灾。"指明孔子修《春秋》,记日食,只是继承《尚书·尧典》纪历明时的传统,采鲁国史册的材料,存储古代历法,并非言天降灾异。龚氏在这篇文章中还批评大臣以日食为凶灾,"借天象傅古义",以儆戒其君修治政事的做法,以为如果君主昏愚,将不起作用;而如果君主"好学多艺能,必有能自察天文,步历造仪者矣。将诘其臣曰:诚可步也,非凶灾;诚凶灾也,不可以步。借言者何以对? 将大坐诬与谤"⑥。从这些话里可以看出,龚氏认为天文历数是可以"察"、可以"步"的,也就是可以观测计算的。这说明他认为"天"不是人世的有意识的主宰者,而是一个不以人的意识与作为为转移的客观存在,有其自身的运行规律,它在运行当中所产生的各种现象是自然的现象,并非是向人间示警。龚氏在《说月晷》一文中说他自己曾制造月晷图,请罗士琳评论,罗指出他的做法不胜其烦,龚乃转而向罗氏学"浑天之术,两仪之形,求七政之行之所在"⑦,同样表现了他把天视为自然的天的思想。从这里可以看出龚氏对客观世界具有朴素的唯物观念。但龚氏没有就此生发下去,没有进一步扩展到对宇宙与万物的本体的思索与阐述,类似的情况还有,但大都不外是如此略触其绪而已。

龚氏一生着力发挥的是历史哲学，大体可以说他是从社会批判开始，进而探索人类社会和人类历史的发展变化规律，再进而思考人与人类的本质问题，差不多是到这里为止。他的主要着眼点始终是在人和人类社会、人类历史方面，基本属于历史哲学范畴。以《壬癸之际胎观》这组文章来说，《第五》讲到万物之数括于三，近于否定之否定律，《第七》讲到事物皆有对，相对待而存在，近于矛盾律，二者虽然也属于自然哲学范畴，但都在辩证法层面，前者讲事物的运动规律，后者讲事物存在的形态，都没有回答宇宙万物的本体问题。所以它们都可以运用来观察和阐释历史现象，而龚氏大致是在思考历史范畴问题的意义上来谈论它们的，基本可以归纳到龚氏历史哲学思想范围之内。龚氏的历史哲学思想基本是从人类的文化创造着眼，以名实论为基础，从立名、认知的角度看人类社会的创造与发展，从而导出人类自身创造世界论，再进而推导出人本体论，并发展到强调人心之心力论。这一思维模式及其推衍出的结果，对比那种天地神圣创世论来说，无疑更富有唯物的色彩，但对历史科学来说，又不能不陷入唯心的泥淖。这是在马克思历史唯物主义产生以前，古人在所难免的普遍存在的历史局限。

王飙同志的《近代人的觉醒与精神解放的启蒙者——论龚自珍思想的近代意义》(论纲)一文，曾对《壬癸之际胎观》这组文章的一些重要内容做出深邃的思考与探索，提出许多精辟的见解，揭示出一些重要的本质的内涵。如说龚自珍提出了"带有人本主义色彩的'我造天地论'"和"心力论"，其"思想的核心，是人的觉醒和精神解放"。又如说龚氏在天人关系方面，提出了与传统完全不同的思想，"世界创造者和主宰者，不是'天'，不是'道'，不是'太极'，不是圣人，是'人'自身！是众人自身！是'我'！在中国思想史上，这是一个以往从未有人提出过的、崭新的命题"。又如说"'我造天地'亦即人类创造世界，但主要是说人类社会以及一切文明都是人类自己创造的，不是天的赐予，也不是圣人创造。正因为人是'人自造'的，所以人的本性也不是'天命之性'，而是本身所固有的"("我性")，"人类全部文化("书"即文字、"数""历""方位""医""谱牒世系"乃至宗法伦理)都是'民我性'本身发展的要求和产物"⑧。这些重要结论我大体都是赞同的，不过王文主要是论证龚氏思想的"近代意义"，我则想从别一个侧面，即龚氏的历史哲学思想方面做一些阐述，侧重点不同，自然也会有一些差异,作为一种探讨,提出来讨论。

二

《壬癸之际胎观》这组文章提出的重要的问题之一,就是人类世界是谁创造的,是人类自身,还是超越人类社会以外的力量呢?究竟谁是人类世界的主宰?龚自珍的回答是:"天地,人所造。"⑨不是天地造人,倒是反过来,人造天地。这话是什么意思呢?是否是说天地都是人造出来的呢?如果是这样,那真是把人的力量夸张到极点了,整个宇宙、万物都是人制造出来的了。我想龚氏并非是这样的意思。

龚氏这里所谓的"天地",不是指自然存在的天地,不是指人类赖以生存的那个可以"步"、可以"察"的天地,而是指纳入人类世界、即人类生活中的天地,即被人类所认知、阐释的天地。这是龚氏从人类社会文化创造的角度来思考问题的结果。

自从人类产生以来,宇宙便有了两个世界:一个是自然的世界,一个是人类的世界。人类的世界当然也是自然世界的一部分,但它又与自然世界相对待,既统一,又对立。这是因为人类与其他动物不同,是一个有精神意识和创造能力的群体。人类世界虽然是处于自然世界之中,但它又是人类自身有意识的创造的结果,它体现为人类的历史发展实质上也就是文化的创造与积累,包括物质文化的积累与精神文化的积累。对于人类来说,所有自然存在的客观世界,都是与人类相对待并可以被人类认知、理解和加以种种诠释的世界。这是其他动物所不具备的。这种认知包括科学的和不科学的,也包括诸如哲学的、宗教的、艺术的、自然科学的种种不同形态的认知。就人所认知、理解、并赋予各种名称、提出各种观念、甚至创造出各种相应的制度与法规的这个人类的世界来说,它是人类通过理智和意识不断分辨、认识和建造的结果。这样一来,一方面有一个客观的自然存在的天地,另一方面又有一个经过人们主观认知的天地,即经由人们的意识所建造起来的人类的天地。天原为自然之天,地亦为自然之地,但它进入人类文化范围,才名之为天,名之为地,成为人类文化创造中的天地。这个天地对人类社会是真实存在的,并在社会生活中起着实际的作用。这个天地是人们自己所创造的。我想,龚自珍说"天地,人所造"时,他是从这个意义上讲的。

从人类文化创造的角度观察问题,可以从"名""实"两大范畴来理解。如果说"实"是自然存在的世界,那么"名"便呈现为人类文化创造的世界。人类文化创造的世界在一定意义上可以说就体现为一个"名"的体系的世界。人类用它的意识认知与诠释事物,并以"名"来表示。立"名"就标志着认知,标志着自然的世界已进入人类的文化范畴,也就意味着被人们创造出来成为人类世界的组成部分。这种思维模式贯穿于龚氏这组文章之中。下文说:"有众人已,有日月;有日月已,有旦昼。日月旦昼,人所造,众人自造,非圣人所造。"⑩有了社会群体,才去认知日月旦昼,纪时纪岁,于是有了日月旦昼岁时的分别与创造,不是人们创造了作为自然事物的日与月、旦与昼,而是人们认知了它们,用以纪岁纪时,从而成为人类生活中的事物,这就是人造日月旦昼的意思。下文又说:"乃造名字,名字之始,各以其人之声。声为天而天名立,声为地而地名立,声为人而人名立。"人们对认知的事物,立名以为标志。命名的方法,则是以人之声,声为何,即何名立。《壬癸之际胎观第三》说:"帝有法,王有法,霸有法,皆异天。"⑪统不同,天亦不同,这里的"天"显然只是各统之天,而非自然之天。《壬癸之际胎观第八》说:"万物不自名,名之而如其自名。"⑫物不自名,凡物之名,皆人所造。人类对各种事物立名的结果,便创造出一个"名"的世界,代表着人们认知中的世界而存在于人类社会生活中了。这个"名"的世界未必与"实"的世界一一相符,但它也确确实实是一种存在,并且在常识上很容易把它视为是人类所创造的世界。广东人民出版社的选注本释本篇的"造"字说:"创造,也可以引申为认知。"⑬说得有些含糊模棱,到底是创造之义?还是认知之义?还是认知意义上的创造?不太清楚。要么人类造出天地来,要么人类在意识领域中建造了一个认知的天地,是人们所认知、理解的天地,而不是自然存在的天地,二者的关系可以相合,也可以不相合。总之,不完全是一回事,也不可混而为一。

《壬癸之际胎观第一》说:"我光造日月,我力造山川,我变造毛羽肖翘,我理造文字言语,我气造天地,我天地又造人,我分别造伦纪。"⑭把这里所说的"造"字理解为认知范畴的事,对于这段话虽然还不能完全透彻地明晓,但比较容易理解一些了。他说"我光造日月",当是说人有识别光的能力,所以有对日月一类能带来光明的事物的认知与分别。"我力造山川",当是说人类有识别力的能力,所以能认知和分别坚山猛水那些能体现出力度的一类事物;"我变造毛羽肖翘",显然是说人类的变化即从动物中脱化出来,才有对毛羽肖翘即禽兽昆虫的认知与分别。下文说"有倮人已,有毛人,有羽人,有角人,有肖翘人。毛人、羽人、角人、肖翘人也者,人自所造,非圣造,非天地造",很清楚,其意是说有了人,才有对与人不同的毛、羽、角、肖翘等的分别,是人类自身区分的结果,因而是人类所造;"我理造文字言语",意思更为清楚,是说人类有思想,所以创造了文字语言;"我气造天地,我天地又造人",这是最难捉摸的两句了,也许可以把"气"理解为生命,"气"本是生命存亡的象征,如果是这样,那么这两句当是说:人类有生命能够认知、诠释天地,而所认知、诠释的天地又反转来给人类以影响;"我分别造伦纪",意思很明白,由于人群有各种各样的关系,诸如宗族的、姻亲的、地域的、政治的关系,所以造出了人伦纪纲。总之,这一段话的本质含意,就是人类社会的一切都是出于人类自身的创造。

这样的说法是唯物的呢？还是唯心的呢？很难一言为断。就其言人类以其理智本性,去认知世界并创造世界来说,是符合事物的实际的,不能说他不唯物;但如果不分别认知的世界、人类文化创造中的世界与自然的世界、客观实际存在的世界,把二者混同为一,那就不符合实际,也就不是唯物的了。如果我们先抛开唯物、唯心的分辨,而辩证地了解其言论的实质所指,那么龚自珍是要强调人类自身创造了人类的世界,这一点是十分清楚的。可以说,对人类自身力量的肯定,这是龚氏历史哲学中最重要的也是很光辉的一点。

三

人类自身创造了人类世界,那么人类创造力的根源与动力在哪里呢？龚氏合乎逻辑地将根源归结为人的自身本质,所谓"民我性"[15];将推动力归结为社会生活发展的需要,所谓"后政"[16],所谓"既有世已,于是乎有世法"[17]。

人类对客观事物的认知、创立"名"的世界、进行文化的创造与积累,这种认知与创造的能力是出自人的本性。龚氏说:"民我性不齐,是智愚、强弱、美丑之始。"智愚等的分别，并非上天生人命性的结果，而是人性本身"性不齐"的结果。"民我性能记，立强记之法，是书之始。"人类为了保存记忆，发明文字，立强记之法，是以人有记忆的本性为基础的。

创造根源出于人之本性，推动人们进行各种创造的动力则是社会生活的需要，所谓"既有世已，于是乎有世法"，有了人类社会之后，适应社会生活的需要，于是陆续创造出各种各样的事物，包括制度法规、道德伦理等。龚氏说："算之大者，曰测日月星，曰测地。日月星地既可测，则立之分限，以纪人之居世者，名之曰岁。曰春夏秋冬，是历之始。"人类需要计数人类居世之时间，按季节进行生产等活动，于是观测日月星辰的运行以纪岁月，创造了"岁"，并分别春夏秋冬，创造了历法。"民我性能类，故以书书其所生，又书所生之生，是之谓姓，是谱牒世系之始。一人生二子，则有长幼，则宗之始。"人之有姓，有谱牒世系，有宗法，是由于人类繁衍中存在宗族家庭等关系而被创造出来。"佃有公、侯、伯，有土之君始。"有了佃民，有了管理佃民的各等次人物，才产生立于其上的最高管理者、拥有一方土地的国君。"民我性不齐，夫以倮人食毛羽人，及男女不相部，名之为恶矣；其不然者，名为善矣，是名善恶之始。"⑱人们的道德规范诸如善恶之类，也是随着社会生活发展中的价值判断而被逐渐创造确定下来的。

综上所述，其中贯穿一个思想，即社会上被创造出来的一切，也就是一切文化创造，都起于人类群体社会发展的需要，并根源于人类本性所具的特质。这种认识，也可以从《五经大义终始论》中得到印证。该篇中论"圣人之道"说："始乎饮食，中乎制作，终乎闻性与天道。民事终，天事始。"人类社会始于物质生活，故"始乎饮食"，随着社会的发展，适应社会的需要，进行各种"制作"，包括典章制度、道德伦理等，最后明性与天道，走向高层次的认识。至于"天事"即祭礼之类，那是"民事"即现实生活具备之后才产生的。"民事终，天事始。"祭祀之类起于有了人事之后："礼者，祭礼也。民饮食，则生其情矣，情则生其文矣。""故曰：观百礼之聚，观人情之始也，故祭继饮食。"祭祀是人情感恩报德思想所产生的礼文仪节。社会管理人物即诸官之产生，也是适应社会的需要而逐步设置起来的："其在于《诗》：'既景乃冈'，以测知北极之高下，又曰：'夹其皇涧，溯其过涧'，以顺水性，则司空之始也。此其与百姓虑安者也。若其与百姓虑不安者,所以安安也;曰饮食之多寡,祭之数,少不后长,支不后宗,筋力者暴羸,于是乎折藿析木而挄之,则司寇之始也。"[19]这种认识是唯物的,当然还只是人类学层面上的理解。

人的本性不是哪一个人或哪一些人才有,而是只要是人就具有。所以龚氏在说"天地,人所造"时,又特别点出"众人自造,非圣人所造",其意即出于人类本性,并非哪一两个圣明的人所独有的东西。龚氏这种认识与他受王学左派心学的"人皆可以为尧舜"[20]和佛学天台宗性具论的众生皆具佛性的思想影响或许有一定关系。

这样的理论自然会导致一个结论,即人本体论。人类社会的一切都是"人自所造,非圣造,非天所造",是人类自己创造了人类社会的一切。这样,人类的主宰自然也是人类自身。所以龚氏说:"众人之宰,非道非极,自名曰我。"[21]这里的"我",是人类抽象的代称。人类用自己的创造发展自己,其主宰就是人类自身,而不是别的什么东西。既不是所谓"道",如董仲舒所说:"道之大原出于天,天不变,道亦不变。"[22]也不是所谓的"极",如《易·系辞上》所说:"《易》有太极,是生两仪。"[23]人类的世界不是由一个抽象的本体生出来的,而是人类依其本性所创造出来的。所以除了人类本身之外,没有另外的主宰。这自然是一个很有价值的命题。

人为社会的本体,创造力出于人的本性,实际就是人的理性,这必然导致对"心力"的强调。《壬癸之际胎观第四》曰:"心无力者,谓之庸人。报大仇,医大病,解大难,谋大事,学大道,皆以心之力。"心之力,也就是理性与意志之力。"司命之鬼,或哲或惜,人鬼之所不平,卒平于哲人之心。"命所不能解决的不平,能在哲人之心得到平衡。"哲人之心,孤而足恃,故取物之不平者恃之。"[24]哲人之心虽孤立,但足以依恃,所以物之不平者皆恃之。这种"心力"的强调无疑具有思想与个性解放的倾向。

四

人是社会的本体,那么人又是怎样来的呢?如果人不是天或神创造出来的,又是怎样产生的呢?龚氏不可能有生物进化的知识,他无力对这个问题予以科学回答,他似乎也没有想要做出明确的回答,他说:"众人也者,骈化而群生,无独始者。"⑳"骈化"即并生之意,与"无独始者"相对应。"群生"即是说人是群体动物。广东人民出版社的选注本解释此句说:"两人配偶而生殖繁育出众人。"㉑可备一说。龚氏主要意思是要说人类初始乃并化群生,不是先有了一个独始者,诸如伏羲、女娲以及什么上帝之类,然后再造出人类。他着力点在"无独始者",至于这人类到底是怎么来的,便不再去深究。这里再一次证明,龚氏的思想关注点,从来不在探究万物的起源与本体,而是从有了人类以后开始,他思考的是人类的问题,把人类社会作为思考问题的起点。

龚氏在这组文章中表述了他对人类历史发展过程的看法。在初始阶段,人类是与其他动物处于无分别的混沌状态之中:"其匹也,杂不部居。""杂"就是杂处,"不部居"即无分别的相处。到了人从动物界分化出来以后,能对周围的世界加以分辨了,才与其他动物禽兽昆虫之类分离开来:"倮人之不与毛、角者匹,其后政,非始政。""后政"就是后起之事。

人从动物中分化出来,形成人类社会,便开始产生社会组织,它的基本流程是由小而大,由下而上。"后政也者,先小而后大。五人主为政,十人主为政,十十人主为政,百十人主为政,人总至,至于万,为其大政。"人类有了社会,也开始创造各种所需的事物。如为明晓岁时,指导生产,安排作息,便去观察认知日月昏昼,而创造了历法:"有众人已,有日月;有日月已,有旦昼。日月旦昼,人所造,众人自造,非圣人所造。"人们认知各种事物,并赋予以名目:"乃造名字,名字之始,各以其人之声。声为天而天名立,声为地而地名立,声为人而人名立。"㉒社会事物便这样创造出来,人类文化便这样日渐积累起来。

天人之际是中国哲学中的一个重要问题。荀子讲天人相分:"大天而思之,孰与物畜而制之;从天而颂之,孰与制天命而用之!"㉓是把天视为自然之物的。传统的思想中则以尊天为主,把天视为有意志的天,以天命为绝对权威。董仲舒的天人感应说,是其典型的代表,也是统治中国社会最久远的天人观。龚自珍则大体已经认识到传统所谓的"天",本质上不过是人的创造,是各种社会思想体系的反射,人们将它悬拟为天。《壬癸之际胎观第八》说:"有天,有上天,文王、箕子、周公、仲尼,其未生也,在上天。其死也,在上天。其生也,教凡民必称天,天故为群言极。"㉔立"天"实质是为群言立"极",立一最高标准。所以"有天,有上天",天上又可再立天,这显然不是自然之天。文王等都必称天为治,这天只是人世所认知的天,是"群言极",换句话说,不过是一种统系思想的代名词而已。

这种"天"是怎样产生的呢？龚氏用人类历史的发展过程加以说明。不过龚氏对此采用类似寓言的表现形式,不免蒙上一层神异的色彩,须从其象征的意义上了解。"人之初,天下通,人上通,旦上天,夕上天,天与人,旦有语,夕有语。"开始时,社会还浑然一体,从后来人天分化的关系来说,那时则是人天合一的,不存在任何距离,没有不能够及时交流的东西。所有的人同奉一天,即同守一种原则,共同努力维持社会并推动社会的发展。这种人天合一的关系实际象征众人与主政者的密切无间的关系。后来,社会组织变大了,则不能不有中间传语之人,这就是官之产生:"万人之大政,欲有语于人,则有传语之民,传语之人,后名为官。或以龙纪官,隶天之龙为首,不咸之水龙次焉,咸水之龙次焉,隶畜之龙次焉。或以云纪官,隶上天之云为首,隶天之云次焉,隶名山大川之云又次焉。或以鸟纪官,隶天之鸟为首,隶畜之鸟次焉。龙、鸟、云,天所部,非人所部。"㉚这是说不但有了官,而且官是有等次的。其等次以与主政者即天之远近为差。以龙、云、鸟纪官,是运用历史文献上记载的传说材料以成文。《左传·昭公十七年》载郯子语说"黄帝氏以云纪,故为云师而云名","太皥氏以龙纪,故为龙师而龙名","少皞挚之立也,凤鸟适至,故纪于鸟,为鸟师而鸟名"㉛。龚之立说即本于此。有了传语之官,人群就开始有了分化,开始有了人、天的分别,龙、鸟、云都是"天所部,非人所部"。实际就是社会分而为在上的社会组织者与在下的被支配的民众。

但人、天有了分别,还不等于隔绝不通。后来发生了一个大变化,也可以说是质的变化,这就是绝地天通。"后政不道,使一人绝天不通民,使一人绝民不通天,天不降之,上天不降之,上天所天,又不降之。诸龙去,诸鸟不至,诸云不见,则不能以纪。"㉜"纪"文集正文作"绝",但"一本作'纪'"。从文意看,以作"纪"为是。后政不道,使一人绝地天通后,天不下降了,天所部之龙、鸟、云也都不来了,上下全不通情通气了。绝天地通,也是运用文献记载的传说资料以成文。《尚书·吕刑》:"乃命重黎,绝地天通,罔有降格。"伪孔《传》曰:"重即羲,黎即和。尧命羲、和世掌天地四时之官,使人神不扰,各得其序,是谓绝地天通。言天神无有降地,地祇不至于天,明不相干。"㉝又《国语·楚语》载:"昭王问于观射父曰:'周书所谓重黎实使天地不通者,何也? 若无然,民将能登天乎?'对曰:'非此之谓也。古者民神不杂,……少昊氏之衰也,九黎乱德,……家为巫史,……民神同位,……祸灾荐臻。……颛顼受之,乃命南正重司天,以属神,命火正黎司地,以属民,使复旧常,无相侵渎,是谓绝地天通。"㉞龚文即本此。这里的表述方式,不只是寓言式,还有点神话式了。绝地天通,本意就是使人神不扰,人神不杂,人天分离。龚氏这里运用这一说法表明社会发展阶段中的一个大变化,就是从这个时候开始,与众人相共的"天"不再存在了。那个历史阶段一去不复返了。

后来变化的结果如何呢?"比其久也,乃有大圣人出,天敬降之,龙乃以部至,鸟以部至,云以部至,民昂首见之者,天之藉也。"这里所说的"大圣人"大致是指专制制度的君主。这时"天"又下降了,龙、鸟、云也皆以部至,但民所能见者,已不是原来那个"天"本身,而只是"天之藉"了,是"大圣人"出来以后所产生的现象,已是被改造过的"天"了,人们观念中就只有这个"天"了。"众人以为天,大政之主必敬天,名日月星为神,名山川为祇,名天之人亦曰神。天神,人也;地祇,人也;人鬼,人也。非人形,则非人也。"㉟这个被改造过的"天",不免带有神圣的光环,连带也出现了天神、地祇、人鬼,有了一个带有宗教氛围的神圣世界,一个人们包括众人与大政之主不能不向之顶礼膜拜的世界,这也就是产生了天、道、极、圣主宰人类的世界的时代。但就其本质来说,并无神圣可言,天神也好,地祇也好,人鬼也好,都是人的投影,人的创造,不过不是人形,就不说是人了。龚氏这里揭开了那个原始的人、天合一的世界被破坏后,由后政中发展出来的这个人、天分离的世界真实面目。那个发生本质变化的时期,大致相当于君主专制制度产生的时期。

五

"天故为群言极"㊱,这个"天"实质不过是各家或各种体系学说的最高概括和代表。所以"天"也就是"统",不同的道统、治统、政统的体现。"统"不一,"天"亦不一。

龚自珍总结了中国"有天下者""有大国者"也就是各种有土之君的统治，提出治统问题："夫始变古者，颛顼也。有帝统，有王统，有霸统。"龚氏的古史观念认为，颛顼以前是一个历史阶段，以后又是一个历史阶段。以前大约是原始的古代生活时期，以后则进入了帝统的时期，依其所行政治之不同，可以分别为帝统、王统和霸统。我国古代有三皇五帝的传说，颛顼相传是黄帝之孙，为五帝之一。关于五帝虽有不同的说法，《史记·五帝本纪》据《世本》《大戴礼》以黄帝、颛顼、帝喾、唐尧、虞舜为五帝，而孔安国《尚书序》、皇甫谧《帝王世纪》等则以伏羲、神农、黄帝为三皇，少昊、颛顼、高辛、唐尧、虞舜为五帝，但不论哪一种说法，颛顼皆在五帝之中。故龚氏曰"帝统之盛，颛顼、伊耆、姚"，即颛顼、尧、舜。伊耆，北齐熊安生、南朝梁皇侃注《礼·郊特牲》，皆以伊耆为神农，但《帝王世纪》诸书则谓帝尧姓伊祈，以伊耆氏为帝尧，龚氏这里当是取《帝王世纪》之说，指尧。虞舜居姚墟，以姚为姓，所以姚乃指舜；"王统之盛，姒、子、姬"，即夏、商、周三代，夏为姒姓，殷为子姓，周为姬姓；"霸统之盛，共工、嬴、刘、博尔吉吉特氏"，即共工氏、秦、汉、蒙古，秦为嬴姓，汉为刘姓，蒙古为博尔吉吉特氏。

龚氏认为帝、王、霸三统，不在有国者土地之广狭，而在于其所行之治法。"非帝、王之法，地万里，位百叶，统犹为霸。"君主所行不是帝统、王统之法，即使地拥万里，位传百世，仍为霸统。"帝有法，王有法，霸有法，皆异天，皆不相师，不相訾，不相消息。"三统各有其法，也就是各有其治统体系、各有其不同的政治原则，所以也就各"异天"。文中进一步阐述说："王统以儒墨进天下之言；霸统以法家进天下之言；霸之末失，以杂家进天下之言。"⑤王统、霸统各有其学说以为本。这里没有说到帝统的学说所本，是因为从传留的文献资料看，实无帝统家数之记载。儒、墨学说最早，已是周代的王统时期。龚氏实以清的统治亦为霸统，但系本朝，不敢明目张胆地指揭。

帝、王、霸三统论，是龚氏的一个重要历史观，也是他的重要的政治观。他把高度集权的那种君与臣、君与民相隔悬远的政治视为霸统，他还提不出代替这种政治体制的新体制，总是想借古代略具贵族民主的政治也就是帝统与王统来修补霸统，去其弊端。这种思想在龚氏之文章中是有鲜明体现的。如《明良论二》中引郭隗说燕王之语曰："帝者与师处，王者与友处，伯者与臣处，亡者与役处。"尊崇帝统之君以臣为师,王统之君以臣为友。"伯者"即"霸者"则以臣属视臣,亡国之君则以奴仆视臣。又引贾谊之语曰:"主上之遇大臣如遇犬马,彼将犬马自为也。如遇官徒,彼将官徒自为也。"反对君主将大臣视为奴隶。他赞扬这方面做得较好的时期:"坐而论道,谓之三公。唐、宋盛时,大臣讲官,不辍赐坐、赐茶之举,从容乎便殿之下,因得讲论古道,儒硕兴起。及其季也,朝见长跪、夕见长跪之余,无此事矣。不知此制何为而辍,而殿陛之仪,渐相悬以相绝也?"㊳,提倡古代以师、友待大臣之作风。反对殿陛之仪相隔悬绝、以古代君臣间相对民主反极端专制的态度十分清楚。其三统论之实质实在于此。

龚氏虽认识到这一点,但无力改变的现实使他陷入困境。三统互不相干,尤其帝统、王统与霸统更是水火不相容:"以霸法劝帝、王家,则诛。以帝、王法劝霸家,则诛。"持不合时统之学说以干时主,则只能招来杀身之祸,这里蕴含有作者面对霸统的残酷现实的牢骚与悲哀。

龚氏说:"能知王霸之异天者曰大人。进退王霸之统者曰大人。大人之聪明神武而不杀,总其文辞者曰圣人。"龚氏提出他的理想人物:大人与圣人。大人相当于明于三统,而又敢于正言以进王统而退霸统的大臣,圣人则是大人中又能著书立说以为后世立法的聪明神武之人物。"圣人者,不王不霸,而又异天",圣人又自有一"天"。"天异以制作,以制作自为统"㊴,"天"之不同,从制作上体现出来,也就是从体现治统的典章制度、政策法规等方面表现出来。有了制作也就自立了统,所谓创制垂统。龚氏或许是以大人与圣人自期,他要另创一"天",另行制作,另立一统。这"不王不霸"之"统",性质如何,难以确说,只可说是龚氏理想之所期了。

六

《壬癸之际胎观第五》说:"万物之数括于三:初异中,中异终,终不异初。一匏三变,一枣三变,一枣核亦三变。""哀乐爱憎相承,人之反也;寒暑昼夜相承,天之反也。万物一而立,再而反,三而如初。"龚氏在这里提出了事物的发展变化规律,如前所说,他更主要是把它用于对历史发展规律的认识与理解。

这一认识近于所谓否定之否定律,但这究竟是一种螺旋式上升的理论,还是一种循环论,很难简单地加以论定。

与这一基本认识相应,他提出以"逆"治世的原则。文中说:"天用顺教,圣人用逆教。逆犹往也,顺犹来也。生民,顺也;报本始,逆也。冬夏,顺也。冬不益之冰,为之裘,夏不益之火,为之葛,逆也。乱,顺也;治乱,逆也。庖牺氏之《易》,逆数也;礼逆而情肃,乐逆而声灵。"[40]除弊救危,改革现实需用"逆教"。"逆"也就是"复"。社会已发展到"中","中"已异初,而出现许多弊端,要去掉这些弊端,应再入于"终",因为"终"不异"初",也就是"复",能够恢复原来无弊的状态。魏源为龚氏文集所作的序中说:"夫忽然得之者,地不能囿,天不能嬗,父兄师友不能佑;其道常主于逆。小者逆谣俗、逆风土,大者逆运会,所逆愈甚,则所复愈大,大则复于古,古则复于本。若君之学,谓能复于本乎?所不敢知,要其复于古也决矣。"[41]魏氏似乎也认识到了龚氏的这一基本点。

值得注意的是龚自珍提出:"乱,顺也;治乱,逆也。"顺是来,是发展,发展就有乱,而欲治乱,就得逆,以失去的某些好的东西拯救它。这看起来很像是复古和倒退,实际上不这么简单。龚氏是主张变革的,《乙丙之际箸议第七》说:"一祖之法无不敝,千夫之议无不靡,与其赠来者以劲改革,孰若自改革?抑思我祖所以兴,岂非革前代之败耶?前代所以兴,又非革前代之败耶?……奋之,奋之!将败,则豫师来姓,又将败,则豫师来姓。《易》曰:'穷则变,变则通,通则久。'"[42]以"逆"治之的结果,不是倒退,而是社会得到了继续发展。这里存在一个形式上的认识而与实际所得及所期的矛盾。这是龚氏的历史局限所决定的。龚氏所处的那个时代还提不出新的社会制度理想,他只能从古代的治法中寻找现实问题的出路,在思维形式上往往是以古代某些原则,来改革现实的弊端。如他以战国时代士之民主救专制主义之弊。以古代大臣师傅自处之风,救大臣奴隶自处的卑污风气等,连他自己也说:"何敢自矜医国手?药方只贩古时丹。"[43]实际所达到的却是以复古为革新。

七

《壬癸之际胎观第七》说:"域中之言,名实其大端。"域中之言对域外之言而言,域外指佛教,域内指儒家。儒家为名教社会,以名器为本,以"名"为治,凡事皆有名有说,有名有说则事立,无名无说则事不立。故文中又说:"万物不自立。"以说而立,然而"有说十之一,无说十之九;无说十之一,始有说卒无说十之九"。无理者居多。

何谓有说,何谓无说?"女子十五,避男子于圊[腧],恶也;女子七岁,避男子于路,非恶也。恶之,谓之有说。非恶而恶之,谓之卒无说。"有了伦理规范和识觉,故恶,是有说。本不恶而说恶,则无说,没道理。恶与不恶相对立,事物往往正反两名相对立,"万物名相对者,势相待,分相职,意相注,神相耗,影相藏"。不然则相对之名不成,万事亦不立。"势不相待,分不相职,意不相注,神不相耗,影不相藏,将相对之名不成,万事皆不立。"所以"万事不自立,相倚而已矣;相倚也,故有势。万理不自立,相譬而已矣;相譬也,故有辨"。正因为这种相对的存在,便产生了混乱。"相倚相譬也,故有烦惑狂乱,有烦惑狂乱也,故有圣智。"这就是圣智者的价值,圣智是不烦惑狂乱者,也是正烦惑狂乱者,唯圣为能正名。

"大人之听众人也,耳击之也,曰:皆然;目击之也,曰:无所否。何谓无所否?众人之名亦与名,众人之守亦与守,众人之争亦与争。"圣智从众人,则无异同。"麟凤能游肖翘之族,而与蠛蠓辨,或觑为细也,或觑为巨也,或觑为神怪也,同则是,异则是;同同则是,异异则是,是则是,非则是;乖则是,合则是。"圣人不从众人,则不免陷于"是非苟相形,雷同共誉毁"的境地了,人各执一是。这不免使圣智陷于悲哀,故圣智者非乐。知不如不知。"有所蔽,故有所乐;多所蔽,故多所乐。"不知不识,无思无虑,最乐。"盛德有福者,忧患避弗及,智慧废弗用,名之曰顽;顽以完其初,死必上跻矣。"盛德有福之人,忧患不及于身,智慧置而不用,可称为顽;顽则不失其初,死必上升于天。"盛德无福者,忧患入之,智慧出之,名之曰劳;劳以不完其初,死必旁落矣。"盛德无福之人,忧患所加,大用其智慧,可以称为劳。劳则不能保其初始者,死亦旁落。"神矣夫!

父母物之民,智慧之所出,忧患之所入,入亦无算数,出亦无算数,入亦无比例,出亦无比例。虽则用智,惨然而哀;虽则用慧,惨然而哀;或则抱忧而食患,不忍用智慧焉而哀;或则介忧而胄患,不忍用智慧焉而哀。其生也,名曰哀民,字曰难测。其死也,名曰最上,字曰无上。"或被忧患困扰,或超越忧患,都只能纠缠于悲哀之中。"智慧之积,无上者之体;哀惨之积,无上者之用。"㊹智慧为体,哀惨其用。有智慧,用智慧,则必致哀惨。作者不能不哀叹:"神矣夫! 父母物之民。"这真是独醒者最深沉的感慨。

《壬癸之际胎观第九》还论到"群言之名"与"圣人所名"之分别,儒家与佛学在明德与修性上的不同原则,实际是谈教统问题,这些也都属于人类社会中的一些重要问题。其篇末曰:"生亦多矣,大人恃者此生;身亦多矣,大人恃者此身。"大人所可拥有者,亦不外此生与此身。"恃焉尔,欲其留也;留焉尔,欲其有为也",存生存身,目的为了有为。此即《尊隐》篇所谓君子"大其生"之意。"有为焉尔,不欲以更多也。是之谓大人之志。"㊺有为,不必更多,如果无为,即使更多,亦毫无意义。尽管处于困境,尽管悲伤与悲愤,龚氏最终还是归结到有为于世的积极结论。

原载于北京大学传统文化研究中心编《文化的馈赠:汉学研究国际会议论文集·语言文学卷》,北京大学出版社,2000年。后收入《中国近代文学论集》,北京大学出版社,2012年。

注　释

① 见《定庵初集》卷首目录,道光三年龚氏自刻本。
② 《孟子注疏》,中华书局影印世界书局缩印阮元校刻《十三经注疏》,下册,2753页。
③ 龚自珍诗文注释组《龚自珍诗文选注》,广东人民出版社,1975年,110页。
④ 侯外庐《中国早期启蒙思想史》,人民出版社,1956年,651页。
⑤ 同前注。
⑥ 均见《乙丙之际箸议第十七》,《龚自珍全集》,上海人民出版社,1975年,9页。
⑦ 《说月晷》,《龚自珍全集》,132页。
⑧ 王飙《近代人的觉醒与精神解放的启蒙者——论龚自珍思想的近代意义》(论纲),见熊向东、周榕芳、王继权选编《首届中国近代文学国际学术研讨会论文集》,百花洲文艺出

版社,1994年,35—38页。
⑨ 《壬癸之际胎观第一》,《龚自珍全集》,12页。
⑩ 《壬癸之际胎观第一》,《龚自珍全集》,13页。
⑪ 《壬癸之际胎观第三》,《龚自珍全集》,15页。
⑫ 《壬癸之际胎观第八》,《龚自珍全集》,19页。
⑬ 龚自珍诗文注释组《龚自珍诗文选注》,110页。
⑭ 《壬癸之际胎观第一》,《龚自珍全集》,12—13页。
⑮ 《壬癸之际胎观第二》,《龚自珍全集》,14页。
⑯ 《壬癸之际胎观第一》,《龚自珍全集》,13页。
⑰ 《壬癸之际胎观第三》,《龚自珍全集》,14页。
⑱ 以上均见《壬癸之际胎观第二》,《龚自珍全集》,14页。
⑲ 以上均见《五经大义终始论》,《龚自珍全集》,41—43页。
⑳ 《孟子注疏》,《十三经注疏》,下册,2755页。
㉑ 《壬癸之际胎观第一》,《龚自珍全集》,12页。
㉒ 董仲舒《对策》,见《汉书》,中华书局,1962年,2518—2519页。
㉓ 《周易正义·系辞上》,《十三经注疏》,上册,82页。
㉔ 《壬癸之际胎观第四》,《龚自珍全集》,15—16页。
㉕ 《壬癸之际胎观第一》,《龚自珍全集》,13页。
㉖ 龚自珍诗文注释组《龚自珍诗文选注》,110页。
㉗ 以上均见《壬癸之际胎观第一》,《龚自珍全集》,13页。
㉘ 《荀子·天论》,王先谦《荀子集解》中华书局,1988年,下册,317页。
㉙ 《壬癸之际胎观第八》,《龚自珍全集》,19页。
㉚ 以上均见《壬癸之际胎观第一》,《龚自珍全集》,13页。
㉛ 《春秋左传正义》,《十三经注疏》,下册,2083页。
㉜ 《壬癸之际胎观第一》,《龚自珍全集》,13页。
㉝ 《尚书正义·吕刑》,《十三经注疏》,上册,248页。
㉞ 《楚语下》,见《国语》,上海古籍出版社,1978年,下册,559—562页。
㉟ 《壬癸之际胎观第一》,《龚自珍全集》,13页。
㊱ 《壬癸之际胎观第八》,《龚自珍全集》,19页。
㊲ 《壬癸之际胎观第三》,《龚自珍全集》,15页。
㊳ 均见《明良论二》,《龚自珍全集》,31页。
㊴ 均见《壬癸之际胎观第三》,《龚自珍全集》,15页。

㊵ 均见《壬癸之际胎观第五》,《龚自珍全集》,16—17页。
㊶ 魏源《定庵文录序》,《魏源集》,中华书局,1976年,上册,238—239页。
㊷ 《乙丙之际箸议第七》,《龚自珍全集》,6页。
㊸ 《己亥杂诗》第44首,《龚自珍全集》,513页。
㊹ 均见《壬癸之际胎观第七》,《龚自珍全集》,18—19页。
㊺ 均见《壬癸之际胎观第九》,《龚自珍全集》,20页。

国家与文辞
——清季文学教育的制度化

陆 胤

《汉书·艺文志》载:"古者八岁入小学,故周官保氏掌养国子,教之六书。……汉兴,萧何草律,亦著其法曰:太史试学童,能讽书九千字以上,乃得为史。"①古代政教以文字为媒介,注重基础的读写教育。唐宋以后,回应科举考试的要求,蒙学教养也包含诗文属对方面的内容。但此种传统意义上的读写训练,仍有异于近代以来的语文或文学教育。其间的一大区别,在于后者被纳入了一种"通国一律"的制度框架,具有明确的目标、学程、时刻分配,要求"人人尽习",作为国民教育系统中的一门课程,充实着近代国家的文化共同体。而关于语言文字、文学、文体的概念及认知,也在这一制度化过程中发生着流转。

以获得读写能力为旨归的本国语文教育,虽非清末引进西学、改创学制的重点,却攸关知识基础和国族认同的形成。其在新学制中地位的奠定,更与20世纪初国家思潮的兴起桴鼓相应。本稿将在近代国民教育和国族共同体意识勃发的背景下,重新检视清末文学教育被纳入全国性学制的历程,考察包括文字训诂和诗赋词章在内的"中国文辞",如何从危急时势下的"无用之学",升格为学校制度不可或缺的科目。

晚近学界颇有论著涉及这一时期的"文学立科",惟相关研究从学科史出发,多以大学为重点,相对忽略普通教育实践的展开;关于清末学制设计的外来资源,以及"国文"与其他学科的横向关系,亦似仍有发掘余地②。作为清廷首次正式颁行的近代化教育设计,壬寅、癸卯两学制当然是讨论重点。但制度酝酿、争议、起草、重订的过程,及其背后思想语境的变化,也许更值得关注。

一、外来的"本国文"

甲午战争之后,在内外局势逼迫和外人议论的启发下,士大夫颇属意于"识字之难易",以为文字关乎国运,各种切音字、白话文方案应时而起。与此同时,梁启超撰《变法通议·幼学》篇,敷衍康门的教学设计,铺排七种蒙学新书,首列"识字书""文法书",对晚清新学制的酝酿和新式学堂中语文教育的起步,有着扎实而深远的影响③。惟康梁一派的幼学论虽以"三家村俗学"为攻击对象,具体到课程内容,却多暗袭清代塾师的识字成法,尚不能与传统蒙学撇开关系④。当时如陈荣衮《妇孺须知》、锺天纬《蒙学镜》、清心书院《花夜记》,以及风行一时的《澄衷蒙学堂字课图说》等蒙学新书,都属于此种介于新旧之间的"字课"范围。

其时,新学界渐形成以日本为改革楷模的共识,教育亦莫能外。同一时期日本学校中各种语言文学科目的存在,有可能成为新式文学教育进入趋新者视野的契机。光绪二十三年(1897),康有为编成《日本书目志》,在"文学门"下胪列各种文学史著作,"语言文字门"下收录日本"国文学"教科书多种,并及做文书、文典、修辞学等门类,其小序更称羡日本"学作文有专书,学用文有专书,学记事有专书,学言语有专书"⑤。不过,这部根据既有书目广告抄撮而成的著作,究竟能在多大程度上表现康有为以及当时中国士林对日本教科体系的认知,学界仍存争议⑥。

而在此前的光绪二十二年冬,梁启超先于《时务报》发表《变法通议·论师范》篇,列举日本寻常师范学校制度,已提到:"其所教者有十七事,一修身,二教育,三国语,四汉文……"并在"国语"下注明"谓倭文倭语"⑦。其所借鉴的学制,当是日本文部省明治二十五年(1892)改正的《寻常师范学校之学科及其程度》,科目的第三项即为"国语",包括"讲读""文法""作文"等内容⑧。梁氏以为"依其制度损益之",则中国师范学堂亦须"通达文字源流"。至戊戌维新期间,梁启超筹划《大学堂章程》,分课程为"溥(普)通""专门"两种。"溥通学"中列有"文学"一目,置于经学、理学、中外掌故学、诸子学、算学、格致学、地理学、政治学之后,"体操学"之前,对其内容则不置一词⑨。考虑到该章程"于大学堂中兼寓小学堂、中学堂之意，就中分列班次、循级而升"的体制，隶属于"溥通学"的"文学"科目，或即相当于进入"专门学"以前，中小学阶段"通达文字源流"的内容⑩。

教育要区分"普通"和"专门"，"溥通学者凡学生皆当通习者也，专门学者每人各占一门者也"⑪，是这一时期从外国引进的新意识。光绪二十四年春，湖广总督张之洞派遣姚锡光赴日考察教育。姚氏回国后上陈《东瀛学校举概》，按"普通""陆军""专门"三类介绍日本学制，特为解释："普通各学校者，乃植为人之始基，开各学之门径，盖无地不设，无人不学，故曰普通。"而在日本普通学堂各科中，就包含了"本国文""汉文"等门目，二者意义非同寻常：

> 日本学校虽皆习西文，而实以其本国文及汉文为重，所授功课皆译成本国文者，其各种品类各物皆订有本国名目，并不假径西文。且现其出洋之人，皆学业有成之人，否亦必学有根柢之人。故能化裁西学而不为西学所化，视弃本国学术而从事西学者，亦实大相径庭。⑫

此间已涉及本国语文教育对于维系国民认同的意义。是年，张之洞聚集幕僚编成《劝学篇》，介绍西洋、日本学制，亦深受"普通"与"专门"两分思路的影响："专门之学极深研几，发古人所未发，能今人所不能，毕生莫殚，子孙莫究。……公共之学所读有定书，所习有定事，所知有定理，日课有定程，学成有定期。"二者相辅相成，不仅是西洋、日本学制的特点，更启发了新学体制下涵纳中国固有学问的途径⑬。《劝学篇》另有《守约》一篇，针对十五岁至二十岁学子，尝试将旧学内容打入普通学（"学堂教人之学"）的框架，分经学、史学、诸子、理学、词章、政治、地理、算学、小学九类。较之梁启超《大学堂章程》中叨陪末座的"文学"，此处的"词章"同样不受重视。

同一时期，江标在湖南学政任上刻《灵鹣阁丛书》，收入"大清钦差出使日本国大臣裕（庚）随带东文翻译官译录"的《日本华族女学校章程》一种，内有题为"本国文"的课程，与"汉文""习字"等科并列⑭。按明治二十六年日本宫内省颁定该章程原文，"本国文"应是"国文"的译语。其课程内容：初高等小学科为"读方""作文"，中学科为"讲读""文法""作文"，与梁启超所引日本寻常师范学校"国语"科性质略同⑮。光绪二十四年四月，《蒙学报》刊出松林孝纯（1869？—？）译自明治二十四年日本文部省《小学校教则大纲》的《日本小学校章程》,列有"读书作文"和"习字"二科。"读书作文"科宗旨:"先令知普通文字及日常须知之文字、文句、文章、读方缀字,及其意义,又用稳当言语字句,以养推辨思想之能,兼要启发智德。"⑯光绪二十五年美国人路义思(Robert Ellsworth Lewis,1869—1969)撰《日本学校源流》出版,系统介绍日本学制,亦提及寻常小学"读书""作论""写字"三科。此外,师范学校分"本国言语文字"(国语)"中国文学"(汉文)科,中学校"本国言语文字与中国文学"(国语及汉文)并为一科,高等女学校课程则直称"国语"⑰。

在当时日本的学制系统中,有关本国语言文学的学科,根据学程的高低,有着相当复杂的存在形态。大学经由明治初年的"和汉文学""和文学"科,最终确立了"国文学"的地位⑱;中等以上教育称"国语"或"国文",中学校又归并原本独立成科的"汉文"而为"国语及汉文"科⑲。唯有小学阶段的读写教育,长期未能形成统一学科。明治十九年的《小学校之学科及其程度》,规定了"读书""作文""习字"三个独立学科并存的局面,稍后又将"读书""作文"二科合并为"读书及作文",亦即松林孝纯所译章程中的"读书作文"⑳。

"读书""作文""习字"分科并立的格局,特别是以"读书科"及其教科书"读本书"来涵纳各科知识的思路,特别适应戊戌前后国内新式教育资源匮乏的现实。以连载新式蒙学教科书著称的《蒙学报》,自创刊之始即设有"读本书"栏目。此后坊间更是涌现了大量题为读本或课本的新式教科书。光绪二十八年,无锡三等公学堂所编《蒙学读本全编》问世,俞复作序追溯该书缘起:"同人于戊戌(1898)八月创办无锡三等公学堂。……堂中课程,略仿日本寻常小学校,分修身、读书、作文、习字、算术等科。读书一科,随编随教,本不足存,近欲录副者颇多,爱图画写稿,付之石印。"㉑该书内封署"寻常小学堂读书科生徒用教科书",明确继承了日本小学校学制中与"作文""习字"并立的"读书科"。

至明治三十三年(即光绪二十六年),日本文部省颁定新制《小学校令》,始将"读书及作文""习字"合并为"国语科",完成从小学到大学一贯的"国语—国文学"学制。这一新变化,虽然很快反映在了一些日本学制的译介文字中,却未受到充分重视㉒。如光绪二十七年春《教育世界》登出樊炳清译日本《小学校令》,仍为明治二十三年的旧制,分列读书、作文、习字为三科㉓。次年三月,罗振玉发表《学制私议》,已是为迫在眉睫的新学制建言,依旧作此三科㉔;七月间,"壬寅学制"正式颁布,蒙、小学阶段的读写课程,同样采取了分科治之的策略。

壬寅学制的最低级为蒙学堂,其课程门目:"修身第一,字课第二,习字第三,读经第四……"。总共八科当中,读写类课程仅次于"修身",且在"读经"之前,字课、习字两门占总课时高达33.3%,为各科之首。"字课"内容大体继承了戊戌前后梁启超等蒙学变革论的遗产,将传统蒙学的集中识字与新兴的文法学"字类"体系相结合,按照实字、静字、动字、虚字、积字成句法的顺序分配四年学程。蒙学堂毕业后升入寻常小学堂,在"修身""读经"之后,列"作文""习字"科目,但要到第二年才开始作文,两科占总课时比16.7%,与修身、读经课时相当㉕。根据当年十二月京师大学堂所出《暂定各学堂应用书目》,"字课作文"类用书有《澄衷学堂字课图说》、张维新《初级普通启蒙图课》、王筠《文字蒙求》、苗夔《说文建首字读》、无锡三等公学堂《蒙学读本(全书)》、戴懋哉《汉文教授法》、马建忠《马氏文通》七种,参考书为段玉裁《说文解字注》,可见该部分内容糅合清儒训诂学、晚近蒙学识字和最新文法学知识的特点㉖。

至升入高等小学堂,始有"读古文词"课程,与习字、作文二科每周(十二日)轮替,第二、三年每周减少习字两课时,合计占总课时14.8%。中学堂以上,则统一为"词章"一科,课时渐少。但大学堂师范馆仍为习字、作文二科,以与师范生所教蒙、小学课程衔接。大学堂则在"文学科"(相当于School of Letters)中设"词章学"一门,列第六位,居经学、史学、理学、诸子学、掌故学之后,"外国语言文字学"之前㉗。

对照新制《小学校令》之前的日本学制,不难发现壬寅学制的读写科目与之在高等小学阶段最为吻合:读古文词、习字、作文的三分,即相当于日本旧制小学的读书、习字、作文三科。蒙学堂、寻常小学堂无作文内容,改读书科为"字课",或是考虑到中国无拼音文字,不若日本幼童可以凭借假名读写,故加强识字内容,亦较易与传统资源配合。至于中学堂、高等学堂(政科)、大学堂预备科(政科)所习"词章",则相当于日本中等以上学校的"国语"或"国语及汉文"。在基础教育阶段分为多科,中等以上则统为一科,正是日本明治三十三年新制以前的格局。读写课时随着学程上升而减少,中小学阶段本国语文的位置仅次于"修身"等思想规训课程,也与日本学制精神一致。

再就教授内容看：壬寅学制规定寻常小学堂第一、二年作文由口语联句起步，第三年始作记事文七八句。至高等小学作文课：第一年作记事文短篇，第二年作日记、浅短书札，第三年作说理文短篇；"读古文词课"则是第一年记事之文，第二年说理之文，第三年词赋、诗歌。中学堂"词章"课：第一年作记事文，第二年作说理文，第三年学章奏、传记诸体文，第四年学词赋、诗歌。大学堂师范馆"作文"：第一年记事文，第二年说理文，第三年章奏、传记、诗赋、诗歌诸体，第四年考文体流别。高等学堂（政科）及大学堂预备科（政科）的"词章"课，均为讲"中国词章流别"㉘。

以往研究多注重此中"词章流别"与"文学史"学科化的关系。其实，贯穿于整个中小学作文、读古文词、词章等课程的新型文体格局，或许亦值得注意。读写教育中涉及的内容被分为记事文、说理文、日记、短札、章奏、传记、词赋、诗歌等文类，"记事文"和"说理文"的对立尤其突出，且"记事"总是在"说理"之前。固然，宋代以降古文总集或选本中已出现了将文章按功能分为"记叙""议论"两大类的趋势。但若对照日本学制的规定，从"记事""论说"等名词形态的继承来看，外来影响可能更占优势。明治二十五年《寻常师范学校之学科及其程度》所揭"国语科"作文次第：第一学年"使用平易文体作日用书牍记事文"，第二学年"准前学年，更使作论说文，兼翻译简易汉文为国文"，即是"记事"在"作文"之先㉙。

与后来颁布实行的癸卯学制比较，壬寅学制时而又表现出对本国文辞的忽略。如规定高等小学堂或可"加外国文而除去古文词"㉚；高等学堂及大学堂预备科分为政（文商政法）、艺（理工农医）二科，政科有"词章"课，艺科则不设任何本国语文课程，带有显著的实用主义色彩。

二、"理胜"与"辞胜"

光绪二十七年京师大学堂重建，同时暂充新式教育的最高行政机构，壬寅学制即在此背景下起草。其时管学大臣张百熙倾向新学，拜吴汝纶任大学堂总教习，又聘请于式枚、张鹤龄、沈兆祉、李希圣、罗惇曧等人参与。据称，此次章程即出自张鹤龄、沈兆祉创议㉛，课程亦以张、沈及李希圣参议为多㉜。大学

堂副总教习张鹤龄"总司编订学堂教科诸书"③,编订"文章课本"宗旨有云:

> 溯自秦汉以降,文学繁兴,挈其大端,可分两派:一以理胜,一以辞胜。凡奏议论说之属,关系于政治学术者,皆理胜者也;凡词赋记述,诸家争较于文章派别者,皆辞胜者也。兹所选择,一以理胜于辞为主,部析类从,以资诵习,冀得扩充学识,洞明源流。凡八家、十家之标名,阳湖、桐城之别派,一空故见,无取苟同。㉞

壬寅前后参画学制的京师大学堂诸人,与康梁一派多有瓜葛㉟。壬寅学制虽出自朝廷政令,却与戊戌年梁启超所拟《大学堂章程》一样,实是趋新势力短暂掌握中枢权力的产物。与此相对者,则是身居京城之外,实际握有"官权"的督抚。庚子事变中的"东南互保",大为伸张了督抚对于中枢的发言权。张之洞、袁世凯等督抚筹办新学的尝试,尤其是张之洞参与重订学制,将督抚实践确立为国家制度,为原本虚悬于本土经验之上的外来学制提供了一个坚固的制度外壳。

以"儒臣"自命的张之洞,早在戊戌年的《劝学篇》中,就欲模仿西洋、日本"学堂教人之法"(与"专门著述之学"相对),构建"中学守约"的门径。其学程设计以十五岁为界:十五岁以前,仍依旧法诵《孝经》、四书、五经,并读含有史略、天文、地理内容的"歌括""图式"等书,文章方面,则要兼及"汉唐宋人明白晓畅文字有益于今日行文者";十五岁以后,始纳入普通学范围,按"有限有程,人人能解,且限定人人必解"的宗旨约为九门。其中"词章"一门居第五,要在"读有实事者":

> 一为文人,便无足观。况在今日,不惟不屑,亦不暇矣。然词章有奏议、书牍、记事之用,不能废也。当于史传及专集、总集中,择其叙事、述理之文读之;其它姑置不读。若学者自作,勿为钩章棘句之文,勿为浮诞崛琐之诗,则不至劳精损志矣。㊱

在戊戌前后的内外交急的形势下,谈论"文人""文学"的基调是不屑且不暇,从事诗文更被认为有"劳精损志",占用实学精力的危险。故必须将其范围限制在"奏议、书牍、记事"等庙堂应用文体,专读史传和集部中"叙事""述理"两类文章。此种突出政治实用性、压抑诗文创作的论调,似是当时士林不分新旧立场的共识。前有梁启超主张“词章不能谓之学”[37],后则如张鹤龄编订“文章课本”时强调“理胜于辞为主”,注重奏议论说,以及壬寅学制之关注“记事文”“说理文”,都可看作类似观念的产物。

相对于“词章”的边缘地位,《劝学篇》的“守约”方案中另有“小学”一门,殿列九门最后,却相当受重视。张之洞辈认为小学(文字训诂)对于中国传统的意义,犹如西学之有翻译:“欲知其人之意,必先晓其人之语。去古久远,经文简奥,无论汉学、宋学,断无读书而不先通训诂之理。近人厌中学者动诋训诂,此大谬可骇者也。”关键在于讲法不能过繁,须注重大旨大例:“若废小学不讲,或讲之故为繁难,致人厌弃,则经典之古义茫昧,仅存迂浅俗说,后起趋时之才士,必皆薄圣道为不足观,吾恐终有经籍道熄之一日也。”[38]因此,“小学”兴废几乎被视作关乎整个经学传统存亡的枢纽。这固然是张氏早年“由小学入经学者,其经学可信……”[39]之类看法的延续,更为此后纳入“小学”内容的“中国文辞”课程从边缘走向中心埋下了伏笔。

作为对庚子岁末朝廷重开新政的回应,张之洞联合两江总督刘坤一于光绪二十七年五、六月之交上奏变法三折,史称“江楚会奏”。其第一折规划学堂办法,明确以日本教科为典范,分为蒙学、小学校、高等小学校、中学校、高等学校及专门学校五级:八岁入蒙学,“习识字,正语音”;十二岁入小学校习“普通学”,十五岁入高等小学,须“学行文法,学为策论、词章”;中学校“仍兼习策论、词章……词章一门亦设教习”,但管理较为松散:“学生愿习与否,均听其便。弁兵入学者,专学策论,免习词章。”[40]高等学校分七专门,“文学”附“中国经学”而属“经学”专门之下,入专门学校者也要“温习”中国经学、文学。在忽略“词章”的同时,却特别强调“策论”,当是为了跟该折后段所涉科举改试策论、经义的主张相配合[41]。

紧接着,光绪二十七年九月,时任山东巡抚的袁世凯上奏《山东大学堂章程》,借鉴登州文会馆的分斋制度,发明了以一所行省“大学堂”统摄从小学(备斋)、中学(正斋)直至专门学(专斋)全套学制的办法[42]。壬寅学制颁布以前,山东大学堂的复合模式被多地督抚效仿,引发行省一级兴建“大学堂”的风潮。袁氏所奏章程中的本国语文课程仍不显著,备斋、正斋虽设“古文”一门,其内容为“作中文策论、四书义、五经义”,且规定“备斋、正斋学生每月均作中文策论一篇,经义一篇,或作公牍书记文字",实可视作书院课艺的延续。以策论、经义为主,注重公牍、书记等应用文,亦是针对科举新章的要求㊸。随后,袁世凯调任直隶总督,并于光绪二十八年七月上奏直隶各属师范学堂、小学堂、中学堂拟定暂行章程。其中,本国语文课程通称"文学",居经学后为第二科。其内容在师范学堂均为"策论",惟三年毕业的第四斋自第二年起增加"经义";小学堂前两年学"策论",第三四年增"经义";中学堂各年均学"古文、经义、策论"三项,基本延续了山东章程的以经义、策论为重的方针㊹。

可以看出,张之洞、刘坤一、袁世凯对于新学堂本国语文教学的设想,含有配合科场改制的用意,或仍要培养章奏、公牍、记事等为官从政的文字能力,跟壬寅学制所体现的民间蒙学实践和外来学制资源,本处在渊源不同的两条思路上。张鹤龄编订"文章课本"之区分"理胜""辞胜",毋宁说更近于督抚兴学的路数。在壬寅学制照搬日本学制体系的表面之下,对于"读书""作文""习字"等新课程的理解,可能仍是课艺对策之学。光绪二十八年十月,张之洞上奏《筹定学堂规模次第兴办折》,以湖北经验挑战全国学制。其中有关本国文的内容,依然漫不经心:小学、中学设"中文"科,居"修身/伦理""读经/温经"之后,教学内容及教材不明;文高等学则将"道德学、文学均附于经学之内",延续了江楚会奏的设计㊺。湖北学制指出"普通之学""专门之学""实业之学""美术之学"的区别,以"启发国民之忠义,化成国民之善良"为要务,却尚未突出语文训练在造就国民过程中的作用。

然而,回溯早期学制拟构的各种方案,在配合科场改制或政治实用的"理胜"主流之外,还有一股主张"辞胜"的潜流不容忽视。继承曾国藩学统而积极参与晚清教育改革的桐城吴氏古文之学,即为此中代表。古文家吴汝纶于光绪十四年接主保定莲池书院,甲午以后在院中兼设西学课程,观念日益开通,以为"中国之学,有益于世者绝少,就其精要者,仍以究心文词为最切"㊻;又尝谓:"救时要策,自以讲习西文为务,然中国文理,必不可不讲。往时出洋学生,归而悉弃不用,徒以不解中学。……中学门径至多,以文理通达为最重。"㊼在吴汝纶这里,西学冲击下经史之学日见无用,反而衬托出"文词""文理"本身的意义。他认为中国文字精华寄于姚鼐所编《古文辞类纂》,将来新学堂"六经不必尽读","中国浩如烟海之书,行当废去","而姚选古文则万不能废,以此为学堂必用之书,当与六艺并传不朽也"⑱。靠拉低"六艺"来彰显古文的地位,实为相当激进的做法。

　　光绪二十七年秋的吴汝纶日记中有一篇《驳议两湖张制军变法三疏》,逐条批斥江楚会奏的新政规划。针对原折"中学校……仍兼习策论、词章,并公牍书记文字"的规定,吴汝纶认为此类设计"于文字阶级,殊失次序",进而指出"张公以中国文字但供应奉文字之用,故视之甚轻",将《劝学篇》以来对待"词章"的实用化策略一概抹倒⑲。吴氏提出"文学不讲即孔教将亡",为了替代江楚会奏的方案,还曾为顺天学政陆宝忠开列"学堂书目":七八岁入小学堂,分经、子史、诗、学写字、西学五门;诗读唐人五七言绝句、汉魏乐府、元白歌行、张王乐府,皆取其易上口者。十二三岁入中学堂,在经、史、文、诗、西学外,还专有一门"学作诗文";文依次读《古文辞类纂》论辩、奏议两类,诗用王士禛《古诗选》、姚鼐《今体诗选》。十六七岁入大学堂,文类续读姚选序跋、书说、赠序、杂记等门,诗仍读王、姚二选,至"中国专门学"(廿岁以后入)则有经、史、子、集之分类,集部所学范围更广⑳。辛丑以后,吴汝纶在直隶的兴学业绩获得管学大臣张百熙的重视,旋被聘为大学堂总教习,并于光绪二十八年五月至九月赴日本考察教育。但他的考察成果,并未充分体现在是年七月颁布的壬寅学制中。惟前述是年十二月京师大学堂所刊《暂定各学堂应用书目》中,"词章"类用书与吴氏"学堂书目"颇多重合,带有一定的古文正统意识㉑。

　　较之对于学制的实际影响,吴汝纶一派"辞胜"主张的意义,更在于结合了此时刚从日本引进的国粹主义新说。在日本考察期间,吴汝纶了解到"欧西诸国学堂,必以国学为中坚"㉒,随即向大学堂诸人转告"吾国不可自废国学"㉓。后来更从滨尾新(1849—1925)、井上哲次郎(1856—1944)等学者处了解到"东西文明融合论":东洋文明皆精神上事,西国文明皆制度上事;自然科学,莫如西洋,精神文明,东洋独擅。诸如此类的概化论断(generalization)洋洋乎盈耳㉔。坚守古文家立场的吴汝纶则将其中的"精神文明"置换为"文学":"西人好讲哲学,彼哲学大明,亦必研求吾国文学。以吾国文学实宇内哲学之大宗也。凡吾学之益于世者,其高在能治平天下,其次则言能达意,足状难显之情,此诚政治家必要之事,不得以空疏见诮。"㉕此中所谓"哲学"当指广义上的学术,吴汝纶以"文学"为中国"国学"的代表,期待其在东西文明之间占有一席之地。

曾在日留学的吴汝纶之子吴闿生,比其父更露骨地接受了日本国粹主义说辞,并将中国文章之学代入其中。光绪二十九年正月吴汝纶辞世后,吴闿生在直隶重印《桐城吴氏古文读本》,系之以序云:

> 国立于天地之间,必有其所以存,而非他人所同者。日本之帝统、美国之民政,皆是也。文也者,吾国之所以存也。故繁古以来,国祚有迁移,而文教不废,虽以秦皇之暴慢,元世祖之雄强,不能改也。炎黄之种裔不亡,文字万无可灭理,流俗一时之向背,曷足为有无乎。多见其不知量而已。㊱

所谓"国立于天地之间,必有其所以存,而非他人所同者",随着20世纪初国粹话语的引入,类似语句在新学报刊译著中渐趋流行。光绪二十九年末,邓实在《政艺通报》发表《鸡鸣风雨楼独立书》,内有《语言文字独立》一篇,即声称"夫一国之立,必有其所以自立之精神焉,以为一国之粹。精神不灭,则其国不灭。文言者,吾国所以立国之精神,而当宝之以为国粹者也"。邓实所说的"文言"特指诗文,在他看来,中国人有"好文"的天性:"吾国凡百政法艺术其不如欧美,信矣;若夫诗歌之美,文藻之长,则实优胜之。此其特异之性质,固自其土地、山川、风俗、民质、历史、政教,所陶铸而来者也。"㊲

以文字文学为中国独有之国粹("非他人所同")的言论逐渐浮现,表面上看跟此期舆论界流行的"国语"与国家相互维系之论(详下节)颇有类似之处,实则二者理路截然不同:"国语—国家"论者主张借重来自西洋和日本的"国语"观念,使中国语言文字成为世界上之一种国族语文,以跻身近代国家之林,旨在泯灭中国文辞"落后"的特异性;而在吴闿生或邓实眼中,作为与日本"万世一系"、美国民主政治并列的"特异之性质",必须强调中国语文为他国所不具备的特异性,如古文家所谓气韵声音、邓实所谓风土民情等。由前一思路,自然要踏袭欧洲、日本推行"言文一致"的办法,提倡普通话、口语文,改革文字,统一语言;由后一思路,又不得不高调维持诗文之学,规避"言文一致",否则就将失去文章作为国粹的立足点。这两种视角体现了不同的国族认同方式("你有我也有"和"我有你没有"),却同时被引入学制,成为后来争执的源头。

三、"中国文辞"的时空同一性

戊戌以来"词章"不受官方重视的情形,到光绪二十九年十一月二十六日(1904年1月13日)颁布癸卯学制之时,发生了决定性的转折。《奏定学务纲要》在"全国学堂总要"诸条和"宜注重读经以存圣教""经学课程简要"之后,便是"学堂不得废弃中国文辞以便读古来经籍"和"戒袭用外国无谓名词以存国文端士风"两条㊿。相对于壬寅学制的首创,癸卯学制"条目更加详密,课程更加完备,禁戒更加谨严"㊿,有关本国语文的课程分为三种:

(一)初等小学堂称"中国文字"。

(二)高等小学堂、中学堂、高等学堂、初优两级师范学堂、中高两等农工商实业学堂、译学馆称"中国文学"。大学堂实行分科大学制,文学科大学下设"中国文学门"专科。此外经学科大学全科及文学科大学下的中国史学门、万国史学门均以"中国文学"为随意科,英、法、德、俄、日本国文学门则以之为主课。

(三)作为初级职业教育的"艺徒学堂"、初等农工商实业学堂、实业补习普通学堂称"中国文理"。

尽管名称随学程变化,但本国语文训练完全被统合于一科之内㊿,高等学堂、优级师范学堂无论文、理、医各类均要求修习。至少从分科格局上,已与日本明治三十三年新制以后贯彻上下的"国语国文学科"相似。"中国文字""中国文学""中国文理"在《学务纲要》中统称为"中国文辞",简称"国文"。各学程宗旨、教法不同,在各学堂章程中皆有详尽的规定。《学务纲要》还指出"中国文辞"的内容应包含各体,既有"阐理纪事、述德达情"而"最为可贵"的古文,亦有适用"国家典礼制诰"而"亦不可废"的骈文,甚至兼容"涵养性情,发抒怀抱……可稍存古人乐教遗意"的古今体诗辞赋㊿。虽然仍存轩轾之意,但在"理"和"事"之外兼顾"德"与"情",多少改变了此前"词章"一门单纯注重实用文体的局面。

癸卯学制中的"中国文辞"课程框架,已不再如壬寅学制那样无意识地搬用外来学制成例,亦有别于此前督抚兴学的实用趋向,而是带有明确学科自觉,且在整个教学体系中负有独特功能的显著存在。众所周知,癸卯年重订学制是由当时在京参与学务的张之洞主导；在引进湖北兴学既有经验的同时，回应了中枢整顿学风、预防流弊的政治诉求[62]。就学科门类和学程系统而言，癸卯学制仍以日本为模范，出自张之洞幕府中曾赴日本考察学务的陈毅（士可）、胡钧等人之手，可视为壬寅学制更为精细的版本。但其中"《学务纲要》、经学各门及各学堂之中国文学课程，则公（张之洞）手定者也……所谓章程，实公晚年学案也"[63]。《劝学篇》时代"不屑亦不暇"的词章内容，何以到癸卯前后就成了与张之洞念兹在兹的"读经讲经"并列，且非要他"手定"不可的"中国文学"？此中曲折，值得细考。

前述光绪二十四年姚锡光访日后，湖北方面又先后派出了两次较大规模的对日教育考察。就中，光绪二十七年十一月罗振玉率领陈毅、胡钧等人赴日一次，被认为对癸卯学制的制定有着潜在影响[64]。其时正值日本小学校新设"国语科"，而中学校发生"汉文科"存废争议之际，围绕"国字""国语"、汉字存废等问题，教育界和学术界展开诸多论争。是年十二月二十七日，罗振玉到文部省拜会负责地方中小学教育的"普通学务局长"泽柳政太郎（1865—1927），谈及小学"读书科"与汉字存废的关系。泽柳告以中国小学教育"必创为切音字，以谋教育之普及"，但切音字仅是识字辅助，高等小学以上仍用汉字，即便是在日本，全废汉字亦有困难[65]。教育名家嘉纳治五郎（1860—1938）则向罗氏建议"言文一致"应由俗趋雅："如小学读本，先用北京话令各省之言语画一，以后改修，则去俗语十一，而潜易以文言，悉合文字而后已。"[66]回国以后，罗振玉将相关论点整理为《论文字之关教育及改良意见》一文，刊发在《教育世界》上。他指出中国文字有"繁密过甚"和"言文不一致"两难，欲谋改良，又不能"决然去之"，则不如通行两种文字："一为向来之象形书，以供高等小学堂以上之用；一为切音字，以供初等教育之用"；此外欲达"言文一致"，则"必升语言以合文字，无降文字以合语言之理"[67]。这些来自日本教育家的意见，并非一味趋向汉字拼音化或汉文俗语化，而是将二者作为手段，强调掌握汉字、文言仍是读写训练的目标。

与"言文一致"的意识相配合，"国语统一"观念的传入，也对新学制中本国语文课程地位的提升产生了促进作用。光绪二十八年吴汝纶访日期间，伊泽修二（1851—1917）等日本教育家告以"国语统一"促成"爱国心"之说[68]。吴氏遂在九月十一日致张百熙信中建言编辑"国语课本",用"京城声口"使天下语音一律,称为"国民团体最要之义"⑩。同时,与张之洞系统关系密切的《教育世界》刊出《欧美教育观》,教授部分亦首列"国语教授之必要":"环球各国,无不奖励国语,以国民之团结赖以巩固也。欲灭其国家,必先禁其国语。古罗马人制服他国,以禁其国语为第一政略,盖可破坏其国民之团结,而使其同化于我,帖然而为我之新领土也。"⑰无论是"言文一致"还是"国语统一",两者都将语文教育与近代国家的整合紧密联系在一起。癸卯学制规定"以官音统一天下之语言,故自师范以及高等小学堂,均于中国文一科内附入'官话'一门",正是此种新思潮的反映㉑。

不过,癸卯学制并未采用现成的"国语"概念。"官话"一门附入"中国文学"的设计,更说明"国文"并非如民间教育改革者设想的那样,仅仅是"国语"未达统一之前的代用品,而是另有其目标。"中国文辞"课程一方面继承"国语"观念带来的语文共同体意识,另一方面却回避了具体的言文一致问题㉒,而更强调在"文字""文理""文学"等书面层次构建国族文化的时空同一性:不仅在空间上,以"四民常用之文理"统合地域、阶级的差别;更要在时间上,回溯古圣先贤之遗文,沟通经典与当下。张之洞关于"中国文辞"的独特思路,正是在此种夹缝中生成。故当光绪二十八年正月回电张百熙学务咨询时,张之洞一改此前轻视词章的论调,提出"中国文学不可不讲"的要义:

> 七曰中国文章不可不讲。自高等小学至大学,皆宜专设一门。韩昌黎云"文以载道",此语极精,今日尤切。中国之道具于经史,经史文辞古雅,浅学不解,自然不观。若不讲文章,经史不废而自废。㉓

从高等小学到大学"专设一门"的"中国文章",即为癸卯学制高等小学堂以上"中国文学"课程的滥觞。本国语文课程必须通贯全部学程,自属"东西洋之通例";引韩愈"文以载道"说,并不一定拘泥于桐城古文的思路㉔。清末古文家引以为国粹的文学,在张之洞和许多趋新教育家的观念中,都只是"载道"的途径。不过这条途径所通向的目的地却可能大不相同,反过来也影响到各自关于"文学"教育的想象和规划。张之洞心目中"中国文章"的最大目标,是中国独有的"经史",亦即中国独有之"道"。马建忠辈以西洋"数度、格致、法律、性理诸学"为终点的"文以致道",虽然也是题中之义,却非最重要的宗旨㉕。提升

"中国文章"的地位,正是对西学威胁下中学危机的回应,要在"今日尤切"四字。其目的并不寄于古文辞本身,而是因为"经史文辞古雅",不讲文章则"经史不废而自废",继而导致古今时间共同体(古文—经史—道)的断绝。在张之洞看来,其危险程度不亚于时论所重视的空间共同体(国语—近代国家)的分裂。

光绪二十九年冬张之洞主导《学务纲要》,强调"学堂不得废弃中国文辞",实即近两年前与张百熙论"中国文章不可不讲"的延续。《学务纲要》吸取"文化""国粹"等新概念,调门高了很多,如"中国各种文体,历代相承,实为五大洲文化之精华","外国学堂最重保存国粹,此即保存国粹之一大端"云云,似乎与从吴汝纶到邓实所主张的国粹在文学之说并无二致。但若细按其以文辞为"国粹"的理据,则是"必能为中国各体文辞,然后能通解经史古书,传述圣贤精理。文学既废,则经籍无人能读矣",则"文学"的价值仍须依附于经史才能实现㉟。癸卯学制中文学教育的附庸地位,亦体现在其与壬寅学制语文读写类课程占总学时比例的对照。壬寅学制基本符合同时期日本学校国语科学时从高学级到低学级不断增加的趋势:蒙学堂占比最高,"字课""习字"二科共占总学时的33.3%,是各科中课时最多的科目;寻常小学堂次之,占16.7%。而在癸卯学制相当于壬寅学制蒙学堂和寻常小学堂的初等小学堂中,"中国文字"课仅占总学时13.3%,同学程"读经讲经"课程占比却高达40%。高等小学堂"中国文学"加入"官话"内容,学时比提高到22.2%,为各学程最高,却仍不如"读经讲经"的33.3%。国文课时始终少于读经课时,是癸卯学制最为时人诟病的缺陷之一,却也正是张之洞等"儒臣"的私衷所寄。除了小学阶段"供谋生应世之需""备应世达意之用"的基础文字课程,"中国文学"科的一大功能便是辅助读经讲史。

"若不讲文章,经史不废而自废""文学既废,则经籍无人能读"等语,不难让人联想到《劝学篇·守约》中"若废小学不讲……吾恐终有经籍道熄之一日"的判断。"小学"和"文章""文学"可以替换。由此推论,在张之洞壬寅以前的知识结构中,与癸卯学制"中国文学"课程功能更为对应的部分,并非"词章",而是"小学"。《奏定大学堂章程》中罗列"研究文学之要义",首先是古今字体、音韵、名义训诂三者的变迁,即相当于《劝学篇·守约》"小学"条下"解六书之区分、通古今韵之隔阂,识古篆、籀之原委……"等内容⑰。接下来一条,则是:"古以治化为文,今以词章为文,关乎世运之升降。"⑱可知在学制主导者的观念中,"词章为文"绝不是值得追求的理想。从戊戌到癸卯,张之洞关于"词章"的偏见并没有根本上的改变,发生变化的,只是新学制将原本属于不同知识分类的小学、词章等内容都包纳到"中国文辞"的范围内,且为之"专设一门"。小学内容的加入,提升了文学教育在整个知识体系中的地位。"中国文字""中国文理""中国文学"有序递进,正可看作乾嘉诸儒所揭橥"由字以通其词,由词以通其道"这一治学正途的翻版⑲。

在《学务纲要》中,除了指向经史的"文以载道",针对"袭用外国无谓名词"的猖獗现状,学制主导者还从厘正文体的角度提出了"文以载政"的命题:"古人云'文以载道',今日时势,更兼有文以载政之用。故外国论治论学,率以言语文字所行之远近,验权力教化所行之广狭。"⑳此说类似于今人俗称的"软实力",其背景则是戊戌以后在梁启超等报章新文体引导下,主要来自日本的"新名词"大量涌入,构成对传统政教及其文章载体的威胁㉑。而在"道"之外,把"政"作为"中国文辞"学习的另一目标,亦呼应了《劝学篇·守约》以降对"词章"政治实用性的重视:"假使学堂中人全不能操笔为文,则将来入官以后,所有奏议、公牍、书札、记事,将令何人为之乎?……宋儒所谓一为文人,便无足观,诚痛乎其言之也。盖黜华崇实则可,因噎废食则不可。"㉒此处再次援引"一为文人,便无足观"一语,进一步确认庙堂文字不可废置。在强调记事、说理文字的通用性这一点上,癸卯学制与当时坊间教科书流行的"普通文"理念有相通之处。惟在张之洞等人的观念中,相对于"化学家、制造家及一切专门之学,考有新物新法,因创为新字"的情况,"通用文字"理应剔除不必要的外来词汇、文法㉓。故在中学堂"作文"教程中,明示要以"清真雅正"为主:"一忌用僻怪字,二忌用涩口句,三忌发狂妄议论,四忌袭用报馆陈言,五忌以空言敷衍成篇。"㉔癸卯学制期待的普通应用文体,仍处在清代科场衡文标准与古文"义法"的延长线上㉕,其对于新名词和报章文体的拒斥态度,实有别于《蒙学报》《蒙学读本全书》《最新国文教科书》等民间教科书所主张的"浅近文言"㉖。

因此,或可将癸卯学制"中国文辞"课程的培养目标破析为三部分:一是初学阶段所学应世谋生所必需的语文技能;二是在此基础上,运用"中国文法字义"知识读写奏议、公牍、书札、记事等"通用文字"的能力；三是读经读史进而维系国族文化认同的途径。第三点作为主张，体现于《学务纲要》和《大学堂章程》，前两点则散见于中小学及各师范、实业学堂课程安排的细节中。这种"复合型"的文学教育，当然不太吻合后设的"文学"观念。正如以往研究反复提到的，癸卯学制有排斥诗歌词赋而独尊古文的倾向⑧。虽然"古今体诗词赋"作为文学之一体被《学务纲要》提及，《读古诗歌法》也在初等小学堂、高等小学堂、中学堂、初级师范学堂四处章程中反复出现。但是，对照教授时刻表就会发现，"读有益风化之古诗歌"是系于"修身科"之下，作为外国"唱歌音乐一门"的代用品被引进的，同时还糅入了明代王守仁、吕坤诸儒"歌诗习礼"的主张⑨。作为一种旨在涵养伦理的"诗教"，"万不可读律诗""万不宜作诗""诵读既多，必然能作"等原则被反复强调。《劝学篇·守约》中对"钩章棘句之文""浮诞诡琐之诗"的紧张并没有得到缓和。

此外，即便在应用性读写训练的阶段，癸卯学制也未直接采用日本国语教育的既有经验。试举中学堂"中国文学"课程为例：应对中学生获得作文能力的现实需要，《章程》将"为文之次第"具化为文义、文法、作文三步骤，兼习各体书法，第五年加讲"中国历代文章、名家大略"。表面上看，这似乎是借鉴了日本中学校"国语及汉文"科分"讲读""文法及作文""习字"三类，并在第五年第三学期加课"国文学史"的成规⑩。但具体内容却有很大差别，尤以对"文法"理解的分歧最甚：

> 文法备于古人之文，故求文法者必自讲读始。先使读经、史、子、集中平易雅驯之文，《御选古文渊鉴》最为善本，可量学生之日力择读之（原注：如乡曲无此书，可择较为大雅之本读之），并为讲解其义法。次则近代有关系之文亦可流览，不必熟读。⑪

此处的"文法"并非《马氏文通》以下教授字类、句法等新知的 Grammar（如光绪二十九年文明书局《蒙学文法教科书》之类），而是"备于古人之文"，以"平易雅驯""清真雅正"为标准，以古文"义法"为旨归的作文之法。优级师范学堂的"中国文学"课程除了与中学堂相同的"文义、文法、作文"，更要讲授"教学童作文之次序法则"，在字法、句法、篇法之外，还有"熟读"和"拟古"两门"自然进功之法"。《章程》于此处特地注明："文章乃虚灵之物，其佳否半由自悟，不能尽教;惟诵读极熟,兼常令拟古,则自能领悟进益。"㉑清末引进西洋文法学,本意在为过去依赖记诵模拟的文章学找到一种可以在课堂上教授的法则。早在戊戌以前,叶瀚就曾批评"中国诗歌赋颂,及唐宋古文家,均属词章家。凡词章须规枙格调字句,词多而例少,故规枙之文,其所用虚字、活字,多是仿用留存的,以致古文词例之学,日即销亡"㉒。癸卯学制的"文法"竟以叶瀚等新派教育家深恶痛绝的"熟读""拟古"为法门,"文章乃虚灵之物"的判断,几乎消解了引进新式文法的必要性。

余 论

以上检讨癸卯学制中由张之洞手定的"各学堂之中国文学课程",不难发现《劝学篇·守约》在一定程度上充当了《学务纲要》的"元文本"。"中国文辞"课程体系的目标,实即《守约》方案中"词章"所重之"政"与"小学"所通之"道"的结合。在"载政""载道"的基础之上,新学制添加了国族认同的说辞,并提供了一套国家制度的支撑。其实,何止是"中国文辞",读经讲经、中国史学乃至地理、政治各门,只要是从中国固有学问转化而来的科目,多少都带有《劝学篇》规划的影响。从戊戌到癸卯,通常被看作清末新学制的酝酿期;但从《劝学篇》到《学务纲要》的回环,却更让人反思创造"制度"的意义何在。

如此新瓶装旧酒,当然与民间教育实践者的期待有一定差距。重订学制颁布后,主打教科书出版的商务印书馆有意迎合,拟改变已在进行中的国文教科书编辑体例,引起蒋维乔等编译所人员的不满:"午后小谷、长尾来,因京师大学堂新定章程所定小学科全然谬戾,不合教育公理,而商务馆资本家为谋利起见,颇有欲强从之者。而张菊翁(元济)、高梦翁(凤谦)及余等故不愿遵之,小谷、长尾之意亦然。长尾见此章程,心中懊丧……轻视中国之意见于言外。"㉓所谓"教育公理",自然是小谷重、长尾槙太郎(1864—1942)等日本编者带来的学制经验,特别是要以日本中小学"国语科"作为中国文学教育的典范。

光绪三十三年正月,学部颁行《奏定女学堂章程》,正式将本国语文课程定名为"国文",国文课时占总学时比例亦大幅提高:初等小学堂达50%,高等小学堂为30%,女子师范学堂占11.8%;国文科宗旨亦与日本学校国语科类似,强调读写"普通文"的能力⑭。两年后,江苏教育总会发起变通学制,学部奏请增加小学堂国文时刻,删去历史、地理、格致三科,将相关知识并入文学读本内讲授⑮。凡此均可视作对癸卯学制的反弹。至民国肇造,废止读经,中小学校国文科学时大增。壬子学制规定小学校"国文"要旨"在使儿童学习普通语言文字,养成发表思想之能力,兼以启发其智德",中学校在此基础上增加"略解高深文字,涵养文学之兴趣"两项:"首授以近世文,渐及于近古文,并文字源流,文法要略,及文学史之大概。"⑯二者分别挪用了明治三十三年日本《小学校令实施细则》的"国语科要旨"和明治三十四年《中学校令实施规则》中的"国语及汉文科要旨"⑰。

作为被普遍了解的常识,1920年1月教育部下令秋季学期起国民学校一二年级"国文"改用语体文,两年后初、高等小学及中学"国文科"一律改称"国语科"⑱。这一模棱两可的追述,容易造成在教育制度上"国文"被"国语"取代的错觉。其实,清末时期"国文"与"国语"(最初谓之"官话")是两个并列概念,并不一定存在着前后取代的关系。尽管较为趋新的教育改革者确实有此期许。无论是吴汝纶等以古文为国粹的设想,还是张之洞等借"中国文辞"来"载道""载政",都表明在清末的教育方案中,局限于共时空间的"国语"未必能完全涵盖的"国文"统合国族时空共同体的功能。

民国以降,壬子、癸丑学制的"国文科"回到了日本"国语科"的典范,亦即返回梁启超等在戊戌前后介绍日本学制的原点。从《劝学篇》到癸卯学制的制度设计,似乎都成了徒劳。不过,如果能够换一种视角看待"制度",不仅仅从可行性、有效性、普遍性评判一种制度的优劣,而是充分注意制度筹划者在其中所寄寓的理想,那么癸卯学制的"中国文辞"课程或许不合于一时之需,却有可能作为一种思想"潜势力",成为百世以降的精神资源。"不讲文章,经史不废而自废",国语运动和文学革命百年以后,文辞的古今断绝已然影响到文化传承,当年张之洞的隐忧正日益成为现实。清末文学教育制度化过程中所呈现的,构建国族时空同一性的文化理想,虽然在当时未必能达致有效的教育实践,却值得当下的回望和反思。

原载于《文学评论》2017年第5期,149—158页。

注　释

① 班固《汉书·艺文志·六艺略》，陈国庆编《汉书艺文志注释汇编》，中华书局，1983年，91页。类似段落，亦见于许慎《说文解字序》所引尉律以及晚近出土汉律。富谷至指出其中的"学童"，是"志在成为书记官而学习文字的特殊儿童群体，而不是初学童子这种一般意义上的学童"。见富谷至著，刘恒武、孔李波译《文书行政的汉帝国》，江苏人民出版社，2013年，114页。

② 代表性研究，参见陈平原《新教育与新文学——从京师大学堂到北京大学》，《学人(第4辑)》，江苏文艺出版社，1993年，13—40页；陈国球《文学立科——〈京师大学堂章程〉与"文学"》，氏着《文学史书写形态与文化政治》，北京大学出版社，2004年，1—44页。二者都是从大学教育切入。此外，近年还有贺昌盛《晚清民初"文学"学科的学术谱系》、栗永清《知识生产与学科规训——晚清以来中国文学学科史探微》(中国社会科学出版社，2012年)等书。涵盖普通教育在内全学制的讨论，有 Elisabeth Kaske 关于"清末教育体系中法定语言"的考察，但她更关心语言问题，所取角度与本稿不同。参见 Elisabeth Kaske, *The Politics of Language in Chinese Education*, 1895—1919, Leiden & Boston: Brill, 2008, pp. 234—272.

③ 梁启超《论学校五(变法通议三之五)·幼学》，连载于《时务报》第16—19册，光绪二十二年十二月初一日、十一日；光绪二十三年正月二十一日、二月初一日。

④ 关于戊戌前后康梁一派蒙学变革论与清代以来识字教法的关系，参见陆胤《文字难易与教育新旧——戊戌前后蒙学变革论的语文侧面》，《现代中国(第15辑)》，北京大学出版社，2014年，66—97页。

⑤ 康有为《日本书目志》卷一一、卷一二，见姜义华、张荣华编校《康有为全集》第3集，中国人民大学出版社，2007年，419—420页、446—461页、470页。

⑥ 参见沈国威《近代中日词汇交流研究——汉字新词的创制、容受与共享》，中华书局，2010年，248—271页；王宝平《康有为〈日本书目志〉出典考》，《汲古》第57号，2010年6月，13—29页。

⑦ 梁启超《论学校四(变法通议三之四)·师范学校》，《时务报》第15册，光绪二十二年十一月十五日。按："谓倭文倭语"四字，此后《饮冰室合集》本改作"谓日本文语"。见《变法通议·论师范》，林志钧编《饮冰室合集》文集之一，上海，中华书局，1936年，37页。引文中粗体为笔者所改，下同。

⑧ 文部省令第八号《寻常师范学校ノ学科及其程度》，日本内阁《官报》第2710号，明治25年7月11日，109—114页。有意味的是，梁启超将"历史"、"外国语"、"手工"等日式学科名改译为"史志"、"西文"、"工艺"，却保留了"国语"这一在清朝容易引起混淆("国

语"指满洲语)的名词。

⑨ 陈国球指出:"梁启超以'文字之学'统括语言文字的初阶认识以至词章体格的学习,这个范畴之内的各种知识都可以称做'文学',因为文学是以文字为起始点所开出的概念……依此推论,《筹议京师大学堂章程》'溥通学'中的'文学',应该不是最基础的语言文字学习,而是偏指'词章';英、法、俄、德、日五种外语的学习则概以'语言文字学'称之。"前引《文学史书写形态与文化政治》,9 页。

⑩ 梁启超撰,孙家鼐等奏《大学堂章程》,中国第一历史档案馆编《京师大学堂档案选编》,北京大学出版社,2001 年,27 页、30 页。

⑪ 《大学堂章程》,中国第一历史档案馆编《京师大学堂档案选编》,29 页。按:光绪二十三年梁启超就任长沙时务学堂总教习,就有"溥通学"与"专门学"的分别,前者包含经学、诸子学、公理学、中外史志及格算诸学之粗浅者,并无与文学词章相关的内容。见梁启超《时务学堂功课详细章程》,夏晓虹编校《〈饮冰室合集〉集外文》,北京大学出版社,2005 年,上册,22—23 页。

⑫ 姚锡光《查看日本学校大概情形手折》(光绪戊戌闰三月二十日上南皮制府),见《东瀛学校举概》,光绪二十五年夏四月京师木活字本,公牍一。

⑬ 《劝学篇·学制》,苑书义、孙华峰、李秉新主编《张之洞全集》第 12 册,河北人民出版社,1998 年,9742 页。

⑭ 佚名译《日本华族女学校规则》,《丛书集成初编》影印光绪二十三年《灵鹣阁丛书》本,中华书局,1991 年,21—33 页。此章程亦收入光绪二十四年孟春时务报馆石印的《日本学校章程三种》,见《时务报馆印售书报价目》,《时务报》第 51 册,光绪二十四年正月廿一日。按:当时人援引此规则,又或称该科为"国语",如郑观应《致居易斋主人(经元善)论谈女学校书》(光绪二十三年十二月)即云:"驻日本星使裕朗西尝云:日本华族女学校规则十六科,……曰国语、曰汉学、曰西文……则妇言妇功之事也。"下又引"长崎领事余又眉"的话:"日本女学分十三科:……三、国语(原注:谓日本文)。"见夏东元编《郑观应集》,上海人民出版社,1988 年,下册,263 页。

⑮ 宫内省谕第四号《华族女学校章程》,日本内阁《官报》第 3046 号,明治 26 年 8 月 23 日,218 页。

⑯ 松林纯孝(孝纯)译《日本小学校章程》,《蒙学报》第 21 册,光绪二十四年四月初一日。

⑰ 路义思撰,卫理口译,范熙庸笔述《日本学校源流》,光绪二十五年江南制造局铅印本,21 页、22 页、51 页。

⑱ 日本"国文学"在大学的成立,伴随着国家思想的成熟。参见 Lee Yeounsuk(李妍淑)《国語という思想——近代日本の言語認識》,东京,岩波书店,1996 年,96—105 页。

⑲ 参见打越孝明《中学校汉文科存廃問題と世論：明治三十四年中学校令施行規則発布前後》，《早稲田大学教育学部学術研究》第39号，1990年12月，29—51页。

⑳ 关于明治前中期读书、作文、习字等课程的演化，参见甲斐雄一郎：《読書科における二元の教授目標の形成過程》，（日本）全国大学国語教育学会編《国語科教育》第38集，1991年3月，107页；小笠原拓《"国語科"の発見とその歴史の意義：坪井仙次郎"小学国語科之説"を中心に》，载《教育学研究》第70卷第4号，2003年12月。

㉑ 俞复《蒙学读本全书序》《蒙学读本全书》，光绪二十八年上海文明书局石印本，卷首；又载光绪二十九年正月初十日《大公报》第225号，"来稿代论"栏。

㉒ 时充留日学生总监督的夏偕复，在光绪二十七年十月撰文介绍日本学制，已于寻常、高等小学校学科中明列"国语"一科。这是笔者所见最早反映1900年新制《小学校令》的例子，见夏偕复：《学校刍言》，《教育世界》第14号，辛丑（1901）十月下。此外，《译书汇编》所附《日本学校系统说》一文亦按含"国语科"的新制介绍了日本小学课程。见《译书汇编》第2年第7期，"附录"栏，壬寅（1902）七月。

㉓ 樊炳清译《小学校令》，《教育世界》第2号，辛丑四月上。

㉔ 罗振玉《学制私议》，《教育世界》第24号，壬寅三月下。

㉕ 《钦定蒙学堂章程》《钦定小学堂章程》（光绪二十八年七月十二日），见璩鑫圭、唐良炎编《中国近代教育史资料汇编·学制演变》，上海教育出版社，2007年，291—292页、280—284页。

㉖ 京师大学堂《暂定各学堂应用书目》，光绪二十八年十二月京师大学堂刻本，不分卷。

㉗ 《钦定中学堂章程》《钦定高等学堂章程》《钦定大学堂章程》（光绪二十八年七月十二日），前引《中国近代教育史资料汇编·学制演变》，273、246、251、245页。

㉘ 《中国近代教育史资料汇编·学制演变》，280页、282—283页、273—274页、246—247页、251—252页。

㉙ 前引《寻常师范学校ノ学科及其程度》，110页。

㉚ 《中国近代教育史资料汇编·学制演变》，284页。

㉛ 吴汝纶《答张小浦观察》（壬寅四月九日），施培毅、徐寿凯校点《吴汝纶全集》，黄山书社，2002年，第3册，390页。

㉜ 光绪二十八年六月初五日《大公报》"时事要闻"栏记载："闻管学大臣此次拟定之大、中、小、蒙学课程，以沈小沂（兆祉）、李亦园（希圣）、张小圃（鹤龄）三君参议为多。"北京发行的《经济丛编》亦有类似报道，见《兴学端倪》，《经济丛编》第10册，"中外大事记"栏，光绪二十八年六月三十日。罗惇曧则回忆此次章程"多出沈兆祉手"，参见罗惇曧《京师大学堂成立记》，孙安邦、王开学点校《罗瘿公笔记选》，山西古籍出版社，1997

㉜ 年,62 页。
㉝ 《振兴学务》,《经济丛编》第 6 册,"中外大事记"栏,光绪二十八年四月二十九日。
㉞ 张筱浦庶常拟稿《京师大学堂编书处章程》,《经济丛编》第 9 册,"教育"栏,光绪二十八年六月十五日。此外尚有"诗学课本"一项:"诗学课本拟断代选择,自汉魏以迄国朝,取其导扬忠孝,激发性情及寄托讽喻,有政俗人心之关系者,传为定本,以资扬扢。本兴观群怨之宗风,寓敦厚温柔之德育,亦古人诗教之遗也。"
㉟ 佚名《力诋学堂》《奏参大学》,分别见《新民丛报》第 23、24 号,"中国近事"栏,光绪二十八年十二月一日、十五日。
㊱ 《劝学篇·守约》,《张之洞全集》,9730 页。
㊲ 梁启超《万木草堂小学学记·学文》:"词章不能谓之学也。虽然,言之无文行之不远。说理论事,务求透达,亦当厝意,若夫骈丽之章、歌曲之作,以娱魂性,偶一为之,毋令溺志。"其注重"说理论事"的实用性,警告勿溺于骈文词曲,无论是理路还是论调,都与《劝学篇》如出一口。见下河边半五郎编《饮冰室文集类编》上册,帝国印刷株式会社,1904 年,694 页。并参见前引陈国球文的分析,《文学史书写形态与文化政治》,7—8 页。
㊳ 《劝学篇·守约》,《张之洞全集》,9731—9732 页。
㊴ 《书目答问·国朝箸述诸家姓名略》,《张之洞全集》,9976 页。
㊵ 张之洞、刘坤一奏《变通政治人才为先遵旨筹议折》(光绪二十七年五月二十七日),《张之洞全集》,1396—1398 页。据李细珠考证,包括此折在内的"江楚会奏变法三折",实出自江、鄂两方面幕府的反复筹划。见氏著《张之洞与清末新政研究》,上海书店出版社,2009 年,80—98 页。
㊶ 《张之洞全集》,1402—1403 页。
㊷ 参见崔华杰《登州文会馆与山东大学堂学缘述论》,《山东大学学报(哲学社会科学版)》2013 年第 2 期。
㊸ 袁世凯奏《遵旨改设学堂酌拟试办章程折》(光绪二十七年九月二十四日),廖一中、罗真容整理《袁世凯奏议》卷一〇,天津古籍出版社,1987 年,上册,317—340 页。此处 334 页。
㊹ 袁世凯奏《筹设直隶师范学堂小学堂拟定暂行章程折》《筹设直隶各属中学堂拟定暂行章程折》(光绪二十八年七月初五日),前引《袁世凯奏议》卷一七、卷一八,中册,585—589 页、595—596 页、601—602 页。
㊺ 张之洞奏《筹定学堂规模次第兴办折》(光绪二十八年十月初一日),《张之洞全集》,1488—1502 页。

㊻ 吴汝纶《答阎鹤泉》(丁酉二月四日),《吴汝纶全集》,第3册,142页。

㊼ 吴汝纶《与李赞成》(丁酉四月十六日),《吴汝纶全集》,第3册,149页。

㊽ 戊戌前后,吴汝纶在书信中屡次提出将《古文辞类纂》与“六经”并列,甚至取代“六经”的观点。参见《答阎鹤泉》(丁酉二月初四日)《答姚慕庭》(戊戌三月廿三日)《答严几道》(己亥正月卅日)诸函,《吴汝纶全集》,第3册,142—143页、185—186、231页。

㊾ 《吴汝纶全集》第4册,456页、458页。

㊿ 吴汝纶《与陆伯奎学使》(辛丑九月十七日),《吴汝纶全集》,第3册,374、377—379页。

(51) 《暂定各学堂应用书目》“词章”类用书包括:梅曾亮编《古文词略》、姚鼐编《古文辞类纂〔篹〕》、王士祯编《古诗选》、姚鼐编《今体诗选》四种选本;参考书为:《文选李善注》《御选唐宋文醇》《御选唐宋诗醇》、曾国藩纂《经史百家杂钞》。

(52) 《吴汝纶全集》,第4册,702—703页。

(53) 吴汝纶《答大学堂执事诸君饯别时条陈应查事宜》(壬寅九月十一日),《吴汝纶全集》第3册,443页。

(54) 参见《吴汝纶全集》,第4册,706页;《井上哲次郎笔谈》,《吴汝纶全集》,第3册,757页。

(55) 吴汝纶此语,原载明治35年(1902)9月12日(光绪廿八年八月十一日)《日本新闻》,译文引自《东游日报译编》,《经济丛编》,第28册,光绪二十九年闰五月十五日。

(56) 吴闿生《重印古文读本序》,《北江先生文集》卷二,文学社民国十三年刻本。

(57) 邓实《鸡鸣风雨楼独立书·语言文字独立》,《政艺通报》第2年第24号,光绪二十九年十二月一日。

(58) 张之洞、张百熙、荣庆奏《奏定学务纲要》,《中国近代教育史资料汇编·学制演变》,499—501页。

(59) 张之洞、张百熙、荣庆奏《奏定学务纲要》,《中国近代教育史资料汇编·学制演变》,495页。

(60) 仅有三处例外:(一)初级师范学堂考虑到师范生将来“教幼童”之需,将“习字”另立一科;(二)高等商业学校为适应商业文牍,预科设“书法”“作文”二科,本科另设“商业文”科目;(三)实业补习普通学堂的商业科,在普通科目的“中国文理”外,须加习“商业书信”。此外,进士馆、高等工业学堂、农业及工业教员讲习所均不设本国语文课程,商业教员讲习所亦仅设“商业作文”课。见《奏定初级师范学堂章程》《奏定高等农工商实业学堂课程》《奏定实业补习普通学堂章程》《奏定实业教员讲习所章程》,《中国近代教育史资料汇编·学制演变》,411页、471页、452—453页、475—477页。

(61) 《中国近代教育史资料汇编·学制演变》,499页。

㉒ 癸卯年张之洞参与学务，进而主导改订学制，并非单纯的新旧人事之争；其主要动因，是为了应对当年京师大学堂等处的拒俄学潮。相关考证，参见拙著《政教存续与文教转型——近代学术史上的张之洞学人圈》，北京大学出版社，2015年，184—189页。

㉓ 许同莘《张文襄公年谱》，《北京图书馆藏珍本年谱丛刊》影印本，北京图书馆出版社，1999年，第174册，95页。

㉔ 关于罗振玉此次访日与张之洞学制推进的关系，详见汪婉《清末中国对日教育考察の研究》，东京，汲古书院，1998年，236—248页。

㉕ 罗振玉《扶桑两月记》辛丑十二月二十七日条下，罗继祖、王同策编《罗振玉学术论著集》，上海古籍出版社，2010年，第11集，116页。按：泽柳政太郎后来成了激进的汉字废止论者，认为汉字不仅浪费了教育上的时间，还使日本在国际竞争中处于劣势，因此主张改行罗马字。其立场与罗振玉所记的不同。参见安田敏朗《漢字廃止の思想史》，东京，平凡社，2016年，84页。

㉖ 罗振玉《论文字之关教育及改良意见》，《教育世界》第31号，壬寅七月上。

㉗ 同前注。

㉘ 吴振麟录《贵族院议员伊泽修二氏谈片》，《东游丛录》卷四，《吴汝纶全集》，第3册，795—799页。

㉙ 吴汝纶《与张尚书》（光绪二十八年九月十一日），《吴汝纶全集》，第3册，435—437页。并参见黎锦熙《国语运动史纲》，商务印书馆，2011年，101—102页。

㉚ 日本育成会编，桐乡沈纮译《欧美教育观》，第七章"教授"，《教育世界》第35号，壬寅九月上。

㉛ 《奏定学务纲要》，见《中国近代教育史资料汇编·学制演变》，505页。

㉜ 癸卯学制虽有"期于全国语言统一，民志因之团结"的"官话"一门，却无独立的"国语科"，或与清末尚未就"国语"标准达成一致有关。Elisabeth Kaske 推测可能是顾虑到满洲语作为"国语"的习惯，并指出关于"官话"的规定停留在语音层面，未及语法及词汇，癸卯学制有回避将官话定义为包括语言、文章两方面的独立语文的倾向。见 Elisabeth Kaske, "Mandarin, Vernacular and National Language: China's Emerging Concept of a National Language in the Early Twentieth Century", in *Mapping Meanings: The Field of New Learning in Late Qing China*, edited by Michael Lackner and Natascha Vittinghoff, Leiden & Boston: Brill, 2004, pp. 265—332.

㉝ 张之洞《致京张冶秋尚书》（光绪二十八年正月三十日），《张之洞全集》，8745页。

㉞ 参见前揭 Kaske 书，253—265页。张之洞早年曾受学于古文家朱琦，与桐城古文确有渊源。见《抱冰堂弟子记》，《张之洞全集》，10631页。

㊻ 马建忠《文通·后序》:"余观泰西童子入学,循序而进,未及志学之年,而观书为文,无不明习。而后视其性之所近,肆力于数度、格致、法律、性理诸学,而专精焉。……文者,所以循是而至于所止,而非所止也,故君子学以致其道。"见《马氏文通》第1册卷首,光绪二十四年孟冬上海商务印书馆铅印本,后序第2a—2b叶。

㊼ 《中国近代教育史资料汇编·学制演变》,499—500页。

㊽ 见《张之洞全集》,9731页。惟《劝学篇·守约》中所举"小学"属于普通学,到癸卯学制中则升级为大学堂"中国文学"专门的内容。

㊾ 张之洞、张百熙、荣庆奏《奏定大学堂章程》,见《中国近代教育史资料汇编·学制演变》,363页。

㊿ 戴震《与是仲明论学书》,汤志钧等编《戴震集》上编,上海古籍出版社,2009年,文集九,183页。又阮元《西湖诂经精舍记》:"圣贤之道存于经,经非诂不明。"见《揅经室二集》卷七,邓经元点校《揅经室集》,中华书局,1987年,上册,547页。

⑳ 《奏定学务纲要》,《中国近代教育史资料汇编·学制演变》,500页。

㉑ 相关研究,参考实藤惠秀著,谭汝谦、林启彦译《中国人留学日本史》,生活·读书·新知三联书店,1983年,293—295页、301—305页;王晓平《近代中日文学交流史稿》,湖南文艺出版社,1987年,267—272页;沈国威《清末民初中国社会对日本借词之反应》,《近代中日词汇交流研究——汉字新词的创制、容受与共享》,中华书局,2010年,285—320页。

㉒ 《奏定学务纲要》,《中国近代教育史资料汇编·学制演变》,500页。

㉓ 就此而言,张之洞等并不是在普遍意义上排斥一切"新名词",而是强调:在科学专门之需以外的"通用名词"不能滥用。《学务纲要》也指出"外国文体界限本自分明",其所要检点的文类是"官私文牍一切著述"以及"课本日记考试文卷"等,背后有在"普通"和"专门"之间辨体的意识,值得重视。

㉔ 《奏定中学堂章程》,《中国近代教育史资料汇编·学制演变》,329页。

㉕ 张之洞《輶轩语·语文》:时文"宜清(原注:书理透露、明白晓畅)、真(原注:有意义,不剿袭)、雅(原注:有书卷,无鄙语;有先正气息,无油腔滥调)、正(原注:不傲诡,不纤佻,无偏锋,无奇格)。四字人人皆知,然时俗多误解,今特为疏明之。不惟制义,即诗古文辞,岂能有外于此?今人误以庸腐空疏者当之,所谓谬以千里者也。"见《张之洞全集》,9799页。关于清代科场衡文"清真雅正"标准与古文义法的关系,参见方孝岳:《清初"清真雅正"的标准和方望溪的义法论》,载其所著《中国文学批评》,上海,世界书局,1944年,138—150页。

㉖ 清末蒙学教科书整体趋向于一种以"浅近文言"为基调,同时涵纳新名词、新知识的"普

通国文";其课文亦多采用新学报章的内容。参见陆胤《"普通国文"的发生——清末〈蒙学报〉的文体试验》,《文学评论》2016年第3期。

⑧⁷ 陈国球前引书,24—25页;栗永清前引书,69页。

⑧⁸ 《读古诗歌法》,并载张之洞、张百熙、荣庆奏《奏定初等小学堂章程》《奏定高等小学堂章程》《奏定中学堂章程》《奏定初级师范学堂章程》,《中国近代教育史资料汇编·学制演变》,306页、308—309页、320页、322—323页、332页、334页、413页、415页。

⑧⁹ 《中学校教授要目》(明治三十五年文部省训令),南洋公学译书馆译《新译日本法规大全》,商务印书馆,第8册,2007年,468页。

⑨⁰ 《奏定中学堂章程》,《中国近代教育史资料汇编·学制演变》,329页。

⑨¹ 《奏定初级师范学堂章程》,《中国近代教育史资料汇编·学制演变》,408页。

⑨² 叶瀚《中文释例·开端小引》,《蒙学报》,第1册,光绪二十三年十一月十一日。

⑨³ 蒋维乔《鹪居日记》第一本,《蒋维乔日记》,中华书局,2014年影印本,第1册,306—307页。

⑨⁴ 学部《奏定女学堂章程折》,《中国近代教育史资料汇编·学制演变》,586、588、593、596—600页。

⑨⁵ 学部《奏请变通初等小学堂章程折》(宣统元年三月二十六日),《中国近代教育史资料汇编·学制演变》,551—555页。

⑨⁶ 教育部订定《小学校教则及课程表》(1912年12月)、《中学校令实施规则》(1912年12月2日),《中国近代教育史资料汇编·学制演变》,702页、680页。

⑨⁷ 《小学校令实施细则》《中学校令实施规则》,见前引《新译日本法规大全》,第8册,第586页、448—449页。

⑨⁸ 黎锦熙《国语运动史纲》,159—168页。但后来实际形成的格局是,小学称国语科,中学仍称国文科。

戏曲小说

从元杂剧的不同版本看杂剧演出的变化
——以"元刊本"与《元曲选》本的比较为中心

李 简

虽然长期以来人们将明刊元杂剧视为元杂剧的原貌,并从中探讨元杂剧的特点与规律,探索元杂剧的真面目,但是在研究中也存在不同的声音,部分学者重视不同刊本所反映出的变化,或针对某一杂剧的不同版本进行分析,或以元杂剧的元明不同版本为讨论对象,相关论述主要涉及两个重要的话题:(一)元杂剧不同版本间的关系,《元曲选》本与"元代杂剧的真面目"[1]。(二)通过不同版本的比较,探讨其中所反映的问题,异文背后的原因,比如演出的变化、内容的调整等[2]。应该说有关元杂剧不同版本的探讨已经取得了相当的成绩,但建立在对异文全面比较基础上的、对剧本面貌、演出情况等问题的深入论述仍嫌缺乏。有鉴于此,笔者不揣浅陋,在这里对"元刊杂剧三十种"与《元曲选》本重复的剧本进行比较,透过二者间的异文,分析杂剧演出由元到明的发展变化。

"元刊杂剧三十种"(以下简称"元刊本")为现存唯一元代杂剧的元代刊本,各本字体不一,版式也有差异,一般认为是元末书商刊刻流行的单本杂剧,后由藏书者编目合订成册。"是坊间和勾阑、瓦子中流行的,极粗陋的俗本。"[3]《元曲选》是元杂剧重要的明代刊本,刊行于明万历四十三年(1615)、四十四年,共收录一百本杂剧。其来源主要有臧氏家藏本、刘氏藏本(录自御戏监,为《元曲选》所采用者可能为二十余种)和"坊间诸刻"。尽管臧懋循编辑《元曲选》时多有改订,增加了剧本的文采,但剧本的来源使《元曲选》本基本反映了杂剧在明代的流行面貌[4]。

在"元刊本"与《元曲选》中,有十三本杂剧是重见的。它们是《疏者下船》《看钱奴》《陈抟高卧》《任风子》《老生儿》《气英布》《范张鸡黍》《竹叶舟》《魔合罗》《赵氏孤儿》《薛仁贵》《铁拐李》《汗衫记》。

比较两种版本中重复的十三本杂剧⑤,可以看到两个重要的变化:一是曲辞的删减与简化,二是《元曲选》本场上人物的互动明显增加。分析这两种变化,可以看到:在元代杂剧的演出中,歌唱占有很重要的地位,但随着时间的推移,到明代,杂剧演出中借题发挥的抒情歌唱有所减少,与此相联系,剧本组织更加严密,更注意围绕中心展开情节,场上的非主唱者也得到更多关注。

一、曲辞的删除与简化

由于"元刊本"保留的科白很少,甚至没有科白,而且一般来讲,科白的临场发挥较多,而曲唱在杂剧中占有重要的位置,曲辞文字比较稳定,增删较宾白为难,且一向比科白更受文人重视,故曲辞向来是元杂剧版本研究中重要的比较、考察对象。

比较"元刊本"与《元曲选》本重复的杂剧剧本的曲辞,我们看到差异甚大。十三本杂剧中,《陈抟高卧》和《任风子》两种版本的差异较小。《陈抟高卧》"元刊本"和《元曲选》本曲牌全部相同,文字也大体相同,唯第二折有一支[牧羊关]曲二本文字全异,第四折[水仙子]文字差别稍多⑥。《任风子》因"元刊本"第四折有缺页,故只能做一个大概的统计,就现存的文字来看,"元刊本"比《元曲选》本多三支曲子,《元曲选》本第四折比"元刊本"多一支[尾]曲("元刊本"空白处对应的《元曲选》本唱词未统计在内),曲牌相同、文字差异较大的有一支⑦。另外,《范张鸡黍》"元刊本"有两处空白,就现存部分来看,"元刊本"独有的曲子有十四支,《元曲选》本独有的曲子有二支,曲牌相同、文字差异较大的有六支。其他各本的曲辞情况则如表1:

表1

剧本名	"元刊本"曲调总数	《元曲选》本曲调总数	"元刊本"独有之曲	《元曲选》本独有之曲	曲牌同、文字大体相同之曲	曲牌同、文字相差较大之曲
《疏者下船》	46	45	13	12	6	27
《看钱奴》	57	41	21	5	30	6
《老生儿》	48	37	13	2	30	5
《气英布》[⑧]	39	45	0	6	30	9
《赵氏孤儿》[⑨]	49	45	10	6	12	27
《汗衫记》[⑩]	46	40	7	1	32	7
《薛仁贵》	55	38	25	8	16	14
《魔合罗》[⑪]	62	62	7	7	53	2
《岳孔目》[⑫]	39	55	0	16	36	3
《竹叶舟》	50	52	8	10	26	16

对曲辞的删减是《元曲选》本与"元刊本"的重要差异之一。在既有"元刊本",也有《元曲选》本的十三本杂剧中,《楚昭王》《看钱奴》《任风子》《老生儿》《赵氏孤儿》《汗衫记》《薛仁贵》《范张鸡黍》等剧都体现出这样一种删除、或者精简的变化趋势,显示着杂剧演出中歌唱部分的微妙变化。

(一) 对曲辞的删除

"元刊本"《看钱奴》第二折在贾员外赖钱后,周荣祖曾唱一支[倘秀才]:"今只有钱学不的哥哥五湖四海,更他也受用不的千年万载。你个勒掯穷民狠员外,或有典段疋,或是当钎钗,恨不的加一价放解。"这支曲子,"元刊本"和《元曲选》本相差不大,但此后的情节处理和唱词则有很大不同。"元刊本"接下来是周荣祖的大段唱词,批判现实:

[滚绣球]典玉器有色泽你写没色泽,解金子赤颜色写着淡颜色。你常安排着九分厮赖,把雪花银写做杂白。解时节将烂钞抌,赎时节将料钞抬。恨不的十两钞先除子折钱三百。那里肯周急心重义疎财。今日孟尝君紧把贤门闭,交你个柳盗跖新将解库开,又不是官差!(云)他既卖了我

的恩养钱,你看折底骂一场,出些怨气咱。

[脱布衫]那一个开解库的曾受宣牌?子这虫伤鼠蛀,并不陪偿。这是你自立下条划。你做的私倒金艮买卖,子是打劫我小民山寨。

[小梁州]有一日及脑的天公降祸灾,不似你这不义之财。风雹乱下一齐来,把农桑坏,冲不倒您富家宅。

[么]你子与我饥饿民为害,您豪家有细米干柴,飘不了你放课钱,失不了你诸人债。折末水淹到门外,子把利钱来。

"元刊本"的这几支曲子,从结构上来讲,未必是最好的,但淋漓痛快的抒情、愤怒的谴责,在当时的背景下,正得到读者的共鸣,受到观众的欢迎。《元曲选》本则删掉了[滚绣球][脱布衫][小梁州][么篇]这四支周荣祖的抒情唱段,把剧作的重点放在表现贾仁买子赖钱的情节上,在[倘秀才]"如今这有钱的"稍作批评之后,紧接[塞鸿秋]"快离了他这公孙弘东阁门楗外",写周荣祖的被赶走,情节非常紧凑⑬。

在"元刊本"《看钱奴》杂剧的第二折中,贾员外买子赖钱的过程非常简单,并非剧本的重点展开部分。我们今天可以读到的剧本提示只有短短几句:"正末做欲去请钱科,净做赖钱科,外末做陪钱了。"很明显,贾员外的赖钱,在"元刊本"中只是周荣祖抒情的触发点,剧本的重点在那些批判社会的唱词,后面"他既卖(昧)了我的恩养钱,你看折底骂一场,出些怨气咱"的自白,正显示着这种借题发挥。

同样,在《看钱奴》杂剧的第三折,"元刊本"仍然有类似于第二折的借题发挥:

[后庭花]偏向庙官行图些犒赏,咱客人行有甚盼望。他见有钞的都心顺,子俺这无钱的不气长。枉了你献千章,枉了你沉檀笺降。你揿头炉意不藏。瞒人在斗秤上,一斤秤十四两,籴一斗加二艮。瞒天地来赛羊,欺穷民心不良,昧神祇烧褡状。

[双雁儿]这的是你亏心枉爇万炉香。要儿孙忘上长,休把那陷百姓羊羔儿利钱放。儿开不的敬客坊,耶收不的不死坊。儿恋不的富贵乡,耶已卧在安乐堂。

斥责庙官和富家郎,但显然已从眼前事生发开去,从"这一个"扩大为"这一类"。这样的唱词在《元曲选》本中也被删掉了⑭。

再比如《老生儿》杂剧的第二折,"元刊本"在刘天锡散家财求子时用[倘秀才][滚绣球]两曲感叹金钱的作用:

[倘秀才]钱呵,为你一得□人汉为贼落草,般的人幼女私期暗约。可知把良吏清一困罢了,般的亲兄弟分的另住。好□□恶的绝交,把平人陷一。

[滚绣球]钱呵,有你的不读书便□游。没你的不违法便下的。你般的世间事都颠倒,将我这不雇后的呆汉般调,有你的不唱喏便唱一,没你的不高傲便高傲。人是你鸦青神道。有你没你的,我便人着,使脱你的,眼脱便十分怕,揣着你的,胸脯增五寸高,更地差错分毫。

《元曲选》本则没有这两支抒情的曲子,直接进入穷民吵闹、骂"绝户"的情节。

第三折,"元刊本"用三支曲子描写女婿张郎祭祖:

[金蕉叶]炒闹了前庄后庄,挨匝满高墙矮墙。见它摆列着儿孙两行,把我惊諕得痴呆半饷。

[寨儿令]是谁家些贤妇女孝儿郎,准备的正齐,拖拽着谎,糖饼每香,酸馅白光,村酒透瓶香,动古根的非常,做杂剧的委实长,粒快倬歌呆木大,长打手浪猪娘,这一场更强似赛牛王。

[雪里梅]前头是张郎,后面是引章,若諕的眼若生獐,使不着携如思大,子怀着心似恶狼。

《元曲选》本没有这三支曲子,而是直接问谁家这般热闹上坟,卜儿问女儿女婿为何晚来。

第四折中,"元刊本"又用[驻马听][七弟兄][梅花酒][收江南]数曲,回顾以往,忏悔曾经的守财奴生活。《元曲选》本同样没有保留,而是直接写女儿女婿来拜父亲。这些改变显示《元曲选》本更重视情节的推进,杂剧中歌唱的地位、抒情的色彩在减弱。

《赵氏孤儿》"元刊本"第二折有四支曲子为《元曲选》本所无([二煞]文字不同),即:

[骂玉郎]咱两个谁先为首谁为从,少不得都斩首在市曹中。你为赵家恩念着疼痛,我为弟兄厮敬重,似亲昆仲。

[感皇恩]怕甚三尺霜锋,折末九鼎镬中,快刀诛,毒药吃,滚油烹。叹英魂杳杳,对惨雾朦朦,散愁云,随落日,趁悲风。

[楚江云]这老村翁和小孩童,都一般潇洒月明中,怨气冲冲恨无穷,十年往事一场空。

[二煞]那个麒麟阁上功臣种,我不信大虫门前有大脚踪。成人长大立纲宗,把屠岸古万剐犹轻,报不了三百口家属苦痛。也不索做斋供,把腔子里血拗将来泼在半空,祭你那父亲和公公。

"元刊本"以这四支曲子写决策后公孙杵臼的悲壮和报仇的希望,《元曲选》本没有出现这四支比较偏重抒情的曲子,而是用两支曲子写公孙决定献身后对事情的设想和必定言而有信的心声:

[三煞]这两家做下敌头重,但要访的孤儿有影踪,必然把太平庄上兵围拥,铁桶般密不通风。则说老匹夫请先入瓮,也须知榜揭处天都动,偏你这罢职归田一老农,公然敢剔蝎撩蜂。

[二煞]他把绷扒吊拷般般用,情节根由细细穷。那其间枯皮朽骨难禁痛,少不得从实攀供。可知道你个程婴怕恐。我从来一诺似千金重,便将我送上刀山与剑峰,断不做有始无终。

两相比较,应该说"元刊本"的曲辞更具抒情性,《元曲选》的处理则更偏重情节的展开。

《汗衫记》"元刊本"第二折张员外寻找张孝友时有两支曲子:

[天净沙]兀良,疎□落日昏鸦,兀的淡烟老树残霞。咱趁着古道西风瘦马,映着夕阳西下,子问叫那野桥流水人家。

[酒旗儿]不知在那个桅竿下排着舟楫,缆着船桅。将我这泪眼□□望不见它。兀的不叫得我咽喉叉。却不父母在不合离家,你兀的不惹得旁人骂。

这两支曲子,尤其是[天净沙]曲与剧中张员外急切寻找儿子张孝友的心情并不吻合,只是用了一支漂亮的曲子(文字套用马致远的[天净沙]《秋思》)而已,

《元曲选》本便没有这两支曲子，而是直接写张员外夫妇追赶并与儿子相遇⑮。

另外，《范张鸡黍》的第四折，"元刊本"比《元曲选》本多出的［八煞］［七煞］［六煞］［五煞］［四煞］［三煞］［二煞］数曲，多是借题发挥的抒情，《元曲选》本也全部没有采用。而借助于"脉望馆钞校本"之息机子本，可以发现这种删减并不是出自臧懋循的修改，因为息机子本同样没有这数支曲子，这些曲子的删除，反映的正是当时杂剧流行的面貌，一些枝蔓的抒情、过度的发挥已退出舞台。

（二）曲子的简化

对"元刊本"与《元曲选》本的异文进行分析，《元曲选》本对曲辞的简化是另一个值得注意的现象。《元曲选》本的曲辞常常更加精简，抒情的唱词变得更加精炼，比如元刊本《薛仁贵》杂剧的第三折用［五煞］［二煞］［三煞］［四煞］四支曲子来写薛仁贵父母的艰辛：

> ［五煞］你娘近七旬，你爷整八十，又没一个哥哥妹妹和兄弟。你那孤独鳏寡爷檐冷，你那老弱残疾娘受饥。你空长三十岁，枉了顶天立地，带眼安眉。
>
> ［二煞］那两口儿端的衣无遮体衣，食无充口食。这邻庄近疃都知委。怕小的每眼前说谎胡支对，常言道路上行人口胜碑。说的都识的，受了些风寒暑温、饥饱劳役。
>
> ［三煞］俺敛与柴、济与些米，付能我拾下些吃的无穿的。您爷受绝腊月三冬冷，您娘拨尽寒炉一夜灰。饿的肝肠碎，甚的是羊肉白面，子是些淡饭黄齑。
>
> ［四煞］与人家担好水换恶水，又不会南头贩贱北头贩贵。您享着玉堂里臣宰千钟禄，却觑着那草舍内爷娘三不归。洒了些悽惶泪，子辨的烦烦恼恼，切切悲悲。

但在《元曲选》本中则只用一支曲子来加以表现：

> ［一煞］你娘可也过七旬，你爹整八十。又无个哥哥妹妹和兄弟。你爹也曾苦禁破屋三冬冷，你娘也曾拨尽寒炉一夜灰。饿的他身躯软，肝肠碎。甚的是肥羊也那白面，只揠的个淡饭黄齑。

显然,这支[一煞]基本是"元刊本"[五煞][三煞]的结合,比较之下,应该说"元刊本"的四支曲子写薛仁贵父母的担饥受冷、心中烦恼,非常充分,但也确有重复、累赘之处,而《元曲选》本的表达则比较简练。

比如《任风子》第二折的最后一曲,《元曲选》本也较"元刊本"大为精简:

[发尾]每日为屠猪杀狗<u>生涯苦</u>,都不想<u>玉兔金乌死限拘</u>。从今后<u>兴无量,乐有余,朱顶鹤,献花鹿,唤月猿,哨风虎,云满窗,月满户,花满阶,酒满壶,风满帘,香满炉</u>。看读先生孔圣书,习学清□庄列术。闭口藏舌有若无,饮气吞声实若虚。苦眼铺眉恰似愚,缩□潜身子庄古。衮衮韶华隙内驹,急急光阴风内烛。姹女婴儿自此□,玉锁金枷已得疎。千丈风波再不图,<u>一厦茅庵足可居</u>。麋鹿獐犴放岩谷,狗彘鸡豚遶园圃,茶药琴棋尽得数,春夏秋冬捡不负。<u>春天园中赏花木,夏日山间避炎暑,秋月篱边飐松菊,冬雪岩前看梅竹</u>。白叟黄童作宾主,皓月清风为伴侣,流水高山是琴谱,古木苍松作画图。壶里乾坤不可拘,风内蓝袍自在舞。<u>酒又不饮色又无,才又不贪气又除</u>。酒误沙沱列飞虎,色迷金陵陈后主,才下荥阳范亚夫,气□乌江楚项羽。人我乡中尽不许,名利场中都间阻。淘净沟渠洗□□,□了田园种菜蔬,准俗麻绳缴辘轳,收拾荆筐担粪土。先做庄家后做屠,<u>师父</u>呵,更怕<u>我打不的勤劳受不的苦</u>。(元刊本)

[煞尾]再谁想泥猪疥狗<u>生涯苦</u>,<u>玉兔金乌死限拘</u>。修<u>无量乐有余,朱顶鹤献花鹿,唤野猿啸风虎,云满窗月满户,花满蹊酒满壶,风满帘香满炉</u>。看读玄元道德书,习学清虚庄列术。小小<u>茅庵是可居</u>,春夏秋冬总不殊。<u>春景园林赏花木,夏日山间避炎暑,秋天篱边玩松菊,冬雪檐前看梅竹</u>。皓月清风为伴侣,<u>酒又不饮色又无,财又不贪气又不出</u>。我准备麻绳拽辘轳,提挈荆筐担粪土。锄了田苗,种了菜蔬,老做庄家小作屠。哎,<u>师父</u>,我可也打的你那<u>勤劳受的你那苦</u>。(《元曲选》本)

两个版本的画线部分基本相同,比较之下,不难看出《元曲选》本将"元刊本"的[收尾]曲大大压缩了。《任风子》剧除元刊本和《元曲选》本外,又有脉望馆抄本。以抄本与"元刊本"和《元曲选》本对照,其实正可以看到杂剧曲辞的变化趋势。抄本的曲辞恰介于"元刊本"和《元曲选》本之间。在上述的[尾声]曲中,"闭口藏舌"至"风内烛",《元曲选》本删去,但抄本保留,文字与"元刊本"小有不同,说明了抄本与"元刊本"的延续性。而"风内烛"后面的"姹女婴儿"三句,则抄本、《元曲选》本俱无,此外"白叟黄童""人我乡中"等句,抄本也与《元曲选》本一样没有保留,显示着杂剧在明代演出中曲辞的日益精炼。

通过同一剧本"元刊本"与《元曲选》本的比较,我们看到"元刊本"大量地使用歌唱⑯。从"元刊本"到《元曲选》本,无论是曲辞的删除,还是曲子的简化,均向我们透露了这样一种信息,即元杂剧在元代演出时歌唱是非常重要的组成部分,大量的抒情曲表明元代的杂剧具有非常突出的抒情性。

二、对场上人物互动的关注

从"元刊本"杂剧的剧本文字来看,元代的舞台演出虽然突出一人主唱,但也注意照顾场上其他人物,比如"元刊本"《气英布》剧本第一折:

[那咤令]三对面,先生行道破,那里是八拜交仁兄来探我,是你个两赖子隋何来说我。你待要着死撞活,将功折过,你休那里信口开呵。

[鹊踏枝]你那里话儿多,着言语厮多罗。你正是剔蝎撩蜂,暴虎冯河,谁交你自刨入竜潭虎窝,飞不出地网天罗。

[寄生草]你将你舌尖来扛,我将我剑刃磨。我心头怎按无明火,我剑锋磨的吹毛过,你舌头便是亡身祸。你道是特来救我目前忧。嗷,你正是不知自己在壕中卧。

此三曲的语言均有很好的人物互动性。英布的唱词时时照顾着场上的隋何。《元曲选》本也基本完全保留了这三支曲子,文字变动不大。但是,从"元刊本"与《元曲选》本重复的十三本杂剧的比较来看,仍然要承认,从整体上来看,在非主唱者的表现方面,"元刊本"还是显得多有不足。这里我们主要以三个剧本为例来加以说明。

首先是《赵氏孤儿》。分析的重点放在第三折。"元刊本"和《元曲选》本的第三折均有十支曲子,其中除了各有一支独有的曲子外,曲辞大致相同的有三支,文字差别较大的有六支。而这十支曲子的文字,在配角的处理上表现出明显的不同。"元刊本"[驻马听]曲:

俺虽是将老兵骄,共赵盾曾为刎颈交。道了个臣强君弱,想公孙舌是斩身刀。大丈夫英勇结英豪,圣人言有道伐无道。把全家儿绝嗣了,天呵,严霜偏杀无根草。

《元曲选》本[驻马听]曲:

想着我罢职辞朝,曾与赵盾名为刎颈交。(云)这事是谁见来?(屠岸贾云)现有程婴首告着你哩。(正末唱)是那个埋情出告?元来这程婴舌是斩身刀。(云)你杀了赵家满门良贱三百余口,则剩下这孩儿,你又要伤他性命。(唱)你正是狂风偏纵扑天雕,严霜故打枯根草。不争把孤儿又杀坏了,可着他三百口冤仇甚人来报。

在这支[驻马听]曲中,两个版本最大的、最关键的差异在"想公孙舌是斩身刀"和"元来这程婴舌是斩身刀"。"元刊本"中,公孙杵臼说自己的舌头是斩身刀,倘自己吐露实情,就前功尽弃了。而在《元曲选》本中,是公孙杵臼问藏孤一事谁看到了?屠岸贾告诉他是程婴。于是公孙杵臼说:"元来这程婴舌是斩身刀"。"想公孙舌是斩身刀"和"元来这程婴舌是斩身刀"看起来改动并不是很大,但《元曲选》本因此而增加了程婴的戏份,给场上人物屠岸贾、程婴更多的关注,更好地发挥了场上人物的互动,显示出杂剧在演出中从元到明的发展、完善。元刊本说"想公孙舌是斩身刀",从表演上来讲,突出的是公孙杵臼甘愿赴汤蹈火的牺牲精神,体现的是元代杂剧表演围绕主唱者进行的特点。正因为如此,所以接下来"元刊本"有[沉醉东风]曲,表示公孙杵臼宁愿自己多挨打,也要使计策成功:

休想大丈夫魂飞九霄,由它屠岸古棒有千条。我疾招呵快察详,迟招呵难疑觉,我能可哇一下有一下功劳。欲要不拔树寻根觅下落,我子索盛吃些绷扒吊拷。

而《元曲选》本因为更关注台上人物的互动,故放弃了这支[沉醉东风]曲。在[雁儿落]曲后,《元曲选》本有一支"元刊本"没有的[得胜令]曲:

打的我无缝可能逃,有口屈成招。莫不是那孤儿他知道,故意的把咱家指定了。(程婴做慌科)(正末唱)我委实的难熬,尚兀自强着牙根儿闹。

暗地里偷瞧,只见他早谎的腿脡儿摇。

《元曲选》本增加的这支曲子,唱词与科介呼应,时时照顾到舞台上的程婴,给程婴以表现的机会。比如"莫不是那孤儿他知道,故意的把咱家指定了"与"程婴做慌科"相配合,就给程婴提供了一定的表演空间。比如"暗地里偷瞧,只见他早谎的腿脡儿摇"。由公孙的眼睛写程婴的紧张,同样使没有唱词的程婴借助于公孙杵臼的歌唱得到更充分的表现。"第三折程婴被迫对他的同谋者公孙杵臼进行拷打。屠岸贾要借此关节体察两人之间的真实关系。[得胜令]曲细致深入地揭示了两人之间的真情欲露而不露的微妙状态,异常紧张而又异常真实。"[17]

《元曲选》本的[水仙子]曲与"元刊本"也不同,"元刊本"云:

俺二人商议我先招,来到舌尖却咽了。我死呵休想把你个陈英道。我怎肯有上梢无下梢。休道打,折末便支起九鼎油镬,老的来没颠倒,便死也死得着。一任你乱下风雹。

其中的第一句应为自述,《元曲选》本则把"元刊本"的自述,改变为对话:

俺二人商议要救这小儿曹。(屠岸贾云)可知道指攀下来也。你说二人,一人是你了,那一个是谁?你实说将出来,我饶你的性命。(正末云)你要我说那一个,我说,我说。(唱)哎!一句话来到我舌尖上却咽了。(屠岸贾云)程婴,这桩事敢有你么?(程婴云)兀那老头儿,你休妄指平人。(正末云)程婴,你慌怎么?(唱)我怎生把你程婴道,似这般有上梢无下梢。(屠岸贾云)你头里说两个,你怎生这一会儿可说无了?(正末唱)只被你打的来不知一个颠倒。(屠岸贾云)你还不说,我就打死你个老匹夫。(正末唱)遮莫便打的我皮都绽,肉尽销,休想我有半字儿攀着。

在这种对话中,舞台上的人物各自得到一定的表现。无论是公孙杵臼和屠岸贾,还是公孙杵臼与程婴,还是屠岸贾与程婴,人物之间互动明显,情节也因此更加扣人心弦。

后面的[梅花酒][收江南]二曲也有值得玩味之处。"元刊本"的[梅花酒]:

呀！可早卧血泊，诉生长劬劳。它天数难逃，你子嗣难消。陈英！你可甚养子防偺老？不信你不烦恼！这孩儿离蓐草，和今日却十朝，磣可可剁三刀！

《元曲选》本[梅花酒]曲：

呀！见孩儿卧血泊，那一个哭哭号号，这一个怨怨焦焦，连我也战战摇摇。直恁般歹做作，只除是没天道。呀！想孩儿离褥草，到今日恰十朝，刀下处怎耽饶？空生长，枉劬劳，还说甚要防老。

两支曲子比较，"元刊本"虽然在说程婴"子嗣难消"，"可甚养子防偺老？不信你不烦恼！"使场上的程婴得到一定的照应，但这照应是用公孙杵臼的叙述完成的，只是表达了公孙杵臼内心的想法。而《元曲选》本则利用公孙杵臼的视角，分别写出场上诸人物的具体状态：哭哭号号、怨怨焦焦、战战摇摇。对场上人物、气氛的表现，较"元刊本"要充分、直接很多。

[收江南]曲，"元刊本"云：

早难道家富小儿娇。见它傍边相心痒难揉，双眸中不敢把泪珠抛，背背地揾了，满腹内有似热油浇。

《元曲选》本云：

呀！兀的不是家富小儿骄。（程婴掩泪科）（正末唱）见程婴心似热油浇，泪珠儿不敢对人抛，背地里揾了。没来由割舍的亲生骨肉吃三刀。

[收江南]曲是《赵氏孤儿》第三折仅有的两个版本曲辞相近的三支曲子之一。两支曲子，文字大致相同。"元刊本"的这支曲子，从公孙杵臼的角度，用公孙杵臼的眼睛来写程婴，该曲在《元曲选》本中的被保留，从另一个角度说明了《元曲选》本对舞台上主唱者以外人物的关注。

除了第三折，同样的差异也出现在《赵氏孤儿》杂剧的其他段落。《元曲选》本《赵氏孤儿》第一折韩厥自杀前较"元刊本"多三支曲子：

[金盏儿]敢猜着我调假不为真。那知道蕙叹惜芝焚。去不去我几回家将伊尽。可怎生到门前兜的又回身。你既没包身胆，谁着你强作保孤人。可不道忠臣不怕死，怕死不忠臣。

[醉扶归]你为赵氏存遗胤,我于屠贼有何亲。却待要乔做人情遣众军。打一个回风阵。你又忠我可也又信。你若肯舍残生,我也愿把这头来刎。

[青哥儿]端的是一言一言难尽。你也忒眼内眼内无珍。将孤儿好去深山深处隐,那其间教训成人,演武修文,重掌三军,拿住贼臣,碎首分身,报答亡魂。也不负了我和你硬踹着是非门,担危困。

剧本用这三支曲子写出程婴的往而又返,韩厥的询问,表现韩厥的信与忠。文字间两个人物的动作、情态、人物间的纠葛得到清晰地呈现,剧本的情节也因此更加波折。正如徐朔方先生所说:"在这三曲里,程婴偷出孤儿,去而复回,只怕监守将军韩厥当面放他,过后又去密报请功。他的这一番犹豫,写出程婴深沉而有远虑,同时也使得韩厥自刎明态在心理上有了依据。这是搜孤中的一段重要描写。元刊本缺少这三曲,韩厥自刎成为缺乏真情实感而徒具形式的'义举'。"⑱

其次以《岳孔目借铁拐李还魂》为例。剧本的第二折,"元刊本"集中表现岳孔目死前对妻子的不放心,向孙福托妻寄子,从"元刊本"的曲词判断,基本是乐寿与妻子的交流。《元曲选》本则增加[倘秀才][滚绣球]数曲,向孙福介绍官府,对儿子表达希望,使舞台上的孙福、乐寿子与乐寿有更多的互动,使孙福和乐寿之子得到更多照应和表现。

[倘秀才]笑里刀一千声抱怨。马前剑有三千个利便。旧官行指勒些东西,新官行过度些钱。见起由难似产,听得到照会紧如烟,做多少家罪谴。

[滚绣球]新官若请得意虔,旧官若来得自然。若是新官和旧官相见,旧尹政新尹合传。问衙事那个虚那个实,那个愚那个贤。议论咱六房中吏人一遍。咱那前程事则消得旧官去新官行附耳低言。把那奸猾刁刺的州县里剖,将那清干忠直的向省部内迁,平地升仙。

[倘秀才]他那擎天柱官人每得权,俺拖地胆曹司又爱钱。你须知我六案间峥嵘了这几年,也曾在饥喉中夺饭吃,冻尸上剥衣穿,便早死呵不敢怨天。

[滚绣球]儿呵,你学使牛学种田,你自养蚕自摘茧,农庄家这衣饭稳

善。便刷卷呵我也只自安然。当军呵你自当,做夫呵快向前。剩纳些税粮丝绢,只守着本等家缘。你若不辞白屋农桑苦,免似你爷请受公门俸禄钱。无罪无愆。

最后谈谈《看钱奴》杂剧。"元刊本"《看钱奴》杂剧第二折的情节焦点始终集中在周荣祖的身上,贾员外只是陪衬。而在《元曲选》本中,贾员外买子赖钱是剧中的一个重要片段,情节被大大地丰富。当周荣祖提出恩养钱未付后,剧本以陈德甫的三进三出串起大段的科白,细细表现贾员外赖钱的过程。陈德甫第一次进去见贾仁,是提醒贾尚未给恩养钱,于是贾兴师动众地拿出了一贯钱:

(贾仁云)陈德甫,看你的面皮,待我与他些。下次小的每开库。(陈德甫云)好了,员外开库哩。周秀才,你这一场富贵不小也。(贾仁云)拿来,你兜着,你兜着。(陈德甫云)我兜着。与他多少?(贾仁云)与他一贯钞。

陈德甫第二次进来是要贾员外再添一点,结果贾仁费力地加了一贯钞:

(贾仁云)陈德甫,也着你做人哩。常言道:有钱不买张口货。因他养活不过,方才卖与人,我不要他还饭钱也就勾了,倒要我的宝钞?我想来,都是你背地里调唆他。我则问你,怎么与他钞来?(陈德甫云)我说,员外与你钞。(贾仁云)可知他不要哩。你轻看我这钞了。我教与你:你把这钞高高的抬着道,兀那穷秀才,贾老员外与你宝钞一贯!(陈德甫云)抬的高杀,也则是一贯钞。员外,你则快些打发他去罢。(贾仁云)罢、罢、罢!小的每开库,再拿一贯钞来与他。

第三次陈德甫进来是因为周荣祖仍拒绝接受,陈希望贾员外能够再多给一点,无奈贾员外坚决不肯,且声言要周荣祖赔出反悔应付出的一千贯,不得已陈德甫只得垫上了自己两个月的饭钱:

(陈德甫云)员外,你又不肯添,那秀才又不肯去,教人中间做人也难。便好道:君子成人之美,不成人之恶。罢、罢、罢!员外,我在你家两个月,该与我两贯饭钱,我如今问员外支过,凑着你这两贯,共成四贯,打发那秀才回去。(贾仁云)哦! 要支你的饭钱,凑上四贯钱,打发那穷秀才去,这小的还是我的。陈德甫,你原来是个好人! 可则一件,你那文簿上写的明白,道:陈德甫先借过两个月饭钱,计两贯。

《元曲选》本的处理,使贾员外、陈德甫都得到很好的表现,尤其是贾员外更成为中国戏曲史上吝啬者的典型[19]。

《赵氏孤儿》等三个剧本的"元刊本"与《元曲选》本的文本差异体现了杂剧演出中主唱者与非主唱者关系的完善,显示出舞台演出的成熟。

综上所述,"元刊本"反映了元代后期杂剧的创作面貌、演出面貌,《元曲选》本则展示了明代的流行面貌、演出面貌。通过"元刊本"与《元曲选》本的比较,透过文本的差异,从曲辞的变化、主角与配角关系的变化,我们可以了解到杂剧舞台上由元到明所发生的某些改变。戏剧是表演艺术,因时间的流动、地点的变更而表现出不同的样貌,是十分正常的现象。通过比较,我们得到的结论是:元代杂剧演出中歌唱占有突出的地位;明代,则情节得到更多的关注,借题发挥的抒情歌唱在减少,非主唱者获得更多的表演空间,得到更充分的表现。这些现象恰恰反映了杂剧表演艺术的发展脚步。

原载于《国学研究》第二十四卷。

注 释

① 代表性论述有徐朔方先生的《元曲选家臧懋循》,中国戏剧出版社,1985 年 10 月;(荷兰)伊维德《我们读到的是"元"杂剧吗——杂剧在明代宫廷的嬗变》,《文艺研究》2001年第 3 期。徐朔方认为:在许多场合下《元曲选》反而比元刊本更接近元代杂剧的真面目。元刊本和《元曲选》的差异大多数并无优劣之分,与其说是有意删改,不如说是版本来源不同。徐先生以元刊本和《元曲选》本比对,指出其间差异不能片面归咎于臧懋循的窜改,在相当大的程度上倒是要归功于臧懋循《元曲选》的存真复原。以《古名家杂剧》等重要的元杂剧版本与《元曲选》对比,指出《元曲选》的讹误比一般明刻本少很多,其他明刻本的编选者都没有臧懋循那样搜罗之勤,搜藏之富。以元刊本、《元曲选》本、脉望馆本重出的剧本比较异同,指出除《陈抟高卧》外,《元曲选》和元刊本的差异同时也是脉望馆各本和元刊本的差异,故"这些异文绝不是出于臧懋循的'孟浪'窜改"。

通过《元曲选》和其他明刊本的比较说明出现异文的原因很多,可能所据版本不同,而就编者修改的部分而言,臧懋循改好的多于改坏的。复以《窦娥冤》《赵氏孤儿》两个剧本不同版本的比较说明《元曲选》比其他元明选本的优越性。伊维德先生的文章一方面在不同版本的对照中,从舞台指示、宾白、曲词、结局等方面分析《元曲选》对作品的修改,认为臧懋循对剧作的改编反映文本功能的转变,即从宫廷演出的脚本到文人阶层休闲消遣的读本。一方面则从意识形态、剧本的规范化、丑角的出现等方面论述了明代宫廷对元杂剧的修改。文章最终得出结论:不能依靠《元曲选》、万历时期的元剧版本来研究十三四世纪的戏剧,它们是晚期的、经过大幅度改编的宫廷演出本以及经过改写的供晚明江南文人在书斋中阅读的案头剧本。并提出元杂剧的演出以歌唱为中心,可能是中国北部和杭州等都市里的高雅的戏剧形式,正末或正旦的角本就是剧作家创作的最初形式。此外又有郑振铎《关汉卿绯衣梦的发见》(《小说月报》二十卷一号,1929 年 1 月),郑骞《从元曲选说到元刊杂剧三十种》(《大陆杂志》八卷八期,1954 年。收入《景午丛编》上集,台湾,中华书局,1972 年),郑骞《臧懋循改订元杂剧平议》(《台湾大学文史哲学报》第十期,1961 年。收入《景午丛编》上集),郑骞《元明钞刻本元人杂剧九种提要》(《"清华"学报》新七卷第二期,1969 年),赤松纪彦、康保成《关于元杂剧〈汗衫记〉不同版本的比较研究》(《河南大学学报》1989 年第 2 期),邓绍基《关于元杂剧版本探究》(《中国社会科学院研究生院学报》2006 年第 1 期),钱伟《从说白看明本元杂剧的可靠性问题——以〈单刀会〉为中心》(《复旦学报》2006 年第 1 期)等论文。

② 相关论述除前面提到的伊维德先生的《我们读到的是"元"杂剧吗——杂剧在明代宫廷的嬗变》外,又有郑骞《关汉卿〈窦娥冤〉杂剧异本比较》(《大陆杂志》第二十九卷第十、十一期合刊,1964 年),太田辰夫《元刊本〈看钱奴〉考》(《东方学》第五十五辑,1978 年),金文京《〈元刊杂剧三十种〉序说》(中文研究会《未名》第三号,1983 年 1 月),高桥繁树《元杂剧的改编及文学性的后退》(《中国文学研究》第十六期,早稻田大学文学部创立百周年纪念,1990 年 12 月),小松谦《内府本系诸本考》(《中国古典戏曲论集:田中谦二博士颂寿纪念》,汲古书院,1991 年),奚如古(Stephen H. West)《臧懋循改写〈窦娥冤〉研究》(《文学评论》1992 年第 2 期),奚如古《文本与意识形态——明编订者与北杂剧》(《明清戏曲国际研讨会论文集》,"中研院中国文哲研究所"筹备处,1998 年),吴庆禧《元杂剧元刊本到明刊本宾白之演变》(《艺术百家》2001 年第 2 期),杜海军《从元杂剧元明刊本之比较论明代戏曲的进步》(《艺术百家》2008 年第 3 期)等,以及拙文《论元明戏曲中"大团圆"结局的演化》(《缀玉二集》,北京大学出版社,1994 年)、《〈看钱奴〉杂剧"元刊本"与〈元曲选〉本之比较》(《立雪集》,人民文学出版社,2005 年)等。

③ 严敦易《东窗事犯》,《元剧斠疑》,中华书局,1960 年,496 页。

④ 这一点在《元曲选》与其他明代刻本、抄本的比较中得到表现。在元刊本与《元曲选》本重复的剧本中，《气英布》《竹叶舟》《薛仁贵》三剧没有其他刊本(或抄本)，《老生儿》《赵氏孤儿》《岳孔目》三剧惟另有孟称舜《酹江集》本，其余诸本均有其他的明刻本或抄本传世。本文在对元刊本与《元曲选》本的比较中，对同一剧本其他版本的相关状况也将作出说明。《酹江集》刻在崇祯年间，后入《元曲选》，故相关的曲词情况未在文中进行讨论。

⑤ 文中引用"元刊本"用《古本戏曲丛刊四集》本，《元曲选》本用中华书局 1958 年版。

⑥ 《陈抟高卧》杂剧在"元刊本"、《元曲选》本之外，复有李开先《校定元贤传奇》本、息机子本、《阳春奏》本、脉望馆古名家本，元刊与《元曲选》差异很大的[牧羊关][水仙子]两曲，诸本均与《元曲选》本接近。

⑦ 《任风子》杂剧又有脉望馆抄本，抄本同《元曲选》本一样没有[醉中天](第一折)[呆古朵](第二折)两曲，但第三折有"这菜园枯有似我"曲，文字与"元刊本"近似。另外，第三折较元刊和《元曲选》本都多一支[尾声]，第四折同《元曲选》一样有[尾]曲。差异较大的第二折[尾声]，抄本介于"元刊本"与《元曲选》本之间。

⑧ "元刊本"第三折[小梁州]未区分[么篇]，现单独列出，故总曲数为 39 支。

⑨ 《元曲选》本《赵氏孤儿》有第五折，"元刊本"只四折，故表中统计的是前四折及楔子的曲调数。

⑩ "元刊本"第三折[小梁州]未区分[么篇]，现单独列出，故总曲数为 46 支。

⑪ "元刊本"第三折[浪来里]和《元曲选》本第三折[醋葫芦]虽文字大致相同，但按两种不同曲牌统计。

⑫ "元刊本"第一折[醉中天]与《元曲选》本第一折[醉扶归]文字基本相同，考虑到两调常被误题，这里没有按照不同曲调统计。

⑬ 息机子本(卷首有万历戊戌(1598)息机子序)第二折亦无[滚绣球][脱布衫][小梁州][么篇]四曲，与《元曲选》一样以[倘秀才]紧接[塞鸿秋]。故此处的删改，应该并非臧懋循的个人作为。

⑭ 息机子本同样没有这两支曲子。故《元曲选》此处的删改，体现的应是明代流行的面貌。

⑮ 脉望馆抄本(郑骞先生《元明钞刻本元人杂剧九种提要》："赵氏抄校此书在万历中叶以后，虽较息机子诸本为晚，但其中抄本所据之内府本及于小穀本则为嘉靖或嘉靖以前旧本。")同样没有[天净沙][酒旗儿]两曲，直接写与儿子媳妇的相见。

⑯ 当然这并不是说在《元曲选》与"元刊本"重复的十三本杂剧中全部都是《元曲选》本比"元刊本"少曲子，个别情况下，《元曲选》本比"元刊本"多曲子(不算两种版本情节不同

的),比如《魔合罗》第四折《元曲选》本即较"元刊本"多[粉蝶儿]曲。《岳孔目》第四折,《元曲选》本比"元刊本"多[红绣鞋][喜春来][迎仙客][耍孩儿][二煞]数曲。

⑰ 徐朔方《元曲选家臧懋循》,中国戏剧出版社,1985年,34页。

⑱ 同前注。

⑲ 息机子本同样有陈德甫的三进三出,文字大体相同,显示这一情节在明代的通行状况。

论汤显祖的历史观及其史学成就

杨 忠

汤显祖以其"临川四梦"名世,成为中国文学史上第一流的戏剧家;又以其新鲜活泼的思想观点及对"至情"的提倡、歌颂,对弊政的积极改革,而成为站在晚明那个时代前列的思想家、封建社会的一个积极改良者。

过去学术界对汤显祖的研究,多半侧重于其文学(特别是戏曲)成就,许多研究文章又往往夸大了汤氏对"情"的提倡及对"理"的批评,而很少注意汤氏对"理"的肯定及对情理协调的提倡与维护。为此,我们曾在几篇文章中,分别从汤氏哲学伦理思想的内在矛盾,社会改良理想的形成与幻灭,及晚年思想的转变对后"二梦"创作的影响等几个方面加以论述。旨在说明汤显祖并不笼统地反对"理",只是反对封建礼教与封建道德中过分违反人情的东西。而且他和当时的进步知识分子一样,并不从根本上反对封建秩序,只是反对封建暴政、苛政、弊政。他其实主张遂情存理,认为情与理是应该而且可以和合协调、互倚互补的,他的理想是建立一个法治与教化并举、封建秩序协调而稳定的社会,而情理兼顾、存理遂欲的人性伦理观念正是他的社会改良主张的理论基础[①]。近年来,我们在研究中注意到,汤显祖在他的政治改良实践中,还形成了自己独特的历史观,并十分重视史书的编纂与文献的搜集整理,也取得了可观的成绩。而汤显祖的历史观及史学成就,也从一个侧面反映了他的情理协调的人性伦理观念及社会改良理想。因此,对这一论题加以研究,可能有助于更全面地了解和评价汤显祖。

一

汤显祖的历史观同他的政治、伦理思想密切相关,他力图从社会现实出发来探究历史变化规律及个人的历史作用,也注重以史为鉴来评议现实社会,力求寻找改良的药方。因此,汤显祖的历史观同他的社会改良主张实在是相为表里的。其中尤其值得注意的至少有下列两点。

(一) 对时代的认识

汤显祖对自己所处的时代是如何认识的呢?他将封建社会分为"治世""中世""乱世"三种形态,说:"乱世思才,治世思德。惟中世无所思。然吾辈不能不为世思也。"(《汤显祖诗文集》②卷四八《答丁右武》,下引汤氏诗文仅注卷次、篇名)又说:"世实需才,而未必能需才。才与世所以长左,而叹世怜才者相望于今昔也。"(卷四八《寄林丹山》)可见他认为自己处于"思才""需才"的乱世。这种认识当然是逐步形成的。青壮年时期,刚踏上仕途时,他阅历尚浅而又豪气干云,对于治国从政,都抱着简易而乐观的态度。他在37岁时写的一首诗中说:"历落在世事,慷慨趋王术。神州虽大局,数着亦可毕。"(卷八《三十七》)自负而又乐观的情绪溢于言表。此前在《答余中宇先生》书中也说:"某少有伉壮不阿之气,为秀才业所消,复为屡上春官所消,然终不能消此真气。观察言色,发药良中。某颇有区区之略,可以变化天下。"(卷四四)以"变化天下"的医国手自居,对自己的药方深信不疑。但他此时并无治国的具体方略,对国事的艰难、官场的腐败、人民的疾苦也缺乏具体深切的认识与体验。此后,他仕途坎坷,随着阅历渐深,民瘼渐悉,心气渐平,对社会现实的了解与认识也日渐深刻,对国事便由乐观转为忧虑。因此他无情地揭露弊政,主张改良吏治,整顿朝纲,选贤用才,打击兼并,发展农桑。社会现实使他认识到,在当时的形势下,需要"急法而治"的霸才。他曾说:

> 佐王之才常宽,而取伯之才常急。……盖昔桀纣之法胥亡,而亳镐之法常在。伊莱旦奭之辅,固得以从容而铺德义,敖翔而登太平。及其时,天下已定,法制已信,风俗已成,如是而诛之,如是而赏之,俯仰之间,益可以休然而无事矣。幽平之后,先王《雅》《颂》之制,衰废无存。诸侯相攻

并,敝者先亡,势不得不急法而治。时则伯才兴焉。齐管仲、楚吴起、秦卫鞅三人者,其著也。大致亦《周官》正地比,受官成,画一于经略会计之意。而急持之,归于富强其国。……如晋文公之伯晋,子产之存郑,皆是也。

(卷三〇《滕侯赵仲一实政录序》)

将处于乱世而变法的管仲、吴起、商鞅等"富强其国"的历史功绩与处于"天下已定,法制已信,风俗已成"的治世的贤相伊尹、周公等"铺德义""登太平"的历史功绩相提并论,正是有感于乱世需要法治,社会改良需要霸才。因此,他对自己所处时代的认识,正是他呼吁改革并在从政中努力加以实践的认识基础。

(二) 对社会治乱的历史变化规律及个人的历史作用的认识

汤显祖十分注意探究社会治乱的历史变化规律,并提出从"理""势""情"三方面的交互作用来考察和认识历史变化规律。这方面的论述散见于他的许多文章中,但他于逝世前一年(万历四十三年,1615)写的《沈氏弋说序》,集中论述了这个问题,文虽短,却颇能反映汤氏的主张。我们且看其中的一段:

今昔异时,行于其时者三:理尔,势尔,情尔。以此乘天下之吉凶,决万物之成毁。作者以效其为,而言者以立其辨,皆是物也。事固有理至而势违,势合而情反,情在而理亡,故虽自古名世建立,常有精微要眇不可告语人者。史氏虽才,常随其通博奇诡之趣,言所欲言,是故记而不伦,论中少衷。何也? 当其时,三者不获并露而周施,况后时而言,溢此遗彼,固然矣。嗟夫! 是非者理也,重轻者势也,爱恶者情也。三者无穷,言亦无穷。

(卷五〇)

根据汤氏的论述,用今天的语言来概括,我们可以说,"理"即封建社会的纲常秩序(当然也包括汤氏自己的改良理想),这是判断是非的标准;"势"即历史发展的客观必然趋势和社会存在的具体事势(包括政治力量对比),这是统治权力的关键;"情"即人们的愿望和态度(包括食色等欲望)。他注意到三者关系若相左,历史的进程便有遗憾,"事固有理至而势违,势合而情反,情在而理亡"。合理而客观形势却不许可,形势许可却不合人愿,符合人们的愿望却不合纲常,事情便不易办成。"天下之吉凶""万物之成毁"都依赖于理、势、情的交互作用,只有理、势、情既相互制约又互相配合,和合协调,社会才能平稳发展。因此,汤显祖已经模糊地看到了社会历史进程中发生作用的因素以及它们之间的矛盾统一关系。

在这种认识的基础上,汤显祖对于在理、势、情交互作用的过程中个人所能作出的历史贡献有许多精辟的见解,大要有三:

第一,他认为,适应社会的客观需要,人才会应运而生,但人才能否有所作为,要受历史客观趋势和自身力量大小的制约。他曾将管仲、吴起、商鞅的法治与王安石变法作过对比,认为在春秋战国那种乱世条件下,"势不得不急法而治,时则伯才兴焉",管仲、吴起、商鞅等人是适应时代与社会需要应运而生的霸才,他们"急法而治"都取得了显著成效。但急法而治的改革并不能在任何时候、任何情况下都能成功,人才仍要受时势和自身力量大小的制约。他以王安石变法为例,详细推究了王安石成败的原因,指出"如以王公自治其县,青苗固效;专之方岳,则均输方田无不可者;专之边郡,则保甲保马无不可者。何也,势所得为也"(《滕侯赵仲一实政录序》)。王安石在自己专责治理的地区之内,根据社会的需要,顺应人情,发挥主观能动性,努力推行局部的改革,理、势、情协调一致,因而取得了成功。但"举天下而急为之,安石不能用宋"(《滕侯赵仲一实政录序》)。因为王安石新法推行过于急迫,朝廷与地方的反对势力非常强大,而王安石并无控制全国的政治力量,故在一县一地能成功的改革,施行于全国则不一定能成功。汤显祖总结为"势不行也"。

汤显祖还以岳飞之死为例来说明这个问题。

> 予独怪王(按指武穆王岳飞)以大将之才,为战将之用,而用益以不终。当时无将将者。……高宗之资,不能为肃若代(指唐肃宗、代宗),亦其势然。……或曰,王何不竟灭虏而朝,附于人臣出境遂事之义。此不然也。观金起时,其君臣父子叔侄将相之间,皆意念深毅,经略雄远,非可猝猝乘弊而竟者。且其时诸将并以诏还,王以偏师济乎?夫王以归而死,得为世所哀怜。佻而往,王之为王,未可知也。王所谓进退维谷者与。……虽然,孝宗时而王在,犹之不能用王。盖孝之不能为代,亦犹高之不能为肃。何也?徽高在,高与孝虽有志,势皆有所不得行。(卷三一《岳王祠志序》)

这真是一篇精彩的史论。汤显祖指出岳飞的悲剧固然是由于"当时无将将者",岳飞用非其才。更重要的原因却是"势不得行"。不仅是假设岳飞不奉诏而朝,而孤军深入敌境,"直捣黄龙"的壮志未必得遂,而且假若孝宗时岳飞尚在,主张北伐的孝宗仍然不能用岳飞。这样的分析便不将岳飞的悲剧看作历史的偶然,而是视为时势的必然。在历史的长河中,个人的作用毕竟是会受到制约的。

第二,他认为,人才的作为固然会受历史客观趋势的制约,但个人的历史活动不应被动地听任社会具体事势所左右,仍应努力有所作为,争取成功。他举好友李三才为例。李三才在税使"称诏横乱"的不利时势下,毅然"发决英雄之气","力奋其身,号怒戏笑,与中贵人相横决,争数千里民命。贫者徙者,可以复业,居可以居,行可以行,而乱可以止。所谓社稷之力臣也。"(卷三一《读漕抚小草序》)可见"功有所自成,而力有所自积"(卷三一《读漕抚小草序》)。积力才能成功,"有力之士"必须勇于用力,才能有所作为。汤显祖还称赞他的好友赵邦清在滕县的改革,指出赵在滕亦受豪右阻挠,但赵"怒容渥丹,奋髯眉相抵,挠者行避去"(《滕侯赵仲一实政录序》)。而赵又身体力行,常"独身驰数十里察视,晓夜暴露不少休。……衣褐食稗,而宫馆驰传,俎豆咏歌之节,必明以清"(《滕侯赵仲一实政录序》)。终于"凡得隐田并垦除数千顷,买牛千头,活饥民数万人,归流民数千户。……宾舍有序,学士诵歌,市贾无饰,男女廉贞。休休于于,河洛之间,葱然一善国也"(卷三〇《赵子暝眩录序》)。对于个人在历史进程中能起的作用作了充分肯定。

他还强调在同样的历史时势和客观条件下的个人主观努力,并将这种主观努力由仕宦从政扩大到修身养性。他在《答门人吴芳台舶使》书中盛赞海瑞、魏允贞等人为国家作出的贡献,称赞他们"卒称名臣",又谆谆告诫吴芳台:"昔人称身处脂膏,不能自润。……吾弟市虽小,不妨以大人自为也。宦东粤者,清浊皆易见。吾弟勉之。"(卷四八)晚明时期的广东,商品经济发达,对外贸易频繁,身处这样的脂膏之地,或清廉,或贪浊,关键在于自身的努力,即能否以"大人自为"了。所以他对于后进少年,都反复叮咛他们为官"必须不要钱,不惜死"(卷四七《与门人时君可》)。"初入仕路,眼宜大,骨宜劲,心宜平。勿乘一时意兴,便轻落足,后费洗袯也。"(卷四九《寄李孺德》)告诫他们不要走错路。即使在他弃官回乡之后,仍在致友朋的书信中一再表示:"古人云:'匈奴未灭,何以家为?'此时亦非吾辈作家时也。"(卷四六《与李九我宗伯》)"天下忘吾属易,吾属忘天下难也。"(卷四八《答牛春宇中丞》)申明不忘天下的决心,社会责任感依然非常强烈。

第三,他认为,判断历史人物的作用不应"以成败论",而应重视历史人物在历史活动中的主观动机。这实际上也是对"情"的肯定。他曾说过,"天下凡有意义之事,常力不能致,而心喜之,口道之。喜极而致,固人情也"(卷三四《蕲水朱康侯行义记》)。又说:"天下士亦安可以成败论也。"(卷四一《明故朝列大夫国子监祭酒刘公墓表》)对于有意义之事,只要"心喜之",即有完成它的主观动机,即使"力不能致",甚至终归失败,也是值得肯定的。他以唐代"永贞革新"时的王叔文、柳宗元为例,说柳宗元"读天下之书,怀尧舜之业",是"天下之才俊贤人也"。对于王叔文,他虽恪于封建传统观念,视其为"世之所谓狂劣无底者也",但他也认为柳宗元与王叔文"同心"而"相与以济",是因为他们"欲急世患而成功名",意念皆在"唐室可兴",改革弊政、中兴唐室的主观愿望是应该肯定的。所以,他认为王叔文"虽未竟其谋,不可谓无吕(吕尚)葛(诸葛亮)之心矣"。他甚至为韩愈在纪念柳宗元的文章中于柳氏的"委曲用世之志,不为发挥一言"而深感遗憾(以上见《明故朝列大夫国子监祭酒刘公墓表》),认为在这一点上,韩愈的见识和普通人没什么两样。可见,汤显祖重视的是历史人物的"委曲用世之志",而不以成败论人。

基于这样的认识,汤显祖对于本朝人物的评价,也常从他们在社会活动中的主观动机着眼。一个显著的例子是他对自己的老师,万历年间"言道德而负经济"的相国张位的评价。万历二十四年,张位在任吏部尚书、武英殿大学士期间,曾疏请万历皇帝"勤朝讲,发章奏,躬郊庙,建皇储,录废弃,容狂直,宥细过,补缺官,减织造,停矿使,撤税监,释系囚"。力图有所作为。张位"初官翰林,声望甚重,朝士冀其大用。及入政府,招权示威,素望渐衰"。与首辅赵志皋多有摩擦。万历二十六年,终因朝鲜用兵事,在党争中失败,"夺职闲住"。不久又被诬为"妖书"《忧危竑议》的主使,"诏除名为民,遇赦不宥"。"位有才,果于自用,任气好矜。其败也,廷臣莫之救。既卒,亦无湔雪之者。"(以上见《明史·张位传》)对于这样一位失败了的政治家,汤显祖极为同情,指出他失败在于"发决大蚤,未能收拾天下贤士,厚集其势,而轻有所为"。但原其初心,其实"意念皆在国家",主观动机是好的,故汤显祖认为张位仍不失为"天下所属心望为名相者"(以上见《明故朝列大夫国子监祭酒刘公墓表》),历史作用不容忽视。

汤显祖对于社会治乱的历史变化规律及个人作用的认识直接影响了他的社会改良主张与实践,他也常将对古人的评价与对时政的评论结合在一起。因此,他对历史经验的总结,其实是为现实而发的。我们在《简论汤显祖的社会改良理想》一文中曾详细论述了他的法治与教化并举的改良主张及实践效果。他在遂昌的种种举措,其实都尽力想使理、势、情兼顾。比如他既打击隐占田亩、逃避赋税的豪右劣绅,又"稍用严理课",对付私自采薪开矿的"流傭""隐民",并"勒杀盗酋长十数人"(卷三五《遂昌新作土城碑》),目的在于"急法而治"。但他更重视加强教化,他在遂昌创建书院,"因百姓所欲去留,时为陈说天性大义",以求得"赋成而讼希"(卷四五《答吴四明》)。甚至除夕释囚,又让罪囚元宵观灯,约期而返,以示诚信不欺。在他的努力下,确实也使改良在一定程度上得以实现,从而使遂昌这块地方"小国寡民,服食淳足"(卷四四《寄曾大理》)。而汤显祖自己也能"五日一视事,此外唯与诸生讲德问字而已"(《答吴四明》)。似乎已实现了"赋成而讼希"的目标。但法治是把双刃剑,他对付的是"武横奸盗"的"贵倨"之家(卷四五《复项涑议征赋书》)和失去土地的"流傭""隐民",在不改变旧的生产关系的情况下所实行的局部改良,既不能持久,也不能深入,于是改良者被迫主动撤退,挂冠而去。改良的实践虽然以幻灭而告终,但汤显祖的改良理想并未泯灭,并且通过戏曲创作一再进行艺术的表现。我们在《牡丹亭·劝农》及《南柯记》的《风谣》《玩月》《卧辙》中都可以看到汤显祖对封建治世的美好憧憬。剧中的南柯郡与南安府虽然存在着明显的封建性的社会等级差别,但是人们的相互关系却绝对协调,全社会呈现出亲睦一家的融洽景象,"物阜民安,辞清盗寡","家安户乐,海阔春深","仁风广被,比屋歌谣"……正是理、势、情三者"并露而周施"的理想写照。这种描写,既有他对自己在遂昌的那段得意经历的美好回忆及对赵邦清等友朋政绩的曲折赞颂,也是他对历史发展变化规律的一种领悟及对社会改良理想的升华。

二

汤显祖不仅对历史与现实有清醒的认识,而且长于史学,非常重视文献的整理和史书的编纂,且常以良史自负。他的理想当然是能"立言"。他将立言分成三个层次,最理想的是文章能"秉朝家经制彝常之盛"(卷四九《答李乃始》),参与国家的"馆阁典制著记"(卷四七《答张梦泽》),即能与于国家史馆编纂工作。但他深知"名第卑远,绝于史氏之观"(卷四八《答李乃始》),作朝廷史官的愿望已不能实现。于是求其次,"不得与于馆阁大记,常欲作子书自见",以求"成一家言"。但因"贫病早衰,终不能尔"(《答张梦泽》)。不得已再求其次,"积精焦志"而专注于"韵语"(包括戏曲诗赋)。他虽自谦"词家四种(玉茗堂四梦),里巷儿童之技",但也深信"大者不传,或传其小者"(《答李乃始》),并认为"韵语行,无容兼取"(《答张梦泽》)。在戏曲诗赋的创作方面倾注了大量精力。但他并未放弃对著史和文献整理的偏爱与追求。他曾花十年时间校订《册府元龟》,因为《册府元龟》"惟取六经子史,不录小说",所收多历代君臣事迹,经过编者的"甄综贯串,使数千年事无不条理秩然","可资览古之助"③(《四库全书总目》卷一三五《册府元龟》提要)。正符合他重视史鉴的志趣。他还曾计划为张居正等当代政治家作传,以知人论世,并重修《宋史》。史学方面的成就也是令人钦佩的。但由于他重修的《宋史》并未完稿,且未能刻印流传,故其在史学方面的建树往往为其戏曲诗文创作成就所掩。探究一下他对《宋史》的修改主张,正可以与他的历史观相印证。

汤显祖在《答吕玉绳》书中曾说:

> 承问,弟去春稍有意嘉隆事,诚有之。忽一奇僧唾弟曰:严、徐、高、张,陈死人也,以笔缀之,如以帚聚尘,不如因任人间,自有作者。弟感其言,不复屑意。赵宋事芜不可理。近芟之,《纪》《传》而止。《志》无可如何也。(卷四四)

这封书信透露了汤显祖史书编纂工作的一些消息,表明他曾打算记述明嘉靖、隆庆间史事。但一"奇僧"(当即达观和尚)却认为严嵩、徐阶、高拱、张居正都已是"陈死人"了,不必为他们作什么评论,不如留心时事。汤显祖因而辍笔,并改而从事《宋史》的修订工作。到他给吕玉绳写信时,已大致完成了《宋史》改本中的《本纪》《列传》部分,而诸《志》的改订则尚未动笔。

《宋史》修于元末,仓促成书,自至正三年(1343)三月开局,至正五年十月即已告成。卷帙浩繁而疏漏最多,特别是建炎南渡以后的史事,全祖望甚至斥为"荒谬满纸"。于二十四史中向以芜杂著名。因此,自元末始,即有不少学者有志于重修《宋史》。据赵翼《廿二史札记》所述,元末周以立及其曾孙周叙(时已至明中叶)相继诠次,均未成书。嘉靖中,廷议更修《宋史》,以严嵩为礼部尚书兼翰林学士主持其事,然亦未能告成。后来柯维骐编成《宋史新编》,王维俭撰成《宋史记》。早于赵翼近百年的朱彝尊《书柯氏〈宋史新编〉后》曾说:

> 宋辽金元四史惟《金史》差善,其余潦草牵率。……先是揭阳王昂撰《宋史补》,台州王洙撰《宋元史质》。皆略焉不详,至柯氏而体稍备。其后临川汤显祖义仍,祥符王维俭损仲,吉水刘同升孝则,咸有事改修,汤、刘稿尚未定,损仲《宋史记》沉于汴水,予从吴兴潘氏钞得仅存。……予尝欲据诸书考其是非同异,后定一书。惜乎老矣,未能也。④

据朱、赵二家所述而去其重,元末至清初,曾修订过《宋史》者已有八家。而据钱谦益《跋东都事略》⑤、全祖望《答临川先生问汤氏宋史帖子》⑥等记载,除朱彝尊、赵翼提到的八家之外,至少还有归有光、顾炎武、黄宗羲等人都曾改修过《宋史》。其中最为人所称道的是汤显祖。

最早提及汤氏改修《宋史》的是钱谦益,他在《跋东都事略》一文中说:

> 《宋史》既成,卷帙繁重。百年以来有志删修者三家:昆山归熙甫,临川汤若士,祥符王损仲也。……若士繙阅《宋史》,朱墨涂乙,如老学究兔园册子。某传宜删,某传宜补,某人宜合某传,某某宜附某传,皆注目录之下,州次部居,厘然可观。

似曾亲睹汤氏稿本。而记述最详的是全祖望,他说:

> 临川《宋史》,手自丹黄涂乙,尚未脱稿。长兴潘侍郎昭度抚赣,得之。延诸名人足成其书。东乡艾千子、晋江曾弗人、新建徐巨源皆预焉。网罗宋代野史至十余篓。功既不就,其后携归吴兴。(《答临川先生问汤氏宋史帖子》)

指出汤氏未完成的稿本被巡抚南赣的潘曾所得,潘又曾延请艾南英、曾异撰、徐世溥等,欲"足成其书"。全祖望文还详述汤氏的《宋史》改本流传情况:明亡之后,汤氏稿本归潘氏之婿吕及甫,及甫曾约请黄宗羲"为之卒业",黄宗羲亦"欣然许之",但未能如愿。及甫卒,汤氏稿本由及甫从子吕无党(名葆中)携入京师,欲据稿本刊刻刷印。事未果而无党死,是书旋归花山马氏(马曰琯)。马氏之书散出,汤氏稿本流入海宁沈氏(沈廷芳)家中,其间全祖望曾有机会得见是书,"阅其大概"。至全祖望撰此文时,书稿已归太仓金氏(金檀),而稿本经几易其主,所存亦仅止《本纪》《列传》。时至今日,汤显祖的《宋史》改本已不知流落何处,也可能早已不存于天壤间了。

汤显祖的《宋史》改本虽然未能流传下来,但它的史学价值及它所反映出的汤氏的史学观点,仍然是可以探寻的。

我们且看全祖望在《宋史帖子》中对汤氏改本的描述:

> 其书自《本纪》《志》《表》,皆有更定。而《列传》体例之最善者,如合《道学》于《儒林》(原注:梨洲先生论《明史》不当分立《道学传》,本此);归嘉定误国诸臣于《奸佞》;列濮、秀、荣三嗣王独为一卷,以别群宗(原注:《宋史》不为荣王立传)。皆属百世不易之论。至五闰禅代遗臣之碌碌者多芟,建炎以后名臣多补,庶几《宋史》之善本焉。

全祖望是曾阅读过汤氏的《宋史》改本的,故所述较为具体。据全氏的描述,汤显祖对《宋史》旧本的更定有如下几点:一是取消《宋史·道学传》,将其并入《儒林传》中。二是将南宋"嘉定误国诸臣"归入《奸佞传》中。三是将英宗生父濮王允让、孝宗生父秀王子偁、理宗生父荣王希瓐三人传记列为一卷,以与其余宗室诸王相区别。四是删五代入宋诸臣之碌碌者。五是补南宋建炎以后名臣。其中,尤以取消《道学传》影响最大。

汤显祖为什么要取消道学传,他自己没有说。受他启发而于清初坚决反对立《道学传》的黄宗羲、朱彝尊倒说了许多话,详见黄宗羲《移史馆论不宜立理学传书》[⑦]、朱彝尊《史馆上总裁第五书》(《曝书亭集》卷三二)等文。限于篇幅,本文不拟详述。大要来说,其一,黄、朱二人认为元人修《宋史》首次立《道学传》,"言经术者入之儒林,言性理者别之为道学。又以同乎洛、闽者进之道学,异者置之儒林",将好端端的大一统的儒学,分出了门户,立道学,则是以程朱一派为正统,"而于大一统之义乖矣"。他们认为"儒林足以包道学,道学不可以统儒林"。说来说去,总之是为大一统儒学巩固其正统地位。全祖望说:"《宋史》分《道学》于《儒林》,临川礼部若士非之。国朝修《明史》,黄征君黎洲移书史局,复申其说,而朱检讨竹垞因合并之,可谓不易之论。"(《移明史馆帖子五》)值得注意的是,黄宗羲曾看到过汤氏的《宋史》改本,因此他"复申其说",既曰"复申",其理由至少不会与汤氏的主张毫无联系。其二,汤显祖也是主张"孔子之道",并拥护儒学正统地位的,而且对理学家的讲学习气持一定的保留态度。他说过,"直心是道场,道人成道,全是一片心耳。……最胜处不在讲学"(卷四七《答诸景阳》),"少年人不在平心定气,而在读书能纵能深,乃见天则尔"(卷四七《答邹公履》)。基于这样的认识,他自然不会赞成将道学从儒林中分出,来抬高道学的地位。第三,晚明时期道学已越加虚伪,一些文人抨击道学,抉摘情伪,言辞非常激烈,如汤显祖素所佩服的李贽揭露道学家"阳为道学,阴为富贵,被服儒雅,行若狗彘"⑧(《续焚书》卷二《三教归儒说》)。汤显祖自己也常批评柔媚虚伪的假道学习气,对于"此时男子多化为妇人,侧行俯立,好语巧笑,乃得立于时。不然,则如海母目虾,随人浮沉,都无眉目,方称盛德"的社会现象表示不满(见卷四八《答马心易》)这些都表明了他对道学的反感。

汤显祖反对正史立道学传的主张对清初的《明史》编纂产生过重大影响。朱彝尊《史馆上总裁第五书》中提到,明史馆总裁的"手疏史目",即体例初稿中"有儒林传又有道学传",朱彝尊、黄宗羲等人均上书反对。结果,《明史》不立道学传。

此外,汤氏将"误国诸臣"归入《奸佞传》,删五代入宋诸臣之碌碌者,补南宋建炎以后名臣,也是为了尽量给予历史人物以恰当的评价,而这种褒贬的标准当然与他的历史观点密切相关。至于"列濮、秀、荣三嗣王独为一卷",则是他的情理兼顾的主张在史书编纂中的具体反映。英宗、孝宗、理宗均是以旁支入承大统的,按照封建宗法制度,"为人后者为之子,不得顾私亲"(《宋史·司马光传》)⑨。这就使英宗、孝宗、理宗在如何确定与本生父母的名分及如何追尊自己的本生父母等问题上陷入了尴尬的境地。英宗于治平二年诏议崇奉濮王典礼时,便引起一场轩然大波。司马光、吕诲等人认为追崇濮王是英宗"厚所生而薄所继,隆小宗而绝大宗"(《吕诲传》),主张英宗称生父为皇伯而不称亲,即不以亲情妨碍纲常。欧阳修、韩琦等则主张"'为人后者,为其父母报',降三年为期,而不没父母之名"(《欧阳修传》)。即主张丧服的规格可以降低,但本生父母的名分不能去除。事情闹得不可开交,只好由皇太后手诏中书,"尊濮王为皇,夫人为后,皇帝称亲"(《宋史纪事本末》卷三六)。再由英宗下诏谦让,不受尊号,但称亲。即不敢尊濮王为皇,但保留父子名分。风波才算平息。《宋史》恪于礼法,尊大宗,故将濮王、秀王与宗室诸王并列,甚至未为荣王立传。汤显祖认为"天性露于父子","必为孝慈"(卷三七《明复说》)。主张"仁孝之人,事天如亲,事亲如天"(卷三七《贵生书院说》),认为加强亲情与维护天理是一致的。他不但为荣王补传立说,且将濮、秀、荣三王传记合为一卷,以示与宗室诸王有别,仍然是他的情理兼顾主张的一种表现。

原载于《北京大学学报》1999年第5期,95—103页。

注 释

① 杨忠《汤显祖心目中的情与理———汤氏"以情抗理"说辨证》,《中国典籍与文化》1993年第3期;杨忠、张贤蓉《厌逢人世懒生天——汤显祖晚年思想及"二梦"创作刍议》,《汤显祖研究论文集》,中国戏剧出版社,1984年;杨忠、张贤蓉《试论汤显祖哲学伦理思想的内在矛盾》,《江西大学学报》1984年第4期;杨忠、张贤蓉《简论汤显祖的社会改良理想》,《江西社会科学》1985年第2期。
② 徐朔方笺校《汤显祖诗文集》,上海古籍出版社,1982年
③ 永瑢,等《四库全书总目》,中华书局,1965年。
④ 朱彝尊《曝书亭集》卷四五,四部备要本。
⑤ 钱谦益《牧斋有学集》卷四六,上海古籍出版社,1996年。
⑥ 全祖望《鲒埼亭集》外编卷四三,四部丛刊本。
⑦ 黄宗羲《南雷文定》前集卷四,四部备要本。
⑧ 李贽《续焚书》,中华书局,1975年。
⑨ 《宋史》,中华书局,1977年。
⑩ 陈邦瞻《宋史纪事本末》,中华书局,1977年。

万历为文学盛世说

廖可斌

"明代中后期""明后期""晚明""明末""明末清初"等,是人们谈论明代历史和文化时经常使用的一些概念。关于这些概念所指时段的起讫,各人的界定并不相同。与其他几个概念较多用于政治史、军事史不同,"晚明"的概念似乎更多用于思想史、文化史领域,一般指万历、泰昌、天启、崇祯四个朝代,历时约七十年。其中万历一朝长达48年,毫无疑问是所谓"晚明"的主体。

本文认为,整个晚明时期是中国古代文学史上文学活动最为繁盛、文学成就最为突出的时期之一。万历一朝是整个晚明的主体,晚明的文学活动相对集中于万历年间,因此万历年间可称为中国古代文学史上的盛世之一,可与人们经常提到的中国古代文学史上的另外几个黄金时期如建安年间、元嘉年间、开元、天宝年间、元和年间、元祐年间等媲美。我们在书写中国古代文学发展史时,应明确这一概念,在观察眼光、分析角度、评价标准等方面做出应有的调整。

一、称万历为文学盛世的理由

虽然我们探讨的是万历年间是否能称为文学的盛世,但我们还是不得不首先讨论一下关于万历一朝的整体评价问题,因为这两个问题是相互关联的。过去人们之所以没有把万历年间确认为中国古代文学史上的盛世之一,很大程度上是因为历史上对万历一朝的总体评价不高,或者说很低。实际上这在很大程度上是一种偏见。

首先,在政治上,现在人们提到万历朝,马上想起的就是清人所修的《明史》等文献中所描绘的皇帝长期不上朝理政、朝廷党争激烈、官员多缺员也不及时补充、矿监税使四出的图景。这些基本上都是事实,但《明史》等文献的描述有夸大之嫌。如万历皇帝实际上一直保持与主要大臣的沟通,矿监税使专门针对商业和矿业,波及的范围也有限。更重要的是如何评价这些历史现象。如根据传统的君权专制政治观念,则这一系列现象固然是非常严重的问题。但如果从政治制度演化的角度来看,我们对这些现象的看法就会有所不同。万历皇帝不按规定上朝理政,使皇权相对弱化、虚化,对新的政治要素的兴起、新的思想观念的萌生、新的政治运作模式的滥觞,未始不是一件好事。正是在这种背景下,朝廷中的各种政治势力可以展开博弈,官员可以自由辞职,东林党的民间议政得以兴盛起来,民间舆论力量可以影响朝政走向和政治人物的进退,人们可以公开议论和尖锐批评朝廷和皇帝,社会的政治自由度、思想自由度大大增加。中国古代政治制度的最大弊端就在于权力高度集中,而且是愈来愈集中。万历一朝开始出现逆向的变化,从发展的眼光来看,是值得肯定的具有积极意义的动向。相比之下,进入清朝以后,皇权得到极大强化,权力高度集中,从当时来看也许具有一定的积极效果,但从长远看,则属于一种落后倒退。

万历朝的党争确实比较激烈。但官员结党相争是政治生活中的必然现象。纵观中国古代历史,包括所谓盛世如唐代开元、天宝年间、元和年间、北宋元祐年间等的各个朝代,党争何尝不激烈?值得注意的是,晚明特别是万历年间的党争,已经显示出不同于以前党争的某些特点。各个党派在一定程度上代表了地区的利益,而西方近代以来的党派主要就起源于代表地区、行业、阶层的组织。不是说万历年间的政治党派具有了西方近代以来政党的性质,但两者之间并不一定有不可逾越的鸿沟,说晚明特别是万历年间的党争已具有某些近代政党的雏形,也许并不为过。

总之,万历年间的君主怠政、朝廷党争这类历史现象,具有双重性质。从传统政治观念来看,是朝廷腐朽的表现。而从政治制度演化的角度看,又具有积极意义。政治制度的演化不是一蹴而就的,也不是一帆风顺的。西方近代民主政治制度的形成也经历了一个漫长的过程。旧制度的腐朽,往往是新制度萌芽的前提条件。

从经济方面来看,万历年间可能是明代以至到那时为止整个中国古代历史上最繁荣的时期。万历前期张居正当政,实行一系列改革,取得显著成效。当时朝廷的财政盈余空前绝后①。万历年间实行"一条鞭法",将所有税收、徭役折银征收,大大刺激了商品交换,提高了产品的边际效应;又从而大大促进了行业分工,提高了技术水平和生产效率;进而又带来了城镇的繁荣,市民队伍的扩大,以及人们的生活方式和生活观念的连锁性变化。

因为社会财富大大增加,无论是地主官员,还是普通市民农民,生活水平都大大提高。人们在衣、食、住、行、娱乐等方面,都打破原有的禁忌,争相追求奢华。人们的消费和享乐的欲望被充分激发出来,每个人都拼命追求财富,追求享乐。可以说这是一个人欲横流、充满活力的时代。在当时的地方志、文人别集等文献中,我们还可以看到大量这方面的记载,小说戏曲作品更给我们展现了当时人们日常生活的生动图景。但这些记载和描述一般都站在传统小农经济的立场,秉持"自给自足""节俭"等传统观念,对这些现象给予了负面评价。当时人用这样的眼光看问题可以理解,现在我们仍用这种眼光看问题就未免迂腐了。人类社会发展的根本目的是什么呢?不就是要使人们过上富裕、充实、自由、快乐的生活吗?人类难道要永远停留在那种"小国寡民""鸡犬之声相闻,老死不相往来""茅茨不剪,采椽不斫"、粗衣恶食的状态吗?生产力水平提升,物质财富大大增加,人们的生活水平显著提高,人们追求更富裕舒适的生活,这有什么不好呢?

从军事上看,万历前期国防相当稳固。从明初以来,蒙古一直是明王朝的主要敌人。张居正等当政期间,对蒙古恩威并用,使它不再构成对明王朝的重大威胁。万历中期有所谓"三大征",其中援朝征倭和平杨应龙的战争规模都很大,明朝都取得了胜利。直至万历四十六年明王朝在与满洲军队的萨尔浒大战中战败之前,明王朝的军事力量都是相当强大的。

从思想文化领域来看,万历年间是中国古代思想最为自由、最为活跃的时期之一。儒学内部,阳明心学的影响进一步扩大,而坚持程朱学说的东林党等也势头甚盛,狂禅思想又异军突起,西方的天主教也开始在中国各地传播。全社会流行讲学,探讨学术的风气非常浓厚,学术环境相当宽松。李贽被朝廷指为异端邪说,但这并不能阻止许多文人学子、包括许多在职和退职的官员如耿定理、焦竑、刘东星、马经纶等信奉他的学说。当时一些思想家和学者标新立异的勇气和风采,令后世敬仰。

总之,万历一朝的社会状态,是一种客观存在的历史事实。具有不同的历史观念和眼光,就会对它作出不同的描述和评价。我们过去对它的观察和评价,实际上受到了传统的小农经济社会历史观念、政治观念、道德伦理观念的束缚。我们现在有必要转变历史观念和政治观念,把万历一朝放在整个中国社会历史发展的长河中、放在中西社会历史发展进程的比较中,对它的历史地位和意义进行重新审视和评价。我们不能否认这一时期政治的黑暗腐败,社会伦理道德的堕落等。但这只是事实的一个方面。我们还必须看到这个时期繁荣富庶、生机勃勃、充满活力、蕴含新的社会质素的一面。借用英国小说家狄更斯的话说,"那是最好的年月,那是最坏的年月"②。它的坏也就是它的好,它的好也就是它的坏。忽视其中任何一个方面,都不可能对这个历史时期的真实状况和性质作出完整准确的评价。我们也许可以说,就整体而论,万历一朝也是整个中国古代历史上的盛世之一。我们不能因为它有腐败堕落的一面,它之后不久明王朝就倾覆了,而否定它是一个盛世。中国古代最著名的所谓盛世,莫过于唐代的开元、天宝年间,当时也确实是唐王朝的鼎盛时期,但它照样包含着腐败和堕落。既有"忆昔开元全盛日,小邑犹藏万家室。稻米流脂粟米白,公私仓廪俱丰实。九州道路无豺虎,远行不劳吉日出"(杜甫《忆昔》),"九天阊阖开宫殿,万国衣冠拜冕旒"(王维《和贾至舍人早朝大明宫之作》)的一面,也有玄宗的荒嬉,李林甫、杨国忠擅权腐败的一面,而且不久就爆发了"安史之乱"。中国历史上其他盛世的情况也差不多,基本上是盛世之后不久就是衰世,甚至在盛世的末尾衰世就已经开始了。放眼世界,似乎也莫不皆然,例如法国太阳王路易十四时,波旁王朝的强盛达到高峰,不久后波旁王朝就陷入衰败。盛极必衰似乎是人类社会无法逃脱的宿命。

如果说称万历一朝整体上是中国古代的盛世之一,可能会遇到较多质疑的话,那么确认万历为中国古代文学发展的盛世之一,则有更充分的理由获得更普遍的认可。

首先,万历年间的文学活动最为活跃。建安、天宝年间雅文学兴盛,但民间俗文学相对逊色;元代前期俗文学蓬勃兴起,但文人雅文学相对沉寂。万历时期文学发展的一个突出特点,是上层文人雅文学和下层大众通俗文学同时兴盛并相互融合,从而呈现出文学全面繁盛的局面,这在中国文学发展史上是少见的。经过两百多年的发展,明代文化至万历年间已非常成熟。教育相当普及,科举考试制度吸引了广大民众读书应试,以至于原有的科举考试体制已难以容纳。从事文学活动的人数达到空前水平,表现之一是"山人"多于牛毛,北京、南京、苏州等文学艺术活动中心的诗社、文社及其他文学聚会异常频繁③。下层民间文学活动也达到前所未有的繁荣程度,通俗文学作品的刊刻与阅读、说话、演剧、民间诗社活动等都异常活跃。

万历年间是文学现象最为丰富多彩的时期。不同的文学流派、文学主张同时并起,角奇斗艳,互相争胜。以古典诗文为主体的传统文学形态仍然声势浩大,复古派"后七子"的领袖人物王世贞在隆庆末或万历初和万历十四年分别作"后五子""广五子""续五子""末五子""四十子"等,标榜复古派的阵容之壮。与此同时,古典诗文内部出现了追求新变的努力,李贽、汤显祖和以"三袁"为代表的公安派、以"锺、谭"为代表的"竟陵派"相继兴起,戏曲、小说等新的文学形式也迅速蔓延。这两个方面交织融汇,共同构成新兴文学形态,显示出勃勃生机。新旧两种文学形态发生激烈碰撞,不同文学流派之间爆发了激烈的文学争论。其理论之自觉、态度之激烈、言辞之犀利,在整个中国古代文学史上也是空前的。

万历年间文学创作形态发生重大转变,由过去的以文人抒情文学为主,转变为文人抒情文学与大众叙事文学并重的格局。元朝时作为大众叙事文学的戏曲就在文坛占有重要地位,是晚明这种文学格局的先导。晚明特别是万历年间这种格局变得更为完整和稳定。汤显祖等具有敏锐思想的文人,也曾力图重新恢复古典文学的兴盛景象。在经历失败后,意识到这条路已走不通,转而自觉地从事戏曲小说创作,从而取得杰出成就④。有些文人还自觉地将自己的戏曲小说创作活动与文化市场结合起来,找到了新的依托和发展方向。随着文学总体格局的变化,文学创作的思想观念、反映的社会生活内容、艺术形式、语言风格等都发生重大转变。描写的对象由理想转到现实,由帝王将相才子佳人的传奇故事扩展到普通市井民众的日常生活,写作原则由唯美主义转向写实主义,语言风格由典雅精致转变为鲜活直白。总体上看,晚明特别是万历年间的文学,已开启中国古典文学形态向近现代文学形态转变的进程。周作人即把晚明文学视为五四以后中国新文学的先声⑤。这一转变在整个中国文学发展史上无疑具有重大意义。

中国古代文学发展史上的盛世,一般都在文体创新方面有重要突破。如建安时期对乐府诗的继承和对五言诗走向成熟的贡献,开元、天宝年间对古体诗特别是歌行体的继承与革新、对五七言律诗走向完善的贡献等。万历年间文体创新也取得巨大成就。作为中国古代文学重要文体的短篇白话小说和长篇白话小说,在万历年间才完全成熟。现存中国古代长篇白话小说如《三国志通俗演义》《水浒传》《西游记》《封神演义》《金瓶梅》等,起源都很早,都经历了一个漫长的演化过程。但只有在万历年间经过比较认真地加工写定刊刻后,它们才达到完善,其体例、叙述方式、语言风格才基本定型。在中国古代文学史上也占有重要地位的明代传奇、小品文创作最兴盛的时期也在万历年间。

万历年间,文学理论的探讨也取得重大突破。复古派作家如王世贞、王世懋、胡应麟等力图恢复古典诗文兴盛景象的努力虽然归于失败,但他们对中国古典诗文特别是诗歌的发展历程进行了全面系统地考察,对中国古典诗文特别是诗歌的审美特征进行了深入细致地辨析,《艺苑卮言》《艺圃撷余》《诗薮》等著作为构建中国古典诗学理论体系提供了坚实基础。李贽提出"童心说",袁宏道提出"性灵说",强调主体的思想和情感的价值和地位,突破了追求情与理、意与象完美统一的古典审美理想,具有重要创新意义。更值得注意的是金圣叹,他在几乎无前人可以倚傍的情况下,从中国古代史传文学、古文理论、诗歌理论、绘画理论、八股文理论、佛学理论中采撷学术资源,凭着他天才的领悟力、想象力和创新能力,基本构建了中国叙事文学特别是小说文学理论体系的框架。他基于众生平等的观念而提出的"忠恕""格物""因缘生法"等说法,解决了叙事文学中虚构何以可能、何以可信这个关键问题,奠定了叙述文学、虚构文学理论的基石⑥。他关于人物性格、小说结构、叙述角度、叙述线索、叙述语言等方面的见解,也都富于创见。以金圣叹小说理论为代表的晚明叙事文学理论的创立,标志着在晚明时期,在整个中国文学已开始由古典文学形态向近现代文学形态转变的同时,中国文学理论也开始由古典文学理论形态向近现代文学理论形态转型。

万历年间，文学的传播活动非常活跃，文学作品的刊刻达到了前所未有的繁盛程度。出现了主要专门编刊文学书籍的书坊主，刊书售书的商品意识、著作权意识等，都开始形成。小说、戏曲的一些经典作品不断被刊刻，其他文学类书籍的编选、刊刻也非常活跃⑦。因为教育更为普及，民众文化程度提高，社会财富总量增长，人们用于精神娱乐的费用增加，加上出版业、演艺业的繁荣，文学艺术的受众大大增加，大量普通市民和农民都成为文学的消费者。根据现代传播学的观念，作品只有经过传播，才能产生作用，因此文学传播对文学具有重大意义。

总而言之，万历年间的文学活动极为活跃，文学现象空前丰富，出现了具有代表性的作家（王世贞、汤显祖、袁宏道）、文学理论家（李贽、金圣叹）、作品（《水浒传》《西游记》《金瓶梅》等小说作品，《临川四梦》等戏曲作品，公安派、竟陵派的诗歌与小品文等），在文体和文学理论创新方面有重要突破，在文学总体形态的演进方面发生了具有划时代意义的转变。毫无疑问，万历年间首先是明代文学的盛世，是整个明代文学史上最光彩夺目的篇章，同时也堪称整个中国古代文学史上的盛世之一。

二、万历一直未被确认为文学盛世的原因

万历时期应为中国古代的文学盛世之一，应该是不争的事实。因此罗列万历文学的种种成就，从而论证这一点，并无多大新意。有意思并值得分析的倒是，既然万历时期文学成就如此辉煌，过去人们却没有确认万历为文学盛世之一，其原因何在。

第一，与清王朝对明王朝特别是万历朝的贬低有关。清王朝建立后，因为自身是一个由少数民族入主中原建立的政权，以数十万文化相当落后的满族人统治数千万文化相当发达的汉人，在政统、道统、文统等方面都缺乏自信，因此，除努力学习接受中原汉族文化外，要对它所取代的明王朝极力贬低，以证明自身的合法性。努尔哈赤在万历年间起兵，因此清王朝尤其要重新书写万历一朝的历史事实，对万历一朝进行整体贬低，为清政权在万历年间的崛起提供合法依据。清王朝的统治者和御用学者极力描绘万历朝的种种乱象，夸大

万历皇帝及其臣僚的懈怠、贪腐情形。万历年间本来是明王朝经济最繁盛、整个社会最富庶、民众生活水平最高的时期,尽管各种乱象确实在滋长,但社会的繁盛也不容置疑,相当于唐代的开元、天宝年间,宋代的宣和年间。而经过清王朝的统治者和御用学者妖魔化地描绘,在后世人的心目中,万历一朝俨然就成了中国历史上最混乱、最黑暗的时期。

考察清王朝的统治者和御用学者书写明代历史特别是晚明历史的策略,可以看出他们是做过精心设计的。他们一般把妖魔化明朝的重点放在万历朝,因为如前所述,努尔哈赤就是在万历朝起兵并发展壮大起来的。将万历一朝描绘得混乱不堪,就可以证明清政权崛起是应天顺人,符合天命。而对明朝最后一个皇帝崇祯皇帝,他们的描述倒多有同情,多描述他如何宵衣旰食、力图挽大厦于将倾。这样描写有显而易见的好处:第一,崇祯皇帝是被李自成农民起义军逼死的,渲染崇祯皇帝的悲剧,就可以将推翻明朝的责任推到李自成农民起义军身上,有利于消除明朝遗民对清王朝的抵触情绪;第二,这样描写,可显示清王朝的大度公正,反过来又可证明清王朝对整个明代历史特别是万历一朝历史书写的客观可信;第三,描绘崇祯皇帝如何宵衣旰食、力图挽大厦于将倾,最后还是身死国灭,实际上就更能说明清王朝的兴起是天命所归,非人力所能改变[⑧]。

除在整体上贬低明王朝特别是万历一朝以外,清王朝的统治者和御用文人还重点抨击万历时期的文风、学风。万历年间,左派王学、狂禅学说和异端思想的发展达到高峰,对传统思想学术进行了颠覆,知识分子和广大民众的思想观念得到极大解放,达到前所未有的自由状态,这本来是值得肯定的。但清王朝出于强化思想统治的需要,同时也出于贬低明王朝特别是万历一朝的需要,对明代的学风特别是万历年间这种思想解放运动百般贬低,把明人对前代学术的怀疑、批判和否定描绘成空疏不学,把万历年间以李贽为代表的创新性思想家所作的理论探讨描绘成邪说盛行。明末清初顾炎武、王夫之等遗民出于对明王朝倾覆的伤痛,对晚明特别是万历一朝思想文化所作的种种反思导源于前,清王朝通过编《明史》《四库全书》等大型文化工程及其他相关举措继武于后,发起了对明代特别是万历一朝学风持久不息的批判、否定、嘲笑。这种强大的围攻非常有效,反复地强调刻画造成了人们的思维定式,以至于现在的人还陷身于其中而不自觉。于是出现了这样的情形：我们在书写明清思想史时，常常一方面肯定晚明思想解放的巨大积极意义，一方面又沿袭清人对明人特别是万历一朝思想家的种种责难，批评后者空疏不学等，自相矛盾而浑然不觉。

清朝统治者及其御用文人对晚明特别是万历年间的文学也极力贬斥。万历年间大众通俗文学的巨大成就，要么完全在他们关注的范围之外，要么因为思想内容离经叛道、语言风格通俗浅显而遭到他们的鄙视。至于万历年间的文人雅文学，清朝统治者及其御用文人也评价极低。他们自然看不到李贽、金圣叹文学思想的深刻价值，看不到公安派、竟陵派文学理论和创作的重要意义。即使对复古派的文学理论主张和创作实践，他们也给予一种简单粗暴的评判，并不能理解揭示其内在本质。于是本来众声喧哗、多姿多彩的万历年间文坛，在他们眼里就成了一个榛芜丛生、一无可取的文学乱世。在这方面，钱谦益起了很大作用。他作为清初最有影响力的文学批评家和权威的文学史书写者，在《列朝诗集》等著作中极端贬斥万历年间的文学，对公安派多有微词，而对复古派、竟陵派则极力丑化。钱氏既富于才藻，又心地狭隘，赋性尖刻，评价作家作品时往往极尽形容夸张之能事。他对复古派、竟陵派的刻毒攻击，给人留下极为深刻的印象，在整个中外文学批评史上都是少见的①。

第二，与传统的文学观念和评价标准有关。中国古代占主导地位的文学观念，奠基于孔子，而后得到进一步丰富发展，形成一个繁密的体系，它根本上是小农经济社会和集权专制政治体制环境的产物。它特别关注文学与道德、与政治的关系，而相对忽略文学与个性、与生活的关系。它向往政治的太平稳定，而不喜欢社会的变革与多元化；力图回避和超越真实的世俗众生相，而憧憬高雅优美的理想境界；向往宁静的庄园式生活场景，而不喜欢热闹非凡的市井生活场景；崇尚清心寡欲、自我克制的生活态度，而抵制生机勃勃、追求享乐的生活态度；喜爱精致细腻的艺术形式，而排斥穷形尽相的写实的艺术风格。这种文学观念源远流长，博大精深，对中华民族文学艺术观念和审美心理的影响根深蒂固。说到底，所谓中国古代文学传统或曰中国古代美学传统，就是指这种在小农经济社会和专制政治体制环境下形成的文学和美学传统。虽然中国现在已步入现代工商业社会，君权专制政治体制废止也已近百年，但这种文学传统和美学传统的影响有很大的独立性和滞后性,不会随着社会经济生产方式和政治体制的改变而马上改变。尽管在这近一百年中,中国接受了西方的文化,包括马克思主义的思想观念,它们似乎已成为当代中国占主导地位的思想,但中国的文学传统和美学传统仍隐藏在中华民族的意识深处,有时还借新的思想观念借尸还魂。如近代以来,我们的文学理论、文学批评和文学创作,就仍然特别关注文学与政治的关系,就仍然特别重视对文学进行道德评价。这种状况在评价古代文学时表现得更明显。作为现代人的我们对古代文学各种现象的评价,往往与古代人如清代人的评价基本一致,很多时候就是以古人如清代人的评价为评价。

具体到对晚明文学特别是万历文学的评价,我们就没有摆脱传统文学观念的束缚,特别重视道德评价等。例如对待晚明文学中描写人们的各种情欲的作品,我们虽然也肯定它们具有思想解放的意义,但对它们的文学价值始终不能给予充分的肯定。对于像《金瓶梅》这样深刻逼真地描写世俗众生相和赤裸裸的情欲的作品,我们一直不能给予充分的正面评价,不愿意给它以文学经典的地位,甚至还认为这些作品的存在是晚明文学的污点。这就势必影响到对晚明文学特别是万历文学的成就和价值的总体评价。

第三,与近代以来的学术研究体制有关。近代以来,随着国家学术研究体制和大学、中学教育体制的确立,文学研究越来越职业化,分工越来越细,逐步形成了古代文学、近现代文学和外国文学等几大领域。从此研究古代文学的很少涉足近现代文学,研究近现代文学的人很少涉足古代文学。研究中国文学的人与研究外国文学的人之间的情形也差不多。现在这种情形似乎还有愈演愈烈之势。这种分割的格局影响到研究者对文学史上许多时段的观照。

与西方文学的发展历程相比,中国的古典文学有骄人的表现,而近现代文学则发育不够充分,明显逊色于西方。中国近现代文学的发展道路坎坷崎岖,并不是连续性的,而是断续性的。它萌芽于唐宋,在元明时代特别是晚明曾达到一个高峰,此后虽然仍在发展,但遭到抑制。直到五四新文学运动以后,近现代文学才成为中国文学的主流。人们一般也都把五四以后的文学,看作近现代文学的代表。近代以来,受新的文学观念的影响,人们对元明以来特别是晚明时期具有近现代色彩的文学也比较重视了,但态度始终是游移不定的。

观察古典文学的重点在汉魏唐宋,从中自然发现了建安、元嘉、开元、天宝、元祐等几个特别耀眼的环节;观察近现代文学的重点在五四以后,从中也自然遴选出了一些具有代表性的作家作品和节点。而作为古典文学与近现代文学相交错的明清文学,相对就不受重视。万历年间的文学虽然成就辉煌,但既不被视为古典文学的典范,也不被视为近现代文学的典范,万历年间自然就不可能被视为中国古代文学的黄金时期或曰文学盛世之一了。

进而论之,根据这种学科划分,将古代时期的文学划属古典文学,将近现代以来的文学划属近现代文学,会对某些文学史现象造成遮蔽。中国古代时期的文学起源甚早,发展历史特别漫长,实际上内部包含着两大传统,即古典文学的传统和近现代文学的传统。这两种文学传统的审美理想、文体特性、艺术风格等都很不一样。因此我们有必要区分中国古代文学与中国古典文学这两个概念。现在的学科划分体制既然把古代时期的文学都划属古典文学,那么其中的古典文学自然就占据了主导地位,古代时期的具有近现代色彩的文学则相对处于边缘。在标举中国古代文学发展史上的盛世时,只及诗歌、古文兴盛的时代,而不及戏曲、小说兴盛的时代,就是这种倾向性导致的结果。与此相类似,既然把近现代的文学都划属近现代文学,那么其中的近现代文学自然也占据绝对主导地位,而近现代时期的古典文学则处于非常边缘的位置。如果我们打破这种古典文学与近现代文学相互割裂的格局,将中国文学发展史看作一个整体,那么作为古典文学和近现代文学的汇聚点的万历年间文学的地位就会得到凸显。

这种学科体制除造成古代文学研究和近现代文学研究的割裂外,还造成了雅文学研究和大众通俗文学研究的割裂。明代文学文体丰富多彩,远非建安、元嘉、开元、天宝、元祐几个时期主要只有诗歌、散文两种文体的情形可比。现有的研究分门别类,研究明代文人雅文学者很少涉足明代大众通俗文学研究,研究明代大众通俗文学者也很少涉足明代文人雅文学研究。各自孤立地进行探讨,见树不见林,于是对晚明文学特别是万历年间的文学缺乏整体观照,不能形成对它的总体看法,无力对晚明特别是万历年间的文学的总体成就进行总体评价,这也影响到对晚明特别是万历年间文学的看法。

这种学科体制将中国文学研究与外国文学研究隔绝开来,也使人们在评价中国或外国的具体文学现象时，缺乏参照系，结果评价不是畸高就是偏低。如果将晚明万历年间的政治、思想、文学与英国、法国、德国十六、十七世纪社会状况相比较，我们不仅可以发现其间的根本性的差异，从而对晚明特别是万历时期的社会状况有更清晰准确的认识，也会发现其中颇多类似之处。近代欧洲的政治、思想、文学等，在萌芽阶段也是相当幼稚混杂的。回过头来看晚明特别是万历年间的政治、思想、文学，我们的评价就会有所不同。

三、确认万历为文学盛世的意义

至今人们对以万历朝为主的晚明时期文学，缺乏一个总体的判断。这影响到对晚明文学特别是万历文学总体成就的估量，也影响到对晚明特别是万历年间各个具体作家作品的分析评价。

确认万历为文学盛世，对万历年间文学发展总体成就的一种肯定，凸显万历文学在明代文学以至整个中国古代文学中的重要地位。这将促使我们对晚明特别是万历年间的文学给予更多的注意，并努力去思考万历文学的总体特征，从而更完整准确地把握它。建安文学的总体特征是"建安风骨"，开元、天宝年间文学的基本特征是"盛唐气象"，那么万历文学是否也存在一种基本特征呢？如果有，那么又该是什么呢？"众声喧哗"？"欲望的饕餮"？抑或"情感的沉醉"？

确认万历为文学盛世，也有助于人们进一步认识整个中国古代文学的价值。中国古代文学根深叶茂，博大精深，代有发展。过去讲中国古代的文学盛世，往往只讲到建安、"三元"而止，似乎中国古代文学在最后一"元"即北宋"元祐"后，就已成强弩之末。虽然还出现了元杂剧、明清传奇、明清长短篇小说以及一些著名诗文作家、诗文流派，但它们（他们）相互之间都相距较长时间，都是散点式的存在，似乎再无时间相对集中的大放异彩的辉煌篇章。这样一种文学盛世说，实际上主要只关注了中国古代的文人雅文学，重点是诗歌。而中国古代文学除文人雅文学外，还有大众通俗文学；除诗歌外，还有古文、词、戏曲、小说等。因此这样的文学盛世说是片面的，不能反映中国古代文学发展史的整体面貌。如确认万历年间为文学盛世，春秋战国、建安、"三元"和万历，分别代表中国古代文学的上古时期、上古向中古过渡的时期、中古时期、中古向近代过渡时期文学发展的高峰,也兼顾到文人雅文学和大众通俗文学,中国古代文学发展的过程和脉络将因此而首尾完具,更加完整。

确认万历为文学盛世,有利于我们更清醒地意识到,所谓中国古代文学,因为它发展历史非常漫长,实际上包含古典的文人抒情文学美学传统和具有近代色彩的大众叙事文学美学传统。充分意识到所谓中国古代文学的丰富性和复杂性,充分意识到古典传统和近代传统的不同,在认识其不同的同时又关注它们之间的内在联系。将两种文学美学传统区分开来,不以古典文学的标准来看待和评价具有近代色彩的文学家和文学作品。如徐渭、汤显祖、袁宏道等人的诗作,虽然外在的文体等还大体保持古典诗歌的形式,但内在精神情趣、艺术思维特征、美学追求等都已与古典诗歌有显著差别,已具有一定的近代色彩。它们追求的是主体理性精神的凸显,着力追求趣味,构思往往流走、闪断跳跃,意象语言往往精粗杂陈,以俗为雅。但有些研究论著还在用所谓"情景交融""有意境"之类的标准和概念来观察和评价它们,显然是隔靴搔痒。

确认万历为文学盛世,有可能促使我们对习以为常的一些文学观念进行反思。比如文学与社会历史环境的关系。文学根本上要受社会历史环境的制约,社会历史环境发生变化,文学就会随之发生变化,但文学的发展并不一定与社会历史环境完全同步。政治上的太平盛世不一定是思想文学艺术的黄金时期,政治上的衰世和乱世却有可能是思想文化艺术的盛世。我们都知道这一道理,但在考察具体历史时期的文学现象时,又很难不受当时的整个社会历史环境给我们留下的印象的影响,对政治上的太平盛世则倾向于从正面去描述当时的思想文化艺术,对衰世和乱世则倾向于从负面去描述当时的思想文化艺术,结果是在一定程度上遮蔽了思想文化艺术史的真实面目。又比如,受小农经济和君权专制社会环境孕育的传统审美观念的影响,我们对优美的、平和的、守成型的文学艺术比较感兴趣,而不习惯反映矛盾冲突、充满质疑挑战、因而也富于探索和创新精神的文学艺术。我们一直不能对明代特别是晚明思想文化艺术的特征和价值给予合理的评价,反而在很多地方堕入清人的话语陷阱而不自觉,就是一个典型的例子。这种观念和标准的偏差应该得到纠正。

确认万历为文学盛世,更深刻的意义还在于对万历文学内在基本精神的肯定。毫无疑问,万历文学中最有价值的部分,是其中的大众通俗性叙事文学。在文人抒情文学中,较有价值的也是倾向于摆脱传统束缚的革新派的文学。这两者之间相互呼应,内在精神有相通之处。因此晚明特别是万历年间的文学,主要是一种享乐主义、消费主义的文学。它们共同的基本精神,就是对人的个性的张扬,对人类的自然情欲的肯定。过去我们虽然对这种精神所具有的思想解放倾向有所肯定,但对这种精神本身的评价却有很大保留。处于消费主义、享乐主义盛行的今天,我们回过头来审视晚明特别是万历年间的文学,对它多了一份理解。所有人类社会活动的终极目的,就是让所有的人过上幸福快乐的日子。那些最琐碎的衣食住行、婚丧嫁娶、家长里短、喜怒哀乐,实际上是人类社会最真实最重要的东西。我们有必要抛开道德家的眼光,抱同情之理解,用一腔更温润的情怀,更细腻地观察晚明特别是万历年间文学中所描写的人间种种景象,抉发其中的意义与价值。这样说来,调整对万历文学的评价,确认万历为文学盛世,还可能促使我们要对传统的文学观念进行反思,其意义就更加深远了。

原载于《文学评论》2013年5期,67—75页。

注 释

① 《明史·张居正传》:"居正为政,以尊主权、课吏职、信赏罚、一号令为主。虽万里外,朝下而夕奉行……太仓粟充盈,可支十年。互市饶马,乃减太仆种马,而令民以价纳,太仆金亦积四百余万。"
② 狄更斯《双城记》的开头:"那是最好的年月,那是最坏的年月;那是智慧的时代,那是愚蠢的时代;那是信仰的新纪元,那是怀疑的新纪元;那是光明的季节,那是黑暗的季节;那是希望的春天,那是绝望的冬天;我们将拥有一切,我们将一无所有;我们直接上天堂,我们直接下地狱——简言之,那个时代跟现代十分相似,甚至当年有些大发议论的权威人士都坚持认为,无论说那一时代好也罢,坏也罢,只有用最高比较级,才能接受。"人民文学出版社,1995年,1页。
③ 沈德符《万历野获编》卷二三:"山人之名本重,如李邺侯仅得此称。不意数十年来,出游无籍辈,以诗卷遍赘达官,亦谓之山人。始于嘉靖之初年,盛于今上(万历)之近岁。"

"近来山人遍天下。"中华书局,1959年,585、586页。

④ 汤显祖《答王澹生》:"尝与友人论文,以为汉、宋文章,各极其趣者,非可易而学也。学宋文不成,不失类鹜;学汉文不成,不止不成虎也。因于敝乡帅膳郎舍论李献吉,于历城赵仪郎舍论李于鳞,于金坛邓孺孝馆中论王元美,各标其文赋中用事出处,及增减汉史唐诗字面处,见此道神情声色已尽于昔人,今人更无可雄,妙者称能而已。"见《汤显祖全集》,北京古籍出版社,1999年,第二册,1303页。

⑤ 见周作人《中国新文学的源流》,人文书店,1932年,36、43—52页。

⑥ 金圣叹"忠恕"说、"格物"说、"因缘生法"说,见《第五才子书施耐庵水浒传》序三、第四十二回回前批,第五十五回回前批。陆林辑校整理《金圣叹全集》,凤凰出版社,第三册,20页;第四册,769—772、998—999页。

⑦ 王清原、牟仁隆、韩锡铎编纂《小说书坊录》仅录得宋元小说书坊3家,明代嘉靖、隆庆以前共6家,而万历年间至少有45家以上。北京图书馆出版社,2002年,1—17页。又,现在可确知的明代刊行古典小说的情况。万历以前,只有嘉靖元年《三国志通俗演义》、嘉靖三十一年《大宋中兴通俗演义》、嘉靖三十二年《唐书志传通俗演义》、隆庆三年《钱塘湖隐济颠禅师语录》等寥寥数种。进入万历年间,特别是在万历二十年以后,古典小说的刊行进入高潮,许多作品和许多作品的重要版本都刊行于这个时期。如万历九年《于少保萃忠全传》,十六年《全汉志传》,十七年《水浒传》,十九年《三国志通俗演义》《皇明开运英武传》,二十年《三国志传》《西游记》,二十一年《唐书志传通俗演义》《南北两宋志传》,二十二年《包龙图判百家公案》《忠义水浒志传评林》、二十四年《三国全传》,二十五年《包孝肃公百家公案演义》《国色天香》,二十六年《三宝太监西洋记通俗演义》《皇明诸司廉明公案》《万锦情林》,三十年《三国志》《征播奏捷传通俗演义》《北方真武祖师玄天上帝出身志传》,三十一年《西游记》《铁树记》《咒枣记》《飞剑记》,三十二年《二十四尊得道罗汉传》《铁树记》,三十三年《两汉开国中兴传志》《三国志》《皇明诸司廉明公案》《郭青螺六省听讼录新民公案》,三十四年《列国志传》《杨家通俗演义》《续英烈传》《海刚峰先生居官公案传》,三十七年《三国志后传》,三十八年《三国志传》《忠义水浒传》,四十年《重刻西汉通俗演义》《东汉十二帝通俗演义》《东西晋演义》,四十三年《春秋列国志传》,四十四年《云合奇踪》,四十五年《金瓶梅》《江湖历览杜骗新书》,四十六年《南北两宋志传》,四十七年《隋唐两朝志传》,四十八年《唐书志传通俗演义》、《平妖传》四十回本。另外可知刊于万历年间但不详具体年份的小说还有《平妖传》二十回本、《如意君传》《玉娇李》《绣榻野史》《绣谷春容》《素娥编》《春秋列国志传》《三国志传评林》《大宋中兴岳王传》《承运传》《戚南塘剿平倭寇志传》《唐三藏西游释厄传》《牛郎织女传》《达摩出身传灯传》《三教开迷归正演义》《古今律条公案》等。

⑧ 《明史》卷二一《神宗本纪》"赞"曰:"神宗……继乃因循牵制,晏处深宫,纲纪废弛,君臣否隔……溃败决裂,不可振救。故论者谓明之亡,实亡于神宗,岂不谅欤。"同书卷二四《庄烈帝本纪》"赞"曰:"帝承神、熹之后,慨然有为。即位之初,沉机独断,刈除奸逆,天下想望治平。惜乎大势已倾,积习难挽。在廷则门户纠纷,疆场则将骄卒惰。兵荒四告,流寇蔓延,遂至溃烂而莫可救,可谓不幸也已。然在位十有七年,不迩声色,忧勤惕励,殚心治理。临朝浩叹,慨然思得非常之材,而用匪其人,益以偾事。乃复信任宦官,布列要地,举措失当,制置乖方。祚讫运移,身罹祸变,岂非气数使然哉。"中华书局,1974 年,294-295、335 页。

⑨ 钱谦益《列朝诗集小传》丁集上"李按察攀龙":"经义寡稽,援据失当。瑕疵晓然,无庸抉摘。何来天地,我辈中原。矢口嚣腾,殊乏风人之致;易词夸诩,初无赠处之言。于是狂易成风,叫呶日盛。微吾长夜,于鳞既跋扈于前;才胜相如,伯玉亦簸扬于后。斯又风雅之下流,声偶之极弊也。"同书丁集中"锺提学惺":"其所谓深幽孤峭者,如木客之清吟,如幽独君之冥语,如梦而入鼠穴,如幻而之鬼国。浸淫三十余年,风移俗易,滔滔不返。余尝论近代之诗,抉摘洗削,以凄声寒魄为致,此鬼趣也;尖新割剥,以噍音促节为能,此兵象也。鬼气幽,兵气杀,著见于文章,而国运从之。以一二轻才寡学之士,衡操斯文之柄,而征兆国家之盛衰,可胜叹悼哉!"上海古籍出版社,1983 年,429、571 页。

小说知识学
——古代小说研究的一个维度

刘勇强

《汉语大词典》对"知识"的解释是:人类认识自然和社会的成果和结晶,包括经验知识和理论知识。知识不仅包括庞大的知识体系,也包括悠久的知识传统,它通过各种方式被记录与传播。而小说作为一种叙事文体,描写对象无所不包,天然具有极高的知识含量。不但如此,由于中国古代小说的传统、类型及作者的知识修养与艺术追求等原因,知识含量还可能被有意识地利用,成为小说艺术世界的构成要素。

时人阐释与研判小说,虽千差万别,但大体有两个维度:一是艺术的,涉及审美、语言、叙事、结构等诸多层面;一是思想的,涉及主题、道德、情感、历史等层面。我以为,小说的阐释与研判还应有一个知识的维度。在以往的研究中,我们也可以看到一些有关小说知识的研究,其中有的是对小说中知识进行提取并作辞书式研究,如姚灵犀《瓶外卮言》、陈诏的《〈金瓶梅〉小考》等皆是;有的则是对小说中的知识进行定向扫描与归纳,如有关小说中民俗、信仰、饮食、服饰等方面的研究。这些研究为阅读与阐释小说提供了知识学的基础,从不同知识领域确立小说的认识价值。不过,就基本形态而言,不少这方面的研究还游离于小说本体研究之外,既与艺术研究脱离,又未能成为小说思想研究的有机组成部分,更未能理论化、系统化并成为小说研究的自觉尺度。我以为,小说的知识学研究,着眼点在于小说家如何将知识与艺术结合起来,使"知识"成为艺术体系的构成要素,如同"形象""环境""语言"等艺术体系的其他构成要素。从这一立场出发,探讨将"小说知识学"作为与"小说叙事学""小说语言学""小说文体学"等一样的研究维度的可能性,是基于小说文体特点与学术史的有益探索。即便我们不一定能如所期待的那样,由此获得了一个全方位、多层次阐释与研判小说的新的、自觉的理论方法,至少可以思考如何更全面地、以文学为本位地分析大量存在于小说中的知识性问题。

一、古代小说知识学的可能性,兼及知识角度的文体差别

何为小说中的知识以及知识学是否可以成为古代小说研究的一个维度,我们可以先看鲁迅在《中国小说史略》对《西游记》的评论:

> 然作者虽儒生,此书则实出于游戏,亦非语道,故全书仅偶见五行生克之常谈,尤未学佛,故末回至有荒唐无稽之经目,特缘混同之教,流行来久,故其著作,乃亦释迦与老君同流,真性与元神杂出,使三教之徒,皆得随宜附会而已。①

这一论断即涉及了小说家的知识结构与知识表达,其中"尤未学佛"更明确指出了作者知识的欠缺与错误。问题是,虽然由"有荒唐无稽之经目"反推出作者"未学佛",在逻辑上是通顺的。但在小说创作中,也存在着另一种可能性,即作者并非不知佛教经目,却故意加入"荒唐无稽之经目",以造成一种特殊的艺术效果,如杨景贤《西游记》杂剧第二十二出《参佛取经》中"大权修利菩萨"在将佛经传给唐僧师徒时,孙行者胡乱念到"《金刚经》《心经》《莲花经》《楞伽经》《馒头粉汤经》……"②《馒头粉汤经》显系孙行者戏谑之词。在《西游记》中也是如此,作品中出现最多的《多心经》,是《般若波罗蜜多心经》的简称,"般若""波罗""蜜多"各有其义,"心"也是根本、核心、精髓的意思,并非指人的内心。然而民间妄读,作者巧用,却捏合出"多心经"以利小说情境和人物心理的描写,如果拘于知识的准确性,反失其趣。这表明,"知识"确实是我们阅读小说、阐释文本、评价作品必然会面对的一个问题,理应可以成为小说研究的一个维度。

事实上,历代的研究者早已自觉不自觉地将知识作为一个评价标准。刘廷玑在评论《女仙外史》时,写过二十则品题,其中就多从知识的角度吹捧这部小说,如:

若魔道,自来仅有其名,从未有能考其实,此则缕析分明,本末灿然,又借以为寓言。此奇而诞者。

小说言兵法者,莫精于《三国》,莫巧于《水浒》,此书则权舆于《阴符》《素书》之中,脱化于六韬三略之外,绝不蹈陈言故辙,虽纸上谈兵,亦云奇矣。③

虽然《女仙外史》未必如刘廷玑所称许的在各个知识领域都别出心裁,更未必将这些知识与小说艺术作了巧妙的结合,但其中丰富的知识含量,确实是它有别于其他神怪小说的一个特点。而《红楼梦》在知识层面得到的肯定,则是略无异议,如清人王希廉在《红楼梦总评》称道《红楼梦》各种文体、知识、人物、事迹等巨细无遗、色色俱有④。一连串的罗列,很大程度也是就小说的知识性描写而言。虽然笼统地肯定一部小说"包罗万象"并没有特别的意义,但知识的丰富与贫乏,仍然可以一定程度地说明作品的内涵。

不但如此,在细节上,知识也是衡量作品的一个尺度,王希廉评点《红楼梦》还有这样一段话:

三十六回袭人替宝玉绣兜肚,宝钗走来,爱其生活新鲜,于袭人出去时,无意中代绣两三花瓣。文情固妩媚有致,但女工刺绣,大者上绷,小者手刺,均须绣完配里,方不露反面针脚。今兜肚是白绫红里,则正里两面已经做成,断无连里刺绣之理,似于女红欠妥。⑤

笔者没有刺绣知识,不知王希廉此评是否确当。但是,对一个小说家来说,应该对所描写的内容具备相应的知识却是基本的条件。《红楼梦》中贾母——应该也代表了曹雪芹——就是从这样的角度批评当时的才子佳人小说家的,她认为"何尝他知道那仕宦读书人家的道理"。这种"道理"更多地就体现在这些细节上。

对于小说来说,知识性的考察当然要符合小说的特点。事实上,这也是区别小说与其他文体的一个角度。概而言之,知识对抒情文学与叙事文学有着不同的意义。张健指出,抒情与知识的关系是诗歌史的重要命题,尤其宋代,出现了从抒情为本到知识为本的转向⑥。但从总体上说,诗歌更突出的还是情感、性灵、神韵这些形而上层面的观念意识。作为一种篇幅有限的抒情文体,中国古代诗歌不太可能包容更多的具体知识,而主要是将知识作为一种抒情的背景。小说则不然,尽管小说家主观意图也同样是其创作的基础与内涵的核心,但其艺术世界的构成,离不开对现实社会的认识与这种认识的知识化表达或呈现。从某种意义上说,小说也可以说是知识的一种形象载体,是人们获取知识的一种独特方式。

对于小说创作而言,缺乏必要的知识,也是创作的不可逾越的障碍。无法想象缺少佛道知识的人能写出《西游记》这样的作品来;同样,缺乏饮食、服饰等日常生活知识,也难以写成《金瓶梅》《红楼梦》。任何题材的小说都对知识有着相应的要求。这也是古今中外小说家的共同认识。英国小说家亨利·菲尔丁在《弃儿汤姆·琼斯的历史》中专用一章力图证明作家如果对自己所写的主题或题目有一些知识,就会写得更好一些。他认为"许多英国作家在描写上流社会的风俗习尚方面之所以彻底失败,也许实际上正是由于他们对上流社会根本一无所知"[7]。意大利小说家伊塔洛·卡尔维诺(Italo Calvino)论及福楼拜写作《布瓦尔和佩库歇》需要了解各种知识时,提到他为此阅读了一千五百多本书,并称"福楼拜自己变成了一部百科全书"[8]。可见,知识作为创作的前提条件,是一个普遍的创作规律。

从思想内涵(主题)的角度,我们会更看重小说家的生活体验与社会阅历对小说创作的意义。但是,有着同样或类似生活体验与社会阅历、甚至有着同样思想感情的小说家却不一定都能写出精彩的小说来。除了天赋与艺术修养的因素外,小说家的知识也具有决定性的意义。因此,小说中的知识不是可不可以、而是早已成为评价小说的一个维度。关键是我们应从中国小说的特性出发,将知识学的批评维度自觉化,挖掘其与主题学、形象学、叙事学、文体学等不同的艺术价值。

简言之,知识的维度至少包括这样一些方面:一、小说家的知识来源、构成与态度以及将知识转化为艺术世界的方式;二、小说文本中的知识要素、谱系及其在叙述结构中的作用;三、小说知识的含量、深度与小说的接受、传播;四、知识是不断生成、累积和变化的,小说文本中的知识既有其产生时代的新知识,又有历代累积的知识,对于历史悠久、注重传统的中国古代小说来说,知识的新与旧、纯与杂,也是小说史的一个侧面。

二、中国古代小说的起源、发展与显、隐两种知识功能的确立

从知识角度审视中国古代小说符合古代小说的起源和古代小说家对小说知识性文体特性及功能的确立。实际上,中国古代小说从一开始就不是一种单纯的文体,它的文学叙事特点与内涵必须联系,甚至首先应当从其文化属性与功能考察,才能全面、准确把握。

在早期小说观念与原初形态的小说作品中,知识要素占有重要的位置。一些小说序文往往可见"博物"这一关键词,如刘秀《上山海经奏》、郭璞《山海经序》、张华《博物志序》等,都提到了作为小说读者的"博物之客""博物之士",显示出小说的知识性取向。如张华《博物志》,其分卷编辑,涉及山水、人民、物产、外国、异人、异俗、物理、物类、药物、人名考、文籍考、地理考、典礼考、服饰考、器名考、物名考等,俨然一个完整的知识构架。其中具体作品也与知识密不可分,如卷一〇有一条因所谓"旧说云天河与海通",叙有人居海渚者,乘槎而去。至一处,有城郭状,屋舍甚严,多织妇,又见一丈夫牵牛渚次饮之。后归至蜀,君平曰:"某年月日有客星犯牵牛宿。"正是此人到天河时⑨。这一神奇的想象,因与时人的天文知识相联系,获得了充分的权威性,客观上又传播了相关的天文知识。

尽管"博物"的说法似乎与特殊的小说类型有关,但小说"必有可观"的观念与"博物"的写作意识,为古代小说确立了一个"广闻见""资考证"的知识角度,成为从一开始就处于边缘地位的小说写作与接受的社会共识。实际上,早期文言小说被归入的子部,原本就是庞杂的知识体系⑩。对小说的这种分类主要并非关注文体,而是着眼于内涵、性质或功能的基本定位。杨维祯《说郛序》可谓此一观念之集中体现:

> 学者得是书,开所闻扩所见者多矣。要之,其博古物可为张华、路、段;其覈古文奇字,可为子云、许慎;其索异事,可为赞皇公;其知天穷数,可为淳风、一行;其搜神怪,可为鬼董狐;其识虫鱼草木,可为《尔雅》;其记山川风土,可为《九丘》;其订古语,可为铃契;其究谚谈,可为稗官;其资谑

浪调笑,可为轩渠子。⑪

正因为小说具有这种广博知识含量,明人莫是龙《笔麈》中指出:"今人读书,而全不观小说家言,终是寡陋俗字。宇宙之变,名物之烦,多出于此。"⑫这些说法也许忽略了叙事性与非叙事性、文学性与知识性的关系,却也为小说赢得了广阔的生存空间,而小说家在将着眼点放在提高文本的认识价值方面时,努力将知识化书写文学化,便成为中国古代小说发展的内在动力。

因此,小说家,特别是通俗小说家的地位虽然低下,但是他们一直希望通过炫耀对知识的掌握,谋求社会的尊重与读者的信赖。因为只有一个无所不知的作者,才能使读者对他的叙述不会产生任何根本上的怀疑。所以,罗烨《醉翁谈录》中《舌耕叙引·小说引子》开篇便声称:"夫小说者,虽为末学,尤务多闻。非庸常浅识之流,有博览该通之理","小说纷纷皆有之,须凭实学是根基"⑬,这种知识自负的宣示,正是小说家叙述权力的确立。

而在许多白话小说中,经常提到所谓"愚夫愚妇",从文本内部明确了叙述者在思想道德与知识水准对某些人物乃至某些读者的凌驾,如《拍案惊奇》之《乔势天师禳旱魃 秉诚县令召甘霖》叙述完头回故事后,叙述者便说:"看官只看这两件事,你道巫师该信不该信？所以聪明正直之人,再不被那一干人所惑,只好哄愚夫愚妇一窍不通的。"⑭同时,在某些小说类型中,嘲讽市井之徒与"小人"不学无术甚至成为一种类型化的描写,如《八洞天》卷五《正交情》用大段骈文讽刺豆腐店之子所交考卷"少文""缺字",并写道"甄豆腐的儿子,只该叫他在豆腐缸边玩耍":

> 墨水不比豆腐汁,磨来磨去磨不出；卷子不比豆腐帐,写来写去写不上；砚池不比豆腐匜,手忙脚乱难了结；考场不比豆腐店,惊心骇胆不曾见。⑮

对无知者如此大肆地戏谑,正是知识拥有者的一种文化得意之态的放纵,其中"墨水"与"豆腐汁"等的系列对举,更是知识者对无知者骄傲心理的典型写照。这种知识的骄傲在明末清初的才子佳人小说中更为普遍,形成了小说家、故事情节、主人公("才子")三位一体的知识权力话语。正是依托这种知识权力话语,小说建立起了文本对接受者居高临下的叙述姿态。

从小说发展来看，知识之于小说已不仅是一般意义上的"广闻见""资考证"，而逐渐成为文学化的一个组织部分，以致小说文本中的知识含量非但没有随着小说文体的自觉与独立而减少，反而增加了，内涵也扩大了，并确立了显性和隐性两种知识性功能及其实现方式，从而与娱乐功能、劝惩功能相互补充。

显性的知识功能与小说文体及小说家的创作动机有关。就文体而言，在古代小说中存在大量非叙事的成分。这些非小说的成分，包括地理、医药、术数、方技、动植、食物等极为博杂的知识谱系，往往以独立的形式，或嵌入小说的主体叙事中，或游离于主体叙事之外，不对情节安排、人物塑造等叙事因素产生直接的影响。如《二刻拍案惊奇》之《小道人一着饶天下 女棋童两局注终身》中，凌濛初在叙及妙观教授围棋时，插入"围棋三十二法"名称，即是一种显性的知识介绍。就创作动机而言，有的小说家将知识的表述作为创作的一个基本目的，并以直观的形式呈现出来，如清代"才学小说"《镜花缘》大量引入知识性内容，在叙事结构中，极为显眼，以章回小说的形式，回归了原初小说形态的博物传统。

隐性的知识功能则是将知识融入叙事，知识本身并不具备独立的意义，但在艺术形象的构成中，知识是一个不可或缺的要素。对小说而言，隐性的知识功能更为普遍，也更符合小说的文学特点。读者如果从小说中获得某种知识，并不是来自小说对这一知识的客观的介绍，而是在对情节叙事与人物描写的把握中体认到的。

小说虽然可以成为知识的形象化载体，但它不同于其他知识书籍，例如在一些小说中大量涉及医药描写，其中一些描写可能具有与当时医学水平相当的准确性，如《小说丛话》中定一指出："中国无科学小说，惟《镜花缘》一书足以当之。其中所载医方，皆发人之所未发，屡试屡效，浙人沈氏所刊《经验方》一书，多采之。"⑮不过，如有需要，小说家完全可以任意描写并不"科学"的医药情节，如《红楼梦》中宝钗所服"冷香丸"，应该是作者从人物描写出发虚构的；或者不拘泥于验方是否绝对可靠，如《儒林外史》第二十四回有一段描写涉及服用"细辛"是否致人"跳河"事。在这里，关键的细节是医生陈安用药有无错误，陈安据《本草》力辩无误，天目山樵评语则说"细辛诚不宜轻用。我见轻用小青龙而坏事者多矣","服药发狂盖亦有之"⑰。究竟用药是否错了,作者没有说明。但从告状人叫"胡赖",大体可推知作者的观点。而在具体描写时,他只是直陈人物的言行,对其言行及其知识性问题的判断则交给读者。要之,小说中的知识不求、也不可能全面,甚至也不一定完全正确。它对各类知识吸纳是以人物为中心的。所谓以人物为中心有一体两面的含义:一是指小说家将知识作为刻画人物的一种手段和要素,如作者可以将古代相面的知识用于人物的外貌描写,他对服饰的了解,也是人物形象描写不可或缺的知识;二是人物的身份、经历、性格等决定了他们的知识取向与水平联系在一起的,比如《红楼梦》中薛宝钗自称所抛弃的"闲书"恰恰成宝黛心之所向、情之所系。

近代,随着科学至上思想的流播,人们开始站在新的立场重新认识与评估小说中的知识及其作用,鲁迅《月界旅行·辨言》就肯定了小说在向大众传播知识、补助文明方面"势力之伟"。此后,他还说过:"我们国民的学问,大多数却实在靠着小说,甚至于还靠着小说编出来的戏文。"⑱这样的说法也许还不太周全,但我们也可以看到,对知识的关注,确实是小说文本的一个重要组成部分,也是小说史的一条重要线索。

三、小说家的知识来源与知识结构

孔子认为通过"诗"可以"多识于鸟兽草木之名",既指明了"诗"的知识功能,又说明了"诗"可以作为古代文人的一个知识来源,同时,也确立了"多识之学"⑲的文化传统,古代文人遂有"耻一物之不知"的追求,而小说家对知识则抱有更为开放的态度。

书籍当然是小说家知识的重要来源。前引《醉翁谈录》中《小说开辟》在讲到小说家的知识来源时,强调了"多闻""博览",并说:

> ……幼习《太平广记》,长攻历代史书。烟粉奇传,素蕴胸次之间;风月须知,只在唇吻之上。《夷坚志》无有不览,《琇莹集》所载皆通。动哨、中哨,莫非《东山笑林》;引倬、底倬,须还《绿窗新话》。论才词有欧、苏、黄、陈佳句,说古诗是李、杜、韩、柳篇章。⑳

这一表白强调了小说家(说话人)对知识的拥有,不只是通过炫耀知识以抬高小说家的文化地位与小说的文化品位,也揭示了小说家知识来源偏重于《太平广记》等小说、史书和诗词等叙事性、文学性的书籍。

对文人小说来说,也是如此。李渔在《闲情偶寄》中说:

> 若论填词家宜用之书,则无论经传子史以及诗赋古文,无一不当熟读,即道家佛氏、九流百工之书,下至孩童所习《千字文》《百家姓》,无一不在所用之中……只宜多购元曲,寝食其中,自能为其所化。而元曲之最佳者,不单在《西厢》、《琵琶》二剧,而在《元人百种》之中。[21]

这虽是就戏曲创作来说的,但我们从中同样可以看到作为小说家的李渔的知识结构及来源,从蒙学读物到经传子史、诗赋古文、佛道九流百工之书,无不熟稔。其实,《闲情偶寄》分词曲、演习、声容、居室、器玩、饮馔、种植、颐养八部,也从一个侧面反映了李渔知识的完备,而这正是他写作《无声戏》《十二楼》的极好条件。

小说家的知识不一定是很专门精深的,却需要是很广博的,特别是需要有丰富的日常生活知识,而大量的笔记类书记正可以给他们提供这种知识的来源。同时,小说家的知识来源,还有时代特点。众所周知,明代中叶世情小说迅速发展,而这一阶段,也恰是各种相关知识类书籍广为流行的时期。例如王圻编《三才图会》是一部图文并茂的"百科全书",高濂著《遵生八笺》也是一部有关服馔、养生、器玩等的知识大全。当时,还出现了许多日用类书,如《居家必用事类全集》《士民万用正宗不求人全编》《天下民家便用万锦全书》《一览学海不求人》等,它们囊括各类知识,知识体系也与世情小说的知识要素吻合。虽然我们无法确认某一小说家阅读过此类书籍,但是,作为普遍的知识背景,此类书籍对小说家有所影响,应该是情理之中的事。

当然,小说家更重要的知识来源是生活。只是这方面的知识来源与小说家的生平经历有关,而大多数小说家的生平经历我们今天知之甚少,有些作者完全不详,所以只能从作品的描写逆推小说家的知识来源。例如有些研究者从《水浒传》写山东、河南等地地理屡出错乱,而写江浙大致符合实际,推测施耐庵应是江苏或杭州人[22]。排除小说的虚构因素,这样的说法不失为一种合乎逻辑的思路。

而小说家在知识结构上的差别也可以从作品中看出。如施耐庵的医学知识可能就相对贫乏,虽然《水浒传》也描写了一位神医安道全,但多半用"唤神医安道全用药调治"之类一语带过,似并不很懂医药。第六十五回叙其为宋江治痈疽,"先把艾培引出毒气,然后用药。外使敷贴之饵,内用长托之剂。五日之间,渐渐皮肤红白,肉体滋润"[23],看上去很周到,究竟用的什么药,读者仍不得其详。相反,由其衍生出来的《金瓶梅》在医药方面的知识就要具体多了。

对于这种生活知识,《红楼梦》提出了一个"杂学"的概念。此书第八回有一段对话:

> 宝钗笑道:"宝兄弟,亏你每日家杂学旁收的,难道就不知道酒性最热,若热吃下去,发散的就快,若冷吃下去,便凝结在内,以五脏去暖他,岂不受害?从此还不快不要吃那冷的了。"宝玉听这话有情理,便放下冷酒,命人暖来方饮。[24]

在第七十八回也提到贾环等"若论举业一道,似高过宝玉,若论杂学,则远不能及"。显然,这种"杂学"知识对曹雪芹写作《红楼梦》也是非常必要的。

概而言之,小说家见诸小说文本的知识主要有书本知识、生活知识、信仰知识三大板块。而小说家知识结构的建立并不是被动的,与他们的思想观念有密切关系,这种思想观念主导的知识追求虽然不一定是以小说创作的需要为取向,但仍然可能在小说作品中得到体现,例如吴敬梓对经学不能释怀的追求态度,最终在杜少卿等人身上有某种知识性的呈现。

如果说古代小说创作经历了小说家主体性逐渐鲜明、丰富的过程,那么,这种主体性不仅体现在以往研究较多关注的创作动机(如"发愤著书"之类)方面,也体现在小说家的知识结构与修养方面。换言之,小说家知识结构与水平在小说中的表现,同样是一个具有小说创作主体性的重要命题。

四、知识在小说艺术世界构建中的作用

小说家的知识素养与其生活经历、思想感情一样,影响甚至决定了小说的文化风貌、艺术品格、叙事特点,在小说艺术世界的构建中起着重要重用。知识可以增强小说的历史感、真实感、文化感,也可以成为艺术感、审美感的基石与构件。不言而喻,如何使知识要素成功地转化并融入文学表达,对小说家是

一种挑战。

在小说的叙事中，有一些知识是构成特定细节的要件，《金瓶梅》第四十三四回叙西门庆家丢失一锭金子，西门庆声称要审问各房里丫头"我使小厮街上买狼筋去了，早拿出来便罢，不然，我就叫狼筋抽起来"，偷盗的丫头吓得不得了，打听"狼筋是甚么"，众人说："狼筋敢是狼身上的筋，若是那个偷了东西，不拿出来，把狼筋抽将出来，就缠在那人身上，抽攒的手脚儿都在一处！"㉕使其偷盗败露。据段成式《酉阳杂俎》卷一六载，狼"胁中筋大如鸭卵，有犯盗者，薰之，当令手挛缩"㉖，宋李石《续博物志》还具体记述"狼筋"状如巨蛹，头光带黄色。泾帅段祐宅失银器，集奴婢环庭炙之，虫慓动，有一女奴脸唇瞤动，乃窃器者㉗。可见"狼筋"并非狼身上的筋。西门庆或许并无这方面的知识，或许是故以借此讹传威慑盗者，总之，这一知识点是构成这一细节的关键。

与此相关，还有一些知识则是情节的基础，如果不具备这些知识，整个情节无从构建。如上所述，李渔精通园林建筑等技艺，这方面的知识被他巧妙地运用到《十二楼》的艺术构思中了，如《合影楼》叙屠观察、管提举二连襟观念相左，开始还是同居，岳丈岳母死后，就一宅分为两院，凡是界限之处，都筑了高墙，使彼此不能相见。独有后园两座水阁，屠、管各得其一，管提举多心，担心屠观察在隔水间花之处窥视他的姬妾，于是在水底下立了石柱，水面上架了石板，也砌起一带墙垣，分了彼此。这一反常的建筑形式正是李渔对其园林知识的活用。在接下来的情节中，所谓"合影楼"便成为这篇爱情小说的独特环境。男女主人公在水阁上纳凉，竟在水中看到了对方的影子，进而"终日在影中问答，形外追随"，产生了一段"影儿里情郎"的奇妙爱情。

即使是在神怪小说中，知识有时也会成为作者构思的一个基础。如《西游记》第五十五回叙女怪为蝎子精，此一设想基于蝎子毒刺重者可致人于死的常识与"最毒妇人心"的世俗观念，而最后蝎子精为昴日星官即双冠子大公鸡所慑服，也是基于日常生活的经验。《封神演义》第九十一回杨戬化作金鸡将蜈蚣怪啄死与此想象的逻辑相同。

又如《西游补》第二回描写孙悟空忽见一座大城池，城头上一面绿锦旗，写着"大唐新天子太宗三十八代孙中兴皇帝"：

> 行者暮然见了"大唐"两字，吓得一身冷汗，思量起来："我们走上西

方,为何走下东方来也?决是假的。不知又是什么妖精?可恶!"他又转一念道:"我闻得周天之说,天是团团转的。莫非我们把西天走尽,如今又转到东来?若是这等,也不怕他,只消再转一转,便是西天——或者是真的?"他即时转一念道:"不真,不真!既是西天走过,佛祖慈悲,为何不叫我一声?况且我又见他几遍,不是无情少面之人。还是假的。"当时又转一念道:"老孙几乎自家忘了!我当年在水帘洞里做妖精时节,有一兄弟,唤做碧衣使者。他曾送我《昆仑别纪》书。上有一段云:'有中国者,本非中国而慕中国之名,故冒其名也。'这个所在,决是西方冒名之国!还是真的。"

在孙悟空判断这个"大唐"真假的过程中,叙述者提到了两个知识点,一个是"我闻得周天之说,天是团团转的。莫非我们把西天走尽,如今又转到东来?"一个是所谓《昆仑别纪》书记载"有中国者,本非中国而慕中国之名,故冒其名也"。对于前一个知识点,清末空青室本有一评点说:"作书者生于明末,故已闻地圆之说。"对于后一个知识点,空青室本也有一评点指出:"说见《水经》。《河水注》云:'天竺以南皆为中国,人民殷富,服食与中国同,故名之为中国也。'"㉓我们无法确定评点者对这两个知识点的确认,但小说家的奇思妙想,并非完全是凭空虚构,却大体是可以肯定的。

知识对人物形象的塑造也有重要的意义。《金瓶梅》中的应伯爵是一个"帮闲蔑片",这种人需要特殊的本领,才能迎合有钱人的欢心。此书第六十一回写西门庆见应伯爵与常时节在松墙下正看菊花。作者历举十余种有名的菊花,已能表现其赏花知识,接着又写道应伯爵道:"花到不打紧,这盆正是官窑双箍邓浆盆,又吃年代,又禁水漫,都是用绢罗打,用脚跳过泥,才烧造这个物儿,与苏州邓浆砖一个样儿做法。如今那里寻去!"㉔虽然是"帮闲蔑片"阿谀的口吻,但应伯爵的花盆知识——当然也是作者的知识——却是他能如此阿谀的前提。

我们在不少小说中还可以看到相术的描写,如《金瓶梅》就先后出现两次集中的相面卜卦情节,一次是二十九回的"吴神仙冰鉴定终身",另一次是四十六回的月娘众人卜卦,都与人物形象刻画乃至人物命运预设与情节进程的整体构思有关。而这两个段落中,又是作者相术知识的体现。

在前引《红楼梦》第八回宝钗关于"杂学"的议论时，甲戌本就有一夹批曰："知命知身，识理识性，博学不杂，庶可称为佳人。可笑别小说中一首歪诗，几句淫曲，便自佳人相许，岂不丑杀？"㊳在脂批看来，《红楼梦》塑造的"佳人"形象与其他小说不同，就在于她们不只表面的才情，而是"知命知身，识理识性，博学不杂"，有思想、有知识的女性。虽然脂批所说的思想、知识有其局限，但却确实是《红楼梦》中女性形象富有精神内涵的特点。

在某些小说类型或人物类型中，知识也是这种类型化的一个标志。如在历史演义中，军师型人物，以知识见才；在才子佳人小说中，才子不仅具备才识，而且这也成为小说讽刺不学无术之辈的、与品德方面的讽刺相配合的一个重要角度。

五、小说家的知识偏好、小说文本的知识侧重与题材类型

刘勰《文心雕龙》说："才为盟主，学为辅佐；主佐合德，文采必霸；才学褊狭，虽美少功。"㊴就一般的创作或就诗文的创作来说，艺术才能与学识修养应保持某种平衡关系。但小说的情况可能略有不同，小说有不同的题材类型，小说的人物也千差万别，这决定了小说对知识的要求必然不是千篇一律的，换言之，小说家的知识偏好、小说文本的知识侧重是小说题材类型的一个决定因素或标识。

以《平山冷燕》为例，此书就很充分地体现了才子佳人小说的知识趣味。第四回《玉尺楼才压群英》叙五"名公"与山黛考较诗文：

> 一考书法，真、草、隶、篆各一纸。
> 一考填词，宋词、时曲各一阕。
> 一考诗，五言近体一首。
> 一考文，或论或赋，内科一道。
> 一考古，诘问往事三段，不多不寡，庶寸晷可完。
> ……正谈论未完，忽第五题又到了，上写是问：
> 太虚一点，何物？伏羲二相，何民？

> 海上三神,何首?商山四皓,何老?
>
> 汉五陵,何地?汤六祷,何事?
>
> 竹林七贤,何贤?穆王八骏,何马?
>
> 香山九老,何人?萧后十香,何词?㉜

上述题目既能反映才女的才情,也反映了才女的知识水平,而这正是才子佳人小说家最为得意的才学。虽然天花藏主人有意借此反衬"迂腐儒绅于国家无毫发之补"㉝,但在《平山冷燕》及其他同类小说中,才子佳人往往并没有表现出对时务的洞悉与真正的经邦济国之才,因为这实际上也是才子佳人小说家们知识上的短板,他们不过是在极力夸肆己之所长,用虚华不实的才情学识编织能力的幻象,造成此类小说先天之不足。

稍后的才学小说则是小说中知识膨胀乃至拥塞的表现。此类小说与才子佳人小说有同趣,同样"欲于小说见其才藻之美者",又将知识的领域进一步扩大,使小说成为"皮学问文章之具"(以上鲁迅评《蟫史》《野叟曝言》语)㉞而他们心目中的学问几乎覆盖了传统学术的整个谱系。《镜花缘》中的人物林之洋仿《老子》杜撰了一个《少子》的书名,第二十三回他说"这部《少子》乃圣朝太平之世出的,是俺天朝读书人做的,这人就是老子后裔。老子做的是《道德经》,讲的都是元虚奥妙;他这《少子》虽以游戏为事,却暗寓劝善之意,不外'风人之旨',上面载著诸子百家、人物花鸟、书画琴棋、医卜星相、音韵算法,无一不备;还有各样灯谜,诸般酒令,以及双陆、马吊、射鹄、蹴毬、斗草、投壶,各种百戏之类,件件都可解得睡魔,也可令人喷饭。"㉟这正是李汝珍的夫子自道。

夏敬渠的《野叟曝言》更有过之而无及,作者之学化为人物之识,主人公文素臣寄托了作者夏敬渠的理想,小说第一回便说他"十岁即工诗古,涉猎史子百家。十八岁游庠后,益事博览,精通数学,兼及岐黄、历算、韬略诸书"㊱。后来,他将生平所长四学传与四"慧姬",刘璇姑得其算学,沈素娥承其医学,木难儿受其兵法,任湘灵领其诗学。谈经论史、商榷学术被敷衍成小说情节,知识的超载不但偏离大众知识趣味与水平,也扭曲了小说文体的本质。

有意超越才子佳人小说的文康,至少在治国理政的实际状况方面,比那些小说家有更多的了解,例如他在《儿女英雄传》中,描写安学海立身清廉,不谙官场潜规则,得罪了贪婪的顶头上司河台谈尔音,莫名其妙地接手前任治河官员留下的烂摊子,终因堤坝垮塌,"革职拿问,带罪赔修"。这一情节不同于以往小说中官场的忠奸斗争,也不是泛泛描写贪赃枉法、相互倾轧,而是深入到体制运作中揭露官员的腐败,使得治河这一在古代中国极具象征性的政府行为,具有了深刻的象征意义。虽然文康还没有自觉地点破其中的意义,但是他已比之前的明清小说更接近这一点。而文康之所以能做到这一点,与他的个人仕宦履历有关,有研究者指出:"文康一生,久居官场,从做理藩院员外郎开始,一直做到知府、道员,时间长达二十六年,在明清白话小说家中罕见。多年的宦海沉浮,使他对官场的洞悉非常人可比。"㉓他本人在松江府任内就有督修海塘的经验。这一经验是他超越儿女情长,展示社会抱负,试图实现"儿女英雄"创作旨趣与小说类型的知识基础。

需要补充说明的是,小说家的知识偏好不但可能引导小说题材的类型,还可能制约小说家对不同生活面相的描写,因此,即使是同一类型的小说,由于小说家在知识上的兴趣点不同,也会显示出不同的艺术旨趣与价值。例如在世情小说中,我们可以看到的许多日常生活的知识,《金瓶梅》对鞋的描写,《红楼梦》对服饰、茶的描写,都表现出作者具有相应的丰富知识,但其间的角度与观念差别,也耐人寻味。

六、小说的知识功能与娱乐、纪实、劝惩功能的关系

如上所述,小说的知识性是构成小说艺术世界不可或缺的要素,而小说的功能不是单一的。因此小说的知识功能与小说其他功能的实现是互为条件的,各项功能往往相互作用,合力呈现。一部成功的作品,应能恰当地协调不同要素、功能间的关系。反之,如果畸轻畸重,小说则会因诸要素、功能的失衡导致整体艺术效果的弱化。所以,小说知识学还应关注小说诸要素、功能的关系问题。

(一) 知识与娱乐

小说家的知识修养与艺术天赋、小说文本的知识功能与娱乐功能,应该相辅相成。换言之,小说家应该致力于将知识转换为叙事成分,转换为大众接受小说时的一个兴趣点。实际上,古代小说家早就意识到这一点,明代小说家西

湖渔隐在《欢喜冤家叙》中声称自己的作品："其间嬉笑怒骂，离合悲欢，庄列所不备，屈宋所未传。使慧者读之，可资谈柄。愚者读之，可涤腐肠。稚者读之，可知世情。壮者读之，可知变态。致趣无穷，足驾唐人杂说；诙谐有窍，不让晋士清谈。"㊳一部作品能让心智水平不同的读者有所收获并"致趣无穷""诙谐有窍"，可以说就是取得了最大的成功，尽管《欢喜冤家》未必达到了这样的境界。

实际上，为了娱乐的目的，作者可能发挥想象，创造性地运用知识，而读者也可能沉浸在阅读的愉悦中，而并不苛求知识的确切与否。比如《水浒传》中"武松打虎"是一个脍炙人口的精彩片段，但无论作者，还是读者，都不太可能具备人虎相搏的知识，当作者写道"原来那大虫拿人只是一扑，一掀，一剪；三般捉不着时，气性先自没了一半"，这一知识性陈述其实就是无可验证的。金圣叹对这一段描写加过这样的评点：

> 传闻赵松雪好画马，晚更入妙，每欲构思，便于密室解衣踞地，先学为马，然后命笔。一日管夫人来，见赵宛然马也。今耐庵为此文，想亦复解衣踞地，作一扑、一掀、一剪势耶？……我真不知耐庵何处有此一副虎食人方法在胸中也。……才子博物，定非妄言，只是无处印证。㊴

他并不怀疑作者精彩描写的可靠性，甚至假设了作者的获取知识的体验。但仍然无法摆脱知识性的纠结，一面坚信作者有着"博物"的知识，不是胡编乱造，一面又觉得"无处印证"。清人刘玉书则就认为"武松打虎"的描写欠斟酌㊵，近代夏曾佑更从知识学的角度彻底否定了打虎的可能性，进而认为武松打虎的描写并不成功：

> 武松打虎，以一手按虎之头于地，一手握拳击杀之。夫虎为食肉类动物，腰长而软，若人力按其头，彼之四爪，均可上攫，与牛不同也。若不信，可以一猫为虎之代表，以武松打虎之方法打之，则其事不能不自见矣。盖虎本无可打之理，故无论如何写之，皆不工也。㊶

夏曾佑以猫论虎之说其实与金圣叹想象小说"解衣踞地"作扑掀剪一样，都无法解决打虎的知识性难题。从小说家的角度来看，正因为这是读者无法印证的知识，所以才使他获得了发挥的空间。所谓一扑、一掀、一剪的三段式打斗过程，与鲁智深拳打镇关西的三拳是异曲同工的，后者用油酱铺、彩帛铺、全堂水陆的道场的生活知识唤起读者真实感,武松打虎则用人虎相搏同样"事不过三"的过程感营造出一种匪夷所思的真实感,并成就了《水浒传》"写极骇人之事,却尽用极近人之笔"的艺术魅力。

《西游记》也擅于运用日常知识化作戏谑性描写,达到绝佳的娱乐效果。例如第三十九回写太上老君很不情愿地递与孙悟空一粒金丹去救活乌鸡国王,孙悟空接了金丹,就道往口里一丢,慌得老君揪住孙悟空就撞着拳头。作者写道"原来那猴子颏下有嗉袋儿。他把那金丹噙在嗉袋里",点出了孙悟空戏弄老君的生理特点亦即这一描写的知识点。又如第六十八、六十九回在朱紫国的描写,将中医诊脉、医药知识真假参半地糅和在一起,娱乐效果也极强。

当然,为了不影响小说的娱乐效果,一些小说家在纳入知识性内容时,还会根据情节展开的需要进行适当的安排。也就是说,娱乐化的知识要素,不一定都是准确无误的知识。关键是,知识性不应成为娱乐性的障碍。而在一些小说中,我们也确实看到,知识的生硬或过度阑入,也可能会降低小说的"易读性"和"可读性"[42],进而降低小说的娱乐性。

(二) 知识与纪实(真实)

中国古代小说受史传影响,注重纪实功能("野史"),强调真实性,而所谓"真实"与小说的虚构往往形成一种观念上的对立关系,尤其在涉及历史的小说中,史实的不准确往往被视为缺乏知识的表现。袁枚《随园诗话》卷五载:

> 崔念陵进士,诗才极佳;惜有五古一篇,责关公华容道上放曹操一事。此小说演义语也,何可入诗?何屺瞻作札,有"生瑜""生亮"之语,被毛西河诮其无稽,终身惭悔。某孝廉作关庙对联,竟有用"秉烛达旦"者。俚俗乃尔,人可不学耶?[43]

类似的记载在清人笔记中还有很多,这既说明小说作为知识传播渠道影响之广泛,也说明社会对此批评之普遍。

但是,小说中知识与小说中的真实一样,都应服从艺术的需要。为了特定的情节与人物,知识的"正确"是可以改变的,如众所周知的《三国演义》中将"汉寿亭侯"的"汉"字作"汉朝"的"汉"来理解,虽有违"汉寿"的固定地名,却也是对地理知识的活用。事实上,小说不同于史书,也正在于小说家可以对史实

(真实)进行必要的加工,甚至颠覆性改造。艾衲居士编《豆棚闲话》就是一部大胆挑战所谓历史真实的小说,其中《介之推火封妒妇》《范少伯水葬西施》《首阳山叔齐变节》诸则都大做翻案文章,彻底颠覆了历史上公认的圣贤人物的完美形象。最后一则《陈斋长论地谈天》更是一篇以论辩的方式展开的、极为放肆的"知识论"。在全书最后有鸳湖紫髯狂客评语说此书:"纵横创辟,议论生风……无一诐词,无一诐说。凡经传子史所阐发之未明者,览此而或有所枨触焉;凡父母师友所教之未谕者,听此而或有所恍悟焉。"㊹力图超越传统的知识体系与教育体系,激发思想的活力与洞察力,揭示历史叙述陈词滥调的重霾所掩盖的真相,正是《豆棚闲话》"解豁三千年之惑"的意义。

从艺术的角度看,知识的科学性、逻辑性却为变动不居的小说艺术世界的构建提供了一种合理性的可信基础㊺。即使是神怪小说,我们可以明显发现其奇幻想象的构架与要素,离不开这种知识的科学性、逻辑性。一方面,奇幻想象本身有其信仰知识的背景,清代评论家说:

> 昔人谓莫易于说鬼,莫难于说虎。鬼无伦次,虎有性情也。……予谓不然,说鬼亦要有伦次,说鬼亦要得性情。……试观《聊斋》说鬼狐,即以人事之伦次,百物之性情说之,说得极圆,不出情理之外,说来极巧,恰在人人意愿之中。虽其间亦有意为补接,凭空捏造处,亦有大段吃力处,然却喜其不甚露痕迹牵强之形,故所以能令人人首肯也。㊻

所谓"说鬼亦要有伦次"就是说,奇幻想象也要遵循特定的规律与逻辑。既要符合鬼怪神灵自身的信仰知识,也要贴近人情物理。

另一方面,小说中随处可见的实际生活知识也能拉近奇幻想象与读者的经验世界的关系,如《西游记》第七十七回叙妖魔准备蒸食取经四众,听到小妖议论如何蒸熟时,孙悟空断定妖怪缺乏生活常识,不必害怕。他说:"大凡蒸东西,都从上边起。不好蒸的,安在上头一格,多烧把火,圆了气,就好了;若安在底下,一住了气,就烧半年也是不得气上的。他说八戒不好蒸,安在底下,不是雏儿是甚的!"㊼这一日常生活的知识,便使整个匪夷所思的描写与现实世界有了真切的沟通。

(三) 知识与劝惩

由于小说在传统文化体系中处于最末端,小说家总是力图提高自己的智慧品格与道德水准。因此,站在智慧与道德制高点的劝惩是小说、特别是通俗小说惯常的叙述姿态。美国学者 P·韩南在《中国白话小说史》中曾概括出一类"愚行小说"即"写人物不应做的愚蠢行为及其后果的"小说[38]。这一概括超越文体、题材等,是一个很有见地的小说类型提炼。实际上,就劝惩的普遍而言,小说中的"愚行"描写也很普遍,而"愚行"的本质就是缺乏基本的知识、判断力和道德感。

　　才子佳人小说在进行劝惩时,更往往让才学与道德劝惩结合在一起,其突出的标志是让人物的知识水平与人物的道德水平保持一致,为社会树立德才兼备的榜样,批判无知无行的不良人品。

　　关键在于,单纯的知识与直接的劝惩都可能并不为读者所喜闻乐见,小说家应致力将知识和劝惩融入小说的艺术体系之中。而知识的客观性与劝惩的主观性有时存在矛盾的地方,有的小说家为了劝惩甚至不顾常识,表现出一种片面崇德尚善的反智倾向,《八洞天》卷七《劝匪躬:忠格天幻出男人乳 义感神梦赐内官须》是比较极端的例子。在这篇小说中,义仆王保怀抱主人幼儿逃难,在没有食品的危急关头,仰天祷告,居然就不饥不渴了。同时,他两乳时发胀,竟然"高突突的变了两只妇人的乳,乳头上流出浆来。王保吃了一惊,忙把乳头纳在生哥口中,只听得骨都都的咽,好像呼满壶茶的一般",这种描写虽然完全违反了人所共有的生理知识,但作者希望强调的是"人若存了一片忠心、一团义气,不愁天不佐助,神不效灵"[39]。这种劝惩理念,使他不惜扭曲事实,作出荒诞无稽的描写。

七、知识对叙事与小说接受的制约

　　本文强调了知识对于古代小说的意义,但是,由于知识本身有书本知识、生活知识、信仰知识等不同的来源和形态,与小说情节、人物等的关联度与结合方式不尽相同,除了对小说叙事有不可或缺的正面作用,也必然存在消极的制约。

　　《镜花缘》《野叟曝言》之类"才学小说"属于较为特殊的小说形态,虽然上文用了知识超载、膨胀、拥塞来形容它们,但那是作者有意为之。换言之,那些小说家并不在意知识性叙事会造成小说情节的停滞,因此,我们也许可以将其作为一种特殊类型的小说叙事来看待。所谓知识对叙事的干扰应该指这样一种状态,即小说家在进行叙述时,由于知识的生硬插入或漫衍,导致情节流程被不当阻断,或者由于知识的缺乏,导致情节流程未能有效展开。

至于知识对小说接受的制约,也相当普遍。最简单的原因是接受者的知识水平不均衡,使得他们不可能与作者的叙述始终保持同步。《儒林外史》第七回叙范进钦点山东学道后,受周进之托有意关照一个叫荀玫的学生,却在考卷中找不到他的卷子。在同幕客们吃酒时,蘧景玉提到某四川学差不知苏轼的故事。而范进竟不知他说的是笑话,说什么"苏轼既文章不好,查不着也罢了"。作者的目的并不单是写他的"老实",而是凸显其专注于时文而导致的知识匮乏。但是,如果确有与范进一样对苏轼无知的人,这一讽刺的意味就看不出来了。事实上,在《儒林外史》中,比这有难度的知识点确实很多。我在《〈儒林外史〉文本特性与接受障碍》(载《文艺理论研究》2013年第4期)一文中曾专门讨论过《儒林外史》知识的密度与广度给读者的阅读又设立了另一道文化门槛,兹不赘述。

小结:小说作为一种知识方法及研究潜力

虽然古代知识界对小说中的知识往往持贬低甚至排斥的态度,但小说具备知识功能和小说家作为某种知识的生产者与传播者都是客观事实。实际上,小说的知识学意义在当代也得到普遍的认同,卡尔维诺就提出了把"当代小说作为一部百科全书,作为一种知识方法,尤其是作为一个联系不同事件、人物和世间万物的网络"的思路㊱。重要的是,如何系统、准确把握小说不仅作为一种娱乐方法,同时也作为一种知识方法的特点与价值。

由上面的论述我们也可以看到,知识之于小说有着整体性、本体性的意义。而且,如果我们相信,小说的知识性在中国古代小说还有特殊的、普遍的表现,那么,这一研究思路还有可能成为中国古代小说原创性理论研究的出发点、着力点。因此,我以为,只要我们强化这一理论自觉,小说知识作为古代小说研究的一个维度,是大有潜力的用武之地。

2007年8月6日初稿,2015年12月7日二稿。原载于《文艺研究》2018年第6期,发表时有删节。

注　释

① 鲁迅《中国小说史略》,人民文学出版社,1975年,140页。
② 隋树森编《元曲选外编》,中华书局,1959年,第二册,690页。
③ 吕熊《女仙外史》,百花文艺出版社,1985年,下册,1108页。
④ 一粟编《红楼梦卷》,中华书局,1963年,第一册,149页。
⑤ 朱一玄编《红楼梦资料汇编(第二版)》,南开大学出版社,2001年,583页。
⑥ 张健《知识与抒情:宋代诗学研究》,北京大学出版社,2015年,7页。
⑦ (英)菲尔丁著,萧乾、李从弼译《弃儿汤姆·琼斯的历史》,人民文学出版社,1984年,下册,817页。
⑧ (意)伊塔洛·卡尔维诺著,吕同六、张洁主编《卡尔维诺文集》,译林出版社,2001年,第五册,第410页。
⑨ 张华撰,范宁校证《博物志校证》,中华书局,1980年,111页。
⑩ 参见刘天振《古代文言小说知识库功能略论》,《中国文学研究》2015年第3期。
⑪ 杨维祯《说郛序》,《说郛》,中国书店,1986年,第一册,37页。
⑫ 引自王利器编《元明清三代禁毁小说戏曲史料》,上海古籍出版社,1981年,204页。
⑬ 罗烨编,周晓薇校点《新编醉翁谈录》,辽宁教育出版社,1998年,3页。
⑭ 凌濛初《拍案惊奇》,齐鲁书社,1995年,754页。
⑮ 五色石主人著,陈翔华、萧欣桥点校《八洞天》,书目文献出版社,1985年,96页。
⑯ 陈平原、夏晓虹编《二十世纪中国小说理论资料》,北京大学出版社,1997年,第一卷,97页。
⑰ 李汉秋辑校《儒林外史(汇校汇评本)》,上海古籍出版社,2010年,303页。
⑱ 鲁迅《马上支日记》,《鲁迅全集》,人民文学出版社,1958年,第三卷,247页。
⑲ 《四库全书总目》之《毛诗草木鸟兽虫鱼疏》提要有"讲多识之学者,固当以此为最古焉"之语。
⑳ 罗烨编,周晓薇校点《新编醉翁谈录》,3页。
㉑ 李渔《闲情偶寄》卷一,《李渔全集》,浙江古籍出版社,2010年,第三卷,19页。
㉒ 刘世德《水浒传的作者与版本》,《品读水浒传》,山东画报出版社,2005年,5页。

㉓ 施耐庵、罗贯中《水浒全传》(中),上海人民出版社,1975年,828页。
㉔ 曹雪芹《红楼梦》,人民文学出版社,2008年,上册,57页。
㉕ 兰陵笑笑生《金瓶梅词话》,人民文学出版社,2000年,上册,522页。
㉖ 段成式《酉阳杂俎》,中华书局,1981年,160页。
㉗ 李石《续博物志》,中华书局影印"丛书集成初编"本,1985年,卷三,37页。
㉘ 李前程《〈西游补〉校注》,昆仑出版社,2011年,99、100页。
㉙ 兰陵笑笑生《金瓶梅词话》,下册,764页。
㉚ 朱一玄编《红楼梦资料汇编(第二版)》,201页。
㉛ 范文澜注《文心雕龙注》,人民文学出版社,下册,615页。
㉜ 佚名《平山冷燕》,人民文学出版社,1983年,36、47页。
㉝ 佚名《平山冷燕》,25页。
㉞ 鲁迅《中国小说史略》,人民文学出版社,1975年,214、211页。
㉟ 李汝珍《镜花缘》,人民文学出版社,1984年,上册,163页。
㊱ 夏敬渠《野叟曝言》,长春出版社,1992年,上册,4页。
㊲ 李永泉《儿女英雄传考论》,复旦大学出版社,2015年,130页。
㊳ 丁锡根编《中国历代小说序跋集》,人民文学出版社,1996年,中册,818页。
㊴ 陈钟等辑校《水浒传会评本》,北京大学出版社,1981年,上册,424页。
㊵ 刘玉书《常谈》,引自朱一玄编《水浒传资料汇编》,南开大学出版社,2002年,329页。
㊶ 别士(夏曾佑)《小说原理》,《绣像小说》1903年第3期。
㊷ 易读性(legibility)的概念借自(美)杰拉德·普林斯《叙事学:叙事的形式与功能》(中译本,中国人民大学出版社,2013年)第四章第131页。
㊸ 袁枚《随园诗话》,江苏古籍出版社,2000年,124页。类似的记载还有很多,如王应奎《柳南续笔》卷一载:"'既生瑜,何生亮'二语,出《三国演义》,实正史所无也,而王阮亭《古诗选凡例》,尤悔庵《沧浪亭诗序》,并袭用之。"平步青《霞外攟屑》卷七载:"小说俚言,阑入文字,晚明最多,阮亭、梅庵、豹人、屺瞻,亦沿而不觉耳。"陆继辂《合肥学舍札记》卷一载:"尝见京朝官论蜀汉事,有误引演义者,颇遭讪笑,甚至哀然大集其中咏古之作,用及挑袍等事。"等等。
㊹ 艾衲居士《豆棚闲话》,人民文学出版社,1984年,142页。
㊺ 参见拙著《幻想的魅力》第九章《变形规律》之《艺术合理性》的论述,上海文艺出版社,1992年。
㊻ 冯镇峦《读聊斋杂说》,《聊斋志异》(三会本),上海古籍出版社,1978年,上册,13页。
㊼ 《西游记》,人民文学出版社,2010年,下册,948页。

㊽ (美)韩南著,尹慧珉译《中国白话小说史》,浙江古籍出版社,1989年,60页。
㊾ 五色石主人《八洞天》,128、145页。
㊿ (意)伊塔洛·卡尔维诺著,黄灿然译《新千年文学备忘录》,译林出版社,2009年,105页。

明代公案小说的文本抽毁与版本流播
——以余象斗《皇明诸司廉明奇判公案》为例

潘建国

一、《廉明公案》存世版本新调查

《皇明诸司廉明奇判公案》(以下简称《廉明公案》),乃明代万历时期福建书商文人余象斗编撰的小说作品,它的问世,改变了之前所谓"一书一个判官"(如《百家公案》之包公)的"单传体"模式,开创"一书多个判官"的"诸司体"[①]公案小说,并引发一个连锁反应,陆续产生了《诸司公案》《详刑公案》《律条公案》《明镜公案》《神明公案》《详情公案》等系列作品。

较早关注《廉明公案》版本的是孙楷第,其《日本东京所见小说书目》(1932)及《中国通俗小说书目》(1933),均著录了日本内阁文库所藏明建阳书林萃英堂刊二卷本(以下简称"萃英堂本")。此后,中日学界续有访查著录:1933年5月23至25日,小说戏曲收藏家周越然在上海《晶报》分上中下三次连载《廉明公案》一文[②],介绍家藏明万历二十六年(1598)建邑书林余氏建泉堂刊四卷本,此本今藏中国国家图书馆(以下简称"建泉堂本",见图1);1934年9月,长泽规矩也发表《现存明代小说书刊行者表初稿(上)》[③],著录日本画家富冈铁斋(1836—1924)所藏明万历三十三年余氏双峰堂刊本《新刊皇明诸司廉明奇判公案》四卷(以下简称"富冈本"),1936年6月,日本大阪府立图书馆举办"富冈文库善本展览会",展品中即有此书,并被收入《富冈文库善本书影》[④],富冈本遂颇为人所知[⑤];1957年,李田意发表《日本所见中国短篇小说略记》[⑥],著录日本蓬左文库所藏余氏双峰堂刊二卷本(以下简称"蓬左本")[⑦];

1962年,路工《古本小说新见》之《新刊皇明诸司廉明奇判公案》,介绍了一部明版"建邑书林余氏建泉堂刊"四卷本,"全书共收一百三十一篇公案小说"⑧,较周越然藏本的一百零五篇,多出二十六篇,可惜路工未交代藏处,无从追踪查验。1975年,马幼垣发表《明代公案小说传统:龙图公案考》⑨,文中综合诸家著录,列出《廉明公案》版本5种,即蓬左本、萃英堂本、江户抄本、建泉堂本、长泽规矩也著录本(即富冈本),此文因重在梳理明代公案小说传统,于《廉明公案》版本细况实未作展开。1982年,日本学者大塚秀高发表《从公案话本到公案小说集——论"丙部小说之末流"在话本研究中所占之地位》⑩,文中列出《廉明公案》版本也是5种,与马幼垣文相同,但除富冈本、建泉堂本之外,其余版本作者皆曾目验,所论甚详,且对诸版本性质和彼此关系作出了初步探考,然其中亦有误判之处,参见下文。1987年,大塚秀高出版《增补中国

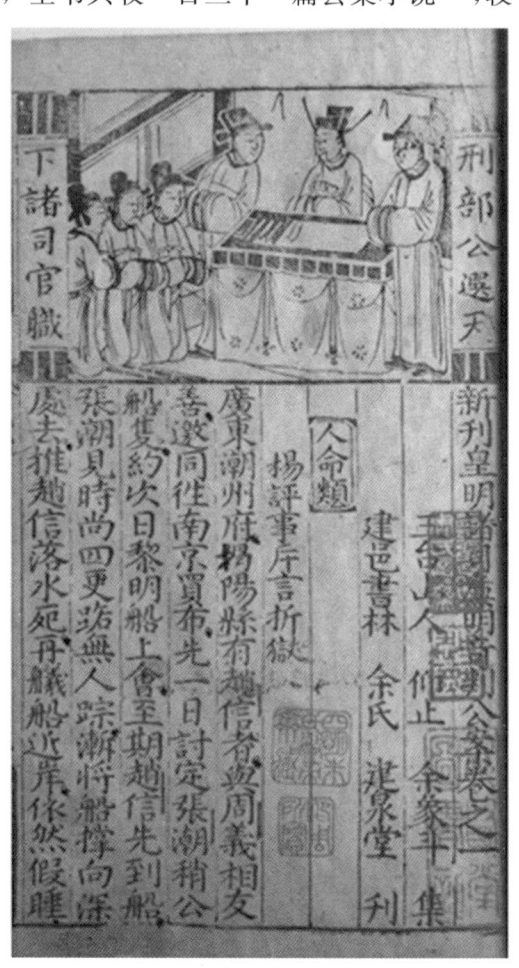

图1　建泉堂本首卷首页

通俗小说书目》⑪,《廉明奇判公案》条目著录5种版本,依次为富冈本、建泉堂本、林罗山手校江户抄本、蓬左本、萃英堂本。2004年,石昌渝主编《中国古代小说总目》"白话卷"之《皇明诸司廉明奇判公案传》条⑫,著录版本4种,与大塚秀高目录相同,无林罗山手校江户抄本,盖已附入建泉堂刊本。

关于《廉明公案》版本的调查著录小史,大致如上。近年来,笔者对此书版本亦颇为关注,陆续有所知见,列示如下:

(一)日本京都大学法学研究科藏明刊《新刊皇明诸司廉明奇判公案》,京都大学图书馆已公布电子版[13]。四卷,首卷首页题"建邑书林余氏双峰堂刊",书末有莲牌"万历乙巳年孟冬/月余氏双峰堂梓"。经笔者比勘(图2),实即传说已久、大塚秀高亦未曾寓目的富冈本。此本除卷一残缺第4叶以及第58叶B面之外,余皆完好。

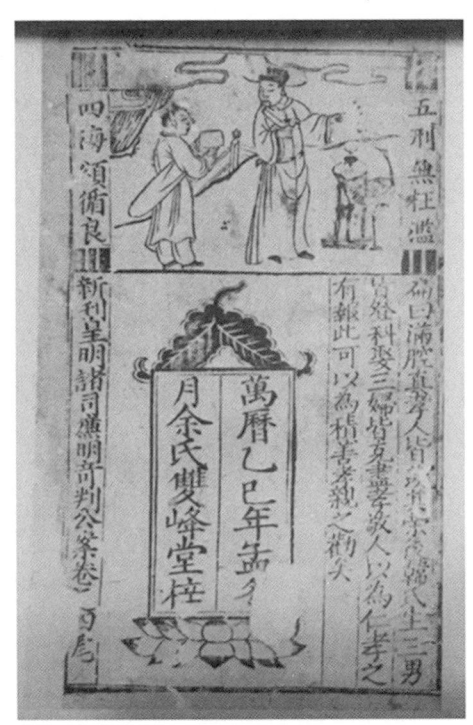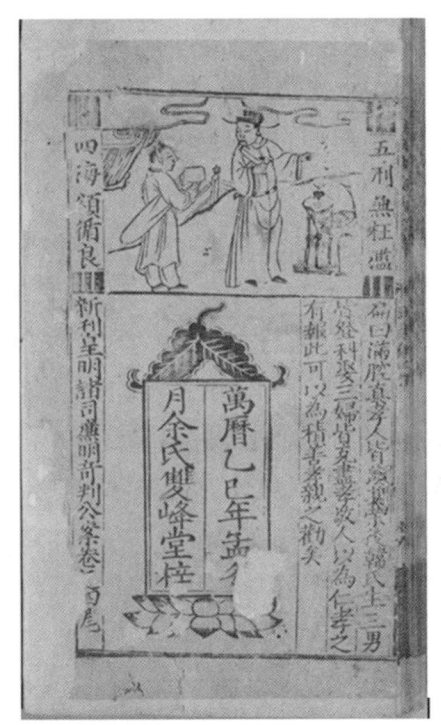

图 2　富冈本(左)、京都大学藏本(右)卷末牌记

(二)明末金陵大业堂刊本(以下简称"大业堂本"),残存2册,包括卷三凡26则("争占类"16则、"骗害类"10则),卷四凡42则("威逼类"4则、"拐带类"3则、"坟山类"2则、"婚姻类"5则、"债负类"5则、"户役类"5则、"斗殴类"3则、"继立类"4则、"脱罪类"3则、"执照类"5则、"旌表类"3则,止于第三则《顾之知府旌表孝妇》之"亲送代巡孝孚神明之匾于范",尾略残53字)。卷首书名

题"新刻全像皇明诸司廉明奇判公案",另行题"三台山人仰止余象斗集""金陵书坊周氏大业堂梓",此"金陵周氏大业堂"乃明代万历至明末清初较为活跃的书坊,刊刻了不少小说戏曲书籍⑭。其题曰"全像",改变了福建刻本上图下文的样式,采用江南地区流行的整页插图,存有10幅(卷三4幅,卷四6幅),白口无鱼尾,半叶12行,行28字。此本系从韩国回流,原为朝鲜文人柳绖(1684—1752)旧藏,今藏笔者两靖室。大业堂本虽属残帙,但具有特殊的学术文献价值,详见下文。

(三)清初映旭斋重印本(以下简称"映旭斋本"),今藏中国国家图书馆⑮。残存1册(30叶),包括余象斗《廉明公案序》(序末无"万历戊戌"时间题署)、目录及卷一正文。目录页卷一"人命类"有17则,第18则《邓代巡批人命翻招》空缺⑯;正文"人命类"第13则《范侯判逼死节妇》有目无文,止于第14则《夏侯判打死弟命》之"乞恩详情超豁上诉",以下残缺。另有整页插图5幅。卷一首页题署"金陵书坊周氏大业堂梓"及行款字体,皆与大业堂本完全一致,但无柳绖藏印,两者或非同套书。书首有内封页,题"新刻全像名家廉明公案""映旭斋梓",据此内封页墨色清晰、字口锐利等特征推测,大概映旭斋曾得到金陵大业堂旧板,予以重印并新刻了内封页。映旭斋本虽残存不足一卷,却保留了卷首目录,对于考察大业堂本的版本面貌,颇为重要。

(四)中国书店2006年6月拍卖过一部明刊二卷本,仅存上卷,首页题"皇明诸司廉明奇判公案传""三台山人仰止余象斗集""建邑书林余氏双峰堂刊",上图下文,正文白口无鱼尾,半叶12行,行22字,通篇有佚名朱笔点读,具有日本点读特征,或自日本回流。此本今归中国私人"独翠堂"收藏,曾在2015年7月国家图书馆举办"册府千华——民间珍贵典籍收藏展"展出,笔者得以目验原书。从分卷、版式、行款、题署来看,似与蓬左本同版。

(五)孔夫子旧书网2019年1月9日拍卖过一部明刊残本,据拍主提供的28叶书影,上图下文,半叶12行,行22字,版心题"全像公案传",惜未见存卷首题署的书叶。经比勘,笔者推断其与萃英堂本同版。残存诸叶均集中于上卷,涉及15则,文字完整者6则,残缺者9则,包括"人命类"之《刘县尹判误妻强奸》(残)、《洪大巡究淹死侍婢》(残)、《吴推官判误杀侄命》(残)、《孙侯判代妹伸冤》(残)、《黄县主义鸦诉冤》(全)、《苏院词判奸僧》(全)、《丁府主判累死人命》(全);"奸情类"之《汪县令烧毁淫寺》(残)、《陈院卖布赚脏》(全)、《海给事辨诈称奸》(全)、《吴县令辨因奸窃银》(残)、《严县令诛污翁奸女》(残)、《魏侯审强奸堕胎》(残)、《孔推府判匿服嫁娶》(全);"盗贼类"之《董巡城捉盗御宝》(残)。此本今未知藏者。

综上,目前所知存世《廉明公案》版本共有9部,包括:余氏建泉堂本(周越然旧藏,藏国国家图书馆)、余氏双峰堂刊四卷本(即富冈本,藏京都大学法学研究科)、余氏双峰堂刊二卷本(凡2部,1部全本即蓬左本,1部残本藏独翠堂)、萃英堂本(凡2部,1部全本藏日本国立公文书馆,1部残本未知藏者)、金陵大业堂本(残存卷三卷四,藏两靖室)、映旭斋重印大业堂本(残存卷一,藏国家图书馆)、林罗山手校江户抄本(藏日本国立公文书馆)。

二、书林秘闻:《王巡道察出匿名》的抽毁及其原因

大塚秀高《增补中国通俗小说书目》(1987)曾独具慧眼地指出了建泉堂刊本中的两处特殊细节,即卷三第41至46叶缺失,目录页卷三"骗害类"第2则位置空白,有明显的剜削痕迹,但他未能对此作出解释。事实上,笔者一开始也感到困惑,虽然根据建泉堂本"开天窗"的反常情况,可以推测卷三大概缺失了第2则,但因为存世其他版本均无此篇,究竟如何,自亦无从说起。

直到2019年6月,笔者偶然得到大业堂本,惊喜地发现卷三第2则《王巡道察出匿名》竟然完好无损(图3)。

对照大业堂本,回看建泉堂本的种种删削痕迹,乃觉豁然开朗:

卷三第40叶为"骗害类"第1则《韩按院赚脏获贼》末尾文字,B面止于"徒知季玉证杀是真,又兼高",以下尚有118字,原应刊印在第41叶A面前7行(建泉堂本每行17字),今已缺失;

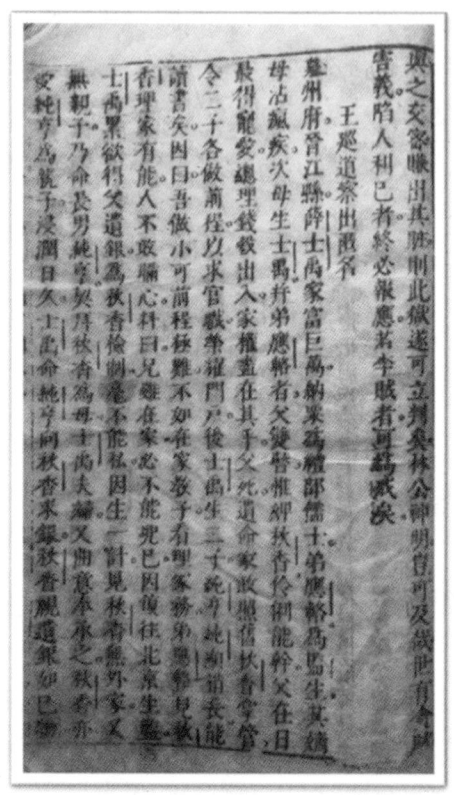

图 3　金陵大业堂本独存之《王巡道察出匿名》

第 41 叶 A 面第 8 行开始,至第 47 叶 A 面第 1、2 行,均为《王巡道察出匿名》文字,今已删削不存。有意思的是,建泉堂本第 47 叶 A 第 3 行至 B 面第 5 行,仍残留着已被删去的《王巡道察出匿名》篇尾文字(共 213 字),从第 47 叶 B 面第 6 行开始,才是"骗害类"第 3 则《朱代巡判告酷吏》。

第 47 叶 A 面第 1、2 行文字已被删削,但第 2 行尚有残存笔画,对照大业堂本《王巡道察出匿名》,可知这是判语的最后一句"乱法之奸民宜入绞刑之宪网",依稀可辨(图 4);与此类似,建泉堂本目录卷三第 2 则《王巡道察出匿名》已被剜削,但"名"字剜挖未尽,尚遗下左下角的笔画。

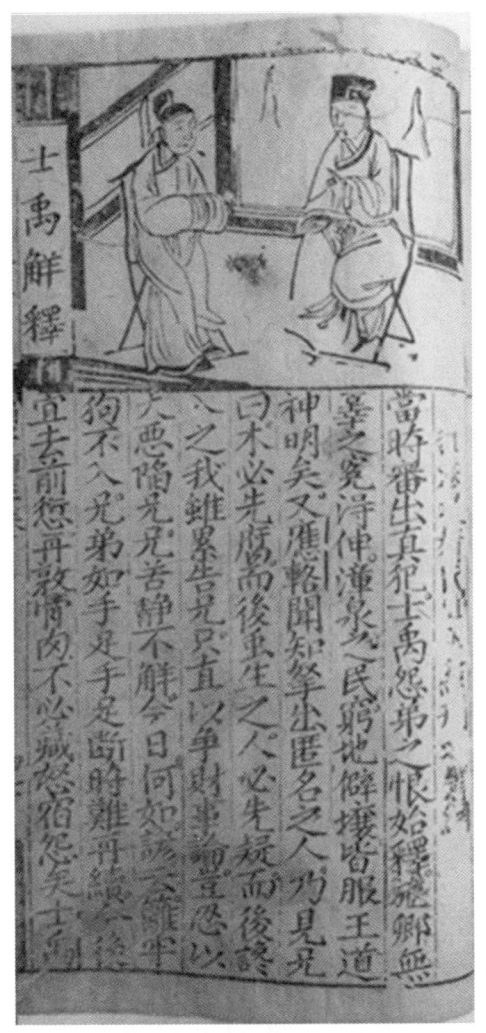

图 4　建泉堂本第 47 叶 A 面第 2 行剜削板木痕迹

凡此，均可证建泉堂本《廉明公案》曾通过板木撤削，来完成对《王巡道察出匿名》文本的抽毁，即撤去第 41 至 46 叶凡 6 块板木，又剜去第 47 叶板木 A 面前两行，以及目录叶卷三"骗害类"第 2 则"王巡道察出匿名"七字。这种撤削板木以抽毁文本的现象，在明代通俗小说史、乃至整个中国古代通俗小说史上都是极其罕见的。那么，《王巡道察出匿名》究竟是一篇什么样的公案小说，它因何而遭受抽毁的命运呢？

《王巡道察出匿名》叙述了一个王巡道明判两宗匿名诬告案的故事。主要情节如下：福建泉州府晋江县薛士禹、薛应辂为同父异母兄弟，父亡后因家财产生纠纷，诉讼数年，后有匿名状投至泉州府推官丁此吕处，告薛士禹"十恶"罪，士禹怀疑是弟应辂所告，遂贿赂丁推官座主侍郎黄凤翔，求通关节，黄侍郎"误信一偏巧言，授书与之解办"，丁推官"见座主书来，有意偏护"，结果坐薛应辂绞罪。至万历十三年，浙江衢州府王豫升任分巡兴泉道，应辂令其子上诉，王巡道见状批云："既非顿时捉获，又无的确证佐，安得以猜疑之故，而坐应辂投匿耶？"将应辂开罪释放。后年余，当地又有人假冒施卿之名投告张裕贿奸，王巡道批转晋江王知县审理，王知县断施卿"投匿绞罪"，施卿求礼房吏吴正代拟诉状，向王巡道申冤，王巡道因见诉状中有自己昔日为薛应辂所批"开罪之语"，怀疑吴正乃是两宗匿名诬告案的幕后主谋，遂亲自细加审察，并用计赚出真相，最终将吴正问拟绞罪，施卿之冤得雪，薛氏兄弟也尽释前嫌，"漳泉之民"，"皆服王巡道神明矣"。

很显然，这篇小说的抽毁，与古代典籍禁毁的通常原因（如政治违碍、淫秽暴力、邪教迷信等）皆无关涉。笔者查阅了故事叙及的人物，结果发现第一宗匿名案中的两位官员，即泉州府推官"丁此吕"、侍郎"黄凤翔"，均为真实历史人物，而且非同一般。

先来看"丁此吕"，江西新建人，字右武，万历五年进士，授福建彰州府推官[17]，清康熙魏荔彤重修本《漳州府志》卷九"秩官·推官"列有"丁此吕"，小字注："新建，进士，五年任。"卷三三"灾祥·寇乱附"载，万历十一年四月，奸民吴双引等谋袭漳城，署府推官丁此吕会同地方官员缉捕乱首[18]，则丁氏担任漳州府推官至少达七年之久。福建泉州文人何乔远（1558—1631）《闽书》卷六四"文莅志·漳州府·推官"载有丁此吕小传，以颇具文学性的文字，描写了丁推官的断案风采："至任之初，文牒丛委，此吕日坐高堂决判，居数日一空，吏隶旁立若木偶"，又称赞他"明敏精严"，"为人磊落意气，尽友天下士"[19]。丁此吕与汤显祖、屠隆、黄汝亨等文人交游甚密，万历三十七年三月，丁氏谢世，黄汝亨作《祭丁右武文》云："维公禀宇宙间出之才，负天地不平之气。其慷慨历落之概，可以移山岳贯金石，而不可以入世途；其高亮坦直之节，可以动四海信千古，而不可以入时贵。乃至老死于睚眦，而终其身于逸言之可畏。呜呼，痛哉！

古今贤豪进退非毁之故,大略如此,宁独于公为复不尔耶!"[20]对丁此吕"慷慨历落""高亮坦直"的品格赞誉有加,祭文还特别提及他担任漳州府推官时的政绩,"为理漳浦,蜚声卓异",可以说,从地方舆论到友人风评,丁此吕都获得了相当不错的口碑。

值得注意的是,在余象斗的公案小说《王巡道察出匿名》中,丁此吕尽管不是作为清官形象而存在,但小说作者似乎对他的官品仍相当肯定:"推官丁此吕,风烈有声","丁公为官有名色",而他之所以误判薛应辂匿告绞罪,乃因受到"座主"黄凤翔侍郎的影响:"丁公虽然清止,见座主书来,有意偏护,况与弟评讼事有迹,又状内多告家中阴事,遂疑弟应辂是的。"换言之,产生冤案的主因是黄凤翔的受贿徇私,干预司法。实际上,这位黄凤翔大有来头。据研考[21],黄凤翔(1540—1614),福建泉州府晋江县人,隆庆二年(1568)一甲第二名进士及第,万历五年任丁丑会试"同考"官,丁此吕正是此科进士及第,按古代科场惯例,黄凤翔确为丁氏"座主",《王巡道察出匿名》小说所述细节"丁公座主侍郎黄凤翔"云云,符合史实;万历十二年黄凤翔任南国子监祭酒,十六年任北国子监祭酒,十七年升吏部右侍郎兼翰林院侍读,二十年,起为吏部左侍郎,二十一年授南京礼部尚书,黄氏以奉养老母为由作《癸巳起用辞疏》,二十二、二十三年又连续两年上疏辞归,终获恩准以新衔在籍候用。自此,黄凤翔安居泉州老家,直至万历四十二年去世。

也就是说,余象斗《廉明公案》小说于万历二十六年刊出之时,黄凤翔正居住家乡泉州,小说白纸黑字,写他收受"薛士禹"贿赂,听信"一偏巧言",致函门生丁此吕推官,徇私说情,酿成冤案。可以想见这篇小说的刊行,必定在闽地轰动一时,尤其引发彰州府、泉州府地区的民间舆情,严重损及黄侍郎的社会形象,故黄凤翔及其家族门生,必定运用其在官场和家乡的人脉资源,竭力阻止小说的扩散流播,最后,作者兼出版商的余象斗迫于压力,只得撤削书板,抽毁《王巡道察出匿名》一篇,重新刷印了存在书叶缺失和文字剜削的新版本(即存世之建泉堂本)。然而,含有完整《王巡道察出匿名》的原刻初印本《廉明公案》,大概已经发售了一部分,自然无法逐一追回销毁。若干年后,远在江南的金陵书坊大业堂,可能得到了一部初印本《廉明公案》,并据以翻刻(即存世之大业堂本),这篇本已抽毁的小说《王巡道察出匿名》,遂得以重现于世,又幸运地流传至今，为我们揭开了一段隐藏在纸叶背后的明代小说出版史秘闻。至于余象斗为何编撰刊出《王巡道察出匿名》这篇小说，囿于史料，目前尚无法给出明确的解释。假如这个案件纯属虚构，那么余象斗将黄凤翔、丁此吕写入小说，就不免有诽谤的嫌疑，如此自找麻烦，似乎有违常理。因此，不妨推测小说叙述的薛氏兄弟争产案，可能是当时真实发生的案件，黄凤翔、丁此吕的徇私误断，也是甚嚣尘上的民间传闻，余象斗正是基于追逐社会热点的商业化出版的考量，将其采编为《王巡道察出匿名》小说，只是他有些低估了地方权贵的能量，最终招致书版被抽毁的严重后果。

三、版本标记物与《廉明公案》版本关系梳理

梳理存世版本之间的学术关系，乃古代小说版本研究的重要内容之一，但如何进行梳理，殊非易事。根据笔者的粗浅经验，确立并运用"版本标记物"，不失为一种行之有效的方法。所谓"版本标记物"，即指某一版本所特有的、能够成为其身份识别之关键的版本特征，其中包括特定文字的增补、删削、刓改、串行、挤行、空白、墨钉、异常文图错讹等，首先通过广泛细致的版本调查和比勘，发现并确立上述各类"版本标记物"，然后，追踪考察它们在现存版本中的有无及其变化痕迹，最后，据此辨析诸版本间的传承关系，有时颇有"四两拨千斤"的特殊效果。譬如《水浒传》的简本系统，存世版本甚多且关系复杂，马幼垣曾注意到余象斗万历二十二年刊本《全像水浒志传评林》，也许是出于偏护同宗的游戏心理，竟然对王庆故事中一个原本极为次要的人物"余呈"，大加扩写，增入他临阵勇猛、被俘不屈、慷慨就义、宋江哭祭等细节文字②，这位特殊的英雄人物"余呈"，便可视为《全像水浒志传评林》的"版本标记物"，检阅存世简本关于"余呈"的描述文字情形，可为梳理《水浒传》简本系统内部的版本传承关系，提供一个简便有效的"帮手"。

关于《廉明公案》存世版本之间的学术关系，此前大塚秀高《从公案话本到公案小说集——论"丙部小说之末流"在话本研究中所占之地位》一文有所探讨，他认为《廉明公案》原刊本为四卷本、林罗山手校江户抄本是根据建泉堂本抄录的、萃英堂本是蓬左本的"副本"（即翻刻本），这些推测都是正确的；但他

认为富冈本是"现存最古老的刊本"、建泉堂本显然不是原刊本,以及存世版本的刊行顺序为富冈本→建泉堂本→蓬左本→萃英堂,却又是可商榷的。

笔者在重新梳理《廉明公案》存世版本关系时,运用了核查"版本标记物"的方法,即把这篇曾被抽毁的《王巡道察出匿名》小说,视作《廉明公案》原刻初印本的"版本标记物",并据此推衍《廉明公案》诸版本关系如下:

(一)原刻初印本。

四卷,目录页及正文均有《王巡道察出匿名》篇。今未见存世。

(二)原刻初印本的翻刻本。

存世有金陵大业堂本(存卷三、卷四)、映旭斋重印大业堂本(存卷一),翻刻时间大约在明末。据此本推知,原刻初印本当为四卷106则,目录页及正文之《王巡道察出匿名》均完好无缺。

(三)原刻重印本。

存世有建泉堂本。四卷105则,《王巡道察出匿名》一篇的大部分文字已被撤削,目录页卷三"骗害类"第2则空白,正文卷三第41至46叶缺失,留有空白叶面,第47叶A面第1第2行空白,第47叶A面第3行至B面第5行残存《王巡道察出匿名》篇尾213字。

建泉堂本首有"万历戊戌年仲夏月"余象斗序文,尾有"万历戊戌岁仲夏月"莲牌,又保留着板木撤削的明显痕迹,无疑就是《廉明公案》小说"现存最古老的刊本",精确言之,为原刊重印本②,其重印时间,宜在万历戊戌(二十六年)之后的一两年内。

此本的刊刻者,卷一卷二卷四题"余氏建泉堂",卷三题"余氏双峰堂",书尾莲牌题"余氏文台堂",虽不统一,但仔细查勘,似均无剜改痕迹,当是原刊如此,三个书坊均属余氏家族所有,变换题署,在福建刻本中时或有之,亦不足为怪。

此外,林罗山手校江户抄本,乃据建泉堂本传抄,其书叶缺失与文字空白情况与建泉堂本全同。事实上,这两部藏本还有更密切的人事关系,详见下文。

(四)原刻重印本的翻刻本。

存世有富冈本。据书尾莲牌"万历乙巳年孟冬/月余氏双峰堂梓",翻刻时间在万历三十三年,距离初刻仅有七年,想来此书当时颇受欢迎。此本四卷105则,上图下文,半叶10行,行17字,其分卷、篇则、插图、行款,均与建泉堂本一致,而且《王巡道察出匿名》一篇也已被删去,综合上述因素推断:富冈本的翻刻底本,应即为建泉堂本(或某一同属于原刻重印本系统的版本)。

值得注意的是,此本翻刻之时,将底本中原来删而未尽的《王巡道察出匿名》末尾文字(213字),悉数删去,正文卷三"骗害类"第1则《韩按院赚赃获贼》紧接第3则《朱代巡判酷吏》,页码相连,中间无空白叶,已完全看不出第2则被删去的痕迹。鉴于富冈本于万历三十三年翻刻问世时,黄凤翔仍居住在泉州老家,抽毁《王巡道察出匿名》的现实压力依然存在,余氏双峰堂自然也不会再去招惹无谓的麻烦,但此本目录页卷三"骗害类"第2则位置,却仍有意无意地留出了空白(图5),保存着删削迹象,似乎也透露出余氏隐匿在屈服之下的些许不甘的内心情绪。

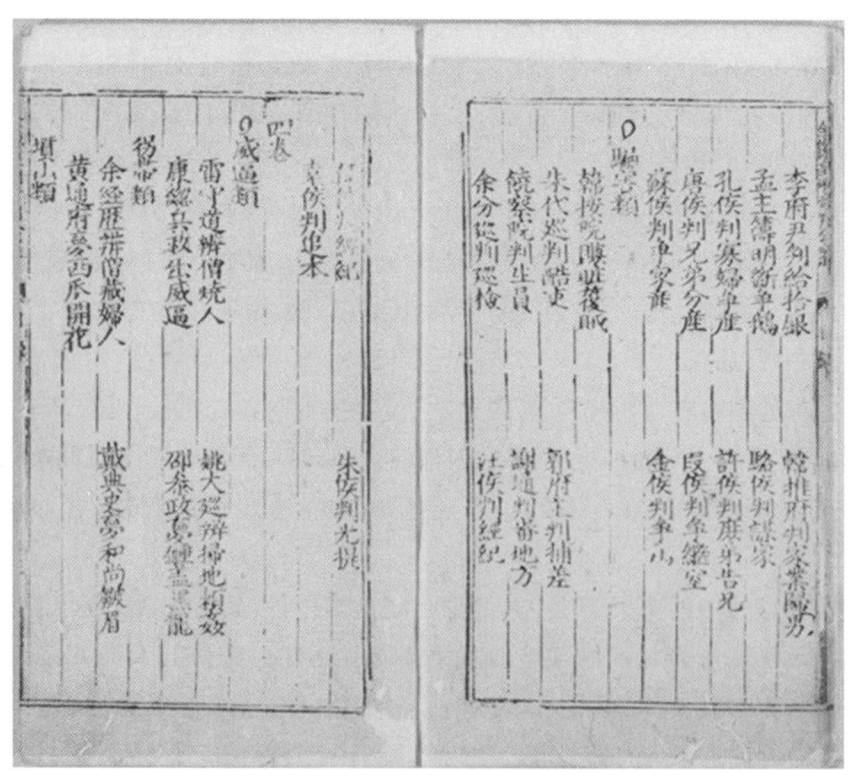

图5　富冈本(即京大本)目录页卷三"骗害类"第二则空白

富冈本的刊刻和保存情况都相当良好,各卷卷首以及书尾牌记,均题"余氏双峰堂",故大塚秀高推断其为《廉明公案》存世最古之本,不过,根据"版本标记物"《王巡道察出匿名》判断,它只能是一个晚出的翻刻本。

(五)重编新刻二卷本。

存世有蓬左本。此本内封页下部左右双行大书"全像正廉明公案传",中间题"三台馆梓行",既云为"正",必先有"续",余象斗编撰的另一部公案小说集《皇明诸司公案》,内封页恰题为"全像续廉明公案传",据此,蓬左本的刊刻时间,当在《皇明诸司公案》刊行流播之后。此本将原来的四卷合并为两卷,即卷一卷二合为上卷(凡37则),卷三卷四合为下卷(凡68则),合计105则;但卷上"人命类"之《范侯判逼死节妇》(第13则)、《邓代巡批人命翻招》(第18则),有目无文,故全书实存103则。此本虽然仍采用四卷本的上图下文,但文字从半叶10行、行17字,扩增为12行、行22字,图像所占空间有所压缩,与建泉堂本、富冈本相比较,构图也有简化倾向,再加上书首余象斗序文也被删去了,因此,大塚秀高认为此二卷本的刊行,大概"是在距万历二十六年很久以后的事情"②,此说不无道理。不过,日本尾张藩德川家购入蓬左本的时间为宽永十年(参见下文),故蓬左本出版时间的下限为1633年(明崇祯六年)。

查蓬左本的目录页以及正文,"骗害类"第1则《韩按院赚赃获贼》之后,皆紧接第3则《朱代巡判告酷吏》(目录页作《朱代巡判酷吏》),其间空白删去,页码相连。至此,《王巡道察出匿名》小说已从《廉明公案》中被彻底删削,不留一丝痕迹。

(六)二卷本翻刻本。

存世有萃英堂本。其分卷、篇则、插图、行款均与蓬左本一致,应为蓬左本翻刻本,大塚秀高定为蓬左本的"副本",甚是。观察"版本标记物"《王巡道察出匿名》的情况,目录页及正文中均未留空白,与蓬左本相同。

四、书籍史与小说史:《廉明公案》的东亚流播及其意义

在明代公案小说之中,《廉明公案》是目前所知存世版本最多的一部,它不仅在中国境内多次刊行,横跨福建建阳与江南金陵两大明代书籍刻印中心;还

曾远传日本和朝鲜半岛,又在近现代回流中土,完成了其在东亚地区的流播回环,具有特殊的书籍史及小说史意义。

《廉明公案》由余氏建泉堂初次刊印于万历二十六年,因其中《王巡道察出匿名》一篇,涉嫌损害地方显贵黄凤翔形象,被迫撤版删削,重新刷印行世(即建泉堂本)。不过,抽毁事件,实际上可能大大刺激了《廉明公案》的销售,扩大了公案小说的影响力,好奇的民众,固然千方百计地寻觅收录有这篇禁毁小说的初版本,一探究竟,但同时也会自然而然地关注购阅《廉明公案》,精明的书商文人余象斗,当然不会错失良机,赶印急售,赚取一笔可观的利润。而《廉明公案》第一版的成功,又激起后续涟漪:其一是《廉明公案》书板大概没过几年就因刷印太多而漫漶断裂,余氏双峰堂不得不于万历三十三年投资刊刻了第二套书板(即富冈本);其二是余象斗再贾其勇,编撰了六卷本的《皇明诸司公案》,此书推出时冠名"全像续廉明公案传",显然还在消费着《廉明公案》的热销红利。若干时间之后,第二套《廉明公案》书板大概又被刷爆了,余氏三台堂再次投资刊刻了第三套书板(即蓬左本),简单改换一下文本面貌(合四卷为上下两卷),以"全像正廉明公案传"为名,与业已刊行的《皇明诸司公案》形成"正""续"配套,继续销行牟利。在并不长的时间(十余年)内,余氏家族书坊竟然为一部公案小说,连续投资刊刻了三套书板,这也称得上是一个小说出版奇观。

事不止此,《廉明公案》的畅销效应还从余氏家族溢出,萃英堂本下卷题"建邑书林郑氏宗文堂梓"、上卷题"建邑书林□(后人墨笔添书"郑"字)氏萃英堂梓",表明这套建阳郑氏翻刻的书板(乃《廉明公案》的第四套书板),曾在家族内部流转,刷印次数想来也不会少。而远在江南的金陵周氏大业堂书坊,也似乎嗅到了《廉明公案》的商业气息。周氏家族是金陵著名的刻书世家,晚明时期刊刻了数量可观的小说戏曲类书籍,对公案小说情有独钟,早在万历二十五年,金陵周氏万卷楼刊刻了《新锲全像包孝肃公百家公案演义》六卷一百回;万历三十四年,金陵万卷楼刊刻了《新刻全像海刚峰先生居官公案》四卷七十一回;这部金陵周氏大业堂刊《新刻全像皇明诸司廉明奇判公案》四卷(乃《廉明公案》的第五套书板),也很有可能刊印在万历三四十年间。大业堂精准捕捉到了《廉明公案》的"卖点",推出了根据余氏原刻初印本翻刻的带有禁毁小说《王巡道察出匿名》的新版,新版在书籍形式上也有亮点,即以江南流行的豪华版整页插图,替换了狭小简单的闽版插图,目前残存插图15幅(包括卷一5幅、卷三4幅、卷四6幅),皆绘刻精美,而其书叶边框颇有断版处,表明该套书板也曾多次刷印。金陵大业堂的书板,后又转入映旭斋,映旭斋是一家活跃于清初的江南书坊,且与大业堂关系密切,曾印行过《三宝太监西洋记》《新平妖传》《东西汉演义》等小说㉕,它为《廉明公案》重印特意新镌了标有"映旭斋"大字名号的内封页,书名改题"新刻全像名家廉明公案",展露出对于这部公案小说能够继续热销的信心。需要指出的是,福建建阳和江南金陵乃晚明两大书籍刻印中心,就小说戏曲类而言,通常是建阳书坊重版江南书坊的书籍,反之者相对较少,因此,大业堂、映旭斋持续翻印余氏本《廉明公案》,恰可彰显这部公案小说当时所产生的跨地域影响力。

《廉明公案》小说还曾越出国门,远传日本和朝鲜半岛。目前所知传入时间相对较早且记载明确的,为日本宽永十年(1633)尾张藩德川家买入本,即本文所称"蓬左本"。据《尾张德川家藏书目录》第一卷《御书籍目录》之《宽永御书物帐》载㉖,宽永十年尾张藩买入唐本31部,其中白话小说4部,即《廉明公案》2册、《百家公案》3册、《陈眉公案》(《新镌国朝名公神断陈眉公详情公案》)2册、《警世通言》12册,今皆藏名古屋蓬左文库。

稍晚传入的,为江户前期著名儒学者林罗山(1583—1657)第四子林读耕斋(1624—1661)旧藏本,即本文所称"建泉堂本",序文及卷三首页钤有林氏"读耕斋之家藏"(朱文)印。后从林家散出,先后为天保十三年(1842)"钟山竹内忠告"㉗、明治四十二年(1909)"无为翁"所藏㉘。20世纪30年代回流上海,小说戏曲收藏家周越然"以重价得之沪市"㉙,钤有"言言斋善本图书"(朱文)、"曾留吴兴周氏言言斋"(白文)、"越然"(朱文)、"周越然"(朱文)等藏印多枚。后周氏藏书散出,此书入藏中国国家图书馆。有意思的是,这部林读耕斋旧藏本曾抄录有副本一部,为林罗山朱笔点校一过,钤有"江云渭树"(白朱相间)、"林氏藏书"(朱文)印,书末有林氏朱笔题记"林罗山涂朱"七字,遗憾的是,作为日本最早的《廉明公案》读者,林罗山并未在抄本上或者诗文集中留下关于这部小说的片言只语。此抄本后归入昌平坂学问所、浅草文库、内阁文库,今藏日本国立公文书馆,即本文所称"林罗山手校江户抄本"。父亲传抄儿子的藏本,如今两本并传于世,亦堪为书林佳话。又《罗山先生诗集》卷三二《丙申春点检藏书作一绝示向阳》诗序云:"我家藏书一万卷,或誊写,或中华朝鲜本,或日本开板本,或抄纂,或墨点朱句,共是六十余年间所畜收也。尝分授向阳、函三者一千五六百部许,在我手者居多。"㉚那么,林读耕斋藏本《廉明公案》会否本来是父亲林罗山的赠书呢?该本卷一首页右下角钤有"就贤堂图书记"(朱文),按照古籍钤印惯例,此位置藏印当属早期收藏者,但笔者迄未查得印主身份,不知是否即为林罗山?此外,竹内忠告题跋称"此书曲亭马琴之藏",曲亭马琴(1767—1848)为日本江户时代著名小说家,对中国小说兴趣浓厚,曾藏有著名的明刊二十回本《三遂平妖传》,但建泉堂本中似未见他存藏的痕迹,不知竹内忠告所据为何。林罗山、林读耕斋、曲亭马琴(?)、竹内忠告、周越然,这一连串名字勾勒出数百年间"建泉堂本"的流播轨迹,也展现了包括小说在内的汉籍如何流转于东亚汉字文化圈的生动景象。

至晚在江户天明年间,又有一部明版《廉明公案》传入日本,原为丰后佐伯第八代藩主毛利高标旧藏,后奉献给江户幕府,见录于《佐伯献书目》,今藏日本国立公文书馆㉛,此即本文所称"萃英堂本"。目录首页钤有"佐伯侯毛利高标字培松藏书画之印"(朱文),全书末页有墨笔题记:"天明四年甲辰之岁孟秋朔得之乎□□□□","□□□□藏书",空格处原有文字已为墨笔涂去,不能辨识㉜。天明四年,即清乾隆四十九年(1784),为该本传入日本的时间下限。

目前所知最晚传入日本的明版《廉明公案》,为富冈铁斋旧藏本,即本文所称"富冈本"。据说富冈铁斋与京都竹苞楼、东京文求堂等古书店关系密切㉝,这部《廉明公案》或购自古书店亦未可知。富冈去世后,其魁星阁部分善本曾在大阪府立图书馆展出,《廉明公案》亦在展出之列㉞,书影收入《富冈文库善本书影》(1936)第40号。昭和十三年(1938)六月四、五日,十四年三月十七、十八日,富冈藏书分两次在东京图书俱乐部拍卖,《廉明公案》为京都大学法学研究科购藏,书首护叶盖有木戳,显示正式入藏京都大学的时间为"昭和十七年八月二十六日",即1942年8月26日。

与日本相比,《廉明公案》传入朝鲜半岛的版本较为罕见,目前所知仅有寒斋所藏残本(存卷三、卷四),即本文所称"大业堂本",卷首页右下角钤有"柳綖之印"(白文)藏书章(参图6),柳綖(1684—1752)为朝鲜中后期文人,肃宗三十五年(1709)中进士试,次年"增广文科"及第,历任司谏(1727)、承旨(1738)、汉城府右尹(1739)等职。1724年10月,柳绖担任"进贺谢恩兼三节年贡使"使团的书状官,出使中国⑧,不知此部《廉明公案》是否为柳氏居留北京时购藏。2019年6月,此本从韩国回流中国。柳绖藏本虽为晚出之残本,但因系《廉明公案》原刻初印本的翻刻本,独家保留着曾被抽毁的小说《王巡道察出匿名》,具有重要的学术文献价值。

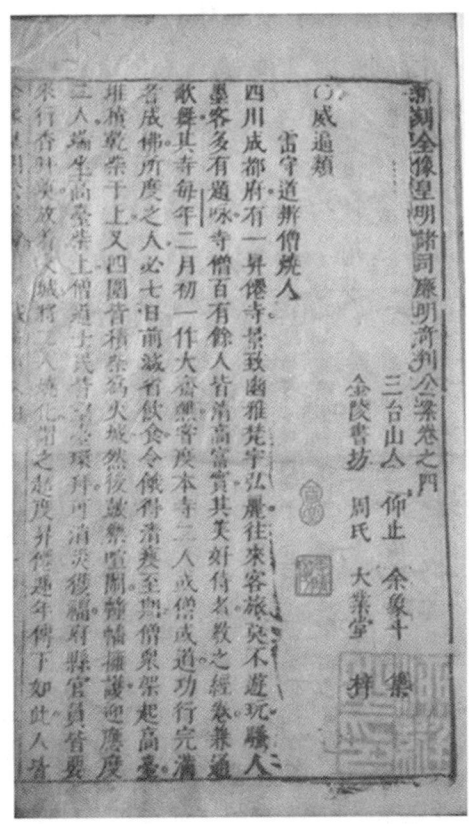

图6 金陵大业堂本卷四首页"柳绖"藏印

上述《廉明公案》的东亚流播史,可以带给我们若干有意义的思考:

其一,从书籍史的角度。《廉明公案》在晚明至清初流行于中国南北,已知至少镌刻过五套书板,销行总数应相当可观,而传入日本和朝鲜半岛的版本,绝对数量非常有限;但时至今日,《廉明公案》的存藏情况恰好相反,存世9部版本之中,中国公私合计仅有3部残本,日本和朝鲜半岛旧藏则占6种(日本5

种,朝鲜半岛1种),且多属重要版本。换言之,如果没有日本及朝鲜半岛藏本,今天甚至无法读到完整的《廉明公案》小说文本,更遑论展开版本研考了。与《廉明公案》类似的情况,也颇多见于其他明代及清初白话小说研究之中。近二十年来,关于海外汉籍的搜访与研究,是中国学术界的热点之一。而在我看来,海外存藏汉籍的学术意义,在经史子集不同的部类中亦不尽相同,总体上乃与相应部类文献在中国本土的递藏情况成反比,诸如经部、史部、集部的典籍文献,中国本土存藏情况良好,故海外汉籍的学术意义大多是局部性、补充性的;但对于古代小说戏曲、尤其是明版小说而言,由于稗官野史历来不登大雅之堂,导致中国公私藏书严重不足,故海外(主体是日本)存藏汉籍的学术意义则可能是整体性、决定性的。因此,继续广泛深入调查海外所藏中国小说版本资料,充分挖掘其蕴藏的学术文献价值,或许仍将是未来古代小说研究的重要内容之一。

其二,从明代公案小说史的角度。朝鲜燕行使柳绠旧藏本独存的《王巡道察出匿名》,不仅揭开了一段湮没已久的书林抽毁秘闻,也让我们对于明代"诸司体"(或称"书判体")公案小说的文体特质产生了新的认识,它们并非只是根据《萧曹遗笔》之类的"珥笔书",拼凑一些空洞的诉讼案例,也有叙写真人实事,揭示社会现实,甚至针砭时弊的时新小说。事实上,《廉明公案》中除了《王巡道察出匿名》一篇曾写及推官丁此吕、侍郎黄凤翔之外,还有"奸情类"中的《海给事辨诈称奸》,也涉及当时一位真实人物。建泉堂本、富冈本、蓬左本此篇目录及正文篇名,均写作"海给事",但文本内部则明确说是"给事邹元标",通篇称以"邹公",那么,究竟是"海公"还是"邹公"?据映旭斋重印大业堂本目录卷二"奸情类"第3则题为"邹给事辨诈称奸",可知《廉明公案》原刻初印本的目录和正文,当作"邹给事"⑧。据《明史》卷二四三《邹元标传》:邹元标,江西吉水人,万历五年进士,与丁此吕同科,座主同为黄凤翔;及第后观政刑部,因上书反对首辅张居正"夺情"(即父丧不停职丁忧),被流放贵州六年;万历十一年,张居正去世,邹元标被征召回京,授吏科给事中,故有"邹给事"之称;万历十八年授左都御史,因直谏再次遭贬,后丁母忧,居家讲学三十年,声名益盛,至泰昌元年(1620)始重获启用。万历二十六年《廉明公案》小说编刊之际,邹元标正去职居家,余象斗将其作为"良吏"写入小说,对他赞誉有加,小说末尾按语云:"邹公立朝谏诤,抗节致忠,人但知其刚直不屈,而一经过河源,即雪理冤狱,奸刁情状,一讯立辨,又良吏也。盖由立心之正如持衡,明如止水,故物莫逃其鉴。在朝为直臣,在外为良吏,真张、韩以上之人物哉。"其艺术形象相当正面。从邹元标履历来看,他虽曾短暂观政刑部,但并未担任过实职,没有审理案件的经历,也许是他的敢言直谏、刚正不阿,符合余象斗心目中的"判官"标准,所以才会被引入《廉明公案》小说。至于建泉堂本何以要将篇名中的"邹公"改为"海公",是否与黄凤翔及抽毁《王巡道察出匿名》有关,这位"海公"是否就是《新刻全像海刚峰先生居官公案》所写"海刚峰先生"海瑞㊲,目前尚难给出明确的答案。不过,可以肯定的是,《廉明公案》对于"当代"社会生活和政治人物的辑采书写,无疑为程式化的公案小说增添了一抹时事亮色,也启发研究者需要进一步关注和探讨明代公案小说的现实品格。

其三,从小说知识学的角度。包括《廉明公案》在内的明代公案小说,因其"似法家书非法家书,似小说亦非小说"的文本面貌,被指斥为"丙部小说之末流"㊳,站在纯文学的立场,这样的批评似乎也不无道理。但是,研判和阐释一部中国古代小说,除了艺术的维度("涉及审美、语言、叙事、结构等层面")、思想的维度("涉及主题、道德、情感及历史等层面"),还可以有一个"知识的维度"㊴。乐于在文本中植入若干(其容量有多有寡)与所叙故事有关(其关联性有密有疏)的知识,乃中国古代小说一个历史悠久的编撰传统和文体特点。不仅如此,古代小说作者并非只是简单植入各类或显或隐的知识,还独具匠心地运用知识来构建小说的艺术世界,也就是说,知识不仅是小说文本的叙述对象,也在一定程度上参与了小说的编创过程。据此"知识的维度",重新审视以《廉明公案》为代表的明代公案小说,或许别有一番风貌。

正如论者已经指出的那样,明代公案小说携带有丰富的法律知识,早在编撰之际,它们就曾参考引录《萧曹遗笔》《折狱明珠》之类的司法案例文书集,譬如《廉明公案》全书106则,其中有64则几乎全文袭自《萧曹遗笔》㊵,占比超过60%;公案小说集的分类也大多模仿珥笔书,即以各种罪名为类目编缀故事,譬如《廉明公案》分为"人命""奸情""盗贼""争占""骗害""威逼""拐带"等十六类,类目之下分系若干则故事;而在具体展开断案故事时,公案小说对于诉讼程序、搜证方法、文书拟写、适用法律以及断狱量刑等专业知识,描述颇为细致,特别是对诉讼常用文书"三词"(即"状词""诉词""判词"),更青睐有加,反复书写,甚至据以构成部分篇目的文本主体。此外,论者也曾指出明代公案小说之间存在因袭转录的现象⑪,多所诟病,不过,倘若仔细查阅,可以发现因袭的主体,就是那些以"三词"为主的知识性最强的篇目,因此,它们的因袭互见,实际上不妨视作不同作者对于特定知识的共同传播与普及。更为令人注目的是,《廉明公案》也展现出运用诉讼专业知识来结构小说的艺术尝试。譬如抽毁的《王巡道察出匿名》,通篇叙述两个匿名投告故事,人物情节各不相同,在前一个案件中,王巡道于薛应辂诉状上批曰:"既非顿时捉获,又无的确证佐,安得以猜疑之故,而坐应辂投匿耶?"为薛氏开脱死罪;至后一个案件,王巡道看到被告施卿的诉状中竟然也有"既非顿时捉获,又无的确证佐"一语,怀疑该诉状可能出自"内鬼"之手,遂循此展开追查,拘捕了礼房吏吴正,王巡道审案时质问:"你代施卿作诉状,缘何用我去年开薛应辂之批语?必你投匿告薛士禹,陷及应辂。故后来开罪之语,汝独记之不忘,非汝匿名而谁?"吴正抵赖不认,但被王巡道设计赚出真相,最终问拟绞罪。此处,王巡道在诉状上的司法"批语",不仅是匿告案侦破的线索,也是联结前后两宗案件的文本纽带,它超越了一般的知识功能,为此篇公案小说提供了一个贴切有效的结构方式。

  总之,明代公案小说既是文学作品,也是承担着法律诉讼知识普及功能的实用读本,它们与同时期编纂出版的珥笔书(如《萧曹遗笔》《折狱明珠》《仁狱类编》《大明律临民宝镜》《折狱要编》等),以及日用通俗类书(如《五车拔锦》《三台万用正宗》《文林聚宝万卷星罗》等)设立"律例"栏目收录案例文书,可谓殊途同归,都是明代社会普法文化的产物⑫。《廉明公案》明末清初在中国南北的流行,表明公案小说这种兼具文学性和知识性的文体特色,甚受当时读者欢迎;而《廉明公案》的远传东瀛,并被京都大学法学研究科当作东亚法制史资料购藏,又似乎意味着即便是在文学性不足的情况下,明代公案小说仍可凭借其知识价值获得现代人的肯定。

原载于《文学遗产》2020年第4期,139—152页。

注 释

① 参阅鲁德才《明代各诸司公案短篇小说集的性格形态》,《93 中国古代小说国际研讨会论文集》,开明出版社,1996 年,464—480 页;石昌渝《明代公案小说:类型与源流》,《文学遗产》2006 年第 3 期,110—117 页。

② 周越然著,周炳辉辑,周退密校《言言斋古籍丛谈》,辽宁教育出版社,2001 年,16—18 页。周越然利用此家藏本,另撰写发表过两篇短文,一为《古之判语》,见《大众》(上海) 1943 年第 4 期;一为《关于"皇明诸司廉明奇判公案"》,见《文帖》1945 年第 1 卷第 4 期。

③ 《书志学》1934 年第 3 卷第 3 期,后收入《长泽规矩也著作集》,东京,汲古书院,1985 年,第 5 卷,227 页。

④ 大阪府立图书馆编《富冈文库善本书目》,小林写真制版社出版部,1936 年,第 40 号。

⑤ 日本书志学会主办的《书志学》第 6 卷第 6 号(1936 年 6 月 5 日出版),及时报道了富冈文库善本展览会的消息,并列举了少量善本,其中就有这部明版《廉明公案》。

⑥ 《"清华"学报》(台湾)1957 年新 1 卷第 2 期。

⑦ 蓬左本,笔者至今未得目验原书。所幸 2019 年岁末,日本京都大学博士生中原理惠君来访北京,一起交流《廉明公案》的研究,蒙她帮助,我阅览了她申请复制的蓬左本全书电子版,本文论及蓬左本文字,均据此。在此,谨向中原理惠小姐致以谢忱!

⑧ 收入路工《访书见闻录》,上海古籍出版社,1985 年,156 页。

⑨ 原为英文,题作"The Tradition of Ming Kung-an Fiction: A Study of the Lung-tu kung-an",《哈佛亚洲研究》(*Harvard Journal of Asiatic Studies*)1975 年总第 35 号;后由宏建桑译为中文,改题《明代公案小说的版本传统——龙图公案考》,《中国古典小说研究专集(第 2 辑)》,台湾联经出版事业公司,1980 年,245—279 页。

⑩ 原载《东洋学》1982 年总第 47 号,中文版载《辽宁广播电视大学学报》1988 年第 2 期。

⑪ 汲古书院(东京)1987 年 5 月版,54 页。

⑫ 山西教育出版社,2004 年,147—148 页。需要指出的是,此条目书名题作"皇明诸司廉明奇判公案传四卷",实际并不准确。此书凡卷首书名题为"公案传"者,均为二卷本,四卷本则均题"公案",无"传"字,详见下文。

⑬ 2019 年 10 月 19—20 日,笔者在北京大学中文系与中国社科院《文学遗产》联合举办"中国古代国际学术研讨会"上报告本文,承东京大学上原究一博士告知:京都大学博士生中原理惠首先发现法学研究科的藏本,并建议京都大学拍摄公开,惠及学界。

⑭ 参阅上原究一《论金陵书坊周曰校万卷楼仁寿堂与周氏大业堂之关系》,《斯道文库论集》2014 年总第 48 辑;许振东《大业堂的白话小说刊刻及其刻书活动》,《廊坊师范学院

学报》2015 年第 5 期。

⑮ 上原究一《明末の商業出版における异姓书坊间の広域的连携の存在について》曾有简单提及此本,未予展开考订,《东方学》2016 年总第 131 辑。

⑯ 建泉堂本、富冈本"人命类"均有 18 则,最后一则为《邓代巡批人命翻招》,映旭斋本目录页"人命类"末尾第 18 则位置空白,则原书残缺此则,并非国图藏本有缺叶,推测金陵大业堂所得初版初印本《廉明公案》,其卷一末尾(即第一册末尾)当已残缺 1 则。

⑰ 《王巡道察出匿名》小说写丁此吕为"泉州府"推官,与此略有差异。不过,漳州府、泉州府实为近邻,往往并称,小说末尾也有"漳泉之民,穷地僻壤"的说法。

⑱ 清魏荔彤重修本《漳州府志》卷九、卷一三,康熙五十四年(1715)序刻本。

⑲ 何乔远《闽书》,福建人民出版社,1994 年版,第 2 册,1859 页。

⑳ 黄汝亨《寓林集》,《续修四库全书》影印明天启四年(1624)刻本,集部第 1369 册,315—316 页。

㉑ 参阅陈妙妙《黄凤翔研究》第二章"黄凤翔的生平考略",闽南师范大学 2016 年硕士论文,21—32 页。

㉒ 参阅马幼垣《牛津大学所藏明代简本〈水浒〉残叶书后》,《水浒论衡》,生活·读书·新知三联书店,2007 年,9—12 页。

㉓ 石昌渝《皇明诸司廉明奇判公案传》条目,推断建泉堂本为"原刊后印本",可谓精审,《中国古代小说总目》"白话卷",147 页。

㉔ 大塚秀高《从公案话本到公案小说集——论"丙部小说之末流"在话本研究中所占之地位》。

㉕ 参见韩锡铎等人编纂《小说书坊录》,北京图书馆出版社,2002 年,213 页。

㉖ 名古屋蓬左文库监修《尾张德川家藏书目录》ゆまに书房,1999 年版,第 1 卷,217 页。

㉗ 此本全书末页有墨笔题跋曰:"自万历戊戌至今天保壬寅二百四十五年,又云万历二十六年戊戌,当我后阳成天皇庆长三年戊戌,大阁秀吉薨之年也。此书曲亭马琴之藏,有缘故传之。合四册。钟山竹内忠告所藏。"审其语气,此跋为"竹内忠告"题于天保壬寅(十三年,1842),然遍查各类工具书及数据库,均未发现与之相符者。日本《甲斐伟人传》著录一位教育家"竹内忠告",但他生于弘化四年(1847),活跃于明治时代,当非此题跋者。

㉘ 此本第一册扉页有墨笔题跋:"万历戊戌至明治己酉近三百十二年。罗山先生遗书,读耕斋有印。舞隐无为翁志。"钤"娱古"闲章。明治己酉为 1909 年(清宣统元年),"无为翁"身份待考。

㉙ 前引周越然《廉明公案》,第 18 页。

㉚ 日本京都史迹会编纂《罗山先生诗集》，京都平安考古学会，1920 年，上卷，361 页。"向阳"为林罗山第三子林鹅峰，"函三"即第四子林读耕斋。

㉛ 参见梅木幸吉编《佐伯文库的藏书目》，佐伯印刷株式会社，1984 年，175 页。

㉜ 撰写本文时，承蒙日本早稻田大学柴崎公美子博士代为拍摄萃英堂本书影，并来信告知，被墨涂去的藏者信息，经观察有可能是"□林閣（園）"。谨致感谢。

㉝ 参阅正宗得三郎《富冈铁斋》之《富冈文库》，日本锦城出版社，1942 年，142—144 页。

㉞ 参见大阪府立图书馆编《富冈文库善本展览会目录》，1936 年 6 月发行，第 40 号展品为明版《新刊皇明诸司廉明奇判公案》四卷四册。

㉟ 参见韩荣奎、韩梅《18—19 世纪朝鲜使臣与清朝文人的交流》附录一"18—19 世纪燕行使团名单"，中国海洋大学出版社，2014 年，99 页。

㊱ 明湖海散人清虚子编《法林灼见》卷一"奸情类"，袭用《廉明公案》此篇，篇名作《邹公判棍除奸》，虽有改题，"邹公"一语犹存原刻本痕迹。此书为明天启闽建书林高阳生刊本，两靖室藏。

㊲ 大塚秀高认为这位"海公"就是海瑞，而将正文中的邹元标改题"海给事"，这是万历三十四年由万卷楼刊行《海公案》以后的现象。见其《从公案话本到公案小说集——论"丙部小说之末流"在话本研究中所占之地位》。

㊳ 孙楷第《日本东京所见小说书目》卷六"子部小说"之四《详情公案》条解题，人民文学出版社，1958 年，141—142 页。

㊴ 参阅刘勇强《小说知识学：古代小说研究的一个维度》，《文艺研究》2018 年第 6 期。

㊵ 参阅阿部泰记《明代公案小说的编纂》，《日本中国学会报》1987 年总第 39 期，中文版连载于《绥化师专学报》1989 年第 4 期、1991 年第 1 期；前引鲁德才《明代各诸司公案短篇小说集的性格形态》。

㊶ 参阅前引马幼垣《明代公案小说的版本传统——龙图公案考》（中文版，1980 年）；庄司格一《中国之公案小说》附录"类似说话一览"，研文出版，1988 年，431—439 页；苗怀明《中国公案小说史论》第二章"明代公案小说的繁盛及其特质"，南京大学出版社，2005 年，59—75 页。

㊷ 参阅戴健《论明代公案小说与律治之关系》，《江海学刊》2007 年第 6 期。

重论《西游补》的作者、成书年代及其寓意

李鹏飞

一、关于《西游补》作者与成书年代的三派意见

从 20 世纪 80 年代中期以来,《西游补》的研究曾一度成为古代小说研究中一个热点,对于其作者、成书年代和寓意的探讨也引发了很多争论,尤其是对于前二者的分歧,迄今难以达成一致,导致对于此书的研究难以进一步深入。

关于《西游补》的作者与成书年代,主要有三派不同的意见:

第一派意见认为:此书的作者是明末清初的董说(1620—1686),他在崇祯十三年(1640)创作《西游补》,时年 21 岁①。第二年,《西游补》正式刊行,此本前有"辛巳(1641)中秋""嶷如居士"所作的一篇"序"。这一派主张由刘复在 1927 年 12 月撰文明确提出后,长期得到学界的广泛认可。鲁迅的《中国小说史略》大体也持这一看法。赵红娟女士 2006 年出版《明遗民董说研究》这部全面深入研究董说的力作,也支持刘复的意见。

刘复在他的论文《〈西游补〉作者董若雨传》中提出了一条重要证据,此即董说的《丰草庵诗集》卷二所收的《漫兴十首》之第四首及其自注,明确提到他写诗这一年之前十年曾补了"西游",这组诗系在"庚寅"(顺治七年,1650)这一年之下,由这一年上推十年正是崇祯十三年,此时明朝还没有灭亡。

第二派意见认为:此书作者是董说之父董斯张(1586—1628),《西游补》当作于崇祯元年之前,原书只有十五回,董说增补了其中的第十一回"节卦宫门看帐目 愁峰顶上抖毫毛"②。这一说法的提出者是高洪钧先生,得到傅承洲、

王洪军、李前程等诸位学者的进一步论证和支持③。

　　高洪钧先生之所以对董说撰《西游补》的旧说发生怀疑并提出新说,其主要理由是:从小说内容以及董说生平来看,存在四大疑点,比如董说说他"少未尝为诗",而小说中却包含不少诗歌和弹词。高先生由此出发,进而考定辛巳刊本《西游补》前面所附《〈西游补〉答问》一文末尾所署的"静啸斋主人"这一名号是指董斯张,因为董斯张存世文稿有《静啸斋遗文》《静啸斋存草》和《静啸斋呓》。他又进一步从董斯张生平的角度论证他才应该是《西游补》的作者这一看法。傅承洲、李前程两位学者也从别号使用、生平经历、创作风格等角度进一步对高洪钧的观点予以深入论证。

　　持这一派意见的学者必须面对的最有力的反对证据乃是刘复所发现的《漫兴十首》其四及其自注。对此,高洪钧先生从版本角度给予了另外的解释:现存的"辛巳中秋"序本前面署名"静啸斋主人"所撰的《〈西游补〉答问》曾明确提到"《西游补》十五回"云云,而这一版本的目录也只有十五回,但正文却有十六回,多出第十一回"节卦宫门看帐目　愁峰顶上抖毫毛",在此回中,提到要重修一座"万镜楼"。高先生由此推断董斯张的《西游补》原本只有十五回,后来董说增补了第十一回,他的《漫兴十首》其四及其自注应该理解为他只是增补了这一回。傅承洲先生进一步论证了高洪钧的这一观点,他注意到《〈西游补〉答问》中提到"十三回'关雎殿唐僧堕泪　拨琵琶季女弹词'"与正文情形不符:正文第十三回作"绿竹洞相逢古老　芦花畔细访秦皇",而"关雎殿唐僧堕泪　拨琵琶季女弹词"乃是正文的第十二回。傅先生由此推断董斯张原稿不仅只有十五回(即没有"节卦宫"这一回),而且从第十一回到第十三回的排列次序也与"辛巳序本"不同,现存"辛巳序本"所呈现的面貌乃是经过董说的增补与重新编排而形成的④。

　　第三派意见认为:此书作者是董说,但《西游补》大约作于顺治三年至顺治七年,或顺治七年,董说时年31岁。其《漫兴十首》其四及其自注提及董说撰《西游补》这一点是可以相信的,但其所说的写作时间与所谓"辛巳刻本"前面的"序"所标明的"辛巳中秋"这一时间则是出于刻意伪托,目的是为了逃避清初的文字狱⑤。

　　苏兴先生完成于1993年、发表于1997年的长文《〈西游补〉的作者及写作时间考辨》对上述观点进行了深入论证,提出了五大理由,其中最重要者有二:一是他认为《西游补》全书中游荡着董说的恩师、抗清志士黄道周的英灵,表达了董说对黄道周的尊崇与怀念;二是他认为小说写行者在未来世界看到的历日"先晦后朔",这暗示着清历对明历的颠倒。这些被影射的内容都已经是入清以后的事了。

从以上的追溯可以看到:《西游补》的作者是董斯张还是董说,其写作时间是在明亡以前还是明亡以后,对我们正确解释小说的寓意关系重大。因此,笔者有必要先对前人的研究成果做出鉴别和取舍。

二、对于三派意见的进一步讨论

关于《西游补》的作者,目前最重要的证据仍然是董说的《漫兴十首》其四及其自注,因此,如何理解这首诗及其自注便成为解决问题的关键。在笔者看来,刘复、苏兴为代表的这两派学者对这一材料的理解是正确的。我们先来看一下《漫兴十首》其四及其自注:

依旧蘋江白燕飞,汉官仪借绿蓑衣。箧中尺素人存殁,志里名山今是非。垂柳门添新钓影,问樵矶长旧松。围鹿山草阁旧名问樵。西游曾补虞初笔,万镜楼空及第归。余十年前曾补西游,有万镜楼一则。

此诗前六句不难理解:长满蘋草的江上白燕纷飞,这些景物依然如旧,只有江上渔人所披的绿蓑衣还遗留着过去汉人的遗风。我的书箱中还保留着朋友们写来的书札,但写信的人有的已不在人世,载入方志的名山也已经面目全非。柳荫飘拂的门前新增了垂钓的隐者,鹿山上问樵矶边的松树又长粗了几圈[6]。很显然,这些句子中流露出强烈的江山易主、物是人非的感伤情怀,作者的心境是黯然而悲凉的,这跟《漫兴十首》整组诗所表达的今昔之感与故国之思也是完全一致的。但最后的"西游曾补虞初笔,万镜楼空及第归"这两句应该如何理解,却存在着很大的分歧:

以刘复、苏兴为代表的两派学者认为这两句是董说说他自己当年曾经"补"过《西游记》,也就是作了《西游补》,其中有一回写到了行者在万镜楼中观看科举放榜的情景。若结合董说自注"余十年前曾补西游,有万镜楼一则"来看的话,这一解释应该没有什么问题。

但以高洪钧为代表的另一派学者则认为这两句是指董说说他当年增补过他父亲董斯张所作的《西游补》,他所增补的乃是小说的第十一回"节卦宫门看帐目 愁峰顶上抖毫毛",其中提到要"再造一所第二万镜楼台"。

笔者以为,第二种解释是说不通的:首先,来看"西游曾补虞初笔"这一句,这是一个经典倒装句,有类于杜甫的"香稻啄余鹦鹉粒,碧梧栖老凤凰枝",如果我们要调整一下词序,无非有以下三种可能:"虞初曾补西游笔""虞初笔曾补西游"与"曾补西游虞初笔"。"虞初"这一名字出自《汉书·艺文志》"小说家"所著录的《虞初周说》,后来成为"小说家"的代称,在这句诗里也是使用这一含义,"虞初笔"就是指"小说家笔法",那么"虞初曾补西游笔""虞初笔曾补西游"就自然是指董说用小说家笔法来增补《西游》了。但"曾补西游虞初笔"这一句应该如何理解却出现了分歧:李前程先生提出"西游虞初笔"的"虞初"是指《西游记》的作者还是别的什么人? 如果是指《西游记》的作者,那么"西游虞初笔"自然是指《西游记》,"曾补西游虞初笔"也自然是指董说作过《西游补》了。但是如果"虞初"是指董斯张,那么这一句就只能理解成董说增补过董斯张所作的《西游补》了。虽然把"西游虞初笔"这一词组解释成《西游补》在诗歌的语感上已经十分牵强了,但是自然无法排除万一之可能。因此,我们就有必要再看一下董说自注所云"余十年前曾补西游,有万镜楼一则"这一句话究竟应该如何理解:很显然,正确理解这句话的关键乃在于弄清"西游"这一词语在这里是指《西游记》还是《西游补》? 其次,应该弄清楚"有万镜楼一则"究竟应该指哪一回? 在笔者看来,这两个问题的答案其实是十分明确的:即"西游"在这里应该是指《西游记》,而绝不会是指《西游补》,更不会是指董斯张所作的《西游补》。我们可以设想一下:如果明末人看到董说这句话中的"西游"二字,他们会想到什么呢? 笔者认为:他们想到的只会是《西游记》,而不会是别的书。从现存明代小说序跋来看,明人在提到《三国演义》《水浒传》与《西游记》等小说时,或会使用其全名,或会省称为《三国》《水浒》《西游》[①],董说对此不会不知。在同时存在着《西游记》与《西游补》这两部书的情况下,董说绝不会将《西游补》简称为《西游》,我们只要看一看署名"静啸斋主人"的《〈西游补〉答问》中将《西游》与《西游补》的名称区分得十分清楚就可以明白这一点。而若从常理来看,也不会有任何人会把两本不同的书用同一个名称来指称,从而造成不必要的混乱。因此,董说如果要告诉别人他曾增补过《西游补》的话,他一定会明确地说"余十年前曾补《西游补》"云云。而且我们还可以进一步从常理来推断:如果《西游补》乃是董说之父董斯张所作的话,他应该怎么来加这个自注才比较合理呢?众所周知,《西游补》包含了一些明显干碍时政的内容(比如讽刺清人是鞑子、有臊气之类),即使此书是董说所作,他也应该想法规避嫌疑才是,而如果不是他所作,而是其父所作,那么他更应该明确说明一下,一则将著作权归诸其父,二则避免文字狱的牵连。因此,从"西游曾补虞初笔"与"余十年前曾补西游"这两条材料是无论如何也不能得出董说曾增补过其父董斯张所撰《西游补》这一结论的,《西游补》只可能是董说所作,这一点无论如何也不应该再怀疑了。

其次,"万镜楼空及第归"与"有万镜楼一则",应该就是指《西游补》第四回"一窦开时迷万镜 物形现处本形亡",而绝不是指第十一回"节卦宫门看帐目 愁峰顶上抖毫毛"——"及第归"这三个字只有在第四回中才可以找到相对应的描写,而无法在第十一回找到任何相应文字。以高洪钧先生为代表的一派学者为了配合他们对"西游曾补虞初笔"与"余十年前曾补西游"这两条材料的解释,也为了解释《西游补》"辛巳中秋序"本上出现的目录跟正文不相匹配的现象,便认定董说增补了小说的第十一回,"万镜楼空及第归"与"有万镜楼一则"所指的就是这被增补的第十一回的有关内容。然而,除了"及第归"在第十一回中找不到相应的内容之外,我们如果仔细阅读第十一回,还会看到,这一回对明末政治有很深刻的讽刺,而高洪钧、傅承洲等先生均指出1640年刚届21岁的董说不可能写出成熟深刻的小说《西游补》。既然写不出深刻的小说《西游补》,那他如何又能够增补出同样深刻讽世的第十一回呢?这两个观点之间显然是自相矛盾的。因此,董说的自注只能理解为他说自己十年前曾作过《西游补》,其中有写到万镜楼中科举放榜情节的一回。这样一来,所谓增补第十一回的说法自然也就不能成立了。在弄清了《漫兴十首》其四最后两句及其自注的确切含义之后,这两句诗在整首诗中的意义也就比较明白了:董说曾经作过《西游补》,乃是要表达打破情魔、悟通大道的心愿,是要让自己领悟大千世界,万事万物,无非都是镜中虚像这一道理。"万镜楼"在《西游补》中是对三千大千世界的隐喻,也是对世间万事万物空虚无我这一佛理的隐喻,正如嶷如居士"序"中所云"心外心,镜中镜,奚啻石火电光,转眼已尽"。董说大概很希望《西游补》能成为"火焰中一散清凉",浇灭他心中燃烧着的故国沦亡之痛的火焰,但这一目的能否达到,就不得而知了。

  在赞同董说是《西游补》作者的学者们所提出的其他旁证中,笔者认为赵红娟女士从把董说散文与《西游补》文风相比较的角度所作出的论证是十分有说服力的,从董说嗜梦角度所提供的证据也很有说服力⑧。而李前程从董斯张嗜梦、董斯张诗歌意象、董斯张对项羽的推崇、董斯张所撰笔记中记载的某些故事等角度提出支持董斯张为《西游补》作者的那些证据都远不如赵红娟提出的证据有说服力⑨。此外,赵红娟女士还注意到董说《丰草庵文集》前集卷二所载《梦乡志》《梦社约》与《丰草庵杂著》中所收《昭阳梦史》这几种重要文献的内容跟《西游补》之间的密切联系⑩:在《梦社约》所提到的七类梦中,有一类"藏往"梦,比如他说自己曾"梦为晋征南将军""又见燕昭王坐鹿台上,仪卫精严"之类。《昭阳梦史》中则有《问燕昭王七国旧事》《许由受禅》《为晋征南将军》与《身为嵩山神史》等数则记梦材料。赵红娟指出:《西游补》写行者与绿珠等人歌古诗以及听项羽讲平话,皆属于藏往之梦;而行者梦见大唐天子、梦见唐僧要做杀青大将军以及梦见自己做半日阎王审问秦桧这些情节,与董说梦见燕昭王和许由、梦见自己做晋征南大将军与嵩山神史也颇相类似⑪。这些证据对于从侧面证明董说是《西游补》的作者均十分重要。在此,笔者还想在以上这些证据的基础上对董说作《西游补》这一点加以更进一步的佐证:在《丰草庵文集》前集卷二所载《梦乡志》中,董说提到"梦乡"之名有七:其六曰藏往乡,其七曰未来乡;在同书同卷所载的《梦社约》中,则提到"梦法四章",分别为出世梦、远游梦、藏往梦、知来之梦。在《丰草庵文集》前集卷三所载的《梦本草》中⑫,董说提到五种可以疗疾的"梦",其中一种叫"留梦",产于"过去境",一种叫"知来之梦",产于"未来境"。很显然,董说所提到的"藏往乡"与"未来乡"、"藏往梦"与"知来之梦"、"过去境"与"未来境"都在名目上跟《西游补》中所写到的孙行者梦入"古人世界"和"未来世界"相对应,梦入"新唐世界"也是进入"未来世界",梦见登天入地、暂摄半日阎王则相当于董说所定义的"出世梦"。笔者注意到,在"静啸斋主人"所撰的《〈西游补〉答问》中也特别提到"古人世界是过去之说矣,未来世界是未来之说矣",又对孙行者入未来世界审问秦桧这部分情节作了特别说明。另外,《昭阳梦史》中所记载的《问燕昭王七国旧事》这个梦说他梦见"燕昭王美髯修眉,颜色如黄金,衣缀碧玉篆文,坐高阁"云云,让人立即联想到《西游补》第六回开篇写道孙行者"忽见一个黑人坐在高阁之上",以为是贼脸上涂了乌煤在那儿示众,结果却是项羽。这两个场景之间何其相似乃尔!笔者注意到,从以上这些材料的写成时间来看,大都撰写于癸未年,即崇祯十六年。这一年董说还撰有《征梦篇》与《昭阳梦史序》这两篇论梦之文。到这一年的次年(即崇祯甲申),董说又写了《梦连珠》与《梦本草》两篇论梦之文。由此看来,董说在这两年里对梦的各种类型进行了比较系统的归纳与思考,如果我们说这些思考直接影响到《西游补》的构思与创作,那么这种推测是有较大合理性的,当然这一推测所面临的最大障碍就是董说自己曾说过《西游补》写作于庚寅年(1650)之前十年,也就是庚辰年(1640)。但如果我们联系前文提过的苏兴先生的考证结论,即认为小说写作于明亡之后的 1650 年,这一障碍也就不复存在了(这一点容后文再作讨论)。总之,从笔者上述的进一步论证来看,《西游补》的作者也非董说莫属。

持董说说的学者们必须认真对付的一个真正强有力的反证乃是"辛巳中秋序"刻本《西游补》的目录、《〈西游补〉答问》所提及的小说回数与小说正文回数之间发生较大出入的现象:"辛巳中秋序"刻本的目录只有十五回,《〈西游补〉答问》也明确提到"《西游补》十五回",但现存"辛巳中秋序"刻本正文则有十六回,多出正文第十一回"节卦宫门看帐目 愁峰顶上抖毫毛"。另,《〈西游补〉答问》中还提到"十三回'关雎殿唐僧堕泪 拨琵琶季女弹词'"云云,但正文中"'关雎殿唐僧堕泪 拨琵琶季女弹词'"是第十二回,在目录中则为第十一回。傅承洲先生抓住这一反常现象,视之为董斯张说的一条重要证据,因为如果《西游补》的作者是董说的话,他不可能在自己所撰的《〈西游补〉答问》中弄错作品的总回数,也不至于弄错某一回目的回数,也不应该在目录中漏掉一回。合理的解释是董斯张所撰《西游补》原本只有十五回,生前因贫困无法刊刻,后来董说成人之后增补了"节卦宫门看帐目 愁峰顶上抖毫毛"这一回,然后交付刊刻,却没有修改目录与《答问》,从而导致了我们现在所看到的奇怪现象。傅承洲先生也论证了他认定为董说所增补的这一回的内容完全游离于全

书的结构之外这一看法,还进一步论证了董斯张《西游补》原本的回目安排从第十一回到第十三回应该是另一个面貌[13]:

> 第十一回 绿竹洞相逢古老 芦花畔细访秦皇(刻本正文作第十三回)
> 第十二回 唐相公应诏出征 翠绳娘池边碎玉(刻本正文作第十四回)
> 第十三回 关雎殿唐僧堕泪 拨琵琶季女弹词(刻本正文作第十二回)

苏兴先生也认为小说原本只有十五回,出版时董说又增补了一回(即节卦宫这一回),这样就可以解释目录的十五回与《〈西游补〉答问》中提到的"《西游补》十五回"这一句话[14],但是也仍然无法解释其他的疑点,比如《〈西游补〉答问》中提到"十三回关雎殿唐僧堕泪"云云,以及作者为什么没有把目录调整到与正文相符?

在对两位学者的观点加以辨析之前,不妨先说明一下笔者对《西游补》刻本回目错乱诸问题的一些推测。窃以为,"节卦宫门看帐目 愁峰顶上抖毫毛"这一回其实应该就是董说一次性完成的全书的有机组成部分,并非他后来添加进去的。如果我们反复阅读小说文本,将会发现,董说创作《西游补》时,对全书结构上的前后铺垫照应是有十分周密细致的安排的,单是"节卦宫门看帐目 愁峰顶上抖毫毛"这一回,就在全书前后各回的铺垫照应上具有重要意义,"辛巳中秋序"刻本的评点者针对此回的若干眉批与文末总评就一一指明了这些铺垫照应处:如这一回写孙行者看到"节之乾宫"工钱账目上说到小月王为他的一个结义兄弟(其实就是唐僧,但小说没有明言)讨了一个妻子叫翠绳娘,就在第三宫中做亲,评点者针对这一段文字评道:"此处先提翠绳娘。"这是指明作者在此叙及唐僧跟翠绳娘结亲一事乃是为后面第十四回写"唐相公应诏出兵 翠绳娘池边碎玉"作一铺垫,否则第十四回写唐僧做将军后跟翠绳娘夫妻生离死别就成了空穴来风,显得极其突兀了。至第十四回写到唐僧请翠绳娘相见时,评点者也有一段眉批道:"翠绳娘到此才见,一见便死,何也?翠绳不死,心猿不醒。"在此,翠绳娘乃是第一次出场,但她出场时早已是唐僧的妻子了,很显然,小说在写第十四回这一段情节之前,必须在前面某处提前交代一下唐僧跟翠绳娘的亲事,否则作者未免太粗疏了!我们检点全书,就只看到"节卦宫门看帐目"这一回提到了唐僧与翠绳娘的亲事,可见这一回一定是董说写《西游补》时整体构思中原本就有的部分。"节卦宫门看帐目 愁峰顶上抖毫毛"这一回的其他铺垫照应之处还有:"节之否宫"这一段提到要再造一座"第二万镜楼台",以容纳从"头风世界"分出的"时文世界"、从"菁莱世界"分出的"红妆世界"与从"莲花世界"分出的"焚书世界",评点者在此评道:"出万镜楼,妙绝!"这是指出这一段文字乃是对此前第四回"一窦开时迷万镜"以及"头风世界"等情节段落的照应。此后小说叙及孙悟空在愁峰顶上派遣出无数毫毛行者去六十四卦宫各处打探,一个毫毛行者回来报告悟空说:"绿竹洞天黑洞洞,怕走进去。"评点者对此评点道:"伏绿竹洞。"这是指此处提到"绿竹洞天"乃是为后面第十三回"绿竹洞相逢古老 芦花畔细访秦皇"作铺垫。此外,这一回中未被评点者指明的重要铺垫还有一处:孙悟空在愁峰顶上尾随一名去王四老官处下书的童儿,听到童儿嘴里念叨道:"今日下书,陈先生在我饮虹台上搬戏饮酒,为你这样细事,要我戏文也不看得。"行者听得师傅在饮虹台上,便要转身寻去。这一段文字显然是为第十二回"关雎殿唐僧堕泪 拨琵琶季女弹词"作铺垫的。最后,还需要特别提及的一点乃是:在小说最后一回(即第十六回)中,作者写了一首长达44句的偈子,依次罗列了小说中所出现的绝大部分人与物,其中也赫然提到了"节卦宫"这一回:"也无节卦帐,乃是鲭鱼宫"。如果作者在增补这一回之后并没有忘记在最后这一首长长的偈子里添加上这两句话,却反而忘记在很重要的目录里添上这一回的回目,一位心思如此细密的人却犯如此粗疏的错误,实在是令人感到奇怪的事。总之,从以上所列举的这些例证来看,我们很难说"节卦宫门看帐目 愁峰顶上抖毫毛"这一回完全游离于全书结构之外,也很难说它是后来被增补进去的,应该说,这一回跟全书乃是浑然一体、结合十分紧密的! 如果如傅承洲先生所言,这一回完全游离于全书结构之外,那么我们就有必要追问一句:既然所增的这一回显得游离和多余,那就意味着未增补前的原作是浑然天成的,并不缺少什么内容,那么董说究竟出于什么理由非要在这个位置增补这一回呢?

傅承洲先生在论证这一回乃董说插增这一观点时提出了一个证据即:在他认为是董斯张所撰的《〈西游补〉答问》中提到了小说各回的内容,但恰恰没有提到"节卦宫门看帐目 愁峰顶上抖毫毛"这一回,因此推断所谓"董斯张原本"《西游补》根本就没有这一回。但是这一说法是站不住脚的,因为《〈西游补〉答问》中其实并没有提到小说的全部内容,也就是说,除了"节卦宫"这一回之外,还有其他内容也没有被提到,比如行者在新唐世界宫殿中听宫人扫地唠叨、在万镜楼中看科举放榜并讽刺八股文、葛藟宫遭困时被自己的元神所救、访绿竹洞天让主人推命等重要段落也都没有被提及。而且,在笔者看来,"节卦宫门看帐目 愁峰顶上抖毫毛"这一回在《〈西游补〉答问》中其实是以一种比较隐蔽的方式被提到了:此即其第二问——此问云"子补《西游》,而鲭鱼独迷大圣,何也?"答曰:"孟子曰:'学问之道无他,求其放心而已矣。'"而"节卦宫"这一回的回末评语则云:"收放心,一部大主意,却露在此处。"如果我们考虑到《西游补》刊刻时(不管是1641年,还是1650年或1650年之后不久),董说正当盛年,必然会参与其事,那么这位评点者跟董说的关系就很值得我们猜度:如果他不是董说本人,那么至少也应是董说的知交,这些评语在付刊之前董说一定是过目了、且应该获得了他的认可。因此,我们可以认为:以"收放心"作为这部小说的"大主意"就应该是董说的一个重要创作意图。其实,在笔者看来,全书除了在整体上表达了这一主题之外,在"节卦宫"这一回中还将这一主题化入情节,从而作了更具体化的表达:孙行者在愁峰顶上"放"出无数毫毛行者,他们自然都是他这只"心猿"的分身,这就是象征着所谓"放心"了;当毫毛行者们纷纷返回,最后一个毫毛行者沉醉上山,行者询问他为何迟回,原来他被一位面似桃花的女子扯去喝酒,喝得烂醉如泥。行者对他乱打乱骂,道:"你这狗才!略略放你走动,便去缠住情妖么!"那毫毛行者哀哀啼哭,也只得跳上身来,行者收尽毫毛,走下愁峰。这些情节与细节的安排很显然是跟"收其放心"的"大主意"密切相关的。既然如此,我们就很难想象《西游补》的原作中会缺失如此重要的一回,还要等人后来再增补进去!如果果如笔者所认为的,这一回从一开始就是原作的一部分,那么该如何去解释那些回目与回数上出现的奇怪错误呢?

先说目录上的错误。笔者认为,首先可以考虑存在这样一种可能性:即这个错误不是董说本人所造成的,而是在刊刻时发生的。因为不管《西游补》是由董斯张原著、后由董说增补一回,还是董说本人先作了十五回、后来又增补一回,或者如傅承洲先生所认为的董说不仅增补了一回,还对董斯张原作某些回目的排列次序作了较大调整,他都不太可能不对整个目录进行相应修改。增补一回文字,甚至还调整了若干回的排列次序,这不是改动几个字的小动作,而是增加整整一回的大动作,在完成这个动作之后,董说自然应该想到将目录作相应的修改,然后再付刊。但现在我们看到目录上出现了如此奇怪的错误,这恰恰说明这个错误不应该是董说造成的,而应该是刊刻时所发生的错误。笔者仔细查看"辛巳中秋序"本的影印本,发现出现差错的第十一回这"第十一回"四个字刻在目录第二页B面的最后一行,而这一回的回目文字"关雎殿唐僧堕泪 拨琵琶季女弹词"则刻在目录第三页A面的第一、二行(在小说正文中,这乃是第十二回的回目),也就是说,当刻工刻完"第十一回"这四个字之后,要换一个版片再去刻第十一回的回目文字,结果他把相邻的第十二回的回目文字刻在了"第十一回"的下面,然后后边就一直这么错下去了。当然也很有可能,当他刻到第十二回的回目时,就发现了这个错误,但刻错的版已经无法修改了(除非换掉这个版片),于是他就索性将错就错,最终刻成了我们今天所看到的这个与正文不符的奇怪目录。在刻书时,这样的错误并不是没有可能发生的,笔者注意到赵红娟女士在她的著作中提到董说的《丰草庵诗集》的康熙繁露堂刻本也发生过类似的刊刻错误:这个刻本正文的卷一〇、卷一一这两卷下面的内容跟目录页上所标明的这两卷的内容正好是相反的,而这个目录跟这部书的其他版本一致,应该是正确的[15]。因此,正文的错误显然是由刊刻造成的,这是比《西游补》的目录错误更严重、也更难以解释的错误,但它也就这样发生了。

至于《〈西游补〉答问》中所提到的"《西游补》十五回"之说,笔者认为这是因为《西游补》在写作过程中其章回的设置有过一个变化,即从十五回变成了后来的十六回,但这不是由于董说新增了一回造成的,而是由于回目的分合造成的。如果仔细阅读小说文本,我们将会发现一个十分特别的情况:《西游补》作为章回小说,却基本没有遵循章回小说通常的开篇与结尾模式(全书只有第十二回以"不知毕竟如何,愿听下回分解"结尾,其他各回皆不如此),每一回的开篇与结尾都显得十分突然,止于其所不当止,也始于其所不当始,具备极大的随意性。比如第八回"一入未来除六贼 半日阎罗决正邪"结尾写到众鬼把秦桧押上来,"秦桧伏在地上,不敢做声,行者便叫:'秦丞相请了。'"这一回到此便戛然而止。而第九回一开头便紧接上回结尾直接写道:"掌簿判官将善恶簿子呈上御览,行者看罢便叫:'判官,为何簿上没有那秦桧的名字?'"第九回结尾写到孙行者让众鬼整备秦桧的血酒请岳飞喝,行者对岳将军打一拱道:"师父,你且坐一回,等徒弟整备血酒来。"这一回至此也戛然而止了,第十回开头则紧接着前一回结尾写道:"行者接得葫芦儿在手,便叫判官立在身边,附耳低言,不知说些什么。"第十回结尾写到行者慌忙唱一个大喏,拜谢自家,便突然结束了。第十一回开头便紧接着写行者拜谢已毕,跳下楼来,又走到一个门前。以上所举的这三个例子基本上可以代表全书的普遍情况,我们可以看到每一回的开头其实都是跟前一回的结尾完全接榫的,感觉像是被强行断开之后,勉强分出了不同章回,尤其是第十回的前一半,从内容上看其实应该接在第九回后面,第十回的回目"万镜台行者重归 葛藟宫悟空自救"也是只针对第十回的后一半来拟的,完全没有提到其前一半岳飞拒饮秦桧血酒等内容,但这一部分内容如果接在第九回之后,那么第九回就会显得太长了。我们可以设想作者的原稿中这一部分正好有可能是放在第九回之后的,这样一来,第十回就变得很短,而这一回的内容(写行者被困葛藟宫)跟第十一回"节卦宫门"看账目的内容性质较为一致,很可能原本是放在同一回之内的,这样一来,原稿一共就是十五回,作者按照这个十五回的稿子撰写了《〈西游补〉答问》,其中提到"《西游补》十五回"云云。后来付刻之前,作者又重新调整回数与回目,提供的应该是一个十六回的新回目与新正文,给小说作序的"嶷如居士"看到的正是这个新回目与新正文,所以这篇"序"中才会提到"今观十六回中"云云。但正如前文所说,这一回目在刊刻过程中发生了错误。而作者本人虽然调整了正文与回目,却忘记改动《西游补》答问》所说的"十五回"这一数字。至于《答问》中所犯的另一处错误,即提到"十三回 关雎殿唐僧堕泪 拨琵琶季女弹词"时将"十二回"说成"十三回",应该就是作者将相邻两回的次序记颠倒了,或者是刻工将"二"刻成了"三",这样的错误是我们完全可以理解的。对于这一错误产生的缘由,笔者不太认同傅承洲先生所提出的原稿部分章回的排列顺序是另一面貌的观点,因为如果按照"唐相公应诏出兵"(第十二回)"关雎殿唐僧堕泪"(第十三回)"三更月玄奘点将"(第十四回)这一顺序来排列的话,第十三回"关雎殿唐僧堕泪"就真正跟前后回完全脱节,没有任何逻辑上的连续性了,这显然是不太可能的。

接下来要讨论《西游补》的创作时间。对于这一问题,笔者基本赞同自晚清的黄人到当代的柳无忌、苏兴等学者的看法，即小说应该作于明亡以后，虽然未必能具体到如柳、苏二位所言的顺治三年到七年，但相差亦当不远。《西游补》作于明亡以后这一观点需要面对的最难以反驳的证据乃是董说的《漫兴十首》其四及其自注。但正如柳、苏二位先生所言，我们不必太在意董说自注所刻意强调的这一写作时间。引发他们对董说自注怀疑的自然是小说中确确实实包含着深沉的"宗社之痛"，而非如鲁迅所言"于宗社之痛之迹少"：比如小说中写到踏空儿凿天，凿开天门，灵霄殿从缝隙里滚下来，天庭都关门歇业了，这不是隐喻着明朝的沦亡又该是隐喻什么呢？又如行者在新唐世界的宫廷里听到扫地宫人的一番言语，也显然包含着深沉的亡国之痛。再比如行者审问秦桧时说到宋太祖辛辛苦苦的江山，被秦桧快快活活儿送了——岂不是因为明朝的江山已经被奸臣叛贼葬送了之后才会有的极端愤激之言吗[16]！此外，苏兴先生所提出的小说以岳武穆影射黄道周、以未来世界历日颠倒影射清初历日等观点都是通过十分扎实的考证而得出的，笔者认为这些都是能够证明小说作于明亡以后的有力证据。应该说，正是明朝的灭亡给明末士人造成的重创剧痛促使董说写出了这部反思明朝沦亡、谴责奸臣叛贼误国的泣血之书，董说这种追怀故国的沉痛心境我们从《丰草庵诗集》中作于明亡之后的不少诗作中都可以鲜明地感受到，比如《漫兴十首》的其二、其三、其四便流露了这种心情，更何况董说在明亡以后的行动多少都带有一些反清复明、心向故国的倾向呢[17]。既然小说是作于明亡之后，并流露出对故国的眷恋，也流露出对清王朝的嘲讽与鄙夷，那么这种小说自然难免给董说带来灾祸，为了避免这种情况的发生，董说便效仿他的友人陈忱与郑敷教所为，在自注中刻意诡称小说作于庚寅年之前的十年[18]，那篇署名"嶷如居士"的"辛巳中秋序"也是为了配合这一计划而刻意为之的，保不住这位"嶷如居士"就是董说自己呢。将小说创作的时间确定在明亡之后，也可以回答持董斯张说的一派学者反复提出的一个疑问：如果《西游补》是董说1640年时所作，那时他才21岁，阅历不深，怎么可能写出这样一部深刻讽世的小说呢？还有，董说在《丰草庵诗集》的"自序"中曾说过他"少未尝为诗，为古文辞"之类的话，那么他怎么能写出包含不少诗歌的《西游补》呢？其实，即使《西游补》的创作时间是1640年，笔者也并不认为这两个问题是真正的问题，在中外文学史上，早熟的文学天才可谓屡见不鲜，若跟这些早熟的天才相比,董说根本不算什么;至于他说自己"少未尝为诗",这话即使可以完全相信,也并不意味着他21岁时就不能为诗,况且,21岁时恐怕也已经不能算是少年时期了。一个生活在明代的21岁的读书人,他能写诗不足为怪,如果他不能写诗反而是令人感到万分奇怪的,更何况他的父亲董斯张就是一位真正有才华的优秀诗人呢!董说难道就不会受到他父亲的一点点熏陶吗?当然,现在如果将小说写作时间确定在明亡之后,这些疑问就更可以涣然冰释了。

三、对《西游补》寓意的进一步探讨

在确立了小说作者为董说与小说写作时间为明亡以后这两个重要基点之后,我们便可以在苏兴先生研究的基础上来进一步探讨小说的寓意了。

从小说文本来看,其讽刺或隐射的内涵比较显豁的部分是第二回写新唐宫人的自言自语(苏兴认为是讽刺福王)、第三回写凿天人漏下灵霄宝殿以及第四回写天字第一号镜中的科举放榜场景,其他各回的讽刺指向皆不太明朗。第八回、第九回写行者审问秦桧这一大段的讽刺内涵也是清楚的,但其具体影射对象则不明确。从已有的研究来看,学界对第八回、第九回、第十一回的影射内容有较多的钩沉索隐[⑬],提供了很多重要的发现。尤其是第八回、第九回及第十回的前半回浓墨重彩地叙述了孙行者代理半日阎王重审秦桧的故事,是整个小说中最引人注目的段落之一。重审秦桧的构思应该来源于《喻世明言》中的《闹阴司司马貌断狱》与《游酆都胡母迪吟诗》这两篇拟话本,是将前者的"重审前代冤案"与后者的"秦桧地狱受苦"这两部分内容捏合到一处,变成一篇新的故事了。但《西游补》重新改写而成的这一段故事包含着十分愤激沉痛的情感,表达出作者对误国权奸叛贼如秦桧之流的切齿痛恨,用恨不能食其肉而寝其皮来形容作者写这几回时所流露的感情是一点也不过分的。与此同时,作者也表达了对岳飞这样被屈而死的忠臣良将的万分景仰之情,甚至让孙行者拜岳飞做了"第三个师父"。这些描写显然已经不只是单纯的历史感怀了,故苏兴先生经过一番考索之后指出:这里的秦桧乃是影射南明隆武政权的大将、叛贼郑芝龙,岳飞则是影射董说的恩师、明末直至隆武政权时期的抗清名臣黄道周[21]，黄道周在率军抗清时为郑芝龙掣肘，所统兵力严重不足，出征时被叛贼降将所率之清军击败，被俘之后，明奸洪承畴出面劝降，黄道周大义凛然，不屈被害。而因为郑芝龙暗中与清廷勾结，里应外合，隆武政权也很快覆亡，郑芝龙降清，后来也没有得到好下场[21]。苏兴先生指出：《西游补》中游荡着黄道周的英灵[22]，笔者十分认同这一观点，在此再对苏先生的观点提供一些补充论证。

首先，董说不仅在最后一回的结尾部分暗示了"黄道周"这一名字[23]，也在其他地方更为明白地提到了黄道周的姓名，比如第六回写孙行者变成虞美人之后假装被真虞美人的鬼魂附体，顿成疯魔之状，项羽大惊失色，道："不肖讲，这是孙悟空幽魂不散，又附在美人身上了。快请黄衣道士到来，退些妖气，自然平复。"很显然，"快请黄衣道士到来，退些妖气，自然平复"这一句话中包含着"黄道周"这三个字。另外，第三回写行者看到一大群人拿着斧头在凿天，便心里猜度道："不知是重修灵霄殿，今日是黄道吉日，在此动工呢？""黄道吉日"这一词语中同样也包含着"黄道周"的姓名[24]。其次，在明末崇祯朝跟清军的战事中，也出现过主战与主和两派，比如1638年9月，清军兵临北京城下，明廷内部出现了以兵部尚书杨嗣昌和太监高起潜为首的主和派，以及以侍读学士黄道周和督师卢象升为首的主战派。卢象升率军与清军激战，但受高、杨二人牵制，最后兵败战死。这一局面跟南宋初宋金对峙时主战派与主和派之间的对立极为相似。黄道周后来因言获罪，被处永戍广西。至崇祯十五年八月，大学士周延儒等人在被崇祯召见时，一起替黄道周委婉求情，崇祯遂复道周原官[25]。但关于此事，黄道周友人夏允彝的《幸存录》中有一段大略相似而又不太相同的记载，说崇祯跟周延儒言及安得将领如岳飞者而用之，周延儒委婉地说黄道周即当代之岳飞，应该加以任用，崇祯遂传旨复其官。崇祯朝大学士文震孟之子文秉在入清后所撰之《烈皇小识》中也有类似记载[26]。苏兴先生说这段对话发生于崇祯十六年，这跟《明史》的记载有较大出入，不知哪一段记载是可靠的。但无论如何，明末清初的明人或明遗民曾把黄道周比作岳飞，这应该是有确凿事实根据的。

不过，如果我们只执定董说是以郑芝龙比秦桧，以黄道周比岳飞，就会大大缩小小说的讽刺范围与讽刺力度。小说第九回借秦桧的口说过一句话——

"后边做秦桧的也多,现今做秦桧的也不少,只管叫秦桧独独受苦怎的",然后又借行者之口回答道——"谁叫你做现今秦桧的师长,后边秦桧的规模"。这几句话说得再明白不过了:自宋朝之后,后世又出现了许许多多的"秦桧",尤其是在董说自己生活的明清鼎革之际,明王朝与南明王朝内部涌现出来的"秦桧"实在是数不胜数!孙行者在审问秦桧时指出,力主与金人议和乃是秦桧一大罪状,他也因此受到地狱酷刑严惩。董说如此痛恨议和者,或许也与南明的类似历史有关。南明弘光朝建立后,正直官僚的重要代表、东阁大学士史可法被大学士兼兵部尚书马士英排挤出朝廷,督师淮阳,而未能如当时有的大臣所建议的那样,派遣行伍出身、具备作战经验的马士英"经营于外",而让文官出身、忠直廉洁的史可法"居守于内",不这么做,自然是出于马士英独揽大权之一己私心。这一结果立即导致南京舆论大哗,有太学生联名上书要求史可法留在朝中,有人甚至在奏疏中十分激烈地说道:"秦桧在内,李纲在外,宋终北辕。"[27]这自然是以秦桧比马士英、以李纲比史可法了。此后,南明王朝奉行"联虏平寇"(或曰"借虏平寇")的政策(即借清军之手消灭李自成起义军),其首倡者与积极推动者均为马士英,史可法本人也曾支持过这一政策(当时南明君臣均视李自成起义军为明朝最主要的敌人)。弘光朝廷遂派出以左懋第、陈洪范、马绍愉为代表的"北使团",赴北京与清廷议和,结果自取其辱,不但和议未成,左懋第、马绍愉还被扣留,陈洪范则暗地里投靠清廷,作为奸细被派遣回南明。史可法则放弃和谈幻想,全力备战,准备进击清军与李自成,但马、阮辈完全不为其筹备军饷,作有力的援助,史可法为此感到十分气愤。后来,清军大举南下,南明因为贻误战机,很快便遭到覆亡的命运[28]。不久,逃到杭州的马士英等人拥立潞王朱常淓监国,朱常淓监国的次日,就按照马士英的建议,派全浙总兵陈洪范去跟清军和谈,以割让江南四郡作为和谈条件。陈洪范跟清军统帅贝勒博洛密谋之后,回到杭州跟兵部尚书张秉贞一起,劝朱常淓投降,朱常淓遂奉表降清。根据当时人林时对《荷牐丛谈》的记载,陈洪范自从回到南明做清廷奸细,"逢人劝降,名'活秦桧'"[29]。由此可见,在北京的明王朝覆亡之后,偏处南方的南明王朝所面临的局面跟南宋时期的局面十分类似,当时的文人士大夫的奏疏与文章频频将南明与南宋相提并论,而南宋虽因秦桧等人的破坏,恢复中原无望,但仍将偏安局面维持了150余年。而南明的弘光朝与隆武政权却都只维持了短短的一年多便灰飞烟灭了,潞王监国时期则仅仅维持了昙花一现的数天时间,其中的原因自然是多方面的,但以马士英、陈洪范、郑芝龙等人为代表的和谈派与投降派延误战机、甚至通敌卖国应该说是最直接的原因。因此,当时的一些正直之士就已经将他们比作秦桧了。董说的家乡(湖州)距离南明的几个统治中心——南京、杭州、福州都不远,他又是一位时刻关心明王朝命运的爱国志士,对以上这些情况他自然不会不知,而知道之后又岂能不扼腕切齿痛恨呢?因此,他在小说中如此穷形尽相地描写秦桧在地狱所受的各种残酷惩罚也就一点都不足为怪了。

关于"节卦宫"这一回,苏兴先生认为是讽刺弘光帝朱由崧追求逸乐、大兴土木建筑宫室的奢侈浪费之举,这正与"节"卦所宣扬的节俭精神背道而驰[㉜]。苏兴先生举出弘光帝奢侈浪费的大量史实作为证据,应该是可信的,不过,苏先生认为这一回的蓝本只能是弘光朝,这却未必。根据历史记载,明朝后期万历、天启两朝皇帝同样是以奢侈浪费、大兴土木而臭名昭著的,尤其是万历十一年(1583)至四十八年这三十八年中,几乎每年都在大兴土木,所造殿阁千门万户,耗费巨大财力与人力,再加上建筑过程中官吏的克扣贪污,与其他方面的铺张浪费,将明王朝的国库几乎消耗一空。万历二十九年,当时的工部尚书杨一魁、礼科右给事中白瑜等人都上疏激烈批评皇帝的"土木频兴",尤其后者的奏疏曾云:"今露台月榭,上薄云霄,不伤于筑愁乎!"[㉝]这里的"筑愁"一词出自贾谊《过秦论》中的"阿房筑愁,长城筑怨"一语,这一词语会让我们联想到《西游补》第十一回写孙行者看完节卦宫门的账目之后,忽然步到一个峰顶,叫作愁峰顶——这一构思灵感的产生大概跟当时人对朝廷大兴土木、大肆搜刮民财所致民怨沸腾的担忧有关吧。行者在愁峰顶上还遇到了替总作头沈敬南去给太监王四老官送信的一个童儿,沈敬南在施工时盗窃了宫中物件,小月王要派人盘查,沈敬南请求王四老官替自己遮瞒。这些细节显然都是针对当时真实情况所施的讽刺。小说第二回写行者在新唐宫殿上听见一个宫人自言自语说"我先天子中年好寻快活,造起珠雨楼台。那个楼台真造得齐齐整整,上面都是白玉板格子,四边青琐吊窗,北边一个圆霜洞,望见海日出没,下面踏脚板,还是金镂紫金檀"——这显然也是讽刺万历皇帝长期怠政、大兴土木的荒淫历史。到万历之后的天启一朝,熹宗也是一位荒淫逸乐的君主,这位君主的一大爱好竟然是跟贴身太监在宫内建筑房屋,他"自操斧锯凿削,巧匠不能及,又好油漆匠",以至国政悉委于太监魏忠贤之手,从而造成了明朝历史上最黑暗的宦官专权时代。如果我们细绎明代自万历以降的历史,会发现明朝的衰颓跟万历、天启两朝皇帝长期虚耗国力、荒怠国政有最直接的关系。明末士人对此应该会有更痛切的感受,这种感受的刺激大概就是董说为什么会在小说里安排如此奇特一回的根本原因。

《西游补》全书故事情节最重要的部分应该是:孙悟空梦入新唐,看到新唐皇帝担忧唐僧将来会率徒众犯其疆土;又认定唐僧纳悟空为第一徒弟,是为了"以西方之游,肇东南之伯;倚猿马之威,壮鲸鲵之势"。因此打算遣将西去,斩唐僧首级,赦其徒众,令其四散,自然无事。但有大臣建议采取"用他杀他"的策略,先封唐僧为杀青大将军,令其出征"西虏"。新唐皇帝采纳了这一建议,派人去封唐僧为将军。唐僧此时已入青青世界,受小月王蛊惑,娶妻翠绳娘,把八戒和沙僧逐出师门,并放弃了去西天取经的计划。正在这时,他接到唐王的册封诏书,做了杀青大将军,率军出征西戎。悟空、八戒等人也混入出征队伍,跟西戎的小蜜王交战,小蜜王自称是孙悟空跟铁扇公主所生之子。在激战中,西戎斩了唐僧和小月王的头。孙悟空也从幻梦中惊醒。这些主要情节显然也都有所隐射,根据苏兴先生的看法,新唐是隐射南明,西虏则可能是影射左良玉、李自成、朱亨嘉(靖江王,南明时曾谋反)或者清朝②;但唐僧师徒隐射什么,苏兴先生没有指明,但他指出唐僧"欲以西方之游,肇东南之伯"是暗指东南沿海的南明政权③。但这一说法内部显然存在矛盾:新唐既指南明,那它怎么会跟也暗指南明的唐僧师徒为敌、必欲除之而后快呢?笔者通过对南明史的反复考察,在此提出一种新的解说:首先,小说以新唐暗指南明,这一点应该可以确定无疑,证据在此无须多举。而对于南明弘光朝而言,其最大敌人无疑是当时已被清军驱逐到山西、陕西、豫西地区的李自成军队,而李自成军队同时也是清廷的敌人,在当时,不管是南明还是清廷,都把进攻李自成说成是西讨、西征、或平西④。因此,我们结合小说中新唐和唐僧师徒的共同敌人都是西戎或西行途中的妖精这一点,可以断定:"西虏"可认为是隐射李自成军队。其次,我们需要搞清小说中的唐僧师徒是在影射什么?在《西游记》与《西游补》中,唐僧师徒都是正面人物,但是我们不要被正面、反面这些人为的区分束缚思路,遮蔽视线。如果结合《西游补》的情节来分析的话,我们需要抓住的一点是唐僧师徒这支力量强大的取经队伍在小说里是作为新唐的敌对面出现的,是被新唐视为自己未来的重大威胁、从而想要将其消灭的,但因为孙悟空神通广大,难以对付,才决定采取"以他杀他"的计策,也就是要借刀杀人,同时也让他们内部分裂,自相残杀。果然,唐僧先是被情妖所迷,放弃了西天取经的宏图,驱逐了八戒、沙僧,孙悟空也疑心重重,彷徨无措。唐僧在被封为杀青大将军之后,出征西戎,果然被西戎所杀,新唐皇帝的目的也达到了。那么结合当时的历史来看的话,南明的敌人除了李自成之外,就主要是清廷了,这一点从当时南明臣僚的奏疏与文人笔记也可以看出来㉟,不过,在南明立国之初,主要的政策还是"联虏平寇",希望借助清军的兵力消灭李自成。当时南明派出的北使团的主要任务也是犒赏吴三桂,酬谢清廷"剿寇(指李自成)文武劳勋",并进一步鼓动吴三桂与清军进攻李自成㊱。如果这一计划能够真正被付诸实践,那么南明方面自然可以坐收渔翁之利。由此看来,小说中的唐僧师徒应该是隐射清廷,他们是南明王朝曾一度妄想依靠的力量。然而,清军进入中原之后,虽然最初主要是跟李自成的部队作战,但其长远目标却是消灭明朝的残余势力,统一全国,这一点当时的不少人都看到了。南明的统治者也不会看不清这一点,因此其"联虏平寇"的政策很难说没有包含"借寇平虏"的考虑在内。但历史的结局却是清军不仅消灭了李自成军队,也把南明给消灭了。南明方面的如意算盘(或许也是董说等明末文人的梦想)最终变成了一场梦。这应该是小说把全部情节都安排在悟空梦中、并通过悟空梦与醒的对比所隐含的另一层主要寓意了。

《西游补》浓墨重彩描写的另一故事段落乃是第五、六、七回,写行者进入古人世界之后变成虞美人,跟楚霸王项羽虚与委蛇,利用项羽对虞姬的百般宠爱与顺从,骗项羽杀了真虞美人,又假装被鬼魂附体,让项羽说平话安抚自己。这一段故事究竟是在影射什么呢?以笔者之谫陋,尚未看到对这一问题的研究,在此试作一粗浅探讨。笔者的第一个推测是:董说在此是以重新塑造的楚霸王项羽比拟明朝大将吴三桂"冲冠一怒为红颜",因为一个女子而叛国投敌,丧失民族大义,为人所不齿,跟小说中的项羽出于对假虞美人盲目的宠爱反而将真虞美人轻率杀害的举措颇为类似。笔者的第二个推测则如晚清的黄人在

《小说小话》中所言："由崧溺于声色,唐、桂二藩皆制于艳妻,故托西楚霸王以隐讽之。"㉜朱由崧溺于声色之事,史有明文,但未见有关他畏惧后妃之记载。唐王朱聿键畏惧曾皇后之事《南明史》有明确记载㉝,但唐王畏惧曾后并未造成任何严重后果,董说未必会费如许笔墨来对之施以讽刺。

《西游补》还有若干回的隐射对象与寓意仍然无法确知,比如第十二、十三、十四等回的内涵均未有可靠之阐发,第七回则虽有若干种解读,也仍觉牵强,都有待于继续研究。清末的黄人在其《小说小话》中曾指出："雨窗无事,偶与友人论及《西游补》,觉其一字一意,皆无泛设。"他一一阐明了他对小说中很多重要细节隐射对象的看法,有不少看法很有启发性,值得引起重视,但也有明显牵强附会之处,过分夸大了小说进行隐射的程度,犯了索隐研究中常会发生的扩大化的毛病。然而,《西游补》确实如黄人所说的"波谲云诡,自成一子"㉞,在艺术上具备空前绝后的独特性,值得我们结合晚明历史与作者生平进行更深入的挖掘,以便更透彻地理解其中的丰富意蕴。

原载于《中国典籍与文化论丛(第十八辑)》,2016年,155—171页。

注　释

① 参见刘复《〈西游补〉作者董若雨传》,《西游补》附,上海古籍出版社,1983年。
② 参见高洪钧《〈西游补〉作者是谁?》,《天津师大学报》1985年第6期。另,本文引用《西游补》回目或正文,皆据"古本小说集成"影印之崇祯辛巳本。此本原有不少刊刻错误,如"账目"误作"帐目","玄奘"误作"玄装",引用时均一仍其旧。
③ 参见傅承洲《〈西游补〉作者董斯张考》,《文学遗产》1983年第3期;王洪军《董斯张:〈西游补〉的作者》,《广州大学学报》2003年第8期;李前程《〈西游补〉校注》一书"前言",昆仑出版社,2011年。
④ 参见傅承洲《董斯张〈西游补〉原本十五回考》,《文献》2006年第1期。
⑤ 参见赵红娟《明遗民董说研究》"绪论"对柳无忌观点的介绍,上海古籍出版社,2006年,6页。另请参见苏兴《〈西游补〉的作者及写作时间考辨(上、下)》,《文史》第四十二、四十三辑,中华书局,1997年。
⑥ 鹿山乃湖州西南山名,顺治二年,清军大举南下,董说曾举家移居鹿山,后来常怀念不已。参见赵红娟《明遗民董说研究》,74页。

⑦ 比如睡乡居士的《二刻拍案惊奇序》、笑花主人的《今古奇观序》、袁宏道《东西汉通俗演义序》、张誉《平妖传序》、陈元之《刊西游记序》《全相西游记序》、幔亭过客《李卓吾评本西游记题词》等文便都将《三国演义》《水浒传》与《西游记》省称为《三国》《水浒》《西游》。清人这么做的例子就更多了。参见丁锡根编著《中国历代小说序跋集》,人民文学出版社,1996年。

⑧ 参见赵红娟《明遗民董说研究》第三章第一节、第六章第一节。

⑨ 李前程先生的论证请参见其所撰《〈西游补〉校注》之"前言"。

⑩ 《丰草庵文集》,《续修四库全书》,第1403册;《梦乡志》《梦社约》,《续修四库全书》,第1403册,657、658、659页;《昭阳梦史》,北大图书馆藏清初刻《丰草庵杂著》本。

⑪ 参见赵红娟《明遗民董说研究》,406、407页。

⑫ 见《续修四库全书》,第1403册,665页。

⑬ 参见傅承洲《董斯张〈西游补〉原本十五回考》,《文献》2006年第1期。

⑭ 参见苏兴《〈西游补〉的作者及写作时间考辨(上)》,《文史》,248页。

⑮ 参见赵红娟《明遗民董说研究》,281页。

⑯ 另参苏兴《〈西游补〉的作者及写作时间考辨(上)》一文的有关论证,《文史》,261、262、263页。

⑰ 参见赵红娟《明遗民董说研究》,74—78页。

⑱ 参见苏兴《〈西游补〉的作者及写作时间考辨(下)》,《文史》,234、235页。

⑲ 同前注。

⑳ 董说以岳飞比黄道周这一观点最早由晚清的黄人在《小说小话》中提出,参见朱一玄、刘毓忱编《西游记资料汇编》,南开大学出版社,2002年,411页。

㉑ 参见汤钢、南炳文《明史》,上海人民出版社,2003年,下册,1237—1239页。又见谢国桢《南明史略》,上海人民出版社,1957年,136—142页。

㉒ 参见苏兴《〈西游补〉的作者及写作时间考辨(上)》,《文史》,250页。

㉓ 参见苏兴《〈西游补〉的作者及写作时间考辨(上)》,《文史》,251页。

㉔ 这条证据是北大中文系一位不知姓名的同学提供的。

㉕ 张廷玉等撰《明史》卷二五五"黄道周传",中华书局,1974年,6600页。

㉖ 参见苏兴《〈西游补〉的作者及写作时间考辨(上)》,《文史》,252页。

㉗ 参见清人徐鼒《小腆纪年附考》卷六,中华书局,1957年,173页。以及史可法幕僚应廷吉的《清燐屑》卷上所载:"朝议既定,以史公督师淮阳。苏州吴县廪膳生卢渭率太学诸生抗疏争之,有'秦桧在内,李纲在外,宋终北辕'等语,朝野传诵,以为名言。"

㉘ 参见谢国桢《南明史略》,67、68页。以及顾诚《南明史》第三章"弘光朝廷的偏安江

淮",光明日报出版社,2011年。
㉙ 参见顾诚《南明史》,上册,145页。以及林时对《荷牐丛谈》卷四"蠡城监国"条之记载。
㉚ 参见苏兴《〈西游补〉的作者及写作时间考辨(下)》,《文史》,第229页。
㉛ 《明实录·神宗实录》卷三六六。另请参见汤钢、南炳文著《明史》,下册,717—723页。
㉜ 参见苏兴《〈西游补〉的作者及写作时间考辨(下)》,《文史》,230、231页。
㉝ 参见苏兴《〈西游补〉的作者及写作时间考辨(上)》,《文史》,262、263页。
㉞ 参见顾诚《南明史》第三章第二节"清廷对南明弘光政权态度的变化",尤其是该书第76—79页。另参见苏兴《〈西游补〉的作者及写作时间考辨(下)》,《文史》,230、231页。
㉟ 参见顾诚《南明史》,86页。
㊱ 参见顾诚《南明史》,81—83、86页。
㊲ 参见朱一玄、刘毓忱编《西游记资料汇编》,409页。
㊳ 钱海岳《南明史》卷二五,中华书局,2006年,第5册,1396—1397页。
㊴ 黄人《小说小话》,原载《小说林》第一卷,参见朱一玄、刘毓忱编《西游记资料汇编》,409—411页。

论《镜花缘》的特点与价值

曹亦冰

李汝珍的《镜花缘》①是清中叶影响力较大的长篇小说,关于此书的性质,众说纷纭。有人说它是一部"才学"小说,因为它是"学术之汇流,文艺之列肆,然亦与《万宝全书》为比邻矣"②;有人说它是一部讽刺小说,因为"作者是有意识地以游戏之笔,构建一个具有象征意味的境界,来达到讽时刺世、弃旧迎新的目的"③;有人说它"是一部十分致力于风趣的作品",因为作者"以文为戏",在"全书的情节安排都着重于趣味","在具体的描写中,作者也常常追求风趣。他不但不重视对作品中人物的道德评价,甚至也不希冀真实地揭示人物的内心世界。因此,作品既不能引起读者道德上的激动,也不能引起感情上的剧烈波澜。它所给予读者的是愉悦"④;有人说它是一部"杂家小说",因为"作品呈现出多种写作意图和创作旨趣,使其成一部对中国古典小说具有总结意义的作品"⑤;有人说它"是一部讨论妇女问题的小说",因为小说的主旨是"男女应该受平等的待遇,平等的教育,平等的选举制度"⑥;有人说它是一部完美主义的写史小说,因为小说中的主人公是武则天⑦。我们今天且不论小说的属性,而是专门探讨作者是怎么样花费十多年的时间"以文为戏"打造这部小说的,而这部小说的特点与价值又是哪些呢?

一、广见闻,以刷新读者的视野

小说前半部四十余回,主要叙述仕途受挫的秀才唐敖和见多识广的舵工多九公跟随商人林之洋出海的经历,以及唐小山海外寻父的过程,作者以他们的行程为线索,写出了三十多个国家风俗习惯及奇闻异事。

如君子国,其城门上写着"惟善惟实",国人本着"忠恕之道",买与卖者争相让利,克己求贱;宰辅谦恭和蔼,待客真挚热情。

黑齿国,"其人不但通身如墨,连牙齿也是黑的,再映着一点朱唇,两道红眉","无论男妇,都是满脸书卷气"。女人自小缠足,争相读书,"每到十余年,国母有观风盛典:凡有能文处女,俱准赴试,以文之优劣,定以等第,或赐才女匾额,或赐冠带荣身,或封其父母,或荣及翁姑",成为黑齿国的盛事。"因此,凡生女之家,到了四五岁,无论贫富,莫不送塾读书,以备赴试。"唐敖和多九公刚到此国即被两个十三四岁的读书女子以请教学问为名,就《周易》《礼记》等典籍,问得汗流浃背,抓耳挠腮,狼狈不堪。多亏林之洋前来卖脂粉,才解了围。

白民国,土地俱是白壤,国人无论老幼个个面白如玉,身穿白衣戴白帽,挂着玗琪小刀,戳纱荷包,打子儿的扇套,双飞燕的汗巾,风流盖世。然而学塾馆的先生是个盲道之师,教学生读字,只读部首,如《孟子》中的"幼我幼,以及人之幼",老师教读"切我切,以及人之切"。此国另一个奇特,是异兽行医:"人若有病,对兽细告病源,此兽即至野外衔一草归,病人捣汁饮之,或煎汤服之,莫不见效。设或病重,一服不能除根;次日再告病源,此兽又至野外,或仍衔前草,或添一二样,照前煎服,往往治好。"

淑士国,家家门前都竖立金字匾额,有的写着"贤良方正",有的写着"孝悌力田",有的写着"聪明正直",有的写着"德行耆儒",有的写着"通经孝廉",有的写着"好善不倦";也有两个字的"体仁""好义""巡礼""笃信"等。居民人家无不书声琅琅,无论贫富,人人都是儒者打扮,说话都是之乎者也,对学问孜孜不倦,举止斯斯文文,但是对于买卖,则是一钱如命,贪图便宜。

女儿国,男子反穿衣裙,作为妇人,以治内事;女子反穿靴帽,作为男人,以治外事。妇人的打扮,一般都是"青丝黑发,油搽的雪亮……,头上梳一盘龙鬏儿,鬏旁许多珠翠……;耳坠八宝金环;身穿玫瑰紫的长衫,下穿葱绿裙儿;裙儿下露着小小金莲,穿一双大红绣鞋,刚刚只得三寸;伸着一双玉手,十指尖尖,在那里绣花,一双盈盈秀目,两道高高蛾眉,面上许多脂粉;再朝嘴上一看,原来是一部胡须,是个络腮胡子"。

不死国,因为国中有座员邱山,山上有棵不老树,食之可以长生;国中又有赤泉，其水甚红，饮之亦可不老。固得名不死国。

轩辕国，峻岭般的城郭，巍巍荡荡，一望无际的梧林，林内凤凰往来飞腾，一上一下，盘旋起舞，犹如锦绣一般。国人长相：人面蛇身，一条蛇尾，盘交头上；衣冠言谈，与唐朝汉人无异。

劳民国，国人面如黑漆，身子都是摇摆而行，无论坐立，身子也是摇摆，无片刻之停；本地不产五谷，都以果木为食。

小说中写的海外三十多个国家的名称和各自独特的景象，完全是作者受《山海经》《西游记》等书的影响和启发，展开想象的翅膀构想出来的，各国的人物风情也是作者杜撰的，但是作者采用的是旅游记述的方式，而且他所讽刺的那些贪婪、吝啬、刻薄的一些人事行为又是现实生活中客观存在的，所以给人们一种真实感，让人确信这些国家在海外确实存在，随着作者的笔触领略了异国奇情。这就是《镜花缘》的魅力所在。

二、厚知识，以增加小说的高雅度

在这一百回的小说中从始至终作者都没忘记插入学问和知识性的内容，即使在描述海外奇闻逸事时也加入了许多知识性内容，如君子国宰相吴之祥讲述中国后母危害时，一连引用了四个著名的历史典故，即"大舜捐阶焚廪，闵子冬月芦衣，申生遭谤，伯奇负冤"。又如在黑齿国，融入了经学知识，唐敖、多九公先与该国女学塾的紫衣女子讨论《论语》中的"颜路请子之车，以为之椁"经义，然后又与红衣女子讨论《礼记》中的"鸿雁来宾"的各种注疏，最后多九公本想用《周易》的注疏多寡优劣问题难一难两个女子，没想到反被两个女子追问得目瞪口呆，急得汗如雨下，抓耳挠腮，满面青红，恨无地缝可钻。又如唐小山姊妹三人因寻父被强盗抓入寨中，想纳她们为妾，被强盗老婆知晓，将强盗打个半死，并说："你不讨妾则已，若要讨妾，必须替我先讨男妾……我这男妾，古人叫作'面首'：面哩，取其貌美；首哩，取其发美。这个典故并非是我杜撰，自古就有了。"真是掉书袋，连两口子吵架，也要带上考据学。比较集中地叠加学问知识的，还应说从第六十九回至九十三回，叙述百位才女在欢聚宴上尽情发挥各自所长，吟诗作赋，琴棋书画，射鹄蹴球、双陆马吊、斗草投壶、行酒令、猜谜等百戏之类,在充分展现才华的同时,也深深地透视出才女们的优雅情趣,如苏亚兰根据设鹄的要领,作了一首《西江月》词:"射贵形端志正,宽裆下气舒胸。五平三靠是其宗,立足千金之重。开要安详大雅,放须停顿从容。后拳凤眼最宜丰,稳满方能得中。"众才女纷纷感到受益匪浅,有人说她指破谜团,有人说其词是"学射金针"。再如才女们的猜谜游戏有三个讲究:

第一,讲究题面"儒雅风流"。一般都是打《论语》《孟子》《周礼》《庄子》《易经》《尔雅》《诗经》等经典中的一句。第二,讲究文心之巧。才女们认为"一是拿着人借做虚字用","一是拿着虚字又借做人用",两者皆为文心之巧,以"直把官场作戏场"为谜面,打"仕而优"为谜底;以"红旗报捷"为谜面,打"克告于君"为谜底。在她们看来,这种谜面"借用为第一"。第三,讲究猜谜技巧。才女们喜欢别开生面的"拆字格",如窦耕烟出个"昱"字,提出打《诗经》一句;华芝先拆,"将'日'字移在下面,'立'移在上面,岂非'音'字么"。然后李锦春猜判,"必是'下上其音'"。才女们还喜欢"对景挂画"法,如司徒妩儿提出谜面"'席地谈天'打《孟子》一句"。芸芝猜道:"位卑而言高。"还有才女们在行酒令上讲究"双声""叠韵",并要与经史子集联在一起。她们认为这种行令,"前人从未行过,不但新奇,并且又公又普,毫无偏枯"。追根究底,作者从没忘记赋才学于小说的使命,让才女们在娱乐中解毛诗,辨古音,论韵谱等内容。在这些活动中,"往往是辨章源流,陈述技法,游戏中充溢着学究气。作者将他广博的学问知识,全都编织进小说中了"⑧。

三、重文化,以提高小说的丰富内涵

武则天称帝后,唯恐城池不固,于是在长城外另起东西南北四座高关,命武四思镇守北面的"酉水关",命武五思镇守西面的"巴刀关",命武六思镇守东面的"才贝关",命武七思镇守南面的"无火关"。作者为使这部《镜花缘》的结局,回到武则天下台、中宗复位的史实上去,于是在第九十六回至第一百回,用无可奈何花落去的情感,细致地描述了唐朝以文芸为首的二十万大军历破四关的过程。

四个战阵容纳了丰富的传统文化,大致有四种:

第一,儒家文化。其主要体现在两个方面:其一,引用儒家经典语句,诠释战阵宗旨。武氏兄弟摆下的四个战阵总名称,叫作"自诛阵"。正如蓬莱仙姑所说:"凡在阵中被害的,那都是自己操持不定,以致如此。""酉水关"是考验人们的自持力,"无火关"是考验人们的忍耐性,"巴刀关"是考验人们的色欲性,"才贝关"是考验人们的贪得性。此四阵的主旨,是化用了伊尹《太甲训》中"天作孽,犹可违;自作孽,不可活"⑨的警句。事实证明了这一点。唐营中的几位战将皆因经受不住诱惑,把持不住个忍字,死在了阵中。另外,作者还通过小说中人物之口,用儒家语句诠释某一现象。如唐营战将林烈进入"无火关"之初,看见一位大汉暴跳如雷,一头撞断"不周山"的半边,他十分感慨地说:"可见孟子'至大至刚'之话,并非无因而发。"其二,烈女殉夫。儒家思想中对女性的一项重要规定,即三从四德。在妇德中,从一而终、殉夫守节,是其重要内容。《镜花缘》的四个战阵打造了六位节妇,皆因得知丈夫之死而自尽殉夫的。

第二,道家文化。李汝珍在小说结尾处,不仅写出了撰此部小说的缘由,还写出他是老子的后裔,因此,在小说中融入了浓浓的道家文化。就四个战阵而言,道家文化主要表现在三个方面:其一,道家的变化术。四个战阵皆根据各自的特点设定出各种景象。而这些景象呈现的方式,都是随着入关破阵者的亲身经历而写的。老子有与无的关系和庄子的物化问题在四个战阵中得到了充分体现。其二,道家的符术与药物,也被作者在四个战阵中运用得淋漓尽致。其三,仙人的参与。《镜花缘》四个战阵的攻破,直接或间接的都与仙人参与有关。

第三,酒文化。酒,是中国最古老的饮料。它一旦作用于人,从而产生的言语行为、事件、故事,就自然地打上了文化的烙印。此部小说中的"酉水关"对酒文化有着突出的反映。主要表现在四个方面:其一,"酉水关"的名字,有双重含义。从方位上,此关位于北面,"北方属水,兼之关下河道西通酉阳之水,取名酉水关";而从"酉水关"的内在含义,却是个"酒"字阵。阵内酒气熏天,凡是破阵者均被酒降服。其二,展现出了人们对酒的狂热依恋。其三,酒肆。阵内有两家酒肆,一家姓杜,专卖各地新酒;一家姓仪,专卖自古名人所造或古来各处所产的陈酒。他们的酒肆门前都飘着"酒帘"或"酒望子"的招牌,酒肆内都有对联。杜姓酒肆的对联"尽是青州从事,那有平原督邮",仪姓酒肆的对联"万事不如杯在手,一生几见月当头"。酒肆柜上皆有售酒的酒牌。其四,此阵城上供奉着两尊酒神牌位:一个是黄帝时的杜康,一个是夏禹时的仪狄,他们都是传说中发明酒的人。综上四个方面,不难看出此阵洋溢着浓厚的酒文化。

第四,典故文化。典故,是文人墨客写诗作词、著书立说最喜欢使用的。因为它可以起到减少笔墨、画龙点睛、文深意远的作用。李汝珍在《镜花缘》四个战阵中大量地使用了典故,主要有两大特点:

其一,根据各镇的特性使用典故。"酉水关"使用了与酒有关的"青州从事""平原督邮""杜康""仪狄"等典故。"青州从事",为好酒的代称;"平原督邮"是坏酒的代称。两个典故,均出自《世说新语·术解》。"杜康"与"仪狄"均为上古时酒的制造者,最早记载,皆出自《世本》。"无火关"引用了"娄师德""蔺相如"等典故。因为他们皆以忍辱负重而著称。"巴刀关"引用了与色情有关的典故,如"柳巷花街""芍药""柳下惠"等典故。"柳巷花街"指妓女院聚集之所,出自《续传灯录》;"芍药",象征男女相赠的情物,出自《诗经·郑风》;"柳下惠"是春秋时鲁国人,以"坐怀不乱"为美称,出自《荀子·大略》。"才贝关"引用了与钱财相关的典故,如"崔钧""和峤"等。"崔钧",东汉人,官至河西太守,为人清高,其父崔烈以钱五百万买得司徒之职,他"嫌其铜臭";此载出自《后汉书》。"和峤",西晋人,官至中书令,家资豪富而贪婪吝啬,杜预称他为"有钱癖";此载出自《晋书》。

其二,化用典故。所谓化用典故,即将照原典故的意思化为小说中人物的语言行为。大致有两种情况:一是离原故事较为接近,如"酉水关"中的"鹔鹴裘"典故,是化用了葛洪《西京杂记》中的司马相如与卓文君卖裘饮酒的故事。二是照猫画虎型地化用典故。如"才贝关"仿照《唐传奇》中的"南柯一梦"的故事,写了唐营章荭进入才贝关阵内浮想联翩,享受了六十余载天堂般的琼楼玉宇、锦衣玉食、娇妻美妾、仆从如云、子孙满堂的生活。这个故事与"南柯一梦"最大的不同,主要有三点:一是叙事的手法上,"南柯一梦"采用的是做梦手法,"才贝关"则采用意念的手法,即随着当事人的意念不断地产生而出现他想得到的各种事情;二是"南柯一梦"中的当事人淳于棼,在梦中享受二十余年荣华富贵的同时,也品尝了世态的炎凉,而"才贝关"的当事人章荭在意念中度过了六十年的美好而平和的生活,没有大起大落的处境;三是两个故事当事人的结局不同,"南柯一梦"是以淳于梦梦醒为结局,而"才贝关"则是以章荭想起六十年前登梯钻钱之事,结果活活被铜钱勒死。

从上述四个战阵所融入的独具特点的传统文化,使我们看到了李汝珍花费十余年功夫而铸成的《镜花缘》,"繁称博引,包括靡遗,自始至终,新奇独造。其义显,其辞文,其言近,其旨远"⑩。

四、善技巧,以提高小说的感染力。

从创作手法上,该小说最为突出的特点是:虚实结合,而以虚构为主,这很符合作者"以文为戏"的主旨。小说的虚实结合是怎样体现的呢?首先体现在结构布局上,整篇是以武则天称帝执政为经,这是历史的真实情况,两《唐书》均有记载;以百位仙子被贬人间种种,及唐敖弃儒寻仙和林之洋、多九公等海外见闻为纬,占据整部小说的绝大部分。其次,体现在对一些具体事件的叙述上,比如第四十回写武则天向全国妇女降恩旨十二条,这在历史上确有其事,据两《唐书》记载武昭仪晋升为皇后,为了显示她的政治才华,拉拢人心,上了"建言十二事"奏疏,其内容虽然与小说中的十二条不完全相同,但毕竟是为百姓提出的十二件事。再如唐朝选拔人才实行科举制度,特别在武则天执政时期,此项制度更加完善,这是史实,但从来没有科考开设女试,因此作者为了赞扬武则天的善举和提高女性的地位,便采用虚构手法,大写特写"创立新科"、"特开女试",制定了十二条科考规定,加之武则天在殿试前的四个破例的恩准,使得来自世界各地有一百位才女考中科第,得到了应有的封赏。又如女子缠足,这在唐五代以后的汉族女子是普遍的事实,而小说在海外见闻中几处都写到了这件事。唐敖、多九公到了黑齿国,在"女学塾"内,看到十四五岁的女学生,"底下露着三寸金莲";在女儿国看到了男子打扮成女人,"裙下露着小小金莲,穿一双大红绣鞋,刚刚只得三寸"。笔者之所以认为这件事是作者采用虚构手法写的,是因为小说是以初唐武则天执政为历史背景,那个时候女性尚无缠足的恶俗。据有关资料记载,女子缠足是自晚唐时期才开始的。再如,小说中多处涉及音韵、训诂和考据等,这也是个虚实结合的典型。说它实,因为作者本身就是一位研究音韵、训诂的专家,著有《李氏音鉴》,很受学者看重;另外,他所处的清朝社会,在学术上又是个注重文字、音韵、训诂、版本、目录、校勘的质朴无华的时代,所以小说中才会时不时地露出这方面内容。作者把这些现实生活中无趣的事情,放进虚构的有趣小说中去,让虚构的人物在虚构的一些故事情节上,说出和做出这些实实在在的学术内容,使严肃无华的事情,变得新奇有乐趣。这充分地显示出《镜花缘》小说的题材与技巧结合的创造性所在。当然,由于过多而连续地进行知识学问的堆积,因此也造成了一些枯燥无味的现象,失去了小说应有的愉悦性的基本要求。

五、勇颠覆,以增强小说的思想性

作者尊重女性,主张男女平等,因而"消磨了十数年层层心血"而打造的《镜花缘》,在有关女性的问题上搞了四个颠覆。这就是:

第一,颠覆了天上魁星的相貌。旧时传说,魁星是天上主宰文运的男性天神。而《镜花缘》中却让他以女貌现身于三月三日王母娘娘在昆仑山举办的圣诞祝寿会上:"忽见北斗宫中现出万丈红光,耀人眼目,内有一位星君,跳舞而出,装束打扮虽似魁星,而花容月貌,却是一位美女;左手执笔,右手执斗,四面红光维护,驾着彩云,也向昆仑去了。"众仙子见此,议论纷纷。百谷仙子猜她是"魁星夫人";百花仙子猜他仍是"魁星"本人,"神道变幻不测,亦难详其底细。或者此时下界别有垂兆,故此星以变相出现";当百果仙子提出:"这位夫人四面红光护体,紫雾盘旋,不知是何征兆?"百花仙子回答说:"小仙向闻魁星专司下界文人,近来每见斗宫红光四射,华彩腾霄。今以变相出现,又复紫气毫光彻于天地,如此景象,下界人文定卜其盛。"这说明魁星的变相,预示着另一种颠覆的出现。

第二,颠覆了"女子无才便是德"的世俗观念。经过县、郡、部、殿四级考试,使来自国内外的"丽质疑仙""颖思入慧""娇艳无比""绰约异常"百余位有才华的女子,分别得中一等"女学士之职"、二等"女博士之职"、三等"女儒士之职"。这不仅满足了武则天"求贤若渴"的愿望,还使她们的"父母、翁姑及丈夫"加官晋爵,完全打破了"女子无才便是德"的世俗观念。

第三,颠覆了"坤乾逆转""阴阳倒施"的说法,还武则天称帝一个公道。历来讲究君权神授。武则天是天魔星心月狐下凡:"当日太祖、太宗本是隋朝臣子,后来篡了炀帝江山,虽是天命,但杀戮过重,且涉于淫私,伤残手足;所以炀帝并各路烟尘趁这个亏处,都在阴曹控告唐家父子种种暴力荼毒之苦。冥官具奏。幸亏众臣条陈,与其令杨氏出世报仇,又结来生不了之案,莫若令一天魔下界,搅乱唐室,任其自兴自灭,以彰报施。适有心月狐思凡获谴,即请敕令投胎为唐家天子,错乱阴阳,消此罪案。"这就是作者在《镜化缘》中为武则天称帝提供的缘由。

第四,颠覆了男子大丈夫的威严地位。作者为使男人处于下、女子处其上的景象出现,便在《镜花缘》中设个女儿国。此个女儿国与《山海经》中简单的女子国不一样。《山海经·海外西经》①载:"女子国在巫咸北,两女子居,水周之。"与《西游记》中的女儿国宫内外、上上下下全是女性更不相同。《镜花缘》中的女儿国,国名虽称"女儿国",但"历来本有男子,也是男女配合"。除了女人做国王为统治者,还有三点特殊:其一,男子反穿衣裙,作为妇人;女子穿靴戴帽,作为男人。其二,男子涂脂抹粉,穿耳缠足;女子不作任何修饰。其三,男子为妇人,以治内事;女子作为男人,以治外事。由于女儿国有史以来男女颠倒,因此,国外人看他们样子稀奇古怪,而女儿国的人看外来的人装束也感到别扭。如第三十二回中关于多九公和唐敖在街上看到的女儿国中中老妇人的穿戴打扮和言谈举止及所从事绣花活动的描述,无论是唐朝来的两个见多识广的男子汉,还是女儿国内男扮女装的"妇人",都失去了男子大丈夫应有的威严,而仅存的只有"妇人"的泼辣行举。特别是小说的第三十三回至三十六回写林之洋贩货至女儿国,被国王看中,强选他为贵妃,然后进行一系列的缠足、穿耳、洗浴、涂唇、搽头油、戴凤冠霞帔及各种首饰的装扮,由于缠足疼痛难忍,哀求无果,手撕裹脚白绫,结果遭到"肉绽皮开,血溅茵褥"的"打肉"处罚。林之洋到了这个地步,"只觉得湖海豪情,变作柔肠寸断了"。

李汝珍的四大颠覆,不仅使他男女平等的主张得到了充分展现,还沉重地打击了封建社会有史以来男尊女卑的腐朽世俗观念及相关规定,具有重大意义。这也正是《镜花缘》小说的价值所在。

由于这部经典小说的特点新奇而鲜明,价值宏大而斐然,因此,该书完稿后,立即引起了世人的关注,学者与书商比翼,传抄与刻板并行。现存最早的刊本是嘉庆二十三年(1818)苏州刊本,现宝藏于李汝珍纪念馆。据李雄飞、顾千岳日前撰写的论文《〈镜花缘〉清代版本补叙》统计,清代刊本有二十个,分藏于国家图书馆、北京大学图书馆、上海图书馆等单位。王勇日前撰写的《试探〈镜花缘〉在海外的译介与研究》论文中统计出了《镜花缘》各种外文译本,可见《镜花缘》小说在海内外影响之大!

注 释

① 李汝珍《绣像本〈镜花缘〉》,中国青年出版社,1998年。
② 鲁迅《中国小说史略》,北京大学出版社,2009年,179页。
③ 齐裕焜主编《中国古代小说演变史》,敦煌文艺出版社,1990年,530页。
④ 贾英选注《镜花缘故事选·导言》,业强出版社,1991年。
⑤ 张俊著《清代小说史》,浙江古籍出版社,1997年,318页。
⑥ 胡适《中国章回小说考证》,安徽教育出版社,1999年,381页。
⑦ 《中国古文献研究中心集刊》,北京大学出版社,2010年。
⑧ 袁行霈主编《中国文学史(第八编)》,高等教育出版社,1999年,405页。
⑨ 《古代文史名著选译丛书·老子选译》,巴蜀书社,1991年。
⑩ 丁锡根编著《中国历代小说序跋集》,人民文学出版社,1996年,1442页。
⑪ 《山海经·海外西经》,上海古籍出版社,1989年,第七卷,84页。

同光年间清宫演戏宫外观众考
——以《翁同龢日记》为线索

黄 卉

　　清代宫廷戏曲既是中国古代戏曲史不可缺少的部分，也是宫廷文化的重要组成部分。研究中国戏曲史以及宫廷文化史，都不能不对宫廷戏曲进行全面、深入、细致地研究。朱希祖1931年在《燕京学报》第10期发表的《整理升平署档案记》，是研究清宫戏曲的创始之作。之后周明泰、王芷章、朱家溍、丁汝芹诸先生各有著述[①]，涉及内廷演戏的各个方面，包括机构演变、演出形式、剧目、舞台、戏装与切末、太监伶人与民间艺人。其他研究者如傅惜华、杨常德、周妙中、郎秀华、王政尧、龚和德、么书仪、章宏伟等[②]，或旨在廓清宫廷演剧的变革，或从演剧制度的变革入手，或探讨清代管理戏曲演出的机构的演变，或研究雅部与花部的递嬗。从整体上看，宫廷戏曲研究还处于起步阶段，对于许多重要问题仅仅是开始探索，尚未达到全面深入，更未达到如有些领域那样的成熟水平。

　　清代宫廷戏曲的研究已涉及清宫演戏的方方面面，但对于受众却少有人探究。宫廷戏曲的受众当然主要是居住在宫廷的特定人群——帝后妃嫔。由于受众的特殊性，宫廷戏曲演出的诸因素剧本、演员、剧场乃至服饰、道具都被赋予了特定的内涵。大量剧本专为这一群体而创作，演员是专为他们挑选的民间伶人和太监伶人，剧场则是为他们看戏而特意建造的豪华剧场。

　　宫廷戏曲的受众看似非常明确，无须探究，也尚未看到专门论述这一问题的著述。但需要指出的是，事实上宫廷戏曲的受众绝不局限在帝后妃嫔这一狭小范围，而是因时因地不同或多或少包括了皇族成员、朝廷重臣、外国使节等。这些宫外人员成为清宫演戏的观众，是因为帝后"赏听戏"。对于皇族成员和朝臣们来说,"奉旨听戏"的"荣宠"是其日常生活中的一项难以回避的重要内容。宫廷戏曲的演出,何时何地,邀请什么人参加,是宫廷文化所要探讨的,是十分有意义的。我们经常用"上行下效",论述帝王的喜好对戏曲艺术的流行和发展产生的举足轻重的影响,至于怎样影响,却语焉不详。宫廷演戏活动的受邀请者,既是宫廷戏曲演出盛事的见证者,也是传播者和仿效者。他们可以说是沟通宫廷和民间的渠道和桥梁。

对于宫廷戏曲受众的研究,不仅有空间,也有条件,其资料主要要到清宫档案和清朝宗室、臣僚的记载中去搜寻[③]。尤其是这些清朝宗室、臣僚记述的清宫演戏活动,既非寻常人物所能闻与,亦复少为他人所详载,成为考察清宫演戏活动的重要资料。而同光两朝是清代宫廷演戏的繁盛时期,是清代乃至中国戏曲史研究不容忽视的一部分。

翁同龢(1830—1904),字声甫,号叔平,晚号松禅,江苏常熟人,咸丰六年(1856)殿试状元,为同治、光绪两帝之师,历官刑部侍郎、都察院左都御史,刑部、工部、户部尚书,协办大学士,军机大臣兼总理各国事务衙门大臣。作为经常获得"赏听戏"殊荣的晚清重臣,翁同龢在日记中对亲历的宫廷演戏作了详细记载。这些记载始自同治三年(1864)五月二十二日,讫于光绪二十四年(1898)正月初四,历时三十余年。更为难得的是,翁同龢记录的重点不在表演剧目与伶人名字,而是重在记述赏戏人员、礼仪方面,并细致到天气、着装、地点、座次、起止时间、饮食、赏物、费用、感受等方面,可以说是再现了清宫演戏的场景,成为考察清代宫廷戏曲演出和清宫礼仪文化的重要资料。它可与升平署戏曲档案相互参证,在一定程度上补充了同期升平署档案的记载。翁同龢因其身份特殊,其日记所载清宫演戏历时长、范围广、内容多,在同类史料中弥足珍贵。所以,本文以《翁同龢日记》为线索,探究清宫演戏的观众组成,以梳理在何时何地有何人被"赏听戏",又是如何反映了清宫礼仪文化。

《翁同龢日记》记载的清宫演戏宫外观众

翁同龢是同光年间政界颇有影响的人物,显赫的身份使得他能够几十年出入内廷,并与众多王公大臣相与往还,经历了许多常人难以历见的人和事。

翁同龢处事严谨，凡事必加留意记载，因此，他的日记在记事时间之长、涉及范围之广、所记内容之丰富诸方面远远超过同时代人。

作为一位经常被"赏听戏"的朝廷重臣，翁同龢以其亲身见闻对宫廷演戏作了大量的记载。在这方面，当时人日记和笔记杂录中也多有记述。如《曾国藩日记》中有关于同治八年正月十六日廷臣宴的记载④，陈夔龙《梦蕉亭杂记》对光绪二十九年六月二十六日万寿庆典演戏作过生动详细地描述⑤，《王文韶日记》也有对光绪五、六年和光绪二十八年的内廷演戏的记述，但这些记录少而分散。《那桐日记》和《荣庆日记》中也分别包含光绪二十八年、二十九年后清宫演戏的记载，却年代偏晚而时间短。

《翁同龢日记》对清宫演戏的记录，起自同治四年十二月二十四日同治皇帝在重华宫赐琉球国使臣茶果，设剧作乐，讫于光绪二十四年正月初四日光绪皇帝到西苑向慈禧太后请安、侍膳、听戏，时间跨度长达三十余年。演戏的时日，有重要节令如元旦、元宵、端午、中秋、除夕、立春、立冬、冬至等，也有皇太后圣寿节、皇帝万寿节，还有重要活动如宗亲宴、廷臣宴、内廷家宴，以及每月朔望日。演戏的地点，涉及重华宫（漱芳斋）、宁寿宫（畅音阁）、长春宫、纯一斋（颐年殿）、颐乐殿（德和园），遍及那一时期清宫演戏之所。因此，在清代众多的日记与笔记杂录中，《翁同龢日记》无疑是最具戏曲史料价值的一部，为我们再现了清宫演戏的发展演变史。

据笔者不完全统计，《翁同龢日记》中记录的清宫演戏有140多次，大多涉及观众，尤其是对宫外被"赏听戏"的皇族宗亲、朝廷重臣颇多关注和记录。这些宫外观众是一个相对稳定和确定的群体，却又因时因地不同而有变化。在以往清宫演戏的论著中，对宫廷戏曲的受众大都笼统称之。这些皇族成员、朝廷重臣何时何地听戏，他们因何成为"赏听戏"的对象，未见到专门论述。笔者对《翁同龢日记》中清宫演戏观众，特别是宫外"赏听戏"群体的梳理，是为了更清晰地展现清宫演戏的面貌。

"赏听戏"人员，翁同龢记述并不统一，有时只笼统说"群臣""百官""诸臣""诸公""同人""王公百官""王大臣"；有时提到观众的身份，如"琉球国使臣""军机""内务府""南斋""乾清门侍卫""南书房""上斋""近支王公""毓庆宫""满洲命妇""枢廷""御前""内廷王公""六部""理藩院侍郎""王贝勒""两斋"

"书房""内务府三卿""尚书""大学士""总宪""戈什爱班""妃嫔""公主""命妇"等,却并不具体;有时因为翁同龢与这些人相熟,只提及姓、号、字、敬称,需要进一步考核;只有一小部分是明确的,姓名齐全,甚至点明职务。

外国使臣,是参与清宫听戏的人员,但《翁同龢日记》所载不多,只有三次,一次是同治四年十二月二十四日同治皇帝在重华宫招待琉球国使臣⑥;一次是同治十年三月二十三日万寿节在宁寿宫"赏听戏"的人员中有琉球使臣杨光裕、蔡呈桢⑦;再一次是光绪二十年八月十五日中秋节在宁寿宫"赏听戏"人员中有朝鲜使臣判中枢李承纯、户曹参闵永喆⑧,这是朝廷为示怀柔特旨宣召。

命妇,是官员有封号的母亲、妻子,也是宫廷演戏的观众。翁同龢在日记中只出现两次,一次是光绪十年十月初十日圣寿节宁寿宫庆典(1884页),云"满洲命妇多报病,惟福锟、崧申、巴克坦布三人之妻入内,闻终日侍立,进膳时在旁伺候一切",侍宴、陪听戏的辛苦使命妇们以"报病"来逃避;一次是光绪二十三年十月十四日在仁寿殿的内廷家宴(3056页),不及命妇的姓名。

在"赏听戏"的人员中,主要由两部分人组成,一是"近支王公",一是身居显位的"大臣"。"近支王公"有哪些,朝廷重臣是何人,就成为探讨清宫演戏观众的主要对象。兹分别论述之。

《翁同龢日记》所记"近支王公",相当多的情况是笼统称为"近支王公""王公""王贝勒"。较为明确且涉及人员较多的记载有四次,均为慈禧皇太后圣寿节期间:一是光绪十八年十月十五日(2563页),"近支王公"有滢贝勒、濂贝勒、载澜、载瀛、载泽、载济、载润、伦贝子、溥侗、载振、澍贝勒、溥僎12人。二是光绪十九年十月十三(2642页),有礼王、克王、庆王、那王、漪贝勒、滢贝勒、濂贝勒、澍贝勒、润贝勒、伦贝子、载泽、载澜、载瀛、载津、载济、溥侗、载振、溥僎18人。三是光绪二十一年十月初九日(2853页),有恭王、礼王、醇王、庆王、克王、那王、端王、玛王、奕谟、载滢、载澍、载濂、载润、载澜、载瀛、载津、载振、载润、溥伦、溥侗、溥僎、溥伟、溥倬23人。四是光绪二十三年十月十三日(3055页),有恭亲王、庆亲王奕劻、醇亲王载沣、端郡王载漪、载濂、载滢、载澜、载涛、载瀛、载振、溥僎、溥侗、载伟、溥倬14人。对《翁同龢日记》中历次记载加以统计,可知32位"近支王公",即:

惇王、恭王、惠王、礼王、克勤王、那王、庆王、睿王、端王、玛王、庄王、肃王、醇王载沣、奕谟、恭王第四子、滢贝勒、濂贝勒、载澜、载瀛、载泽、载济、载润、澍贝勒、漪贝勒、载津、载洵、载振、溥侗、溥僎、溥伦、溥伟、溥倬。

翻检《清史稿》之《皇子世表》①，自清初，睿王、礼王、郑王、豫王、肃王、庄王、克勤王、顺承王八王世袭罔替，也就是"铁帽子王"。至同光年间《翁同龢日记》所载清宫演戏之"赏听戏"者，应为：

睿王：德长（同治四年袭睿亲王，光绪二年薨）、魁斌（光绪二年袭睿亲王）

礼王：世铎（道光三十年袭礼亲王）

郑王：承志（同治三年袭郑亲王，同治十年以罪革爵）、庆至（同治十年袭郑亲王，光绪四年薨）、凯泰（光绪四年袭郑亲王，光绪二十六年薨）

豫王：义道（道光二十一年袭豫亲王，同治七年薨）、本格（同治七年袭豫亲王，光绪二十四年薨）

肃王：华丰（咸丰三年袭肃亲王，同治八年薨）、隆勤（同治九年袭肃亲王，光绪二十四年薨）

庄王：奕仁（道光二十六年袭庄亲王，同治十三年薨）、载勋（光绪元年袭庄亲王，光绪二十六年以罪革爵）

克勤王：晋祺（咸丰十一年袭克勤郡王，光绪十五年加亲王衔，光绪二十六年薨）

顺承王：庆恩（咸丰四年袭顺承郡王，光绪七年薨）、讷勒赫（光绪七年袭顺承郡王）

此外，已知"近支王公"，只有庆亲王奕劻（咸丰二年封贝子，十年封贝勒，同治十一年加郡王衔，光绪十年晋庆郡王，二十年晋庆亲王）及其子载振出自清高宗（乾隆）十七子永璘。

出自清仁宗（嘉庆）支脉的为：惠王奕详（同治三年袭惠郡王，同治十一年加亲王衔）、贝勒奕谟（光绪十年晋贝子，光绪十五年加贝勒衔）、贝勒载润（光绪十二年袭贝勒）、载洵、载泽、载济。

出自清宣宗（道光）支脉的是：惇王奕𫍽（道光二十六年袭惇郡王，咸丰十年晋惇亲王）、恭王奕䜣（道光三十年封恭亲王）、醇王奕譞（道光三十年封醇郡王,同治三年加亲王衔,同治十一年晋亲王)、醇王载沣(光绪十六年袭醇亲王)、贝勒载濂(光绪十五年袭贝勒,加郡王衔)、贝勒载漪(咸丰十年袭贝勒,光绪十四年加郡王衔,光绪二十年晋端郡王)、载瀛、贝勒载滢(同治七年袭贝勒,光绪十五年加郡王衔)、贝勒载澍(光绪四年袭贝勒)、载澜、载津、载潢、贝勒溥伦(光绪七年袭贝子,光绪二十年加贝勒衔)、贝勒溥伟(光绪二十二年封贝勒,光绪二十四年袭恭亲王)、溥侗、溥僎。

也就是说,除了"铁帽子"王和庆亲王奕劻父子外,其余"近支王公"均为仁宗(嘉庆)、宣宗(道光)支脉,与同治、光绪皇帝的关系不出三代,算得上是真正的"近支"。

《翁同龢日记》中受到"赏听戏"的朝廷重臣,包括军机大臣、六部尚书、内务府大臣、御前大臣、上书房大臣、南书房大臣、理藩院大臣等。这些人既是朝廷重要典仪的参加者,也是清宫戏曲的观众。这些宫外观众,视不同的节庆"赏听戏"人数不等,少则二三十人,多则七八十人。如光绪二十一年十月初九圣寿节,"赏听戏"的王公大臣有69人,光绪二十二年正月十六"廷臣宴",参加的王公大臣达82人。

对于"赏听戏"朝廷重臣,翁同龢多数情况只笼统说"群臣""百官""王公百官""王大臣",或点明"军机""内务府""南斋""乾清门侍卫""南书房""上斋""六部""尚书""大学士",涉及具体人的为数不多,但还是能从中了解这些人员的成分。以光绪六年正月十六乾清宫赐"廷臣宴"为例,翁同龢记载:

东边:龄、全、灵、景、恩、广、文、察。
西边:沈,董,徐,潘,翁,李。(1472页)

查阅《清史稿》之《大学士年表》《军机大臣年表》《院部大臣年表》等[①],可得知光绪六年时重臣:

龄,即载龄,大学士。
全,即全庆,大学士、工部尚书。
灵,即灵桂,大学士、吏部尚书。
景,即景廉,军机大臣、户部尚书。
恩,即恩承,内务府大臣、礼部尚书。

广，即广寿，内务府大臣、兵部尚书。

文，即文煜，刑部尚书。

察，即察杭阿，理藩院管理院务大臣。

沈，即沈桂芬，大学士、军机大臣、兵部尚书。

董，即董恂，户部尚书。

徐，即徐桐，礼部尚书。

潘，即潘祖荫，刑部尚书。

翁，即翁同龢，工部尚书。

李，即李鸿藻，军机大臣。

光绪二十一年十月初九日圣寿节庆典，在丰泽园演戏，是《翁同龢日记》中所记载"赏听戏"人员最详尽的，达69人，且清楚地记载了各大臣的座次：

东边：恭王照料。礼王、载滢、载澍、载濂；一间。载润、奕谟、溥伦、载澜、溥侗、载瀛、载津、载振、溥僎、溥伟、溥倬；一间。翁同龢、李鸿藻、刚毅、钱应溥；一间。李鸿章、张之万、麟书、崑冈、徐桐、熙敬；一间。敬信、荣禄、徐郙、启秀、照料。薛允升、孙家鼐、裕德、许应骙，一间。共三十六人。次日添醇王载沣，其兄载洵。

西边：庆王照料。克勤郡王、那王、端王；一间。玛王、熙凌阿、那苏图、符珍、札拉丰阿、桂祥；一间。福森布、芬车、赓音布、明安、色楞额；一间。怀塔布、松溎、崇光、立山照料。巴克坦布、文琳；一间。李文田、吴树梅、陆宝忠、张百熙、王懿荣、王文锦、曹鸿勋、高赓恩、张仁黼、胡聘之，山西抚。一间。共三十三人。

凡六十九人。（2853页）

根据《清史稿》，光绪二十一年，大学士有李鸿章、额勒和布、张之万、福锟、麟书、崑冈、徐桐7人；内务府大臣为福锟、崇光、立山、荣贵、怀塔布、文琳、启秀7人；军机大臣是奕䜣、世铎、孙毓汶、翁同龢、李鸿藻、徐用仪、刚毅、钱应溥8人；六部尚书则是吏部麟书、熙敬、徐桐，户部熙敬、敬信、翁同龢，礼部崑冈、李鸿藻，兵部敬信、荣禄、孙毓汶、徐郙，刑部松溎、薛允升，工部怀塔布、孙家鼐，理藩院启秀，共14人。这些大学士、内务府大臣、军机大臣、六部尚书、理藩院管理事务大臣均是清宫演戏的观众。

由此也可以看出,对于皇族成员和朝臣们来说,"奉旨听戏"是其日常生活中的一项难以回避的重要内容。

清宫演戏宫外观众——宫廷仪典的参与者

宫廷戏曲有两个属性:一是礼仪功能,二是娱乐功能。宫廷戏曲的礼仪功能取决于其为宫廷礼乐文化的一部分。清代将戏曲演出列入朝廷仪典,重要节令:元旦、元宵、端午、中秋、除夕、立春、立冬;万寿节:即皇太后、皇帝寿辰;重要活动:即宗亲宴、廷臣宴、内廷家宴;朔望:即每月初一、十五,都有较为固定的戏曲演出活动。内廷喜庆事如皇子出生、册封嫔妃等,也要演戏以示庆贺。清宫演戏有相当一部分用于各种朝贺节庆的宴飨中。因此,清宫演戏观众也就成为宫廷仪典的参与者。或者可以说,戏曲演出作为宫廷仪典的组成部分,那些有资格参与朝廷仪典的皇族宗亲、朝廷重臣自然而然地成为清宫演戏的观众。

《翁同龢日记》中记载的"赏听戏",大都与宫廷仪典相关,表现在听戏日期、着装、礼仪、地点、座次、饮食、赏物、花费等方面。

"赏听戏"的日期,翁同龢自同治三年五月二十二日讫光绪二十四年正月初四,三十余年间记录了140多次,有重要节令、万寿节、重要活动、朔望等,其中"赏听戏"最多的是万寿节庆典,包括同治皇帝万寿三月二十三日、慈安太后圣寿七月十二日、光绪皇帝万寿六月二十六日、慈禧太后圣寿十月初十日。按例,皇帝万寿节演戏两日,皇太后圣寿节演戏三日。但由于慈禧皇太后酷爱听戏,每年圣寿节演戏的日子远远超过定例。《翁同龢日记》所记,光绪十年圣寿节即从九月二十五日起到十月二十日均有戏曲演出,光绪十二年圣寿节自十月初七至十月十九日每日演戏,光绪二十三年自十月初六至十月十六演戏。

被"赏听戏"的宗亲、大臣的着装也要依例"蟒袍补褂",或者按要求着装。翁同龢记光绪二十三年八月十五日中秋节庆,他就要"借衣":

> 传花衣补褂,坐"翔云"轮船,戈什、军机,余皆平船。至排云殿祗候。未带花衣,从辛首领借得,否则无处可借也,记之。(3033页)

戏曲观演不仅是清宫廷礼乐文化的重要组成部分,也是官场的重要社交礼仪。因此,作为身处承流宣化要枢的皇族宗亲和朝廷重臣们,"奉旨听戏"也必须参与宫廷仪典。《翁同龢日记》中有多次详细记载庆典礼仪。正月十六日是廷臣宴的日子,翁同龢在光绪六年载:

> 是日乾清宫赐廷臣宴,巳初到兵部报房,皆染貂帽白出风蟒袍补褂。午初奏事处传,遂入,满东汉西,循南路行至戏毯旁鱼贯立。午正上升座。乐作,首领太监带从殿西间中门入,上垫一叩首,时桌张果菜已先设,先汤饭,次赐御前食一器一叩首,赐奶茶一叩首,起立,捧酒者举玉爵,矩步至御座旁跪,上进酒,群臣离席伏,仍起立入座,捧爵者趋下居中叩首,捧酒者捧爵下居中跪,赐一杯,捧酒者一叩首,群臣不叩,赐酒至,接酒一叩首,饮讫仍坐,既而撤肴桌换果桌,此在进酒之先。赐元宵一品。搭盘子赏,遂在座一叩首,起立退出,仍序立毯旁,上起乃退,凡乐章五成戏三出,为时三刻而已。(1909 页)

光绪十一年,翁同龢再一次记录廷臣宴的礼节:

> 廷臣宴礼节:年年不同,因记之。入座一叩,饭,细粉鸡子二。赏御馔一器一叩,内监进奶茶,略如进酒式。群臣不叩。赏奶茶一叩,撤膳及诸臣前桌席前空虚,皆引身长跪,俟膳撤毕,良久乃换果桌。赐汤圆五枚一叩,起身离垫三步立,是时进酒者入殿升陛,群臣即席,进酒者跪,臣皆跪,进酒者趋下,向上一叩,群臣皆一叩。进酒者赐酒叩头,群臣不叩。内监以绿玉爵进酒,略如进酒仪,内监在一旁叩。群臣不叩。少顷,内监进汤茶,群臣亦不叩,赐茶汤清茶中有瓜子果仁。一叩,此时盘子东边向西,西边向东,交互而下。戏三出亦将毕。闻鼓声稍严即起立,在后者先出,在廊下一字排立,向上三叩头,趋下阶,后者先下,入时如此。仍向上排立。上还宫,群臣皆退。……(3055 页)

被"赏听戏"的均是王公重臣,故听戏时的座次也就按位份排定。"奉旨听戏"既然是"荣宠",座次也就成了身份的标志。翁同龢在日记中对座次的敏感和记录,也成为我们了解清宫礼仪文化的珍贵资料。

> 同治五年三月廿三日:余等在西边,坐次在南斋下。
>
> 同治五年七月十二日:余等坐第三间。在南斋上。

同治七年三月廿二日：坐次在伊、桂下南斋上，东边第四间。

同治八年三月廿二日：余等仍在东第五间，与南书房接席。名在桂、广两君后，南斋前。

同治八年三月廿三日：徐与余班在桂、广下，向例不如此。

同治十三年十月初九日：兄于西边第五间，余在东边第五间，相望也。

光绪六年六月廿五日：余在东边第四间，尚书共十一人。孙、张在第五间，而南斋孙、徐二君归入西边，与上斋同一间，向来不如是也。

光绪九年六月廿五日：辰初一刻入座，在东边门第三间，廿年来由第五间至此，钧天之梦长矣。一间惇、恭两王，二间惠王等近支，三间军机四人，四间尚书等九人，五间毓庆宫二人，两边略同。

光绪十年六月廿五日：余第四间，孙、张第五间。因四间人太多，余即第五间坐终日。

光绪十年十月初八日：辰正二刻入座，余在东第四间，凡十一人，延树南昨日归，添在此间也，仍坐第五间。

由翁同龢对座次的记载可以看出，清宫演戏时被"赏听戏"也是朝廷政治的反映。宫中戏台坐南朝北，帝后妃嫔在戏台对面坐北朝南的正殿，皇族宗亲、朝廷重臣等在两厢。如光绪九年记第一间为亲王，第二间为亲王、郡王、贝勒、贝子等近支王公，第三间为军机大臣，第四间为各部尚书，第五间为南上书房，以此类推。翁同龢自咸丰六年以一甲一名进士授修撰起，到同治元年成为帝师后有了被"赏听戏"的"荣宠"，其座次在"第四间""第五间"。光绪八年，翁同龢成为军机大臣，因此在光绪九年万寿节宫中听戏，他的座次升到"第三间"后，他也感慨"廿年来由第五间至此，钧天之梦长矣"。

座次反映身份地位，还可以从陈夔龙《梦蕉亭杂记》的记载中得到印证。陈夔龙在光绪二十九年"以汴抚入京"，正好赶上光绪帝万寿节。他以外官身份在颐和园随班行朝贺礼，听戏时居西边第六间。

座次也和演戏地点有关。同治年间宫中演戏，多在重华宫和宁寿宫。

同治六年五月二十六日，翁同龢记道："自本月十七日起宫中土木之工繁兴，春杵邪许之声如海涛音，或云长春宫添造戏台，无稽之言不敢凭也。是日内务府大臣于未刻叩头，意者工将毕，赏赉。"（541页）长春宫戏台建成后，同治年间未见翁同龢有长春宫赏戏大臣的记载。光绪十年九月二十六日，慈禧太后从长春宫移居储秀宫后,长春宫赏听戏渐渐出现。这一年十月初三日:"今日巳刻,演喜起舞,乐章并列,退后乃赐近支王公宴,于长春宫观剧也。"(1882页)十月初九日:"自初五日起,长春宫日日演剧,近支王公内府诸臣皆与。医者薛福辰、汪守正来祝,特命赐膳赐观长春之剧也,即宁寿宫赏戏而中官扺笛,近侍登场,亦罕事也。此数日长春宫戏八点钟方散。"(1884页)由此可知,长春宫戏台也成为宫中演戏的舞台。

慈禧太后为了即将归政于光绪皇帝,需要修建"颐养"之所。光绪十一年到十四年,慈禧太后下旨由醇亲王奕譞负责重修三海。除了慈禧太后的寝宫仪鸾殿,与宫中演戏最密切的是南海中丰泽园的修建。丰泽园主殿颐年殿以及与之隔水相望的纯一斋,都是经常"赏听戏"的地方。纯一斋为水上戏台,更具特色。光绪十四年四月初十日:"是日上供奉皇太后驻跸西苑至南海。"光绪十四年后,在颐年殿和纯一斋演戏远远多于宁寿宫。关于纯一斋演戏,翁同龢在光绪十六年六月二十五日作了详细记录:

> 是日起三日赐听戏与西苑之纯一斋,斋在丰泽园之西,有门曰"静谷",历三层殿座始至水座也。两廊十一间,以七间为王大臣等座,列毡垫两层,每间约六七人,余在第五间也,较宁寿宫为偪仄,且系地座,无高凳,终日盘膝,不能去帽,每入座必一叩首,礼节亦繁矣。辰正入座,先在戏台下立候已久,甫入即出脱袿,巳初早饭,午初果席,未正二晚饭,极丰腴精美,闻皆系慈圣指麾,盖从来未有也。果食、奶茶照旧。饭所在静谷门外,临河支帐子。列坐凡十余桌,甚敞,微嫌热耳。自辰正至申正一刻,凡三十三刻。归后乏极。(2381页)

而六月二十六日万寿节赏戏依然在纯一斋,王公百官"同至丰泽园西,列坐水次,荷花送香,极清适"。纯一斋听戏不仅凉爽,还有火车送"赏听戏"的皇族宗亲、朝廷重臣,只不过火车并非机车牵引,而是人来挽拽。光绪十七年十月初九日,翁同龢听戏后被"赐坐火轮车,以人推挽出福华门"。十月初十日,他又记"乘火车出福华门"。

光绪二十一年,颐和园德和园戏楼建成,颐乐殿这个名字和演戏渐联系在一起。自光绪二十二年正月十六日起,在颐和园演戏更多,"赏听戏"规模更大。《翁同龢日记》中说:"传颐乐殿听戏,大学士、六部尚书、总宪、南上两书房皆与，共八十二人。""听戏处两廊各十间，较宁寿宫为闳敞，其南头有屋可退坐。"在颐和园，举行盛典、演戏之外，还可以坐船游湖赏月。光绪二十二年八月十八日：

> 出乘舟，御前、军机坐"翔云"轮船，余皆小船无篷。停湖心，上侍皇太后御龙舟观焉。莲花万朵，周于四隅，如红线系堤上，既而明灯拥一方台至前，则戏台演戏一剧，随放花炮，亦极曼衍变幻之观。（2936页）

光绪二十三年八月十五日，庆贺中秋佳节的礼仪则是：

> 慈驾至，行三跪九叩礼，皇上、皇后随行礼，妃嫔等从后，群臣从上皆行礼。上左、后右。先读祝，系骈词，太后行礼毕，设坐于门外南向，上坐稍东，中官代行三献送燎，二次。祝词乐器皆道士步虚声也。太后及上立门上，赐团圆饼，宣群臣于阶前一一领之，六叩头。遂复入舟。果肴杂遝，惟时皓月皎洁，万象澄清，荷灯万盏，间以银花烟火，真大观矣。（3033页）

清宫演戏，被"赏听戏"的皇族宗亲、朝廷重臣在物质上有收入，也有支出。"奉旨听戏"的"荣宠"是精神上的，物质上的则来自皇帝、皇太后的赏赐；支出主要是付给宫廷伺候人员的花费。赏赐多为袍褂料、玉杯、瓷花瓶、荷包、如意、帽纬、手炉、鼻烟、香盒等，每次多少不等，也有例外如光绪十八年十月十五日赏物之外，每人赏银七十四两。至于支付给伺候人员的花费，每次十几、二十几两不等，也是一笔花销。

总之，《翁同龢日记》中对同光时期宫廷演戏的记载，尤其是对"赏听戏"人员及其相关礼仪的细致描写，再现了清宫演戏的盛况，成为研究清代戏曲史的珍贵资料。而清宫演戏活动的受众，不仅是宫廷礼仪文化的参与者，也是宫廷戏曲演出盛事的见证者，更是戏曲传播者和沟通宫廷与民间的桥梁。他们的身份和审美趣尚，也会影响到清宫戏曲演出的曲目、表演。因此，以《翁同龢日记》为线索对清代宫廷戏曲的受众进行考察，可以与宫廷档案相互参证，再现清宫演戏的场景，对于戏曲史与宫廷文化研究也有意义。

注　释

① 周明泰《清升平署存档事例漫抄》，王芷章《升平署志略》《清代伶官传》，朱家溍《故宫退

② 傅惜华《清代内廷戏台考略》等,杨常德《清宫演剧制度的变革及其意义》,周妙中《清代戏曲史》,郎秀华《清代升平署沿革》《清代宫廷戏曲发展浅谈》,王政尧《清代戏剧文化史论》,龚和德《清代宫廷戏曲的舞台美术》,么书仪《晚清戏曲的变革》《乾隆皇帝与戏曲》,廖奔《清宫剧场考》,章宏伟《故宫博物院清朝宫廷戏剧文献收藏现状》。

食录》,朱家溍、丁汝芹《清代内廷演剧始末考》,丁汝芹《清代内廷演剧史话》。

③ 这一方面的资料,举要有朴趾源《热河日记》(《燕行录》),昭梿《啸亭杂录》《啸亭续录》,赵翼《檐曝杂记》,张剑整理《翁心存日记》,陈义杰整理《翁同龢日记》(中华书局,1989年),袁英光、胡逢祥整理《王文韶日记》(中华书局,1989年),陈夔龙《梦蕉亭杂记》(山西古籍出版社,1996年),北京市档案馆编《那桐日记》(新华出版社,2006年),谢兴尧整理点校注释《荣庆日记》(西北大学出版社,1986年)等。

④ 《曾国藩全集》记录了同治八年正月十六"廷臣宴"并演戏,岳麓书社,1985年,第19册。

⑤ 《梦蕉亭杂记》,记载光绪二十九年万寿节庆典。

⑥ 《翁同龢日记》记曰"辰正上御重华宫赐琉球国使臣茶果,设剧作乐",438页。下引《翁同龢日记》仅于文中括注页码。

⑦ 《翁同龢日记》记曰"今年听戏者有湖广总督李瀚章、琉球使臣杨光裕、蔡呈桢"(846页)。

⑧ 《翁同龢日记》记曰"特旨宣朝鲜使臣判中枢李承纯、户曹参闵永喆听戏"(2729页)。

⑨ 赵尔巽等撰《清史稿》,中华书局,1977年,第十七、十八册。

⑩ 赵尔巽等撰《清史稿》,第二十一、二十二、二十三册。

晚清"新小说"辨义

夏晓虹

晚清出现的"新小说",在雅俗文学中的归属一直比较模糊。按照学界通常的理解,自古代传衍而来的四大重要文类,其中诗、文大抵属于雅文学,小说、戏曲则被归入俗文学①。置于这一脉络中,"前现代"的"新小说"似乎不言而喻地带有俗文学的胎记。不过,"小说"而曰"新",情况已多少有所不同。反映在文学史的撰写中,表述便不无出入。如由张炯、邓绍基、樊骏主编的《中华文学通史》,乃是集合了中国社会科学院文学研究所与少数民族文学研究所两所研究人员之力而成。其第五卷专论"近代文学",并特设了"新小说"章,认为"中国古代的'雅文学'与'俗文学'在小说中出现合流的趋势"②,实为最稳妥的说法。而范伯群主编的《中国近现代通俗文学史》③虽未专门讨论"新小说",其各编各章却几乎均从晚清的"新小说"开始叙述。如第一编"社会言情编",讲到"谴责小说"(只认可《官场现形记》与《二十年目睹之怪现状》《恨海》等);第三编"侦探推理编"更有"清末民初侦探小说之翻译以及对中国小说的影响"一章;第七编"通俗期刊编",《新小说》连同随后出现的《绣像小说》《新新小说》《月月小说》《小说林》也跻身其中。但值得注意的是,对于"新小说"中最重要的类型,如政治小说、科学小说都没有专门论述。显然,"新小说"在此书中并非全部被认定为通俗小说,从而割裂了作为一个整体的"新小说"。

本文则希望回到历史现场,主要依据晚清提倡者与创作者的自我论述,还原诸人对于"新小说"的构想。而在辨析其性质,确认"新小说"并非通俗小说的过程中,揭示理想与现实的落差,也可为观察晚清到"五四"的小说流变趋向提供一个内部的视角。

"新小说"考原

"新小说"之为晚清"小说界革命"的产物,代表了其成就与缺失,已为学界常识,需要稍加梳理的是其发生史。

在1944年译介到中国的《日本文化给中国的影响》中,实藤惠秀述及梁启超1902年于横滨创办文学杂志《新小说》时,提到"日本春阳堂的《新小说》,已于七年前发刊"④。虽然只是一笔带过,其说却不免引人联想。

由东京春阳堂印行的《新小说》当年也算是一代名刊。这本明治二十二年(1889)1月面世的杂志,一年半后即暂时休刊,明治二十九年又重出江湖,绵延至昭和二年(1927)结束⑤,历史堪称长久。尽管目前尚未发现梁启超阅读此刊的记录,不过,杂志的出版既与其在日流亡时段完全重合,则横滨《新小说》的命名便不会是梁氏的妙手偶得,而更大的可能性是移花接木。何况作为刊物出版方的春阳堂,自明治十一年开业以来,初期曾着力推出政治小说、科学小说与探险小说,其中多种见于康有为的《日本书目志》,梁启超对此也相当熟悉⑥。因此,若就取向而言,梁氏与早期的春阳堂《新小说》无疑契合度更高。

不同于续出的《新小说》作者新旧混杂,早期以森田文藏(思轩)、飨庭与三郎(篁村)及须藤光晖(南翠)为编辑主任的杂志,本为文学同好会的同人刊物,确系集合新小说家而成。发刊词出自时年28岁、最年轻的会员朝比奈知泉(碌堂)之手⑦,已可见其新气象。文中述诸人结社之义与一般政治团体不同,只因同好小说,故以"会聚新小说家、发行《新小说》"为目的。虽则如此,《新小说》却非单纯的文学刊物。这在《〈新小说〉发刊趣旨》对于"新小说"的界定中已有明白宣示:

> 然则新小说者何也?新小说家者又何人欤?彼新小说者,非妇人女子之玩物,亦非媚世人以求自售之具,乃自哲学家之理论、政治家之事业、宗教家之说法、慈善家之施与、忧世家之慷慨等种种之外,另辟蹊径而突进。

虽然论者强调的是小说的虚构性与高超的艺术表现力,"将自家胸臆寓于外界之想象","于空中架楼阁、现人物、作遭逢、拟死活",但其反复称说"以此新小说风动天下,黼黻经纶","弥缝彼哲学、政治、宗教等等力所不能及之间隙,充以温润丰腴之软膏,转滑社会之活机",又证明《新小说》同人实有意借助小说,促进社会的进步。以此,其人也自觉地与旧小说作者划清界限,宣称:"新小说乃士君子之事,十九世纪文人之本业,决非文政、天保年间所谓戏作者流之事业也。"⑧可见,弃绝游戏笔墨的"新小说"不但是文人光明正大的本业,更有望真正成为"经国之大业"。如此,日本"新小说"所具有的新质与设定的目标,便与维新派政治家梁启超的期待相当吻合了。

晚清"新小说"的得名与流行,无疑源自1902年11月14日创刊的《新小说》。而其刊名随该报登载的广告《中国唯一之文学报〈新小说〉》,更早出现在8月18日发行的《新民丛报》第14号。只是,真正对"新小说"之义加以阐发,仍有待梁启超所撰发刊词《论小说与群治之关系》的发表。此文开篇即断言:"欲新一国之民,不可不先新一国之小说。"结尾又称:"故今日欲改良群治,必自小说界革命始,欲新民必自新小说始。"⑨需要指出的是,这两处位于"小说"之前的"新"字都作动词使用。原因在于,"新民"乃是梁启超其时的中心关怀,为此创办的《新民丛报》,即有意"取《大学》'新民'之义,以为欲维新吾国,当先维新吾民"⑩。"新小说"本是作为"新民"之道的辅翼而登场,因此一并言说时,便采取了同样的动宾结构。

不过,"新小说"对于梁启超,也并非只有"革新小说"一解。为推介新刊,与《新小说》发刊同日出版的《新民丛报》第20号,曾特意刊出过《〈新小说〉第1号》专评。此篇未署作者名,但从行文口气猜度,很可能为梁氏执笔。文中提出小说创作的"五难",实即新小说创作的五种难处。其一为"新小说之意境,与旧小说之体裁,往往不能相容"⑪。而此处之"新"显然已为形容词,所谓"新小说"于是与本文所要讨论的主体同义。

论"新小说"之发生,域外文学的刺激实为第一推动力。1897年,最早见诸报章的小说专论《本馆附印说部缘起》,尽管是因天津《国闻报》欲开设小说专栏而作,却已纵论古今中外,表达了有意效仿"欧美、东瀛,其开化之时,往往得小说之助"的成功经验,实现借途小说、"使民开化"的主旨⑫。康有为戊戌以前编《日本书目志》,在理学(哲学)、宗教、图史、政治、教育、文学等门类之外,也专列"小说门",用目录的形式向中国学界介绍了日本小说,并提出了编"幼学小说"的计划。受其影响,加之赴日后接触明治小说的亲身体验,梁启超倡导"小说界革命"、发刊《新小说》时,也必首言"小说之道感人深矣,泰西论文学者必以小说首屈一指","小说为文学之最上乘,近世学于域外者,多能言之"⑬。于是,此后的"新小说"论者、作者追溯起源,也遵循同一思路:

> 顾其始也,以吾国人士,游历外洋,见夫各国学堂,多以小说为教科书,因之究其原,知其故,活然知小说之功用。于是择其著名小说,足为社会进化之导师者,译以行世。渐而新闻社会,踵然效之,报界由是发达,民智由是增开。成效既呈,继而思东西洋大小说家,如柴四郎(按:日本政治小说《佳人奇遇》的作者)、福禄特尔(按:即法国作家伏尔泰)者,吾中国未必遂无其人,与其乞灵于译本,诚不如归而求之,而小说之风大盛。⑭

此说措辞不免夸张,却大体符合"新小说"生成的历史轨迹。可想而知,汲取域外文学的荣养而诞生的"新小说",必定会发育成为与传统小说不同的品类。同样不言自明的是,"新小说"不仅指向国人的自著,也包含了翻译作品。

而《新小说》于1902年行世后引发的连锁反响,确实带来了"新小说"翻译与创作的极大繁荣。其影响之深,从其刊名被一再复制上可见一斑:1904年有《新新小说》发刊,1906年《新世界小说社报》开张,1907年甚至出现了《广东戒烟新小说》。由此可见,"新小说"已然成为一个值得夸耀的名号。正是在众多新小说杂志与书局的合力推动下,数以千计的"新小说"结队而来,中国文学史上新的篇章就此展开。

"旧小说之体裁"

梁启超对于"新小说"文体的设定,是所谓"旧小说之体裁"。这与他提倡"诗界革命"的保留"古风格"(亦称"旧风格")貌似一致,实则仍有差异,根源即在诗与小说在传统的文类等级中因雅俗之别而地位悬殊。因此,在"新派诗"中执着于"古风格"可视为守旧,但在"新小说"中坚持旧体裁则未必尽可如是观。

依照梁启超的文意,"旧小说之体裁"乃指向章回体。不像后来的继起者如《小说林》标明"格式不论章回、笔记、传奇"⑮,各种文体均平等看待;创办《新小说》时,梁启超的钟情所在唯有章回:"至其风格笔调,却又与《水浒》《红楼》不相上下。"不过,章回体只是形式,真正的要义实在白话。故此,在编辑《新小说》第1号时,梁氏已在检讨"惟中有文言、俗语互杂处,是其所短"[16],可见对文白掺杂是不满意的,这也是他所认为的《新小说》杂志仅有的缺憾。

其实,从最初看中小说的启蒙功效,维新人士所青睐者便只是白话小说。康有为称其"通于俚俗,故天下读小说者最多也"[17];《本馆附印说部缘起》以向路人提问的方式开头,所问小说人物无不出自《三国演义》与《水浒传》,而路人也皆以小说而非史书中的人物形象对答;作者又认定说部"入人之深,行世之远,几几出于经史上,而天下之人心风俗,遂不免为说部之所持",很重要的原因即在小说"出于口之语言"[18],即白话,故易于流播、接受。据此,对"新小说"文体的设定也自然偏向白话。梁启超即断言:"小说者,决非以古语之文体而能工者也。"[19]到1912年管达如发表《说小说》,更直言"白话体""可谓小说之正宗"[20]。

"新小说"应采用白话体,无可否认,首先是出于启蒙的需要。康有为通过市场调查,了解到小说的销量远高于四书五经与八股选本,从而得出"仅识字之人,有不读经,无有不读小说者"的结论,由此形成以小说代替"六经""正史""语录""律例",进行道德教化、知识教育与社会治理的思路。这里存在的内在关联是,小说所使用的白话文体为它赢得了最广大的读者群,它也因此有资格成为最得力的启蒙利器。不过,康有为并未对小说的读者细加区分,而统言之为"愚人""粗识之无之人"[21],明显是以阅读能力的高下为分界。

到"新小说"出世,"小说为振民智之一巨端"[22]已形成共识,而对读者的想象在变得具体的同时,也出现分化。延续康有为的说法,将下层民众设定为主要读者,还是更为普遍的认知。1903年出刊的《绣像小说》自白:"藉思开化夫下愚,遑计贻讥于大雅。"已排除了高人雅士,专"对下等人说法"[23]。撰写过《本馆附印说部缘起》的夏曾佑,同年在《绣像小说》发表《小说原理》,也直截了当地宣称:"今值学界展宽(注:西学流入),士夫正日不暇给之时,不必再以小说耗其目力。惟妇女与粗人,无书可读,欲求输入文化,除小说更无他途。"[24]也明确将读书人从小说的读者群中开除。

然而,这一说法在"新小说"论者内部立即引发了争议,日后创立《时报》的狄葆贤即不以为然：

> 今日之士夫，其能食学界展宽之利者，究十不得一，即微小说，其目力亦耗于他途而已；能得佳小说以饷彼辈，其功力尚过于译书作报万万也。

也即是说，今日的读书人同样应该成为"新小说"的读者。并且，按照他的想法，此等人从"新小说"当获益更多。因为"美妙之小说，必非妇女粗人所喜读"，"故今日欲以佳小说饷士夫以外之社会，实难之又难者也"。以其时论者所崇拜的域外而言，"英之索士比亚（按：即莎士比亚），法之福禄特尔以及俄罗斯虚无党诸前辈，其小说所收之结果，仍以上流社会为多"㉕。由此出现一个严重的问题：期望为之开蒙的"下愚"或"妇女与粗人"，其实读不懂"新小说"，"新小说"的真正知音还是"上流社会"或"士夫"。于是也不难理解，梁启超为何在《新小说》的广告中特别呼唤"新世界之青年"，1906年在上海创办的《小说七日报》也表示要"以之贡献我新少年"㉖，显然，接受新式教育的学堂学生才是"新小说"认定的核心读者。

更稳妥的说法出自《中外小说林》（初名《粤东小说林》），创办者黄伯耀与黄世仲兄弟二人在该刊发表的诸多小说论文中，反复提到其读者定位乃在"上中下流社会"，或称为"普通社会"。黄伯耀不仅撰写了《曲本小说与白话小说之宜于普通社会》，而且一再表彰小说"捷于开发上中下流社会"㉗。总之，其期望值在于"新小说"读者的最大化，故以全国国民为目标。于是问题又回到原初，"以国民四万万之众，而愚民居其大多数，愚民之中，无教之女子居其大多数"。在此情况下，以最大多数国民的接受能力为基准，"小说之教育，则必须以白话"㉘乃是必然的选择。不过，以白话写作的"新小说"毕竟不同凡品，应该能够同时兼顾大众与精英的需求。因此，黄伯耀看好的正是，"就人民智识之程度，而以白话牖而觉之，上智既不以为浅率之文，亦下愚不视为高深之论"㉙。此虽为理想之言，却为其时的"新小说家"所信奉。而进一步追究，"上智"若不嫌浅率，除了知识层面的补偿，对白话小说的接纳其实也涉及文学观念的转变。

这就要说到在"新小说家"那里，采用白话并非完全是不得已的选择，此举同时具有"文学进化"的历史意义。梁启超在1904年开始写作的《小说丛话》中，提出过著名的论断：

> 文学之进化有一大关键,即由古语之文学,变为俗语之文学是也。各国文学史之开展,靡不循此轨道。

由世界文学返视中国,情况也正相同:"自宋以后,实为祖国文学之大进化。何以故?俗语文学大发达故。"㉚而小说正是宋后俗语文学中重要的一脉。狄葆贤在《论文学上小说之位置》中不但援引梁启超之说,更把"俗语文体进步"与"社会进步"直接关联起来,以显示其重要性。而狄氏追慕的典范也在域外——"近今欧美各国学校,倡议废希腊、罗马文者日盛;即如日本,近今著述,亦以言文一致体为能事"㉛。在此,白话小说已然脱离了低俗的意味,而成为与世界潮流合拍、得中国风气之先的先进文体。谓之以俗为雅,亦不为过。

应该说,此一认识乃是伴随着"新小说"观念的形成而展开。1897年,梁启超承接康有为关于"幼学小说"的设想,在《变法通议·论幼学》中提出"今宜专用俚语,广著群书",还只是从启蒙的层次接纳白话小说,故以"借阐圣教""杂述史事""激发国耻""旁及彝情""振厉末俗"寄望于小说㉜。至《新小说》创办后,梁氏不只亲身实践,创作了章回体的"政治小说"《新中国未来记》,而且意欲将"俗语文体"从小说扩展开来:"苟欲思想之普及,则此体非徒小说家当采用而已,凡百文章,莫不有然。"㉝与之志同道合的狄葆贤也充满信心地预言:"若能百尺竿头,更进一步,剥去铅华,专以俗语提倡一世,则后此祖国思想言论之突飞,殆未可量。而此大业必自小说家成之。"㉞"小说界革命"本是晚清文学改良运动的中心,狄氏抱此期待,相当合理。而有五四文学革命作为晚清文学改良的后劲,国语运动的成功对于中国现代思想、言论的影响更是有目共睹,则狄氏此言确实极具前瞻性。

最后必须论及的是,"新小说"所用白话体实际也与旧小说有别。旧小说作者写作白话小说,文字的表现虽有优劣,使用的还是其熟悉的语言。"新小说"作者却多非职业小说家,且先入为主的文言书写习惯,令其以白话作文更形艰难。梁启超1902年翻译法国小说《十五小豪杰》,"原拟依《水浒》《红楼》等书体裁,纯用俗话",不料"翻译之时,甚为困难",反而是"参用文言,劳半功倍"㉟。撰写《论白话小说》的姚鹏图也有类似经验:

> 鄙人近年为人捉刀,作开会演说、启蒙讲义,皆用白话体裁,下笔之难,百倍于文话。其初每倩人执笔,而口授之,久之乃能搦管自书。然总

不如文话之简捷易明,往往累牍连篇,笔不及挥,不过抵文话数十字、数句之用。㊲

以如此笔墨,移作白话小说,梁启超自忖的文白夹杂必不可免。

何况,对于方言区的作者来说,"小说欲其普及,必不得不用官话演之"㊳是一个通例,而官话并非其日常应用的语言。故"新小说"作者也往往以旧小说为范本,模拟其笔调进行写作。如《母夜叉》的译者便对其套用《水浒传》与《金瓶梅》中的骂人话自鸣得意,认为"白话犯一个字的病就是'俗'",而像他这样的译法,"那'俗'字差不多可以免了"㊴。这其实是以古白话替代当下口语的书面化,造成一种间离效果,从而化解了俗言。

更重要的是,承担"开通民智"重任的"新小说"内容既已更新,所用新名词自必加多。自著作品中已有如梁启超《新中国未来记》这样"多载法律、章程、演说、论文等""不知成何种文体"㊵的政治小说,而为数众多、草率成书的翻译小说,直接挪用日文汉字新词更是家常便饭。这些新成分的加入,使得"新小说"即便以白话书写,也并不通俗。

并且,一些论者与作者已开始对"新小说"文体或"俗语文体"进行新的实验与思考。《新新小说》主笔陈景韩作《侠客谈》,自称乃是"为少年而作也":"少年之通方言者少,故不用俗语;少年之读古书者少,故不用典语。"明显是在文、白之外,希望展开第三种文体的写作,而其书写语言一如其自述"不文不俗"㊶,实为浅近文言。《月月小说》刊登《解颐语》,译者穿行于中西文字,不禁慨叹:"泰西言语与文字并用,不妨杂糅,匪若中国文学之古今雅俗,界限綦严也。"因此造成"同一白话,出于西文,自不觉其俚;译为华文,则未免太俗"的尴尬,总是由于中国"文、言向未合并之故"。而在他眼中,小说是例外:"中国除小说外,殆鲜文、言并用者。"㊷由此看来,打通文、言的边界,也应以小说最易成功。于是,"新小说"的文白夹杂也未必尽为弊端。更值得重视的是姚鹏图借鉴日本"言文一致"的经验,得出"言文一致者,乃文字改为浅近,言语改为高等,以两相凑合;非强以未经改良之语言,即用为文字也"㊸,这对于我们理解"新小说"在白话层面的革新实具有启示意义。

尽管其间不无无奈,但也包含相当的自觉,晚清"新小说"作者笔下的"俗语文体"已与宋元话本及明清章回小说拉开了距离,从而具有了多样的可能性。无论是借鉴古白话,加入新名词,还是引入根基深厚的文言资源,"新小说"相较于其时众多白话报刊所代表的模拟口语写作,在文白合一的方向上无疑做了更多尝试。由于五四以后,白话成为通行文体,其间既有"欧化"的成分,也在很大程度上实现了"文言"的"白话化"[43],所谓"一体两面,缺一不可"。由此回望,晚清"新小说"论者与作者在改造"俗语文体"上的种种努力,最终都可谓修成了正果。

如上所言,"新小说"本以白话为理想文体,然而,实际呈现出来的状态,却是文言作品多于白话。1908年初,小说林社编辑主任徐念慈所作调查显示,"就今日实际上观之,则文言小说之销行,较之白话小说为优"[44];1909年,罗普就其"尝调查每年新译之小说",而肯定其"大都袭用传体,其用章回体者则殊鲜"[45];直到1912年,管达如还在为"今之撰译小说者,似为上等人说法者多,为下等人说法者少"而抱憾,要求"作小说,当多用白话体是也"[46]。究其原因,徐念慈揭示的"今之购小说者,其百分之九十,出于旧学界而输入新学说者"[47]固然不错,但这还只是从读者一面索解。上述"新小说"作者与论者的思考,也需要我们对其处于文白之间的文体选择有更多的理解和关注,而非一概视为迎合市场的消极对策。

"新小说之意境"

"新意境"在梁启超的语汇中也时常置换为"新理想",大致指涉新思想与新知识。而徐念慈定义"新小说":"小说曷言乎新?以旧时流行之籍,其风俗习惯,不适于今社会,则新之;其记事陈义,不合于今理想,则新之"[48],也主要着眼于小说的质素。可见,"新小说"之所以"新",乃是由作者理念与叙事内容决定的。

就身份而言,传统白话小说的作者大抵为不得志或下层文人,而"新小说"家已自觉与之处于不同的社会阶层。其口中的小说作者,在外国已尽是"魁儒硕学,仁人志士",是"公卿硕儒",是"一时之大政论家",甚至"非通人不敢著小说"[49];回到中国语境,小说家也理应属于孔子一类的圣贤人物。狄葆贤推举孔子为"小说家之祖",今日听来感觉荒诞不经,但在晚清有其特别的思路:因戏曲归入小说,而追溯戏曲的源头,又推到孔子曾经删订的《诗经》,于是,"以《诗》为小说之祖可也"。以今测古,"孔子当日之删诗,即是改良小说,即是改良歌曲,即是改良社会"⑤,这里分明剖析的是"新小说"提倡者自家的心思。进而由此设想:

> 使孔子生于今日,吾知其必不作《春秋》,必作一最良之小说,以鞭辟人类也。不宁惟是,使周秦诸子而悉生于今日,吾知其必不垂空言以诏后之人,而咸当本其学术,作一小说以播其思想,殖其势力于社会,断可知也。㉛

不消说,古代小说家绝对不敢存此妄想,而其言出自晚清却很正常。因为在"新小说"论者看来,小说家具有操控一世人心的能量,在改良社会、引导人群进步上可以发挥最大影响力,小说家也因此成为最尊贵的头衔。

与之相关的是小说的等级。小说为"小道",乃古代中国最流行的说法。小说家虽列入九流十家中,但与儒、道、阴阳、法、名、墨、纵横、杂、农这九流在地位上并不平等,班固即称:"诸子十家,其可观者九家而已。"㉜小说家已被认为不足观而遭排除。到康有为,才又续上刘歆《七略》的"十家"说,尊之为"小说学",提出小说在由图书所代表的知识分类中,应"增七略(按:指《七略》之六艺略、诸子略、诗赋略、兵书略、术数略、方技略)为八,四部(按:指经、史、子、集)为五"㉝,由此把小说变成了一种专门的学问,特别是能够与经、史、子平起平坐,已经包含了把小说经典化的用心。与上述孔子在今日必著小说的思路连贯而来,晚清论者不但认为小说可与经史平列,甚至等级还在经书之上:

> 若是乎语孔子与施耐庵、曹雪芹之学术行谊,则二人固万不敢几;若语《春秋》与《红楼梦》、《水浒》之体裁,则文界进化,其阶级固历历不可诬也。㉞

也即是说,在传统的典籍序列中,小说、尤其是白话小说也占据了最崇高的位置。因此,梁启超"小说为文学之最上乘也"㉟的名言,若以前述说法衡量,还是小之乎视小说也。

以此超越于经史之上的小说,更是摆脱了娱乐消遣的传统功能,而被视为无所不能的致用神器。康有为在传统知识的范围里谈论,尚认为:"故六经不能教,当以小说教之;正史不能入,当以小说入之;语录不能谕,当以小说谕之;律例不能治,当以小说治之。"⑤⑥小说可以代替儒家经典、二十四史、理学家语录和法律条文施教治世,功能强大,无与伦比。到梁启超以"新民"思想提倡"新小说","新学"已然成为底蕴,因而倡言:

> 故欲新道德,必新小说;欲新宗教,必新小说;欲新政治,必新小说;欲新风俗,必新小说;欲新学艺,必新小说;乃至欲新人心,欲新人格,必新小说。⑤⑦

于是,《新小说》创刊,开宗明义第一条即宣布:"本报宗旨,专在借小说家言,以发起国民政治思想,激厉其爱国精神。"⑤⑧嗣后继起的各小说报,无不以"改良群治"与"新民"相号召,而《〈月月小说〉发刊词》概括的"改良社会、开通民智"为"本志发刊之旨"⑤⑨最为言简意赅,也为众多"新小说"报刊以及随后生长出来的小说书局所实力奉行。

上述对于小说与经史并列甚至超越、小说可以对社会人心进行全方位改造的构想,实际已显示出一种新的知识体系的建立。此时回溯"小说"这一文类出现的意义,曾经担任《申报》主笔的王钟麒已高度肯定为:"盖小说者,所以济《诗》与《春秋》之穷者也。"⑥⑩而在诸多论述中,黄世仲的说法尤其值得关注。在他看来,小说与"圣经贤传"的区别在于,一为"觉世之书",一为"传世之文"。尽管小说系"觉世之文"早有狄葆贤发明在先⑥①,但黄氏以时代演进论风气变迁,仍有其特别的观照点:

> 传世者注重道德问题。顾在今日,则区区言道德不足以救国;且以今日为知识竞争时代,则必有注重道德问题,而尤注重夫知识问题者,合上中下三流社会于一炉而治之,庶足以启民智,壮民气。如是则舍小说其曷由哉?舍小说其曷由哉?

在一个知识竞胜的时代,注重道德伦理的经学及以之为核心的旧学已不切时用,填补其缺位的,黄世仲认为小说责无旁贷。选中小说的理由是其普适性,即为各个社会阶层都能接受的普及教育最佳读本。因此,小说理当成为各种知识、尤其是新学总汇的百科全书。这一构想,正着落在"新小说"这一载体上。于是,"自文明东渡"以来,国人"易其浸淫'四书''五经'者,变而为购阅新小说"⑫,便成为新的时代风尚。

"新小说"既承担了"输灌文明"⑬、传播新学知识的重任,而知识分类又对应于小说类型,晚清从日本引进的小说分类因此流行一时,或体现于小说报刊的栏目名称,或直接标注在"新小说"文本的标题前。就小说分类而言,旧小说多半被认为无价值,"新小说"论者言其类别,大抵依照梁启超之说,"仅可约举为英雄、儿女、鬼神三大派"⑭。而"几合一切理想而冶之"的"泰西说部"⑮本为"新小说"的典范,与之相应,晚清小说类型的标识也相当繁复。《新小说》率先示范,创刊广告中预设的栏目主要有历史小说、政治小说、哲理科学小说、军事小说、冒险小说、探侦(后改为"侦探")小说、写情小说、语怪小说⑯;实际发表的状况,不但"哲理"与"科学"分家,更增加了法律、外交、社会诸种小说。此后,各家"新小说"报刊群起模仿,且一并影响到小说书局。在前者的征稿启事与后者的销售广告中,无不标明小说类别。如小说林社为《小说林》杂志与书局"募集各种著译家庭、社会、教育、科学、理想、侦探、军事小说",《月月小说》征求"关于科学、理想、哲理、教育、政治诸小说佳稿"⑰,均为其例。

尽管各家刊物与书局对小说类型的需求有所不同,但新学知识含量越高者越有价值实为一条通则。《新世界小说社报》将小说"视为开通民智之津梁,涵养民德之要素",而称赞:"故政治也,科学也,实业也,写情也,侦探也,分门别派,实为新小说之创例,此其所以绝有价值也。"⑱黄伯耀、黄世仲兄弟一再鼓吹政治小说、民(种)族小说、侦探小说、社会小说、宗教小说、科学小说、教育小说、探险小说、义侠小说、艳情小说的效力,期望以之开启受众不同的精神与知识面向,并概言之为:"读一切关于普通社会开智小说,更生一切普通智识的感情。"⑲其所谓"普通智识",实已接近梁启超日后定义的"国民常识",即作为现代国民人人必须具备的世界公共(普通)知识⑳。以此求之于"新小说",其中精华汇聚、最具特色者,按照留日学生许定一的看法,当为政治小说、侦探小说与科学小说。许氏认为:"盖中国小说中,全无此三者性质,而此三者,尤为小说全体之关键也。"㉑因关乎政治、法律与科学常识的普及,关系重大,故政治、侦探、科学三类小说尤为许定一以及诸多"新小说"论者所看重,三者也确可视为"新小说"的代表类型。而这些带有标杆意味的"新小说",最足以显示新小说家"改良社会、开通民智"的诚意与努力。

"新小说"既为熔铸新思想、新知识而成,可以想象,即便其使用了"俗语文体",也并不一定通俗易懂。甚至可以说,它对读者的阅读能力与知识储备其实有相当高的要求。黄伯耀即声称:"天下惟有学问人,乃可与言小说。"⑫《新世界小说社报》发表的《读新小说法》更是一篇妙文。作者仿照金圣叹的《读第五才子书法》《读第六才子书〈西厢记〉法》的笔调,提出"新小说宜作史读""宜作子读""宜作志读""宜作经读";断言"无格致学不可读吾新小说""无警察学不可读吾新小说""无生理学不可读吾新小说""无音律学不可读吾新小说""无政治学不可读吾新小说""无论理学不可读吾新小说"。意在说明,假如不具备各种相应的新学知识,是读不懂"新小说",读了也等于白读。要想尽得书中真意,读者先需要成为各类知识具备的新学家。这样推至极端的论述尽管偏离了"新小说"的启蒙之道,却凸显了其特有的新质。因此,新、旧对比,该文作者的结论是:

> 要而言之,旧小说,文学的也;新小说,以文学的而兼科学的。旧小说,常理的也;新小说,以常理的而兼哲理的。⑬

这可谓对"新小说"的最高礼赞。

不过,现实的情况是,虽经多家小说杂志大力提倡、多位论者反复宣说,最具有"新小说"特质的作品,一旦脱离栏目齐备的刊物庇护,即很难获得读者的青睐。根据徐念慈的调查,除侦探小说与艳情小说销量尚可观,其他"专写军事、冒险、科学、立志诸书为最下,十仅得一二也"⑭。"新小说"作者最为用心用力之作竟然最不受读者欢迎,原因很多,夏清贻(公奴)在《金陵卖书记》中批评的"不失诸直,即失诸略;不失诸高,即失诸粗;笔墨不足副其宗旨,读者不能得小说之乐趣也",当然言之有理。特别是他指责:"今之为小说者,俗语所谓开口便见喉咙,又安能动人?"⑮也被落实在"当一篇政治策论读"的"政治小说"上⑯。可见,单凭"洞切当日的时势,原本最确的学理","以科学上最精确之学理,与哲学上最高尚之思想,组织以成此文"⑰,并不能打动读者。夏清贻所要求的"小说之乐趣",黄人与徐念慈对时人过于神化小说的功效不以为然,转而强调小说的美学价值⑱,确实都是基于对小说文类特性认知的合理纠偏。

"新小说"因悬得过高,脱离了读者的实际接受能力,以致最有特色的品种乏人问津。而且,即便以销量最高的小说种类而言,徐念慈也恰有最多的担心:因"我国民公民之资格未完备,法律之思想未普及",道德观念亦薄弱,因而阅读侦探小说,只见其"巧诈机械,浸淫心目间",阅读艳情小说,则"借自由为藉口","荡检逾闲,丧廉失耻",非唯不能得法律知识、自由思想之益,反被其害,这让徐念慈"不得不为社会之前途危"⑦。如此方可理解梁启超1915年对"新小说"严厉痛心的批评,"还观今之所谓小说文学者","其什九则诲盗与诲淫而已,或则尖酸轻薄毫无取义之游戏文也",从而严厉追究:"近十年来,社会风习,一落千丈,何一非所谓新小说者阶之厉?"⑧尽管其言针对的是"新小说"之流弊,但伏机于晚清,已足够使"新小说"的诞育者们深感悲哀。

尽管市场表现不如人意,但以小说普及新学、输灌国民常识的庄重期待,仍然造成了晚清学人超常的小说崇拜。其时各种对小说的赞誉纷至沓来,假借"西哲"之"恒言",有谓:"小说者,实学术进步之导火线也,社会文明之发光线也,个人卫生之新空气也,国家发达之大基础也。"⑧这一使用诸多新名词的表述,认定从个体到学术、社会、国家的进步,无不仰赖小说的指引。而出于国人口中的揄扬则以黄伯耀的说法最为经典:"有新小说之腾播,而后有新世界之智慧。""小说而在世界,则世界之知识输灌也易;世界而无小说,则世界之风气被动难。"⑧而所有这些对小说"新民"与改造世界的想象,无不建基于"新小说"的富含新知。如溯其源头,《〈新世界小说社报〉发刊辞》的一段宣言或可称创始:

> 种种世界,无不可由小说造;种种世界,无不可以小说毁。过去之世界,以小说挽留之;现在之世界,以小说发表之;未来之世界,以小说唤起之。政治焉,社会焉,侦探焉,冒险焉,艳情焉,科学与理想焉,有新世界,乃有新小说,有新小说,乃有新世界。传播文明之利器在是,企图教育之普及在是,此《小说世界》之所以作也。⑧

这又不只是《新世界小说社报》一家的心声,实为晚清"新小说"论者与作者的共识。

由对"新小说"的推重也引发出"小说时代"的话题。先有黄伯耀引述"昔金人瑞有言:自此以往,二百年后,凡百经书,均将消灭而无可读,惟变成一小说时代耳"⑧;实则,金圣叹不过是痛惜如《西厢记》之类"前此万千年,无限妙文"的散佚,表示:"今刻此《西厢记》遍行天下,大家一齐学得捉住,仆实遥计一二百年后,世间必得平添无限妙文,真乃一大快事!"㊵言语间并无以包括戏曲在内的小说取代经书之意。而由此一例,正可见"新小说"论者移花接木、借题发挥的功力。不过,黄氏之说确实发生了影响,同在广东创办的《广东戒烟新小说》,随即刊发了一篇《论二十世纪系小说发达的时代》之文,正式宣告了"小说时代"的来临。此文不仅与黄氏兄弟推举小说即将"敝屣群书"、成为"文坛盟主"的论述相互呼应㊶,更进而驰想天外:

> 于是我侪开英伦之煤山以为墨,结上何兰之羊毫以为笔,动德京机器厂之绵之草以为纸,聚精会神以从事国民新小说。㊷

这一荟萃当时世界老牌殖民强国英国之煤墨、荷兰之羊毫笔、德国棉草所制之机器纸而成之"新小说",极其传神地彰显出晚清"新小说家"广采博收,以最出色的世界知识集大成者自期的雄心。这样生产出的"新小说",与"街谈巷语,道听途说者之所造也"㊸的旧小说当然已有本质的区别,谓为大雅之至,孰曰不然?

具体评价"新小说"的历史功过并非本文意之所在,笔者关切的是晚清由"新小说"的论者与作者构成的那个特别的文学场域,诸人在其中的言说如何相互影响,彼此激荡,既有附和、生发,也有质疑、辨正。尽管彼此之间不无抵牾,但由其共同构建的"新小说"理想,既承接了域外文学之一脉,又转化演绎,在小说文体与内涵两面均作出了诸多有益的尝试与开拓,使"新小说"成为一个具有巨大包容量与弹性的文类。而经这批论者敏锐揭示的"二十世纪系小说发达的时代"之命题,切实引领了"小说时代"的到来,也因此在中国文学史上留下了自己深刻的印记。

2017年7月7日于京西圆明园花园。本文系作者2017年6月18日—20日在香港中文大学中国语言及文学系主办的"历史、文学与文体"国际学术研讨会上提交的论文。原载于《文学评论》2017年第6期。

注 释

① 这一雅俗文学的划分,与郑振铎1938年出版的《中国俗文学史》里的界定有很大关系:"中国的'俗文学',包括的范围很广。……差不多除诗与散文之外,凡重要的文体,像

小说、戏曲、变文、弹词之类,都要归到'俗文学'的范围里去。"上海,商务印书馆,1938年,1—2页。

② 张炯、邓绍基、樊骏主编《中华文学通史》,华艺出版社,1997年,第五卷,489页。

③ 范伯群主编《中国近现代通俗文学史》,江苏教育出版社,2000年。

④ 实藤惠秀著,张铭三译《日本文化给中国的影响》,上海,新申报馆,1944年,31页。

⑤ 参见尾形国治编著《〈新小说〉解说·总目次·索引》,东京,不二出版,1985年,"解说"4页、8页。本书相关资料的获取得到了邵迎建教授的帮助,特致谢忱。

⑥ 如《日本书目志》(上海,大同译书局,1898年)列出的《万国史要》《(社会进步)世界未来记》《(万里绝域)北极旅行》《(三十五日间)空中旅行》等,梁启超在《饮冰室自由书·传播文明三利器》(初刊《清议报》26册,1899年9月,无题)中提到的《(政治小说)梅蕾余熏》,均由春阳堂刊行。梁氏又曾撰写过《读〈日本书目志〉书后》,初刊《时务报》45册,1897年11月。另参见《〈新小说〉解说·总目次·索引》"解说"2页。

⑦ 参见《〈新小说〉解说·总目次·索引》,"解说"5页、6页。

⑧ 朝比奈知泉《新小说発刊の趣旨》,《〈新小说〉解说·总目次·索引》,"总目次"1—3页。以上日文翻译得到了陈爱阳博士的帮助,特此致谢。

⑨ 《论小说与群治之关系》,《新小说》1号,1902年11月14日,1页、8页。原文未署名。

⑩ 本社同人《本报告白》,《新民丛报》1号,1902年2月,1页。

⑪ 《〈新小说〉第一号》,《新民丛报》20号,1902年11月14日,99页。

⑫ 《本馆附印说部缘起》,《国闻报》,1897年12月11日,第2版。

⑬ 新小说报社《中国唯一之文学报〈新小说〉》,《新民丛报》14号,卷首,1902年8月;《〈新小说〉第一号》,《新民丛报》20号,99页。

⑭ 世(黄世仲)《小说风尚之进步以翻绎说部为风气之先》,《绘图中外小说林》2年4期,1908年3月,2—3页。柴四郎,应为柴四朗,其《佳人奇遇》译本先在《清议报》连载,梁启超曾自承为译者。

⑮ 小说林社《募集小说》,《小说林》1期,卷首,1907年2月。

⑯ 《〈新小说〉第一号》,《新民丛报》20号,100页。

⑰ 康有为《教育门》,《日本书目志》卷一〇,上海,大同译书局,1898年。录自姜义华编校《康有为全集》,上海古籍出版社,第三集,1992年,939页。

⑱ 《本馆附印说部缘起》,《国闻报》,1897年11月10日,第1版;12月11日,第2版;12月10日,第2版。

⑲ 《小说丛话》中饮冰语,《新小说》7号,1903年9月,166页。实际为1904年1月后出版。

⑳ 管达如《说小说》,《小说月报》3 年 5 期,1912 年 8 月,"文苑"3 页。

㉑ 康有为《小说门》,《日本书目志》卷一四,录自《康有为全集》,第三集,1212 页。

㉒ 衡南劫火仙《小说之势力》,《清议报》68 册,"瀛海纵谈"1 页 B,1901 年 1 月。《清议报全编》第二集(横滨,新民丛报社,1902 年)作者署名"蔡奋",疑为蔡锷。

㉓ 商务印书馆主人《本馆编印〈绣像小说〉缘起》,《绣像小说》1 期,卷首,1903 年 5 月;邱菽园《与同年黄黻臣孝廉论译政治小说书》,《鹭江报》,1902 年 8 月,9 册,2 页 B。

㉔ 别士(夏曾佑)《小说原理》,《绣像小说》3 期,1903 年 6 月,本篇 4 页 B。

㉕ 《小说丛话》中平子(狄葆贤)语,《新小说》7 号,167—168 页。

㉖ 新小说报社《中国唯一之文学报〈新小说〉》,《新民丛报》14 号,卷首;《〈小说七日报〉发刊辞》,《小说七日报》1 期,1906 年 8 月 9 日,录自阿英编《晚清文学丛钞(小说戏曲研究卷)》,中华书局,1960 年,172 页。

㉗ 老伯《曲本小说与白话小说之宜于普通社会》,《绘图中外小说林》2 年 6 期,1908 年 3 月;耀《学校教育当以小说为钥智之利导》,《中外小说林》8 期,1907 年 8 月,1 页。

㉘ 《论小说之教育》,《新世界小说社报》4 期,1906 年 12 月,"论著"4 页、2 页。原刊自第 3 期后,均不标出版时间,据谢仁敏《晚清〈新世界小说社报〉出版时间、主编考辨》(《明清小说研究》2009 年第 4 期,239—240 页)添加,下同。

㉙ 老伯《曲本小说与白话小说之宜于普通社会》,《绘图中外小说林》2 年 6 期,5 页。

㉚ 《小说丛话》中饮冰语,《新小说》7 号,166 页。

㉛ 楚卿《论文学上小说之位置》,《新小说》7 号,5 页。

㉜ 梁启超《论学校五(变法通议三之五)·幼学》,《时务报》18 册,1897 年 2 月,1 页 B。

㉝ 《小说丛话》中饮冰语,《新小说》7 号,166 页。

㉞ 楚卿《论文学上小说之位置》,《新小说》7 号,6 页。

㉟ 焦士威尔奴原著,少年中国之少年重译《十五小豪杰》第四回批语,《新民丛报》6 号,1902 年 4 月,83 页。

㊱ 姚鹏图《论白话小说》,《广益丛报》65 号,1905 年 3 月,转引自陈平原、夏晓虹编《二十世纪中国小说理论资料(1897—1916)》,北京大学出版社,1989 年,第一卷,135 页。

㊲ 海天独啸子《凡例》,海天独啸子《女娲石》,东亚编辑局,1905 年,转引自陈平原、夏晓虹编《二十世纪中国小说理论资料(1897—1916)》,第一卷,132 页。

㊳ 《闲评八则》,小说林社译《母夜叉》,上海,小说林社,1905 年,转引自陈平原、夏晓虹编《二十世纪中国小说理论资料(1897—1916)》,第一卷,157 页。

㊴ 饮冰室主人《〈新中国未来记〉绪言》,《新小说》1 号,1902 年 11 月,52 页。

㊵ 冷血《〈侠客谈〉叙言》,《新新小说》1 号,1904 年 9 月,本篇 1 页、2 页。

㊶ 采广《〈解颐语〉叙言》,《月月小说》7 号,1907 年 4 月,219 页。

㊷ 姚鹏图《论白话小说》,《广益丛报》65 号,转引自陈平原、夏晓虹编《二十世纪中国小说理论资料(1897—1916)》,第一卷,135 页。

㊸ "欧化"的白话文之说出自傅斯年《怎样做白话文?》(《新潮》1 卷 2 号,1919 年 2 月,178 页),"文言"的"白话化"来自梁启超《晚清两大家诗钞题辞》(1920 年 10 月作),《饮冰室合集·文集》,上海,中华书局,1936 年,75 页。

㊹ 觉我《余之小说观》,《小说林》10 期,1908 年 4 月,本篇 9 页。

㊺ 披发生《〈红泪影〉序》,序 2 页,巴达克礼著,息影庐主译《红泪影》,上海,广智书局,1909 年。

㊻ 管达如《说小说》,《小说月报》《小说月报》3 卷 11 号,1913 年 2 月,"文苑"5 页。

㊼ 觉我《余之小说观》,《小说林》10 期,本篇 9 页。

㊽ 觉我《余之小说观》,《小说林》9 期,1908 年 2 月,本篇 1—2 页。

㊾ 任公《译印政治小说序》,《清议报》1 册,1898 年 12 月,本篇 1 页 B;衡南劫火仙《小说之势力》,《清议报》68 册,"瀛海纵谈"1 页 B 页;任公《饮冰室自由书》,《清议报》26 册,1899 年 9 月,本篇 2 页 A;邱菽园《与同年黄毅臣孝廉论译政治小说书》,《鹭江报》9 册,3 页 A。

㊿ 《小说丛话》中平子语,《新小说》9 号,1904 年 8 月,176 页。

㈠ 《小说丛话》中侠人语,《新小说》13 号,1905 年 2 月,168 页。

㈡ 《汉书·艺文志》,中华书局,1975 年,1746 页。

㈢ 康有为《小说门》,《日本书目志》卷一四,录自《康有为全集》,第三集,1212 页。

㈣ 《小说丛话》中侠人语,《新小说》13 号,168—169 页。

㈤ 《论小说与群治之关系》,《新小说》1 号,3 页。

㈥ 康有为《小说门》,《日本书目志》卷一四,录自《康有为全集》,第三集,1212 页。

㈦ 《论小说与群治之关系》,《新小说》1 号,1 页。

㈧ 新小说报社《中国唯一之文学报〈新小说〉》,《新民丛报》14 号,卷首。

㈨ 陆绍明《〈月月小说〉发刊词》,《月月小说》3 号,1906 年 12 月,1—2 页。

㈩ 天僇生《中国历代小说史论》,《月月小说》11 号,1907 年 12 月,1 页。

㈠ 楚卿《论文学上小说之位置》,《新小说》7 号,3 页。

㈡ 老棣《文风之变迁与小说将来之位置》,《中外小说林》6 期,1907 年 8 月,2 页、4 页。

㈢ 《〈小说七日报〉发刊辞》,录自阿英编《晚清文学丛钞(小说戏曲研究卷)》,172 页。

㈣ 《小说丛话》中侠人语,《新小说》13 号,165 页。此前,梁启超在《小说丛话》中忆及《国闻报》所刊《本馆附印说部缘起》时,尝云:"惟记其中有两大段,谓人类之公性情,一曰英雄,二曰男女,故一切小说,不能脱离此二性。……然吾以为人类于重英雄、爱男女之外,尚有一附属性焉,曰畏鬼神。以此三者,可以该尽中国之小说矣。"(《新小说》7号,169页)许定一更贬之为,"中国小说之范围,大都不出语怪、海淫、海盗之三项外",《新小说》13号,175页。

㉕ 《小说丛话》中饮冰语,《新小说》7号,169页。
㉖ 参见新小说报社《中国唯一之文学报〈新小说〉》,《新民丛报》14号,卷首。
㉗ 小说林社《募集小说》,《小说林》1期,卷首;《月月小说》编译部《征文广告》,《月月小说》15号,卷首,1908年4月。
㉘ 《〈新世界小说社报〉发刊辞》,《新世界小说社报》1期,1906年7月,"论著"2页。
㉙ 参见耀《学校教育当以小说为钥智之利导》、棠《中国小说家向多托言鬼神最阻人群慧力之进步》、老棣《学堂宜推广以小说为教书》、耀公《小说发达足以增长人群学问之进步》、耀公《普乡间教化宜倡办演讲小说会》、世《小说风尚之进步以翻绎说部为风气之先》,《中外小说林》8期、9期,《绘图中外小说林》18期、2年1期、3期、4期,1907年8月、9月,1908年1、2、3月。引文见耀公《小说发达足以增长人群学问之进步》,《绘图中外小说林》2年1期,1908年2月,4—5页。
㉚ 参见笔者《梁启超的"常识"观》,《天津社会科学》2014年1期;收入《梁启超:在政治与学术之间》,东方出版社,2014年,237—242页。
㉛ 《小说丛话》中定一语,《新小说》15号,1905年4月,170页。
㉜ 耀公《小说发达足以增长人群学问之进步》,《绘图中外小说林》2年1期,5页。
㉝ 《读新小说法》,《新世界小说社报》6期,3—4页;7期,2—4、6页,1907年2月、4月。
㉞ 觉我《余之小说观》,《小说林》9期,本篇8页。
㉟ 公奴《金陵卖书记》,开明书店,1902年,转引自陈平原、夏晓虹《二十世纪中国小说理论资料(1897—1916)》,第一卷,48页。
㊱ 中原浪子《京华艳史》第一回,《新新小说》2年5号,1905年2月,本篇5页。其言为:"更不可当一篇政治策论读,开口见喉咙。"
㊲ 饮冰室主人《新中国未来记》第三回,《新小说》2号,1902年12月,76页;饮冰《世界末日记》译后语,《新小说》1号,1902年11月,117页。
㊳ 参见摩西《〈小说林〉发刊词》、觉我《〈小说林〉缘起》及《余之小说观》,《小说林》1期、9期,1907年2月、1908年2月,本篇3页、1页。
㊴ 觉我《余之小说观》,《小说林》9期,本篇8页。
㊵ 梁启超《告小说家(一)》,《中华小说界》2卷1期,1915年1月,本篇2页、3页。
㊶ 陶佑曾《论小说之势力及其影响》,《游戏世界》10期,1907年,"选稿"12页B。

㉒ 伯耀《小说之支配于世界上纯以情理之真趣为观察》,《中外小说林》15 期,1907 年 11 月,5 页、6 页。

㉓ 《〈新世界小说社报〉发刊辞》,《新世界小说社报》1 期,7—8 页。

㉔ 伯《义侠小说与艳情小说具输灌社会感情之速力》,《中外小说林》7 期,1907 年 8 月,5 页。半年后,黄伯耀重提此话,则曰:"金人瑞之言曰:逆料二百年后,群书无可读,且不必读,而亦已废尽,悉成为小说世界已。"耀《小说发达足以增长人群学问之进步》,《绘图中外小说林》2 年 1 期,5 页。

㉕ 金圣叹《读第六才子书〈西厢记〉法》,曹方人、周锡山标点《金圣叹全集》,江苏古籍出版社,1985 年,(三),13 页。

㉖ 老棣《文风之变迁与小说将来之位置》,《中外小说林》6 期,5 页。

㉗ 计伯《论二十世纪系小说发达的时代》,《广东戒烟新小说》7 期,1907 年 12 月,"绪言" 2 页。

㉘ 《汉书·艺文志》,中华书局,1975 年,1745 页。

诚斋诗集版本述略

吴 鸥

南宋诗文传于今者，以杨万里、陆游两家最为闳富。今所见杨万里《诚斋集》一百三十三卷，为其长子长孺所编，收诗集九种四十二卷，文集九十卷，历官告词、诏书谥议等附录一卷。是书编定于宋宁宗嘉定元年(1208)，板行于宋理宗端平二年(1235)。宁宗开禧三年(1207)，时人已称诚斋"文规姚姒，盖一百三十卷之多；诗到阴何，积四千二百首之富"(毛宪《赠光禄大夫告词》，见《诚斋集》卷一三三)[①]。杨长孺所撰诚斋墓志，亦云"先君工于诗，作诗二千二百首(按当作四千二百首，刊本误)，有《诚斋集》，合一百三十卷；经学尤邃，有《易传》二十卷"(见清乾隆吉水杨氏带经轩刊本《杨文节公文集》附)。今广求传世诸本，校其文字，明其源流，间述心得，撰此述略。

一、宋淳熙、绍熙间递刻诚斋诗集

诚斋列名南宋四家，早年师法江西诗派，后又遍学陈师道、王安石，并上溯晚唐人。继而悔其少作，知常州日，诗风一变，"辞谢唐人及王、陈、江西诸君子皆不敢学"，独辟蹊径，"涣然未觉作诗之难"(以上《诚斋集》卷八〇《诚斋荆溪集序》)，十有四月而得诗四百九十二首，编为《荆溪集》。此后又有《西归集》《南海集》《朝天集》《江湖集》[②]《江西道院集》《朝天续集》《江东集》《退休集》次第成编。诚斋重视诗文的经世作用，也有意为诗人，每任一官必编一集，每编一集成必举以赠诸同好、门生，陆续刊刻问世。今国家图书馆所藏宋淳熙、绍熙间递刻《诚斋先生江湖集十四卷荆溪集十卷西归集四卷南海集八卷江西道院集五卷朝天续集八卷退休集十四卷》残本，说明在杨万里有生之年中，其诗集已有刊本流传,早于杨长孺编定百三十三卷《诚斋集》四十五年左右③。

此国家图书馆藏本今缺《朝天》《江东》二集,所存七集皆损毁特甚,然字体遒美,刊刻精良。其内容大体上同于杨长孺所编之百三十三卷本中之诗集,而分卷、篇目及文字等复有歧异。

(一) 分卷之异

宋陈振孙《直斋书录解题》、元马端临《文献通考·经籍考》、明焦竑《国史经籍志》、清《四库全书总目提要》所著录之《诚斋集》均为百三十三卷。惟《宋史·艺文志》云"杨万里《江湖集》十四卷,又《荆溪集》十卷,《西归集》八卷,《南海集》八卷,《朝天集》十一卷,《江西道院集》三卷,《朝天续集》八卷,《江东集》十卷,《退休集》十四卷",当即百三十三卷本以前之诚斋诗集刻本,唯其卷数又与今存之宋递刻本小异。试表列如下(表1):

表1

	百三十三卷本	宋递刻本	宋史·艺文志
江湖集	7卷	14卷	14卷
荆溪集	5卷	10卷	10卷
西归集	2卷	4卷	8卷
南海集	4卷	8卷	8卷
朝天集	5.5卷	缺	11卷
江西道院集	2.5卷	5卷	3卷
朝天续集	4卷	8卷	8卷
江东集	5卷	缺	10卷
退休集	7卷	14卷	14卷

可见百三十三卷本中诗集一卷,恰合宋递刻本、《宋史·艺文志》著录本之两卷。如《江湖集》《退休集》,百三十三卷本为七卷,递刻本、《宋史·艺文志》各为十四卷。《南海集》《朝天续集》,百三十三卷本为四卷,递刻本、《宋史·艺文

志》各为八卷。《朝天集》百三十三卷本为五卷又半,《宋史·艺文志》著录为十一卷;《江东集》百三十三卷本为五卷,《宋史·艺文志》著录为十卷。

唯《西归集》百三十三卷本为二卷,宋递刻本为四卷,《宋志》却著录为八卷;《江西道院集》宋递刻本为五卷,百三十三卷本合为二卷又半(其中半卷与《朝天集》五卷半中的半卷合为一卷,见集卷二四),《宋志》却著录为三卷。窃谓此皆《宋志》之误。以《西归集》宋递刻本所收诗与百三十三卷本篇目相同④,共二百〇二首,厘为四卷,每卷收诗五十首左右。此集作于孝宗淳熙六年(1179)二月至岁尾,时诚斋常州任满,二月西归故乡,十二月二十七日于风雪中渡吉水抵家。《诚斋西归诗集序》自言:"计在道及待次凡一年,得诗仅二百首,题曰《西归集》。"⑤诗数与今所见本悉同,足证今所见本并无散佚。若如《宋志》著录八卷,每卷止能得二十五首左右,似太短薄,盖涉下文《南海集》八卷致误。《江西道院集》收诗二百五十余首,宋递刻本析为五卷,据集卷八一《诚斋江西道院集序》,谓淳熙十五年四月上章丐补外,得江西道院,在官所二百八十四日即召还,"乃并取归途及在郡时诗录之,凡二百有五十首,析为三卷"。此言三卷,与百三十三卷本实际分为二卷又半复不相合,宋递刻本《江西道院集》卷首亦载此跋文,三字正作五。三、五字形相近,疑"三"字为涉形近致误。杨长孺改编后之《江西道院集》已失却五卷原貌,收入本集之《江西道院集序》遂将"五卷"讹为"三卷",《宋史》亦沿之而误。

(二) 篇目之异

宋递刻本所收诗篇目,大体与百三十三卷本同。唯递刻本《江西道院集》无《读汉书》二首(百三十三卷本在卷二四),《朝天续集》无《初入淮河四绝句》及《题盱眙军东南第一山》之二(百三十三卷本在卷二七),目录中亦不载,知非无意之遗漏。盖缘《初入淮河四绝句》等诗关涉时事,生前不便入集,身后始由长孺补入。复有奇者,递刻本《退休集》中,有诗十余首,其诗题同于百三十三卷本,而文字大异之,前人著录均所未言,表列于次(表2、表3):

表 2

诗题	宋递刻本《退休集》卷七	百三十三卷本卷三九
题曾景山通判寿衍堂	风月暂平分,为霖喜有人。斯堂非浪扁,佐主寿跻民。	人家具庆已燕喜,人家重庆更奇伟。宜春台上贤治中,妙龄斫桂广寒宫。亲年九十身六二,芝兰玉树森庭砌。上堂彩衣称寿觞,下堂绣口喧雪窗。紫枢相公喜嘉祥,大书寿衍名其堂,五世其昌未渠央。
送刘茂才主簿之官理定	梅子青青荔未丹,葵丘缩成便之官。莫言屋矮位卑甚,早晚高人振羽翰。	陆机二十作文赋,刘君二十诣太常。桃花浪险阿香(一作鲸波)怒,点破龙额归西江。平津六十策第一,刘君五十赐袍笏。一官初入八桂林,官无早晚在努力。大帅大漕两德星,总是青原旧使君。若问公堂阶下吏,便是三瑞堂前门生前进士。
萧照邻参政大资挽诗二首	公如月欠一分圆,生死应同昼与昏。鼎鼐□□□□□,□□露□留好□……(下残)	父子双晁董,中兴只一家。里刚金百炼,表粹玉无瑕。死力扶忠善,生平嫉佞邪。古人少全传,公传即非夸。东府辞金印,南园伴赤松。门阑无薏苡,泉石自从容。忽作丁威鹤,云亡老子龙。一哀缘珍瘁,不是涕无从。
赠盱江谢正之	策马访柴扉,庭前草亦□。谈今复谈古,如子□□□。	盱江天上银河冰,麻姑人间白玉京。不生金珠不生玉,只生命代千人英。前有泰伯后子固,后无来者前无古。九州四海何同年,浓墨大字荐惠连。君家春草池塘句,只今又见君著语。袖中绣出诗一编,清新不减春草篇。愿君努力古人事,再光麻姑与盱水。

续表

诗题	宋递刻本《退休集》卷七	百三十三卷本卷三九
太守赵山父命刘秀才写予老丑索赞	□□如斯兼儿丑,丹青写出十分真。凌烟绘像吾无望,喜在山林老此身。	香山有个狂客,恣游三十六峰。不是河南贤尹,谁赠明月清风?
寄题舒州宿松知县戴在伯重新紫霄亭二首	高高亭耸紫霄端,借榻高眠廛市间。轮奂重新无俗□,何如来此伴云闲?	一代名臣张右丞,玉山头作紫霄亭。如今再得戴安道,拈出旧时山色青。万里长江一线横,好风时送晚潮声。江州司马叫不醒,叫得庐山分一舣。

表 3

诗题	宋递刻本《退休集》卷九	百三十三卷本卷四〇
雨后至溪上	□□□□一番□,□□风光□□□。□□渭川公子在,此时□□理丝纶。扁舟一叶泊溪弯,一雨初收篷未干。风浪依然平帖后,渔翁□出把渔竿。拟借丹青画作图,退休老子作渔夫。凤凰池上虽荣贵,何似清闲看浴凫。	夜雨无端忽晓晴,南溪便长半篙清。斜冲乱石雪霜碎,快泻深陂金玉声。慢处回头紫作漩,急边眨眼不留行。李成觑着如何画,却是诗中画得成。
寄题太和宰赵嘉言勤民二图	特借丹青写二图,二图之意果何如?请君细看□□□,是亦□求无逸书。□民勿视作□□,勉力耕桑贵及时。上古□□犹画象,老夫喜赠二篇诗。	岁岁桃花水到时,野航客子命如丝。赵侯小试济川手,雪浪翻天不溅伊。——右题通济渡船图 半山厚国卖丛祠,钟步诸坊卷酒旗。村里山农语音好,孔方兄已赦鹅儿。——右题停罢坊场图

续表

诗题	宋递刻本退休集卷九	百三十三卷本卷四〇
上元前一日游东园看红梅（递刻本诗题无红字）三首	谁占百花头上魁，花神推许口口口。东园春信知多少？今日喜晴拼一来。 东园把酒问东皇，何事梅花压众芳。和靖当年一题品，到今几载句犹香。 春到东园恰口口，腊前闻已破南枝。口口口口口口，口旦元口口口诗。	欲折红梅朵，看来不忍攀。周回寻四处，恰得一枝繁。 偶看红梅到小园，凭栏送眼过前村。山头茅屋隔孤树，篱外行人出半身。 儿牵黄犊父担犁，社鼓迎神簇纸旗。不是丰年那得此，今春大胜去春时。

宋递刻本《退休集》诸诗，较之杨长孺编定百三十三卷本中诸诗，似稍荒率。何以二本中诗差异如此，一时尚无可考。或者递刻本此诸诗原为诚斋酬应之什，其后复经修改重作，而经杨长孺编入本集，亦未可知。

（三）文字之异

长孺编次之百三十三卷本最为完足，然历经传抄，各本文字滋异。宋端平本国内久已不存，抄本在文字上得籍宋递刻本纠讹夺而息众喙。姑举数例。《四部丛刊》所收百三十三卷本《诚斋集》，卷四一《退休集·谢苏州使君张子仪尚书赠衣服送酒钱》诗句云："王弘不可作，范叔空自寒。忽槛苏州书，冷窗回春暄。"槛字不辞，一本作缄，亦非是。又一本作揽，揽字当是。然何以《丛刊》本误作"槛"？检递刻本，则作"擥（擥）"。"擥"为"擥"的异体，即"揽"也。《说文解字》手部有"擥"字，云："撮持也。"《楚辞·离骚》："夕揽洲之宿莽。"王逸注："揽，采也。一作擥，一作擥。"则知《丛刊》本之误，乃是由于槛、擥涉形近而致误。又如《丛刊》本卷四《江湖集·见张钦夫二首》之一："一别时飞（飞）几，重来事总新。"诸本"飞几"或作"非几"。当从宋递刻本作"能几",以"能"与"飞"字形近似,诸本先讹作"飞",又误改为"非"。卷五《江湖集·和周子中病中代书之韵兼寄胡季文季永游山之约》,诸本皆作"吟外今何病,愁边我索居。昔无今样懒,新欠故人书"。"吟外今何病"与下文"今样懒"重字,且与"愁边我索居"不成对仗,当从递刻本作"吟外君何病"。

　　宋递刻本残存六十卷。《朝天》《江东》二集全逸,《西归集》存卷一至三,《退休集》存卷一至三、六至十四,其余诸集尚完。版式为白口,单鱼尾,左右双边,半叶十行,行十八字,《退休集》间有十九、二十字。各集前有总目。除《退休集》外,各集前后尚有诚斋自序及时人序跋,署名有"□应行""马子严""锺将之""刘涣""赵崇古"等。其中唯刘涣《南海集跋》曾见著录,余则不为后人习知。虽均残损不完,尚可辨知诸序跋撰述日期,知当《荆溪》《西归》《南海》《朝天》四集行世以后,"学后山及半山及唐人"风格之《江湖集》始编成问世。《江西道院集》《朝天续集》刊于绍熙初,《退休集》的刊刻当更在其后。各集卷首均题"诚斋先生某某集卷几",次一行题"庐陵杨万里廷秀"。《荆溪集》卷末有牌记云:"淳熙己酉皇帝逊位仲春之月刊于西塾"。《退休集》卷二之末亦有一牌记,已残缺不可辨,惟余"中秋""行"三字。书中钤有日本"金泽文库"楷书长方形印记。原书今藏国家图书馆。

　　又,日本宫内厅书陵部藏有宋淳熙时所刊《南海集》单行本八卷。岛田翰《古文旧书考》、傅增湘《藏园群书经眼录》及今人严绍璗先生《日藏宋人文集七百种》(稿本)均著录是集。此本卷末有刘涣跋文,其文字同于国家图书馆藏宋递刻本《南海集》所附刘跋而更完整。唯此本板心作双鱼尾,上记字数,下鱼尾下记页数⑥,"国图"藏递刻本作单鱼尾,不记字数、页数,是二本违异处。傅氏云:"此则当时粤中单刊之本,视刊全集时早四十九年,且卷数增至倍。岛田翰曾以全集本校之,第言字句小有异同,余未得比勘,不敢遽信其说也。"⑦刘涣跋语全文,《藏园群书经眼录》已迻录,此处不烦再引。

二、杨长孺编《诚斋集》一百三十三卷

　　杨长孺编定《诚斋集》百三十三卷本,精善完足,遂取代了有诗无文之宋递

刻本而流传。

此杨编宋刻本国内早已亡佚，今日本宫内厅书陵部有藏。国内仅止若干抄本流传，皆为藏书家所钟爱。其中，著录家曾盛称朱彝尊藏影宋抄本，盖已佚失，《涵芬楼烬余书录》所言何元锡藏精抄影宋端平本，亦已毁于兵火。今就传世诸本略事辨述。

(一)《诚斋集》一百三十三卷，《四部丛刊》影印缪荃孙艺风堂藏影宋抄本

此本版心高营造尺六寸八分，宽五寸，白口，四周双边，半叶十行，行十九字。前有刘炜叔序。首行题"诚斋集卷第几"，次行题"庐陵杨万里廷秀"，每卷末有"嘉定元年春三月男长孺编定，端平元年夏五月门人罗茂良校正"两行。刘炜叔序称，此集"以卷计一百三十有三，以字计八十万七千一百有八"，"锓木于端平初元六月一日，毕工于次年乙未六月之既望"。集中凡遇"圣上""皇太子""车驾""太上""德寿""景灵宫""垂拱殿""东宫""储皇""储后""行在""祖宗"等字，皆或提行，或空格，仍存宋版旧式。《艺风藏书记续记》卷六云："日本人云宋本在其国内，此从之影写者。"《四部丛刊书录》亦云："宋刻在日本，此出日本人影抄，每叶二十行，行十九字，为《诚斋集》最足之本，自宋以后绝未刻过。"而杨守敬《日本访书志》卷一四著录像宋抄本诚斋诗集四十二卷，其编排卷次与《四部丛刊》所收缪氏藏本相合，谓"按诚斋全集本一百三十三卷，今著录家所传朱竹垞影宋本，有刘炜叔序，每半叶十行，行十六字，每卷后有'嘉定元年春三月男长孺编次，端平元年夏五月门人罗茂良校正'，此本皆与之合，的系从宋本影抄"。严绍璗先生《日藏宋人文集七百种》著录之《诚斋集》一百三十三卷端平初年刻本，亦云每半叶十行，行十六字，白口，左右双边，版心鱼尾下标"诚斋几"，下有刻工姓名云云。《四部丛刊》本版式与杨、严二先生所见之宋端平本并不相同，盖《丛刊》本系自日藏宋端平本辗转抄来，并非最初的影宋抄本。

此本卷一至卷四二为诗，卷四三至卷一三二为文，卷一三三为诏书谥议等附录。此本向为学人所重，然其文字阙漏讹误者亦复不少。如"长铗"误"长铁"，"裹头"误"裏头"，"红湿"误"红湿"，"膏肓"误"膏盲"之类，所在多有。《江湖集》中"弋阳县"皆误为"戈阳县"，"新淦"均误作"新涂"，不知为抄胥笔误抑或传写滋误。卷九九《跋刘原父制词草》，先收刘敞(字原父，号公是)为欧阳

修、宋敏求等五人修成《新唐书》后迁官而拟写的制书草稿，后有诚斋跋云："公是先生作欧宋五人《唐史》书成第赏增秩制稿，涂改字画一一尚可察也。……庐陵杨某书。"此跋文国内各抄本收录尚能完全，刘敞制草勾画涂抹处亦可明白，唯《丛刊》本所收制草零落断裂，不知所云，连诚斋跋文亦未全收入。同卷又脱去《跋张忠献公答刘和州三帖》等题跋文九首。又卷六三《上张子韶书》与《上张丞相书》中间脱去一段，致使二文联成一文，《上张丞相书》标题亦因此湮没，于北山先生曾特撰文辨证之⑧。

《四部丛刊》本纵有如斯讹漏，亦仍不失为善本而较胜于国内多数明清抄本。如卷四〇《退休集·王式之直阁不远千里来访野人赠以佳句次韵奉谢》，诸本多自诗题最末一字"谢"字始，至同卷《送金元度教授辞满赴部改秩》全诗止，共十首错简，倒在卷四一《不寐》之下；而《四部丛刊》本不误。卷八《荆溪集·入常山界》二首之二及《小憩栟楮》诗，抄本脱去，唯宋递刻本与《丛刊》本有之。且此本虽多误字，亦多佳字。如卷六《江湖集·长句寄周舍人子充》，诸本或作"省斋先生太高寒，肯将好诗博好官"，或作"省斋先生太高寒，肯将好语博好官"，唯《丛刊》本与递刻本同作"肯将好官博好山"。按周必大字子充，有《省斋文稿》，隆兴初权中书舍人，因抵制孝宗宠信佞人曾觌、龙大渊而去官，久之方起，故当作"好山"，言去官归田事也。卷四二《退休集·丙寅人日送药者周叔亮归吉水县》："服药六千六百盏，望舒二十二回圆。""望舒"字递刻本残阙，诸本作"野望"。望舒指月，出张协《杂诗》："下车如昨日，望舒四五圆。"如作"野望"，则不辞矣。

此本诗集部分较为整饬，文集部分则较为粗糙。与诸抄本相较，互有讹夺，可以互相补正。

（二）《诚斋集》一百三十三卷，明汲古阁抄本

此本用汲古阁印格纸抄，白口，单鱼尾，四周双边，边栏右上角有"毛氏正本"四小字，左下角有"汲古阁藏"四小字。半叶八行，行十七字。卷五至八、卷一五至一八、卷二〇至三〇为素纸抄。钤有"章绶衔章""章紫伯鉴藏""紫伯收藏""章氏子伯过目""子檗寓赏"及"结一庐藏书印""徐乃昌读"等印记。今藏上海图书馆。

此本卷首题"诚斋集卷第几"，下题"庐陵杨万里廷秀"，每卷末有"嘉定元年春三月男长孺编定,端平元年夏五月门人罗茂良校正"两行,可知亦是出自杨长孺手定之本。这是国内所藏较早的抄本之一,可以校正《四部丛刊》本中一些文字讹误,如卷五《江湖集·和昌英叔雪中春酌》,《丛刊》本作"醉乡有地分一席,且与先生十分梨花注太白。"梨花,酒名,唐白居易《长庆集》卷二〇《杭州春望》:"红袖织绫夸柿蒂,青旗沽酒趁梨花。"太白,一本作"夫白",均误,当从此本及递刻本作"大白"。又同卷《和张器先十绝》之四,《丛刊》本作"一战犹须债酒兵","债"字显误,此本则作"倩"字不误。

与《丛刊》本相较,此本诗集部分有篇次的淆乱夺落。卷二〇《朝天集·跋陆务观剑南诗稿二首》至《都下食笋自十一月至四月戏题》共四题五首诗脱去。又《丛刊》本卷二二之末,诗篇序次为《李仁甫侍讲阁学挽诗》《故王氏令人挽诗》《钱仲耕殿撰侍郎挽诗》《周子及(汲古阁本作"皮")监簿挽诗》《洪丞相挽辞》《太令人田氏挽辞》六题,每题二诗,颇为整饬。此本则《故王氏令人挽诗》《钱仲耕殿撰侍郎挽诗》《周子皮监簿挽诗》《洪丞相挽辞》共四题八诗倒在卷中《戏题檐间蜘蛛》下,《跋忠敏任公遗帖》上(他本《洪丞相挽辞》或又倒在《戏题檐间蜘蛛》之上);且洪适、李焘二人的挽诗之第二首复又互倒。洪、李二人均卒于淳熙十一年,《丛刊》本《洪丞相挽辞》之二云:"家谱忠仍孝,词林博更宏。……谁谓身非达,其如道不行。"洪适父皓,曾使金被留十五年,全节而归,适、遵、迈兄弟三人皆登词科,文名满天下,洪适更更高居相位,"然无大建明以究其学"(《宋史》卷三七三本传),正与此诗意合。《李仁甫侍讲阁学挽诗》之二云:"高议春江壮,长身野鹤孤。生涯一杯酒,行李五车书。凡例今迁叟,声名后老苏。岷峨气凄怆,不为玉将珠。"李焘作《续资治通鉴长编》,体例仿司马光(迁叟)的《资治通鉴》,复与苏洵同是眉州人。李焘体貌"玉立长身",诚斋曾不止一次提及。如《丛刊》本卷三〇《送李制干季兄擢第归蜀》,序称制干"名壁,仁甫之季子也,其兄通判壁……兄弟五人,今存者三人,其长即贤良公壆"。诗云:"玉立长身太史公,诸郎个个有家风。"卷五四《谢李壆制干启》:"伏以长身玉立,犹及瞻一老之下风;有子璧连,今又仰二难之伟器。"可知二诗系属及诗篇序次,当以《丛刊》本为正,汲古阁本及他本误也。文集部分,则此本分卷同于《丛刊》本,而卷六三《上张丞相书》、卷九九题跋文九首皆存,可补《丛刊》本之失。

汲古阁本虽有讹误,亦复可贵,乃可据是本之误,推知他本源流。如卷四○《王式之直阁不远千里来访野人赠以佳句次韵奉谢》,此本原不误倒,而至卷四一《不寐》诗后,忽又有题为"谢",而所系诗文正是《王式之直阁……》等以下十首,造成前后重出。疑此为各本窜乱之由。盖因重出,后人抄撮时加以去取,遂成错简。

(三)《诚斋集》一百三十三卷残存十五卷,明末毛氏汲古阁抄本(为便于区别,前一本可称"甲本",此本可称"乙本"。)

存卷四○至四八、六二至六四、一三二至一三三。格纸抄,细黑口,四周双边,半叶八行,行十七字。板框高约十六点五公分,宽约十二公分,框外右上端有"毛氏正本"四小字。每卷末有"嘉定元年春三月男长孺编定,端平元年夏五月门人罗茂良校"两行。有"季振宜""沧苇""常熟翁同龢藏本""翁同龢校定经籍之记""坵斋秘籍"等印记。末有翁同龢手书跋文,云此本为其十四岁应童子试时偶于市街中购得。此本虽残缺不完,而恰存第六十三卷,其中《上张子韶书》后半至《上张丞相书》前半尚未阙失。又此本卷四○《王式之直阁不远千里来访野人赠以佳句次韵奉谢》等十诗,亦倒在卷四一《不寐》诗下。书今藏国家图书馆。

(四)《诚斋集》一百三十三卷,清抄本

每半叶十行,行二十字,素纸抄,钤有"季振宜印""沧苇""璜川吴氏收藏图书""恬裕斋藏""铁琴铜剑楼"等印记。每卷末亦有"嘉定元年春三月男长孺编定,端平元年夏五月门人罗茂良校正"两行。卷一一末两行后又一行云:"顾麟士再校"。此本卷二○《跋陆务观剑南诗稿二首》等五诗脱去,卷二二李焘与洪适挽诗互倒,并篇目次序排列等,均同于汲古阁甲本;《王式之直阁不远千里来访野人赠以佳句次韵奉谢》等十诗错简至卷四一;卷四○仅存诗题,至"奉"字止,紧接下文《尝茶蘼酒》诗。又此本卷一八《南海集·正月二十八日峡外见燕子》二首之二至《郎石峰》共八诗脱去,《丛刊》本及汲古阁甲本有之。书今藏国家图书馆。

(五)《诚斋集》一百三十三卷存一百二十二卷,清抄本

此本为素纸抄,半叶十行,行二十字。有"抱经楼""周暹"白文印记。每卷末亦有"嘉定元年春三月男长孺编定,端平元年门人罗茂良校正"两行。此本诗集部分较文集部分完整，卷一至卷四二为诗同于《丛刊》本，而其间篇目脱落、次序颠倒者略同于汲古阁甲本。文集部分阙失较多，最末一卷为卷一二二《墓表》，卷一二三《墓志铭》并以下尽脱。即今存者，也残损不完，如《丛刊》本之卷六六、六七为《书》，共二十二首，此本竟无之，而以卷六九、七〇各分为二，补足卷数。《丛刊》本卷八七至八九为《千虑策》共十二篇，此本脱去其中的《论相》《论将》《论兵》《驭吏》四篇，而以其余析为三卷，补齐卷数。清张金吾《爱日精庐藏书志》卷三一，著录有"《诚斋集》一百二十二卷，旧抄本，朱竹垞藏书"。李兆洛《养一斋文集》卷六《校正杨诚斋集跋》，谓以爱日精庐本校补自己从舟估处购得之本，云"爱日本是影宋抄本，止有百二十二卷，篇次亦小异……字迹讹谬，几不可句读，后帙志、铭、墓表篇次错杂，必宋本有缺卷，写者分析卷第，以足原数，遂至凌乱失次也"，以二本相比对，爱日本"或一卷分为二，或二卷合为一，以是知张本亦决非宋刊之旧也"。此本正作一百二十二卷，篇次离合亦颇似李兆洛所云，意者此本即从爱日本出。书今藏国家图书馆。

（六）《诚斋集》一百三十三卷，残存卷六二至卷一二二，清初抄本

格纸抄，细黑口，双鱼尾，单边，半叶九行，行十八字，上鱼尾下记"诚斋集卷第几"，下鱼尾上记叶数。每卷前有目录，卷末有"嘉定元年春三月男长孺编定，端平元年夏五月门人罗茂良校"两行。无序跋。此本诗集已缺去不存，文集篇目顺序与上述抱经楼抄本多同，又止存百二十二卷，或此本与爱日本同出朱彝尊旧藏抄本。钤有"谦牧堂藏书记""谦牧堂书画记"章，是纳兰容若弟揆叙旧藏。今存国家图书馆。

（七）《杨诚斋集》一百三十三卷，残存卷四三至卷六八、卷七一至卷七四、卷七八至卷一一〇、卷一一二至卷一一七、卷一二九至卷一三三，明抄本

此本格纸抄，黑口，四周双边，半叶九行，行十八、十九、二十字。上鱼尾下题"诚斋集卷几"，下鱼尾下记叶数。卷首题"诚斋集卷第几"，下题"庐陵杨万里廷秀"，每卷末有"嘉定元年春三月男长孺编定，端平元年夏五月门人罗茂良校正"两行。无序目，集中有朱笔校字。此本诗集部分已缺失，文集残存各卷多缺首少尾，残缺不全。而卷一一六、卷一一七复与《丛刊》本异。《丛刊》本卷一一六为《李侍郎传》，卷一一七为《蒋彦回传》等五首，此本两卷却分别为《赵清献公传》《司马温公传》。按赵清献公即赵抃，司马温公即司马光，此二传已

见于《东坡全集》卷三八、三九,何以阑入《诚斋集》中,不得其解。

同函又有三册《诚斋集》零卷,明抄本。素纸抄,半叶十行,行二十字。残存卷四四至四七,卷五六至六〇,卷七四,卷八四至卷八五,卷九七。与格纸抄本互有重合。曾经莫友芝收藏,钤有"莫友芝图书印""莫绳孙印""莫彝孙印"。书今存北京大学图书馆⑨。

(八)《诚斋集》一百二十卷,清抄本

素纸抄,半叶十行,行二十字。卷一至四二为诗,分卷篇目、讹夺错简处略同汲古阁甲本。卷四三至一二〇为文,盖为百三十三卷本残缺后重编,其卷次虽不同于百三十三卷本,其文章体裁先后顺序仍大体同之。是书有"礼邸珍玩""礼府藏书""臣班""二癖""邢之襄印""南宫邢氏珍藏善本"等印记。此本原为清礼亲王府旧藏,后为邢之襄(赞亭)所得,后捐入国家图书馆。

(九)《诚斋集》一百三十五卷,清抄本

丁丙八千卷楼旧藏。素纸抄,每半叶十行,行二十字。集前有刘炜叔序,《宋史》杨万里本传节录,诚斋集全集总目一册,并柳斋识语、吴焯、吴城父子题记。扉页有丁丙跋文云:"宋刻绝迹,即抄本亦罕。宋蔚如宾王屡经勘正,冠以《宋史》本传,吴绣谷、瓯亭父子从而抄校,益见完善。此本前又有柳斋识云:'《诚斋集》或八十卷,或一百二十卷,皆非全书,至百三十又三,可称全璧。癸卯春,予于他处忽得诚斋集二卷,附于卷末,真至宝也。'"所谓"诚斋集二卷"者,实为题为《诚斋先生锦绣策》的策问文章二十五篇,又名为《锦绣论》《千虑集》,清人或删去三篇为二十二篇。或分二卷,或不分卷,有永乐大典本、明万历刊本、清刊本等。因明以前未见著录,《四库总目》疑为后人伪托⑩。《诚斋集》中原有《策问》及《千虑策》,《锦绣策》与之绝不相合。此本乃以《锦绣策》附于集末,为第一三四、一三五卷。

吴城题记又云:"余近见宋氏宾王、汪氏秀峰两家所藏,俱一百三十三卷,始知插架旧本卷帙前后颇有错乱,甚至以一卷分而为二者,亦有以两卷并而为一者,妄行增损,欲谓之无心之误,可乎?余重加编次,阙者补之,宜分宜并者悉以宋氏本为据,……然旧序阙如,两本同之。"又再记云:"是集补录之后,余友董巨川复加校正,落叶尽扫,快何如之。"书中有署名朱文懋者校语、注文,以蝇头小字书于眉端,正文中别有大字校改处,或即董巨川手笔。

此书从宋宾王本抄校,又屡经勘校,颇为精审。诗文篇目之完足,大体同于《丛刊》本,而文字讹夺又少于《丛刊》本,凡有异文,均加标识,不轻改字。朱文懋注文尤可参考,如卷一《江湖集·晚立普明寺门时已过立春去除夕三日尔将归有叹》:"边头犀渠未晏眠。"一本"犀"作"迟"。朱文懋引《国语》"奉文犀之渠"注:"甲也",鲍照《白纻歌》"象床瑶席镇犀渠",证其作"犀渠"是。卷三《和文明主簿叔见寄之韵》:"古声弹九寡。"九寡,《丛刊》本同,他本或如北京大学藏抄宋宾王本作"已寡",或如清吉水杨氏刊本作"久寡",均误。朱文懋注云:"九寡,一作已寡。按,九寡乃枚乘《七发》'孤子之钩以为隐,九寡之珥以为约'注:'鲁之母师,九子之寡母也。约与的同,琴徽也。'"此言取鲁九子之寡母的珥饰为琴徽,欲其声多悲,以"九寡"指悲声,故作"九寡"是。又卷五《雨中送客有感》:"李花全落郑花开。"一本"郑"作"杏"。朱文懋注引《苕溪渔隐丛话》中"郑木"之说,证其当为"郑花"。凡此,皆颇见功力。朱注亦兼有误,如卷一《和唐德明问病》句:"更无竹下子唐子。"朱校:"子字误。"实则"子唐子"乃有意仿古人语,非误字,诚斋诗中亦多见。

又卷二二后半各诗,此本编次同《丛刊》本,李焘、洪适挽诗隶属亦无误,是笔者所见明清抄本中唯一不误之本。然卷四〇《王式之直阁不远千里来访野人赠以佳句次韵奉谢》等十诗亦错简。朱文懋原有小注云:"此下脱落数诗另纸已补□此二诗当列于前",复又划去。卷六三《上张子韶书》与《上张丞相书》之间无脱文。是书钤有"石林山房图书""济阳文府""八千卷楼藏书之记""嘉惠堂丁氏藏书之记"等印记。今藏南京图书馆。

(十)《诚斋集》一百三十三卷,清抄本

此本亦抄自宋宾王本。素纸抄,半叶十一行,行二十一字。每卷首亦题"庐陵杨万里廷秀",每卷末亦有"嘉定元年春三月男长孺编定,端平元年夏五月门人罗茂良校正"两行。书末有《后记》,实即《丛刊》本置于全集前之刘烶叔序。此本前有全集总目一册,目录前冠以《宋史》本传节略,传后有小字三行云:"诚斋集向无序,浦星缠录《宋史》传置其首,传中载地震应诏所上书,缘已见第六十二卷,故删之。雍正庚戌仲春记。"目录后又有小字题记云:"《经籍志》:《杨诚斋集》一百三十三。阅公赠诰有'文规尧姒百卅卷之多,诗到阴何积四千二百首之富',则此为集之全无疑矣。末卷乃录公历官之诰,盖附录也,公集实百三十二卷。向无目,浦先生创之。其间卷帙不均,似可盖外略见标识,以俟续抄者政之。雍正八年腊月东仓宋宾王记。"此两则题记均为抄书人抄写,不是宾王手迹,故王重民先生《中国善本书提要》著录此本云:"此本据宋宾王本抄写,题记似有误字。"

此本眉端亦有校语,间有与丁丙八千卷楼藏本朱文懋校注相同者。王重民先生谓此本校语"皆出宋宾王手"。盖丁本原从宋氏本抄校,朱文懋又对宋氏校语加以补订,故更完备。

此本卷二二诸诗顺序亦有错乱,李焘与洪适挽诗也误倒,而卷四〇《王式之直阁不远千里来访野人赠以佳句次韵奉谢》等十诗却不错简。文集部分篇目完足,卷六三、卷九九均无脱文,较《丛刊》本为佳。但文集卷次却与《丛刊》本有异,此本分《丛刊》本之卷七〇为二卷,即列为卷七〇、卷七一,故以下各卷次均与《丛刊》本相错一卷,至第一一七卷时,仍标为"诚斋集卷第一百十六",故此本之第一百一十六卷,居然有二,以保持卷帙总数仍为一百三十三卷故也。

此本文字亦佳,可以校正《丛刊》本若干缺失,与丁本虽互有异文,其精善则不相上下。钤有"宝禊堂鉴赏印""凝神静气"(白文)章。书今藏北京大学图书馆。

(十一)《诚斋集》一百三十三卷,影印文渊阁《四库全书》所收汪如藻家藏本

《四库总目》云:"此集则嘉定元年其长子长孺所编也。……其卷帙繁重,久无刻板,故传写往往讹脱。……今核正其可考者,凡疑不能明者则姑阙焉。"经对校,知库本文字尚为稳妥,篇目亦较完足,尤以诗集部分较少讹误。文集部分,辄就错简失校而疑不能明处空行、空格,标以"阙"字。卷四〇《王式之直阁不远千里来访野人赠以佳句次韵奉谢》等十诗,库本不错简;卷六三《上张子韶书》《上张丞相书》无脱文;卷九九《丛刊》本失去九首题跋而库本不缺。库本讹脱之处,大略同于其他传抄本,如卷二二篇次有窜乱,李焘、洪适挽诗互倒;卷八《入常山界》之二及《小憩枅楮》,《丛刊》本及宋递刻本有之,库本及他本(包括丁本、抄宋氏本、汲古阁甲本)均脱;卷三五《退休集·小孤山》前有《过彭泽县望渊明祠堂》一首,《丛刊》本及宋递刻本有之,库本及他本(包括抄宋氏本、汲古阁甲本)均脱。库本文集卷次同于抄宋氏本,与《丛刊》本自卷七〇起亦相差一卷,而合《丛刊》本之卷一一六、卷一一七为一卷,泯灭了错乱之痕。

与其他各本相较,库本最大缺失是馆臣为避忌而改字陋习。如卷一《江湖集·读罪己诏》"天乎容此虏",库本"虏"改"类"。卷二一《朝天集·出北关门送李舍人使虏》,库本"虏"改"北"。卷二三《题毕少董翻经图》"同讨犬戎尊帝京",库"本"改为"敌王所忾尊帝京"。然相比之下,《四库全书》本仍不失为一部较完善之本,可与诸本互补缺失。

(十二)《诚斋集》一百三十三卷,宋端平元年刊本

书今藏日本宫内厅书陵部。

清杨守敬《日本访书志》卷一四,记影宋抄本诚斋诗集四十二卷时,谓"诚斋全集本一百三十三卷,今著录家所传朱竹垞影宋抄本,有刘炜叔序,每半叶十行,行十六字。每卷后有'嘉定元年春三月男长孺编次,端平元年夏五月门人罗茂良校正',此本皆与之合,的系从宋本影抄",似乎未曾亲见百三十三卷之宋本。

董康《书舶庸谭》卷三则称:

> 诚斋集一百三十三卷目录五册。宋椠本,板高七寸余,题"庐陵杨万里廷秀",每半叶十行,每行十六字,鱼尾下标"诚斋几",上记字数,下有邓拱、蔡羲、蔡诚、炳、显、章、刘渊、李文、元寿、德章、子明、胡明等刻工姓名,余多剥蚀不可辨。每卷之末有"嘉定元年春三月男长孺编定,端平元年夏五月门人罗茂良校正"两行。第一百三十三卷为历官告身诏书及谥告等。后有跋。

严绍璗先生《日藏宋人文集七百种》著录此本,亦与之合。然唯见著录,不见其书,诸多细部无从核实,每有隔靴搔痒之叹。去岁倪其心师赴日本东京大学讲学,蒙携回此本全书胶片一部,遂得寓目,如获至宝。是书板式同于前人著录,白口,双鱼尾,左右双边,版心处标"诚斋几",下方有刻工姓名,半叶十行,行十六字。字体类欧,略呈长方,端正严谨,疏阔整饬,入目惬心。每卷末两行,同于《书舶庸谭》所记,"嘉定元年春三月男长孺编定",不作"编次"。书后跋文,即刘炜叔序,已残,《丛刊》本已收入置于卷首。集中凡遇"圣上""车

"驾""东宫""行在"等字,皆提行或空格。避宋讳,卷四〇《读贞观政要》,"贞"作"正";又凡遇惇、敦、暾等字,辄避光宗讳缺末笔。

此本一出,大可释疑解惑,知《丛刊》本之所从来,补国内传本之不足。卷八《入常山界》二首之二及《小憩栟楮》、卷二二李焘、洪适诸人挽诗、卷四〇《王式之直阁不远千里来访野人赠以佳句次韵奉谢》等处,《丛刊》本均循此本不误。《丛刊》本卷九九《跋刘原父制词草》讹脱过甚,同卷又脱题跋文九首,而此本初无讹漏。《丛刊》本卷六三《上张子韶书》与《上张丞相书》脱误,查端平本恰在此处脱落一叶,盖抄书时牵合双方,联而为一。虽端平本此处缺失,亦正可看出《丛刊》本致误之因,知端平本确系《丛刊》本之祖本。

《四部丛刊书录》云《丛刊》本"出日本人影抄",恐又经辗转传写,故误字颇多,如缘、绿不分,倩、债不辨,書(书)、畫(画)、晝(昼)、盡(尽)混淆之处比比皆是,此本则判然分明。卷四二《退休集·七夕后一夜月中露坐》:"修眉半璧各自好,团镜磨镰俱可怜。""镰"字,宋递刻本残缺,国内诸抄本均作"银"。当从此本作"磨镰",以磨镰喻弯月,形象朴实生动。又同卷《病中感秋》:"病中一刻抵三秋,况见西风再树头。""再"字,《丛刊》本同之,递刻本残,他本或作"在",或作"弄"。疑"再"字当是,下一诗《秋衣》句云"髀肉宽一握,沉疴两年余",正是"西风再树头"的注脚。同卷《寄题张仲寅甘老堂》:"屏山十论抉圣心,甘老十论刮古今。""抉"字,宋递刻本同,《丛刊》本作"择",他本作"挟",或误作"浃",均不如"抉"字沉实痛快。

然端平本亦有误字,甚至很明显之误字。卷二六《江西道院集·杨村园户栽芙蓉为堑一路凡数万枝》:"真将绵绣裹山川。""绵"字当作"锦"字,抄本即作"锦绣"。卷八《荆溪集·烧香七言》:"不奈此香殊斌媚。""斌",当为"赋"字之误,《丛刊》本沿误,宋递刻本此字残缺,抄本即作"赋媚",是。

又卷二《江湖集·泊樟镇》:"北地三接浙,重来四肃霜。"《丛刊》本同此。然樟镇即樟树镇,在今江西省北部居中,距浙江尚远。此句抄本作"此地三接淅,重来四肃霜。""接淅"本《孟子·万章下》:"孔子之去齐,接淅而行。"以喻行色匆匆貌,于义为长。

岳珂《桯史》尝言过楚州淮阴韩信庙,有人写杨诚斋二诗于庙墙,其一曰:"来时月黑过淮阴,归路天花舞故城。一剑光寒千古泪,三家市出万人英。少年跨下安无忤,老父圮边愕不平。人物若非观岁暮,淮阴何必减文成。"岳珂云:"本题文成为宣成,余按张留侯谥与霍博陆自不同。后得麻沙印本《朝天续集》,乃亦作宣字,尤可怪也。"⑪张良谥文成,宣成是霍光谥号,此诗意在以韩信与张良对比,与霍光无涉,自当以岳珂之说为正。《丛刊》本亦作"宣成",宋递刻本此字已残缺,每恨不能得见端平原本。今见此本胶片,则仍作"宣成",《四库提要》云:"考岳珂《桯史》,记《朝天续集》韩信庙诗'淮阴未必减文成'句,麻沙刻本讹文成为宣城,则当时已多误本。"⑫此端平本亦当时一"误本"耶?抑诚斋当年本人笔误耶?不得其解。

此本有抄配,自卷五三始自卷五九末,卷六六始自卷六八末,共九卷。格纸抄,字形扁方,亦为十行十六字。卷五六并有缺叶,脱去《答江西提刑俞大卿》一首。

三、由百三十三卷本分离之诚斋诗集

百三十三卷《诚斋集》卷帙浩繁,刊刻不易,元明以来,国内仅存抄本。其中诗集部分尚称完整,文集部分则残毁日甚。故至清代,《诚斋集》复又诗文脱离、分别流传。

(一)《诚斋诗集》四十二卷,抄本

此本仅为诗集,无序目。素纸抄,半叶八行,行二十一字,每卷末有"嘉定元年春三月男长孺编定,端平元年夏五月门人罗茂良校"两行。有朱蓝二色笔点校。此为吕留良旧藏,书中有"吕朱子印""桢""吕宁之印""吕宁""食旧德服先畎""海昌吴葵里收藏记""拜经楼吴氏藏书印""鹪安校勘秘籍"等印记,唐鹪安(翰题)题记两则,云"盖亦石门旧藏本,蓝笔点勘当即其手笔"。清吴骞《拜经楼藏书题跋记》、近人傅增湘《藏园群书经眼录》、王重民《中国善本书提要》均有著录。傅氏云其书"凡'留'字均缺笔,乃吕氏影抄本"。今藏北大图书馆。

(二)《杨文节公诗集》四十二卷,《杨文节公文集》四十二卷,清乾隆吉水杨氏带经轩刊本

清乾隆六十年(1795),吉水杨氏族人据家藏抄本校定诚斋诗集四十二卷,文集四十二卷附录一卷。先刻文集,后刻诗集。《杨文节公诗集》前附杨振鳞

《杨文节公文集跋》,称"其文集则散逸者姑阙之,校对未详者姑置之,惟诗集则全刊无遗。"又云:

> 杨文节公集传世久矣……历年寖远,后人失其传。乾隆戊寅,前任金邑侯购求得之,时予弟电彩应童子试,为县案首,因以其书授焉,珍藏三十有余年。……长阳彭秋潭先生来莅吉邑,初下车,访得鳞家有公全集,亟命鳞呈送而翻阅之,且委鳞联同族而续修之。……乃移书抵本族分宜现任刑部主事沧石先生家,索其旧藏公全集,并呈于秋潭先生,校订以寿诸梓。但全集一百三十三卷,惧艰于费,因将诗文两种分为二集,初刊文集,费足则另刊诗集。又原集两处所藏皆抄本,其中散佚者固多,即现存而错讹难辨者亦复不少。兹暂存原稿,俟再览善本,补阙订讹而续为一集。

由此可知:一,吉水杨氏刊本亦自百三十三卷本改编而成;二,吉水本之底本原亦自外间购求得之,并非杨氏家传秘册;三,吉水本之底本、参校本均为抄本,亦多散佚错讹,别无其他善本可据;四,诗集部分仍为四十二卷,文集部分经删汰压缩亦编为四十二卷。两集之编次,已另出机杼,诗集虽仍为四十二卷,但已与百三十三卷本之诗集四十二卷不同。今以《丛刊》本为例,与吉水本卷数对照,表列于次(表4):

表 4

书名	卷数卷次			
	《丛刊》本卷次	卷数	吉水本卷次	卷数
江湖集	卷一至七	7	卷一至八	8
荆溪集	卷八至一二	5	卷九至一三	5
西归集	卷一三至一四	2	卷一四至一五	2
南海集	卷一五至一八	4	卷一六至二〇	5
朝天集	卷一九至二四前半	5.5	卷二一至二六	6
江西道院集	卷二四后半至二六	2.5	卷二七至二八	2
朝天续集	卷二七至三〇	4	卷二九至三二	4
江东集	卷三一至三五	5	卷三三至三六	4
退休集	卷三六至四二	7	卷三七至四二	6

吉水本欲使《朝天集》《江西道院集》各有完整卷帙，自《江湖集》以下即割裂重编。不知百三十三卷本中二集各占半卷，原自合宋淳熙、绍熙递刻本之二卷为一卷而来。北京大学图书馆藏吉水杨氏刊《杨文节公诗集》四十二卷，是胡适先生旧藏，有其题记、校语、眉批。扉页题记云："去年我曾用涵芬楼影印缪影写本，托赵万里先生用四库本校勘此集。今年五月，诗集校毕，万里来信云：'四库本剜改之处甚多，未必得据佳本。'今检校本与此刻本对勘，似此本甚胜，其佳处远在四库本之上。此本虽据家藏抄本，其源似出于宋元刻本。此本与缪本不同源，与四库本也不同源，疑端平刻本之外尚有翻刻本。"按，此本卷三八之末有《李原之主簿投赠长篇谢以唐律》一首，为《四部丛刊》影印之缪本所无。诗后有跋文云："庆元丁巳八月二十六日，季父初筮仕文江，执贽文节公之门，辱报以诗，集中偶未登载，辄循剩于此卷之末。淳祐丁未秋八月后学李茂山谨识。"胡适先生据此认为："此可见此本的祖本似是一个淳祐李刻本。"此一推断，似嫌武断。以影印文渊阁《四库全书》本《诚斋集》亦载此诗及跋文，抄本中如丁丙本、抄宋氏本、汲古阁甲本、抱经楼本、顾麟士校本等亦有此诗及跋文（因分卷不同，百三十三卷本此诗系于卷三七之末），似乎反可以证明杨氏刊本实在源出于百三十三卷全集本了。且收入此诗的各本皆云出自端平本，所谓"淳祐李刻本"者未必实有其物。此诗跋语，丁丙本、抄宋氏本、四库本皆作"辄附刻于此卷之末"，而汲古阁甲本、抱经楼本以及吉水杨氏刊本则作"循剩于此卷之末"。疑原文当是"循剩"，"附刻"是后人改字。"剩"为宋代俗语，意为多、盛，见《敦煌变文字义通释》。如是，则此语只是"遂按次添加于此卷之末"之谓。

吉水刊本中诗题间有变动，以期求得体例上的一致，如一题多诗，辄加"几首"字等。文中或加补注，以资理解，如卷三《江湖集·和昌英主簿叔社雨》题下补注："昌英，名辅世，号达斋，与公同年登第，有《达斋集》。"而字句上出现的较多异文，或为校勘者所臆改。如卷一《江湖集·夜离零陵以避同僚追送之劳留二绝简诸友》："夜浮一叶逃盟去，已被沙鸥惊得知。""惊"字，诸本作"圣"。宋递刻本此字已残，残留左上角为"耳（?）"，显非"驚（惊）"字。周汝昌先生云："圣是唐宋时代俗语，意为乖觉、伶俐、刁钻、精灵。韩愈诗：'泥盆浅小讵成池，夜半青蛙圣得知。'"[13]吉水本误。同卷《读罪己诏》："乱起胡烽日。"四库本"胡烽"作"吾降"。此处并非馆臣窜改,因宋递刻本与端平本亦均作"乱起吾降日",并注:"降音洪。""吾降"出《离骚》:"唯庚寅吾以降。"诚斋出生于建炎元年(1127),正是宋室南渡、风雨飘摇之时,如作"胡烽",则转为不辞。类此者集中尚多,不遑尽录。周汝昌先生说"前者(引者按:指《丛刊》本)可据性较大;后者(引者按:指吉水本)异文,多出于不学者(不懂诚斋的特殊字法句法)的妄改或传刻讹误;但因前者是手写本,亦时有讹夺,又赖后者得以校正"⑭,尚是持平之论。

吉水杨氏刊本《杨文节公诗集》除编卷与白三十三卷本有异外,篇目顺序差异不大,甚至如《王式之直阁不远千里来访野人赠以佳句次韵奉谢》等十诗,此本也误置在《不寐》之下。卷四二之末附有三首补遗诗,则为全集本所未见。《文集》则刊落篇目甚多,几近半数,编次已与全集迥异。虽亦有补遗文,但从总体上看已远非完帙,令人有车薪杯水之感。书末附录有《诚斋记》《思诚说》《题宋孝宗赐杨诚斋雪图卷》及《杂记》等。《附录》中最值得注意者是杨长孺撰《宋故宝谟阁学士通奉大夫庐陵郡开国侯赠光禄大夫诚斋杨公墓志》一篇,他本不收,可以参考。

吉水杨氏刊本《杨文节公诗集》《杨文节公文集》,均为白口,单边,半叶十行,行二十四字。北大图书馆均有收藏。

(三)《诚斋诗集》十六卷,清嘉庆间徐达源刊本

是本乃百三十三卷《诚斋集》的选刊本。白口,单鱼尾,左右双边,半叶十行,行二十一字。有徐达源、赵翼、阮元、法式善序,及《宋史》本传。徐氏序文中谓此本出于清吴焯瓶花斋抄本之副,原有本传及瓶花斋原跋,仍附刻于前后云云。则此本当出于南京图书馆所藏丁丙一百三十五卷本。然此本只有本传,无吴焯跋语。胡适先生有题记云:"《宋史》本传(卷四三三)凡三千零五十四字,此本删去一千五百二十七字,正是一半。所删都不得当,又有误。卒年八十,史传误作八十三。"⑮书藏北大图书馆。

《诚斋集》卷帙浩繁,抄刻不易,致篇目淆乱,异文迭出。鸥参与《全宋诗》编纂,研读杨集,始广求诸本,推究源流。就所见国内诸本而言,宋递刻本实如断玉零金,入手知重。若论卷帙完足,篇章整饬,仍当推《四部丛刊》所收缪本为上,其中误字缺文,又可赖宋递刻本及丁丙本、抄宋氏本、汲古阁甲本等加以救正。丁丙本校勘精严,抄宋氏本持平审慎,二本实同出一源,一南一北,蔚为双璧。毛氏汲古阁甲本时代较早,略可窥见致误之由,库本虽有改窜之讥,尚不失为较完之本。清吉水刻本离篇析卷,去取分合,已与全集本大异其趣,然其辑逸拾补亦不为无功。日本收藏之端平初元刻本,自近祖本,今既重见国人,其恢宏完备,固为极品,然细察其间,又难免白璧微瑕,不能尽善尽美。盖世事往往如此乎?拙文虽小有创获,实多着眼于诗集部分,文集部分则较少心得,姑先录出,以乞正于当世通人。

原载北京大学中国传统文化研究中心编《国学研究(第二卷)》,北京大学出版社,1994年。

注 释

① 以下所引百三十三卷本《诚斋集》,其卷数均按《四部丛刊》影印缪氏艺风堂藏影宋抄本。
② 见宋递刻本《江湖集》前"□应行"所撰《诚斋先生江湖集序》:"既以《荆溪》《西归》《南海》《朝天》四集而行于世矣,又有数千篇,号曰《江湖集》者,盖公之旧作也。"以是知诚斋《江湖集》问世于其他四集之后。应行此序撰于淳熙己酉仲冬(1189)。
③ 宋递刻本《荆溪集》牌记云"淳熙己酉皇帝逊位仲春之月刊于西塾",则是淳熙十六年,较杨长孺刊行《诚斋集》的端平元年早四十五年。
④ 宋递刻本《西归集》第一卷残缺,其"总目"尚完好。"总目"开列诗歌篇目,全同《四部丛刊》本之《西归集》。
⑤ 见本集卷八○。
⑥ 见傅增湘《藏园群书经眼录》卷一四集部三,中华书局,1983年,1242页。
⑦ 同前注。
⑧ 于北山《有关杨诚斋研究中的几个问题:〈上张子韶书〉与〈上张丞相书〉窜夺、脱漏之误》,《中华文史论丛(第四辑)》,1984年,第158页。
⑨ 北京大学图书馆又藏有《诚斋集》明抄本一部,标为一百三十三卷缺一至二卷,实存第三至一○六卷。格纸抄,白口,单边,单鱼尾,半叶十行二十字,有"海源阁藏书""履祥之印""旋斋"诸印记。此本用《丛刊》本对校,诗集部分自卷二《中书胡舍人玉堂夜直用万里所和汤君雪韵和寄逆旅再和谢焉》起至卷三五《题谢昌国桂山堂》止,大致每卷中分为二卷,共有诗六十五卷;文集部分则抽取"书""奏状劄子""记""千虑策""程序论"

"尺牍""东宫劝读录",亦按每卷中分为二卷之例,编至第一〇六卷。诗集中《退休集》此本全无;文集中"赋""表""笺""启""记""序""心学论""庸言""天问天对解""册文""杂著"(包括箴、铭、赞、祭文、题跋等)"淳熙荐士录""诗话""传""行状""碑文""墓表""墓志铭"及"历官告词"等,此本全无。是则此本仅存全书之半,文字缺漏讹误处亦多有,今附记于此。

⑩ 见《四库全书总目》卷一七四集部别集类存目《锦绣论》提要,中华书局影印本。

⑪ 《桯史》卷一二,中华书局,1981年,142—143页。

⑫ 《四库全书总目》卷一六〇集部别集类《诚斋集》提要。

⑬ 周汝昌《杨万里选集》,上海古籍出版社,1979年,16页注。

⑭ 周汝昌《杨万里选集·引言》,1—43页。

⑮ 《宋史》本传谓诚斋"卒年八十三",据此推定诚斋生于宣和六年(1124),实误。杨长孺撰墓志云:"先君于建炎元年丁未岁九月二十二日子时生。"(见清乾隆吉水杨氏刊本《杨文节公文集》附),最可信据。

欧阳修文集版本流传系统辨析

王 岚

欧阳修(1007—1072),字永叔,号醉翁,晚号六一居士,庐陵(今江西吉安)人。仁宗天圣八年(1030)进士,为西京留守推官。景祐元年(1034)充馆阁校勘。三年,降夷陵令,移乾德。康定元年(1040)复馆阁校勘。庆历三年(1043)知谏院,擢同修起居注、知制诰。四年,为河北都转运使。五年,庆历新政失败,贬知滁州,徙扬州、颍州。至和元年(1054)权知开封府。嘉祐五年(1060),拜枢密副使。六年,进参知政事。英宗治平四年(1067)罢为观文殿学士,转刑部尚书知亳州。神宗熙宁元年(1068)徙青州、蔡州。四年,以太子少师致仕。五年,卒于颍州汝阴,年六十六。谥曰文忠。著《新唐书》《新五代史》《欧阳文忠公集》等。《宋史》卷三一九有传。

欧阳修是北宋中叶文坛盟主,他成功地领导了第二次古文运动,识拔举荐了王安石、曾巩、苏洵及其二子轼、辙等人,扭转了西昆体骈俪文风,确立了古文的正统地位。同时他又以自己丰富的创作,成为散文大家、四六能手,诗歌则与梅尧臣齐名。

庆历三年四月,欧阳修入谏院;十二月,官拜右正言、知制诰;至四年秋,出为河北转运使。在掌诰命、兼谏职期间,他经常上殿奏对,退而草撰制书。五年春,权知成德军,闲来无事,遂整理先前所作制草,共有一百五十余篇,重新誊录,编为三卷并撰序文,是为《外制集》(《四部丛刊》初编本《欧阳文忠公集》卷四三《居士集》卷四三《外制集序》,简称本集)。

欧阳修初调洛阳从事时曾著《牡丹谱》三篇一卷,品评洛阳牡丹之花品高下(衢本《郡斋读书志》[①]卷一二)。今本《外集》卷二二有《牡丹记》三篇,且有欧阳修跋尾,撰于熙宁元年。后来无名氏集欧阳修等诸家牡丹谱、芍药谱,共为

《牡丹芍药花品》七卷（《直斋书录解题》[②]卷一〇）。

《唐书》二百卷，五代后晋刘昫等纂。宋仁宗时曾公亮等被诏删定《新唐书》，庆历四年开局，欧阳修负责撰纪、志，宋祁撰列传，范镇、王畴、宋敏求等同编修，成二二五卷，嘉祐五年奏上之，较《旧唐书》事增文省（《郡斋》卷五、《直斋》卷四）。

欧阳修从至和元年到嘉祐五年在翰林前后达六年之久，当值之日所撰制书，总数多达四百余篇。嘉祐六年八月欧阳修重览旧稿，编为《内制集》并撰序（本集卷四三《居士集》卷四三《内制集序》）。

欧阳修喜欢收集历代的金石碑帖，也曾经为其众多的藏品撰写跋尾。他编的《集古录》共达千卷，每卷碑文拓本在前，跋文在后，并钤有其名印，"縹以绁纸，束以缥带"，精加装潢，书签上还有其亲题书写的"某碑卷第几"真迹（本集卷一四三《集古录跋尾》卷一〇校勘记）。且《集古录》各卷是随所得而录之，并非按照碑文时代先后。另外欧阳修还想将诸藏品"撮其大要，别为《录目》"，着重记载一些能够订正史传缺漏错谬的金石文字，使之传于后学益于多闻（本集卷一三四《集古录目序》），也就是撰写跋尾。在嘉祐四年（1059）之前欧阳修已经写成了八九十篇（本集卷一四八《书简》卷五《与刘侍读原父》第二书），并在嘉祐八年七月二十四日撰有《集古录目序》。《集古录》编成八年之后，欧阳修又命其子欧阳棐（字叔弼）根据千卷的《集古录》，"各取其书撰之人事迹之始终，所立之时世而著之"，编纂了《集古目录》（又作录目）十卷，"以附于《跋尾》之后"，欧阳棐本人在熙宁二年亦有记（本集卷一三四《录目记》）。

关于《集古录目》到底是欧阳修自撰（《集古录目序》），还是命欧阳棐代成（《录目记》）？是十卷（《录目记》），还是二十卷（《直斋》卷八、《集古录跋尾》卷一〇校勘记）？《集古录跋尾》所收跋文数目究竟有几百篇？这些是宋人都深感疑惑的问题，故庆元本才将欧阳棐《录目记》附在了欧阳修《集古录目序》后面，以相参照。据我们推测，嘉祐末欧阳修所撰的《集古录目序》，其实是为其《集古录》而作的，但《集古录》有千卷之巨，不便流传，故当时他很想撮其要，编一部简明的《录目》，"并载夫可与史传正其阙谬者"，即《录目》既是《集古录》的要目，同时还收有跋尾文字。不过，若干年后当欧阳修写出了二百九十六篇跋尾时，他原先设想的纲要性质的"目录"部分却没有闲暇完成，欧阳修遂嘱托儿子欧阳棐代为编纂。欧阳棐于是从千卷的《集古录》中摘出有关撰书之人姓名事迹时代等内容，编成十卷，附于跋尾之后。也就是说欧阳修最初想编的《集古录目》是包括"集古录目录"和"集古录跋尾"两部分内容的，但在实际编撰过程中他集中精力总共写成了具有较高史料价值而难度又较大的四百余篇跋尾，而将简单的记录碑石所在及其撰书者名氏岁月的列目工作交给儿子欧阳棐去完成，欧阳棐遂编成了十卷的《集古（录）目录》。

欧阳修的《集古录跋尾》与欧阳棐的《集古目录》在社会上都有单行刻本，《跋尾》收录的篇数多寡有不同的记载：欧阳棐撰《录目记》时见到的是"二百九十六篇"（当为稿本）；南宋绍熙、庆元间周必大等校刻欧集时所见通行的《集古跋》刻本是十卷、四百余篇，他们还得到了绍熙时知府方松卿刊刻于庐陵的欧公跋尾真迹，所收为二百四十余篇，且与"集本"（当指《集古跋》单行刻本）文字差异较大（《集古录跋尾》卷一〇校勘记）。而陈振孙（1183—1249）见到《集古目录》二十卷时谓"今考集中凡三百五十余跋"（《直斋》卷八），这里的"集"当指通行的欧阳修文集。另外《宋史》卷二〇二《艺文一》著录的《集古录跋尾》一本六卷，一本二卷；又在卷二〇四《艺文三》著录有《集古录》五卷。

《目录》起初也是十卷，附于《跋尾》之后，后经书商改编刊刻，变成了二十卷。大约于元代散逸。清光绪二十五年（1899）缪荃孙据《宝刻丛编》《隶释》《舆地纪胜·碑目》校辑欧阳棐《集古录目》，编成十卷，收入《云自在龛丛书》第一集刊行。辑本《集古录目》的格式内容大体是这样的：碑石按照朝代先后编次，起于秦《祀巫咸文》，止于宋《睦州大厅记》，碑名之下简单说明其字数、字体、碑文、刻石人、刻石年月、刻石地点等，并注辑佚出处。缪荃孙在该本卷末作跋（撰于光绪十年），称"重加搜辑，得六百十二首（实为六百二十三篇），合文忠有跋者一百二十七首（当为见于辑本《录目》之外尚存之《跋尾》篇数），共得七百三十九首，千卷之藏已得三分之二"，意即千卷的《集古录》（一种拓本装帧为一轴，千卷即千种），其概貌已可恢复大半。

需要指出的是，传今的《集古录跋尾》并非欧阳修身后其子欧阳发等所编《事迹》中提到的"《集古录跋尾》十卷"，因为《集古录》原是欧阳修随其所得而编卷的，而不按世次之先后，最初的《跋尾》和流行的刻本莫不如此。直到庆元间周必大等校刻《跋尾》时，才改而按照周秦至五代古器物的时代先后编排，并在每卷卷末注明原先的卷帙；而且他们刻完了《集古跋》，才得到一本欧阳棐编的二十卷的《目录》，便又参订《目录》所列碑石的年月，一一注于相关的跋尾之下。流传下来就是今本《集古录跋尾》十卷的模样，有器物名、跋文、铭文及释文等，卷末还附校勘记，共存跋尾四百二十九篇。

关于《集古录目》《集古录跋尾》和《集古目录》的名实之辨，顾永新君《欧阳修学术研究》③另有高见，可资参考。书中认为欧阳修的《集古录目》就是《集古录目跋尾》或《集古录跋尾》的别名，而欧阳棐的《集古目录》（又名《集古录目》）乃是另一书。

仁宗无子，立濮安懿王赵允让之十三子为皇子，改名赵曙，后继位为英宗。吴奎、赵概、欧阳修撰《嘉祐时政记》，专记立英宗事。英宗即位以后，对濮王应奉何种典礼，大臣们意见不一，司马光等认为当称皇伯，欧阳修认为应称皇考，后曹太后下诏，称之为亲，又遭御史吕诲、范纯仁等反对，这就是历史上著名的"濮议"，许多大臣在这场争议中受责遭贬。神宗熙宁初，欧阳修知亳州，成《欧阳濮议》四卷上之，提出"濮议之兴，人谓父可绝"，坚持他自己的观点（《郡斋》卷六）。

《归田录》二卷乃欧阳修所撰笔记，专记"朝廷之遗事、史官之所不记与士大夫笑谈之余而可录者，录之以备闲居之览也"。英宗治平四年九月有序（本集卷四四《居士集》卷四四《归田录序》）。《宋史》卷二〇三《艺文二》著录此书为八卷。

熙宁间，欧阳修退居汝阴，著《欧公诗话》一卷以资闲谈，故《郡斋》卷一三称此为"戏作"。今又名《六一诗话》。

宋太宗开宝间，宰相薛居正奉诏修成《五代史》一百五十卷。欧阳修认为此书"繁猥失实"，独自重加修订，成《五代史记》七十五卷，藏于家中。欧阳修卒后，朝廷下令由国子监刊行于世，人称《新五代史》，并赞其文可继班固、刘向，流传遂广（《郡斋》卷五）（《直斋》卷四作《新五代史》七十四卷）。《旧五代史》则逐渐式微，至无完本。

欧阳修对《周易》《诗经》深有研究。《易童子问》三卷，假设解答童子问疑，阐述其易学观点（《直斋》卷一）；还为东汉郑玄《诗谱》补亡，使之成为完书，《郡斋》卷二作一卷，《直斋》卷三作三卷，《宋史·艺文一》作《补注毛诗谱》一卷；又有《诗本义》十六卷(《直斋》卷三、《宋史·艺文一》,《郡斋》卷二作《欧阳诗本义》十五卷)。

欧阳修去世以后,在吴充所撰《行状》、韩琦所撰《墓志铭》、苏辙所撰《神道碑》中都还提到欧公著《归荣集》一卷、《奏议集》十八卷、《四六集》七卷等,见于欧阳修诸子编辑的家书《总目》八卷。《归荣集》当是欧阳修致仕后所作。《四六集》,南宋绍熙之前有过浙西刻本,所收为表奏书启之类,但编排失次;周必大等校刻欧集,重新编次,仍为七卷,但更名为《表奏书启四六集》。《奏议集》,宋时曾在衢州单刻过十八卷;又有韶州刻《从谏集》八卷(《郡斋》卷一九作《谏垣集》),皆欧公在谏院时所上奏疏,这个集子不见欧阳修家书《总目》的著录,后周必大等将衢州本的一些篇章移入《表奏四六集》,再合并韶州本,仍成《奏议集》十八卷(本集卷一一四《奏议集》卷一八校勘记)。

另外,欧阳修为宦几十载,编纂过《太常因革礼》一百卷、《太常礼院祀仪》二十四卷(《宋史·艺文三》),和王洙、余靖、孙甫编修了《三朝圣政录》十卷(《郡斋》卷六);与同僚好友酬唱,有《礼部唱和诗集》三卷、《送元绛诗集》一卷、《送文同诗》一卷(鲜于侁作序),又有人编司马光、欧阳修、冯京诗作成《绍圣三公诗》三卷(以上《宋史》卷二〇九《艺文八》)。又有《六一词》一卷,但里面混有五代词、他人伪作等(《直斋》卷二一);一作《平山集》,亦杂冯延巳、柳永词和刘辉伪作等(本集卷一三三《近体乐府》卷三罗泌校勘记)。

熙宁五年欧阳修去世之后,其子欧阳发等对家藏文稿作过初步整理,故今传宋刻本上多有"熙宁五年秋七月(男)发等编定"的题名。后苏轼又从其子欧阳棐那里得到了欧阳修手订的诗文七百六十六篇,"次而论之",时为哲宗元祐六年(1091)六月十五日(一作三年十二月,时苏轼为翰林学士)。见苏轼《居士集序》。

欧阳棐手中保留的这部手写家集,在徽宗宣和五年(1123)的时候又由欧阳修的孙子欧阳愬在景陵(今湖北天门市)校过一遍(明洪武十九年本危素《欧阳氏文集目录后记》)。后人称为"愬本"。

欧阳修的诗文在两宋有各种各样的编集,且在各地广为流传,有《欧阳文忠公集》八十卷(《郡斋》卷一九)、《庐陵欧阳先生集》六十一卷(《读书附志》卷下),又有《欧阳修集》五十卷、《别集》二十卷、《六一集》七卷、《奏议》十八卷、

《内外制集》十一卷(《宋史》卷二〇八《艺文七》)等。据称汴京官局、闽以及绵州、吉州、苏州、衢州、杭州都有刻本行世(本集附周必大跋、丁朝佐考异)(明洪武十九年本危素《欧阳氏文集目录后记》)。其中《别集》二十卷,在徽宗政和四年(1114)之前业已成书,为汝阴(今安徽阜阳)王乐道、王性之父子所编,且皆"公家集所不载者",并请李之仪撰序(《姑溪居士后集》卷一五《欧阳文忠公别集后序》),即《别集》所收诗文俱出《居士集》之外。

欧阳修文集种类繁多,各本异文无算,而且这里面还有欧阳修自己的原因。欧阳修对待创作极为认真,经常反复修改文稿,如他的名篇《醉翁亭记》起句"环滁皆山也",这五字是从最初的数十字反复删改而定的(宋朱熹《朱子语类》卷一三九);晚年欧阳修亲自窜定平生所作,用思甚苦,夫人劝止之,欧公笑答是因为"不畏先生嗔,却怕后生笑"(宋沈作喆《寓简》卷八);南宋周必大看到过欧阳修手写的《秋声赋》和《刘原父手帖》,都有好几本,用字往往不同。所以欧阳修的文集久无定本,文字不能统一,学者病之。

到南宋光宗绍熙、宁宗庆元间,周必大解相印归庐陵后,便召集孙谦益、丁朝佐、曾三异、胡柯、罗泌等人,遍搜旧本,互加编校,定为《欧阳文忠公集》一百五十三卷,内含《居士集》五十卷、《外集》二十五卷、《易童子问》三卷、《外制集》三卷、《内制集》八卷、《表奏书启四六集》七卷、《奏议集》十八卷、《杂著述》十九卷、《集古录跋尾》十卷、《书简》十卷共十集。另外还有《附录》五卷,以及胡柯据桐川薛齐谊、庐陵孙谦益、曾三异三家旧谱,旁采史籍,参照本集而重新修订的《庐陵欧阳文忠公年谱》一卷。就卷中校语及卷后考异、校勘记看,所校旧本有"石本、京本"等多种。且各集是随得随刻,皆出自周氏家塾,起绍熙二年(1191),迄庆元二年(1196),时间跨度为五年(以上本集附胡柯《年谱》后记、周必大跋、编定校正及覆校题名)。周必大校订的这个一百五十三卷本一经问世,便产生了巨大的影响,历代都有翻刻,成为后世诸刻的祖本。

现存宋刻本

就现存宋刻本考察,中国国家图书馆所藏宋绍兴衢州刻本《居士集》五十卷残本(存目录、卷三至卷一五、卷二九至卷三三、卷三七至卷四七,计二十九卷),乃海内孤本,被认为是传世《居士集》中时代最早的(傅增湘跋)。此本书名签题"欧阳文集居士集",扉页画一幅《寒松图》,有"庚午(当1930年)冬十月十四日""曾寿"(陈宝琛)观书题款。残本起于《居士集目录》,卷首有"沅叔藏宋本""藏园秘籍孤本"等朱印,前三页系抄补,原刻起于第四页《送章生东归一首》(第二卷),卷终题"六一居士文集目录";末有"庚午暮春"朱益藩手写与樊增祥、柯绍忞、邵章、冒广生等七人聚集藏园获观宋本之题记;后钤"忠谟继鉴""双鉴楼收藏宋本"等印记。正文存卷起于卷三,题署一行"六一居士欧阳修"(每卷皆见),钤"沅叔心赏"等印。该卷细目接连正文,行款为半页7行行14字,字大如钱,开版疏朗,左右双边,书口窄小,单黑鱼尾,下题书名简称"居"及卷页,间有刻工姓名;卷末题"熙宁五年秋七月发等编定"(每卷皆见)。卷四七末有"庚午三月既望闽县陈宝琛观"题款一行,钤"沅叔审定"等印记,后有"庚午三月既望"傅增湘及朱文钧二人所书长篇题跋二则。傅跋二页叙此本得之淮南刘氏,原为内阁大库之物,并详考此本版刻特征,指出其"桓""构"字缺末笔,"慎"字不缺,当为南渡初所雕;且"其大字阔幅似蜀,而结体镌工又似杭",最后参之诸目录、证之考异,从异文证据得出是衢州本。衢州本虽刻于南宋初,但从各卷卷末所题"熙宁五年秋七月发等编定"来看,当源自熙宁本,所以"得见此本犹可睹欧公手定之旧";而有人认为此本即为熙宁本,讳字缺笔乃出于改剜后印,傅增湘对此不敢苟同,"执此悬定为熙宁祖本,则非余所敢知矣"。另外,傅增湘当时所见的宋本还有天一阁藏"密行细字"的庐陵刊本六十四卷、北平图书馆等处所藏五部庆元刊本,但都早不过衢州本。朱文钧题跋一页认为此本当是北宋开版,南宋初完工;其《目录》一卷,当系名手用瘦金体写刻上板。

宁宗庆元二年周必大刊本《欧阳文忠公集》一百五十三卷,今中国国家图书馆、北京文物局、江西图书馆、南京图书馆、日本天理图书馆、宫内厅书陵部等处皆藏有宋刻本,多数系残卷,唯日本天理图书馆所藏宋庆元本乃全帙(《宋人别集叙录》[4]引《日本汉籍录》谓有三十八页为日人补写),系金泽文库、伊藤家旧藏,并于昭和二十七年(1952)被指定为"日本国宝"(《日本藏宋人文集善本钩沉》[5])。

中国国家图书馆所藏残本有三:一本存一百二十八卷(首尾基本完整,中缺卷三至卷六、卷三八至卷四四、卷六一至卷六三、卷九五、卷一三四至卷一四三，计二十五卷，配以明抄本。《中华再造善本》已经影印）。

该本首尾基本完整，但中缺卷三至卷六、卷三八至卷四四、卷六一至卷六三、卷九五、卷一三四至卷一四三，计二十五卷，配以明抄本。首为《欧阳文忠公文集总目》，苏轼所撰《居士集序》《居士集目录》（细目），正文卷首第一行上段署"居士集卷第一"，下段作"欧阳文忠公集一"，半页10行行16字，左右双边，书口上端为刻字字数，中间注"欧阳文忠公集一"，下端为页码和刻工姓名。《居士集》五十卷，卷中多有小字校语"一作××"，每卷卷末都有刊记两行"熙宁五年秋七月男发等编定，绍熙二年三月郡人孙谦益校正"，后附"朝佐考"⑥以及校勘记，且每条校记之前皆以阴文标志出异文所在篇目，有些卷末个别校记前还有"续添"字样；考异及校记中提到的校本有"衢本、建本、吉本、罗氏本、蜀本、公家定本、恕本、石本"等多种。《外集》二十五卷、《易童子问》三卷、《外制集》三卷、《内制集》八卷、《表奏书启四六集》七卷、《奏议集》十八卷、《杂著述》十九卷（包括《河东奉使奏草》二卷、《河北奉使奏草》二卷、《奏事录》一卷、《濮议》四卷、《崇文总目叙释》一卷、《于役志》一卷、《归田录》二卷、《诗话》一卷、《笔说》一卷、《试笔》一卷、《近体乐府》三卷、《集古录跋尾》十卷、《书简》十卷每卷卷末大多无刊记。仅《表奏书启四六集》卷一至四末署"绍熙三年十月承直郎丁朝佐编次，郡人孙谦益校正"，《河东奉使奏草》卷上、《河北奉使奏草》卷上下署"绍熙五年十月郡人王伯刍校正"，《濮议》卷四末署"绍熙五年十月郡人孙谦益、王伯刍校正，《近体乐府》卷三末署"郡人罗泌校正"），亦无考异，只有用阴文标志的校勘记。卷一五三之后《附录》五卷，卷一祭文、行状、谥诰，卷二墓志铭、神道碑，卷三、卷四传，卷五事迹（子欧阳发等述）。末又有"编定校正"题名四行："绍熙二年郡人孙谦益字彦扬，绍熙三年承直郎前桂阳军军学教授丁朝佐字怀忠，绍熙四年郡人乡贡进士曾三异字无疑，绍熙五年郡人登仕郎胡柯字伯信。"以及"覆校"题名八行："庆元元年州县学职事葛澟字德源，王伯刍字驹甫，朱岑字山父，胡柄字谦甫；庆元二年郡人迪功郎新临江军清江县主簿曾焕字文卿，郡人乡贡进士胡涣字季亨，郡人乡贡进士刘赟字棠仲，郡人罗泌字长源。"最后是周必大跋。

周必大主持的这次对欧阳修文集的全面校正刊刻，规模很大，从绍熙二年到庆元二年,历时五年余,十集一百五十三卷是随得随刻,主要的编校人员有十二人,也是分成几批来从事校刻的。周必大跋中提到的是孙谦益、丁朝佐和曾三异,文集中的校刻题名有"孙谦益、丁朝佐、王伯刍、罗泌"的名字,还有胡柯修订了《年谱》,这六人应当是做了比较多的工作的。《直斋》卷一七谓周必大定为此本,《居士集》以下十集各刊于家塾,其子周纶又得欧阳棐编次的传家集,嘱曾三异校正,使得该本更为完善云云。我们所见的庆元刻本校记确有好几部分,正文中的小字校语当出孙谦益、丁朝佐、王伯刍、罗泌之手;卷末的大字考异是丁朝佐作的音义考证,里面引到"公家定本""恕本",则还包括了曾三异据欧阳棐编次之本所作的校勘;阴文标志的校勘记中标明"续添"者为初次校正后又添入刊行,当是庆元时覆校者所为。

又一本存四十卷(四—七,五五—六七,七二—七三,八七—八九,一一二—一一七,一二〇—一二四,一四六,一四八—一五三,其中六二—六五配抄本);一本存五卷(五二—五四,九六,一一九)。另,江西省图书馆藏三十二卷,初印清湛,亦可宝。

中国国家图书馆还收藏有八九部宋刻残卷,今见两部:一部存《居士集》五十卷,其中卷三〇至三四配以清初抄本,《居士集序》前缺,《目录》全,钤有"梅溪精舍""玉兰堂""辛夷馆""乾学之印""铁琴铜剑楼""季振宜读书""绶珊珍藏善本"等朱印。另一部仅存卷二〇至二三首尾相连的四卷,扉页有"正闇"手跋,钤"群碧楼读"印;卷二二页一四以下缺,且有"乙丑三月群碧楼记"题跋一页,钤"正闇学人"印;卷二三全。邓邦述(1868—1939)号正闇居士,有群碧楼藏书,则此书为邓氏旧藏,其跋当题于 1925 年。以上两部宋刻,行款特征俱同前周必大本,则可断为庆元刻本之残帙。

前面提到,唯日本天理图书馆所藏宋庆元本乃全帙。《直斋》卷一七谓周必大之子周纶又得欧阳棐编次的传家集,嘱曾三异校正。日本学者东英寿研究了天理本,认为:"周必大的原刊本于庆元二年刊行,周纶修定的工作则大约在十年后的开禧年间完成。所以说天理本虽然不是周必大的原刻本,但是可以推定是紧接其后的周必大之子周纶修订并刊行的南宋本,与中国大陆和台湾所藏的诸本不同。"⑦且于天理本中发现了欧阳修的九十六篇书简,为现今所传欧集诸本所无⑧,故此本弥足珍贵。

日本宫内厅书陵部所藏宋版周必大本系残本,分装十八册,《图书寮典籍解题》第78页著录作"残存六十九卷",经核对,实存六十八卷,具体卷目如下:

卷二四—二九(居士集卷第二十四至二十九),三五—四五(居士集卷第三十五至四十五),七六—八九(易童子问卷第一至三、外制集卷第一至三、内制集卷第一至八),九三——一〇(表奏疏启四六集卷第四至七、奏议卷第一至十四),一一五——一七(河东奉使奏草卷上下、河北奉使奏草卷上),一一九—一二五(奏事录、濮议卷第一至四、崇文总目叙释、于役志),一三二—一三三(近体乐府卷第二、三),一四七—一五三(书简卷第四至十)。

其中卷七九—八一、卷一五〇——五三有抄补或全部抄补;卷八六、九三缺首页;卷一四七页十一后缺,卷一四八页十二前缺,遂而被合并。

此本前缺,起自"居士集卷第二十四 欧阳文忠公集二十四",右下角栏外钤盖"奚疑斋藏书"印。半页10行行16字,左右双边,白口,双黑鱼尾。书口上端有刻字字数,中间题写书名卷数,下端为刻工姓名。卷末有刊记,如卷二四等末题"熙宁五年秋七月男发等编定,绍熙二年三月郡人孙谦益校正";卷一一五、一一七末:"绍熙五年十月日郡人王伯刍校正";卷一二三末:"绍熙五年十月郡人孙谦益王伯刍校正";卷一三三末:"郡人罗泌校正。"卷后附用阴文标志的校勘记。

凡"弘、构、完、树、让、慎、敦、竖"等字缺末笔,遇"真宗""天子""太宗皇帝"等语上空一格。

《日本藏宋人文集善本钩沉》(页15)既谓此本是周必大本,却又著录作"宋绍熙年间刊本",恐因此本卷一五三末尾系抄补,后无"覆校"题名、周必大跋,故仅据卷中题记"绍熙二年三月郡人孙谦益校正""绍熙五年十月日郡人王伯刍校正"等而定。不确,当是庆元本。

日本宫内厅书陵部所藏此宋庆元二年周必大本六十八卷,存卷较多,其中卷三八—四四、卷九五(计七卷)可补《中华再造善本》影印之中国国家图书馆藏本所缺,且"字画疏朗、刊印颇佳",在日本藏本中仅次于天理图书馆本。《日本宫内厅书陵部藏宋元版汉籍选刊》⑧已影印。

另有书名为《庐陵欧阳先生文集》的宋刻本二部,俱是残卷。一部仅存卷

五七、卷五八,有清曹元忠跋、邹在衡跋、蒋确题款,藏上海博物馆;一部存卷一至五、卷一二至三二、卷四六至六一,凡四十二卷,藏台北"国家图书馆"。后者半页14行行25字至28字不等,左右双边,线黑口,版心有刻工名,避高宗赵构讳。卷前无序文、目录,直接入正文,内容出自《欧阳文忠公集》,但已经移易删选:卷一至五为赋;卷一二分上、中、下,为论;卷一三至二三书启,卷二四至二六序,卷二七、卷二八记,卷二九祭文,三〇至三二表、奏状,四六至五一墓志铭,五二、五三归田录上下,五四题跋、杂著,五五至六〇集古录跋尾,六一欧阳氏谱、祭文、行状、谥议、墓志铭,且"印面完善,刻工亦精"(台湾《"国家图书馆"善本书志初稿》)。是书当刊于南宋,与通行的一百五十三卷本编次不同,编刊者不详。

总之周必大庆元刻本问世之后,以其收录全、校勘精、刻印佳,迅速取代了诸旧本,且历代翻刻不绝如缕,遂成为欧阳修文集众多版本中占主导地位的一百五十三卷系统的祖本。

又该本校勘记里所引到的"恕本",即是欧阳修之孙欧阳恕手校之写本,当周必大病重时,才从参知政事李光家得到它,其子周纶便嘱旧门客们考订后将校记编入。后欧阳恕的手校本归于军器监簿曾天麟家,明初其裔孙礼部侍郎曾鲁取他本详加校勘,文字以写本(当指恕本)为据,篇次卷第依吉本(当指庆元本)为定,体例仿朱熹《韩文考异》,又编《拾遗》一卷,录吉本所缺而见于他本者。最初在永丰县学学刊刻(以上危素《欧阳氏文集目录后记》)。这个带曾鲁考异的本子,明代多次加以翻刻,今传本都是单刻的《居士集》五十卷。

另外,明清两代又出现了后人重加编校的一百三十五卷、一百三十卷和一百零五卷的《欧阳文忠公集》等,它们显然当归于特殊的类别。

下面我们就分几大部分来分析欧阳修文集在宋以后的流传情况。

一百五十三卷系统

"元刻本"《欧阳文忠公集》一百五十三卷、附录五卷(今存佚不详),民国时上海涵芬楼曾据以影印,收入《四部丛刊》初编。与庆元本相较,行款变为半页10行行20字,四周双边,黑口,双黑鱼尾,书口中注"欧文卷×"及页数。《总目》后多"六一先生小影"及像赞、《庐陵欧阳文忠公年谱》,末有庆元二年(1196)胡柯所撰《年谱》后记。卷末校勘记已将"续添"者依次插排入旧校当中,且条目偶有增加,故校记序次已与庆元本不同,如外集卷四将"续添"的"《乞药有感》""《冬夕小斋联句》"二条插排在《鹤联句》之前,又将校记后的补遗诗《来燕堂与赵叔平王禹玉王原叔韩子华联句》移入正文诗末;又如外集卷七增加了"《久在病告近方赴直偶成拙诗二首》"一条校记,等等。

关于《四部丛刊》本所据底本,日本学者清水茂曾指出:"《四部丛刊》的目录虽然被称为元刊本,参见故宫博物院编的《重整内阁大库残本书影》(北京,1933年),其中有可以与之认定为同样版本的书影,注明是明刊本。这种说法应该是正确的。"⑩后森三秀二终于考清了《四部丛刊》所收不是元刊本,而是"以明代的内府本为原本的版本"⑪。则所谓的"元刻本"并不存在,《四部丛刊》所据底本与明代内府所藏明刻本版本相同,这个"元刻本"实应是"明内府本"。

北京大学图书馆收藏一残帙,仅有《内制集》八卷和附录五卷,馆藏卡片著录为元刊本,书套内却写作明刻本。原为清吴湖帆梅影书屋旧藏,有"吴县潘承厚承弼读书印""吴印翼燕"等印记,以及吴湖帆、潘承弼等题跋,吴氏认为序(指《内制集》序)及第一卷是元刻本,第二卷至第八卷为宋刻本,潘氏则认为是宋刻元修本,意见也不统一。今审其行款特征与明内府本、明天顺本全同,而周必大跋在附录卷末,与明内府本合,则此本与明内府本有很接近的渊源关系,不过它与明内府本在字体上稍有区别,个别用字也不同。

明刻本中翻刻庆元本《欧阳文忠公集》一百五十三卷的为数不少。

(一)可考知的第一本为明仁宗朱高炽做太子时所刊。据明杨士奇《东里别集》卷二《圣谕录中》第三条载,朱高炽在东宫颇喜欧文,曾命杨士奇与赞善陈济校雠,"正其误,补其阙,厘为一百五十三卷,遂刻以传。廷臣之知文者各赐一部,时不过三四人"(详见《宋人别集叙录》卷四174页所考)。另据《圣谕录》所载各条编年次序,此书校刻当在永乐二年(1404)七月至七年之间。

今传明刊本中并没有考订著录为永乐本者,其存佚情况不明。

(二)今传本中能确定时代的最早为天顺六年(1462)刻本。海虞(今江苏常熟)人程宗,字源伊,天顺中知吉安府(今江西吉安市),得胡文穆公子永肃所献家藏内阁明本,遂捐资翻刻,嘱教授郑钢校其字画,并请郡人"山东按察副使致仕"彭勖和出使交南路过庐陵的"翰林侍读学士"云间(今上海市松江区)钱溥为新本撰序。

北京大学图书馆所藏天顺本出于内府,用花纹绫锦四合套装帧,计30册6函,每册皆钤"太上皇帝之宝""乾隆御览之宝""天禄琳琅"等朱文大印。卷首有天顺六年钱溥与天顺五年彭勖撰《欧阳文忠公全集序》、宋周必大跋、《六一先生小影》及像赞、《年谱》《总目》《居士集序》《居士集目录》。除两篇明人序为新添外,其余皆见明内府本,但序次稍异。正文行款特征则全同明内府本,附录五卷之后亦照录宋庆元本的"编定校正"及"覆校"题名。因彭勖序明言底本为"内阁明本",则作为《四部丛刊》底本的明内府本,和天顺本的底本"内阁明本",很可能就是相同的本子,颇疑即朱高炽永乐刻本。

而傅增湘在《藏园群书题记》卷一三《明天顺程宗刊欧阳文忠公集跋》中谓"程守所据内出之本当为庆元原刻无疑",显然未细读彭勖序。傅氏又认为天顺本的初印之本"楮墨明湛,世人往往误为元刊",而涵芬楼印行的《四部丛刊》"及细观之,实即此本之初印者耳"。但天顺本与《四部丛刊》影印本行款虽然相同,却将周必大序从卷末移至卷首,且新添钱溥、彭勖序,区别还是很明显的。

故实际情况应当是《四部丛刊》的底本与天顺本的底本版本相同,很有可能就是明内阁朱高炽永乐刻本,只不过天顺本新刻了钱溥、彭勖两篇序。傅增湘认为天顺本的底本是宋庆元本以及《四部丛刊》的底本是天顺本的初印本,皆为误断。

(三)天顺本问世之后三十年,书版磨灭,吉安知府姑苏(今江苏苏州)人顾福(字天赐)、同知欧阳允直从前经筵讲读官宣溪居士王世赏手中得到一内府本,遂照之订讹补缺,补版重印了《欧阳文忠公全集》。当时参与校补的还有判府赵蔺完("完"字不清)、杨文翰、推府程州用、陶廷贵等人。时为弘治五年(1492),王世赏有《题欧阳文忠公集后》。这个弘治重修本,今传本尚众。从中国国家图书馆藏本看,此本版面业已模糊,与天顺本相异之处在于:卷首少小影与像赞,《年谱》次《总目》后,周必大跋在"覆校"题名后,且卷末多王世赏跋。

(四)正德五年(1510)慈溪(今属浙江)人刘乔来知吉安,第二年得到郡庠生欧阳昂藏本,遂亲加校正,命工翻刻。正德七年二月完工,刘乔撰跋记录重刊经过。

正德翻刻本，北京大学图书馆有藏。此本起于天顺五年彭勖《新刊欧阳文忠公全集后序》，无钱溥序、小影及像赞，《年谱》在《总目》前；正文行款特征基本同天顺本，只《居士集》卷一至六书口为白口、单白鱼尾；又《外集》卷一至七系抄补；卷末除周必大跋、王世赏跋外，增刻正德七年刘乔《题欧阳文忠公集后》。

（五）嘉靖十五年（1536）会稽（今浙江绍兴）人季本为吉安府司马；十六年，摄郡。他见旧版剥落残缺，遂多方寻求善本校勘欧集，并命庐陵县儒学训导詹治负责重新刊校，詹治撰有跋文。

这个嘉靖十六年季本、詹治重修本，中国国家图书馆有藏，其中卷一四三至一四七配抄本。卷首诸序目及正文行款特征全同天顺本，而《附录》五卷之后为刘乔跋、王世赏《题欧阳文忠公集后》，还有嘉靖十六年詹治新撰的《跋欧阳文忠公文集后》。

（六）嘉靖三十六年安陆（今属湖北）人何迁任江西抚都院，令属下再校，剔换了三分之一旧版，重印了欧集，但是未刻诸明人旧序，何迁有跋，撰于嘉靖三十九年。何迁这个递修本，今传本甚多，中国国家图书馆藏本有"长乐郑振铎西谛藏书"等印，首为周必大跋、《居士集序》《六一先生小影》、像赞、《四朝国史本传》《年谱》《总目》《居士集目录》；正文行款同正德本，但书口改为白口，单白鱼尾；《附录》变成六卷，分别为卷一制词，二祭文、行状，三墓志铭、神道碑，四、五传，六事迹，末有宋人题名；最后是何迁《跋》。

从上面几本可以看出，刘乔正德本经过嘉靖年间季本、何迁两度补版递修，但三次的本子其卷首末附录的序目数量和序次各异；行款虽同，书口却有变化；尤其是何迁本将附录从五卷改成了六卷，变乱了宋刻本的旧式，也没有被后世的刻本认同沿袭。

（七）隆庆五年（1571）八月南丰（今属江西）人邵廉"承乏建郡"（即建安郡，今福建建瓯），在福建为官，取旧本二部，与乡官林命重订，翻刻了《欧阳文忠公集》一百五十三卷、《附录》五卷，邵廉撰序。中国国家图书馆藏本首为邵廉《序刻欧阳文忠公文集》、天顺六年钱溥《重刊欧阳文忠公全集序》、邵廉跋、《庐陵欧阳文忠公年谱》《居士集序》《欧阳文忠公文集总目》《居士集目录》。正文半页10行行20字,四周单边,单黑鱼尾,书口上端标"文忠公全集",鱼尾下部注卷页及刻工姓名。《居士集》每卷卷末都有两行宋人校勘题名及校勘记,在卷二起首有署名一行"南丰后学邵廉校刊"(其余各卷则为空白);《附录》五卷之后为宋人题名与周必大跋,末附天顺五年彭勖《新刊欧阳文忠公全集后序》、弘治五年王世赏《题欧阳文忠公集后》。可以判断,隆庆本源于天顺刻弘治重修本。

进入清代,重刻全集一百五十三卷等亦很频繁。

(一)在乾隆丙寅十一年(1746),庐陵又有"孝思堂"新刻本问世,参与校订的有欧阳修裔孙钓溪副贡生教谕欧阳安世(字勖平)等十余人。清华大学图书馆藏本首有书名页"《唐书》并《五代史》即刊,庐陵欧阳文忠公全集,孝思堂藏板",且在上方镌"乾隆丙寅重梓"一行;次为《居士集序》《宋文忠公小影》及像赞(较旧本多"清浏从孙玄百拜谨撰圭斋"一首)、《庐陵欧阳文忠公年谱》《四朝国史本传》《欧阳文忠公集总目》(较旧本少《居士集目录》)。正文半页9行行20字,左右双边,单黑鱼尾,书口上端题"欧阳文忠公全集",鱼尾下部为卷页;正文中有小字校语,但卷末无题名与校勘记。《附录》虽为五卷,实际不同于旧本,改为:卷一制词,卷二祭文、行状,卷三墓志铭、神道碑,卷四记神清洞,卷五事迹。之后是《累朝校刊全集名氏》,从"宋元祐六年男发、奕、棐、辩,门人苏轼字子瞻"起,记绍兴(当为熙)二、三、四、五年孙谦益等、庆元二年葛澡等、(明天顺五年)程宗、(弘治四年)顾福、正德壬申(七年)刘乔、嘉靖丙申(十五年)季本、嘉靖乙卯(三十四年)陈珊等、嘉靖庚申(三十九年)何迁、清朝康熙十一年(1672)曾弘、乾隆十一年欧阳安世等历代庐陵刻本校刻者官职、姓名、籍贯等。末为欧阳安世《重刊文忠公全集跋尾》,谓同十数族人各出家藏读本互校,从乾隆十年冬十二月至十一年夏六月刊成此集,共刻板两千六百余面,藏于吉州刺史公祠。

今又见北京大学图书馆藏有一"乾隆十二年刻本",首尾不完,内容版式与前本基本相同,但卷前多出一篇乾隆十二年正月彭家屏序(缺首页),《附录》之后的《累代校刊姓名》亦与前本文字不尽相同,如起首改为"宋元祐六年男发、奕、棐、辩同集,门人苏轼携弟苏辙编次";多出"万历元年(1573)郡太守雷以仁,湖北夷陵人""万历己卯(七年)首定八大家古文茅坤,浙江归安人"二行;清朝康熙壬子(十一年)条作"合刊欧文二集曾弘,本郡吉水人;又累刊八大家文孙琮、吕葆中、汪份";乾隆丙寅(十一年)条下欧阳安世等十余人的序次亦多更改(前本欧阳安世在第六位,此本位于第一),且缺坏字甚多,页三以下佚去,故看不见其他序跋文字。按:这个本子应当是拿乾隆十一年的旧版重印的,但在卷首增刻了彭家屏新序,又将卷末历代校刊人姓名加以订正之后重新改刻一过。可见乾隆孝思堂刻本既有十一年的初印本,还有十二年的新印本,二者内容并非完全一致。

(二)乾隆四十六年,四库馆臣据江西巡抚采进的欧阳修文集,校抄入《四库全书》。前有《御制读欧阳修〈纵囚论〉》、苏轼和周必大的《文忠集原序》《四朝国史本传》《文忠集年谱》,《文忠集》一百五十三卷,《附录》五卷。《四库全书总目》谓"此本为周必大所编定",但从卷末无宋人题名与校勘记(卷中仍保留小字校语)、《附录》五卷内容不同于宋庆元本而同于乾隆十二年欧阳安世本来看,其底本不是宋本而应该是欧阳安世本。

(三)乾隆五十七年壬子又有惇叙堂刻本,今见上海图书馆藏本。其书名页曰"乾隆壬子重整,庐陵欧阳文忠公全集,惇叙堂藏板";卷首有《乾隆二十四年钦奉御制欧阳修小像诗并序》《居士集序》、周必大跋、《四朝国史本传》《庐陵欧阳文忠公年谱》《宋文忠公小影》及像赞、《累代校刊姓名》《集古录目序》《濮议序》《内制集序》《欧阳文忠公全集总目》。在周必大跋后有清同治五年(1866)徐时栋手题一段,对周必大本的编次体例提出异议,认为《居士集》五十卷之外各集当编为《外集》七十六卷,《易童子问》至《诗话》共十三种当别为《外编》,这样才井然有序。此论可备一家之说。正文半页9行行20字,左右双边,书口上方题"欧阳文忠公全集",下方题卷页;开卷题"居士集卷第一,集一",并有"柳泉书画"印;每卷卷末均无校勘题名及校勘记等;其中卷四五整卷脱去,衬有白纸十张。《附录》五卷同欧阳安世本。从该本在《乾隆二十四年钦奉御制欧阳修小像诗并序》后所附"欧阳修嗣孙臣安世恭和圣韵"诗、校刊题名止于"乾隆丙寅庐陵嗣孙钓溪副贡生教谕欧阳安世"等以及《附录》内容来判断,当是据欧阳安世本重刊。

(四)嘉庆二十四年(1819),欧阳修的裔孙欧阳衡(号梅龛)任宁国府(今安徽宣城)知府,政务之暇,取乾隆十一年其族叔祖欧阳安世刊本,与从父叔平先生共同校雠，草创凡例，重新刻印了《欧阳文忠公全集》。就其《凡例》来看，此本仍是一百五十三卷、《附录》五卷，但是对历来沿袭的宋庆元周必大刻本的内容和编次却作了很多地方的调整：如《杂著述》中删去了《笔说》《试笔》两种；所有校记皆仿朱熹《韩文考异》体例；编次上"惟诗仍其旧，余悉以年月前后为次，不知者缺之"，即将文章尽量作了编年；将原本《附录》卷一的制词、谥议分系于《年谱》内；各集之后保留宋人原跋，小字标注"衡识"表明欧阳衡的见解；注"增"字指原本缺载而据别本补入者，注"疑"字乃疑为伪作者，等等。

我们来看看中国国家图书馆所藏的近人傅增湘校本。该本首有《欧阳文忠公小影》及像赞、《乾隆十七年壬申高宗纯皇帝（即乾隆）题宋臣欧阳修遗像诗并序》（实同乾隆惇叙堂本《乾隆二十四年钦奉御制欧阳修小像诗并序》）、《钦定四库全书简明目录》（《文忠公集》《欧阳文粹》）、《钦定四库全书总目提要》（同前）。《卷首》整一卷：《圣祖仁皇帝（即康熙）御批宋臣欧阳修文》《高宗纯皇帝御批宋臣欧阳修文》《四朝国史本传》《宋史本传》《年谱》《居士集序》、周必大跋、嘉庆吴鼒序、嘉庆二十五年二十七世孙欧阳棨跋、嘉庆二十四年欧阳衡《重刊先文忠公全集叙略》《凡例》《欧阳文忠公全集总目》《累代校刊姓名》（与乾隆欧阳安世本大同小异，没有茅坤、曾弘、孙琮等，末尾多嘉庆二十四年欧阳衡题名一条）、《欧阳文忠公全集目录》（实《居士集》细目）。正文卷首第一行题"居士集卷第一，全集一"，第二行则署"二十七世孙衡校刊"（每卷皆有），半页10行行24字，左右双边，单黑鱼尾，书口上端标"欧阳文忠公全集"，鱼尾下卷页中间小字注"居士集"；小字校记全部散见正文中，卷末不再出宋人题名与校勘记等。《附录》五卷改为：卷一《事迹》五十八条，卷二《朱子考欧阳文忠公事迹》十六条（此卷增入），卷三祭文、行状，卷四墓志铭、神道碑，卷五记神清洞，末有欧阳衡跋。总之，该本除卷首内容丰富、《附录》五卷有移有增外，与所有旧本的最大区别就是文章的编次作了不少改动，而且连欧阳修亲定的《居士集》也不例外，如从卷一五赋起，每卷类别不变，但所收各文则都按编年调整了排次，可参见傅增湘校。自从宋庆元周必大刻本问世之后，就被奉为定本，历元、明、清三代，各种欧阳修文集几乎都是一成不变，大同小异，所以嘉庆欧阳衡刻本可谓异军突起，改变了旧式，是一个比较特殊的重刻本。

（五）光绪癸巳十九年澹雅书局翻刻了嘉庆欧阳衡本，书名页题"欧阳文忠公全集》,有"光绪癸巳年澹雅书局刊"的牌记,行款特征全同,仅卷首所附诸文序次有异,分别为:《乾隆十七年壬申高宗纯皇帝题宋臣欧阳修遗像诗并序》《四朝国史本传》《宋史本传》《先文忠公全集卷首目录》《年谱》《欧阳文忠公小影》及像赞、《居士集序》、周必大跋、欧阳棨跋、吴熹序、欧阳衡《重刊先文忠公全集叙略》《凡例》《欧阳文忠公全集总目》《累代校刊姓名》《钦定四库全书简明目录》《圣祖仁皇帝御批宋臣欧阳修文》《高宗纯皇帝御批宋臣欧阳修文》《欧阳文忠公全集目录》(实《居士集》细目)。正文每卷卷首都保留"二十七世孙衡校刊"的题名,《附录》五卷亦全同欧阳衡本,末附衡跋。

(六)光绪壬寅二十八年,又有周氏慕濂山房翻刻欧阳衡本,书名页题"庐陵欧阳文忠公全集",牌记作"光绪二十八年岁在玄黓摄提格仲春月周氏慕濂山房校印"。亦有《先文忠公全集卷首目录》,卷首内容从《圣祖仁皇帝御批宋臣欧阳修文》到《累代校刊姓名》已见欧阳衡本及澹雅书局翻刻本,序次与二者都不全相同,不过更接近澹雅书局本(略);正文行款亦同欧阳衡本,但每卷无"二十七世孙衡校刊"的题名,且《附录》卷末也无欧阳衡跋。

(七)民国二十五年(1936)上海中华书局据"庐陵祠堂本"校勘,收入《四部备要》之中。与乾隆惇叙堂刻本相较,仅卷首周必大跋不在《居士集序》后而在《四朝国史本传》后一处小异,故此"庐陵祠堂本"即指乾隆五十七年惇叙堂本。

为清楚说明一百五十三卷系统的源流,现将所述各本的关系图示如下(图1):

单刻《居士集》五十卷系统

经明曾鲁校勘考异的欧阳修文集,最初刊刻于洪武四年(1371)。当时蔡玘在欧阳修的祖籍永丰县(今属江西)当县令,捐俸禄为倡,取曾鲁校本,刊刻于永丰县学(明洪武十九年本危素《欧阳氏文集目录后记》)。今原刊已不存,所见皆为后出重修、翻刻之本。

(一)蔡玘刊刻的《居士集》五十卷,其中有不少字画缺损模糊、脱文错谬之处;洪武六年,经县丞李均度与俞允中、李实、胡启等人花三个月的时间考订补正三十余版,重印了此集(明正德本李均度《新刊欧阳文忠公集序》)。此本中国国家图书馆有藏,但是个残本,仅存卷一一至三〇,卷端书名题为"居士集"。半页11行行23字,四周单边,细黑口,书口注"居士集×",有刊工姓名,且页码连排,以"金、木、水、火、土"标识,满一百一转换,如卷二〇止于页一百,书口则题"木一百片";各卷多有题名,卷首共4行"临川(按:曾鲁为新淦人,明属临江府,故临川当作临江)后学曾鲁得之考异,古舒后学蔡玘行素订定,番阳后学李均度校理,古溧后学俞允中校正",卷末则有"熙宁五年秋七月男发等编定";卷二一第六页有牌记曰"洪武六年癸丑九月永丰县学新刊"。该本刻印不佳,多有断板及字画模糊处,当是后出的据洪武原版重印之本。

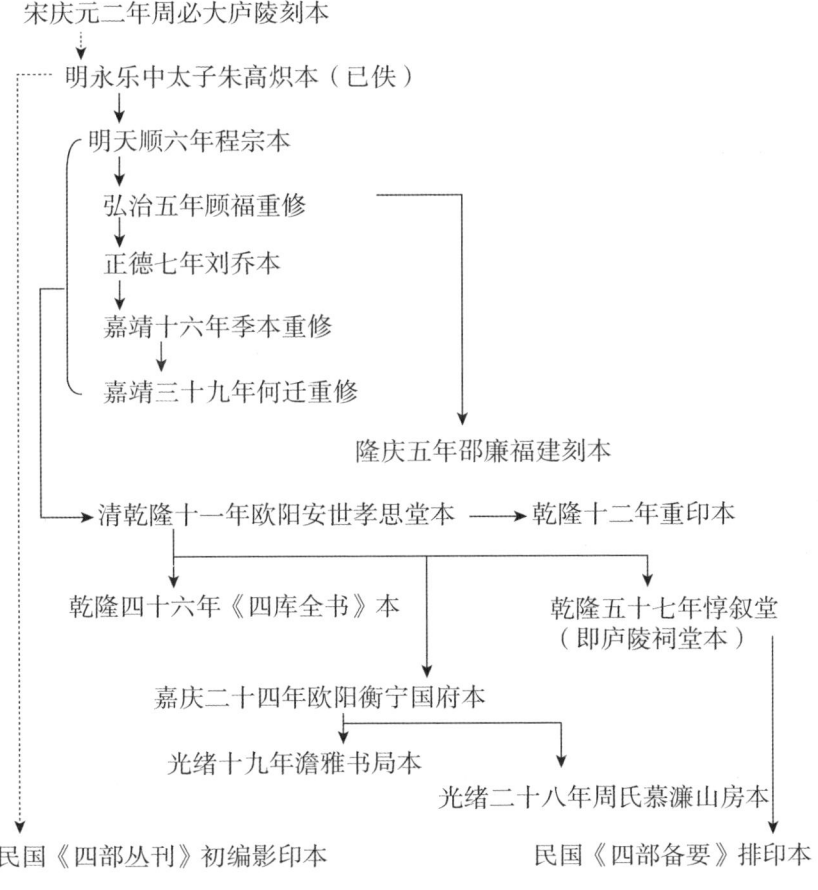

图 1

(二)浙江图书馆所藏一本为明洪武六年永丰县学刻、嘉靖二十四年重修

《居士集》，五十卷全。此本前有苏轼《居士集序》及《庐陵欧阳先生文集目录》（即《居士集》目录），钤有"吴兴刘氏嘉业堂藏书记""桐城萧穆经籍图记"等朱印。版式特征基本与中国国家图书馆残本相同，亦以"金、木、水、火、土"标识页码，但卷首题名4行有个别卷被挖去，且在有些版面的书口上端镌有"嘉靖乙巳补刊"字样，如"金二""土六十五"等页；在卷五〇末有两行刊刻题记"洪武六年癸丑九月永丰县学新刊，文学李实胡启完理"；另外每卷卷终都刻上了"熙宁五年秋七月男发等编定"一行，不像前本时有时无。该本目录卷第二十载神道碑铭七篇，缺卷第二十一，而正文卷第二十仅录碑铭三篇，另四篇见于卷第二十一；又目录在"卷第五十"祭文十篇之后又重出"五十卷"，录《祭石曼卿文》等七篇，而正文"卷第五十"则将二者合并，共收录祭文十七篇。另外从其内容看，《居士集》五十卷外并未刻曾鲁所编的《拾遗》一卷。

（三）又有北京大学图书馆所藏《新刊欧阳文忠公集》五十卷，馆藏目录亦著录作"明洪武六年刻本"，可从内容到版式均与前洪武六年永丰县学刻本不合。该本首有洪武六年李均度、俞允中所撰《新刊欧阳文忠公集序》，次为《新刊欧阳文忠公集目录》（亦即《居士集》五十卷细目，每卷卷次之上刻有花鱼尾）；正文行款虽仍为半页11行行23字，但却是四周双边，大黑口，双黑鱼尾，上鱼尾下注"文集卷之×"，下鱼尾下则注页码；卷一、一一、二一、三一、四一第一行下方分别刊刻有"仁""义""礼""智""信"方印。各卷题头不一，有"新刊欧阳文忠公集""欧阳公文集""居士文集""居士集""欧阳文忠公集""欧阳文忠公文集""欧阳公忠集""欧阳公居士集"等多种。卷首题名有作"临川后学曾鲁得之考异，番阳后学李均度校正"的，如卷一、七、九等；有作"古舒后学蔡玘行素订定，番阳后学李均度校理"的，如卷一一；也有无题名的。卷末校勘记时有时无，如卷一无，卷二校记中引"丁氏按"（即宋庆元本"朝佐考"），卷三末则保留了"熙宁五年秋七月男发等编定"一行题名。另外，该本目录与正文收录的内容也不尽一致，如目录卷二〇为"神道碑铭"七篇，而实际分别收录在正文卷二〇、二一；且此后目录与正文便依次相错，直至目录卷四九、卷五〇的内容，全部合并收录在正文卷五〇当中。

（四）北京大学图书馆还藏有一"明刻本"残卷，存卷前目录，缺卷二四至二六、四四至四七计七卷，有"阆源真赏""汪印士钟""麟嘉馆印"等印记。该本除无李均度、俞允中序和少"新刊"二字外,其余特征与前本基本相同。另外在卷二一末有撰于"甲寅"(当1914年)的李盛铎跋,内引明邹缉《居士集书后》,谓故礼部侍郎曾鲁校《居士内外集》,在一"大字板本"上用朱笔小字注于上下旁边,邹氏曾录其所注考异;而且曾鲁所校的这部《居士集》洪武初永丰县令蔡玘取以镂板,建宁书坊又加以传刻云云。按:邹缉跋文又见《明文衡》卷四八,题作《书居士外集后》。据此,则明曾鲁所校欧阳修集包括《居士集》及《外集》;洪武蔡玘本只刻了《居士集》,没有《外集》;而曾鲁校本的底本,即所谓的"大字板本",因引到了"丁氏按",当是宋庆元本。李盛铎跋又曰:"《欧集考异》洪武为第一刻,建宁为第二刻,极迟亦在正统景泰之间,必较天顺本(按:指全集一百五十三卷)为前无疑……今得天顺前旧刻,虽非完帙,亦当珍之。"按:李氏认为他所得到的这一有缺损的曾鲁考异本即是建宁第二刻,或许近实。又据邹缉跋,他所见到的建宁坊刻本出现在他"官太学、居京师"之前,而考《明史》卷一六四邹缉本传,"建文时入为国子助教。成祖即位,擢翰林侍讲",则建宁第二刻当出于洪武建文间。

北京大学图书馆收藏的这两个本子应当是同一版本,但非同一印次,第二本刷印时间要早于第一本,第一本卷端题头的"新刊"字样当系增刻。它们都与前面介绍的洪武六年刻本有很明显的差异。那么到底哪种本子才是真正的洪武本呢?据上述诸本特征分析,我们认为:细黑口、以"金、木、水、火、土"标页、书名为"居士集"的,是洪武六年蔡玘、李均度、俞允中、李实、胡启等人以曾鲁校本为底本校刻的原本,有牌记为证;且明《南廱志》卷一八载"《欧阳居士集》五十卷,分金、木、水、火、土各十卷,洪武癸丑(六年)刊成"可作旁证。而大黑口、以"仁、义、礼、智、信"标卷、书名作"(新刊)欧阳文忠公集"的,则是后出的明代翻刻本。中国国家图书馆藏残本是洪武原版的后印本,故版面业已模糊;浙江图书馆藏本则是据洪武旧版在嘉靖乙巳二十四年补刊的重印本,原本模糊处已作部分剜补。北京大学图书馆所藏二本为同版先后刷印之书,但不是洪武原本,而是明代后来的翻刻本。第一本原被著录为"明洪武六年刻本",概仅据卷前李均度、俞允中序而误断;第二本照李盛铎所说是翻刻洪武本的福建建宁坊刻本,考其刊刻时间当在洪武建文间。这样看来,洪武四年蔡玘刻本业已无传,而洪武六年李均度校正的本子亦无完整的初印本,只存后印之残本、重修本之类。

（五）有曾鲁考异的本子，还有中国国家图书馆所藏"明正统间刻本"《欧阳文忠公集》五十卷。此本首有苏轼《欧阳文忠公集序》，次为明临川危素所撰《欧阳氏文集目录后记》。这篇《后记》不见于洪武本以及后出的翻刻本，但它提到了危素所了解的欧集许多本子的情况，尤其是对欧阳修之孙欧阳愬的手写校本流传渊源交代得非常清楚，而且是蔡杞在永丰县学刻完曾鲁考异之本后，邑人夏巽嘱危素撰此记文的。《后记》之后另页有题名一行"时柔兆摄提格县人陈斐允章校勘刊谬"（卷三五末亦见；卷二四末作"时柔兆摄提格中秋前县人陈斐允章校勘刊谬"；卷五〇末作"时柔兆摄提格县人陈斐允章重校讹谬"）。又次为《庐陵欧阳先生文集目录》（实为《居士集》五十卷细目），在"卷第五十"之后又重出"五十卷"（正文则均见于"卷第五十"）；正文半页12行行21字，左右双边，黑口，单黑鱼尾，书口中间注"欧文×卷"及页数；卷首题"欧阳文忠公集卷第×，临江后学曾鲁得之考异"；卷中有小字校语，且较他本为多，提到的校本有"家本""宣（和）本""苏本""吉本"等；卷末间有"熙宁五年秋七月男发等编定"一行或"熙宁五年秋七月男发等编定，绍兴（当为"熙"字）二年三月郡人孙谦益校正"二行题名，但无其他校勘记。我们知道洪武四年蔡杞知永丰时刊刻了曾鲁校本，洪武六年经李均度、俞允中等人修订重印。由于该本保留了危素为蔡杞刻本而撰的《后记》，则应源于洪武四年本；又"柔兆摄提格"为丙寅年，中国国家图书馆著录该本为"明正统间刻本"，则当正统十一年（1446）。但是日人岛田翰《古文旧书考》卷四认为此乃洪武丙寅十九年刻本，因为其刻工"付彦成、吴畐、汝敬、徐子中"等又见明洪武刊本《唐文粹》；"吕仲、伯寿"又见元至正六年（1346）刘氏宗本堂刻本王注坡诗。张元济从曾鲁成书于元末明初，推为洪武十九年，并举该本刻工"士通、付彦成、刘侍者、詹理、周寿"等与元刊辽、金二史同，认为它"或经始于元末而毕工于明初也"（《涵芬楼烬余书录》集部页三八）。则此陈斐覆校本当为洪武丙寅十九年所刊，这比中国国家图书馆所断"正统（丙寅）"要早一个甲子。而台湾《"国家图书馆"善本书志初稿》著录之藏号为10120的"明洪武初年永丰知县蔡杞刊本"，以及《日本藏宋人文集善本钩沉》所载日本宫内厅书陵部藏"明洪武年间蔡杞刊本"，均系此本。

（六）与此洪武十九年本近似的尚有一"明初刻本"《欧阳文忠公集》五十

卷,亦藏中国国家图书馆,有"涵芬楼""海盐张元济经收"印。也是半页12行行21字,左右双边,但却是白口。收录内容基本同洪武十九年本,但是没有危素的《欧阳氏文集目录后记》,不过在全书末尾却出现了"时柔兆摄提格县人陈斐允章重校讹谬"的校勘题名。按:此本当系前洪武十九年本旧版改剜书口之后再行刷印者,所以稍有差异。

(七)正德元年又有日新书堂《新刊欧阳文忠公集》五十卷问世,中国国家图书馆所藏一本存卷一至三四,另一本存卷一、二,二六至五〇,均为残帙。该本之书名内容版式行款全与北京大学图书馆所藏明翻刻洪武本相同(后者仅少俞允中序),这样一来,实际上就可以断定北京大学图书馆藏本正是正德本。这也证明了我们前面推断北京大学图书馆藏"明洪武六年刻本"实为后出翻刻本是成立的。且日新书堂为建阳(今属福建)书坊名,创始于元代刘锦文,而建阳在明代恰属建宁府,则日新书堂刊本也可称为"建宁坊刻本",但它断非邹缉《书居士外集》所提到的出于洪武刻本的建宁书坊传刻本,因为那个本子刊刻于百余年前的洪武建文间。而北京大学图书馆藏李盛铎跋明刻本(李跋认为即是建宁第二刻)与此本基本特征相同,系出同版,但无"新刊"字样,故刷印时间要更早一些。

再从卷二〇至五〇目录有脱衍的情况来看,可能是蔡玘洪武四年刻本已肇其端,而洪武六年(按:该本仅存后印残本,故只能推断而言)、十九年本、嘉靖二十四年重修本皆沿袭其误;至于建宁坊刻诸本,为弥缝调和更是造成了目录与正文各卷迭次相错的严重舛乱。

另外,也有不带曾鲁考异的本子。

(一)嘉靖二十二年,处州(今浙江丽水)翻刻了《欧阳文集》五十卷、《年谱》一卷。当时"浙江按察司副使欧阳子,冲庵清斋,出庐陵",见当时通行的《欧阳文忠公全集》卷帙浩繁,"乃取其中《六一居士集》,授处州守李子冕翻刻之"(明唐龙《刻欧阳文集叙》)。按:核清雍正《浙江通志》卷一一八《职官八》,嘉靖间任提刑按察司副使者为欧阳清,上饶(今江西上饶市西北)人;而雍正《处州府志》卷八《官秩志上》载,嘉靖间任知府者乃李冕,章邱(今山东章丘市西北)人。他们两人正是这次刊刻的主持者。

中国国家图书馆藏处州本首有唐龙叙、苏轼序、《庐陵欧阳文忠公年谱》

《欧阳文集目录》(即《居士集》目录)。正文半页 10 行行 20 字,四周双边,白口,单白鱼尾,鱼尾下注"欧文卷×"及页数,还有刊工姓名。卷中有双行小字校语,但卷末并无校勘题名与校勘记等。此本虽为《居士集》五十卷,而实际是按照一个一百五十三卷的明刻本,抽出一集加以翻刻的,就其行款来看,远源仍是宋庆元本。

(二)还有一个特殊的本子,是日本宝历十四年(1764,乾隆二十九年)皇都御书馆刻本,名《欧阳文忠公文集》,只有三十六卷,但其实是《居士集》的翻版。平安人岛靖之(字定国)家藏欧集两本,其一为元刻本,他请皆川愿(字伯恭)和清绚(字君锦)以两本互正讹误,加句读校雠,捐资募工,历时二年方告刊成。

这个本子北京大学图书馆有藏(《宋人别集版本目录》未言有北京大学图书馆藏本),首有宝历辛巳(十一年)清绚《刻欧阳文忠公文集序》、宝历十三年皆川愿《刻欧阳文忠公集序》、苏轼《欧阳文忠公文集序》《欧阳公文集目录》。正文半页 10 行行 20 字,四周双边,双黑鱼尾,书口上端注"欧阳公文集",中注卷页;正文中有小字校记,天头还多刻有校语,卷尾都有"熙宁五年秋七月男发等编定,绍熙二年三月郡人孙谦益校正"两行宋人题名,且附校勘记。末有"癸未春正月"(宝历十三年)岛靖之《刻六一居士集跋》,还有一块牌记"宝历十四年甲申岁三月吉日刊行,皇都御书馆,二条通富小路东入町,吉田四郎右卫门,后编嗣出"。从该本序跋以及各卷卷尾的宋人题名可以看出,它是据一元刻本的《居士集》刊刻的;该本卷一赋至三六祭文,实见于《居士集》卷一五至五〇,且各体文数量编次不变,所以这个本子是将《居士集》去掉前面十四卷的诗,只收后面三十六卷的文而成的,故仍应归属《居士集》五十卷系统。因为是日本刻本,所以正文旁边多刻有和式训点。

(三)另外,同样是三十六卷《欧阳文忠公文集》,上海图书馆收藏有"日本宝历十三年青木嵩山堂刻本"。其书名页镌"苏东坡先生撰、皆川淇园先生辑,欧阳文忠公文集,浪华、青木嵩山堂梓",所谓"苏东坡先生撰",大概是指苏轼撰写了《居士集》序而言。该本卷首先皆川愿序,后清绚序,其余内容行款全同前宝历十四年皇都御书馆本;卷末还有一块新牌记,注明出版、发行、销售者及地点,"和汉洋书籍出版社,发行者大阪市……青木恒三郎,制本发卖所大阪市……嵩山堂本店、东京市……嵩山堂支店、伊势国……嵩山堂分店"。按:此当为青木嵩山堂得宝历十四年皇都御书馆旧版后加以重印之本,并非新刻,书名页中"苏东坡先生撰、皆川淇园先生辑……青木嵩山堂梓"云云,皆夸张宣传之辞,其出版年代极可能晚至近代。上海图书馆著录为"日本宝历十三年青木嵩山堂刻本",显然是涉宝历十三年清绚序、岛靖之跋而误断。

日本版本中又有只收欧阳修诗集的,如《中国馆藏和刻本汉籍书目》著录四川省图书馆藏《六一居士诗集》二十一卷铅印本(按:《现存宋人别集版本目录》谓藏北京大学图书馆,查无),亦出青木嵩山堂,时间在明治四十四年(1911)。故上海图书馆所藏青木嵩山堂刻本《欧阳文忠公文集》,可能也出于同时。

单刻《居士集》五十卷系统的各本源流简括如下(图2):

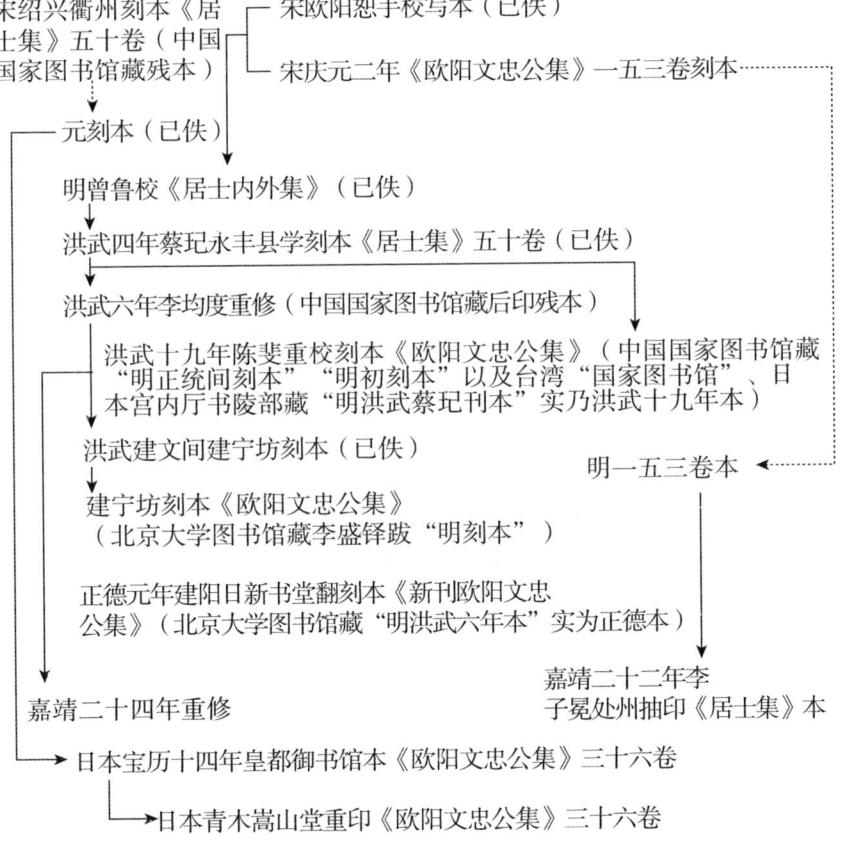

图 2 （此节吸收谷建等同学所作考证）

其他系统

(一) 一百三十五卷

明嘉靖三十四年奉使江藩行人司行人铜仁（今属贵州）陈珊（字鸣仲），在江西左、右布政使汪宗元、潘恩的提议之下，取吉安旧刻一百五十三卷、《附录》六卷删重订讹，重新分门别类，校刻了《欧阳文忠公全集》，成一百三十五卷，这是一个与以往所有的欧集完全不同的本子，它不再将欧阳修诗文分作十个各自独立的小集，而是全部打乱，按体重编，连欧阳修晚年亲自修订的《居士集》的原貌也毫不保留。我们来看看北京大学图书馆收藏的这个本子的面貌如何。

该本首为嘉靖三十四年陈珊《重校刊欧阳文忠公全集序》、钱溥及彭勖《欧阳文忠公全集序》、周必大跋、《六一先生小影》及像赞、《居士集序》《欧阳文忠公全集总目》，其《总目》标明类目和数量，具体分为：卷一谱（含《族谱图》及《年谱》），二应制近体赋、杂著，三赋、杂文，四至一五古诗，一六乐府、古诗，一七至二四律诗，二五致语、诗余，二六诗余，二七论、或问、解，二八论，二九论、杂文，三〇、三一策问，三二经旨、论辨问，三三易童子问，三四崇文总目，三五上皇帝书，三六、三七濮议，三八奏对论议，三九、四〇表状劄子，四一奏表劄子，四二、四三劄子表状，四四至五七奏议，五八、五九河东奉使奏草，六〇、六一河北奉使奏草，六二至六四序，六五序、传，六六序、说，六七序，六八至七〇记，七一行状，七二至七五墓志，七六、七七墓志、碣，七八至八四墓志，八五至八七碑铭，八八碑铭、赞，八九、九〇墓表，九一、九二祭文，九三至九六书，九七启，九八书启，九九至一〇八简，一〇九跋，一一〇至一一八集古录跋，一一九、一二〇归田录，一二一诗话，一二二笔说，一二三谱，一二四志记杂记，一二五诏册杂制，一二六外制敕诏，一二七、一二八制，一二九制敕口宣，一三〇制敕口宣诏文，一三一斋文词疏，一三二赐外夷诏书口宣，一三三制词谥诰，一三四附录墓志铭、神道铭、祭文，一三五附录本传、事迹。正文半页 10 行行 20 字，左右双边，白口，白鱼尾下标"欧文忠公族谱卷一""欧文忠公全集卷二"等及页码，书口下端还有写样及刊工姓名，如"况用写，姜培刊"，每卷卷前皆出该卷细目。卷一三五后有《累朝校刊欧阳文忠公全集名氏》，开列了宋绍熙、庆元间孙谦益等初刊十二人至明程宗、顾福、刘乔、季本历次重刊人名，又在"按"语中附列了此次和陈珊共同参与校勘、督办的罗良、汪宗元、潘恩等人员，最后还有嘉靖三十四年陈珊所撰《累朝校正诸名氏跋尾》。就陈珊前后序跋来看，此次重新编刻所依底本"吉刻"，是从明天顺五年、弘治四年、正德七年、嘉靖二十六年一脉相承下来的始终在吉安府重修重刻的本子，它也许是程宗本，也许是季本本，也许不止一本。

这个嘉靖三十四年陈珊一三五卷本，到万历元年有重修，主持者乃当时的吉安知府夷陵（今湖北宜昌市）人雷以仁，卷末有雷以仁跋，今社科院等处有收藏。

（二）一百三十卷

欧阳修是庐陵人，故在庐陵一地刊刻的《欧阳文忠公全集》最为流行。不过明万历四十三年在金陵出现了一个新刻本《欧阳文忠公集》，一百三十卷、《附录》四卷，卷数也显得与庐陵诸刻不一样。

北京大学图书馆藏本缺卷六九，《附录》卷四止于页四二，下不完。起首书名页大字"镌欧阳文忠公先生全集"，中间还有一行小字"金陵光启堂督刊"；有万历四十年湖广布政司参政兼按察司佥事檇李（今浙江嘉兴市南）人陈于玉《重刻欧阳文忠公集序》、苏轼《六一居士集序》、万历四十三年临汝（今属河南）姜肇昌（字桢熙、号翀卿）《重刻欧阳文忠公集序》；《欧阳文忠公集目录》计12卷，乃卷一至卷一三〇之细目，将欧阳修诗文分为赋、近体赋、骚体、琴操、颂、赞、章、五古、七古、五律、七律、五言排律、七言排律、五绝、七绝、长短句、上书、疏、劄子、状、表、诏、敕、制、批答、口宣、册、国书、表、青词、密词、右语、册文、斋文、祝文、祭文、上梁文、祝祷文、论、试论、或问、解、辩、试策、策问、序、记、传、书、启状、碑铭、墓志铭、墓碣铭、椁铭、墓表、行状、谥议、祭文、杂著（包括易童子问、濮议、集古录目、奏事录、归田录、诗话、笔说、射格、砚谱、洛阳牡丹记、于役志）各体。正文半页10行行20字，四周单边，书口上端标"欧阳文忠公集"，单黑鱼尾下为卷页；仅卷一首有题名3行"庐陵永叔欧阳修著，古临桢熙姜肇昌校，绣谷荆岑王凤翔刊"。《附录》为四卷：卷一本传、事迹，且卷首有"古临桢熙姜肇昌校订"一行题名；卷二年谱；卷三（宋庆元本）编定校正题名、周必大跋、旧本（一百五十三卷、《附录》五卷）总目；卷四杂考证，有小字注曰"凡系旧本者直注其下，新添者则以今按别之"，页四二以下缺。

就陈于玉序、姜肇昌序及校勘题名来考察，似是万历四十年陈于玉据庐陵旧本重加编校，厘成一百三十卷的，当时陈于玉"奉敕分巡武昌道"，则刻本应出于武昌。万历四十三年姜肇昌遇"坊人持永叔集"，请他校订，遂任其职，则这个"坊人"当为刊刻者金陵光启堂主王凤翔，姜肇昌校订的底本当系陈于玉刻本。

《现存宋人别集版本目录》著录有万历四十年陈于玉刻本，仅藏南京图书馆，未及见；又将"万历四十三年金陵光启堂刻本"与"万历四十三年王凤翔刻本"分作两种著录，前者藏北京大学图书馆，后者藏南京图书馆和日本大谷大学。这三种本子都是一百三十卷、《附录》四卷，内容是一样的，后两种更是同一本子，只是各图书馆目录著录上写法不同而已。

（三）一百零五卷

清康熙十一年庐陵人曾弘（号旅庵）以八十一岁高龄，购善本独力重镌《欧阳文忠公集》一百零五卷，并遍请名流题序，如吉安知府郭景昌、临江知军王抚民、南昌知府周士璜、南康知府廖文英、吉水知县王雅、庐陵知县卢弘孝等。

今见上海图书馆藏"清康熙十二年曾弘白鹭书院本"，扉页有嘉庆十八年"沤波舫"（即王芑孙）题记。卷首清人序极多，计有郭景昌、王抚民、姚启盛、甘国栋、王雅、房廷祯、周士璜、杨大鲲、廖文英、卢弘孝、李道泰、黎元宽、张贞生、李振裕、曾弘共十五人，它们大多题于康熙十年、十一年、十二年，最晚的一篇为卢弘孝《重刻欧阳文忠公全集叙》，题于康熙十四年春正月；而曾弘本人"书于白鹭书院"的《小引》成于康熙十一年，文中称刊刻告竣。后又有两篇《欧集序》，是欧阳修作于庆历五年三月二十一日和嘉祐六年八月二日的自序，核其文字，原来即是《外制集序》和《内制集序》。之后为明天顺六年钱溥序、《六一先生遗像》《欧阳文忠公全集目录》（细目）、《庐陵欧阳文忠公年谱》（带胡柯后记）。正文半页10行行20字，四周单边；每卷卷首都有"吉水后学曾弘重梓"题名，从卷一至二五，卷首尾署"欧阳文忠公居士集卷之×"，书口上端注"居士集"，单黑鱼尾下端注卷页及刻字字数，卷末有"熙宁五年秋七月男发等编定"

题名一行；从卷二六至卷一〇五，卷首则署"欧阳文忠公全集卷之×"，书口上端改注"欧集"，卷末亦注"欧集卷之×终"。就全书一〇五卷收录的内容看，前二十九卷皆出自《居士集》（虽然书中仅在卷一至二五注出"居士集"），但是没有收诏册、神道碑铭、墓表、墓志铭、行状等文；卷三〇起为《外集》的内容，但先文后诗，次序有异，也没收全；卷四七起收内制，卷五五起收外制；卷五八至六二又有记、序、传、近体赋、论，仍出《外集》；卷六三起为易童子问，卷六六起为乐语、长短句；卷六九起为劄子、表、状、启，实出《表奏疏启四六集》；卷七七起收劄子，俱出《奏议集》；卷九九起为濮议；卷一〇三为易类，卷一〇四为归田录，卷一〇五为事迹。可以说此本的编录实取自旧本各集，但又不完整，还打乱旧次，既非分体，亦非编年，显得杂乱无章。曾弘以一己之力重刊欧集，本值得赞许，但恐怕底本不佳、校勘不力、编次主观随意，结果这个本子虽号为"全集"，其实不全，刊刻质量不足称道。上海图书馆所藏之本当系康熙十一年时基本刊成，曾弘又请众人题序，故于十四年时才将诸序刻完。

又见浙江图书馆所藏之本，著录作"清康熙十一年焉文堂重刊本"。其书名页题"庐陵欧阳文忠公全集，焉文堂重梓"，开卷即为康熙十一年曾弘《小引》，次郭景昌《重刻欧阳文忠公全集叙》、房廷祯《欧阳六一居士全集序》、张贞生《重刻欧阳文忠公全集叙》，省却了其余诸人冗序；保留了两篇《欧集序》，无钱溥序；《六一先生遗像》次《目录》后、《年谱》前。正文行款、题名、内容、编次几同前上海图书馆藏曾弘刻本，只是卷四以后"熙宁五年秋七月男发等编定"题名一行或被挖板或被撕去，不再出现，而从卷二六至一〇五书口变成单白鱼尾这两点有异，另外还有字迹模糊和断版现象。分析来看，此本当系取康熙十四年曾弘白鹭书院旧版修版重印之本，挖版痕迹以及由黑鱼尾变成白鱼尾就是明证，只是不知焉文堂重印的具体年代。浙江图书馆因该本卷首诸序都作于康熙十一年，故而为断，实际上是重印时省去了晚出之序文，所以应当定为"康熙十四年曾弘原刻，焉文堂重修本"。

这里可以纠正《现存宋人别集版本目录》两个错误：它著录的浙江图书馆"清康熙十一年焉文堂重刊本"为"一百五十三卷、《附录》五卷、《目录》一卷"，实际是一〇五卷，卷一〇五所收事迹原本属《附录》的内容，但并未单列；而且该本是康熙十四年曾弘原刻，后由焉文堂补版重印的。另外它又著录了上海、江西图书馆、日本宫内厅书陵部分别藏有"清康熙十二年曾弘白露书院刻本"《欧阳文忠公居士集》一百零五卷、附年谱一卷,"十二年"当作"十四年","露"当作"鹭"。

上述一百三十五卷、一百三十卷、一百零五卷本其实都是明清人据通行的明庐陵旧本一百五十三卷重新编刻而成的,而它们相互之间却并无直接的联系,其关系如图所示(图3):

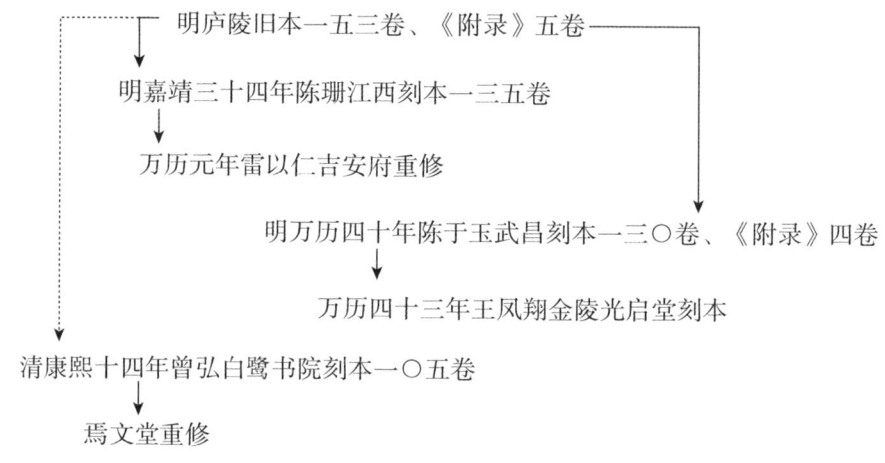

图3

选集、词集

欧阳修诗文创作丰富,在宋代当时也是比较突出的,其全集多达一百五十三卷,且历代流行不衰。除此而外,人们编刻的选集也不少,如《欧阳先生文粹》二十卷、《欧阳文忠公诗集》六卷、又十二卷、《六一居士诗集》二十一卷、《欧阳文忠公文抄》十卷、《欧阳文选》二卷、《音注欧阳永叔文》一卷、《欧阳文忠公尺牍》四卷、《欧阳文忠诗抄》一卷、《欧阳文忠诗补抄》一卷、《宋大家欧阳文忠公文抄》三十二卷、《欧阳修诗文选注》《欧阳修文选》《欧阳修诗选》等,从宋代到现代,竟有数十种之多,这里我们只介绍几种。

南宋孝宗乾道九年(1173),陈亮选编了《欧阳文忠公文粹》,他从欧阳修全集当中"掇其通于时文者"一百三十篇,"以与朋友共之",并撰后叙一篇。就其数量看，还不到全集的十分之一二，但是其文字却往往与通行的全集不同，而且有溢出全集之外的篇章，如《原正统论》《明正统论》两篇就不见于《居士集》。陈亮编选的《文粹》影响不小，后世多有翻刻，而且至今尚有宋刻存世。

中国国家图书馆藏宋刻本《欧阳先生文粹》五卷、《拾遗》一卷，前有苏轼《居士集序》，次为苏轼、王安石、曾巩等《祭欧阳文忠公文》；《目录》前缺二页，末附陈亮后序，还有《拾遗》细目。正文半页14行行26字，四周双边，白口，两个向下的黑鱼尾，书口中间注"欧文×"，下端有页码和刻工姓名或字数。卷一首有"铁琴铜剑楼"印，收论、辨、策问，卷二书，卷三劄子、奏状、杂著、集古录跋尾，卷四序、记，卷五碑铭、墓表。末尚有《欧阳先生文粹拾遗》一卷，收《丰乐亭记》《明妃曲和王介甫》等十一篇诗文，后钤"绶珊经眼"等印。

由陈亮编选的《文粹》，明嘉靖二十六年郭云鹏宝善堂刻本二十卷是后世流传较广的本子，而且还带有郭氏所辑《遗粹》十卷。其卷首较宋刻本多了《本传》《神道碑》和《墓志铭》；《欧阳先生文粹标目》虽细分为二十卷，但实际所收各体文的类别、数量及序次与宋刻五卷本是一致的。正文行款为半页11行行21字，左右双边，白口，单白鱼尾，书口中间标"欧阳文粹卷×"及页码，下有刊工名；卷末有陈亮后序。后接《欧阳先生遗粹标目》，卷一赋、论，卷二书，卷三劄子，卷四奏疏、奏状，卷五序，卷六记，卷七传、杂著，卷八碑铭，卷九墓铭，卷一〇墓铭、墓表、祭文、诗；正文书口处改注"欧阳遗粹卷×"。此本有三块牌记，一在卷二〇末尾作"吴郭云鹏校勘梓行"，一在陈亮序后作"吴会郭云鹏校勘刻于宝善堂"，另一在全书末尾作"吴郭云鹏选辑附（付）梓"。中国国家图书馆藏本有康熙八年湘灵先生钱陆灿批点并跋，以及宣统元年（1909）邓邦述手跋。北京大学图书馆亦有藏本，但仅有《文粹》部分而无《遗粹》十卷。

清乾隆《四库全书》中所收的亦是二十卷，名《欧阳文粹》，末亦有陈亮后序。

明归安（今浙江吴兴）人茅坤（1512—1601），号鹿门，古文家，曾编辑评点过《唐宋八大家文抄》，有万历七年刊本，其中《欧阳文忠公文抄》为三十二卷，收上书、疏、劄子、状、表、启、书、论、序、传、记、神道碑铭、墓志铭、墓表、祭文、行状、颂赋杂著共计二百七十九篇。北京大学图书馆藏本首有茅坤《欧阳文忠公文抄引》《欧阳文忠公本传》《宋大家欧阳文忠公文抄目录》；正文半页9行行

20字,四周单边,单白鱼尾;每卷卷首都有两行题名"归安鹿门茅坤批评,苏庠吴绍陵玉绳重订",但卷五等第二行题名却更改为"孙男阖叔著重订";正文中间多有圈点,天头有小字批语。北京大学图书馆善本卡片仅著录为"明刻本",实是万历七年刻本《八大家文抄》之零种。

欧阳修作为北宋著名的文学家、政治家,其诗文被广为传诵,全集一百五十三卷由宋至今不断被校勘重刻,基本没有什么散逸情况发生,但是集外佚作并非绝无仅有,只是搜集它们要花费较大的筛汰精力,可谓披沙拣金。今天北京大学古文献研究所整理的《全宋诗·欧阳修》,除了见于本集的诗作二十一卷外,又在第二十二卷中收录了辑自《锦绣万花谷》等他书之佚诗五首及残句十三则。四川大学古籍所整理的《全宋文》也收集了佚文四十九篇,按体编入相应卷中,统成一百零一卷。目前北京大学中国古文献研究中心正在编纂《〈全宋诗〉补正》,我们又考辑出欧阳修佚诗十四首、残句六则。综合以上几部分,则欧阳修诗文作品差可告"全"。

欧阳修的词集,在宋代有《六一词》一卷、《平山词》等,今天流传下来的词集书名、卷数也不统一:《醉翁琴趣外篇》六卷,有影宋刊本,见《影刊宋金元明词四十种》;《近体乐府》三卷,见宋庆元本《欧阳文忠公集》等;《六一词》,明毛晋汲古阁《宋名家词》本为一卷,而明吴讷辑《百家词》本则为四卷、附《乐语》一卷等。今人也已为欧词作笺注,如黄畲《欧阳修词笺注》,1986年中华书局出版。

另外,值得称奇的是今天仍流传有九百多年前欧阳修亲笔所书的诗文真迹,保藏在辽宁省博物馆,1959年由北京文物出版社以珂罗版影印出版,题名为《宋欧阳修诗文手稿》,使天下之人得以共同欣赏这位一代文豪的手迹书法。

原载于《北京大学中国古文献研究中心集刊(第三辑)》,北京大学出版社,2002年,略有增改修订。

注　释

① 简称"《郡斋》"。
② 简称"《直斋》"。

③ 顾永新《欧阳修学术研究》,人民文学出版社,2003年,276—289页。
④ 祝尚书《宋人别集叙录》,中华书局,1999年,上册,173页。
⑤ 严绍璗《日本藏宋人文集善本钩沉》,杭州大学出版社,1996,14页。
⑥ 按:即丁朝佐所作有关音义等的考证按语,一般称"考异"。
⑦ 东英寿《关于天理本〈欧阳文忠公集〉》,见氏著《复古与创新——欧阳修散文与古文复兴》,上海古籍出版社,2005年,194页。
⑧ 东英寿考校,洪本健笺注《新见欧阳修九十六篇书简笺注》,上海古籍出版社,2014年。
⑨ 《日本宫内厅书陵部藏宋元版汉籍选刊》,上海古籍出版社,2013年3月。
⑩ 清水茂《唐宋八家文》(二),朝日新闻社,1978年,99页,见东英寿《关于天理本〈欧阳文忠公集〉》,《复古与创新——欧阳修散文与古文复兴》,194页脚注①引。
⑪ 森三秀二《围绕元刊本〈欧阳文忠公集〉》,《经济学季报》第51卷第10号,2001年,又见东英寿《关于欧阳衡的〈欧阳文忠公全集〉》,《复古与创新——欧阳修散文与古文复兴》,196页脚注①引。

惠洪《筠溪集》源流考
——兼论《石仓宋诗选》对作品的删改

许红霞

一、问题的提出

惠洪(1071—1128)一名德洪，字觉范，是宋代著名的禅僧和文僧，一生著述颇丰，见于各种文献记载者有二十五种[①]。其中，收录其诗文的集子主要有《石门文字禅》《物外集》《甘露集》《筠溪集》，宋元书目中皆有记载。如：南宋陈振孙《直斋书录解题》卷一七"别集类中"载僧德洪"《石门文字禅》三十卷"，卷二〇"诗集类下"载其"《物外集》三卷"[②]；南宋郑樵《通志》卷七〇《艺文略》第八"别集五·宋"载录其"《甘露集》九卷"[③]；南宋晁公武《郡斋读书志》卷一九"别集类下"著录"洪觉范《筠溪集》十卷"[④]，元马端临《文献通考》卷二四一《经籍考》六八集部别集类也著录"德洪觉范《筠溪集》十卷"，"《石门文宗禅》三十卷"[⑤]，卷二四五《经籍考》七二集部诗集类又著录其"《物外集》三卷"[⑥]（下册，1941页），从其解题内容可知分别辑录自《郡斋读书志》与《直斋书录解题》。《宋史》卷二〇八《艺文志七》"别集类"载"僧惠洪《物外集》二卷，又《石门文字禅》三十卷"[⑦]。可知这四种惠洪的诗文集在南宋已分别流传，有的还有卷数不同的传本。但《物外集》今未见，一般认为其已佚失不存；《甘露集》今国内也未见，朝鲜李朝时期诗人徐居正(1420—1488)《东人诗话》云："近得《甘露集》，乃宋僧诗也。其诗云：'绿杨深院春昼永，碧砌落花深一寸。'"[⑧]巩本栋先生认为"所谓宋僧即惠洪"[⑨]，学者崔雄权也认为此即惠洪《甘露集》[⑩]。与徐居正同时的姜希孟(1424—1483)在为《东人诗话》所作序中云："成化甲午秋，吾同年达城徐侯刚中,袖所著《东人诗话》两卷来示,征余言为序,且请增评话"⑪。徐居正,字刚中,成化甲午即成化十年(1474),则说明《甘露集》于1474年以前已传入朝鲜,但此传入朝鲜的《甘露集》现在是否还存留于世,还有待进一步调查。而关于《石门文字禅》,自南宋起一直流传至今,明清的公私目录也多有著录,如明初《文渊阁书目》卷四"寒字号第二厨书目"中就载有"《石门文字禅》一部二册"⑫。特别是在明万历二十五年(1597),径山兴圣万寿禅寺刊《石门文字禅》三十卷后(即《径山藏》本),此书得以广泛流传于世,明清很多目录中所著录的《石门文字禅》皆当源于此本,如明祁承爜《澹生堂藏书目》子部二释家类著录"《石门文字禅》三十卷 六册 洪觉范著"⑬,清徐乾学《传是楼书目》卷三子部"释字四格·释家·杂著"著录"《石门文字禅》三十卷 宋释觉范著 六本"等⑭。今所存《四库全书》本、《武林往哲遗著后编》本、常州天宁寺刊本、《四部丛刊初编》本、日本宽文四年(1664)京都田原仁左卫门刊本等也都与此本为同一系统。至于《筠溪集》,自《郡斋读书志》及《文献通考·经籍考》著录后,但见明徐𤊹《徐氏红雨楼书目》卷四集部集类"宋诗"部分著录释德洪《筠溪集》,书名下有小字注释"石门觉范比邱",但未著明卷、册数⑮。而关于此《书目》中所著录的《筠溪集》的情况,本文将在后面揭橥。有证据显示,随着宋与高丽的典籍文化交流,至迟在公元1220年(南宋宁宗嘉定十三年),惠洪《筠溪集》已传入高丽⑯。根据高丽李仁老《破闲集》记载,其内容"大率多赠答篇",并认为其中的诗歌皆不及《冷斋夜话》中所载其"清婉有出尘之想"的诗歌远甚。笔者查阅了《韩国所藏中国汉籍总目》《奎章阁图书中国本综合目录》等韩国汉籍书目,未见著录此书,此传入高丽的《筠溪集》现在是否还存留于世,还有待进一步调查与发掘。而在日本,现在仍保存着元禄二年(1689,康熙二十八年)京都小林半兵卫刻本、题为惠洪《筠溪集》的书籍;日本江户时代曹洞宗僧人廓门贯彻(?——1730)曾经注释《石门文字禅》,其中也三十三次引用到《筠溪集》。在国内,《中华读书报》2015年3月4日第014版"文化周刊"发表了肖伊绯先生的文章《孤本禅诗〈筠溪集〉发现记》,称"近日有广东书商从日本访得一册《筠溪集》,终于可以一睹'孤本'全貌"。据肖先生介绍此本为明末印本,"为木刻本,共计七十二叶,一百四十四面;半叶九行,每行十八字,单卷全本。正文首页印有'筠溪集'",并有"'宋石门比丘释德洪著,明石仓居士曹学佺阅'字样"。那么,这三种流传于日本或曾经流传于日本的《筠溪集》是从何而来的? 肖先生所见的一册《筠溪集》是否真是世间孤本呢? 它们和明代的曹学佺又有着怎样的关系?《徐氏红雨楼书目》集部所著录释德洪《筠溪集》又是怎样的情况? 本文拟围绕以上诸相关问题展开论述,同时主要以《石仓宋诗选》(即《石仓十二代诗选·宋诗选》)中所录《筠溪集》对惠洪诗歌的删改为例,进一步指出曹学佺选诗时对作品的删改问题,以引起研究者和阅读者注意。

二、明代曹学佺所编《石仓宋诗选》中所录《筠溪集》

曹学佺(1575—1646)[17]字能始,号雁泽,又号石仓居士、西峰居士,福建福州侯官县(今属福州市)人,万历二十三年进士。历任户部主事、户部郎中、四川右参政、四川按察使、广西右参议等职。家居二十年,著书石仓园中。晚年为南明隆武朝授太常寺卿,迁礼部侍郎兼侍讲学士,进礼部尚书,加太子太保。清军攻陷福州,自缢而死[18]。他集明末著名学者、诗人、藏书家于一身,一生著述丰富,其中《石仓十二代诗选》(又名《历代诗选》或《石仓历代诗选》)规模宏大,卷帙浩繁,共包括《古诗选》《唐诗选》《宋诗选》《元诗选》《明诗选》五大部分,而正是在他所编选的《石仓宋诗选》中,就收录了惠洪《筠溪集》一册,只是因为常见的四库本因四库馆臣在把《石仓十二代诗选》编入《四库全书》时,不仅把总书名据原书版心所题改为《石仓历代诗选》,还把《宋诗选》中所录每位作者原有的别集名以及介绍作者生平事迹、评价其诗歌内容、叙述选诗经过、说明版本等情况的小引、传记、序跋等大都删去了[19],故并未引起学者对其中所收录诗人诗集名称的题署情况的关注。在《石仓宋诗选》一百零七卷中,共选录了自寇准至释显万共192人诗歌,其中徐玑卷七一、卷九五重出[20],惠洪卷一〇三卷、一〇七重出[21],卷一〇七误收唐诗僧修睦、虚中、景云、子兰、尚颜、清尚六人,实录184人。大部分诗人是一人一卷,也有一卷中收录数位诗人,以一人为主,其他人作为附录。共有三十册,大都是数卷数人诗歌占一册,也有一人一卷诗歌占一册的,而卷一〇三惠洪诗正是独卷独册。除卷一〇七及他卷所附录诗人外,其于所选每位诗人诗歌的首页,都标明诗集名及所选者,如寇准诗首页首行顶格写"石仓十二代诗选",同行下写"宋诗卷之首",第二、三行上端有"巴东集"三字(写在二、三行中间位置),其下分别有"宋下邽寇准著""明后学曹学佺阅"(分占二、三行);王禹偁诗首页首行顶格写"石仓十二代诗选",同行下写"宋诗卷之二",第二、三行上端中间写"小畜集"三字,下面分别有"宋太原王禹偁著""明后学曹学佺阅"。在《宋诗选》的第一〇三卷,独立一册,即是所选惠洪诗,最前面有明万历二十五年释达观撰《石门文字禅》序,接着惠洪诗首页首行写"石仓十二代诗选 宋诗卷之一百三",第二、三行上端中间有"筠溪集"三字,下面分别有"宋石门比丘释德洪著""明石仓居士曹学佺阅"十八字。序文、诗歌正文皆是半页九行,行十八字,左右双边,上下单边,白口,上单黑鱼尾,鱼尾朝下,鱼尾上写"历代诗选"四字,鱼尾下依次写:序 洪觉范 页码 刻工姓名,或:宋洪觉范 卷一百三 页码 刻工姓名。所标刻工姓名大部分只是其姓名中姓或名的一字。如"叶士、士、长、一、王、五、十、典、江、心、有、君、人、林"等,共录惠洪诗歌 259 首,有七十二叶,一四四面[22]。可看出除了肖先生文中未提及的情况外,关于其独卷独册、行款、页数、首页所标集名、题署作者及编选者的情况都与肖先生文中所述相同。且曹学佺《石仓十二代诗选》的《古诗选》《唐诗选》《宋诗选》《元诗选》《明诗选》每部分前都有其所作序文一篇,其《宋诗选序》作于明崇祯三年(1630)仲秋,则其刊刻时间大概在此时或稍后,这也与肖先生所述其所见为"明末印本"相合。曹学佺编《石仓十二代诗选》,在当时产生很大影响,"士争附以立名不可得"[23],编成后"盛行于世"[24]。其明末刊本现海内外多家图书馆有藏。虽然海内外各种图书目录对其著录的名目及总卷数并不相同,各图书馆收藏此书的数量也多寡有别[25],不过,各图书目录对此书所著录的名目及卷数的不同主要在于《明诗选》部分,于《宋诗选》部分,则各种著录皆同为一百零七卷,且其明末刊本中国国家图书馆、上海图书馆、日本宫内厅书陵部、公文书馆、尊经阁文库、东洋文库、蓬佐文库、东京都立中央图书馆、京都大学人文科学研究所等多家中外藏书机构都有收藏。故肖先生所见惠洪《筠溪集》并非"孤本",疑其本乃是从《宋诗选》中散出的一册,或是以《宋诗选》中《筠溪集》为祖本的重刊本。

三、明徐𤊹《徐氏红雨楼书目》中所著录的《筠溪集》

如前所述，明徐𤊹《徐氏红雨楼书目》卷四集部集类"宋诗"部分著录有释德洪《筠溪集》，它是否是南宋流传的十卷本《筠溪集》呢？答案是否定的。其实，《徐氏红雨楼书目》卷四所著录的释德洪《筠溪集》，就是曹学佺《石仓十二代诗选·宋诗选》卷一〇三中所收录的《筠溪集》。

《徐氏红雨楼书目》是明末著名藏书家徐𤊹(1570—1643)㉖的私家藏书目录，原称《徐氏家藏书目》，称《徐氏红雨楼书目》当为后人所改㉗。流传至今的有七卷本、四卷本两种。1957年12月，上海古典文学出版社根据传抄本排印出版了四卷本，名为《徐氏红雨楼书目》㉘，使四卷本内容易见而得以广泛流传。但四卷本的集部的"宋诗""元诸家姓氏""明初诸家姓氏""明集诸家姓氏""明诗选姓氏"五部分内容，与一般古籍目录的著录方式很不相同，"宋诗"部分用类似表格的方式排列，上面一层是诗集名称，下面一层是作者字号姓名，但很多作者字号姓名上面并无集名而是空白，且一些集子的著录非常简略，如真德秀、刘克庄、陆游等人名上只简单著录"西山""后村""渭南"等字，集名、人名也多有误字。"元诸家姓氏""明初诸家姓氏"中有很多人只录姓名、字号，并未著录集名；"元诸家姓氏""明初诸家姓氏""明集诸家姓氏"三部分中还有很多诗人集名下附载其他诗人，有的附载多人。"明诗选姓氏"部分是对明代诗人的简要介绍，并非藏书目录，这也不符合一般的古籍目录的编排体例。为什么会是这样的呢？据笔者所见，现有的目录学著述大都未对这些问题作出解释，也有学者对上述问题做过一些揣测，如针对"宋诗"部分一些姓名字号所对应的集名为空白的问题，1957年古典文学出版社在该目的"出版说明"中说："揣测或是悬作者之名以求书的意思。但真正的原因，还有待于考索。"㉙笔者正是在研究《筠溪集》的流传过程中，找到了《徐氏红雨楼书目》集部上述五部分内容如此著录的答案，而这五部分内容中的前四部分，正是《石仓十二代诗选》的《宋诗选》《元诗选》《明诗选》(初集、次集)中所选录诗人、诗集的目录。仅就《徐氏红雨楼书目》卷四集部别集类"宋诗"部分来说，经过笔者比对，其所著录诗集、诗人几乎与《石仓宋诗选》㉚相同，除了《宋诗选》卷四七邓肃《栟榈集》及附章粢诗、其他卷附种放、刘攽、游九言、谢逸、岳飞、刘爚、彭秋宇、罗从彦十人、卷一〇七所收二十七位僧人㉛共三十七人未录外,其他一百五十四人全有著录㉜,二书所列诗人顺序也基本相同,只是《徐氏红雨楼书目》把自"杨万里"至"叶适"等四十位南宋诗人列于"曾巩"与"王珪"等北宋诗人之间,而《石仓十二代诗选》则是正常顺序,"杨万里"至"叶适"等四十位南宋诗人位于南宋"吕祖谦"与"熊鉌"之间;白玉蟾《琼管集》、黄希旦《支离集》,《徐氏红雨楼书目》列于"宋诗"之末,《石仓十二代诗选》中这两人及其诗歌则位于惠洪《筠溪集》之前,使释氏之诗位于最后。而像钱惟演、刘子仪(即刘筠)、范镇、何耕、杨甲、张载、曹汝弼、张维、潘阆、陶弼、石延年、刘敞、沈括、晁端友、王安国、杨廷秀(即杨万里)、胡铨㉝、尤袤、真山民、方信孺、徐玑、赵师秀、戴昺、姚孝锡、晁补之、游酢、韩淲㉞、许将、赵昌父、杨修、谢枋得、韩信同、刘迎、李焘、巩仲至、徐致中(重出)、姜夔、吕声之、刘麟瑞、唐泾㉟、慈受禅师、杨蟠四十二(实为四十一)位诗人,在《石仓宋诗选》中都是作为附录附在其他诗人诗歌之后,本就没有标出集名,所以《徐氏红雨楼书目》集部"宋诗"部分这些人对应的集名的位置皆是空白;《石仓宋诗选》卷八范纯仁《忠宣集》后附有喻汝砺诗歌,并列出其集名《扪膝稿》,而《徐氏红雨楼书目》集部"宋诗"部分在与喻汝砺对应的诗集的位置也列出了集名《扪膝稿》;《石仓宋诗选》卷四三洪适《盘洲集》后附有韩元吉、韩淲、许将三人诗歌,在"韩元吉"名下注出其"有《南涧集》",而《徐氏红雨楼书目》集部"宋诗"部分在与韩元吉对应的诗集的位置也列出了集名《南涧集》;《石仓宋诗选》所录卷六文彦博、卷二二王珪、卷二四蔡襄、卷七一徐照四人虽非附录,但本未列出其集名,而《徐氏红雨楼书目》集部"宋诗"部分亦未列出其集名。这些都说明《徐氏红雨楼书目》集部"宋诗"部分和《石仓宋诗选》所著录诗人和诗集名完全是一致的,也解释了为何《徐氏红雨楼书目》集部"宋诗"部分很多诗人名字对应的集名部分是空白的问题。但是也有一些诗人《石仓宋诗选》中标出了集名而《徐氏红雨楼书目》集部"宋诗"部分其集名位置却为空白的,即《宋诗选》卷五八刘子翚《屏山集》、卷六〇陈渊《默堂集》、卷八五杜范《清献集》、卷九七吕定《说剑吟》、卷九八林景熙《霁山集》及附录赵万年《禆幄集》、卷九九王镃《月洞吟》,《徐氏红雨楼书目》集部"宋诗"部分皆未录其集名而作空白,那么这是否像学者所揣测的那样是"悬作者之名以求书的意思"呢?

笔者以为情况并非如此。我们知道徐氏家藏书目除了有四卷本流传外，还有七卷本㉘，而七卷本在卷六"文集类"分北宋、南宋加以著录，北宋部分著录了自"徐铉《骑省集》三十卷"至"僧觉范《石门文字禅》三十卷"共54种诗人诗文集；南宋部分著录了自"张九成《横浦集》二十卷"至"方大琮《铁庵集》"共63种诗人诗文集，二者合计共117种，可看出总数要比四卷本少36种。但七卷本著录的顺序与四卷本完全不同，且并非表格样式，除了个别诗文集未著录卷数外，对每位诗人诗文集的著录基本都是"作者名＋诗文集名＋卷数"的形式，符合一般古籍目录著录的体例。而117种诗文集中，与四卷本作者相同者有85种，其余作者则未见四卷本著录。即使是相同作者，二本所著录集名也多有不同。如四卷本林逋、欧阳修、王安石、朱熹的集子分别著录为《孤山遗稿》《居士集》《半山集》《晦庵集》，与《石仓宋诗选》中其人之集名相同，而七卷本则分别著录为《和靖集》四卷、《文忠集》一百五十卷、《临川集》一百卷、《朱文公大全集》一百卷。可以看出二本宋代部分从编排、著录方式到内容都有很大不同，四卷本只著录诗集，七卷本所著录的既有诗集，也有诗文合集，完全没有同源关系，四卷本"宋诗"部分从《石仓宋诗选》所录诗人、诗集而来，七卷本相关部分则当是根据除了《石仓十二代诗选·宋诗选》之外的徐氏的私家藏书而来。从目录著录来看，七卷本比四卷本显得更加正规合理。马泰来先生认为"传世七卷本《书目》虽已佚福建及北直隶明人文集部分，但为原本，远胜表面无缺的四卷本《书目》"㉙。而七卷本《徐氏家藏书目》卷六"文集类 南宋"就分别著录有"刘子翚《屏山集》二十卷""杜范《清献集》十九卷""林景熙《霁山集》十卷""赵万年《裨幄集》一卷""王镃《月洞诗》一卷"。四卷本《徐氏红雨楼书目》集部"宋诗"部分集名为空白的文彦博、王珪、蔡襄、徐照四人，七卷本卷六"文集类"也皆有著录，即"北宋"部分著录"文彦博集四十卷""蔡襄《忠惠集》三十六卷""王珪《宫词》一卷"；"南宋"部分著录"徐灵晖诗一卷"。前述四卷本集部"宋诗"部分集名为空白的钱惟演等四十二人中，有九人的集子在七卷本中也有著录，即杨万里、真山民、徐玑、赵师秀、游酢、谢枋得、韩信同、吕声之、慈受禅师㉚。这说明四卷本集部"宋诗"部分很多集名为空白的地方，其实徐氏是有藏其书的，且四卷、七卷两种本子在集部"总诗类"都分别著录有曹学佺《石仓古诗选》十二卷""《石仓唐诗选》一百三十卷""《石仓宋诗选》一百七卷""《(石仓)

元诗选》五十卷",说明徐氏也收藏了曹学佺所编选的《石仓十二代诗选》中这四部分书籍,而像喻汝砺《扪膝稿》、韩元吉《南涧集》等书七卷本并未著录,四卷本却根据《石仓宋诗选》列出集名,故认为四卷本集部"宋诗"部分集名处作空白是"悬作者之名以求书的意思"的揣测应该是不成立的。现今流传的四卷本《徐氏红雨楼书目》并非善本,1957年上海古典文学出版社排印出版时虽然作了一些订正,但是还是存在不少错误,仅就集部"宋诗"部分而言,显得非常混乱,除了前面注释中提到的,又比如把徐经孙《文惠集》的"惠"字误写为"畫",还落掉了徐经孙之名,误把徐鹿卿写在《文惠集》下作者名处,并把"鹿"字误写为"廉"[39];惟晤号冲晦,此《书目》在冲晦法号上集名地方莫名其妙地写了"冲昭"二字,不知何意[40]。笔者认为,四卷本原先可能是一个残本,缺失宋、元、明诗文集部分,因曹学佺与徐𤊹关系十分密切,多交游往来,吟咏酬唱,为终生之至交挚友,而曹学佺在《石仓宋诗选序》中称其选宋、元诗所用的是徐𤊹、谢肇淛、林懋礼三家所收藏的集子,所以后人就以曹学佺《石仓十二代诗选》中宋、元、明部分所收录的诗人、诗集目录来充数,以填补缺失。在传抄过程中又产生很多错误,或许是抄手在翻检时不认真,漏掉了一些附录的诗人,也或许其所用以抄录的底本本身就不完整。总之,我们可以确定《徐氏红雨楼书目》集部"宋诗"部分是根据《石仓宋诗选》中所录诗人、诗集抄录的,那么,其中惠洪《筠溪集》也就是《石仓宋诗选》卷一○三的《筠溪集》。实际上,在七卷本《徐氏家藏书目》中,也只著录有"僧觉范《石门文字禅》三十卷"[41],并未有对惠洪《筠溪集》的著录。

四、日本元禄二年京都小林半兵卫刻本《筠溪集》

如前所述,在日本,也有单行的和刻本《筠溪集》流传,这就是日本元禄二年京都小林半兵卫刻本。现为日本驹泽大学图书馆所藏,乃日本滋贺县观音寺旧藏本[42],一册。此本首页中间有竖写"筠溪集"三个大字,右、左两边分别有"元禄二岁舍己巳正闰月榖旦"[43]"版存京师堀川小林半兵卫宅"两行小字,左边小字下还钤有篆字"书林"小方白文印。正文首行顶格也写"筠溪集"三字,二、三行靠下分别写"宋石门比丘释德洪著""明石仓居士曹学佺阅"。半页九行,行十八字,共计七十二页,一百四十四面。四周单边,无界,白口,上单鱼尾,鱼尾朝下,鱼尾下写"筠溪集"三字,再下是页码,最下有刻工姓名,可辨识的有"长、王、五、才、典、林、有"等,与明崇祯刊本刻工姓名同。但正文汉字旁标有提示训读的日文片假名。所收录诗歌自"寄彭景醇奉议"至"道中"共259首,与《石仓宋诗选》中《筠溪集》完全相同,文字与明崇祯刊本也基本相同,个别地方有误字,如《余在制勘院昼卧念故山经行处用空山无人水流花开为韵寄山中道友今选得三绝》[44]下二级标题"其二"之"二"误为"一"等。此本应是日本人仿照《石仓宋诗选》中之《筠溪集》而刻的单行本[45],但应当参校了《石门文字禅》系统的一些版本,如文渊阁《四库全书》本所据之底本等,对个别异文作了修改[46]。而现在存藏于日本名古屋市蓬佐文库的明刊本《石仓十二代诗选》(506卷,177册)标注为"宽永末年买本"[47],则说明至迟在明崇祯十六年,也就是曹学佺还在世时,此书就已经传入日本。在日本江户时代的书坊所编的目录中,也多次出现对《筠溪集》的记载,如元禄五年(1692)刊《广益书籍目录》[48]、元禄九年刊、宝永六年(1709)增修的《增益书籍目录大全》[49]、元禄九年刊、正德五年(1715)修《增益书籍目录大全》[50]、元禄十二年刊《新板增补书籍目录》[51]。这些目录中有关《筠溪集》的记载分为两种情况:元禄五年刊《广益书籍目录》著录紧跟"《石门文字禅》,洪觉范"条后,写作"同《筠溪集》,通容",则其所著录《筠溪集》应当是惠洪的著作,"通容"二字如果不是误写的话,当是指此书的编者或抄者[52]。元禄十二年刊《新板增补书籍目录》著录"《石门筠溪集》,通容"[53],当是承袭元禄五年所刊目录而来。另一种情况是上述元禄九年刊、宝永六年增修及元禄九年刊、正德五年修的两部目录,其所著录皆为"《筠溪集》,洪觉范"[54]。以上四部目录所著录的《筠溪集》皆为二册。可见惠洪《筠溪集》在江户时代除了小林半兵卫刊本外,还有其他刊本流传。至于这些本子与《石仓宋诗选》中《筠溪集》或元禄二年小林半兵卫刊本《筠溪集》的关系,因为目录中没有透露更多的信息,目前也不能看到这些本子,所以我们无法作出判断。而日本人也不仅仅是单刻了《石仓宋诗选》中的《筠溪集》,元禄二年,京都荒川三郎兵卫还单刻了《石仓宋诗选》卷一〇五真净克文的《雲庵集》[55],又把卷一〇四释净端的《吴山录》、卷一〇五真净克文的《云庵集》、卷一〇六契嵩的《镡津集》合刻,题为《三高奇一集》[56]。江户时期,还有书林藤屋古川三郎兵卫据《石仓十二代诗选·宋诗选》之卷一〇四至一〇七所录宋僧诗歌,刻成《宋僧诗选》四卷二册[57],包括了释净端的《吴山录》附慈受怀深禅师《拟寒山诗》、释保暹至释显万28人61首诗歌、释真净《云庵集》、释契嵩《镡津集》附惟晤诗、附杨蟠诗。每卷正文首页第一行题"宋僧诗选",第二行题著者,如"宋吴兴释净端著",第三行题"明三山曹学佺阅",其内容与《石仓宋诗选》卷一〇四至一〇七 四卷所录宋僧诗歌完全相同,只是把卷一〇七释保暹至释显万28人诗歌作为卷二,置于云庵真净克文诗前[58]。由此也可见曹学佺《石仓十二代诗选·宋诗选》传入日本后所产生的影响。

五、日僧廓门贯彻《注石门文字禅》中所引《筠溪集》

日本江户时代曹洞宗僧人廓门贯彻(？—1730)曾对《石门文字禅》进行注释,他花费了二十多年的时间,于宝永七年完成了注释工作并加以刊行[59]。其所用底本除了前三卷的厘分与明径山藏等本有所不同外,其对著者、编校者的题署,诗歌的数量、排列顺序等都与明径山藏等本相同,可以断定其底本与明径山藏本《石门文字禅》为同一系统[60]。在廓门贯彻的注释中有三十三处引用《筠溪集》作校语。经笔者与《石仓宋诗选》中《筠溪集》[61]中相关诗歌文字一一比对,其中有三十一处廓门贯彻的注释中引用《筠溪集》的文字与曹学佺选本《筠溪集》文字完全相同,只有两处有异文,一是注本卷二《夏日陪杨邦基彭思禹访德庄烹茶分韵得嘉字》"抨纸落笔惊龙蛇",注:"抨",《筠溪集》作"拌"。而曹学佺选本《筠溪集》作"抨",当以"抨"为是。因"抨""拌"二字形似,说明廓门贯彻所引用之《筠溪集》有误字。另一处是注本卷三《夏日雨晴过宗上人房》"看此粟米粥",注:《筠溪集》作"洗此肠胃俗"。而 曹学佺选本《筠溪集》作"涴此肠胃俗",虽"洗""涴"二字不同,但可看出注本所引《筠溪集》与曹学佺选本《筠溪集》是属于同一系统的。而径山藏本系统的《石门文字禅》诸本皆作"看此粟米粥"。总体上而言,廓门贯彻的注释中引用《筠溪集》所涉及的诗歌并未超出曹学佺选本《筠溪集》中诗歌的范围,且正好是曹学佺选本《筠溪集》中皆有的,故笔者认为廓门贯彻的注释中引用的《筠溪集》,与曹学佺选本《筠溪集》为同一系统,当是当时流传于日本的以曹学佺选本《筠溪集》为祖本的其他版本。从时间上看,在清康熙二十八年,也就是日本元禄二年,已有京都小林半兵卫据曹学佺选本《筠溪集》所刊和刻本《筠溪集》,而此时也约是廓门贯彻开始注释《石门文字禅》的时间,但是经过笔者比勘发现,廓门贯彻校注《石门文字禅》时使用的《筠溪集》,并非元禄二年刊本《筠溪集》,因元禄二年刊本《筠溪集》文字基本与明崇祯刊本《筠溪集》相同(如上述"浣此肠胃俗"之"浣"),说明当时除了元禄二年刊本,还有其他同一系统的本子流传。

六、《石仓宋诗选》中《筠溪集》之来源

前面我们论述了《徐氏红雨楼书目》集部所著录的惠洪《筠溪集》,实际上就是对《石仓宋诗选》中惠洪《筠溪集》的记录,而《徐氏家藏书目》七卷本中并没有著录惠洪《筠溪集》,但有《石门文字禅》。那么,曹学佺在编选惠洪诗入《石仓宋诗选》时,所依据的底本到底是宋代流传下来的《筠溪集》,还是《石门文字禅》呢?笔者以为当为后者。首先,在《石仓宋诗选》卷一〇三《筠溪集》前有明万历丁酉(二十五年)八月望日释达观所作《石门文字禅序》,这是现所流传的《石门文字禅》诸本皆有的,说明曹学佺在选惠洪诗时是阅览过《石门文字禅》的,因为曹学佺在选宋诗时,往往会把所用底本的序跋同时载录书中,以介绍诗人、说明自己所据版本以及诗集流传等情况。如《石仓宋诗选》卷四首有"《武夷新集》小引",乃曹学佺所加按语,其中就引了杨亿自序,末有"时崇祯改元之十月,佺借抄本于故友谢在杭而衷选之,凡若干首云"。说明其所引杨亿自序正是来自他从谢在杭所借的用于选杨亿诗歌的抄本中。卷九七吕定附吕声之,吕定《说剑吟》前有明万历壬寅(三十年)建溪魏濬所撰《吕氏遗音序》云:

> 《吕氏遗音》凡两集,《说剑闲吟》出殿前都指挥史龙虎上将军讳定;《沃洲雁山集》出节度推官讳声之。《说剑》故无传,《沃洲雁山》有宋刻而失传亦久。其诸孙思楸君侯携至松,因示不佞濬,濬校而镌之木。……既毕剞劂之役,敬志其自于端。

吕定、吕声之诗后皆录有其裔孙吕继梗(字思楸)跋文,魏濬正是根据吕继梗所收藏的吕氏二人的诗集而刊刻的,也说明曹学佺所选二人诗正是根据魏濬刻

本。其次,今传《石门文字禅》共三十卷,前十六卷收录了惠洪古、律、绝诸体诗歌,而曹学佺所选的 259 首惠洪诗歌,正分布在今传《石门文字禅》卷一至十六各卷,并未超出前十六卷所收诗歌的范围。再次,惠洪《筠溪集》宋代以后除了《徐氏红雨楼书目》之外,国内并未见有其他书目载录,而《徐氏红雨楼书目》所载,正是经曹学佺选后定名的《筠溪集》。因为《石门文字禅》是惠洪的诗文合集,而曹学佺选录的只有诗歌,筠州新昌县筠溪又是惠洪的故里,所以就用了他曾经有的诗集名《筠溪集》作为题名。这种情况在《石仓宋诗选》中并非个案,如卷一一程颢《明道集》前有明弘治十一年(1498)张瀚所撰《重刊<二程全书>序》,说明曹学佺是从此重刊《二程全书》中选录的程颢诗歌,但在题署其集名时,还是题了其诗集名《明道集》。所以笔者以为《石仓宋诗选》中之《筠溪集》,是曹学佺根据惠洪《石门文字禅》前十六卷诗歌部分选编而成的。日本学者椎名宏雄在为《注石门文字禅》所撰《解题》中认为其中所引用的《筠溪集》及日本元禄二年刊本《筠溪集》,就是从明本前半部分的诗集中精选出来重编而成的[②]。而编选者正是曹学佺,这两种《筠溪集》,正是由曹学佺选本《筠溪集》而来。

七、《石仓宋诗选》本《筠溪集》对惠洪诗歌的删改

从前面的论述我们可以看出,目前所见留存的惠洪《筠溪集》,当皆来自曹学佺根据《石门文字禅》前十六卷惠洪诗歌所选编而成、收录于《石仓宋诗选》中的《筠溪集》。值得注意的是,收入《石仓宋诗选》中的宋人诗歌,大都经过了曹学佺的重新编选,并非依照底本完整录入,在编选过程中,他还对很多诗人的诗歌内容进行了大量的删减,就惠洪《筠溪集》来说,共录有 259 首诗歌,其中有 40 首被删减,皆是五、七言古诗,少者删 2 句,多者则删达 30 句。所删诗歌根据内容,有的删首句,有的删中间几句,有的删末尾几句,删中间及末尾句者较多。而为了弥缝删去诗句后整首诗歌内容不连贯、不自然等问题,有些诗句可能还经过了曹学佺的重新撰写或修改,比如:

武王既伐纣(晋室东渡后),乃不立微子(主弱祇如寄)。[虽有去恶

仁,终失存商义。夷齐不肯臣,甘作首阳死。下视莽操辈,欺孤夺幼稚。汗面亦戴天,特猴而冠耳。]桓公(温)弄兵权,刘裕窃神器。先生于此时,抽(洁)身良有以。袖手归去来,诗眼饱山翠。追还圣之清,太虚绝尘滓。长恨千载心,断弦掩流水。[崔子果何人,赏音乃知此。与君读此碑,相见一笑喜。](《同彭渊才谒陶渊明祠读崔鉴碑》)⑥

凡[ ]中的诗句,皆是《石仓宋诗选》本《筠溪集》所无,( )中内容,为《石仓宋诗选》本《筠溪集》文字。此诗为五古,原诗共24句,被删去中间8句,末尾4句。而首两句《石仓宋诗选》本《筠溪集》作"晋室东渡后,主弱衹如寄",笔者认为当是曹学佺所改,因为在删去了中间叙述、评价武王伐纣后及王莽、曹操等人的行为的八句诗后,若用首两句直接接上"桓公弄兵权"等句,从诗歌内容来说,显然是不连贯而有所缺失。曹学佺把首两句改为"晋室东渡后,主弱衹如寄"后,再接上"桓公(温)弄兵权,刘裕窃神器",就自然而然,顺理成章,符合逻辑。"桓公"之"公"作"温",也当为曹学佺所改,若改为人名"桓温",正好与下句的"刘裕"相搭对。又如:

[虞卿脱魏齐,拚意与俱去。公卿一破甑,掉臂不复顾。萧何追韩信,弃车遂徒走。贪贤如攫金,不见市人聚。会合意倾写,掩书想风度。]彦周虽绿发(美少年),风味映前古。[高论倾座人,能破万毁誉。独立傲世波,屹然如砥柱。]令人每见之,不敢发鄙语。推堕吾法中,偃寒揖佛祖。死生人所怖,玩之于掌股。此生几离别,此别觉酸楚。夜寒众峰高,独看霜月吐。[明日解归舟,西风白蘋浦。君去我独留,苍茫烟水莫。](《送彦周》)⑥

"彦周"即许觊,字彦周,襄邑(今河南睢县)人,著有《彦周诗话》。他生于哲宗元祐七年(1092),少惠洪二十一岁。曾从临济宗南岳下十二世黄龙慧南法嗣佛慈圆玑禅师参学。徽宗宣和年间,惠洪住长沙湘西南台寺,许觊任官长沙,二人多交游唱和⑥。《石门文字禅》中收录惠洪与许彦周寄赠酬唱等相关诗歌十余首。此诗当是许彦周离开时惠洪为其送行而写。此诗共30句,被删去首10句,中间4句,末尾4句,只剩下12句。虽然经过大幅删减以后,诗歌似乎变得简洁明了,但毕竟改变了原诗的面貌,是不可取的。《筠溪集》中"彦周虽绿发"作"彦周美少年",笔者怀疑"美少年"三字为曹学佺所改,因为删掉了原诗的前十句,使"彦周虽绿发"成为首句,显得非常突兀,而改为"美少年",则诗句显得比较自然平和。曹学佺选惠洪诗时,不但对诗歌内容有删改,对诗题也有改动。凡是原诗题中标出有两首以上的诗歌而曹学佺只选了其中一首或几首的,则诗题中的"×首"皆被删掉,如《石门文字禅》卷九有五律《焦山赠僧二首》,曹学佺只选录其中的第二首,所以在《石仓宋诗选》本《筠溪集》中诗题就作《焦山赠僧》;又如《石门文字禅》卷一四有五绝《余在制勘院昼卧念故山经行处用空山无人水流花开为韵寄山中道友八首》,在《石仓宋诗选》本《筠溪集》中诗题去掉了"八首"二字,并添加注文"今选得三绝"。对有些诗歌的诗题,曹学佺在选录时还作了简省,《石门文字禅》卷九有五律《甲辰十一月十二日往湘阴马上和季长见寄小春二首》,曹学佺选了第二首,诗题改作《往湘阴马上和季长见寄小春》;《石门文字禅》卷一五有七绝《莹中南归至衡阳作六首寄之》,曹学佺选了第一首,诗题改作《莹中南归至衡阳作》;卷一六有七绝《介然馆道林偶入聚落宿天宁两昔雨中思山遂渡湘饭于南台口占两绝戏之介然住庐山二十年尚能详说山中之胜》,曹学佺选了第二首,诗题改作《送道林》。可看出改后的诗题皆不如原诗题表述清晰。特别是最后一首,改为《送道林》,与原诗题意不合。"道林"当指道林寺,"介然"是释守端,曾住南海楞伽山,介然当是其法号㉕。那么,曹学佺在编选宋人诗歌时是否只对惠洪诗作了删改呢? 事实并非如此。在编选诗人诗歌作品时,同时根据自己的观点和想法对一些诗人的诗歌作品进行删改,应该是贯穿了曹学佺的整个编选过程。由于时间与精力所限,除了惠洪诗外,笔者暂时核查了《石仓宋诗选》中所选寇准、王禹偁、宋祁、杨亿、钱惟演、刘筠、韩琦、文彦博、范镇、范仲淹、谢薖等十一人的诗歌,发现诗歌内容被删者有王禹偁、宋祁、韩琦、范镇、范仲淹、谢薖六人,特别是范镇,只选录了《信相院慧灯》一首诗,附在《石仓宋诗选》卷六文彦博诗后,却还被删去了末四句,而文彦博诗共选26首,除了对所选诗歌较长的诗题进行删减、诗歌自注加以删除外,对所选诗歌内容则并未删改,可看出曹学佺对诗歌的删改是经过斟酌、选择的。从明代文学发展背景来看,经过前后七子掀起的文学复古运动所倡导的"文必秦汉,诗必盛唐"的影响,明代诗坛存在着"尊唐贬宋"或"崇唐抑宋"的风气和倾向。但到明代晚期,公安派起而提倡宋诗,对复古派进行抨击和反驳,尊唐卑宋的风气也逐渐有所改变。人们逐渐摒弃"宋诗腐,元诗纤"的观点,对宋元诗开始有一些客观的认识和评价,这在曹学佺的《石仓宋诗选序》中也有所体现:

> 宋病于腐,元病于纤,每闻乎称诗者之言。以今观之,宋元自有宋元之诗,而各擅其一代之美,何可尚锢以瑕訾也……大抵宋之为诗,取材广而命意新,不欲勦袭前人一字,而诗家反以腐锢之,其与予之向未寓目者,殆亦同病也欤。然而构思层叠,稍涉议论则有之。夫如是,则选当用何法?曰:宋人之选宋诗也,而首寇莱公[67],盖以其合唐调也。……予固以宋人之选宋诗者选宋诗而已矣,故于莱公《巴东集》之首,而序及之以当凡例焉。[68]

可见他对宋元诗歌、宋诗特点有着一定的客观认识和评价,与一味贬抑宋元诗者观点不同。不过,虽然曹学佺对宋诗从"向未寓目"到认识到其价值,思想观点有所转变,但是他在选编宋诗时,又按照宋人选宋诗的做法选宋诗,也还是以是否"合唐调"为标准的,所以对具有宋诗特点的所谓"构思层叠、稍涉议论"的诗歌进行了删改。至于经其删改之诗是否就一定"合唐调",抑或其所删改是否合适,则当另论。在《石仓唐诗选序》中曹学佺曾说:

> 选唐诗而不入李杜者,不重古风故也。……若大历以下之诸公,纯用才华而蕴藉少矣;贞元已下之诸公,纯用工巧而风致乖矣。其病皆在不习古风也。……故予凡遇中、晚之古风,若获拱璧焉。即有微瑕,必加润色。知我罪我,不以为恝"。[69]

他阐述了学习古风的重要性,并明确指出他十分珍视中晚唐的古风作品,即使略微有些瑕疵的,他"必加润色",并不惧怕别人指责论罪。其所谓"润色",应该是包括了对字、句的修改和对诗句的删减。如陆龟蒙五言古诗《缥缈峰》:

> 左右皆跳岑,孤峰挺然起。因思缥缈称,乃在虚无里。清晨跻磴道,便是屏颜一作顽始。据石即更歌,遇泉还徙倚。花奇忽如荐,树曲浑成几。乐静烟霭知,忘机猿狖喜。频攀峻过斗,末造平如砥。举首阂青冥,回眸聊下视。高帆大于鸟,广蝉才类蚁。就此微茫中,争先未尝已。[葛洪话刚气,去地四十里。苟能乘之游,止若道路耳。吾将自峰顶,便可朝帝扆。

尽欲活群生,不唯私一己。超骑明月余,复弄华星蘂。却下蓬莱巅,重窥清浅水。]身为大块客,自号天随子。他日向华阳,敲云问名氏。⑦

《石仓唐诗选》卷六七《晚唐七》陆龟蒙名下选了此诗,但删去了"葛洪话刚气"至"重窥清浅水"共十二句诗歌。又如晚唐李咸用《长歌行》:

要衣须破束,欲炙须解牛。当年不快意,徒为他人留。百岁之约何悠悠,华发星星稀满头。蛾眉蟓首聊我仇,圆红阙白令人愁。何不夕引清奏,朝[登]翠楼。逢花便折,闻(遇)胜[即]游。鼓腕腾棍晴雷收,舞腰困裹垂杨柔。象筋击折(碎)歌勿休,玉山未倒非风流。眼前有物俱是梦,莫将身作黄金雠。[死生同域不用惧,富贵在天何足忧。]⑪

《石仓唐诗选》卷七八《晚唐十九》李咸用名下选了此诗,但删去了末二句,而诗中"登""即"二字也被删,"遇""碎"二字疑为曹学佺所改,这些可能就是他所谓"润色"之义。这就可以解释为什么入选的惠洪及其他宋人的诗歌被删改的大都是古风了,可见曹学佺在选唐诗与选宋诗时,指导思想和做法是一致的。从他的文学主张和创作实践来看,他主张诗文创作要吟咏性情,真挚自然。他在《李太虚集序》中说:

大抵诗主比兴,文工形似,要皆本诸性情之真而触以时物之变。若不期于言而言之,又若有意若无意。故其妙处若化工之不可名状,若水月之不可摹捉,岂人力所能勉强而思议者乎?余观太虚之诗若文,盖本诸性情者。故其厚寄慨而薄雕缋,体物而毕肖,撰境而不虚过。⑫

他认为无论是作诗还是撰文,都是本诸作者的性情之真,感时触物,自然而然地对感情的抒发,达到"若不期于言而言之,又若有意若无意"的境界。所以他赞赏李太虚之诗本诸性情,"厚寄慨而薄雕缋",可见他对那些无病呻吟,过分加以人工雕刻绘饰的作品是不欣赏的。他在《慈溪叶国桢诗集序》中称赞叶公作诗"超朗恬适,绝无聱牙钩棘之患,深不病理,浅不入俚,是可步趋唐人门径矣"⑬。也可见其喜欢超逸爽朗、恬适自然的作品,而排斥佶屈聱牙、艰涩难懂、多议论说理或浅俗入俚的诗歌作品。这与他认为宋代的一些诗歌作品"构思层叠、稍涉议论"的观点是一致的。在诗歌创作上,他善于抒情写景,"不呕心苦吟,不费意推敲,不堆砌辞藻,不用冷僻字,不含生涩典"⑭,多抒发真情实感,风格淡雅自然。明叶向高在《曹大理集叙》中说:"大理诗刻意三百篇,取材汉魏,下乃及王右丞、韦苏州。"他的姻亲好友谢肇淛评价他的诗歌"以浅淡情至为工"⑯。徐𤊹评其作品"词气春容,自然中律。才情雅赡,蔚尔名家"⑰。他对所选诗歌作品加以"润色"、删改,应与他的文学主张和喜好是一致的。但是,无论如何,经过曹学佺删改的诗歌,文字、内容已发生了一些变化,已经不是原作者所创作的诗歌原样,这是特别需要提醒研究者和阅读者注意的。

结　语

通过以上论述,我们可以看出,肖先生所见的惠洪《筠溪集》一册,当从《石仓宋诗选》中的《筠溪集》而来,并非海内孤本,目前海内外有多个传本留存。无论是明代《徐氏红雨楼书目》所载《筠溪集》,还是目前我们所见到的单刻本《筠溪集》,以及日僧廓门贯彻《注石门文字禅》中所引《筠溪集》,也都是来自于曹学佺所编选《石仓宋诗选》中的《筠溪集》。而收录于《石仓宋诗选》中的《筠溪集》,是曹学佺根据《石门文字禅》前十六卷诗歌部分对惠洪诗重新编选命名而成的。曹学佺在编选惠洪诗歌时,并非原封不动地选录,而是对其中很多诗歌按照自己的观点加以删改,使其失去了惠洪原作的本真面貌。不仅是惠洪诗,在他所选的唐人诗、宋人诗中这种情况大量存在⑱。这就需要我们的研究者、阅读者特别注意。况且,《石仓十二代诗选》编成后,流传广泛,影响及于海内外。就《石仓宋诗选》来说,不仅在日本保存有多部明崇祯刊本,还有根据其中所收录的诗人诗歌而刊刻的和刻本如《筠溪集》《云庵集》《宋僧诗选》等,而且,清人所编的一些宋诗总集,有的就采用曹学佺所选,如清管庭芬、蒋光煦《宋诗钞补》,其中的惠洪《石门文字禅集补抄》,除了前面有六首诗不是根据《石仓宋诗选》本《筠溪集》而来的之外,其余诗歌就完全根据曹学佺《石仓宋诗选》中惠洪《筠溪集》而来⑲。清范希仁所编《宋人小集》二百四十一卷⑳,抄录七十八种宋人小集,也多从《石仓宋诗选》直接抄录,如释净端《吴山诗录》、释怀深《慈受禅师诗》、释克文《云庵集》㉑、释宇昭《宇昭禅师诗》等。但因为曹学佺的有意删改,使很多收入其中的诗人诗歌失去本来面目,必定会影响到我们对其诗集与诗歌的文献价值和文学价值的正确判断,这是应该引起我们的研究者和阅读者特别注意的。

原载《文学遗产》2018年第2期,53—66页。

注　释

① 见周裕锴《惠洪文字禅的理论与实践及其对后世的影响》,《北京大学学报》2008年第4期。
② 徐小蛮、顾美华点校《直斋书录解题》,上海古籍出版社,2015年,下册,521、611页。
③ 《影印文渊阁四库全书》,台湾商务印书馆,1986年,374册,466页。
④ 孙猛校证《郡斋读书志校证》,上海古籍出版社,2011年,下册,1034页。
⑤ 马端临《文献通考》,中华书局,1986年,下册,1912页。"宗"当为"字"之误。
⑥ 马端临《文献通考》,下册,1941页。
⑦ 《宋史》,中华书局,1977年,5388页。
⑧ 蔡美花、赵季校注《韩国诗话全编校注》之《东人诗话》,人民文学出版社,2012,1册,164页。其注文指出惠洪《郭祐之太尉试新龙团索诗》诗中有"绿杨院落春昼永,碧砌飞花深一寸"句,据清陈焯《宋元诗会》卷五八,其实惠洪《郭祐之太尉试新龙团索诗》诗见《石门文字禅》卷四,《宋元诗会》卷五八所录有删节。
⑨ 巩本栋《宋人撰述流传丽、鲜两朝考》,见张伯伟编《域外汉籍研究集刊(第一辑)》,2005年,371页。
⑩ 崔雄权《归帆更想潇湘趣　孰于东韩汉水湄——从〈匪懈堂潇湘八景诗卷〉看"潇湘八景"在韩国的流变》,《吉林大学社会科学学报》2015年第4期。
⑪ 《韩国诗话全编校注》之《东人诗话》,1册,160页。
⑫ 《影印文渊阁四库全书》,675册,208页。
⑬ 郑诚整理《中国历代书目题跋丛书(第四辑)》,上海古籍出版社,2015年,下册,543页。
⑭ 《续修四库全书》据北京图书馆藏清道光八年(1828)刘氏味经书屋抄本影印,上海古籍出版社,2002年,920册,763页。
⑮ 《中国历代书目题跋丛书·徐氏红雨楼书目》,上海古籍出版社,2005年,376页。
⑯ 巩本栋《宋人撰述流传丽、鲜两朝考》一文引高丽李仁老《破闲集》卷上"近有以《筠溪集》示之者",并得出"知此书至迟在高丽高宗七年(1220)前已传入东国"的结论。花兴、魏崇武《宋与高丽的典籍交流考论》一文中,也引高丽李仁老《破闲集》卷上云:"读惠弘《冷斋夜话》,十七、八皆其作也,清婉有出尘之想,恨不得见本集。近有以《筠溪

集》示之者,大率皆赠答篇,玩味之,皆不及前诗远甚。"且谓"李仁老(1152—1220)为高丽著名诗人,其卒于1220年,也就是说至迟在1220年,惠洪的《冷斋夜话》和《筠溪集》已传入高丽。"《国家图书馆学刊》2013年第2期。按:《韩国诗话全编校注》之《破闲集》中"大率皆赠答篇"之"皆"作"多",今从(1册,4页)。崔雄权《归帆更想潇湘趣 孰于东韩汉水湄——从〈匪懈堂潇湘八景诗卷〉看"潇湘八景"在韩国的流变》一文中认为李仁老《破闲集》中所提到的《筠溪集》即惠洪《石门文字禅》,不知何据。

⑰ 曹学佺生年月日据许建昆先生考证,当为明万历二年闰腊月十五日,即1575年1月26日,卒年月日为清顺治三年(1646)九月十八日,今从。参见其所著《曹学佺与晚明文学史》之《晚明闽中诗学文献的勘误、搜佚与重建——以曹学佺生平、著作考述为例》,台北万卷楼图书股份有限公司,2014年,30—31页。

⑱ 《明史》,中华书局,1974年,7400—7401页。

⑲ 个别有未删尽的情况,如卷一三七宋诗卷一四曹汝弼名下还保留其传记,张维诗后有孙觉序及原书所引周密《齐东野语》相关内容;卷一六七宋诗四四谢邁诗后分别有南宋苗昌言、吕本中及明谢肇淛题跋;卷一七三宋诗卷五〇汪藻诗末有一段当为曹学佺所写的介绍其生平著作等情况的文字;卷一七四宋诗卷五一范成大诗后附有南宋宁宗嘉泰三年(1203)其后人范萃(笔者按:"萃"他书作"莘")所写题跋;卷一七九下宋诗卷五六下胡铨诗后有曹学佺所写的按语;卷一八一宋诗卷五八刘子翚诗后附有宁宗庆元五年(1199)朱熹所作跋文;卷二一四宋诗卷九一韩信同诗前有传,说明其事迹及附在陈普后之缘由;卷二二〇宋诗卷九七吕定诗及所附吕声之诗后,皆有其裔孙吕继梗跋文;卷二二一宋诗卷九八林景熙诗后有明嘉靖十年(1531)丁瓒跋等等。见《影印文渊阁四库全书》,1389册,114—116、398—399、453—454、474、516、533—534、769、812、816、827页。

⑳ 卷七一徐照诗后附徐玑《江亭临眺》至《新凉》共34首诗,卷九五吴龙翰诗后又附徐致中《夏日怀美》(笔者按:"美"当作"友")至《六月归途》共9首诗,徐玑字致中,故徐玑、徐致中实为同一人而重出。但两处所录诗歌重出者有《夏日怀友》《夏日同灵晖有作奉寄翁赵二友》《初夏游谢公岩》共三首,其余则不重。

㉑ 卷一〇七共录惠洪《早行》《赠尼昧上人》两首诗,而前者已见卷一〇三,后者卷一〇三未录。

㉒ 据日本尊经阁文库藏明崇祯三年序刊本,中国国家图书馆藏本同。

㉓ 靳斯标点《碑传集》,中华书局,1993年,3618页。

㉔ 《明史》,7401页。

㉕ 详情可参朱伟东《石仓十二代诗选全帙探考》,《文献》2000年第3期。

㉖ 徐𤊹生卒年据《新辑红雨楼题记 徐氏家藏书目》之《新辑红雨楼题记》前马泰来所撰"整理说明",《中国历代书目题跋丛书(第四辑)》,9 页。

㉗ 可参李丹《红雨楼书目版本考略》,南京大学古典文献研究所《古典文献研究(总第 9 辑)》,2006 年,171—179 页。

㉘ 上海古籍出版社 2005 年 11 月又将此 1957 年版四卷本影印出版。

㉙ 上海古籍出版社 2005 年影印本"出版说明"第 2 页。

㉚ 笔者所阅览者乃日本尊经阁文库所藏明崇祯三年序刊本原书及中国国家图书馆藏本之缩微胶片,二本相同。

㉛ 卷一〇七实收二十八位僧人,其中惠洪已见卷一〇三,乃为重出。卷一〇七僧人诗歌乃曹学佺根据元方回《瀛奎律髓》中所录而选。

㉜ 只是《徐氏红雨楼书目》在著录诗集名、人名时常出错误。如胡宏《五峰集》"五"误作"玉",陈傅良《止斋集》"止"误作"正",陈普《石堂集》"石"误作"原",裴万顷之"顷"误作"颐",吴龙翰误作"吴新韩",释真净误作"释其净"等。且《石仓宋诗选》中"徐玑""徐致中"误为二人而重出,《徐氏红雨楼书目》中也误为二人而重出。

㉝ 《徐氏红雨楼书目》误"铨"为"佺"。

㉞ 《石仓十二代诗选·宋诗选》中误作"琥",《徐氏红雨楼书目》集部"宋诗"部分亦沿袭其误。

㉟ 《徐氏红雨楼书目》误"泾"为"洤"。

㊱ 四卷本依据上海古籍出版社 2005 年版《中国历代书目题跋丛书》之《徐氏红雨楼书目》,七卷本依据上海古籍出版社 2014 年版《中国历代书目题跋丛书(第四辑)》之《徐氏家藏书目》。

㊲ 马泰来《徐氏家藏书目》"整理说明",196 页。

㊳ 七卷本卷六"文集类北宋"著录"游酢《豸山集》二卷";"文集类南宋"著录"杨万里《诚斋文脍》二十四卷""吕声之《遗音》二卷""真山民诗四卷""赵灵秀诗一卷""徐灵渊诗一卷""谢枋得《叠山集》十六卷";"文集类金元"著录"韩信同《遗书》二卷",卷三"子部·释类"著录慈受禅师"《拟寒山诗》一卷"。

㊴ 《石仓宋诗选》卷八八录徐经孙《文惠集》,附录徐鹿卿、杨修。

㊵ 《石仓宋诗选》卷一〇六录释契嵩《镡津集》,附录惟晤、杨蟠。

㊶ 卷六"文集类北宋"最末。

㊷ 周裕锴先生称日本积翠文库也藏有元禄二年刊本,参见《宋僧惠洪行履著述编年总案》附录一《惠洪著述著录情况一览表》"筠溪集"条,高等教育出版社,2010 年,362 页。

㊸ "巳己"当为"己巳"之误,"且"当为"旦"之误。

㊹ 明刊本"今选得三绝"四字为诗题下小字注文,此本则误为诗题中语。
㊺ 周裕锴先生也指出"元禄刊本乃从曹学佺《石仓历代诗选》卷二二六所选释德洪诗中辑出,非原本,仅一卷",《宋僧惠洪行履著述编年总案》附录一《惠洪著述著录情况一览表》"筠溪集"条,362—363 页。
㊻ 如此本《次韵朝阴》诗中"时来欹柴扃"之"欹",明崇祯刊本作"叹",《四部丛刊》影明径山寺本、《武林往哲遗著》本《石门文字禅》卷六所载亦作"叹",而《影印文渊阁四库全书》本《石门文字禅》卷六则作"欹"。又如此本《宿资钦楚山堂》诗中"携衾来宿楚山堂"之"衾",明崇祯刊本作"琴",但《四部丛刊》影明径山寺本、《武林往哲遗著》本、《影印文渊阁四库全书》本《石门文字禅》卷一三所载皆作"衾";又此诗末句"敢辞时此夜连床",《四部丛刊》影明径山寺本、《武林往哲遗著》本、《影印文渊阁四库全书》本《石门文字禅》卷一三所载皆同此本,但明崇祯刊本作"敢辞此夜更连床"。
㊼ 日本名古屋市蓬佐文库编集《名古屋市蓬佐文库汉籍分类目录》集部总集类,昭和五十年(1975),127 页。
㊽ 日本庆应义塾大学附属研究所斯道文库编《江户时代书林出版书籍目录集成(第 1 册)》,井上书房昭和三十七年版,248 页。
㊾ 《江户时代书林出版书籍目录集成(第 2 册)》,井上书房昭和三十八年版,327 页。
㊿ 《江户时代书林出版书籍目录集成(第 3 册)》,井上书房昭和三十八年版,60 页。
㉛ 《江户时代书林出版书籍目录集成(第 2 册)》,18 页。
㉜ 此类目录中经常有误署著者(编者)的情况。释通容(1593—1661),号费隐,福建福清人,俗姓何,为南岳下第三十四世,临济宗僧人,著有《般若心经斵轮解》《五灯严统》《费隐禅师语录》等传世。事见《五灯严统》卷二四、清聂先《续指月录》卷一九等。但目前未见有关于他曾编集或抄写惠洪《筠溪集》的记载。
㉝ 这两种目录皆为京都永田调兵卫等刊,后者是在前者基础上作了增补。
㉞ 这两种目录在"《筠溪集》,洪觉范"之上栏册数"二"旁还标注了出版者,但因字小而模糊,笔者不能辨识为何字,但可以肯定不是小林半兵卫刻本。
㉟ 日本驹泽大学图书馆编《新纂禅籍目录》,昭和三十七年日本仏书刊行会,17 页。
㊱ 《新纂禅籍目录》,142 页。元禄五年刊《广益书籍目录》、元禄十二年刊《新板增补书籍目录》分别著录为"《三高一奇集》""《三高一奇》",元禄九年刊、正德五年修《增益书籍目录大全》著录为"《三京一奇》","京"当是"高"之误。见《江户时代书林出版书籍目录集成》,第 1 册,第 272 页;第 2 册,31 页;第 3 册,57 页。
㊲ 《新纂禅籍目录》,270 页。
㊳ 见日本长泽规矩也辑《和刻本汉诗集成》总集篇第四辑,昭和五十三年东京汲古书院景

印书林藤屋古川三郎兵卫刻本，117—139页。

(59) 参见张伯伟等点校《注石门文字禅》前言"廓门贯彻的生平与交游"，中华书局，2012年，2页。

㊱ 详情可参陈自力《日僧廓门贯彻〈注石门文字禅〉评述》，《西南民族学院学报》2002年第10期。笔者所用乃日本临川书店2000年10月出版之《禅学典籍丛刊》第五卷据京都财团法人禅文化研究所所藏宝永七年刊本的影印本。

㊶ 国家图书馆藏明崇祯三年序刊本。

㊷ 《禅学典籍丛刊》第五卷《注石门文字禅》解题，临川书店，2000年，852页。

㊸ 释惠洪《石门文字禅》卷一，《四部丛刊》影明径山寺本，下引诗同。

㊹ 《石门文字禅》卷六。

㊺ 以上有关许顗生年等内容参周裕锴先生《宋僧惠洪交游人物考举隅——许顗生年别号考》，四川大学古籍整理研究所、四川大学宋代文化研究中心编《宋代文化研究（第十六辑）》，四川大学出版社，2009年，442—443页。

㊻ 《石门文字禅》卷八有《楞伽端介然见访余以病未及谢先此寄之》诗。

㊼ 《石仓宋诗选》卷一前有《寇忠愍集小序》，主要介绍寇准的生平事迹，其后有曹学佺按语云："《文献通考》宋集中编次寇忠愍为首，又《通考》引晁公武曰：'曾慥守赣州，及帅荆渚日，裒辑本朝诗选，自寇莱公以次至僧琏二百余家'，则余之选宋集首莱公者盖本此耳。"国家图书馆藏明崇祯三年序刊本。

㊽ 日本尊经阁文库所藏明崇祯三年序刊本。

㊾ 《石仓唐诗选》卷首，首都图书馆藏明崇祯四年序刊本。

㊿ 陆龟蒙《唐甫里先生文集》卷二，《四部丛刊》影黄丕烈校明抄本。

㊶ 李咸用《唐李推官披沙集》卷一，《四部丛刊》影宋本。

㊷ 曹学佺《石仓三稿》文部上，北京大学图书馆藏明崇祯间刻本。

㊸ 《夜光堂文集》，高祥杰点注《曹大理诗文集》，香港文学报社出版公司，2013年，上册，1015—1016页。

㊹ 高祥杰《点注感言》，《曹大理诗文集》，上册，70页。

㊺ 曹学佺著《曹大理诗文集》，《曹学佺集一》，方宝川主编《福建丛书》第三辑之一，江苏古籍出版社2003年影印本，3页。

㊻ 《小草斋诗话》卷三，周维德集校《全明诗话》，齐鲁书社，2005年，4册，3531页。

㊼ 《红雨楼集·曹能始〈石仓集〉序》，《上海图书馆未刊古籍稿本》，复旦大学出版社，2008年影印本，42册，21页。

㊽ 其所选元、明诗中是否存在删改情况，笔者还未及核对。申屠青松《明代宋诗选本论

略》一文中指出《石仓宋诗选》中王安石、贺铸诗有删改的情况,还以苏轼诗为例,指出因抄书者疏忽和偷懒而漏抄诗句的情况。参见《南京师范大学文学院学报》2007年第4期。

㉗ 见《石门文字禅集补抄》,《宋诗钞》,中华书局,1986年,4册,3716—3762页。

㉘ 清古盐范氏也趣轩抄本,藏台湾"中央"图书馆。

㉙ 范氏抄本比曹学佺《石仓宋诗选》卷一〇五《云庵集》少录两首诗外,其他皆同。

《琐碎录》成书考

陈晓兰

宋元时期有三种内容有所不同而又前后相袭的《琐碎录》，成书情况比较复杂。南宋初年温革始撰《琐碎录》，之后陈晔效而续撰。二人所撰内容合编后亦称《琐碎录》，最早著录于《直斋书录解题》卷一一"子部·小说家类"："《琐碎录》二十卷、《后录》二十卷。温革撰，陈晔增广之。《后录》者，书坊增益也。"[①]《文献通考·经籍考》沿用陈氏著录。宋刻今已不存。元人据宋本刊刻《分门琐碎录》二十卷，亦简称《琐碎录》，凡三十门，每门之下又细分类目。书中辑录并记载了丰富的治己、治家、莅官、农艺、医药、起居、风俗、器用等方面的经验和知识，引书一般不标出处。清光绪七年（1881）姚文栋（字志梁）作为驻日公使黎庶昌随员出使日本，在东京书肆得元刻残本《分门琐碎录》六卷。叶德辉《郋园读书志》卷六予以著录，谓"姚志梁观察得元刻残本《分门琐碎录》六卷。书中间有'知足院常住'五字印记，为长方木印，盖东洋旧藏也。……此书分三十门，今仅治己、治家、莅官、农桑、种艺、牧养、饮食、起居、服饰、摄养、医药、诸疾十二门，凡六卷。治己、治家、莅官三门所载宋名臣佳言懿行，不一而足。……农桑、种艺、牧养诸门，其于农桑蓄养之法，亦有裨于世用。在宋人说部，固非搜神志怪家言所同语也。自宋以来，传本最少，近惟钱牧翁《绛云楼书目》有之，入'农家类'，而不云卷数……"[②]。叶昌炽撰《元刊〈分门琐碎录〉跋残本六卷》，称姚氏将此本"奉为枕秘"[③]。1932年日军发动"一·二八事变"，姚氏在嘉定南翔的藏书毁于兵火之中，此元刻残本的孤帙从此不复存世。

叶氏谓《琐碎录》"自宋以来，传本最少"，其实南宋中期以后有多种著作明确征引此书。如南宋中后期周守忠的《养生月览》与《养生类纂》、张杲《医说》、陈元靓《岁时广记》、陈思《海棠谱》等，元代陈敬《陈氏香谱》、胡古愚《树艺篇》

《居家必用事类全集》等,明代高濂《遵生八笺》、李时珍《本草纲目》、周文华《汝南圃史》、陈耀文《天中记》等,皆引称"琐碎录"。另有一些宋元著作中的部分内容与《琐碎录》相同、相近而未标出处,如宋末吴怿《种艺必用》、元初张福《种艺必用补遗》以及元刊《事林广记》等。今存《永乐大典》残卷中,录有"温革《琐碎录》"60余条。成书于1445年的朝鲜《医方类聚》④收辑一百五十多种明代以前医籍加以分类汇编,其中录有《琐碎录》中大量摄养、医药、医方内容⑤。

明代公、私书目对此书多有著录,或作"《琐碎录》"或作"《分门琐碎录》",足见当时颇有流传。列目如下:

《文渊阁书目》卷一一"盈字号第六厨书目":《琐碎录》一部六册阙⑥。
《秘阁书目》"类书":《锁碎录》六⑦。
《晁氏宝文堂分类书目》卷中"类书":《琐碎录》⑧。
《万卷堂书目》卷三"小说家":《琐碎录》二十卷⑨。
　　　　　　卷四"类书":《分门琐碎录》二十卷⑩。
《聚乐堂艺文目录》"类书":《分门琐碎录》四册 二十卷 刘健⑪。
　　　　　　"小说家":《琐碎录》六册 二十卷。
《近古堂书目》卷上"子·农家":《分门琐碎录》⑫。
《赵定宇书目》"类书":《分门琐碎》四本⑬。
《脉望馆书目》"类书":《分门琐碎录》四本缺第四卷、第二十卷⑭。
《澹生堂藏书目》卷八"子类第四农家"之"杂事":《琐碎录》四册二十卷⑮。
《玄赏斋书目》卷五"子部·农家":《分门琐碎录》⑯。

清初钱谦益《绛云楼书目》卷二"子·农家"著录"《分门琐碎录》"⑰。钱曾《述古堂藏书目》卷三"子·小说家"著录"温革《分门琐碎录》二十卷(抄)"⑱,其《也是园藏书目》卷五"子部·小说"亦著录"温革《分门琐碎录》二十卷"⑲。此后《琐碎录》鲜见著录,可知流传日稀。

《琐碎录》已无足本传世,今仅存四种明抄残本,俱题作"《分门琐碎录》"⑳。20世纪60年代初,上海图书馆入藏明抄本一册(简称上图本),无卷目,分农桑、种艺、禽兽、虫鱼、牧养、饮食六门。胡道静在《稀见古农书录》中对此册内容情况、在农学上的价值及其作者与时代等加以考述㉑。此本内容在中国农学史上极具学术价值,后被收入《续修四库全书》,又有校注本[22]。中国国家图书馆藏有明抄残本二册三卷(简称国图本)。第一册为卷一,有治己、治家、莅官三门,多有残损;第二册为卷二、三,卷二有农桑、种艺、禽兽、虫鱼、牧养五门,卷三有饮食一门,笔者发现此册内容与上图本相同且具有同源性,而其文字情况远胜上图本。王利器藏有明抄残本一册三卷(简称王氏藏本),卷一七至卷一九,为藏贮、旅寓和阴阳三门。从卷末所录明都穆、邢参跋中可知,此本源于元刊本[23]。张如安在宁波大学图书馆新发现明嘉靖二十六年俞弁抄本《分门琐碎录》一册(简称宁大本),亦无卷目,分摄养、医药、诸疾三门,从其抄写格式和收藏情况来看"与上图所藏本很可能皆据同一套书抄录"[24]。这四种明抄残本,保存了《分门琐碎录》全书三十门中的十五门的内容。

从《琐碎录》的成书、流传过程来看,《琐碎录》这一书名,实可指宋元时期三种内容有所不同而又前后相袭的著作:一是南宋温革所撰《琐碎录》;二是宋人刊刻的温革、陈晔二人所撰《琐碎录》二十卷,即《直斋书录解题》著录之本;三是元人据宋本刊刻的日用类书《分门琐碎录》二十卷。由于这三种《琐碎录》成书情况以及相互关系比较复杂,学界对其亦无专门辨析和研究,致使对其作者、成书时间和过程、内容体例和性质的认识上多有模糊和淆乱,后人或有将温、陈二人所撰之书视为温革或陈晔一人所撰,或有疑《琐碎后录》为陈晔所撰,或有将温革、陈晔辑录材料误作其自撰内容。今根据存世四种明抄残本《分门琐碎录》以及后世著作征引材料,结合各种相关文献记载,对宋元时期《琐碎录》的成书情况加以考证和梳理,以求各还其貌,并冀以揭示其在中国民间日用类书发展史上的意义与影响。

一、温革所撰《琐碎录》

元刊本《分门琐碎录》附有陈晔自序,记述其仿效温革《琐碎录》而撰《续琐碎录》之事。陈序原文虽已亡佚,幸见诸前人引录。明都穆《南濠居士文跋》卷一《〈琐碎录〉跋》:

《琐碎录》二十卷,宋古灵陈晔曰华撰。观陈氏《自序》云:尚书郎温革子皮尝著《琐碎录》,凡四百余事。晔每有闻见,效而笔之,然将十倍,名曰

《续琐碎录》。子皮之书,今不复见。元至大间环溪书院刻陈氏本,概以"琐碎"目之,则与序矛盾,而非古人著书之意矣。予家四册,环溪刻也。㉕

叶德辉《郋园读书志》卷六著录元刻残本《分门琐碎录》:

> 今据此本陈自序云:《琐碎录》,温公讳革字子皮所作,凡四百余事。余倅通海,得于兵官赵君善成。自时厥后,每有闻见,效而笔之,名曰《续琐碎录》。是温与陈各自为书,陈云陈增广温书者非也。

都穆跋与叶德辉叙录所引陈晔自序的内容大致相同,而文字详略有异且有所出入,可见皆非照录原文。从中可知,尚书郎温革子皮著有《琐碎录》,凡四百余事。陈晔任通州通判时从兵官赵善成处得此书,遂效仿此书记载平日闻见,篇幅约将十倍,名曰《续琐碎录》。正如叶氏所述,温革《琐碎录》与陈晔《续琐碎录》,原本"各自为书"。

(一) 温革及其《琐碎录》

温革,字叔皮,泉州惠安(今属福建)人。徽宗政和五年(1115)进士。初名豫,字彦几,后耻与伪齐刘豫同名,故改。绍兴八年(1138)除秘书省正字,十年通判洪州㉖。知南剑州,二十四年知漳州㉗,官终福建转运使。事见《八闽通志》卷六七㉘、《嘉靖惠安县志》卷一二㉙。善书画,博学多识,所著仅《续补侍儿小名录》存世,《琐碎录》《隐窟杂志》《十友琐说》等原书皆佚。

温革之字,除了陈晔序以及下文所及的元初《陈氏香谱》作"子皮",其他文献均作"叔皮"。温革在《山谷楷书赵景道帖并绝句诗八首》㉚与《米敷文潇湘长卷》(《珊瑚网》卷二八)的题跋中,皆自署"温革叔皮"。南宋袁立儒称"温叔皮字画亦苍老,尝为尚书郎,著《琐碎录》"㉛。检诸台北"故宫博物院"所藏温革《跋黄庭坚致景道十七使君尺牍》真迹,"叔皮"写作"朿皮"。陈晔序文称温革字"子皮",此或为温革又字,但也不能排除传写过程中"朿皮"讹作"子皮"的可能。温革改名,在建炎四年(1130)金人立刘豫为帝之后,故此前温氏所撰《续补侍儿小名录》题其原名"温豫"。都穆跋文引陈氏自序谓"尚书郎温革子皮尝著《琐碎录》",袁立儒亦称温革"尝为尚书郎,著《琐碎录》",温革官终福建转运使,可见尚书郎并非其终官而应是成书时的任官。南宋张杲《医说》卷七"食鳖不可食苋"条引《琐碎录》称"温革郎中"㉜;《琴川志》卷一〇"叙祠"中"永庆寺"

下云"温郎中革字彦机来游,亦有诗",卷一四收录其诗《凤凰山》题"郎中温革"③。可知温革曾任郎中,尚书省六部二十四司郎中(从六品),亦可称尚书郎。从其仕履、官品来看,温革任尚书郎的时间应是在通判洪州(正七品)之后、知南剑州(正六品)之前,即绍兴中期,《琐碎录》当成书于这一时期。其具体时间已难确考。

陈晔得到温革《琐碎录》的时间,是在淳熙九年(1182)之后、绍熙二年(1191)之前(详见下文)。除此之外,仅南宋中期周煇的《清波别志》明确征引温氏《琐碎录》。《清波别志》卷下"东华把鲊"条记载:

> 前志第十二卷书承平时淮甸鰕米入京,浸以小便,则红润如新。或疑焉。煇后观《琐碎录》内一条:京师东华门何、吴二家,造鱼鲊,十数裔作一把,号"把鲊",著闻天下。文士有为赋诗,夸为珍味。其鱼初自澶、滑河上斫造,以荆筐贮,入京师。道中为风沙所侵,有败者,乃以水濯,小便浸一过,控干,入物料,肉益紧而味回。……《琐碎》凡四百余条,悉论物理,乃宣政贵人所纂也。㉞

"前志"即其《清波杂志》,周煇自序识于绍熙壬子(三年)六月,得观温革之书则是在此之后。周煇称"《琐碎》凡四百余条",条目数量与陈晔序文相符,所见亦为足本;谓其"乃宣政贵人所纂",或因周氏不明作者而见书中多记徽宗政和、宣和时事之故;"悉论物理",则知书中多记载与日常所见事物相关的原理和经验。

今存《琐碎录》材料中涉及"京师"的条目,有些可能辑自他书,有些可能就是温革记述的北宋汴京遗事。如国图本卷三、上图本"饮食·烹饪"载有四条"京师"烹饪之法,与周煇所引内容相似,亦论物理,其中一条:"京师卖煮熟猪肉,香味珍绝。煮爛肉只断血便止,又是其锅釜煮肉,早晚不曾断,便添水,非釜毁不易也。今临安食肆有十年不易之汁,盖日久不断火,少则加水,尝令锅满。人家有欲煮物速糜者,就之,顷刻而烂。盖以肉汁而煮肉,相感故也。"㉟胡道静认为,书中"称'今临安'以对'京师'(汴都),故知是南宋初年的著作,经过南宋中期书林陈晔的补充。"(胡道静《稀见古农书录》)

温革撰有多种笔记,所记内容和特点各有所不同,如《隐窟杂志》多记载典制、考论文史㊱,而《琐碎录》则"悉论物理",专记日常所见事物原理方面的内容。此书卷数与体例不明,从其四百余条的数量来看,或不至于有二十卷,亦不可能如元刊本般划分门类细目,故其书名很可能并未冠以"分门"二字。南宋时期此书流传不广,或未曾刊行。都穆跋中称"子皮之书,今不复见",可见明代正德年间温氏《琐碎录》原书已不可得见。今存四种明抄残本,其中王氏藏本明确出于元刊本二十卷,其余三种残本皆各有 400 多条条目,故从其门类以及条目数量与内容来看,绝非温革一人所撰之书。

(二) 关于《陈氏香谱》中的"温子皮云"(表 1)

宋末元初陈敬撰有《陈氏香谱》四卷㊳,有 5 条作"温子皮云",有 1 条注云"温子皮",另有 1 条原书虽未标出处,然明代周嘉胄《香乘》引录此条注云"温子皮"㊳。这 7 条中,有 3 条见于宁大本,1 条见于《永乐大典》所录"温革《锁㊳碎录》",间有异文。

表 1

	《陈氏香谱》(四库本)	宁大本《分门琐碎录》	备注
1	卷一"乳香":温子皮云:广州蕃药多伪者。伪乳香以白胶香搅糟㊵为之,但烧之烟散多,此伪者是也㊶。真乳香与茯苓共嚼,则成水。又云:山石乳香,玲珑而有蜂窝者为真。每爇之,次爇沉檀之属,则香气为乳香烟罩定难散者是,否则白胶香也。	"医药·辨伪":广州番药多有伪者。好乳香多是白胶香搅糖为之,但烧之烟散多咤声者伪也。/没药以五灵脂作。但以乳香与茯苓共嚼,成水者是真。/……/皝山石乳香,玲珑而有蜂窠者为真。先爇之,次爇沉檀之属,则香气为乳香烟罩定难散,否则白胶香也。	宁大本内容又见于《医方类聚》卷一《琐碎录·辨伪》㊷,"皝"作"皝"。

续表

	《陈氏香谱》（四库本）	宁大本《分门琐碎录》	备注
2	卷一"安息香"：温子皮云：辨真安息香，每烧之，以厚纸覆其上，香透者是，否则伪也。	"医药·辨伪"：安息香，烧，以厚纸覆其上，烟透者真。	宁大本内容又见于《医方类聚》卷一《琐碎录·辨伪》⑱，"烧"作"烧之"。
3	卷一"龙涎香"：温子皮云：真龙涎烧之，置杯水于侧，则烟入水，假者则散。尝试之，有验。		
4	卷一"甲香"：温子皮云：正甲香本是海螺厣子也，唯广南来者其色青黄，长三寸，河中府者只阔寸余，嘉州亦有如钱样大。于木上磨，令热，即投酽酒中，自然相近者是也。若合香，偶无甲香，则以鲨壳代之，其势力与中香均，尾尤好。		
5	卷一"南方花"：温子皮云：素馨、末利摘下花蕊，香才过，即以酒噀之，复香。凡是生香，蒸过为佳。每四时，遇花之香者皆次次蒸之，如梅花、瑞香、酴醿、密友、栀子、末利、木犀及橙橘花之类，皆可蒸。他日爇之，则群花之香毕备。		《永乐大典》卷七九六〇"馨·素馨"引录"温革《锁碎录》"："素馨摘下花蕊，香才过，即以酒噀之，复香。"为此段首句，无"末利"二字。

续表

	《陈氏香谱》（四库本）	宁大本《分门琐碎录》	备注
6	卷四"焚香静坐"：人在家及外行，卒遇飘风暴雨震电、昏暗大雾，皆诸龙神经过，宜入室闭户焚香静坐避之，不尔损人。温子皮	"医药·杂说"：人在家及外行，卒逢飘风暴雨震电、昏暗大雾，皆是诸神龙经过，宜入室闭户焚香安心静避之，不尔损人。	宁大本内容又见于《医方类聚》卷二〇五《琐碎录·杂说》⑭，"神龙"作"龙神"，"静"作"静坐"。
7	卷四"收香珠法"：凡香环佩带念珠之属，过夏后须用木贼草擦去汗垢，庶不蒸坏。若蒸损者以温汤洗过晒干，其香如初。		《香乘》卷二〇引用此条，注云"温子皮"。

《陈氏香谱》卷首"集会诸家香谱目录"列出十一种宋代著作，在沈立《香谱》、洪刍《香谱》等七家香谱专著之外，另有"《局方》（《太平惠民和剂局方》）第十卷、《是斋售用录》《温氏杂记》《事林广记》"四种书籍⑮。上述七条内容当出于温革所撰《温氏杂记》，分别记载了香品辨伪、蒸花存香、焚香静坐、香珠收藏等方面的经验和知识。由于其中3条见于宁大本《分门琐碎录》、1条见于《永乐大典》所引"温革《锁碎录》"，所称"温子皮"与陈晔自序所称温革之字相同，且这7条内容亦与周煇所称温氏之书"悉论物理"的特点相符，故《温氏杂记》很可能是温革《琐碎录》或是此书的部分内容。《陈氏香谱》另有七条征引"《琐碎录》"⑯，陈敬或为区别于温、陈二人所撰《琐碎录》，而将温氏之书称作"《温氏杂记》"。

《陈氏香谱》所引温书材料有3条见于宁大本，可证温革所撰内容确实收录于《分门琐碎录》二十卷。二者文字上存在一些差异，详见列表。其中虽然有些是陈敬引录时加以改动或是各书流传中产生讹脱增窜所致，但也大致可见温、陈所撰《琐碎录》二十卷收录温革之书时并非原文照录，而是有所删削、改写。如第2条卷一"安息香"："辨真安息香，每烧之，以厚纸覆其上，香透者是，否则伪也"，宁大本作"安息香，烧，以厚纸覆其上，烟透者真"，条目行文更为简要。这3条材料，宁大本与《医方类聚》所引《琐碎录》大致相同，仅有个别异文。第1条《陈氏香谱》卷一"乳香"所载"伪乳香以白胶香搅糟为之"，说明以白胶香伪造乳香之术，其中"伪"字，宁大本与《医方类聚》皆误作"好"，于义全然不通，这也显示出二者所据之本存在同源关系。

（三）关于《永乐大典》残卷中的"温革《琐碎录》"

今存《永乐大典》残卷中，引录"温革《琐碎录》"60余条[47]。内容涉及贮藏、种艺、煎油、洗油、饮食、医药等方面的居家日用类知识，亦有关于字词考释、典故旧事、风俗谚语、书画品评的条目。据笔者统计，其中有20余条的内容全部或部分见于明抄残本以及《养生类纂》《医说》《医方类聚》等书所引《琐碎录》。如卷九一四"凡被伤致死疮有血者，是生被伤；若死后中刀者则[48]无血也"，卷八二六九"监当官六字铭：谨出纳，严盖藏"，皆见于国图本卷一"莅官·箴戒"；卷一〇一二"柑、橘、柿等，于枳壳上接者，易活"，见于国图本卷二、上图本"种艺·接果木法"；卷一九七八三"三伏内造曲，不折不蛀；合酱，不酸不折。/初伏造曲，十倍[49]；中伏、末伏，减二分力"，见于国图本卷二、上图本"饮食·曲蘖"。卷二九四九"浮漆不沾者，服之令人通神"，卷二〇三一〇"若要安，三里莫要[50]干。患风疾人宜灸。三里者，五脏六腑之沟渠也，常欲宣通，即无风疾"，分别见于宁大本"摄养"门下的"服食"与"握固法"。

从这60余条的内容来看，很难判明究竟是出于温革一人还是温、陈二人所撰之《琐碎录》。《文渊阁书目》在藏贮类书的"盈字号第六厨书目"下著录"《琐碎录》一部六册阙"，之后《秘阁书目》亦著录"《锁碎录》六"，《永乐大典》抄录所据《琐碎录》，很可能就是这两部官修书目著录之本。从其列为类书以及六册数量来看，很可能是温、陈二人所撰《琐碎录》二十卷。而《永乐大典》抄录时，于其书作者仅题温革一人。其中有两条涉及通州、泰州间的贮藏、洗涤之法：卷二二五九"通、泰间大瓠，至冬干硬，制成合子，可贮毛衣、红紫段子，经久不蛀，色亦不退。盖其气味苦，而外坚实也"；卷五八四〇"盐花止可洗布衣，不可洗绢衣。洗净，再须用汤泡过方可，不然则易烂。通、泰人多用之"。这些条目或即陈晔通判通州时记录的见闻。

今存《永乐大典》残卷中，卷一一四一三引录"刘孟容《琐碎录》"："眼臀膜久年不散，每日三次以舌舐其膜，渐下，缘人真气使然。"此条内容见于《医方类聚》卷六七所引《琐碎录·眼目》[51]。宋王贶《全生指迷方》[52]卷四"大藿香散"下曰"刘孟容《琐碎录》名藿香汤";卷三"兔丝子丸"下曰"《琐碎录》云:用酒浸晒于日中,三两日一换酒,用时洗去酒,浓煎汤饮",见于《医方类聚》卷一二五所引《琐碎录·消渴》[53]。王贶为两宋之际人,以医得幸,宣和中为朝请大夫。著《济世全生指迷方》三卷,南宋初吴敏撰序。原书已佚,四库馆臣据《永乐大典》辑为四卷。若辑本内容无误,则绍兴二年吴敏去世前,刘孟容《琐碎录》已经成书流传。至于卷三所引《琐碎录》未标作者,可能出于刘孟容,但也不能完全排除温革的可能性。刘孟容见诸文献,为刘攽玄孙,淳熙八年进士,绍熙五年为秘书省正字,次年与添差差遣[54]。撰有《修校韵略》[55]。从其生平来看,绍兴二年之前不可能有所著述。故此部《琐碎录》的作者刘孟容另有其人。"刘孟容《琐碎录》"仅见于上述两处记载,今已无从深考其与本文所论《琐碎录》的关系。

二、陈晔所撰《续琐碎录》

陈晔字日华,福州侯官(今福建闽侯)人。孝宗淳熙五年从敕局删定官出知淳安县[56],八年任满。九年监登闻检院[57]。曾通判临江军[58]、通州。光宗绍熙二年知连州[59]。宁宗庆元二年(1196)知汀州,四年除广东提刑[60]。嘉泰二年(1202)以司农少卿为四川总领[61]。开禧二年(1206),追三官,送沅州安置[62]。陈晔有家学,擅诗文,通世务,所至多有善政。著作颇丰,除《续琐碎录》之外,另编撰有《通州鬻海录》[63]《夷坚志类编》[64]《陈氏经验方》[65](又名《陈氏家藏经验方》,以下简称《经验方》)等,惜皆亡佚。

(一)《续琐碎录》始撰时间

陈晔自序称,他在通判通州时,得到温革《琐碎录》并开始续撰。通州任上,他还撰有《通州鬻海录》,记载当地制盐之事[66]。然其任官时间不见文献明确记载。曾丰《题通州通判陈日华二友斋》[67]称"吾初丞小邑,誓与松竹为胶漆。今公丞大藩,誓与松竹为金兰",淳熙七年曾丰初为赣县丞[68];袁说友有《题陈日华二友堂》[69]《日华书自通州来言其同僚多唱酬》(《东塘集》卷五),前一首诗称"前岁[70]读书山水县,今年二友来通川","读书山水县"谓陈晔知淳安县时公事之余在松竹林中读书之事,之前袁氏所作《陈日华删定读书林》称"雄编已汗南山竹,对坐松篁夸鼎足。犹嫌官事作痴儿,故向书林巧征逐"(《东塘集》卷二)。故陈晔通判通州,当在淳熙九年监登闻检院之后[71]、绍熙二年知连州之前。可知《续琐碎录》始撰时间,是在淳熙后期至绍熙初年间。

(二)《续琐碎录》成书时间

由于都氏、叶氏所引陈晔自序皆未提及撰序时间,故无法得知《续琐碎录》成书的确切时间,但从今存《琐碎录》中陈氏所撰内容中可略作考证。《琐碎录》记载"又方:白芨为细末……"下有注文:"鄂渚赵都统夫人用之有效。"[72]陈氏《经验方》中有若干医方得自鄂渚任职期间,其中明确提及"鄂州统帅赵清老口传"[73]"武昌都帅赵清老云"[74]"武昌赵都统"[75],故此条无疑出于陈氏自撰。赵淳,字清老,绍熙三年为都统制"制兵戎郢"[76],开禧二、三年抗击金兵、力守襄阳[77],三年九月为江淮制置使[78]。而陈晔在鄂州的任职与任期并无明文记载。《经验方》称"予在临汀,妻党方守夷吾以其编类《集要方》见示,遂刊于郡斋。后鄂渚得九江守王南强书云:老人久苦此淋疾,百药不效,偶见临汀禁要方中用牛膝者,服之而愈,乃致谢云……"[79]。庆元三年陈氏在汀州曾刊刻方导《集要方》,后在鄂渚得九江太守王南强致谢书信。王容字南强,长沙(今属湖南)人,孝宗淳熙十四年状元,绍熙五年除著作郎,庆元元年六月为江西提举[80]。据其所撰《兴学记》,庆元二年七月建昌县学始建时,"余适有庐山之役,假道于其县,数君子请为记",故三年六月县学建成后撰此记[81]。可知庆元二年七月王容赴知九江府。嘉泰二年为起居郎[82]。而陈晔庆元二年知汀州,四年为广东提刑,五年尚在任上[83]。据此推测,陈晔在鄂渚任职时间应在庆元六年到嘉泰二年之间。《续琐碎录》则是在此之后撰成。南宋孙奕《履斋示儿编》成书于宁宗开禧元年[84],其卷一五和卷二二分别引录"《琐碎录》"[85]和"陈晔《琐碎录》"[86]。可见开禧元年陈晔所撰内容已经成书流传。

综上所考,陈晔的《续琐碎录》,始撰于淳熙后期至绍熙初年间,成书于庆元末嘉泰初之后,编撰时间长达十年以上,开禧元年已有流传。陈氏在序中称得到温氏《琐碎录》后"每有闻见,效而笔之",其续作的内容和范围,较之温氏之书"四百余条"大为增广,篇幅几近温书十倍之多。陈氏自序称"名曰《续琐碎录》",可知与温革《琐碎录》别为一书。其卷数与体例不明。从其篇幅来看很可能已经分类编排,但未必与之后编刻的宋、元本《琐碎录》二十卷的门类细目相同。

三、《琐碎录》二十卷、《琐碎后录》二十卷

《直斋书录解题》著录"《琐碎录》二十卷、《后录》二十卷。温革撰,陈晔增广之。《后录》者,书坊增益也"。陈振孙固然指出此书为温革、陈晔先后所撰,但所称"陈晔增广之"不尽准确,此书并非是陈晔有意增广温书之作。从陈晔自序中可知,温革撰《琐碎录》,陈晔效而撰成《续琐碎录》,二人各自为书明矣。因元刻本《分门琐碎录》附有陈晔为《续琐碎录》所撰序文,故都穆和叶德辉皆误以为该书乃陈晔一人所撰之书,都氏谓其书为"陈晔日华撰""陈氏本"并称其书名"与序矛盾",叶氏以为"温与陈各自为书,陈(振孙)云陈增广温书者非也",显然陈序并未涉及增广温书、加以编刻之事。将温、陈二书合编为《琐碎录》二十卷加以刊行,很可能是出于书贾所为。据叶昌炽《元刊〈分门琐碎录〉跋残本六卷》,元刻本卷首牌记云"是编削去重复,与元本不同",可知温、陈二书中有若干相同内容,宋本编刻时并未细加检核,因此存在一些重复。存世的明抄本中,有个别条目的文字相近或是文字虽异而其义相同。如国图本卷一"治家"门下,"家法"第 28 条"养子教小时,娶妇教新妇。俗语有'养子看小时,娶妇看新来'者,非也"的正文,与"教子"第 4 条"养子教小时,娶妇教新归",唯末字有异;又如国图本卷二、上图本"种艺·果·种果木法"首条"凡种果,宜望前种,若望后则少实",与第 6 条"种果木,月半前则多子,月半后则少子"文字虽异而其义乃同。但亦不足以据此断言今传抄本究竟源出宋本或是元本。

开禧元年成书的《履斋示儿编》引用的《琐碎录》,盖即《直斋》著录之本。由此可知,陈晔撰成《续琐碎录》后不久,就与温革之书汇为一编,以《琐碎录》之名刊行于世。至于孙氏引称"陈晔《琐碎录》",或因书中有陈晔自序,或因陈晔所撰篇幅占了十分之九以上的缘故。嘉定十五年(1222)周守忠先后纂成的《养生月览》《养生类纂》中,更有大量材料标明出处为"《琐碎录》"。目前所见宋代文献标引此书皆作"《琐碎录》",不知宋本原书名是否冠有"分门"二字,从其卷数和篇幅来看也很可能是分类编排,但未必与元刊《分门琐碎录》的门类

细目相同。

至于《琐碎后录》为书坊增益之作,并不为世人所重,南宋时期仅有《岁时广记》与《海棠谱》明确征引。《岁时广记》成书于理宗宝庆(1225—1227)、绍定年间(1228—1233),可知此前《琐碎后录》已编刻传世。《岁时广记》引录《琐碎录》中的岁时风俗材料共计28条,引录《琐碎后录》仅有1条:"端午日,以麻线一条围床周匝,以蝙蝠血涂床四向,可绝蚊蚋。"⑱值得注意的是,此段文字又见于《医方类聚》卷一六六《琐碎录·禳辟》⑲,"涂"后有"遍系"二字,"可"作"即"。据此推测,元人刊刻《分门琐碎录》时或将《后录》中的一些内容增窜其中。《海棠谱》卷首有理宗开庆元年(1259)陈思自序⑳,卷中引录《琐碎录》3条:"海棠花欲鲜而盛,于冬至日早以糟水浇根下。""李赞皇《花木记》:以海为名者,悉从海外来,如海棠之类是也。""海棠候花谢结子,剪去,来年花盛而无叶。"皆见于国图本卷二及上图本"种艺·花"。引录《琐碎后录》2条:"真宗御制后苑杂花十题,以海棠为首,近臣唱和。""唐相贾耽著《百花谱》,以海棠为花中神仙。"则皆未见于明抄残本。

四、元刊《分门琐碎录》二十卷

王利器所藏明抄残本,录有明人邢参和都穆的跋文。都穆跋见于上文,邢参跋曰:

> 余尝见《文献通考·书目》云:陈晔著《琐碎录》二十卷。家藏者寔环溪麻沙堂刻本也,乃阙二十卷后尾,访遍藏书家,往往皆然。俟同吾志,他日得缮本补之,并较正其讹,传于好事者,亦一幸也。岁甲子(1504)五月邢参丽文书。(王利器《陈晔〈琐碎录〉跋尾》)

邢、都二跋分别撰于弘治十七年(1504)与正德元年(1506),邢氏称"家藏者寔环溪麻沙堂刻本",都氏谓"元至大间环溪书院刻陈氏本""予家四册,环溪刻也",可见二人所藏为元代至大间(1308—1311)环溪书院刻本。南宋后期和元代,建安环溪书院刊有宋杨士瀛《仁斋直指方论》《小儿方论》《伤寒类书活人总括》七卷以及宋唐慎微《经史证类大观本草》等多种医书。

根据邢、都二跋以及叶德辉对于元刻残本的著录,元刊《分门琐碎录》二十卷,分三十门,每门细分类目,记载、辑录前贤训诫和居家日用事宜。已知有治己、治家、莅官、农桑、种艺、牧养、饮食、起居、服饰、摄养、医药、诸疾、藏贮、旅寓和阴阳共十五门[90]。有陈晔自序。邢参称此本"阙二十卷后尾,访诸藏书家,往往皆然",可见明人所藏元刊诸印本往往阙二十卷后尾,已非全帙。且元刊存在讹误,故邢参称"俟同吾志,他日得缮本补之,并较正其讹,传于好事者,亦一幸也"。王氏藏本为"最末一册,起卷之十七,至卷之十九",正是源出这一元刻印本。而邢参、都穆、叶德辉与王利器皆误以为元刊本为陈晔一人所撰。

光绪二十三年五月廿九[91],叶昌炽为姚氏所得元刊残本《分门琐碎录》作跋:

> 此书陈直斋著录,居家必用之类也。同宗焕彬吏部据陈日华自序,谓与温革所撰别为一书,良是。然卷首木图记云"是编削去重复,与元本不同",则并非陈氏之旧矣。东涧翁有此书,绛云一炬,种子断绝。此本来自海舶,虽断珪残璧,弥可宝贵,宜子梁观察奉为枕秘也。(叶昌炽《元刊〈分门琐碎录〉跋》)

从其卷首牌记所云"是编削去重复,与元本不同",可知元人据宋刻本刊刻时,删去重复,从而与宋本原貌有所不同。而从上文所述《岁时广记》所引《琐碎后录》的条目见于《医方类聚》所引《琐碎录》这一例子来看,元刻本中可能还增加了《后录》的一些内容。

叶德辉著录元刊残本,谓"书中如田元钧治成都,蜀人号曰'照天蜡烛';刘随为成都通判,严明通达,人谓之'水晶灯笼';薛简肃公尹京以严,人谓之'薛出油';姜枢密遵、鲁肃简公宗道,俱严明,时人号为'姜撩子',鲁为'鱼头公'等语,颇足以资谈柄"。所举四事,分别见于国图本卷一"莅官·规训"的第8、9、10和11条。

余 论

以上对《琐碎录》的成书情况进行了大致梳理和考证。南宋绍兴中期温革撰有《琐碎录》,共计四百余条,悉论物理。淳熙后期至绍熙初年间,陈晔通判通州时得到温革之书,效而续撰。经过十余年时间,在庆元末嘉泰初之后成书，内容几近温革之书的十倍，书名曰《续琐碎录》，陈晔撰有自序。开禧、嘉定年间，温、陈二书合编而成的《琐碎录》二十卷，已刊刻流传。元至大间，建安环溪书院根据宋本刊刻《分门琐碎录》二十卷，卷首有书坊木图记，附陈晔《续琐碎录》序。元刊本删去宋本中的重复内容，或又增入《琐碎后录》的一些条目，故与宋本内容有所不同。

除了内容上的不同，宋本和元本很可能在书名、编排体例和性质上也存在差异。《直斋书录解题》中《琐碎录》著录于子部的"小说家类"而非"类书类"，可见陈振孙将此书视作是叙述杂事、记录异闻、缀辑琐语的笔记，而非分门别类、以供检索的类书。明代宗室朱睦㮮藏书极富，其《万卷堂书目》的小说家类和类书类中分别著录"《琐碎录》二十卷"和"《分门琐碎录》二十卷"，胡道静认为是"将一部书互见在两个门类中"（胡道静《稀见古农书录》）。而检诸朱氏的另一部藏书目《聚乐堂艺文目录》，这两种书分别为六册和四册，显然是不同的著作，而非同一部书的互见。且朱氏书目一般照录书名原题而不作省称，如《增修声律万卷菁华》《新编群书纂数》等皆录全名。根据朱氏书目的著录情况推测，小说类中的《琐碎录》和类书类中的《分门琐碎录》，很可能分别源出于宋本和元本，其书名、体例、性质或都有所不同。宋本书名或即为《琐碎录》而无"分门"二字，虽然可能已经分类编排，但门类划分方式未必与元本相同，其性质仍然是说部笔记；而元代书坊所刊《分门琐碎录》，很可能是对宋本内容进行分门别类重新编排并有所增删，从而将其改造成百姓居家必备的日用类书。如果这个推测成立，则王氏藏本之外的其余三种明抄残本亦皆出于元本。《琐碎录》，从温革、陈晔这两位福建博学的士大夫先后编撰的说部笔记，到书坊改编刊行的民间日用类书，其成书情况也正显示出从南宋初中期到南宋后期及元代民间日用类书逐渐形成、发展的重要形态和进程。

学界一般认为民间日用类书的编纂始于南宋后期陈元靓的《事林广记》。宋本《琐碎录》的体例和性质虽然目前尚难以确考，但从其内容来看对于陈元靓所编类书具有直接的影响。上文已述及陈元靓在其所编《岁时广记》中对《琐碎录》和《琐碎后录》加以标引。据《岁时广记》卷首朱鉴序，此前陈氏"尝编《博闻》三录，盛行于世"。今《博闻录》原书已佚，从《岁时广记》所引9条、元至元十年（1273）成书的《农桑辑要》[②]所引21条佚文材料来看，有不少与明抄残本及宋人所引《琐碎录》相同、相似的内容而未标出处。近年有学者认为《博闻录》实为《事林广记》之前身，元代多家书坊改换书名并对其内容进行不同的增删改易后刊行于世[33]。今存世三种元刻本《事林广记》[34]与和刻本[35]中，有一些与《琐碎录》相同、相似的内容亦未标出处。以和刻本庚集卷三"农桑门"为例，其中"种桑柘法""种果实法""种蔬菜法""种九谷法""种植上时""种治竹法""栽插木法"和"栽种花法"的 80 条内容，绝大多数与《分门琐碎录》卷二"农桑"门下的"谷麦""麻豆""桑柘"类以及"种艺"门下"竹""木""花""果""菜"诸类中的部分条目内容相同或相似，但仅在其中一条前标明"《锁碎录》云"[36]。较之《琐碎录》中的内容，《事林广记》有所选择、调整和合并，部分条目则有所删略改写。可见，《琐碎录》是陈元靓的《博闻录》及元刊《事林广记》的材料来源之一。关于《琐碎录》与《事林广记》以及其他宋元日用类书之间的关系，笔者将另撰文探讨。

宋元时期所刊温革、陈晔《琐碎录》二十卷原书虽已亡佚，今人尚能通过传世的四种明抄残本以及其他典籍或明或暗引录的佚文材料获见其中部分内容。书中所辑录、记载的宋代以及宋代之前的日常生活、生产方面的内容，在中国农学史、医学史、生活史、文化史等方面极具研究价值，对于相关资料的源流梳理和校辑研究也有很高的文献价值。而《琐碎录》在中国民间日用类书史上的重要意义和影响，亦值得学界进一步关注和探讨。

本文在修改过程中，承蒙北京大学中文系李更老师提供重要意见，特致谢忱。原载《北京大学中国古文献研究中心集刊（第 19 辑）》，北京大学出版社，2019 年，略有修订。

注　释

① 徐小蛮、顾美华点校《直斋书录解题》，上海古籍出版社，1987 年，344 页。"陈晔"原作"陈昱"，避康熙帝名讳，据《文献通考·经籍考》所引陈氏《直斋书录解题》改。
② 叶德辉《郋园读书志》，《海王邨古籍书目题跋丛刊》本，中国书店，2008 年，第五册，317—318 页。
③ 叶昌炽《奇觚庼文集》卷中，民国十年（1921）刻本。
④ 朝鲜金礼蒙等《医方类聚》，人民卫生出版社，1981 年。

⑤ 日本安政二年(1855)抄本《琐碎录·医家类》三卷,即从《医方类聚》辑出,今藏于中国中医科学院图书馆。

⑥ 杨士奇《文渊阁书目》,《明代书目题跋丛刊》本,书目文献出版社,1994年,119页。

⑦ 钱溥等《秘阁书目》,《明代书目题跋丛刊》,673页,"锁"当作"琐"。据李丹《〈秘阁书目〉作者辨正》(《古典文献研究(第八辑)》,2005年),秘阁即文渊阁,且《秘阁书目》一部分内容抄录《文渊阁书目》。

⑧ 晁瑮《晁氏宝文堂分类书目》,《明代书目题跋丛刊》,748页。

⑨ 朱睦㮮《万卷堂书目》,《明代书目题跋丛刊》,1091页。

⑩ 朱睦㮮《万卷堂书目》,《明代书目题跋丛刊》,1102页。

⑪ 朱睦㮮《聚乐堂艺文目录》,清抄本(余嘉锡校并跋),藏于中国国家图书馆。书目中各书所题撰人有所错乱,"小说家"中,《黄氏日抄》误题"黄裳",《翰墨全书》误题"陶宗仪",《说郛》误题"张九韶",余氏皆出校语。故《分门琐碎录》所题撰人"刘健",亦不足采信。

⑫ 《近古堂书目》,《明代书目题跋丛刊》,1169页。

⑬ 赵用贤《赵定宇书目》,《明代书目题跋丛刊》,1572页。

⑭ 赵琦美《脉望馆书目》,《明代书目题跋丛刊》,1424页。

⑮ 祁承㸁《澹生堂藏书目》,《明代书目题跋丛刊》,998页。

⑯ 董其昌《玄赏斋书目》,《明代书目题跋丛刊》,1523页。

⑰ 钱谦益《绛云楼书目》,《海王邨古籍书目题跋丛刊》,第一册,24页。

⑱ 钱曾《述古堂藏书目》,《海王邨古籍书目题跋丛刊》,第一册,91页。《钱遵王述古堂藏书目录》卷五作"温革《分门琐碎录》十卷四本抄",《续修四库全书》本。

⑲ 钱曾《也是园藏书目》,《海王邨古籍书目题跋丛刊》,第一册,155页。

⑳ 吉林省图书馆和中国国家图书馆分别藏有明杨氏家塾抄本《宋琐碎录》前、后十卷。此书并非《琐碎录》,而是据宋人叶廷珪《海录碎事》残卷改造而成的伪书,笔者已另撰文辨伪。

㉑ 胡道静《稀见古农书录》,《文物》1963年第3期,12—16页。

㉒ 化振红《〈分门琐碎录〉校注》,巴蜀书社,2009年。

㉓ 王利器《陈晔〈琐碎录〉跋尾》,《中华文史论丛(第五十六辑)》,上海古籍出版社,1998年,61—70页。王氏藏本与国图藏本皆为蓝格抄本,因笔者未能见到王氏藏本,难以判断是否为同一种明抄本的残帙。

㉔ 张如安《新见明抄本〈分门琐碎录〉"医药类"述略》,《宁波大学学报》2015年第3期,43—46页。笔者在张如安先生帮助下,得见宁大本的图片,谨致谢忱。

㉕ 都穆《南濠居士文跋》,明刻本。王利器《陈晔〈琐碎录〉跋尾》录都氏跋文,《南濠居士文跋》卷一《〈琐碎录〉跋》中"然将十倍,名曰《续琐碎录》"作"约将十倍,名曰《琐碎录》",末题"正德丙寅(1506)太仆少卿吴郡都穆记"。

㉖ 陈骙《南宋馆阁录》,《南宋馆阁录·续录》,中华书局,1998年,119页。

㉗ 洪迈《夷坚甲志》卷一九"杨道人",《夷坚志》,中华书局,1981年,第173页。

㉘ 陈道修、黄仲昭纂《八闽通志》,明弘治刻本。

㉙ 莫尚简修、张岳纂《嘉靖惠安县志》,明嘉靖刻本。

㉚ 汪珂玉《珊瑚网》卷五,影印清文渊阁《四库全书》本(以下简称四库本)。

㉛ 《珊瑚网》卷五《山谷楷书赵景道帖并绝句诗八首》题识。

㉜ 张杲《医说》,明万历刻本。

㉝ 孙应时原纂,鲍廉增补,卢镇续修《琴川志》,《宋元方志丛刊》本,中华书局,1990年。

㉞ 周煇《清波别志》,清《知不足斋丛书》本。

㉟ 国图藏《分门琐碎录》卷三。"又是其"与"也今"五字原残缺,据上图本补。

㊱ 《隐窟杂志》原书已佚,《说郛》(涵芬楼本)卷二收录其十条材料,其中五条见于宋陈鹄《耆旧续闻》。《耆旧续闻》引录的九条,或不标出处,或称"温叔皮云""温叔皮《杂志》",或注明出处"温氏《杂志》"。参见许勇《〈耆旧续闻〉小注考释》,《古典文献研究(第十七辑)》下卷,凤凰出版社,2015年。

㊲ 陈敬《陈氏香谱》,四库本。

㊳ 周嘉胄《香乘》,四库本。

㊴ "锁",当作"琐"。

㊵ 《香乘》卷二引录作"糖"。

㊶ "但烧之烟散多,此伪者是也",《适园丛书》本作"但烧之烟散多声,此者是也"。《香乘》作"但烧之烟散多叱声者是也"。

㊷ 《医方类聚》,第一册,17—18页。

㊸ 《医方类聚》,第一册,17页。

㊹ 《医方类聚》,第九册,529页。

㊺ 据《新纂香谱》(即《陈氏香谱》)二卷残本,《适园丛书》本。

㊻ 《陈氏香谱》有6条明确征引《琐碎录》,另有卷一"笃耨"条出处注"碎录",《香乘》引录作"琐碎录"。

㊼ 栾贵明编著《永乐大典索引》(作家出版社,1997年)据中华书局正续线装影印本797卷编制而成,于"温革《琐碎录》"目下列出60条;笔者又从新见《永乐大典》辑得2条(分别见于卷八五六九、卷一〇一一二)。胡道静《稀见古农书录》介绍《分门琐碎录》,注文

称“残存的《永乐大典》，现在影印了七百三十卷。我检读一过，其中引用《温革琐碎录》（有的地方“琐”字误写作“锁”字）的计六十四条”。所计数量不同，或因条目析分有异。

㊽ “者则”，国图本作“则刺”。

㊾ “十倍”后，国图本、上图本有“力”字。

㊿ “要”，宁大本作“教”，《医方类聚》卷二〇五（第九册，第547页）引《琐碎录·握固法》作“要”。

(51) 《医方类聚》，第四册，100页。

(52) 王贶《全生指迷方》，四库本。

(53) 《医方类聚》，第六册，351页。

(54) 《南宋馆阁续录》卷九，《南宋馆阁录·续录》，345页。

(55) 《直斋书录解题》卷三，94页。

(56) 陈晔《县学祭器记》，见于姚鸣鸾修，余坤等纂《嘉靖淳安县志》卷一三，明嘉靖刻本。卷九所记“淳熙六年到任”，有误。

(57) 潜说友《咸淳临安志》卷八，《宋元方志丛刊》本。

(58) 林庭修、周广纂《嘉靖江西通志》卷二三，明嘉靖刻本。

(59) 据陆耀遹《金石续编》卷一八，连州燕喜亭有绍熙二年五月知军州事长乐陈晔日华父题名，清同治十三年双白燕堂刻本。

(60) 《永乐大典》卷七八九三引《临汀志》。

(61) 李心传《建炎以来朝野杂记》甲集卷一六“钱引兑监界”，中华书局，2000年，366页；刘大谟等修，王元正等纂《嘉靖四川总志》卷一二“眉州·宫室书楼·景苏楼”，明嘉靖刻本。

(62) 《宋会要辑稿·职官》七四之二一，中华书局影印本，1957年。

(63) 《宋史》，中华书局，1985年，5104页。

(64) 《直斋书录解题》卷一一，337页。

(65) 赵希弁《读书附志》卷上，孙猛《郡斋读书志校证》，上海古籍出版社，1990年，下册，1159页。

(66) 陈椿《熬波图》序，四库本。

(67) 曾丰《缘督集》卷三，四库本。

(68) 《缘督集》卷一八《赣县丞厅记》。

(69) 袁说友《东塘集》卷二，四库本。

(70) 四库本《东塘集》为《永乐大典》辑本，核诸《永乐大典》卷七二三八，“岁”作“生”。

(71) 陈晔何时离任不见记载。李之亮《宋代京朝官通考》（巴蜀书社，2003年，第二册，665

㉒ 页)记载淳熙十年、十一年陈晔在任,不知何据。
㉒ 《医方类聚》卷七九,第四册,471页"鼻门"。
㉓ 刘信甫《活人事证方》卷一四,《珍版海外回归中医古籍丛书》,人民卫生出版社影印本,2008年,第一册,377页。
㉔ 《活人事证方后集》卷一,《珍版海外回归中医古籍丛书》,第一册,572页。
㉕ 《活人事证方后集》卷九,709页。
㉖ 薛纲纂修,吴廷举续修《嘉靖湖广图经志书》卷一〇《隍城义冢记》,明嘉靖刻本。
㉗ 赵万年《襄阳守城录》,《丛书集成初编》本。
㉘ 佚名《两朝纲目备要》卷一〇,四库本。
㉙ 朱橚,等《普济方》卷二一四"地髓汤",四库本。
㉚ 《南宋馆阁续录》卷八,281页。
㉛ 陈霖纂修《正德南康府志》卷八,明正德刻本。
㉜ 《两朝纲目备要》卷七。
㉝ 郭棐纂修《万历广东通志》卷二七"桥渡·西河浮桥"下记载"庆元五年提刑陈删定重创",明万历三十年刻本。
㉞ 孙奕《履斋示儿编》,自序题署"开禧元祀九月上浣庐陵孙奕书",中华书局,2014年,卷首,19页。
㉟ 《履斋示儿编》,257页。
㊱ 《履斋示儿编》,398—399页。
㊲ 陈元靓《岁时广记》卷二三,清《十万卷楼丛书》本。
㊳ 《医方类聚》,第八册,46页。
㊴ 陈思《海棠谱》,宋《百川学海》本。
㊵ 据国图本和上图本,"种艺"与"牧养"之间有"禽兽""虫鱼"二门,叶氏或有漏录。
㊶ 叶昌炽《缘督庐日记抄》卷七,民国上海蟬隐庐石印本。
㊷ 缪启愉校释《元刻〈农桑辑要〉校释》,农业出版社,1988年。
㊸ 参见宫纪子撰,乔晓飞译《新发现的两种〈事林广记〉》,《版本目录学研究(第一辑)》,180页;王珂《宋元日用类书〈事林广记〉研究》,上海师范大学博士论文,26—33页。
㊹ 元至顺年间(1330—1333)刊刻的西园精舍本与椿庄书院本,以及元后至元六年(1340)郑氏积诚堂本。《新发现的两种〈事林广记〉》所考述的对马宗家本,亦为元刊本,今藏于日本长崎县立对马历史民俗资料馆,笔者无缘见到。
㊺ 日本元禄十二年(1699)本,据元泰定二年本翻刻,被认为较多地保留了《事林广记》早期刊本的面貌。

⑯ 陈元靓《事林广记》庚集卷三"农桑门·种治竹法":"《锁碎录》云:笙竹根多穿害阶砌,惟聚皂荚刺埋土中障之,根即不过。又云:以油麻梗缚成小把埋地中,根亦不过。""锁"当作"琐"。《和刻本类书集成(第一辑)》,上海古籍出版社影印本,1990年,第一册,347页。西园精舍本前集卷一三、郑氏积诚堂本(中华书局影印本,1999年)甲集卷下"竹木类·种治竹法"与和刻本内容基本相同,间有异文,此条作"《琐碎录》云:竹根多害阶砌,惟聚皂角刺埋土中障之,即不过。又云:油麻梗缚成小把埋地中,亦好。"

《类说》本《续博物志》的前世今生
——兼议《类说》对《绀珠集·诸集拾遗》的袭用及古书作伪

李　更

南宋曾慥《类说》"集百家之说，採摭事实，编纂成书"①，面世未几坊间即有刊行，得到广泛地传播使用，其内容体式在当时和后世均产生了深远影响。所存小说资料，亦颇为后人所重。

近年，随着研究的深入，陆续有学者对其中资料提出质疑，如李剑国指出其所录《续博物志》《大唐新语》中绝大部分资料"杂取诸书"②，夏婧亦对其所录《玉泉子》"颇存疑虑""未予采摭"③。然因相关古籍多未完整传世，《类说》通行本亦颇有窜乱，学者虽就相关资料与他书的重出多加考证，终有"难究其实"之憾。即如李剑国论及其中《大唐新语》问题时所云"以上十四条，有十条见于《绀珠集·诸集拾遗》，中三条又见于《拾遗类总》。《类说》仿《绀珠集》而纂，又多从中取资，二书所摘《三水小牍》五条相合，即此故也。《类说》旧抄本以之属所谓刘肃《大唐新话》（笔者按：当作《大唐新语》），《绀珠集》未摘此书，只摘入《诸集拾遗》。然《类说》所摘又多同《诸集拾遗》，不能明也"④。

相关内容与《绀珠集》卷一三《诸集拾遗》（以下简称《诸集拾遗》）的重合，是困扰学者的一个重要因素，也蕴含了解决问题的契机。本文即以《类说》所录林登《续博物志》（以下简称《续博物志》）为例，追溯其材料源流，剖析《类说》的纂录方式，为"伪书"公案的定谳提供切实证据，也为准确把握这部影响深远的小说资料集的实际价值提供一个参考。

一、林登《续博物志》及相关问题

《类说》传世版本，除宋刊零卷，有明清传抄五十卷本、明天启刻六十卷本两个系统，录书271种⑤，林登《续博物志》即其中之一，在两个版本系统分别位于卷二〇和卷二三，内容并无差异。据李剑国先生考证，林登为后魏清河太守林伯升玄孙，祖籍临清（今河北邢台市临西县），唐初官清苑、博野二县令，后居京兆府三原县（今陕西省渭南市富平县西南）。并将此书列为唐代志怪传奇集⑥。

此书不见于著录，《太平广记》等书仅存其佚文四条。而《类说》所引则多达二十三条，《说郛》所录亦由此出，乃今见资料最集中者。虽其中仅"画妖"又见于《太平广记》，以传世佚文少，重合者寡亦不为特异。然正如李剑国所云："余二十二条皆名物考证，绝无小说意味。中有十九条见于《绀珠集》卷一三《诸集拾遗》、有九条又见《类说》卷六〇《拾遗类总》。《诸集拾遗》《拾遗类总》非有专书，朱胜非、曾慥摘取诸书汇集而成。此二十二条亦正杂取诸书，断非林登书。疑《类说》今本错简所致，如《三水小牍》然者。"⑦

所谓《三水小牍》之"错简"，指《类说》部分版本脱去《大唐新语》书名，将该书十四条文字误连于其前《三水小牍》之下。由此带来的文献淆乱无疑给相关研究造成很大困扰，特别是在明清抄本未为学界留意之时，此种面貌借天启刻本广行于世，并为读者无条件接受，几成难解之疑。

那么，《续博物志》所涉现象仅属流传偶误，还是编纂中的某种有意识操作的结果，是仅关系此书一种，还是对把握《类说》的资料性具有特别的意义，都值得继续探讨。

二、《类说》本《续博物志》与《绀珠集》的重合

《类说》与《绀珠集》内容、体式上的相似性及其间可能存在的因袭关系，明代以降，学者已有言及，而于源流关系则莫衷一是。近年，这一问题得到了较多关注，关静《曾慥〈类说〉编纂及版本流传研究》通过二书所录《庐山记》与日

本内阁文库藏南宋初刊本的比核梳理,明确指出《绀珠集》是《类说》采录资料的来源之一⑧,赵君楠《〈类说〉因袭〈绀珠集〉考论》⑨更对相关现象作出了较为系统的考察。《类说》有相当一部分内容取自《绀珠集》,已是不争的事实。而相关讨论中,最为复杂纠结也少有深入探究的,即《诸集拾遗》与《拾遗类总》。二者皆杂录多书而成、位于书之末卷,是两书体式相似的一个明显表征,但由于资料错杂,均无早期版本传世,是否存在流传过程中各自增补、互相取用的情况难以判断,其间雷同究竟沿着怎样的路径发生,亦殊难定论。也正因为如此,绝大多数条目雷同于《诸集拾遗》的《类说》本《续博物志》,是抄袭自《诸集拾遗》或恰恰相反,抑或有共同的资料来源,难以断言。但这种雷同,也是探究这一问题的唯一切入点。

《续博物志》二十三条,见于《诸集拾遗》者,李剑国、陈静怡的统计分别是十九和二十条⑩,而其与《绀珠集》的实际重合尚不止此,还涉及其他书目。具体情况见表1:

表 1

《类说》本《续博物志》⑪			《绀珠集》⑫				
序号	标目	内容	卷次	序号	标目	内容	
1	天可倚杵	《河图记》曰:百伐之后,地高天下;千代之后,天可倚杵。	一三・诸集拾遗	104	天倚杵	《河图记》:百代之后,地高天下。千代之后,天可倚杵。	
2	春云秋风	仲长统曰:春云为舆,秋风为驷。		105	云舆	仲长统诗云:春云为舆,秋风为驷。	
3	矞云	《京房易占》曰:云二色曰矞,瑞云也。荀卿言:云友风子□(雨)。		108	矞云	《京房易占》曰:云二色曰矞,瑞云也。	
				120	友风	荀卿言,云友风子雨。	
4	墨兵	孙樵谓史书曰墨兵。		113	墨兵	孙樵谓史书曰墨兵。	
5	金条玉科	扬雄谓刑法曰金条玉科。		114	玉科	《剧秦美新》谓刑法曰金条玉科。	

续表

《类说》本《续博物志》			《绀珠集》			
序号	标目	内容	卷次	序号	标目	内容
6	兔目鼠耳	槐生五日曰兔目,十日曰鼠耳,叶如此也。	四·博物志	17	兔目鼠耳	槐生五日曰兔目,十日曰鼠耳。
7	子规黄鸟	《高唐赋》:子规一曰姊归。《诗》疏:幽州方言黄鸟曰黄鹂。		19	姊归	《高唐赋》,子归别名。
				121	黄莺	《诗》疏,幽州言黄鸟曰黄鹂。
8	毛席毡乡	《后汉·西域传》注:毡乡毛席。刘孝仪谓北狄毡乡。		122	毛席	《汉·西域传》注,毡曰毛席。
				132	毡乡	刘孝仪谓北狄曰毡乡。
9	容成□	司空图谓镜曰容成侯、金炯,又曰寿光先生。		123	金炯	司空图谓镜曰容成侯、金炯,又曰寿光先生。
10	大宅虎围	枚叔总称面曰大宅,眉目间曰青阳。王元长谓国子学曰虎围。	一三·诸集拾遗	129	大宅	枚叔《七启》,面总称曰大宅,眉目间曰清阳。
				134	虎围	王融谓国子学者曰虎围。
11	鸠车竹马	王元长曰:小儿五岁曰鸠车之戏,七岁曰竹马之游。		131	竹马鸠车	王元长曰,小儿五岁曰鸠车之戏,七岁曰竹马之戏。
12	貔糖	《后汉·显宗纪》注:以糖作狻貔形,号貔糖。		146	貔糖	《后汉·显宗纪》注:以糖作狻貔形。
13	金柝	潘岳谓刁斗曰金柝,今之铜器也。		139	金折	潘岳谓刁斗曰金拆。□□□铜点是也
14	壶郎	陆机赋:掌漏官曰壶□(郎)。		133	壶郎	陆倕赋:掌漏官谓之壶郎。
15	清卢	扬雄谓目瞳子曰清卢,□□□(扬眉曰)扬衡。		130	清卢	扬雄谓目瞳子曰清卢,扬眉曰杨衡。
16	天心月胁	皇甫湜称奇文曰:字天心月胁。				

续表

| 《类说》本《续博物志》 ||| 卷次 | 《绀珠集》 |||
序号	标目	内容		序号	标目	内容
17	泽鹤	《世说》：羊祜镇荆州，江陵泽中出鹤，取以教舞，甚驯。名泽鹤。	一三·诸集拾遗	161	泽鹤	《世说》：羊祜镇荆州，泽中出鹤，取以教舞。
18	文王四乳	《春秋元命苞》：文王体四乳。		163	四乳	《春秋元命包》：文王体四乳。
19	鸠杖	《续汉仪》：赐老人杖，杖端刻鸠，取其不噎。		60	鸠杖	《续汉仪》赐老人杖，杖端刻鸠，取其不噎。
20	九寡	《七发》云：孤子之钩以为隐，九寡之珥以为约。取孤寡之物以装琴瑟有悲声。九寡者，九为寡妇也。		141	孤钩寡饵	《选·七发》弓孤子之钩以为隐，九寡之饵以为钓。音的。取孤寡之物以装琴，要有琴声。九寡者，九为寡妇也。
21	阳马	何平叔谓屋角梁曰阳马。		124	阳马	何平叔，屋角梁曰阳马。
22	八极	《邹子》曰：中国者，天下八十分之一。有海环之，如此者九。又有大瀛海环之，总曰八极。		138	裨海	《邹子》曰：中国者天下八十一分之一耳，有裨海环之，如此者九。又有大瀛海环之，总谓之八极。
23	画妖	后魏元兆能行治病，有军士女为物所凭，兆曰："此画妖也。天下有至神之妖，有至灵之妖；有在陆之精，在水之魅。"以法治之，乃黄化寺壁画鬼祟。				

可以看到,《续博物志》除"天心月胁""画妖"两条,皆可在《绀珠集》找到对应。相重的二十一条中,见于《绀珠集》卷一三《诸集拾遗》者十九条半,见于《绀珠集》卷四"张华《博物志》"者一条半,或云对应了《诸集拾遗》的二十三条和《博物志》的两条,甚至其"子规黄鸟",是《博物志》的"姊归"和《诸集拾遗》"黄莺"拼合而成。

二者标目虽不尽相同,内容行文几无二致,大体《续博物志》较《绀珠集》所载稍有缩略;出处标注亦然,虽偶见"王元长"/"王融"、"扬雄"/"剧秦美新"之异,亦属用名或字、作者或篇名之别。

信息量大体对等,前者超出后者的,仅有"泽鹤"一条之"江陵""甚驯"而已[13]。文字差异虽不时可见,有《续博物志》误《绀珠集》不误者如"壶郎"之"陆机"与"陆倕",亦有前者不误而后者误者如"九寡"/"孤钩寡饵"之"约"与"钓""悲声"与"琴声",诸如此类,仅见于上表所据有嘉堂抄本之"百代"作"百伐""金炯"作"今炯"之类尚不计在内。此类出入大抵手民之误,二书均流传日久,亦无足怪。

更值得注意的是,二者可见相同的误字,如第 10 条"大宅虎围",所谓"虎围"取自王融《三月三日曲水诗序》"出龙楼而问竖,入虎闱而齿胄",《文选》李周翰注云:"虎闱,教国子之学所也。""围"乃"闱"之讹,二者同。亦有相同的信息讹错,如同条有关"清阳"的说法被系于"枚叔""枚叔《七启》",实不见于枚乘作品,亦非曹植《七启》之文;"清卢"条后半"扬眉曰杨衡"与前半"目瞳子曰清卢"皆系于扬雄,而此语实出蔡邕《释诲》"胡老乃扬衡含笑,援琴而歌",《后汉书·蔡邕传》已有载录。类似种种,当非偶然。

因此,《类说》本《续博物志》与《绀珠集》之间存在渊源,可确定无疑。

三、《诸集拾遗》相关内容的来源

《诸集拾遗》今本 233 条,内容庞杂,其出处标称涉书上百种,经史子集皆有,似无规律可言。然经考索,这些内容并非全部来自零散采掇,相当一部分当取自类书。

其中内容对应、信息重叠、形式相合,最突出者为北宋末年任广《书叙指南》。见表 2:

表2

		《诸集拾遗》		《书叙指南》[14]		
排序	标目	内容及出处	卷次	门类	内容及出处	
109	秤罫	《文选注》:棋局线道曰秤,道间方目曰罫,古买反。	10	棊射博戏	棊子曰枯棊(《选》二十六)棊盘曰木枰(上)棋局线道曰枰(上)棋局线间方目曰方罫(上)古买反	
110	蕉旗	古赋:蕉旗竹簦。	9	竹木花卉	花竹曰姹花袅竹(沈下贤)巴蕉竹曰蕉旗竹簦(上)	
111	龟鼎	《后汉·宦者传》:铸神器曰龟鼎。	1	天子命令(服御诏书)	帝神器曰龟鼎(《后·宦者论》)	
112	三洒	《古今舆服志》:后同蚕礼曰三洒。	1	后妃嫔御	后饲蚕礼曰三洒(《古今舆服雄事》)	
113	墨兵	孙樵谓史书曰墨兵。	5	经史载籍(编校)	史书曰墨兵(孙樵)	
114	玉科	《剧秦美新》谓刑法曰金条玉科。	1	条制法令(赦宥)	刑法书曰金条玉科(《剧秦美新》)	
115	觞政	《说苑》谓令曰觞政。	9	筵宴席会(醉)	酒令曰觞政(《说苑》)	
116	馔玉	骆宾王谓盛馔曰炊金馔玉。	9	庖厨食馔(滋味)	盛馔曰炊金馔玉(骆宾王)	
117	丹若	《杂俎》,榴名。	9	瓜果蔬菜	石榴曰丹若(《杂俎》)	
118	日及	《广志》,木槿名。	9	竹木花卉	木槿别名曰日及(《广志》)	
119	还年	梁肃言,却老术曰还年云一路。	12	道家流语	亦却老一术,曰还年之一路(梁肃)	
120	友风	荀卿言,云友风子雨。	13	天地日月上	友风而子雨(荀子《赋篇》)	

续表

排序	标目	《诸集拾遗》内容及出处	卷次	《书叙指南》门类	内容及出处
121	黄莺	《诗》疏,幽州言黄鸟曰黄莺。	14	羽族众鸟	黄鸟曰黄莺(《诗义疏》,幽州音)
122	毛席	《汉·西域传》注,毡曰毛席。	16	器皿动用(床席几杖)	毡曰毛席(《后·西域》)
123	金㷋	司空图谓镜曰容成侯、金㷋,又曰寿光先生。	16	器皿动用(床席几杖)	镜名曰容成侯(司空图)又曰金㷋(上)又曰寿光先生(上)
124	阳马	何平叔,屋角梁曰阳马。	16	栋梁榱桷(砖瓦藩篱)	角梁曰阳马(何平叔)
125	欲界仙都	陶弘景云,山林奇处乃欲界之仙都。	14	山林川泽	山林奇处曰欲界之仙都(陶弘景《答谢中书》)
129	大宅	枚叔《七启》,面总称曰大宅,眉目间曰清阳。	4	心体状貌上(与指视听)	面总称曰大宅(枚叔《七发》)眉目间曰清扬(《后》十五)
130	清卢	扬雄谓目瞳子曰清卢,扬眉曰杨衡。	4	心体状貌下	目瞳子曰清卢(扬雄)抬眉宇曰扬衡(蔡邕)
131	竹马鸠车	王元长曰,小儿五岁曰鸠车之戏,七岁曰竹马之戏。	4	幼稚童壮	七岁之戏曰竹马之戏(王元长)五岁之戏曰鸠车之乐(上)
132	毡乡	刘孝仪谓北狄曰毡乡。	19	夷狄蛮貊(使者异国方贡)	北狄曰毡乡(刘孝仪书)
133	壶郎	陆倕赋:掌漏官谓之壶郎。	2	官职名事中	掌漏官曰壶郎(陆倕《赋下趋奏》)
134	虎围	王融谓国子学者曰虎围。	5	庙堂学校	国子学曰虎闱(王元长)

续表

排序	《诸集拾遗》		《书叙指南》		
	标目	内容及出处	卷次	门类	内容及出处
139	金柝	潘岳谓刁斗曰金柝□□□铜点是也。	6	防备巡徼	刁斗曰金柝（《选》安仁表，即铜默）
143	服翼	《尔雅》，蝙蝠别名。	14	羽族众鸟	蝙蝠曰服翼（《尔雅》）

上述二十五条，除前两条内容见载于多书，尚在疑似之间，其余情况均较为单纯。二书内容高度一致，《诸集拾遗》编排亦相对集中；而其收录顺序，与在《书叙指南》的位置似亦有关联。甚至从"龟鼎"到"阳马"连续十四条，除"墨兵"之外，均与《书叙指南》的出现先后完全相同，几可谓顺序抄录。

《书叙指南》为尺牍行文措辞而设，分类编排，提供各种不同情形之下应采用，或可采用的表述、语汇，如"谦称引答"一类有："自称：某人子曰某牛马走某（司马迁。上某父官，下己姓名。）自称曰下走（《选》二十）又曰身（《南史·彭城王》）……东人自称曰东鄙幽介（《选·月赋》）于守令自称曰编户民（《汉·高》）……"（《书叙指南》卷七）。逐一加注出处是其一大特点，但解说则堪称骏洁，点到即止，不多述原文。这也为判断雷同信息的成因提供了可能。

以"欲界之仙都"为例，语出陶弘景《答谢中书书》，其原文作：

> 山川之美，古来共谈。高峰入云，清流见底。两岸石壁，五色交晖。青林翠竹，四时俱备。晓雾将歇，猿鸟乱鸣。夕日欲颓，沉鳞竞跃。实是欲界之仙都。自康乐以来，未复有能与其奇者。[15]

《书叙指南》提取为"山林奇处曰欲界之仙都"。其所标注的"陶弘景《答谢中书》"也只是"欲界之仙都"的出处，而"山林奇处"云云则仅"奇"之一字可见于本文，实乃《书叙指南》用以说明此语适用场景的概括性文字。而与自身体式相应，《诸集拾遗》对文字的组织方式有所调整，此条作"陶弘景云，山林奇处乃欲界之仙都"，承继了《书叙指南》的语汇、说明、出处，而表述上则将"山林奇处"亦置于"陶弘景云"之下，不无模棱之嫌。

同样，自骆宾王《上吏部侍郎帝京篇》"平台戚里带崇墉，炊金馔玉待鸣钟"，《书叙指南》提取了"盛馔曰炊金馔玉（骆宾王）"，《诸集拾遗》则表述为"馔玉：骆宾王谓盛馔为炊金馔玉"。由上表可见，《诸集拾遗》相关条目中"某书云""某某谓"成为常规表达，或即与使用第二手资料、不易把握《书叙指南》文字与原文的关系不无关系。

同时，《诸集拾遗》信息绝无溢出。《书叙指南》所注出处为人名、书名或篇名，《诸集拾遗》大体皆无变动，如"剧秦美新"乃扬雄篇名，其不言作者同；"丹若"条《杂俎》乃《酉阳杂俎》之省，二者同。而"鸠车竹马"条，"小儿五岁曰鸠车之戏，七岁曰竹马之游"，实出《文选》王融《三月三日曲水诗序》"耆年阙市井之游，稚齿丰车马之好"，李善注引"杜氏《幽求子》"⑯，不仅相关说解，包括"鸠车""竹马"之语也并未出现于王融文中，《书叙指南》"王元长"云云，可谓将注释混同于原文，《诸集拾遗》亦同之。甚至抵牾之处，也可在其间找到解释，如前涉之"眉目间曰清阳"误系于《七启》、"扬眉曰杨衡"误系于扬雄诸事，于《书叙指南》即作"眉目间曰清阳（《后》十五）""抬眉宇曰扬衡（蔡邕）"，看似说法不同，然正列于"面总称曰大宅（枚叔《七发》）""目瞳子曰清卢（扬雄）"之后，《诸集拾遗》之误，乃缘于并取《书叙指南》连录的"大宅"与"清阳"、"清卢"与"杨衡"，而忽略了在后者的出处。这些同中之异，亦恰可成为承袭关系的明证。

从时间角度看，这些内容进入《诸集拾遗》亦相当早。《锦绣万花谷》前集卷三六有"炊金馔玉：骆宾王谓盛馔为炊金馔玉（拾遗）"⑰，文字、内容均同《诸集拾遗》"馔玉"，而标目则与《类说》卷六〇《拾遗类总》完全一致。其所注"拾遗"，指《诸集拾遗》抑或《拾遗类总》不易确定，从《锦绣万花谷》前集引书规律及标目看，后者可能性更大，但即使如此，此条作为《拾遗类总》与《诸集拾遗》相合的三十二条之一⑱，且业经《书叙指南》的提取与《诸集拾遗》的改述，远非骆宾王原诗面貌，可知《拾遗类总》必取自《诸集拾遗》，可证淳熙年间，《诸集拾遗》《拾遗类总》已包含这一内容。

就《书叙指南》而言，见于《诸集拾遗》者占比甚微，皆新奇典雅有情致者，以名物典故为主，近于日常或叙述性文字未见一则，当是掇拾可作为藻绘用于文学性表达者为我所用，这与《绀珠集》本身的编纂思路正相契合，相关内容进入《诸集拾遗》亦未带来任何违和感。或许正因如此，这一承袭关系一直未获关注。

目前可见，类似的材料取用还有唐徐坚《初学记》，相合者更多达49条，虽《诸集拾遗》大多经过缩略或重新提取，文字相似度相对降低，但与《书叙指南》

的情形一样,收录集中,信息量无溢出、差异或讹误有迹可循,其间的承用关系仍相当清晰。此外,见于《文选》注的亦有若干条,限于篇幅,兹不逐一讨论[19]。虽然尚不能把握《诸集拾遗》的全部材料来源,这些线索已足以对《类说》本《续博物志》作出分析。

四、"三生石上旧精魂"——《续博物志》溯"源"

从前文讨论可以看到,《续博物志》与《诸集拾遗》文字相同、信息错误相同的"大宅虎围""清卢""鸠车竹马",在《书叙指南》皆可找到解释,换言之,乃源自《书叙指南》者。在这一基础上,可尝试梳理《续博物志》所涉资料序列,见表3:

表3

《续博物志》			《绀珠集》			备注
序号	标目	卷次	序号	标目	收录来源	
1	天可倚杵	一三·诸集拾遗	104	天倚杵	《初学记》卷一	
2	春云秋风		105	云舆	《初学记》卷一	
3	乔云		108	乔云	《初学记》卷一	
			120	友风		
4	墨兵		113	墨兵	《书叙指南》卷五	
5	金条玉科		114	玉科	《书叙指南》卷一	
6	兔目鼠耳	四·博物志	17	兔目鼠耳		《书叙指南》卷一四
7	子规黄鸟		19	姊归		《书叙指南》卷一四
			121	黄莺	《书叙指南》卷一四	
8	毛席毡乡	一三·诸集拾遗	122	毛席	《书叙指南》卷一六	
			132	毡乡	《书叙指南》卷一九	
9	容成侯		123	金煴	《书叙指南》卷一六	
10	大宅虎围		129	大宅	《书叙指南》卷四	
			134	虎围	《书叙指南》卷四	
11	鸠车竹马		131	竹马鸠车	《书叙指南》卷四	

续表

《续博物志》			《绀珠集》			备注
序号	标目	卷次	序号	标目	收录来源	
12	猊糖	一三·诸集拾遗	146	猊糖		
13	金枂		139	金折	《书叙指南》卷六	
14	壶郎		133	壶郎	《书叙指南》卷二	
15	清卢		130	清卢	《书叙指南》卷四	
16	天心月胁	无				《书叙指南》卷五
17	泽鹤	一三·诸集拾遗	161	泽鹤	《初学记》卷八	
18	文王四乳		163	四乳	《初学记》卷九	
19	鸠杖		60	鸠杖	《初学记》卷二七	
20	九寡		141	孤钩寡饵	《文选》注	
21	阳马		124	阳马	《书叙指南》	
22	八极		138	裨海	《初学记》卷六	
23	画妖	无				《太平广记》卷二一〇引"林登博物志"

《太平广记》卷二一〇引"林登《博物志》"即《续博物志》与《诸集拾遗》对应的十九条半（在后者为二十三条），涉及《书叙指南》之十三条、《初学记》之八条，"九寡"似出《诸集拾遗》亦有使用的《文选》注，仅"猊糖"尚不知来历。《续博物志》文字既同《诸集拾遗》，信息与"文献源"亦无出入，更有因沿袭而发生的相同讹误。

同时，不见于今本《绀珠集》的"天心月胁"一条，语出皇甫湜《顾况诗集序》"偏于逸歌长句，骏发踔厉，往往若穿天心、出月胁，意外惊人语非寻常所能及，最为快也"[20]，皇甫氏为中唐人，晚于林登百余年，本不可能是《续博物志》的文字。而其内容，恰亦可见于《诸集拾遗》的重要资料来源《书叙指南》卷五"诗词章阙下"，作"称奇诗文曰穿天心（皇甫湜）又曰出月胁（上）"，《续博物志》"皇甫湜称奇文曰穿天心、出月胁"[21]的叙述方式调整亦与《诸集拾遗》别无二致。则此一条，很可能是《诸集拾遗》失落的佚文[22]。

要之，除末条"画妖"外，《续博物志》其他内容均与《诸集拾遗》存在关联。

由于后者在行文组织上不乏改易,而《续博物志》皆与之同,可知非据源头诸书直接移录。《诸集拾遗》相关资料不止取自一书,亦同样指向这一结论。由此推断,《类说》本《续博物志》的"前世"乃是《诸集拾遗》据他书掇拾汇集的资料,换言之,在其"杂取诸书"的"第二层面目"之下,实际大体抄袭自《绀珠集》,而《绀珠集》则另有来源,无关《续博物志》。或许可以推测,《类说》的编纂者或传播者,得到了源出林登《续博物志》的"画妖"一条,又将《诸集拾遗》中一些有关奇异事物的条目拼凑起来,或亦据《绀珠集》其他书目酌加补充变化,冠以其名,构成了这一"貌似充实"的伪书。

余 论

上述考证的意义,或许更多地在于证实传世本《类说》曾经历过这样一种操作。事实上,类似情况并非仅见于《续博物志》,目前所知,内容出自、或大部分出自《诸集拾遗》的"书目"还有《逸士传》《两京杂记》《唐余录》《大唐遗事》《蜀本纪》《齐职制》《相鹤经》《相牛经》等,也包括《玉泉子》《大唐新语》,多达十余种。

其《相鹤经》《相牛经》皆仅一条,与《诸集拾遗》所载同,其中后者源自《初学记》。《诸集拾遗》均以其书本身为掌故,以书名为标目,略记内容或交代由来;而《类说》立为书目的同时,自其中所涉鹤、牛两种动物的特性另外提取标目"胎生""兰株"。条目虽少,并未增入其他资料,尚不称作伪。

其他则多有混淆视听之嫌。如《齐职制》共两条,"执兽子""郎中令",分别对应《诸集拾遗》第 170 条"执兽子"②、169 条"三署郎",二者亦皆取自《初学记》,见于卷一二"职官部下·侍中第一"、卷一一"职官部上·侍郎郎中员外郎第八"之"叙事",包括前者所标出处"《齐职仪》",亦《初学记》已有。而后者《初学记》未标出处,与《齐职仪》或《齐职制》亦未见关联,《诸集拾遗》亦然。因此,《类说》据《诸集拾遗》拼合的《齐职制》,亦非辑佚,乃是作伪。

再如五条中四条与《绀珠集》重叠的《蜀本纪》,见表 4:

表 4

《类说》本《蜀本纪》		《绀珠集》				
排序	标目	卷次	排序	标目	出处标称	来源
1	杜宇					《初学记》卷八"州郡部·剑南道第八·叙事"
2	六诏	7 成都记	1(仅此一条)	六诏		
3	锦里	13 诸集拾遗	197	锦城	益州记	《初学记》卷二七"宝器部·锦第六·叙事"
4	蚕女		173	马头娘	稽圣集	
5	清平官		175	清平官		

除首条"杜宇"外,其余皆可在《绀珠集》找到对应,且三条见于《诸集拾遗》,虽其中源自《初学记》者仅"锦里"/"锦城"一条,但涉入前述资料序列亦可无疑。同时,在《绀珠集》中所呈现的原始出处,不论《成都记》还是《诸集拾遗》标称的"益州记""稽圣集"㉔,于《类说》皆付阙如,恐亦造伪之迹。而"杜宇"一条云:

> 蜀始王曰蚕丛,次曰伯雍,次曰鱼凫。又曰:蜀王杜宇,自号望帝。

《初学记》卷八"州郡部·剑南道第八·叙事"正有:

> 剑南道者,《禹贡》梁州之域……其始王则有蚕丛、杜宇。(扬雄《蜀本纪》曰:蜀始王曰蚕丛,次曰伯雍,次曰鱼凫。《十三州志》曰:蜀王杜宇,自号望帝。)……

则"杜宇"条之内容、行文皆与《初学记》"其始王则有蚕丛、杜宇"下所注"扬雄《蜀本纪》""《十三州志》"相一致,而脱去"《十三州志》"这一出处,皆系于前者。因此源自《初学记》的可能性同样很大。从这一点看,此条虽不见于今本《诸集拾遗》,抑或是其佚文,《蜀本纪》不能排除全据《绀珠集》作伪的可能。

少部分条目与《诸集拾遗》重叠之书目,在《类说》则不计其数,其现象同样值得注意。如《风俗通》八条中仅"琴操"见于传世本,而其首三条"无恙""琴操""歌曲"皆见《诸集拾遗》,前二者为第 74 条"无恙"、188 条"畅操",皆标称出《风俗通》;"歌曲"对应第 189 条"琴歌操引",未标出处。事实上,《诸集拾遗》"畅操""琴歌操引"皆取自《初学记》卷一六"乐部下·琴第一"之"叙事",后者于《初学记》乃出《秦操》《琴历》,《诸集拾遗》未录出处,属误读或节略不可知,但《类说》袭自《诸集拾遗》当可确定,或以之为"承前省",或含糊其事一并录入尔。《风俗通》其余五条来历尚待探究,但此书使用第二手资料及有拼凑,当属涉伪。同样,《启颜录》共十七条,十六条不见于传世残卷,其中"年老少卿"对应《绀珠集》卷七《启颜录》唯一一条"臣卿尚少","羊踏破菜园"则对应《诸集拾遗》第 210 条出"陆云《笑林》"的"羊踏菜园"而隐去其出处。这一细节特征与前述《蜀本纪》如出一辙,很可能也存在类似操作。

客观而言,《类说》存在嫌疑的多数书目,包括全部三条均可见于《诸集拾遗》的《唐余录》、六有其五的《两京杂记》、四有其三的《大唐遗事》等,也包括已为学者质疑的《玉泉子》《大唐新语》,尚无法借助本文的"材料序列"得到验证,偶见重叠的书目亦多是如此。进一步论证,还有待更多的资料发现。但无法回避的是,在传世本《类说》当中,纯造伪或存在伪信息的书目不在少数,仅涉《诸集拾遗》者就相当可观。以他书条目、内容拼凑伪书或对已有书目进行增益,明清丛书丛刻中屡见不鲜,可谓坊间之熟技。笔者曾考订的《重编说郛》本《鸡跖集》②即是如此。那么,《类说》本《续博物志》及其他"伪书"是否亦出自明人?

相关征引在南宋文献中已经存在,且非偶见。其较早者如成书于南宋淳熙年间的《锦绣万花谷》前集卷三九,国家图书馆藏宋刊本及过云楼旧藏宋刊本皆可见"金条玉科:扬雄谓刑法为金条玉科(《续博物志》)",即与《类说》本所录完全一致。而从前文可知,其原始出处乃是扬雄《剧秦美新》,是经历了《书叙指南》《诸集拾遗》走入《类说》的。同书卷三六"鸠车竹马:小儿五岁曰鸠车之戏,七岁曰竹马之戏。(博物志)""《博物志》"似亦脱去"续"字。再如南宋高似孙《纬略》卷四"细毡":

王吉曰"广厦之下,细毡之上。明师居前,劝诵在后。上论唐虞之际,下及殷周之盛。"按《韵集》曰:"毡,细氍也。"班固《与弟超书》曰:"月支氍,小大相杂,但细好而已。"亦用细字。林登《续博物志》曰:"刘学仪谓北狄为毡乡。""毡乡"未有人用。《后汉·西域传》注:"毡曰毛席。"亦佳。㉖

"毛席""毡乡"之说不止见于一书,而系之于"林登《续博物志》"则现存古籍中始见于《类说》。该条拼合了《诸集拾遗》的"毛席"和"毡乡",而二者皆源自《书叙指南》。高似孙《纬略》《子略》等书中与《类说》内容、文字重合处不时可见,也包括多种"嫌疑书"中的"嫌疑内容",除《续博物志》之外,还可见《大唐新语》《大唐遗事》之类。虽仅出具体书名不云"《类说》",但整体看,其所用应即《类说》所录者,且状况与传世本似无太大差异。高似孙主要活动在孝宗淳熙间至理宗初,与《锦绣万花谷》前集时段相仿,《纬略》,前人已指出其部分内容辑自类书㉗,而由上述现象可知,其所据不仅有《类说》,且是带有伪书、伪信息的《类说》。

借助以上时间点可以推知,将这些内容编入《类说》,即使非出曾慥本人,亦与其编纂相去不远。几乎可以说,与《类说》行世相伴随,这些伪书、伪信息便成为其中的一部分。

那么,是否可能造伪操作的始作俑者另有其人,即他人依据《绀珠集》构建了"新书"、曾慥或《类说》的传播者仅误用其成书呢?理论上,可能性难以排除,但由于相关现象并非仅限于《续博物志》或个别书目,"嫌疑书"不仅大量存在,且不乏内容极少超出《绀珠集》甚至《诸集拾遗》者,则至少需有一系列"伪书",且其中相当部分规模小到仅摘一两条即会"偶同",如《相牛经》《齐职制》之类,方能满足需求。造作这种篇幅的单行本并无意义,而录书多且小的"系列",在两宋之交(由于《绀珠集》成书时间不详,或可将上限提前到《书叙指南》成书的北宋崇宁年间,即 20 世纪初)到淳熙的数十年间,除《类说》《绀珠集》外,不论传世、著录、记载或征引,均未见端倪。如云《锦绣万花谷》《纬略》等书所引亦非《类说》,则该系列更要有相对广泛的传播,不至泯然无痕。因此,实际可能性趋近于零,在发现相关确凿证据之前,将此事系于《类说》,或不为过。

与本文所论《类说》取用《诸集拾遗》"建设新书目"相关,另一不容忽视的现象是嫌疑诸书与《类说》卷六〇《拾遗类总》的条目重出。即如《续博物志》,二十三条当中即有九条重见于《拾遗类总》,将近四成,不可谓偶发。这或许暗示着《类说》对《诸集拾遗》的取用曾有不同主体、不止一次——某甲摘取其中内容构建或充实《拾遗类总》，某乙则取其条目补充已有书目、或构建"新"书。二者孰先孰后，与曾慥关系如何，则有待探索。作一个大胆的假设，如摘抄《诸集拾遗》入《拾遗类总》是曾慥所为，则"造书"或系他人的另一次运作。传世宋刊零本《类说》之《仇池笔记》《东轩杂录》条目数量皆大大少于今本，当今学界大体视之为节略本，而结合前述现象，或许可能南宋时期《类说》曾经历了一次包括条目和书目在内的、较大规模的增益，市面上亦因而有了繁简不同的版本。

总之，《类说》需要解决的问题还相当多，包括其对《绀珠集》传世本的逆向影响，均有待探讨。但可以确知，此书包含相当严重的资料混乱，且非尽后世版本错乱所致，而是南宋时期即与该书相伴随。同时，由于《类说》自面世即颇受欢迎，广为当时学者、编书人所使用，也导致很多资料在南宋人编著的笔记、诗注、类书乃至某些经史著作中互见，形成貌似牢固的互证，给厘清相关问题带来极大障碍。这也是当今治学者需要警醒的。

本文撰写过程中，曾得到北京大学中文系关静同学资料上的支持，谨此致谢。原载《文献天地（总第 106 期）》，2018 年。

注　释

① 曾慥《类说序》，曾慥《类说》卷首，《国家图书馆古籍珍本丛刊》62 影印明天启刻本，书目文献出版社，1988 年，6 页。
② 李剑国《唐五代志怪传奇叙录（增订本）》，中华书局，2017 年，133、1359 页。
③ 夏婧《新辑玉泉子整理说明》，同名点校《奉天录（外三种）》，中华书局，2014 年，107 页。
④ 李剑国《三水小牍》，《唐五代志怪传奇叙录（增订本）》，1377 页。
⑤ 据陈静怡《〈类说〉版本及引书研究》第二章《〈类说〉之作者与编纂》第三节《引书数量与种类》，台北大学硕士论文，2012 年，11 页。
⑥ 李剑国《唐五代志怪传奇叙录（增订本）》，132 页。按：陈静怡《〈类说〉版本及引书研究》以林登为宋人（100 页），未见考证。此书《太平广记》已有引用，其说不确。
⑦ 李剑国《唐五代志怪传奇叙录（增订本）》，133 页。
⑧ 关静《曾慥〈类说〉编纂及版本流传研究》，北京大学硕士论文，2015 年，49、50 页。
⑨ 赵君楠《〈类说〉因袭〈考论〉考论》，北京大学硕士论文，2016 年。
⑩ 陈静怡《〈类说〉版本及引书研究》第四章《〈类说〉引书条目考析》，101 页。

⑪ 宋曾慥《类说》卷二〇,据国家图书馆藏明有嘉堂抄本。按此本虽不无讹脱,然较之多经校改之明天启刻本、四库本,更多地保留了文字的原始面貌,与《绀珠集》之文字对应亦更为直观,故取用之。国家图书馆所藏明天启刻本此卷有缺页,有嘉堂抄本缺文处据影印文渊阁四库全书本校补于相应文字之后()内,误字不校。

⑫ 《绀珠集》,明天顺七年刊本。

⑬ 笔者按,此处疑今本《绀珠集》有脱文,而《类说》亦有增益。《诸集拾遗》此条似来自《初学记》卷八"州郡部·江南道第十·事对·龙池鹤泽"之"刘义庆《世说》曰:晋羊祜镇荆州,于江陵泽中得鹤,教其舞动,以乐宾友。"

⑭ 任广《书叙指南》,影印文渊阁四库全书本。

⑮ 陶弘景《华阳陶隐居集》卷下,明正统《道藏》本。

⑯ 李剑国《唐五代志怪传奇叙录》,136页。

⑰ 《锦绣万花谷》前集卷三六,过云楼旧藏宋刊本。国家图书馆藏宋刊本同。

⑱ 参陈静怡《〈类说〉版本及引书研究》第四章《〈类说〉引书条目考析》,188页。

⑲ 关于《诸集拾遗》的材料来源、编纂特点及文本变化,笔者拟另作《绀珠集·诸集拾遗〉臆说》一文,单独讨论。

⑳ 参李剑国《唐五代志怪传奇叙录》,137页。

㉑ 此据影印文渊阁四库全书本,此处明天启刻本缺页,有嘉堂抄本作"皇甫湜称奇文曰字天心月胁","穿"讹为"字","出"字脱。

㉒ 按:《海录碎事》所引,及《说郛》涵芬楼本卷八〇《诸集拾遗》,有若干条目不见于今本《绀珠集》卷一三《诸集拾遗》,而往往可与《书叙指南》《初学记》相应,或载于《类说》与《诸集拾遗》有明显重叠关系之书目,提示今本《诸集拾遗》或有缺失。而此处见于《绀珠集》所录《博物志》的"兔目鼠耳""姊归"两条,亦皆与《书叙指南》卷一四相合,疑《绀珠集》亦曾经后人变动,《诸集拾遗》部分条目被散入前十二卷,及有脱落。相关问题笔者将在《〈绀珠集·诸集拾遗〉臆说》集中讨论。

㉓ 按:影印文渊阁四库全书《绀珠集》作"执虎子",《初学记》明代以后版本亦然。然唐代避高祖祖父李虎讳,故《初学记》以"兽子"代"虎子",宋刻本犹如此,《绀珠集》仍之。作"虎子"者皆后世回改所致。

㉔ "清平官"于《诸集拾遗》未标注出处,其前一条出"南越志",《翰苑新书前集》卷八所引亦称"南越志",是否另有依据,或出自对《诸集拾遗》的解读,尚待考证。

㉕ 李更《〈鸡跖集〉三题》,《版本目录学研究(第七辑)》,北京大学出版社,2016年。

㉖ 高似孙《纬略》,丛书集成初编本,中华书局,1985年,49页。

㉗ 永瑢,等《四库全书总目提要》,中华书局,1965年,1020页。

关于"大学头"及其他
——《七子诗选》流传日本考辨

陈曦钟

一、"大学头"默真迦

清代学者王昶(1725—1806),字德甫,号述庵,又号兰泉,江苏青浦(今属上海)人。著有《春融堂集》,编有《金石萃编》《明词综》《国朝词综》《湖海诗传》《湖海文传》等。王昶年轻时即有诗名,与王鸣盛、吴泰来、钱大昕、赵文哲、曹仁虎、黄文莲合称"吴中七子"。"吴中七子"得名的由来,是因为沈德潜主持紫阳书院时①,选了七人的诗,汇刻成《七子诗选》十四卷,每人二卷,依次为:王鸣盛《耕养斋集》、吴泰来《砚山堂集》、王昶《履二斋集》、黄文莲《听雨楼集》、赵文哲《媕雅堂集》、钱大昕《辛楣吟稿》、曹仁虎《宛委山房集》。《七子诗选》前有沈德潜写于乾隆十八年的序,序末云:

> 予年二十余,从事于诗,时方相尚流易浅熟粗梗枯竭之习,赖同社诸君子,中立不回,相与廓清摧陷。阅五十余年,而远近作者,皆知复古。今诸君子渐次零落,而七子继起,独能矫尾厉角,骖驾李、何、王、李诸贤(按:指明代前后七子),而予以老耄之年,得睹代兴有人,藉以扶大雅之轮也,斯予所辍简而深庆也夫。乾隆十八年癸酉秋七月望日长洲沈德潜题于灵岩山庄。(《七子诗选》②卷首)

《七子诗选》的乾隆十八年序刊本今已属善本,即使1940年的扫叶山房石印本也不易得到了,而今天大概也很少有人会去读这本诗选的了。但是当年它问世不久,就流传到日本,并受到赞赏。关于这件事,江藩(1761—1830)

在《国朝汉学师承记》"王兰泉先生"条中有如下记载:

> ……肄业紫阳书院……是时沈尚书归愚为院长,选先生及王光禄凤喈、吴舍人企晋、钱少詹晓征、赠光禄寺少卿赵升之、曹学士来殷、上海黄芳亭、泌阳令文莲七人诗,称为吴中七子。流传日本大学,头默真迦见而心折,附番舶上书于沈尚书,又每人各寄"相忆诗"一首,一时传为艺林盛事。③

我们发现,"流传日本大学,头默真迦见而心折"云云,在《清诗纪事》"乾隆朝卷""王昶"条中,却是这样标点的:

> 流传日本,大学头默真迦见而心折,……④

这两种标点小有异同,前者将"日本"与"大学"连读,后者则将"日本"与"大学"断开,但两者都将"头默真迦"标作人名。

其实,正确的标点应该是:"流传日本,大学头默真迦见而心折"。也就是说,应标作人名的是"默真迦",而非"头默真迦"。上述两书的误标,盖由于不知道"大学头"是什么意思。

在日语中,"大学头"有两个意思。一是指古代大学寮的长官。大学寮是日本天智天皇(662—671在位)时期创立的培养官吏的学校,大学头的"唐名"(中国名称)就是国子祭酒。二是指日本江户时代昌平坂学问所的长官。所谓昌平坂学问所,是元禄三年(1690)德川纲吉在汤岛设立的官立学校,因改以孔子的故乡命名,故称昌平坂学问所,或称昌平黉。1691年林信笃被任命为大学头,此后大学头一职即由林氏世袭。日本学者近藤光男先生在他译注的《国朝汉学师承记》中,认为这里的"大学头"指的就是昌平坂学问所的大学头⑤。

需要说明,《国朝汉学师承记》约成于嘉庆十六年(1811),初刊于嘉庆二十三年⑥。在此之前,王昶的女婿严荣编的《述庵先生年谱》⑦中,已经有类似的记载:

> (乾隆)二十年……沈公归愚所刻《七子诗选》流传日本,大学头默真迦见而嗜之,附书番舶以上沈公,又每人寄忆一诗。寄先生云:"新吟两卷重麻沙,海雨江风入齿牙。洵有诗书归典则,偶将烟月斗芳华。人如句

曲陶宏景(按：即陶弘景，清人避讳，改"弘"作"宏")，词比新宫蔡少霞(按：蔡少霞见《太平广记》卷五五。苏轼诗有"汝应奴隶蔡少霞"句)。我欲据梧同咏啸，沧溟何处觅灵槎。"⑧

从时间上的先后和内容来看，江藩在《国朝汉学师承记》中的有关记述，很可能依据的就是严荣所编的王昶《年谱》。

那么，这个大学头默真迦是何许人也？前面说过，昌平坂学问所大学头是由林氏家族世代继承的。可是，在林氏家族中查不到有名或号默真迦者。近藤光男先生在注解中也说："此处所说的默真迦，不详。"⑨

二、"日本国相"高棅

事实上，关于《七子诗选》流传日本一事，原本就有不同记载。作为"七子"之一的钱大昕，虽然在他自订的《竹汀居士年谱》中，没有提及这件事，但他在为同为七子之一的曹仁虎(1731—1787)写的墓志铭中称赞曹：

> 诗宗三唐，而神明变化，一洗粗率佻巧之陋，格律醇雅，酝酿深厚，卓然为一时宗。少时与王、吴、赵诸君唱酬，汇刻其诗，流传海舶，日本国相以饼金购之。⑩

这里所指无疑就是《七子诗选》流传日本一事，不过说法不同，他不说是日本的"大学头"，而说是"日本国相"，且未提名字。

钱大昕的儿子钱东壁和钱东塾合撰的《钱竹汀先生行述》，则说成是"大学头某"：

> 癸酉(按：指乾隆十八年)……是年，文恪公始录其尤者，刊为《七子诗选》。七子者：府君与舅氏(按：指王鸣盛)及竹屿、兰泉、损之、习庵、芳亭诸公也。书成，风行于世。贾舶有携至日本者。其国日本大学头某读而善之，人赠一诗，当时传为佳话，以为鸡林之比。⑪

鸡林即新罗，朝鲜古国名，与高句丽、百济并立，曾统一朝鲜半岛大部。《新唐书·白居易传》："居易于文章精切，然最工诗……当时士人争传。鸡林行贾售其国相，率篇易一金。"此事后来成了称誉诗文精美、流传国外的典故。元代宋无《忆旧寄金陵冯寿之》:"句满鸡林贾,名齐雁塔人。""以为鸡林之比",意思是认为好比当年白居易的诗歌流传到外国大受欢迎一样。

可是,钱大昕的曾孙钱庆曾在为《竹汀居士年谱》作注时,却又说是"国相",并提供了姓名。钱大昕自订年谱云:"(乾隆)十五年……院长艮斋先生以疾辞去,代之者长洲沈归愚先生也。"钱庆曾注云:

> 沈文悫公讳德潜,己未进士,官至礼部尚书。在院录刊《江左七子诗选》。七子者,公及王光禄、王少司寇、吴竹屿舍人、赵损之光禄、曹习庵学士、黄芳亭司谕也。书成,风行于世,贾舶有携至日本者。其国相高棅读而善之,为七律,人赠一章,寄估以达,人艳称之,以为鸡林之比。⑫

很显然,《年谱》注与《行述》的内容和文字几乎完全相同,唯一的区别是《行述》说是"大学头某",《年谱》注说是"国相高棅"。毫无疑问,两者指的是同一件事。不言而喻,钱庆曾所说的"其国相高棅读而善之",与严荣说的"大学头默真迦见而嗜之",实际也是一回事,只是各人所记的人名不同而已。也正因为如此,他们才不会同时既提默真迦又提高棅。否则,就很难解释,为何严荣等人都只提一个人而不同时提到另一个人。特别是钱氏一家的说法尤可注意。钱大昕说"日本国相以饼金购之",他的两个儿子说"日本大学头某读而善之",若"国相"与"大学头"果是两回事,则他的曾孙钱庆曾理应把曾祖父和祖父辈所提及的两个人都写进年谱中才是。

令人失望的是,这个"日本国相"高棅同"大学头"默真迦一样,也是一个在文献上无法查找到的人物。近藤光男先生发现在日本《国史大系》第四十六卷《德川实纪》第九篇《惇信院殿御实纪》卷一八(按,应为卷二〇)中,有宝历四年(相当于乾隆十九年)七月八日"藤堂大学头高般去世"的记载。因而他推测这个高般或许与《竹汀年谱》注中所说的高棅有关。但近藤先生本人并不肯定高般就是高棅,我们也觉得这两人是同一人的可能性极小⑬。

究竟是大学头默真迦,还是国相高棅?看来,我们现在还无法判定。

三、"日本臣"高彝

在查阅有关《七子诗选》流传日本的文献时,我们注意到沈德潜在自订年谱中有这样的记载：

> （乾隆）二十三年……八月，日本臣高彝海外寄书千有余言，溯诗学之源流，诋諆钱牧斋持论不公，而以予为中正。又赠诗四章，愿附弟子之列，并欲乞奖借一言，意非不诚。然外夷不宜以文字通往还也，因不答以拒之，师文衡山不以书画予远夷意。⑭

沈德潜为这件事还作了一首诗，题目就叫《日本臣高彝书来乞作诗序，并呈诗五章，文采可观，然华夷界限不应通也，却所请而纪其事》。全诗如下：

> 文教覃敷被九夷，榑桑（即扶桑）使者寄清辞。未闻蛮布弓衣织，敢比鸡林国相知。尊奉中朝衹忱悃，章明典礼慎防维。不教笔墨传荒远，怅望停云我所师。自注：远夷求文衡山笔墨者，公服朝服见之，不应其请。⑮

诗题中说"呈诗五章"，《年谱》中说"赠诗四章"，年谱当系误记。文衡山即明代著名书画家文徵明，衡山是他的号，他的书斋名"停云馆"，故诗中说"怅望停云我所师"。"未闻蛮布弓衣织"一句，用了宋代诗人梅尧臣（圣俞）的诗流传于西南少数民族地区的典故。欧阳修《六一诗话》："苏子瞻学士，蜀人也，尝于滑井监得西南夷人所卖蛮布弓衣，其文织成梅圣俞《春雪》诗。此诗在圣俞集中，未为绝唱。盖其名重天下，一篇一咏，传落夷狄，而异域之人贵重之如此耳。"⑯至于"敢比鸡林国相知"，其所含典故，上文在解释"以为鸡林之比"时已经谈过。我们由此可以推知，钱东壁等所说的"以为鸡林之比"，实际上可能即本于沈德潜的这句诗。

与"查无此人"的默真迦和高棅不同，这个高彝却是实有其人。

近藤先生在注解中说明默真迦其人不详、高棅或许与高般有关之后，也连带提到了高彝。他说："又，在我国方面的记载中，有一个与此类似的故事。宝历七年，长崎儒者高彝受人怂恿，赠诗给沈德潜，得到伪造的答诗并沈氏七个弟子的诗，高彝拜跪受之。事见《先哲丛谈后编》卷五，参见吉川幸次郎《认假作真》（《全集》卷一七）。"⑰

《先哲丛谈》八卷（原善著）、《后编》八卷及《续编》十二卷（东条琴台著），是记载江户时代儒者的事迹性行的书籍，性质近于逸话一类。《后编》卷五载有高旸谷的故事，而高旸谷就是高彝。书中说：

> 高旸谷 名彝，字君秉，号旸谷，通称忠藏渡边氏。本姓高阶氏，故于文事自单修为高。长崎人。⑱

高彝本姓高阶，号旸谷。江户时代的儒者向往中国，喜欢名字"中国化"，所以他"于文事自单修为高"，即在写诗文时只单用"高"做自己的姓。

高彝的义父名宽，"以善华音，擢为译士（翻译官）。旸谷袭其职而不好之。从西、溟释大潮学诗，自负奇气，以主盟词坛为期。遂以歌诗名于间阎。"到长崎从事互市贸易的中国商人沈渔石（南京人）恭维高彝，称赞他的诗说："我中国王渔洋、施愚山外，难为之伍矣。"于是高彝"自负声誉，欲与华夏通"。

高彝找到两个来自杭州的中国商人，一个姓钱，一个姓尚。钱、尚二人对高彝说："熙朝有沈归愚先生者，公斐藻丽逸，起翰林学士，累迁礼部尚书，今为参政，是以延誉公卿间，声振朝野。"二人又谎称自己受知于沈德潜，说如果回去代向沈"通殷勤"，"公喜必致报"。高彝信以为真，书中这样写道：

> 旸谷大喜，准备币帛，调拨丁宁，且附一封书及诗五章，请作其《旸谷诗稿》序。又别以寄赠吴中七子诗，皆投托之。贿赂二商以金铜绢细类，二商诳赚若实，运船帆海，尽数而还。时是丁丑岁正月，我宝历七年，彼乾隆二十二年也。二商相谋，促装登程，使节仪从，至于北京。以旸谷为侯伯执政者，伪日本高公使信，遂至于沈氏，奉币帛及书筒，待答客馆。沈氏窃览其书及诗。

高彝的这封信，确如沈德潜年谱中所记，长达"千有余言"。因此信不易见到，故全录如下（按原文照录，标点为笔者所加）：

> 彝资性愚劣，罔攸知识。贱龄三十四，其学未立，窃不自量，晓晓慕古人立言之志，以为士生今之世，非文辞不以为功矣。尝读夫子所撰《古诗源》《唐、明诗别裁》《七子诗选》等书，未尝不中吾心也。其采撷简严，其评论确当，毫无偏党，风雅之则，于是乎立。夫非常之功，必待非常之人，苟非崛起一代、主盟斯道者，夫焉若斯乎？噫！微夫子，其长夜乎？乃睠西顾，怒若调饥，乃陈固陋之说，敢渎函丈。窃惟两汉之诗，神奇浑朴，极天巧，夺人致，乃煌煌乎风雅颂之遗声乎！变于魏晋，衰于六朝，以至于唐，则古诗亡矣。若夫唐之创体，王杨玉振，沈宋金声，王之秀，李之神，岑之

华,李杜集而大成焉。组织之丽,琢磨之妙,视千古而无偶者,为是极盛耶? 夫物盛极而即于衰,自然之符也。大变于元白,下至宋元响绝焉。呜呼! 诗有汉唐,譬诸人伦有周孔,鳞羽有麟凤。过此以往,明人其杰也。苟志复古,自非以明人为梯航,恶可乎! 明诗刘、高始振雅音,吾攸适从者,李、何龙举于前,李、王虎视于后。此四家也者,才气雄鸷,以修古自举,刻意汉唐之上,莫之与京。其余英物,连镳方驾,争裂绮绣,互摘华蔚,郁乎盛矣。彝夙以四家为准则,铸心古范十有余年,未遑乎窥壶奥。窃谓北地雄浑,然不能讳其滓;信阳丽则,然不能讳其弱;济南矜贵,然不能讳其复;弇州阔绰,然不能讳其莽。监戒前规,以自警矣。若夫万历以后,诗体屡变,徐、袁一兴,信而好古之义熄矣。其作格卑而气弱,传薪乎宋元。爰至竟陵漂鬼国,其说怪僻,所谓野狐外道惑人者,岂不惧乎! 彝攸疾者,莫虞山钱氏若焉。斯人犹逢[蜂]虿乎! 妄见邪识,力排斥历下辈,推尊松圆为一代诗老,冤莫大焉。夫松圆诗腐而浅,耳观之徒蝇袭焉,流毒于艺圃。彝未尝不扼捥(同扼腕)发噫也。当此时,否道斯极矣。旨哉夫子之说诗也,曰:"诗有大端,始则审宗旨,继则标风格,终则辨神韵。宗旨者,原于性情者也;风格者,本于气骨者也;神韵者,溢于才思之余,虚与委蛇,而不留其迹者也。三者具而一归自然。""尝持此论,以为准的"[19],选古今之诗,并"皆深造浑厚,和平渊雅,合言志永声之旨"[20]而后止矣。又曰:"于洪、永之诗,删其轻靡;弘、正、嘉、隆之诗,汰其形似;万历、天启以下,寥寥焉。雷同沿袭,浮艳淫靡,凡无当美刺屏焉。"[21]夫而后袁、徐之纤靡除焉,竟陵之怪僻黜矣,虞山之诬妄露矣。言言破的,字字秉衡,其采择之精,历下、云间,必当辟三舍耳。可谓人杰首功也欤! 彝故曰:聒蜇爆聋,拯一代之乱,微夫子,其长夜乎! 读至七子之诗,谔然久之,曰:夫前者崛起,后者代兴,不啻同州郡,各负韬世之量,应感而起,一旦互执鞭弭,执友之正,婉雅之丽,吹襟同怀,令人艳然心醉。其运用也抽秘思,骋妍辞,音韵顿挫,有金石之声;其取材也除纤去温,结撰迥殊,其力足以破冗腐也。正始之音,复睹于兹,是有大造于东吴也。愉快何尽! 以仆寡见,清朝御宇文明之化被宇内,有若渔洋、绵津诸公数十家,其籍具在,不为不美。然袭习于明季,纵诞而不克,踟躅而不进,独南海屈翁山氏绮缛翩翩。

它如李渔氏,侏儒俳优之音,大害于诗教。斯集一出,拨乱反正,此其嚆矢,其功伟矣。夫虽是名山川之攸出,天钟美其人乎,实夫子木铎之隆,风被一代,波及彝等者,夫子之余也。彝幸生诸公之世,与闻盛事,且慕其人,怒焉如捣,岂以固陋默止耶? 恭呈野诗五章及呈七子诸公七章、拙稿五本,伏祈夫子宽大之仁,悯彝愚悃,不弃营蒯,痛赐斧削,涂揭邻示,以匡不逮。且赐夫子及七子诸公中片言只字,冠玉其首,弗啻朽篇生光。冀拜华衮之赐,以慰饥渴之怀,附骥而行,斯俟百世而无疑矣,惠孰大焉。顾大君子之懿德,彝虽愚陋,铭肝刻胆,永矢弗谖,暗投之怒,幸勿大罪。噫! 白云在天,苍波无极,引领西望,日月以冀,万里一械,神与书驰,伏惟冰鉴,惶恐不宣。

高彝赠给沈德潜的诗是五首七律,为省篇幅,兹录其二、五两首:

> 浮世时榫具区烟,花月清吟不记年。掌礼曾班廊庙上,著书还挂国门边。叨征玄晏先生序,深愧中州伧父篇。自是登龙珠履满,裹粮南北走群贤。

> 瞿铄中原一老师,辂轩采选国风诗。参商远隔劳神想,夜梦西飞谒凤仪。青鸟有情传锦字,美人无意报琼枝。名山不许藏书去,旗鼓方今震华夷。

不料"沈氏读了而不肯嘉纳,乃使其属吏却币帛及书简",说"朝家大典,不可溴涊,上谕圣训,最禁私谒,中国与日本大有界限,必不可通",还斥责钱、尚二人"窃通文书,敢犯严宪,愚贱无礼,莫甚于此"。二人大恐,仓皇失措,逃归杭州,相与再谋其事。有一老商给他们出主意,说"日本人资性悫实易欺",何不请人伪造答书? 于是二人请了一个姓龚的和其他五六个学究,一起"伪作沈氏答书、和诗及吴中七子和韵诗数首"②,"至其翌年,又来于崎,传致之旸谷。旸谷得之,再三拜跪,不啻手舞足蹈"。因伪沈氏诗中有"才调能胜中晚唐"句,高彝以之刻成印章,十分得意。"其后数年,沈氏诗抄东渡,其中详载旸谷却所请之事,又互市商客谈钱、尚二子诈伪,崎人皆知其骗矣。"

《先哲丛谈后编》记述的这则故事,对高彝本人明显采取嘲讽的态度,有些细节也不一定准确。如说故事发生在乾隆二十二年,与沈德潜自订年谱说的乾隆二十三年不符。尤其是乾隆二十二年和二十三年，沈德潜根本不在北京，所以说钱、尚二人先到北京找沈，未免有想当然之嫌。但是，如果与我们前面引述的沈德潜的诗和年谱中所说的内容比较，足可断定，两者在主要之点上是非常吻合的。如《后编》中收录的高彝的信的内容，与年谱中所说的"溯诗学源流，诋諆钱牧斋持论不公，而以予为中正"云云，完全一致。

因此，高彝曾经上书沈德潜并同时附以寄赠吴中七子诗，这事的真实性是不容置疑的。

四、推论与释疑

如此说来，"日本臣"高彝的故事与"大学头"默真迦的故事，何其相似乃尔！两个人都是给沈德潜写信，又都是通过沈德潜寄赠七子每人一诗。

这仅仅是一种巧合呢，还是两者本来就是一回事呢？我们认为，后者的可能性更大。

不错，乍看起来，两者存在不少相异之点。

首先，有关默真迦的记载，说他是因见到《七子诗选》而后"附书番舶以上沈公，又每人寄忆一诗"；有关高彝的记载，则说他主要是想请沈德潜作序，因他同时读过沈编的《七子诗选》等书，故附以寄赠七子诗。两者的侧重点有所不同。但是，这一差异是不难解释的。严荣编的是王昶的年谱，他当然要强调事情与谱主的关系，谱主是七子之一，所以他的叙事重点放在七子和《七子诗选》上。钱庆曾甚至根本不提高棅是否通过沈德潜寄赠七子诗，也是这个道理。如果不通过沈德潜，难道高棅能打听到七子的地址，一一给他们寄诗吗？只是对他来说，没有提及的必要。《先哲丛谈后编》记述的是高彝本人的故事，所以它原原本本写出事情的来龙去脉。准此而言，沈德潜在自订年谱和那首"却所请而纪其事"的诗中，不提七子之事，也就丝毫没有什么可奇怪的了。

其次，是所记时间的异同。上文说过，高彝写信的时间，《后编》说是乾隆二十二年，沈德潜年谱说是乾隆二十三年，看来沈说可能较准确。严荣将默真迦寄信和赠诗的时间定在乾隆二十年，与沈说相差三年。严荣的《述庵先生年谱》是在景人龙、王启焜和王绍兰各自编的三种年谱基础上综合而成的，他说

"此三本所载,间有参差出入",由他"详悉考核,厘为二卷"(《述庵先生年谱·序》)。不过,严荣的编年仍不一定完全可靠。例如,他在王昶年谱中,把沈德潜编选《七子诗选》定在乾隆十六年:

> 十六年……王公次山以病归常熟,沈公归愚为院长。……秋,沈公甄录先生、凤喈、企晋、晓征、升之、来殷及上海黄芳亭孝廉(文莲)诗为吴中七子诗选。

按,是年沈刚刚接任紫阳书院院长一职,未必当年就编选《七子诗选》,沈为诗选写序更是两年后的事。他说乾隆二十年"沈公归愚所刻《七子诗选》流传日本"云云,或许,《七子诗选》刻成于此年(沈于十六年开始"甄录",十八年写序),所以严荣就把所谓默真迦给七子赠诗一事顺便记在二十年中。这就有如钱东壁、钱东塾将赠诗事记在乾隆十八年,是因为他们定"是年文悫公始录其尤者刊为《七子诗选》";钱庆曾记在乾隆十五年,是因为沈德潜于这年(实际系钱大昕本人误记)任紫阳书院院长。质言之,他们将此事记在乾隆二十年或十八年或十五年,都只是为了叙述的方便,我们不可死看。不管怎样,《七子诗选》的刊刻不会早于乾隆十八年秋,所以两年后即乾隆二十年就收到日本方面的反应,就当时中日海上往来的条件而言,未免快了些,迟两三年似较合情理。

因此,我们有理由推想,所谓"大学头默真迦",其实本无其人,他只是"日本臣高彝"的讹传。遗憾的是,我们目前尚未找到线索,可以合理地解释严荣将高彝误作默真迦的原因。

现在来谈高棅与高彝的关系。前面我们已经推断,高棅与默真迦也是一个人被误传为两个人。所以,高棅即高彝。而且,由"日本臣高彝"到误传成"日本国相高棅"是有线索可寻的:一、从"日本臣"到"国相"。由于钱、尚两个商人"以旸谷为侯伯执政者,伪日本高公使信",故沈德潜把高彝当成日本的大臣。而所谓"国相",从那个"鸡林行贾售其国相"的典故开始,恐怕就是泛指大臣,不一定真的指一国之宰相。王豫在《群雅集》中甚至说成"文悫汇其诗,刻《吴中七子集》。外裔土酋争为购求"㉒。"臣"也罢,"国相"也罢,"土酋"也罢,对当时人来说,并无多大区别。二、从高彝到高棅。高彝字君秉,"高君秉"的"君"有可能被误会成称呼中的敬辞,而"秉"被误作"棅"自也不无可能。

总之,根据现有的资料分析,我们认为:默真迦、高楝和高彝三个人都给沈德潜写信并同时附诗赠七子,天下绝不会有如此的巧合;默真迦与高楝两个人分别通过沈氏给七子赠诗的可能性微乎其微;默真迦(或高楝)与高彝两个人同时这样做的可能性也大可怀疑;因而,最大的可能应该是,这三个人其实只是一个人,他就是高彝,其余两个人名都只是传闻异词而已。

这些传闻异词之所以产生,最主要的原因是沈德潜和七子这些当事人没有对该事件作出明确的记述。沈德潜只记高彝与他自己之间的事。七子们更是缄口不谈此事与自己的关系,只有钱大昕为曹仁虎写墓志铭时略提一笔。他们对此事如此保持"低调",也许是有原因的,至少他们不愿借此"炒作"一番。而他们之中的一些子孙以及后来的某些学者,却出于各种动机,对此津津乐道,可是他们依据的往往只是道听途说,于是就未免以讹传讹,莫衷一是了。

以上所说,毕竟仅是一些推论,所以一旦有人发现默真迦和高楝竟都是实有其人实有其事,笔者将十分乐意改变自己的看法。

本文之得以草成,实赖友人日本山口大学教授根山彻博士惠寄多种日文资料。初稿曾请吴小如师及张健兄等指正。文中颇涉日本史事,笔者难知其详,因忆太初(周一良)先生在世时,每有疑难,即可求教,而今先生已逝,令人思念无已。

原载《北京大学学报》2004年第6期。

注　释

① 据沈德潜自订年谱和严荣编王昶年谱,沈于乾隆十五年(1750)归里,次年应邀任苏州紫阳书院院长。钱大昕自订年谱谓沈于乾隆十五年任院长,系误记。
② 《七子诗选》卷首,北大藏乾隆刻本。
③ 《国朝汉学师承记》,中华书局,1983年,53页。
④ 《清诗纪事》,江苏古籍出版社,1989年,第9册,5604页
⑤ 近藤光男《国朝汉学师承记(译注本)》卷四"王兰泉先生"注17,明治书院,2001年,45页。
⑥ 吴枫《简明中国古籍辞典》,吉林文史出版社,1987年,270页。

⑦ 《春融堂集》附,嘉庆十二年刊本。

⑧ 《春融堂集》,上海古籍出版社版《续修四库全书》据嘉庆丁卯塾南书舍刻本影印本。

⑨ 《七子诗选》卷首。

⑩ 《日讲起居注官翰林院侍讲学士曹君墓志铭》,《潜研堂文集》卷四三,上海古籍出版社版《续修四库全书》据嘉庆十一年刻本影印本。

⑪ 《钱汪二先生行述》,民国二年姚氏复庐排印本。近藤光男先生在其注中亦曾提及此资料,但仅引述"贾舶有携至日本者,其国日本大学头某读而善之"一句。

⑫ 《十驾斋养新录》卷首,商务印书馆,1957年,20页。徐世昌在《晚晴簃诗汇》卷九〇"赵文哲"条诗话中,亦云:"升之……少时与王西庄、吴竹屿、王兰泉、黄芳亭、钱竹汀、曹习庵相唱和,人称'七子'。诗传至日本,其国相高棅为七律,人赠一章,寄估舶以达,人艳称之。"(中国书店1989年影印民国十九年退耕堂本,第二册,607页)显系袭自钱庆曾文。

⑬ 《七子诗选》卷首。按,此藤堂高般疑是大学寮的大学头,且乾隆十九年即逝世,恐不及见《七子诗选》。

⑭ 《北京图书馆珍本年谱丛刊》,北京图书馆出版社,1999年,91册,242—243页。

⑮ 《归愚诗钞余集》卷五,上海古籍出版社版《续修四库全书》据乾隆刻本影印本。

⑯ 《六一诗话》,人民文学出版社,1962年,6页

⑰ 近藤光男《国朝汉学师承记》(译注本)卷四"王兰泉先生"注17,46页。

⑱ 《先哲丛谈后编》,程焕文主编《中山大学图书馆藏域外汉籍珍本丛刊》,西南师范大学出版社,2014年,第七册,190—194页。

⑲ 以上引号内所言系出自沈德潜《七子诗选序》,但文字与次序有异同。

⑳ 引号内所言系出自沈德潜《明诗别裁集序》,"永声"原文作"永言"。

㉑ 引号内所言出自《明诗别裁集序》,文字有异同和删节。

㉒ 《先哲丛谈后编》收录的伪沈氏诗为两首七律,诗如下:"昭代声华四表光,国风十五大文章。尚教人杰钟旸谷,犹遍歌谣译越裳。万里银涛飞锦字,百篇玉夏奏笙簧。元音自是盈天地,酬唱相思叹望洋。""大雅如林今古芳,原无人不可登堂。文鸣得似东西汉,才调能胜中晚唐。读到君诗堪击节,谁言我论示周行。多缘四海同心理,渺渺钟情忆大方。"《后编》未收录沈氏答书及七子和诗,有注说明:"七子诗及其文皆长,不录于此。"

㉓ 钱仲联《清诗纪事》,江苏古籍出版社,1989年,第8册,5047页。

《千顷堂书目》与明代目录学

高路明

《千顷堂书目》是明末清初人黄虞稷的私人藏书目录，主要著录明人著述。清代编纂的《明史·艺文志》就是以其为蓝本。明代之前的宋代，之后的清代，这两个朝代在目录学方面都是硕果累累。但是明代与二者相比，却有着显著的不同，这就是在长达二百七十多年的历史中，竟然没有产生一部从藏书规模到学术水准都能够代表有明一代的政府藏书目录。但是，明代所产生并流传下来的私人藏书目录却有不少，且各具特色。自从刘向刘歆编纂西汉政府藏书目录《七略》，东汉班固以之为蓝本，开创了史书中的"艺文志"，后世修史书，便以此为规制。历代政府只要条件具备，几乎都有藏书编目之举。而且历代政府的藏书目录，就是后世修正史"艺文志"的基础和凭借。由于明代没有产生一部足以代表明代目录编纂水平并能够包举有明一代藏书的政府藏书目录，因此清初修明史时，《艺文志》部分便无可凭借。而在明代众多的私人藏书目录中，黄虞稷的《千顷堂书目》能够成为清修《明史·艺文志》的蓝本，这绝不是偶然的。

黄虞稷(1629—1691)，字俞邰，原福建晋江籍。父居中，明末为南京国子监监丞。"甲申闻变，不食死。虞稷遂家上元，为上元人，诸生。七岁能诗，号神童。康熙十八年举博学鸿儒，遭母丧不与试。"[①]先是其父有《千顷斋书目》六卷，俞邰稍增广之。康熙中经徐元文的推荐入史馆，参与修明史，分纂列传及《艺文志》。及入史馆，乃益加裒集，详为注释，故又有《明史艺文志》之目。"家世藏书，凡八万卷。与江左诸名士约为经史会，以资流览。及来京师，輦下士大夫辄就之借阅，无虚日。著《千顷堂书目》三十二卷。"[②]黄虞稷在家藏书目的基础上扩充，成《千顷堂书目》三十二卷。入明史馆后，以家藏书目为基础，修成《明史艺文志稿》。至于后来负责明史纂修工作的王鸿绪的《明史稿艺文志》以及最终成书的张廷玉的《明史·艺文志》,就是据黄虞稷的《明史艺文志稿》删削而成,其价值也不如黄虞稷《明史艺文志稿》,而黄虞稷《明史艺文志稿》后来也不传③。

《千顷堂书目》经过黄氏两代的搜集编纂,时当明末清初之际,在目录的编纂方面,有对前人的继承发展,也有对明代目录特点的借鉴与总结。虽然是私人藏书目录,由于黄虞稷的经历、学识等,使得《千顷堂书目》成为明代目录的代表,明代目录的一些特点,可于《千顷堂书目》见之,也反映出时代的学术面貌。下面从几个方面加以论述。

一、《文渊阁书目》始开"御制书"类目,《千顷堂书目》继承并发扬

明永乐十九年(1421),明成祖朱棣命将原藏于南京文渊阁的藏书,自一部至百部之多者,各取其一,运至北京新建的文渊阁收藏。正统六年(1441),杨士奇等编成《文渊阁书目》,著录图书七千二百余部,所载大都是宋金元三朝内府藏书之遗及明初四方购求所得之书。虽然是朝廷藏书,但其所收明代著作甚少。其编目不按照四部分类法,以千字文为顺序排列。首列"国朝"一类,所著录都是明代帝王御制、敕撰、政书、实录等。此例一开,多有效仿者。

《千顷堂书目》④三十二卷,所著录以明代的著作为主,附以宋辽金元的典籍。按照四部分类法分类,经史子集四部,每一部下又再分类。这些类目著录典籍有一个标准,就是每一类都把明代帝王御纂书或者敕撰书列于首位。《千顷堂书目》四部当中的大多数类目中都著录有明代帝王的著作及敕撰之书。如经部中的易类、书类、诗类、礼乐类、春秋类、孟子类、经解类、四书类、小学类;史部的国史类、正史类、别史类、地理类、职官类、典故类、政刑类、传记类;子部的儒家类、类书类;集部的别集类、制诰类、表奏类,都把帝王所著及敕撰之书置于每一类的最前面,然后才是此类其他人的著作。这种做法始于《文渊阁书目》,《文渊阁书目》即在目录之首列"国朝",所著录为明代帝王著作及敕撰之书。如《皇明祖训》《大明宝训》《大明宗谱》《御制文集》《臣戒录》等,只要

是御制或者敕撰之书,都归入"国朝"之中,不分经史子集之区别。此例一开,明代效法者有陆深、沈节甫、叶盛、焦竑、孙能传等,"几成明代众录之共同特色"⑤。反映在明代众多目录中的这种御纂书与敕撰书数量增多的现象,与明初思想统治的形势有关。明朝前期在封建统治者的大力提倡下,朱熹的理学思想占据统治地位。思想文化领域受到严密控制,程朱理学继续被尊奉为官方学术。在明成祖朱棣授意下,由胡广等编纂成《四书大全》《五经大全》和《性理大全》三部理学大典,宣扬程朱理学思想,成为读书人必读的规范教材,在科举考试中,也要以程朱理学思想作为答题的标准。反映在目录中,就是御纂及敕撰书的增多。同时也可以看出由朝廷出面编纂的藏书目录因其具有官方色彩,就自然产生了影响力与权威性。虽然《文渊阁书目》无论在收书规模还是在学术水准上以及著录典籍的朝代等都不足以作为有明一代目录编纂的代表,但由于是官修目录,还是产生了很大的影响,这是任何私人藏书目录所达不到的效果。《文渊阁书目》设置御纂书这一类目和以千字文排列书目的做法,都成为明代众多目录效法的标准。从《千顷堂书目》的典籍著录我们可以看到,御纂书以及敕撰书遍及经史子集四部,明代自《文渊阁书目》所开创的这一著录特点对明代目录编纂产生了很大影响,在众多明人目录中都有反映,而《千顷堂书目》则表现得更加突出。经史子集四部都著录有御纂书及敕撰书,承继了明代目录的这一特点并且予以发扬光大。

二、类目小序根据需要而设,不受固定格式限制

《千顷堂书目》采用经史子集四部分类法,部下再分类。经部分为易、书、诗、三礼、礼乐、春秋、孝经、论语、孟子、经解、四书、小学十二类;史部分为国史、正史、通史、编年、别史、霸史、史学、史抄、地理、职官、典故、时令、食货、仪注、政刑、传记、谱系、簿录十八类;子部分为儒家、杂家、农家、小说、兵家、天文、历数、五行、医家、艺术、类书、释家、道家十三类;集部分为别集、制诰、表奏、骚赋、总集、文史、制举、词曲八类。这四部的小类,基本上都没有序,只有史部的别史类、子部的杂家类、集部的制举类这三个类目有序。《千顷堂书目》设立小类序的标准是什么呢?也就是说,为什么只有这三类有小序呢?这里

选取杂家类与制举类,以说明问题。

《千顷堂书目》子部杂家类小序:"前代艺文志列名法诸家,后代沿之,然寥寥无几,备数而已。今削之,总名之曰杂家。"⑥实际上,这种对于先秦诸子的认识并非始于黄虞稷,而可以说是明代学者的共识。早在宋代,尤袤《遂初堂书目·杂家类》著录典籍有:《吕氏春秋》《管子》《商子》《慎子》《韩非子》《邓析子》《鬼谷子》《墨子》《公孙龙子》《尸子》《尹子》《刘子》《傅子》《孙子》《淮南子》《风俗通义》、王充《论衡》、《金楼子》、梁庾仲容《子抄》、唐罗隐《两同书》、颜师古《刊谬正俗》、《资暇集》、唐邱光庭《兼明书》、程氏《演繁露》等。虽然《遂初堂书目》没有序也没有提要,但是我们从尤袤在杂家类所著录的书籍可以看出,其中包含了传统诸子杂家、法家、墨家、名家、纵横家的书籍,而且《遂初堂书目》所设置的有关诸子的类目,只有儒家类、杂家类、道家类、释家类、农家类。可见其杂家类是包含了传统九流中除却儒家、道家、农家之外的其他各家的典籍在内的。

明代学者胡应麟说过:

> 秦汉前诸子,向、歆类次其繁简固适中,以今较之,殊有不合者。……九流则名、墨、纵横业皆澌泯,阴阳、农圃事率浅猥,而儒及杂家渐增,小说、神仙、释梵卷以千计,叙子书者犹以昔九流概之,其类次既多遗失,其繁简又绝悬殊,如名、墨、纵横书传仅三数种,今又无习之者,不当独为家。余窃病焉。暇日紬阅诸家,辄据所见闻参酌今古,稍以臆见更定其间,所损五,曰墨、曰名、曰法、曰阴阳、曰纵横,其说浸微、术浸灭,故总而类之于前,示弗能儒抗也;……余所更定九流,一曰儒、二曰杂,总名、法诸家为一,故曰杂,古杂家亦附焉。三曰兵、四曰农、五曰术、六曰艺、七曰说、八曰道、九曰释。⑦

由于时代的变迁,学术的演变,刘向父子《七略》中诸子略之九流,发生了变化。自魏晋南北朝以来先秦诸子各家就已不同于刘向刘歆的时代。四部分类法中子部的产生就是证明。胡应麟鉴于诸子各家在当时的实际情况,认为应当把墨、名、法、阴阳、纵横这五家连同杂家合并为一类,名之为杂家。其他还有儒家、农家、道家、释家。与《七略》中《诸子略》相比较,九流中儒、道、农还保留,释家是新增加的,其他几家合并为杂家。与胡应麟同时的学者焦竑,在他所著《国史经籍志》法家类序中说:"古有九流,辄近世几于绝矣。而墨、纵横、名、法为甚,其篇籍多佚,以此夫三家于理不衷,于用非亟,固也。至法也者,人君所以纪纲人伦而遏绝乱略,顾可一日废哉?"⑧表达了与胡应麟相同的看法,就是九流中墨、纵横、名、法在当时"几于绝矣",比起其他三家的"于理不衷,于用非亟",法家还有"纪纲人伦而遏绝乱略"的用处,还不可废。可见,黄虞稷将诸家合并为杂家的做法并非独创,而是吸取并综合了明代学者对于传统诸子的看法,并首先在目录的类目中表现出来,并且在小序中作了说明。

《四库全书总目·子部·杂家类序》:

> 衰周之季,百氏争鸣,立说著书,各为流品。汉志所列备矣。或其学不传,后无所述,或其名不美,人不肯居。故绝续不同,不能一概著录。后人株守旧文,于是墨家仅墨子晏子二书,名家仅公孙龙子尹文子人物志三书,纵横家仅鬼谷子一书,亦别立标题,自为支派,此拘泥门目之过也。黄虞稷《千顷堂书目》于寥寥不能成类者并入杂家,杂之义广,无所不包。班固所谓合儒墨、兼名法也。变而得宜,于例为善。今从其说,以立说者谓之杂学。"⑨

《四库全书总目》对前代目录的分类方法择善而从,其杂家类仿效黄虞稷的做法,将传统诸子中所谓"寥寥不能成类者",如墨家、名家、纵横家、杂家合并归入杂家类,并踵事增华,杂家类又再分为杂学、杂考、杂说、杂品、杂纂、杂编六类。合并的诸子各家在其杂家六类中属于杂学。从《七略》的《诸子略》到《四库全书总目》的杂家类,从汉代到清代,我们通过历代目录看到先秦诸子各家兴衰演变的轨迹,而《千顷堂书目》中的杂家类,吸取明代的学术观点,反映明代诸子学的现实状况,是这一学术链条上重要的一环。

《千顷堂书目》集部制举类序:

> 自宋熙宁用荆舒之制,以经义试士。其后或用或否,惟明遵行不废,遂为一代之制。三百年来,程士之文与士之自课者,庞杂不胜录也,然而典制所在未可废也。缘《通考》录擢犀擢象之类,载程式之文二三种,以见一代之制。而二三场之著者亦附见焉。⑩

我国科举制度的发展,自宋王安石主张以经义取士,目的是要通经致用。熙宁八年(1075),宋神宗下令废除诗赋、帖经、墨义取士,颁发王安石的《三经新义》。然而"其后或用或否",最终于明代确立了以八股取士、以考经义为主要内容的科举考试制度。明代的八股文就是从宋代的"经义"逐渐演变而成的。《千顷堂书目》所提到的"擢犀擢象",是指以科举考试为内容的典籍。南宋陈振孙《直斋书录解题》总集类著录:"《擢犀策》一百九十六卷、《擢象策》一百六十八卷。擢犀者,元祐、宣、政以及建、绍初年时文也。擢象则绍兴末。大抵科举场屋之文,每降愈下,后生亦不复识前辈之旧作,姑存之以观世变。"⑪《直斋书录解题》在总集类著录了宋代科举时文。马端临《文献通考·经籍考》主要采自晁公武《郡斋读书志》及陈振孙《直斋书录解题》,马氏《文献通考·经籍考》也在总集类采录了陈振孙此条,所以《千顷堂书目》会在制举类小序中说"缘《通考》录擢犀擢象之类"。《千顷堂书目》在制举类小序中说此类源自马氏,并在书目后注云:"右八种,见叶盛《菉竹堂书目》。皆明初场屋试士之文。"《四库全书总目》针对《千顷堂书目》制举类说:

> 惟制举一门,可以不立,明以八比取士,工是技者,隶首不能穷其数。即一日之中,伸纸搦管而作者,不知其几亿万篇。其不久而化为故纸败烬者,又不知其几亿万篇。其生其灭,如烟云之变现,泡沫之聚散,虞稷乃徒据所见而列之,不亦慎耶!⑫

八股文在明代科举考试中占有突出的地位,它禁锢读书人的思想,对明代的知识分子乃至于明代的学术文化都产生了很大影响。在目录中著录科场之文,《直斋书录解题》也许是最早的。但也只是在总集类著录,还没有专为科举之书立类,《文献通考·经籍考》沿用陈录,也是在总集类著录此类典籍。到明代,在黄虞稷之前,有叶盛《菉竹堂书目》设立制举类,录科举之书,《千顷堂书目》制举类所列八种书如《四书程文》《易经程文》《书经程文》《诗经程文》《春秋经程文》《礼记程文》《论程文》《策程文》等就是从叶氏而来。又有晁瑮《晁氏宝文堂书目》设举业类,著录汉唐宋有关策试的典籍。还有祁承爜《澹生堂藏书目录》集部总集有小类制科艺,著录科举类书籍。黄虞稷也在集部设制举类,著录科举考试典籍。《四库全书总目》对《千顷堂书目》立制举一类提出的批评自有其道理,但是从宋代《直斋书录解题》到明代《千顷堂书目》著录科举类典籍的变化与不同,从宋代的只在个别目录中著录此类书于总集类,到明代的专门为科举类典籍设立类目,且不止一部目录为其设立专类,实际上反映出科举在明代异于其他朝代的特殊地位,而《千顷堂书目》特设制举类并有小序说明其原委,也体现出它作为目录,能够代表明代学术文化特色的特点。

三、书目的小注起到了提要的作用

《千顷堂书目》没有提要,但是许多书目有小注。这些小注或长或短,无固定格式,内容丰富,涉及典籍的各个方面。并不是每书必注,有话则注,无话则不注,字数或多或少,不拘一格。目录的编制到明代已经相当成熟,对于前代目录编纂的成果能够继承发展并灵活运用。下面举例说明:

(一) 易类

　　周易传义大全二十四卷义例一卷　　永乐十二年十一月命翰林院学士胡广、侍讲杨荣、金幼孜等纂修五经四书大全,周易则取程传及朱子本义,博采二程遗书、外书、朱子语类、文集之论易者与诸家之说羽翼之。明年九月书成,颁行六部并两京国子监及天下郡县学。

　　以上敕撰书。

(二) 书类

　　太祖御注洪范一卷　　帝尝命儒臣书洪范揭于御座之右,因自为注。洪武二十年二月成书。

　　世宗注书经三要三卷　　嘉靖四年十一月,帝谓周书无逸一篇与圣祖御注洪范一篇,皆治天下大法,因令辅臣撰序刊布。大学士费宏等言,皇上励精图治,真与圣祖同心一德,兹欲刊布,亦宜依御注洪范体式,因经分注,直解肯綮,缮写成书,以便观览。已复有旨,再注伊训及二书,分为三册,共为一书。宏等请以洪范居首,次伊训,次无逸,以洪范虽演于箕子,而原出夏禹,且注出圣祖,序之先后宜然。已乃帝制洪范序略一篇,复将皋陶谟、伊训、无逸等篇,通加注释,名曰书经三要。

以上为御纂书成书经过。

　　书传会选六卷　　洪武二十七年四月,诏征儒臣定正蔡氏书传。帝以蔡传解日月五星运行,与朱子诗传不同,及其他注说与鄱阳邹季友所论,间有未安者,诏征国子监博士致仕钱宰等,至谕以定正书传之意,命学士刘三吾等总其事,开局翰林院,正定是书。礼遇诸儒甚厚,各赐以绮缯衣被等物,又御制诗命次韵和进,朝参则班于侍卫之前,宴享则次坐殿中时酒楼,成人赐钞宴其上,各赋诗谢。上大悦,凡蔡氏传得者存之,失者正之。又集诸家之说,足其未备。三吾率诸儒上进,赐名书传会选,命送礼部刊行天下,赐诸儒宴及钞,俾驰驿而归。

以上叙述典籍编纂原委。

(三) 春秋类

春秋书法大旨一卷　洪武中国子博士高允宪、助教杨磐奉旨编次。依啖赵纂例,分类删繁节要。凡二十三则。

以上简述编纂体例。

(四) 四书类

四书大全三十六卷　永乐十二年十一月谕胡广、杨荣、金幼孜曰:五经、四书皆圣贤精义要道,传注之外,诸儒议论有发明精蕴者,尔等采其切要至当之言,增附于下。命广等总其事,仍命举朝臣及在外文学者同纂修,开馆于东华门外,命光禄寺给酒馔。十三年九月书成,命礼部刊刻。十五年正月颁于六部及两京国子监、天下郡县学。赐纂修官钞币有差。

以上简述典籍编纂过程。

(五) 政刑类

臣戒录一卷　洪武十三年正月,胡惟庸谋叛事觉,命翰林侍臣纂录历代诸侯王、宗戚、宦官之属悖逆不道者凡二百十二人,备其行事以类书之,六月书成,颁布中外。

长史黄章等薄福不臣榜文一卷　章,福建人,为文华殿直府长史,洪武三十年与侍读张信、侍讲戴德彝、赞善王俊华、司宪、修撰陈郊、编修尹昌隆、刘谔等翻阅学士刘三吾主考会试落卷,以不用心批阅,且所进卷,有一气交而万物存,及至尊者君、至卑者臣等语,坐罪,皆置于法,惟德彝与昌隆免。特榜其事以示戒。

以上反映历史事实,概述成书原因及内容。

(六) 传记类

　　相鉴二十卷　洪武十三年罢中书省,命儒臣与国子生取历代史所载相臣贤者,自萧何至文天祥八十二人,为传十六卷,不肖者自田蚡至贾似道凡二十六人,为四卷,命编修吴沈序之,太祖亦制序冠焉。

以上反映出朱元彰欲戒敕臣下的意志。

　　阐幽录　录万历中建言被黜诸臣等。高攀龙序。

以上介绍典籍内容。

(七) 儒家类

　　性理大全七十卷　永乐十二年十一月,既命翰林儒臣胡广等纂修五经四书大全,又以周程张朱诸君子性理之言如太极、通书、西铭、正蒙之类,皆六经之羽翼,各自为书,未有统会。令广等类聚成编,务极精备,庶几以垂后世。命广及杨荣、金幼孜总其事,传送廷臣及在外教官有文学者同纂修。明年九月书成,帝亲制序,令礼部刊行。

以上披露此书成书经过及书之概貌。

(八) 医家类

　　朱儒医四书□卷　秀水人,万历初太医院使,尝谏神宗戒暴怒以平气,寡嗜欲以养精,神宗纳之,令中官陆敬书其语于屏。

以上介绍作者事迹,反映史实。

　　李时珍本草纲目五十二卷　字东璧,蕲州人。楚府奉祠。时珍辨疑订误,肆力者四十年,始成其书。分一十六部,部各有类,增药三百七十四种,万历二十四年子诸生李建元进于朝,命宣付史馆。

以上介绍作者及其书。

　　丁毅医方集宜一卷　字德刚,浦江人,精于医道,见殡者棺下流血,毅熟视之曰:此生人血也。止舁者欲启视。丧家不之信,随至墓所,强起之,乃孕妇也,诊之,以针刺其胃,产一儿,妇亦苏,盖儿手握母心,气踏身僵耳。通邑称神。

以上介绍作者事迹。

书目下的小注内容丰富,涉及典籍的各个方面。对于我们了解典籍的编纂原委、了解作者生平及典籍内容性质以及相关的历史事实等各个方面都有很大帮助。前文提到的明代的御纂书、敕撰书等的情况,也可通过以上举例见其一斑。小注实际上起到了提要的作用。

明代的文集很多,以《千顷堂书目》各类所著录的典籍相比较,别集类数量最多。别集类著录的顺序是:帝王、宗室、名臣;一般朝廷官员按科举年代排列;之后是外国、土司、中官、妇人、道士、释子等。往往都注明字号、籍贯、职官等,有的还简述其生平。明代徐𤊹的《徐氏家藏书目》著录明人文集数量也很多,不同的是以地域为单位著录作者的文集,也注明作者字号、籍贯、科第、职官等,虽然体例有别,但是与《千顷堂书目》的通过小注反映作者信息等特点有相同之处。钱谦益说:"林古度曰:'晋江黄明立先生之仲子,守其父书,甚富。'……余于是从仲子借书,得尽阅本朝诗文之未见者。"[13]吴骞《重校千顷堂书目跋》云:"千顷堂书目三十有二卷。晋江黄俞邰先生所辑也。……惜当时不尽见用,唯朱竹垞检讨雅重之。其辑经义存亡考往往征引其说,至于明诗综则凡爵里姓氏以及序次先后,一皆依之,其笃信如此。"[14]以钱谦益及朱彝尊之博学多闻,尚且于黄氏家藏书及其目录多所采获并倚重,足见《千顷堂书目》收录明人著作之富,也说明《千顷堂书目》的学术水平足可依赖。而目录中的小注,内容丰富,可补明史之缺。

四、顺应时代变迁采用目录新体例

宋代刻书事业发达,目录学繁荣,官修目录与私修目录在目录学史上都有承前启后之功。而明代,无论文化的兴盛、刻书事业的繁荣以及目录编纂的数量等都不逊于宋代。虽然于正统年间也曾编纂政府藏书目录《文渊阁书目》,但由于存在诸多缺陷,不足以代表有明一代之水平。实际上,纂修一部与其国力相匹配、能够与前代相媲美的官修目录,明代并非无人虑及于此,而是常有人耿耿于怀。曾经参与纂修明史的倪灿在《明史艺文志序》中对明代历朝政府

有关典籍艺文的举措作了简明扼要的概述:明太祖朱元璋在洪武十四年,下令在北方:

> 颁《四书》《五经》于各学校。又明年,谕礼部曰……今国子监藏版残缺,其命诸儒考补,工部督修之。至二十四年,再命颁国子监子史等书于北方学校。而帝于《洪范》有注,书传有选,其他编类诸书尤多。帝初奋起陇亩,未尝学问。即位而后,挥毫染翰,圣藻葩流,甲乙之集,流传人世。虽曰天纵,其资于经籍者,盖不浅矣。其时典籍,皆在南京。迨成祖即位四年,命礼部遣使购求遗书。及建都北平,命修撰陈循取文渊阁所贮书籍,自一部以至百部之多者,各取其一,置于燕都。……帝武功既成,颇修文事。命儒臣辑《五经》、四子、《性理大全》,颁之郡邑学官,以训生徒。复选天下耆儒、宿士、释道之人,辑《永乐大典》,多至二万余卷。盖欲仿宋太宗《太平御览》等三书。……仁、宣二主,世既承平,文物益盛,宣宗始命杨士奇等辑文渊阁书目,第有编名而无卷帙姓氏,称缺略焉。……其后太平日久,文治益隆,翰林馆阁,两京胄监,部署郎曹,各有所贮。下至郡邑诸学,乡士大夫,或捐所有,或益所无。虽未能尽括天下之典籍,然亦称略备矣。弘治中,大学士邱濬言,经籍图书,……我朝馆阁秘藏,不减前代。然藏书虽多,不无杂乱。积历年久,不无鼠蠹。经该人众,不无散失。乞敕内阁臣计议,专委学士及讲读以下官数员,督同典籍等官,将书目一一比较,有无全欠,分为经史子集四部,及杂书、类书二种,每类若干部,部若干卷,各类总数若干,识校次岁时职官于简末备考。仍令内阁查见存书有副本者,各分其一,送两京国子监。并敕南京守备诸臣,会同南礼部翰林院官,查永乐中原留南内书籍奏知,或只有一本者,将本发国子监,选监生善书者誊录。付各堂校对,送两监掌管。如此,则一书有数本,永无散失矣。其内阁诸书或有缺本,则行各直省访求。有者借官抄录,以增未备。⑮

倪灿的这一篇序,是为黄虞稷所修《明史艺文志》而作,与姜宸英《刑法志序》并称清修《明史》中的杰作。他将明代自建朝所实行的文教措施及藏书、聚书、编目的情况历历道来。仁宗、宣宗以后,文治益隆,从朝廷翰林馆阁到两京国子监,政府各部门、地方学校、士大夫私人等都有藏书,"不减前代"。在这样的文化背景下,弘治年间,大学士邱濬建议召集有关人员,对所藏书籍进行整理、清点,见存书如有副本,分送两京国子监。如只有一本者,选国子监生誊录,送两京国子监掌管。如有缺本,下各省访求,然后抄录,以增未备之书。朝廷虽然采纳了邱濬的主张,可惜最终未能实施。之后至于万历年间,当张萱再编《内阁藏书目录》时,较之《文渊阁书目》所著录典籍,已然是"十无二三"了。胡应麟也曾有编纂目录的想法,他说:"国朝开基绍统,大纲万目,靡不度越前朝。至表章六籍,统一圣真,则巍然上揖夏、商,垺周而四,汉唐以降无足云也。惟是储蓄一端,前代英君哲弼往往系心,似亦右文之世不容后者。国初高皇帝首命颁刻六经,继之文皇帝躬修《永乐大典》,草创之晨,勤思载籍尚尔,矧今日綦隆之极邪?近年楚试发策,以蒐集遗书为问,一时雅士多騁其言。窃惟我国家汛逐腥膻,肇建区宇,文明之象,际地极天,中秘所蓄简编固应倍蓰往昔,重以累朝史局鸿巨肩摩,讵乏刘班王魏等辈?而艺文一录尚似缺如,是真有待于今日也。况今雕本盛行,异书迭出,较之汉唐,难易万万相悬,诚略仿前史求书遗意,稍示向方,事半昔人,功必百之,俟以三年之力,尽括四海之藏,然后大出石渠、东观累叶秘书,分命儒臣编摩论次,勒成一代弘文之典,俾百世后知皇朝储蓄之富冠古绝今,实宇宙之极观、生人之殊际也。时不可失,芹曝之念,恒眷眷于斯云。"⑯胡应麟通过对明朝藏书数量、人才储备以及国力等各方面因素的综合考虑,认为中秘所蓄"固应倍蓰往昔",加之人才"鸿巨肩摩,讵乏刘班王魏等辈"!明代本来是"大纲万目,靡不度越前朝"、"汉唐以降无足云",可与夏商周比肩而四的巍然王朝,却竟然"艺文一录尚似缺如",这怎能不令其发出"是真有待于今日也"之心声,摩拳擦掌、跃跃欲试,"恒眷眷于斯"?他的愿望是以三年之力,尽括四海之藏,包括国家藏书,命儒臣分工编纂,以"勒成一代弘文之典,俾百世后知皇朝储蓄之富冠古绝今",编成一部反映明代现存藏书的总目录。

然而,《千顷堂书目》的体例并非如胡应麟所愿,而是以著录明人著作为主,并附宋辽金元人的著作。对于这一点,倪灿有非常精辟的论述:

> 第有明一代以来,君臣崇尚文雅,列圣之著述内府咸有开板,而一时作者亦自彬彬。崇正学者多以濂洛为宗,尚词藻者亦以班扬为志。迨夫博雅淹通之士,著述尤夥,故其篇帙繁富,远过前人。虽不无芜蔓,然亦有可采。前代史志皆录古今之书,以其为中秘所藏,著一代之所有。今文渊

之目，既不可凭，且其书仅及元季，三百年作者缺焉，此亦未足称纪载也。故特更其例，去前代之陈编，纪一朝之著述。元史既无艺文，宋史咸淳以后多缺。今并取二季，以补其后，而附以辽、金之仅存者，萃为一编，列之四部，用传来兹。⑰

倪灿的这一番话，是针对黄虞稷所修《明史艺文志稿》而发，其实也是对《千顷堂书目》的评价。由于明代官修的《文渊阁书目》"既不可凭，且其书仅及元季，三百年作者（按：指明代）缺焉"，也由于明代"著述尤夥，故其篇帙繁富，远过前人"，如果还像唐宋艺文志那样，录古今之书，著一代之所有，势必会因篇帙繁富，远过前人而使篇幅无法包容，《宋史·艺文志》的庞杂就是证明；所以"特更其例，去前代之陈编，纪一朝之著述"。又由于《元史》无《艺文志》，《宋史艺文志》的著录咸淳以后缺略。因而并取二季，以补其后，而附以辽、金之仅存者，萃为一编，列之四部。《千顷堂书目》这种以断代著录并附以宋辽金元典籍的方式，《四库全书总目》批评说："每类之末，各附以宋金元人之书，既不赅备，又不及于五代以前，其体例特异，亦不可解。"⑱其实，黄虞稷有鉴于辽金元三代无艺文志，欲仿《隋书·经籍志》之例，补目录之缺。《千顷堂书目》的这些特异之处，正是顺应目录发展之需要，也是明代目录不同于其他时代的特点所在。梁启超说：

刘子元谓正史艺文宜以当代人著述为限。其说是非参半，然自唐以来，迄未有采之者，有之自《明志》始。清修《明志》时，其可取之途径有三：其一，依唐、宋志成例，备录当时所存古今典籍。其二，仿《隋志》兼五代志之例，将无志之辽金元与明代合并为一时代，综纪四朝著述，以补彼三史之阙。其三，则纯用刘说，以明人著述为限也。康熙创设史馆时，第一说未闻有主之者；第二说最有力，上元倪氏、晋江黄氏皆向此鹄以从事也。第三说则长洲尤氏倡焉，而势实孤微，中间馆事愶弛三四十年。雍末乾初，督促杀青，正值实学最衰落之时代，馆臣无复能精挚义例者，全书大部分惟采王鸿绪史稿。王稿艺文志……而资料内容则袭黄氏。惟删其补宋辽金元之部分，……然刘氏所倡新说，历千年而竟实现，遂为史志开一创例。其长处在划清界限，成一代著作之总簿，不与前期相蒙；其短处则古书在此时代中存佚状况无从考见也。⑲

黄虞稷《千顷堂书目》采用的是第二种体例,即"仿《隋志》兼五代志之例,将无志之辽金元与明代合并为一时代,综纪四朝著述,以补彼三史之阙";而最终经王鸿绪以及张廷玉完成的《明史·艺文志》是采用第三种体例,即"以明人著述为限"。在当时的学术背景下,《千顷堂书目》所采用的体例也是大势所趋,有其历史原因,符合明代学术发展的需要。

《千顷堂书目》在目录的体例上能够体现明代学术文化的特点,是明代目录的代表与总结。主要著录明人著述,也以收录明人文集丰富而著称。然而应当提及的是,与其能够反映明代学术文化特点不相符的是,通俗小说与戏曲作品在《千顷堂书目》中不见著录。明代文化的一个突出特点就是小说戏曲发达。小说与戏曲的发生及发展都不是自明代始。然而受封建正统观念影响,传统目录对于宋代以后产生的通俗白话小说以及元代及以后产生的杂剧传奇等采取排斥态度,是不著录的。由于小说戏曲这些文学形式在明代的发达繁盛,明代的一些私人藏书目录,对当时流行的小说、戏曲著作都有著录。如晁瑮《宝文堂书目》著录有《西厢记》《琵琶记》等戏曲作品,高儒《百川书志》著录有《三国志通俗演义》《忠义水浒传》等明代通俗小说,赵琦美《脉望馆书目》著录有《牡丹记》《西厢记》《琵琶记》等明代戏曲,徐𤊹《徐氏家藏书目》传奇类著录有《牡丹亭还魂记》等。明代戏曲、小说兴盛,作品众多,这一文化特点在多部明人所撰目录中都有反映,但是以断代著录明人著作为其特征的《千顷堂书目》,对这两类典籍,小说类只著录传统意义上的小说,而不著录白话小说;词曲类也只著录词曲而不见杂剧、传奇等。另外,《千顷堂书目》小说类著录"瞿佑存斋类编又香台集三卷",书目下小注说:"佑又有剪灯余话。正统七年癸酉李时勉请禁毁其书,故与李桢余话皆不录。"按瞿佑(1341—1427),字宗吉,钱塘(今浙江杭州)人。著有文言小说集《剪灯新话》。《千顷堂书目》小说类此条目后有吴骞校语云:"钱塘瞿宗吉著剪灯新话,多载鬼神淫亵之事。同时庐陵李昌期复著剪灯余话续之。……昌期名桢,登永乐甲申进士,官至河南左布政司。景泰间庐陵祀乡贤学宫,独昌期以余话不得入,著作可不慎欤!"[20]又据王利器《元明清三代禁毁小说戏曲史料》转引清顾炎武《日知录之余》卷四《禁小说》:

正统七年,二月辛未,国子监祭酒李时勉言:"近有俗儒,假托怪异之事,饰以无根之言,如《剪灯新话》之类,不惟市井轻浮之徒,争相诵习,至于经生儒士,多舍正学不讲,日夜记忆,以资谈论;若不严禁,恐邪说异端,日新月盛,惑乱人心;乞敕礼部,行文内外衙门,及调提学校佥事御史,并按察司官,巡历去处,凡遇此等书籍,即令焚毁,有印卖及藏习者,问罪如律,庶俾人知正道,不为邪妄所惑。"从之。㉑

综合以上材料可知,《千顷堂书目》小注中所说瞿佑"剪灯余话"应为剪灯新话,"癸酉"应为祭酒。瞿佑所著《剪灯新话》在当时产生了很大影响,仿效者不乏其人,李祯就是其中之一,作有《剪灯余话》。正统七年,应国子监祭酒李时勉之请,《剪灯新话》被官方宣布为禁书,下令焚毁,如有印卖及藏习者,将按法律问罪。李祯由于仿瞿氏作有《剪灯余话》,即使他"居官所至有风裁,服食清约,足迹不至公府。富于才情,多所结撰"㉒,在他死后却因此而不得享祭于乡贤祠。明代政府对小说的禁毁,我们通过《千顷堂书目》的小注找到了旁证,同时也说明了瞿佑的《剪灯新话》及李祯《剪灯余话》未被《千顷堂书目》著录的原因。与《千顷堂书目》不同,明代有多部私人藏书目如《宝文堂书目》《百川书志》《澹生堂藏书目》等都著录有《剪灯新话》及《剪灯余话》。《千顷堂书目》著录瞿佑的著作,却注明其《剪灯新话》因是禁书而不予著录,相比之下,作为私人藏书目录,其与官方保持一致的立场类似于官修目录,与明代诸多私人藏书目录的著录标准的确有所不同。也许这一点也是它能够在众多私人藏书目录中,成为清代修《明史艺文志》的基础和蓝本的原因。《四库全书总目》虽然对《千顷堂书目》提出了一些批评,但也不得不承认:"考明一代著作者,终以是书为可据,所以钦定明史艺文志颇采录之,略其舛驳,而取其赅赡可也。"㉓总而言之,《千顷堂书目》在明代目录中自有其重要的地位和作用,了解明代的典籍以及明代学术、明代目录编纂情况,是不能不参考《千顷堂书目》的。

注　释

① 《清史列传·黄虞稷传》,《千顷堂书目·附录》,上海古籍出版社,2001年,795页。
② 同前注。
③ 关于黄虞稷入明史馆修《明史艺文志稿》以及王鸿绪对黄稿的删削,详情请参看王重民《〈千顷堂书目〉考》,王重民《中国目录学史论丛》,中华书局,1984年,185—212页。

④ 瞿凤起、潘景郑整理《千顷堂书目》,上海古籍出版社,2001年。
⑤ 姚名达《中国目录学史·分类篇》,上海古籍出版社,2005年,82页。
⑥ 黄虞稷《千顷堂书目》子部杂家类,323页。
⑦ 胡应麟《少室山房笔丛·九流绪论上》,上海书店出版社,2001年,260－261页。
⑧ 焦竑《国史经籍志》,中华书局"丛书集成初编"本,1985年,178页。
⑨ 《四库全书总目》,中华书局,1965年,1006页。
⑩ 黄虞稷《千顷堂书目》集部制举类,上海古籍出版社,2001年,784页。
⑪ 陈振孙《直斋书录解题》,上海古籍出版社,1987年,458页。
⑫ 《四库全书总目》卷八五史部目录类一,"千顷堂书目"条,732页。
⑬ 钱谦益《黄氏千顷斋藏书记》,《千顷堂书目·附录》,795页。
⑭ 吴骞《重校千顷堂书目跋》,《千顷堂书目·附录》,799页。
⑮ 倪灿《明史艺文志序》,《千顷堂书目·附录》,802－803页。按:本书所收《明史艺文志序》,未注明作者姓名,只在出版说明中提及倪灿。
⑯ 胡应麟《经籍会通四》,《少室山房笔丛》,上海书店出版社,2001年,49－50页。
⑰ 倪灿《明史艺文志序》,《千顷堂书目·附录》,804页。
⑱ 《四库全书总目》卷八五史部目录类一,"千顷堂书目"条,732页。
⑲ 梁启超《图书大辞典簿录之部》,《饮冰室合集》专集第十八册,上海,中华书局,1936年,36页。
⑳ 清吴骞校语,见《千顷堂书目》卷一二小说类"瞿佑存斋类编"条吴校,333页。
㉑ 王利器辑录《元明清三代禁毁小说戏曲史料》第一编"中央法令",上海古籍出版社,1981年,15页。
㉒ 钱谦益《列朝诗集》乙集第五,中华书局,2007年,2396页。
㉓ 《四库全书总目》卷八五史部目录类一,732页。

略议《四库全书总目》与中国古典学的成立

吴国武

一、引 言

"中国古典学"一词,相当一段时间内为日本学界所使用。1928 年,汉学名家内藤湖南写过一篇题为《关于支那古典学的研究法》的文章,文中谈到其第一种学问就是经学,还提及西方科学的古典学方法[①]。反观我国学界,大家长期使用"国学""中学""旧学"等语汇比较宽泛地讨论中国的传统学问。近年,国内研究者尝试用"中国古典学"来定义各自的传统中国研究或中国古典学术研究。归纳起来,海内外学界对于"中国古典学"的含义大致有四种看法:

第一种看法,日本学者将本国语境中的"传统汉学"称之为"中国古典学"或"古典中国学",与欧美语境中的"汉学"或"中国研究"区别开来。这种看法与日本久远的汉学传统有关,在日本学界已有较大共识。第二种看法,部分国内学者将"先秦典籍整理与研究"或"先秦秦汉历史文明"称之为"中国古典学",与西方古典学在时段和理念上对应起来。这种看法与晚近中国的上古史及出土文献研究有关,以裘锡圭老师为代表致力于所谓"中国古典学的重建"[②]。第三种看法,部分国内学者将"国学"直接改称为"中国古典学",以谋求整体地进入现代学科体系。这种看法与当下国学学科建设、传统文化弘扬有关,以一些国学研究机构及相关推动者为代表。第四种看法,部分国内学者将"中国古典文明"称为"中国古典学",与西方古典文明相对应。这种看法着眼于中西古典的比较视野,在时段上不拘于"先秦秦汉",在理念上又与"国学"论者有相通之处。

后三种看法中,以裘锡圭老师的"中国古典学"定义在国内学界中影响最大。然而,视"先秦典籍整理与研究"或"先秦秦汉历史文明"为"中国古典学"的主张,大体是现代学术理念、学科认识和方法意识的延续,还需要解决如何对接整个中国古典传统的大问题。其他两种看法,或者本土立场过浓,或者内涵外延太宽,需要反思的地方还更多。个人以为,回归古典学的根本理念和内在逻辑,回归中国古典学之于中国传统学术的接续传承,回归中国古典学之于现代学术的持久发展,是论者面临的新问题和新挑战。追本溯源,只有整体梳理中国古典及其学问的来龙去脉,才能准确说明和定义中国古典学。从古典学原意和中国古典传统源流来看,这种整体梳理的最好途径便是对中国古典目录的再审视和再研究。

众所周知,《四库全书总目》是数千年中国古典学术传统的集大成之作。可惜的是,论者要么拘于分析其作为学术门径的解题目录性质,要么止于观察其所反映的清代学术动向,要么旨在了解古典文献的流传,要么依此泛论中国文化的特质,鲜有论者专门考察《四库全书》纂修和《四库全书总目》编纂对于今日中国古典学的重要意义。个人以为,《四库全书》纂修和《四库全书总目》编纂,可以成为探讨中国古典学及其内涵外延的最佳切入点。

二、《四库全书》纂修与中国古典学的自觉

若要讨论"中国古典",先应该回到汉文古典文献的形成发展上来,回到汉文经典要籍的传承研习上来。"西方古典学"是指古希腊、古罗马文献乃至整个文明的学问,"中国古典学"则是指先秦以来古典文献(特别是经典要籍)及其传习的学问。尽管两种古典学出自不同的历史环境,前者偏重文明研究,后者偏重经典传习,但它们都有一个共同点,即基于古典文献整理研究而生发出来的系列学问。

汉文古典文献整理有着悠久的历史,从春秋时期至清前期两千多年间的整理活动中,前贤编撰了非常可观的古典目录及相关著作,记录了中国古典及其学问的文化渊源和发端历程。然而,这些整理活动要么缺乏对"古"(即古书、古代)的整体认识,要么缺乏对"典"(即经典、典范)的地位确认,要么缺乏

对"学(即学理)"的内在建构。迟至清代中叶乾隆间纂修《四库全书》,中国古典学才由充分积累进入了自觉建设时代。

(一)《四库全书》纂修对古典文献的全面系统整理

乾隆以前,汉文古典文献的整理,经历了整理"六艺"到整理"四部"文献等几个重要阶段。不过,这些整理活动的特点是,征书校书规模相对较小,所涉文献种类相对不多,所涉整理工作相对简易。而纂修《四库全书》,时间上延续数十年,空间上遍及朝野地方,征书规模牵涉数万种文献,工作任务则是征书、辑佚、辨伪和校雠四者并重。自来整理古典文献,未有如此全面系统者。

其一,全面系统地收集古书。从乾隆三十七年(1772)至乾隆四十三年,清廷在内府藏书之外下诏全面征书[③]。据统计,《四库全书总目》收书数目为10254种,若加上副本、禁毁等各种原因未登录者,应有数万种之多。自来征书,未有如此大规模者。这种收集程度,使馆内外学者有条件更为整体地认识传世的汉文古书和久远的主流学术。

其二,全面系统地辑佚古书。当初,设立四库全书馆与从《永乐大典》中系统辑佚古书密切相关[④]。从四库全书馆组织架构来说,清廷专设"校勘永乐大典纂修兼分校官"并任命官员人数达39人,其重要性显而易见。据研究,《永乐大典》拟签佚书1100多种,辑佚出700多种书,收入《四库全书》有300多种[⑤]。自来辑佚,未有如此大规模者。这种辑佚程度,使馆内外学者有条件重建古书经典的完整序列和重构古典学术史的关键环节。

其三,全面系统地辨伪古书。四库开馆之后,对收集和辑佚的古书进行考辨校核,是《四库全书》纂修中分量很重的工作。据研究,《四库全书总目》辨伪书目有数百种之多[⑥]。当时的辨伪,以经书、子书为主,兼及史部、集部。自来辨伪,也没有如此大规模者。这种辨伪程度,使馆内外学者有条件建立一套可信的古典文献系统、更为准确地理解古典学术源流。

其四,全面系统地校雠古书。开馆之初,朱筠便提出"著录与校雠并重"(《谨陈管见开馆校书折子》)。从纂修过程来看,著录、校雠需要经过时间很长、严格复杂的工序,皇帝、总裁以下所有馆臣分别承担了分纂、总纂、分校、协勘、重校、总校、总阅、钦定等各项各阶段任务,并产生了目录形式的《四库全书简明目录》《四库全书总目》以及校勘记形式的《四库全书考证》等众多成果。

自来校雠，未有如此大规模者。这种校雠程度，使馆内外学者有条件熟悉并把握古书经典和古典学术的内在规律。

（二）《四库全书》纂修对于经典要籍的高度重视

乾隆以前，官方和学界逐渐重视经典要籍在汉文古典文献中的优先地位。乾隆即位不久，诏令校刊武英殿本《十三经注疏》《二十四史》等正经正史，开馆纂修《纲目三编》《通鉴辑览》《三通》等史部典籍，这直接影响到《四库全书》纂修时经史要籍优先地位的强化。

乾隆三十八年，两江总督高晋上奏称："窃照钦奉上谕，纂辑《四库全书》，首冠以经，表自古圣贤之统绪；次列以史，垂累朝兴废之源流。此外，说经论史之书，苟能互相发明，均可列诸简册。"⑦首冠以经，次列以史，征书和校书均以两部为重心。乾隆四十二年，上谕寄浙江巡抚三宝："朕阅四库全书馆所进抄本朱彝尊《经义考》，于历代说经诸书广搜博考，存佚可征，实有裨于经学，朕因亲制诗篇，题识卷首。此书现已刊行于世，闻书板尚在浙江。著将御制诗录寄三宝，就便询问藏板之家，如愿将朕此诗，添冠卷端，听其刊刻，亦使士林咸知朕阐崇经学之意。"⑧乾隆不仅强化《四库全书》纂修对于经学的重视，而且还将其阐崇经学之意颁告天下。

《四库全书》纂修过程中，正经正史、说经论史之书受到高度重视，不仅在经典要籍的提要中体现得淋漓尽致，还被用来作为考辨和评价其他古书的标准。自来表彰经典要籍，没有如此全面系统者。

（三）《四库全书》纂修中古典语文学的成熟

乾隆以前，汉文古典文献整理也涉及训诂、考证工作，但并没有形成一套完整的古典语文学理念方法。只有到了纂修《四库全书》，馆臣倡言"读书必先识字""以字通其词，以词通其道"，以"小学"为代表的古典语文学真正走向成熟。这套语文学理念方法，是在《说文》《尔雅》及经传注疏基础上形成的。自来校书，未有如此重视语文学者。

其一，《说文》《尔雅》之学的倡导。朱筠最先提倡《说文》之学，在安徽学政任内主持校订《说文解字》，并委王念孙等人校正刊行。他提出："读书必先识字，特取旧本《说文解字》重为校刻，自制序文，揭以四端：曰部分、曰字体、曰音声、曰训诂，为六书者指示途径。"⑨四库开馆后，朱氏及其后辈弟子如程晋芳、陆锡熊、任大椿、王念孙等人入馆，《说文》之学在馆内外蔚为风气。与此同时，戴震提倡《尔雅》之学。他指出："古故训之书，其传者莫先于《尔雅》，六艺之赖是以明也。所以通古今之异言，然后能讽诵乎章句，以求适于至道。……余窃谓儒者治经，宜自《尔雅》始。"⑩后来，邵晋涵便在戴震的基础上，完成了一部《尔雅正义》。《说文》明字学，《尔雅》通故训，在馆内外学者的努力下成为读古书、治古经之基础。

其二，文字音韵训诂之学的成立。朱筠在安徽学政期间，对于古典学术有新的见解。他说："凡于经之天地、山水、宫室、器用、衣服、鸟兽、草木、虫鱼之详，悉皆当周知，而先之以训诂。然后其于经之义秩然、粲然、怡然、涣然也。……与诸生谆谆言之者，通经与识字而已。"（《笥河文集》卷五《安徽试卷序》）先明训诂、后通经义，形成了新的治古经、读古书之法。四库总纂官纪昀在《小学类叙》中说："古小学所教，不过六书之类，故《汉志》以《弟子职》附《孝经》，而《史籀》等十家四十五篇列为小学。……自朱子作《小学》以配《大学》，赵希弁《读书附志》遂以《弟子职》之类并入小学；又以《蒙求》之类相参并列，而小学益多歧矣。考订源流，惟《汉志》根据经义，要为近古。"⑪对此，张舜徽先生总结道："《四库总目》以《尔雅》之属归诸训诂，《说文》之属归诸文字，《广韵》之属归诸韵书，而总题曰小学，此清儒之所谓小学也。"⑫至此，作为语文学的"小学"得以成立。

其三，目录版本校勘之学的成熟。《四库全书》纂修时标举"著录与校雠并重"，具体工作大致如下：先从历代目录群书的著录入手，搜罗古书各类版本，考察古书成书体例，校勘各版本及相关书籍，附校勘记于所校阁书之末，汇编《四库全书考证》并撰成《四库全书总目》。《总目凡例》说："今诏求古籍，特创新规，一一辨厥奸媸，严为去取。其上者，悉登编录，罔致遗珠；其次者，亦长短兼胪，见瑕瑜之不掩；其有言非立训，义或违经，则附载其名，兼匡厥谬；至于寻常著述，未越群流，虽咎誉之咸无，要流传之已久，准诸家著录之例，亦并存其目，以备考核。等差有辨，旌别兼施，自有典籍以来，无如斯之博且精矣。"⑬可见，作为整体的目录版本校勘之学日趋成熟。

综上，诚如正总裁永瑢所言："俾学者由书目（《简明目录》）而寻提要，由提要而得全书，考镜源流，用昭文治之盛。"⑭《四库全书》的纂修，标志着中国古典学在"古（古书、古代）""典（经典、典范）""学（学理）"三个层次上走向自觉。

三、从《四库全书总目》看中国古典学性质宗旨和架构体系的成立

在中国古典及其学问的传习过程中,汉文古典文献整理是起点,经典要籍研究是关键,古典语文学是基础,由此而来还有文本史实考证、义理辞章评析,乃至于身家性命、天下国家之道。然而,先秦以来的文献整理活动,大体专注于古书的编目著录和文本的校订解释,缺乏对各类专门学问全面系统的认识和把握,也没有形成内涵外延明晰的古典学完整结构。只有到了乾隆间纂修《四库全书》和编纂《四库全书总目》,馆内外学者全面系统地总结各类专门学问,中国古典学的性质宗旨和架构体系才得以成立。

(一) 古典学的性质宗旨

在《四库全书总目》编纂中,清廷和馆臣强调以正经、正史为代表的经典要籍是中国古典的主体,中国古典学的性质宗旨得以成立。这些经典要籍及其注释、仿作、翻新,呈现出层次分明、结构完整的文献序列;这些经典要籍的理解和传习,构成了丰富复杂的学术内容。

其一,古书经典的排序,依照注从经典、类附于本的原则。过去的目录,古书排序不太严整。《总目凡例》说:"诸书次序,虽从其时代,至于笺释旧文,则仍从所注之书,而不论作注之人。……《史记疑问》附《史记》后,《班马异同》附《汉书》后之类,亦同此例,以便参考。至于汪晫之《曾子》《子思子》则仍列于宋,吕柟所辑之《周子钞释》诸书则仍列于明,盖虽裒辑旧文,而实自为著述,与因原书而考辨者,事理固不同也。"[15]"礼类仪礼之属"按语又说:"《仪礼》不专言丧服,而古来丧服之书,则例附于《仪礼》。言丧服者,大抵以《仪礼》为根柢,故从其本而类附也。"[16]馆臣以作者时代先后为序的同时,特别重视经典要籍及其注释连排,这种排序应该是模仿经部各类经书及其注释的旧例。如果说"笺释旧文"是对经典要籍的注解,"从其本而类附"往往是对正经正史的归附,反映了经典要籍的传承研习;而"自为著述"则是开创新的经典,将来形成新著述的传习。这种连排和类附原则,最能体现中国古典学根植自身的性质宗旨。

其二,古书经典的地位,依照考证精核、议论明确来衡定的原则。过去的

目录,何为经典要籍,标准杂乱不一。《总目凡例》说:"说经主于明义理,然不得其文字之训诂,则义理何自而推;论史主于示褒贬,然不得其事迹之本末,则褒贬何据而定。……今所录者率以考证精核、辨论明确为主,庶几可谢彼虚谈、敦兹实学。"⑰馆臣对古书经典的评价不再以陈词说教为标准,而是说经由训诂明义理、论史据事迹定褒贬。具体提要文字,"足资考证"之语、"议论允当"之言往往而在。这种考证和议论的原则,最能体现中国古典学特色鲜明的性质宗旨。

其三,古书经典的选取,依照明体达用、经世致用的原则。过去的目录,多停留在反映公私藏书和书籍流传状况上。《总目凡例》说:"圣贤之学主于明体以达用,凡不可见诸实事者,皆属卮言。儒生著书,务为高论。阴阳太极,累牍连篇,斯已不切人事矣。……凡斯之类,并辟其异说,黜彼空言,庶读者知致远经方,务求为有用之学。"⑱馆臣选取见诸实事、切近人事的古书经典,旨在倡导致远经方、务为有用的学风。另一则《凡例》又说:"九流自《七略》以来,即已著录。……圣朝编录遗文,以阐圣学、明王道为主,不以百氏杂学为重。"⑲回归圣学王道、不与百家杂学,也是四库修书一贯的理念。这种明体达用、经世致用的原则,体现了中国古典学比较独特的性质宗旨,与西方古典学有很大的不同。

(二) 古典学的架构体系

在《四库全书总目》编纂中,清廷和馆臣逐渐形成了一套古书分类及学术分野的构想。这套古书分类及学术分野的构想,以解题目录为载体,通过文本史实考证和义理辞章评论的方式,颇能切合古典学的根本理念和内在逻辑。

其一,确认四部学问架构体系。当初,朱筠上《开馆折子》时提到"或依七略,或准四部",对于是否采用四部分类法似有犹疑(《谨陈管见开馆校书折子》)。开馆以后,四部分类法很快为主事者采纳。乾隆三十八年上谕称:"朕意从来四库书目,以经、史、子、集为纲领,裒辑分储,实古今不易之法。"⑳《总目凡例》明确说:"是书以经、史、子、集提纲列目,经部分十类,史部分十五类,子部分十四类,集部分五类。或流别繁碎者,又各析子目,使条理分明。"㉑这一套四部分类法确认了唐宋以来主流的四部学问传统,完整奠定了中国古典学的架构体系。

其二,强化经史之学在四部学问体系的优先地位。四库馆臣高度重视经典要籍,尤其是经、史两部。总纂官陆锡熊提出:"夫为学以穷经为首,而经师授受本专门,将溯源流,必资古义。诸生先当潜心注疏,穿穴诸家,详辨训诂,博稽名物,然后折中儒说以睹指归,精治一经,旁通六籍,苟臻贯串,必与甄嘉。至史学与经并重,体用相资,诸生方欲学古入官,而故事茫如,将何以练习典章,扩充识见?即以行文而论,亦未尝不可得其精意,羽翼微言,愿研经之余,时宜览史。"[22]经学为首,经学、史学并重,是当时馆内外的共识。馆外名家钱大昕也说:"自四库馆开,而士大夫始重经史之学。"[23]此言最能见经史之学在四部学问中的优先地位。宋明以来,理学之风最盛,经史之学渐衰。自顾炎武倡言"经学即理学",特别是四库开馆以后,经学、史学大为兴盛,成为中国古典学架构体系中最重要的学问。

其三,阐明四部及各类学问的内在关系。清廷和馆臣不仅重视经史之学的优先地位,还对四部及各类学问之间的内在关系有整体把握。乾隆四十年,皇帝作《文源阁记》云:"以水喻之,则经者文之源也,史者文之流也,子者文之支也,集者文之派也。流也,支也,派也,皆自源而分。集也,子也,史也,皆自经而出。故吾于贮四库之书,首重者经,而以水喻文,原溯其源。"[24]此论明确指出,经、史为源流关系,子、集则是经、史的支派,史、子、集都是从经而出的。《子部总叙》也说:"夫学者研理于经,可以正天下之是非;征事于史,可以明古今之成败;余皆杂学也。然儒家本六艺之支流……要可与经史旁参。"[25]经学居中国古典学之首、之核心,史学羽翼经学而行,子学则与经史之学旁参,四部学问之间的内在关系阐述得非常清楚。此外,《子部总叙》还将子部十四类学问分成四层,即"大道"(含儒、兵、法、农、医和天文算法六家)、"小道"(含术数、艺术两家)、"旁资参考者"(含谱录、杂家、类书和小说四家)、第四层是"外学"(含释家、道家道教两家),每层之下各家学问亦有次序[26]。这种分层排序,大体以经世致用为标准,从学理上说明了子学各门类及其学问在中国古典学架构体系中的位置。

其四,划定有争议的学术分野。在古书分类的过程中,馆臣对于一些学术分野有新认识。上节已揭"小学"的内容性质本来不太固定,朱熹因"大学"而立"小学"为之一变,四库修书时才确立了文字音韵训诂之学为"小学",视之为经学的基础。然而,如此一来,朱熹所谓"小学"的学问归属需要调整。《小学集注》提要云:"是书自陈氏《书录解题》即列之入经部小学类。考《汉书·艺文志》以《弟子职》附《孝经》。而小学家之所列,始于史籀,终于杜林,皆训诂文字之书。今案以幼仪附《孝经》,终为不类。而入小学,则于古无征。是书所录皆宋儒所谓养正之功,教之本也。改列儒家,庶几协其实焉。"㉒馆臣认为,《汉志》训诂文字之书归属小学是汉人古义,陈振孙视《小学集注》为小学之书不合适;然后根据儒家类分野原则,将该书转归儒家类。学术分野的重新划定,最可见馆臣在古典学架构体系上的深思熟虑。

四、从《四库全书总目》看中国古典学的典范形式和方法进路的成立

伴随汉文古典文献的整理,历代学者对中国古典学术传统的认识不断深入。比如,刘向父子有所谓"诸子出于王官"论。当然,由于缺乏一套完善的典范形式和方法进路,这些认识要么停留在就人论人、就书论书的程度,要么属于学术演变规律的总结。只有到编纂《四库全书总目》时,馆内外学者对历代学术特质方向有了深刻把握,中国古典学的典范形式和方法进路才得以成立。

(一) 作为古典学典范形式的汉学和宋学

乾隆以前,"汉学""宋学"二语还只是汉、宋两朝学术的总名。至纂修《四库全书》,在清廷和馆臣的努力下,"汉学""宋学"二语超越朝代意义而上升到典范形式的高度。

众所周知,总纂官纪昀立足于经学史,将中国古典学术发展划分为六个阶段,把六个阶段的学术特质方向归纳成汉学、宋学两种范式,并讲明两种范式的根本差别和相互关系。《经部总叙》论道:"要其归宿,则不过汉学、宋学两家,互为胜负。夫汉学具有根柢,讲学者以浅陋轻之,不足服汉儒也;宋学具有精微,读书者以空疏薄之,亦不足服宋儒也。消融门户之见,而各取所长,则私心祛而公理出,公理出而经义明矣。盖经者非他,即天下之公理而已。"㉓其他馆臣也多持此意见,比如翁方纲有多篇文字专论汉学、宋学。对此,张舜徽先生指出:"汉学、宋学之名,发自清儒。名之不正,孰甚于此。最初见于《四库提

要》,其后江藩撰《汉学师承记》《宋学渊源录》,于是门户之见,牢不可破,彼此攻诘,势同水火。"㉙本来,汉宋两朝之学、汉宋门户之见只是一种学术演变规律的总结;但是依照馆臣的新见解,汉学、宋学本质上是两种不同的典范形式。

早在乾隆十八年,戴震就说:"先儒为《诗》者,莫明于汉之毛、郑,宋之朱子。然一诗而以为君臣朋友之词者,又可以为夫妇男女之词;以为刺讥之词者,又或以为称美之词;以为他人代为词者,又或以为己自为词。其主汉者必攻宋,主宋者必攻汉,此说之难一也。"㉚戴氏之意,主"毛传""郑笺"者为汉学,主《诗集传》者为宋学。后来,这一见解成为馆臣共识。纪昀在《诗类小叙》中指出:"然攻汉学者,意不尽于经义,务胜汉儒而已。伸汉学者,意亦不尽在于经义,愤宋儒之诋汉儒而已。"㉛汉、宋门户之争,固然有意气用事,根本还在于汉学、宋学为两种不同范式。戴震尝说:"有汉儒经学,有宋儒经学,一主于故训,一主于义理。"㉜明故训是汉学范式的特点,明义理则是宋学范式的特点。就汉学范式来说,梁启超先生有详论:"汉学根本方法,在实事求是、无征不信。其研究范围,以经学为中心,而衍及小学、音韵、史学、天算、水地、典章、制度、金石、校勘、辑佚等,而引证取材,多极于两汉,故亦有'汉学'之目。"㉝从明故训再到文本考证,正是汉学范式的主要特点。

《四库全书总目》行世之后,偏训诂者被视为"汉学",偏义理者被视为"宋学","汉学""宋学"成为中国古典学的基本范式,不仅影响清中叶以后的汉宋之争、汉宋调和、汉宋兼采等种种学术动向,也影响到民国以来的新汉学、新宋学乃至学界同仁的考证义理方法之争。

(二) 作为古典学进路方法的义理学、辞章学、考据学

乾隆以前,学界多泛论学问之途,或涉学派异同、或涉治学领域分野,较少归纳总结传统的治学方法。只有到编纂《四库全书》,"义理""考证"和"辞章"才成为中国古典学的进路方法。

前文已述,戴震在讲汉宋范式时也有对学问之途的新理解。他认为:"古今学问之途,其大致有三:或事于理义,或事于制数,或事于文章。……圣人之道,在六经。汉儒得其制数,失其义理;宋儒得其义理,失其制数。"㉞他还说:"有义理之学,有文章之学,有考核之学。义理者,文章考核之源也,熟乎义理,而后能考核,能文章。"㉟两处合起来看,义理之学主于理义,文章之学主于文章,考核之学主于制数。方法进路不同所得各有偏重,但三种进路方法又相辅相成。稍后,姚鼐、翁方纲等馆臣提到学问之事,使用与戴氏几乎相似的用语。姚氏说:"鼐尝论学问之事,有三端焉:曰义理也,考证也、文章也。是三者苟善用之,则皆足以相济;苟不善用之,则或至于相害。"㊳这种理解与戴震有异曲同工之妙。翁氏说:"有义理之学,有考订之学,有词章之学,三者不可强而兼也,况举业文乎!然果以其人之真切贯彻而出之,则三者一原耳。"㊴三途、三端、三学,是当年馆内外的共同话题。应该说,义理、考证和文章三种治学方向,确立了中国古典学的进路方法。

具体到"考证之学",翁方纲的论述大体代表馆臣修书的考证功夫。他说:"盖尝反复推究,上下古今,考订家之所以然,具于此三言矣:曰多闻,曰阙疑,曰慎言。三者备,而考订之道尽于是矣。大抵考订者之用己意,初非好矜己以炫所长也,亦实因乍见某书某处有间可入也。而未暇于此事之旁见于他处者,悉取而详核之,则误者什有几矣。其或又见一处,正与此处足以互按也,喜而并勘之,以为两端之执在是也,而不知前乎我者,某家某文早有说以处之,吾不及知,而遽以吾所见定之,又非漏则略。故观书贵博也。每有积数十年之参互待决者,一旦豁然得之矣,而后此又于某书见有此条,其所见又倍于我者,乃始皇然省也,此皆未多闻之故也。至于不肯阙疑,不甘阙疑,则其弊最大。"(《复初斋文集》卷七《考订论下之二》)他详述了考证的基本原则、一般流程和具体做法,具有明确的方法论意识。这种方法论意识,在《四库全书总目》及馆臣其他文字中比比可见。

除此之外,馆臣还提到了"德行""经世之学"等其他学问之途。后来,从"学求有济于天下"之"学",逐渐生发出"经世之学""经济之学"等新的方法进路。

五、《四库全书总目》成为专治中国古典学的门径

《四库全书总目》问世后,两百多年来的中国学术深受其影响。这种影响不仅仅限于中国古典及其学问的各个具体领域和细节问题,还延展到中国古典学的根本理念和内在逻辑上。比如,由小学、经学、史学、先秦诸子学、文学

以及其他专门学问形成古典学的结构层次,由义理学、考证学、文章学、经世学以及其他相关学问形成古典学的领域方向。

当初,四库馆臣建立汉、宋两种范式,强调两种范式各有长短。至嘉道间,却引出了持久的"汉宋之争"。比如,江藩作《国朝汉学师承记》《国朝宋学渊源记》两书,方东树应之而作《汉学商兑》,各立门户,彼此相攻。江藩尝谓:"近今汉学昌明,遍于寰宇,有一知半解者,无不痛诋宋学。然本朝为汉学者,始于元和惠氏,红豆山房半农人手书楹帖云:'六经尊服、郑,百行法程、朱。'不以为非,且以为法,为汉学者背其师承,何哉!"㊴江氏强调治汉学者不可法程朱,挑起了门户之争。方东树回应说:"顾训诂未明,当求之小学是也。若大义未明,实非小学所能尽。今汉学宗旨,必谓经义不外于小学,第当专治小学,不当空言义理。以此欲蓦过宋儒而蔑之,超接道统,故谓由考核以通乎性与天道,由训诂以接夫唐、虞、周、孔正传。此最异端邪说,然亦最浅陋,又多矛盾也!"㊵方氏注意到,"汉学"门户的症结在于小学不能尽义理,但是指其为异端邪说却属激愤之词。道咸以降,曾国藩诸公持平汉宋,将汉学、宋学分解为义理、考据、辞章和经济四种进路方法,汉宋调和、汉宋兼采成为潮流。这些表明,《四库全书总目》倡导的汉宋之学和义理考据辞章之学,早已成为前贤专治古典学的必由之路。

当初,四库馆臣相当重视正经正史为代表的经典要籍,奠定了四部及各门学问的架构体系。晚清以降,中体西用、新旧兼学的风气很盛。光绪元年(1875),身为四川学政的张之洞作《𬨎轩语》和《书目答问》。他在讲"读书宜有门径"时提倡:"今为诸生指一良师。将《四库全书总目提要》读一过,即略知学问门径矣。析而言之,《四库提要》为读群书之门径。"接着,他解释道:"大抵初学,须先将经、史、子、集四种分清,何书应入何类,于此了然,则购书、读书皆有头绪。"㊶他还特别指出:"由小学入经学者,其经学可信;由经学入史学者,其史学可信;由经学史学入理学者,其理学可信;以经学史学兼词章者,其词章有用;以经学史学兼经济者,其经济成就远大。"㊷晚清民国诸儒之读书治学,莫不以《四库全书总目》为门径,以此熟悉四部学问和讲究为学次第。光宣以来学校社会,包括京师大学堂、存古学堂的创设以及国粹派、国故整理的兴起,无不受《四库全书总目》及《书目答问》研治古典学问的影响。这些表明,《四库全书总目》倡导的经史之学和四部学问,已经成为前贤治古典学的必由之路。

大体来说,近现代学者在总结清代学术时,莫不推重四部之学和乾嘉学风。比如,光绪三十一年,国粹派学者邓实先生说:"学者穷经必先识字,故有故训之学;识字必先审音,故有音韵之学;今本经文其字体与古本不同,故有校勘之学;校理经文近世字书不足据,则必求之汉以上之文字,故有金石之学;又以诸子之书时足证明经文,于是由经学而兼及诸子学;以经之传授源流详于史,于是由经学而兼及史学;以释经必明古地理,于是由经学而兼及地理学;以历法出于古经,于是由经学而兼及天文学;以古人习经先学书计,于是由经而兼及算学。是故经学者,本朝一代学术之宗主,而训诂、声音、金石、校勘、子、史、地理、天文、算学,皆经学之支流余裔也。"[42]邓氏以经学为古典学之宗主,因穷经而生故训、音韵、校勘、金石之学,因释经而有诸子学、史学、地理学、天文学、算学。这种论述,颇能反映《四库全书总目》倡导的古典学性质宗旨。民国九年(1920),梁启超先生作《清代学术概论》将清代学术与欧洲文艺复兴类比。他说:"清代思潮果何物耶?……以'复古'为其职志者也。其动机及其内容,皆与欧洲之'文艺复兴'绝相类。"[43]如果换个角度来说,中国古典学也正是在清代获得了前所未有的成绩。梁氏在《中国近三百年学术史》又将乾嘉学风与古典学派类比。他说:"乾嘉间学者,实自成一种学风,和近世科学的研究法极相近,我们可以给他一个特别名称,叫做'科学的古典学派。'"[44]尽管乾嘉学风未必与近世科学极相近,但是比之于古典学派却很有见地。《四库全书》的纂修,颇能反映乾嘉学者之于中国古典学上的自觉;《四库全书总目》的编纂,颇可见乾嘉学者对于中国古典学成立的贡献。

结　语

中国古典及其学问,从先秦时期萌生,汉唐时期沉淀,宋明时期转型,至清代终成正果。据梁启超先生的意见,清代学术的"复古"是一种"文艺复兴",到乾嘉时代发展到极盛,而《四库全书》纂修正是这种"文艺复兴"的先导。由这种"文艺复兴"催生出中国古典学的自觉,古典学的整体讨论和分析总结进入新阶段。

首先，《四库全书总目》揭示出中国古典学的性质宗旨，包括古书排序遵循注从经典、类附于本的原则，古书价值遵循考证精核、议论明确的原则，古书选取遵循明体达用、经世致用的原则。其次，《四库全书总目》完善了中国古典学的架构体系，确定经史子集四部的学术架构和经史之学的优先地位，厘清了各部、各类学问之间的关系，划定了一些有争议的学术分野。最后，《四库全书总目》标举出中国古典学中汉学、宋学两种典范形式，明确了中国古典学中义理、考证、文章三种方法进路。清中叶以后，《四库全书总目》成为中国古典学的标准读物，影响至今。不仅如此，《四库全书总目》在近现代学术体制下成为专治中国古典学的门径。

近年国内学界尝试使用"中国古典学"，有助于我们深化对于中国古典传统的认识。个人以为，中国古典学是以古典语文学为基础，传习中国古典籍及其学术文化的一门综合性学问。这门学问，由传统小学进入，以经史之学为根基，以四部各类学问为架构体系，有自己的典范形式和方法进路，指向经典传习和读书明理的目标。就像西方古典学一样，中国古典学应当成为中国现代学术最为基础的学科门类和学术训练。

原载《中国四库学》2019 年第 1 期，1—16 页。

注　释

① 见氏撰《支那古典学の研究法に就ぎて》，《内藤湖南全集》第七卷《研几小录》，东京，筑摩书房，1970 年。
② 案：此前，日知先生曾倡言中西古典学。裘锡圭先生首先发表《中国古典学重建中应该注意的问题》一文，立足于考古资料与先秦秦汉古籍整理，该文收入《北京大学中国古文献研究中心集刊(第二辑)》，北京燕山出版社，2001 年；后来，刘钊、陈家宁两先生发表《论中国古典学的重建》一文，强调"研究先秦秦汉时期中国文明的学问"，该文收入《厦门大学学报》2007 年第 1 期；近年，裘锡圭先生又发表了《出土文献与古典学重建》一文，认为中国古典学"蕴含着中华文明源头的先秦典籍的整理和研究"，该文收入《光明日报》2013 年 11 月 14 日第 11 版。
③ 参见黄爱平《四库全书纂修研究》，中国人民大学出版社，1989 年，22—39 页。
④ 《谨陈管见开馆校书折子》，《笥河文集》卷一，《续修四库全书》据清嘉庆二十年椒华吟

舫刻本影印本,1440 册,上海古籍出版社,2002 年,127 页。

⑤ 参考张升《永乐大典流传与辑佚研究》,北京师范大学出版社,2010 年。

⑥ 参考司马朝军《四库全书总目研究》附录一《〈四库全书总目〉辨伪书目》,社会科学文献出版社,2004 年,454—481 页。

⑦ 《两江总督高晋奏续得经史各书开单呈览折》,中国第一历史档案馆编《四库全书纂修档案》,上海古籍出版社,1997 年,上册,139 页。

⑧ 《寄谕浙江巡抚三宝查询朱彝尊〈经义考〉藏板之家》,《四库全书纂修档案》,上册,583 页。

⑨ 沈芝盈、梁运华点校《清儒学案》,中华书局,2013 年,3361 页。

⑩ 《尔雅文字考序》,汤志钧等整理《戴震集》上编《文集》卷三,上海古籍出版社,2009 年,51 页。

⑪ 《四库全书总目》,中华书局,1965 年,338 页。

⑫ 张舜徽《四库提要叙讲疏》,云南人民出版社,2005 年,39—40 页。

⑬ 《四库全书总目》卷首《凡例》,16—17 页。

⑭ 《质郡王永瑢等奏〈四库全书简明目录〉等书告竣呈览请旨陈设刊行折》,《四库全书纂修档案》,下册,1602 页。

⑮ 《四库全书总目》卷首《凡例》,17 页。

⑯ 《四库全书总目》卷二〇《经部礼类二》,168 页。

⑰ 《四库全书总目》卷首《凡例》,18 页。

⑱ 同前注。

⑲ 《四库全书总目》卷首《凡例》,19 页。

⑳ 《四库全书总目》卷首《圣谕》,1 页。

㉑ 《四库全书总目》卷首《凡例》,16 页。

㉒ 《宝奎堂集》卷六《晓谕诸生示》,道光二十九年上海松江陆成沅重刊本。

㉓ 《日讲起居注官翰林院侍讲学士邵君墓志铭》,《潜研堂文集》卷四三,陈文和主编《嘉定钱大昕全集》,江苏古籍出版社,1997 年,第九册,744 页。

㉔ 《日下旧闻考》卷八一,影印文渊阁四库全书本。

㉕ 《四库全书总目》,769 页。

㉖ 详参《四库全书总目》,769 页。

㉗ 《四库全书总目》,782 页。

㉘ 《四库全书总目》,1 页。

㉙ 《四库提要叙讲疏》,页 4—5。

㉚ 《毛诗补传序》,《戴震集》上编《文集》卷一〇,192—193页。
㉛ 《四库全书总目》,119页。
㉜ 《题惠定宇先生授经图》,《戴震集》上编《文集》卷一一,214页。
㉝ 梁启超《清代学术概论》,东方出版社,1996年,5—6页。
㉞ 《与方希原书》,《戴震集》上编《文集》卷九,189页。
㉟ 段玉裁《戴东原集序》,《戴震集》附录,451—452页。
㊱ 《述庵文钞序》,刘季高标校《惜抱轩诗文集》卷四,上海古籍出版社,1992年,61页。
㊲ 《吴怀舟诗文序》,清翁方纲撰《复初斋文集》卷四,《续修四库全书》,1455册,387页。
㊳ 《国朝宋学渊源记》卷上,锺哲整理《国朝汉学师承记 附国朝经师经义目录 国朝宋学渊源记》,中华书局,1998年,154页。
㊴ 《汉学商兑》卷中之下,漆永祥整理《汉学商兑 汉学商兑赘言》,北京联合出版公司,2017年,141—142页。
㊵ 并见《𬨎轩语·语学第二》,苑书义,等主编《张之洞全集》,河北人民出版社,1998年,12册,9791页。
㊶ 《国朝著述诸家姓名略》,范希曾编,瞿凤起校点《书目答问补正》附录二,上海古籍出版社,1983年,344页。
㊷ 《国学今论》,见《国粹学报》乙巳第5号,1905年6月。
㊸ 梁启超《清代学术概论》,4页。
㊹ 梁启超《中国近三百年学术史》,东方出版社,2004年,24页。

论校勘学上的零度与偏离法则
——《王子年拾遗记》异文释例

林 嵩

"零度"与"偏离"本来是修辞学中的一对概念。例如,中国现代修辞学研究的创始人陈望道在《修辞学发凡》中,是把"平实地运用"的语言视为"零度",而把内容或形式上的修饰一律称为"畸形的状态"(此处的"畸形"也即"偏离"的意思)[①]。国内近年对这一学说做过系统阐释的当首推王希杰。王希杰特别强调,零度与偏离理论是古今中外共有的一种思维方式,其可适用的范围并不限于修辞学与语言学领域;研究者应该努力使这种无意识的观念转变为自觉的方法[②]。

本文即尝试将零度偏离学说作为一种方法论原则,运用于校勘学的异文分析中。实际上,在以往的古籍整理活动中,已有学者践行了这一法则,王希杰也做过初步的总结。在下文中,我们将以此为起点,对"零度"与"偏离"这对概念及其在校勘学领域中有何体现,做简要的阐释。而后,我们将以《王子年拾遗记》的校勘为例,对如何运用零度偏离法则进行异文分析做具体说明,并就相关问题展开讨论。

一、零度与偏离法则在校勘学中的体现

同一段文本,在不同的书籍或相同书籍的不同版本中,其文字表现可能略有差异。这种差异性的文句,形成了校勘学中的"异文"。一个人只要他足够细心,发现异文并不困难;而要对异文做出合理的判断与取舍,则不仅需要有一定的经验,更要有方法与学识上的保证。

过去搞校勘的人总喜欢说的一句话是"于义为长"或"于义为优",也就是根据文义表达是否通顺来判断异文的正误。这种取舍标准本身是不太经得起推敲的。判定异文本来是一个辨别"正误"的过程,而"于义为优"谈的却是"好坏"的问题。"正误"与"好坏"是不同的概念,我们不能默认原作品一定就是文从字顺、语言优美的。况且"好坏"的标准因人而异,它过分依赖于整理者的"语感",而"语感"又是很主观、很容易出错的东西。

我们不妨举一个例子说明。庚辰本《红楼梦》第十七回至十八回:

> 外有一个带发修行的,本是苏州人氏,祖上也是读书仕宦之家,因生了这位姑娘,自小多病,买了许多替生儿皆不中用,足的(引者按:此二字被人用墨笔点去)这位姑娘亲自入了空门,方才好了,所以带发修行。今年才十八岁,法名妙玉。

在庚辰本中被人用墨笔点去的"足的"二字,在己卯本中同样是作"足的",但己卯本的"足"字又被人用朱笔点改为"逼"字,梦稿本、甲辰本、程甲本则作"到底",蒙府本、戚序本作"促的",舒序本作"只的",列藏本作"须得"。由中国艺术研究院红楼梦研究所校注的《红楼梦》虽然是以庚辰本为底本的,但此处最初却从梦稿本、甲辰本改作"到底"。如果单以"文从字顺"为标准,或者根据大多数人的"语感"来考量,作"到底"当然是"最优"的,而其他几种异文"逼的""只得""须得"甚至"促的",也都比庚辰本的"足的"来得通顺。

问题是这个不合"语感"的"足的"到底对不对呢?据陈曦钟统计,庚辰本《红楼梦》中总共出现了七次"足的",其他六个"足的"的情况皆与上述第十七、十八回的情况近似,即存在"促的""足等""定的""是的""真的"等诸多异文。陈曦钟认为,这一切异文,它们所根据的底本,其实都应该是"足的"。理由很简单,因为"足的"大家都看不懂,于是抄手或整理者就根据语境随机应变,把"足的"改成各种能够通顺的形式;反过来说,不可能有人把散在全书且分见于不同抄本的"到底""须得"等通顺而又好懂的形式,统一地改成"足的"③。

如果我们借用零度与偏离法则来分析这个问题,可以说,"足的"就是众多异文中的一个"零度",它好像是旧时杆秤上的"定盘星";而其他诸如"促的""足等""定的"之类的种种异文,都是从"足的"讹变而来的,是"足的"一词的"偏离"形态。校勘的任务,就是要从诸多"偏离"形态中发现"零度",也就是要把秤砣子拨回"定盘星"上,找到那个原始的平衡点。正如王希杰所说,虽然陈曦钟没有说什么零度偏离,"但是我们完全可以说,他的方法论原则就是,在众多的偏离形式中寻找那个能够产生出这众多偏离形式的零度形式。"④

值得一提的是,陈曦钟(熙中)近年所写的《读红零札》《读〈水浒传〉零札》等一系列文章,其总体思路都在践行零度偏离的分析方法⑤。这一方法,不仅可以使一些似是而非的误改得到纠正;文本可靠了之后,过去大家"拿不准"的异文或一些难以解释的字词也有了着落;而且,通过对"零度"的找寻,把这些点点滴滴的问题联系起来看时,我们对于《红楼梦》《水浒传》等书的版本问题,也可以形成比较具体的认识。比如,通过对上述"足的"一词的考察,不难发现,庚辰本中所保留的"足的"最多,也就是说它的"偏离"最小;从这一点上看,这个本子还比较值得信赖。

二、零度偏离法则在异文分析中的具体的运用

零度偏离法则得以在校勘学中运用的前提之一是,可供分析的异文要比较多,至少也要有三种以上。下面我们要用以举例的《王子年拾遗记》,就特别适合用零度偏离的法则来进行分析。

《王子年拾遗记》原名《拾遗记》,是由苻秦道士王嘉撰作,又经梁代萧绮整理、编录的一部杂史小说。此书已无宋元本传世,目前能见到的最早的刻本是明代嘉靖年间吴郡顾春的世德堂所刊的《王子年拾遗记》(以下称"世德堂本")。《拾遗记》又有很多的丛书本,如《稗海》《古今逸史》《祕书二十一种》《汉魏丛书》《百子全书》及《四库全书》中都收有此书。日本在宝历二年(1752)以《古今逸史》本为底本,也刊刻了《拾遗记》(简称"和刻本"),日本学者还在天头上留下了简单的校语。此外,20世纪80年代中华书局出版的齐治平的校注本还引用了傅增湘过录的毛扆的校语⑥。总的说来,这部书传下来的本子并不少,以往也有学者做过一些校雠的工作;但遗憾的是,这些本子中没有一个在文字方面是特别完善的。

最近一两年,笔者受山东大学《子书渊海》项目的委托,对《王子年拾遗记》重加整理。考虑到这部书的实际情况,我们在校勘过程中也有意识地采取了

零度偏离的分析办法;以下拟结合实际工作中的情况,对零度偏离法则在异文分析过程中有何具体运用,略作阐释。

首先,在广搜异文的基础上,对各种偏离形态进行分析比较,有助于发现之所以产生这些偏离形态的零度形式。《能改斋漫录》中有一段考察"胡饼"得名之由的文字,其实质就是在做异文分析的工作,而其分析问题的思路,恰好就与零度偏离法暗合。

《释名》云:"……胡饼言以胡麻着之也。"崔鸿《前赵录》曰:"石季龙讳胡,改胡饼曰麻饼。"《晋书》云:"王长文在市中啖胡饼。"《肃宗实录》云:"杨国忠自入市,衣袖中盛胡饼。"刘禹锡《嘉话》云:"刘晏入朝,见卖蒸胡饼之处,买啖之。"此"胡饼"皆胡麻之饼也。《缃素杂记》谓张公所论市井有鬻胡饼者,不晓名之所谓,乃易其名为"炉饼"。论此为惧,诚然。渠以为胡饼为胡人之所啖,因此得名,故曰胡饼,如毕罗鉴虚,呼物以其名。予谓此失。若曰胡饼非胡麻之饼,则石季龙何以改为麻饼哉?①

有人说"胡饼"是"胡麻饼"的省称,或又省称为"麻饼";也有人认为因为是胡人吃的饼,所以才叫胡饼;市面上的人又有称之为"炉饼"的。如果分开来讨论,把"胡饼"说成是胡人吃的饼,或者认为"胡饼"是"炉饼"的音变,似乎都有一定道理。但吴曾认为:正因为"胡饼"又有"麻饼"的别名,由此反推,其他两种说法就站不住脚了。所以他的论断是:"若曰胡饼非胡麻之饼,则石季龙何以改为麻饼哉?"不难看出,众多名号中,"胡麻饼"是本名,也就是我们要找的"零度";而其他的种种别名,或者是"胡麻饼"的省称,或者是避讳改称,或者是音变,都是从本名演变来的,也就是我们说的零度的"偏离"。

类似的例子,在《王子年拾遗记》中也可以找到不少。

例1:

夫子未生时,有麟吐玉书于阙里人家,文云:"水精之子孙(孙)衰周而素王。"故二龙绕室,五星降庭。征在贤明,知为神异,乃以绣绂系麟角,信宿而麟去。相者云:"夫子系殷汤水德而素王。"(世德堂本,卷三)

"水精之子"句,《古今逸史》本、《稗海》本、《祕书》本、四库本、和刻本均与世德堂本相同,作"水精之子孙(孙),衰周而素王";《汉魏丛书》本与《太平御览》卷六九一、《太平广记》卷一三七的引文则作"水精之子,继衰周而素王"⑧;《孔氏祖庭广记》卷八的引文及"毛校"则作"水精之子,係(系)衰周而素王"⑨。

这个地方的文字处理比较关键,因为它还直接涉及全句的句读与标点问题。如果按着零度偏离的法则来进行分析,"孫""继""係"这三者的相互关系并不难确认。我们认为三者之中,"係"字当是原文,也就是我们说的零度。"孫"与"係"形近,由"係"而"孫",所发生的是字形上的偏离。由"係"而"继",则因为两字同义,属于字音与含义方面的偏离(这里说的"偏离"不一定就是错误)。《尔雅·释诂》:"绍、胤、嗣、续、纂、缕、绩、武、系,继也。"⑩《拾遗记》的这个"係"字就应该读为"继"。

我们认为"係"为原文的另一个旁证的是,《佩文韵府》里"绕室"一词的语例,就用的是《拾遗记》中的这句话,但四库本的《佩文韵府》里的引文却作"後(后)衰周而素王";在《四库全书考证》里馆臣记下了改字的理由:"刊本'後'讹'孫',据《拾遗记》改。"⑪可见馆臣也认为这个地方作"孫"字不太讲得通,他们又不知根据了什么本子的《拾遗记》,就把"孫"改成了"後"。馆臣所见的本子,尽管是作"後",但显然"後"也是从"係"讹变来的,是"係"在字形上的偏离:由此我们反推原本就应该是"係"。

简而言之,以"係"为零度,则"孫""後""继"等偏离形态的"致误之由"都可以得到合理的解释;反过来说,如果原文是"继",则不论从字形还是字音、字义方面考虑,都无法解释为什么会出现"孫"或"後"这样的异文。

例2:

> 始皇起云明台,穷四方之珍木,搜天下之巧工。……东得葱峦锦柏、漂檖龙松、寒河星柘、岏云之梓……(世德堂本,卷四)

"岏云之梓",《稗海》本、四库本作"玩山云梓",《太平广记》卷二二五引作"岏山云梓",《太平御览》卷一七八引作"岘云文梓"⑫,《玉芝堂谈荟》引作"岘云之梓"⑬。中华书局本的整理者齐治平认为"岏云之梓"与上下句法不一律,故据《稗海》本改作"岏山云梓"⑭。

按:此处字当作"岘",《类篇》:"岘,崒山皃。"⑮"岘"是山高峻的样子,"岘云"就是高耸入云。由于"岘"字不常见,抄手便误抄为"岏";或者又有整理者妄下己意,改作"岏山""玩山"等种种形式。前者属于无意识的偏离,后者则是有意的妄改;而以"屼"为零度,这些偏离的形态又都可以贯穿起来。

例3:

> 灵芸未至京师,数十里膏烛之光,相续不灭,车徒咽路,尘起蔽于星月,时人谓为尘宵。(世德堂本,卷七)

"咽",《稗海》本、四库本作"喧",《太平广记》卷二七二引作"噎"。按:"咽"有堵塞之意;如《通鉴》卷一一九:"宾客辐辏,门巷填咽",胡三省谓:"史炤《释文》曰:'咽,音因,塞也;本作要。(费本同。)'余谓咽,一结翻,亦以咽塞不通为义。遍考字书,咽字无音因者。"⑯因此世德堂本此处作"咽路"并无不妥;在读音方面,不读"咽喉"的"咽",而读作"哽噎"的"噎"。不过,在表示阻塞这一含义时,"噎"比"咽"更为常见;如《三国志·吴书》卷五八:"(周)峻等奄至,人皆捐物入城。城门噎不得关,敌乃自斫杀己民,然后得阖。"⑰简言之,"噎"与"咽"是音近而意同,而"噎"与"喧"则属于形近而讹;三者之中,"噎"为零度。因此,尽管世德堂本作"咽"不误,但我们可以推测,再往上追溯,更早一点的本子应该是作"噎"字的。

其次,对众多异文进行互相推求,弄清其偏离的轨迹之后,有助于我们认识不同版本之间的承传关系。

例1:

> 昭帝元始元年,穿淋池,广千步。中植分枝荷,一茎四叶,状如骈盖,日照则叶低荫根茎,若葵之卫足,名曰低光荷。实如玄珠,可以饰佩;花叶難(难)委,芬馥之气,彻十余里……(世德堂本,卷六)

"難萎",《稗海》本、四库本作"離(离)萎",《汉魏丛书》本、《百子全书》本作"葳萎",《广群芳谱》引作"雖(虽)萎",《太平广记》引作"雜(杂)萎"。齐治平认为:"按《诗·小雅·隰桑》:'隰桑有阿,其叶有難。'传:'阿然,美貌;難然,盛貌。'陈奂传疏:'阿難,连绵字,《芳楚》曰猗儺(傩),《那》曰猗那,声义皆同也。'此'難萎'疑亦连绵字,美盛之貌。又,解作不易枯萎亦可。"⑱这段解释颇嫌首鼠两端,如果"難萎"可以简单地理解为"不易枯萎",那么前面也就不必再赘引《诗经》的那些注疏了。

在众多的异文中,首先可以排除的应该是"葳萎"。据《康熙字典》,"萎"可以通"蕤",如果是"葳蕤",意为"盛貌"⑲,即草木繁盛之状,用在文中,意思上可以讲得通。但从形态上看,"葳蕤"绝不可能是我们要找的零度。因为其他四个异文在字形方面都有一目了然的相似性,而与"葳蕤"的字形相去甚远,我们很难想象这四个异文能从"葳蕤"派生而来。

剩余四者中,最能解释得通的是"離蕤"。"離蕤"即"猗蕤";郭璞《江赋》:"随风猗蕤,与波潭沲",注云:"皆言草也。猗蕤,随风兒。"⑳"離"与"猗",同为"支"韵平声("猗",《广韵》作"於离切"㉑),音近而通。"花叶離蕤"就是花叶随风摇摆的意思;正因为随风摇摆,所以才能香彻十余里。

如前所述,在现存众本中,世德堂本的年代最早,但世德堂本中这个字又是错的;而在时间上比世德堂本晚出的《稗海》本,却提供了正确的文字,说明《稗海》本另有可靠的文字来源。而"雖蕤""雜蕤""葳蕤"等异文则是世德堂本的"難蕤"继续开枝散叶的结果。(这时我们可以把"難蕤"视为又一个零度,这里说的"零度"不一定代表正确。)在原本的"難蕤"讲不通而又没有更多可供参考的本子的情况下,编校者就不得不靠私见来做改动。这样臆改的结果是在字形方面多少"遗传"了原先的形态,但意思上仍不免似是而非。至于"葳蕤",这一改动的幅度最大,改得也最"通"的;可是最"通"的,对原本的偏离也最远。这也说明,有时候太"聪明"而又胆子大的人是不太适合从事古籍整理工作的。

例2:

> 董賢(贤)以雾绡单衣,飘若蝉翼。帝入宴息之房,命筵卿易轻衣小袖,不用奢带修裙,故使宛转便易也。(世德堂本,卷六)

"筵卿",《稗海》本、四库本作"賢卿",《汉魏丛书》本、《百子全书》本作"賢更","毛校"作"聖(圣)卿"。按《汉书·佞幸传》:"董賢字聖卿。"㉒齐治平认为:"毛校"作"聖卿"近是,"但前既直书董賢名,未叙明其字,此不应忽称其字",故齐治平倾向应从《汉魏丛书》本作"賢更"㉓。

齐治平认为"聖卿"近是,又认为"賢更"可从,这显然是以是否合乎史实、文句是否顺畅作为取舍异文的标准。但如果把这些异文,或者说偏离形态,综合起来分析,就可以发现问题并非如此。"賢"字在《广韵》里属"先"韵,"筵"字属"仙"韵㉔,这两韵在诗韵中是同用的,也就是说声音非常近似。古人校书,有时是一个人朗读,另一个人核对,即如刘向所说:"雠校者,一人持本,一人读析。"㉕抄书的情况也类似,很多时候不是"看着抄",而是"听着抄"("听着抄"的好处是可以一人念、多人抄,同时抄成好几份),所以声音相近的字就很容易听错、抄错。我们认为,"筵卿"当为"賢卿"之音讹;"至于"聖卿""賢更"这样的异文,其依据的底本也应该是"賢卿",是整理者在没有搞懂"賢卿"一词的确切含义的情况下,以"賢卿"为起点,作了一些加工和改动。

我们现在要做的工作,就是要再返回原来的起点,也就是我们说的零度;看看这个零度能不能讲得通。"賢卿"可以理解为哀帝对董贤的爱称。以"卿"为爱称或尊称,这在古汉语中常见。《康熙字典》引《韵会》曰:"秦汉以来君呼臣以卿。"颜师古注《急就篇》"赵孺卿"曰:"孺,幼少之号也;卿言可为列卿也。"㉖

与前一个例子反映出的情形一样,《稗海》本的文字是正确的,这也说明《稗海》本与世德堂本分属于不同的系统;因此这两个本子是应该逐字对校的。相比起来,《汉魏丛书》本中,属于编校者臆改的地方稍多,对原本的偏离也更远一些。

例3:

> 刘向于成帝之末校书天禄阁,专精覃思。夜有老人,着黄衣、植青藜杖,登阁而进,见向暗中独坐诵书。老父乃吹杖端烟燃,因以见向。(世德堂本,卷六)

这段话的最后一句,《稗海》本、四库本作"吹杖端烂然大明因以照向"。《太平广记》卷一六一引作"吹杖端烂然火明因以照向",卷二九一则引作"吹杖端烂然火出因以照向",《太平御览》卷七一〇引作"吹端火出具以照向"㉗,《古今事文类聚》引作"杖端出火用以照向",《玉海》引作"乃吹杖端烟,因授向五行洪范之文",《绀珠集》卷八则引作"吹杖端焰燃",《锦绣万花谷》所引此句与世德堂本同㉘。

排比这几种异文,需要梳理的问题主要有两点:第一,老父吹的是"烟"还是"火"? 从常理分析,火不能吹,火苗一吹就灭;"烟"倒是可以吹出火来。老父的杖头上一定是有"纸煤"一类的东西,需要光亮或用火的时候,可以随时吹出火来。《绀珠集》的引文作"焰"字,实为"烟"之音讹,由这个误字也可以旁证老父吹的是"烟",而不是"火"。第二,"烂然大明"或"烂然火出"又当怎么看?

综合几种异文,不难得出结论,《稗海》本与四库本中的"大"字,当为"火"字之误("大"与"火"是版刻中常混的字)。这句话在宋代类书中,几乎找不出一模一样的两句引文。由于类书的编者没有搞清楚吹的是"烟"还是"火"的问题,怀疑原文有错,于是就根据大体的句意,把原文"意引"或者"概引"了下来。(因此校勘中过分倚重类书引文,是很不可靠的。)在众多引文中,《稗海》本的文字与《太平广记》所引的近似,世德堂本的文字与《锦绣万花谷》相同,这也可以证实我们前面所说的,两个本子各有不同的来源。

最后,零度偏离法则还特别有助于分析原书中避讳字的使用情况。古书中的讳字,如果是缺笔或者空字的,读者看了以后心知肚明,一般不会引起误解;比如世德堂本中的"辕""殷""筐""徵""顼""祯"等字,皆避宋讳而缺末笔,说明这个本子还保留了比较多宋本的痕迹。但讳字如果是用改字的办法来处理的,有时就很不容易被看出来。

例1:

> 日南之南有淫泉之浦。言其水浸淫,从地而出成渊,故曰淫泉;或言此水甘软,男女饮之则淫。(世德堂本,卷五)

例2:

> (屈原)被王逼逐,乃赴清泠之水。(世德堂本,卷一〇)

例1中的"淫泉之浦",《稗海》本、四库本作"淫渊之浦";"成渊",《稗海》本、四库本作"以成渊泉"。《太平广记》卷二二五引了《拾遗记》中的这一条,正文中作"淫泉之浦",标题则作"淫渊浦"。例2中的"水"字,《稗海》本、四库本及《太平广记》卷二〇三的引文并作"渊"。如果我们只是一对一地来看这些异文,作"渊"、作"泉"、或作"渊泉""水",放在文中都可以讲通。但综合起来看时,不难断定,这几处文字都曾有过避讳,原本应当一律是作"渊"的。

按照《管子·度地》篇的说法,"出地而不流者命曰渊水"㉒;《拾遗记》中的淫渊(或淫泉)"其水小处可滥觞褰涉,大处可方舟沿泝,随流屈直",比一般性的泉源要更深、更大一点,名为"淫渊"更为合适;《太平广记》的标题也可以从旁说明这一点。至于"清泠之渊",则是古书中的常语,如《庄子·让王篇》中就有"自投清泠之渊"的说法㉓。《拾遗记》中因避唐讳而改动的这些"渊"字,有的本子后来回改了，有的本子则没有回改；或又不明所以，在回改的时候，改出像"渊泉"这样的字眼，而避讳则是产生这些偏离形态的总因。

例3：

(低光荷)芬馥之气彻十余里，食之令人口气常香，益脉理病。(世德堂本，卷六)

"益脉理病"，《稗海》本、四库本作"益人肌理"，《三辅黄图》引作"益脉治病"。如果我们只做"对校"，"益脉理病"与"益人肌理"只是意思上有些微差别，前者强调养生，后者侧重美容，难以区分孰是孰非。但如结合《三辅黄图》中的异文，疑问便涣然冰释，"理"字实避唐高宗李治之讳，原本就应该是作"益脉治病"的。从"治病"这一零度出发，有的本子改"治"为"理"，从而又衍生出"肌理"之异文。

三、零度偏离法则对校勘学的意义

从逻辑上说，异文之间的关系无非三种：一是在众多异文中，有一个正确，其他都是错误的；二是所有异文都是错误的；三是所有异文都是正确的（比如二者之间是异体字、通假字的关系）。但总体上看，校勘中发现的异文还是错误的居多；既然叫作异文，至少都存在有不同程度的偏离。那么提供了错误异文的本子在校勘中还有没有价值呢？结合我们前面的分析，答案是肯定的。

《涅槃经》里讲过一个"众盲言象"的故事，为人们所熟悉：

譬如王者，告一大臣："汝牵一象，以示盲者。"时彼众盲各以手触，王问之曰："象为何类？"其触牙者，即言象形如芦菔根；其触耳者，言象如箕；其触头者，言象如石；其触鼻者，言象如杵；其触脚者，言象如臼；其触脊者，言象如床；其触腹者，言象如瓮；其触尾者，言象如绳。㉛

这些"言象"的盲人，没有一个说的是对的，他们的问题主要出在"不全面"。但他们暗中摸索的工作不能说完全没有意义。众盲口中的象，虽然与实际各有出入，但都说出了象的局部特征；就像佛经里说的："如彼盲人，各各说象；虽不得实，非不说象。"在这里，象就是零度，而众盲各不相同的描述则构成了零度的偏离；反过来，如果我们把这些偏离形态综合起来看，不难猜想，能同时满足"如芦菔根""如箕""如石""如杵""如臼""如床""如甕""如绳"的动物，也只能是象。

校勘工作的道理也是如此。正确的文本，有时恰恰就蕴藏在众多偏离的形态当中，需要整理者去拼凑、去反推。古籍整理领域的"校勘"相比出版工作中的"校对"，其最大的区别就在于，校勘古书实际上找不到一个百分之百正确、可供最后核对的"定本"。要整理出一个相对完善、较少错误的本子，也即我们所说的零度，正是要参合了各种偏离形态之后，才能最终推求出来。古语说"韩信将兵，多多益善"②，这是因为韩信治军有方；从事校勘工作的人，也只有掌握了科学的方法，才能更好地驾驭、分析众多的版本与异文。

原载《文献》2016年第4期，68—77页。

注　释

① 陈望道《修辞学发凡》第五篇第一节："语言文字的固有意义，原是概念的、抽象的，倘若只要传达概念的抽象的意义，此外全任情境来补衬，那大抵只要平实地运用它就是，偶然有概念上不大明白分明的，也只要消极地加以限定或说明，便可以奏效。故那努力，完全是消极的。只是零度对于零度以下的努力。"又第三篇第一节："此外大抵或者偏重内容，或者偏重形式，有些畸形的状态。不过内容偏重的畸形是一种上升的畸形，形式偏重的畸形却是一种没落的畸形。"上海教育出版社，1997年，70、40页。
② 王希杰《作为方法论原则的零度和偏离》，《广西师范学院学报》2005年第1期，111—117页。
③ 说详陈曦钟《〈红楼梦〉语言中的一个谜："足的"——兼谈庚辰本的真伪问题》，《红楼疑思录》，新华出版社，2000年，1—10页。按：在这篇论文发表之后，校注本三版《红楼梦》吸收了陈曦钟的意见，不再对"足的"做改动，人民文学出版社，2008年，下册，234页。
④ 王希杰《作为方法论原则的零度和偏离》，117页。
⑤ 其中比较典型的有：陈曦钟《说"越性"——兼评"程先脂后"说》，《红楼疑思录》，11—23页；陈熙中《"残犁"还是"残年"？——读红零札》，《红楼梦学刊》2009年第5辑，289—293；陈熙中《"搬原"当是"扳援"之误——读红零札》，《文史知识》2009年第10期，149—150页；陈熙中《"割聘"试释——读红零札》，《文史知识》2010年第4期，129—132

页;陈熙中《"大客""大家"与"火家"——读〈水浒传〉零札》,《文史知识》2013 年第 10 期,66—67 页。

⑥ 本文引《稗海》用清代李穆堂本,《古今逸史》用商务印书馆影明刻本,《祕书》用清康熙间汪士汉本,《汉魏丛书》用清王谟本,《百子全书》用清光绪湖北书局本,《四库全书》用影印文渊阁四库全书本(简称"四库本"),"和刻本"用长泽规矩也解题的《和刻本汉籍随笔(第十集)》之影印本,傅增湘过录之毛扆校语见中华书局齐治平校注本(简称"毛校")。

⑦ 吴曾《能改斋漫录》卷一五《方物》,文渊阁四库全书本。

⑧ 以下引《太平御览》据《四部丛刊》三编影宋刊本,引《太平广记》据文渊阁《四库全书》本。

⑨ 《孔氏祖庭广记》卷八,《四部丛刊》续编影铁琴铜剑楼藏蒙古刊本。

⑩ 《尔雅注疏》卷一,《十三经注疏》,中华书局,1980 年,下册,2569 页;参齐治平校注《拾遗记》,中华书局,1986 年,70—71 页。

⑪ 《四库全书考证》卷七〇《子部·佩文韵府下》,文渊阁四库全书本。按:《万有文库》本《佩文韵府》卷九三下字作"孫",商务印书馆,1937 年,第 5 册,3589 页。

⑫ 按:四库本《太平御览》作"虮云文梓";《四部丛刊》本《太平御览》句作"东得葱峦绵柏缥毯龙杉云梓寒河星柘","云梓"上疑脱二字。

⑬ 徐应秋《玉芝堂谈荟》卷二四,文渊阁四库全书本。

⑭ 齐治平校注《拾遗记》,103 页。

⑮ 司马光等《类篇》,中华书局,1984 年影姚刊三韵本,332 页。

⑯ 《资治通鉴》卷一一九"宋武帝永初二年",中华书局,1956 年,第 8 册,3741 页;《通鉴释文辩误》卷五,20 册,73 页。

⑰ 《三国志》,中华书局,1982 年,1351 页。

⑱ 齐治平校注《拾遗记》,129 页。

⑲ 《康熙字典》申集"艸部",中华书局,1958 年,申集上二十五、三十页。

⑳ 《文选》卷一二《江海》,《日本足利学校藏宋刊明州本六臣注文选》,人民文学出版社,2008 年,197 页。

㉑ 《宋本广韵》,江苏教育出版社,2005 年,12 页。

㉒ 《汉书》,中华书局,1962 年,3733 页。

㉓ 齐治平校注《拾遗记》,140—141 页。

㉔ 《宋本广韵》,37、38 页。

㉕ 语见《太平御览》卷六一八"正谬误"条,《四部丛刊》影印本。

㉖ 《康熙字典》子集"卩部",子集下三十八页;《急就篇》卷一,《丛书集成初编》,上海,商务印书馆,1936年,39页。
㉗ 此据《四部丛刊》本,文渊阁四库全书本作"吹杖端火出燃以照向"。
㉘ 祝穆《古今事文类聚》别集卷三,文渊阁四库全书本;王应麟《玉海》卷一六三,江苏古籍出版社、上海书店影清光绪九年浙江书局本,1987年,第4册,2999页;朱胜非《绀珠集》卷八,文渊阁四库全书本;《锦绣万花谷》前集卷二〇,上海书店影明嘉靖刻本,1992年,169页。
㉙ 戴望《管子校正》卷一八,《诸子集成》,上海书店,1986,第5册,304页。
㉚ 王先谦《庄子集解》卷八,《诸子集成》,第3册,193页。
㉛ 吴襄《子史精华》卷一〇八《释道部二》,文渊阁四库全书本。
㉜ 典出《史记》卷九二《淮阴侯列传》,中华书局,1959年,2628页。

美国国会图书馆藏宋元版汉籍考述

卢 伟

美国国会图书馆是北美收藏中文书籍最早也是西方收藏中文图书最丰富的一座图书馆。它创立于 1800 年 4 月,坐落在华盛顿国会山,紧邻国会大厦,占地面积 64.5 英亩(约 26.1 公顷)。国会图书馆由三幢以美国总统的名字命名的精美建筑组成,分别是 1897 年落成的汤玛斯·杰弗逊大厦、1939 年落成的约翰·亚当斯大厦和 1983 年落成的詹姆斯·麦迪森大厦。这三座大楼有地下通道相连,其中设有餐厅和饮食区,并且辟有专门的旅游线路,所以说它不仅是一座巨大的书城和文献宝库,也是美国首都华盛顿的一个重要的旅游参观景点。

国会图书馆的中文收藏始于清同治八年(1869)。那年 6 月同治皇帝将明、清刻本共 10 部 933 册赠送给国会图书馆以换取美国的农作物种子,这批赠书开了国会图书馆中文书籍收藏的先河,也是中美两国间图书交换的开始。其后美国驻华公使及中国政府陆续赠书,美国农业部亦为该馆采购有关中国农业、丛书、类书、地图和方志等书籍约 20,000 册,该馆的中文藏书得以日渐充实。

1928 年国会图书馆正式成立中国文献部,当时称为中文部(1931 年改称为中日文部,1932 年扩大为东方部,1942 年改名为泛亚部,到 1978 年才正式定名为亚洲部),由汉学家恒慕义(Arthur W. Hummel)主持,与当时的北平图书馆建立交换关系,并聘请中国学者协助,先后出版了该馆所藏《善本书录》及《方志目录》,又编印《清代名人传》等书,俨然成为当时美国汉学研究的中心。此后积极搜罗,尤其太平洋战争爆发前,私人珍藏陆续流出,因此国会图书馆所获精本颇多。

亚洲部现在有中国及蒙古国、日本、韩国与朝鲜、东南亚和南亚五个组,总藏书量(已编目的)有282万册①。其中文馆藏设在杰斐逊大楼二层,与日本、东南亚文字、朝鲜文部并列,共享一个阅览室。国会图书馆的中文馆藏有图书约100万册(是中国之外收藏中文图书最多的图书馆),其中有善本汉籍约2,000部5万册,另有近4,000部6万册的中国地方志,其中有100多部是孤本,出版有《美国国会图书馆藏中国地方志目录》,著录中国地方志2938部。还有41册《永乐大典》,是国外收藏最多的一家。2002年4月,在北京召开"《永乐大典》编纂600周年国际研讨会"时,统计散藏在8个国家和地区的《永乐大典》零本共400余册,也就是说美国国会图书馆约藏有全球现存《永乐大典》的十分之一;有《古今图书集成》两部:一部是1908年,清政府为答谢美国退还未动用的"庚子赔款"而赠送的,并且派遣特使唐绍仪(1874年清廷选派赴美留学幼童之一)带到华盛顿。此套共10,000卷5,044册528函,是1895—1898年据1728年的铜活字版影印的;另一部由施永格博士(Dr. Walter T. Swingle) 1926年在中国购得,是1884年上海铅活字排印本,共1,628册,320函。还有大约300幅中国古地图,10部10册太平天国印书。此外还藏有中国少数民族的文字资料:有200多部藏文木版印刷品、400多部满文资料和约3,000部云南纳西族东巴文资料(这是中国本土外最大的东巴文文献收藏)。

目前该馆所藏中文善本中,有宋刻本16部、元刻本15部、明刊本约1,400部20,000册,清初至乾隆朝刊本2,000部,共20,000余册。

国会图书馆所藏的宋刻本有16部:为宋绍兴间刻元印本《后汉书补志》三十卷,宋刻明初印本《魏书》一百一十四卷,宋刻元印本《国朝诸臣奏议》一百五十卷,宋刻《东坡纪年录》一卷,《景德传灯录》残存一卷(第十九卷),《分门集注杜工部诗》残存三卷,《文章正宗》残存四卷,宋刻明修补本《宋文鉴》一百五十卷,宋刻佛经有宋初刻本《一切如来心秘密全身舍利宝箧印陁罗尼经》残存一卷,宋福州东禅等觉院刻万寿大藏本《大般若波罗蜜多经》一百九十三卷,北宋刻本《妙法莲华经》七卷。另有居蜜博士新发现的宋刻本5部:南宋绍兴末刻本《妙法莲华经》,宋元丰八年(1085)福州东禅寺刻本《四经同卷》四部,北宋刻《崇宁藏》零本大藏经十三部,北宋刻《崇宁藏》零本《大般若波罗蜜多经》存一卷(第三百卷),北宋刻崇宁藏零本《大般若波罗蜜多经》存一卷(第五百四十五卷)。

金刻本1部:为平阳张存惠刻本《重修政和经史证类备用本草》残存十三卷。

元刻本14部:为元刻明印本《礼经会元》四卷,元刻明印本《仪礼图》十七卷,元刻《增修互注礼部韵略》残存一卷,元刻明修本《书学正韵》三十六卷,元刻明印本《隋书》八十五卷,元刻本《宋史全文续资治通鉴》三十六卷,元刻《世医得效方》二十卷,元大德间刻本《宣和画谱》残存十六卷,元刻《新编古今事文类聚前集、后集、续集、别集、新集、外集》一百七十七卷,元延祐圆沙书院刻《群书考索前集、续集、别集》二百一十二卷,元至正间刻《大颠和尚注心经》一卷,元广勤书堂刻《集千家注分类杜工部诗》二十五卷附文集二卷年谱一卷,元刻明印本《唐文粹》一百卷,元刻明补配本《元文类》七十卷。

国会图书馆所藏的这31部宋元版汉籍(表1),宋刻本中没有经部书籍,有史部4部,子部9部,集部3部;元刻本中有经部4部,史部2部,子部5部,集部3部;金刻本1部是子部医书类。下面分别作一考述。

表1 美国国会图书馆藏宋元版汉籍一览表(单位:部)

存藏单位	版本	分类				总计
		经	史	子	集	
国会图书馆	宋刻本		1	9	2	16
	宋刻元印本		2			
	宋刻明印(修)本		1		1	
	金元刻本			1		15
	元刻本	1	1	5	1	
	元刻明印(修)本	3	1		2	
合计		4	6	15	6	31

一、宋刻本

（一）《东坡纪年录》(图 1)

宋刻本。1册，一卷。此本版框高 19.5cm，宽 12.9cm。每半叶十一行，行十九字，小字双行二十五字，细黑口，左右双边。版心上方记字数。白麻纸。

此本卷端是百家注东坡诗序两篇，分别由西蜀赵夔和王十朋撰写。序前半叶影写补，序后是百家注分类东坡诗姓氏，由王十朋纂集。正文卷端顶格题书名："东坡纪年录"，次行空八格题："仙溪傅　　编纂。"

王重民《中国善本书提要》云："按《天禄琳琅书目后编》卷六载宋版苏诗两部，一题《王状元集诸家注分类东坡先生诗》，一为增刊校正本，有'建安虞平斋务本书堂刊'牌记，今有《四部丛刊》影印本。此本有'天禄继鉴''乾隆御览之宝''天禄琳琅''周暹''双鉴楼''藏园''增湘'等印记，盖即《天禄后编》所载之第一部零本也。"②并云："此本撰人作傅溁，姓氏叶亦题'傅氏溁，字荐可，撰《纪年》。'务本书堂刻本两处均作'傅藻'，以其字荐可推之，似以作'藻'者为是。"根据各书的著录来看，王重民的这一推断不无道理。

国会图书馆所藏此本《东坡纪年录》，系《天目琳琅书目后编》卷六著录之宋版《王状元集诸家注分类东坡先生诗》之首册③，1922 年 8 月 22 日以赏赐溥杰名义流出清宫。先归宗室盛昱，再归景贤，由景贤售与袁克文，后归藏园老人傅增湘收藏。《藏园群书经眼录》卷一三著录道："《王状元集百家注分类东坡先生诗》二十五卷，宋苏轼撰，题宋王十朋纂集。《东坡纪年录》一卷，宋傅藻撰。存首册《纪年录》《序录》。宋刊本，半叶十一行，行十八字，细黑口，左右双栏，版心上方记字数。首《序言》，次《百家姓氏》，次《纪年录》。钤有'乾隆御览之宝'及'天禄继鉴'印。序前半叶影写补。按：此即盛昱氏书，由景贤售之袁克文氏。"④

傅增湘晚年生活困顿，不得不鬻书易米。他在给友人的信中提到："藏书不能终守，自古已然。吾辈际此乱世，此等身外物为累已甚，兼以负债日深，势非斥去一部分不可。"据居蜜博士说，国会图书馆另藏有当时傅增湘用"藏园抄本"专用纸手书的售书记录："《东坡纪年录》一卷，美金五十元。宋刊本，半叶十一行,行十九字,白口双阑,板心上记字数,左阑有耳记篇名。此即百家注苏诗之首卷,初印精美。清代内府御藏,入《天禄琳琅后编》,有'天禄琳琅''天禄继鉴''乾隆御览之宝'各玺章。"与此本同时被国会图书馆购入的还有宋版《妙法莲华经》《魏书》《后汉书补志》及《分门集注杜工部诗》,经王重民介绍售与美国国会图书馆,入藏时间在1941年2月17日,入藏号602921。售书记录末尾有"以上宋版书五种,定价美金壹仟贰佰元,沅叔手记"⑤。战乱时期,藏书家无力护书,致使珍籍流失海外,即为前述海外汉籍流布的途径之一。

此本金镶玉装,书品甚佳,属于宋刻中的珍品。

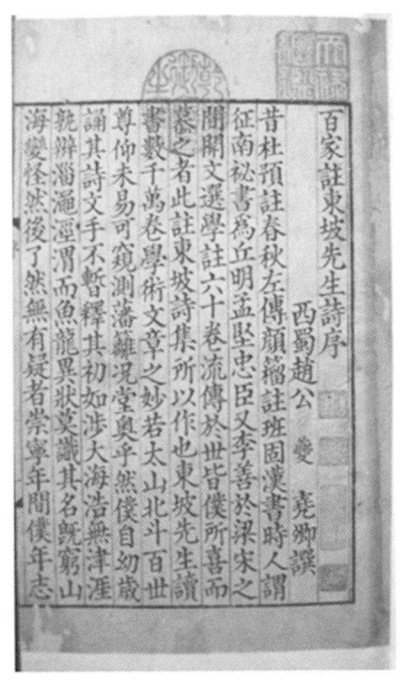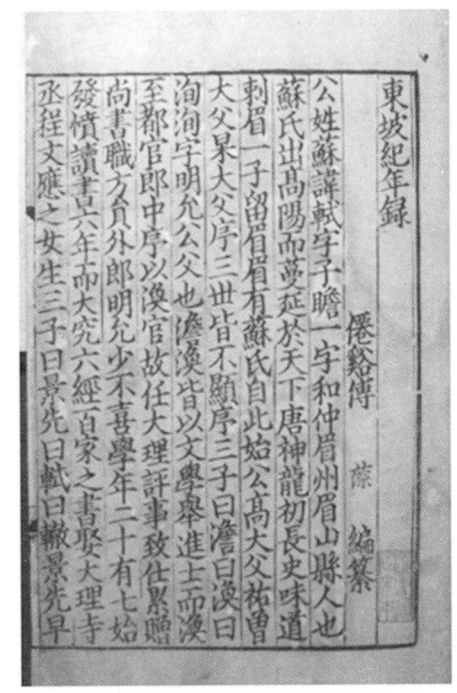

图1　国会图书馆藏宋版《东坡纪年录》

(二)《后汉书补志》(图2)

南宋绍兴间刻元印本。9册,三十卷。此本版框高21.4cm,宽17.3cm。每半叶九行,行十六字。此本有元代补版,为元代所刷印。

卷端题有:"刘昭注补。"前有刘昭自序。钤有"双鉴楼""藏园秘籍""沅叔审定宋本""傅增湘""书潜""洗心室秘籍印""江安傅沅叔收藏善本"等印记。此本曾经藏园老人收藏，前有傅增湘用蓝格十行纸手书题记，钤有"藏园题识"朱文方印。兹移录如下：

  宋本《后汉书补志》三十卷。宋绍兴时杭州刻本。半叶九行，每行十六字。板心上记字数，下记刻工姓名。

  司马彪《续志》本附刻范书之后，故此三十卷可以单行，不为残缺也。

  《后汉书》以此本为最善。此书出于内阁大库，蝶装巨幅书衣，签题犹存古式，弥足宝玩。惟间有补版，已入元代，当为元时所装褙也。

  经查《藏园群书经眼录》，其卷三史部一著录有："《后汉书注》九十卷，刘宋范晔撰，唐李贤注。《志注补》三十卷，梁刘昭撰。存《志注补》三十卷。宋刊本，半叶九行，行十六字，白口，左右双栏。版心上记字数，下记刊工人名。前刘昭序，序后接本书。书衣蓝笺或黄绢，签题书法古劲，出宋元人笔。（内阁大库佚书，余得之宝应刘启瑞翰臣）"⑥

  两相印证，可知国会所藏此本确实是傅增湘旧藏。而且傅氏对其评价颇高，认为它是《后汉书》版本中最好的。

  此本宋刻已无全书存世，涵芬楼藏有1部，基本还算完整，已与北京国家图书馆藏本相配，印入百衲本《二十四史》之内。该本《后汉书补志》还算完备，较为珍贵⑦。

  国会图书馆所藏此本《后汉书补志》，原是傅增湘旧藏，1941年2月17日入藏国会图书馆。此本如傅增湘所说是三十卷单行本，国内和日本皆未著录。而与之行款相同的宋刻本《后汉书》，《藏园群书经眼录》另著录有两部。一部是日本静嘉堂文库藏本，另一部与北京国家图书馆所藏宋绍兴本相同，著录为"钞补卷一上下及目录。宋刊大字本，……官文书纸所印。钤有季沧苇藏印"⑧。国家图书馆另藏有宋绍兴江南东路转运司刻宋元递修本《后汉书》残卷2部。上海图书馆也藏有宋元递修公文纸印本《后汉书》1部，另有傅增湘题识宋绍兴江南东路转运司刻宋元递修《后汉书》残本1部（存十卷）。另据《中国古籍善本书目》著录，山东省博物馆藏有宋绍兴江南东路转运司刻元递修本《后汉书》1部。

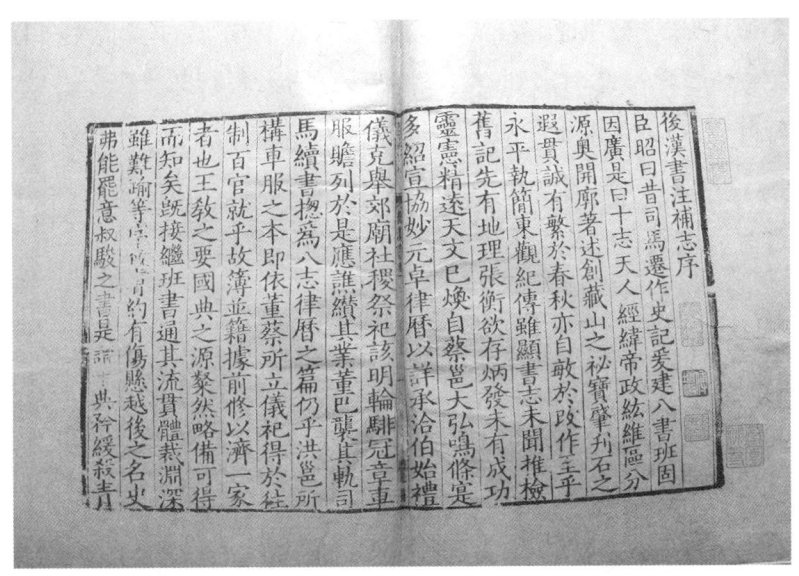

图 2　国会图书馆藏宋版《后汉书注补志》

(三)《国朝诸臣奏议》(图 3)

宋赵汝愚辑。宋刻元印本。该书最早为宋淳祐十年(1250)福州路提举史季温刻本。42 册,一百五十卷。此本版框高 23cm,宽 15.9cm。每半叶十一行,行二十三字。

张金吾《爱日精庐藏书志》与陆心源《皕宋楼藏书志》都著录为宋刊元印本,瞿镛《铁琴铜剑楼藏书目录》卷九著录为宋刊本,只是行款中的字数著录为"行廿二字"[9]。此本宋印或元印甚少,至明代其版收入南雍,故今所存多是明印本。

张金吾《爱日精庐藏书志》卷一二著录:"是书除此本外,有明会通馆活字本,谬误不可枚举。如卷四十六谢泌《论宰相枢密接见宾客疏》、卷六十一傅尧俞《再论朱颖士、李允恭疏》,此本俱存上半篇;卷一百廿四苏辙《乞募保甲优等人刺为禁军疏》存首二行,吕陶《论保甲二弊疏》存下半篇;卷一百三十三范仲淹《论元昊请和不可许者三大可防者三疏》存首三页;活字本俱删去,犹可曰以其残阙而去之。……藉非宋本尚存,奚从订正其误。板心内间有注大德至大刊补者,盖宋刊元印之本。阙卷一、卷一百九、卷一百四十四至一百五十,共九卷钞补。"[10]

陆心源《皕宋楼藏书志》卷二五著录："张氏金吾曰'是书除此本外，有明会通馆活字本，……'案此南宋刊本。每半叶十一行，每行二十三字。较之会通馆所据缺叶较少，当是宋季元初印本。"⑪

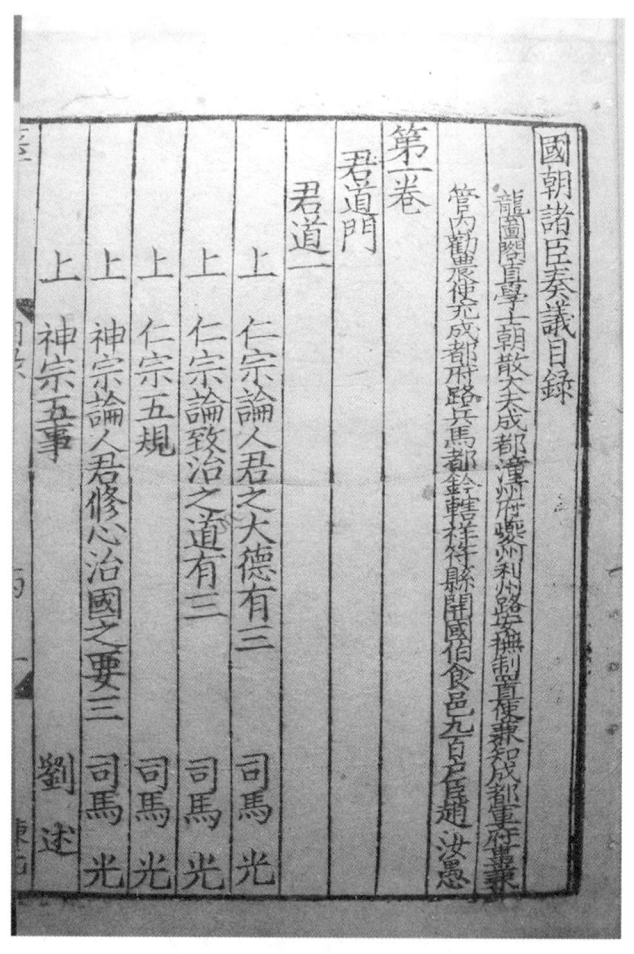

图3　国会图书馆藏宋版《国朝诸臣奏议》

此本缺叶与张本相同，且已抄补。另此本卷一二四苏辙《乞募保甲优等人刺为禁军疏》第二行以下与吕陶《论保甲二弊疏》前半篇共两叶，未缺，只是版幅上半截断去六字至八字不等，且苏疏已用墨笔补全。范、王二疏所缺与张本同，范疏也已补全。此本卷一三三范仲淹《论元昊请和不可许者三大可防者三疏》存首三叶，第四、五两叶已抄补，第六叶不缺。张本所缺六叶之中，此本有三叶,可见此本是该书现存诸本中最好的。在张本和陆本刷印时,卷一二四苏、吕二疏,因版幅有断裂;卷一三三范仲淹疏因第四、第五版片已佚,遂弃而未印。用北京国家图书馆所藏南雍印本比勘,其缺叶正好相同。

此本"纸质如练,明洁如玉,轻莹若素。且版心无大德、至大等年月,疑为大德以前印本"[12]。仅是全书稍有残缺,缺卷是:一至四、十二至二十二、四十五至七十六、一百四十八至一百五十以及《目录》一册。卷三六至七七,其卷一四八至卷一五○已抄补。卷前又有抄补序文及进书札子。有淳祐十年史季温序,淳熙十三年(1186)进书札子及自序。

中国科学院、吉林省图书馆、哈尔滨市图书馆及台北故宫博物院均有藏本,但残缺较多。宋刻元修本虽存世稍多,但是也都有残缺。

(四)《魏书》(图4)

北齐魏收撰。宋刻明初印本。64册,一百一十四卷,目录一卷。此本版框高22.5cm,宽17.6cm。每半叶九行,行十八字。卷内钤有"礼部官书""季印振宜""沧苇""少溪主人""双鉴楼""藏园""傅增湘""沅叔审定宋本""江安傅沅叔藏书印"等印记。有刘邠等序目。

在明南监所藏唐以前诸史印版之中,魏书的磨损最为严重。涵芬楼辑印百衲本《二十四史》时,《魏书》是用涵芬楼、北京国家图书馆、双鉴楼及嘉业堂四家藏本配补而成(四本中以国家图书馆藏本刷印时间为早)。国会图书馆所藏此本即双鉴楼本,经王重民查验,其刻工姓氏,有与明初翻刻《南北史》及《辽史》相同者,所以他断定为明初刷印本。其礼部官印为明初所钤,可能是南监修版之后,礼部派人专印,故用纸甚佳[13]。此本中帝记卷三至十二,列传卷一至七为抄配,抄配叶上也钤有季振宜的印记。

国会图书馆所藏此本,原是傅增湘旧藏。《藏园群书经眼录》卷三史部著录道:"《魏书》一百四十卷,北齐魏收撰。宋刊元修明印本,半叶九行,行十八字,白口,左右双阑。版心上记字数,下记刊工人名,间有元时补版。原版字仿欧体,补版渐趋疏俊,元刻益加圆活。桑皮厚纸印,纸幅阔大,与余藏《南齐书》相同。……递藏明项笃寿、清季振宜家。"[14]此本1941年2月17日入藏国会图书馆。

根据《中国古籍善本书目》著录,北京国家图书馆藏有宋刻宋元递修公文纸印本《魏书》全本1部、宋刻宋元明递修本2部,北京大学图书馆、吉林省图书馆、旅大市图书馆等多家单位收藏有全本宋刻宋元明递修本《魏书》,上海图书馆等多家单位收藏有宋刻元明递修本《魏书》残卷。

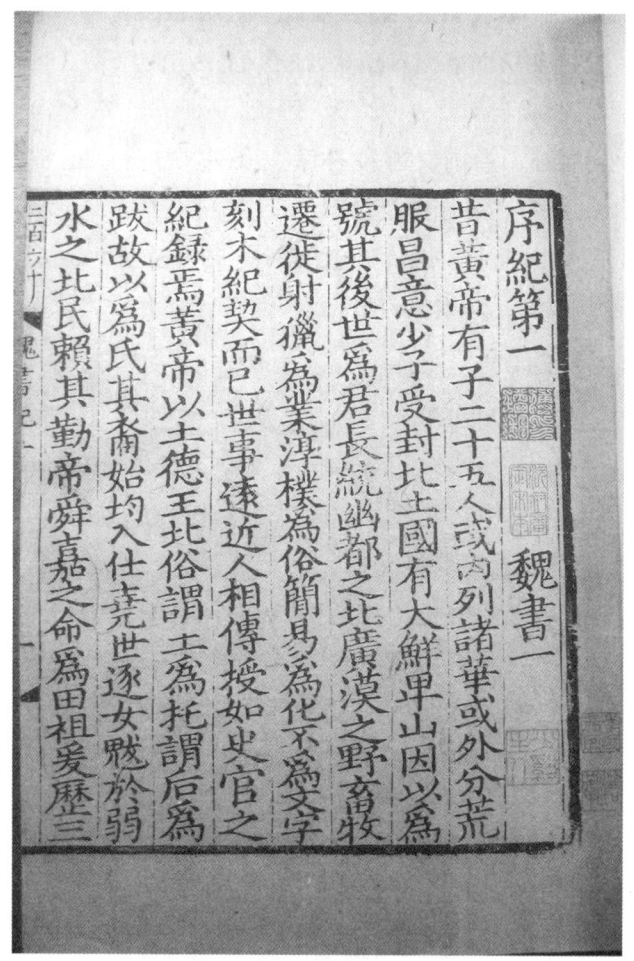

图4　国会图书馆藏宋版《魏书》

(五)《一切如来心秘密全身舍利宝箧印陀罗尼经》(图5)

北宋开宝八年刻本。残,一轴。

此经1924年出自杭州雷峰塔,经卷破裂,仅存上截,三、四字至八、九字不等。共二百五十断行。后有谈国桓跋,兹录于下:

此《一切如来心秘密全身舍利宝箧》印《陁罗尼经》也。宋时天下兵马大元帅吴越国王钱俶造此经八万四千卷,舍入西关砖塔永久供养,即雷峰塔所藏者是也。塔倾经现,敬阅一过,福缘不浅。佛历二千九百五十二年岁次乙丑十二月十五日,谈国桓为蓝尔生先生题。

此经卷为孤本,1936年入藏国会图书馆。据《中国古籍善本书目》著录,北京国家图书馆、上海图书馆、上海博物馆、浙江图书馆、北京大学图书馆等多家单位有雷峰塔藏经残卷收藏。

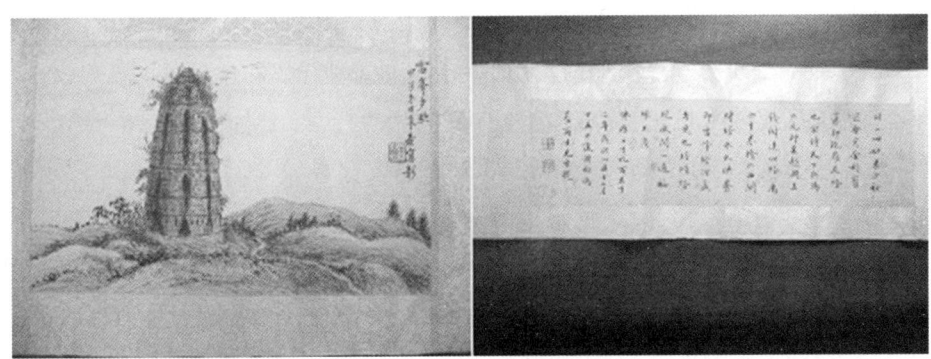

图5 国会图书馆藏宋本《一切如来心秘密全身舍利宝箧印陁罗尼经》

(六)《妙法莲华经》

北宋刻本。一轴,七卷。每行二十七字。此经出自江苏省吴江市某寺的塔中。原傅增湘藏园藏本。

前端题有:"姚秦三藏法师鸠摩罗什奉诏译。"卷内钤有"沅叔审定宋本"印记,又别纸有傅沅叔手跋,详细叙述了此经的原委。此本卷一残佚,用印本补之。又各纸接裱甚紧,中缝题字多被压覆。王重民说他曾见过一部别本,中缝内有刻工蒋椿等数人的姓名,因此他觉得此本应为南宋绍兴间所刻,而非傅增湘所说之北宋刻本[15]。现将傅增湘的题记引录于下:

此北宋刻《莲华经》,余十五年前得之吴门积宝斋孙伯渊许。据言吴江垂虹桥畔某寺有塔忽圮,塔中藏此经二卷,其完好者归于湖州蒋孟𬞟。此卷虽多破损,然余见其蝇头细字,雕镂工雅,楷法精妙,似仿东坡,亟以善价易得。卷末跋文二行,文曰:"此经再将诸本校勘重开,并无讹谬。钱塘丁忠开字。"据此知为浙杭刻本。昔治平元年诏刊七史,即牒下杭州开版,以杭州多良工,故虽细楷如米粟,而刀法精抄,锋颖如新,至可宝也。蒋氏得此经后,曾有复印件,余乞得一本。此卷重付装池时,其首卷缺损之处,即取复印件补入,女娲炼石,为天地弥止缺憾,亦足快矣。庚辰十月蜀南傅增湘书于藏园。

此经为孤本,原是藏园老人傅增湘旧藏,1941年2月17日入藏国会图书馆。

(七)《大般若波罗蜜多经》

北宋刻本。唐玄奘译。残存1册一卷。此本版框高24.8cm,宽11.2cm。计十二版,每版三十行,折为五个半叶,每半叶六行,行十七字。

前端题有:"三藏法师玄奘奉诏译。"此经仅存卷第一百九十三,《千字文》"往"字编号。宋福州东禅等觉院刻万寿大藏本。版心记有刻工姓名,有邵保、昌、丁思等人。丁思的名字后面有一"刁"字,王重民认为是"刀"字,"'丁思刀',谓为丁思刀刻也。卷末又记'丁庆印造'"⑯。而沈津则认为此说"似可商榷",应该是"丁思刁",亦即"丁思雕"。因为当时寺院雕印藏经,除聘有熟练刻工外,寺僧也有参与雕板者,称为"雕(刁)字僧",管理这些雕字僧者称为"雕(刁)字教首"⑰。

末叶题有:

都劝首住持传法慧空大师　　冲真
　　　　请主　参知政事　元绛

1937年1月14日入藏国会图书馆。

《中国古籍善本书目》著录北京国家图书馆藏有万寿大藏本《大般若波罗蜜多经》五卷(卷22、246、270、293、539),辽宁省图书馆藏一卷,泉州开元寺藏一卷。日本宫内厅书陵部藏有《万寿大藏经》6,262卷,宫内厅书陵部以前称为图书寮,编有内部书目《图书寮典籍解题》,其中著录有"《一切经》,6,263帖,宋版。6,262卷,字音帖530卷(有欠补写),折本。……敕赐福州东禅等觉禅寺、天宁万寿大藏。"⑱

(八)《景德传灯录》

南宋绍兴间刻本。残存 1 册卷第十九。此本版框高 25.7cm,宽 17.5cm。每半叶十五行,行二十八字至三十字不等。

宋释道原撰。按瞿氏铁琴铜剑楼藏是书宋刻本,合三残本而成,今已印入《四部丛刊》三编中。张菊生跋云:"其一:半叶十五行,每行二十八字至三十字,板心有刻工,存卷十至十二。宋讳避玄、弘、朗、贞、侦、征、署、树、戌、竖等字,不避桓、构二字及其嫌名,然察其刀法笔意,实已具南宋风格,不能以其不避讳而遽疑之也。"正与此本相合。此本所记刻工,如孙彦、洪昌、张学、方佑,洪悦、陈才、丁拱,亦并见瞿本。又有蒋椿。王重民经过考证,认为是绍兴间所刻,同意张元济的说法[19]。瞿本有"曾在汪阆源家"印记。考《艺芸精舍宋元本书目》所载,只有三卷;此为第十九卷,来自日本。此本雕椠精湛,纸质厚实,书品上佳。

(九)《文章正宗》(图6)

宋真德秀编。宋刻本。全书共二十四卷,此本仅残存 4 册四卷:卷四、卷一〇、卷一三和卷一五。每半叶十行,行二十字。此本版框高 22.9cm,宽 16.9cm。卷内钤有"朱筠""朱印锡庚"等印记。

《天禄琳琅书目》卷三、《铁琴铜剑楼藏书目录》卷二三、《仪顾堂续跋》卷一四,都著录为宋刻本(详后)。瞿氏、陆氏所记录的行款,也都和此本一致。陆氏《仪顾堂续跋》著录曰:"《文章正宗》二十四卷,宋椠本。每叶二十行,每行二十字。版心有字数及刊工姓名,宋讳有缺有不缺,盖宋季坊刊也。间有元修之页,则无字数及刊工姓名矣。"[20]此四册每叶都标有字数及刻工姓名,而其中个别元代修版之叶,字数则用楷书刻写,刻工姓名似乎也是按照原姓名重新雕刻的,所以王重民怀疑此本刷印时间在陆本之前[21]。

此书为 1915 年由施永格购自日本古今图书馆。严绍璗《日藏汉籍善本书录》著录为元覆宋刊本,因其目录有后人写补。藏静嘉堂文库[22]。

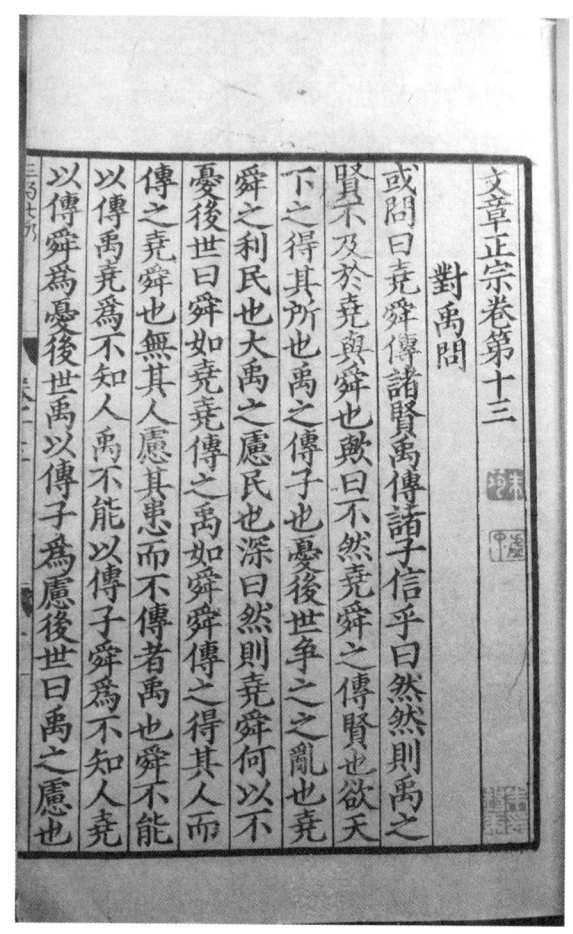

图 6 国会图书馆藏宋本《文章正宗》

(十)《分门集注杜工部诗》(图 7)

唐杜甫撰,宋王洙、赵次公等注。宋刻本。全书共二十五卷,此本残存 3 册三卷。每半叶十一行,行二十字,小注双行,行二十五、六、七字。此本版框高 19.7cm,宽 12.7cm。卷内钤有"辅叟图书""旧山楼秘本""双鉴楼""增湘"等印记。

图7　国会图书馆藏宋本《分门集注杜工部诗》

该书是原傅增湘藏园藏本,有沅叔题记数则,称"此本最为罕见"。王重民指出宝礼堂著录有此本全帙,《宝礼堂宋本书录·集部》页五云:"《分类集注杜工部诗》二十五卷二十八册,以诗题之门类分,凡七十二门。注诗姓氏总一百四十有九人,所采之注,以王洙、赵次公、苏轼、郑卬、杜修可、薛梦符数人为多。卷首列诸家序跋、题词、墓志、铭传,次年谱,撰者吕大防、蔡兴宗、鲁訔三家。"㉓此本仅存卷一四至卷一六,为《时事》《边塞》《将帅》《军旅》《文章》《书画》《音乐》《器用》《饮食》九门。卷中宋讳或避或不避,据《宝礼堂书录》所记,缺笔至"廓"字,则为南宋末年建阳书坊所刻。现将傅增湘的题记引录如下:

南宋建本,存卷十四、十五、十六,凡三卷。半叶十一行,每行二十字,注双行二十五字,细黑口,左右双拦。藏书印章有"辅叟图书"(此似明人印)"徐氏家藏图书""赵宗建读书记""旧山楼"各印。(赵氏为常熟藏书家。)

此本最为罕见,常熟瞿氏亦有《分门杜诗》,然与此本不同。

《雁影斋题跋》不著编者姓名,王琪序称何君琢、丁君修得原叔家藏及古今诸集,聚于郡斋,三日而后已,殆即何、丁二人所编,分七十二门㉔。

此本金镶玉装,保存良好。国会图书馆所藏此本,原是傅增湘旧藏,1941年2月17日入藏国会图书馆。北京国家图书馆藏有全本,即南海潘宗周宝礼堂藏本,《四部丛刊初编》影印。

(十一)《宋文鉴》

宋刻明修本。64册,一百五十卷,目录三卷。此本版框高19cm,宽12.5cm。每半叶十三行,行二十一字。

前端题有:"朝奉郎行秘书省著作佐郎兼国史院编修官兼权礼部郎官臣吕祖谦奉圣旨铨次。"按此本为明中叶补修宋本,又清光绪间江苏书局校刊《文鉴》之底本也。《皕宋楼藏书志》卷一一三、《善本书室藏书志》卷三八、《适园藏书志》卷一五均有著录㉕。此本有周必大序、吕祖谦《进书札子》及谢表,无明翻刻时商辂等序。每行二十一字,末行间有至二十五字者,则均在补版内,盖补版时有增益,则统补于末行故也。《目录》上卷后题作"宋朝文鉴",宋字较小,显系剜改;卷第十作"皇朝文鉴"。惇、墩、敦、廓、扩等宋讳标以圆圈,惇还有缺笔作"惇"者,避光宗、宁宗讳比较严谨,可见原版刻于嘉定时期。全书就宋版刷印者多,补刊者少,丁丙谓"为明代接宋最初之刻",确实如此。

卷端钤有"江山刘履芬彦清手收得"方印,大约是刘履芬任苏局提调时所购。卷一四五后有附叶,题有:"吴大根覆,管礼昌覆,汪之昌校。"下钤"振民手校"方印。现存的苏局翻刻本无序跋,据此可知校阅人姓氏。不仅如此,用局刻本和此底本相校,凡底本误字,均用朱笔点出,局刻本则已改正。王重民曾进行过比勘。卷四二孙觌《谏幸汾阴》后半残缺,抄补叶有批语:"'此'字("陛下必欲为此者"之此。)以下半篇及《又谏幸汾阴》一首,原本及慎独本皆缺,兹从《古文渊鉴》中查出抄补。"可知除了该底本之外,又用明刘洪慎独斋本相校。卷一四五题有:"此卷有数篇在《古文辞类纂》中者,似可参勘",然则慎独本缺者,又用《古文渊鉴》《古文辞类纂》等书校补。因为当时没法得到宋本,又不能参校各家原集,仅靠《古文渊鉴》等书校补,未免有所偏漏。在光绪初年各书局人才凋零的情况下,苏局还能有汪、管等人负责校勘,真是很不错了。汪之昌字振民,新阳人,著有《青学斋集》。同治九年(1870)冬进入苏局,负责校勘工作有二十多年。

此本为金镶玉装,全书宋版刷印者多,补刊者少。现存宋本名为《皇朝文鉴》,皆不全。丁丙认为此本是明代接宋最初之刻本,清光绪间江苏书局校勘的底本,有汪之昌等题签多处,迭经刘履芬、王树柟等收藏。

二、元刻本

(一)《礼经会元》

元刻明印本。4册,四卷。此本版框高20.6cm,宽13.5cm。每半叶十一行,行二十四字。

前端题有:"宋龙图阁学士光禄大夫赠开府仪同三司南阳郡开国公食邑二千一百户食实封一百户谥文康叶时著。"陆氏《皕宋楼藏书志》卷六、丁氏《善本书室藏书志》卷二对此本皆有著录。其版刻于元明之间,王重民认为此本是明代刷印的[⑳]。卷内有"林即一桂""林允瞻家藏印"等钤印。

有至正二十五年(1365)潘元明序,至正二十六年陈基序。后有至正二十五年叶广居跋。

北京国家图书馆、上海图书馆等四家以及台北"中央图书馆"有藏。

(二)《增修互注礼部韵略》(图8)

元刻本。残存一卷(卷二)。每半叶十一行字数不定,小注双行,行二十八字。此本版框高21.2cm,宽13.9cm。

前端题有:"衢州免解进士毛晃增注,男进士居正校勘重增。"此本现存有四、五部,行款基本相同,可见是出于同一部宋本而又递相翻刻的。其宋本非常罕见,《四库全书》著录本,《提要》称为宝祐四年(1256)蜀中刻本,恐即杨氏《留真谱》所载至正二十六年秀岩书堂重刻本;又因题"太岁丙辰",似又为明洪武九年(1376)印本。《仪顾堂题跋》卷一又载宋宁宗时刊本。王重民认为此本行款虽与陆氏所记相同,但也不能确定其为宋本[㉑]。

北京国家图书馆、上海图书馆、台北"中央图书馆"及台北故宫博物院都藏有宋元版多种。日本藏有九部元刻本。

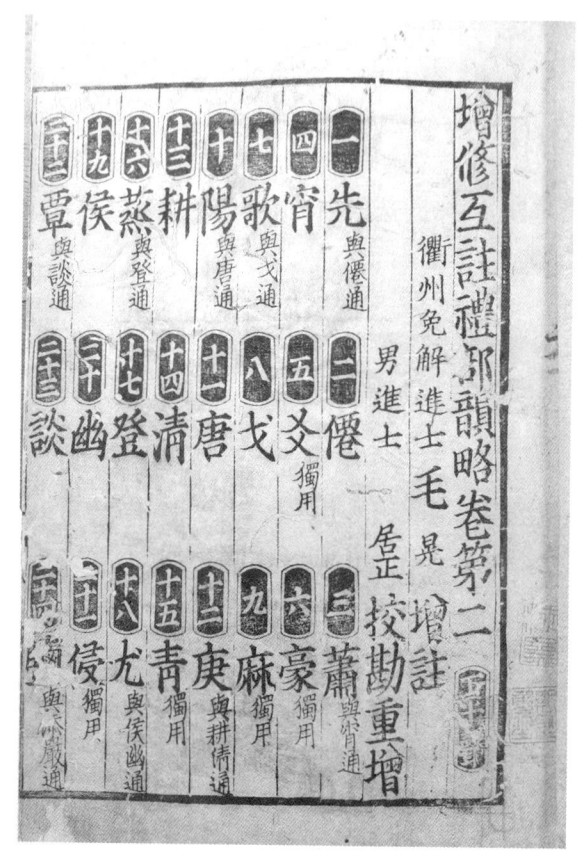

图8　国会图书馆藏元本《增修互注礼部韵略》

(三)《书学正韵》(图9)

元刻明修本。36册,三十六卷。此本版框高22cm,宽15.6 cm。每半叶八行字数不等,注文行二十三字。细黑口,左右双边,有刻工。钤印有"安乐堂藏书记""孔昭一字贞吉"等。

前端题有:"奉直大夫国子司业杨桓选集。"此本卷末又题有:"二年八月江浙等处儒学提举余谦补修",王重民指出"二年"前面应有"元统"二字,余谦元统二年(1334)奉朝廷之命刊刻于江浙⑧。明代将其刻板收入南雍,此本较为模糊,正是明南雍印本。

北京师范大学图书馆、北京市文物局、天一阁等单位以及台北"中央图书馆"有藏。

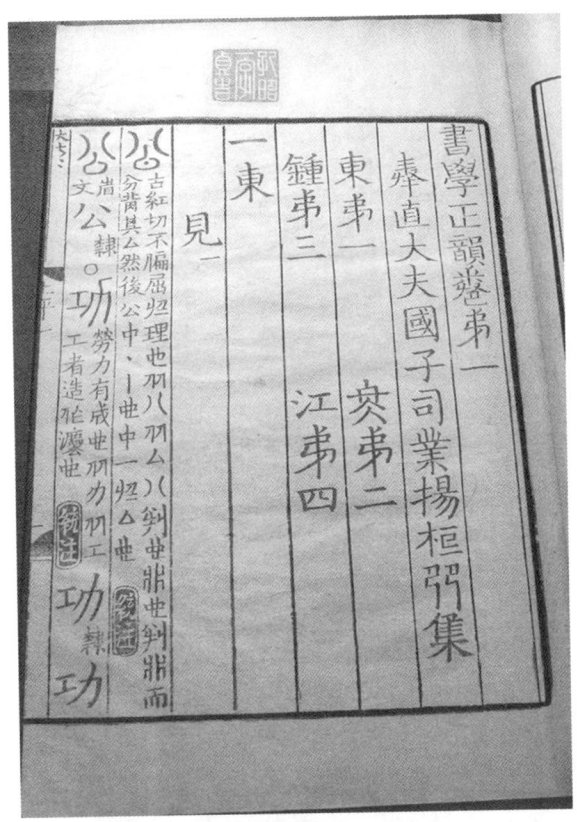

图 9　国会图书馆藏元本《书学正韵》

(四)《仪礼图》(图 10)

宋杨复撰。元刻明印本。16 册,十七卷,另有《仪礼旁通图》一卷附仪礼经文十七卷。此本版框高 16.60cm,宽 12cm。每半叶十行,行二十字。元代所刻之原版已经不到全书的三分之一,上书口记字数,下书口记刻工姓氏;明代补刻之版,下书口记明代刻工,上书口记"闽何校",或记正德六年(1511)、十二年、十六年重刊年月,可见该本是在明正德年间刷印的[23]。内有朱熹乞修三礼札,绍定元年(1228)自序以及陈普序。

北京国家图书馆、中科院图书馆、北京大学图书馆、浙江图书馆、南京图书馆等多家单位以及台北"中央图书馆"、台北故宫博物院、香港大学冯平山图书馆收藏有多种宋元刻本,其中的元昭武谢子祥刊明修补本与此本较为接近。

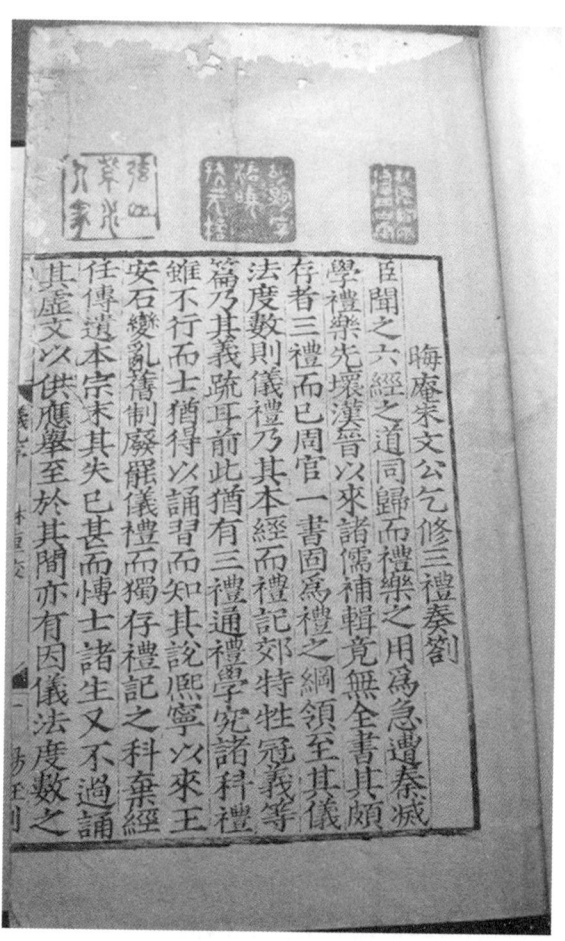

图 10　国会图书馆藏元本《仪礼图》

(五)《宋史全文续资治通鉴》(图 11)

元刻元印本。原书未著撰者姓氏。32 册,三十六卷,附《宋季朝事实》二卷。此本版框高 20cm,宽 13cm。每半叶十六行,行二十五字。

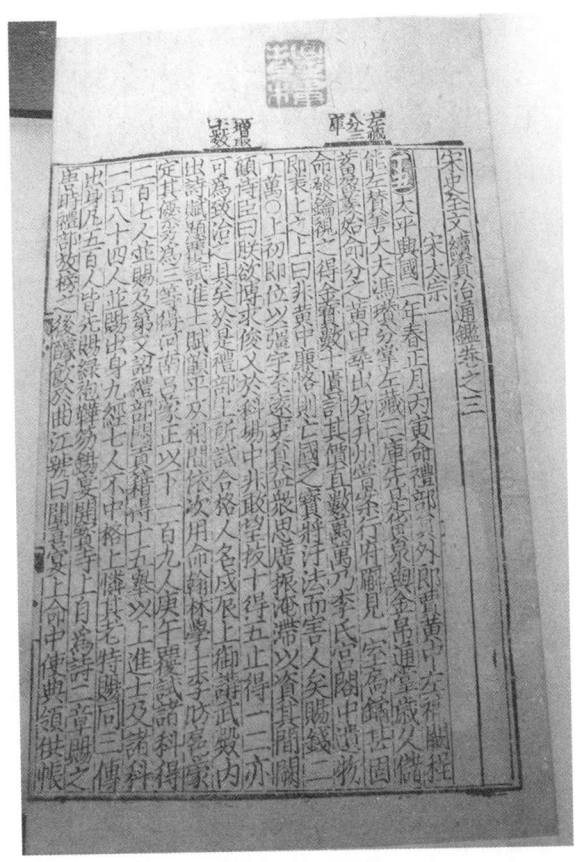

图11 国会图书馆藏元本《宋史全文续资治通鉴》

卷端有《宋朝玉简》《宋朝传授》及乾道四年(1168)李焘《进书表》。卷一下书口记刻工曰"吴鸟刊"。自卷一八之后,书题或作"增入讲义续资治通鉴",或作"增入名儒讲义演资治通鉴长编",或作"宋史全文宋朝中兴资治通鉴"。卷三〇后有牌记,只是文字已被剜掉,所幸《总目》下有同样牌记,内容如下:"《宋史通鉴》一书,见刊行者,节略太甚,读者不无遗恨焉。本堂今得善本,乃名公所编者,前宋已盛行于世,今再绣诸梓,与天下士大夫共之。诚为有用之书,回视他本,大有径庭,具眼者必蒙赏音,幸鉴。"该书元代有两个本子,一详一略。《永乐大典》卷一二九六五载《宋史全文》庆元元年(1195)至嘉定十七年(1224)事,王重民以此本与大典本比勘,发现此本为卷第三十,共三十叶,而《大典》本仅四叶,确实是"节略太甚,读者不无遗恨焉"[③]。大约元代及明初所通行者,皆为"节略太甚"之本,故《永乐大典》据以著录,而杨士奇所藏,也是同一节本。此本无《二王本末》,而有《宋季朝事实》二卷,故全书为三十八卷;节本无《事实》,而有《二王本末》一卷,然杨士奇藏本凡三十九卷,装为四册者,因此本翻刻时于宋本卷数稍有改并,节本则改并较少。

此本书题前后不同,且冠以"宋史全文"四字,显系为元人所加,其痕迹非常明显。然则所谓"前宋已盛行于世,今再绣梓"者,虽从宋、元间详本出,也已经有所改并。至明中叶,又有建阳翻刻本。此本卷首、尾完全,且为元刊元印,实不多见。卷内眉批颇苍古,卷一《亲征北汉条》,批云:"国朝宣德之口,汉亦用此术",这显然是明人所记。卷内有"抱经楼"印记,曾为抱经楼所藏。

此本极为罕见,复旦大学图书馆藏有同样版本。

(六)《隋书》

唐魏徵等撰。元刻明印本。12册,八十五卷。此本版框高21.2cm,宽15cm。每半叶十行,行二十二字。

该书为元大德九路刻本,明代有修补,修补叶上有正德十年,嘉靖八(1529)、九、十年等年号,可以判断乃嘉靖间印本。目录叶多处残损。函套上印着"东京文求堂监造",应来自日本。

(七)《世医得效方》

元至正三年陈志刊行本。24册,二十卷。每半叶十一行,行二十二字。四周双边,双鱼尾。此本版框高17.7cm,宽11cm。

前端题有:"建宁路官医提领陈志刊行,南丰州医学教授危亦林编集,江西等处官医副提举余赐山校正。"有后至元五年(1339)太医院识、至元四年王充耘序、后至元三年自序、至正三年陈志序和后至元三年牒文。

此本金镶玉装,保存良好。有日文注音及批注,显然来自日本。

北京大学图书馆藏有全本,北京中医研究院有残本。

(八)《宣和画谱》(图12)

原书未著撰者姓氏。元大德间吴文贵校刻本。原书二十卷,此本残存9册十六卷。此本版框高21.6cm,宽14.7cm。每半叶十行,行十九字。左右双边,双鱼尾。

图 12　国会图书馆藏元刻本《宣和画谱》

近人余绍宋撰《书画书录解题》，在明刊王世贞《古今法书苑》卷二二中发现元大德六年吴文贵校刻《宣和书画谱跋》，以及大德七年（1303）王芝所撰后序，称《书画谱》自宋南渡后，不传于江左，盖为当时秘录，未尝行世。吴文贵博求众本，遂锓诸梓。此本的刀刻和纸质，与大德间刻书最为相似。《古今法书苑》又载录有朱存理抄本跋一首，说吴知文贵刊本，明初已很难得①。

此本缺佚卷一〇至卷一一，又卷一四至卷一六。又卷九抄补两叶，卷一八抄补三叶，卷二〇抄补二叶，而卷四缺八叶，卷一九缺七叶，则均未抄补。卷二〇抄补叶上钤有"徽国经史之章"，据《明史》卷一一九记载，英宗之子中有徽王见沛喜好藏书，大概就是他的印章。《台湾故宫博物院善本书目》也著录有该书元刻本，完全无缺，则元本存世者，也就是这两种了。此外，叶启发称有宋刊

《书谱》二十卷,或即大德间吴文贵与《画谱》合刊之本,其说载《图书馆学季刊》第九卷第三、四期㉒。

有宣和二年(1120)无名氏序。台北故宫博物院藏有完整的元大德六年吴文贵杭州刻本。

(九)《新编古今事文类聚》(图13)

元刻本。80册,二百一十一卷。其中前集六十卷,后集五十卷,续集二十八卷,别集三十二卷,新集三十六卷,外集十五卷。此本版框高19.3cm,宽12.6cm。每半叶十四行,行二十八字。卷内钤有"东汉传经之家"印记。

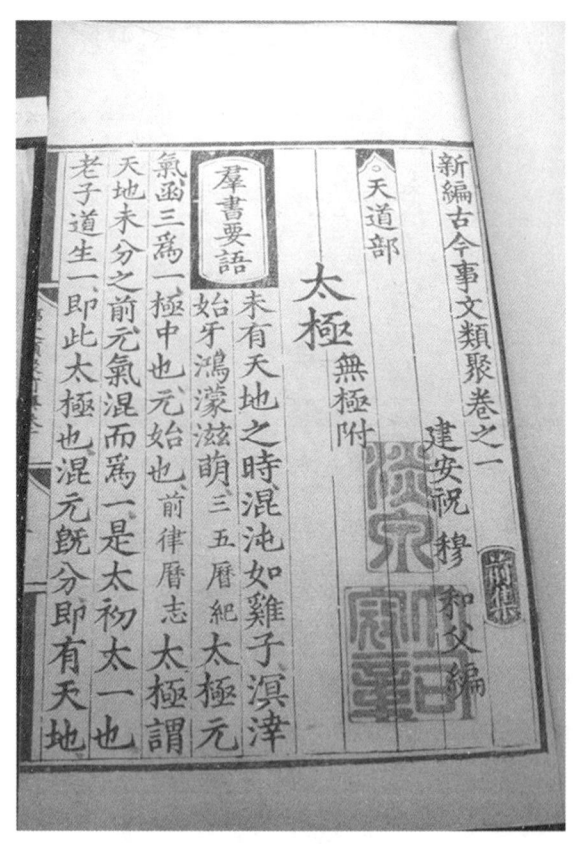

图13　国会图书馆藏元刻本《新编古今事文类聚》

前端题有"建安祝穆和父编",新集、外集题有"南江富大用时可编"。此本无刻书牌记,不知为何时何地所刻。孙氏廉石居与北京图书馆并有元泰定丙寅刻本,行款与此本不同,此本似乎刻于元泰定以后,或者明初。

台北"中央图书馆"和台北故宫博物院藏有元泰定本,北京书目文献出版社1991年影印过元刊本。台北"中央图书馆"和台北故宫博物院另藏有明建刊黑口本,即《中国古籍善本书目》所著录之"书林明实堂刻本",北京国家图书馆、浙江省图各藏有1部,南京图书馆藏有2部。

(十)《山堂群书考索》

宋章如愚撰。元延祐七年(1320)圆沙书院刊本。50册,二百一十二卷。其中,前集六十六卷,后集六十五卷,续集五十六卷,别集二十五卷。此本版框高16cm,宽10cm。每半叶十五行,行二十四字。卷内钤有"子晋珍藏""水山堂珍藏"等印记。

此本陆心源《仪顾堂续跋》、叶德辉《郋园读书志》都有著录。陆氏《仪顾堂续跋》卷一一著录:"前集目后有延祐庚申圆沙书院新刊木记。每半叶十五行,每行二十四字。标目别以黑质白章。以明正德戊辰刘洪慎独斋刊本互勘,明本颇有删削移易处。如卷五《中庸》《大学》,元本经下有注,明本存经删注。卷八《六经门》,卷三二《文章门》,明刊先后颠倒。后集、续集、别集,如此类者亦多。此为初刊祖本,不久即毁于火,故流传甚少见。"㉝

叶氏《郋园读书志》卷六著录:"黑口版,每半叶十五行,行二十四字。书名跨两行,题《山堂先生群书考索》卷之一(余卷同)。下注黑地白文前集二字(余集同),次行题山堂宫讲章如愚俊卿编。书中标题皆黑地白文。明正德戊辰刘洪慎独斋刻本,不独改易行款,标题无山堂先生四字,撰人题山堂先生章俊卿编辑,均非元本之式。"㉞此本均与两家所记相合,间有缺叶,已依原式抄补。其中续集抄补最多,为卷四五至卷五六㉟。

台北"中央图书馆"藏有相同版本。

(十一)《大颠和尚注心经》

元大颠禅师了通撰。元至正二十年刻本。1册,一卷。此本版框高20.4cm,宽13.1cm。每半叶十行,行十八字,经文一占小字四。

有自序曰:"此般若最胜大经,有唐玄奘三藏奉诏译成,流于此土,尽六百卷。谈空一味,显法多门,于其数中最简要者五十四句,计二百六十七字,其文大直,反成难晓。了通不揆蒙陋,聊以管窥,辄引佛祖言教,以为注解。"序末题有:"善男子危素书,比丘绍明刻施。"卷末又记有:"伏为圣上陛下,统临四海亿载万年,公主殿下寿齐年,王后殿下寿无疆。干戈息静国民安,天下太平法输转,刊此旧本广施无穷者。至正二十年庚子五月日,克手禅师戒元。"

此经著录不详,从装帧看似来自日本。

(十二)《唐文粹》(图 14)

元刻明印本。28 册,一百卷。此本版框高 19.5cm,宽 13.3cm。每半叶十五行,行二十五字。卷内钤有"百乐堂览书画印记""自强斋藏书记""东武李氏收藏""是书曾藏自强斋"等印记。

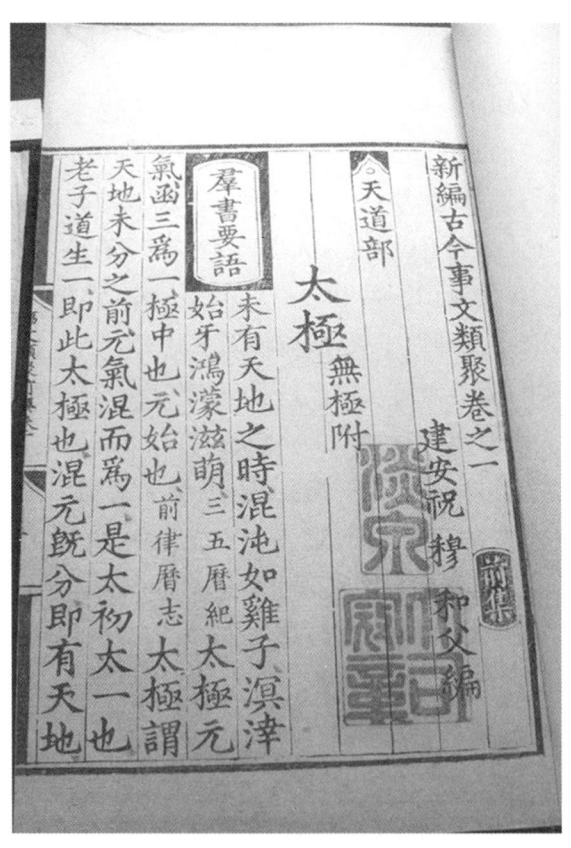

图 14　国会图书馆藏元刻本《唐文粹》

前端题有:"吴兴姚铉纂。"按《四部丛刊》影印本补版尚不多,此本则大半为补版。与《四部丛刊》本比校,犹有相同之版,为明代中叶修补刷印之本。又目录一百卷,而书内卷数,均已更改。有自序及宝元二年(1039)施昌言后序。

该书金镶玉装,保存良好。1947年1月6日入藏国会图书馆。

1929年上海商务印书馆四部丛刊影印的元本较此本为佳。北京国家图书馆藏有宋绍兴刻本,有清人抄补。台湾中研院傅斯年图书馆藏有宋版。严绍璗《日藏汉籍善本书录》著录"元末明初刊本","宫内厅书陵部",行款与此本同㊱。

经查日本宫内厅书陵部藏典籍解题,著录为嘉靖六年(1527)刊本㊲。

(十三)《元文类》(图15)

元苏天爵辑。元刻明印配补本。20册,七十卷目录三卷。每半叶十行,行十九字。此本版框高20.3cm,宽14.2cm。卷内钤有"长白马佳宝康审定宋元旧椠,并元明人旧钞旧校之记"。

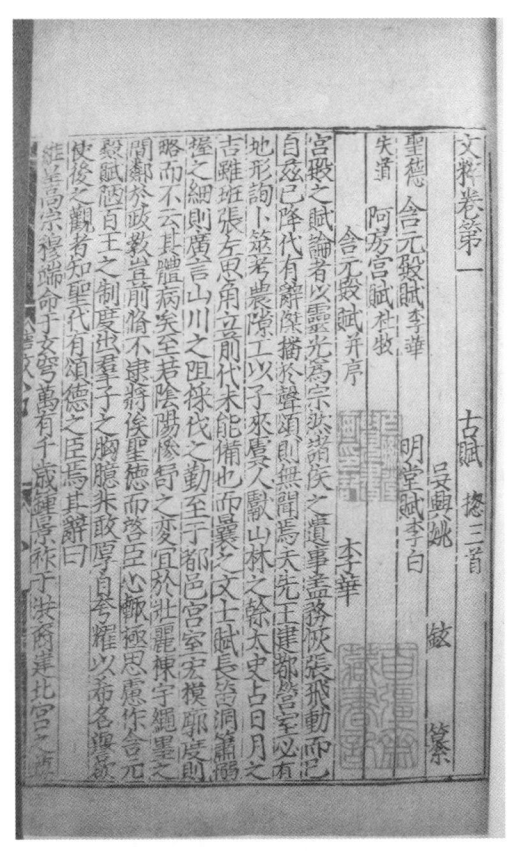

图15 国会图书馆藏元刻本《元文类》

此本配版约在五种以上，王重民认为它宛如一元明百衲本⑱。有就元版刷印者，前半部叶数最多，如卷六后题、卷七前题仍作"国朝文类"。有就明嘉靖十六年晋藩刻本刷印者，如卷端所附马朋序，卷内版心较大，字画较疏朗之叶，上书口并刻有"晋藩重刊"。此本卷内有文而《目录》没有记载，且卷七〇没有多出《高昌偰氏家传》，是由于补配时卷七〇因袭元版，卷一八依据明坊本之故。有仿元本重刻者，如后半部笔画纤细之叶，字体颇似元本。此外补叶字体颇不整齐，散在全书，当是刷印时所补。其行款皆同元西湖书院本，是因为明代各翻刻本都出自西湖书院本。

有嘉靖十六年马朋序、元统二年(1334)王理序和元统二年陈旅序。

此本为原王树枏旧藏，1929年4月3日入藏国会图书馆。北京国家图书馆藏有《国朝文类》元刻明修本。

（十四）《集千家注分类杜工部诗》(图16)

唐杜甫撰。元广勤书堂刻本。16册，二十五卷，附文集二卷、年谱一卷。此本版框高19.8cm，宽12.7cm。每半叶十二行，每行大字二十字，小字二十六字。金镶玉装，纸色深黄。卷内钤有"曾在上海郁泰峰家""泰峰"等印记。

卷内题有："东莱徐居仁编次，临川黄鹤补注。"世传余氏所刊此本有二部：一部是勤有堂本，目录后有皇庆壬子钟式木印，勤有堂鼎式木印；另一部是广勤书堂新刊本，传、序、碑铭后有"广勤书堂新刊"六字，《诗门类》后有三峰书舍钟式木印，广勤堂鼎式木印。此本正好缺传、序、碑铭，《诗门类》等叶，然有《文集》二卷；《文集》为广勤书堂所附入，可知此本即广勤堂新刊本。《天禄琳琅书目》卷六认为是余氏的后人将勤有堂原版牌记剜改而成⑲。故广勤堂初印本，卷二五后仍存有"皇庆壬子余志安刊于勤有堂"一行，而后来再印者，干脆将此行也一并剜去。序、传、碑、铭等叶，传本多缺。此本有稍模糊处，其为后印无疑。

有宝元二年王洙序、皇祐四年(1052)王安石序、元祐五年胡宗愈序及嘉泰四年(1204)蔡梦弼序。

据《中国古籍善本书目》著录，北京国家图书馆、上海图书馆等八家单位藏有相同版本。

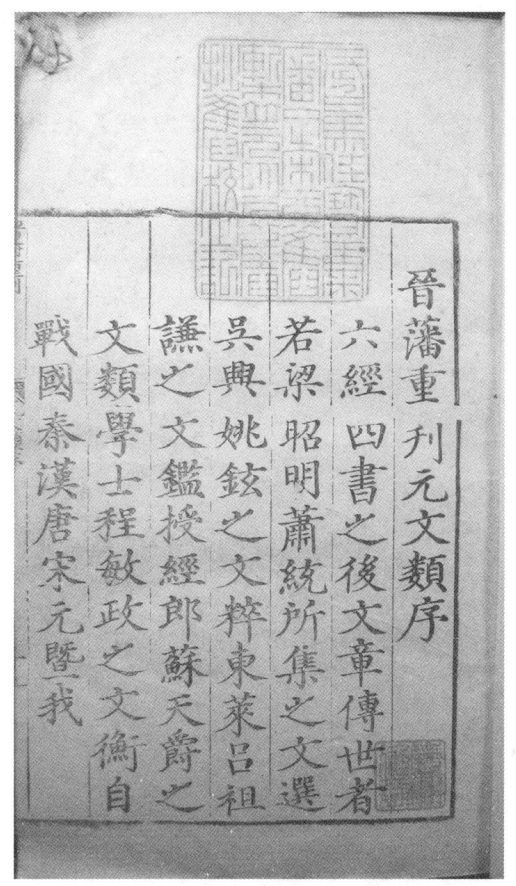

图 16　国会图书馆藏元本《集千家注分类杜工部诗》

三、金刻本

（一）《重修政和经史证类备用本草》（图 17）

著录为蒙古定宗四年（1249）平阳张存惠刻本。金元刻本。此本残存十三卷，10 册三函。每半叶十一行，行十九至二十一字。

张存惠字魏卿，平阳（今山西临汾）人，其堂号晦明轩，曾刻有多部典籍，《重修政和经史证类备用本草》是晦明轩所刻书中最具代表性者之一。张氏在刻印此书之前做了大量增补、订正工作，他以曹孝忠《政和本草》为基础，将寇宗奭所著《本草衍义》分条列入各药名之下，遂使历代增修补注本草之内容汇集一书，成为今日通行本之《重修政和经史证类备用本草》。该书内容先后有序、层次分明，文献标记明显，早期已佚多种本草学文献，均可按不同标记加以辨识辑佚，为后人研究中医本草学提供了有用的依据。

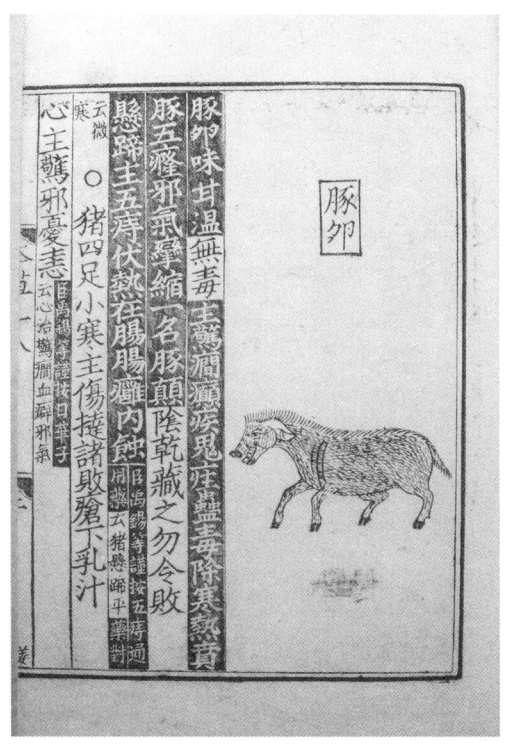

图17　国会图书馆藏金本《重修政和经史证类备用本草》

此本卷首镌有螭首龟座《重修本草之记》书牌。目录后有琴形"平阳府张宅印"和钟形"晦明轩记"牌记。后序末镌有张存惠自题"泰和甲子下己酉岁小寒初日辛卯刊毕"刻书牌记。"泰和甲子下己酉岁"即金章宗泰和四年（1204）之后的宋淳祐九年，其时金亡已15年，也是蒙古定宗灭亡后的第二年。定宗在位三年，其后两年未立嗣君，加之元初无年号，故此书版本定为蒙古定宗四年刻本。张存惠作为金朝遗老，不忘故国，使这一版本烙上了鲜明的时代印记。

这也是国会图书馆所藏的唯一金代刻本。此本小部分册数之书页略有水迹,以致书品受到影响,而其余未受影响者则品相极佳。此本纸墨莹洁,刻印精良,堪称平水本上乘之作。书中900余幅插图,是在宋嘉祐《本草图经》的基础上,重加订正,由姜一等名匠刊刻而成,图像写实逼真,十分精美,是我国现存最早的古代医药和动植物木刻系列图谱。明末著名藏书家钱谦益跋称:"此书字画图绘惟宋版最精者可相上下,视元版则天壤矣。"此书对后世影响很大,明、清之际不断有人翻刻重雕。清乾隆年间纂修的《四库全书》,收有元大德翻大观本与此泰和本,提要中特称此本"刊刻清整,首末序跋完具,则泰和本为胜,今以泰和本著录,大德本则附见其名于此,不别存目焉"⑩。此本有"华亭朱氏珍藏""浙右项笃寿子长藏书""钱印谦益""东吴毛晋""海虞毛表奏叔图书记""徐健庵""袁印廷梼""苏州袁氏五砚楼藏金石图书""红蕙山房""汪印士钟""阆源真赏""季振宜藏书""沧苇""蒋印光熤""寅昉""盐官蒋氏衍芬草堂三世藏书印"等印。可知历经明代朱大韶、项笃寿、钱谦益,清代毛晋、毛表、季振宜、徐乾学、袁廷梼、汪士钟、蒋光熤等多位著名藏书家珍赏收藏。卷末的钱谦益墨书跋文,证实此本即钱氏绛云楼烬余之物,尤其值得珍视。

王重民所记北平图书馆所藏残本,今存台北故宫博物院图书馆。另《四部丛刊》初编有据金泰和晦明轩本影印(疑即北京国图藏本),其版式、行款、字体均与此本不同,为另一版本。此外,1957年人民卫生出版社据扬州季范董氏藏金泰和晦明轩本影印,有线装、精装两种,据1993年华夏出版社出版尚志钧等点校本《证类本草——重修政和经史证类备用本草》描述,与此本亦非同版,尚志钧等点校本广征博引,述版本渊源甚详,但未及该国会图书馆藏本。北京国家图书馆藏有此书全本,它馆所藏皆不全。此本或与北京国图藏本相同,但因本书另有眉批,别具参考价值。1940年1月12日入藏国会图书馆。

另:2008年底—2009年初,据国会图书馆亚洲部中文组学术服务科负责人居蜜博士所说,她在整理该馆善本收藏时又发现了6部宋刻本:

  宋文鉴 宋刻明修补本。金镶玉装。
  妙法莲华经 南宋绍兴末刻本。经折装。
  四经同卷四部 宋元丰八年福州东禅寺刻本。
  大藏经十三部 北宋刻崇宁藏零本。
  大般若波罗蜜多经 存一卷(第三百卷),"吕"字号。北宋刻崇宁藏零本。

大般若波罗蜜多经　　存一卷(第五百四十五卷),"夜"字号。北宋刻崇宁藏零本。

其中,《宋文鉴》王重民在《国会图书馆藏中文善本书录》中已经提及,不能算作新发现。后3部据说同是北宋所刻崇宁藏的零本,而《妙法莲华经》则是孤本。

注　释

① 参见国会图书馆亚洲部中国/蒙古组网址:http://www.loc.gov/rr/asian/ChinaMongoliaTeam.html
② 王重民《中国善本书提要》,上海古籍出版社,1983年,135页。
③ 于敏中,等《天禄琳琅书目·天禄琳琅书目后编》,《中国历代书目题跋丛书》,上海古籍出版社,2007年,537页。
④ 傅增湘《藏园群书经眼录》卷一三,中华书局,1983年,1169页。
⑤ 居蜜《美国国会图书馆敦煌高昌写经、宋金元本典藏、渊源、版本和数字化》,《北京大学中国古文献研究中心集刊(第七辑):中国古文献学与文学国际学术研讨会论文集》,北京大学出版社,2008年,32—33页。
⑥ 傅增湘《藏园群书经眼录》,194页。
⑦ 王重民《中国善本书提要》,80页。
⑧ 傅增湘《藏园群书经眼录》,194页。
⑨ 瞿镛《铁琴铜剑楼藏书目录》,《清人书目题跋丛刊三》,中华书局,1990年3月,151页。
⑩ 张金吾《爱日精庐藏书志》,《清人书目题跋丛刊四》,中华书局,1990年4月,373页。
⑪ 陆心源《皕宋楼藏书志》,《清人书目题跋丛刊一》,中华书局,1990年3月,286页。
⑫ 王重民《中国善本书提要》,169页。
⑬ 王重民《中国善本书提要》,83页。
⑭ 傅增湘《藏园群书经眼录》,212页。
⑮ 王重民《中国善本书提要》,406页。
⑯ 王重民《中国善本书提要》,407页。
⑰ 沈津《中国珍稀古籍善本书录》,广西师范大学出版社,2006年,312页。
⑱ 图书寮编《图书寮典籍解题·汉籍篇》,173页。
⑲ 王重民《中国善本书提要》,409页。

⑳ 陆心源《仪顾堂续跋》,《清人书目题跋丛刊二》,中华书局,1990年3月,359页。

㉑ 王重民《中国善本书提要》,442页。

㉒ 严绍璗《日藏汉籍善本书录》,中华书局,2007年,1830页。

㉓ 王重民《中国善本书提要》,499页。

㉔ 同前注。

㉕ 王重民《中国善本书提要》,468页。

㉖ 王重民《中国善本书提要》,20页。

㉗ 王重民《中国善本书提要》,64页。

㉘ 王重民《中国善本书提要》,65页。

㉙ 王重民《中国善本书提要》,18页。

㉚ 王重民《中国善本书提要》,105页。

㉛ 王重民《中国善本书提要》,295页。

㉜ 同前注。

㉝ 陆心源《仪顾堂续跋》,322页。

㉞ 叶德辉《郋园读书志》,《海王邨古籍书目题跋丛刊五》,中国书店,2008年1月,316页。

㉟ 王重民《中国善本书提要》,362页。

㊱ 严绍璗《日藏汉籍善本书录》,1883页。

㊲ 《图书寮典籍解题·汉籍篇》,105页。

㊳ 王重民《中国善本书提要》,471页。

㊴ 王重民《中国善本书提要》,499页。

㊵ 《四库全书总目提要》卷一〇三子部十三"证类本草"。

图书在版编目（CIP）数据

斯文在兹：北京大学中文系建系 110 周年纪念论文集·中国古典学卷 / 北京大学中文系编 . — 北京：北京大学出版社，2020.11

ISBN 978-7-301-31828-7

Ⅰ．①斯… Ⅱ．①北… Ⅲ．①社会科学 – 文集 ②古文献学 – 中国 – 文集 Ⅳ．① C53 ② G256.1–53

中国版本图书馆 CIP 数据核字 (2020) 第 216838 号

书　　　名	斯文在兹：北京大学中文系建系 110 周年纪念论文集·中国古典学卷 SIWENZAIZI：BEIJING DAXUE ZHONGWENXI JIANXI 110 ZHOUNIAN JINIAN LUNWEN JI · ZHONGGUO GUDIANXUE JUAN
著作责任者	北京大学中文系　编
责任编辑	吴远琴
标准书号	ISBN 978-7-301-31828-7
出版发行	北京大学出版社
地　　　址	北京市海淀区成府路 205 号　100871
网　　　址	http://www.pup.cn　　新浪微博：@北京大学出版社
电子信箱	dianjiwenhua@163.com
电　　　话	邮购部 010-62752015　发行部 010-62750672 编辑部 010-62756694
印　刷　者	北京九天鸿程印刷有限公司印刷
经　销　者	新华书店
	720 毫米 ×1020 毫米　16 开本　68 印张　1074 千字 2020 年 11 月第 1 版　2020 年 11 月第 1 次印刷
定　　　价	238.00 元

未经许可，不得以任何方式复制或抄袭本书之部分或全部内容。
版权所有，侵权必究
举报电话：010-62752024　电子信箱：fd@pup.pku.edu.cn
图书如有印装质量问题，请与出版部联系，电话：010-62756370